歷史大變局

形塑中国
三千年

◎

上

起于尧舜，讫于清末

龚鹏程 主编

浙江文艺出版社
Zhejiang Literature & Art Publishing House

禹

克勤于邦　烝民乃粒

慮戫在躬　廑中允執

惡酒好言　九功由立

不伐不矜　振古莫及

夏禹王像

武王

受天眷命　繼志前人
遹追悅邪　偃武修文
惟賢是寶　法度彰明
建用皇極　彝叙彝倫

周武王像

孔子像

伏生授经图

郑玄诫子图

武侯高卧图

高逸图

虞世南摹兰亭序

北魏迁都洛阳壁画

十八学士图（局部）

玄奘和侍者像

月朔旦受命于神宗受舜終事之命神宗文祖之宗廟言神尊之率百
官若帝之初順舜初攝帝位故事奉行之正月至之初正

疏

三年命禹代己禹辭不獲免乃明年正月朔旦受
終事之命於舜神靈之宗廟惣率百官順帝之初攝
故事與舜受禪之初其事悉皆同也此年舜即政
三十四年九十六也
傳受命至尊之正義曰舜即政
是舜終事之命受之命也神宗猶文祖
典說舜之初受終于文祖此言若帝之初受命即
文祖言祖有文德神宗言祖有文德故文祖之宗廟
宗當舜之始祖案帝繋云黃帝生昌意昌意生顓
頊顓頊生窮蟬窮蟬生敬康敬康生句芒若意生顓
蟜牛蟜牛生瞽瞍瞽瞍生舜即舜有七廟黃帝顓
頊顓頊為窮蟬窮蟬為二祧敬康句芒蟜牛瞽瞍
則文祖為黃帝顓頊之等也

義曰若不得爲如也舜典巡守之事言如
如不言若知此若爲順也舜初攝帝位故事而奉
行之其事行者當如舜典順帝之初攝以下班瑞群后以
上也其巡守非舜典所言舜在璿璣以爲陟方乃禹攝帝
位未得巡守此是舜史所錄以爲虞書故自美受禪之得
順帝之初奉行帝之事故自美受禪之得也

禹惟時有苗弗率汝徂征三苗之民數干王誅
道言亂逆禹乃會群后誓言于師曰濟濟有眾帝曰咨
命禹討之率循往也不循帝
咸聽朕命會諸侯共伐有苗軍旅蠢蠢之貌
迷不恭蠢動昏闇也言日誓濟濟衆盛之貌
其所以冥討之侮慢自賢反道敗德義
先王輕慢典教敗德義君子在野小人在位廢仁賢
反正道敗德義侮狎任姦使民棄

《尚书正义》书影

历史，在转捩点上（原序）

观乎人文，察于时变

"江声不尽英雄恨，天意无私草木秋"，历史的惊涛骇浪，翻翻滚滚。奔腾处，激越慷慨；低回处，幽咽缠绵。但是，游动波流，却徒然教人悲喜莫名、怅触万端，而不能知其究竟。

到底历史只永远表现为一种周而复始的循环，还是发展成无穷无尽的追寻？一切变化都归于既定的人类使命，还是它在变化中带领我们攀上幸福的顶峰？文明的骤起骤衰，忧若潮汐，人类的生涯有限，又怎能探勘历史的跫音、寻找文化的坐标？暗夜长途，何处才是历史的光明？忽焉就死，历史对人生的意义又在哪里？

任何人在面对这些问题时，都是相当惶惑茫然的。历史，常像雅士培（Karl Jaspers）所说，不时表现为一团乌七八糟的偶然事件，如急转的洪流，从一个骚动或灾难紧接到另一个，中间虽有瞬间出现的短暂欢乐，亦如小岛一般，终究也要遭到吞没。但有时，历史也并不全然如此盲乱，它仿佛如康德所说，是一种明智计划的理性过程，并不断趋向于成熟完美——虽然他也承认整个人类历史之网，是由愚昧幼稚的虚荣、无聊的邪恶、破坏的嗜好所织成。那么，历史到底是什么？历史中是否确能找到明显的因果关联或变迁的规律呢？

这当然是相当困难的事。我们传统的史学，大抵总相信历史的道德趋向，王道理应成功、霸道终归失败，暴君一定亡国、仁者当然无敌。历史的道德规律，推动着历史的发展，所谓"天有常度，地有常形，君子有常行"（东方朔《答客难》）。西方自奥古斯丁（Augustine）以降，亦辄欲说明人类历史乃遵循一种形而上的律则在进行着，一切皆为上帝所安排，个人的遇合、国家的治乱，乃至于皇权之成立，都决之于上帝的旨意与恩宠。十八世纪以后，因受科学发展的影响，认为人性与物理都须受自然法的支配，一切都决之于理智，而既以理智为依归，则人类即必须珍视自由，不自由，文化必定衰落。十九世纪后，又由于达尔文学说的影响，相信人类的历史一定是步步前进的，不管分成若干阶段，后一阶段总要比前一阶段好些。另一派则是自古以来就有的历史循环说或周期说，诸如"天下分久必合，合久必分""五百年必有王者兴""五德转移，治各有宜"之类，与西方思辨性历史哲学亦多有暗合者，其言甚为繁赜。这些主张，虽各有论点，但总都具有决定论倾向，不认为历史只是盲目的、偶然的聚合，故努力地想在历史的变迁中，抽丝剥茧，爬梳出一个规律的模型，以掌握历史的动态。不幸的是，历史事件之杂乱无章、庞然纷若，历史知识之性质特殊，往往使得这些规律在解释时遭到困难。所以自十九世纪兰克（Ranke）及普鲁士历史学派提倡经验的史学以来，黑格尔式思辨性的历史哲学即逐渐式微了，近代实证论及行为主义者，甚至都曾排除对历史之意义的追究。但是，这也是矫枉过正之谈，因为追问历史的意义，不仅是一种合法的（legitimate）探索，而且是我们非做不可的事。故奥古斯丁这个传统，在当代又渐有再生的趋势：梅耶霍夫（Meyerhoff）所编《我们这个时代的历史哲学》中，曾列举 Berdyaev（柏提耶夫），Barth（巴特），Niebuhr（尼布尔），Tillich（蒂利希），Butterfield（巴特菲尔德），Löwith（洛维特）等当代思想家，来证明这一点。

纠缠于这些传统、质疑与趋势之中，历史，依然暧昧难明。那里面，自不乏小楼听雨、深巷卖花的款款情致；那里面，也总含藏着铁马秋风、楼船夜雪的莽莽苍苍。英雄叱咤，遗民泪尽，千古兴衰，一纸论定。历史的浩瀚博大、庄严深邃，实非此类争辩与追诘所能穷尽。每当我们仰观苍穹，列星灿灿、浮云皓皓时，便自然而然地会兴起这种充胀胸臆的历史感情，思而不见，望古遥集，历史的呼唤，于焉展开。

就是在这样的呼唤与感应中，历史才对此时此地的我们具有意义，而我们也才能真正进入历史中，去"观看"历史的动态，稽其成败盛衰之理。不管历史是理性自主的运作，是随顺理性的计划安排，抑或只是受到盲目意志的拨弄，既无理想目标，也无法则，我们观察历史的这个行动，本身就具有省察人类存在之历程的意义。而这种省察，也内在地开展了我们的世界，让我们超然拔举于此时此地之上，开拓万古之心胸，独与天地精神相往来。这不是遁世逃避，乃是积极开拓自我，并借着这样一种活动来跟现实人生社会做一番对照，以"察盛衰之理，审权势之宜"（贾谊《过秦论》）。换言之，历史纵使只是一条恶魔遍布的价值毁坏之路，观看历史，依然可以让我们更清明地向理性与道德的完美境域迈进。

这也就是说，历史的性质与功能，它所能提供给我们的，其实就在我们观乎人文、察于时变的行动中。人文的发展、价值的探索、社会的变动、人类一切理性与非理性的成就，俱在历史中向我们招手，并展露它广袤繁多的姿容。只要我们真正涉入其中，历史立刻就进入了我们的生命，使我们能通古今之变，参与历史的脉动。

历史遗忘了中国，中国也遗忘了历史

古今之变，到今天可说是剧烈极了。

明朝末年，利玛窦来华传教时，他所绘印送给中朝士大夫的《舆地全图》中，因为中国并不在中央，以致引起许多批评，《圣朝破邪集》里甚至攻击他："利马窦以其邪说惑众。……所著《舆地全图》……真所谓画工之画鬼魅也。……试于夜分仰观，北极枢星乃在子分，则中国当居正中，而图置稍西，全属无谓。"（卷三）这时，中国人对自己的国家与文化，还是充满自信的，他们所表现的文化内容，也能让耶稣会远人欣然叹服：认为在世界各国仍处于蒙昧之时，中国即已有了孔子，孔子与基督有相同的神性与使命，是"真的神"；而儒教基于相爱之关系所产生的政治制度，迥异于西欧基于主人与奴隶的关系，对西欧社会，更为一优美之对照，要改造西欧，即有"接种中国思想"的必要。

可是，不到二百年后，这种局面就完全改变了。在欧洲刮起的中国热，逐渐冷却，自十五世纪以来，基督教国家向"落后地区"扩展其文化的行动倒越来越炽烈。不仅有黑格尔这样的大哲学家宣称"所有的历史都走向基督，而且来自基督。上帝之子的出现是历史的轴心"；诗人吉卜林（Rudyard Kipling）也高唱"白人的责任"。所谓白人的责任，就是说白种人有责任"教导"有色人种，要他们采取西方的制度、西方的生活方式，并学习西方的技术。远洋殖民和贸易事业，逐步把他们这种"伟大"的理想推拓到非洲、亚洲。利用船坚炮利，轰开了天朝的大门，摇撼了中国文化的核心价值。

于是，夕阳残照汉家陵阙，天朝的光荣，恍若西风中的枯枝败叶。沉沦崩圮的世代、花果飘零的民族，这时所再呼喊的，便不再是历史与文化，而是接种西洋思想了。受挫折的中国灵魂，从此被迫去拥抱另一个天朝，学习另一套历史与文化，以重塑中国的未来，并理解中国的过去。

这当然是可哀的事。昔日的真神，现在概在打倒之列，历史被当作包袱，视为与现代对立的僵化凝固体、阻碍进步的绊脚石。任何人在面对中国历史时，都可以毫无敬谨谦挹之心，或庄严诚恳之情，都有资格恣意批判。很少人真正通过历史的属辞比事，以疏通知远，却大言炎炎，弃此历史文化如敝屣。社会上一般人，对历史更是隔膜，历史知识至为贫乏，即使是高级知识分子，对本国史，亦辄有比邻若天涯之感。

连横曾说："史者，民族之精神，而人群之龟鉴也。代之盛衰，俗之文野，政之得失，物之盈虚，均于是乎在。故凡文化之国，未有不重其史者也。"（《〈台湾通史〉序》）章太炎也以为："群之大者，在建国家、辨种族。其条例所系，曰：言语、风俗、历史。三者丧一，其萌不植。"（《检论》卷四《哀焚书》）这些，在今天大概都是不甚流行的看法。姑不论我们是否仍可称为文化之国，也暂时不管当前社会名流是否皆以竞作世界公民是尚，而耻言民族主义；倘若我们毫不讳饰地来看，自会发现目前我们对历史的淡漠与无知，确实已经到了令人拊膺长叹的地步了。

造成这种现象，固然肇因于这次天朝的大变动，势之所趋，莫可奈何，但我们对历史教育的轻忽与僵化，实也是一大原因。至少在制度上，大学分组的办法，几乎强迫一半以上资质颖异的学子，从高中起便视历史为身外之物，从此不再接触。少年时期，如此缺乏历史的熏陶，长大以后又怎能奢求他们会有历史的感受和理解？而等到整个社会上的成人都普遍欠缺历史的认知时，又怎么会尊重历史？怎么可能汲探文化的根髓？徒然让儿童去肩负背诵《三字经》《唐诗三百首》的重任，就算达到历史灌输的目的了吗？何况，历史教育并非灌输即能奏效的。现今历史教育之所以收效甚微，不能激发国民的热情与向往，无法砥砺种性、激昂民气，教材之平板僵硬，自属重要症结。须知读史之要，在使人知政事风俗人才变迁升降之故，所谓"《尧典》可以观美，《禹贡》可以观事，《皋繇谟》可以观治，《洪范》可以观度，六《誓》可以观义，五《诰》可以观仁，《甫刑》可以观诚"（《书大传》）。我们的历史教育，似乎对此仍少措意。

当然，可以告慰的是，在学术界、高等研究机构中，仍有不少杰出的学者在从事历史之探索。但仿佛大家还不曾理解到：历史，尤其是自己国家文化的发展历史，并不只是一门孤立的学科，而是人存在的基石。人存在的意义，无不是根于历史而展向未来的，过去的历史传统，构成了我们理解的背景。我们之所以能立足于世界，并向这个世界开放的唯一依据，仰赖的就是这个力量。这个力量一旦不显，历史就成了搞历史的人的专职，成为纸面上的一堆堆资料，与公共大众无关，而我们的研究与教学，自然也就仅能局限于平面事件的排比与介绍，不再致力于观人文、察时变了。

但是，我们必须注意：当我们漠视历史时，历史也正在遗忘我们。

从前，四夷宾服、万方来朝的时代，我们天朝对于四裔远人及寰宇全貌，实在缺乏理解。而现在的天朝，也同样没有把"落后地区"算进人类的历史里去。像房龙那本名著《人类的故事》里，你就几乎找不到人类之一——中国人的故事。威那·史坦恩（Werner Stein）原著，贝纳德·古伦（Bernard Grun）和华莱士·布劳克威（Wallace Brockway）英译增订的《历史时间表》中所指的历史，也不全是整个人类的历史，而只以西欧、美洲为其重点。尽管印度、中国、日本等国的重大历史事件也有记载，也非有意省略，"但作者们也没有做任何努力来调查这些地区的历史事件"（见该书序文）。

更有趣的例子，是罗伯特·唐斯（Robert B. Downs）所写的《改变世界的书》（*Books that Changed the World*）。唐斯是著名的图书馆学家，他认为自文艺复兴以来，有十六本书改变了世界，这十六本书是：一五一三年马基雅弗利的《君主论》、一七七六年潘恩的《常识》、一七七六年亚当·斯密的《国富论》、一七九八年马尔萨斯的《人口论》、一八四九年梭罗的《不服从论》、一八五二年斯托夫人的《汤姆叔叔的小屋》、一八六七年马克思的《资本论》、一八九○年马汉的《海权论》、一九○四年麦金德的《历史的地理枢纽》、一九二五年希特勒的《我的奋斗》、一五四三年哥白尼的《天体运行论》、一六二八年哈维的《心血运动论》、一六八七年牛顿的《自然哲学的数学原理》、一八五九年达尔文的《物种起源》、一九○○年弗洛伊德的《梦的解析》、一九一六年爱因斯坦的《相对论原理》。

这些书，在我们《辞海》的"中外历史大事年表"里差不多都提到了，但是像《传习录》《四库全书》之问世，却不见于唐斯这份书单里。当然，我们并不因此而否认这纸书单里的书确实影响深巨，确实改变了人类的历史，可是，这究竟是谁的历史？那个也曾参与人类文明之创造、也曾贡献世界历史之开展的中国，难道就这样被遗忘在历史之外了吗？

是的，天朝的灯影舞姿，正如是之璀璨，蜷缩在文化边陲的荒烟蔓草中的我们，恐怕早已被剔除在历史之外，置诸天壤若存若亡之间了。

然而，何必慨叹，何用嗟伤，旁人本来也并没有义务要熟谙咱们中国的历史。而且，只要我们自己不遗忘历史，历史也必不遗忘我们。无人怀疑中国现在必须参与世界，必须接纳西洋文化，可是假若我们再想想当年新文化运动诸贤如梁启超、胡适等人开列"国学最低限度必读书目"时，为什么要说"并此而未读，真不得认为中国学人矣"，就可知道历史的认知，原无碍于新世界的开拓；历史文化的熏习，则是人生必备的条件之一；至于对历史变动与发展的理解，更是国民最可贵的能力。何况，王国维说得好，"只分杨朱叹歧路，不应阮籍哭穷途"，因为"穷途回驾无非失，歧路亡羊信可吁"（《天寒》）。处身在新旧交冲、中西激荡的伟大时代，加强历史的认知，正是"穷途回驾"，时犹未晚，且也是避免"歧路亡羊"的唯一办法。我们对此，自宜知所勠力。

只不过，中国历史源远流长，历史文献庞杂无俦，要了解中国历史的源流与变迁，我们"必读"的又该是些什么？

通古今之变：改变中国的划时代文献

以中国史学"疏通知远"的特质来看，寻求通古今之变的历史功能，乃是任何史著不论其体裁如何都想达成的目标。虽然像郑樵，标榜通史，以为"自《春秋》之后，惟《史记》擅制作之规模"，班固"以断代为史，无复相因之义……会通之道，自此失矣"（《〈通志〉总序》）。但即使是断代为史，依然可以有会通之义，只是断代者包举一代，通史者综括古今，范畴各有所宜而已。

话虽如此，观时变而察古今，毕竟仍以通史为优。中国除《史记》之外，有《通典》《通志》《通考》这一类传统，囊括历代典章名物制度，而观其嬗递兴变之迹；也有编年为史的《资治通鉴》，其体制虽与纪传不同，但实质上仍为一种通史。这些通史，著历代盛衰兴坏，以见事势之迁变，足以使人识大体而知条贯，自然是我们所该讽诵研读的。

但史文浩繁，旧籍所存，其实都是史家在面对他那个时代时，针对他所关心的问题而提出的解答，代表着史家个人的存在感受与历史理解。譬如司马迁撰写《史记》，自谓"欲以究天人之际，通古今之变，成一家之言"，把"究天人之际"和"通古今之变"并举，同为他写史的两大宗旨。这种对天人之际问题的关切，乃是太史公特殊的存在感受与历史理解，也是他那个时代的主要问题。太史公对于这个问题，"究"的结果，是要于人事尽处始归之于天命；是强调天变与政事俯仰；是主张为国者必贵三十年一小变五百年一大变的天运，然后天人之际续备；是坚持天道难知，而人道可期，道不同时，则各从其志……我们看《史记》时，触目所见，都是"岂非天哉""此非天命乎""人能弘道，无如命何""非天命孰能当之""乃天也"一类话。这些话显示了《史记》正是司马迁对历史提出的解答。旁的史家，关切的不是这个问题，其解答便当然不同，胡三省《新注〈资治通鉴〉序》说司马光写《通鉴》时，正与诸人争论国事，因此："其忠愤感慨不能自已于言者，则智伯才德之论，樊英名实之说，唐太宗君臣之议乐，李德裕、牛僧孺争维州事之类是也。至于黄幡绰、石野猪俳谐之语，犹书与局官，欲存之以示警。此其微意，后人不能尽知也，编年岂徒哉！"讲的也是这个道理。

既然如此，则我们阅读这些史著，便不只是熟悉它们里面所记载的历史事件，而是重新经验该史家的问题与解答，重新认知他的存在情境。这种经验与认知，诚然十分珍贵，诚然如柯林伍德（R. G. Collingwood）所说，是"重新思考别人所思考的当儿，就是自己在思考所思考"（《自传》第十章）。但那毕竟不是我们自己的问题，毕竟不是在这中西交冲巨大变动时代所急欲寻求的答案。我们需要一部能够具体而清晰显示中国历史之变迁与发展的史著，好让我们观人文，察时变，揭明中国历史的源流。

这种史著，乃是新时代的需要，因此非旧有史籍所能替代。而事实上，身当我们这个空前奇异伟丽的时代，是理应有大史学家出来，网罗放失旧闻，恢张高情宏识，创以新体，勒成一书，为史学开一新局面，如太史公或司马温公那样。

不幸现在我们并没有这样的史家，也没有这样的史著，通史大业，坠绪茫茫，贤者不作，实令人有"小子何述焉"之慨！

我们无从取则，又无法缄默，无此学识，自然也不足以当纂修之任，没有办法，便只好用选文来替代著述。当此"莽莽神州入战图，中原文献问何如"之际，征文考献，选辑改变了中国历史的文章若干篇，略仿编年之体，排列条贯。任何人只要看了这些文章，中国文化如何抟塑成形，中国历史如何兴动迁变，必皆可一目了然。

历史，在变动中

我国选文总集的传统，向来以文学为主，《四库提要》谓总集为"是固文章之衡鉴，著作之渊薮矣。三百篇既列为经，王逸所哀，又仅楚辞一家，故体例所成，以挚虞《流别》为始"（卷一八六），充分说明了这一事实。固然总集中也不乏《三台文献》《中原文献》《清源文献》《岭南文献》《经世文编》这一类具有史学意义的东西，但从未蔚为传统。

其实，编总集，可以有门类；选文章，可以定宗旨。这跟史家的别择心裁，不是恰可相通吗？辑录原始文献，让材料自己说话，不也跟历史的客观性要求相符合吗？运用这种方式来作史，不单可以开拓传统选集的领域，更能圆满安置历史的主观性与客观性问题，对于"文章，经国之大业，不朽之盛事"这一事实，尤其是有力的印证，昔人见不及此，实在是很可惜的事。

何况，一切历史的变动，都要显示在人文成品上，而文字，即是其中最重要的一项。文章本身，不仅记载了历史，也解释了历史。而这些遗存的文献记载之中，又有一些，不只是记载，不只是解释，更直接塑造了历史，产生了绝大的变动，引导人类或一个文明走向另一个全新的境地。例如董仲舒的《贤良对策》、韩愈的《原道》、孙中山的《〈民报〉发刊词》、胡适的《文学改良刍议》之类。历史之流，因这些文献出现而扭动了航道，因此，它们是积极地改变了历史的文章，一纸之微，旋乾转坤。

另外，还有些文章虽并未直接塑造、改变历史，可是它反映了时代的变动，刻画了历史的轨迹，影响了后来的发展，如秦始皇的《初并天下议帝号令》、嵇康的《养生论》、欧阳修的《朋党论》、梁启超的《论小说与群治之关系》等等，对历史之流衍，亦有举足轻重的地位。这些文章，是中国历史甬道里，一座座里程碑、一盏盏标示其曲折面貌的灯簇。把这些爝火灯盏串联起来，即成了一条蜿蜒灿烂的中国之路。中国，就是这样一步一步、一站一站走过来的。

换句话说，历史如果有所谓的"转捩点"，这就是了。透过这些文章，我们可以发现历史不断在转捩点上，人类也永远在对其生存情境做价值的判断、意义的创造、技术的更新和生命转捩点式的抉择。他们或如《太极图说》，张皇幽眇；或如《天工开物》，寄情物理；或究几何之原理，或申薙发之禁令；或者馆开四库，或者奉天讨胡。孔子改制、铁云藏龟，政治经济学术科技，各个层面仿佛都在齐声用力唱出一种历史的理则：人类的历史，毕竟是由人类自己用他自由的意志与思索，努力创造出来的；不论幸福还是沉沦，一切也都得由他自己来负担。

这本选集，就是想表达这样一种观点。

选文的体例，是经义奥旨、诸子成书，只发挥思想哲理，而不涉及历史变动者不选；影响深巨，难以句摘篇选如《论》《孟》《老》《庄》之类，也无法甄录。同一事，而其变动见于各文者，则择其尤要者；假如改变历史的，不是一篇文章，而是一本书，如欧阳修《集古录》、严复《译〈天演论〉》之类，便以序代书，借见一斑。每篇文章后面，略加注释，并附译文，以便读者籀读。最后，则加上编者们对该文的诠释，简要说明文章的内容、写作的背景以及造成的影响等。

这样的编写工作，当然困难甚多，因为上下五千年，什么文章改变了历史、什么文章足以显示历史的脚步、什么文章具有里程碑的意义、什么文章展现了文字的尊严与力量，实在颇费斟酌。而且，这些文章不是早已融入中国人的血液中，释注繁多，师法纷杂，难以董理；就是从来没有人诠解过，其名物度数随时代变迁而难以稽考。编写者限于学力和时间，仓促就事，亦无法探骊得珠、曲尽其要。至于以今言释古语，本是训诂的旧例，现在却要全部"翻译"成白话文，这当然是不可能的事，其不如人意，还用得着说吗？

但椎轮大辂，本来就是历史的通例，假如这种编辑理念没有大错，这种历史观点和通史的要求还不算太荒谬，则这次粗糙的尝试，便不会是毫无意义的。更周全的历史诠释、更具代表性的篇章、更广泛的层面，都可以在增订时重作调整。

编辑这本书，原先是周浩正先生怂恿的；编写过程中，陈恒嘉先生的辛勤奔走、编写诸友人的案牍劳形，都令我甚为感动感激。我知道他们之所以愿意如此辛劳，是因为相信这本书可以成为现代国民"必读"的历史读本，相信中国历史的源流与发展可以借此展示出来。但我偶尔也会忆起陆放翁的诗句："镜虽明，不能使丑者妍；酒虽美，不能使悲者乐"（《对酒叹》）。没有一部历史能自然彰示其意义，除非读者自有其存在的感受与之相应；我们也不能从任何一部历史著作中学到什么，假若我们并无历史感。读者能从这些改变中国的文章里，改变自我，呼唤起自己的存在感受来与它对应，以期相视而笑，莫逆于心吗？

或许，这也是个转捩点吧？

一九八六年六月端阳写于台北龙坡里

重版序

本书既是一部文章精选,也是一本特殊的中国历史读本。

历来著名的文章选集,如《昭明文选》《文苑英华》《古文辞类纂》《古文观止》等,或为文献之辑存,或着眼于文学艺术。孟子曾说过:"《诗》亡而《春秋》作。"意思是说古代《诗经》中之诗均可表现其时代,故均有史义;其后孔子作《春秋》,正是继承了这种记录历史的功能。后世谓诗与史相通,即由孟子此语而来,如钱谦益就说"曹之《赠白马》、阮之《咏怀》、刘之《扶风》、张之《七哀》,千古之兴亡升降,感叹悲愤,皆于诗发之。驯至于少陵,而诗中之史大备"(《胡致果诗序》),谓曹植、阮籍、刘琨等人之诗皆可作史读。其实孔子说"诗可以兴、观、群、怨"中的"观",讲的便是这个意思。通过文学作品,确实足以观察那个时代。文学虽然另具有"兴、群、怨"之功能,并不局限于"观",但足以观世,无疑为其一重要作用。

可是,诗足以观世,也只不过是泛说文学之一种性质罢了,不是所有文学作品均可以观世,亦不是所有作品在观世的价值上都一样。文学作品,有些偏于个人情志的抒发,有些偏于艺术技巧的探求,只有少数与历史的发展直接相关。因为,包括杜甫之所谓"诗史",大抵也只显示着诗人在世局变动中的咏叹,而非那些作品创造了历史或直接标记了历史的轨迹。因此,诗史相通,必须再进一步,才能讲"诗即是史"或"诗以成史"。

本书做的就是这种工作。我们选辑的文章可分两大类,一类是文章改变了历史，二类是文章标记了历史的改变。

前者是说中国的历史因这些文章而改变了命运，或者倒过来说，是这些篇章形塑了中国。例如，若无李斯《谏逐客书》，秦国可能就把包括李斯在内的各国谋士全赶回老家去了，那么后来秦也就未必能统一天下。若无董仲舒《贤良对策》，汉代黄老之治的现实就不会改变，中国而后独尊儒术的历史也未必由此确立。又若无梁启超《异哉所谓国体问题者》引发了倒袁的风潮，袁世凯称帝之事到底如何了局，亦无人可以预料。故这类文章可说是具体牵动了历史。

后者，则是历史变动之直接证词。例如政事方面的《除肉刑诏》《南京条约》《太平天国奉天讨胡檄》；学术思想方面的《论六家要指》《移让太常博士书》《大唐三藏圣教序》《论迎佛骨表》《太极图说》《译〈几何原本〉引》等，或代表一个新观念、新时代之出现，或宣告了变局之形成。

两者结合起来，中国的历史轨迹即粲然可见。因为再也没有什么比这些原始文献更能直接说明历史了。对于历史，我们这一代人总是忙不迭地替它解说，用我们的想法和一套套的理论去涂饰它，其实把这些文章摆出来，由它们自己说明自己，岂非更为直截真切？

就文学来说，曹丕曾在《典论·论文》中言道："盖文章，经国之大业，不朽之盛事。"这是中国文学最高的理想，但实际上，一般文章何足以语此境界？真能达至于此者，恰就是我们现在甄录的这些文章。说也奇怪，前面讲过，这些文章本是因它所具有的历史价值而被我们注意到的，但从文学性看，此类文章也无一不佳，多为千古名篇。这似乎又可印证孔子所说"言之不文，行之不远"。凡在历史上足以形成伟大影响或足以昭示后昆者，其文采亦必足观。

我们这本书，就是依观世与观文这两个目的而作，两者且是合一的。起于尧舜、止于孙中山先生过世。此下历史更有新变，未来将再赓续补述。

体例上，先进行背景说明，再简述该文的影响，再录原文、作注释、译白话。

昔年在台湾编这本书时，我们都还青春年少，但对历史不无苍凉之感。顷则年华老大，但对中国的未来、历史的机运反而渐趋乐观。感谢出版社为此书费心重为检校，使它有机会跟大陆的朋友见面。也希望这样的选本能对有兴趣观乎人文、察于时变的人有所帮助。

最后还要补充两点：一，我们采用的古籍版本，可能略有几处跟大陆通行本不太一样；二，译文和解说时提到的现有地名，其县市行政区划，也可能有一二处会与现况不同，幸请留意。其他编辑命意，原书旧序已讲得很清楚了，此即不赘，敬请读者诸君指教。

二〇〇九年十二月三十日于北京

再版序

中国史学，如今已经亡了。从 1902 年梁启超提倡"新史学"开始，大家就不断依附西方潮流，痛骂传统史学；甚至进而否定历史，说历史只是可以令人随意打扮的小姑娘。

所以在许多人心中，历史不过就是讲点故事，述奇揭秘，大家听着一乐罢了。此外，则是宣传工具。替某政权、某阶级、某人、某种思想做宣传，不断化着各种妆。例如梁启超说"历史者，叙述进化之现象也"，就是宣传进化论。而批评他是资产阶级史家的，本身往往自认为是唯物主义或无产阶级，故大力编写着"中国无神论史""中国农民起义史"等等。

我看不上这样的史学，颇以重建中国史学为己任。

因为，无论近代贤达如何崇拜西方、诋毁中国史学，中国史学至少有几个特点是西方所无或不容易赶得上的：

一是史职确立极早。说黄帝时就有史官仓颉造字，可能夸张了，但殷商已有庞大史官系统则是无疑的。

二是史权独立也最早。史官根据史料、史法及自己的专业判断，著作史书，为历史负责，不受干预。其性质，只有现代美国独立法官可相比拟。

三是历史以天道为依归，所谓"究天人之际"。记载的意义，在于观察人实践天道的过程。故史与星、历、卜、祝都隶属天官，学习事天之学，价值判断均要以天道为依归，不归政权或什么利益团体；内容也不是什么杂七杂八的事都记（由于"道之大，原出于天"，是以我称此为史原论）。

四是人实践天道的过程曲折多变，人观察其变化，则要"通古今之变"，找到历史可以启发人、警诫人之处。这是历史对人的批判性意义，也可以称为通变论。

我认同也传承这样的史学，并在现代思想史、观念史、文化史、艺术史、文学史、精神史、阶层史、风格史等框架中去批判地开发它，写过一百多本书。

这一本，却又有点不同。

因为我国史学本身也有"古今之变"，以上说的史职、史权都是跟商周时期王官制度结合着的，学由官守，世代相承，属于官方的学问。孔子以后，王官体制既随着贵族凌夷而四散，民间亦自有发扬史体史法之士，故学在天下，以孔子为代表。

孔子的史学主要表现在《尚书》与《春秋》。前者是整理文献，呈现尧、舜、夏、商和周初的历史；后者是描述孔子当时二百四十多年的各国状况。材料虽包括了过去的官史，但整理删削，均有制断，自出心裁。故是民间私史之典范，事实上也是时代变乱后为国史精神续命之作。

秦崛起之后，民间社会消失，传统史学进一步被摧残。"学在王官"好像恢复了，实则是"以吏为师"，成为专制体制的工具。汉承秦制，情况并没太大改善。直到司马谈、司马迁父子出来，才奋力捍卫史职尊严，并学孔子"成一家之言"。史学公私两大传统，于是乎合流。

后世，政府都必须有史馆、史职、史官，维持史事的整理与记录，乃至修史的责任。但私史的精神与传统，一直受到尊重和发扬，许多史书，如班固《汉书》、李延寿《南史》等更是私史而被官方列为正史的。

反之，凡是打压或禁止私史的，都被视为暴政、奸邪。如《宋史·奸臣传》记录秦桧"乞禁野史，又命子熺以秘书少监领国史"，就是。韩侂胄以商贾贩史籍入金境为借口禁私史，也是。

这样伟大的传统，如今被掩盖了、曲解了，当然令人痛心，所以我不免也想效法孔子，述国史之要、究天人之际、通古今之变。

方法也仿孔子《尚书》。直接选录历史进程中最重要、最直接的记录，和最能体现历史变迁的文献，让历史"自己呈现"出来。

例如前面讲到的秦，其所以能统一天下，不是靠一般俗人所以为的酷刑、恶法、虎狼之师，而是能打破内聚垄断、广聚人才，李斯《谏逐客书》就是这封改变秦国命运的信。由此建立的秦，所创造的中国历史大变动，则是废封建、立郡县、成为统一的中央集权帝国。李斯《议废封建》、嬴政《初并天下议帝号令》这两篇就显示了这个变局。

诸如此类，凡国史中有兴革、有变动、盛衰足资取鉴，治乱可见天心之处，都有这类大文章为其证词，或文章本身就是"当事人"。

例如唐太宗的《大唐三藏圣教序》是玄奘取经的证词，总说其事之历史意义；《释教在道教之上制》则是武则天想改朝换代，故提倡佛教以压制唐朝崇奉道教的具体措施，属于当事人。与韩愈提倡儒家、反对皇帝佞佛的《论迎佛骨表》，或武宗灭佛时颁布的《毁佛寺勒僧尼还俗制》，性质相同。

把这些文章串起来，自然就可看到一部面貌清晰的中国通史。不必另行诠释，不容乱涂胭脂，当然也就避免了误解和蓄意的曲解。同时，由于历史经常被一篇文章旋乾转坤，扭转了它的进程，让人对于曹丕说的"文章者，经国之大业，不朽之盛事"，印象深刻。是想，若无董仲舒的《贤良对策》，哪有后来的独尊儒术？若无曾国藩的《讨粤匪檄》，清朝哪还能延续？若无左宗棠的《统筹新疆全局疏》，新疆哪还是中国领土？天道，不是命运的定数，而是天人相发，一人一文，其力足以回天。我1988年在中国台湾地区效法孔子编的这套书，起于尧舜，止于孙中山先生逝世，起名曰《国史镜原》，就是想通世变而见史原。当时并请了各大学杰出教授十四人协助我对每篇文章做了解题、翻译、字词解释、背景说明、影响分析，以便于读者。如今旧版早已售罄，故重新修订以应时需。

在这篇再版序中，我想在史学之外，再补充说说此书的文学意义。

从前《文心雕龙》早已说过：一切文体都出于五经。如论、说、辞、序出于《易》；诏、策、章、奏出于《书》；赋、颂、歌、赞出于《诗》；铭、诔、箴、祝出于《礼》；记、传、铭、檄出于《春秋》。

把文体如此机械地分附于五经，未必即是定论。但若说到文章渊源，则韵语多本于《诗》、散体多本于《书》，《诗》《书》就是我国文学之源。

可是近代文史又已割裂，不知中国文史不分家，而谈文学又绝少由文章这方面来看《尚书》。自清初辨《古文尚书》之真伪以来，研究《尚书》的人总在材料上肆其考证。考的是材料，《书》的语言、文字、事义、传抄、篇卷、次第等。考这些材料的方法，也仍是材料：纸上的和地底下的。此即王国维所说的"二重证据法"。讲考证的朋友奉此语为无上秘要，其实可笑，因为材料不是证据。且"周书论辞，贵乎体要"（《〈文心雕龙〉序志》），此又岂考证所能为哉？

所以文学的《尚书》传统也有待发扬。前面说了，我现在把《尚书》之后具有经国大业价值之不朽文章都选上了，除了可以通观国史，事实上也是最好的文章学习模板。文章华国，希望能再造国族风华。

二〇二二年五月

1

尧 典

不 详

　　《尧典》是尚书的第一篇,记述上古时代帝尧与帝舜的事迹,作者不详。据近人考证,本篇文辞浅易,且篇中所见词语,如帝、考妣等的用法合于战国时期的语言现象,则本篇当系战国时人述古之作。

背 景

　　《尚书》是我国上古史料的渊薮,保存了大量的上古公文档案,其中如《周书》的《大诰》《康诰》《酒诰》等篇,其重要与可信的程度,较诸考古发掘所得的甲骨文与金文毫不逊色;而屡经附益的后人传抄之作如《尧典》,也依然具有不可抹杀的史料价值。可惜的是,一般人苦于其文字古奥,无法通读;部分学者则囿于疑古与辨伪的成见,未能平心静气地加以研究,以致其史料价值迄今犹昧而不彰。

《尚书今古文注疏》书影

　　说到《尧典》的史料价值,这里可以举一个例证。《战后京津新获甲骨集》有一片殷代的牛肩胛骨刻辞,释《尧典》文如下:

　　　　东方曰析,风曰劦。

南方曰夹，风曰��。

西方曰夷，风曰彝。

北方曰夗，风曰��。

刻辞简略，不易明了，但用《山海经》来对照就容易通读了：

有人名曰折（析）丹，东方曰折（析），来风曰俊，处东极以出入风。（《大荒东经》）

有神名曰因乎，南方曰因，来风曰民，处南极以出入风。（《大荒南经》）

有人名曰石夷，西方曰夷，来风曰韦，处西北隅以司日月之长短。（《大荒西经》）

有人名曰鹓，北方曰鹓，来风曰狻，是处东极隅以止日月，使无相间出没，司其短长。（《大荒北经》）

《山海经》各节依次叙述（1）神人名、（2）方位名、（3）风名、（4）所处极隅、（5）神人职司。殷代刻辞所见的正是其中（2）方位名和（3）风名两部分。显而易见，这里所记载的正是远古四方风的神话。在《尧典》中，这段事情是指羲和兄弟四宅观日，推行政令的故事，试看《尧典》：

分命羲仲，宅嵎夷……厥民析。

申命羲叔，宅南交……厥民因。

分命和仲，宅西……厥民夷。

申命和叔，宅朔方……厥民隩。

将四方神名转化为四季不同的生活作息方式（如"东方曰析"即为春天人民分"析"散布于田野），又因不认识"风"字（甲骨文"风"字像凤鸟之形），误认作"鸟"，又加"兽"字成"鸟兽"一词。于是无端添出一段"鸟兽"脱毛、换毛的记录。我们今天以甲骨文、《山海经》来和《尧典》对照，其逐渐脱离神话，而具有政治理想色彩的演化过程犹历历在目。

尧像

此外，《尧典》在文辞方面也有一个特色，即遣词用字特别古奥，而且刻意用冷僻的字词。例如以"钦"代"敬"，以"畴"代"谁"，以"载"代"事"，以"庸"代"功"……这种风气对后代的散文也有很大的影响，直到近代，号称古文家的人还在采用这种以古文代今字的做法。

其实，《尧典》虽为后人传述之作，但并不能因此降低其史料价值。"四宅观日"出自四方风神话，朱、虎、熊、罴可视为图腾（totem）的孑遗，四岳与十二牧更是古代氏族社会的痕迹。凡此种种都足以证明《尧典》非向壁虚构的伪书可比。

影　响

就在中国历史、文化上的地位而言，《尧典》是中国传统政治思想及道德修养的永恒典则，尤其禅让政治对后代的影响之深，堪称无与伦比。

原　文

曰若稽古帝尧，曰放勋①。钦明文思安安，允恭克让，光被四表，格

---

① 曰若稽古：考察古代。曰若，发语词。

于上下。克明俊德,以亲九族,九族既睦①。平章百姓,百姓昭明。协和万邦,黎民于变时雍。

乃命羲和,钦若昊天,历象日月星辰,敬授人时②。分命羲仲,宅嵎夷,曰旸谷③。寅宾出日,平秩东作④。日中、星鸟,以殷仲春⑤。厥民析,鸟兽孳尾。申命羲叔,宅南交。平秩南讹,敬致⑥。日永、星火,以正仲夏⑦。厥民因,鸟兽希革。分命和仲,宅西,曰昧谷⑧。寅饯纳日,平秩西成⑨。宵中、星虚,以殷仲秋⑩。厥民夷,鸟兽毛毨⑪。申命和叔,宅朔方,曰幽都。平在朔易。日短、星昴,以正仲冬⑫。厥民隩,鸟兽氄毛⑬。帝曰:"咨!汝羲暨和,期三百有六旬有六日,以闰月定四时成岁。允厘百工,庶绩咸熙。"

帝曰:"畴咨若时登庸⑭?"放齐曰:"胤子朱启明。"帝曰:"吁!嚚讼,

---

① 九族:同姓的亲属,上自高祖,下至玄孙。
② 羲和:古代神话中太阳之车的驭者,此处则分化为羲氏与和氏,兄弟四人分掌四方。
   "历象"二句:指观测天象以定历法。
③ 旸谷:古代神话传说东方日出之处。
④ 寅宾出日:恭敬地引导太阳出来。寅,恭敬。
⑤ "日中"二句:以昼夜等长,初昏时鸟星七宿见于正南方来推定春分。即观测天象以
   定历法。
⑥ 敬致:夏至正午祭日而以土圭测日影。
⑦ "日永"二句:以昼长夜短,初昏时大火星见于正南方来推定夏至。
⑧ 昧谷:古代神话传说西方日入之处。
⑨ 寅饯纳日:恭敬地饯别太阳。
⑩ "宵中"二句:以昼夜等长,初昏时虚宿见于正南方来推定秋分。
⑪ 毛毨:长出新毛。
⑫ "日短"二句:以昼短夜长,初昏时昴宿见于正南方来推定冬至。
⑬ 氄毛:长出细密的绒毛。
⑭ 畴咨:谁啊。

可乎①？"帝曰："畴咨若予采②？"驩兜曰："都！共工方鸠僝功③。"帝曰："吁！静言，庸违，象恭滔天。"帝曰："咨！四岳。汤汤洪水方割，荡荡怀山襄陵，浩浩滔天④。下民其咨，有能俾乂？"佥曰："於！鲧哉！"帝曰："吁！咈哉！方命圮族⑤。"岳曰："异哉！试可乃已。"帝曰："往，钦哉！"九载，绩用勿成。

帝曰："咨！四岳。朕在位七十载，汝能庸命，巽朕位？"岳曰："否德忝帝位。"曰："明明扬侧陋。"师锡帝曰："有鳏在下，曰虞舜。"帝曰："俞！予闻。如何？"岳曰："瞽子，父顽，母嚚，象傲。克谐以孝烝烝，乂不格奸。"帝曰："我其试哉。"女于时，观厥刑于二女。厘降二女于妫汭，嫔于虞⑥。帝曰："钦哉！"

舜像

慎徽五典，五典克从；纳于百揆，百揆时叙；宾于四门，四门穆穆；纳于大麓，烈风雷雨弗迷。帝曰："格！汝舜。询事考言，乃言底可绩，三载。汝陟帝位。"舜让于德，弗嗣。

正月上日，受终于文祖。在璇玑玉衡，以齐七政⑦。肆类于上帝，禋

① 嚚：口不道忠信之言为嚚。讼：争论。

② 采：事。

③ 方鸠僝功：遍揽事权，具有绩效。方，普遍。鸠，聚。僝，具。功，绩效。

④ 怀山襄陵：环绕山岭，漫过丘陵。

⑤ 方命：违反命令。圮族：灭族。圮，毁。

⑥ 妫汭：妫水曲处，帝舜所居。妫，水名。汭，河流曲处内侧。

⑦ 璇玑玉衡：指北斗七星。

于六宗，望于山川，遍于群神①。辑五瑞，既月乃日，觐四岳群牧，班瑞于群后②。岁二月，东巡守，至于岱宗，柴，望秩于山川，肆觐东后。协时月正日，同律度量衡，修五礼、五玉、三帛、二生、一死贽（zhì），如五器，卒乃复。五月，南巡守，至于南岳，如岱礼。八月，西巡守，至于西岳，如初。十有一月，朔巡守，至于北岳，如西礼。归，格于艺祖，用特③。五载一巡守，群后四朝。敷奏以言，明试以功，车服以庸。

肇十有二州，封十有二山，浚川。象以典刑，流宥五刑，鞭作官刑，扑作教刑，金作赎刑。眚（shěng）灾肆赦，怙（hù）终贼刑。钦哉，钦哉，惟刑之恤哉！流共工于幽州，放驩兜于崇山，窜三苗于三危，殛（jí）鲧于羽山，四罪而天下咸服。二十有八载，帝乃殂落，百姓如丧考妣（bǐ）。三载，四海遏密八音。

月正元日，舜格于文祖，询于四岳，辟四门，明四目，达四聪。咨十有二牧，曰："食哉！惟时柔远能迩。惇德允元，而难任人，蛮夷率服。"

舜曰："咨！四岳，有能奋庸熙帝之载，使宅百揆，亮采惠畴④？"佥曰："伯禹作司空。"帝曰："俞咨！禹，汝平水土，惟时懋（mào）哉！"禹拜稽首，让于稷、契暨皋陶。帝曰："俞，汝往哉！"帝曰："弃！黎民阻饥。汝后稷，播时百谷。"帝曰："契！百姓不亲，五品不逊，汝作司徒，敬敷五教，在宽。"帝曰："皋陶！蛮夷猾夏，寇贼奸宄（guǐ），汝作士。五刑有服，五服三就；五流有宅，五宅三居，惟明克允。"帝曰："畴若予工？"佥曰："垂哉。"帝曰：

---

① 类：祭名，非时祭天。禋：祭名。置牲于柴上，而使其香味上达于天。六宗：指天地四时。

② 五瑞：五种作为信物的玉器。

③ 特：一头牛。

④ 亮采惠畴：分类辅佐政务。亮，辅佐。采，事。惠畴，唯类。惠，即唯，语助词。

"俞咨！垂，汝共工。"垂拜稽首，让于殳斨暨伯与。帝曰："俞，往哉！汝谐。"帝曰："畴若予上下草木鸟兽？"佥曰："益哉！"帝曰："俞咨！益，汝作朕虞。"益拜稽首，让于朱、虎、熊、罴。帝曰："俞，往哉！汝谐。"帝曰："咨！四岳，有能典朕三礼？"佥曰："伯夷。"帝曰："俞咨！伯，汝作秩宗，夙夜惟寅，直哉惟清。"伯拜稽首，让于夔、龙[1]。帝曰："俞，往，钦哉！"帝曰："夔，命汝典乐，教胄子[2]。直而温，宽而栗，刚而无虐，简而无傲。诗言志，歌永言，声依永，律和声，八音克谐，无相夺伦，神人以和[3]。"夔曰："於！予击石拊石，百兽率舞。"帝曰："龙，朕堲谗说殄行，震惊朕师[4]。命汝作纳言，夙夜出纳朕命，惟允。"帝曰："咨！汝二十有二人。钦哉！惟时亮天功。"

三载考绩，三考，黜陟幽明，庶绩咸熙。

分北三苗。

舜生三十，征庸三十，在位五十载，陟方乃死[5]。

《尚书》

译 文

考察古代帝尧，名叫放勋。他谨慎明达，文雅温和，恭敬谦让，德业照耀四方，感动天地。他德行伟大，使宗族亲睦、百官尽职、诸侯和谐、

---

[1] 夔：长角兽。
[2] 胄子：天子与卿大夫的长子。
[3] 永：同"咏"，咏唱。
[4] 堲：厌恶。
[5] 三十：据郑玄注当作"二十"。

人民和善。

帝尧命羲氏、和氏观象授时。他命羲仲居东方旸谷以引导太阳升起，教人民春耕，以昼夜等长、初昏时鸟星见于正南方的现象来推定春分。这时人民都在田间耕作，鸟兽也都交尾繁殖。又命羲叔居南方交阯教人民夏耘，夏至日敬谨祭日并测日影的长度，以昼长夜短、初昏时大火星见于正南方的现象来推定夏至。这时人民都解衣下田，鸟兽也都开始脱毛。又命和仲居西方昧谷以饯别太阳，教人民秋收，以昼夜等长、初昏时虚星见于正南方的现象来推定秋分。这时人民都为收成喜悦，鸟兽也都长出新毛。又命和叔居北方幽都教人民冬藏，以昼短夜长、初昏时昴星见于正南方的现象来推定冬至。这时人民都居家避寒，鸟兽也都长出柔细的绒毛。帝尧说："羲氏、和氏，一年有三百六十六天，要采用置闰的方法来确定四季、推算年历。顺应天时，整饬百官，绩效才会显著。"

帝尧说："谁能像这样成就功业？"放齐推举帝尧的嗣子朱，说："嗣子朱开明通达。"帝尧说："哼！他言论荒谬，又好争辩，怎么可以呢？"帝尧说："谁能像我这样承担职事？"驩兜推举共工，说："共工遍揽事权，且都有绩效。"帝尧说："哼！他不听忠言，貌似恭谨，其实连上天都敢侮慢。"帝尧说："唉！四位诸侯领袖，洪水成灾，直漫青天。人民都在叹息，谁能治理呢？"四人都说："啊！鲧可以。"帝尧说："哼！不可以。他违抗命令，要灭族的！"四人说："姑且试用吧！"帝尧任命鲧说："去吧！要谨慎呀！"经过九年，毫无成效。

帝尧说："啊！四位诸侯领袖，我在位七十年了，你们谁能顺应天命，我把帝位让给他吧？"四人说："我们鄙陋，怕辱没了帝位。"帝尧说："那么就推举高明的人，即使出身微贱也不妨。"四人向帝尧推举说："有个无妻的贱人，名叫舜。"帝尧说："嗯，我听说过，他到底怎么样？"四人说："他是盲人之子，父亲糊涂，母亲多嘴，弟弟无礼。他却能和睦相处，恪尽孝道，感化他们。"帝尧说："我要试用他。"于是把两个女儿嫁给舜，借以观察舜的德行。帝尧对女儿说："要谨慎啊！"

命舜推行五教，五教有成；命舜担任政事，政事有成；教舜到四面城门接待宾客，都能肃然有礼；使舜进入大山深林，遇大风雷雨也不迷路。于是帝尧说："来，舜。你所作所为绩效卓著，三年有成，你担任我的职务吧！"舜谦退不肯。后来终于答应了。

正月上旬吉日，舜在尧的祖庙接受尧的职务。他观测天象，制定历法；类祭上帝，禋祭天地四时，望祭山川神灵，遍祭诸神。帝舜收聚诸侯的信物，选定吉月吉日，接见四位诸侯领袖及各州州长，颁予信物，确认职权。这年二月，帝舜出巡东方，禋祭泰山，望祭其他山川，接见东方诸侯，调协四季，颁定正朔，统一音律与度量衡，修订礼仪。五月，出巡南方，来到南岳衡山，所行礼仪一如泰山。八月，出巡西方，来到西岳华山，所行礼仪同前。十一月，出巡北方，来到北岳恒山，所行礼仪如西岳。回朝之后，祭告于父庙、祖庙，各用一头公牛为祭品。每五年出巡一次，其他四年由四方诸侯分别来朝。朝觐时让诸侯发言，考验其绩效，若有功绩则赏赐车马服饰。

帝舜开始区划天下为十二州，祭祀十二座大山，疏导各州的河流。又制定刑法，以放逐代替五刑。鞭笞行于官署，扑打行于学校，罚金可以赎罪。过失可以赦免，怙恶不悛则加重其刑。谨慎用刑，力求公平。放逐共工到幽州，放逐驩兜到崇山，把三苗族驱赶到三危山，把鲧流放到羽山。这四件事的处置，令天下人心悦诚服。舜摄政二十八年，帝尧驾崩，百官哀悼如同父母去世一般，天下不举乐凡三年。

正月吉日，舜祭告于祖庙，正式即位。帝舜与四位诸侯领袖共谋国事，打开四面的城门以广听闻，又访问十二位州长，说："要努力啊！要安定远近，要敦厚善良，要拒用奸佞，能够这样，四方蛮夷都会服从了。"

帝舜说："啊！四位诸侯领袖，有谁能努力工作，光大帝业，就让他居百官之位，分类辅佐政务。"四人都说："伯禹可做司空。"帝舜说："是啊！禹，你曾平定水土，现在可要奋勉呀！"禹跪拜叩头，谦让给稷、契及皋陶。帝舜说："你最合适，去吧。"帝舜说："弃！人民受饥困厄，你主持农业，种植百谷。"帝舜说："契！人们不亲睦，父子兄弟不和顺，你主管教育，谨慎推行五常教化，要宽大呀！"帝舜说："皋陶！蛮夷扰乱中国，造成内乱外患，你主掌刑罚，要使人心悦诚服，断狱以明察为主。"帝舜说："谁能做好百工之事？"四人都说："垂可以。"帝舜说："好啊！垂，你掌管工务。"垂跪拜叩头，谦让给殳斨和伯与。帝舜说："你最合适，去吧。"帝舜说："谁能管理山林川泽、草木鸟兽？"都说："益可以。"帝舜说："好啊！益，你做我的虞官。"益跪拜叩头，谦让给朱、虎、熊、罴。帝舜说："你最合适，去吧。"帝舜说："啊！四位诸侯领袖，有谁能为我掌管祭礼？"四人都说："伯夷可以。"帝舜说："好啊！伯夷，你做我的秩宗，要早晚恭敬，端庄正直啊！"伯夷跪拜叩首，谦让给夔、龙。帝舜说："你最合适，去吧！要敬谨从事啊！"帝舜说："夔！命你职掌乐律，教导长子，使他们正直而温和，宽大而谨慎，刚强而不苛虐，简易而不傲慢。诗表达意志，歌拖长声音，乐音配合歌声，律吕调和乐音。乐音若和谐，神、人也就和睦了。"夔说："啊！我奏起乐来，连野兽都会循声舞蹈哩！"帝舜说："龙！我痛恨邪说暴行惊扰民众，任命你做纳言，为我传布命令，转达下情，一定要诚信不欺啊！"帝舜说："啊！你们二十二人，要谨慎啊！要完成天意啊！"

每三年考核一次，考核三次之后，依考绩分别升级或降级，于是官员的绩效便显著了。

把三苗族驱赶出中国。

帝舜三十岁时被尧征召，摄政二十年，在帝位五十年，死于出巡途中。

（周凤五／编写整理）

盘 庚

盘 庚

　　盘庚，殷帝名；祖丁之子，阳甲之弟，小辛之兄。率领殷人迁居于殷（今河南安阳市西北小屯村），此后至帝辛（商纣）亡国，前后二百七十三年，殷国都于此。

　　本篇文辞古奥，大概是殷代史官所作的记录，由于年代久远，历经传抄，其中可能羼杂后人润饰的成分。今本《尚书》中《盘庚》分为上、中、下三篇，汉代则合为一篇，而区别为三大段。今依文义以中、上、下为次，合为一篇。

背　景

　　据学者考证，殷民族起于我国东北，后来逐渐南徙，往来于济水、黄河之间。《诗经·商颂·玄鸟》歌咏殷商始祖的诞生云：

　　　天命玄鸟，降而生商。

　　《史记·殷本纪》也载殷始祖名契，其母简狄出浴，见玄鸟（燕）堕卵，简狄取而吞之，遂有孕而生契。这种祖先以卵生而创业的神话，流行于我国东北民族，较晚出的史料如《后汉书·东夷传》《魏书·高句丽传》与《清太祖武皇帝实录》中也都有类似的传说。比较特殊

契像

的是秦的始祖。秦国"僻处西戎",似与东北民族不相干,而《史记·秦本纪》云:

> 秦之先,帝颛顼之苗裔孙曰女修。女修织,玄鸟陨卵,女修吞之,生子大业。

原来,秦为嬴姓,也是东方滨海的民族,后来辗转西迁,终于据有周人的故地而称霸西戎。秦国既原属东方滨海的民族,则其始祖的神话与东北民族类似也就不足为奇了。

影　响

据《尚书·序》说,殷民族"自契至于成汤八迁",而《尚书·序》又说"盘庚五迁,将治亳殷",似乎殷民族自立国以来一直转徙不定。殷商何以屡次迁徙?学者说法不一,有人主张迁居系为避水患,有人主张当时社会生产尚以游牧为主,真相如何,恐怕一时也无法考知。唯据史料记载,自盘庚迁殷迄帝辛(纣)亡国,二百七十三年之间,殷人定居于殷,不再迁徙。殷的地望,《史记·项羽本纪》有"洹水南,殷虚上"之说。据近代田野考古发掘的成果可知,即今河南安阳市西北小屯村一带。

《盘庚》的文辞古奥,不易通读,就连熟读先秦古籍的唐代大文豪韩愈都要慨叹:"周诰殷盘,诘屈聱牙!"近代由于考古学、语言学、历史学的发展,我们对先秦文献有了更深一层的了解与体会,读《盘庚》之文,于诘屈古奥之外,也能够领略它所特有的质朴之美,那是早期散文所特有的口语成分,不假修饰,娓娓道来,于自然质朴中有其动人的力量。如:

> 若乘舟,汝弗济,臭厥载。
> 若网在纲,有条而不紊;若农服田力穑,乃亦有秋。

若火之燎于原，不可向迩，其犹可扑灭。

今予其敷心腹肾肠，历告尔百姓于朕志。

其说理取譬，反复周至，丝毫不觉拖沓冗长。韩愈说本篇"诘屈聱牙"，我们却领略它质朴自然的美感。本篇除史料价值之外，在先秦散文史上也是重要的代表作。

原 文

盘庚作，惟涉河以民迁。乃话民之弗率，诞告用亶^①。其有众咸造，勿亵在王庭^②。盘庚乃登进厥民，曰："明听朕言，无荒失朕命。呜呼！古我先后，罔不惟民之承保^③。后胥戚鲜，以不浮于天时^④。殷降大虐，先王不怀厥攸作，视民利用迁。汝曷弗念我古后之闻？承汝俾汝，惟喜康共；非汝有咎，比于罚^⑤。予若吁怀兹新邑，亦惟汝故，以丕从厥志^⑥。

"今予将试以汝迁，安定厥邦。汝不忧朕心之攸困，乃咸大不宣乃心，钦念以忱，动予一人，尔惟自鞠自苦^⑦。若乘舟，汝弗济，臭厥载。尔忱不属，惟胥以沈。不其或稽，自怒曷瘳^⑧？汝不谋长，以思乃灾，汝诞劝忧。今其有今罔后，汝何生在上？今予命汝一，无起秽以自臭；恐人倚乃身，

---

① 诞：大，普遍。亶：诚恳。
② 亵：怠慢。
③ 承：爱护。
④ 胥：互相。戚：忧虑。
⑤ 俾：使。惟喜康共：只是喜欢和你们共安乐。
⑥ 新邑：新国都。
⑦ 忱：诚意。鞠：穷，走绝路。
⑧ 稽：延迟。

迁乃心。予迓续乃命于天：予岂汝威？用奉畜汝众。

"予念我先神后之劳尔先，予丕克羞尔[①]。用怀尔然。失于政，陈于兹，高后丕乃崇降罪疾，曰：'曷虐朕民！'汝万民乃不生生，暨予一人猷同心，先后丕降与汝罪疾，曰：'曷不暨朕幼孙有比！'故有爽德，自上其罚汝，汝罔能迪[②]。

"古我先后，既劳乃祖乃父，汝共作我畜民。汝有戕，则在乃心，我先后绥乃祖乃父；乃祖乃父，乃断弃汝，不救乃死。兹予有乱政同位，具乃贝玉。乃祖乃父，丕乃告我高后，曰：'作丕刑于朕孙。'迪高后丕乃崇降弗祥。

"呜呼！今予告汝不易；永敬大恤，无胥绝远；汝分猷念以相从，各设中于乃心。乃有不吉不迪，颠越不恭，暂遇奸宄；我乃劓殄灭之，无遗育，无俾易种于兹新邑，往哉生生！今予将试以汝迁，永建乃家。"

盘庚迁于殷，民不适有居。率吁众戚出矢言。曰："我王来，既爰宅于兹；重我民，无尽刘[③]。不能胥匡以生，卜稽曰其如台？先王有服，恪谨天命；兹犹不常宁，不常厥邑，于今五邦。今不承于古，罔知天之断命，矧曰其克从先王之烈？若颠木之有由蘖，天其永我命于兹新邑，绍复先王之大业，厎绥四方。"

盘庚敩于民，由乃在位，以常旧服，正法度。曰："无或敢伏小人之攸箴！"王命众，悉至于庭。王若曰："格汝众，予告汝训汝。猷黜乃心，

---

① 丕：大。羞：进。

② 迪：说话。

③ 刘：杀。

无傲从康。古我先王，亦惟图任旧人共政。王播告之，修不匿厥指，王用丕钦；罔有逸言，民用丕变。今汝聒聒，起信险肤，予弗知乃所讼。

"非予自荒兹德，惟汝含德，不惕予一人①。予若观火，予亦拙谋，作乃逸。若网在纲，有条而不紊；若农服田力穑，乃亦有秋。汝克黜乃心，施实德于民，至于婚友；丕乃敢大言，汝有积德。乃不畏戎毒于远迩，惰农自安，不昏作劳，不服田亩，越其罔有黍稷②。汝不和吉言于百姓，惟汝自生毒；乃败祸奸宄，以自灾于厥身。乃既先恶于民，乃奉其恫，汝悔身何及！

"相时憸民，犹胥顾于箴言，其发有逸口，矧予制乃短长之命？汝曷弗告朕，而胥动以浮言，恐沈于众？若火之燎于原，不可向迩，其犹可扑灭。则惟汝众自作弗靖，非予有咎。

"迟任有言曰：'人惟求旧，器非求旧，惟新。'古我先王，暨乃祖乃父，胥及逸勤，予敢动用非罚？世选尔劳，予不掩尔善。兹予大享于先王，尔祖其从与享之。作福作灾，予亦不敢动用非德。

"予告汝于难，若射之有志。汝无侮老成人，无弱孤有幼。各长于厥居，勉出乃力，听予一人之作猷。无有远迩，用罪伐厥死，用德彰厥善。邦之臧，惟汝众；邦之不臧，惟予一人有佚罚。

"凡尔众，其惟致告：自今至于后日，各恭尔事，齐乃位，度乃口③。罚及尔身，弗可悔。"

---

① 含德：《史记·殷本纪》作"舍德"，是。译文从之。

② 戎毒：大灾害。

③ 度乃口：闭起你们的嘴巴。度，闭。

盘庚既迁，奠厥攸居，乃正厥位，绥爱有众①。曰："无戏怠，懋建大命。今予其敷心腹肾肠，历告尔百姓于朕志。罔罪尔众，尔无共怒，协比谗言予一人。古我先王，将多于前功，适于山②。用降我凶，德嘉绩于朕邦。今我民用荡析离居，罔有定极。尔谓朕：'曷震动万民以迁？'肆上帝将复我高祖之德，乱越我家③。朕及笃敬，恭承民命，用永地于新邑。肆予冲人，非废厥谋，吊由灵④。各非敢违卜，用宏兹贲⑤。

"呜呼！邦伯、师长、百执事之人，尚皆隐哉⑥。予其懋简相尔，念敬我众⑦。朕不肩好货，敢恭生生，鞠人、谋人之保居，叙钦。今我既羞告尔于朕志，若否，罔有弗钦，无总于货宝，生生自庸。式敷民德，永肩一心。"

《尚书》

译 文

盘庚准备渡河迁居，有些人不愿意，于是盘庚把这些人召来，诚恳地告诫他们。那些人来到王宫，不敢简慢。盘庚登上高处，召他们进前来，说："大家用心听我讲话，不许怠慢我的命令！唉！古代先王没有不尽心爱护人民的，臣民也互相体谅，无不顺从天意行事。从前上天降大灾给殷国，先王也不敢留恋旧都，就根据人民的利益而迁都。你们为什么不回想一下

---

① 位：指主要建筑的方位。包括王宫、王的祖庙和社稷——土神、谷神的基址等。

② 先王：指汤。多于前功：扩大汤以前的商代先王的事业。山：山区，指亳。

③ 肆：语词。高祖：指汤。

④ 冲人：童子，自谦的话。吊：至。灵：善。说大家意见不同，总归采用好的。

⑤ 贲：大。指迁都的大业。

⑥ 隐：安定。

⑦ 懋：勉励。简：大。

先王的旧事呢？我现在决定迁都，是为了使你们安全，希望迁到那里能过安定的生活，并不是因为你们犯了什么罪，要惩罚你们。我命令你们迁到新的都城，完全是为你们打算，你们应该顺从我的心意。

"现在我准备带你们迁居，把我们的国家安定下来。但是，你们都不体念我的苦心，都不肯拿出真心来，以致惊动了我，这是你们自走绝路，自找苦吃！你们好像已经上了船，却不肯开船过河，结果只是让所载的东西都腐烂掉！你们大家都不拿出诚心来，结果只会彼此都叫水淹死。不是还有人迟疑不肯走的吗，到那时再抱怨也来不及了！你们不做长远打算，想想你们现在所碰到的是什么样的大灾，这样下去，就会大大地增添忧患。你们只想暂时在这里过活，不管将来怎么样，你们这样地不懂道理，老天爷还怎能叫你们活下去呀！现在我训告你们：你们心里要明白些，不要轻信什么谣言。那些谣言，就和肮脏的东西一样，是一点也活不得的。我恐怕那些造谣的人利用你们、迷惑你们，叫你们拿不定主意。我现在叫你们迁移，正是为你们向天祈求延续命运。我哪里是要惩罚你们？我正是要拯救你们，叫你们好好地活下去！

"我想从前我的先王是很爱护你们先人的，我也很能进而关怀你们，把你们迁移到安全的地方去，叫你们过较好的生活，如今老在这里，这就是我在政事上的过失，若我硬要把你们留在这个坏地方，先王就会降大灾来惩罚我。先王会这样责难我：'你为什么这样虐待我的人民，不带他们走开呢？'若是你们大家不肯前进，不肯好好地和我一心一意地迁都，先王也一定会降大灾来惩罚你们的。先王也会这样责难你们：'你们为什么不顺我幼孙的命令，而别具用心呢？'先王那时一定会从天上降大灾来惩罚你们的，你们谁也没有话说。

"你们要想想：从前我先王既然很信任你们的先人，你们就更应该顺从我的命令迁移。如果你们存心要破坏迁都的计划，我先王在天上告诉你们的先人，你们的先人就会弃绝你们，不救援你们了。现在一些在位的官员如果有人想破坏迁都的计划，贪图这里的财物，不肯迁移，你们先人在天上也一定会告诉我先王说：'要重重地惩罚那些不孝的子孙！'这样，先王一定会降大灾来惩罚你们的。

"唉！现在我再郑重告诉你们一声：我的迁都计划是决定不变的了，你们都应该很谨慎地来对待这次大灾，不要违背我的意思，应该很诚恳地顺从我的命令。你们都要把自己的心放在正当的地方，谁都不能胡思乱想，乱造谣言。如果还有胡作非为、抗拒命令、造谣捣乱的坏人，我定把他杀净，一个不留！我决不让一个坏种子留在那新邑！你们快迁到那边去吧！到那里好好地生活。我现在就要率领你们迁到那里，建立起永久的家业！"

盘庚迁殷，人民不乐意，盘庚要亲近的大臣向人民讲话，说："王上迁居，业已住下，这样做是重视大家的生命，不要全死于灾难。你们却不能互助求生，不妨卜问一下，看看结果如何？先王行事都谨遵天命，然而尚且不能永保安宁，不能定居一地，迄今已经五次迁都了。如今若不继承先人，又如何效法先王的功业？这次迁都，就像大树仆倒，又长出新芽一样。老天会让我们在这里长久生存，继承先王的大业，安定天下。"

盘庚晓谕人民，要辅佐长官，要遵循法度。告诉官员说："不得隐瞒民众对政府的建议。"王命令大家都到庭中。王如此说："大家到前面来，我告诉你们。啊！你们不可傲慢放纵，贪图享受。我们先王，也是希望和老人共事。先王布告政令，无论多远都能传到，官员从不隐藏王的旨意，王因而对官员很满意。官员没有不当的言论，人民都改过向善。而现在你们聒噪不休，自以为是，说些邪恶浅薄的话，我真不知你们在争论些什么。

"不是我缺乏美德，是你们舍弃了道德，不能处处为我着想。我好比看火一般，非常清楚，只怪我笨拙，以致造成你们的过错。群臣必须听从君王的命令，就像把网系在大绳上，才能有条不紊；就像农人种田，努力耕耘，才能丰收。你们要是能收敛放纵的心，对人民施与恩惠，这样才可说句大话，说你们积德，不论现在或将来，你们都不怕大灾害。如果你们只求逸乐，不努力工作，不从事农耕，自然什么收成都没有了。你们不把政府的善意传达给人民，那是你们自找灾祸。于是毁坏、灾祸、内外扰乱都发生，以致自己害了自己。你们既已先向人民说坏话，你们要受到应得的灾害，到时悔恨也来不及了。

"看看那些小民，他们还都顾及政府的劝诫，你们竟然乱说话，何况我还掌握着你们的生杀大权？你们为何不事先告诉我，却造谣煽惑？你们好比大火燎原，火势虽猛，我还扑灭得了。那是你们做了不好的事，不是我的错。

"迟任曾经说过：'任用官吏是老人来得好，但器物则不要旧的，要新的。'古时我的先王跟你们的祖先，曾经同甘共苦过，我怎么会对你们施以不合理的刑罚呢？世代计算你们祖先的功劳，我不会埋没你们的好处。现在我要隆重地祭祀先王，你们祖先有功的，当然也参与配享。降福降灾，全听神灵的意旨，我也不敢妄施不当的恩惠。

"我告诉你们困难的事。做事要像射箭一样，要把握目标。你们不要欺侮那些老年人，也不要欺凌孤寡弱小。你们各人长住现在的居所，努力献出力量，听我为你们计划。无论远年近日，凡做坏事，就按刑法诛杀，有好的表现，就用赏赐来表扬。国家要是好，那是你们的功劳；国家若是弄不好，那就是我一个人的过错。

"你们大家要把我的话辗转相告：从今以后，要各自敬慎自己的事业，各人在自己的职位上努力，闭起你们的嘴巴，否则，罚了你们，可不要后悔。"

盘庚迁都到了殷地以后，就开始了这个地方的建设，安置了大家的住所，并对王宫、神庙等主要建筑的方位也作了安排。盘庚同时作了一番安定大家情绪的训话，他说："大家刚来到这里，万不可贪玩和懈怠，要一齐努力建设我们的新都，来保住上帝授予我们的大命。今天我把心腹话完全告诉你们：以往的事情我再不责怪你们了，你们也不要再怨恨我，老聚在一块说我的坏话。从前我的先王想要继承和扩大前人的事业，遇到水灾就迁往山区，因此，使人民避免了灾难，使我们的国家一天一天地兴盛起来。现在我们的人民因为受到水灾，四处逃散，没有可以安居的地方。你们指责我：'为什么要惊动上千万的人民迁都呢？'你们要知道：上帝降下来这样的大灾，原是叫我们迁到新邑，恢复高祖的事业，这就是上帝要兴隆我们的国家。我是很诚恳很小心地顺着上帝的命令去办事，我很尽心地去拯救人民，叫人民永远住在这个新邑。我并不是不听从大家的打算，因为意见不同，总要采用好的。如今从占卜中也已经得到吉兆，谁也不敢违背占卜去办事，因此，我们就要完成这次迁都的大事业。

"唉！你们各国的君长、各个官长以及所有管事的官员们呀，大家都把心定下来，好好地尽自己的职责吧！我现在要细心察看你们，你们要拿出诚心来帮助我教养人民。我决不信任那些贪求财宝的人，谁若尽心帮助我教养人民，人民能够安定地在这里住下去，我一定信任他，尊敬他。现在我把我的内心话都说尽了，你们觉得怎样？你们应该诚恳地依照我的意思办事，你们千万不要贪求财宝，不管人民死活，你们应该努力向前，好好地做事，给人民恩德，永远和我一条心！"

（周凤五／编写整理）

牧　誓

姬　发

本篇相传为周武王伐纣时在牧野的誓师之辞。

周武王为周文王次子（长子伯邑考早死），姓姬名发，牧野之战伐纣克商，为西周开国之君。

背　景

周武王伐纣开国，是我国上古时代的一桩大事。

周人自太王立国于岐下周原以来，久蓄"翦商"之志。唯以蕞尔小国，实力不足，未敢轻举妄动。季历为殷征伐西落鬼戎、余无之戎等西方部落，以功受殷爵号封赏，后因受猜忌而被杀。文王继承先人遗业为当时西、北两方的霸主，号称"西伯"，俨然与殷王分庭抗礼，

周武王像

而时机未成熟，只能继续臣服于殷。至武王即位，才正式率领西方诸侯联军东进伐纣。据古书记载，周武王大军一直前进到距离商都朝歌七十里的牧野（今河南淇县西南），总兵力计兵车三百辆、虎贲（近卫军）三千人、甲士四万五千人。这样一支大军由陕西出发，经过三十天的长途跋涉，商纣不可能不知，何以坐视其逼近都城而束手无策？《左传》说"商纣为黎

之蒐，东夷叛之"（昭公四年）、"纣克东夷而陨其身"（昭公十一年），猜想商纣大约和后来西周诸王一样，为山东、江苏一带叛服无常的东夷所困。当周武王挥师东进之际，殷军主力可能正深陷东战场的泥淖中，甚至周武王这支大军就是应商纣征召以增援东战场的。在商纣固然出于无奈，而周武王却借机长驱直入，直指殷商的心脏。史载牧野之战，商纣"前徒倒戈"。事实上，"倒戈"的与其说是殷军，不如说是当时名义上臣服于殷，对商仍有贡赋、力役等义务的周人来得更为确切。

关于商纣的罪状，周武王一共指斥三点，即听信妇人之言、不留心祭祀、不用贵戚旧臣而任用小人。到了春秋末期，商纣的罪状已经增加到几十桩之多，连子贡都不禁要替他喊冤，说："纣之不善，不如是之甚也。是以君子恶居下流，天下之恶皆归焉。"评断历史人物的是非功过，时代接近固不免阿其所好，年湮岁邈又恐怕无中生有。"纣之不善"正是最好的例证。

影　响

本文宣示了殷王朝灭亡的命运，展现了吊民伐罪的"革命"意义，也开启了周代八百年的统治，代表了中国历史的一次大变动，对后世政治哲学影响深远。

原　文

时甲子昧爽，王朝至于商郊牧野，乃誓①。

王左杖黄钺，右秉白旄以麾，曰："逖矣，西土之人！"②王曰："嗟！我友邦冢君，御事，司徒、司马、司空，亚旅、师氏，千夫长、百夫长，

---

① 甲子昧爽：甲子日黎明。商郊牧野：商都之郊，牧（地名）之野。在今河南淇县西南。
② 钺：大斧。白旄：系有白旄牛尾的旗。黄钺、白旄都象征权威。

022

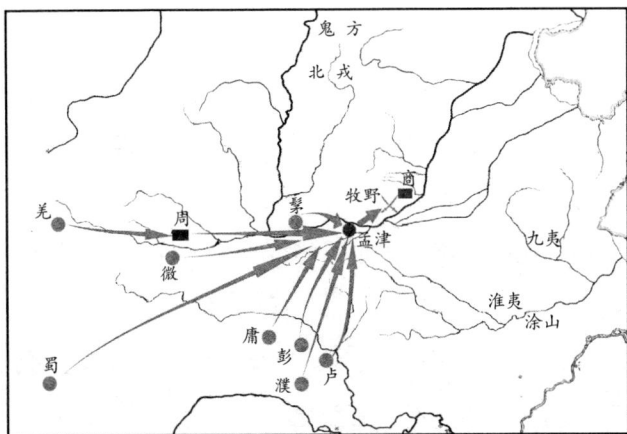

牧野之战简图

及庸、蜀、羌、髳（máo）、微、卢、彭、濮人[1]。称尔戈，比尔干，立尔矛，予其誓。"

王曰："古人有言曰：'牝（pìn）鸡无晨。牝鸡之晨，惟家之索。'今商王受惟妇言是用，昏弃厥肆祀弗答，昏弃厥遗王父母弟不迪[2]。乃惟四方之多罪逋（bū）逃，是崇是长，是信是使，是以为大夫卿士，俾暴虐于百姓，以奸宄（guǐ）于商邑。今予发惟恭行天之罚。今日之事，不愆于六步、七步，乃止齐焉。夫子勖（xù）哉！不愆于四伐、五伐、六伐、七伐，乃止齐焉。勖哉夫子！尚桓桓，如虎如貔（pí），如熊如罴（pí），于商郊，弗迓（yà）克奔以役西土[3]。勖哉夫子！尔所弗勖，其于尔躬有戮！"

《尚书》

---

① "庸、蜀、羌"句：皆蛮夷小国。地在今陕、甘、川、鄂一带。

② 商王受：即商王纣。

③ 弗迓克奔：不要向投诚来归的敌人迎战。

译　文

甲子日黎明，王一大早就来到商郊牧野举行誓师。

王左执黄色大斧、右执白旄牛尾旗，向大军挥舞着，说："我西方的将士们，远道而来，大家辛苦了！"王说："啊！我友邦的大君们，官员们。将士们，庸、蜀、羌等小国的人们，举好戈，立好盾牌，把矛竖起来，我要誓师了。"

王说："古人说：'母鸡不可司晨。母鸡要是司晨，家族可就衰败了！'现在商纣却专听妇人的话，不留心祭祀；不任用亲兄弟，专任用一些为非作歹的犯人，暴虐作乱。现在我姬发替天行道。今天讨伐商纣，只不过列队前进六七步就成功了，大家努力呀！只不过拿戈矛刺击四、五、六、七下就成功了，大家努力呀！要勇敢威武，在战场上要像虎、貔、熊、罴等猛兽一般。对投诚来归为我们西方出力的敌人可不要迎战啊。大家努力呀！你们若不努力，我可要杀你们啊！"

（周凤五／编写整理）

利簋铭

利

本器作者利，据铭文记载，曾参与西周开国的牧野之战。很可能他职掌占卜，且是古公亶父的后代，为周王的宗亲。

背　景

周武王伐纣的史实，由于史料残缺散亡，我们只能见到一些零星的资料。孟子说：

> 尽信书，则不如无书。吾于《武成》取二三策而已矣。
>
> 以至仁伐至不仁，而何其血之流杵也？

可惜的是，连孟子不敢尽信的《武成篇》也早在东汉光武帝建武年间就散亡了，我们今天只能根据《汉书·律历志》所载刘歆《世经》所引《武成篇》的佚文，加上《逸周书》中《克殷》《世俘》两篇，大致勾勒出周武王伐纣克殷一事的轮廓。

根据《武成篇》的记载，周武王克殷是在甲子日，这点已由利簋出土得到了证实。现在归纳各项史料，将周武王伐纣开国的经过逐日列表分述于后：

一月二十六日　癸巳（公元前 1040 年）

武王朝步自周，于征伐纣。（《武成篇》）

二月二十二日　戊午

　　师渡孟津。(《武成篇》)

二月二十八日　甲子

　　咸刘商王纣。(《武成篇》《世俘》)

　　岁，贞："克昏?"夙有商。(《利簋铭》)

三月一日　丁卯

　　太公望至，告以馘俘。(《世俘》)

三月二日　戊辰

　　王遂御循（祭名），追祀文王，时日王立政。(《世俘》)

三月五日　辛未

　　王在管师，赐有事利金。(《利簋铭》)

三月六日　壬申

　　荒新至，告以馘俘。(《世俘》)

四月一日　乙未

　　武王成辟四方，通殷命有国。(《世俘》)

四月十六日　庚戌

　　武王朝至，燎于周。(《世俘》)

　　武王燎于周庙。(《武成篇》)

四月十七日　辛亥

　　祀于位，用龠于天位。(《世俘》)

　　荐俘殷王鼎。(《世俘》)

　　祀于天位。(《武成篇》)

四月二十日　乙卯

以庶国祀馘于周庙。（《世俘》《武成篇》）

王定。（《世俘》）

从周武王率兵出发到战胜回国，献馘祭庙，前后总计经过八十四天。

影　响

本文是证实武王伐纣日期的重要文献。武王伐纣是中国历史上划时代的一件大事，从此吊民伐罪的"革命"意义成了中国历来改朝换代的理论基础。但是，这么一段重要的史实，我们所能得到的史料太过有限。利簋的出土，具体证实了文献所载武王伐纣的确切日期，其重要性和影响力，不言而喻。

原　文

武王征商，惟甲子朝，岁，贞："克昏？"[1]
夙有商[2]。辛未，王在管师，赐有事利金，用作
dǎn
亶公宝尊彝[3]。

利簋铭拓片

《金文总集》

---

① 甲子朝：甲子日清晨。文献记武王伐纣在甲子日，与本器铭相合。岁：祭名。贞：卜问。

② 夙有商：迅速地占领商国。

③ 辛未：甲子日以后七天。管师：地名。距商都城不远，确切地点不详。有事：即有司。
指官员。金：金属，指铜。亶公：利的祖先，有人认为即古公亶父。宝尊彝：宝贵的礼器。

译　文

　　周武王征商，甲子日清晨举行岁祭并卜问："能不能打败昏庸的纣王？"果然迅速占领了商国。辛未日，周武王在管师，把铜赏赐给官员利，于是利就用铜铸造了这件祭祀亶公的宝贵礼器。

（周凤五／编写整理）

洪 范①

不 详

《尚书·序》云："武王胜殷杀受，立武庚，以箕子归，作《洪范》。"历来都以为本篇乃箕子所作。也有人主张本篇作者为夏禹。近代学者则多主张本篇著成于战国时期。众说纷纭，莫衷一是。总之，本篇的作者虽不能确指，但其是我国早期的政治思想的代表则毋庸置疑。

背 景

《尚书·洪范》相传为周武王伐纣克殷，访求殷遗老箕子，箕子为其陈治国之道、天地大法。先秦典籍如《左传》《墨子》《荀子》《韩非子》《吕氏春秋》等多加以征引。暴秦焚书之后，西汉初年伏生传《尚书》于齐、鲁之间，所授内容有《洪范五行传》及《尚书大传》。其五行传专言祥瑞灾异，当时说《尚书》者多宗之，其说以五行统贯洪范九畴中的八畴（另一畴即五行），推论天人感应之理，成为两汉时期"尚书"学的中心。

箕子像

---

① 洪范：天地的大法则。

影　响

《洪范》五行的说法原来十分平易，到了《洪范五行传》就开始穿凿附会，后来刘向于西汉末年校书中秘，援引《春秋》灾异说与《洪范》五行结合为一，以灾异为人君行事的证验，"洪范"为人君施政的法则，假托天人相应以警惕人主，达到谏诤的目的。刘向之子刘歆则更进一步，将谶纬与"洪范"互相比附，以洛书为"洪范"。其后班固甚至以"初一曰五行"至"威用六极"六十五字为洛书本文。

"洪范"之学始而平易，继则附会《春秋》灾异说，终于附会谶纬，而其功能则经师用以干禄、人臣借以谏君，有其悠谬的一面，也有其严肃的一面。《淮南子》尝谓诸子百家之兴，目的皆在"救时之弊"。汉儒"洪范"学由"五行""庶征"发端，比附灾异与谶纬，虽流于悠谬，但不失其"救时之弊"的价值。

宋代以后，理学大师辈出，又借"洪范"以论心性，并用以推演经世御民之道，而其重心则转向"皇极"。朱子尝谓：（洪范）是个大纲目，"天下之事，其大者大概备于此矣"。又说："（皇极）是人君为治之心法。"至此，"洪范"之学又经一番转折。

由先秦两汉以讫两宋"洪范"学的演变过程，实可谓我国学术史上极富兴味的一个问题，而其对于历代帝王的人格与思想的影响，尤其值得我们注意。

原　文

惟十有三祀，王访于箕子①。王乃言曰："呜呼！箕子，惟天阴骘下民，

---

① 祀：商人称年为祀。

相协厥居，我不知其彝伦攸叙①。"

箕子乃言曰："我闻在昔，鲧陻洪水，汩陈其五行，帝乃震怒，不畀洪范九畴，彝伦攸斁②。鲧则殛死，禹乃嗣兴，天乃锡禹洪范九畴，彝伦攸叙。

"初一曰五行，次二曰敬用五事，次三曰农用八政，次四曰协用五纪，次五曰建用皇极，次六曰乂用三德，次七曰明用稽疑，次八曰念用庶征，次九曰向用五福，威用六极③。

"一、五行。一曰水，二曰火，三曰木，四曰金，五曰土。水曰润下，火曰炎上，木曰曲直，金曰从革，土爰稼穑。润下作咸，炎上作苦，曲直作酸，从革作辛，稼穑作甘。

"二、五事。一曰貌，二曰言，三曰视，四曰听，五曰思。貌曰恭，言曰从，视曰明，听曰聪，思曰睿。恭作肃，从作乂，明作哲，聪作谋，睿作圣。

"三、八政。一曰食，二曰货，三曰祀，四曰司空，五曰司徒，六曰司寇，七曰宾，八曰师。

"四、五纪。一曰岁，二曰月，三曰日，四曰星辰，五曰历数。

"五、皇极。皇建其有极，敛时五福，用敷锡厥庶民。惟时厥庶民于汝极，锡汝保极。凡厥庶民，无有淫朋；人无有比德，惟皇作极。凡厥庶民，有猷有为有守，汝则念之。不协于极，不罹于咎，皇则受之。而康而色，曰：'予攸好德。'汝则锡之福。时人斯其惟皇之极。无虐茕独；

---

① 阴骘：暗中保佑。彝：常。伦：道理。攸：所。叙：次序。

② 斁：败坏。

③ 农：切实努力。皇极：大中至正的准则。

而畏高明。人之有能有为，使羞其行，而邦其昌[1]。凡厥正人，既富方谷；汝弗能使有好于而家，时人斯其辜。于其无好德，汝虽锡之福，其作汝用咎。无偏无陂，遵王之义；无有作好，遵王之道；无有作恶，遵王之路。无偏无党，王道荡荡；无党无偏，王道平平；无反无侧，王道正直。会其有极，归其有极。曰皇极之敷言，是彝是训，于帝其训。凡厥庶民，极之敷言，是训是行，以近天子之光。曰，天子作民父母，以为天下王。

"六、三德。一曰正直，二曰刚克，三曰柔克。平康正直，强弗友刚克，燮友柔克；沉潜刚克，高明柔克[2]。惟辟作福，惟辟作威，惟辟玉食。臣无有作福、作威、玉食。臣之有作福、作威、玉食，其害于而家，凶于而国。人用侧颇僻，民用僭忒[3]。

"七、稽疑。择建立卜筮人，乃命卜筮。曰雨，曰霁，曰蒙，曰驿，曰克，曰贞，曰悔，凡七[4]。卜五，占用二，衍忒[5]。立时人作卜筮，三人占，则从二人之言。汝则有大疑，谋及乃心，谋及卿士，谋及庶人，谋及卜筮。汝则从、龟从、筮从、卿士从、庶民从，是之谓大同；身其康强，子孙其逢：吉。汝则从、龟从、筮从、卿士逆、庶民逆：吉。卿士从、龟从、筮从、汝则逆、庶民逆：吉。庶民从，龟从、筮从、汝则逆、卿士逆：吉。汝则从、龟从、筮逆、卿士逆、庶民逆：作内，吉；作外，凶。龟、筮共违于人：用静，吉；用作，凶。

① 羞：增进。
② 燮：和顺。
③ 僻：君王。
④ 贞：内卦，即重卦下边的卦。悔：外卦，即重卦上边的卦。
⑤ 衍忒：推衍卦爻的意义，以尽其变。

"八、庶征。曰雨、曰旸^{yáng}、曰燠^{yù}、曰寒、曰风。曰时五者来备。各以其叙，庶草蕃庑。一极备，凶；一极无，凶。曰休征：曰肃，时雨若；曰乂，时旸若；曰哲，时燠若；曰谋，时寒若；曰圣，时风若^①。曰咎征：曰狂，恒雨若；曰僭，恒旸若；曰豫，恒燠若；曰急，恒寒若；曰蒙，恒风若。曰王省惟岁，卿士惟月，师尹惟日。岁月日时无易，百谷用成，乂用明，俊民用章，家用平康。日月岁时既易，百谷用不成，乂用昏不明，俊民用微，家用不宁。庶民惟星，星有好风，星有好雨。日月之行，则有冬有夏；月之从星，则以风雨^②。

"九、五福。一曰寿，二曰富，三曰康宁，四曰攸好德，五曰考终命。六极。一曰凶短折，二曰疾，三曰忧，四曰贫，五曰恶，六曰弱。"

《尚书》

译 文

十三年，武王访问箕子。武王说："唉！箕子，上天暗中保佑世人，帮助他们获得安定的生活。这治国安民的常道的次序，我不知道是怎样安排的。"

箕子回答说："我听说从前鲧堵塞洪水，搅乱了五行，上帝于是发怒，不把九类大法授给他，因而他不懂得治国安民的常道。鲧被诛以后，禹继起，上天就赐给他九类大法，因此得到了治国安民的常道，做了这样的安排：

"第一，五行；第二，敬重五方面的事情；第三，切实办好八项政务；

---

① 若：顺。即相应地产生。
② 风雨：比喻喜好有善恶的不同。

第四，调和阴阳，要用五种纪时的历数；第五，建立大中至正的标准；第六，治民要靠三种德行；第七，利用卜筮解决疑难；第八，注意外界各种征兆；第九，用五种幸福导人为善，用六种困苦戒人为恶。

"第一，五行。一是水，二是火，三是木，四是金，五是土。水向下渗透，火向上燃烧，木可以弯曲伸直，金可以随意屈伸，土可以生产百谷。下渗的水味咸，上焚的火味苦，可以弯曲伸直的木味酸，形状随意屈伸的金味辛，可以生长百谷的土味甜。

"第二，五事。一是容貌，二是言语，三是视察，四是听受，五是思虑。容貌要恭敬，言语要有条理，视察要清楚，听受要聪敏，思虑要通达。容貌恭敬，表现就严肃；言语有条理，办事就顺利；视察清楚，就能明辨一切；听受聪敏，谋事就能成功；思虑通达，就能成为圣人。

"第三，八政。一是管理民食，二是管理财物，三是管理祭祀，四是管理住行，五是管理教育，六是管理司法，七是接待宾客，八是治理军务。

"第四，五纪。一是岁，二是月，三是日，四是星辰，五是历数。

"第五，皇极。是树立一个至大公正的标准，然后把'五福'普遍地降给人民。由于人民努力符合这个标准，才使它得以保持下去，使人民中没有游手好闲之徒，没有结党营私之辈，都依据建立的标准去努力。在人民中，凡是有计谋、有作为、有操守的，你就应该看重他；凡是没有够上你所建的标准，但是也没有什么错误的，你就应该宽容他。并且和颜悦色地对他说：'我所喜爱的是有德行的人。'你就赐给他一些好处，这样，那些人就可努力达到树立的标准了。不欺侮孤苦无依的鳏夫寡妇，不惧怕显赫的贵族。还有些人是有才能有作为的，你就要促使他们发展德行，你的国家就会昌盛。凡是正直的人，必须使他们获得优厚的俸禄，用善道接待他们。如果不能任用善人使他们为国家办事，人就会看作是一种罪过。对于那些不善的人，你虽赐给他们好处，但他们仍然会做坏事。不要有偏私，要遵守先王的正义；不可偏好，要遵守先王的大道；不可偏恶，要遵守先王的正路。没有偏私，没有朋党，王道是宽广的；没有朋党，没有偏私，王道是平坦的；不要反复，不要偏心，王道是正直的。如果有了这个标准，那么大家就有一致的归向了。此外，用大中之道颁布教言，作为经常的守则，以顺应上天。所有的人民，尽量说出好的意见，作为教训，作为行动，就能逐步地获得天子的光荣。所以说，天子做了人民的父母，为的是使天下有一致的归向。

"第六，三德。一是守正不阿，二是以刚制胜，三是以柔制胜。对那些公平正直的人，就用正直去对付他；对那些强硬不可亲近的人，就采取刚强的方式去制服他；对那些平和可亲的人，就用柔缓的方式去教育他。纠正沉静人的缺点，要用刚强来补救；纠正高傲人的缺点，要用柔和来补救。君主可以给人恩赐，可以给人惩罚，可以吃美好的玉食。臣下不能给人恩赐，不能给人惩罚，不能吃美好的玉食。臣下如果作福作威和吃美好的玉食，就会为害于你的家庭，不利于你的国家。在位的人，如果偏邪不正，人民就会僭越乱来。

"第七，稽疑。是选择能够用龟甲卜卦和用蓍草占卦的人，命令他们根据以下的兆性卜卦：一是兆形像雨，二是兆形像晴，三是兆形像雾气蒙蒙，四是兆形像不连贯的气，五是兆相交错，六是内卦，七是外卦，共有七个名目。前五个是龟甲卜卦时用的，后两个是蓍草占卦用的，都要推行卦爻的意义以尽其变。任用那些能够卜筮的人，三人占卦，信从其中两人的判断。倘若你遇有重大的疑难，首先自己多加考虑，然后再和卿士们商量，再和人民商量，然后问及卜筮。你、龟卜、筮占、卿士、人民意见完全一致，这叫作'大同'。这样，你的身体一定康强，对你的子孙也一定大吉大利。你、龟卜、筮占意见相同，但卿士不同意，人民不同意，这也吉利。卿士、龟卜、筮占意见相同，你不同意，人民不同意，这也吉利。人民、龟卜、筮占意见相同，你不同意，卿士不同意，这还是吉利。你、龟卜意见相同，筮占不同意，卿士不同意，人民不同意，那仅对内吉利，对外就不吉利了。龟卜、筮占与一切人和你的意见都相反，安静地守着就吉利，有所作为就凶险了。

"第八，庶征。一是雨，二是晴，三是暖，四是寒，五是风。这五种气候调顺，作物自然生长茂盛。倘若其中某一种特别过多，某一种特别欠缺，那就会变成凶年。美好的征兆有五种：一是肃，君王能肃敬，就有适时的雨水；二是治，政治办得好，就有适时的阳光；三是哲，君王能昭明，气候就适时和暖；四是谋，君王能计划，气候就适时寒冷；五是圣，君王能通达事理，就有适时的风。不好的征兆也有五种：一是狂，君王狂妄，淫雨就不止；二是僭，政治有差错，就干旱不雨；三是豫，君王放纵逸乐，气候就长久地炎热；四是急，君王急躁，气候就长久地寒冷；五是蒙，君王糊涂，就时常刮风。所以说：王者有了过失，影响一年，卿士影响一月，师尹影响一日。一年一月乃至一日都没有变化，百谷就能成长，政治就会光明，优秀之士就能得到任用，国家也就安宁。一日一月一年都失常，百谷就不能成长，政治就紊乱不安，优秀之士就得不到任用，国家就不会安宁。百姓大众好比众星，箕星好风，毕星好雨。日月的运行，有冬天有夏天。若是月亮失道跟从了众星，近箕星就多风，近毕星就多雨。

"第九，五福。一是寿，二是福，三是康宁，四是亲近有德，五是长命善终。六极。一是夭折，二是多病，三是忧愁，四是贫穷，五是丑恶，六是懦弱。"

（周凤五、林素清 / 编写整理）

大 诰

姬 旦

《大诰》的作者是周公，见《尚书·序》："武王崩，三监及淮夷叛，周公相成王，将黜殷，作《大诰》。"《史记》中《周本纪》《鲁世家》说同。但从宋朝朱熹以下也有不少学者主张周公不应称王。《大诰》篇首的"王若曰"实是成王，本篇的作者为成王而非周公。

由于古器物出土日多，对西周初年史事的了解日益深入，我们今天可以信从《尚书·序》与《史记》的说法，《大诰》的作者确是周公无疑。

周公，姓姬，名旦，文王之子，武王之弟，辅佐武王伐纣克殷，武王死后，一度践阼称王，平定武庚之乱，营建成周，封建亲戚，制礼作乐，摄政七年，还政于成王，奠定周朝八百年的基业。

背 景

公元前 1040 年，周武王伐纣开国，两年以后病死。当时殷商在东方的势力仍然很大，纣子武庚利用这个千载难逢的机会挟持管叔、蔡叔称兵作乱，意图复国。东南一带的淮夷也起兵响应，对周朝构成了严重的威胁。当时周王室群龙无首，大家多半抱持姑息苟安的态度。只有周公挺身而出，力排众议，大声疾呼地主

周公像

张立即东征。这篇《大诰》便是周公当时主张东征的历史文献。

周公对周朝的官员及盟邦君长倡议东征，其方法是说之以理、动之以情。说之以理的凭借是占卜，周公列举文王、武王依据卜兆行事而成就大业的先例，指出这次用文王遗留下来的大宝龟占卜得到吉兆，东征武庚必能如当年伐纣一般获得胜利，最后归结到所谓"天命不僭，卜陈惟若兹"。至于动之以情，则因为当时在场者多属文、武时代的旧臣，周公希望以文王、武王成功的经验争取身历其事的元老旧臣的支持。所以周公强调：

> 尔惟旧人，尔丕克远省，尔知宁王若勤哉？

这种唤起同情的手法是非常高明的。正是在周公热情、坚定的雄辩之下，周人开始第二次"克商"，奠定了中国历史上周朝八百年的基业。

影　响

周公不但是睿智的政治家、英勇的大将军，更是一位杰出的文学家。我们试看周公在《大诰》中所作的譬喻：

> 予惟小子若涉渊水，予惟往求朕攸济。
> 若考作室，既底法，厥子乃弗肯堂，矧肯构？厥父菑，厥子乃弗肯播，矧肯获？厥考翼其肯曰："予有后，弗弃基。"
> 若兄考，乃有友伐厥子，民养其劝弗救？
> 若穑夫，予曷敢不终朕亩？

以涉深水为喻、以耕种为喻、以父子亲情为喻、以农夫务本为喻，取譬生动亲切，意象鲜明，喻义深远，与《盘庚》的文笔可谓"异曲同工"，可以代表我国先秦散文的高度艺术成就。后来，西汉末年王莽曾经模拟写过一篇《莽诰》，南北朝北周苏绰也作了一篇《大诰》，这都是《大诰》对后世文学的影响。

《大诰》还有另一点值得注意，即"避讳"的观念。例如文中提到与武庚一同叛乱的管叔、蔡叔，由于他们是周朝的宗亲尊长，周公避免直呼其名，而代以"在王宫、邦君室""大艰人"等比较间接婉转的称呼。至于首恶的纣子武庚，周公就老实不客气地置以"殷小腆""殷逋播臣"等恶名，这种"为尊者讳""为亲者讳"的观念正是周文化所以"郁郁乎文哉"的基础，也是后代"一字之褒，荣于华衮；一字之贬，严于斧钺"的春秋大义的滥觞。

原　文

王若曰："猷^{yóu}！大诰尔多邦，越尔御事：弗吊！天降割于我家不少延！洪惟我幼冲人嗣无疆大历服，弗造哲迪民康，矧^{shěn}曰其有能格知天命？

"已！予惟小子若涉渊水，予惟往求朕攸济，敷贲，敷前人受命，兹不忘大功！

"予不敢闭于天降威，用宁王遗我大宝龟绍天明 ①。即命曰：'有大艰于西土，西土人亦不静。'越兹蠢。

"殷小腆^{tiǎn}，诞敢纪其叙 ②。天降威，知我国有疵，民不康，曰：'予复。'反鄙我周邦。

"今蠢，今翼日，民献有十夫予翼。以于敉^{mǐ}宁、武图功。我有大事休，朕卜并吉！

"肆予告我友邦君越尹氏、庶士、御事，曰：'予得吉卜，予惟以尔庶邦于伐殷逋^{bū}播臣！'

---

① 宁王：文王。

② 小腆：小小的君主，指武庚。

"尔庶邦君越庶士、御事罔不反，曰：'艰大，民不静；亦惟在王宫、邦君室，越予小子考翼不可征，王害不违卜^①？'

"肆予冲人永思艰，曰：呜呼！允蠢鳏寡，哀哉！予造天役，遗大投艰于朕身，越予冲人不卬自恤。义尔邦君，越尔多士、尹氏、御事，绥予曰：'无毖于恤，不可不成乃宁考图功^②。'

"已！予惟小子不敢替上帝命。天休于宁王，兴我小邦周。宁王惟卜用，克绥受兹命。今天其相民，矧亦惟卜用。呜呼！天明畏，弼我丕丕基！"

王曰："尔惟旧人，尔丕克远省，尔知宁王若勤哉？天闷毖我成功所，予不敢不极卒宁王图事。肆予大化诱我友邦君，天棐忱辞，其考我民，予曷其不于前宁人图功攸终^③！天亦惟用勤毖我民，若有疾，予曷敢不于前宁人攸受休毕！"

王曰："若昔朕其逝，朕言艰日思。若考作室，既厎法，厥子乃弗肯堂，矧肯构？厥父菑，厥子乃弗肯播，矧肯获？厥考翼其肯曰：'予有后，弗弃基。'肆予曷敢不越卬敉宁王大命？若兄考，乃有友伐厥子，民养其劝弗救？

王曰："呜呼！肆哉！尔庶邦君，越尔御事：爽邦由哲，亦惟十人迪知上帝命。越天棐忱，尔时罔敢易法。矧今天降戾于周邦，惟大艰人，诞邻胥伐于厥室，尔亦不知天命不易！

"予永念曰：天惟丧殷。若穑夫，予曷敢不终朕亩？天亦惟休于前宁人。

---

① 害：与"曷""盍"通，何不。

② 无毖于恤：不要过度忧劳。

③ 天棐忱辞：天不可信。

予曷其极卜敢弗于从？率宁人有指疆土？矧今卜并吉，肆朕诞以尔东征。天命不僭，卜陈惟若兹！”

《尚书》

译　文

　　王如此说："啊，我慎重告诉你们各国君长，以及官员们：不幸得很，上天降下了灾害。我这个年轻人继承了广大的国土以及长久的历数。我不够明智，不能使人民安乐，怎么算得上知天命呢？

　　"唉！我如今就像要渡深水似的，我要努力寻求渡水的方法。我一定要勤勉，保住先王所授的天命，不能失掉先王的大功。

　　"上天所降下的威罚，我不敢置之不理。我用文王遗留给我的大宝龟去占知天命，卜辞告诉我说：'西方会有大灾难，西方的人民也不得安乐。'现在，西方果然骚动起来。

　　"殷的小主人武庚竟敢称兵作乱。他趁着上天降下灾害，知道我们内部不和，民心不安，就说：'我们复国时机到了。'想攻打我们周国。

　　"现在，他们已经动乱了，就在这消息传来的第二天，有贤臣十人来辅助我，要一同前去完成文王、武王所奠定的功业。我们出兵是吉利的，我占卜的结果都得吉兆。

　　"我现在告诉我们友邦的君长与官员：'我占卜得到吉兆，我要率领你们讨伐殷国的亡命叛徒！'

　　"你们各国君长及官员却答复说：'这事太艰巨了，民心也不安定，况且事情就发生在王宫及官员家里，造乱的又是族中长辈，是我们所尊敬的，不好轻易去讨伐。王啊，你何不违背这个卜兆呢？

　　"我这年轻人也仔细考虑过，这次任务的确很艰难。唉！一出兵就要惊动孤苦无依的人，可怜啊！但是我既受命为天子，上天交付重大的责任和艰难的事业给我，我也顾不得为自己打算了。你们各国君长与官员应该

安慰我说：'不要过分忧虑，你不可不完成你先人文王的大功。'

"唉！我这年轻人绝不敢违背上帝的命令。上天庇佑文王，振兴了我们小小的周国。文王当年都是遵从占卜办事的，所以他能承受天命而称王。现在上天是帮助我们、勉励我们的，何况我们也依照占卜去办事。唉！老天是显扬善人惩罚恶人的，它要帮助我完成这伟大的事业。"

王又说："你们都是国家的旧人，你们何不回想一下，你们知道文王当年创业是如何勤劳吗？上天真诚地辅助我们成功，我不敢不尽心地完成文王所图谋的事业。现在我诚恳地告诉我们友邦的君长，天道未必可信，当考诸人事，我怎能不接受天命去完成它？上天是爱惜人民的，现在就像人民染疾似的，我怎么敢不医治疾病，保住先人所受的天命！"

王说："正如往日伐纣一样，我一定要出兵征伐武庚。我天天在想怎样拯救灾难。好比父亲建造房子，已经测定了水平，儿子却不肯去建屋基，又怎肯架构房屋呢？又好比父亲新开一块地，儿子却不肯去播种，又怎肯去收割？这样父亲怎能说：'我有后代，他不会废弃我的基业。'我怎敢不亲身来保住当年文王所受的天命？现在，竟有人来打击自家的孩子，当家长的怎可以旁观不救呢？"

王说："唉！要努力啊！你们各国的君长以及官员们：开创国运要靠贤明的人，十位贤人是知道上帝意旨的！上天的意旨不可尽信，你们没有人敢轻慢天命，何况现在老天降灾害于我们周邦？造成大灾难的人勾结外人来攻打我们自己的家室，你们不知道天命是不能改变的呀！

"我深思熟虑着：老天是决定要灭亡殷国的。我们好像农夫在田里除草一样，我怎敢不完成自己的农事呢？上天降福给我们的祖先，我怎敢屡次占卜而不依从办事？又怎敢不继承祖先的事业来安定领土？况且我们所得的都是吉兆，因此我要率领你们去东征。天命是不会有差错的，卜兆所显示的就是这样啊！"

（周凤五／编写整理）

康 诰

姬 旦

本篇作者历来有周武王或周公两种说法。根据近人的考证，应以周公为是。

背 景

《尚书·康诰》是西周初年有关法律及对殷统治政策的重要文献。

周人对殷的统治政策可以分为前后两个阶段，而以周公摄政、平武庚之乱为转捩点。

周人在武王克殷以前，曾经长期臣服于殷。武王克殷之初，并不能把屹立东方的殷国立即消化掉。因此，武王只能采取怀柔政策。笼络殷贵族的残余势力，封纣子武庚为殷侯，另以管叔、霍叔、蔡叔为"三监"监督东方，希图以渐进的手段将殷人分化、削弱，进而完全控制。但这个政策不久以后便因武王病死，武庚与管、蔡叛乱而被迫改弦更张了。周公东征三年，彻底廓清了殷人的残余势力，从此以后，周人对殷的统治政策完全改变。

周公一方面继续武王的远猷弘规，营建洛邑作为控制东方的枢纽；另一方面封建亲戚，迁徙殷民，加紧对殷的控制。康叔封就是这一政策的执行者。

《左传》记载当时封康叔于卫（今河南淇县）的情形是：分康叔以大

路之车，少帛色之旃，绨筏色之旌和大吕之钟以及殷民七族：陶氏、施氏、繁氏、锜氏、樊氏、饥氏、终蔡氏。在举行分封典礼时，聃季授土，陶叔授民，并宣读《康诰》，封康叔于殷墟（定公四年）。

康叔是周公的嫡亲小弟，也是当时东方最显赫的诸侯，在他赴卫就藩的典礼上，周公对四方诸侯及殷遗贵族公开颁下《康诰》以阐述对殷政策的纲领，其中最重要的有两点：第一，顺应殷人的习惯，尊重殷人的法律，采用殷人合理的刑罚（"师兹殷罚有伦"），采用殷人的成法判案（"罚蔽殷彝"）。这个政策自然是基于对客观环境的考虑。第二，提倡孝道，推行德治，周公强调，对于"不孝不友"的人，要赶紧用文王所规定的刑罚去惩罚他们，万不能饶恕他们（"速由文王作罚刑兹无赦"）！

周王朝的封建制度以宗法为基础，这是一种以血缘关系为纽带的政治、社会结构，其必须强调"父慈子孝"并以之为行为标准是完全可以理解的。

值得注意的是，这里提到的法律是"文王作罚"而非"殷罚"或"殷彝"，可见周公有意用周人的"孝道"观念来改造殷人。在《尚书·酒诰》中，周公也明白指出，殷人平时不许饮酒，但若牵牛车至远地做买卖来孝养父母，父母高兴了，备下酒菜，就可以饮酒（"肇牵车牛远服贾，用孝养厥父母；厥父母庆，自洗腆，致用酒"），其强调"孝养"的观念，与《康诰》所显示的完全一致。

殷、周文化的异同，这里不拟细说。大体上殷人比周人质直，一直到战国时期，殷遗后裔的宋国人依然是被取笑的对象，如"揠苗助长""守株待兔"等脑筋绕不过弯的笑话的主人公都是宋人；而前此春秋五霸之一宋襄公的"不擒二毛"，更被讥为迂腐。相对于周人的重文饰（如避讳、谥法等），殷人真是显得有点憨态可掬，而"郁郁乎文哉"的周人的面貌，在对比之下也就更加清晰地凸显出来了。

影 响

伦理道德是我国传统文化的精华，源远流长，其来有自。《康诰》所载周公对"孝养"观念的阐发与重视，可以帮助我们了解伦理道德是如何植根于社会的。换句话说，脱离现实，丧失社会基础，徒具虚文的伦理道德是无法继续存在的。"复兴文化"声中，读者宜三复斯言！

原 文

惟三月哉生魄，周公初基作新大邑于东国洛，四方民大和会，侯甸男邦采卫，百工、播民和见士于周①。周公咸勤，乃洪大诰治。

王若曰："孟侯，朕其弟，小子封。惟乃丕显考文王克明德慎罚，不敢侮鳏寡，庸庸祗祗，威威显民，用肇造我区夏，越我一二邦，以修我西土②。惟时怙冒，闻于上帝，帝休，天乃大命文王殪戎殷，诞受厥命越厥邦厥民。惟时叙乃寡兄勖，肆汝小子封在兹东土。"

王曰："呜呼！封，汝念哉！今民将在祗！迪乃文考，绍闻衣德言；往敷求于殷先哲王，用保乂民；汝丕远惟商耇成人，宅心知训；别求闻由古先哲王，用康保民。弘于天若，德裕乃身，不废在王命。"

王曰："呜呼！小子封，恫瘝乃身，敬哉！天畏棐忱，民情大可见。小人难保，往尽乃心，无康好逸豫，乃其乂民。我闻曰：'怨不在大，亦不在小。'惠不惠，懋不懋。

"已！汝惟小子，乃服惟弘王，应保殷民，亦惟助王宅天命，作新民。"

---

① 哉生魄：月初刚升的月牙儿。
② 夏：中夏。指今晋南、陕东、豫西一带。

王曰："呜呼！封，敬明乃罚。人有小罪，非眚，乃惟终，自作不典，式尔，有厥罪小，乃不可不杀[1]。乃有大罪，非终，乃惟眚灾，适尔，既道极厥辜，时乃不可杀。"

王曰："呜呼！封，有叙时，乃大明服，性民其敕懋和。若有疾，惟民其毕弃咎。若保赤子，惟民其康乂。

"非汝封刑人杀人，无或刑人杀人。非汝封又曰劓刵人，无或劓刵人[2]。"

王曰："外事，汝陈时臬司，师兹殷罚有伦。"又曰："要囚，服念五六日，至于旬时，丕蔽要囚。"

王曰："汝陈时臬事，罚蔽殷彝，用其义刑义杀，勿庸以次汝封。乃汝尽逊，曰时叙，惟曰：'未有逊事。'

"已！汝惟小子，未其有若汝封之心，朕心朕德惟乃知。

"凡民自得罪，寇攘奸宄，杀越人于货，暋不畏死，罔弗憝[3]。"

王曰："封，元恶大憝，矧惟不孝不友：子弗祗服厥父事，大伤厥考心；于父不能字厥子，乃疾厥子；于弟弗念天显，乃弗克恭厥兄；兄亦不念鞠子哀，大不友于弟。惟吊兹不于我政人得罪，天惟与我民彝大泯乱，曰：乃其速由文王作罚刑兹无赦！

"不率大戛[4]。矧惟外庶子训人，惟厥正人越小臣诸节，乃别播敷，造

---

① 眚：过失。

② 劓刵：皆古代肉刑。劓，割鼻子。刵，割耳朵。

③ 暋：凶悍。

④ 戛：常礼常法。

民大誉，弗念弗庸，瘝厥君，时乃引恶，惟朕憝。已！汝乃其速由兹义率杀。

"亦惟君惟长，不能厥家人越厥小臣外正，惟威惟虐，大放王命，乃非德用乂。

"汝亦罔不克敬典，乃由裕民。惟文王之敬忌乃裕民，曰：'我惟有及。'则予一人以怿。"

王曰："封，爽惟民迪吉康。我时其惟殷先哲王德，用康乂民作求。矧今民罔迪不适，不迪，则罔政在厥邦。"

王曰："封，予惟不可不监告汝德之说，于罚之行。今惟民不静，未戻厥心，迪屡未同。爽惟天其罚殛我，我其不怨。惟厥罪无在大，亦无在多，矧曰其尚显闻于天。"

王曰："呜呼！封，敬哉！无作怨，勿用非谋非彝蔽时忱。丕则敏德，用康乃心，顾乃德，远乃猷，裕乃以民宁，不汝瑕殄。"

王曰："呜呼！肆汝小子封，惟命不于常，汝念哉！无我殄享。明乃服命，高乃听，用康乂民。"

王若曰："往哉封，勿替敬，典听朕告，汝乃以殷民世享。"

《尚书》

译　文

三月里，新月初现的那天，周公在东方洛开始营建新都，四方人民会集，侯、甸、男、采、卫诸国的百官和殷民也都一同努力工作。周公慰劳他们，就发表了一篇训辞。

王如此说："诸侯的领袖，我的弟弟，年轻的封啊，你光明显赫的父亲——文王，能够修明德行，谨慎刑罚，不敢轻侮鳏夫寡妇，他任用该任用的人，尊敬该尊敬的人，惩罚该惩罚的人，他的德行显著，这样，他就开创了我们的国家，把我们的西方治理得很好。上帝知道了他的德行，上帝很欢喜，就命令他把殷灭掉，他从此就承受了殷人原先所受的天命和殷人的疆土与人民。而你寡兄也奋勉努力着，所以你现在能够到这东方来。"

王说："唉！封啊，你要注意啊！这里的人民是长期遭受了灾难的啊！你要好好地继承父亲文王的名声，依照他的道理办事；你到了殷地要访求殷代先世圣王的道理，去治理殷民；另外，要多接近殷商的老人，诚心接受他们的教训；还要访求古代明王的道理，去安定殷民。只有你本身具备了这样宏大的德行，你到那里才不致违背我的命令。"

王说："唉！年轻的封啊，你要把百姓的苦痛当作自身的苦痛，你应该时时注意！天的威灵是不可测的，人心却不难观察。你要知道，小民是最难安抚的，你到那里要事事留心，不要贪图安逸和玩乐，这样，才能把小民治理得好。我听人说过：'小民对于君长的怨恨不一定是出在大事上，也不一定出在小事上。'你要把不驯顺的百姓变为驯顺的百姓，把不尽力的百姓变为尽力的百姓。

"唉！你虽是一个年轻的人，你到那里所做的事业却是很重大的。你要维护王朝，治理殷民；你要帮助我保有天命，把殷顽民改变为新的人民。"

王说："唉！封啊，刑罚要谨慎公正。有人犯的虽是小罪，但却不悔过，这是故意犯法，这种人应该杀掉。有人犯了大罪，但很快就觉悟了自己的过失，这就是偶然的错误，这种人既然完全供出了自己的罪状，就不应该再把他杀掉。"

王说："唉！封啊，如果能这样做下去，你的刑罚就大大地公正了，人民也自然会警戒和勉励，跟你一条心了。人民会把坏事看作和疾病一样，大家都会自动地不做坏事。这就像抚养小孩一样，人民自然会安心服从你了。

"但是，刑罚的大权必须掌握在自己手里。如果不是你封要罚人和杀人，就不应该有人随便乱罚人和乱杀人。如果不是你封要割人的鼻子和割人的耳朵，就不应该有人随便乱下命令割人的鼻子和割人的耳朵。"

王说："审问讼事，你应该根据法律办事，也应该采用殷代合理的刑罚。"又说："判决的时候，你必须对他们的罪行考虑到五六天，甚至于十天或三个月，直到没有冤屈的时候，才进行最后的判决。"

王说："你应该依照法律去办事，应该采用殷代的成法去判决罪犯，罚人或杀人都应该做到公平合理，万不可任意冤枉人。你应该尽心教导小民，叫他们不犯罪，等到他们已经顺从你的时候，你还要自己检查说：'我还没把他们教导好。'

"唉！你这个年轻人啊，你不要只任着自己的心意去办事，你要常常体念我的心思和我做的事情啊！

"凡是存心犯罪，像强盗、偷窃以及作奸犯法这一类的人，他们杀人劫财，凶悍得不怕死，这种人是应该杀的。"

王说："封啊，有大恶的人是最可恨的，何况不孝顺不友爱的人：当儿子的不能尽心为父亲做事情，大大地伤了父亲的心；当父亲的不爱儿子，去仇恨儿子；当弟弟的不讲做人的道理，不能尊敬哥哥；当哥哥的也不体念父母养育儿子的劳苦，不友爱弟弟。像这一类的坏人，当君长的如果不处罚他们的罪行，那上天给人民的法则就会完全破坏了。你要赶紧用文王所规定的刑罚去惩罚他们，万不能饶恕他们！

"还要注意那些不守常法的官吏。像在外面管教化的官长——庶子和训人，以及一般的官长——正人和传达命令的小臣们，这些大小官吏，如果任意宣布政令，讨好小民，不依常法办事，叫小民仇恨他们的君长，这就助长了小民的罪恶，这种人是我最痛恨的。唉！你应该赶紧依法判罪，把他们杀掉。

"还有当君长的，不能教导自己家里的人和左右的小臣以及外面的官长，只是一味地作威作福虐害小民，这就大大违背了王命，这种君长，已经不可教育，应该要加以惩罚。

"你自己也要注意。你无论做什么事情都应该谨慎守法，然后再去教导小民。你应该像文王那样事事谨慎，去教导小民，你心里能常常这样地想：'我要继承文王。'那我就喜欢你了。"

王说："封啊，你应该尽心教导人民，使他们善良和安静。我们应该效法殷代先王的德行，去安抚和治理殷民。现在，你要知道：人民不教导就不会做好事，不教导人民，你也就不能把国家治理好啊。"

王说："封啊，我不能不明白地告诉你修明德行和谨慎刑罚的道理。现在，人民还没有平静下来，人心还不安定，屡次教导都还没能和我们同心同德。这样下去，上天会惩罚我们的。我们也不能怨天，这是我们自己犯了罪啊。罪不在大，也不在多，只要是犯了罪，上天就会知道。"

王说："唉！封啊，你要注意啊！你不要结怨于小民，不要被不好的打算和不法的行为蒙蔽。你要效法古人修明德行的作风，来安定自己的意志，检查自己的德行，放远自己的规划，只有这样做，才能安定人民，你的国家也就不至于灭绝。"

王说："唉！年轻的封啊，天命是没有一定的，你应该时时注意啊！不要断绝了我们先人的祭祀。你要尽力做自己应该做的事情，听些先王治民的道理，来安定和治理人民。"

最后，王这样说："封啊，你去吧，你不要怠慢，你要永远听我的话，这样，你就能够治理殷人，把你的国家世世代代传下去。"

（周凤五／编写整理）

何尊铭

何

本器作者何，据铭文知为周王的宗亲，是西周初年的一个贵族。

背　景

何尊是近年出土的重要青铜器，可以印证文献所传述的西周史事。

西周早期的史事，由于年代久远，史料残缺，历来存在着不少争论。少数仅存的史料，又因为学者处理的态度有偏差而显不出真正的价值。《尚书大传》便是其中之一。

《尚书大传》据说是西汉初年伏生传授《尚书》时所写的，这本书早已亡佚，在仅存的佚文中，关于西周初年的历史有以下这段记载：

> 周公摄政，一年救乱，二年克殷，三年践奄，四年建侯卫，五年营成周，六年制礼作乐，七年致政成王。

其中除"六年制礼作乐"比较空泛外，其余各条都有具体的事实可供核对。这里根据《尚书大传》《尚书》《逸周书》以及何尊将周初史事系年如下：

公元前 1040 年

武王伐纣克殷，立纣子武庚，俾守商祀。

公元前 1038 年

武王既归，乃岁十二月崩镐。

公元前 1037 年

成王即位，称元年，周公摄政。

一年救乱。

公元前 1036 年

二年克殷。

《尚书·多方》云："天惟五年须暇之子孙，诞作民主。"自武王伐纣克殷，立武庚，迄今首尾五年；周公平定殷乱，至此殷国才告灭亡。

公元前 1035 年

三年践奄。平定东方。

公元前 1034 年

四年建侯卫。

《尚书·康诰》云："惟三月哉生魄，周公初基作新大邑于东国洛。"以下叙康叔封卫事，即《尚书大传》所谓"建侯卫"。

公元前 1033 年

五年营成周。

何尊铭文云"唯王初迁宅于成周"，又云"在四月丙戌……唯王五祀"。成王即位，周公摄政至此五年，丙戌为四月初二日。

公元前 1031 年

七年致政成王。

《尚书·洛诰》云："戊辰……在十有二月，惟周公诞保文武受命，惟七年。"据历谱推算，戊辰为十二月晦，周公于此日致政成王，翌日即为次年元旦。成王称八年，不改元。

各种不同来源的资料都能相互配合，且月日干支丝毫无误，其密合的程度实在令人惊讶，而上引各书与何尊的史料价值亦由此可见一斑。

影 响

周初史事，邈焉难详，近年出土器物日多，渐渐弥补了这方面的缺憾。尤其重要的是，一些向来以为不可信的文献记载往往因出土器物而得到印证。民国初年"疑古学派"学者对上古史料曾经大加廓清，时至今日，我们应该冷静地考虑如何重建中国上古史了。

原 文

唯王初迁宅于成周，复禀武王丰福，自天[①]。在四月丙戌，王诰宗小子于京室，曰："昔在尔考公氏克弻文王，肆文王受兹大命[②]。唯武王既克大邑商，则廷告于天，曰：'余其宅兹中国，自之乂民[③]。'呜呼！尔有唯小子亡识，视于公氏，有勋于天，彻命[④]。敬享哉！"唯王恭德裕天，训我不敏。王咸诰。何赐贝

何尊铭拓片

① "唯王"句：指营造成周洛邑。自天：从天室开始。

② 宗小子：同宗的晚辈。

③ 中国：天下四方的中心区域，指河南伊水、洛水一带。

④ 彻命：完成使命。

卅朋，用作□公宝尊彝，唯王五祀^①。

《金文总集》

译　文

　　王开始营建成周，再度遵循武王的礼仪，从天室举行福祭。四月丙戌这天，王在周京太室诰训同宗的后生晚辈说："从前你们的父亲公氏辅佐文王，使文王得到统治天下的大命。武王攻下商邑以后，曾经祭告上天说：'我要造城邑于天下的中心，由这里治理人民。'啊！你们后生小子懵懂无知，要效法公氏，以公氏完成天命为榜样。你们要恭敬地祭祀啊！"王上敬顺天道，教训我们这些愚鲁的人。王诰训完毕，赏给何三十朋贝，何用来作为祭祀祖先□公的宝贵礼器。这时是王的第五年。

（周凤五／编写整理）

---

① 朋：贝的单位。以五贝系连成串，合二串为一朋。

盠驹尊铭

盠

本器作者名盠。据铭文知盠为周朝的宗室，是恭王时代的封建贵族。

背　景

本器作于西周恭王时代，铭文内容则与西周的马政有关。

马，在 21 世纪的今天似乎已经丧失了它原有的重要性，但在人类历史上，马确曾扮演过重要的角色，有过辉煌的一页。

从殷商时期开始，马就是一种重要的牲畜，无论交通、运输、田猎、征伐……都少不了它，开疆拓土更是非马不行。马车在当时的战场上以其迅捷的速度成为攻击的主力与克敌制胜的关键。殷墟甲骨文就有"多马""马小臣"等职司马政的官名，可见其受重视的程度。

本器铭文记载的是西周恭王某年十二月的一次"执驹"之典，在这个典礼上，恭王亲自出席，并赏赐马匹给本器作者盠。

执驹之礼，见《周礼·校人》。据汉儒的注解，幼马长到两岁叫驹，当仲春"通淫之时"，也就是发情时，由于驹血气未定，必须将它牵离母马，与母马分开。不过，本器铭文所记"执驹"在十二月，周正十二月当夏正十月，亦即现在阴历的十月，已是秋末冬初时节，与古人所记配合牲畜发情，在仲春"通淫之时"举行"执驹"的说法不合。因此，这里采取另外一个解释，将"执驹"解作"幼马加上马镳，教它学习驾车"。

这样一个典礼,由周天子亲自主持,可见当时是如何重视马政。

西周时期由于重视马政,对马的认识逐渐深入,连带地发展成为"相马"之术。战国时期有伯乐相马、九方皋相马等传说故事,《吕氏春秋》提到"古之善相马者"有寒风、麻朝、卫忌、许鄙等十人。另外也产生了《相马经》之类的著作,这种鉴定马匹优劣的方法,是长期经验的累积。

影　响

西汉时期相马名家,据《史记·日者列传》记载有黄直、陈君夫,后者还是个妇人。湖南长沙马王堆三号汉墓出土帛书《相马经》残本,其内容所述,很多是关于马头部的相法,尤其着重相眼,其次是四肢的大体相法。可惜这是个残本,文义无法完全通读。南北朝后魏贾思勰的《齐民要术》中也记载了有关相马的一些基本原则。唐代大诗人杜甫虽不是相马名家,但他在诗中形容来自西域的大宛骏马说"胡马大宛名,锋棱瘦骨成,竹批双耳峻,风入四蹄轻",其中"竹批双耳峻"五字,极能写出骏马头部双耳耸立的神采。以上是我国历史上有关马的一些小插曲,至于汉武帝为求汗血马而征伐大宛,则更是大家耳熟能详的故事。

附带一说的是,本器通体作驹子形,神采生动,造型写实。据说东汉马援曾铸铜马立于宫门前,作为拣选马匹的标准。本器虽为酒器,然其造型写实,似不妨视为西周中叶良马的典型。

蠡驹尊

原 文

唯王十又二月，辰在甲申，王初执驹于厩^①。王呼师遽召盠，王亲诣盠驹赐两。拜稽首曰："王弗忘厥旧宗小子，螫皇盠身^②。"盠曰："王俪俪丕基，则万年保我万宗^③。"盠曰："余其敢对扬天子之休，余用作朕文考大仲宝尊彝。"盠曰："其万年世子孙永宝之。"

《金文总集》

译 文

周王十二月甲申这天，王在厩地初次参加了执驹之礼。王叫师遽召来盠，亲自赏赐盠两匹小驹。盠向王下拜并叩头，说："王没有忘记我这个宗亲晚辈，给予我如此的光宠。"盠又说："王光辉伟大的基业，能万年长保我们宗人。"又说："我恭谨地颂扬天子的美意，并铸成用来祭祀先父大仲的宝器，希望万年子孙永远宝用。"

（周凤五／编写整理）

---

① 唯王十又二月：周王朝历法的十二月，即周正的十二月。上古历法有"三正"之说，即夏正建寅，商正建丑，周正建子。周正十二月相当于夏正十月。现在阴历用夏正。辰在甲申：甲申日。执驹：古代幼马长成时所举行的典礼。即为幼马加上马辔，牵离母马，教它学习驾车，同时并祭祀马神。

② 螫皇：辉煌、光宠。

③ 俪俪：形容伟大、浩大。

裘卫盉铭

裘 卫

本器作者裘卫，是西周恭王时代掌管皮裘生产的一名小官。裘，官名，即《周礼》的司裘；卫，人名。

背　景

本器作于西周恭王时代，铭文记录了当时的土地交易。

土地问题，无论古今中外，都是一个重要的问题。西周初期"封诸侯""建同姓"，各国诸侯由周天子分得疆土，卿大夫也由诸侯分得采邑。这些土地的最高支配者是周天子，所谓"普天之下，莫非王土，率土之滨，莫非王臣"。土地是不准自由买卖的。王畿千里，称为"甸服"，用现代话说，"甸服"的诸侯其实就是周天子的佃户，是为周天子种田的。

西周中叶以后，我们开始看到有租田易地的事实，本器铭就是最好的例证。

矩伯庶人为了取得朝觐天子所用的瑾璋与兽皮，先后将一千三百亩田地租给裘卫。租田的行为对当时的社会经济制度产生了很大的影响，由于田地是租来的而不是周天子赏赐的，承租人自然没有助耕公田的义务。而原来拥有田地的封建贵族既已将田地放租，也就不再派人助耕公田，这样一来，周天子的收入愈来愈少，到了西周晚期厉王时代只好把助耕公田的制度取消，而代之以十分取一的彻法，即所谓"什一之税"。

这是西周晚期的制度。到了春秋时期,土地制度又进一步发生变化,《穀梁传》宣公十五年记鲁国"初税亩"云:

> 古者什一,藉而不税。初税亩非正也。古者三百步为里,名曰井田,井田者,九百亩,公田居一。私田稼不善,则非吏;公田稼不善,则非民。初税亩者,非公之去公田,而履亩什取一也。

大意是说:古代十税一,借助民力耕种,是一种劳役地租。"初税亩"即按亩征收实物地租,推翻了过去以农民助耕公田的制度,这是我国田赋之始,也代表政府正式承认土地私有权。

影　响

土地所有权,由西周初年"普天之下,莫非王土",到西周晚期"什一之税",到春秋中叶以后鲁国"初税亩",一步一步朝向土地私有的道路前进,由公有而私有而兼并集中,终于成为两千年来中国最主要、最基本的社会问题。

回顾这段历史,裘卫盉铭文提供了活生生的见证。试看田地放租要事先报告伯邑父等五位执政大臣,田地交割时,执政大臣还派司土、司马、司工等职官参加授田,仪式十分隆重,可见这种行为是政府认可的,不是私相授受的。

原　文

唯三年三月既生霸壬寅,王再旂于丰^{chēng qí}①。矩伯庶人取瑾璋于裘卫,财

---

① 既生霸:古人以月亮晦明圆缺记日期。既生霸,大约指农历每月初八、初九日。再旂:古代举行大阅典礼时竖起周王旗帜的一种仪式。

裘卫盉铭拓片

八十朋，厥贮其舍田十田①。矩或取赤琥两、麀韍两、韐韐一，财廿朋，其舍田三田②。裘卫乃彘告于伯邑父、荣伯、定伯、琼伯、单伯。伯邑父、荣伯、定伯、琼伯、单伯乃令参有司：司土微邑、司马单㫃、司工邑人服众受田。燹、趞、卫小子繇、逆者其飨。卫用作朕文考孟宝盘，卫其万年永宝用。

《金文总集》

译　文

　　三年三月壬寅这天，王在丰举行建旗典礼。矩伯庶人从裘卫那儿取得了朝觐周王所用的礼品——瑾璋，价值八十朋贝。裘卫答应由矩伯拿出一千亩田租给自己。矩伯又向裘卫取得赤虎皮两件、牝鹿皮蔽膝两件，以及杂色蔽膝一件，共值二十朋贝，由矩伯再拿出三百亩田租给裘卫。于是裘卫将此事报告了伯邑父、荣伯、定伯、琼伯和单伯等大臣。伯邑父等大臣就命令司土微邑、司马单㫃、司工邑人服三位执事官员参加田地租佃事宜。燹、趞和卫小子繇等前往迎接他们，并设宴款待。卫于是作了祭祀先父孟的盉器，希望后代子孙万年永宝。

（周凤五／编写整理）

---

① 瑾璋：古代贵族朝觐天子时必备的礼玉。
② 赤琥：赤色的老虎皮。韍：牝鹿皮制成的蔽膝。

史墙盘铭

史 墙

本器作者史墙。据铭文说，其祖先是微国的史官，于周武王克殷以后归顺周朝，武王将他发交周公差遣，遂定居岐周。由史墙祖先乙祖、祖辛的称谓来看，以日干为名的习惯，同于殷人，则史墙祖先所自出的微当是子姓的微国，地在今山西潞城区东北，而非《牧誓》所见周武王率以伐纣的"庸、蜀、羌、髳、微、卢、彭、濮"中的"微"。换句话说，史墙是殷遗民的后裔，其生存的时代推测约在周穆王至恭王时期。

背　景

史墙盘作于西周恭王时代，铭文共二百八十四字，分为前后两部分。前一部分叙述西周前期文、武、成、康、昭、穆六王的功业，后一部分则自叙家世，历述高祖、烈祖、乙祖、亚祖、文考五代的事迹，是一篇西周史官的叙事文，也是极其宝贵的第一手史料。

殷、周之际有两个微国，一个在商的王畿内，即微子启所封，另一个是随周武王伐纣的微人（见《尚书·牧誓》）。史墙在盘铭中说他的烈祖担任微国的史官，于武王克殷以后"来见武王"。那么，这个微自然不会是《牧誓》所载、随周武王伐纣的微，而是微子启所封的微。换句话说，史墙家族是殷遗民。

这点也可以由史墙祖先采用日干为名（祖辛、父乙）得到证实。日干为名是殷人的习惯。史墙的烈祖于武王克殷之后归顺周朝，武王命周公把他安置在岐周，史墙家族从此就做了周的顺民，不但得以保全身家性命，而且还得到继续发展的机会，成为周王的心腹之臣（"弼匹厥辟，远猷腹心"）。

这些话出自史墙之口，铸在颂扬祖德的铜器之上，或许不免有些夸大，但西周初年对待殷人确是恩威并施、刚柔互济的（见《尚书·康诰》）。史墙家族以亡国子余遭际如此已属万幸，难怪他在铭文中津津乐道，以祖先的"见机而作"为荣，并对西周诸王大加颂扬。

这篇铭文在王名与史墙祖先的名号上都冠有美好的形容词，这似乎就是后来延续将近三千年的"谥法"。关于谥法，一般主张定制于恭王而滥觞于殷代。

我们看这篇铭文提到"迅圉武王""宪圣成王""渊哲康王""弘鲁昭王""祇耿穆王"，王名之上的武、成、康、昭、穆，据西周金文可以确定都是周王生前的称号，"迅圉"等形容词则是身后追加的美名，史墙祖先名号上的形容词亦然，至于当时在位的恭王则仅呼为"天子"而不见任何美名美称。

西周文化至恭王才粲然大备，不但谥法定制于此时，即宗庙昭穆制度也是恭王时代祭祀先王，由穆王、昭王逆推而成的，试看文、武、成、康、昭、穆六王，不正是"三昭三穆"吗？而"昭、穆"之名又正是恭王的祖与父的王号，这绝非偶然，更不是巧合。这种宗庙祭祀制度与恭王既有如此密切的关系，则其为恭王时代的产物可以确定无疑。

史墙家族自殷代以来即任史官，这篇铭文叙事条理分明，遣词用字精确典雅，正可以视为殷周史官叙事文的最佳范例。

本书选录西周的器物偏重在恭王时代，这是因为周文化自武王克殷之后，发展至恭王而达到最成熟的阶段。由器物的形制、花纹以及铭文的字体、文体，我们都能得到旁证。真所谓"彬彬之盛，大备于时矣"！

影　响

本篇不仅是西周史官叙事文的最佳范例，也是研究西周文化的重要材料，尤其有关谥法的建立，本篇是最可靠的第一手资料。

原　文

曰古文王，初戾和于政，上帝降懿德，大屏，敷佑上下，会受万邦①。迅圉武王，遹征四方，挞殷畯民，永不巩狄虘，尚伐夷童②。宪圣成王，左右绥□刚鯀，用肇彻周邦③。渊哲康王，遂尹亿疆④。弘鲁昭王，广柔楚荆，唯贯南行。祇耿穆王，帅刑讦谟，踵宁天子。天子恪缵文武长烈，天子眉无丂，墙产上下，亟熙桓谟，昊昭无斁⑤。上帝后稷，亢保授天子绾命、厚福、丰年，方蛮无不扬见⑥。青幽高祖、在微灵处⑦。粤武王既哉殷，微史列祖乃来见武王，武王则令周公舍寓，于周俾处。通惠乙祖，弼匹厥辟，远猷腹心子□⑧。猴明亚祖祖辛，禋毓子孙，繁祓多釐，齐角炽光，宣其禋祀⑨。胡夷文考乙公，

史墙盘铭拓片

---

① 戾和：安定和谐。大屏：有力的辅佐。敷佑上下：庇佑天地四方。会：聚集。

② 迅圉：迅猛刚强。遹：发语词。永不巩狄虘：子孙世世代代永远保有王位。

③ 宪圣：聪明睿智。

④ 尹：统治，管理。

⑤ 墙产上下：曲意恭谨地事奉上下之神。

⑥ 亢保：庇荫保护。绾命：长命。

⑦ 在微灵处：在微地安居。

⑧ 弼匹：辅佐。

⑨ 繁祓多釐：祓除不祥，得到福气。釐，通"禧"。齐角：读为"齐悫"，恭敬之意。

遽爽得纯，无债农啬，岁稼唯辟。孝友史墙，夙夜不坠，其日蔑历①。墙弗敢沮，对扬天子丕显休命，用作宝尊彝②。列祖文考式□，授墙尔楚福，襄发录，黄耇弥生，堪事厥辟③。其万年永宝用。

《金文总集》

译 文

周朝的先王文王开始使政事和谐，上帝降下美德与得力辅佐，使他拥有天地四方，广受万邦朝贺。英勇的武王，征伐四方，克殷开国，从此不再恐惧戎狄侵略。睿智的成王，左右有刚强耿直的大臣，以治理周邦。明哲的康王，统治着广大的疆土。宏伟的昭王，平定楚国，打通了南方的道路。显赫的穆王，谨守法式，发扬先王的规模，安定了天子的地位。现在的天子，继承文、武的功业，天子长寿，事奉上下神明，敬而有谋，德行光明。上帝与后稷保护天子，授予他长命、厚福与好的收成，四方蛮夷无不来朝。深谋远虑的高祖，定居在微国，武王克殷以后，微史烈祖前来归顺，武王命周公安排他定居岐周。通达的乙祖，勤劳明智，辅佐君上，成为心腹之臣。聪明的亚祖祖辛，繁育子孙，多福多喜，主持祭祀先人之典。文考乙公为人平易，德行纯粹善良，能完纳贡赋，增加农产。孝友的史墙，日夜努力不懈，不敢败坏门风。史墙颂扬天子显赫美好的命令，而铸造宝贵的器物，希望祖先们把好的福气传留给墙，使墙能享高寿，长久服事君长，希望能万年永远宝用这个器物。

（周凤五、林素清／编写整理）

---

① 其日蔑历：每日积累功绩。

② 沮：败坏。

③ 楚福：大福气。襄发录：给予寿禄。黄耇弥生：长寿及健康的身心。辟：君主。

禹鼎铭

禹

本器作者禹，字叔向父，学者多主张即《诗经·大雅·十月之交》"皇父卿士，番维司徒，家伯维宰，仲允膳夫，聚子内史，蹶维趣马，楀维师氏，艳妻煽方处"中的"楀"。目前根据出土铜器，可以考知的诗中人物还有：皇父（见：函皇父簋）、番（见：番生簋）、家伯（见：伯家父簋）、仲（见：膳夫克鼎）、蹶（见：师兑簋），其主要活动的时间在周厉王时代。

背　景

本器作于西周厉王时代，在古器物学上很有名，它是少数见于宋人金石书籍著录的古器物之一。北宋时曾有与本器同铭的器物出土，当时称为"穆公鼎"，著录于《博古图录》《历代钟鼎彝器款识法帖》《啸堂集古录》等书，本器则是 1942 年出土的，铭文行款与宋人所见者不同。

东夷与南淮夷在殷周时期一直是困扰东方与南方的大问题。东夷居住在山东半岛一带，史载"纣伐东夷而陨其身"，我们在利簋铭文的解说中已有说明。南淮夷则是周代聚居在淮水流域的许多邦国与部落的总称，也简称淮夷或南夷，因在周人的南面，故称南淮夷。南淮夷是周人重要的财赋收入的来源。一方面由于南淮夷向周王室贡纳财赋，另一方面则因为南淮夷是中原与南方之间的重要交通孔道，是当时铜、锡、犀、贝的重要来源，在周人的政治、经济生活中占有重要的地位。本器铭文即记录了厉王时代周人与以鄂侯驭方为首的南淮夷之间的战争。

鄂国在西周时期相当强盛，是西周所封南国中的大国，姞姓，奄有今河南南阳至湖北北部汉水流域一带，即在汉水之北、淮水以西，扼中原与江淮之间的交通孔道，地理位置十分重要。周人一向倚为南疆的屏障，并赖以经营南方以控制南淮夷与东夷。

由于鄂国地位重要，周王曾以通婚作为笼络的手段，传世有鄂侯驭方鼎，铭文云："鄂侯作王姞媵簋，王姞其万年子子孙孙永宝。"这是鄂侯为女儿嫁给周天子而作的陪嫁器物，可见周、鄂关系的密切。另外，又有鄂侯驭方鼎，铭文记载周天子南征归途中，鄂侯驭方献礼酒于天子，并与天子会射，天子赏赐玉五珏、马四匹、矢五束给驭方，这是很丰厚的赏赐，可见其地位之重要。

正因为如此，一旦鄂侯驭方率领南淮夷与东夷叛乱，声势就十分浩大。据铭文记载，当时曾经一度攻入西周腹地，对西周王室造成严重的威胁。周天子调遣殷八师与西六师同时进行征讨，这支大军未能取得胜利，最后只好加派武公的亲军前往镇压，才活捉鄂侯驭方，平定了震动南方与东南方的大动乱。

周人这次战役规模之大，动员军队之多，在西周中叶以后都是罕有其匹的，而铭文两次记周天子的命令都有"勿遗寿幼"一语，足见其对鄂侯驭方称兵作乱之痛恨及对南疆的重视。

影　响

鄂侯驭方兵败被擒以后，煊赫一时的鄂国从此灭亡。鄂国覆灭，中原失去了南方的屏障，周人只好重建南方防线，在宣王时代由召伯虎与申伯完成了这个任务。

同时，鄂国之亡也为后来楚国之兴带来契机。楚国兴起，尽灭汉阳诸姬，遮断中原与江淮的通道，从此以后，荆蛮楚国逐渐走上历史舞台，楚文化的影响力也随之日益扩大，这对后来中国文化的发展实有不容忽视的意义。

原　文

禹曰："丕显桓桓皇祖穆公，克夹绍先王奠四方，肆武公亦弗遐忘朕圣祖考幽大叔、懿叔，命禹宵朕祖考政于井邦[①]。肆禹亦弗敢蠢，惕恭朕辟之命。呜呼哀哉！用天降大丧于下国，亦唯鄂侯驭方率南淮夷、东夷广伐南国、东国，至于历内[②]。王乃命西六师、殷八师曰：'扑伐鄂侯驭方，勿遗寿幼！'[③]肆师弥怵

匐匡（gé），弗克伐鄂[④]。肆武公乃遣禹率公戎车百乘，斯驭二百，徒千，曰：'于扬朕肃谟，唯西六师、殷八师伐鄂侯驭方，勿遗寿幼。'[⑤]粤禹以武公徒驭至于鄂，敦伐

禹鼎铭拓片

---

① 夹绍：辅佐。

② 鄂：国名，在今湖北东部鄂坡区一带。驭方：鄂侯名。南淮夷：指淮河流域一带的蛮夷，因位居周人之南，故称南淮夷，其主要活动地区在今安徽境内。东夷：殷周时期称居住于今山东一带的蛮夷为东夷。

③ 西六师：周室驻守在宗周的军队。殷八师：周室驻守在牧野的军队。

④ 师弥怵匐匡：军队畏怯，混乱不堪。匐匡，混乱。

⑤ 斯驭：即厮驭，随兵车服役的军卒。肃谟：大谋略。

鄂，休，获厥君驭方。肆禹有成，敢对扬武公丕显耿光，用作大宝鼎，禹其万年子子孙孙宝用。"

《金文总集》

译 文

禹说："光显勇武的祖先穆公，辅佐先王安定天下。武公也没有忘记我聪明睿智的祖父幽大叔及父亲懿叔，令禹像先祖、先父一样治理井邦。禹也不敢愚昧自用，谨慎恭敬地服从主上的命令。啊呀！悲哀呀！上天降下了灾难，鄂侯驭方率领南淮夷、东夷大举入侵南方与东方，一直打到历内。王命令西六师和殷八师说：'消灭鄂侯驭方，老少通通杀光！'军队畏怯，混乱不堪，无法取胜。武公便派遣禹率领武公的兵车百乘，随车军卒二百人，徒卒千人，说：'前往发扬我的大谋略，与西六师、殷八师攻打鄂侯驭方，老少通通杀光！'于是禹率领公的亲军攻打鄂国，得到胜利，活捉了鄂侯驭方。禹有成就，恭恭敬敬地颂扬武公的光显伟大，因此铸造宝贵的大鼎，禹希望子孙万年宝用这个鼎。"

（周凤五、林素清 / 编写整理）

多友鼎铭

多 友

本器作者多友，学者主张即郑武公，为厉王之子、宣王之弟。

背 景

本器制作的时代，一说厉王，一说宣王，目前尚无定论。厉、宣两代相连，时当西周晚期，故本器当作于西周晚期。

铭文内容记载有关周人与猃狁的一次战争。这次战争起于猃狁入侵王畿，京师告急。后来因天子命武公派遣多友率戎车追击猃狁，经过四次战役，多友大有斩获，猃狁败退。周天子以田地赏赐武公，武公也赏赐多友玉、钟以及铜料。

周人起于戎狄之间，其兴衰与戎狄有密切关系。猃狁是西北戎狄之一，殷墟甲骨文中称作"鬼方"。鬼方曾是殷人在西北方的强敌，据说殷高宗武丁耗时三年才将鬼方征服。此后鬼方转而向西侵扰周人，周人在古公亶父率领之下由豳迁岐。

鬼方在殷代晚期转而西向成为周人的强敌，使得殷王帝乙、帝辛能够倾全力经营东方。直到周武王克殷之后，鬼方才不再成为周人北方的边患。但西周晚期，猃狁与周人之间又开始了剧烈的冲突。《诗·小雅·小薇》："靡室靡家，猃狁之故；不遑启居，猃狁之故。"诗人的哀叹使人感受到了当时戎祸之烈。

宣王号称"中兴"，其主要成就是对猃狁大加挞伐，取得胜利。《诗·小雅·出车》："天子命我，城彼朔方，赫赫南仲，猃狁于襄。"（天子派遣我，北方筑城堡，南仲真威武，猃狁都赶跑。）又《六月》："薄伐猃狁，至于太原，文武吉甫，万邦为宪。"（前进攻打猃狁，一路打到太原，吉甫文武兼备，天下万方敬美。）在这些诗篇中，诗人所歌颂的南仲与尹吉甫都生活在宣王时代。

但连年征战，国困民疲，《史记·周本纪》说："宣王既亡南国之师，乃料民于太原。"周宣王兵败于姜氏之戎，部队折损甚多，想补充、扩大原有的部队，就在太原进行调查人口的工作，但却招来仲山甫的反对。后来到了幽王时代，申侯终于联合西夷犬戎与缯攻灭了宗周，戎祸与西周可谓相终始。

据本器铭文，周人在这次与猃狁的战争中一共斩敌三百余人，活捉二十八人，虏获兵车一百二十七辆，战果十分辉煌。而铭文又记杨冢之役因猃狁焚毁车马辎重，周人未能虏获敌车。可见猃狁抱定必死的决心，则战况之惨烈可以想见。"一将功成万骨枯"，诗人歌颂的功勋原是由血肉凝聚而成的。

影　响

周人始终未能消灭猃狁，不但平王因戎祸而东迁，后来两汉时期也一直受到来自北方的威胁。

原　文

唯十月，用猃狁^{xiǎn yǔn}旁兴，广伐京师，告追于王。命武公："遣乃元士，羞追于京师。"武公命多友率公车羞追于京师。癸未，戎伐栒，衣俘^{xún}①。多

---

① 衣俘：大肆掳掠。

多友鼎铭拓片

友西追。甲申之晨博于郴（zhū），多友右折首执讯，凡以公车折首二百又□又五人，执讯廿又三人，俘戎车百乘一十又七乘，衣复栒人俘；或搏于龚，斩首卅又六人，执讯二人，俘车十乘；从至，追搏于世，多友或有折首执讯；乃逞追，至于杨冢，公车折首百又十又五人，执讯三人①。唯俘车不克，以衣焚。唯马殴盡（xì），复夺京师之俘②。多友乃献俘、馘、讯于公③。武公乃献于王。乃曰武公曰："汝既静京师，厘（lài）汝，锡汝土田④。"丁酉，武公在献宫，乃命向父召多友，乃徒于献宫。公亲曰多友曰："余肇使汝，休，不逆，有成，使多擒，汝静京师。赐汝圭瓒（huán）一、汤钟一肆，铹鋚（qiáo tiáo）百钧⑤。"多友敢对扬公休，用作障鼎，用朋用友，其子子孙孙永宝用。

《殷周金文集录》

---

① 折首：斩首。执讯：活捉俘虏。

② 殴盡：打伤，击至伤残。

③ 馘：首级。

④ 厘：通"赉"。奖赏，嘉奖。锡：赏赐。

⑤ 汤钟：上好金属铸成的钟。一肆：一套，一组。铹鋚：上好的铜料。

译 文

十月，猃狁大举入侵京师，周王命武公道："派遣你的兵士，前往追击！"于是武公命令多友率领武公的戎车部队追击，进兵京师。癸未这天，猃狁攻打枸，大加劫掠。多友向西追击，甲申日早晨，在郓地作战，多友所率戎车部队斩首二百余人，活捉了二十三人，并掳获敌车一百一十七辆，极大地收复了枸地被掳去的财物。又在龚地战斗，斩首三十六人，活捉二人，俘获敌车十辆。一路跟踪追击到世地，又有收获，更乘胜急追，到达杨冢，武公的戎车部队又斩首一百一十五人，活捉三人，只是猃狁焚毁车马辎重，无法虏获敌车。又夺回了在京师被俘人马。多友于是呈献战果于武公，武公又献于周王。周王对武公说："你平靖了京师之乱，嘉勉你的功绩，并赏赐你田地。"丁酉这天，武公在献宫，命向父召来多友，武公亲自对多友说："我派遣你的任务，你做得很好，很成功，擒获很多，平靖了京师。因此赏赐你美玉、编钟，以及上好的铜料百钧。"多友恭敬地颂扬武公的美德，并铸成这个鼎，用来宴飨朋友，希望后代子孙万年宝用此鼎。

（周凤五、林素清／编写整理）

中山王𰇜鼎铭

𰇜

本器作者名𰇜，是战国时代中山国的国君，其活动的年代约在公元前4世纪初。

背　景

本器出土于河北平山县，是近年田野考古在战国史料方面的重大收获。中山国是白狄建立的国家，春秋时期原名鲜虞。它在战国时期处于燕、齐、赵三国之间，疆域很小，只有"地方五百里"，武力却很强盛，曾与韩、赵、魏、燕同时称王，在当时列国纵横中曾经扮演过重要的角色。

有关中山国的文献史料不多，主要见于《战国策》《史记》以及少数几部先秦子书。这次田野考古弥补了文献不足的缺憾。

除了史料的价值之外，本器铭文在先秦散文方面也具有重要的启示作用。中山国是白狄建立的国家，而这篇铭文却完全是儒家的色彩，反映周文化的特质。尤其引人注目的是，铭文引经据典，很有战国诸子哲理散文的风味。例如篇首一开头就说：

呜呼！语不废哉！寡人闻之："与其溺于人也，宁溺于渊。"

这两句话又见于《大戴礼记·武王践阼篇》，其文作：

盥盘之铭曰："与其溺于人也，宁溺于渊。溺于渊犹可游也，溺于人不可救也。"

铭文所谓"语不废哉"的"语"，指"善言"，类似今天所谓"嘉言录"中的话语。战国时期这类文章很多，著名的历史人物往往有一些"语"假托其名以行，如姜太公就有《太公金匮》一书，其中大多数是讨论治国之道的至理名言。至于《国语》一书，所载都是历史人物的言辞议论，最能代表"语"字的意义。

本铭除篇首引用"语"之外，文中，"事少如长，事愚如智"两句冒以"寡人闻之"四字，与前引文相同，应该也是"语"。这种引据嘉言以说理的形式与先秦子部各书完全一致，可见中山国文化程度之高。中山国虽然是白狄建立的国家，但"汉化"的程度比起邻国丝毫不逊色，甚至有过之而无不及，这是非常值得注意的。换句话说，就文化层面观察，战国时期中国境内无所谓华夏或夷狄；而"夷狄而中国则中国之"，实亦有客观的事实为依据。

影 响

中国文化的包容力是我们今天都引以为傲的，早在两千三百年前白狄建立的中山国已经为我们提供了有力的证明。

铭文内容另有一事值得注意，即燕君子哙禅让。禅让本为远古氏族社会的遗迹，战国以后由于儒、墨两家的倡导，成为当时极为流行的一种政治思想，目标在于"尚贤"。燕王哙让国予燕相子之，时在周慎靓王五年（前316），子之后来南面听政，燕王哙反为人臣。燕国旋即大乱，将军市被与太子平谋攻子之，齐宣王乘机伐燕，燕王哙及子之皆死。当时孟子正在齐国，对燕君禅让事曾批评道：

子哙不得与人燕，子之不得受燕于子哙。

铭文对此事则引以为戒，指出燕君子哙"迷惑于子之而亡其邦，为天下戮"。禅让的理想终以悲剧收场，理想与现实之间毕竟不是一蹴可及的。尚贤政治首先还得确定谁是贤人、如何举贤等问题。

原　文

惟十四年，中山王𰀨作鼎，于铭曰："呜呼！语不废哉！寡人闻之：'与其溺于人也，宁溺于渊。'昔者燕君子哙睿弇（yǎn）夫悟，长为人宗，闻于天下之物矣，犹迷惑于子之而亡其邦，为天下戮，而况在于少君乎①？昔者吾先考成王早弃群臣，寡人幼童未通智，惟傅姆是从。天降休命于朕邦，有厥忠臣贾，克顺克卑，亡不率仁，敬顺天德，以左右寡人，使知社稷之任，臣宗之义，夙夜不懈，以诱导寡人②。今余方壮，知天若否，论其德，省其行，亡不顺道，考宅惟刑，呜呼哲哉③！社稷

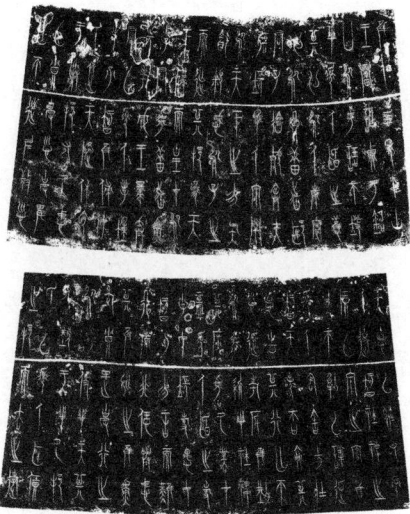

中山王𰀨鼎铭拓片

---

① 燕君子哙：即燕王哙，燕易王子，在位七年（前320—前314）。于公元前316年让国给丞相子之。睿弇夫悟：睿智渊博，聪明颖悟。闻：娴习，通晓。

② 贾：人名。中山国宰相。学者多认为就是《战国策》及《史记》等书中的司马喜。率仁：遵循仁德。

③ 考宅惟刑：考察和衡量事务都有典型可以遵守。哲：谨慎。

其庶乎！厥业在祗，寡人闻之：'事少如长，事愚如智。'① 此易言而难行也。非信与忠，其谁能之？其谁能之！惟吾老贾是克行之。呜呼悠哉！天其有刑于哉厥邦。是以寡人专任之邦而去之游，亡遽惕之虑。昔者吾先祖桓王、昭考成王，身勤社稷，行四方，以忧劳邦家。今吾老亲率参军之众，以征不义之邦，奋桴振铎，辟启封疆，方数百里，列城数十，克敌大邦②。寡人庸其德，嘉其力，是以赐之厥命：'虽有死罪，及参世，亡不赦。'③ 以明其德，庸其功。吾老贾奔走不听命。寡人惧其忽然不可得，惮惮懔懔，恐陨社稷之光，是以寡人许之④。谋虑皆从，克有功，智也。辞死罪之有赦，知为人臣之义也。呜呼！念之哉！后人其庸用之，毋忘尔邦⑤。昔者吴人并越，越人修教备信，五年覆吴，克并之至于今⑥。尔毋大而肆，毋富而骄，毋众而嚣⑦。邻邦难亲仇人在旁。呜呼！念之哉！子子孙孙永定保之，毋替厥邦⑧。"

《金文总集》

译　文

十四年，中山王䵼铸造鼎，并刻上铭文："哎呀！古人说得好，'与其

---

① 祗：恭敬。

② 奋桴振铎：击鼓椎，敲铎铃。指挥军队作战。

③ 庸：酬庸。

④ 惮惮懔懔：兢兢业业。

⑤ 庸用：继续施行。

⑥ 覆：覆灭，败亡。

⑦ 大而肆：自大而放纵。众而嚣：恃众而骄傲。

⑧ 替：废除。

溺于人，宁愿溺于渊'，溺于水还可游出，溺于人则无可救了啊！从前燕国国君哙，睿智渊博，聪明颖悟，年长即位后，又能娴习天下事物，像这样的人君却仍被子之迷惑，以至于亡国丧邦，而为天下人耻笑，何况我是个年幼的君主呢？从前，先父成王很早就去世了，我年幼即位，知识未开，多依从师傅教导行事。幸好老天降下好运给我们国家，使我们拥有这样的忠臣——司马贯，他遵循仁德，谨守天道以辅佐我。他早晚努力不懈地诱导我，使我了解国家的重任和君臣的道义。现在我已成年，知道应顺从天命，要慎立法则，用以考察和衡量事物。哎呀！要谨慎呀！对国家也是这样的。要恭敬地行事。我听说过这样的话：'事奉年幼的和年长的君主一样，事奉愚钝的和聪颖的人一样。'这话虽浅易却难于实行。除非是忠信的人，谁能做到啊？而我们元老司马贯却能做到。哎呀！上天为我国立下好的法则，所以我能委任国事给贯而放心游乐，毫无忧惧。从前我先祖桓王和先父成王，他们忧劳国家，奔走四方。现在我们老臣贯亲率三军出征不义的国家，击鼓鸣铎，开拓疆域数百里，获得城邑数十个，奠定了成为大国的基础，使我们能和大国相匹敌。我为酬庸贯的功绩，嘉勉他的努力，于是赐予他这道命令：'即使犯有死罪，或其子孙三代有罪，一律特赦免死。'元老贯推辞不肯接受，我又生恐失去了他这位国家的重臣，只好允许他的推辞。凡他所作所为都有成效，这是他的明智；推辞了免死的特权，这是他知道做臣子的大义。哎呀！要感念他的功业，后人更要继续努力呀！不要忘了自己的国家。从前吴人并吞越国，越人生聚教训，五年后竟打败了吴国。你们不要自大放肆，不要恃富骄泰，也不要恃众狂傲。邻国是难以亲善的，仇敌之国就在我们旁边。唉！要记住呀！子子孙孙要永远保卫国土，不要废亡了我们的国家呀！"

（周凤五、林素清／编写整理）

方升铭

商 鞅

商鞅（约前390—前338），即卫鞅，又称公孙鞅，卫国国君的远支宗亲。秦封地在商（今陕西丹凤县西北）地，故世称商君、商鞅。他学习李悝《法经》，通晓法家之术。

初事魏相公叔痤，后入秦，秦孝公六年（前356）受任为左庶长，主持变法。革除秦的戎翟旧俗，迁都咸阳，设立郡县，废井田、开阡陌，推行军功制度，统一度量衡，奠定了后来秦始皇统一天下的基础。商鞅前后主政十九年，秦孝公去世（前338），惠王即位，被逮捕车裂肢解而死。

背 景

度（长度）量（容量）衡（重量）与人类日常生活息息相关。透过对于古代度量衡制度的考察，我们可以比较深入而真切地了解当时社会经济与人民生活的真相。

度量衡制度究竟始于何时，已经不得而知。商朝虽然贸易发达，必有度量衡之工具和观念，但目前考古发掘所得资料显示，殷墟甲骨文中未见度量衡单位。西周金文才有"乎"字，是重量单位，但实际重量仍没有一致的结论。春秋战国时期，随着经济的繁荣与商业的发展，为适应生产与交换的需要，各国度量衡制度渐趋精密完备，单就文献所见，战国的容量单位便有斛、筲、升、溢、豆、区、釜、钟、盆、斗、桶、斛、斛、庾、薮、秉、筥、稷、秅、鼓等二十余种之多。这里将《汉书·律历志》及出土器物实测所得度量衡制度列表如下：

国别	度	量	衡
秦	1 丈＝10 尺＝100 寸＝230 厘米	1 斛＝10 斗＝100 升＝1000 合＝20100 毫升	1 石＝120 斤＝30750 克 1 斤＝16 两＝384 铢＝25625 克
两周	1 尺＝23.1 厘米	1 斗＝1997.5 毫升	1 寽＝? 克　1 两＝24 铢
三晋	?	赵 1 斗＝10 升＝20 益＝2114 毫升 1 斗＝7140 毫升	1 镒＝? 克　魏 1 寽＝?
齐	?	1 钟＝10 釜＝50 区＝100 铺＝250 豆＝1250 升＝205000 毫升	?
楚	1 尺＝22.5～23 厘米	?	1 斤＝16 两＝384 铢＝25153 克
燕	?	?	?

从上表不难发现，秦与齐、赵、魏的量制，秦与两周、三晋的衡制差别较大，这自然是秦始皇兼并六国、统一天下之后必须解决的问题。

传世秦权多铸刻秦始皇二十六年（前 221）统一度量衡的诏书，其文如下：

> 廿六年，皇帝尽并兼天下诸侯，黔首大安，立号为皇帝，乃诏丞相状、绾法度量，则不壹，歉疑者皆明壹之。

全文大意是说："秦王政二十六年，统一天下，人民安乐，立尊号为皇帝，令丞相隗状与卫绾统一度量制度，凡不统一或不精确的都要使之精确统一。"铸刻有这篇诏书的量器和衡器，除陕西、甘肃秦国本土发现很多之外，齐国故地（山东邹城、诸城一带），楚国故地（江苏盱眙一带），韩国故地

（河南禹县一带），赵国故地（山西右玉、左云一带）以及燕长城故址（辽宁赤峰）都有发现，甚至远在长城线以北一百多公里的吉林也曾经发现，可见秦始皇统一度量衡的工作是非常彻底的。而他所根据的，正是公元前344年商鞅变法"平斗桶权衡丈尺"所制定的标准。

影　响

秦始皇琅邪台刻石说："器械一量，同书文字，日月所照，舟舆所载，皆终其命。"（凡日月所照之地，坐车乘船之人，全都按照法令来统一度量衡和文字。）这话一点也不夸大。后来西汉整套度量衡制度都承自秦代，甚至秦以后两千余年度量衡单位的数值虽有变化，但基本单位及其相互的比值却沿用不改，与统一文字同为幅员广大的中国之所以能够统一的现实基础。

商鞅方升及铭

原　文

十八年，齐率卿大夫众来聘①。冬十二月乙酉，大良造鞅爰积十六尊五分尊壹为升②。

《金文总集》

---

① 十八年：秦孝公十八年，公元前344年。

② 大良造：秦爵名，又作大上造。据《汉书·百官公卿表》，秦爵最高为彻侯，以下依次为关内侯、大庶长、驷车庶长、大上造、少上造、右更、中更、左更、右庶长、左庶长、五大夫、公乘、公大夫、官大夫、大夫、不更、簪袅、上造、公士，共二十级。尊：借为"寸"字。

译　文

　　十八年冬，齐国率领卿大夫组成的代表团来访问。冬十二月乙酉日，大良造商鞅以十六又五分之一立方寸的容积为一升。

（林素清、周凤五／编写整理）

谏逐客书

李 斯

李斯像

李斯（？—前208），楚国上蔡（今河南上蔡西南）人，大儒荀子的学生。学成以后，就投身在秦相吕不韦门下做门客，并游说秦王，陈述并吞六国的计策。秦王政称皇帝以后，做丞相。秦始皇废除封建，实行郡县，整理文字，统一国道，明白规定法度律令，大多数的法令都出于李斯的建议。李斯对于后来中国统一的局面非常有贡献。秦二世即位后，李斯仍然做丞相，后来被赵高陷害，在咸阳被腰斩，他的三族也均被杀。

背 景

李斯写这篇文章的原因是：秦王政十年（前237），李斯在秦国为客卿，韩国有个名叫郑国的水工来游说秦国西引泾水，东注洛河，开渠三百余里，以灌溉田地。真实目的则是通过开渠以疲秦力，使秦不能东伐。

不久秦国发觉郑国动机，秦宗室大臣皆劝告秦王说，诸侯各国的人来秦国都是做间谍，遂请求罢除一切客卿。秦王采纳了宗室大臣的意见，放逐各国客卿。

李斯也在被驱逐的行列里，他在途中写下这封谏书送给秦王。秦王看后体悟，乃除逐客之令，派人追李斯回来，复其职、用其谋，后来完成了并吞天下的大业。

李斯这篇文章论理精辟，举证明确，文气畅达，颇具说服力。其高明之处在于纯粹从秦国的利害关系着手，论说逐客的害处与不逐客的利处，而丝毫不考虑个人的进退。全文举证甚为精当，颇具说服的力量，足以令人信服。首先，举秦国先王得以成功是由于善用客卿，是从正面来论证；其次，就秦王所珍爱的器物、美女、音乐来自国外，而人才反而不外求之非，是从反面来论证。最后，再以事物之理来阐扬法家强国称霸天下的目的与精神，使得秦王豁然而悟。全篇顺说、逆叙、正说、反喻，起承转合，前后呼应，是一篇很好的议论文章，而其所论之事，对后代也影响甚大。

影　响

秦始皇能统一天下，大抵在重用客卿，尤其能以李斯为丞相，废封建，置郡县，定律令，筑长城，北却匈奴，奠定统一天下的大业。尤其一个国家本就有既得利益之争，秦王能因李斯之言当下反悟，以国家利益为前提，摆脱现实的纷争，也正可作为后世的最好借镜。

原　文

臣闻吏议逐客，窃以为过矣。昔缪公求士，西取由余于戎，东得百里奚于宛，迎蹇^{jiǎn}叔于宋，来丕豹、公孙支于晋 ①。此五子者，不产于秦，

---

① 缪公：即秦穆公，姓嬴，名任好，春秋五霸之一。缪，通"穆"。

而穆公用之，并国二十，遂霸西戎①。孝公用商鞅之法，移风易俗，民以殷盛，国以富强，百姓乐用，诸侯亲服，获楚、魏之师，举地千里，至今治强。惠王用张仪之计，拔三川之地，西并巴蜀，北收上郡，南取汉中，包九夷，制鄢郢，东据成皋之险，割膏腴之壤，遂散六国之从，使之西面事秦，功施到今。昭王得范雎，废穰侯，逐华阳，强公室，杜私门，蚕食诸侯，使秦成帝业②。此四君者，皆以客之功。由此观之，客何负于秦哉？向使四君却客而不纳、疏士而不用，是使国无富利之实，而秦无强大之名也。

今陛下致昆山之玉，有和随之宝，垂明月之珠，服太阿之剑，乘纤离之马，建翠凤之旗，树灵鼍之鼓。此数宝者，秦不生一焉，而陛下说之，何也？必秦国之所生然后可，则是夜光之璧，不饰朝廷；犀象之器，不为玩好；郑卫之女，不充后宫；骏马駃騠，不实外厩；江南金锡不为用，西蜀丹青不为采。所以饰后宫，充下陈，娱心意，说耳目者，必出于秦然后可，则是宛珠之簪，傅玑之珥，阿缟之衣，锦绣之饰，不进于

---

① 五子者：由余，晋国人，亡入戎，奉戎王命使秦，穆公贤之，以计间戎王，戎王疑由余，由余乃降秦，为秦谋伐戎之策，辟地千里，秦遂霸西戎。百里奚，字井伯，虞人，初仕虞国为大夫。晋献公灭虞，虏之归，以为其女（秦穆公夫人）媵臣（陪嫁之仆），奚耻之，亡秦走宛，为楚鄙人所执。穆公闻贤，以五羖羊皮赎之。与议国事，大悦，授以国政。相秦七年而霸，人称“五羖大夫”。蹇叔，岐州人，游于宋。百里奚谓穆公，臣不及臣友蹇叔贤，穆公使之厚币迎蹇叔，以为上大夫。丕豹，亦作邳豹，晋大夫丕郑之子，因晋惠公杀其父，豹遂入秦。公孙支，岐州人，游晋，后归秦。

② 范雎：字叔，战国魏人，善口辩。初事魏中大夫须贾，为相魏齐所答辱，乃以计西入秦，改姓名为张禄，说昭王以远交近攻之策，昭王善之。寻为相，封应侯。穰侯：姓魏名冉，昭王母宣太后异父弟，时为相，封于穰，故称穰侯。华阳：昭王母宣太后同父弟，时为将军，因封于华阳，故称华阳君。二人因宣太后关系，专权擅政，昭王从范雎之议，罢穰侯，逐华阳君于关外。

前，而随俗雅化，佳冶窈窕，赵女不立于侧也。夫击瓮叩缶、弹筝搏髀，而歌呼呜呜快耳者，真秦之声也；郑卫桑间、韶虞武象者，异国之乐也。今弃击瓮叩缶而就郑卫，退弹筝而取韶虞，若是者何也？快意当前，适观而已矣！今取人则不然，不问可否，不论曲直，非秦者去，为客者逐。然则是所重者在乎色乐珠玉，而所轻者在乎人民也。此非所以跨海内、制诸侯之术也。

臣闻地广者粟多，国大者人众，兵强则士勇。是以泰山不让土壤，故能成其大；河海不择细流，故能就其深；王者不却众庶，故能明其德。是以地无四方，民无异国，四时充美，鬼神降福：此五帝三王之所以无敌也。今乃弃黔首以资敌国，却宾客以业诸侯，使天下之士，退而不敢西向，裹足不入秦：此所谓藉寇兵而赍盗粮者也。

夫物不产于秦，可宝者多；士不产于秦，而愿忠者众。今逐客以资敌国，损民以益仇，内自虚而外树怨于诸侯，求国无危，不可得也。

《全秦文》

译 文

臣认为驱逐客卿是错误的。从前穆公征求贤士，从西戎国聘请了由余，从宛国赎得了百里奚，从宋国迎来了蹇叔，从晋国延揽了邳豹和公孙支。这五位贤士，都不是秦国人，可是穆公任用他们，结果并吞了二十多国，称霸西戎。孝公用商鞅的新法，改变风俗，人民生活殷实兴盛，国家富足强大，百姓乐于为国效力，诸侯亲近服从，先后击败楚国、魏国的军队，占领了千里土地，直到现在，还是政治修明，国家强盛。惠王用张仪的十策，夺取了三川，西方并吞巴蜀，北方取得了上郡，南方占有了汉中，兼并了九夷，控制了鄢郢，东方占据了成皋险要地区，割取了肥沃土地，拆散了六国合纵的盟约，使他们西面事秦，功劳到现在还在。昭王得到了范雎，于是废免穰侯，驱逐华阳君，强大王室，杜塞权贵私门，逐渐夺取诸侯土地，使秦国完成帝国基业。这四位君主，都是靠了客卿的功劳。由此看来，客卿有什么对不起秦国呢？假使过去这四位君主，拒绝客卿，疏远贤士，国家在实际上便得不到富足，也得不到强大的威名了。

现在大王得到了昆山的美玉，有了卞和的宝璧和随侯的明珠，挂着明月珠，佩着太阿剑，驾着纤离马，竖着翠凤旗，摆着灵鼍鼓。这几种宝物，没有一件产在秦国的，可是大王却喜爱它，为什么呢？一定要秦国出产的才可以用，那么夜光璧就不该装饰在朝廷里，犀牛和象牙的器具就不该作为玩好，郑卫的美女就不该藏在后宫，䮉騠等好马就不该养在马厩，江南的金锡不该用，西蜀的丹青不该拿来涂彩。所有用来装饰后宫，充作姬妾娱乐心意、快活耳目的，一定要出产在秦国的然后才可以用，那么宛珠簪、傅玑珥、阿缟衣，以及锦绣华美的装饰，就不该进呈到面前，而穿着时髦、艳丽美好的赵国女子，也不该站立在身旁。那敲水瓶、打瓦缶、弹竹筝，拍着股骨，呜呜歌唱，是道地的秦国音乐；郑卫桑间的靡靡之音，虞舜周武的古乐，都是外国的音乐。现在舍弃了敲水瓶瓦罐而听郑卫的歌曲，不用弹筝而欣赏韶虞的古乐，这样做为什么呢？还不是快乐当前，适合欣赏吗？现在用人却不是这样，不问是非，不论好坏，只要不是秦国人，就不用；做客卿的，就驱逐。那么就是所看重的是女色、音乐、宝珠、美玉，所轻视的是人才。这不是统一天下、控制诸侯的办法啊！

臣听说土地广的粮食就多，国家大的人口就众多，军队强大是由于士卒勇敢。所以泰山不排除土壤，才能成就它的大；河海不拒绝小水，才能成就它的深；帝王不舍弃百姓，才能显扬他的盛德。因此土地不分东西南北，人民不分本国外国，经常追求充实美好，鬼神就会降福：这就是五帝三王无敌的原因。现在大王却要抛弃人民来帮助敌国，排斥宾客使他们事奉诸侯，使得天下的人才，退缩不敢西来，止步不再踏入秦国，这就叫作借兵器给敌人，送粮食给盗贼啊！

物品不出产于秦国，值得珍贵的很多；人才不出于秦国，愿意效忠的也不少。现在驱逐客卿来帮助敌国，损害人民来有益仇人，使国内空虚而外面又和诸侯结怨，希望国家没有危险，是不可能的。

（郑志明／编写整理）

议废封建

李　斯

背　景

　　封建社会，是以土地制度为中心，进而确定权利义务关系的阶级社会。这是由于当时地广人稀，交通不便，王室制驭的力量无法普及，而且国与国之间也少接触，所以形成了封建的社会结构。但是后来户口日繁，土地日辟，交通日便，王室的力量扩展，国与国的接触也日渐频繁，如此，封建制度必然崩溃。

　　但是李斯从利害关系来劝秦王废除封建，表面上与社会的变迁无关，实际上李斯的意见仍是时势所造成的。天下一统，除了靠秦国武力扩张之外，经济、法制的变迁，已逐渐构成内在结构性改变的主要助力。

　　历史的进展是前后相连、因果相关的，但是其转变的要件不可忽略。比如秦国刚统一天下时，复行封建的论调相当盛行，如丞相王绾等曾建议云："燕、齐、荆地远，不为置王，毋以填之。"又有博士淳于越进言云："臣闻殷、周之王千余岁，封子弟功臣，自为枝辅。今陛下有海内，而子弟为匹夫，卒有田常六卿之臣，无辅拂，何以相救哉？事不师古，而能长久者，非所闻也。"

　　在这样的环境下，李斯的建议，就不能只是客观现象的说明，而是要针对其内在最大的弊病加以反击，其着重点即在"天下无异意，则安宁之术也"，如此意见非常符合秦始皇的心理，故始皇云："天下共苦战斗不休，以有侯王。赖宗庙,天下初定,又复立国,是树兵也,而求其宁息,岂不难哉!廷尉议是。"

在这样的政治走向下,其着眼点虽在国家的利害上,实也有划时代的意义。李斯曾得意地在《琅邪刻石》上云:"古之帝者,地不过千里,诸侯各守其封域,或朝或否,相侵暴乱,残伐不止,犹刻金石,以自为纪。古之五帝三王,知教不同,法度不明,假威鬼神,以欺远方,实不称名,故不久长。其身未殁,诸侯背叛,法令不行。今皇帝并一海内,以为郡县,天下和平,昭明宗庙,体道行德,尊号大成。"

影　响

封建制度的崩溃,是经过周朝数百年的历史变迁逐渐造成的,但是封建的理念依旧深入人心,李斯以利害的观点来加快废除封建的速度,有其历史上的意义。比如汉初虽欲复行封建,却造成七国之乱,因此郡县制度抬头,中央集权的政治理念后来成为中国政治思想的主流,影响至于今日。

原　文

周武王所封子弟同姓甚众,然后属疏远,相攻击如仇雠,诸侯更相诛伐,周天子弗能禁止。今海内赖陛下神灵一统,皆为郡县,诸子功臣,以公赋税重赏赐之,甚足易制。天下无异意,则安宁之术也,置诸侯不便。

《全秦文》

译　文

周武王分封同姓子弟,设立了很多诸侯国,但是几代以后在感情上逐渐疏远，国与国之间为了领土的竞争，彼此视为仇家相互攻击，战争纷起，连周天子也无法加以禁止。现在天下复归统一，出现了新的政治局面，不宜再实施封建，应将全国土地直隶君主，大者设郡，小者设县。至于有功的臣子与亲密的族人，以财物、衣税食租等大大地赏赐他们，如此天下就容易治理了。天下皆为国君所控制，没有其他政治势力，这就是治理国家的法术了。

（郑志明／编写整理）

初并天下议帝号令

嬴　政

秦始皇（前259—前210），姓嬴，名政，秦庄襄王之子。十三岁即位，丞相吕不韦掌权。秦王政十年（前237），杀吕不韦，亲政，先后攻灭六国，统一天下，号称始皇帝。废除封建、设置郡县、统一度量衡、焚书坑儒。在位三十七年。

秦始皇像

背　景

秦王政二十六年（前221）终于兼并六国，统一了天下，数百年纷争扰攘的分裂局面复定于一尊，两千年君主之制从此开端。站在历史的转折点上，秦王政真可以说是踌躇满志，意气风发。

影　响

秦王政有强烈的历史感，他下令群臣讨论自己的称号，他不用谥号制，因为不许群臣、子嗣在他身后议论自己的功过是非，他要在历史上为后人留下永难磨灭的记忆。凡此种种，都反映了他内心深处不可抑制的历史感。而他之所以断断不休，历数韩王、赵王、魏王等六国诸侯的不是，焚烧六国史书，甚至一切经典，汲汲于为自己攻灭六国辩护，目的也不过是使自己的行为合理化。这也还是历史感的压力使然。

这个长得"蜂准长目，鸷鸟膺，豺声"的秦王政，十三岁即位，三十九岁统一天下，他的才能与机遇似乎都胜人一筹。他也自觉地认为自己"德迈三皇，功高五帝"，是人类有史以来第一人。他是不平凡的，因此自称为"朕"，以示与臣民有别。

其实，"朕"这个字原本只是很平常的第一人称代词，西周金文常见"某某作朕皇考宝尊彝"的句子，他却拿来自己专用。前此殷周时期天子称"余一人"，此后两千余年，中国历史上每一个皇帝都自称"朕"。是否果真为"天子"人们不得而知，但皇帝毕竟与臣民不同了。

他的印章称"玺"，这其实也是印章本来的通称，不过他要与众不同，所以由他一个人专用，臣民不许僭用这个字。直到唐朝武则天才因避讳玺与"死"同音而改用"宝"字。他的命令也有专名，称"制"或"诏"，都与臣下不同。

总之，他想与历史人物一较长短，与当代诸侯一比高低，无论从哪一方面看，他都是胜利者，他是历史的创造者，他是始皇帝，后世子孙二世、三世、十世、百世、千世、万世……传之无穷，这是多么可怕的暗示！后代帝王从他这里得到的，究竟是什么样的教训呢？

原　文

秦初并天下，令丞相、御史曰："异日韩王纳地效玺，请为藩臣，已而倍约，与赵、魏合从畔秦，故兴兵诛之，虏其王[①]。寡人以为善，庶几息兵革。赵王使其相李牧来约盟，故归其质子。已而倍盟，反我太原，故兴

---

① 异日：往昔。纳地效玺：呈献土地与玺印，即称臣降服。

兵诛之，得其王。赵公子嘉乃自立为代王，故举兵击灭之。魏王始约服入秦，已而与韩、赵谋袭秦，秦兵吏诛，遂破之。荆王献青阳以西，已而畔约，击我南郡，故发兵诛，得其王，遂定其荆地。燕王昏乱，其太子丹乃阴令荆轲为贼，兵吏诛，灭其国。齐王用后胜计，绝秦使，欲为乱，兵吏诛，虏其王，平齐地。寡人以眇眇之身，兴兵诛暴乱，赖宗庙之灵，六王咸伏其辜，天下大定。今名号不更，无以称成功，传后世。其议帝号。”丞相绾、御史大夫劫、廷尉斯等皆曰：“昔者五帝地方千里，其外侯服夷服，诸侯或朝或否，天子不能制。今陛下兴义兵，诛残贼，平定天下，海内为郡县，法令由一统，自上古以来未尝有，五帝所不及。臣等谨与博士议曰:古有天皇，有地皇，有泰皇，泰皇最贵。臣等昧死上尊号，王为‘泰皇’。命为‘制’，令为‘诏’，天子自称曰‘朕’。”王曰："去‘泰’，著‘皇’，采上古‘帝’位号，号曰‘皇帝’。他如议。”制曰："可。”追尊庄襄王为太上皇。制曰："朕闻太古有号毋谥，中古有号，死而以行为谥。如此，则子议父，臣议君也，甚无谓，朕弗取焉。自今已来，除谥法。朕为始皇帝。后世以计数，二世三世至于万世，传之无穷。”

秦代书体“始皇帝”

《史记·秦始皇本纪》

译 文

　　秦统一天下，令丞相、御史："从前韩王降服称臣，后来却背约，联合赵、魏两国反叛，所以出兵加以讨伐，活捉韩王。我原本不想再用兵。赵王派遣李牧来结盟，我就把赵国留在秦国的人质送回去了。不料赵国背盟攻打太原，于是出兵活捉赵王。赵公子嘉自立为代王，所以出兵消灭他。魏王原本约好入秦，后来与韩、赵两国阴谋袭秦，于是出兵加以讨伐。楚王献青阳以西来求和，后来却毁约攻打南郡，于是出兵加以讨伐，活捉楚王。燕王昏庸无道，太子丹遣荆轲为刺客，于是出兵加以讨伐，消灭了燕国。齐王听信后胜的计策，与秦国断绝往来。阴谋作乱，于是出兵加以讨伐，活捉齐王，平定齐国。渺小的我出兵讨伐暴乱的国家，幸亏祖宗显灵，使六国国王都得到应有的惩罚，天下统一。既然如此，我若不改变名号，就与我的功业不相配合，不能传之后世。大家讨论一下帝号吧！"

　　丞相王绾、御史大夫冯劫、廷尉李斯等人都主张："古代五帝地方仅千里，四境外夷是否入朝，天子不能决定。现在陛下发动正义之师，讨伐残贼叛逆，平定天下，分置郡县，政令统一，这是上古以来所不曾有的，是五帝都比不上的盛事。臣等与博士们商议的结论是：古代有天皇、地皇、泰皇，其中泰皇最尊贵。因此臣等冒死给陛下上尊号为'泰皇'，陛下所颁的命令称作'制'或'诏'，天子自称为'朕'。"秦王说："去掉'泰'字，加上'皇'字；采用上古时代'帝'的称号，合称为'皇帝'。其余如议。"于是正式颁布命令。又追尊庄襄王为太上皇。并颁令："远古时代有称号而无谥法，中古时代生前有称号，死后则根据其生前的作为决定谥法。这样一来就成了儿子议论父亲，臣下评断君上，实在很不妥当，我不赞成。从今以后，废除谥法。我号称始皇帝。我的后代则依次为二世、三世……以至万世，永无穷尽。"

（周凤五、林素清／编写整理）

礼 运

不 详

  本篇选自《礼记》。《礼记》又称《小戴礼记》，是战国到西汉中叶儒家论礼的总集，共四十九篇，为西汉经师戴圣编辑而成。

  所谓"礼"，范围十分广泛，举凡礼仪、制度、风俗等都可以包含在内。《礼记》的内容，大致可以区分为二：一类是讨论礼制、礼义的文章，另一类则是儒家的哲学思想。总括地说，《礼记》就是一部儒家学者论礼丛编。

背 景

  礼运，旨在谈论礼的运行。郑玄说："名曰礼运者，以其记五帝三王相变易，阴阳旋转之道。""运"字可有二义：一为演变，一为运行。所谓演变，是就时代生活的沿革而言；所谓运行，是就五行四时的更迭而言。四时更迭，周而复始，礼即依此而行。

  今传儒家有关礼学的著作——三礼。其中《周礼》所言为国家的制度，也可说是群体行为的规范；《仪礼》则记生活的仪文，也可说是个人行为的规范：二书所言都是"礼之数"，也可说是礼的具体事象。《礼记》所说的则是"礼之义"，也可说是礼的抽象道理。国家的制度和生活的仪文之所以必须如此，自有其道理在，通晓其理，就可以因时因地因事而制其宜。事实上，制度与仪文虽随时代、地域、人物、环境而变迁，然道理则亘古不变，与人类生活相终始。

《周礼》《仪礼》二书，到了唐代已有学者率直地承认其不易理解，主要原因就在于那些制度、仪文在后代日常生活中多已不复存在，因而其书也就不为一般人所了解了。而《礼记》一书则保存了儒家借助制度仪文以引导人生走向健康幸福的理论与理想，不但不因时世的变迁而没落，相反地，如今已成为通晓儒家"礼"之精义的唯一要籍。

影　响

在人类社会里，个人行为应如何才能利人利己，彼此和睦；团体行为应如何才能福国福民，共享康乐？换句话说，世俗的仪文、国家的制度，应如何制定？这和我们每一个人的关系实在太密切了。所以孔子在《礼运篇》中，一再强调礼的重要，期望圣王能明白"礼之义"，顺应天理人情以制礼，使天下太平，人类生活幸福美满。

本篇所揭橥的理想不但成为中国人所追求的最高目标，且其所阐述的治国之道也为历代君臣上下所重视，尤其"大道之行也"一章，谓之我国的立国精神亦不为过。"天下为公""选贤与能"，是每一个中国人都耳熟能详的。是则《礼运篇》的意义又不止于历史与文化，实将与我国族同其繁荣茁壮，千年万载，永垂不朽。

原　文

昔者仲尼与于蜡宾，事毕，出游于观之上，喟然而叹[①]。仲尼之叹，盖叹鲁也。言偃在侧，曰："君子何叹？"

孔子曰："大道之行也，与三代之英，丘未之逮也，而有志焉。大道

[①] 蜡：周历十二月的一种祭祀。

观蜡论俗

之行也，天下为公。选贤与能，讲信修睦。故人不独亲其亲，不独子其子；使老有所终，壮有所用，幼有所长，矜寡孤独废疾者皆有所养。男有分，女有归。货，恶其弃于地也，不必藏于己；力，恶其不出于身也，不必为己。是故谋闭而不兴，盗窃乱贼而不作，故外户而不闭。是谓‘大同’。

"今大道既隐，天下为家，各亲其亲，各子其子，货力为己。大人世及以为礼，城郭沟池以为固，礼义以为纪，以正君臣，以笃父子，以睦兄弟，以和夫妇，以设制度，以立田里，以贤勇智，以功为己。故谋用是作，而兵由此起；禹、汤、文、武、成王、周公，由此其选也。此六君子者，未有不谨于礼者也，以著其义，以考其信，著有过，刑仁讲让，示民有常；如有不由此者，在执者去，众以为殃。是谓‘小康’。"

言偃复问曰："如此乎礼之急也？"

孔子曰："夫礼，先王以承天之道，以治人之情，故失之者死，得之者生。诗曰：‘相鼠有礼，人而无礼？人而无礼，胡不遄死！’是故夫礼，必本于天，殽于地，列于鬼神，达于丧、祭、射、御、冠、昏、朝、聘。

故圣人以礼示之，故天下国家可得而正也。"

言偃复问曰："夫子之极言礼也，可得而闻欤？"

孔子曰："我欲观夏道，是故之杞，而不足征也，吾得夏时焉。我欲观殷道，是故之宋，而不足征也，吾得坤乾焉。坤乾之义，夏时之等，吾以是观之。

"夫礼之初，始诸饮食。其燔黍捭豚，污尊而抔饮，蒉桴而土鼓，犹若可以致其敬于鬼神。及其死也，升屋而号，告曰：'皋！某复！'然后饭腥而苴孰。故天望而地藏也，体魄则降，知气在上。故死者北首，生者南乡，皆从其初。

"昔者先王未有宫室，冬则居营窟，夏则居橧巢；未有火化，食草木之实，鸟兽之肉，饮其血，茹其毛；未有麻丝，衣其羽皮。后圣有作，然后修火之利，范金合土，以为台榭宫室牖户；以炮以燔，以亨以炙，以为醴酪；治其麻丝，以为布帛。以养生送死，以事鬼神上帝，皆从其朔。

"故玄酒在室，醴盏在户，粢醍在堂，澄酒在下，陈其牺牲，备其鼎俎，列其琴瑟管磬钟鼓，修其祝嘏，以降上神与其先祖。以正君臣，以笃父子，以睦兄弟，以齐上下，夫妇有所。是谓承天之祜。

"作其祝号，玄酒以祭，荐其血毛，腥其俎，孰其肴，与其越席，疏布以幂，衣其澣帛，醴盏以献，荐其燔炙。君与夫人交献，以嘉魂魄，是谓合莫。然后退而合亨，体其犬豕牛羊，实其簠簋、笾豆、铏羹，祝以孝告，嘏以慈告，是谓大祥。此礼之大成也。"

孔子曰："呜呼哀哉！我观周道，幽厉伤之。吾舍鲁何适矣？鲁之郊禘，非礼也，周公其衰矣。杞之郊也，禹也；宋之郊也，契也。是天子之事，守也。故天子祭天地，诸侯祭社稷。祝嘏莫敢易其常古，是谓大假。祝嘏辞说藏于宗、祝、巫、史，非礼也，是谓幽国。醆斝及尸君，非礼也，是谓僭君。冕弁兵革藏于私家，非礼也，是谓胁君。大夫具官，祭器不假，声乐皆具，非礼也，是谓乱国。故仕于公曰臣，仕于家曰仆。三年之丧与新有昏者，期不使。以衰裳入朝，与家仆杂居齐齿，非礼也，是谓君与臣同国。故天子有田以处其子孙，诸侯有国以处其子孙，大夫有采以处其子孙，是谓制度。故天子适诸侯，必舍其祖庙，而不以礼籍入，是谓天子坏法乱纪。诸侯非问疾吊丧而入诸臣之家，是谓君臣为谑。是故礼者，君之大柄也，所以别嫌，明微，傧鬼神，考制度，别仁义，所以治政安君也。

"故政不正，则君位危；君位危，则大臣倍，小臣窃。刑肃而俗敝，则法无常；法无常，而礼无列；礼无列，则士不事也。刑肃而俗敝，则民弗归也，是谓疵国。故政者君之所以藏身也。是故，夫政必本于天，殽以降命，命降于社之谓殽地，降于祖庙之谓仁义，降于山川之谓兴作，降于五祀之谓制度。此圣人所以藏身之固也。

"故圣人参于天地，并于鬼神，以治政也。处其所存，礼之序也；玩其所乐，民之治也。故天生时而地生财，人其父生而师教之。四者，君以正用之，故君者，立于无过之地也。故君者所明也，非明人者也；君者所养也，非养人者也；君者所事也，非事人者也。故君明人则有过，养人则不足，事人则失位。故百姓明君以自治也，养君以自安也，事君以自显也。故礼达而分定。故人皆爱其死而患其生。故用人之知去其诈，用人之勇去其怒，用人之仁去其贪。故国有患，君死社稷谓之义，大夫死宗庙谓之变。

"故圣人耐以天下为一家，以中国为一人者，非意之也，必知其情，辟于其义，明于其利，达于其患，然后能为之①。何谓人情？喜怒哀惧爱恶欲。七者弗学而能。何谓人义？父慈子孝，兄良弟弟，夫义妇听，长惠幼顺，君仁臣忠。十者谓之人义。讲信修睦，谓之人利；争夺相杀，谓之人患。故圣人所以治人七情，修十义，讲信修睦，尚辞让，去争夺，舍礼何以治之？

"饮食男女，人之大欲存焉；死亡贫苦，人之大恶存焉。故欲恶者，心之大端也。人藏其心，不可测度也；美恶皆在其心，不见其色也。欲一以穷之，舍礼何以哉？

"故人者，其天地之德，阴阳之交，鬼神之会，五行之秀气也。

"故天秉阳,垂日星;地秉阴,窍于山川。播五行于四时,和而后月生也。是以三五而盈，三五而阙。五行之动，迭相竭也。五行、四时、十二月，还相为本也。五声、六律、十二管，还相为宫也②。五味、六和、十二食，还相为质也③。五色、六章、十二衣，还相为质也④。

---

① 耐：能。

② 六律：黄钟、太簇、姑洗、蕤宾、夷则、无射，都是阳声之律。十二管：六律再加阴声之律的六吕：林钟、南吕、应钟、大吕、夹钟、仲吕。宫：基本音调。

③ 五味：苦、辛、酸、甜、咸。六和：五味加滑。十二食：十二个月的食品，下十二衣亦同。

④ 五色：青、黄、赤、白、黑。六章：五色加玄。

"故人者，天地之心也，五行之端也，食味、别声、被色而生者也。

"故圣人作则，必以天地为本，以阴阳为端，以四时为柄，以日星为纪，月以为量，鬼神以为徒，五行以为质，礼义以为器，人情以为田，四灵以为畜。

"以天地为本，故物可举也；以阴阳为端，故情可睹也；以四时为柄，故事可劝也；以日星为纪，故事可列也；月以为量，故功有艺也；鬼神以为徒，故事可守也；五行以为质，故事可复也；礼义以为器，故事行有考也；人情以为田，故人以为奥也；四灵以为畜，故饮食有由也。

"何谓四灵？麟凤龟龙，谓之四灵。故龙以为畜，故鱼鲔不淰(wěi shěn)；凤以为畜，故鸟不獝(xù)；麟以为畜，故兽不狘(xuè)；龟以为畜，故人情不失。

"故先王秉蓍龟(shī)，列祭祀，瘗缯(yì)，宣祝嘏辞说，设制度。故国有礼，官有御，事有职，礼有序。

"故先王患礼之不达于下也。故祭帝于郊，所以定天位也；祀社于国，所以列地利也；祖庙，所以本仁也；山川，所以傧鬼神也；五祀，所以本事也。故宗、祝在庙，三公在朝，三老在学，王前巫而后史，卜筮鼓侑(yòu)，皆在左右①。王中心无为也，以守至正。故礼行于郊，而百神受职焉；礼行于社，而百货可极焉；礼行于祖庙，而孝慈服焉；礼行于五祀，而正法则焉。故自郊、社、祖庙、山川、五祀，义之修而礼之藏也。

"是故夫礼必本于太一，分而为天地，转而为阴阳，变而为四时，列而为鬼神，其降曰命，其官于天也。夫礼，必本于天，动而之地，列而之事，

---

① 三老：有两说，一说一人知正直、刚、柔三德者；一说三人。

变而从时，协于分艺。其居人也曰养。其行之以货力、辞让、饮食、冠昏、丧祭、射、御、朝、聘。

"故礼义也者，人之大端也。所以讲信修睦，而固人肌肤之会，筋骸之束也；所以养生送死，事鬼神之大端也；所以达天道、顺人情之大窦也。故唯圣人为知礼之不可以已也。故坏国、丧家、亡人，必先去其礼。

"故礼之于人也，犹酒之有蘖也，君子以厚，小人以薄。

"故圣人修义之柄，礼之序，以治人情。故人情者，圣王之田也。修礼以耕之，陈义以种之，讲学以耨之，本仁以聚之，播乐以安之。故礼也者，义之实也。协诸义而协，则礼虽先王未之有，可以义起也。义者，艺之分，仁之节也。协于艺，讲于仁，得之者强。仁者，义之本也，顺之体也，得之者尊。故治国不以礼，犹无耜而耕也；为礼不本于义，犹耕而弗种也；为义而不讲之以学，犹种而弗耨也；讲之以学而不合之以仁，犹耨而弗获也；合之以仁而不安之以乐，犹获而弗食也；安之以乐而不达于顺，犹食而弗肥也。

"四体既正，肤革充盈，人之肥也；父子笃，兄弟睦，夫妇和，家之肥也；大臣法，小臣廉，官职相序，君臣相正，国之肥也；天子以德为车，以乐为御，诸侯以礼相与，大夫以法相序，士以信相考，百姓以睦相守，天下之肥也。是谓大顺。大顺者，所以养生送死事鬼神之常也。

"故事大积焉而不苑，并行而不谬，细行而不失，深而通，茂而有间，连而不相及也，动而不相害也。此顺之至也。故明于顺，然后能守危也。

"故礼之不同也，不丰也，不杀也，所以持情而合危也。故圣王所以顺，

102

山者不使居川，不使渚者居中原而弗敝也；用水火金木饮食，必时；合男女，颁爵禄，必当年德；用民必顺。故无水旱昆虫之灾，民无凶饥妖孽之疾。故天不爱其道，地不爱其宝，人不爱其情。故天降膏露，地出醴泉；山出器车，河出马图；凤凰麒麟皆在郊棷，龟龙在宫沼；其余鸟兽之卵胎，皆可俯而窥也①。则是无故，先王能修礼以达义，体信以达顺故，此顺之实也。”

《礼记》

译　文

　　有一次，孔子参加"蜡祭"之典。礼毕，出来在高台上游览，不觉慨然长叹一声。孔子大概是为了鲁国而慨叹的。言偃在旁问道："老师为什么叹气？"

　　孔子说："大道施行的时候以及三代那些特出的人才，我都没能赶上，可是我非常向往。大道施行的时候，天下是公有的，所选拔的是贤德有能的人，所讲的是信谊，所修习的是亲睦。所以人们不只是亲爱自己的父母，不独是爱抚自己的子女；要让老年人有归宿，壮年人有用处，幼年人能得到抚育，男子老了没有妻子的、女子老了没有丈夫的、幼儿无父的、老人无子的，以及残废的人，都有地方赡养。男人有职业，女子有好的家庭。货财，怕的是抛弃在地上，不必非要自己收藏起来；劳力，怕的是没法贡献出来，不必只是为了自己。因此，欺诈的计谋不会兴起，盗窃作乱的事情不会发生，连外面的大门也用不着关上。这是叫作'大同'。

　　"现在呢？大道已经隐没消逝了，天下变为一家所私有，各人只是亲爱自己的父母，各人只是爱抚自己的子女，货物和劳动都是为了自己。君

---

① 器车、河出马图：都是传说中的祥瑞。棷：草泽。本或作"籔"。

主的子弟世代承袭，认为合于礼，因而修建城、郭、沟、池来保障安全。还用礼义来建立纲纪，使君臣正位、父子相亲、兄弟相睦、夫妇和好。又规定制度，划分土地的疆界，尊崇有勇力和智谋的人，使建立的功业，都对我有利。所以权谋因此兴起，战争也因此发生了。禹、汤、文王、武王、成王、周公，都是用这种办法治天下的杰出人物。这六位大人物，没有在礼上不认真的。用它来辨清事宜，用它来建立信义，用它来指出错误，用它来树立仁爱的榜样，用它来教育人民谦让，这是给人民揭示了固定的准则；如果有人不遵照这个准则，有势位的，也会失去，群众都把他当作祸害。这就叫作'小康'。"

言偃又问道："那么，礼是这样紧要的吗？"

孔子说："礼是古代的君王用来奉行天道，用来治理人情的，所以丧失了礼也就失去了生路，有了礼才能生存。《诗经》上说：'看那老鼠，还有个身体，人如何反没有礼呢？人没有礼，何不趁早死去！'所以礼的大原本于天，效法于地，分布到鬼神，贯彻到丧、祭、射、御、冠、昏、朝、聘各种事项。圣人拿礼来教育人，天下国家就可以纳入正轨了。"

言偃又请问："先生可以把礼彻底讲一讲吗？"

孔子说："我想实行夏代的礼制，看看它的成就，所以到杞国去，但是没有贤君是不能成功的，只获得了夏代岁时的书。我想实行殷代的礼制，看看它的成就，所以到宋国去，也没有成功，只获得关于阴阳'乾坤'的书。坤和乾的意义，以及夏代岁时的次第，我是都从这两种书里来观察的。

"推论礼的起源，是开始于饮食。当时烧熟了黍米，劈碎了猪肉，在地上掘一个坑就算酒樽，用手捧起来喝，鼓槌和鼓都是土做的，好像都可以表示对鬼神的敬意。人死的时候，爬上屋顶，向天长声哀号道：'某人的魂魄回来吧！'然后把生米当饭，放在死者的口里，用熟肉包起来作为遣送尸体时的祭品。先是望天而祭，然后埋入地下，肉体下降，灵气上升。所以死人的头朝北，活人的头向南，都是从上古沿袭下来的风俗。

"古代的王者没有房屋，冬天住的是地上掘的洞，夏天住的是树上搭的巢；没有火煮食物的方法，吃草木的果实和鸟兽的肉，连血也喝，连毛也吞；也没有麻和丝，就用鸟兽的羽毛皮革做衣服。后来圣人兴起，然后发挥火的功用，作为模型来铸金属，和起泥土来制作器物，用来造成台榭、房屋、门窗；用火来烘、烤、煮、烧各种食物，用来蒸酿酒浆之类；把麻和丝加工织成布和丝绸；用来养生送死，用来事奉鬼神上帝，到现在还是照从前一样。

"玄酒设在屋里，甜酒设在户外，'粢醍'设在堂上，清酒设在堂下，宰杀的牺牲都陈列了，鼎和俎也备具了，琴、瑟、管、磬、钟、鼓都排定了，读过了主人飨神的'祝辞'和'尸'对主人的'嘏辞'，请上神和先祖的灵魂降临下来。用这祭礼，来正定君臣的位置，来培养父子的恩情，使兄弟和睦，使上下齐同，使夫妇各得其所。这就叫作承受天所赐予的福佑。

"作出美好的尊号，用玄酒来祭祀，用血毛来奉献，俎上的牲体是生的，肉是煮熟的。此外铺设的是蒲席，盖的是粗布，穿的祭服是染色的丝绸。国君献甜酒，夫人献浊酒，把烧烤的肉奉献上去。国君和夫人共同献祭，以愉悦死者的魂魄，这就是和神明交接的道理。然后撤下来，再合在一起煮熟，把犬、豕、牛、羊的骨和肉分出来，装在簠簋、笾豆、铏器盛的羹汤里面。祭神的'祝文'是本着'孝'来立言的，神对人的致福之词，是本着'慈'来立言的。这是最大的善道，这就是祭礼的完成。"

孔子又说："唉！可哀呀！我了解周代的礼制，到幽王、厉王的时代，就破坏了。我除了鲁国，还有什么地方可去呢？但是鲁国举行郊天礼和禘礼，都是不合于礼制的，周公之道也就衰微了。杞国之所以举行郊礼，是因为禹的缘故；宋国之所以举行郊礼，是因为契的缘故。这是天子的法度，由他们保存下来。所以说，天子祭天地，诸侯祭社稷。人对神的祝词，和神对人的嘏词，都不敢变更从古相沿的法度，这就是最大的道理。人对神的祝词，和神对人的嘏词，都收藏在宗、祝、巫、史的私家，这是不合于礼的，这叫作黑暗的国家。把'盏'和'斝'这两种爵用在代表神的尸君前面，这是不合于礼制的，这叫作不遵守制度的国君。冕弁和兵甲藏在私家，这是不合于礼制的，这叫作被胁迫的国君。大夫之家，若各种职务的人员完全具备，而祭器不须借用，音乐全部具备，这是不合于礼制的，这叫作紊乱的国家。所以为国君工作的称为臣，为私家工作的称为仆。遇到三年之丧和新结婚的，在一年之内不加以任使。若穿着丧服而进入国君的朝廷，或是卿大夫与私家的仆从杂在一起，不分班别，这是不合于礼制的，这叫作君臣制度紊乱、无尊卑之别的国家。因此，天子有他的田来安置他的子孙，诸侯有他的国来安置他的子孙，大夫有采邑来安置他的子孙，这叫作制度。因此，天子到诸侯的国里去，必须住在他的祖庙里，若不将有关典礼的记载随同带去，这就是天子坏法乱纪。诸侯不是为了问病吊丧而进入臣子的家里，这就是君与臣互相戏谑。这样说来，礼是君主治国的重要工具。用它来辨别嫌疑，表彰幽隐，敬奉鬼神，考定制度，辨别仁义，为的是治理国政和巩固君主的地位。

"所以国政不正，君位就不能安稳；君位不能安稳，大臣就会背叛，小臣就会舞弊。刑法严厉，风俗凋敝，法度就会失常；法度失常，礼就会失去应有的作用；礼失去了应有的作用，那么士就不能尽职。刑法严厉，风俗凋敝，结果是黎民不肯归附，这就是有病的国家。所以说，政治就是君主用来保藏自身的。因此，凡是政治，必须以天为本，效法于天降下教令，教令由社降下的就是效法土地，由祖庙降下的就是仁义，由山川降下的就是制作，由'五祀'降下的就是宫室的制度。这都是圣人保藏自身最稳妥的方法。

"所以圣人参拟天地，配合鬼神，来处理政治。观察这些事物，就能使礼秩然有序；寻求人民的喜爱，就能使人民得以安居。天是运行岁时的，地是产生财物的，人是父亲生的，而由老师来教育的。这四部分，君主如果能按照正常的道理来运用，那么，君主自己就能处于没有过失的地位了。

君主是人所尊敬的，而不是尊敬人的；君主是人所奉养的，而不是奉养人的；君主是人所服侍的，而不是服侍人的。如果君主来尊敬人，那就错了；来奉养人，那就力不足了；来服侍人，那就失去本位了。因而百姓能尊敬君主，正是为了自己得到安定；奉养君主，正是为了自己得到安乐；服侍君主，正是为了自己得到光荣。由于礼能贯彻，上下的分位才能确定。所以人们都争取为义而死，而担心着不义而生。用人的智谋，应当去其诈伪；用人的勇敢，应当去其暴怒；用人的仁爱，应当去其贪恋。假使国家有了患难，国君为社稷而死，这是合于义的；大夫为宗庙而死，这是非常的事。

"圣人之所以能以天下为一家，以中国为一人，并不是臆想的。一定要了解黎民的思想情感，启发人民做人的道理，明了什么是人的利益，知道什么是人的祸患，然后才能够有所作为。什么叫作人的情感呢？喜、怒、哀、惧、爱、恶、欲。这七样是人不学就会的。什么是做人的道理呢？为父的应当慈，为子的应当孝，为兄的应当良善，为弟的应当友爱，为夫的应当守义，为妇的应当顺从，长辈应当慈惠，晚辈应当和顺，为君的应当仁爱，为臣的应当尽忠。这十样就是做人的道理。讲习的是忠信和睦，这是人的利益；争夺相杀，这是人的祸患。圣人之所以要节制人的七种情感，培养人的十种道义，讲习忠信和睦，提倡辞让，戒除争夺，除礼以外，还有什么办法呢？

"饮食和男女之事，是人们最大的欲望；死亡和贫苦，是人们最厌恶的。爱欲和厌恶，就是内心最主要的两种表现。人心深藏在内，不可窥测。人心的好坏，不是表现在外面。要想彻底了解人心的好坏，除了礼，还有什么东西呢？

"人所禀具的是天地的德行，阴阳的交感，鬼神的聚合，与五行的秀气。

"天所掌握的是阳气，昭示出来的是日星；地所掌握的是阴气，发泄出来的是山川。五行分在四时之中，五行之气和谐，然后月亮依时而生，三五为一十五天，就圆满了，又十五天又亏了。五行的运转，就是彼此互相生克。五行、四时、十二月，循环地作为本位；五声、六律、十二管，循环不已作为'宫声'；五味、六和、十二食，轮番作为食的本质；五色、六章、十二衣，轮番作为衣的本质。

"这样说来，人是天地的中心，五行的结合，吃的是五味，听的是五声，穿的是五色，这样才能生活。

"因此，圣人制作，必定以天地为根本，以阴阳为端绪，以四时为把柄，以日星为纲纪，以十二月作为段落，以鬼神为徒属，以五行为本体，把礼义当作工具，把人情当作田地，把四灵当作牲畜。

"以天地为根本，所以万物得以生成；以阴阳为端绪，所以人情可以察见；以四时为把柄，所以耕作的事就会得到成功；以日星为纲纪，所以农事就有次第；月份作为段落，所以功效得有标准；鬼神作为徒属，所以万物得有职分；五行作为本体，所以万事可以周而复始；礼仪作为工具来治人，所以事情无不成就；人情作为田地，所以人就能自为主宰；四灵作为牲畜，所以饮食有所取资。

"四灵是什么呢？麟、凤、龟、龙叫作四灵。如果以龙为牲畜，就可以使小大的鱼都不散走；以凤为牲畜，就可以使鸟不惊飞；以麟为牲畜，就可以使兽不跑散；以龟为牲畜，就可以不失人情。

"所以前代的君主掌握卜、筮所用的蓍、龟，叙列祭祀和瘗埋币帛，宣扬祝告和赐福的词语，设立制度。因此国家有礼制，百官能治其事，百事有一定的职守，礼有一定的秩序。

"原来前代的君主恐怕礼不能贯彻到下面，因而祭天于郊，为的是确定天位；祭社于国中，为的是显示土地养人的功劳；祭祖庙，为的是推原仁爱；祭山川，为的是敬事鬼神；祭五祀，为的是推原制作的开始。所以在宗庙就有宗、祝，在朝廷就有三公，在学校就有三老。君主的前面有巫，后面有史。管卜和筮的人，以及乐师和辅助的人也都在左右。君主在中心，不必有什么作为，只是守住正道就是了。礼用在郊祭的时候，一切的神就各守其职了；礼用在社祭的时候，一切的货财都可尽其用了；礼用在祭祀祖庙的时候，天下的人都能行孝慈之道了；礼用在祭五祀的时候，天下的法则就各得其正了。所以从郊、社、祖庙、山川到五祀，是道义的培养，也是保存礼制的地方。

"这样说来，礼一定要以'太一'为本原，分开来就是天和地，运转而为阴阳，变化成为四时，分布起来就是鬼神，降下来就称为命，这是以天为法的。礼一定要以天为本，它的动作就取法于地，分布起来就取法于事物，变化就随从四时，分量和标准都能协调。在人就成为义，实行起来就表现在货财、劳力、辞让、饮食、冠、婚、丧、祭、射、御、朝、聘各方面。

"所以礼义是人生的重大节目。由此可以讲习忠信和睦，可以坚强人们肌肤的组合，筋骨的约束；也是养生送死，敬事鬼神的主要节目；也是传达天道，适顺人情的重大诀窍。只有圣人才能够懂得礼是不可废除的。所以要隳坏一个国，灭亡一个家，毁弃一个人，必先把礼废除了。

"礼与人的关系，正如制酒要用酵母一样，君子因此而更加醇厚，小人因此就更加稀薄。

"所以圣哲的君主，用'义'作为把柄，用'礼'作为秩序，用这些来治理人情。人情就是圣哲君主的田土。用礼来耕种它，用义来栽培它，讲明学问就是去草养苗。用仁保护成果，用乐取得安定。所以礼就是义的结果。只要和'义'配合起来，能够谐和，即使前代所未曾出现过的礼，也可以根据义的要求来创制。义是什么？就是才的标准和分量，也是仁的细节。适合于才，表达了仁，能够这样，就可以强盛起来。仁是什么？就是义的根本，也是顺的实体。能够这样，就可以为人所尊敬。所以不用礼来治国，好像不用农具而耕田；如果行礼不从义出发，就好像耕了田而没有播种；如果行义而不讲求学问，就等于播了种而没有锄草；追求学问而不与仁相结合，就等于锄了草而没有收获；结合了仁，而不用'乐'来安定，就等于收获了而不去食用；以乐来安定而不明白这顺的道理，等于是食用了而无益于健康。

"四肢端正，肌肤充实饱满，这是健康的人；父子相亲，兄弟相睦，夫妇相和，这是健康的家庭；大臣守法，小臣廉洁，官职有一定的序次，君臣有正常的关系，这是健康的国家；如乘车，天子以德为车，而乐就是车的驾驶者，诸侯以礼相交接，大夫以法度为次序，士以信义相考较，百姓们彼此保持着和睦，这是健康的世界。这就叫作'大顺'。'大顺'就是养生送死、敬事鬼神的正常道理。

"所以一切事虽然堆积在一起，可是并不停滞；虽然齐头并进，可是并不违背；细节上也并不疏忽。它是深的，又是连贯的；是密的，又是有余地的。联结起来而不抵触，动作起来而不相互妨碍。这才是真正的顺利。明白了顺利的道理，然后才能防止灾害。

"礼制之所以不同，有的不能过于丰厚，有的也不能过于俭省，正所谓合乎人情，防止偏差。圣哲的君主不叫住惯山地的人住在水旁，也不叫住在水旁的人住在大陆，为的是不叫他们劳苦；水、火、金、木的利用，以及饮食的方式都按着天时；男女的配合，要合于年龄；爵位的授予，要符合于他的德行；使用人力必须有一定的时候。这样，就没有水旱昆虫的灾害，百姓也就没有凶年饥荒以及意外的疾患。天也不惜把道显示出来，地也不惜把宝贡献出来，人也不惜把感情表现出来。所以天生降下润泽的雨露，地也涌出甘美的水泉；山上也出现'器车'，河里也出现'马图'；凤凰麒麟都养在郊外的苑囿里，龟龙都养在宫内的湖沼里；鸟兽繁殖，可以让人们在上面观赏。这不是别的原因，前代的君主能够遵循礼制，表达了义，体现出信谊，使一切都能够达到顺利。这样，才是顺利的真实的表现。"

（林素清、周凤五／编写整理）

除肉刑诏

刘 恒

汉文帝（前202—前157），姓刘，名恒，汉高祖之子。初立为代王。吕后死，宗室大臣诛杀诸吕，迎立其为帝。在位二十三年，主张清静无为，与民休息，提倡农耕，减免农田租税十二年。生活俭朴，与其子景帝两代并称为"文景之治"。

汉文帝像

背 景

刑罚是国家为了维持社会秩序，保障人民安全，依法律规定对犯罪人实行惩罚的一种强制方法。

根据文献记载，《尚书·吕刑》中已有五刑，即黥（刺面）、劓（割鼻）、膑（断足）、宫（阉割）、大辟（处死），而《周礼·司刑》也有墨、劓、宫、刖、杀五刑之目，可见这些刑罚其来有自。

在五刑之中，除了辟（杀）为死刑之外，其余四者都是对犯罪人的颜面、肢体加以伤害，使其留下永久性的生理残疾，这也就是古人所谓"斩人肢体，凿其肌肤"的"肉刑"，据说最早起源于夏朝。"禹承尧、舜之后，自以德衰，而制肉刑，汤武顺而行之。"（《汉书·刑法志》语）

到了秦代，肉刑更为普遍，近年出土于湖北云梦的秦墓竹简，即记载了大量有关肉刑的资料，其名目如下：

（一）黥：刀刻犯人的额头或脸上，然后用墨渍染，使留下永久的疤痕。这对受刑人不但是一种肉体折磨，也是一种精神侮辱。

（二）劓：割掉犯人的鼻子。

（三）刖：斩断犯人的左趾。

（四）宫：男子阉割，女子闭于宫中，绝其生理。在四种肉刑中是最重的刑罚。

以上四种肉刑，与传统文献记载的相同，只是立法的精神更严苛，施用的范围更普遍。例如，云梦秦简记载："五人盗，赃一钱以上，斩左趾，又黥以为城旦。"这是刖、黥两刑并用。再如"（盗）不盈五人，盗过六百六十钱，黥劓以为城旦，不盈六百六十钱到二百廿钱，黥为城旦"。这是黥、劓两刑并用。以上两例，除肉刑之外附带"城旦"的徒刑，即犯人在黥面、斩左趾（或割鼻子）之后还需要"旦起行治城"（黎明即起，修筑城墙）地服劳役，其刑期则为五至六年。

换句话说，一个犯人在被黥面、斩趾、割鼻之后五六年中还不得自由，而即使徒刑届满，其颜面、肢体也已经留下永远无法磨灭的伤痕，至于心灵的创伤就更不可言喻了。

影　响

肉刑在春秋战国时期是很普遍的，《韩非子·和氏篇》载：

> 楚人和氏得玉璞楚山中，奉而献之厉王，厉王使玉人相之。玉人曰："石也。"王以和为诳，而刖其左足。及厉王薨，武王即位，和又奉其璞而献之武王，武王使玉人相之，又曰："石也。"王又以和为诳，而刖其右足。

由此可见当时立法之苛与用刑之酷。高祖初入武关，虽曾省秦苛虐，与民"约法三章"，但据《汉书·刑法志》所载，仍有"夷三族之令"，其刑如下：

> 当三族者，皆先黥、劓、斩左右止（趾），笞杀之，枭其首，菹其骨肉于市。其诽谤詈诅者，又先断舌。故谓之具五刑。彭越、韩信之属皆受此诛。

刺面、割鼻、斩足、枭首之余，还要将犯人的骨肉剁成肉酱（菹），实在是残酷得无以复加了。

汉文帝沿用汉初萧何所订《九章律》，其中保留的肉刑有黥、劓、刖三项。在这篇诏书中，汉文帝虽一再自责："今法有肉刑三而奸不止，其咎安在？毋乃朕德之薄而教不明与！吾甚自愧！"又说："今人有过，教未施而刑已加焉，或欲改行为善，而道亡繇至，朕甚怜之！"读来一片蔼然仁者之言，令人感动。然而史载其除肉刑之后，丞相张苍、御史大夫冯敬奉诏改订刑法，将肉刑改为笞刑，"外有轻刑之名，内实杀人。斩右止（趾）者又当死。斩左止（趾）者笞五百，当劓者笞三百，率多死"（《汉书·刑法志》）。犯人的肢体虽免于伤残，但鞭笞三五百下之后，却连命也保不住了。"活罪虽免，死罪难逃"，这是何等的讽刺啊！《诗》曰："恺悌君子，民之父母。"子曰："如得其情，则哀矜而勿喜。"先哲的遗训何其睿智通达！"有民人有社稷"者当如何反躬自省，以成其"恺悌君子"啊！

原　文

盖闻有虞氏之时，画衣冠、异章服以为戮而民弗犯，何治之至也！今法有肉刑三而奸不止，其咎安在？毋乃朕德之薄而教不明与？吾甚自愧！故夫训道不纯，而愚民陷焉。诗曰："恺悌君子，民之父母。"今人有过，教未施而刑已加焉，或欲改行为善，而道亡繇至，朕甚怜之！夫刑至断支体，刻肌肤，终身不息，何其刑之痛而不德也！岂称为民父母之意哉？其除肉刑，有以易之。

《汉书》

译 文

　　据说从前虞舜治理天下的时候，人民若犯了法，只是把他的衣冠画上颜色，让他的穿着与众不同，使他觉得羞耻，而人民也就没有敢犯法的了。那是多么美好的政治啊！现在法律有三种肉刑，而人民却不断地作奸犯科，到底是什么缘故呢？难道不是因为我德行不好，教化不明吗？我实在觉得很惭愧！正因为我对人民教导得不好，才使得一般无知的百姓陷入法网啊！《诗经》上说："和乐平易的领导者，就像人民的父母一样。"现在人民犯了错，没有教导他们，就先给他们加上刑罚，即使有人想要改过，也没有办法了。我非常同情他们。刑罚到了把身体四肢切断，在皮肤上刻成痕迹，使人终身不能复原的程度，这是多么残忍而不人道啊！怎么配称人民的父母呢？就把肉刑废除，改用其他的刑罚吧。

（周凤五／编写整理）

论贵粟疏

晁　错

　　晁错（前 200—前 154），西汉颍川（治今河南禹州）人。博学能文，曾从伏生习《尚书》。景帝时任御史大夫，建议削夺诸侯王封地，吴、楚、赵等七国遂以反对晁错为名称兵作乱，景帝三年（前 154）正月，景帝杀错，但乱兵不止，后遣周亚夫平乱，天下始定。

晁错像

　　晁错所作之文文理严谨，立论精悍。他与贾谊齐名，今传文九篇。

背　景

　　农业问题，在号称"以农立国"的中国历史上，一直是政府所面临的最重要的课题。

　　西汉初年，由于秦末大乱加上楚、汉相争，使得"丈夫从军旅，老弱转粮饷"，农村经济几乎完全破产。因此，汉高祖曾经宣布减轻徭役，并将田租由什一之税减轻为什五税一。后来文帝又于十三年（前 167）下诏，完全免除田租。

　　但是，土地所有权掌握在地主手中，真正从事耕种的农民无法享受文帝的良法美意。相反，豪强富人、大地主的负担却因而减轻。所谓"官收百一之税，民输太半之赋"。于是贫者越贫，富者越富。

在土地问题得到正本清源地解决之前，任何减轻田租的措施都是舍本逐末，无法真正有效地解决农民问题。

所谓"正本清源"，就是从整顿田制着手，一方面限制土地兼并，另一方面真正实行授田制，使农民拥有土地，能够安心从事农业生产，这样一来，农民"三年耕，则余一年之畜"，便能安其居、乐其业，如此方能彻底解决农业经济问题以及伴随此一问题而产生的社会问题，甚或政治问题。

影　响

晁错这篇文章，立论主旨在于"损有余，补不足"。

西汉初年的农民，一方面面临土地兼并的压力，另一方面也受到商人的操纵。农产品的价格控制在商人手中，一年辛勤耕耘的成果，往往转眼之间便随着市场价格的起落而化为泡影，这是非常不公平的。文帝即位之初，贾谊曾经上疏"勤积贮，驱民归农"，晁错这篇文章更提出"以粟为赏罚"的方法，富人纳粟受爵，农民因谷贵而获利。后来武帝时代所实行的盐、铁、酒专卖以及平准法、均输法等，都是一连串的抑商重农的政策。

可惜晁错这篇文章虽然影响了后世历代政府的施政方向，但其立论本身仍有缺点。他注意到"损有余，补不足"，却没想到商人、地主纳粟买爵之后，社会地位必然更加提高。何况自战国以来，"法律贱商人，商人已富贵矣；尊农夫，农夫已贫贱矣"。西汉时期这种局面愈演愈烈，最后不得不由王莽在历史的舞台上扮演悲剧英雄的角色。王莽遵用《周礼》，行"王田"之制，扰攘数年，一事无成，最后竟死于商人杜吴之手。而土地兼并也就如黄河之水，经九曲盘旋，迂回转折之后，终于一泻千里了。

原　文

圣王在上，而民不冻饥者，非能耕而食之，织而衣之也，为开其资财之道也。故尧禹有九年之水，汤有七年之旱，而国无捐瘠者，以蓄积多，而备先具也。今海内为一，土地人民之众，不避汤禹，加以无天灾、数年之水旱，而蓄积未及者，何也？地有遗利，民有余力；生谷之土未尽垦，山泽之利未尽出也；游食之民，未尽归农也。

民贫则奸邪生。贫生于不足，不足生于不农，不农则不地著，不地著则离乡轻家，民如鸟兽，虽有高城深池、严法重刑，犹不能禁也。夫寒之于衣，不待轻暖；饥之于食，不待甘旨；饥寒至身，不顾廉耻。人情一日不再食则饥，终岁不制衣则寒。夫腹饥不得食，肤寒不得衣，虽慈父不能保其子，君安能以有其民哉？明主知其然也，故务民于农桑，薄赋敛，广蓄积，以实仓廪、备水旱，故民可得而有也。

民者，在上所以牧之，趋利如水走下，四方无择也。夫珠玉金银，饥不可食，寒不可衣，然而众贵之者，以上用之故也。其为物轻微易藏，在于把握，可以周海内而无饥寒之患。此令臣轻背其主，而民易去其乡，盗贼有所劝，亡逃者得轻资也。粟米布帛生于地，长于时，聚于市，非可一日成也。数石之重，中人弗胜，不为奸邪所利，一日弗得而饥寒至。是故明君贵五谷而贱金玉。

今农夫五口之家，其服役者，不下二人，其能耕者不过百亩。百亩之收，不过百石。春耕，夏耘，秋获，冬藏；伐薪樵，治官府，给徭役；春不得避风尘，夏不得避暑热，秋不得避阴雨，冬不得避寒冻：四时之

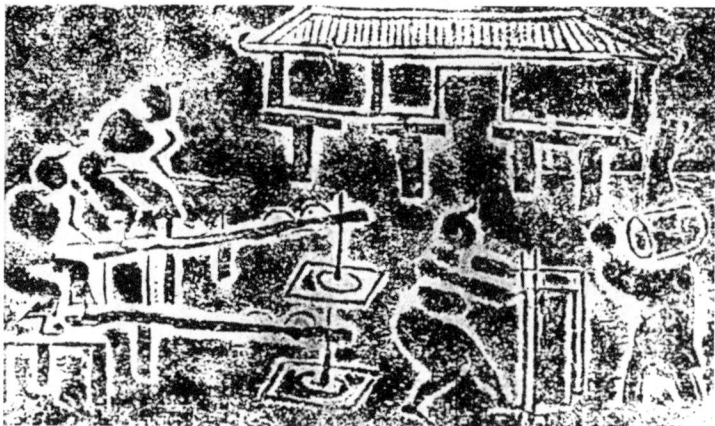

汉代砖刻所见之汉代农业机械

间，无日休息。又私自送往迎来，吊死问疾，养孤长幼在其中。勤苦如此，尚复被水旱之灾，急征暴赋，赋敛不时，朝令而暮当具。有者，半价而卖；无者，取倍称之息。于是有卖田宅，鬻子孙，以偿债者矣！而商贾，大者积贮倍息，小者坐列贩卖，操其奇赢，日游都市，乘上之急，所卖必倍①。故其男不耕耘，女不蚕织；衣必文采，食必粱肉；无农夫之苦，有仟伯之得。因其富厚，交通王侯，力过吏势；以利相倾，千里游遨，冠盖相望，乘坚策肥，履丝曳缟。此商人所以兼并农人，农人所以流亡者也。

今法律贱商人，商人已富贵矣；尊农夫，农夫已贫贱矣。故俗之所贵，主之所贱也；吏之所卑，法之所尊也。上下相反，好恶乖迕，而欲国富法立，不可得也。

方今之务，莫若使民务农而已矣。欲民务农，在于贵粟。贵粟之道，在于使民以粟为赏罚。今募天下入粟县官，得以拜爵，得以除罪；如此，

---

① 操其奇赢：意谓拿他的余财，去蓄积奇异的货物。奇赢，余利，赢利。奇，余。

富人有爵，农民有钱，粟有所渫^①。夫能入粟以受爵，皆有余者也。取于有余，以供上用，则贫民之赋可损，所谓损有余，补不足，令出而民利者也。顺于民心，所补者三：一曰主用足；二曰民赋少；三曰劝农功。

今令，民有车骑马一匹者，复卒三人^②。车骑者，天下武备也，故为复卒。神农之教曰："有石城十仞，汤池百步，带甲百万，而无粟，弗能守也。"以是观之，粟者，王者大用，政之本务。令民入粟受爵，至五大夫以上，乃复一人耳，比其与骑马之功相去远矣。

爵者，上之所擅，出于口而无穷；粟者，民之所种，生于地而不乏。夫得高爵与免罪，人之所甚欲也。使天下人入粟于边，以受爵免罪，不过三岁，塞下之粟必多矣。

《全汉文》

译 文

圣君在位，人民不受冻不挨饿，并不是君王能够耕田、织布供给人民衣食，而是能替人民开辟财源罢了。所以唐尧、夏禹遭逢九年的水灾，商汤遭逢七年的旱灾，而当时没有人饿死，这是因为储粮多且准备充足的缘故。现在天下一统，地广人多，不下于夏、商时期，并且没有水旱天灾，可是储藏的粮食赶不上古代，这是为什么呢？是土地的生产力，没有充分发挥；人民的劳动力，没有完全运用；可以生长五谷的土地，没有尽量开垦；山林沼泽的利益，没有尽量地取出；光吃饭不做事的游民，没有完全回到农业啊。

人民只要一贫穷，奸邪不正的事就会发生。贫穷由于生活条件匮乏，

---

① 县官：指朝廷，天子。
② 复卒三人：免役三人。复，除。卒，指徭役。

119

生活条件匮乏由于不努力从事农业生产。不务农，就不能长久定居；不长久定居，就会离乡背井，四处游荡，像鸟兽一般乱飞乱窜。虽然有高城深濠，严刑峻法，还是无法禁止。人在寒冷的时候什么都能穿，饥饿的时候什么都能吃，一遇冻饿，就会不顾廉耻。一般说来，一天吃不到两顿饭就会挨饿，一年做不起衣服就要受冻。冻饿而无衣食，即使慈父也不能保有儿子，君王怎么能够保有百姓呢？贤君了解这种道理，所以使人民尽力于种田养蚕，减轻赋税，扩大储蓄，借以充实粮仓，以备水旱天灾，如此才能保有人民啊！

一般的人民，完全看主政者怎样领导他们。趋向着利益，就好像水往低处流，不分东西南北。谈到珠玉金银，饿的时候不能当饭吃，冷的时候不能当衣穿，然而一般人却看得很贵重，因为居高位者用它的缘故啊！这种东西，重量轻、体积小、容易收藏，手里有它就可以周游天下而没有受饿受冻的忧虑。这种情形使臣子轻易背弃君上，人民容易离开家乡，盗贼有了引诱，逃亡的人获得轻便的资财。粮食布帛要在土地上生长，要费一定的时间，才能聚集到市上，不是一天就可以收成的。有了几石的重量，中等力气的人就挑不动，因而奸邪的人觉着不方便，可是一天没有它，饥寒就要来到。所以贤君把五谷看得贵重，而把金玉看得很轻。

今天的农民，五口之家为公服劳役的不下两人，所能耕种的田地不过一百亩，估计一百亩的收入，不超过一百石。春耕、夏耘、秋收、冬藏，还要砍柴草，修官衙，服劳役。春天受风尘，夏天受暴晒，秋天受雨淋，冬天受寒冻，一年四季没有一天休息。而且还要注意人情往来，吊丧、看病、抚育孤儿、长养幼童。勤苦到这个样子，还要受水旱以及苛捐杂税的迫害。早晨下令征税，晚上就要预备好。有余粮的，忍痛半价卖出；没有余粮的，就要借高利贷缴纳。于是就有卖田地、卖住宅、卖子孙还债的农人。再看商人呢，资本雄厚的囤积居奇，获取暴利；资本小的安坐店中，价格随时涨落。他们男的不耕田不除草，女的不养蚕不织布，穿着讲究华丽，吃食讲究味美，不受农夫的苦，而有千百倍于农民的收入。凭借雄厚的财力，结交王侯，大家以财利相倾倒，千里之远也去游荡，华丽的服装车子，路上可以互相看到。坐着好车，赶着肥马，穿着丝靴与洁白的绸衣。这就是商人所以兼并农人的现实，也就是农人所以要流亡的原因。

现在法律规定轻看商人，可是商人已经富贵了；法律规定尊重农民，可是农民已经贫贱了。所以社会上一般人所尊贵的，正是君上所鄙视的；官吏所瞧不起的，却是法律上所尊重的。上下的看法相反，喜恶相违，而要国家富强、法律有效，是不可能的。

现在所当做的，没有比使人民务农更重要的了。要使大家务农，必须把粮食的地位提高。提高粮食地位的方法，在于政府拿粮食来做赏罚。现在向天下征求，肯向政府献粮食的人，政府可以赐封爵位，可以免除罪罚；照这样，富人享有封爵，农民因粮贵而富裕，粮食也因而有了消散的路。凡是能献粮受封爵的都是有余财的人，使这些人取出余财来供应政府开支，那么，贫穷百姓的赋税就可以减少，这就是所谓减少富人的资财，来贴补穷人，这法令的颁布是有利于老百姓的。这样顺应老百姓的心理，好处有三点：一是政府用度充足，二是人民纳税减少，三是可以奖励农业之效。

现行法令规定："人民献车骑的马一匹，可以免除三个人的劳役。"车骑与国家的军备有关，所以许他免役。神农氏说："拥有八丈高的石头城，一百步宽的城濠，百万人的军队，要是没有粮食，还是无法防守啊！"从这话来看，粮食对于治国的人，实有大的用处，也是政治的根本问题。现在命令人民献粮食受爵位，到五大夫爵位以上，才能免一个人的役，这和献车骑比较起来，相差实在太远了。

爵位是君主所专有的，只要一开口，要封多少有多少；粮食是老百姓所种植的，土地上可以生生不息。得封高爵，免除罪罚，这是人们最愿意的。假使颁布命令：献粮食到边疆，充实国防军备的人可以封爵免罪，不出三年，国防线上所储藏的粮食必定很多。

（周凤五、林素清／编写整理）

难蜀父老

司马相如

司马相如（约前179—前118），字长卿，汉蜀郡成都（今属四川）人，是我国著名的辞赋家。少好读书，武帝时为武骑常侍，后拜文园令。

背　景

汉武帝是雄才大略的皇帝，击东越，又想制服南越。唐蒙主张买通夜郎，船渡牂牁江，作为制服南越的奇计。唐蒙于是受命经略夜郎和僰中两地，动员了巴、蜀二郡的吏卒一千多人，郡中又增援了水陆运输补给人员一万多人，并引用兴法杀了渠帅，巴蜀百姓大为惊恐，武帝便派司马相如去责备唐蒙，并且谕告百姓，所以相如就写了有名的《喻巴蜀檄》。

唐蒙经略了夜郎，接着还要打通西南夷，于是又发动巴蜀及广汉的士卒数万人参加筑路。历经两年，道路未成，士卒多亡，花费的金钱更以亿万计，蜀地的百姓和朝廷大臣都不以为然。

这时邛筰的君长听说南夷和汉交通后，得到不少赏赐，他们希望比照南夷。武帝征询司马相如的意见，司马相如认为这些地方离蜀很近且易通，秦时曾设郡县，它置郡县比南夷有利。于是武帝拜司马相如为中郎将，委以使节重任。终于使邛、筰、丹駹、斯榆的君长，都自请为臣，西以沫水和若水为界，南以牂牁为疆，通零开道，在孙水之上搭桥，直通邛都，天子大悦。

可是司马相如出使时，蜀地长老大多说通西南夷没有大用，朝臣也认为如此，相如想有所谏言，但面对已成的事实，也就不敢多言，于是写了《难蜀父老》，假借蜀地父老的语气有所进言，然后对话并有所诘难，并用以讽喻天子。

影　响

《难蜀父老》原是一篇公文书，却设辞问对，用赋体来写，这为六朝文体辞赋化首开先例，对后世文体发展有深远的影响。

这一篇表面是宣明通西南夷之旨，为皇帝寻求冠冕堂皇的借口，但对蜀父老之辞，也有所详述，其间正议侃侃，为一致之舆论，也是中国驭夷的正论，自有反映民意的作用。而使者的回答，多用颂辞，但意不在颂，恰在于讽，这正是弦外之音、文外之旨。劳民通夷，果是为恩泽广施，拯民于水火？或是为开拓边疆，好大喜功？义利之辨，正在于此。武帝后来有轮台之悔，在这儿已有所启发。而此时西夷既通，自当与民休息，这也见其规讽之义，辞赋家谲谏之法，于此文可见一二，扬雄《长杨赋》即承此而规谏。

原　文

汉兴七十有八载，德茂存乎六世，威武纷纭，湛恩汪濊^{huì}，群生沾濡，洋溢乎方外①。于是乃命使西征，随流而攘，风之所被，罔不披靡。因朝冉从駹^{máng}，定莋^{zuó}存邛，略斯榆，举苞蒲，结轨还辕，东乡将报，至于蜀都。

耆大夫荐绅先生之徒二十有七人，俨然造焉。辞毕，因进曰："盖闻

① 汉兴七十有八载：由此可知，本文作于汉武帝元光六年（前129）。六世：指高祖、惠帝、高后、文帝、景帝，以及当时的武帝。

天子之于夷狄也，其义羁縻勿绝而已。今罢三郡之士，通夜郎之涂，三年于兹，而功不竟，士卒劳倦，万民不赡，今又接以西夷，百姓力屈，恐不能卒业，此亦使者之累也，窃为左右患之。且夫邛、筰、西僰之与中国并也，历年兹多，不可记已。仁者不以德来，强者不以力并，意者其殆不可乎！今割齐民以附夷狄，弊所恃以事无用，鄙人固陋，不识所谓。”

使者曰：“乌谓此邪？必若所云，则是蜀不变服而巴不化俗也。余尚恶闻若说。然斯事体大，固非观者之所覼也。余之行急，其详不可得闻已，请为大夫粗陈其略。

“盖世必有非常之人，然后有非常之事；有非常之事，然后有非常之功。非常者，固常人之所异也。故曰非常之原，黎民惧焉；及臻厥成，天下晏如也。

“昔者洪水沸出，泛滥衍溢，民人登降移徙，崎岖而不安。夏后氏戚之，乃堙洪水，决江疏河，漉沉赡菑，东归之于海，而天下永宁。当斯之勤，岂唯民哉。心烦于虑而身亲其劳，躬傶骿胝无胈，肤不生毛。故休烈显乎无穷，声称浃乎于兹。

“且夫贤君之践位也，岂特委琐握齱，拘文牵俗，循诵习传，当世取说云尔哉！必将崇论闳议，创业垂统，为万世规。故驰骛乎兼容并包，而勤思乎参天贰地。且诗不云乎：‘普天之下，莫非王土；率土之滨，莫非王臣。’是以六合之内，八方之外，浸淫衍溢，怀生之物有不浸润于泽者，贤君耻之。今封疆之内，冠带之伦，咸获嘉祉，靡有阙遗矣。而夷狄殊俗之国，辽绝异党之地，舟舆不通，人迹罕至，政教未加，流风犹微。

内之则犯义侵礼于边境,外之则邪行横作,放弑其上。君臣易位,尊卑失序,父兄不辜,幼孤为奴,系累号泣,内向而怨,曰'盖闻中国有至仁焉,德洋而恩普,物靡不得其所,今独曷为遗己'。举踵思慕,若枯旱之望雨。戾夫为之垂涕,况乎上圣,又恶能已?故北出师以讨强胡,南驰使以诮劲越。四面风德,二方之君鳞集仰流,愿得受号者以亿计。故乃关沫、若,徼<ruby>牂<rt>zāng</rt></ruby>柯,镂零山,梁孙原。创道德之涂,垂仁义之统。将博恩广施,远抚长驾,使疏逖不闭,阻深闇昧得耀乎光明,以偃甲兵于此,而息诛伐于彼。遐迩一体,中外<ruby>禔<rt>tí</rt></ruby>福,不亦康乎?夫拯民于沉溺,奉至尊之休德,反衰世之陵迟,继周氏之绝业,斯乃天子之急务也。百姓虽劳,又恶可以已哉?

"且夫王事固未有不始于忧勤,而终于佚乐者也。然则受命之符,合在于此矣。方将增泰山之封,加梁父之事,鸣和鸾,扬乐颂,上咸五,下登三。观者未睹指,听者未闻音,犹<ruby>鹪鹩<rt>jiāo liáo</rt></ruby>已翔乎寥廓,而罗者犹视乎<ruby>薮<rt>sǒu</rt></ruby>泽。悲夫!"

于是诸大夫芒然丧其所怀来而失厥所以进,喟然并称曰:"允哉汉德,此鄙人之所愿闻也。百姓虽怠,请以身先之。"敞罔靡徙,因迁延而辞避。

《全汉文》

译 文

汉兴已有七十八年,六世的圣君,都表现出了盛德茂行,威武纷呈,恩泽广被,苍生蒙受沾濡,还洋溢到四方域外。于是命令使者西征,如水流就下,随风披靡。使丹、驰顺服,筰、邛平定,经略斯榆、括举苞蒲。于是同转车辕,东向回报,到达蜀都。

有耆老、大夫、荐绅、先生等二十七人，郑重来访，寒暄后进言道："曾闻天子对于夷狄，只在于拴系控驭而已。如今却疲役三郡之士，通夜郎之路，已有三年了，都还不能成功，士卒劳苦困顿，万民不得赡养。现在又要通西夷，百姓已筋疲力尽，恐怕不能成事，使者您也会受到拖累，我们私下为您担心呢！况且邛、笮、西僰与中国并列，不相统属，已经有很多年，数也数不清了。仁者不能以德招徕他们，强者也不能以武力兼并他们，如今打算这么做，大概行不通吧？这么做只是剥削百姓之资，以得夷狄的附从，疲弊您所依恃的，去做无用的事。我们很愚昧，真不懂这么做是为了什么。"

使者说："怎么说这种话呢？如果照你们所说，那么巴蜀二地也不能变蛮夷之服，如今还是化外之地了。连我都不愿听这种话呢！不过这件事关系重大，原本就不是旁观者所能明白，因为我行程急迫，所以无法细说详情，就姑且向大夫们粗略地说一些。

"大凡世上要有不平凡的人，才能做不平凡的事；做不平凡的事，才能建立不平凡的功业。所谓不平凡，自然是跟平凡的人有所不同。凡是不平凡的开始，都不免使百姓害怕，但等到成功之后，天下就安和乐利了。

"古代洪水泛溢，人民上下迁徙，动荡不安。夏禹非常忧虑悲悯，于是埋堵洪水，疏通江河，分散积水以减少灾害，而使水流入大海，使天下永保安宁。当时的劳苦困顿，岂止是百姓而已。夏禹也亲自加入行列，劳心劳力，体力透支，身上长不出肉，皮肤长不出毛。所以有盛美的功业，显扬后世；威赫的声名，流传至今。

"况且贤明的国君，登基即位，岂止是管一些琐碎的小事，受尽世俗繁文缛节的拘束，承袭传统，守成以取悦世人而已？必有崇高的理想，恢宏的议论，开创大业，留下法统，为万世的规范，所以致力于包容兼括开拓性的工作，勤劳实现参天地化育的理想。况且《诗经》不是说过吗？'普天之下，没有不是王的土地；土地上的人，没有不是王的臣民！'所以天地六合之内，八方之外，都受到皇恩的润泽，只要是有生命的个体，如果有未受皇恩润泽，贤君便引以为耻。如今封疆之内，受文明洗礼的中国人，全都得到福祉，而无所遗漏，而那些风俗不同的夷狄之邦，住在辽远隔绝的异域，由于舟车不通，人迹罕至，所以未能得到政治教化，恩泽不至，风气不开，常在中国边境骚扰侵犯，在化外之地横行霸道，甚至弑杀君长。于是君臣不得其位，尊卑失其次序，伦理乖错，失其本分，父兄无罪被杀，幼童孤儿沦为奴隶，被奴役而号泣，向往中国的教化，抱怨地说：'听说中国有至仁的圣君，德泽广被，恩惠普施，使万物各得其所，如今为什么把我们给疏漏掉？'他们殷切思慕，就像干旱时渴望甘霖。心肠再狠的人，都会为之感动流泪，更何况圣明的仁君，怎会撒手不管呢？所以向北出兵，讨伐顽强的胡夷，向南驰骋，以声讨强悍的蛮越。四方的邻国都得到德泽教化，西夷南夷的君长，像水中游鱼聚集而争向上游，愿意受封号的国家，数以亿计。所以以沫水和若水为关塞，以牂柯为边界，通靁零山，架桥在孙原之上。开通道德之路，留下仁义的法统，将恩泽普施，可长驱直入，安抚远地，使疏远的不至于闭绝，阻隔幽昧的得到光明，可以不再动干戈，不再有诛伐，使远近一体，内外共得福祉，这不是很康宁祥和吗？至于拯救人民于水深火热之中，敬奉至尊之美德，挽救衰世的陵断废弛，继承周代即将灭绝的德业，这正是天子当前的急务，百姓纵使劳苦一点，又怎么能够罢止？

"再说王事总是开始的时候劳苦，而终于能享受安和乐利，受命通西南夷的意愿，正是这样。如今正当封泰山、祭梁文，鸣玉鸾，奏颂乐，上齐五帝，下比三皇的时候，而观者未见旨意，听者未闻德音，就像鷦鷯已翱翔于寥廓的天空，而设罗网捕猎的人却还注视着渊薮沼泽，多可悲啊！"

于是大夫们茫然忘了来意，也失去了原先进言的立场，感慨而赞许道："汉代的德业真是伟大，这正是我们所愿意听闻受教的。纵使百姓有所懈怠，就让我们做个表率吧！"随后都怅然失色，迁延退避而去。

（简宗梧／编写整理）

贤良对策

董仲舒

董仲舒（前179—前104），汉广川（治今河北景县西南）人。少治《春秋》公羊之学，景帝时为博士，下帷讲读，三年不窥园。武帝时，以贤良对策称旨，拜江都相，后因言灾异，下狱，几死。再出为胶西王相，告病免归。生平著书立说，推尊儒术，开中国此后两千多年以儒学为正统之局。著有《春秋繁露》等书。

董仲舒像

背 景

自汉朝以来，中国历史文化的发展，一直是由儒家思想主导着。由于儒家的中心人物，是历来所推尊的孔子和孟子，大家就不免认为由儒家来主导中国历史文化是理所当然的。

其实，孔子和孟子乃至另一个大儒荀子，在现实政治上都没有得君行道的机会。他们的学说在先秦只不过是九流十家之一而已。在秦朝不用说了，那是法家当令的时代；即使在汉朝初年，也让黄老学派拔了头筹。儒家隐之于后，不绝如缕者达百年之久。

从这段历史看，很难想象儒家会一朝得意而永为百代之宗。然而事实俱在，汉武帝以后，儒家便成为历史文化发展的主流。那究竟是怎样的因缘呢？最主要的因素就在董仲舒这"天人三策"（本书仅录其第一策）。

"天人三策"的内容是建议汉武帝去刑罚，崇教化；抑豪门，选郡吏。主要的宗旨则在尊崇儒术，以儒家的德化之治，代替秦朝的法术之治。他在第三策中明白地说："臣愚以为：请不在六艺之科、孔子之术者，皆绝其道，勿使并进。"

这时笃好黄老的窦太皇太后（武帝的祖母）尚在，还不是推行尊儒运动的最佳时机，所以武帝没有立即照他的话去做，只在建元五年（前136）增设五经博士。次年，老太后死了，武帝才起用尊儒之士为丞相，将儒家以外的博士遣散。从此，儒学就取得了文化正统的地位。

除了增置五经博士之外，董仲舒的建议付诸实行的，尚有下列几项：

其一，为博士设弟子员，五十人，每年考查学习成绩，最优的可充任侍卫天子的郎官，次者可以补郡国属吏。

其二，由郡国长官察举属吏。吏治成绩较优的，可举为郡官，再走入中央政府。此制与博士弟子之制相辅相成，使得儒家渐登仕途，取代以前荫袭与赀选的办法，造成此后士人政府的局面。

其三，丞相一职转由儒者担任，打破汉初以来专由功臣贵族担任的惯例。

其四，禁止官吏兼管商业，并不断裁抑豪门之兼并。

影　响

董仲舒"天人三策"影响了此后的中国历史，既深且巨。在政治方面，走上西方人所谓的"开明专制"之途。一切政策的考虑，必以人民为依归，政治则以人民为目的。在经济方面，走上以道德为前提的均平适度之路，不致产生资本主义。在社会、家庭及个人方面,儒家之伦理成为维系秩序之规范。

自然,这不仅靠董仲舒一人之力,还靠许多主客观条件的配合。对策得以为武帝所采纳,只是客观条件之一而已;主要的还是靠儒家的主观条件,即它必须具有被朝野上下一致接受的内涵。大抵儒家是为安顿人类之生命而设计,不偏不倚,大中至正,最合于人性。自此而言,儒家思想具和谐性与安定性。而对于所设计之礼仪制度则主张通权达变,因时制宜。这又表现了通变性与革命性。由于它的通圆融,所以一经董仲舒提出,就朝野翕从,以至根深蒂固,百世垂统。

当然,董仲舒为使儒家理想能顺利实现于政治,又为避免儒家的革命性与现实政权的利益冲突太甚,因而稍作了一些调整,这种代价是免不了的。但儒家决然是以仁民爱物的胸怀、天下为公的精神、四海皆兄弟的态度去思考人生的问题的:其终极目标在安顿每一个生命。断断不是为某一姓、某一家、某一政权而设计的。近世有一些人,倡言儒家思想是专制帝王的最佳统治工具,是专制政治的卫士。这种论调,适足以见其肤浅,不然便是别有居心,不足深辩。

原　文

陛下发德音,下明诏,求天命与情性,皆非愚臣之所能及也。

臣谨案《春秋》之中,观前世已行之事,以观天人相与之际,甚可畏也。国家将有失道之败,而天乃先出灾害以谴告之;不知自省,又出怪异以警惧之;尚不知变,而伤败乃至。以此见天心之仁爱人君而欲止其乱也,自非大亡道之世者,天尽欲扶持而全安之。事在强勉而已矣。强勉学问,则闻见博而知益明;强勉行道,则德日起而大有功,此皆可使还至而立有效者也。《诗》曰"夙夜匪解"，《书》云"茂哉茂哉"，皆强勉之谓也。

道者，所繇适于治之路也。仁、义、礼、乐，皆其具也。故圣王已没，而子孙长久，安宁数百岁，此皆礼乐教化之功也。王者未作乐之时，乃用先王之乐宜于世者而以深入教化于民。教化之情不得，雅颂之乐不成，故王者功成作乐，乐其德也。乐者，所以变民风化民俗也，其变民也易，其化人也著；故声发于和，而本于情，接于肌肤，藏于骨髓，故王道虽微缺而管弦之声未衰也。夫虞氏之不为政久矣，然而乐颂遗风犹有存者，是以孔子在齐而闻《韶》也。

夫人君莫不欲安存而恶危亡，然而政乱国危者甚众。所任者非其人而所繇者非其道，是以政日以仆灭也。夫周道衰于幽厉，非道亡也，幽厉不繇也。至于宣王，思昔先王之德，兴滞补弊，明文武之功业，周道粲然复兴，诗人美之而作，上天佑之，为生贤佐。后世称通，至今不绝，此夙夜不解行善之所致也。孔子曰："人能弘道，非道弘人也。"故治乱废兴在于己，非天降命，不可得反，其所操持悖谬，失其统也。

臣闻天之所大，奉使之王者，必有非人力所能致而自至者，此受命之符也。天下之人，同心归之，若归父母，故天瑞应诚而至。《书》曰："白鱼入于王舟，有火复于王屋，流为乌。"此盖受命之符也。周公曰："复哉复哉。"孔子曰："德不孤，必有邻。"皆积善累德之效也。及至后世，淫佚衰微，不能统理群生，诸侯背畔，残贼良民以争壤土，废德教而任刑罚，刑罚不中，则生邪气；邪气积于下，怨恶畜于上，上下不和，则阴阳缪戾而妖孽生矣，此灾异所缘而起也。

臣闻命者，天之令也；性者，生之质也；情者，人之欲也。或夭或寿，或仁或鄙，陶冶而成之，不能粹美，有治乱之所生，故不齐也。孔子曰："君子之德，风也；小人之德，草也，草上之风必偃。"故尧舜行德，则民仁寿；桀纣行暴，则民鄙夭。夫上之化下，下之从上，犹泥之在钧，唯甄者之所为；犹金之在镕，唯冶者之所铸。"绥之斯徕，动之斯和"，此之谓也。

臣谨案《春秋》之文，求王道之端，得之于正，正次王，王次春。春者，天之所为也；正者，王之所为也。其意曰，上承天之所为而下以正其所为，正王道之端云尔。然则王者欲有所为，宜求其端于天。天道之大者在阴阳，阳为德，阴为刑，刑主杀而德主生，是故阳常居大夏而以生育养长为事，阴常居大冬而积于空虚不用之处，以此见天之任德不任刑也。天使阳出布施于上而主岁功，使阴入伏于下而时出佐阳，阳不得阴之助，亦不能独成岁，终阳以成岁为名，此天意也。王者承天意以从事，故任德教而不任刑，刑者不可任以治世，犹阴之不可任以成岁也，为政而任刑，不顺于天，故先王莫之肯为也。今废先王德教之官，而独任执法之吏治民，毋乃任刑之意与？孔子曰："不教而诛谓之虐。"虐政用于下，而欲德教之被四海，故难成也。

臣谨案《春秋》谓一元之意。一者，万物之所从始也；元者，辞之所谓大也；谓一为元者，视大始而欲正本也，《春秋》深探其本，而反自贵者始。故为人君者，正心以正朝廷，正朝廷以正百官，正百官以正万民，正万民以正四方。四方正，远近莫敢不壹于正而亡有邪气奸其间者，是以阴阳调而风雨时，群生和而万民殖，五谷孰而草木茂，天地之间，被润泽而大丰美，四海之内，闻圣德而皆徕臣，诸福之物，可致之祥，莫不毕至，而王道终矣。孔子曰："凤鸟不至，河不出图，吾已矣夫！"自悲可致此物而身卑贱不得致也。今陛下贵为天子，富有四海，居得致之位，操可致之势，又有能致之资，行高而恩厚，知明而意美，爱民而好士，可谓谊主矣，然而天地未应而美祥莫至者，何也？凡以教化不立而万民不正也。

夫万民之从利也，如水之走下，不以教化堤防之，不能止也。是故教化而奸邪皆止者，其堤防完也；教化废而奸邪并出，刑罚不能胜者，其堤防坏也。古之王者明于此，是故南面而治天下，莫不以教化为大务；立太学以教于国，设庠_{xiáng}序以化于邑，渐民以仁，摩民以谊，节民以礼，故其刑罚甚轻而禁不犯者，教化行而习俗美也。

圣王之继乱世也，扫除其迹而悉去之，复修教化而崇起之。教化已明，习俗已成，子孙循之，行五六百岁，尚未败也。至周之末世，大为亡道以失天下。秦继其后，独不能改，又益甚之，重禁文学，不得挟书，弃捐礼谊而恶闻之，其心欲尽灭先圣之道，而颛_{zhuān}为自恣苟简之治，故立为天子，十四岁而国破亡矣。自古以来，未尝有以乱济乱，大败天下之民如秦者也，其遗毒余烈至今未灭，使习俗薄恶，人民嚣顽，抵冒殊扞_{hàn}，孰烂如此之甚者也。孔子曰："腐朽之木，不可雕也：粪土之墙，不可圬_{wū}也。"今汉继秦之后，如朽木粪墙矣，虽欲善治之，亡可奈何，法出而奸生，令下而诈起，如以汤止沸，抱薪救火，愈甚亡益也。

窃譬之琴瑟，不调甚者，必解而更张之，乃可鼓也；为政而不行甚者，必变而更化之，乃可理也。当更张而不更张，虽有良工，不能善调也；当更化而不更化，虽有大贤，不能善治也。故汉得天下以来，常欲善治而至今不可善治者，失之于当更化而不更化也。古人有言曰："临渊羡鱼，不如退而结网。"今临政而愿治七十余岁矣，不如退而更化，更化则可善治，善治则灾害日去，福禄日来。《诗》云："宜民宜人，受禄于天。"为政而宜于民者，固当受禄于天。

夫仁、谊、礼、知、信五常之道，王者所当修饬也。五者修饬，故受天之佑而享鬼神之灵，德施于方外，延及群生也。

《全汉文》

译 文

陛下颁下诏令，探讨天命与情性问题，愚臣恐怕无法答复。

臣谨考察《春秋经》所载前代历史来观察天人相互作用的关系，那真是很可怕啊！一个国家将要失道败亡，上天就先以灾害作警告；如果人们不知觉悟，上天就再用怪异的事来加以恐吓；若还不知改变，那么伤败终必降临。由此可见，上天对人君是仁慈的，愿意帮助人君消弭祸乱，只要不是十分无道，上天总会尽可能加以扶助、保全。这全靠君主奋勉努力罢了！努力学问，则见闻广博而心智明白；努力行道，则德行日进而能够成功，这些都是可以马上见效的。《诗经》说："日夜不敢懈怠。"《书经》说："努力呀！努力呀！"都是指奋勉努力啊。

"道"是治理国家必须遵循的法则；仁、义、礼、乐，都是治国的工具。圣王死后，子孙所以能长保几百年安宁，这都是礼乐教化的功效。王者在未作乐时，使用先王的乐教化人民。教化不成，雅颂的乐章也就无法创作，王者功成以后才作乐，作乐是为了歌颂功德的。乐可以改变民风，感化人民；它出自和谐，依据感情，接触肌肤，深入骨髓，所以虽王道衰微，管弦之声仍然流传。虞舜的太平盛世久已不再，而其音乐依然留存，所以孔子在齐能听到舜的《韶》乐。

人君无不希望国家安宁，可是政治乱、国家危亡的很多，这是由于所用非人，不循正道，所以政治一天一天衰败。周代到厉王、幽王而衰亡，不是道亡了，而是厉王、幽王不循正道。宣王发扬文王、武王的功业，周道因而灿烂地复兴起来，诗人作诗赞美他，这是他日夜不懈遵循正道得来的。孔子说："人能弘扬道，不是道能弘扬人。"所以治乱都在自己，世遭衰乱并不是天命不可挽回，而是人君胡作非为的缘故啊！

臣听说受到上天倚重而成为帝王的，必然有非人力所能做到的长处，这是王者受天命的凭证。天下人归顺他像归顺父母一样，所以上天感应，出现祥瑞。《书经》说："白鱼进入王舟，有火覆盖着王屋，变成了乌。"这就是周武王受天命的凭证啊。周公说："应得着善报呀！应得着善报呀！"孔子说："有德的人不会孤立，一定会有赞助他的人。"这都是积善积德的效果啊。可是到了后世，君主淫荡安逸，不能治理百姓，诸侯叛变，杀害善良的人民而争夺土地，废弃道德教化而用刑罚。刑罚不当就惹起邪气，邪气积累于下，怨恶聚集于上，上下不能调和，那就阴阳错乱而发生妖孽了，这是灾异产生的原因。

臣听说，命是受之于天的，性是与生俱来的，情是由欲而生的。有人夭折，有人长寿，有人仁慈，有人贪鄙，好比造瓦铸金，不可能都是纯粹美好的。孔子说："君子德行像风，小人德行像草，风向哪边吹，草向哪边倒。"所以尧舜行德政，人民就仁慈长寿；桀纣行暴政，人民就贪鄙夭折。君上教化人民，人民服从君上，好像泥土放在模型里，听凭陶匠作为；也好像金属放在炉里，听凭冶匠铸造。"使人民安定，人民就来归顺，使人民得到鼓舞，人民就同心协力"，就是这样的意思。

臣谨考察《春秋经》"春王正月"的文字，求王道的开端，得到了"正"；"正"次于"王"，"王"次于"春"。春是上天的作为，正是帝王的作为，这就是说，君主仰承上天以端正自己的作为，此即王道的开端呀。那么，王者想有所作为，应该由仰承上天开始。天道最明确的表现就是阴阳，阳为德，阴为刑；刑主杀，德主生，所以阳居盛夏以生育长养，阴居严冬而聚于空虚，由此可见上天是用德不用刑的。上天使阳出现，主管一年的成就，使阴入内伏藏，而时时出来帮助阳，阳若没有阴的帮助，也不能独自使年岁完成，这是天意啊。王者依天意行事，所以用德教而不用刑罚，刑不能用来治事，就像阴不能用来完成年岁一样，用刑罚以治理天下，是违反天意的，所以先王都不如此。现在罢除先王掌德教的官，而独用执法的吏来治理人民，这岂不是用刑罚来治理天下吗？孔子说："不教育人民而动辄杀人，叫作暴虐。"行暴政而想德教遍及四海，这是难以办到的。

臣谨考察《春秋经》讲"一元"的意义。一就是万物的开始，元就是所谓"本"，说"一"是"元"，就为了显示伟大的开始而想要正其"本"啊。《春秋经》深入地探究它的本，而从尊贵的人开始。所以君主必先正心才能正朝廷，朝廷正才能正百官，百官正才能正万民，万民正才能正四方。四方正，则远近没有敢不正的，而且没有邪气掺杂其中，所以阴阳调和而风雨及时，万物和谐而人民长育，五谷丰收而草木繁盛，天地之间都受到恩泽，而呈现丰富美好的景象，四海以内，听到君主的盛德，都来称臣，一切幸福、祥瑞全都到来，这就完成了王道。孔子说："凤鸟不来，黄河不出现图书，我怕完了吧！"这是他悲伤自己地位卑贱，无法招致祥瑞啊。现在陛下贵为天子，富有四海，处在可以招致祥瑞的地位，掌握了可以招致祥瑞的形势，又有能招致祥瑞的资质，行为高尚而恩德广厚，知识高明而意志美好，爱护人民而善好士子，可以说是有道之君了，可是天地没有感应，祥瑞没有到来，这是什么缘故呢？大概是教化没有功效，人民未入正道吧！

万民追求利益，好比水向下流一样，不拿教化作为堤防，是无法制止的。所以教化施行则奸邪停止，这是它的堤防完好；教化废败则奸邪出现，刑罚也不能制止，这是它的堤防坏了。古时的王者明白这个道理，所以治理天下，无不以教化为主要任务，在国都设立大学，在县邑设立县学、乡学，用仁来教养人民，用义来感化人民，用礼来节制人民，因而刑罚很轻而人民没有犯禁令的，这是教化施行而习俗美好啊。

圣王继乱世而兴，扫除乱世遗留的一切痕迹，重新恢复教化。教化已明，习俗已成，子孙世代遵守，五六百年仍然不会衰败。到了周的末世，君主无道，因而失去天下。秦朝继周朝而起，不但不改革，反而变本加厉，严禁文学，放弃礼义，人民不许携带书籍，妄想尽毁先王的道理而专用放肆、苟且、简陋的方法来治理国家，所以做天子十四年国家就灭亡了。从古到今，还没有像秦这样用乱救乱，大大地危害天下黎民的，秦朝遗留的毒素像残余的火焰，到如今还没有消灭掉，它使得习俗险恶浇薄，百姓欺诈顽固，干冒抵触，犯法乱德，腐败到这样严重的程度。孔子说："腐朽的木，不能雕饰啊；泥糊的墙，不能粉饰啊。"现在汉继秦之后，好像朽木和泥墙，虽然想好好地加以修治而没有办法，法令一出，奸诈跟着发生；命令一下，欺骗跟着起来，好像用热水去止沸腾，抱着柴薪去救火，越来越糟，是没有益处的。

譬如琴瑟不调协，坏得很的，必须把弦拆下重新安装，才能弹奏；政治不行，坏得很的，必须改旧更新，才能治理。应当重新安装而不重新安装的，虽然有好技师，不能好好演奏；应当改旧革新而不改旧革新的，虽然有大贤，不能好好治理。所以汉得天下以后，常想把它治理好，而到现在还没有治理好，毛病就在于应当改革而没有改革。古人说过："站在河边羡慕别人捕鱼，不如自己归去编结渔网。"现在想把国家治理好已经七十多年了，不如回头来做革新的工作，革新了就可以好好地治理了，灾害也就日渐消除，福禄也就日渐到来了。《诗经》上说："适合于民，适合于人，接受天所给予的福禄。"政治能适合于人民的，自然会得到天所给予的福禄。

仁、义、礼、智、信是五种恒久不变的道，这是王者所应当注意培养整饬的。这五种能培养整饬得好，就能得到上天的保佑，鬼神也赞助他来接受祭祀，恩德会普及国外，并且扩大到一切生命。

（周凤五、林素清／编写整理）

论六家要指

司马谈

司马谈（？—前110），汉冯翊夏阳（今陕西韩城南）人，司马迁之父。曾从唐都学天文，从杨何学《易》，从黄子学道论。武帝元封元年（前110）为太史令，武帝封泰山，谈留滞洛阳不得随从，忧愤卒。

背　景

有文学作品而后有文学批评，有学术思想而后有学术流别的剖判。《论六家要指》一文就是在先秦学术思想蓬勃发展以后首先出现的剖判学术流别的重要著作。它将先秦泉涌蜂出的学术思想剖分流别、批判得失，开启了《汉书·艺文志》及其后各史艺文志或经籍志剖判学术的先河。

在此之前也曾出现过类似的著作，如《荀子·非十二子篇》《庄子·天下篇》《韩非子·显学篇》《吕氏春秋·不二篇》《淮南子·要略篇》等。但这些都只评论得失而未剖分流别；多以个人为评论的对象，而未能涵盖整个学术界。所以《论六家要指》还是先秦以来比较周延的学术评论。

从事学术流派的剖分与批判，需要相当高的学术造诣，既须深入于各个思想家之思想体系中，又须凌空鸟瞰，总览全局，然后才能看出千岩竞秀、万壑争流的脉络与走向。《论六家要指》的作者司马谈，先世以来即为史官，掌管皇室图书，既获名师传授，又得以博涉群籍，所以他剖判先秦以来的学术流派，大抵很能把握各家的要旨；评论各家的长短，也都能切中要害，堪称平允，从而可以看出他在学术上的造诣之深。他的儿子司马迁后来著了一部震古烁今的《史记》，原来是有其家学渊源的。

不过司马谈在评论六家的得失时，显然对道家特别赞美。因为对其他各家都有褒有贬，独于道家则有褒而无贬。因此很多研究司马谈的学者，据此而断定司马谈的思想为归宗于道家。实际上这是不正确的，以司马谈学术造诣之深，怎可能承认世上会有十全十美、"立俗施事，无所不宜"的学说？且又何曾见道家有"因阴阳之大顺，采儒、墨之善，撮名、法之要"的地方？可见这些话，是溢美之词。如果我们检视一下司马谈立论的背景，就会恍然大悟，原来与当时汉景帝母子之崇尚黄老有关。

影　响

我们看《史记·太史公自序》司马谈临终之时曾引《孝经》之言，勉司马迁立身扬名，又采《孟子》五百年有贤者出之说，谓孔子至今适五百岁，因勉迁继己之志，学孔子作《春秋》，而司马迁也终不负所望完成其名山之业，计司马谈于遗嘱中，崇尚孝道、标榜忠义、盛称周孔、私淑孟子、关心六艺、重视道统，在在可见其思想倾向于儒家，这是读《论六家要指》所当注意之处。

原　文

《易》大传："天下一致而百虑，同归而殊途。"夫阴阳、儒、墨、名、法、道德，此务为治者也；直所从言之异路，有省不省耳。

尝窃观：阴阳之术大祥而众忌讳，使人拘而多所畏，然其序四时之大顺，不可失也。

儒者博而寡要，劳而少功，是以其事难尽从，然其序君臣、父子之礼，列夫妇、长幼之别，不可易也。

墨者俭而难遵，是以其事不可偏循，然其强本节用，不可废也。

法家严而少恩，然其正君臣、上下之分，不可改矣。

名家使人俭而善失真，然其正名实，不可不察也。

道家使人精神专一，动合无形，赡足万物。其为术也，因阴阳之大顺，采儒、墨之善，撮名、法之要，与时迁移，应物变化。立俗施事，无所不宜；指约而易操，事少而功多。儒者则不然，以为人主，天下之仪表也，主倡而臣和，主先而臣随。如此，则主劳而臣逸。至于大道之要，去健羡，绌聪明，释此而任术。夫神大用则竭，形大劳则敝；形神骚动，欲与天地长久，非所闻也。

夫阴阳、四时、八位、十二度、二十四节，各有禁忌，各有教令，顺之者昌，逆之者不死则亡，未必然也。故曰："使人拘而多畏。"夫春生、夏长、秋收、冬藏，此天道之大经也，弗顺则无以为天下纲纪。故曰："四时之大顺，不可失也。"

夫儒者以六艺为法，六艺经传，以千万数，累世不能通其学，当年不能究其礼[①]。故曰："博而寡要，劳而少功。"若夫列君臣、父子之礼，序夫妇、长幼之别，虽百家弗能易也。

墨者亦尚尧、舜道，言其德行，曰："堂高三尺，土阶三等；茅茨不翦，

[①] 当年：丁年。谓丁壮之年。

采椽不刮^①。食土簋，啜土刑;粝粢之食，藜藿之羹^②。夏日葛衣，冬日鹿裘。其送死，桐棺三寸，举音不尽其哀。"教丧礼，必以此为万民之率，使天下法。若此，则尊卑无别也。夫世异时移，事业不必同。故曰:"俭而难遵。"要曰:强本节用，则人给家足之道也。此墨子之所长，虽百家弗能废也。

法家不别亲疏，不殊贵贱，一断于法，则亲亲尊尊之恩绝矣。可以行一时之计，而不可长用也。故曰:"严而少恩。"若尊主卑臣，明分职不得相逾越，虽百家弗能改也。

名家苛察缴绕，使人不得反其意，专决于名，而失人情^③。故曰:"使人俭而善失真。"若夫控名责实，参伍不失，此不可不察也。

道家无为，又曰无不为。其实易行，其辞难知。其术以虚无为本，以因循为用，无成势，无常形，故能究万物之情。不为物先，不为物后，故能为万物主。有法无法，因时为业;有度无度，因物与舍。故曰:"圣人不巧，时变是守。"虚者，道之常也;因者，君之纲也。群臣并至，使各自明也。其实中其声者谓之端，实不中其声者谓之窾^{kuǎn}。窾言不听，奸乃不生，贤不肖自分，白黑乃形^④。在所欲用耳，何事不成? 乃合大道，混混冥冥;光耀天下，复反无名。凡人所生者神也，所托者形也。神大用则竭，形大劳则敝，形神离则死。死者不可复生，离者不可复反，故

---

① 茅茨不翦:言不剪断屋檐草端，而使之整齐。屋盖曰茨，以茅覆屋曰茅茨。翦，齐也。
采椽不刮:言以小木为椽，并不刮削使之光滑。采，通"棌"，似栎，粗贱小木。
② 食土簋:土制之簋，用以盛饭。簋，古祭祀燕享以盛黍稷之器，以木为之，外圆内方。
刑:同"铏"，鼎属，两耳三足，高三寸，有盖，容量约一斗，用以盛羹。粝:粗米。
粢:今本作"粱"，从王念孙《读书杂志》说改。稻饼，食之粗者。
③ 苛察:烦琐。缴绕:犹缠绕，不通大体。
④ 窾言不听:谓无实之言则不听用。

圣人重之。由是观之，神者，生之本也；形者，生之具也。不先定其神形，而曰"我有以治天下"，何由哉？

《史记·自序》

译　文

《周易·系辞传》说："天下的道术，尽管想法不同，其实目标是一致的；所循的途径虽各异，而其归趋仍是相同的。"阴阳、儒、墨、名、法、道德六家，都是以研究治人治国之方法为目的；但因立言的观点不同，于是所见之深度、广度及主张大有差别。

我曾观察分析，发现阴阳家过于夸大吉凶的预兆而多忌讳，以致使人拘束而胆怯；但是他们论定春、夏、秋、冬行事的顺序，却是不能不注意、不可违反的呀。

儒家的学说极为广博而难以理出纲要，着手研究颇费心力而少见功效，因此他们的主张很难令人完全信从；可是他们制定君臣、父子的礼节，序列夫妇、长幼间职分的区别，是绝对不能更改的。

墨家过于简朴，难于遵从，因此他们的主张也未必能完全实行；但是他们倡导加强生产、节约消费，这一点是不可废弃的。

法家严酷而不讲情感，但是他们明定君臣、上下的分位等级，这一点是不能改变的。

名家使人的思想受缚于言辞，而无法探知事理的真相，但是他们确定名实，这一点是不能不加以明察的。

道家使人精神专一，一举一动都合乎道，万物因而得以充分赡养。这种道术是本着阴阳家顺守四时的秩序，采纳儒、墨二家的长处，吸取名、法二家的要点，随着时势迁移，因应环境变化而成。因此建立风俗，待人行事，没有不适宜的，且宗旨简单，容易把握重点实行，所费心力虽少，但收效却很大。儒家就不同了，总认为君主是天下的表率，君主倡导而臣子附和，君主在前领头，而臣子紧随在后。如此，君主辛劳而臣子安逸。至于道家学说的要点，是排去刚强、私欲，杜绝聪明，并屏除上述儒家的办法而用自己的道术。他们认为精神用得太过就会枯竭，形体太劳累就会毁坏；如果形体和精神经常过度受到扰乱，而却想和天地同春，那是从来没有的。

阴阳家对阴阳，四时、八位、十二度、二十四节，各有一套禁忌和教令，如果人们顺守这些教令就会昌达得福，而一旦违背，则不是死就是灭亡，事实上未必是如此的。所以说他们："使自拘束而胆怯。"至于他们所论定的春天万物滋生，夏天成长，秋天收获，冬天储藏，这是自然界的重要法则，若不顺应则天下就没有纲纪了。所以说："四时的大顺序。是不能不注意、不可违反的呀。"

儒家以六经为法则，六经的经传，成千成万，虽历代祖孙世守一经，仍无法通晓其大义；穷尽一生的岁月，也不能透彻了解其中的礼节、典章制度。所以说他们："学说广博而无纲要，研究虽勤收效却少。"至于制定君臣、父子的礼节，序次夫妇、长幼的分别，即使是百家也不能加以更改。

墨家也崇尚尧、舜的道术，赞扬他们的德行说："厅堂三尺高，土阶只三级；茅草盖的屋顶未曾修剪整齐，原木做的屋椽未加刨削。以土制的簋盛饭，以土制的铏盛汤；吃的是糙米饭，喝的是野菜汤。夏天穿麻布单衣，冬天穿鹿皮裘衣。送死用三寸厚的桐木棺，居丧不可过于哀恸。"教人丧礼，一定以此标准为万民的表率，使天下人效法。如此，就没有尊卑的分别了。但是时代变迁，事业不尽相同，所以说他们："过于俭约，令人难以遵从。"总之，加强生产，节约消费，确是人们兴家富足的最佳途径。这是墨子的长处，即使是百家也不能加以废弃。

法家不分亲疏，不分贵贱，一概由法律裁断，那么亲近亲族、尊敬长上之重恩谊的伦理就断绝了。这仅是在适当的时机，处理某些事件上，可偶尔采用，但绝不可长久施行。所以说他们：“严酷而少恩情。”至于主张君主至上，臣子卑下，划清职责权限，不许互相超越，这一点即使是百家也不能加以更改。

名家过于琐碎，纠缠不清，使人反省寻思，无法得其究竟，且专以名义决断一切事理而违失人情。所以说他们：“使人拘执于言辞，而丧失探知事理的真相。”至于以名义探究其实质，并旁征博引以参验考证，而求得较正确的结论，这一点是不能不加以注意的。

道家虽主张无为，其实却是无所不为。他们的理论，实际上很容易施行，只是言辞深奥，一般人无法领略其中的道理。他们的学术以虚无为根本，以听任自然为步骤，没有一定的趋势，没有固定的形态，所以能深究万物的实情，应付事物，不一定抢先，也不一定居后，而是因物制宜，所以能够宰制万物。制定法则与否，因应时务而决定；制度的取舍，也必须与事物相配合。所以说：“圣人无机巧之心，只是顺时应变而已。”虚无是道的常法，因循是君主立身行事应把握的纲领，使群臣各就其位，即能明了自己的职责，并充分发挥其才智。实质和言论相合的叫作“端”，实质和言论不合的叫作“窾”。不听信无事实根据的空话，那么奸邪就不会产生，贤与不肖自然易于区分，黑与白也就充分显现出来。如此，忠奸、贤愚听随君主任用，有什么事办不成的？这样的作风才合乎大道，浑合混同，了无痕迹；光明照耀天上，又回到人们无法歌颂指称的境地。一个人所赖以生存的是精神，所寄托的是形体。精神用得太过会枯竭，形体过于劳累就会毁坏，若精神和形体受到戕贼，两者脱了节，则人只有死路一条。人死不能复生，脱离了也不能再复合，所以圣人特别地看重它。从这点看来，精神是生命的根本，形体是生命寄托的所在。人若不先清静以稳定精神、形体，却说“我有能力治理天下”，又怎么能够做到呢？

（林素清、周凤五／编写整理）

剧秦美新

扬 雄

扬雄像

扬雄（前 53—18），蜀郡成都（今属四川）人。扬雄自幼好学，群籍无所不观，可惜口吃不善言谈，只能借着深思来宣泄自己的心力。他生性恬淡寡欲，崇尚清静无为，既不争名逐利，也不苟随流俗，穷居乡野，则安然自得；贵处朝廷，则著述为乐。扬雄除了以赋成名外，还仿效《论语》作《法言》，阐扬儒家正统思想；仿效《易经》作《太玄》，探讨天人阴阳之交；广搜各地语汇，成《方言》一书，为研究古代汉语所不可或缺之典籍。

背 景

西汉宣帝以后的政局，有两个特点：一是儒家政治权位提高，儒者出身的大臣成为朝廷中的主干；一是政权渐由外戚王氏一门把持。演变到后来，外戚王莽便利用儒家学说和儒生的推戴，篡取了汉室的地位。

王莽是外戚子弟中最恭俭好学的人，酷好儒术，而且礼贤下士，广施财物，故朝野推重，声誉日隆。哀帝死后，王太后任王莽为大司马，并由

王莽像

王莽选定一位九岁的宗室中山王箕子（元帝孙）继皇帝位，称为平帝。元始元年（公元元年），王莽进位为太傅、安汉公，专决国政；四年，又加"宰衡"之号，效法周公的例子。到五年，年幼的傀儡皇帝突然暴卒，据说是被王莽鸩死的。

但在这些年间，王莽令郡国县邑广设学校，又扩充京师太学，征求经术之士，增加五经博士名额，且捐田与钱，救济贫民，获得朝野一致赞美。后立年仅两岁的子婴，而自称假皇帝、摄皇帝。一时间全国各地都有奇迹出现，有时石头上有刻字，有时异人宣示预言，都说王莽应为皇帝，于是王莽便即帝位，改国号为"新"。

影　响

新王朝的建立，是汉代儒家理想的实现，他们认为秦朝暴乱，遽然灭亡，汉袭秦政，也使得帝王政典不能完善。王莽既秉持天命，成为真命天子，一切制度又都复唐虞三代之古，实乃大快人心。扬雄这篇文章说新王朝是"郁郁乎焕哉，天人之事盛矣"，就代表了这种赞美的态度。

但新莽以谶纬欺骗世人、以复古的制度来处理新时代的政治、经济、社会问题，岂能长久？扬雄在文章前面数说秦不旋踵而亡之剧，又在文章后面称赞新朝是"非秦之为与"，可能是一种暗讽的笔法。秦与新，在中国历史上都是昙花一现的朝代，这两代也都有大规模的改革行动，又都归于失败。扬雄怀抱儒家的理想，瞻仰这个新王朝的兴起，当然充满了文化的憧憬，但这位大思想家，仿佛又在历史的流变中看到了新祚不能长久的命运，美新而又剧秦，遂为新莽装点了一幅悲喜交集的图像。

原　文

诸吏中散大夫臣雄稽首再拜，上封事皇帝陛下：

臣雄经术浅薄，行能无异，数蒙渥恩，拔擢伦比，与群贤并，愧无以称职。臣伏惟陛下以至圣之德，龙兴登庸，钦明尚古，作民父母，为天下主，执粹清之道，镜照四海，听聆风俗，博览广包，参天贰地，兼并神明，配五帝，冠三王，开辟以来，未之闻也。臣诚乐昭著新德，光之罔极。往时司马相如作《封禅》一篇，以彰汉氏之休，臣常有颠眴(xuàn)病，恐一旦先犬马填沟壑，所怀不章，长恨黄泉，敢竭肝胆，写腹心，作《剧秦美新》一篇，虽未究万分之一，亦臣之极思也。臣雄稽首再拜以闻。

曰：权舆天地未袪，睢睢(suī)盱盱(xū)或玄而萌，或黄而牙，玄黄剖判，上下相呕，爰初生民，帝王始存在乎混混茫茫之时，曡闻罕(xīn)漫而不昭察，世莫得而云也，厥有云者，上罔显于羲皇，中莫盛于唐虞，迩靡著于成周；仲尼不遭用，《春秋》困斯发，言神明所祚(zuò)，兆民所托，罔不云道德仁义礼智。独秦崛起西戎，邠(bīn)荒岐雍之疆，因襄文宣灵之僭(jiàn)迹，立基孝公，茂惠文，奋昭庄。至政，破纵擅衡，并吞六国，遂称乎始皇，盛从鞅仪韦斯之邪政，驰骛起翦恬贲之用兵，刬(chǎn)灭古文，刮语烧书，弛礼崩乐，涂民耳目，遂欲流唐漂虞，涤殷荡周，爇(rán)除仲尼之篇籍，自勒功业，改制度轨量，咸稽之于秦纪。是以耆儒硕老，抱其书而远逊；礼官博士，卷其舌而不谈；来仪之鸟，肉角之兽，狙犷而不臻；甘露嘉醴(lǐ)，景曜(yào)浸潭之瑞潜，大祲经霣(fú)(yǔn)，巨狄鬼信之妖发，神歇灵绎，海水群飞，二世而亡，何其剧与。帝王之道，兢兢乎不可离已，夫能贞而明之者穷祥瑞，回而昧之者极妖惌，上览古在昔，有凭应而尚缺，焉坏彻而能全？故若古者称尧舜，威侮者陷桀纣，况尽汛扫前圣数千载功业，专用己之私，而能享佑者哉。

会汉祖龙腾丰沛，奋迅宛叶，自武关与项羽戮力咸阳，创业蜀汉，发迹三秦，克项山东，而帝天下，摘秦政惨酷尤烦者，应时而镯，如儒林刑辟历纪图典之用稍增焉。秦余制度，项氏爵号，虽违古而犹袭之。是以帝典阙而不补，王纲弛而未张，道极数殚，阉忽不还。

逮至大新受命。上帝还资，后土顾怀，玄符灵契，黄瑞涌出，泴浮汩溺，川流海渟，云动风偃，雾集雨散，诞弥八圻，上陈天庭，震声日景，炎光飞响，盈塞天渊之间，必有不可辞让云尔。于是乃奉若天命，穷宠极崇，与天剖神符，地合灵契，创亿兆，规万世，奇伟倜傥诡谲，天祭地事。其异物殊怪，存乎五威将帅，班乎天下者，四十有八章。登假皇穹，铺衍下土，非新家其畴离之，卓哉煌煌，真天子之表也。若夫白鸠丹乌，素鱼断蛇，方斯蔑矣，受命甚易，格来甚勤。

昔帝缵皇，王缵帝，随前踵古，或无为而治，或损益而亡，岂知新室委心积意，储思垂务，旁作穆穆，明旦不寐，勤勤恳恳者，非秦之为与。夫不勤勤则前人不当，不恳恳则觉德不恺，是以发秘府，览书林，遥集乎

清末闽中出土，记载王莽功业
之"始建国二年规矩兽带镜"

文雅之囿，翱翔乎礼乐之场，胤殷周之失业，绍唐虞之绝风。懿律嘉量，金科玉条，神卦灵兆，古文毕发，焕炳照曜，靡不宣臻。式轮轩旂旗以示之，扬和鸾肆夏以节之，施黼黻衮冕以昭之，正嫁娶送终以尊之，亲九族淑贤以穆之。

夫改定神祇，上仪也；钦修百祀，咸秩也；明堂雍台，壮观也；九庙长寿，极孝也；制成六经，洪业也；北怀单于，广德也。若复五爵，度三壤，经井田，免人役，方甫刑，匡马法，恢崇祇庸烁德懿和之风，广彼搢绅讲习言谏箴诵之涂，振鹭之声充庭，鸿鸾之党渐阶①。俾前圣之绪，布濩流衍而不韫韣，郁郁乎焕哉，天人之事盛矣，鬼神之望允塞。群公先正，莫不夷仪；奸宄寇贼，罔不振威。绍少典之苗，著黄虞之裔，帝典阙者已补，王纲弛者已张，炳炳麟麟，岂不懿哉？厥被风濡化者，京师沉潜，甸内匝洽，侯卫厉揭，要荒濯沐。而术前典，巡四民，迄四岳，增封泰山、禅梁父，斯受命者之典业也②。

盖受命日不暇给，或不受命，然犹有事矣。况堂堂有新，正丁厥时，崇岳渟海通渎之神，咸设坛场，望受命之臻焉。海外遐方，信延颈企踵，回面内向，喁喁如也。帝者虽勤，恶可以已乎？宜命贤哲作《帝典》一篇，旧三为一袭，以示来人，摛之罔极。令万世常戴巍巍，履栗栗，臭馨香，

---

① 振鹭：《诗经·周颂》篇名。意指周成王时微子启修其体物，前来助祭，因而周人作诗美之。引申为藩国来宾。振，群飞貌。

② 封泰山、禅梁父：《大戴礼·保傅》："封泰山而禅梁父。疏：'封乎泰山者，谓封土为坛，在于泰山之上；禅乎梁甫者，禅诸为，谓除地为，在于梁甫。'"古者受命之帝王，皆欲行封禅，以报本施德。封，为祭天；禅，为祭地。《史记·太史公自序》："受命而王，封禅之符罕用，用则万灵罔不禋祀，追本诸神名山大川礼，作封禅书第六。"

含甘实，镜纯粹之至精，聆清和之正声，则百工伊凝，庶绩咸喜，荷天衢，提地厘，斯天下之上则已，庶可试哉。

《全汉文》

译　文

诸吏中散大夫扬雄恭敬地禀告皇帝陛下：

臣下学问浅薄，才能平庸，却享有优渥的恩宠，连番获得拔举，与群贤并列朝廷，可是又无法尽到责任，真是惭愧！圣明的陛下即位以来，一直秉承着古圣贤的遗训，统领天下百姓，并以开明的态度，多方探访民情，足可与天地神明并位，与五帝三皇争美，这是天地开辟以来未曾听说过的。臣实在很想把新莽这种德业发扬光大，让它永垂不朽。以前，司马相如曾作《封禅文》，来表彰汉朝的善政。臣患有癫痫症，一直担心这份心志无法在死之前完成，而含恨九泉，所以斗胆地写了《剧秦美新》一文，虽然所表达的还不及万分之一，却也是臣的一片忠心。臣扬雄恭敬地禀告皇帝陛下。

宇宙原本一片混沌，天地各秉质性创生以后，方才煦养万物，化育生民，设立帝王。可是这时候的世界仍旧十分茫然涣漫，没有明确的轨迹可循；后来才逐渐有了规制，尤其是伏羲、唐虞、成周三个时期，更是显耀辉煌；等到仲尼遭时不遇，作《春秋》一书，阐述神明之旨意，百姓之归向，仁义礼智等道德观念便更加普遍了。可是崛起于西戎邪荒岐雍之地的秦国却不这么想，从开始经营的襄文宣灵等公起，历建立基业的孝公，至茁壮发展的惠文昭庄诸王，都是如此；到了秦王政以"连横"之策对抗"合纵"，并吞六国，号称"始皇帝"的时候，更变本加厉，采行商鞅、张仪、吕不韦、李斯等人之邪政，纵容白起、王翦、蒙恬、王贲等人用兵，焚毁古书，破坏礼乐，愚弄人民，想要消除唐虞殷周所建立的体制、仲尼所传授下来之典籍，以便另立功业，让度量轨辙等等，完全依照秦国的规制。于是耆儒硕老抱着书远遁而去，礼官博士闭起嘴来不说话，凤麟、甘露、嘉醴、景曜、浸潭等祥兆全部绝迹，彗星陨落，鬼怪现形，神灵敛藏，万众鼎沸，才传给二世没多久，终于亡国了！由此可知，王道是不能轻忽丢弃的，遵行正道的必能招来无限的瑞兆，拂逆正道的必将引发无穷的凶象。古时候那些凭瑞应称帝的尚且会败亡，何况是没有瑞应的呢？顺应古道的会得到尧舜般的美名，喜好威武的则将步入桀纣的后尘，那些抛弃前人功业，专断自用的，怎能长享神明的佑护呢？

正当秦始皇大行暴政的时候，汉高祖从丰沛崛起，从宛叶攻打秦国，又与项羽从武关攻入咸阳，而后在山东追杀项羽，称帝于天下。于是废除秦时暴政，增用历数法纪等图书，可是某些不合古制的秦国制度与项羽爵号，仍沿用不改，以致帝典缺漏不全，王纲松弛不行，天道既穷，历数又尽，终至无法自救。

等到伟大的新朝受命，皇天后土才再度回来保佑国家，黄气泉涌，天地纷纷出现瑞征，广及八方，上达天庭；声威如雷，光耀若日，弥漫于天地之间，大有不可不接受的样子。于是顺从天命，领受至高的荣誉，与天地符对灵契，规划亿年万世之基业，尽到祭天事地的职责。此外，其他怪异特殊的景象，可以昭告于天下者，共有四十八章，弥天盖地，无所不在，若非新朝，有谁能够如此？既超越又辉煌，实在是真命天子啊！至于白鸠、丹鸟、素鱼、断蛇等这些祥瑞的事，也一一出现！既已接受了上天的授命，因而战战兢兢，不敢懈怠。

当年五帝继三皇而起，三王又继五帝而起，都是承继着前代的规模而已，有的采取消极的无为而治，有的则有所改变却因而灭亡，大家又哪里知道我们新朝一心一意，励精图治，想要大有作为，是跟秦朝一样地想要有所作为的。若不勤勉奋发，那就不能张扬我新朝的德业了！于是打开秘府藏书来阅览，整理所有的图书及礼乐等典籍。继承尧舜殷周以来已失传的风俗规范，所有美好的律令制度，谶纬卜卦及古代典籍全部展现出来，光芒四射，无所不在。在车上树起大旗以展示，扬起和乐的铃响来作为节奏，以各种礼服礼冠来显现，端正婚丧喜庆的典礼来显出尊卑，接近九族之人，以区别亲疏远近。

如今改变社稷之神，是为了崇尚礼仪；整理所祭拜的列祖列宗，是为了能不紊乱；设立明堂雍辟，也可以甚为壮观；而九庙能屹立不移，这也是孝道的发扬；制作出六经更是一伟大而不朽的功业；而安抚北方的匈奴，使之归顺，德业更是广大。又恢复以前五等爵位，将土地分为上中下三等，再设立井田制度，去除打扰人的劳役，重新订定养马之法，制定了刑法。恢复三代之时揖让而升、敦厚温柔的风尚，推广谦谦君子讲学、讽咏、进谏的道路，因而藩国使者纷纷前来朝贡，而优秀的人才也被选到朝廷来，往圣的德业，得以大化流行而不再郁积不通！实在太美好太光耀了！天人之间没有如此盛况，鬼神之德也不过如此而已。所有的王公贵人，无不敬肃威仪；盗贼匪寇，也无不震悚。继承黄帝唐虞之后，对尧舜经典阙漏者加以弥补，先王的纪纲已败坏的加以振兴，光彩夺目，实在是太美好了。所有沐浴于皇朝教化的，京城人士无不望风披靡，海内百姓也都心悦诚服，而海外遥远各地更是引颈翘企中原。因而绍述前人典籍，巡守四海各地，登上四岳，并且到泰山行封禅之大典，这是古来受天之命的伟大功业。

也许刚受命之时，事务繁多，因而尚未举行封禅，但这是非举行不可的。何况我们新朝，现在奉天承运，所有山川湖海的鬼神，都设立祭坛，希望皇上受命之后前往，而海外远地，也都如久旱之望云霓，伫首翘企。皇帝虽然繁忙，岂可以这样就算了？应当下令要贤人哲士作《帝典》一篇，以昭示来人，发布于整个宇内，使得千秋万世永远敬戴遵循，鼻闻馨香，口含甘旨，照耀出天地间最精纯的事物，聆听那最典雅清润的声音。那么百官全都肃穆，百姓也都欢天喜地，这是天地间最伟大的事了！可以试着去做。

（李春、周益忠、龚鹏程／编写整理）

移让太常博士书

刘 歆

刘歆（？—25），字子骏，后改名秀，字颖叔。沛（**郡治今安徽濉溪县西北**）人。汉朝宗室。与父向奉诏校书中秘，考订六经群书，辑成《七略》，班固据以作《汉书·艺文志》。又精通律历，著《三统历谱》。王莽篡位，歆为国师，后密谋诛莽，事泄，自杀。

刘向、刘歆父子校书中秘，后世所见先秦古书，多经二人校订。歆又长于古文经学，对两汉末年的经学有重大影响，是两汉经学史的关键人物。

背 景

秦始皇之焚书，使后世学术界引发无数的争论，首先遭遇的就是汉代经学上的今古文问题。

汉兴以后，征求天下遗书，据说一些秦朝的遗老大儒，便在朝廷的要求下，将记忆中的经文口述出来，用隶书加以记录。因隶书是当时通行的字体，故称所记录的经典为今文经。景帝时，在孔子旧宅的墙壁中发现一批古籍，用籀文写成，籀文是周朝所使用的字体，汉代已不通行，故称其书为古文经。传今文经的，称为今文学家；传古文经的，称为古文学家。

今古文学的分别，不仅在字体；凡字句、篇章、义理都互有差异，因此导致学说不同，宗派不同，对于古代制度的见解也不同，甚至对经书之中心人物——孔子——所持的观念都不同。所以，今古文学家之间颇有争执。

西汉之时，今文学派比较得势，自文帝至宣帝先后立十四今文博士，今文学遂成为官学。到了哀帝时，刘歆校书，看到古文的《春秋左氏传》，非常喜欢，于是凭借自己和哀帝的亲近关系（歆时为侍中太中大夫），建议哀帝把《左传》和同属古文经的《毛诗》、逸《礼》、古文《尚书》都列于学官，置博士，哀帝乃命刘歆与今文经的五经博士讨论其事。结果诸博士都不屑一谈，于是刘歆便写了此文，责备诸博士，认为他们"挟恐见破之私意，而无从善服义之公心"。其言辞不免激切，当时名儒龚胜，为此故意上疏自责，请求退休。大部分儒者则怀恨在心，杯葛到底，像大司空师丹竟参他一本，说他"改乱旧章，非毁先帝所立"，刘歆见众怒难犯，乃请求外放为地方官。

影　响

到了平帝时，刘歆的建议终获实现，《春秋左氏传》《毛诗》、逸《礼》、古文《尚书》均立博士。王莽时，刘歆又为《周礼》立博士，于是古文学都成为官学。不过光武中兴，今文学又得势，以致古文博士全废。

此后东汉的学术界仍数度引起今古文学的争执。较著名的，如光武时，有范升（今文学家）与陈元（古文学家）争立费氏《易》及《左氏春秋》，结果《左氏春秋》立于学官，但不久又废。章帝时，有李育（今）与贾逵（古）争论《公羊》及《左氏》优劣；桓帝时，有何休（今）与郑玄（古）争论《穀梁》及《左氏》优劣，但都没有具体结果。

郑玄是两汉经学集大成的人物，虽与何休有争论，但其学实以涵容各家、糅合今古为特色。他遍注群经，兼采今古，成一家之言。当时学者正苦于今古文学派"家法"之严整，见郑玄通达博大，无所不包，乃翕然归之，不再讲求家法。于是郑玄对群经所作的注解，大行于世，而前此今古文学的训释则逐渐销声匿迹。总之，今古文学的地位，到了郑玄就拉平了，追溯原始，实由刘之努力奠其基。而他这篇《让博士书》实是转变学术方向的主要因素。

汉代以后今古文之争，却仍贯穿两千年的学术史政治史。直到清末，今文学大盛，今文学家仍痛骂刘歆，认为经典都被他窜乱了，康有为《孔子政制考》等书即为代表。此一公案直到近年才逐渐淡出人们之视野，可见此文影响力之一斑。

原　文

昔唐、虞既衰，而三代迭兴，圣帝明王，累起相袭，其道甚著。周室既微，而礼乐不正，道之难全也如此。是故孔子忧道之不行，历国应聘。自卫反鲁，然后乐正，雅、颂乃得其所；修《易》序《书》；制作《春秋》，以纪帝王之道。及夫子没而微言绝，七十子终而大义乖。重遭战国，弃笾豆之礼，理军旅之陈，孔氏之道抑，而孙、吴之术兴。陵夷至于暴秦，燔经书，杀儒士，设挟书之法，行是古之罪，道术由是遂灭。

汉兴，去圣帝明王遐远，仲尼之道又绝，法度无所因袭。时独有一叔孙通，略定礼仪；天下惟有《易》卜，未有它书。至孝惠之世，乃除挟书之律。然公卿大臣绛、灌之属，咸介胄武夫，莫以为意。至孝文皇帝，始使掌故晁错，从伏生受《尚书》。《尚书》初出于屋壁，朽折散绝，今其书见在，时师传读而已。《诗》始萌牙。天下众书，往往颇出，皆诸子传说，犹广立于学官，为置博士；在朝之儒，唯贾生而已。至孝武皇帝，然后邹、鲁、梁、赵，颇有《诗》《礼》《春秋》先师，皆起于建元之间。

当此之时，一人不能独尽其经，或为雅，或为颂，相合而成。《泰誓》后得，博士集而读之。故诏书称曰："礼坏乐崩，书缺简脱，朕甚闵焉。"时汉兴已七八十年，离于全经，固已远矣。

古代太学授业图

及鲁恭王坏孔子宅，欲以为宫，而得古文于坏壁之中，逸《礼》有三十九篇，《书》十六篇。天汉之后，孔安国献之，遭巫蛊仓卒之难，未及施行①。及《春秋》左氏丘明所修，皆古文旧书，多者二十余通，藏于秘府，伏而未发。孝成皇帝闵学残文缺，稍离其真，乃陈发秘藏，校理旧文，得此三事，以考学官所传，经或脱简，传或间编。传问民间，则有鲁国桓公、赵国贯公、胶东庸生之遗学与此同。抑而未施，此乃有识者之所惜闵，士君子之所嗟痛也。

往者缀学之士，不思废绝之阙，苟因陋就寡，分文析字，烦言碎辞；学者罢老，且不能究其一艺；信口说而背传记，是末师而非往古。至于国家将有大事，若立辟雍、封禅、巡狩之仪，则幽冥而莫知其原，犹欲保残守缺，挟恐见破之私意，而无从善服义之公心②。或怀妒嫉，不考情实，

---

① 巫蛊之难：武帝时，女巫往来宫中，教美人埋木人祭祀以度厄。会帝病，江充言疾在巫蛊，掘蛊宫中。充与太子据有隙，因言太子宫中得木人尤多。太子恐，收充斩之，举兵反，寻兵败自杀。后田千秋讼太子冤，族江充家。

② 辟雍：天子所设立之大学。封禅：古代祭天地之礼。

雷同相从，随声是非。抑此三学，以《尚书》为备，谓《左氏》为不传《春秋》，岂不哀哉？

今圣上德通神明，继统扬业，亦闵文学错乱；学士若兹，虽昭其情，犹依违谦让，乐与士君子同之，故下明诏，试《左氏》可立不？遣近臣奉指衔命，将以辅弱扶微，与二三君子比意同力，冀得废遗[①]。今则不然，深闭固距而不肯试，猥^{wěi}以不诵绝之，欲以杜塞余道，绝灭微学[②]。夫可与乐成，难与虑始，此乃众庶之所为耳，非所望士君子也[③]。

且此数家之事，皆先帝所亲论，今上所考视；其古文旧书，皆有征验，外内相应，岂苟而已哉[④]？夫礼失求之于野，古文不犹愈于野乎[⑤]？往者博士，《书》有欧阳，《春秋》公羊，《易》则施孟[⑥]。然孝宣皇帝犹复广立《穀梁春秋》《梁丘易》、大小《夏侯尚书》。义虽相反，犹并置之。何则？与其过而废之也，宁过而立之。传曰："文武之道，未坠于地；在人，贤者志其大者，不贤者志其小者。"今此数家之言，所以兼包大小之义，岂

---

① 比意：合意。冀得废遗：指冀得兴立废遗之经艺。

② "猥以"句：言苟以己不诵习而拒绝之。猥，苟也。绝，拒绝。

③ "可与乐成"二句：语出《太公金匮》。

④ 外内相应：外谓民间，指桓公、贾公、庸生；内谓"陈发秘藏"。

⑤ 愈：胜也。

⑥《书》有欧阳：欧阳生，字和伯，汉千乘（今山东高青县高城镇北）人。事伏生受《尚书》。欧阳生授倪宽，宽授欧阳生子世，传至曾孙高，裔孙歙。八世为博士，均以传业显名，由是《尚书》有欧阳氏之学。《春秋》公羊：《春秋》自子夏传公羊高，高传其子平，平传其子地，地传其子敢，敢传其子寿，寿乃传胡毋生。《易》则施孟：施雠，字长卿，汉沛（郡治今安徽濉溪县西北）人。与孟喜、梁丘贺并受《易》于田王孙。贺为少府，荐雠，拜博士。宣帝甘露中，与诸儒杂论五经同异于石渠阁，后授《易》张禹，禹传彭宣，由是施氏之《易》有张、彭之学。孟喜，字长卿，汉东海兰陵（治今山东兰陵县西南兰陵镇）人。从田王孙受《易》，再授同郡白沛、翟况，由是孟氏之《易》有翟、白之学。

可偏绝哉？

若必专己守残，党同门，妒道真，违明诏，失圣意，以陷于文吏之议，甚为二三君子不取也！

《全汉文》

译　文

从前唐尧、虞舜衰微以后，三代就接着兴起，圣帝明王，一个继承一个，圣道非常显著。周朝衰微以后，礼仪、音乐都不纯正，圣道是这样难以保全。因此孔子忧虑大道不能施行，到各国去周游。他从卫国回到鲁国，才改正音乐，雅、颂都能适当；修订《易经》，编次《书经》，著作《春秋》，用来记载帝王的圣道。到了夫子去世以后，微妙的言论断绝；七十贤人死后，大义也乖谬了。又遭受战国之乱，抛弃祭祀的礼仪，讲求军队行阵的事，孔子的圣道压下去，而孙武、吴起的战术兴盛。以后逐渐衰败，到了暴秦，焚烧经书，杀害儒生，设立私藏书籍治罪的法律，实行尊崇古圣治罪的禁令，道术从此消灭。

汉代兴起，离开圣帝明王很久，孔子的道术又中绝，法律制度无所承袭。当时只有一个叔孙通，大略制定礼仪；天下只有《易经》卜筮，没有其他的书。到了孝惠帝，才废除私藏书籍治罪的法律。可是公卿大臣周勃、灌婴等人，都是戴盔穿甲的武人，对此谁也不在意。到了文帝，才使掌故晁错，到伏生那里学《尚书》。《尚书》刚从夹墙里取出，竹简腐烂折断，编绳散绝，现在书还存在，经师只是传读罢了。《诗经》刚萌芽。天下的杂书，常常发现一些，都是些诸子传说，还在学校大设科目，为立博士；在朝的儒生，只有贾谊而已。到了武帝时候，邹、鲁、梁、赵等地，讲《诗》《礼》《春秋》的老师就相当多了，都在建元年间兴起。在那时候，一个人不能读通全经，有的研究大小雅，有的研究商周鲁颂，合起来成为全经。《泰誓》后来才出现，博士集体研读。所以诏书上说："礼仪败坏，雅乐崩毁，尚书竹简脱失，我很忧虑呀。"这时汉朝兴起已经七八十年，离开经书完整的时代，本来已经很久了。

到了鲁恭王拆毁孔子住宅，想盖宫殿，在毁坏的墙壁里发现了古文，逸《礼》有三十九篇，逸《书》有十六篇。天汉以后，孔安国献给皇帝，突然遇到巫蛊的灾难，没有施行。还有左丘明所传的《春秋》，都是古文旧书，多到二十多通，藏在秘府里，一直没被发现。孝成帝忧虑学术残缺，书籍不全，离开真正圣道，于是取出秘府的藏书，校正整理旧文，找到这三种，用来考订学校传授的，经文有的脱简，有的次序错乱。向民间查问，有鲁国桓公、赵国贯公、胶东府生的遗学，跟这古书相同。一直压着没有施行，实在是有见识的人所惋惜忧虑，士大夫所叹息伤痛的呀。

从前校勘编订的人，不考虑古学废绝的缺点，因陋就简，分析文字，琐碎唠叨；学者从小累到老，也不能读通一经；相信口说而违背传记，认为后代老师讲法对，而古书不对。至于国家有大事，譬如设立大学、祭祀天地、巡视诸侯的礼仪，就模模糊糊不知道它的源流，还存着抱残守缺、怕人看破的私意，没有向善服义的公心。有的心里嫉妒，不考察实在情形，跟在人家后头，随声附和。压抑着这三种古学，认为《尚书》已经完备，说《左传》不是注解《春秋》，不是很可悲哀的吗？

现在皇帝贤德通达神明，继承道统，发扬大业，同时忧虑文学错乱，学士们这样不高明，虽然看得很明白，还是慎重谦让，喜欢跟士君子共同主张，所以下明诏，问《左氏》可否立于学官，派遣亲近的臣子，奉了圣旨命令，要把衰微的扶助起来，跟二三君子同心合力，希望把荒废遗弃的古学建立起来。现在大家不这样做，关紧门户，绝对拒绝研讨，就是不诵习教它断绝，想要杜塞其他的道术，毁灭微妙的学问。可以同享成功的快乐，很难讨论创始，这是一般大众的作风，不希望士君子也这样啊。

并且这几家的事，都是先帝亲自讨论，当今皇帝考察过的；古文旧书都有证据，民间师说和秘书可以互相印证，哪里是随便弄出来的呢？礼仪废失可以向野人寻求，古文不比野人好吗？从前的博士，《书经》有欧阳，《春秋》有公羊，《易经》有施雠、孟喜。可是孝宣皇帝又广立穀梁《春秋》、梁丘贺《易经》、大小《夏侯尚书》。解说虽然相反，还同时设立。为什么呢？与其错在少学，何如错在多学呢？《论语》上说："文王、武王的圣道，还没有完全失落；在乎人的选择，贤人记住重大的，不贤的记住细小的。"现在这几家的言论，包括了大小两种意义，哪里可以偏废呢？

如果一定要固执自己的偏见，抱残守缺，同学结党，嫉妒真道，违背明白的诏书，不听圣上的意旨，以至于被文官讨论处分，二三君子实在不该这样做呀！

（林素清、周凤五／编写整理）

《汉书》叙传

班 固

班固像

班固（32—92），字孟坚，扶风安陵（今陕西咸阳市东北）人，汉代著名的史学家、文学家。其父彪撰《汉书》未成而卒，固完成其未竟之业，被人告发，指为私撰国史。其弟班超上书申白，获释。明帝时，任兰台令史，迁为郎，典校中秘，使其撰写《汉书》，前后历时二十余年，大体完成，唯八表与《天文志》未成。至和帝时，诏其妹班昭续成之。《汉书》起自刘邦，终于王莽，专述西汉史事，为断代史之祖。班固所作赋亦佳，有《两都》《幽通》《典引》《答戏宾》等赋，然形式组织多仿前人。

本文选自《汉书》卷七十，原文甚长，略加删节。其中罕见的古文字，为排版方便，也酌改为通行字。

背　景

司马迁于西汉武帝时代撰成《太史公书》（即《史记》），上起黄帝，下讫太初。此后政治、社会、经济的变动日益剧烈，而人们的价值标准也连带地发生变化。到了东汉初年，经历了王莽时期的改革，学者对于当代的反省更为深入，我们可以由班彪的文章看出这种思想的转变。班彪《略论》说："汉武帝时，太史令司马迁采用《左传》《国语》《世本》《战国策》，参考楚、汉之际的史事，上起黄帝，下讫武帝太始二年获麟，撰成本纪、世家、列传、书、表，共一百三十篇，其中缺十篇。司马迁记汉高祖至汉武帝的汉朝史事，颇有贡献，至于采取经典与诸子百家的资料则很疏略。取材务求其多，立论却嫌浮浅。例如：论学术思想，则推尊黄老而不重视五经；述货殖诸人，则轻贬仁义而以贫穷为耻；写游侠之士，则鄙视节操而崇尚功利。这些就是他败道伤俗之处，所以才会遭到腐刑。"（"孝武之世，太史令司马迁采《左氏》《国语》，删《世本》《战国策》，据楚、汉列国时事，上自黄帝，下讫获麟，作本纪、世家、列传、书、表凡百三十篇，而十篇缺焉。迁之所记，从汉元至武以绝，则其功也。至于采经摭传，分散百家之事，甚多疏略，不如其本，务欲以多闻广载为功，论议浅而不笃。其论术学，则崇黄老而薄五经；序货殖，则轻仁义而羞贫穷；道游侠，则贱守节而贵俗功。此其大弊伤道，所以遇极刑之咎也。"）

后来班固继承其父未竟之业，在《汉书·司马迁传》赞中全采上述评论，且加上一句"其是非颇缪于圣人"，这些都反映出时代环境的改变，使得人们的价值标准也为之转移。

我们只看西汉初年笼罩一代的黄老思想，西汉初年轰动一时的游侠事迹……在班彪父子心目中都已经不再具有权威，不再代表正义真理，则《汉书》写作的时代背景可以思过半矣。换言之，这是个儒家价值观当道的时代，经史之学为学术之流。后世史家虽然都推崇《史记》，但价值观其实仍依循《汉书》。

影　响

《汉书》是我国断代体史书的开山之作，其起讫以代表政治权威的朝代为标准，其体例则大致仍沿《史记》之旧。后代官、私所修正史都仿其规模，其成为断代史的典范之作。这篇《叙传》，基本上模仿司马迁的《太史公自序》，文中自述家世，列叙祖德，引录长篇大论的文章，不但建立了断代史的传统，对于后代自叙类的文章也有很重要的影响。

原　文

班氏之先，与楚同姓，令尹子文之后也。子文初生，弃于薝(méng)中，而虎乳之①。楚人谓乳"穀"，谓虎"於檡"(tú)，故名穀於檡，字子文。楚人谓虎"班"，其子以为号。秦之灭楚，迁晋、代之间，因氏焉。

始皇之末，班壹避地于楼烦，致马牛羊数千群。值汉初定，与民无禁，当孝惠、高后时，以财雄边，出入弋猎，旌旗鼓吹，年百余岁，以寿终，故北方多以"壹"为字者。

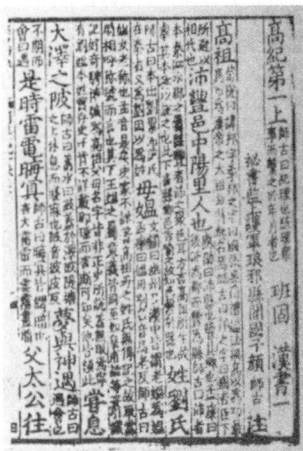

《汉书》书影

壹生孺。孺为任侠，州郡歌之。孺生长，官至上谷守。长生回，以茂材为长子令。回生况，举孝廉为郎，积功劳，至上河农都尉，大司农奏课连最，入为左曹越骑校尉。成帝之初，女为倢伃(yú)，致仕就第，赀(zī)累千金，徙昌陵。

---

① 薝：即云梦泽。

昌陵后罢，大臣名家皆占数于长安①。

况生三子：伯、斿、稚。伯少受《诗》于师丹。大将军王凤荐伯宜劝学，召见宴昵殿，容貌甚丽，诵说有法，拜为中常侍。时上方乡学，郑宽中、张禹朝夕入说《尚书》《论语》于金华殿中，诏伯受焉。既通大义，又讲异同于许商，迁奉车都尉。数年，金华之业绝，出与子弟为群，在于绮襦纨绔之间，非其好也。

家本北边，志节慷慨，数求使匈奴。河平中，单于来朝，上使伯持节迎于塞下。会定襄大姓石、李群辈报怨，杀追捕吏，伯上状，因自请愿试守期月。上遣侍中中郎将王舜驰传代伯护单于，并奉玺书印绶，即拜伯为定襄太守。定襄闻伯素贵，年少，自请治剧，畏其下车作威，吏民竦息。伯至，请问耆老父祖故人有旧恩者，迎延满堂，日为供具，执子孙礼。郡中益弛。诸所宾礼皆名豪，怀恩醉酒，共谏伯宜颇摄录盗贼，具言本谋亡匿处。伯曰："是所望于父师矣。"乃召属县长吏，选精进掾史，分部收捕，及它隐伏，旬日尽得。郡中震栗，咸称神明。岁余，上征伯。伯上书愿过故郡上父祖冢。有诏，太守都尉以下会。因召宗族，各以亲疏加恩施，散数百金。北州以为荣，长老纪焉。道病中风，既至，以侍中光禄大夫养病，赏赐甚厚，数年未能起。

会许皇后废，班倢伃供养东宫，进侍者李平为倢伃，而赵飞燕为皇后，伯遂称笃。久之，上出过临候伯，伯惶恐，起视事。

自大将军薨后，富平、定陵侯张放、淳于长等始爱幸，出为微行，

---

① 占数：占籍。

164

行则同舆执辔；入侍禁中，设宴饮之会，及赵、李诸侍中皆引满举白，谈笑大噱。时乘舆幄坐张画屏风，画纣醉踞妲己作长夜之乐。上以伯新起，数目礼之，因顾指画而问伯："纣为无道，至于是乎？"伯对曰："《书》云'乃用妇人之言'，何有踞肆于朝？所谓众恶归之，不如是之甚者也。"上曰："苟不若此，此图何戒？"伯曰："'沉湎于酒'，微子所以告去也；'式号式呼'，大雅所以流连也。《诗》《书》淫乱之戒，其原皆在于酒。"上乃喟然叹曰："吾久不见班生，今日复闻谠言！"放等不怿，稍自引起更衣，因罢出。时长信庭林表适使来，闻见之。

后上朝东宫，太后泣曰："帝间颜色瘦黑，班侍中本大将军所举，宜宠异之，益求其比，以辅圣德。宜遣富平侯且就国。"上曰："诺。"车骑将军王音闻之，以讽丞相御史奏富平侯罪过，上乃出放为边都尉。后复征入，太后与上书曰："前所道尚未效，富平侯反复来，其能默乎？"上谢曰："请今奉诏。"是时许商为少府，师丹为光禄勋，上于是引商、丹入为光禄大夫，伯迁水衡都尉，与两师并侍中，皆秩中二千石。每朝东宫，常从；及有大政，俱使谕指于公卿。上亦稍厌游宴，复修经书之业，太后甚悦。丞相方进复奏，富平侯竟就国。会伯病卒，年三十八，朝廷愍惜焉。

斿博学有俊材，左将军史丹举贤良方正，以对策为议郎，迁谏大夫、右曹中郎将，与刘向校秘书。每奏事，斿以选受诏进读群书。上器其能，赐以秘书之副。时书不布，自东平思王以叔父求太史公、诸子书，大将军白不许。语在《东平王传》。斿亦早卒，有子曰嗣，显名当世。

稚少为黄门郎中常侍，方直自守。成帝季年，立定陶王为太子，数遣中盾请问近臣，稺独不敢答①。哀帝即位，出稺为西河属国都尉，迁广平相。

王莽少与稺兄弟同列友善，兄事斿而弟畜稺。斿之卒也，修缌麻，赙赗甚厚。平帝即位，太后临朝，莽秉政，方欲文致太平，使使者分行风俗，采颂声，而稺无所上。琅邪太守公孙闳言灾害于公府，大司空甄丰遣属驰至两郡讽吏民，而劾闳空造不祥，稺绝嘉应，嫉害圣政，皆不道。太后曰："不宣德美，宜与言灾害者异罚。且后宫贤家，我所哀也。"闳独下狱诛。稺惧，上书陈恩谢罪，愿归相印，入补延陵园郎，太后许焉。食故禄终身。由是班氏不显莽朝，亦不罹咎。

……

稺生彪。彪字叔皮，幼与从兄嗣共游学，家有赐书，内足于财，好古之士自远方至，父党扬子云以下莫不造门。

嗣虽修儒学，然贵老严之术。桓生欲借其书，嗣报曰："若夫严子者，绝圣弃智，修生保真，清虚淡泊，归之自然，独师友造化，而不为世俗所役者也。渔钓于一壑，则万物不奸其志；栖迟于一丘，则天下不易其乐。不绁圣人之罔，不齅骄君之饵，荡然肆志，谈者不得而名焉，故可贵也。今吾子已贯仁谊之羁绊，系名声之缰锁，伏周、孔之轨躅，驰颜、闵之极挚，既系挛于世教矣，何用大道为自眩曜②？昔有学步于邯郸者，曾未得其髣髴，又复失其故步，遂匍匐而归耳！恐似此类，故不进。"嗣之行己持论如此。

叔皮唯圣人之道然后尽心焉。年二十，遭王莽败，世祖即位于冀州。

---

① 中盾：即中允，太子的属官。
② 轨躅：即轨迹。极挚：即极致。

时隗嚣据垄拥众，招辑英俊，而公孙述称帝于蜀汉，天下云扰，大者连州郡，小者据县邑。嚣问彪曰："往者周亡，战国并争，天下分裂，数世然后乃定，其抑者纵横之事复起于今乎？将承运迭兴在于一人也？愿先生论之。"对曰："周之废兴与汉异。昔周立爵五等，诸侯从政，本根既微，枝叶强大，故其末流有纵横之事，其势然也。汉家承秦之制，并立郡县，主有专己之威，臣无百年之柄，至于成帝，假借外家，哀、平短祚，国嗣三绝，危自上起，伤不及下。故王氏之贵，倾擅朝廷，能窃号位，而不根于民。是以即真之后，天下莫不引领而叹，十余年间，外内骚扰，远近俱发，假号云合，咸称刘氏，不谋而同辞。方今雄桀带州城者，皆无七国世业之资。《诗》云：'皇矣上帝，临下有赫，鉴观四方，求民之莫。'今民皆讴吟思汉。向仰刘氏，已可知矣。"嚣曰："先生言周、汉之势，可也，至于但见愚民习识刘氏姓号之故，而谓汉家复兴，疏矣！昔秦失其鹿，刘季逐而掎之，时民复知汉虖！"既感嚣言，又愍狂狡之不息，乃著《王命论》以救时难。（略）

知隗嚣终不寤，乃避地于河西。河西大将军窦融嘉其美德，访问焉。举茂材，为徐令，以病去官。后数应三公之召。仕不为禄，所如不合；学不为人，博而不俗；言不为华，述而不作。

有子曰固，弱冠而孤，作《幽通》之赋，以致命遂志。（略）

永平中为郎，典校秘书，专笃志于博学，以著述为业。或讥以无功，又感东方朔、扬雄自谕以不遭苏、张、范、蔡之时，曾不折之以正道，明君子之所守，故聊复应焉。（略）

固以为唐虞三代，《诗》《书》所及，世有典籍，故虽尧舜之盛，必有典谟之篇，然后扬名于后世，冠德于百王，故曰"巍巍乎其有成功也，焕乎其有文章也"！汉绍尧运，以建帝业，至于六世，史臣乃追述功德，私作本纪，编于百王之末，厕于秦、项之列。太初以后，阙而不录，故探纂前记，缀辑所闻，以述《汉书》，起元高祖，终于孝平、王莽之诛，十有二世，二百三十年，综其行事，旁贯五经，上下洽通，为春秋考纪、表、志、传，凡百篇。（略）

《汉书》

译　文

班氏的祖先与楚国同姓，是令尹子文的后裔。令尹子文生下来便被弃于云梦泽中，老虎养育他。楚语说养育为"縠"，称老虎为"於檡"，所以名叫"縠於檡"，字子文。楚人形容老虎为"班"，子文的儿子以班为号。后来秦始皇灭楚国，他们迁居到北方的晋国与代国之间，便以"班"为姓氏。

始皇末年，班壹逃到楼烦去，拥有马、牛、羊数千头。汉初惠帝、吕后时期，班壹以财富称雄于边境，享寿百余岁。北方人向慕他，多以"壹"为字。

班壹生孺，孺任侠好义，为人所歌诵。孺生长，官至上谷太守。长生回，举茂才为长子县令。回生况，举孝廉为郎，积功至上河农都尉，以考绩特优，内调为左曹越骑校尉。成帝初年，班况的女儿入宫为婕妤，况告老，家财千金，与大家豪族，徙居昌陵，后来又在长安落籍。

班况生伯、斿、稚三子。伯从师丹学《诗经》，大将军王凤推荐他担任中常侍。于是追随郑宽中、张禹等人学《尚书》《论语》。又与许商讨论诸经异同。调任奉车都尉。其后好几年与贵戚子弟交游。

由于世居北方，为人慷慨有志节，屡次请求出使匈奴。河平年间，匈奴单于来朝，伯奉命持节到塞下迎接。正碰上定襄郡望族石、李两姓戕杀官吏，于是伯自请为定襄太守。到任以后，邀宴地方人士，态度谦卑，使郡中豪门放松戒备，然后大加搜捕，十天之内，将一干人犯完全肃清，全郡为之震动。经过一年多，奉诏入京，伯请求顺道祭拜祖坟。于是大会宾客，周恤亲戚，成为当时北方一大盛事，长老至今犹津津乐道。伯在半路上中风，到达京师以后，以侍中光禄大夫的官职在家养病。

中间虽一度因班婕妤失宠的缘故，宣称病重，后来皇上亲临探视，伯很惶恐，只好复出任职。

自大将军王凤死后，张放、淳于长等人受宠信，与皇上同进同出，饮酒作乐。皇上用的屏风画有商纣与妲己淫乐的图像。有一天，皇上指着屏风问伯说："商纣荒淫无道到这个地步吗？"伯回答："《尚书》只说商纣听信妇人之言，怎可能这般放肆？《论语》说商纣因为亡国，所以一切罪恶尽归于其身，其实商纣没有那样坏。"皇上又问："既然如此，那么屏风上画这个干吗？"伯回答："《尚书·微子篇》记微子因商纣酗酒而离去，《诗经·大雅·荡篇》的作者提起酒醉狂呼乱叫，就伤心流泪。经典训诫我们，淫乱是由饮酒开始的啊！"皇上听罢，长叹一声说："我好久不见班先生，今天又听到他的善言了。"张放等人很不高兴，一个个溜了出去，于是酒宴也就不欢而散。正巧太后宫有使者来，耳闻目睹了刚才的这一幕。

事后，皇上朝见太后，太后哭着说："皇上又瘦又黑，面容憔悴。班侍中是当年大将军王凤推荐的人才，皇上应当多多亲近他。把高平侯张放遣送上任吧。"皇上遵命，将张放外调为边境的都尉，后来又征召入京。太后再度提起此事，于是皇上任命许商、师丹为光禄大夫，班伯为水衡都尉，入侍宫中，官至中二千石，地位显赫。皇上也专心研读经典，不再放荡游乐，太后很高兴。班伯死时只有三十八岁，朝廷非常悼念、惋惜。

班斿博学多才，举贤良方正，以对策为议郎，历官谏大夫、右曹中郎将，与刘向一同校书于中秘。蒙皇上赏赐中秘书籍的副本。班斿早死，其子名制，有名于当代。

班穉少时为黄门郎中常侍,为人方正持重。成帝晚年,立定陶王为太子,屡次征求大臣的意见,穉不敢发言。帝即位以后,将穉外调为西河属国都尉,又调任广平相。

王莽早年与班穉兄弟交好,兄事班斿而待穉如弟。班斿死,王莽为他服丧,致送丰厚的奠仪。平帝即位,王莽掌权,穉不肯依附他,曾经因此闹出一场政治风波,后来总算因班健仔的缘故而平息了。班氏家族由此在王莽时代不得意,但也没招来祸事。

······

班穉生彪。彪字叔皮,幼时与堂兄嗣一同游学。家中藏有御赐的中秘书籍副本,家境又富裕,因此好读古书的人不远千里而来,父执辈如扬雄等也都登门拜访。

班嗣虽读儒书,却崇尚黄老之术。桓谭曾经向他借书,嗣回答道:"庄子绝圣弃智,修生保真,清虚淡泊,归于自然。而你学习儒家的教训,讲求仁义,尊崇周公、孔子,何必再读什么书呢?"这就是班嗣的言行。

叔皮则致力于圣人之道。年二十,王莽覆灭,光武帝即位于冀州。当时隗嚣据有甘肃一带,公孙述割据蜀汉,天下纷扰不安。隗嚣请教班彪说:"从前周朝灭亡,天下分裂。今天难道又是战国之世吗?谁能统一天下?请先生指教!"彪答道:"周朝与汉朝不同。周朝立五等爵,封建宗亲,本微末大,所以晚期产生分裂纵横的局面。汉朝立郡县,威权集中在皇帝手中。到了成、哀、平三朝,外戚势力兴起,王氏由皇帝手中取得权势,然而王莽能窃帝号,却缺乏地方实力。篡位以后,天下人心不服,十余年间,内外骚乱,各地起义的人马都号称刘氏。目前割据一方的豪杰,都没有战国七雄那种基础。《诗经》说:'伟大的上帝,临视下土,寻求能安定人民的人才。'现在民心都归向刘氏,怀念汉朝,是确定无疑的了。"隗嚣说:"先生分析周、汉的形势,很正确;至于只见到愚夫愚妇怀念汉朝,便判断人心归向刘氏,汉朝将要复兴,是错误的。从前秦失其鹿,被刘邦逮到了。

现在人民哪里还管什么汉朝呢！"班彪听了隗嚣这番话，感慨万千，于是撰写《王命论》以讥刺隗嚣及世间狂妄无知之徒。（略）

后来班彪避居到河西。河西大将军窦融称美他的德行，举为茂材，任命为徐县令。因病辞官。后来又屡次应三公之召，因为讲求原则，不贪恋禄位，一直落落寡合。其为人博学、正直，不苟著作。

班彪的儿子名叫固，弱冠丧父，作《幽通赋》以明志。（略）

永平中任郎官，典校中秘书，专心向学，以著述为务。有人讥笑他做官没有成就，班固也很感慨于东方朔、扬雄等人所谓没生在苏秦、张仪、范雎、蔡泽的时代，未能建功立业，因此撰写一篇文章作为答复。（略）

班固以为唐、虞、夏、商、周都有典籍，即如尧、舜的盛德，也必须经由《尚书》典谟的记载，始能流传于后世。《论语》载孔子赞美尧、舜"功业伟大，文采焕发"，正是这个意思。汉朝远承唐尧，建立帝业，经历六世，才有史官追述功德，私作本纪，编列在古代圣王以及秦始皇、项羽之后，而武帝太初以后的记载全缺。因此搜集史料，撰成汉朝的断代史，自汉高祖起，到王莽被杀为止，共计十二世，二百三十年，综合史事，贯穿经典，成本纪、表、志、传等共一百篇。（略）

（周凤五／编写整理）

三纲六纪

班 固

背 景

东汉初期，今文和古文经学的争论又趋激烈，汉章帝建初四年（79），乃仿汉宣帝在石渠阁召集博士讨论五经异义的方式，在白虎观召开经学讨论会。参加的学者，有魏应、淳于恭、丁鸿、李育、马遂等人，由杨终、班固担任记录，于会后整理成《白虎通》（又名《白虎通义》《白虎通德论》）一书。

《白虎通》的内容，并非直接讨论今、古文经书的问题，而是记载一些关于政治哲学的思想，希望透过这些思想，达到建立社会共同价值观的目的。

在伦理道德方面，《白虎通》提出了三纲六纪，即此处所选的文章。所谓"纲纪"，就是要人牢牢遵守的大经大法，绝对不容许丝毫的爽失。这是因为《白虎通》视人伦有严格的道德关系，所以对于各种人伦称谓，都加以详细的解说，其目的就在叫人严守分寸，避免有僭越的行为。三纲的名称虽然出自纬书《礼纬·含文嘉》，《春秋繁露》也曾提及，但是《论语》中孔子所说的"君臣、臣臣、父父、子子"，已略见端倪，所以可视为儒家传统的伦理道德规范。

影 响

"三纲"一词又与"五常"（父子有亲、君臣有义、夫妇有别、长幼有序、朋友有信）连称，遂成为古人日常的生活规范，不时出现在世人的口中。

不过，其影响所致，也产生了"君要臣死，不得不死""父要子死，不得不死""饿死事小，失节事大"等误解之口号，对于古代政治、社会的安定，虽有很大的作用，然而有时却又显得过于僵化。难怪五四运动的时候，会喊出"打倒孔家店""打倒吃人的礼教"，其反对的就是滥用三纲五常的权威。

原　文

三纲者，何谓也？谓君臣、父子、夫妇也。六纪者，谓诸父、兄弟、族人、诸舅、师长、朋友也。故《含文嘉》曰："君为臣纲，父为子纲、夫为妻纲。"[①]又曰："敬诸父兄，六纪道行，诸舅有义，族人有序，昆弟有亲，师长有尊，朋友有旧。"何谓纲纪？纲者，张也；纪者，理也。大者为纲，小者为纪。所以张理上下，整齐人道也。人皆怀五常之性，有亲爱之心，是以纲纪为化，若罗网之有纪纲而万目张也。《诗》云："亹亹文王，纲纪四方[②]。"

右总论纲纪

君臣，父子，夫妻，六人也，所以称三纲何？"一阴一阳谓之道"，阳得阴而成，阴得阳而序[③]。刚柔相配，故六人为三纲。

右论三纲之义

三纲法天人，六纪法六合。君臣法天，取象日月屈信归功天也。父子法地，取象五行转相生也[④]。夫妇法人，取象人合阴阳有施化端也。六纪者，

---

① 《含文嘉》：汉儒解释《礼》的纬书。

② "亹亹文王"二句：见《诗经·大雅·棫朴》，原文"亹亹文王"作"勉勉我王"。

③ 一阴一阳谓之道：见《易·系辞上》，原文"谓之"作"之谓"。

④ 五行转相生：五行相生之序为木、火、土、金、水，即木生火、火生土、土生金、金生水、水生木。

为三纲之纪者也。师长君臣之纪也，以其皆成己也；诸父兄弟父子之纪也，以其有亲恩连也；诸舅朋友夫妇之纪也，以其皆有同志为己助也。

右论纲纪所法

君臣者，何谓也？君，群也，群下之所归心也；臣者，纆坚也，厉志自坚固也。《春秋传》曰："君处此，臣请归也^①。"父子者，何谓也？父者，矩也，以法度教子也；子者，孳也，孳孳无已也。故《孝经》曰："父有争子，则身不陷于不义^②。"夫妇者，何谓也？夫者，扶也，以道扶接也；妇者，服也，以礼屈服也。《昏礼》曰："夫亲脱妇之缨^③。"《传》曰："夫妇判合也^④。"朋友者，何谓也？朋者，党也；友者，有也。《礼记》曰："同门曰朋，同志曰友^⑤。"朋友之交，近则谤其言，远则不相讪；一人有善，其心好之，一人有恶，其心痛之；货则通而不计，共忧患而相救；生不属，死不托。故《论语》曰："子路云：'愿军马衣轻裘，与朋友共敝之。'"^⑥又曰："朋友无所归，生于我乎馆，死于我乎殡。"^⑦朋友之道，亲存不得行者二：不得许友以其身，不得专通财之恩。友饥则白之于父兄，父兄许之，乃

---

① "君处此"二句：楚庄王围宋，军有七日之粮，尽此不胜，则将归去，命子反窥宋。宋大夫华元亦出而见之。华元告以城中易子析骸而食，子反亦告以军中存粮仅七日，并勉其努力坚守。子反归报楚王，谓宋有不欺人之臣。王犹欲取之，子反乃曰："然则君请处于此，臣请归尔。"王终从子反而归。事见《公羊传·鲁宣公十五年》。

② "父有争子"二句：语见《孝经·谏诤章》。

③ 夫亲脱妇之缨：《仪礼·士昏礼》："主人入，亲说（脱）妇之缨。"

④ 夫妇判合也：谓夫妇本来各是半个人，合起来才成整个人。《仪礼·丧服传》："夫妻牉合也。"

⑤ "同门曰朋"二句：此殆《礼记》之佚文。

⑥ "《论语》曰"句：语见《论语·公冶长篇》。

⑦ "又曰"句：这一段话见《礼记·檀弓上》，是孔子说的。

称父兄与之，不听则止。故曰：友饥为之减餐，友寒为之不重裘。故《论语》曰："有父兄在，如之何其闻斯行之也[①]？"

右论六纪之义

男称兄弟，女称姊妹何？男女异姓，故别其称也。何以言之？《礼亲属记》曰："男子先生称兄，后生称弟；女子先生为姊，后生为妹。"[②] 父之昆弟不俱谓之世父，父之女昆弟俱谓之姑，何也？以为诸父曰内，亲也，故别称之也；姑当外适人，疏，故总言之也。至姊妹亦当外适人，所以别诸姊妹何？以为事诸姑礼等，可以外出又同，故称略也；至姊妹虽欲有略之，姊尊妹卑，其礼异也。《诗》云："问我诸姑，遂及伯姊[③]。"谓之舅姑者何？舅者，旧也；姑者，故也。旧故，老人称也。谓之姊妹何？姊者，咨也；妹者，末也。谓之兄弟何？兄者，况也，况父法也；弟者，悌也，心顺行笃也。称夫之父母谓之舅姑何？尊如父而非父者，舅也；亲如母而非母者，姑也：故称夫之父母为舅姑也。

右详论纲纪别名之义

《白虎通》

译　文

三纲是什么？就是君臣、父子、夫妇。六纪是指伯叔父、兄弟、族人、舅父们、师长、朋友。所以《含文嘉》说："君是臣的纲，父是子的纲，

---

① "有父兄在"二句：语见《论语·先进篇》，为孔子回答子路的话。

② 《礼亲属记》：为《逸礼》之篇名。

③ "问我诸姑"二句：语见《诗经·邶风·泉水》。

夫是妻的纲。"又说："尊敬伯叔父和兄长，实行六纪的道。对舅父们要有恩义，对族人要按辈分，对兄弟要亲爱，对师长要尊崇，对朋友要念旧。"为什么叫作纲纪呢？纲是张开的意思，纪是治理的意思。大的是纲，小的是纪，也就是张开上面、治理下面，整顿划一人伦。人人都具有五常的本性，都有相亲相爱的心，所以用纲纪来教化，好像罗网的有纲纪，一提起总纲的绳索，所有的网目都张开了。所以《诗经·棫朴篇》说："勤勤恳恳的文王，治理天下的百姓。"

以上总论三纲和六纪

君和臣，父和子，夫和妇，一共有六种人，为何叫作三纲呢？《易经·系辞传》说："一阴和一阳互相配合，就叫作道。"阳必须得阴才有成就，阴必须得阳才有顺序。刚与柔是相互配合的，所以六种人构成三纲。

以上论三纲的意义

三纲仿效天、地、人三才，六纪仿效上、下、四方六合。君臣的关系仿效天，取象于日月将其屈伸归功于天。父子的关系仿效地，取象于木、火、土、金、水的相生。夫妻的关系仿效人，取象于结合一阴一阳而产生变化。六纪是做三纲的纪的。师长是君臣一纲的纪，因为都是帮助成就自己的；伯叔父和兄弟是父子一纲的纪，因为都是由亲恩相联结的；舅父们和朋友是夫妇一纲的纪，因为都有相同的志愿，彼此相互帮助。

以上论三纲六纪的仿效

君臣是什么意义？君是群的意思，群众都归向他；臣是修缮和坚强的意思，要锻炼意志使自己坚强。《春秋公羊传》说："请君上留在这里，让微臣回去吧。"父子是什么意义？父是规矩法度的意思，用法规来教导儿子；子是孳生的意思，继续不停地孳衍。所以《孝经·谏诤章》说："父亲如果有敢于谏诤的儿子，那么就不至于陷身不义。"夫妇是什么意义呢？夫是扶助的意思，要用道理扶助妻子；妇是服从的意思，要照礼节屈服在夫之下。《仪礼·士昏礼》说：“丈夫亲自摘掉新妇系带的缨。”《仪礼·丧服传》又说：“夫妻本来各是半个人，合起来才成整个人。”朋友是什么意思呢？朋是帮助的意思，友是保佑的意思。《礼记》说：“同在一个老师门下的叫作朋，同一志愿的叫作友。”朋友的交情，当面要批评他的言论，背后不能说他的坏话；一个人有了长处，心中就为他高兴，一个人有了坏处，内心就为他伤痛；钱财要相互通用而不计较，遇到灾祸要彼此援救；帮助朋友，在他活着的时候不用嘱咐，在他死了以后不用请托。所以《论语·公冶长篇》记载，子路说：“我愿意把自己的车马和穿的轻暖皮袍，跟朋友共同使用到破烂。”《礼记·檀弓》说：“朋友无家可归，孔子说：‘活着的时候在我家住，死了以后由我安葬。’”交朋友的道理，自己父母在世的时候，有两件事不能做：一是不能答应为朋友拼命，二是帮助朋友钱财不能自作主张。如果朋友没饭吃，就告诉父兄，父兄答应了，然后说是奉父兄之命给他的；如果父兄不答应，就不能给他。所以说朋友没有饭吃，自己就要节食；朋友受冻，自己不穿两件皮衣。所以《论语·先进篇》说：“有父兄在世，怎么能够听到了就去做呢？”

以上论六纪的意义

为什么男的叫兄弟，女的叫姐妹呢？因为女子最终要嫁到别人家，跟随别人的姓氏，所以称呼有所不同。为什么这么说呢？《礼记》说：“男子先出生的叫兄，后出生的叫弟；女子先出生的叫姐，后出生的叫妹。”那为什么父亲的兄弟不全叫作“叔”，而父亲的姐妹不论大小全都叫作“姑”呢？因为，父亲的兄弟与我更亲近，所以称呼上要严格区分；而姑姑是要嫁到别家去的，所以不用分得很细。至于姐妹，也要嫁到别家去的，为什么却要分别叫作“姐姐”“妹妹”呢？因为对待姑姑们是适用一样的长辈礼节的，所以不再另外分大小；而对平辈的姐妹，却要分大小尊卑来对待，礼节是不一样的。《诗经》里就有句话：“这件事情，要向我的姑姑和大姐姐请教。”为什么叫“舅姑”呢？舅，就是旧；姑，就是故。旧、故，都是称呼长辈的。为什么叫"姊妹"呢？姊，就是咨；妹，就是末。为什么叫"兄弟"？兄，就是学习，向父亲学习；弟，就是孝顺，行为端正。那么，为什么称丈夫的父母也叫"舅姑"呢？这是因为，他不是父亲，却要像尊敬父亲一样尊敬他，所以称为"舅"；她不是母亲，却要像亲近母亲一样亲近她，所以称为"姑"。这就是称呼丈夫的父母为"舅姑"的道理。

以上详细论述纲纪别名的意义

（蒋秋华／编写整理）

《说文解字》叙

许 慎

许慎像

许慎（约58—约147），字叔重。东汉汝南召陵（今河南漯河市召陵区）人。曾任汝南郡功曹，后举孝廉，任洨长与太尉南阁祭酒。据清代学者推断，许慎大约生于明帝永平初年，卒于桓帝建和初年，即公元1世纪至2世纪之间，享年八十以上。

许慎曾从贾逵习古文经，贾逵为当时的经学大师。许慎博极群经，时人称之为"五经无双许叔重"。两汉经学自西汉武帝以来即有今、古文家派之争。今文家解经往往穿凿附会，许慎不以为然，便搜罗小篆与古、籀文，依部首为序，编成《说文解字》，一方面分析字体结构，一方面用以解释经传群书。《说文解字》不但保存了许多古文字及其音义，而且体例谨严，成为后世字书的典范。

背 景

《说文解字》大约成书于东汉和帝永元十二年（100）到安帝建光元年（121），许慎病中，才派遣他的儿子许冲献书给皇帝。《说文解字》的重要不仅在于保存古文字资料，更重要的是它那谨严的条例。

许慎根据文字的构造及其与音、义的关系，归纳成"六书"来分析篆文，把九千三百五十三个字依照偏旁分为五百四十部，即以五百四十个形旁作为部首，同一形旁的字都归于同部首之下，部首与部首之间则依其小篆形体相似的程度来加以排列，全书"始一终亥"，即部首由"一"开始，据形系联，至"亥"而止。

《说文解字》部首的"始一终亥"，是有理论基础的。原来汉代儒家沾染阴阳五行的色彩，主张万物生于"一"而终于"亥"，许慎撰著此书以解释儒家经典为目的，所以采用这个说法来排列部首。这么说来，整个《说文解字》所呈现的就不仅是文字，而且包括汉人对宇宙万物的整体概念。我们甚至可以说，《说文解字》不单是一部字书，实际上也是一本隐然自成体系的汉代哲学思想论著。

影　响

汉字的起源究在何时？学者有不同的意见，根据目前考古发掘所得资料看来，大致距离今天已有六千年之久。六千年不是短时间，在这段漫长的岁月中，文字的演变真可以说是千头万绪，若不是有许慎的《说文解字》，我们恐怕无法像今天这样辨认古文字与通读古书了。有了《说文解字》，我们才能够认识春秋战国时期的金石铭刻；有了《说文解字》，我们才能够认识殷周甲骨文与金文。换句话说，《说文解字》是连接古今文字的桥梁。

《说文解字》对后世的影响一直没有消失，今天我们对于文字的分类与理解仍然依据许慎的部首方法及象形、指事、形声、会意、转注、假借等"六书"，这实际上是战国以来所流行的分析文字的理论。不过许慎是个集大成者，理论说得比较周延，叙述也比较有系统，更重要的是，他真正将这套理论普遍地用来分析、解释文字。

总之，《说文解字》保存了先秦古文字的形体与解释，提供给我们先秦时期的词汇，创造了部首偏旁的条例。这些都是我们中华文化宝贵的资产，具有恒久的价值，值得我们加以继承并发扬。

原　文

古者庖羲氏之王天下也，仰则观象于天，俯则观法于地，视鸟兽之文与地之宜，近取诸身，远取诸物，于是始作《易》八卦，以垂宪象^①。及神农氏，结绳为治，而统其事。庶业其繇，饰伪萌生。黄帝之史仓颉，见鸟兽蹄迒之迹，知分理之可相别异也，初造书契^②。百工以乂，万品以察，盖取诸夬^③。"夬，扬于王庭"，言文者，宣教明化于王者朝庭，"君子所以施禄及下，居德则忌"也。

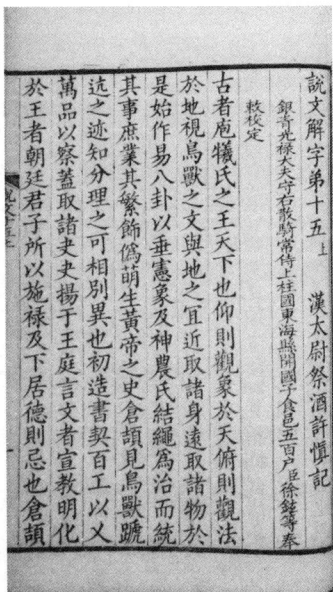

《说文解字》书影

仓颉之初作书，盖依类象形，故谓之文。其后形声相益，即谓之字。文者，物象之本；字者，言孳乳而寖多也。著于竹帛谓之书。书者，如也^④。以迄五帝三王之世，改易殊体，封于泰山者七十有二代，靡有同焉^⑤。

---

① 观象于天：观察日月风雷等天象。观法于地：察看山川大泽等地形。身：指人身，如五官四肢。物：指生活日用器物。

② 书契：泛称文字。

③ 乂：治。夬：易卦名，乾下兑上☱。夬有决断、明断之意。

④ 如：如同事物的形状。

⑤ 五帝三王：五帝指黄帝、颛顼、帝喾、尧、舜。三王指夏禹、商汤及周武王。

《周礼》：八岁入小学，保氏教国子，先以六书①。一曰指事。指事者，视而可识，察而见意，"上""下"是也。二曰象形。象形者，画成其物，随体诘诎（qū），"日""月"是也②。三曰形声。形声者，以事为名，取譬相成，"江""河"是也。四曰会意，会意者，比类合谊，以见伪指挥（huī），"武""信"是也。五曰转注。转注者，建类一首，同意相受，"考""老"是也。六曰假借。假借者，本无其字，依声托事，"令""长"是也。

及宣王太史籀（zhòu），著大篆十五篇，与古文或异。至孔子书六经，左丘明述春秋传，皆以古文。厥意可得而说。

其后诸侯力政，不统于王。恶礼乐之害己，而皆去其典籍。分为七国，田畴异亩（mǔ），车涂异轨，律令异法，衣冠异制，言语异声，文字异形③。秦始皇帝初兼天下，丞相李斯乃奏同之，罢其不与秦文合者。斯作《仓颉篇》。中车府令赵高作《爰历篇》。太史令胡毋敬作《博学篇》。皆取《史籀》大篆，或颇省改，所谓小篆者也。

是时，秦烧灭经书，涤除旧典，大发吏卒，兴戍役。官狱职务繁，初有隶书，以趣约易，而古文由此绝矣。自尔秦书有八体：一曰大篆，二曰小篆，三曰刻符，四曰虫书，五曰摹印，六曰署书，七曰殳（shū）书，八曰隶书④。

汉兴有草书。尉律：学僮十七以上始试。讽籀书九千字，乃得为

---

① 国子：公卿大夫等贵族子弟。
② 随体诘诎：文字笔画随物体形状而曲折回绕。
③ 田畴异亩：耕地划亩的制度各不相同。亩，即"亩"。涂：同"途"，道路。
④ 刻符：刻在符节上的文字。虫书：以鸟、虫形图案为装饰的一种美术字体。又称鸟虫书。
　摹印：摹刻在印章上的字体。署书：封检题笺的书体。殳书：指兵器上所用字体。殳、古兵器名。

史^①。又以八体试之。郡移太史并课。最者，以为尚书史。书或不正，辄举劾之。今虽有尉律，不课，小学不修，莫达其说久矣。

孝宣皇帝时，召通《仓颉》读者，张敞从受之。凉州刺史杜业，沛人爰礼，讲学大夫秦近，亦能言之。孝平皇帝时，征礼等百余人，令说文字未央廷中，以礼为小学元士。黄门侍郎杨雄，采以作《训纂篇》。凡《仓颉》以下十四篇，凡五千三百四十字，群书所载，略存之矣。

及亡新居摄，使大司空甄丰等校文书之部。自以为应制作，颇改定古文。时有六书：一曰古文，孔子壁中书也。二曰奇字，即古文而异也。三曰篆书，即小篆。四曰左书，即秦隶书。秦始皇帝使下杜人程邈所作也。五曰缪篆，所以摹印也。六曰鸟虫书，所以书幡信也。

壁中书者，鲁恭王坏孔子宅，而得《礼记》《尚书》《春秋》《论语》《孝经》^②。又北平侯张苍献《春秋左氏传》。郡国亦往往于山川得鼎彝，其铭即前代之古文，皆自相似。虽叵复见远流，其详可得略说也^③。

而世人大共非訾^{zǐ}：以为好奇者也，故诡更正文，乡壁虚造不可知之书，变乱常行，以耀于世^④。诸生竞逐说字，解经谊，称秦之隶书为仓颉时书，云："父子相传，何得改易！"乃猥^{wěi}曰："马头人为长。人持十为斗。虫者，屈中也。"^⑤廷尉说律，至以字断法："苛人受钱，苛之字止句也。"若此者甚众，皆不合孔氏古文，谬于《史籀》。俗儒鄙夫，玩其所习，蔽所

---

① 讽：背诵。

② 鲁恭王：汉景帝子，名余，封于鲁，谥号恭。

③ 叵：不可。

④ 大共非訾：大肆非议毁谤。

⑤ 猥：谬误。

希闻。不见通学，未尝睹字例之条。怪旧执而善野言，以其所知为秘妙，究洞圣人之微旨。又见《仓颉篇》中"幼子承诏"，因曰："古帝之所作也，其辞有神仙之术焉。"其迷误不谕，岂不悖哉[①]！

《书》曰："予欲观古人之象。"言必遵修旧文而不穿凿。孔子曰："吾犹及史之阙文，今亡矣夫。"盖非其不知而不问。人用己私，是非无正，巧说邪辞，使天下学者疑。

盖文字者，经艺之本，王政之始。前人所以垂后，后人所以识古。故曰："本立而道生。"知天下之至赜(zé)而不可乱也。今叙篆文，合以古籀；博采通人，至于小大；信而有证，稽撰其说。将以理群类，解谬误，晓学者，达神旨。分别部居，不相杂厕也。万物咸睹，靡不兼载。厥谊不昭，爰明以谕。其称《易》孟氏、《书》孔氏、《诗》毛氏、《礼》周官、《春秋》左氏、《论语》《孝经》，皆古文也。其于所不知，盖阙如也。

《说文解字》

译 文

古代伏羲氏统治天下时，仰观俯察，由近及远，创作八卦以为法度。后来神农氏用结绳记事来处理日常事务。由于人事日趋繁杂，巧饰虚伪逐渐产生，黄帝史官仓颉受到鸟爪、兽蹄各类不同踏痕的启示而创造了文字。文字产生，使百官办理事务更为周备，人群分际也更加明确。这是取象于易经的夬卦，所谓"（文字）使朝廷宣扬教化"，"使君子能据以拔举官吏，并分辨明德和禁令"。

---

① 谕：明白。悖：违逆，乖谬。

仓颉依物类象形创作文字，所造的基本字称为文。之后又以声音相附益，字形和字音互相配合造成的合体字称为字，字可以孳生繁衍，故日渐增多。写在竹木简帛上的字称为书。文字形体历经五帝三王，年代久远，改变颇大，文字因时而异。古代封泰山的刻石文字有七十二家，字体也多不相同。

《周礼》记载着：古代小孩八岁入小学，保氏先教他们认识六种造字法则——六书。六书是：一、指事：初看之下就知道所指之形，仔细体会即能明了造字的道理，例如上、下两字，是属于这一类。二、象形：照着物象的形体画成实物，随形体曲折回绕，以求惟妙惟肖，例如日、月两字。三、形声：一方面以意象或物象为本，并取文字的声符为辅，两者配合而成为新字，例如江、河两字。四、会意：比列已有的文字，会合其含义，以表现出一个新的观念，如"止戈为武""人言为信"，会合止、戈及人、言成武、信两字。五、转注：同类字出于同一个本源，即利用相同声符来表达意义相同或相近的一些字，如考字和老字。六、假借：已有语言却无文字的事物，可以借用语音相同或相近的字来寄托意义，例如令、长两字。

周宣王时太史籀用大篆写成《史籀》十五篇，字体和古文有些差异。之后孔子整理六经，左丘明著作《春秋传》，所用字体也都是古文，虽与大篆有别，但其体制、意旨，仍可以推溯源流而有所理悟。

春秋以后，诸侯各自为政，不遵奉周天子统制。战国七雄擅改制度，于是耕地的规划各异，各国车轨广狭有别，法律条文、生活习惯、语言、文字等都互不相同。秦始皇统一天下，丞相李斯于是上奏，主张统一文字，废除了各种不合于秦文字的字体。李斯作《仓颉篇》，中车府令赵高作《爰历篇》，太史令胡毋敬作《博学篇》，所用的字体都是取自《史籀》大篆，但稍加省改，就成了所谓的小篆。

这时，秦焚烧经书，废除旧典，又大征民役，建宫殿、筑长城。官吏、刑狱工作极为繁忙，于是有趋于简易的隶书产生，而古文也就因此绝灭了。自此时，秦书体共有八种：一、大篆，二、小篆，三、刻符，四、虫书，五、摹印，六、署书，七、殳书，八、隶书。

汉代解散隶体，又有草书体。汉代廷尉规定：学童十七岁以上参加考试，凡能诵读九千字，才能任命为官吏，并且要以八种字体来测验，通过以后，县移送郡，郡移送太史，太史再加以测试，成绩最好的，可任命为尚书史，至于书体不合正体，则提举纠劾并予定罪。现在，尉律虽存，但已不再课试了，文字之学不被重视，已经有一段长久的时间了。

孝宣皇帝时代，征召能通读《仓颉篇》的学者，派张敞前去研习。凉州刺史杜业、沛人爰礼，以及讲学大夫秦近，也能通晓古文字。孝平皇帝时，征召爰礼等百余人，在未央宫廷中论说文字问题，又任命爰礼担任小学元士之职。黄门侍郎扬雄，采辑学者们讨论的结果，编撰了《训纂篇》。自《仓颉篇》以下十四篇，共有五千三百四十字，凡各类书籍所有的字，大体上都收辑完备。

王莽居摄时，命大司空甄丰校文书，并改定一些古文。当时有六种书体：一、古文，是孔壁所出古书的字体。二、奇字，是一种和古文不同的古字。三、篆书，即小篆。四、左书，即秦隶书，是秦始皇时下杜人程邈所作的书体。五、缪篆，是摹刻印章专用的字体。六、鸟虫书，是用来书写在幡帜棨信上的字体。

壁中书是鲁恭王拆除孔子宅第时所得到的《礼记》《尚书》《春秋》《论语》《孝经》等书。又，北平侯张苍曾献上《春秋左氏传》。而各地也往往在山川间出土古代鼎彝器物，器铭所用正是前代的古文字，与壁中书古文十分相似。虽不可能再见到古昔文字面貌，而其间演变概略是可以推想得知的。

世人未必真正了解文字源流，却对壁中古文大肆非议、毁谤。又有些好古人士，更随意虚造些来源不明的书，来和当时盛行的隶书相淆乱，用以夸耀斗奇。诸经生也竞相巧说字义，或据以推演经义，并认为文字是父子代代相传而下的，不可更改变易，因此错误地凭着隶书字体，妄作"马头人为长""人持十为斗""虫者屈中也"等望文生义的谬说。甚至廷尉解释法律条文时，也用隶书字形来穿凿附会，说"苛人受钱"指钩取钱财（案：应是"诃人受钱"，即法官受贿），像这种情形很多，都是不合于古文，也和籀文相违背的。俗儒鄙夫往往拘于陋习，又蔽塞而不通达事理，既未曾听闻通人学说，也未曾见六书体例法则，盲从俗说而以古文为荒诞怪异，自以为所知晓的是奥秘精妙，自以为能穷达圣人深远意旨。见到《仓颉篇》中有"幼子承诏"一语，就认为是古代帝王时神仙妙言，而执迷不悟。这种行为，岂不是很荒谬吗？

《尚书》记载着"我要观察古人制度，取象古人法度"。这是说一切必遵循古代法度，而不敢凭空附会。孔子说："我还来得及见到古代史官有疑则阙的谨慎态度，现在却见不到这种情形了啊！"孔子是感叹时人不知又不肯问的心理。人凭私意行事，是非毫无标准，巧说和各种不正言论纷起，使天下学者迷惑不已。

文字是六艺的根本，是王政推行的工具，前人可利用文字将典型留传后世，后人也能通过文字记载来了解古代法度。也就是说"根本建立之后，则能由此而通往至道"，这是至高无上的道理，不可随意错乱。现在，先叙列文，再将古文、籀文附录于后。文字说解部分，广泛采取鸿儒通人的说法，所作诠释无论大处或小处，都是有根据的。凡此种种都以文字体例来董理、分析，厘清俗儒的错误，使学者能确实知晓文字神妙意旨。文字依部首分列而不杂乱。举凡宇宙间万事万物，都收辑在内，对文字形音义都作明白的说解。所采用的孟氏《易》、孔氏《书》、毛氏《诗》《周礼》《春秋左氏传》和《论语》《孝经》等书，都是古文家的本子。对于所不知的字形或音义，则从阙而不作妄解。

（周凤五/编写整理）

浑天仪[①]

张　衡

　　张衡（78—139），字平子，河南南阳西鄂（今南阳石桥镇）人，汉代著名科学家、文学家。少善属文，通五经，贯六艺。著有《周官训诂》《补东观汉记》及《二京》《南都》《周天大象》《思玄》《冢》《髑髅》《归田》等赋。又善机巧，精于天文术数，曾任太史令，造浑天仪、候风地动仪，并著《浑天仪注》《灵宪》《算罔论》等科学作品。

张衡像

背　景

　　东汉安帝元初二年（115），张衡担任太史令。太史令的职责乃掌管天文历法、气象、地震等工作，由于张衡早年曾用心研读《太玄经》和《墨子》，这些书中都谈到自然科学的问题，所以对他来说，太史令之职可算是胜任愉快。

　　此时，学者于宇宙的构造和形状问题，有"盖天说"和"浑天说"之辩，

---

① 浑天仪：此为严可均辑《全汉文》的标题，《后汉书·张衡传》《隋书·经籍志》《新唐书·艺文志》亦同，然浑天仪乃测量天文的仪器，似乎不宜作为篇名。《开元占经》引本文作"浑天仪注"，或许较为妥当。

彼此争论不休。前者谓天圆地方，天如斗盖，地即罩于其中。后者谓天圆如蛋壳，地即为包裹于其中之蛋黄。张衡据其观察所得，采信"浑天说"并于汉顺帝阳嘉元年（132），制作一架浑天仪，进一步发展浑天理论。

在张衡之前已有人造过浑天仪，如汉武帝时的落下闳、汉宣帝时的耿寿昌。但是张衡的浑天仪，比早期的制作进步。他们所造的浑天仪，其实是浑天象，即天球仪。其主要部分是一个大圆球，用铜铸成，上面刻有黄道、赤道、南北极、二十八宿和常见的恒星，乃象征天球。他同时设计了一套漏壶，与浑天仪一起使用。自漏壶流出的水，推动浑天仪的旋转，由于控制得十分精确，使得仪器与天球的转动一致。为了说明浑天仪的制造和结构，张衡又写了《灵宪》和《浑天仪注》两文。

浑天仪

影　响

《浑天仪注》一文，为浑天说的重要著作，实际上就是一篇浑天仪的构造说明书。由于这篇文章，使得浑天仪的结构和样式，可以代代相传，至今我们犹能见到汉代浑象的大体模样，这不得不归功于张衡。至于张衡以漏水转动仪器的科学原理，又启发了后人的思想，北宋苏颂制成世上最早的天文钟，成为现代机械钟表的鼻祖。

原　文

浑天如鸡子，天体圆如弹丸，地如鸡中黄，孤居于内，天大而地小；天表里有水，天之包地，犹壳之裹黄。天地各乘气而立，载水而浮。周天三百六十五度四分度之一，又中分之，则一百八十二度八分之五覆地上，一百八十二度八分之五绕地下，故二十八宿半见半隐[①]。其两端谓之南北极。北极乃天之中也，在正北，出地上三十六度，然则北极上规经七十二度，常见不隐。南极天之中也，在正南，入地三十六度，南极下规七十二度，常伏不见。两极相去一百八十二度半强。天转如车毂(gǔ)之运也，周旋无端。其形浑浑，故曰浑天也。

赤道横带天之腹，去南北二极各九十一度十九分度之五[②]。横带者，东西围天之中腰也。然则北极小规去赤道五十五度半，南极小规亦去赤道出地入地之数，是故各九十一度半强也[③]。

黄道斜带其腹，出赤道表里各二十四度，日之所行也[④]。日与五星行黄道无亏盈[⑤]。月行九道：春行东方青道二，夏行南方赤道二，秋行西方白道二，

---

① 二十八宿：或称二十八星，为古人测天时作为基础的星宿，其名为：角、亢、氐、房、心、尾、箕（东方七宿），斗、牛、女、虚、危、室、壁（北方七宿），奎、娄、胃、昴、毕、觜、参（西方七宿），井、鬼、柳、星、张、翼、轸（南方七宿）。

② 赤道：即天球赤道，天文学名词。在天球两极中间所作之大圆，谓之天球赤道，实即地球赤道面无限扩展时，与天球相割所成之大圆。九十一度十九分度之五：十九分应作"十六分"，因一百八十二又八分之五除以二，等于九十一又十六分之五。以下有关天文历算及文字补正部分，参考《中国哲学史资料选集——两汉之部》。

③ 半：应作"少强"。因为古历称四分之一为"少"，四分之二为"半"，四分之三为"太"，故十六分之五应为少强。"南极小规亦去赤道"以下：应补入"五十五度少强，合赤道"等字，意义才完整。半强：应作"少强"。

④ 黄道：又称光道，天文学名词，为太阳在恒星间渐次移动一年内一周天之大圆，即地球轨道面无限展开，与天球相割所成之大圆。

⑤ 五星：原文无"星"字，依文义补入。五星之名为木星、火星、土星、金星、水星。

冬行北方黑道二,四季还行黄道,故月行有亏盈,东西随八节也①。日最短,经黄道南,在赤道外二十四度,是其表也。日最长,经黄道北,在赤道内二十四度,是其里也。故夏至去极六十七度而强,冬至去极百一十五度亦强也。冬至日行南至斗二十一度,则去极一百一十五度少强,是故日最短,夜最长。景极长,日出辰,日入申,昼行地上一百四十六度少强,夜行地下二百一十九度少强②。夏至日在井二十五度,去极六十七度少强,是故日最长,夜最短。日出寅,日入戌,昼行地上二百一十九度少强,夜行地下一百四十六度少强③。然则黄道斜截赤道者,即春、秋分之去极也;斜截赤道者,东西交也。然则春分日在奎十四度少强,西交于奎也。秋分日在角五度弱,东交于角也。此黄、赤道二之交中,去极俱九十一度少强,故景居二至长短之中,奎十四、角五,出卯入酉,日行地上,夜行地下,俱一百八十二度半强,故昼夜同也。今此春分去极九十一度少强,秋分去极九十一度少强者,就夏历暑景之法以为率也④。

上头横行第一行者,黄道进退之数也,本当以铜仪日月度之,则可知也。以仪一岁乃竟,而中间又有阴雨,难卒成也。是以作小浑,尽赤道、黄道,

---

① 月行九道:月运行之轨道。《汉书·艺文志》:"日有中道(黄道),月有九行。"王先谦《补注》:"日道独黄,月行青、朱、白、黑道,各兼黄道而言,故又谓之九道也。"

② 一百四十六度少强:"少"字应删去。因三百六十五又四分之一乘以十分之四,等于一百四十六又二十分之二,尚不足称为少。二百一十九度少强:"少"字亦应删去。因三百六十五又四分之一乘以十分之六,等于二百一十九又二十分之三,尚不足称为少。

③ 二百一十九度少强、一百四十六度少强:"少"字均应删去,理由同上。

④ 九十一度少强:第一个宋绍兴本及《后汉书·律历志》引本文,俱作"九十少",殆为当时实测之数,故与理论数字"九十一度少强"之数不同。此作"九十一度少强",似为严本自改。第二个应作"九十一少",理由同上。夏历:汉武帝元封七年(前104)夏五月,改为太初元年,以立春正月——即夏正——为岁首,除极短时期外,一直到清朝,约二千年间,都用夏正,因而一般人便把它叫作"夏历"。暑景之法:古人用日晷仪测量日影的差度,以分辨时间,此即暑景之法。暑景,日影。

191

乃调赋三百六十五度四分之一，从冬至所在始起，令之相当直也。取北极及冲各针穿之为轴，取薄竹篾穿其两端，令两穿中间与浑半等以贯之，令察之与浑相切摩也。乃从针半起，以为百八十二度八分之五，尽冲针之半焉。又中分其竹篾，拗去其半，令其半之际正直与两端针半相直，令篾半之际，从冬至起一度一移之，视篾之半际少多赤道几何也。其所多少，则进退之数也。从北极数之，则去极之度也。各分赤道、黄道为二十四气，一气相去十五度十六之七，每一气者，黄道进退一度焉①。所以然者，黄道直时，去南北极近，其处地小而横行与赤道且等，故以篾度之，于赤道多也。设一气令十六日者，皆常率四日差少半也。令一气十五日不能半耳，故使中道三日之中差少半。三气一节，故四十六日而差令三度也。至于差三之时，而五日同率者一，其实一节之间不能四十六日也。令残日居其策，故五日同率也。其率虽同，先之皆强，后之皆弱，不可胜计耳。至于三而复有进退者，黄道稍斜，于横行得度故也。春分、秋分所以退者，黄道始起更斜矣，于横行不得度故也，亦每一气一度焉，故三气一节亦差三度也。至三气之后，稍远而直，故横行得度而稍进也。立春、立秋，横行稍退矣，而度犹云进者，以其所退减其所进，犹有盈余未尽故也。立夏、立冬，横行稍进，而度犹云退者，以其所进增其所退，犹有不足，未毕故也。以此论之，日行非有进退也，以赤道量度黄道使之然也。本二十八宿相去度数，以赤道为距耳，故黄道亦有进退。冬至在斗二十一度少半，最远时也，而此历斗二十度、二十一，俱一百一十五度强矣，冬至宜与之同率焉②。夏至在井

---

① 二十四气：即二十四节气。古人以五日为一候，三候为一气，故一岁有二十四气，每月二气，在月首者为节气，在月中者为中气，其名称为：立春、雨水、惊蛰、春分、清明、谷雨、立夏、小满、芒种、夏至、小暑、大暑、立秋、处暑、白露、秋分、寒露、霜降、立冬、小雪、大雪、冬至、小寒、大寒。

② 二十一度少半："半"字应删去。据《后汉书·律历志·二十四节气表》"冬至日在斗二十一度八分"，恰为少。

二十一度半强，最近时也；而此历井二十三度、一十四，俱六十七度强矣，夏至宜与之同率焉 [1]。

《全后汉文》

译　文

　　浑天好像一个鸡子，天体像弹丸一样圆，地像蛋的黄，独居在蛋里，天大而地小；天的里外都有水，天包裹地，好像蛋壳包裹蛋黄一样。天与地都是靠气而存在的，浮在盛着的水上。周天三百六十五又四分之一度；分成两半，一百八十二又八分之五度盖在地上，一百八十二又八分之五度绕在地下，所以二十八宿有一半可以看见，有一半看不见。天两边的极端称为南北极。北极是天的中心，在正北方，露出地面三十六度，因此北极上面经圈七十二度，没有看不见的时候。南极也是天的中心，在正南方，没入地下三十六度，因此南极下面经圈七十二度，常常隐伏而看不见。两极的距离约一百八十二度半多一点。天的转动好像车轴的回旋，找不到从哪一点开始。那形状是浑浊不清的，所以叫作浑天。

　　赤道像一条带子横束在天的腹部，离南北两极各九十一又十九分之五度。这横带从东向西围绕着，是天的半腰。然而北极小圈离赤道五十五度半，南极小圈也离赤道出地入地的度数，所以各为九十一度半多一点。

　　黄道也像一条带子斜束在天的腹部，出赤道里外各二十四度，是太阳经行的轨道。太阳和五行星走在黄道上，是没有盈亏的。月亮的经行有九条轨道：春季走东方的两条青道，夏季走南方的两条赤道，秋季走西方的两条白道，冬季走北方的两条黑道，四季回转来的时候走黄道，所以月亮的运行有盈亏，是东西随着八节的缘故。白天最短的时候，太阳走在黄

---

[1] 二十一："一"似应作"五"。参见前文及《后汉书·律历志》。一十四：似应作"二十四"。连上文应解作"二十三度、二十四度"之间。

道的南面，在赤道外二十四度，是它的表面。白天最长的时候，太阳走在黄道的北面，在赤道内二十四度，是它的里面，所以夏至离北极六十七度多，冬至离北极一百一十五度多。冬至太阳南行到斗宿二十一度，离北极一百一十五度略多，所以白天最短，夜晚最长。阴影极长的时候，太阳辰时出来，申时落下，白天在地上走一百四十六度略多一点，夜晚在地下走二百一十九度略多一点。夏至太阳在井宿二十五度，离北极六十七度略多一点，所以白天最长，夜晚最短，阴影极短的时候，太阳寅时出来，戌时落下，白天在地上走二百一十九度略多一点，夜晚在地下走一百四十六度略多一点。然而黄道斜截赤道的时候，就是春分、秋分太阳距离北极的地方，斜截赤道就是东西的交叉。然而春分太阳在奎宿十四度略多一点，就西面和奎宿相交。秋分太阳在角宿五度弱，就东面和角宿相交。这是黄道、赤道的两个中交点，都离北极九十一度略多一点，所以在冬至、夏至长短之间的时候，太阳走在奎宿十四度、角宿五度，卯时出来，酉时落下，白天走在地上，夜晚走在地下，都是一百八十二度半多，所以白天和夜晚长短相同。现在我们定为春分离北极九十一度略多一点，秋分离北极九十一度略多一点，是用夏历测影方法定出的标准。

上头横行第一行的，是黄道进退的度数，本来用铜仪实测太阳和月亮，就可以知道。但是因为仪器的实测要一年才完成，而一年之中，有时天阴，有时下雨，不容易测量。所以只能作小浑，尽赤道、黄道的两端，记出三百六十五又四分之一度，从冬至所在点开始，作为相当的值。取北极和冲，各用针穿之成轴，取薄竹篾穿那两端，使两穿的中心和浑的半径相等，贯在轴上，使考察起来和浑相切摩。然后从针半起，作为一百八十二又八分之五度，尽冲针的一半。又中分竹篾，折去篾的一半，使其一半的那面正直和两端针的一半相直，使篾的一半那面，从冬至起一度移动一次，看篾的半际比赤道相差多少。那相差的度数，就是进退的度数。从北极来数，就是离极的度数。把赤道、黄道各分为二十四气，每气距离十五又十六分之七度，每一气就是黄道进退一度。原因是黄道直的时候，离南北极都近，在那里地小而横行，和赤道约略相等，所以用篾量起来在赤道要多。假定每一气作为十六天，通常的规律是四天差小半。假定一气作为十五天，就不到一半，所以使中道三天里面差小半。三气作为一节，因四十六天差三度。到了差三度的时候，五天同率一次，事实上一节中间不到四十六天。使残余的日数居其中央，所以是五天同率。率虽相同，前面的都多一点，后面的都少一点，是无法计算清楚的。到了三度还有进退，是因为黄道略微倾斜，横行时不合度的缘故。春分、秋分的所以退，是因为黄道开始更斜了，横行时不合度的缘故，但也是每一气一度，所以三气一节也差三度。到三气后，略微远而直，所以横行合度，并且稍进。立春、立秋横行略微退了，度却仍然在进，因为把所退减去所进，还有盈余未尽的缘故。立夏、立冬横行略微进行，度却仍然在退，因为把所进增加所退，还有不足未尽的缘故。这样说来，太阳的运行并没有进退，是由于用赤道去测量黄道，才成为这样的。本来二十八宿相去的度数，用赤道作为相距点，所以黄道也有进退。冬至在斗宿二十一度小半，是最远的时候，这经历斗宿二十度、二十一度，就都有一百一十五度多，冬至应当与它同率。夏至在井宿二十一度半多，是最近时候，这经历井宿二十三度、二十四度，就都有六十七度多，夏至应当与它同率。

（蒋秋华 / 编写整理）

太平经和三气兴帝王法

不 详

背 景

东汉顺帝时，宫崇入京，献上其师于吉于曲阳水上所获神书，号《太平清领书》。根据李贤的《后汉书注》，此神书即后世道家的《太平经》，乃以甲、乙、丙、丁、戊、己、庚、辛、壬、癸为部，每部十七卷，共有一百七十卷。然据今人考证，《太平经》非一时一人所作，所存唯一版本在明代《正统道藏》中，已残缺不全，只剩五十七卷，大体上仍为汉代旧作。另有《太平经钞》十卷、《太平经圣君秘旨》，都是辑录《太平经》而成，可补其缺。

《太平经》的内容十分庞杂，包括道家、阴阳家、图谶、神仙、方术等学说，乃假托神人（又称天师）降世，以大道诏示六方真人（又称六端真人、六真人，其一名"纯"）。因此，书中几乎全是神人与真人问答之辞，文章平铺直叙，朴质无华，不多引书（仅引少数《易》、黄老之言），不尚用典（除老子事迹外，不及他人），故明白易晓。书中多陈治国之道，本文所选，即论治国当使元气调和，天地人相顺而不相逆，则太平可致，王者可延年益寿。

影 响

《太平经》卷一百四至卷一百七所载全为符字，其名为"复文"，形体简单，系以文字复叠而成。如两"地"字横列于上，其下并列三"子"字；又如六"天"字列为二行成一字。据说此复文藏于幽处，可得神佑；若烧而吞服，可祛病延年。后来黄巾之乱的主脑张角，奉事黄、老道，畜养弟子，以符水咒说疗病，即本于《太平经》。一直到现在，道士仍然用符咒驱邪治病。

　　道教原为神仙方士之流，并无严格之组织，到了东汉，因为佛教的传入，受其感染，渐渐组成有系统的宗教，如太平道、黄老道、五斗米道，都是早期的道教。佛教初入中国，乃依附道术而行；而《太平经》为原始道教的经典，不仅吸收阴阳谶纬、神仙术之说，亦含有佛教学说，对于后世佛、道二教之流行，都有不小的影响。

原　文

　　真人问神人曰："吾欲使帝立致太平，岂可闻邪？"神人言："但大顺天地，不失铢分，立致太平，瑞应并兴①。元气有三名：太阳、太阴、中和。形体有三名：天、地、人。天有三名：日、月、星，北极为中也②。地有三名：为山、川、平土。人有三名：父、母、子。治有三名：君、臣、民。欲太平也，此三者常当腹心，不失铢分，使同一忧，合成一家，立致太平，延年不疑矣。"

《正统道藏·太平经钞》

---

① 铢分：原是古衡名。《淮南子·天文训》："十二粟而当一分，十二分而当一铢。"后来用以比喻微小的意思。瑞应：祥瑞之感应。《史记·礼书》："古者太平，万民和喜，瑞应辨至。"

② 北极：北极星之简称，又称北辰，古人以为居天之中央。《论语·为政》："为政以德，譬如北辰，居其所而众星共之。"

译　文

真人问神人："我想让帝王立刻获得太平，那方法可以讲给我听吗？"神人说："只要极大地顺从天地之道，没有一点差错，那就可以立刻获得太平，祥瑞的物象也会应时出现。元气有三个名目，叫作：太阳、太阴、中和。形体有三个名目，叫作：天、地、人。天有三个名目，叫作：日、月、星，北极是居中的一颗星。地有三个名目，叫作：山、川、平地。人有三个名目，叫作：父亲、母亲、子女。政治上有三种人，叫作：君主、臣僚、百姓。想要获得太平，这三种人要常常像心腹一样亲密，没有一点差错，让他们同忧同乐，结合成一家人，便可以立刻获得太平，也必定能够获得长寿。"

（蒋秋华／编写整理）

求贤令

曹 操

曹操像

曹操（155—220），字孟德，沛国谯县（今安徽亳州）人。东汉末年，讨黄巾贼有功，献帝初年随袁绍伐董卓，后迎献帝迁都许昌，受封大将军及丞相。由于掌握大权，挟天子以令诸侯，因而虽凭其手腕逐次削平群雄，统一北方，但历史上多以"乱世之奸雄"目之。

背 景

东汉是士人气势高涨的时代。由于自西汉武帝以来独尊儒术的结果，儒家在政府的政策性培植下得到极大的发展。在当时能通经的士人，不但在政治上、学术上享有优越的地位，在社会上也享有高度的评价。因此，士人也自视甚高，对自我的德行要求也甚高。

西汉亡后，经过战乱，光武终于中兴汉室。光武帝为鼓励在纷乱之时保持高风亮节、特立独行的节义之士，特别予以表扬。此举固无不当，但却造成一种为享大名于天下而刻意隐逸，或以借"道德良好"来达到引人注目、立异名高目的现象。于是，选举、群召等拔取政治人才的制度，一变而被扭曲为"道德比赛"的工具。

道德是必要的，但它是一种发自内心、印证于日常生活的修养，它固然可以评议、比较出一个人修养的高低，但却不适合拿来比赛。因为毕竟道德修养的目的，在于端正人的行为与社会风气，而不是与人一较高下来猎取官位或沽名钓誉。然而这种道德比赛却确已成为当时的风气。再加上东汉末年政治腐败，宦官、外戚交互窃柄，更促使士人激愤，太学"清议"更是应运而生。

司马光曾说过："三代以来，风俗以东汉最美。"这话不错，但仅止于个人的道德。亦即士人当时关注、评议之焦点与判准，大多以私德为断，而缺乏对实际治事能力的考虑。因此，风俗虽美，但士风虚矫、空谈道德，事功全无，缺乏实事求是之精神，于是乎天下分崩，苍生饱受流离之苦。

至曹操崛起之时，士人大都均与道德告别了，其态度呈现一种两极化的发展：一是由清议转为"清谈"，超乎现实，在乱世中依然潇洒优哉游哉，走向清虚空灵之路；另一就是由不齿做一个这种空言道德、百无一用的废物，而反动为循名责实，只讲求如何强力操作实际政治，而明白宣告道德破产！这两条路线的发展，成为魏晋时期的历史主流。

影　响

曹操的《求贤令》代表了对东汉士风强烈的反动，道德无用，唯才是举。这种弃德唯才的政治风格，若以当时的时代背景观之，可谓其来有自，到底是对是错，很难遽下断言。

而曹操这种弃德唯才的用人导向，固然不当，或不免被批评为奸雄作风，或为其自身出身卑微作一抗议，但在错误中仍有其悲凉、有其可取之处——毕竟从政是造福百姓的事业，没有才能、空谈道德是不行的，然而毕竟偏激，完全不要道德，造成魏晋南北朝长期的篡乱、烧杀。光凭才干，也不是能解决时代大问题的！

魏武的《求贤令》，开启了那个时代的政治风格。

原　文

自古受命及中兴之君，曷尝不得贤人君子与之共治天下者乎①？及其得贤也，曾不出闾巷，岂幸相遇哉？上之人不求之耳。今天下尚未定，此特求贤之急时也。"孟公绰为赵魏老则优，不可以为滕、薛大夫②。"若必廉士而后可用，则齐桓其何以霸世！今天下得无有被褐怀玉而钓于渭滨者乎③？又得无盗嫂受金而未遇无知者乎④？二三子其佐我明扬仄陋，唯才是举，吾得而用之。

《三国志·魏志·武帝纪》

译　文

自古以来，受天之命、创业垂统和中兴复国的圣君，何尝没有贤能的人跟他一起治理天下呢？而这些贤能俊杰之士，往往不出于民间。难道求贤才，只能靠这样侥幸的相遇吗？实在是因为君主没有好好地发掘啊！现在天下依然纷争不已，大事尚未底定，这时更是求取人才最急切的时候。像孟公绰那样道德高尚的人，去当晋国赵氏、魏氏的室老，也还可以；若要他来当滕、薛等国事务繁杂的大夫就不行了，又怎么可能跟他一起料理

---

① 受命：受天之命，君临天下。《史记·周本纪》："西伯盖受命之君。"

② "孟公绰"二句：语见《论语·宪问篇》。赵魏老，大夫家臣称老，又叫室老。时赵魏尚为晋国六卿之一。滕、薛则为诸侯小国。

③ 被褐怀玉：穿粗布衣而怀美玉，喻人有美德，却深藏不露。《老子》："知我者希，则我者贵，是以圣人被褐怀玉。"

④ 盗嫂受金：私通兄嫂，并且纳贿。指陈平、直不疑等有才而被疑者。《史记·陈丞相世家》："臣闻平居家时，盗其嫂。……臣闻平受诸将金，金多者得善处，金少者得恶处。"

天下大事呢？若一定要清廉之士才可以任用，那么齐桓公就不能用管仲这类人物了，又怎能称霸呢？现在天下难道没有像姜太公一样，出身贫寒，具有真才实学，却隐居在渭水之滨当钓翁的人吗？难道也没有像陈平一样，具有一身本领，却被诬为私通兄嫂，且又接纳贿赂，而不为人赏识，以致默默无闻的人吗？你们这些臣下们，可得好好帮助我去发掘这些隐居民间、身份低贱的贤士，只要有才能，就要推举上来，我要得到这种人，并好好用他们。

（周益忠、王樾／编写整理）

典论论文

曹 丕

曹丕（187—226），字子桓,沛国谯县（今安徽亳州）人。魏武帝太子,八岁即能属文,长而博通经传诸子百家之书。建安十六年（211）为五官中郎将、副丞相,操卒,篡位称帝,而为魏文帝,在位七年卒。著有《典论》五卷、《列异传》三卷、文集二十三卷等,唯今多散佚,明人张溥辑录汉魏六朝名家集,收《魏文帝集》六卷。

曹丕像

背 景

本文是由文以致用的精神,指出文学和政事的关系,由"经国之大业"知文学和事功可以并侔,而"不假良史之辞,不托飞驰之势,而声名自传于后"更给世人一大鼓励。

对于文学体裁,本文也作了一番区分,"夫文本同而末异","本"指其本原,"末"则指各体依不同之要求而展现不同的特点。曹丕提出其依文体不同,而有雅、理、实、丽之别。自是由笼统进步到分析的阶段,将以前只有本文而不及于各家特点的不足向前推进了一大步,因而以后,陆机的《文赋》、李充的《翰林论》、挚虞的《文章流别论》、刘勰的《文心雕龙》，都是本于此篇而加以开展。

至于中国文学上喜欢谈论到"气"的问题，曹丕也作了一番肯定。认为"文以气为主"，但是由于有阳刚清俊及阴柔浊重之别，因而认为"气之清浊有体"，而且各人禀赋不同，不能强行学习，所以曹丕又言"不可力强而致"。"引气不齐，巧拙有素，虽在父兄，不能以移子弟"。这又关系才气、体性的问题。后来刘勰《文心雕龙》即受此影响，而言"才有庸俊，气有刚柔"，"风趣刚柔，宁或改其气"。对于各家的批评，曹丕更是以气为主。所谓"徐幹时有齐气""刘桢壮而不密""孔融体气高妙"，更影响到后代文学批评上对于阴阳二气的区分。

当然，本文也进而讨论到文学批评者的态度。诸如"文人相轻，自古而然""各以所长，相轻所短""常人贵远贱近，向声背实""暗于自见，谓己为贤"等贵古贱今或自以为是的错误观念，他都毫不客气地提出来加以批评。反对贵古贱今，即肯定文学是进步的，后出转精，而反对自以为是，不可"各以所长，相轻所短"，如此文学批评才可能有客观的态度。

影　响

本文为文学批评史上现存评论论文专著最早的一篇，在文学史上影响深远。

曹丕于文中打破了向来轻视文学的观点——"盖文章，经国之大业，不朽之盛事"。对于文学的价值问题，有一番见解，从此文学的地位，跟以前大不相同，尤其在六朝更是如日中天。所谓"巧构形似之言，争价一字之奇"，也可见得此文的影响力。

原　文

文人相轻，自古而然。傅毅之于班固，伯仲之间耳，而固小之，与弟超书曰："武仲以能属文为兰台令史，下笔不能自休。"^①夫人善于自见，而文非一体，鲜能备善，是以各以所长，相轻所短。里语曰："家有敝帚，享之千金。"斯不自见之患也。

今之文人，鲁国孔融文举，广陵陈琳孔璋，山阳王粲仲宣，北海徐幹伟长，陈留阮瑀 $\overset{yǔ}{}$ 元瑜，汝南应玚 $\overset{yáng}{}$ 德琏，东平刘桢公幹^②。斯七子者，于学无所遗，于辞无所假，咸以自骋骥騄 $\overset{lù}{}$ 于千里，仰齐足而并驰，以此相服，亦良难矣^③。盖吾子审己以度人，故能免于斯累而作论文。

王粲长于辞赋，徐幹时有齐气，然粲之匹也^④。如粲之《初征》《登楼》《槐赋》《征思》，幹之《玄猿》《漏卮 $\overset{zhī}{}$ 》《圆扇》《橘赋》，虽张、蔡不

---

① 傅毅：字武仲，东汉扶风茂陵（今陕西兴平东北）人。章帝时作兰台令史，掌书奏及校定藏书，颇有文名，为班固同事。班固：字孟坚，东汉扶风安陵（今陕西咸阳东北）人。所著《汉书》为断代史之祖。其弟班超字仲升，平定西域有功，封定远侯。兰合令史：兰台为汉代典藏秘籍的官观。令史则主管书奏。

② 鲁国：指今山东曲阜市。孔融（153—208）：字文举，孔子二十世孙，官至大中大夫，为曹操所杀，今传有《孔北海集》辑本一卷。广陵：即扬州，今江苏扬州市江都区。陈琳（？—217）：字孔璋，先后为袁绍、曹操之记室。今传《陈记室集》辑本一卷。山阳：山东金乡县。王粲（177—217）：字仲宣，博学，为蔡邕所识，先后依刘表、曹操。官至侍中，死于征吴之军中，今传《王侍中集》辑本一卷。北海：山东寿光市。徐幹（171—218）：字伟长。官至五官中郎将文学，著有《中论》二卷二十余篇，阐扬儒家之旨。陈留：河南陈留。阮瑀（约165—212）：字元瑜，曾问学于蔡邕，与陈琳同为曹操记室，主持书檄，传有《阮元瑜集》辑本一卷。汝南：河南汝南县。应玚（？—217）：字德琏，官至五官中郎将文学，今传《应德琏集》辑本一卷。东平：山东东平县。刘桢（？—217）：字公幹，以文章名，为曹操用为丞相掾属。今传有《刘公幹集》辑本一卷。

③ 骥騄：骏马。骥，为千里马。騄，騄耳为周穆王所乘八骏之一。皆指良马。

④ 齐气：指齐人所作文章，有文气迂缓之蔽。齐，指山东。

过也①。然于他文，未能称是。琳、瑀之章表书记，今之隽也。应玚和而不壮，刘桢壮而不密。孔融体气高妙，有过人者，然不能持论，理不胜辞，以至乎杂以嘲戏。及其所善，扬、班俦也②。

常人贵远贱近，向声背实，又患暗于自见，谓己为贤。

夫文本同而末异，盖奏议宜雅，书论宜理，铭诔尚实，诗赋欲丽③。此四科不同，故能之者偏也，唯通才能备其体。

文以气为主，气之清浊有体，不可力强而致。譬诸音乐，曲度虽均，节奏同检，至于引气不齐，巧拙有素，虽在父兄，不能以移子弟。

盖文章，经国之大业，不朽之盛事④。年寿有时而尽，荣乐止乎其身，二者必至之常期，未若文章之无穷。是以古之作者，寄身于翰墨，见意于篇籍，不假良史之辞，不托飞驰之势，而声名自传于后⑤。故西伯幽而演《易》，周旦显而制《礼》，不以隐约而弗务，不以康乐而加思⑥。夫然则古人贱尺璧而重寸阴，惧乎时之过已⑦。而人多不强力，贫贱则慑于饥寒，

---

① 《初征》：自《初征》至《征思》为王粲所作之辞赋。今仍存《征思》，《文选》注引作《征思赋》。《玄猿》至《橘赋》为徐幹所作，唯《圆扇赋》仍存，其他则亡佚。张、蔡：张衡字平子，蔡邕字伯喈。张衡有《两京赋》传世，蔡邕则辞赋碑帖皆闻名，有《蔡中郎集》传世。

② 扬、班：扬雄、班固。两人俱善辞赋。扬雄有《解嘲》、班固有《答宾戏》，皆嘲戏文字之隽品。

③ 铭：人死后记其功德，勒于金石，以垂后世，如碑铭、墓志铭。诔：记死者之行谊。

④ 不朽：文章即立言，为"三不朽"之一。见《左传·襄公二十四年》鲁叔孙豹所言："太上有立德，其次有立功，其次有立言。"

⑤ 翰墨：文笔。翰，鸡。古时毛笔以鸡毛为之，因称笔为翰。

⑥ 西伯：即周文王。尝为纣王幽禁于羑里，因而推行八卦为六十四卦。周旦：指周公。为文王子、武王弟，姓姬名旦。辅佐成王，制礼作乐。

⑦ 贱尺璧而重寸阴：尺璧指一尺大的玉璧，寸阴为一寸的日影，指短暂的时光。《淮南子·原道》："圣人不贵尺之璧，而重寸之阴。"

富贵则流于逸乐,遂营目前之务,而遗千载之功,日月逝于上,体貌衰于下,忽然与万物迁化,斯志士之大痛也。

融等已逝,唯幹著《论》,成一家言。

《四部丛刊》影宋本六臣注《文选》卷五十二

译 文

文人之间,相互轻视,自古以来就如此了。像傅毅和班固,两个人程度差不多,但是班固却轻视傅毅。他在写给弟弟班超的信上竟然说:"傅武仲(毅)因为能写文章,竟然做了兰台令史,其实他一提笔就不知剪裁,无法收煞。"人,往往最会自我炫耀,也最爱表现自己的长处。但是文章体裁很多,很少人能将各种文体都写得很好。因而大家往往拿自己的擅长作依据,去批评别人的弱点。俗语说:"家中的一把破扫帚,却把它当作千金的宝贝一般。"这就是没有自知之明的弊病所致。

今天的文人,曲阜有孔融字文举,扬州有陈琳字孔璋,金乡有王粲字仲宣,寿光有徐幹字伟长,陈留有阮瑀字元瑜,汝南有应玚字德琏,东平有刘桢字公幹。这七位作家,学问极其渊博,无所不学,辞藻自成一家,全不仿效他人,皆可在原野上驾驭骏马驰驱千里,并驾齐驱,难分高下,因此要他们彼此相服,实在是很难的。只有真正有德行的君子,能先自我审察,而后再衡量批评他人,才能避免以上的缺失。所以我做了这一篇评论他们的文章。

王粲擅长作辞赋,徐幹的文章虽然有齐人舒缓松弛的感觉,但好处仍可与王粲匹敌。比如王粲的《初征赋》《登楼赋》《槐赋》《征思赋》,徐幹的《玄猿赋》《漏卮赋》《圆扇赋》《橘赋》,就是张衡、蔡邕等辞赋大家的作品也不过如此。但是王、徐的其他作品,就不能这样好了。陈琳、阮瑀所作的章奏、疏表、尺牍、奏记等文体，都是现在最杰出的。应场的文笔和婉，但是不够豪壮；刘桢的文笔很豪壮，但是不够缜密；孔融的文笔风格高超美妙，有他人所不能及的地方，但是议论不能一贯，内容义理远不及文章的辞藻来得好，有时甚至夹杂些嘲弄游戏的笔调。但是作品高明的地方，倒也可和扬雄、班固等人的作品媲美。

一般人总是崇拜自己看不到的、古代遥远的作家，而轻视自己可看到的、当代近处的作品，羡慕虚无的名声，不讲求实际。且又犯了不能自知的毛病，常常自以为了不起。

其实文章的内容本质虽然相同，但在形式上技巧的表现是不一样的，比如奏议类的文体应该要典雅，书札和议论类的文体应该要有条理，碑铭和诔则应注意是否言过其实，诗赋则要求辞藻的华丽。这四类文体既不相同，因此一般作家大都只能做好一体，只有通才方能将各种体裁都做得很好。

文章的好坏重在风格，风格的清浊高下是天生的，不是靠勉强努力就可得到的。譬如音乐，尽管曲调板眼相同，音节旋律快慢也都一致，但是调气时，音量、音色就有高下之分，不能齐一了，这种巧妙笨拙完全靠平日修养得来，就是亲如父兄，也没有办法改变他们的子弟的。

文章，是维系国家文化的伟大事业，也是立言以永垂不朽的重要工作。人的寿命总有终了的时候，在社会上享受荣华富贵，也仅止于一辈子而已。这两样是迟早要结束的，不若文章那样可以流芳百世而无穷尽。因此古时的作家，把生命奉献给笔墨，把心意表现在作品篇章中，不必假借历史的记载，不必凭仗着权位的宣传，名声自然会流传于后世。所以像周文王在遭到幽禁时仍能推演《周易》，周公在显贵之时还能制礼作乐，不会因为穷困失意就不从事著作，也不因安康得意就另有打算而懈怠，这就是古人不爱惜径尺的玉璧，而重视一寸的光阴，实在是因怕空度时间啊！但是一般人多半不努力，贫贱时整日为饥寒担忧，富贵了又只顾贪玩逸乐而已。

于是只晓得俗事的安排，而忘掉千秋不朽的功业，岁月一天天消逝，身体也一天天衰老，转瞬间就跟万物一样消失不见了，这才是有理想抱负者最大的悲哀啊！

孔融等人都已逝世了，只有徐幹著有《中论》，完成了自己的专著。

（周益忠／编写整理）

出师表

诸葛亮

诸葛亮像

诸葛亮（181—234），字孔明，东汉琅邪都（今山东沂南南）人。亮父名珪，曾任泰山郡丞，与妻俱早逝，兼以时代动荡，因而亮自小跟叔父诸葛玄避难荆州。玄卒，亮躬耕陇亩，隐居隆中(今湖北襄阳西隆中山)，尝自比管仲、乐毅。刘备屯于新野时，因徐庶之荐，三顾其宅，亮为言天下大事，刘备大悦，因而连吴拒魏，收江南，平成都，及备即位为蜀汉昭烈帝，因拜为丞相。备崩，刘禅即位，被封为武乡侯。立志北伐，终因军粮不继，致出师未成身先死。谥号忠武。

亮长于军政，不以文名，然而有诸中形诸外，因而所得文章正气淳然，脍炙人口。晋陈寿作《三国志》，为之立传，并编次其文为《诸葛氏集》，清武威人张澎辑录有《诸葛忠武集》四卷。

背　景

蜀汉建兴五年（227），即魏明帝太和元年，吴黄武六年，诸葛亮在平定蜀南蛮族叛乱之后，于该年三月第一次率军北伐。魏文帝（曹丕）于前一年五月亡故，明帝（曹叡）新立，政治上正处于青黄不接之期，而蜀汉则号称"军资所出，国以富饶"，诸葛亮判断，现在正是打破偏安局面、北定中原的最好时机。

另一面，十九年前，即建安十三年（208），曹操大败刘备于当阳长坂，刘备抛妻弃子而逃，虽然在赤壁一战抵挡了曹魏南下之势，但无论先主或诸葛亮均以为奇耻大辱。《出师表》中所说"后值倾覆，受任于败军之际，奉命于危难之间"，即是指此而言。故此次北征，尚有雪耻复仇的感情因素。

但此次战争，因后勤补给及指挥调度极不理想而失利，最后以"挥泪斩马谡"作为悲剧的结束。四年后，即建兴九年（231），亮复北伐，杀魏将张郃，报当年街亭之仇。十二年（234），又亲率大军由斜谷出，这次战役又因粮草军需补给不继而失败，更悲惨的结局是诸葛亮有志难申，终于郁郁病卒军中。

影　响

诸葛亮在《出师表》中说："今南方已定，兵甲已足，当奖率三军，北定中原，庶竭驽钝，攘除奸凶，兴复汉室，还于旧都，此臣所以报先帝而忠陛下之职分也。"可见此次北伐以"兴复汉室，还于旧都"为最高目标。

但后主刘禅甚无进取之雄心，以偏安为满足；而蜀汉内部亦不甚和谐，派系倾轧的事件时有所闻，这些事实在《出师表》本文中正可看出。"讨贼兴复"之师屡遭败绩，出师之前已现端倪。

中国自秦王嬴政统一六国，更号始皇帝（前221）后，已建立统一的基础。四百年来，虽偶有变乱，而统一之政权终能维持不坠，统一的观念亦深契人心，诸葛亮率师北伐，便是建立在这种心理基础之上。但接二连三的失败，使得统一的理想破碎，割据的局面不得不维持下去。诸葛亮死后，蜀汉尚维持了二十九年才覆亡。此次天下鼎立，对东晋以后南北对峙、天下分裂有极大的影响。

当然，本文并不须对未来天下分裂负责，它只反映历史小说喜欢说的"天下分久必合、合久必分"的这一事实罢了。另外，本文较直接的影响是在文学和道德上。在文学上，它深受宋以来几乎所有文学家的垂青；在道德上，它与李密的《陈情表》则合称为教忠教孝的双璧。

原　文

臣亮言：先帝创业未半，而中道崩殂。今天下三分，益州疲弊，此诚危急存亡之秋也①。然侍卫之臣不懈于内，忠志之士亡身于外者，盖追先帝之殊遇，欲报之于陛下也。诚宜开张圣听，以光先帝遗德，恢弘志士之气；不宜妄自菲薄，引喻失义，以塞忠谏之路也。

宫中府中，俱为一体，陟罚臧否，不宜异同。若有作奸犯科，及为忠善者，宜付有司，论其刑赏，以昭陛下平明之治，不宜偏私，使内外异法也。

侍中、侍郎郭攸之、费祎、董允等，此皆良实，志虑忠纯，是以先帝简拔以遗陛下②。愚以为宫中之事，事无大小，悉以咨之，然后施行，必能裨补阙漏，有所广益也。将军向宠，性行淑均，晓畅军事，试用于昔日，先帝称之曰"能"，是以众议举宠为督③。愚以为营中之事，悉以咨之，必

---

① 天下三分：指建安二十五年（220），曹丕篡汉，国号魏，都洛阳。次年刘备据西蜀自立，国号汉，都成都。九年后（229），孙权据江东自立，国号吴，都建业（今南京）。即所谓三国鼎立。益州：今四川之巴蜀犍为郡，及峡西南部之建中，为蜀汉的主要领土。

② 侍中、侍郎：侍中主宫中乘舆服物，侍郎主更值执戟，宿卫宫门。时南阳郭攸之字演长，江夏费祎字文伟，为侍中；江陵董允字休昭，为黄门侍郎。

③ 向宠：襄阳宜城人，刘备时为牙门将。后主即位，封为都亭侯，为中都督。

能使行阵和睦,优劣得所也。亲贤臣,远小人,此先汉所以兴隆也;亲小人,远贤臣,此后汉所以倾颓也。先帝在时,每与臣论此事,未尝不叹息痛恨于桓、灵也①。侍中、尚书、长史、参军,此悉贞亮死节之臣也,愿陛下亲之信之,则汉室之隆,可计日而待也②。

臣本布衣,躬耕于南阳,苟全性命于乱世,不求闻达于诸侯③。先帝不以臣卑鄙,猥自枉屈,三顾臣于草庐之中,谘臣以当世之事,由是感激,遂许先帝以驱驰。后值倾覆,受任于败军之际,奉命于危难之间,尔来二十有一年矣④!先帝知臣谨慎,故临崩寄臣以大事也⑤。受命以来,夙夜忧叹,恐托付不效,以伤先帝之明。故五月渡泸,深入不毛⑥。今南方已定,兵甲已足,当奖率三军,北定中原,庶竭驽钝,攘除奸凶,兴复汉室,还于旧都,此臣所以报先帝而忠陛下之职分也。至于斟酌损益,进尽忠言,则攸之、祎、允之任也。愿陛下托臣以讨贼兴复之效;不效,则治臣之罪,以告先帝之灵。若无兴德之言,责攸之、祎、允等之慢以彰其咎。陛下

---

① 桓、灵:东汉末年桓帝(刘志)、灵帝(刘宏)因宠信宦官,引起党锢之祸及黄巾之乱,汉祚因衰。

② 尚书、长史、参军:尚书掌章奏、官布、图书等职,当时南阳陈震字孝起为之。长史为幕僚之长,时成都张裔字君嗣为之。参军掌军事参谋及文翰,时湘乡蒋琬字介琰为之。

③ 南阳:汉时郡名。辖河南西南及湖北北部,时诸葛亮隐居隆中,在湖北襄阳城西,即属南阳郡。

④ 倾覆:献帝建安十三年(208),刘备于湖北当阳市之长坂坡为曹操所败,退保夏口。二十有一年:即二十一年。孔明自建安十二年(207)出仕,至蜀汉建兴五年(227)出师上此表。前后共计二十一年。

⑤ 临崩:刘备于白帝城垂危时,诏敕后主云:“汝与丞相从事,事之如父。”时刘禅才十七岁。

⑥ 五月渡泸:南蛮孟获造反,后主建兴三年(225)春,孔明率军南征,五月渡泸,平定乱事。泸,今雅砻江之下游,名泸水,于西康会理县流入金沙江。

亦宜自谋，以谘诹善道，察纳雅言，深追先帝遗诏，臣不胜受恩感激①。

今当远离，临表涕泣，不知所云。

《诸葛忠武集》

译　文

　　臣诸葛亮上书言道：先帝所致力的兴复大业，还没完成一半，就中途病逝了。现在天下鼎足三分，我们的益州又民穷财乏，这真是生死存亡的重要关头啊！但是侍卫的大臣在朝廷里仍然勤奋不懈，忠勇的将士仍然在疆场上奋不顾身地保卫国家。这都是追念先帝的恩德，准备向您报答。您应该广开言路，多多听取他们的意见，以光大先帝的遗爱，扩大忠臣志士们的决心和勇气，不要随便看轻自己，引用一些不恰当的事情来做比喻，而堵塞忠臣们进谏的言路！

　　不论皇宫或丞相府都是一体，不论是赏善或罚恶，都不应该有不同的标准。假若有做了坏事犯法，和行善尽忠为国的，都应交给主管的官吏，依其功罪，加以赏罚，用来彰明陛下公平清明的政治作风，不可存有私心偏袒，使得内外有不同的法制。

　　像侍中郭攸之、费祎，侍郎董允等都是贤良忠实的人，志节忠贞，思想纯正，所以先帝特地选拔来留给陛下。臣私下以为宫中的事情，不论大小都要和他们商讨过后才付诸实行。一定可以补救遗漏和缺失，也可得到很多好处。将军向宠，性情和善，行为公正，又精通军事，从前曾经试用过，先帝称赞他很能干，所以大家公推他做都督。我认为凡是军营中的事情，都先和他商讨，然后去做，必定能够使军队和睦，而且按个人才能的优劣，

---

① 先帝遗诏：刘备临绝遗嘱，告诉刘禅云："勉之，勉之，勿以恶小而为之，勿以善小而不为，惟贤惟德，能服千人。"

安排他们适当的职位。亲近贤臣，远离小人，这是前汉先期强盛的原因；亲近小人，远离贤臣，这是后汉末期衰败的理由。先帝在世时，每次和我谈论到这事，没有不对桓帝、灵帝的无能叹息痛恨的。侍中郭攸之、费祎，尚书陈震，长史张裔，参军蒋琬这些人都是忠贞信实能够为国牺牲的大臣，希望陛下能够亲近他们，信任他们，那么重振大汉天威的日子，就指日可待了。

我原本是一介平民，在南阳以耕种为生，只求在乱世里苟且偷安，不希望受到当权者的赏识以求取功名。先帝竟不因臣的低微鄙陋，不顾自己的身份地位，先后三次到我的草庐来探看我，问臣有关当时天下的形势。因此我非常感激，就答应先帝为国事奔走效力。后来不幸遇到局势逆转，在我军败战，情势非常危急的时候奉命任职，到现在已经二十一年了。先帝知道我谨慎，而在临终之时把国家大事托付给我。接受遗命以来，我日夜忧虑勤奋，生怕先帝托付我的使命不能完成，有伤先帝知人之明。所以五月间带兵强渡泸水，深入到蛮荒地带。现在南方已平定，武器军备也充足，正应当激励三军的士气，领兵北伐，收复中原，希望能竭尽我微薄的能力，消灭反叛的元凶，以复兴汉朝，并且胜利回到旧都洛阳去。这是我用以报答先帝和尽忠陛下所应尽的职责。至于政治上权衡得失，对于应兴应革的事，如何竭力贡献好的意见，这是郭攸之、费祎、董允他们这些人的责任了。希望陛下把讨伐汉贼、光复汉室的任务交给我，如果不能尽到责，请判臣罪，以慰先帝在天之灵；如果在政治上没有进献忠言，增进陛下的德行，就斥责郭攸之、费祎、董允等人的怠慢，以彰明他们的缺失。陛下自己也应该多作考察，探访良好的道理，采纳忠善的建议，深切追念先帝临终前的遗言。我受了陛下的大恩，真不知该如何感激，现在就要远离陛下，写这篇表章的时候，不禁涕泗纵横，自己也不晓得到底在说些什么！

（周益忠、周志文／编写整理）

养生论

嵇　康

嵇康像

嵇康（223—262），字叔夜，三国魏谯郡铚县嵇山（今属安徽涡阳）人。年四十卒。少孤，为魏宗室婿，仕魏，官至中散大夫。崇尚老庄，因而俊逸超群，且又博学多闻，与阮籍等人并称竹林七贤。善鼓琴、精乐理，又工于诗文，司马氏掌权却不肯与之合作，因而为当道所忌。于景元中遭钟会诬陷，为司马昭所杀。所作多散佚，今传有《嵇中散集》。

背　景

中国的神仙方术之说，战国时代就有了。但将这种神思缥缈、诡异幽隐的外衣剥落，直接给予延年益寿的可能，其理论的建立，当推嵇康的《养生论》为首。

嵇康是魏晋清谈玄风的代表人物。中国文化思想在这时起了一个极大的变化，是严肃的儒家加上浪漫逍遥的道家。当时司马氏专权，政治残酷，社会乱离，人心惶惶，读书人没有安身立命的所在。一般文人放浪竹林，寄情诗酒，只好谈些不关时政的《老》《庄》《周易》。但嵇康却能另辟遁脱的天地，为他愤世嫉俗、鄙夷邪佞的思想感情，找一个合理的出路。所以喜欢在诗文中宣导颐性养寿、游仙归隐的思想，以化解苦闷时代的痛楚灵魂。虽然他认为修致神仙妙境，是靠天生异禀，但一般人只要身心调养得理，还是能跟彭祖比寿、安期争年的。所以《养生论》之作正是提供时人挣脱生死的极限，超越现实的苦闷，带来延年益寿的希望，并为炼丹服药的修持广开方便之门。无疑，这也是向黑暗动荡的时代作消极反抗的最佳注脚。

影　响

稽康才高识远，当时就有"卧龙"的美称。本传说他临刑时，太学生三千人请以为师，可见他在学术界的名望。他既崇尚老庄，又受道教的习染，影响到魏晋的学界风气，弥漫着恬淡虚无与服食养生的色彩。老庄是清谈玄理的素材，服食是颐性延寿的凭借，魏晋名士由此管道放浪形骸，遁迹于逍遥的天地，安顿他们悲愤苦楚的灵魂和生命。

《养生论》相信人通过身心的修炼，可以达到延年益寿的可能，于是导引吐纳、丹鼎养生的学理遂在士大夫间流行，而服用五石散的风气也大行于世。其对道教的发展，有着深远的影响，对中国医药养生以及百科众技之学的贡献也很大。况此种俗化了的老庄修为，无疑替文学注入了一股浪漫神奇且诡异迷离的色彩，提供了传奇志怪与游仙蹈隐的文学绝佳的铺排题材。

唯后人批评魏晋人多狂而懒，大抵跟饮酒服药有关。饮酒容易狂妄，服药导致疏懒，所以"在家则丧纪废，在朝则公务废"。这也是《养生论》负面的作用吧！

原　文

世或有谓神仙可以学得，不死可以力致者；或云上寿百二十，古今所同，过此以往，莫非妖妄者①。此皆两失其情，请试粗论之：夫神仙虽不目见，然记籍所载，前史所传，较而论之，其有必矣。似特受异气，禀之自然，非积学所能致也，至于导养得理，以尽性命，上获千余岁，下可数百年，可有之耳。而世皆不精，故莫能得之，何以言之？

夫服药求汗，或有弗获，而愧情一集，涣然流离；终朝未餐，则嚣然思食，而曾子衔哀，七日不饥；夜分而坐，则低迷思寝，内怀殷忧，则达旦不瞑；劲刷理鬓，醇醴发颜，仅乃得之，壮士之怒，赫然殊观，植发冲冠②。由此言之，精神之于形骸，犹国之有君也，神躁于中，而形丧于外，犹君昏于上，国乱于下也。夫为稼于汤之（一无"之"字）世，偏有一溉之功者，虽终归燋烂，必一溉者后枯，然则一溉之益，固不可诬也。而世常谓一怒不足以侵性，一哀不足以伤身，轻而肆之，是犹不识一溉之益，而望嘉谷于旱苗者也。是以君子知形恃神以立，神须形以存，悟生理之易失，知一过之害生，故修性以保神，安心以全身，爱憎不栖于情，忧喜不留于意，泊然无感，而体气和平，又呼吸吐纳，服食养身，使形神相亲，表里俱济也③。

夫田种者一亩十斛谓之良田，此天下之通称也，不知区种可百余斛，田种一也，至于树养不同，则功收相悬，谓商无十倍之价，农无百斛之望，

<hr />

① 上寿百二十：《养生经》黄帝问天老曰："人生上寿一百二十年，中寿百年，下寿八十年。而竟不然者，皆夭耳。"

② 曾子衔哀：《礼记》曾子谓子思曰："伋，吾执亲之哀也，水浆不入于口者七日。"植发冲冠：《淮南子》曰："荆轲为燕太子丹刺秦王……荆轲瞋目裂眦，发直冲冠。"又见《史记·刺客列传》。

③ 呼吸吐纳：《庄子》："吹呴呼吸，吐故纳新，为寿而已矣。"

此守常而不变者也①。

且豆令人重，榆令人瞑，合欢蠲忿，萱草忘忧，愚智所共知也；薰辛害目，豚鱼不养，常世所识也②。虱处头而黑，麝食柏而香，颈处险而瘿，齿居晋而黄③。推此而言，凡所食之气，蒸性染身，莫不相应，岂惟蒸之使重而无使轻，害之使暗而无使明，薰之使黄而无使坚，芬之使香而无使延哉？故神农曰：上药养命，中药养性者，诚知性命之理，因辅养以通也④。

而世人不察，惟五谷是见，声色是耽，目惑玄黄，耳务淫哇，滋味煎其府藏，醴醪鬻其肠胃，香芳腐其骨髓，喜怒悖其正气，思虑销其精神，哀乐殃其平粹。夫以蕞尔之躯，攻之者非一途，易竭之身，而外内受敌，身非木石，其能久乎？其自用甚者，饮食不节，以生百病；好色不倦，以致乏绝；风寒所灾，百毒所伤。中道夭于众难，世皆知笑悼，谓之不善持生也。至于措身失理，亡之于微，积微成损，积损成衰，从衰得白，从白得老，从老得终，闷若无端，中智以下，谓之自然，纵少觉悟，咸叹恨于所遇之初，而不知慎众险于未兆。是由桓侯抱将死之疾，而怒扁鹊之先见，以觉痛之日，为受病之始也⑤。害成于微，而救之于著，故有无功之治；驰

---

① 区种：分区耕种。《齐民要术·种谷》："《氾胜之书·区种法》曰：'汤有旱灾，伊尹作为区田，教民粪种，负水浇稼。……诸山陵近邑高危倾阪及丘城上，皆可为区田。'"

② 豆令人重：《泛方小品》仓公对黄帝曰："大豆多食，令人身重。"榆令人瞑：《博物志》曰："啖榆则瞑不欲觉也。"

③ 虱处头而黑：《抱朴子》曰："今头虽着身，皆稍变而白，身虱处头，皆渐化而黑。"

④ "神农曰"数句：见《本草纲目》。

⑤ 扁鹊：《史记·扁鹊传》："扁鹊过齐，齐桓侯客之。入朝见曰：'君有疾，在腠理，不治将深。'桓侯曰：'寡人无疾。'扁鹊出。桓侯谓左右曰：'医之好利也，欲以不疾者为功。'……后五日，桓侯体病，使人召扁鹊，扁鹊已逃去。桓侯遂死。"

骋常人之域，故有一切之寿。仰观俯察，莫不皆然。以多自证，以同自慰，谓天地之理，尽此而已矣。纵闻养生之事，则断以所见，谓之不然；其次狐疑，虽少庶几，莫知所由；其次自力服药，半年一年，势而未验，志以厌衰，中路复废。或益之以涫畎，而泄之以尾闾，欲坐望显报者；或抑情忍欲，割弃荣愿，而嗜好常在耳目之前，所希在数十年之后，又恐两失，内怀犹豫，心战于内，物诱于外，交赊相倾如此复败者。

夫至物微妙，可以理知，难以目识。譬犹豫章，生七年然后可觉耳。今以躁竞之心，涉希静之途，意速而事迟，望近而应远，故莫能相终。夫悠悠者既以未效不求，而求者以不专丧业，偏恃者以不兼无功，追术者以小道自溺，凡若此类，故欲之者万无一能成也。

善养生者，则不然矣①。清虚静泰，少私寡欲。知名位之伤德，故忽而不营，非欲而强禁也；识厚味之害性，故弃而弗顾，非贪而后抑也。外物以累心不存，神气以醇白独著。旷然无忧患，寂然无思虑，又守之以一，养之以和，和理日济，同乎大顺②。然后蒸以灵芝，润以醴泉，曝以朝阳，绥以五弦，无为自得，体妙心玄，忘欢而后乐足，遗生而后身存。若此以往，庶可与羡门比寿，王乔争年，何为其无有哉③？

《嵇中散集》上卷三

---

① 善养生者：《庄子》广成子谓黄帝曰："必静必清，无劳汝形，无摇汝精，乃可以长生。"
② 守之以一：老子曰："圣人抱一为天下式。"
③ 羡门：《史记》："始皇之碣石，使燕人卢生求羡门。"羡门乃古仙人，其事不详。王乔：《列仙传》曰：王子乔，周灵王太子晋。道人浮丘公接以上嵩山。

译　文

　　世人有的以为真有神仙，神仙可以修炼而得，也可以靠人力达成长生不老的愿望；另一派则以为人的寿命顶多一百二十岁，这是自古以来都一样的。超过一百二十岁，那就是妖怪之类了。这两种说法，都有些偏差，因而我也提出个人的粗浅看法：神仙虽无人看到，但是书籍上已有记载，故事早已有人传述，由此看来，有神仙是没问题的。这似乎是由于他们天生异秉，超越常人，且非单靠下苦功夫就达到目的。有的调养得当，可以享尽天年，上者可活千余载，下者也可有数百岁的寿命。但是世人都因不能精通此道，所以没能了解，这是为何呢？

　　服食药物，希望有药效，早些流汗，却往往流不出汗，但是只要内心一惭愧交加，汗水即不停地流出。一天不吃饭，就自自然然地想吃饭，但是曾子守丧含哀，虽然七日不食，也不饥饿。夜半时候一坐下来，就慢慢地想睡觉，但假若内心忧伤，就往往辗转反侧，彻夜不眠。梳头理发，豪饮美酒，想要容光焕发，却往往仅能差强人意，但是壮士一怒，就非常有得看了，脸红脖子粗，怒发都要冲冠。由此看来，精神对于形躯的重要，就像国家必有君主一样。精神烦躁于内，那么形躯必定颓丧于外；又像国家，在上的君主昏庸，在下必定全国大乱一样。商汤之时，种谷物曾连年旱灾，而曾经灌溉过的田地，虽然最后也会跟其他田地一样成为焦土，但是经过灌溉的，必定最后才干枯。因而灌溉的效用，实在是不可抹杀的啊。然而世人常常以为：偶一发怒，不足以侵犯本性，偶一哀伤，也不会伤害身心，因而就任精神悲喜交加，这就是不了解一次灌溉的效用有限，就又好比在旱灾之时灌溉农作物有美好的收成一样。所以君子知道形貌须靠精神来支持，而精神则寄托在形貌上，且领悟到人的生命容易飘逝，知道偶然的错误将残害身心，因而勤修本性以保全精神，安定心意来养护身体，爱恨忧喜不在情意中发作。淡泊无虑、体气和平，再加上训练呼吸吐纳的内丹功，及服食辟谷来养身，使得精神体貌能相依相赖，外表内心也能相辅相成。

种田者，一亩田能有百斗的收入，就叫作良田，这是一般人以为如此的，不知分小区域来耕种，一小区的收成可达千余斗。同样是种田，由于方式不同，那收成也就悬殊了，若说经商没有十倍的利润，种田没有千斗的收成，这是固守而不知变通的人。

食豆多时，身体较为笨重、行动也迟缓；贪食榆钱则令人昏睡；种了合欢树，使人了无牵挂，不再愤怒；有了萱草，可以忘掉忧愁，这是不管谁都知道的。辛辣的大蒜有害眼睛，不吃河豚，这也都是常识。头虱藏于身体，将逐渐变白，身虱若藏于头发，将渐渐变黑；麝鹿因常吃柏叶而带有香气；处在险地的人，由于饮水不洁，因而颈部容易肿大；在山西一带的人，牙齿容易变黄。由此说来，人所吃的东西气性如何，将熏染人身，且无不相应，这难道只是因为蒸过之后才加重病情，害他才昏暗不明，熏陶后才变黄而不能坚硬，芬芳之后只是变香而不能延年吗？所以神农氏说，好药为君主养命，中药为臣下养性。实在是知道性命的道理，顺着养心来导引的。

但是世人不察，只见到五谷之美，只沉溺于声色，且又只将眼睛迷于五光十色，将耳朵沉浸在淫荡的音乐，让五脏六腑填满各种刺激或醇美的食物，于是这芬芳美味的东西已深入其骨髓，而情志也就不依正道而行，变成喜怒无行了。更且殚竭思虑，损害了他的精神。以人如此小小的身躯，竟然要遭到这样多的攻击，这样容易穷困的身体，竟然要内外受敌。人身并非金石那样坚硬，怎能维持长久？更糟糕的是，有些人还因饮食没有节度，以至于生了百病，或者纵欲过度，以至于身体虚耗，加上遇到了风寒，而为百毒所伤害，以至于没多少岁就死了。世人都会知他不善养生，又哀其生命短促。但是假若对于身子不善调理，因而日积月累，越积越多，以至于耗损了身子，身体衰弱了，头发灰白了，而形貌也就老化以至于死去，就这样无声无息地走了。一般人却都以为这是自然。纵然当初他们稍有觉悟，也只感叹发病的时候，而不知事先就要预防。这就像当初齐桓公已经生了足以致死的重病，却愤怒名医扁鹊的先见之明，都将感到病痛的那一天当作得病的关键所在。祸害起于细微之处，要医治时却已经很显明，几乎病入膏肓了，所以才有没办法医治的病。就这样习于这种见解，以为这是一般凡人的寿命了。俯观宇宙，无不都是如此，因而以为大家都一样，来相互慰藉，说到天地的道理，就是如此罢了。纵然听到有所谓养生的事情，也以自己所见，认为那是不可能的。其次也是半信半疑，虽然有些相信，却也不知道理何在。再其次则想自己服食丹药来求得神仙的岁寿。可是一年半载，并没有效用之后，心意就渐渐厌烦，以至于半途而废。有的虽然稍能养身，但是耗损身子的地方却更为激烈，竟然也希望能有意想不到的结果。也有的压抑自己的情欲，割舍人间的荣华富贵，却也免不了人间短暂的嗜好，又盼望几十年之后能有所得，嗜欲跟盼望两者交战，恐怕两者都没得到，因而内心交战，而外物又加以引诱，于是最后没有办法抵抗，因而也是徒劳无功。

最精微的事物本身非常微妙，可以意会得到，却难以看得到，就好像豫章树要生长七年以后，才能辨别得出一样。如今竟想以浮躁贪婪的心去追求虚无寂静的目标，盼望的意念很急切，但效果却很缓慢，所以终究没有个好结果。普天之下于是就以为既没有办法成功，因而不去追求，而追求长生的人也因为不能专心于此而失败。仗恃自己身体好者，则因为不能摄生最后还是不能长命，而追逐长寿者，更往往为了小小的享受而陷溺下去。凡此种种，可知想要长寿者，几乎无人可以成功。

善于护养身子的人就不一样了，他的精神清虚寡欲、安静、舒泰。知道功名地位有伤德行，因而不去在意，更不会去追逐，并不是想要追逐而勉强禁止。他知道人间美味将伤害本性，所以抛弃它且不屑一顾，而并非贪食而勉强压抑。外事足以拖累身心，因而精神不放在此，只留下纯粹且清静的内心。内心空旷没什么忧患，精神寂寥也没什么好烦恼的，以一元来持守不使紊乱，且又以和气来养身，这样日复一日地修养，而达到天理的最高境界。然后再以灵芝草来熏身，以天下的美泉来滋润它，再则吸取朝阳的精气，以五弦琴来调节气息，就这样无所为的自得其乐，因而体气高超，心意玄妙，如此忘掉欢喜而得到天下的至乐，忘掉了生命，却得以保全身体而能长命。自此以后就可跟古代的仙人羡门、王子乔的长寿并驾齐驱了，因而怎么可以说没有长寿这一回事呢？

（周益忠、沈宝春／编写整理）

徙戎论

江　统

　　江统（？—310），字应元，西晋陈留圉（今河南杞县西南）人。官至散骑常侍。永嘉之乱时，避难成皋，旋卒。有赋、颂、表、奏传世，以《徙戎论》最著，为世所称，见《晋书》卷五十六。

背　景

　　民族融合是极困难的过程，往往须付出大规模流血斗争的代价！从歧视、误解、流血冲突、报复，到了解、相互影响融合，再共创新文化、合成新的民族要付出长期的时间、血汗和泪水，要历经大至国恨家仇，小至个人恩怨等复杂、纠结的苦痛。但这些苦痛又如分娩的阵痛，它带来的新生与希望让人于事后深感值得。

　　所以，抢先一步徙戎以避祸，或误了时机待祸及身，到底对中华民族的命运是好是坏，这要看用什么角度评断。就汉族本位的角度或历史短期利益的角度来看，是可悲可叹的；然而若就中华民族整体的角度或历史长期利益的角度来看，是件亦悲亦喜、由悲转喜的事。

影　响

　　江统的《徙戎论》是一篇与中国中古史的发展有着极为密切关系的文章，它表现出一种先见之明的政治智慧。但很不幸，这种智慧并未被主政者采行，而坐失防患未然之良机，反成为一串逆料中原残破、胡汉流血交斗的悲切预言。假设江统的《徙戎论》得以实行，则五胡乱华的历史惨剧或可不必上演；但胡汉之间的种族大量融合、中华民族的更新、南方的开发或许也会因此而晚上千百年？

当然，反于历史事实的假设，对史实的探究并不具意义，但却有助于分析某项政策或作为对历史事实发展的重要性。依此看来，江统的《徙戎论》虽没有积极地改变历史的发展方向，但却消极地证明，在西晋时，华夷杂处，胡族内移中原的事实如不调整，华夏民族的政权命脉必将受到危害——即汉族将因此失去统治中国的主宰权。

原　文

夫夷蛮戎狄，谓之四海，九服之制，地在要荒①。春秋之义，内诸夏而外夷狄。以其言语不通，贽(zhì)币不同，法俗诡异，种类乖殊。或居绝域之外，山河之表，崎岖川谷阻险之地，与中国壤断土隔，不相侵涉。赋役不及，正朔不加，故曰天子有道，守在四夷②。禹平九土，而西戎即叙，其性气贪婪，凶悍不仁③。四夷之中，戎狄为甚。弱则畏服，强则侵叛。虽有贤圣之世，

---

① "九服之制"二句：九服，据《周礼·夏官·职方氏》为：侯服、甸服、男服、采服、卫服、蛮服、夷服、镇服、藩服。依距离远近服事于天子者。又，《尚书·禹贡》作"五服"，依距离远近而为侯服、甸服、绥服、要服、荒服。以要、荒最远，而为蛮夷聚集之所。《国语·周语上》："夷蛮要服"，"戎狄荒服。"韦昭注："要结好信而服从之也。荒者，言荒忽无常也。"

② 正朔不加：指中国的历法不施行于此。古改朝换代，新朝为表示应天承运，须重定正朔，而外藩为表示服从须奉正朔。正朔不加，即中国政府的威力所不及。守在四夷：指华夏为一，四夷为天子戍守边土。

③ 西戎即叙：指西方之部族皆就次序。《尚书·禹贡》："织皮，昆仑，析支，渠搜，西戎即叙。"

大德之君，咸未能以道化率导，而以恩德柔怀也。当其强也，以殷之高宗武丁，而憇于鬼方，有周文王，而患昆夷、猃狁，高祖困于白登，孝文军于霸上①。及其弱也，周公来九译之贡，中宗纳单于之朝，以元成之微，而犹四夷宾服，此其已然之效也②。

故匈奴求守边塞，而侯应陈其不可③。单于屈膝未央，萧望之讲以不臣④。是以有道之君牧夷狄也，惟以待之有备，御之有常。虽稽颡执贽，而边城不弛固守⑤。为寇贼强暴，而兵甲不加远征。期令境内获安，疆埸不侵而已。

及至周室失统，诸侯专征。以大兼小，转相残灭。封疆不固，而利害异心。戎狄乘间，得入中国。或招诱安抚，以为己用。故申缯之祸，颠覆宗周⑥。襄公要秦，遽兴羌戎⑦。当春秋时，义渠，大荔，居秦晋之

---

① 鬼方：商朝时西北族名。《易·既济》："高宗伐鬼方，三年克之。"《竹书经年上·武丁》："三十二年，伐鬼方，次于荆。"昆夷、猃狁：皆西北的部族。昆夷指西戎。猃狁即秦汉之匈奴。《诗·小雅·采薇序》："文王之时，西有昆夷之患，北有猃狁之难。"白登：山名，在山西大同市之东。《史记》卷九十三《韩王信传》载：汉七年，匈奴冒顿围高祖于白登。霸上：地名，在今陕西咸阳市东。文帝为防备匈奴，屯军于霸上、棘门、细柳。见《史记·周勃世家》。

② 九译：极言道远之国，因其与本国言语不通，须经多次翻译方能了解。《汉书·贾捐之传》："越裳氏重九译而献。"元成：汉元帝、成帝，时外戚王氏专权，国势渐衰。

③ 侯应：西汉时人，元帝时，匈奴单于请边塞守备，侯应以为不可。

④ 萧望之：汉东海兰陵（治今山东兰陵西南兰陵镇）人。宣帝时为御史大夫，元帝即位以师傅见重。后为人排挤，自杀。

⑤ 稽颡：原为居丧时孝子跪拜宾客之礼，引申为请罪。执贽：即送礼。《周礼》："蕃国世一见，各以其所贵宝为贽。"

⑥ 申缯之祸：《史记·周本纪》幽王宠褒姒，"废申后，去太子也，申侯怒与缯、西夷、犬戎攻幽王"。西周因此而亡，此即申缯之祸。申，周时国名，为姜姓之国。缯，亦周时诸侯，姒姓，夏禹之后。

⑦ 襄公要秦：秦公尝于西戎乱时将兵救周，战甚力有功，且以兵送平王，平王封襄公为诸侯。赐之岐以西之地，襄公于是始国。见《史记·秦本纪》。

城①。陆浑、阴戎，处伊洛之间②。鄋瞒之属，害及济东，侵入齐宋，陵虐邢卫③。南夷与北狄交侵，中国不绝若线，齐桓攘之，存亡继绝。北伐山戎，以开燕路④。故仲尼称管仲之力，嘉左衽之功。

逮至春秋之末，战国方盛。楚吞蛮氏，晋翦陆浑⑤。赵武胡服开榆中之地，秦雄咸阳灭义渠之种⑥。始皇之并天下也，南兼百越北走匈奴，五岭长城，戎卒亿计⑦。虽师役烦殷，寇贼横暴。然一世之功，戎虏奔却，当时中国，无复四夷也。

汉兴而都长安。关中之郡，号曰三辅⑧。夷贡雍州，宗周丰镐之旧也。及至王莽之败，赤眉因之⑨。西都荒毁，百姓流亡。建武中，以马援领

---

① 义渠：古西戎国，在今甘肃境，战国时为秦所灭，置义渠县，属北地郡。大荔：古西戎国之一，秦厉共公十六年（前461）为秦灭，秦于此置临晋县，晋时改名为大荔县。
② 陆浑：春秋时秦晋二国使居于其地之"允姓之戎"迁至伊川，名之为陆浑。汉置陆浑县，故城在今河南嵩县东北。阴戎：居于阴地之戎。《后汉书》卷八十七《西羌传》："在河南山北者号曰阴戎。"亦名陆浑之戎。
③ 鄋瞒：春秋狄国名，传为防风氏之后。活动于今山东境。春秋时，鄋瞒曾侵齐，为齐所败，长狄侨如死，后来又先后进攻晋齐卫诸国，直到长狄侨如之弟焚如、荣如、简如先后被俘，国遂亡。
④ 山戎：亦名北戎，春秋时与齐、郑、燕等国相接，地约在今河北东部。
⑤ 楚吞蛮氏：《左传·昭公十六年》："楚子闻蛮氏之乱也，与蛮子之无质也，使然丹诱戎蛮子嘉杀之。"其地在今河北高碑店市。
⑥ 赵武胡服：指赵武灵王着胡服，以利骑射，详见《史记·赵世家》。榆中：今陕西榆林市榆阳区东北，战国时林胡所居。
⑦ 南兼百越：《史记·南越尉佗列传》："秦时已并天下，略定扬越，置桂林、南海、象郡。"北走匈奴：《史记·秦本纪》："始皇乃使将军蒙恬发兵三十万人北击胡，略取河南地。……西北斥逐匈奴。"
⑧ 三辅：左右内史及都尉，为西汉治理京兆的三职官。
⑨ 赤眉：王莽建新朝时，起来反抗的群众，以眉毛涂成红色而得名。曾入主长安，后为刘秀所败。

陇西太守，讨叛羌，徙其余种于关中，居冯翊、河东空地，而与华人杂处①。数代之后，族类蕃息，既恃其肥强，且苦汉人侵之。永初之元，骑都尉王弘使西域，发调羌氐，以为行卫②。于是群羌奔骇，互相扇动。二州之戎，一时俱发。覆没将守，屠破城邑。邓骘之征，弃甲委兵③。舆尸丧师，前后相继，诸戎遂炽，至于南入蜀汉，东掠赵魏。唐突轵关，侵及河内④。乃遣北军中侯朱宠，将五营士于孟津距羌⑤。十年之中，夷夏俱弊。任尚、马贤仅乃克之。此所以为害深重，累年不定者。虽由御者之无方，将非其才，亦岂不以寇发心腹，害起肘腋，疢笃难疗，疮大迟愈之故哉？

自此之后，余烬不尽。小有际会，辄复侵叛。马贤狃忕，终于覆败。段颎临冲，自西徂东⑥。雍川之戎，常为国患。中世之寇，惟此为大。汉末之乱，关中残灭。魏兴之初，与蜀分隔，疆场之戎，一彼一此，魏武皇帝令将军夏侯妙才讨叛氐阿贵千万等⑦。后因拔弃汉中，遂徙武都之种于秦川，欲以弱寇强国，扞御蜀虏⑧。此盖权宜之计，一时之势，非所以为万世之利也。今者当之，已受其弊矣。

---

① 建武：光武帝（刘秀）的年号，自公元 25 年至 55 年。

② 永初：东汉安帝（刘祜）的年号，自公元 107 年至 113 年。

③ 邓骘：后汉和帝后兄，官东骑将军，仪同三司，讨平西羌之叛，拜大将军，以节俭、进贤士著称，后为人陷害，不食而死。

④ 轵关：地名，为太行八陉第一陉，军事要卫。河内：河南黄河北岸一带。

⑤ 朱宠：字仲威，后汉京兆（今陕西西安）人，为颍川太守，顺帝时拜太尉。

⑥ 段颎：字纪明，东汉武威姑臧（今甘肃武威）人，官中郎将，在边十余年，屡破羌众，官至太尉。

⑦ 夏侯妙才：即夏侯渊。随曹操任征西将军，守汉中。叛氐阿贵千万：即略阳清水氐杨驹之孙，后附魏封为百顷王。

⑧ 武都：在今甘肃成县西，汉时置，为武都郡治，为白马氐居住地。

夫关中土沃物丰，厥田上上。如以泾渭之流，溉其舄卤。郑国白渠灌浸相通，黍稷之饶，亩号一钟。百姓谣咏其殷实，帝王之都，每以为居，未闻戎狄宜在此土也①。非我族类，其心必异。戎狄志态，不与华同。而因其衰弊，迁之畿服。士庶玩习，侮其轻弱。使其怨恨之气毒于骨髓，至于蕃育众盛，则坐生其奸心。以贪悍之性，挟愤怒之情。候隙乘便，辄为横逆。而居封域之内，无障塞之隔，掩不备之人，收散野之积。故能为祸滋蔓，暴害不测，此必然之势，已验之事也。

当今之宜，宜及兵威方盛，众事未罢，徙冯翊、北地、新平、安定界内诸羌，著先零、罕开、析支之地②。徙扶风、始平、京兆之氐，出还陇右，著阴平武都之界③。廪其道路之粮，令足自致。各附本种，反其旧土。使属国抚夷，就安集之。戎晋不杂，并得其所。上合往古即叙之义，下为盛世永久之规。纵有猾夏之心，风尘之警，则绝远中国，隔阂山河。虽为寇暴，所害不广。是以充国子明，能以数万之众，制群羌之命④。有征无战，全军独克。虽有谋谟深计，庙胜远图，岂不以华夷异处，戎夏区别，要塞易守之故，得成其功也哉？

---

① 帝王之都：周朝都丰镐，秦都咸阳，汉都长安，皆关中之地。

② 冯翊：即左冯翊，东汉改为冯翊郡，即今陕西大荔县治。

③ 陇右：陇山以西至黄河以东之地，约今甘肃境内。阴平：阴平郡，即今甘肃文县西北。有阴平道，阴平、武都皆旧白马氏所居地。

④ 充国子明：充国，汉赵充国；子明，汉冯奉世之字。充国及子明皆有功于边疆，冯奉世尝发兵击沙车，又破陇西西羌，以公赐关内侯，赵充国则以骑都尉将骑三千，屯备羌。

难者曰：方今关中之祸，暴兵二载，征戍之劳，老师十万[①]。水旱之害，荐饥累荒，疫疠之灾，札瘥夭昏。凶逆既戮，悔恶初附。且款且畏，感怀危惧。百姓愁苦，异人同虑。冀宁息之有期，若苦旱之思雨露。诚宜镇之以豫。而子方欲作役起徒，兴功造事。使疲瘁之众，徙自猜之寇；以无谷之人，迁乏食之虏。恐势尽力屈，绪业不卒。羌戎离散，心不可一。前害未及弭，而后变复横出矣。

答曰：羌戎狡猾，擅相署号。攻城野战，伤害牧守，连兵聚众，载离寒暑矣。而今异类瓦解，同种土崩，老幼系虏，丁壮降散，禽离兽逃，不能相一。子以此等为尚挟余资，悔恶反善，怀我德惠，而来柔附乎？将势穷道尽，智力俱困。惧我兵诛，以至于此乎？曰无有余力，势穷道尽故也。然则我能制其短长之命，而令其进退由已矣。夫乐其业者不易事，安其居者无迁志。方其自疑危惧，畏怖促遽。故可制以兵威，使之左右无违也。迨其死亡流散，离逖未鸠，与关中之人户皆为仇[②]。故可遏迁远处，令其心不怀土也。夫圣贤之谋事也，为之于未有，理之于未乱。道不著而平，德不显而成。其次则能转祸为福，因败为功。值困必济，遇否能通。今子遭弊事之终，而不图更制之始。爱易辙之勤，而得覆车之轨。何哉？且关中之人，百余万口。率其少多，戎狄居半。处之与迁，必须口实。若有穷乏糁粒不继者，故当倾关中之谷，以全其生生之计。必无挤于沟壑，而不为侵掠之害也。今我迁之，传食而至。附其种族，自使相赡。

---

① 关中之祸：指晋惠帝元康六年至八年（296—298），羌氐造反，立齐万年为帝，至九年（299）正月，始为孟观所破。

② 离逖未鸠：远离分散，没聚集在一起。逖，远。鸠，聚集。

而秦地之人，得其半谷。此为济行者以廪粮，遗居者以积仓。宽关中之逼，去盗贼之原。除旦夕之损，建终年之益。若惮易举之小劳，而忘永逸之弘策。惜日月之烦苦，而遗累世之寇敌。非所谓能开物成务，创业垂统。崇基拓迹，谋及子孙者也。

并州之胡，本实匈奴，桀恶之寇也。汉宣之世，冻馁残破，国内五裂，后合为二呼韩邪[①]。遂衰弱孤危，不能自存。依阻塞下，委质柔服。建武中，南单于复来降附，遂令入塞，居于漠南。数世之后，亦辄叛戾，故何熙、梁觐戎车屡征[②]。中平中，以黄巾贼起，发调其兵。部众不从，而杀羌渠。由是于弥扶罗求助于汉，以讨其贼。仍值世丧乱，遂乘衅而作。卤掠赵魏，寇至河南。建安中，又使右贤王去卑诱质呼厨泉[③]。听其部落，散居六郡。咸熙之际，以一部太强，分为三率。泰始之初又增为四，于是刘猛内叛，连结外虏[④]。近者郝散之变，发于谷远[⑤]。今五部之众，户至数万，人口之盛，过于西戎。然其天性骁勇，弓马便利，倍于氐羌。若有不虞，风尘之虑，则并州之域，可为寒心矣。

荥阳句骊，本居辽东塞外[⑥]。正始中，幽州刺史毌丘俭伐其叛者，徙

---

① 呼韩邪：匈奴单于名号，降于汉。汉元帝以王昭君嫁之。
② 何熙：东汉阳夏（治今河南太康）人，永初间南单于与乌桓反，以熙行车骑将军事征之，暴疾卒。梁觐：多写作"梁慬"，东汉北地弋居（今甘肃宁县南）人。南单于与乌桓反时，诏其行度辽将军事。
③ 呼厨泉：南匈奴持至尸逐侯单于弟，兴平中立为单于后朝汉，曹操留其于邺，遣右贤王去卑监其国。
④ 刘猛：东汉熹平时为司隶校尉，以救党人得罪曹节、王甫等。
⑤ "郝散之变"二句：《通鉴》卷八十二《晋纪四》"元康四年"："夏五月，匈奴郝散反，攻上党，杀长吏。"谷远，汉上党郡之地，今山西沁源县南，又名孤远。
⑥ 荥阳：在今河南境内。

其余种①。始徙之时，户落百数，子孙孳息，今已千计。数世之后，必至殷炽。今百姓失职，犹或亡叛。犬马肥充，则有噬啮。况于夷狄，能不为变。但顾其微弱，势力不陈耳。

夫为邦者，患不在贫，而在不均；忧不在寡，而在不安。以四海之广，士庶之富，岂须夷虏在内，然后取足哉？此等皆可申谕发遣还其本域，慰彼羁旅怀土之思，释我华夏纤介之忧。惠此中国，以绥四方②。德施永世，于计为长。

《全晋文》

译 文

东夷、南蛮、西戎及北狄，是居住在中国四境的胡人，也叫作四海。照《周礼》的九服制度，他们是在最遥远的荒服和要服。春秋大义，是要所有的华夏民族团结一致来对抗四周的夷狄。因为夷狄的语言和中国不能相通，所用的货币也有不同，法律风俗往往奇诡怪异，而人种也跟中原的人相差很多。他们原本居住在极为遥远的地方，亦即中国山河以外之处。所居地山谷河川崎岖不堪，地势亦都险阻，跟中国土壤不相接连，双方互不干涉。中国政府不向他们征收赋税，他们也不奉中国的年号。所以说有道的天子宣导六教，华夏为一，四夷皆为天子守边土。大禹治好了洪水，安定了九州的土地，连西戎的部族也都来就序。但是他们天性贪得无厌，而且凶狠剽悍，不守仁义。在四种外族中，以戎狄为最。势力衰弱时就会因害怕而归顺，强大时就反过来要侵略叛变了。虽然有圣贤出生的治世，有伟大德

---

① 毌丘俭：字仲恭，三国魏人。正始中，讨高句丽有功。
② "惠此中国"二句：语见《诗·大雅·民劳》。

化的国君，也不能以道德教化来开导他们，使他们感恩而真正地归顺。当他们强大时，以贤名著称的殷高宗武丁，却也为了鬼方而举国疲惫不堪；以周文王的文德，却为昆夷、猃狁等国的侵犯而困扰；汉高祖也被匈奴围困在山西的白登山；汉文帝则为了防备匈奴，而屯军于霸上。等到夷狄柔弱了，比如周公之时，夷狄从遥远的地方透过重重翻译也来朝贡。汉朝在元帝、成帝的衰微之世，四夷依然臣服，这是因为在既有的规模上，已有了些许的成效。

所以，匈奴要来住在边塞地区，而侯应向皇上陈述决不可以的理由。单于于未央宫前卑躬屈膝，萧望之犹认为他们没有真心臣服。有仁德的国君，要驯服夷狄之人，只有随时准备，平常就要注意防御。纵使戎狄请罪、送礼、执礼有加，也不肯松弛了边城的防守。因为这些边寇的盗贼向来就很残暴，但是我们的军队却无法到遥远的敌境去攻打他们，只求国内能获得安宁，边疆无人来侵略而已。

直到东周时，王室失去了统御天下的权威，由诸侯来行天子的征伐之事，大国因而兼并小国，互相攻打并吞，因而国境不能安固，而且彼此利害关系不同，所以互不相信。戎狄乘着这个机会，侵入中国。有时甚至招抚或引诱中土百姓来加以利用，所以申侯、缯侯竟联合西夷、戎狄攻杀幽王，而灭了西周；而襄公也乘机要了岐山以西为秦地，建立了秦国，羌戎也一时勃兴，成为中国的边患。当春秋之时，西戎的义渠、大荔住在秦国、晋国的领土之内，陆浑、阴戎这两个西戎住在伊水、洛水之间。狄国的鄋瞒曾侵入齐国、宋国，横行于邢国、卫国之间。南蛮、北狄交相侵入，中国几乎要被灭亡了。所幸齐桓公起而驱逐他们，将灭亡的国家救存了，使被断绝的社稷能中兴。向北讨伐山戎，而打通了燕国被戎狄断绝的通道，因此孔子称赞管仲的能力，嘉许他维护中华文化，中国可以不必穿着左衽的大功。

到了春秋末年，战国之初，楚国并吞了南蛮，晋国消灭了陆浑。后来赵武灵王下令全国穿着胡服，开拓了北边林胡所居的榆中，雄踞于咸阳的秦国也灭了义渠的西戎。等到秦始皇统一天下之后，向南方兼并了南越各地，向北也驱逐了匈奴，到五岭长城去打仗的军队可说是数以亿计。虽然战役频繁，敌寇也残暴横行，但是始皇可说是立了不朽的大功，因为戎狄胡虏四处流窜，当时的中国也就不再有四夷的祸患了。

等到汉朝兴起，建都长安。关中的名称，称作三辅，左右内史及冯翊都是来辅佐长安的，这里也是《尚书·禹贡》中的雍州，当年西周旧京丰镐所在之地。等到王莽改制失败，赤眉入主长安，大肆烧掠，西都因而毁坏为废墟，百姓只好流亡于东南。到了东汉光武帝建武年间，以马援为陇西郡的太守，讨伐叛变的羌族，将其遗族迁徙到关中，住在冯翊、河东的空地，跟华人杂处在一起。这些羌族在几代以后，种类繁衍扩张。一方面仗恃着力量已强大，一方面又苦于汉人的侵犯。安帝永初年间，骑都封王弘出使西域，调动发遣羌氏之族为行军之部从，羌族各部惊骇奔走，互相煽动、鼓噪。因而这两个州郡的戎族也在一时之间争相发作，打败了官兵，杀了守将，并且攻破城池，屠杀良民。邓骘前往征讨，也败得抛弃盔甲，丢掉兵器，车马动弹不得，军士死伤惨重。就因这种事接连而来，因而戎族遂更加猖狂，甚至向南进入汉中、四川，向东掳掠山西、河南，欺犯轵关，进而骚扰河内。于是只好派遣北军中侯朱宠带领五个军营的兵士在河南孟津迎战羌人。十年之中，中外都疲惫不堪。最后任尚、马贤两位将领，也只是将戎乱弭平。这种为害深远严重，历时多年没法平定的原因，虽然是因为抵御者没有方策，所用将领不当，难道不也是因为敌寇发于心腹之地，祸害起于近处，又好比久病难以治疗，大疮治好的时间较迟的缘故吗？

从此以后，羌戎的余孽尚存，一有机会往往又再侵犯叛变。马贤习于前事，不求变化，终遭覆败的命运，只有靠段颎从西到东来应付羌众了。雍州、四川的西戎，经常为中国的祸患。汉朝中叶的寇仇，只有西戎最大了。到了汉朝末年，天下大乱，关中残破。魏国刚立的时候，跟蜀国分起南北，边疆的戎狄又此起彼落地骚扰。于是魏武帝命令征西将军夏侯渊讨伐叛氐阿贵千万等，后因放弃汉中之地，迁徙了武都地区的戎狄到秦川，想要借此削弱戎寇，增强国力，并且来抵御蜀汉。这是权宜之计，为形势所逼，并非可以做子孙万世长远打算，结果证明后来的人已深受其害了。

关中之地，土地肥沃，物产丰富。它的田地是最肥美的，加上泾水、渭水的灌溉，郑国渠和白渠等人工渠道也交织于其境，因此农产品的收获特别丰饶，田亩号称收获有六亩四斗。百姓歌咏此地的丰衣足食，历代帝王每以此为国都，并没听说戎狄适合住在此地。因为若非我华夏民族，他们的心意必定不同。戎狄的心志形态更不跟中土相同。若乘其衰落之时，将之迁徙到王都关中来，一般人喜爱欺凌他，对戎狄的弱小加以侮辱，使他们怨恨华夏的怒气，深达骨髓之内，到了他们部族繁衍众多后，奸邪之心就开始滋长了。以他们贪婪凶悍的本性，挟着怨恨的情绪，乘着机会往往起来反叛，横行州郡。而且住在国境之内，中国没有屏障关塞的阻隔，来保护毫无武力的百姓，收拾散在各地的产物，所以戎狄一为祸就到处蔓延，他们的为害之大，实难以预测。这是必然如此的事，以前已经是这样了。

当今所应做的事，就是要趁着国家兵威正当强盛，许多事尚在进行之时，迁徙冯翊、北地、新平、安定等国界内的各个羌族部落，到先零、罕开、析支等羌族旧有的地方。迁徙扶风、始平、京兆等地的氐族，由陇右郡外出，去阴平、武都两郡的交界处。供给他们在路上的粮食，使他们仍够生存，各自投靠自己本族，回到他们原来的土地上。让这些藩属国家自行照顾其部族，并让这些迁出者得以安居该处，使得华夷不必杂处，都能住在他们所住的地方。这样就上可以符合上古，让各部族就序的大义，下可以为万世长久的规范。纵然他们有扰乱中土的心意，边塞有狼烟烽火的警报，但是因离中国遥远，高山大河又阻断通路，虽然侵犯暴虐，所能危害的面积也会不够宽广。所以充国子明能以几万名兵众控制着群羌的活动，只靠征伐而不必交战，全军独能保全。虽也有高深的计谋，但不出帷幕即能料敌于千里之外，这难道不是因为让华夏和夷狄住在不同地方，有所分别，要塞容易防守，才得以成功的吗？

也许有人会反驳说道：当今关中的祸乱，兵灾已历两年，由于征戍频繁，已使十万大军都因疲劳而露出老态，又因水灾的危害，祭祀的供品一再欠缺，加上瘴疠、疫疾的肆虐，因大疫而死的、因小病而死的、短命死的、未命名就死的，所在皆有。现在凶残的叛逆既已被诛戮，留下一些忏悔其罪恶者，刚来归附，既诚恳又敬畏，大家都怀着戒慎恐惧的心意。而中土老百姓也因忧愁痛苦，人同此心，都想有朝一日能享受太平安宁的日子。就好像久旱不雨，大地干枯之盼望天降甘霖一样，实在应该好好地就近安抚他们，使之能安定和平，不会叛变。而你却想要他们大费周章地迁居，为了立功而惹是生非，使得疲劳憔悴的群众，迁徙满腹猜疑的寇贼，以毫无余粮的百姓，带着食物匮乏的胡虏，恐形势已困穷，而力量也将耗尽。使得羌戎部族离散，心志将难以预料，将对华夏有异心。以前的祸害还来不及消弭，而新的灾变恐怕又要出现了。

我可以这样回答说道：西方羌戎部族特别狡猾，争相地擅自加上封号，到处挑衅攻城略地，伤害到边疆的州牧郡守，聚集群众军队，已经好几年了。而今这些跟华夏不同类的部族已经土崩瓦解，不再强大了。老年跟幼年被俘虏，而壮丁也有的投降，有的离散了。如同禽兽一样地分离奔窜，不能再团聚在一起。你以为这些人是挟持着他们过去的余威，后悔其恶，归反于善，感念我国的德惠，而来归顺的？还是因穷途末路，无计可施，恐惧我国的出兵讨伐，才这样的吗？当然是因为没有余力，穷途末路的缘故。然而我能够控制其命的长短，命令他听我号令来进退。只要快乐于其职业的，不易惹是生非，安心于其住宅的，也不会迁家。正因他们人人怀疑恐惧，害怕得很，所以可以武功来制伏，使他们到处都不敢反抗。趁着此时他们生离死别，远离分散，没聚在一起，跟关中地区的住家人民都有仇隙之时，才可以远迁他处，使他们心里不会怀念关内的土地啊！圣贤谋划事情，都是在尚未成形之前就先做了，尚未有乱事之前就先料理了。他的道德事迹并不显著，却都能平平稳稳地成功。再其次则能扭转乾坤，化危机为转机，借着失败的经验，成为成功的因素。因此遇到困难之时必能安度，遇到不顺利的时候也能过关。现在你已遭遇到困难事情的末期，却不想从头改起，只勤于变化车道，却都跟前人翻车的经验一样，为何呢？因关中地区有百余万人口，衡量其人口的多少，戎狄居其半数，要安置他们或要其迁徙，必须要有粮食供应。假若有穷困以至于三餐不继的，就应当拿出全关中地区的稻谷，来救这些戎狄们，以让他们维生，使他们不致穷困到填沟壑的地步，而去做出侵略抢夺的事来。现在我们将其迁走，粮食由路上各郡县供应，使其各自归附他们的种类，可以互相救济。而在关中的百姓，可以得到以前戎狄所留之田地，粮食将多出一半。这是以米粮帮助行路之人，而留下囤积的仓库给在关中的人。使得关中戎狄的逼迫可以舒缓，盗贼的根源可以离去，除掉迫在眉睫的损害，而建立长久的利益。假若害怕短暂而轻易的小麻烦，而遗忘一劳永逸的伟大政策，珍惜一阵子的安适，而留下世世代代的寇仇，这就不是能开发资源，建立制度，创建功业，传千万世，宏大基业，开拓土地，为子孙后代着想啊！

并州地区的胡人本来就是匈奴，是残暴多恶的寇贼。他们在汉朝宣帝的时候，因国土巨变，人民受冻挨饿，国家四分五裂。其后合并为呼韩邪等南北单于，以至于国力衰弱，形孤势危，不能继续生存下去。于是南到长城边谋生，向汉朝归顺。到了光武帝建武年间，南单于也来投降，于是就命令他们进入关塞，居住于大漠之南。数代以后，也往往乖戾且常有叛乱之事，所以何熙、梁觐的兵车时常前往讨伐。到了灵帝中平年间，因为黄巾贼的乱事起，所以征调其部队。但是部属们不服从，而杀掉羌渠，因而于弥扶罗向汉朝求助，以求讨伐其贼。当时因适逢时世大乱，贼人因而乘此机会纷纷起来，在山西、河西一带大肆掳掠，又进犯到河南。献帝建安年间，曹操利用右贤王去卑引诱呼厨泉单于加以扣押，听任其部落散居在边疆六郡。到了魏元帝咸熙年间，因一部太强大，因而分为三部分。到了晋武帝泰始初年又增设为四。于是刘猛叛变于中原，联结胡虏。最近郝散的叛变也发于山西谷远县。现今五部的郡众，户口已达好几万的盛况，远超过西戎。而且他们天性骁勇好斗，持弓骑马，甚为轻便，可说比当年的氐族羌族更为厉害，假若有所不测，或者有战火的危险，那么并州地区的状况，实在会令人担心至极。

荥阳地区的高丽人，本来居住在辽东长城外，魏正始年间幽州刺史毌丘俭讨伐其叛逆者，并且迁徙其余众。刚迁来时，才百余户而已。但是子孙繁衍，现在已经数以千计，数代之后，必定到达极盛的地步。现今百姓失业犹且叛变，狗马等家畜养得肥大后，则更可能吞噬或反咬其主人。何况夷狄之族，怎能不叛变？只因目前他国力微弱，势力不能拓张罢了！

治理国家的，其祸害不在于贫穷，而在于不能使大家经济平衡；担忧不在于人口寡少，而在于天下不安。以国家领土的广大，士人及平民的富有，难道需要夷狄胡虏在国境之内，而后才可以满足吗？实在可颁布命令，把这些种族加以遣回，回到他们原来的国度。安慰那些人因长居在外而怀念故土的思绪，以解决我中华一些小小的忧患，这样就像《诗经》上的话："对国家实在有太多好处，也可用来安抚四夷。"德业即可传于万代，这在为国谋划上是最好的计策了！

（周益忠、王樾／编写整理）

兰亭集序

王羲之

　　王羲之（303—361），字逸少，原籍琅邪临沂（今属山东）。永嘉之乱后，随晋室南迁会稽，仕东晋，官至右军将军，世称王右军。我国最伟大的书法家。草隶行楷皆冠绝古今，号称"书圣"。所书以《黄庭经》及《兰亭集序》为著。

王羲之像

背　景

　　王羲之的《兰亭集序》在逍遥中夹带着悲情，它透露出一个讯息：死生亦大矣！人生在世，虽取舍万殊，静躁不同，也任它快然自足，放浪形骸，但终将有走到生命尽头的一天。这怎不惹人伤感呢？

　　"流觞曲水，列坐其次……一觞一咏……畅叙幽情"，透过如此优雅的生活安排，人的"诗心"，亦即一种晶莹剔透、纤细多感的纯粹美感得以抒发、绽放——让我们与自然结合吧！让我们的性灵与山清水秀的灵气相互交流、相互映照吧！从融入自然到性灵相通，进而体认宇宙之大之美，由一颗"诗心"转而为静体"天心"。这一转，将美感转成智慧。智慧使人猛地察觉：原来"暂得于己，快然自足，曾不知老之将至"，其实只是偶尔的忘情，这喜悦根本经不起岁月的冲击，一旦"情随事迁，感慨系之","况修短随化，终期于尽……岂不痛哉"！

《兰亭集序》对生命的归宿表现出极度的伤感。但它并没提出解答，也没有提出该如何面对伤感、克服伤感以设法把"诗心"的灵秀美与对生命意义肯定的庄严美结合起来！

这是个大遗憾！

因为，这不仅是王羲之个人的生命态度，也是那一天所有与会者的人生态度，更是魏晋南北朝时期南朝士人的人生态度。

这种人生态度展现在政治上是不知进取以鸣高，展现在文学上是自然、唯美，展现在时代精神上则是潇洒自在、罔顾现实，遑论未来。于是士阶层与天下兴亡变得不相干了。

《兰亭集序》作于晋穆帝永和九年（353），岁在癸丑。适值永嘉之祸，五胡乱华、中原丧乱、衣冠南渡之后。身处如此时代的知识分子固然不必排斥美的追寻，但尤其不可不思振作以图匡复！逍遥中之悲情，在人生的体悟上虽有一定境界，但缺乏人生担当的大勇气与大智慧！

影　响

《兰亭集序》一文对中国历史重大的影响是，它反映出南方士族在中原丧乱后的人生观、政治观、文学观。虽衍生出一套雅致脱俗的生活与文化，但是注定日后中国再统一的工作将由胡汉合作的北朝来完成。至于其在书法上的影响，大家都知道，就不赘述了。

原　文

　　永和九年，岁在癸丑，暮春之初，会于会稽山阴之兰亭，修禊事也①。

　　群贤毕至，少长咸集。此地有崇山峻岭，茂林修竹；又有清流激湍，映带左右。引以为流觞曲水，列坐其次，虽无丝竹管弦之盛，一觞一咏亦足以畅叙幽情②。

　　是日也，天朗气清，惠风和畅。仰观宇宙之大，俯察品类之盛，所以游目骋怀，足以极视听之娱，信可乐也！

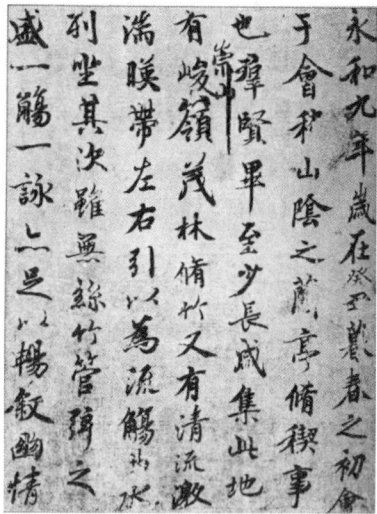

唐褚遂良所临《兰亭序》

　　夫人之相与俯仰一世，或取诸怀抱，晤言一室之内；或因寄所托，放浪形骸之外。虽取舍万殊，静躁不同，当其欣于所遇，暂得于己，快然自足，曾不知老之将至③。及其所之既倦，情随事迁，感慨系之矣。向之所欣，俯仰之间，已为陈迹，犹不能不以之兴怀，况修短随化，终期于尽。古人云："死生亦大矣④。"岂不痛哉！

---

① 永和九年：公元353年。永和，东晋穆帝的年号。会稽：郡名，晋时郡治就在山阴（今浙江绍兴）。山阴县西南二十七里有兰渚，渚中有亭即兰亭。修禊：以前每年上巳日，到水边洗濯以祓除不祥，禊洁。后来演变成文人雅集。

② 流觞曲水：古文人饮酒之雅事，引水使之环曲成小渠，然后以漆制的酒器浮于水面，随流而下，与会者环坐水旁，就近取杯而饮。觞，酒杯。

③ 将至：《论语·述而》："其为人也，发愤忘食，乐以忘忧，不知老之将至云尔。"

④ 生死亦大矣：《庄子·德充符》引孔子言："死生亦大矣，而不得与之变。"

每览昔人兴感之由，若合一契，未尝不临文嗟悼，不能喻之于怀①。固知一死生为虚诞，齐彭殇为妄作②。后之视今，亦犹今之视昔。悲夫！故列叙时人，录其所述。虽势殊事异，所以兴怀，其致一也。后之览者，亦将有感于斯文。

《全晋文》

译　文

晋穆帝永和九年，癸丑岁，暮春三月初，大家在会稽郡山阴县西南的兰亭举行修禊大典。

所有的贤者都来了，老老少少聚集在一块儿。这里有崇高峻峭的山峰，茂密的树林，修长的竹子，也有清澈的水流，涌出的激湍，山光水色相映，环绕在此，如同玉带一般。把流水吸引成环曲的小水道，水面放上酒杯，让它随波逐流，大家依次列坐于水旁，就近取杯饮酒，虽然没有笛箫、琴瑟等乐器伴奏来助兴，但是一边饮酒，一边吟诗，也足够畅快地抒发深情雅意了。

这一天，天空晴朗，空气清新，又吹着令人舒畅的和风。仰头可见上下古今的伟大，低头也可见到万物生长的茂密，将目光随四周的景物而流转，敞开胸怀，可以得到视觉听觉上的最高享受，实在可说是一大乐事。

想到世上的人，或而扬眉吐气，或而低声下气地活了一辈子。有些将心中的怀抱，和三两知己在房间内相互倾诉；有些则找寻心情的寄托，作

---

① 若合一契：古人合约时各执一纸契约相聚合。合一契，即相互一致。

② 一死生：把死生看成相同，毫无分别。《庄子·齐物论》："予恶乎知说生之非惑耶？予恶乎知恶死之非弱丧而不知归者耶？"说，悦。齐彭殇：即将长寿和短命者看成相同，没分别。《庄子·齐物论》："莫寿乎殇子，而彭祖为夭。"彭，彭祖，古寿者，年八百余。殇，幼年夭折。

身外的追求，因而放荡逍遥。虽然取舍有不一，动静也不相同，但是当大家遇到自己所喜欢的处境时，也颇能暂时地自得其乐，对于已将老迈都毫不察觉。但是等到兴致一过，感到厌倦时，心情随着外在事物而转变，感慨也就接着来了。先前所喜爱的，在转瞬间竟已成了遥远的往事，对此怎能不有所感触？更何况人生在世总是要听任造化的安排，不管寿命长短，最后总有尽头的。古人说："死生的事，实在太重要了。"怎不令人感到伤痛呢？

　　每次读到前人对外感慨的因由，都这样一致，没有不对着这些篇章而感叹哀悼的，因而心里都不能参透生死。就此可以知道将死亡生存看成一样的话实在荒诞无稽，把长寿与夭折看成毫无分别的文章也是乱写不可相信的。后世的人看我们现在，也将如同我们看从前的人一样，这人世的无常，实在是可悲的事啊！所以在此一一叙述了参加这次聚会的人，并且记录大家所作的诗。虽然人世有变，事物也不同，但是大家感慨的原因却是一致的，后世读到这些诗文的人，或者也会被它感动吧！

（周益忠、王樾／编写整理）

《文心雕龙》序志

刘　勰

　　刘勰（约 465—约 532），原籍东莞莒县（今属山东）。弱冠之时，丁母忧，因而终身未娶。依定林寺沙门僧祐，佐其抄撰善本。积十年之久，博通经论。建武三年（496），感梦始撰《文心雕龙》，书成于齐和帝中兴元年（501）。梁受齐禅，彦和起家为奉朝请，后为南康郡王记室，又为东宫通事舍人，为太子侍从。天监六年（507）后与僧智、僧旻、慧震等三十人，同集上定林寺，抄一切经论，以类相从，凡八十卷，功成出家，改名慧地，未期而卒。

背　景

　　刘勰的《文心雕龙》体大思精，笼罩群言，从成书之后到现在，一直是我国最重要的文学理论专著。

　　刘勰在《文心雕龙》中指出，历来评论文章均有所不足，如曹丕的《典论·论文》，陆机的《文赋》，挚虞的《文章流别论》等都不能周备，唯有《文心雕龙》一书能牢笼古今，综贯百体，建立典范，垂示万代，因而最称精察。至于此书的命名，据《序志》篇所言："文心"，指作者为文时，如何运用其心思；"雕龙"则言自古以来，文章辞藻之修饰，如雕镂龙文。可知，刘勰已重视内容和形式的运用。

　　《文心雕龙》五十篇，结构完整，由《序志》篇刘勰自道，可知本书大体分上、下两篇，上篇二十五篇包括文学本原论和文学体裁论，下篇二十五篇则包括文学创作论、文学批评论，及最后一篇的《序志》作为概论。依照范文澜《文心雕龙注》的图表，我们可以清楚地看出《文心雕龙》篇章的安排。上篇包括：

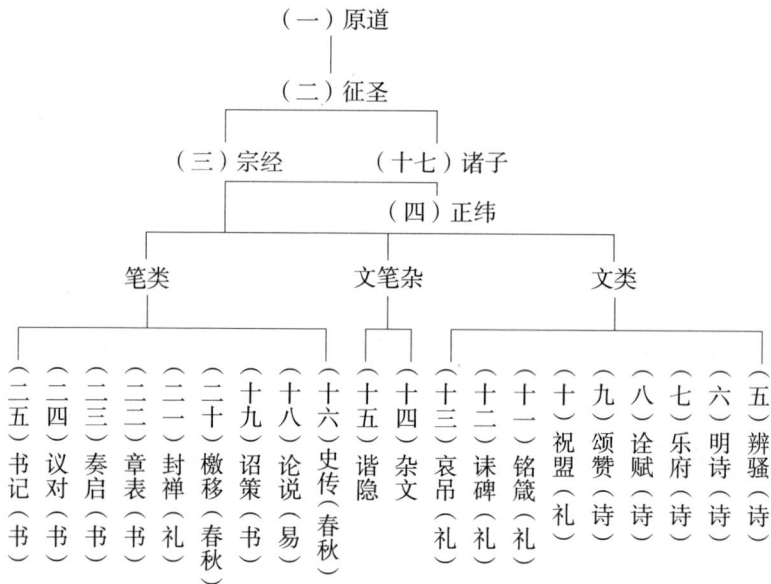

下篇包括：

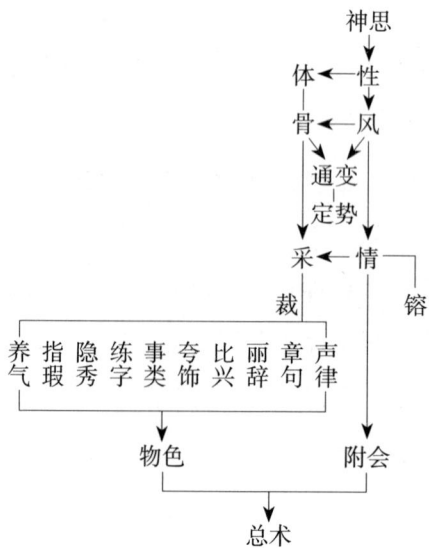

至于《时序》《才略》《知音》《程器》则属于批评论的范围。而我们此处所选的《序志》篇，不但是绪论，也可以说是全书的序言，它除了谈论到书名由来之外，也谈到了写这本书的动机、目的，介绍本书的根源所在和主要内容，末了提到从事这类文章创作的艰辛及对此书的评价，自己也作了一番评估。

影　响

《文心雕龙》除了体大思精外，更重要的是它能超脱时代环境的影响、唯美的风尚。比如在讲求对偶、注重音律乃至于雕章琢句之外，它更能重视文学的内容，以及儒家思想的立场，来作为时代的中流砥柱，以矫时弊，因而此书实有其时代批评的意义及价值。而在中国文学批评史上，更有无与伦比的重大影响力。

原　文

夫文心者，言为文之用心也。昔涓子《琴心》，王孙《巧心》，心哉美矣，故用之焉①。古来文章，以雕缛成体，岂取驺奭之群言雕龙也②。夫宇宙绵邈，黎献纷杂，拔萃出类，智术而已③。岁月飘忽，性灵不居，腾声飞实，制作而已。夫人肖貌天地，禀性五才，拟耳目于日月，方声气乎风雷，

---

① 涓子《琴心》：涓子所作的《琴心》。黄侃《文心雕龙札记》说："涓子盖即《史记·孟子荀卿列传》中的环渊，楚人，为齐稷下先生，言黄老道德之术，著书上下篇。"琴心，即此书之名。《汉书·艺文志》道家《涓子》十三篇，自注："名渊，楚人，老子弟子。"王孙《巧心》：《汉书·艺文志》儒家录《王孙子》一篇，自注："一曰巧心。"

② 驺奭之群言雕龙：意为驺奭所修饰之文如在雕刻龙文。《汉书·艺文志》阴阳家录有《驺奭子》十二篇。自注："齐之号曰雕龙奭。"

③ 黎献：众贤。《尚书·皋陶谟》："万邦黎献。"

其超出万物，亦已灵矣①。形同草木之脆，名逾金石之坚，是以君子处世，树德建言，岂好辩哉，不得已也！

予生七龄，乃梦彩云若锦，则攀而采之。齿在逾立，则尝夜梦执丹漆之礼器，随仲尼而南行；旦而寤，乃怡然而喜，大哉圣人之难见哉，乃小子之垂梦欤②！自生人以来，未有如夫子者也。敷赞圣旨，莫若注经，而马、郑诸儒，弘之已精，就有深解，未足立家③。唯文章之用，实经典枝条，五礼资之以成，六典因之致用，君臣所以炳焕，军国所以昭明，详其本源，莫非经典④。而去圣久远，文体解散，辞人爱奇，言贵浮诡，饰羽尚画，文绣鞶帨，离本弥甚，将遂讹滥⑤。盖周书论辞，贵乎体要；尼父陈训，恶乎异端；辞训之异，宜体于要⑥。于是搦笔和墨，乃始论文。

详观近代之论文者多矣：至于魏文述典、陈思序书、应玚《文论》、陆机《文赋》、仲洽《流别》、宏范《翰林》，各照隅隙，鲜观衢路，或臧

---

① 禀性五才：《汉书·刑法志》："夫人尚天地之貌，怀五常之性。"颜师古注："五常，仁义礼智信。"五才，即五常。

② 齿在逾立：即年过三十。《论语·为政》："三十而立。"丹漆之礼器：祭祀用的笾豆。《三礼图》（玉函山房辑本）云："豆以木为之，受四升，高尺二寸，黍赤中。"《周礼》注曰："笾，竹器圆者。"

③ 马、郑：即马融、郑玄，为东汉的大儒。郑玄尝遍注群经。

④ 五礼：吉礼、凶礼、宾礼、军礼、嘉礼。《礼记·祭统》："凡治人之道，莫急于礼，礼有五经，莫重于祭。"六典：《周礼·天官·冢宰》："太宰之职，掌建邦之六典，以佐王治邦国，一曰治典，二曰教典，三曰礼典，四曰政典，五曰刑典，六曰事典。"

⑤ 饰羽尚画：喻辞藻再求华丽。《庄子·列御寇》："哀公问于颜阖曰：'吾以仲尼为贞干，国其有瘳乎？曰：'……仲尼方且饰羽而画，从事华辞，以文为旨……夫何足以上民？'文绣鞶帨：衣服的华藻文绣。《法言·寡见篇》："今之学也，非独为之华藻也，又从绣其鞶帨。"鞶，大带。帨，佩巾。意指讲究辞藻及形式。

⑥ 周书论辞：《伪古文尚书·毕命》："政贵有恒，辞尚体要，不惟好异。"体，即内容。意指文辞应以内容为主。尼父陈训：尼父指孔子。《论语·为政》："子曰：'攻乎异端，斯害也已。'"攻，研究，专攻。

否当时之才，或铨品前修之文，或泛举雅俗之旨，或撮题篇章之意①。魏典密而不周，陈书辩而无当，应论华而疏略，陆赋巧而碎乱，《流别》精而少巧，《翰林》浅而寡要。又君山、公幹之徒，吉甫、士龙之辈，泛议文意，往往间出，并未能振叶以寻根，观澜而索源②。不述先哲之诰，无益后生之虑。盖《文心》之作也，本乎道，师乎圣，体乎经，酌乎纬，变乎骚，文之枢纽，亦云极矣③。若乃论文叙笔，则囿别区分，原始以表末，释名以章义，选文以定篇，敷理以举统，上篇以上，纲领明矣④。至于割情析采，笼圈条贯，摛神性，图风势，苞会通，阅声字，崇替于时序，褒贬于才略，怊怅于知音，耿介于程器，长怀序志，以驭群篇，下篇以下，

---

① 魏文述典：魏文帝曹丕所作的《典论·论文》。陈思序书：魏陈思王曹植所写的《与杨德祖书》。应玚《文论》：魏应玚所作的《文质论》。《艺文类聚》有录。陆机《文赋》：晋陆机作《文赋》，开以赋体论文章之先河。仲洽《流别》：《晋书·挚虞传》："虞撰文章志四卷，又撰古文章类聚区分为三十卷，名曰流别集。"今《全晋文》卷七十七辑有挚虞《文章流别论》。宏范《翰林》：即李充《翰林论》。《文镜秘府论》云："李充之制翰林，褒贬古今，斟酌利病。"《全晋文》卷五十三辑有《翰林论》八条。

② 君山：指桓谭。《全后汉文》辑有桓谭《新论》论文之语数条。公幹：指刘桢。其论文之语已佚，唯刘勰《文心雕龙》之《风骨篇》《定势篇》曾各引一条。吉甫：指应贞，其论文之语已佚。士龙：指陆云，陆云与兄陆机的信往往讨论文章。

③ "本乎道"五句：《文心雕龙》之《原道》《征圣》《宗经》《正纬》《辨骚》。为全书之前五篇，谈论文学的本原。

④ 论文叙笔：黄侃《文心雕龙札记》云："六朝人分文笔，大概有二途：其一，以有韵者为文，无韵者为笔，其一以有文采者为文，无文采者为笔。谓兼二说而用之。原始以表末……"敷理以举统：《文心雕龙札记》云："谓明诗篇以下至书记篇，每篇叙述之次第。兹举颂赞篇以示例：自'昔帝喾之世'，至'相继于时矣'止，此原始以表末也。'颂者容也'二句，释名以章义也；'若夫子云之表充国'以下，此选文以定篇也；'原夫颂惟典雅'以下，此敷理以举统也。"

毛目显矣①。位理定名，彰乎大易之数，其为文用，四十九篇而已②。

夫铨序一文为易，弥纶群言为难，虽复轻采毛发，深极骨髓，或有曲意密源，似近而远，辞所不载，亦不可胜数矣③。及其品列成文，有同乎旧谈者，非雷同也，势自不可异也。有异乎前论，非苟异也，理自不可同也。同之与异，不屑古今，擘<ruby>肌<rt>bò</rt></ruby>分理，唯务折衷④。按辔文雅之场，环络藻绘之府，亦几乎备矣。但言不尽意，圣人所难，识在瓶管，何能矩<ruby>矱<rt>huò</rt></ruby>⑤。茫茫往代，既沉予闻，<ruby>眇<rt>miǎo</rt></ruby>眇来世，倘尘彼观也。

赞曰：生也有涯，无涯惟智⑥。逐物实难，凭性良易。傲岸泉石，咀嚼文义。文果载心，余心有寄。

《文心雕龙》

译 文

所谓文心，就是在说明为文的运用心思。以前齐国的涓子作了《琴心》三篇，王孙子也作了《巧心》一篇，可见"心"这个东西，是够美妙的！所以本书也以心为名。自古以来写作文章，都以雕琢繁缛的文笔来完成篇

---

① 割情析采：割，据嘉靖本当作"剖"。据范文澜《文心雕龙注》。情，指《神思》以下诸篇。采，指《声律》以下诸篇。笼圈条贯：意指概括贯通。摛：发、布。神性：指《神思篇》《体性篇》。风势：指《风骨篇》《定势篇》。会通：指《通变篇》。声字：指《声律篇》《丽辞篇》。以上皆檃括《文心雕龙》之篇名。以驭群篇：用来统领全篇。驭，驾驭。
② 大易之数：《易传·系辞上》："大衍之数五十，其用四十有九。"
③ 弥纶：《易传·系辞上》："故能弥纶天地之道。"弥，弥缝补合。纶，经纶牵引。
④ 擘肌分理：言剖析情采的精密。
⑤ 言不尽意：《易传·系辞上》："子曰：'书不尽言，言不尽意。'"瓶管：言见识如瓶管般地微小。《庄子·秋水篇》："是直用管窥天。"
⑥ 无涯惟智：指智识领域无穷尽。《庄子·养生主》："吾生也有涯，而知也无涯。"

章，这岂是取法以前齐人驺奭的修饰言辞如同雕刻龙文！宇宙是那样的悠久深远，众多的贤者也一代一代地出现，其中能够压倒他人特别突出的，只有靠着他的智慧和学术了。岁月奄忽而过，人类灵巧的性命却不能久远地留住，要想声名远播，流传千古，唯有靠著书立说而已。人生于天地间，而人的体貌也模仿天地的形状，生来就具有仁义礼智信的才性。耳朵眼睛可比拟太阳、月亮，声音气息又好比刮风打雷，可见人类远超过一切万物，可以算是万物之灵了。但是人的形躯却如同草木般脆弱，一下子就腐烂了。只有声名可比金石还要坚固，足以流传久远。所以君子立身处世，要树立德行，留下著作。我的这番话难道是喜欢辩论吗？实在是不得已啊！

我七岁的时候，曾经梦见如锦绣般漂亮的彩云在天上，于是就攀登上去摘采它。到了三十多岁时，曾经夜晚梦见自己持着祭祀用的红色礼器，跟随着孔子向南方前行。天亮后醒来，实在是高兴得很。圣人是多么伟大啊，而且又很难见得到的，竟然在梦中跟我这后生小子相见。自从有人类以来，再没有比孔夫子更伟大的人了，实在是我追随的对象！要阐扬推广圣人的要旨，莫过于注解经典。但是马融、郑玄等汉朝的大儒，对于弘扬经书的意旨，已经很精妙了。今日要再注解经书，纵使很深刻，也不足以自成一家。唯有文章的功用，实在是经典的流衍，吉凶军宾嘉等五礼，有赖文章而成节度；治政礼教刑事等六典，也有赖文章来完成其功能。君臣上下的大义因文章而更加显明，军国大事也因文章而更加光耀，这究其根本源流，无非是在圣人的经典。然而圣人离我们太久远了，文体的形式也纷乱得很了。尤其一般文人喜爱标新立异，用词崇尚浮夸诡谲，就像衣服好华丽，家室爱装潢一样只重视外表的优美，更像在宽衣大带上刺上织锦，在衣巾上加上装饰。就因这样，更加远离文章的根本，这情况已快到泛滥不已的地步了。以前《尚书》谈论到用辞时说："文辞应以内容的实在为主。"孔子《论语》也告诫弟子："专攻异端邪说，就要有害于正道了。"《尚书》和《论语》的话虽然不同，但都言文章应以内容为要务。因此我也就拿起笔蘸上墨，开始评论文章。

仔细观察一下近世以来，评论文章的人太多了！像曹丕作《典论·论文》、曹植的《与杨德祖书》、应玚的《文质论》、陆机的《文赋》、挚虞的《文章流别论》、李充的《翰林论》，但是以上诸家，只能洞明某一角落，阐扬某一观点，很少能进行全面的观察。有的只是称赞或贬抑当代的作者，有的只是品评及铨衡前辈作家的文章，有的只是泛泛地举出雅正或俗气的旨趣，有的则综括地节录篇章的大意。曹丕的《典论·论文》详密但不周全，曹植的《与杨德祖书》有辩才但不够允当，应玚的《文质论》文辞华美但理论往往疏漏简略，陆机的《文赋》思绪巧妙但较为杂乱，挚虞的《文章流别论》精要但不够巧妙，李充的《翰林论》浅显但不得要领。其他如桓谭、刘桢、应玚、陆云等人，他们泛泛地谈到对文章的意见，往往只是零星片段地出现，尚未能从枝叶去寻求根本，也未观察波澜而探索源头，不能绍述圣人的训诫，因而对后世学者的学思没什么帮助。这本《文心雕龙》的写出是根本于自然的大道，效法古代圣人及体会经典的意思，斟酌先贤所撰的纬书，并且参考了《离骚》。对于文体关键所在的文学原理，可说探讨很详尽了！至于评论有韵的文章，阐述无韵的笔调，实已划定了领域，分出了界限。每篇叙述的次第皆先探究其始因，用以表明其结果，次则解释文体的名称来彰明其义理，再次便选用一些前人及其文章以为篇章之例证，最后再铺排事理以举出文章的统绪。一至二十五篇可将大纲要领说明白。像剖析感情及辞藻，概括文意，贯通统系，以《神思》及《体性》来铺写精神性灵，以《风骨》及《定势》来绘叙风格。包罗《通变篇》，搜阅《声律》，锻炼《丽辞》。借着《时序》，说明文章跟时代的关系，借着《才略》来褒贬作者的才识，借着《知音》来表达对于知己难遇的怅恨，以《程器》来发扬守正不阿的识见，以这《序志》来说明我的理想，同时来统驭本书的各篇。自二十六篇以下至五十篇，对细微的写作技巧也都说明了。将理论处理好，并且将名称加以确定，由《易经》演变天地的大衍之数来配合本书的篇数。因为本书除了《序志》以外，都是讲文学的理论，刚好也是四十九篇。

要品评叙述一篇文章还算容易，但是要全面而且有条理地评述许多的文辞就很难了。虽然有的只是探看其表面的皮毛，有的则深入骨髓地去探讨，也有很曲折的深意，细密的本源，看似很浅近，其实却很深奥，而且是文辞所不能记载的，没有办法一一数说了！至于书中品评列举已有的文章，有些和前人相同的地方，并非是拾人牙慧地人云亦云，而是自然如此，没有办法跟别人不同。有些和前人的观点不同的，并非要标新立异，故作高论，而是其道理没有办法跟前人一样啊！对于文理的相同和相异，不管是前人和今人的作品，解析文章的内容，详述其条理，以中正不偏为目标。在高雅的文苑不停地论文，现在可以止步了！在绘饰辞藻的文章园地既已完成目的，也可勒住奔马了！本书该算是大功告成了。但是言辞不能完全地表达吾人的心意！以前孔圣人也是这样认为的。更何况我对文学的肤浅意见，就如同以瓶测量海、以管窥探天一样，又怎能成为文章的法度呢？广大渺茫的往代圣人的著作，既已清晰地引导启发我的见闻，对于渺不可知的未来读者，我的看法也许会使他们的观点感到迷惘吧！

人生有穷尽，智识无边际。以有限的生命追逐外物实在困难，凭借天性做力所能及的事情还是容易的。傲然于岸边，寄情于泉石之间，咀嚼文章的要义，写出的文字果然能表达自己的内心，我的心也就有寄托了。

（周益忠／编写整理）

宋书恩幸传论

沈　约

　　沈约（441—513），字休文，南梁吴兴武康（今浙江德清）人，博学多闻，又善为诗文，唯功名心重，从政十余年，未尝有所建树。历官宋、齐等朝，所著有《晋书》《宋书》《齐纪》等史书，及文集百卷，又撰《四声谱》，分字为平上去入四声，于声韵方面亦有贡献，见《宋书》沈约自序。《梁书》卷十三、《南史》卷五十七有传。

背　景

　　《宋书》一百卷，沈约于南齐永明五年（487）春奉敕撰著，六年（488）二月，书成。沈氏模仿班固《汉书》做法，书末有自序，叙其家世及其撰史经过。

　　南朝宋、齐以来，士族门阀日趋僵化，"贵仕素资，皆由门庆，平流进取，坐至公卿"。沈约亦出身士族，特为当时著名士族立传，传中并无功绩可言，唯在宣扬其"名家""素论"。《宋书》篇幅所以庞大，此为重要因素之一。

　　今本《宋书》诸志计三十卷，多沿袭何承天《宋书》而加以补充，此种追溯前代的做法，后人颇有不同意见。事实上，宋志上溯三国，既是补阙，又用以溯源，颇为可取，如《州郡志》依据《太康地理志》及何承天、徐爱旧本加以修补，于地理沿革、户口统计之外，并记录侨郡县的分布情形，远比《晋书·地理志》为佳。在《乐志》中，记录汉魏以来诗歌极多，是研究文学史的良好资料。《律历志》中，详载杨伟的《景初历》、何承天的《元嘉历》、祖冲之的《大明历》全文，呈现出当时自然科学发展的面貌与不凡成就。至于食货、刑法二志，沈约说："刑法、食货，前说已该，随流派别，附之纪传。"因此，《宋书》没有《食货志》和《刑法志》。

《宋书》列传六十篇，并无新创名目，仅改"佞幸"为"恩幸"，部分内容流于芜蔓，如《孔灵符传》详载有关徙民的事，《何尚之传》详记关于钱帛的议论，《何承天传》详录同籍补兵的言论，在列传中附入这些杂议，以致传文臃肿，叙述既不成系统，翻检又不方便，实应另立专志。

影　响

南齐武帝末年，沈约所撰《宋书》已经问世，裴子野看后不满意，删订为《宋略》二十卷，刘知幾极为赞赏，曾说："世之言宋史者，以裴略为上，沈书次之。"又说："裴幾原删略宋史定为二十篇，芟烦撮要，实有其力。"《宋略》虽以删繁为主，但也有所补充，该书今已亡佚，不过唐人所撰《通典》《建康实录》，宋人所编《文苑英华》及司马光的《资治通鉴》考异中仍屡加引用，可见本书确实有用。

本文所谈，是我国专制政治的基本问题：君主一人独掌权力中枢，势不能照揽全局，于是恩幸小人便包围了君主。几千年的祸乱，从这一篇文章里都可以看出端倪。另外，造成魏晋南北朝门阀社会的原因和弊病，在本文中也有深刻的剖析。

原　文

夫君子小人类物之称，蹈道则为君子，违之则为小人。屠钓卑事也，版筑贱役也，太公起为周师，傅说去为殷相。非论公侯之世，鼎食之资，明扬幽仄，唯才是与。

逮于二汉，兹道未革，胡广累世农夫，伯始致位公相，黄宪牛医之子，叔度名重京师[①]。且任子居朝，咸有职业。虽七叶珥貂，见崇西汉，而侍中身奉奏事，又分掌御服。东方朔为黄门侍郎，执戟殿下。郡县掾史，并出豪家，负戈宿卫，皆由势族，非若晚代，分为二途者也。

汉末丧乱，魏武始基，军中仓卒，权立九品。盖以论人才优劣，非为世族高卑。因此相沿，遂为成法。自魏至晋，莫之能改，州都郡正，以才品人，而举世人才，升降盖寡。徒以冯藉世资，用相陵驾，都正俗士，斟酌时宜，品目少多，随事俯仰，刘毅所云"下品无高门，上品无贱族"者也。

岁月迁讹，斯风渐笃，凡厥衣冠，莫非二品。自此以还，遂成卑庶。周、汉之道，以智役愚，台隶参差，用成等级。魏晋以来，以贵役贱，士庶之科，较然有辨。夫人君南面，九重奥绝，陪奉朝夕，义隔卿士，阶闼之任，宜有司存。既而恩以幸生，信由恩固，无可惮之姿，有易亲之色。孝建、泰始，主威独运，官置百司，权不外假，而刑政纠杂，理难遍通，耳目所寄，事归近习。赏罚之要，是谓国权，出内王命，由其掌握，于是方涂结轨，辐凑同奔。人主谓其身卑位薄，以为权不得重。曾不知鼠凭社贵，狐借虎威，外无逼主之嫌，内有专用之功，势倾天下，未之或悟。挟朋树党，政以贿成，铁钺疮痏，构于筵第之曲，服冕乘轩，出乎言笑之下。南金北毳，来悉方艚，

---

① 黄宪：字叔度，东汉慎阳人，其父为牛医，然叔度却名重于时。当时人如郭泰即以为"叔度汪汪若千顷陂，澄之不清，淆之不浊，不可量也"。荀淑将其比为颜子，而陈蕃也以为"日月之间，不见黄生，则鄙吝之萌，复存于心"。

素缣丹魄，至皆兼两，西京许、史盖不足云，晋朝王、庾未或能比。

及太宗晚运，虑经盛衰，权幸之徒，慑惮宗戚，欲使幼主孤立，永窃国权，构造同异，兴树祸隙，帝弟宗王，相继屠剿。民忘宋德，虽非一涂，宝祚夙倾，实由于此。呜呼！《汉书》有《恩泽侯表》，又有《佞幸传》，今采其名，列以为《恩幸篇》云。

《宋书》

译 文

君子小人，是分辨人品的方便称呼，举止合乎道义，就是君子，违背道义，那就是小人。屠狗、钓鱼，本都是卑微的事情，但是姜太公却以这种身份成为周朝的开国国师；做木工替人盖房子也是低下的工作，但是傅说却成为商朝武丁的宰相，这可见得古时并不重视门第的贵贱。只要是人才，哪管他是否出身寒微，照样加以选拔出来。

到了两汉时朝，这种办法依然没有改变。胡广家里历代都务农为生，到了伯始却攀登上了王公将相的职位。黄宪本只是牛医的孩子，但是他的字——叔度的名气，却望重京师。而且子嗣位居朝廷，都有正当职业。金日磾、张汤七代，代代都有官职，为两汉人所看重，而侍中却只掌管臣下奏议，又掌管皇上的衣服穿着。东方朔担任黄门侍郎，在宫殿当侍卫，而在郡县担任文书的小官，却都是出身富豪家庭的。此外持着干戈、保卫宫殿的，也都由强大的宗族子弟来担任，并不像近代出身不同，就担任不同的官职。

汉朝末年的时候，中原饱经各种灾难，魏武帝掌握大权，由于军务紧逼，因而暂且立了九品中正的方法，用来品评人品的优劣，并非是为了世族的尊卑，却因此相继沿袭下来，因而成为通例。从魏到晋，并没有办法改进，各地方选拔人才者，本应以人才来品评人格，但是整个天下人才得以升迁者并不多见，多半只是靠着家庭的关系，因而得以爬上高位。而这些选拔者既庸俗不堪，因而他们选拔的标准，只是随着世俗的标准来衡量高低，刘毅因而会感叹："下品中人没有高门子弟在，而上品中人，亦不会有贫贱家庭的人在。"

经过日积月累之后，此种风气更加盛行。凡是属于那些衣冠士族者，无非是一品二品的高官，而其他一般百姓，就只好永远当个低微不重要的小官了。周朝、汉朝等时候，是有学问有智慧者来管理那些平凡的小民，因而有高下之分；自魏晋以来，由权贵世代相袭来役使低下的百姓，贵贱之别，就此更加明显了。后来国君南面称王，天威高远，一般人不可以接近，连卿大夫都难以接近了。而各种官职，却有赖各级官吏去执行，这时谁能接近皇帝呢？就是这些小人。他们得到皇上的宠幸，因而皇上恩爱有加，再加上皇上的信任，而且没有因功高而可能震主的顾虑，更有讨人喜爱的容貌。孝建、泰始年间，皇上独揽大权，各种官职的权力都操纵在皇上手里。但是政治之事本就很复杂，难以洞察秋毫，因而皇上即将赏罚等权柄所在交给就近所狎昵的宠幸。由这些宠幸掌管国家的大权，于是不当的趋向就愈演愈烈，而这些幸臣也彼此勾结，互相声援。人君以为他们地位低下，势孤力单，而且权位不高，却不知仓库中的老鼠，因为得天独厚，因而显得特别娇贵，而狐狸也可借着老虎的威风来炫耀。这些宠幸表面上虽不会有逼迫主上的嫌疑，实际上却有独霸皇权的可能。他们权倾天下，而皇上却不能醒悟；他们招朋引党，贿赂贪污之风气因而弥漫于朝廷之中。他们任意在私宅动用私刑来拷打异己，自己外出，所着服装，所驾车马之华丽，连公卿也要望尘莫及。南方所出产的金银，北地所生产的高贵皮毛，由船只一艘艘地运来，而高贵的丝织品也都需要比一般人所有的价钱高上一倍以上。当年西汉许、史两家的宠幸已经微不足道，而晋朝的王导、庾亮等人也不能跟他们相比。

到了宋太宗晚年去世以后，这些宠幸，害怕刘宋宗室贵戚的声势，为了孤立幼主，永远保持大权，因而就到处兴风作浪，制造谣言，害宗室贵戚们祸起萧墙，自相残杀，以至于使得刘宋灭亡。宋朝灭亡的原因虽多，但是国祚早就衰微，原因实在于此。唉！为了这些宠幸小人，《汉书》早列有《恩泽侯表》，更列出《佞幸传》，因而我也用上这个名称，将恩泽和佞幸合在一起而成为《恩幸篇》。

（周益忠、陈韵／编写整理）

《文选》序

萧　统

萧统像

萧统即昭明太子，梁武帝长子，字德施，生于齐和帝中兴元年（501），卒于梁武帝中大通三年（531）。南兰陵（治今江苏常州西北）人。性早慧，藏书三万卷，雅爱属文，除编写有《昭明文选》外，复有《文集》《文章英华》等。性至孝，惜三十一岁时，不幸因泛舟溺水，得疾而亡。

背　景

　　总集的编纂，一直有它的时代意义，编纂者或偏重于保存文献，因而极力搜罗，或着重挑选，因此加以删定，以去芜存菁。最早的总集应该是《尚书》与《诗经》。《尚书》的情况前文已有说明。《诗经》则是孔子删了古诗二千多首，而保存了三百零五篇。但是《诗经》只录诗歌，未尝登录文章，其后的《楚辞》亦然。晋朝以后，如杜预的《善文》、李充的《翰林》、挚虞的《文章流别集》、刘义庆的《集林》等，都是选文章的。然而这些都已失传了，所幸至今犹留传下来《文选》一书，方保留了周秦到齐梁间的诗文佳作。

影　响

　　萧统选文以翰藻能文为准，在古代的众多作品中加以选择，不但完成了这一部重要的选集，更把我国以前文笔不分的情况改变了。从他以后，纯文学作品就此独立于一般文学作品之外，而有所谓"文""笔"的分野，使得士子能有所依循，功不可没。

　　由于本书将上古内容好形式又美的文章都加以选录，因此以往读书人必熟读文选，所谓"文选烂、秀才半"，

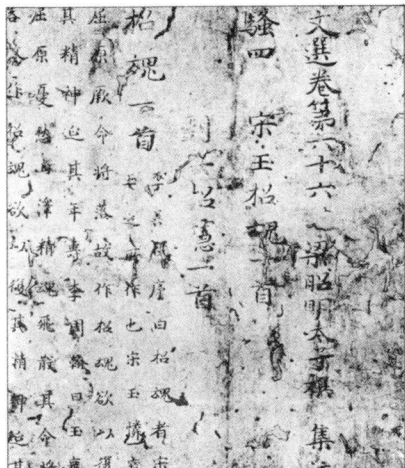

《昭明文选》手抄本书影

可见其在科举时代的重要性，无怪诗圣杜甫也要勉励他的儿子"熟读文选理"。《文选》真不愧为我国一部最重要的诗文总集。

原　文

　　式观元始，眇觌玄风，冬穴夏巢之时，茹毛饮血之世，世质民淳，斯文未作①。逮乎伏羲氏之王天下也，始画八卦，造书契，以代结绳之政，由是文籍生焉②。《易》曰："观乎天文，以察时变；观乎人文，以化成天下。"文之时义，远矣哉！若夫椎轮为大辂之始，大辂宁有椎轮之质③？增冰为

① 冬穴夏巢：指上古之世。《礼记·礼运》："昔者先王未有宫室，冬则居营窟，夏则居橧巢。未有火化，食草木之实，鸟兽之肉，饮其血，茹其毛。"

② 伏羲氏：古三皇之一。教民佃渔畜牧，养牺牲以实庖厨，故又叫庖牺。八卦：乾坤震艮离坎兑巽等八卦。相传为周文王所作。

③ 椎轮为大辂之始：言大辂源出于椎轮。椎轮，椎车。原始的车轮，乃锯树干之一段，中凿圆孔，以轴贯之，形状如椎，因名椎轮。大辂，大车，天子所乘。

积水所成，积水曾微增水之凛，何哉？盖踵其事而增华，变其本而加厉；物既有之，文亦宜然；随时变改，难可详悉。

尝试论之曰：《诗序》云："诗有六义焉，一曰风，二曰赋，三曰比，四曰兴，五曰雅，六曰颂①。"至于今之作者，异乎古昔，古诗之体，今则全取赋名②。荀、宋表之于前，贾、马继之于末。自兹以降，源流实繁。述邑居则有凭虚、亡是之作，戒畋游则有《长杨》《羽猎》之制③。若其纪一事，咏一物，风云草木之兴，鱼虫禽兽之流，推而广之，不可胜载矣。

又楚人屈原，含忠履洁，君匪从流，臣唯逆耳，深思远虑，遂放湘南。耿介之意既伤，壹郁之怀靡愬；临渊有怀沙之志，吟泽有憔悴之容。骚人之文，自兹而作。

诗者，盖志之所之也，情动于中而形于言：《关雎》《麟趾》正始之道著；桑间濮上，亡国之音表，故风雅之道，粲然可观④。自炎汉中叶，厥途渐异：退傅有《在邹》之作，降将著"河梁"之篇，四言五言，区

---

① 诗有六义：即风、赋、比、兴、雅、颂，风、雅、颂为《诗经》的体裁，赋、比、兴为作法。风，即十五国风，歌咏各地风土人情。雅，有大雅、小雅，雅即夏，为流行中原王朝的正声。颂，有商颂、周颂、鲁颂，歌舞之谓。赋，铺陈直叙。比，即比喻。兴，乃先言他物以引起所咏之辞，亦即象征。

② 今之作者：指后世为赋者，特指荀子、宋玉以后之人。

③ 凭虚、亡是：张衡《西京赋》托于凭虚公子，司马相如《上林赋》托于亡是公，皆述邑居之作。《长杨》《羽猎》：扬雄作有《长杨赋》《羽猎赋》以戒田猎遨游。

④ 《关雎》《麟趾》：《诗经·周南篇》名。《关雎》为祝贺新婚之诗，为《诗经》之首篇。《麟趾》则颂美他人子孙众多。桑间濮上：原出《礼记·乐记》，据郑玄注："濮水之上，地有桑间者，亡国之音，于此水出焉。……桑间，在濮阳南。"桑间，在今河南延津县和滑县之间。

以别矣①。又少则三字，多则九言，各体互兴，分镳并驱。颂者，所以游扬德业，褒赞成功，吉甫有"穆若"之谈，季子有"至矣"之叹②。舒布为诗，既言如彼；总成为颂，又亦若此。次则：箴兴于补阙，戒出于弼匡，论则析理精微，铭则序事清润，美终则诔发，图像则赞兴③。又诏诰教令之流，表奏笺记之列，书誓符檄之品，吊祭悲哀之作，答客指事之制，三言八字之文，篇辞引序，碣碑志状，众制锋起，源流间出④。譬陶匏异器，并为入耳之娱；黼黻不同，俱为悦目之玩。作者之致，盖云备矣。

余监抚余闲，居多暇日⑤。历观文囿，泛览辞林，未尝不心游目想，

---

① 退傅：汉彭城（今江苏徐州）人韦孟，为楚元王交之傅，交子楚王戊荒淫，韦孟作诗讽谏，不听，遂去位，因称退傅。孟后徙家于邹。其《讽谏》《在邹》二诗为四言诗之滥觞。降将：汉李陵，因孤军力战为匈奴所俘，因称降将。《文选》载有李陵与苏武诗五首，其中第三首首句为："携手上河梁，游子暮何之。"因称河梁之篇。李陵之诗一般认为五言古诗之缘起。

② 吉甫：周宣王时名将，尝作《诗经·大雅·烝民》之诗，末章云："吉甫作诵，穆如清风。"季子：春秋吴国人，即吴王寿梦少子季札。封于延陵，号延陵季子，尝聘于鲁，观周乐而知列国之治乱兴衰，因而歌诵曰："至矣哉。"

③ 箴：《文心雕龙·铭箴篇》："箴者，针也。所以攻疾患，喻箴石也。"《文选》卷五十六有《张华女史箴》一篇。戒：《文心雕龙·诏策篇》："戒者，慎也。"如班昭《女诫》、郑玄《戒子益恩书》。弼匡：辅正。美终：指旌扬死者。人死曰终。诔：《文心雕龙·诔碑篇》："诔、累，累其德行，旌之不朽。"图像：指为人事画像。赞：《颂赞篇》云："赞者，明也、助也。"

④ 诏诰教令：文体名。《文心雕龙·诏策篇》："诏者，告也，诏诰百官。"又云："教者，效也，出言而民效也。"又云："降及七国，并称曰令，令者，使也。"表奏笺记：亦文体名。表以陈情。奏，进言于上。《文心雕龙·书记篇》："记之意志，进己志也。"笺者，表也，表识其情也。书誓符檄：亦文体名。为舒布其言，陈之简牍。誓以训勉军队。《文心雕龙·书记篇》："符者，孚也，征召防伪，事资中孚。"孚即信实。又《檄移篇》："檄，皦也，宣露于外，皦然明白也。"檄以供征召。答客指事：指嘲弄文体，如东方朔《答客难》、扬雄《解嘲》。三言八字：离合体之文字，用以拆字。碑碣志状：皆文体名，用以旌表死者。碑碣以石为之。方为碑，圆为碣。志为墓志，状为行状。

⑤ 监抚：监国、抚军。萧统时为梁太子。《左传·闵公二年》："冢子，君行则守，有守则从，从曰抚军，守曰监国，古之制也。"监国、抚军为太子之职。

263

移晷忘倦。自姬、汉以来，眇焉悠邈，更迭七代，数逾千祀①。词人才子，则名溢于缥囊，飞文染翰，则卷盈乎缃帙。自非略其芜秽，集其清英，盖欲兼功，太半难矣！若夫姬公之籍，孔父之书，与日月俱悬，鬼神争奥，孝敬之准式，人伦之师友，岂可重以芟夷，加之剪截。老、庄之作，管、孟之流，盖以立意为宗，不以能文为本，今之所撰，又以略诸。若贤人之美辞，忠臣之抗直，谋夫之话，辩士之端，冰释泉涌，金相玉振。所谓坐狙丘，议稷下，仲连之却秦军，食其之下齐国，留侯之发八难，曲逆之吐六奇，盖乃事美一时，语流千载，概见坟籍，旁出子史，若斯之流，又亦繁博，虽传之简牍，而事异篇章，今之所集，亦所不取②。至于记事之史，系年之书，所以褒贬是非，纪别异同，方之篇翰，亦已不同③。若其赞论之综辑辞采，序述之错比文华，事出于沉思，义归乎翰藻。故与夫篇什，杂而集之。远自周室，迄于圣代，都为三十卷，名曰《文选》云尔。

凡次文之体，各以汇聚④。诗赋体既不一，又以类分，类分之中，各以时代相次⑤。

《四部丛刊》影宋本六臣注《文选》卷首

---

① 七代：周、秦、汉、魏、晋、宋、齐等七代。

② 狙丘：齐国地名。稷下：在齐都临淄之西，齐君设馆为文士论政之所。当时游说纵横之士皆来此为上大夫，不治而论议，名为稷下学士。仲连：鲁仲连，战国齐人，秦围赵急时，尝说新垣衍以义不帝秦。秦军为之退却五十里。食其：郦食其，汉高阳人，为高祖说齐，齐降，后韩信攻齐，齐王以其欺诈，遂烹之。留侯：张良，字子房，佐高祖平定天下，封留侯。尝陈八事诘难汉王，以明恢复六国后人为君之事不可行。曲逆：陈平字孺子，亦佐高祖定天下，曾六出奇计，封曲逆侯。

③ 系年之书：指按年代编次的史书，如《春秋》《左传》等。

④ 各以汇聚：汇、类、言以文体分类，来编次《文选》。《文选》自赋至祭文，共分三十八类。

⑤ 又以类分：文选以诗赋篇目多，因而赋又分十五类，诗则分二十三类。

译　文

　　我看那先民朴实原始的生活，他们冬天就在地上挖洞穴，夏天就在树上架木巢来居住，吃动物的肉，喝野兽的血，那时候的人民实在是淳朴极了，连文字的记载都没有。等到伏羲氏为天下共主的时候，才画八卦，作文字来取代以前的结绳记事，因而慢慢地才有文字的记载和书籍的出现。《易经》贲卦象辞说得好："观看那天上日月星辰的运转来察知四时的变化，观看人间的诗书礼乐的推行以教化天下。""文"的意义，实在太丰富，也太重要了。谈到那原始的椎轮是天子所乘大辂的老祖宗，可是华丽的大辂，就不是椎轮那么寒碜质朴了。层层的冰块是凉水累积冷冻而成，可是凉水哪有层层冰块的寒冷？这是为什么呢？后出转精，后人所造的车辆，自然比前人要更加修饰更加华丽；青出于蓝，变本加厉后，自然要比蓝色更加夺目了。世间万物既然如此，文章也是一样，随着时代而演变，无法一一都知道得很清楚。

　　我曾经对文章的演变有一些看法：以前《诗经》的大序上说："诗有六义，一为风，二为赋，三为比，四为兴，五为雅，六为颂。"但是现在的作家，则跟古时大不相同，古时《诗经》的体裁有多种，赋只是其中之一，现代则都是在作赋了。荀子、宋玉为赋体的先驱，贾谊及司马相如继之而起，从此以后，各种流派，纷纷起来。叙述京城的壮观，有那张衡假托凭虚公子的《两京赋》，更早则有司马相如假托亡是公的《上林赋》等，劝诫天子田猎游乐，有扬雄《长杨赋》《羽猎赋》等作品。其他用来记事的如班彪的《北征赋》，用来咏物的如王褒的《洞箫赋》，咏风云的如宋玉的《风赋》、陆机的《白云赋》，歌咏草木的如曹丕、王粲的《柳赋》及钟会、孙楚的《菊花赋》，歌咏虫鱼鸟兽的有蔡邕的《蝉赋》、挚虞的《观鱼赋》、祢衡的《鹦鹉赋》、颜延之的《赭白马赋》等等，就赋体的形式大加推广，作品之多，实在无法一一列举了。

　　再谈到楚人屈原，怀抱忠贞，行为高洁，既然国君无法从善如流，他又偏偏一再地进谏逆耳的忠言，深思远虑却不容于时，因而被放逐到湖南去。坚贞不移的心思既已受到打击，苦闷不舒的怀抱又何处可宣泄呢？面临江水的深渊，有必死的决心，行吟泽畔，脸孔带着憔悴的颜色。因而他作了《离骚》《怀沙》等作品，辞人所作的骚体，就从此开始了。

诗就是心志所表现出于外的。内心有这种情感，于是就表现于外在的言语。《诗经》中《关雎》《麟趾》的典正之音阐扬王道最显著，桑间濮上的靡靡之音，则表现了亡国之音。因而诗乐也表现了国家政治的兴衰，是显而易见的。自从西汉中世，诗的途径更加地宽广，诗体也就更加地不同了：韦孟有四言《在邹诗》的作品，李陵也有五言答苏武诗三首，自此以后就有四言诗和五言诗的分别。不但如此，也有少到只有三字一句的三言诗，和多至九字一句的九言诗，各种诗相继兴起，分途并进，蔚为大观。颂是用来称扬德业、褒奖事功的，吉甫先有《诗经·大雅·烝民》之诗来称美宣王，延陵季子也对鲁国所演奏的周乐赞扬备至，推展其事为诗，已有《诗经》的颂，总括其事为颂赞，又是如此，这就是诗体的妙处所在。其次有"箴"体起于弥补缺失，"戒"体起于辅导指正。又有"论"体因分析事理，特别精密；"铭"体以阐述德业，所以文字比较清润。为称扬死者，因而有"诔"体的出现；为人死画像，因而有"赞"体的兴起。还有"诏诰教令"等训诫百官和百姓的文章，"表奏笺记"等进言于主上的言论，以及"书誓符檄""吊祭悲哀"等作品，和"答客指事"这些嘲弄的文字，以及所谓"三言八字"等离合体，而"篇辞引序""碑碣志状"等各种体裁的作品亦纷纷出来，因此文体的流派也层出不穷。就好比陶埙匏笙，这是两种不同的乐器，却都是悦耳的音乐；红黑色的黼，青黑色的黻，是两种不同的文采，却都可以赏心悦目。这些作家尽力所在者，可以说都已有文章表现得淋漓尽致了。

我平日当太子操劳国事以外，闲暇时间，就尽情地观赏历代作家的作品。每每因心游目想，白日不够，晚上还挑灯夜读，忘了疲倦。自从周汉以来，时间也颇为悠远了，更换了七个朝代，年代也已千年之久，这些词人才子等，声名早已飞越到了书囊之外，而且所作华丽的文章，卷帙之浩瀚，也可说是汗牛充栋了。若非将其芜秽部分删略，只选取其精华的所在，否则想要全部都收取，那就困难多了。谈到周公、孔子所传下的六经，可与日月并昭，跟鬼神合德，这六经是孝亲敬长的准则，是人伦纲常的模范，岂可妄加删除裁剪呢？老子、庄子的著作，及管子、孟子等文章，是以阐扬思想为宗，不以文采为主，因而现在所选录的，只好将其删去。至于那些贤士的美丽辞藻，忠臣的抗颜直言，军师的言语，纵横家的舌端，词锋快如春来冰水的消融，思绪像泉水般地涌出，华丽言辞像黄金般地灿烂，音调的抑扬，像玉石般地铿锵。正如同前人所谓高坐齐国狙丘地方，在稷下高谈阔论；鲁仲连的提倡义不帝秦，使得秦国退兵；郦食其的不烂之舌说服齐王，献城以降；张良的口说八事以诘难汉王，改变主意；陈平的六献奇计，佐高祖定天下，也都为时人所津津乐道，并且流传千年之久。这些都可于古书中见到，也记载于现在的子书和史书中。像这一类的文字却又都繁杂冗长，虽然已在书籍中留传下来，但是与文章大不相同，今所集录的这本书，也不加选取。至于记载事实的历史文字如《尚书》，按年代编次的史书如《春秋》，是用来奖善罚恶，记载各种说法的，跟一般的文章比较起来，也是大不相同。但是史书里边的赞论序述，既妥于运用辞采，也有华丽的外观，所谈的内容出自深思，用义也能兼顾文采，所以跟其他的文学作品选在一起。本书远起自周朝，一直到梁朝，共分为三十卷，题名就叫作《文选》。

　　编次本篇文章的方法，是依照它们的种类，分别在各卷中，诗赋文体不一，又各有不同的小类别，因而照它的小类别来区分，每种品类之中，各按照它们的时代早晚来排定次序先后。

（周益忠／编写整理）

迁都议

元 宏

元宏，即魏孝文帝拓跋宏，原都
平城（今山西大同东北），后迁都洛阳，
推行华化政策，改姓元，是中国历史上
推行汉化最重要的君主。

背 景

南北朝是中国文化史上一个最重要
的时期，也是中国文明的第一座难关。

元宏像

由于北方新民族的加入，华夏文化受到空前的大考验。但中国文化终于含
摄了北方文化的撞击，而融成一个波澜壮阔的奇景。

在这大融合的过程中，代表北方新民族领导地位的，首推北魏孝文帝
的汉化政策。魏自太武帝统一北方后，由于接触到内涵丰美的华夏文化，
便以极缓的速度步上汉化的路途。到孝文帝即位，正是儒术文学并盛，朝
中济济多士的时候，加上他本身是位"优于文学，才藻天成"的饱学之士，
对华夏文化抱持着衷心钦慕的热忱。为了加强对中原地区的统治，把立国
基础由武治变为文治，革除世代的陋习，最重要的是便利吸收汉文化与全
面推行汉化政策，乃决心把都城从偏北的平城，迁到当时是中原地区政治、
经济、文化中心的洛阳。此举对北方社会文化各方面的发展与华夷民族的

大融合，实为决定性的关键所在。

本文选自《资治通鉴》，记载议定迁都的原因与过程，为影响中国文化命脉与内涵的重要篇章。

影　响

在这华夏与夷狄文化空前的大交汇中，孝文帝耗尽了毕生心血，于迁都之后，完全采用了中国的文化，禁胡语、禁胡服、改汉姓、娶汉女、立学校、正礼乐、行古礼，竟比南朝的中国更富有古典的色彩，此举确实带给元魏社会组织的改变，以及风俗习惯、典章制度的美化，浑然跟汉民族熔铸为一体，充分显现出"夷狄进于中国则中国之"的华夏文化含融并蓄的大同本质。

另一方面，华夏文化已然征服了北方的新民族，使得六世纪隋朝统一南北后，不但在政治上保有完整性，而且在文化上南北合融的统一更加圆熟。由于异族活泼昂扬的生命力，注入到了中原古老民族的血液中，激发了新的创造力与变化瑰丽的开阔气象，影响到中国文化再次达到灿烂璀璨的巅峰。

唯对北魏来说，鲜卑族瘠弱的文化基础，虽历数代汉化，但因措施失当，施行得并不彻底。自迁都洛阳以后，更是连年征战，民生凋敝，苛政大兴，终致群乱并起，自掘本根，从而走向衰弱亡国的命运。

原　文

魏主以平城地寒，六月雨雪，风沙常起，将迁都洛阳，恐群臣不从，乃议大举伐齐，欲以胁众，齐于明堂左个，使太常卿王谌筮之，遇革，帝曰：

"汤武革命，应乎天而顺乎人，吉孰大焉！"①群臣莫敢言。尚书任城王澄曰："陛下奕叶重光，帝有中土。今出师以征未服，而得汤武革命之象，未为全吉也！"帝厉声曰："繇云'大人虎变'，何言不吉②？"澄曰："陛下龙兴已久，何得今乃虎变！"帝作色曰："社稷，我之社稷，任城欲沮众邪！"澄曰："社稷虽为陛下之有，臣为社稷之臣，安可知危而不言？"帝久之乃解，曰："各言其志，夫亦何伤。"既还宫，召澄入见，逆谓之曰："向者革卦，今当更与卿论之。明堂之忿，恐人人竞言，沮我大计，故以声色怖文武耳！想识朕意。"因屏人谓澄曰："今日之举，诚为不易，但国家兴自朔土，徙居平城，此乃用武之地，非可文治。今将移风易俗，其道诚难，朕欲因此迁宅中原，卿以为何如？"澄曰："陛下欲卜宅中土，以经略四海，此周汉所以兴隆也③。"帝曰："北人习常恋故，必将惊扰，奈何？"澄曰："非常之事，故非常人之所及，陛下断自圣心，彼亦何所能为？"帝曰："任城，吾之子房也④！"

《资治通鉴》

---

① 六月雨雪：胡三省《通鉴注》："极阴之地，盛夏雨雪。"六月为季夏，平城虽寒，但不至于下雪，此乃夸张之语。明堂左个：郑玄说："明堂左个，大寝南堂东偏也。"革：卦象辞。

② 繇云"大人虎变"：胡三省《通鉴注》："大人虎变，革九五爻辞。九五，君位也，故引以难澄。"

③ 此周汉所以兴隆也：周公时经营东都雒邑，号曰成周。汉光武中兴定都洛阳，以其居天下之中，得形势之胜。因而王澄以孝文帝和周成王、汉光武相比。

④ 任城，吾之子房也：胡三省《通鉴注》："张良赞汉高迁都长安，故以为比。"

译 文

　　魏孝文帝因平城之地寒冷，六月中就下雪，且常有风沙，不宜居住，想迁都洛阳。但又恐大臣们不肯服从，因而假托要大举讨伐南齐，想要以此来要挟臣下，因而在明堂之东南斋戒沐浴，并派太常卿王谌卜卦，结果卜出革卦。孝文帝因而说道："汤武革命，应于天上且顺于人心，没有比这个更吉利的了！"大臣们都不敢说话。这时尚书拓跋澄说道："皇上历代英明，占有中原地区，现在出师来征讨不知归顺者，竟得到汤武革命的卦象，这并不是很好啊！"孝文帝乃大声说道："爻辞上说'大人虎变。'这有何不吉？"拓跋澄说道："皇上登基成龙已久，何以如今才虎变？"孝文帝因而大怒，变色说道："国家，是我的国家，任城王想要动摇我的民心是不是？"拓跋澄说道："国家是你的，但是我却是国家的重臣，怎可知道危险却不说？"孝文帝气了好久才勉强宽解说道："大家各自说出心中的话，这又有何关系。"回到宫中，文帝召拓跋澄入见说道："刚刚得了革卦，现在还是要跟你讨论，在明堂的愤怒，是为了怕大家纷纷说话，影响我的大计，因而故意疾言厉色来吓文武百官而已，你应该能了解我的意思。"因而屏退左右跟拓跋澄私下说道："今日这种举动，实在不容易，但是我鲜卑从北方大漠兴起，迁到平城，这只是利于征讨的地方，无法讲求文治教化。现在要教化百姓，改变风俗，使大家知书达礼，实在很困难，我因而想要迁都到中原去。你认为如何？"拓跋澄说道："你想要定都中原，来经营天下四方，这是周室汉朝兴盛的原因所在，有何不好？"孝文帝说道："北方人习于旧制、留恋故土，必将惊扰他们，这怎么办？"拓跋澄说道："陛下这一不平凡的举动，本就不是平凡的人所能了解的，你只要认为可以的就可以。当机立断，不必迟疑！那些人又能怎么样呢？"皇帝因而说道："任城王，真是我的张良啊！"

（周益忠、沈宝春/编写整理）

《颜氏家训》序致

颜之推

颜之推（531—约590后），字介，琅邪临沂（今属山东）人。颜之推博览群书，继承家业，好诗酒，不修边幅。初仕梁为湘东王参军，后被掳至北齐，领中书舍人，善为文。开皇中，召为太子学士，深受礼重，有文集三十卷、《家训》二十篇。

背 景

颜之推《颜氏家训》中所谈及的问题，内容似乎甚为平凡，不过本着儒家的一贯道理，教育子弟做到诚孝、慎言、检迹等修养而已。也许有人会问，这篇平凡的文章又会有什么重大的历史意义呢？

要解答这个问题，就必须先建立一个观念，那就是，欲探究历史的意义如何，必须紧扣住当时的时空背景及价值导向，在当时特定时空背景、流行价值的映照下，才得以掌握其真正的历史意义。准此，则颜之推这份他自谦"非敢轨物范世也，业以整齐门内、提撕子孙"的家训，实深具特殊的文化意义与政治意义。

它所代表的深刻的文化意义是：北朝的士族，在中原丧乱、陷身于异族宰割的困境下，不但没有怀忧丧志或自我流放，反而忍辱负重，以无比坚毅的精神，将儒家的学术理念与精神价值以一种踏实的内容、朴素的风貌来自我激励并传之子孙，将此文化的种子在浇薄的土地上播种、耕耘。

他们被迫北迁，无法在南方继续凭借优越的血统封山占泽，谈玄弄虚，悠游岁月或偶尔唱唱匡复的高调；而是在丧乱的痛苦中，艰难地将儒统传承下来，期盼并默默开创美好的明天。也因此，他们一方面坚毅而又带有尊严地活着，一方面以文化力量教育了入侵的、文化低落的异族，促成了异族的汉化，也促进了民族的融合。

它所代表的深刻的政治意义是，士族的良好家风所造成的社会地位，成为当时战乱流离中一般百姓仰为领袖的力量，亦是异族统治者欲学习治理国家请教与合作的对象。马上可得天下，但却不能凭蛮勇治理天下。北朝的统治者，具有典型的征服王朝的特质，其武力或足以开创一个帝国，然其文化力及政治理论与实务经验却极其缺乏、落伍，仍停滞在部落阶段。以部落水准的政治理念及统治技术如何安顿一个帝国？只有将征服者的高姿态作一调整，就教于汉人的士族，展开胡汉合作。这种胡汉的合作，促进了双方的沟通、理解，也促进了胡汉的交融、创新。胡人提升了其文化水准，汉人革除文弱气，增强其勇武性格，化育为新的民族，使中华民族更具活力与开创性。

影 响

由上述两点观之，《颜氏家训》所代表的意义又何止一家之训而已？它更代表了北朝士族在南北朝时期对胡汉融合、民族更新所作的深远、重大的贡献！

其次，家规家训家教在中国宗族之传承发展中地位极其重要。《颜氏家训》后来也成为千余年来中华民族内部巩固其家族意识，建立子弟价值观的典范文献，影响深远。

原　文

　　夫圣贤之书，教人诚孝、慎言、检迹。立身扬名，亦已备矣！魏晋以来，所著诸子理重事复，递相模敩（xiào），犹屋下架屋，床上施床耳，吾今所以复为此者，非敢轨物范世也，业以整齐门内、提撕子孙①。夫同

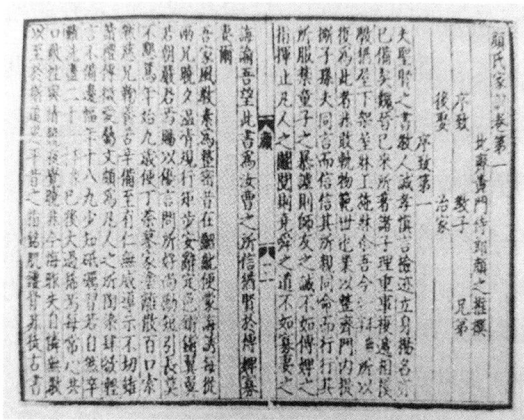

《颜氏家训》书影

言而信、信其所亲，同命而行、行其所服，禁童子之暴谑，则师友之诚，不如傅婢之指挥；凡人之斗阋（xì），则尧舜之道，不如寡妻之诲谕。吾望此书，为汝曹之所信，犹贤于傅婢寡妻耳。

　　吾家风教素为整密，昔在龆龀（tiáo chèn），便蒙诱诲，每从两兄，晓夕温清（qìng），规行矩步，安辞定色，锵锵翼翼，若朝严君焉②。赐以优言，问所好尚，劝短引长，莫不恳笃。年始九岁，便丁荼蓼，家涂离散，百口索然。慈兄鞠养，苦辛备至，有仁无威，导示不切。虽读礼传，微爱属文。颇为凡人之所陶染，肆欲轻言，不修边幅。年十八九，少知砥砺，习若自然，卒难洗荡。三十已后，大过稀焉。每常心共口敌，性与情竞，夜觉晓非，

---

① 所著诸子：据《隋书·经籍志》：儒家有徐氏《中论》六卷，徐幹撰；王氏《正论》十卷，王肃撰。提撕子孙：《诗·大雅·抑》："匪面命之，言提其耳。"

② 晓夕温清：《礼记·曲礼上》："凡为人子之礼，冬温而夏清。"

今悔昨失①。自怜无教，以至于斯，追思平昔之指，铭肌镂骨，非徒古书之诫，经目过耳也。故留此二十篇，以为汝曹后车耳②。

《颜氏家训》

译　文

　　古圣先贤的书籍，主要是教人要诚实孝顺，说话谨慎，行为检点，以及将来能立身行道，扬名于后世罢了。但是从魏晋以后，各家所作的书籍，论点事迹都跟古人没啥两样，相互因袭，就好像在屋顶下再造房子，在床上又设置床一样累赘。现在我也跟他们一样又写书的原因，并不是说要来做世人的典范，只不过是为了整顿家门，用来提醒子孙而已。依人的心理来说，同样的话，亲近的人说出来，就比较容易相信；同样的命令，也只服从由他素所信服之人所发出的。因此要管束小孩子的顽皮及不听话，那么长辈亲友的告诫，还不如服侍小孩的婢女的指挥命令来得有效；要平息普通人的争吵斗殴，那么尧舜的大道，远不如他们妻妾的教诲晓谕来得有用。我希望这本书能让你们这些后生晚辈相信，能够比那婢女妻妾的话还管用就好了。

　　我们家族家风一向严谨，以前我在七八岁的时候，就接受两位兄长的诱导教诲，早晚都要前去问候父母，服侍父长，走路中规中矩，说话也要有条有理、不可逾越本分，一切都要谨慎小心，战战兢兢进见父母，就好像要去朝拜严厉的国君一样，而长者也都能以温和的言语来关心我，问我的情况，并且亲切地对我的善行加以鼓舞，对于我的短处加以激励。然而，我才九岁，父母就去世了，家境也就日益衰微，所幸兄长亲自来教导养育我，

---

① 性与情竞：《礼记·乐记》："人生而静，天之性也。"《礼记·礼运》："何谓人情，喜怒哀惧爱恶欲，七者弗学而能。"性与情之关系可参见本书李翱《复性书上篇》一文。
② 后车：《汉书·贾谊传》："前车覆，后车戒。"

可说尝尽了各种苦头。因他虽有仁心，却不威严，开导我也不够明白确切，因而我虽也读些经典礼教的书籍，却偏喜爱涂抹些诗文，可说被一般俗人所感染了，因而纵欲任性，随意说话，甚至衣冠不整，不修边幅。到了十八九岁稍为知道要改过自新，但是习惯已成自然，因而很难革除一新。到了三十岁以后，才比较少有重大的过错。心意已正，因而张口虽想放言高论，也就不会随便说出，情欲虽想放纵，但是本性既正，也就不会任其胡来了。晚上必反省白天的缺失，今日一定检讨昨天的缺失，可说是自己做自己的敌人。这是因自己感伤以前没好好受教，才到达这种地步，因而追想以往种种，可说刻骨铭心地永不能忘记，不只是古书的训诫而已，这是我全身上下亲身体验的结晶，因而留下这二十篇，用来做你们后辈的借镜。

（周益忠、王樾／编写整理）

征高丽诏

杨 广

  隋炀帝（569—618），即杨广，为文帝杨
坚之次子，一名英。弑父即位。虽聪明过人，
亦好文学，然奢侈成性。大兴土木，尝筑西苑、
离宫，开邗沟、通济渠、永济渠等运河。又筑
长城、伐高丽，因而民不聊生，海内浮动，叛
民四起。其后留守江南不归，为部下宇文化及
所杀。在位十四年，年号大业。

杨广像

背 景

  朝鲜相传为箕子所开拓，跟中国关系密切，但秦汉都曾对朝鲜用过兵，
汉武帝并将其地置乐浪、临屯、玄菟、真番四郡，是朝鲜划入中国版图的
滥觞。隋唐时，朝鲜裂分为高丽、百济、新罗三国，鼎立而治。其中高丽
领土最大，兵力最强，建都在平壤，西北与中国东北境相接，常勾结百济
入寇，成为东北最大的边患。隋文帝、唐太宗的东征高丽，并非好大喜功，
完全是因高丽野心勃勃，入寇辽西，侵掠藩属，其态度虽表面恭顺，实则
益常骄横，扰乱边境，使得人民不能安居乐业。

  隋炀帝以高丽人口，还比不上我国一郡，而竟如此狂妄，"此而可忍，
孰不可容"！于是大举出兵，三伐高丽。尤其大业八年（612）第一次出征，

其军容的浩大，声威的壮阔，史称"近古出师之盛，未之有也"。所征集的四方兵士，齐聚涿郡，共一百一十三万三千八百人，号称二百万，鼓角相闻，旌旗相望，统十二军分二十四路出发。《征高丽诏》正是此次显赫军威、大兴义师的文字，攸关隋朝存亡的重要篇章。

影　响

《征高丽诏》十足表现出当时中国与高丽的关系，以及中国对四方藩属文绥武服的姿态，名正言顺、师出仁义的传统用兵号召，与"随才任用，无隔夷夏"的好才尚能，没有种族歧视的大一统宽容精神。

隋炀帝满以为这样浩浩荡荡，长达九百六十里的大军，煊赫凌霄的声势一到，高丽就会望风披靡，举旗投降。没想到转战四野，却一个城池也没攻下，隋炀帝大怒，率残余部队回洛阳。所以，《征高丽诏》虽刚柔并济，气势夺人，有王者之风，但在实际军事上，却未如此神采飞扬。

第二、第三次的征伐高丽，已不若第一次的军威浩壮、盛况空前。虽然高丽派使请和，炀帝也班师回洛阳，但这几场小型的国际战争，不仅徒劳无功，也使国家元气大伤，全国已星火燎原似的到处冒出造反的火花。第三次东征归来后，天下已告大乱，仅一年，炀帝被弑，再一年而隋亡。《征高丽诏》无疑是炀帝穷兵黩武，将隋朝江山推向灭亡之路的关键所在。

原　文

天地大德，降繁霜于秋令；圣哲至仁，著甲兵于刑典。故知造化之有肃杀，义在无私；帝王之用干戈，盖非获已。版泉、丹浦，莫匪龚行；

取乱覆昏，咸由顺动①。况乎甘野誓师，夏开承大禹之业；商郊问罪，周发成文王之必。永监前载，属当联躬。

粤我有隋，诞膺灵命，兼三才而建极，一六合而为家。提封所渐，细柳、盘桃之外；声教爰暨，紫舌、黄枝之域②。远至迩安，罔不和会，功成治定，于是乎在。而高丽小丑，迷昏不恭，崇聚勃、碣之间，荐食辽、獩之境；虽复汉、魏诛戮，巢窟暂倾，乱离多阻，种落还集③。萃川薮于往代，播实繁以迄今。眷彼华壤，翦为夷类。历年永久，恶稔既盈；天道祸淫，亡征已兆。乱常败德，非可胜图，掩慝怀奸，惟日不足。移告之严，未尝而受；朝觐之礼，莫肯躬亲。诱纳亡叛，不知纪极，充斥边垂，亟劳烽候。关柝以之不静，生人为之废业。在昔薄伐，已漏天网，既缓前禽之戮，未即后服之诛。曾不怀恩，翻为长恶，乃兼契丹之党，虔刘海戍；习靺鞨之服，侵轶辽西。又青丘之表，咸修职贡；碧海之滨，同禀正朔④。遂复夺攘琛赆，遏绝往来，虐及弗辜，诚而过祸。辐轩奉使，爰暨海东，旌节所次，途经藩境。而拥塞道路，拒绝王人，无事君之心，岂为臣之礼！此而可忍，孰不可容！且法令苛酷，赋敛

---

① 版泉：即阪泉。黄帝与炎帝之后人战于此。其地有三种说法：一、在今河北涿鹿县东南（《水经注·水注十三》）。二、在今山西运城市南（沈括《梦溪笔谈》三）。三、在今山西阳曲县东北（《左传·僖公二十五年》）。丹浦：在丹水之浦。相传古尧帝征苗蛮之所。丹水，又称丹江、丹河，源出陕西商州西北。舜封尧子丹朱于此。

② 细柳、盘桃：皆指极远之地。细柳，西方之野，日入之地。《论衡》曰："日出扶桑，暮入细柳。"盘桃，盘桃山，即今盘山，在辽宁境。紫舌：南蛮地名。袁梅《送人使交趾》诗："紫舌音声狡。"黄枝：即黄支，亦古地名，在南海中，汉平帝时来献犀牛。应劭注曰："黄支在日南之，南去京师三万里。"

③ 荐食：数食。《左传·定公四年》，吴为封豕长蛇，荐食上国。獩：獩貊，亦作濊貊。古民族名，居于朝鲜北部。

④ 青丘：神仙所居地。一名长洲，又泛指东方之地。

烦重，强臣豪族，咸执国钧，朋党比周，以之成俗，贿货如市，冤枉莫申。重以仍岁灾凶，比居饥馑，兵戈不息，徭役无期，力竭转输，身填沟壑。百姓愁苦，爰谁适从？境内哀惶，不胜其弊。回首面内，各怀性命之图；黄发稚齿，咸兴酷毒之叹。省俗观风，爰届幽朔，吊人问罪，无俟再驾。于是亲总六师，用申九伐，拯厥阽危，协从天意，殄兹逋秽，克嗣先谟。

今宜授律启行，分麾届路，掩勃澥而雷震，历夫余以电扫。比戈按甲，誓旅而后行，三令五申，必胜而后战。左第一军可镂方道，第二军可长岑道，第三军可海冥道，第四军可盖马道，第五军可建安道，第六军可南苏道，第七军可辽东道，第八军可玄菟道，第九军可扶余道，第十军可朝鲜道，第十一军可沃沮道，第十二军可乐浪。右第一军可黏蝉道，第二军可含资道，第三军可浑弥道，第四军可临屯道，第五军可候城道，第六军可提奚道，第七军可踏顿道，第八军可肃慎道，第九军可碣石道，第十军可东暆道，第十一军可带方道，第十二军可襄平道。凡此众军，先奉庙略，骆驿引途，总集平壤。莫非如豼如貔之勇，百战百胜之雄，顾眄则山岳倾颓，叱咤则风云腾郁，心德攸同，爪牙斯在。朕躬驭元戎，为其节度，涉辽而东，循海之右，解倒悬于遐裔，问疾苦于遗黎。其外轻赍游阙，随机赴响，卷甲衔枚，出其不意。又沧海道军舟舻千重，高帆电逝，巨舰云飞，横断浿江，径造平壤，岛屿之望斯绝，坎井之路已穷。其余被发左衽之人，控弦待发，微、卢、彭、濮之旅，不谋同辞[1]。杖顺临逆，人百其勇，以

---

[1] 微、卢、彭、濮：指各地的蛮夷徒众。《尚书·牧誓》："及庸、蜀、羌、髳、微、卢、彭、濮人。"微，即眉，今陕西眉县。卢，为春秋之卢戎，在今湖北襄阳南。彭，在今四川彭州。濮，即百濮，分布在今湖南西北部一带。

此众战，势等摧枯。

然则王者之师，义存止杀，圣人之教，必也胜残。天罚有罪，本在元恶，人之多僻，胁从罔治。若高元泥首辕门，自归司寇，即宜解缚焚榇^{chèn}，弘之以恩。其余臣人归朝奉顺，咸加慰抚，各安生业，随才任用，无隔夷夏。营垒所次，务在整肃，刍荛^{ráo}有禁，秋毫勿犯，布以恩宥，喻以祸福。若其同恶相济，抗拒官军，国有常刑，俾无遗类。明加晓示，称朕意焉。

《隋书》

译　文

伟大的天地，在秋寒时节降下严霜；仁慈的圣王，彰显军备于刑典之中。因而知道，秋天所降的肃杀之气，是为了不能有所偏私，圣王动用干戈，也是不得已的举动。黄帝时在阪泉、丹浦等地的战役，无非是恭敬地行使天命；去讨伐昏乱不整的部落，这全都是顺天而动。后来夏启在甘邑誓师，是为了继承其父大禹的事业；武于商郊牧野，大败商纣的军队，如此兴师问罪，也是为了继承文王的遗志。因此今日要光耀前世的功业，应该就在我们的身上了。

我们隋朝，秉承着上天的使命，于天地间统一四海，而创立了一统的国家，诸侯封地的扩张远至细柳、盘山之外，教化的范围远到南蛮紫舌之地、南海黄支国。远方都来朝贡，近处亦能安居，没有不归顺的，可说是大功告成，政治安定。然而高丽这个不自量力的小部落迷了心窍，不知恭顺，聚集在东北的渤海、碣山之间，偷食于辽东，貔貊之境。虽然经历汉武和魏武的征讨，他们的巢穴暂时倾覆，然而因距离遥远，关山阻隔重重，他们的残部又死灰复燃，在他们原有的住所，继续繁衍以至于今日。想起那肥沃美好的土地，竟为蛮夷所盘踞，能不痛心？时间一久，这高丽所积的恶贯已满盈，天道将降灾于淫乱之国，他们灭亡的征兆也已出现，不但败乱纲常、道德，不可一一记下，更且掩饰邪恶，怀着私心，日甚一日。我们移檄告诫的旨意都不曾接受，而应来朝贡的大礼也不肯亲自奉行，引诱中土流亡之人，接纳叛乱之辈，不知有纲纪，扰乱边境，烽火时常告急，因而边境从此不得安静，人民不能安居乐业。在以前的诛讨行动中，漏掉了他们，当初没有注意，至今也没对他们的不归顺加以诛伐。他们既不怀恩，更且成为大恶，又联合契丹为党羽，杀害海边戍守的兵士，更习惯于靺鞨的风俗，侵略辽西等地。而东方青丘之外的国家，全都准备贡礼，前来朝贡，以及海滨各国，同样依奉我国的历法，而高丽却又夺取各方来贡献的宝物，断绝他们和中国的往来，杀害无辜的使者，使诚意奉献者不幸遇害，使臣奉使出国，到了东海各地，只要经过该国的竟然被堵住道路，被加以刁难。既没有事奉之心，更没有尽到藩臣的礼节。像这样的行为，如果可以容忍，那还有什么不可以容忍的？而且高丽国法律残酷、苛刻，税赋又极其繁多，王亲贵戚等重要大臣全部掌握了国家的权柄，他们朋比为党，交相为恶，甚至成为一种习尚，所贪污来的财物简直如同市场的东西一样多，而百姓含冤无处可诉，再加上连年的灾荒，国境内都是饥饿的人民，而且战争不断，公家征召百姓的劳力永无止境，百姓已经为军队及粮草的运输而精疲力尽，却仍不免身死于水沟山谷中。大家都忧愁且痛苦不堪，不知何去何从？国境之内，人心惶惶。无法承受这么苦难的日子，大家只能回头暗自叹息，只求能保得住自家的性命，不管老幼，每一想到统治者的残酷，就感叹不已。我们详察当地的风俗，应跟幽州、朔方差不多，因此慰问无辜的受害者，对敌寇加以兴师问罪的举动，是不必再等待下去了。于是我亲自动员大军，以申明纠正讨伐之义，来拯救那些陷于危险的人民，顺从上天的旨意，消灭这些抗命不从的莠民，以继承先人的伟大遗志。

现在应颁布军令，开始出发，分派各部到各个地方去，军威浩大掩盖渤海的波澜，而声震云霄，足以清除扶余的寇盗。军士们摩拳擦掌抚按着兵甲，誓师之后即刻要上阵，长官们三令五申，有必胜的把握。左侧第一军经由镂方道，第二军经由长岑道，第三军经由海冥道，第四军经由盖马道，第五军经由建安道，第六军经由南苏道，第七军经由辽东道，第八军经由玄菟道，第九军经由扶余道，第十军经由朝鲜道，第十一军经由沃沮道，第十二军经由乐浪道。右侧第一军经由黏蝉道，第二军经由含资道，第三军经由浑弥道，第四军经由临屯道，第五军经由候城道，第六军经由提奚道，第七军经由踏顿道，第八军经由肃慎道，第九军经由碣石道，第十军经由东暆道，第十一军经由带方道，第十二军经由襄平道。以上所有的军队，先奉朝廷的命令，陆续地出发，经由各道，最后则会师在平壤。大家都像虎豹般勇猛，都是百战百胜的英雄，眼睛稍微一动，山岳就要崩溃倾倒，一愤怒就要风起云涌，天地变色。大家同心同德，全力以赴。我身兼大元帅，统领大军，渡过辽水，向东沿着海边前进，解救远方待救的人民，慰问这些痛苦的海外百姓。另外轻骑游击部队，简单装备，寻找空隙随时待命，准备出其不意地进攻。还有沧海道的军队，战舰排列有千里之长，战舰飘忽，行动迅速如同云飞，足可横断浿江，直接攻进平壤，让这岛夷的希望断绝，走向穷途末路。还有其他各部落的兵士，操持着弓箭，随时准备发射，所有四边各族的劲族，大家齐一心志，秉持正义诛伐叛逆，人人奋勇前进，以如此的军容前去征讨，将摧枯拉朽般地攻破敌人。

　　但是要注意的是，我们是仁者的军队，圣人所遗留下的义理，教我们要感化凶暴者，化而为善，因而能避免杀戮就要避免，上天惩罚有罪者，只在元凶，其他众人，既出于被裹胁才参加，应该可以不追究。假若高丽首领能够知罪，在辕门之前因首认罪，自己向我国投降，就应替他解脱罪名，并且加以赏赐，使他知恩图报。其他臣民若能归顺本朝，都应加以抚慰，使他们能安居乐业，并且按照其才能加以使用，不必有华夷的分别。军营驻扎的地方，务必要整肃威仪，随意砍伐亦有禁令，更不得任意侵犯所过之地，要能晓谕我的恩泽，告诉他们祸福之道，使他们能够投诚。假若他们依然争相为恶，不肯改过，甚至抗拒我官军的征讨，国家有刑罚在，必定不予饶恕。希望大家能了解，并且加以转告，以便称合我的意思。

（周益忠、沈宝春／编写整理）

《切韵》序

陆法言

陆法言（562—？），名词，字以行，隋朝临漳（今河北临漳西南）人。官至承奉郎。仁寿初年，与刘臻、颜之推等撰《切韵》五卷，文见《全上古三代秦汉三国六朝文》卷二十七。

背　景

在还没有以注音符号或汉语拼音来记录语言之前，古人对于字音的标明，先是用直音，也就是以简单字注复杂字的音，而后才晓得用反切，就是合二字以为一字之音，上字取其声，下字取其韵。如东，为德红切，上取"德"之声母，下取"红"之韵母，即得"东"之音。这是以前一种很普通的注音方式，早在东汉时就已开始，甚至先秦典籍中有些以不可为叵、而已为耳、之乎为诸、之焉为旃等，可说即是反切的前身了。当然，反切的盛行要到魏晋时孙炎始为反语开始。顾炎武《音论》云："反切之名，自南北朝以上皆谓之反，孙愐《唐韵》则谓之切，盖当时讳反字。"亦可知早期就叫作反，只因后代恐人造反，因而讳言反字，改口叫切，或而叫作翻，叫作纽。如当时有名为《九经字样》的书，称"盖"为"公害翻"，称"受"为"平表纽"。但不管称反、切、翻、纽，都是以两个字的音拼一个字的音，通称就叫反切。

《切韵》的内容，大体为：

一、全书共分五卷。其中平声分上、下两卷。上、去、入三声则各一卷。

二、平声上卷有二十六韵，下卷有二十八韵。上声有五十一韵，去声有五十六韵，入声则包括三十二韵，全书总共一百九十三韵。

三、书前有陆法言和长孙讷言的序文。

四、全书所收的字根据封演的《闻见记》，共有一万二千一百五十字。

五、切韵乃以南北期的实际语音为标准，因而每韵所包括的字，都与南北朝韵文所表现的系统相当一致。

至于陆法言的这篇序文，更将其著作的缘起、经过加以说明，因而有其时代意义，所以由这篇文字我们可以得到几点认识。

一、当时各地的声韵不同。因而需令世人了解，以便利士子为文，所谓"吴楚则时伤轻浅，燕赵则多伤重浊，秦陇则去声为入，梁益则平声似去"等皆是声韵的问题，可知南腔北调的问题，当时已相当严重。

二、当时一般人对于音韵的辨别也不够精确。"支""脂"原来反切不同，声韵自然不同。"鱼"和"虞"原来也不一样。可是在当时不少人却都混淆了。另外，"先""仙""尤""侯"的共韵现象，也为陆法言等人指责。时到如今这些押韵现象，已无区别。陆法言特地提出，可见当时雅音对此分辨得很精密，因而特别要求士子重视。所以说"欲广文路自可清浊皆通，若赏知音即须轻重有异"。

三、由于语音的差异，各地用韵的标准也都各有不同，所谓"江东取韵与河北复殊"。原可证明，因而需要进行一番整理。

四、当时已有的韵书，如作《韵集》的吕静，作《音韵》的周思言，作《音谱》的李季节，以及作《韵略》的夏侯该、阳休之、杜台卿六家，他们分韵的标准"各有乖互"，因此显得较不一致。

五、就因为音韵现象如此紊乱，所以陆氏等人"论南北是非，古今通塞。欲更捃选精切，除削疏缓"。因此不但作了音韵史上一部承先启后的书籍，也写下了以后科举制度中学子所仰赖的一本韵书。

影　响

反切被广为利用后，韵书因而兴起，最早的音韵方面的书籍，有魏李登的《声类》，晋吕静的《韵集》等书，但是这些书籍，如今都已遗失了。现在所能见到最早的记录反切的韵书，即为隋代陆法言的《切韵》。《切韵》一书出来以后，历代都以之为分韵的标准，韵目虽然颇有增减，内容则没有多大差别，如《唐韵》《广韵》《集韵》《礼部韵略》等。而这类书籍，最重要的目的，原是科举考试时士子写诗作赋押韵的标准。它对于一千多年来士子的影响力可说是无与伦比的。

原　文

昔开皇初，有仪同刘臻等八人，同诣法言门宿，夜永酒阑，论及音韵，以今声调既自有别，诸家取舍亦复不同。吴楚则时伤轻浅，燕赵则多伤重浊，秦陇则去声为入，梁益则平声似去，又支脂鱼虞共为一韵，先仙尤侯俱论是切，欲广文路自可清浊皆通，若赏知音即须轻重有异。吕静《韵集》、夏侯该《韵略》、阳休之《韵略》、周思言《音韵》、李季节《音谱》、杜台卿《韵略》等，各有乖互，江东取韵与河北复殊，因论南北是非，古今通塞。欲更捃选精切，除削疏缓，萧颜多所决定。魏著作谓法言曰："向来论难疑处悉尽，何不随口记之，我辈数人定则定矣。"法言即烛下握笔，略记纲纪，博问英辩，殆得精华。于是更涉余学，兼从薄宦①。十数年间，

---

① 余学：指做官而言。《论语》孔子曰："学而优则仕。"

不遑修集。今返初服，私训诸弟子，凡有文藻，即须明声韵①。屏居山野，交游阻绝，疑惑之所，质问无从。亡则生死路殊，空怀可作之叹；存者则贵贱礼隔，以报绝交之旨。遂取诸家音韵，古今字书，以前所记者，定之为《切韵》五卷。剖析毫厘，分别黍稷，何烦泣玉②？未得县金③。藏之名山，昔怪马迁之言大；持以盖酱，今叹扬雄之口吃④。非是小子专辄，乃述群贤遗意。宁敢施行人世？直欲不出户庭。于时岁次辛酉，大隋仁寿元年。

《王仁煦切韵刊谬补缺》

译 文

当隋文帝开皇初年时，有仪同三司刘臻、外史颜之推、著作郎魏渊、武阳太守卢思道、散骑常侍李若、国子博士萧该，及蜀王谘议参军辛德源、吏部侍郎薛道衡八人，一同来我家过夜。到夜半时分，大家喝得酒酣耳热，因而讨论到了音韵的问题。以为如今声调既有所差别，各家取舍的标准也大不相同。南方各地声调比较偏于轻脆、短促，北音又偏于厚重、混浊，西北地区将去声念成入声，四川平声读起来像去声。其他又有"支""脂""鱼""虞"等不能分辨，"先""仙""尤""侯"共用韵的状况。

---

① 初服：穿着未做官以前之服装。引申而为罢官。《楚辞·离骚》："退将复修吾初服。"

② 泣玉：《韩非子·和氏》："和乃抱其璞而哭于楚山之下，三日三夜，泪尽而继之以血。王闻之，使人问其故。……和曰：'吾非悲刖也，悲夫宝玉而题之以石，贞士而名之以诳。此吾所以悲也。'王乃使玉人理其璞而得宝焉，遂命曰'和氏之璧'。"此即泣玉的由来。

③ 县金：即悬金、悬赏。《史记》卷八十五《吕不韦传》："吕不韦乃使其客人人著所闻……号曰《吕氏春秋》，布咸阳市门，县千金其上，延诸游士宾客有能增损一字者予千金。"

④ 扬雄：《汉书·扬雄传》："钜鹿侯芭常从雄居，受其《太玄》《法言》焉，刘歆亦尝观之，谓雄曰：'空自苦，今学者有禄利，然尚不能明《易》，又如《玄》何？吾恐后人用覆酱瓿也。'"后指著述之无足重者。

若是想要开拓为文的领域，那么自然轻短和浊重的声音都可相通；但是若要通晓音律者来鉴赏，那么声音的轻脆和浑厚就应有所区别了。吕静所作的《韵集》、夏侯该的《韵略》、阳休之的《韵略》、周思言的《音韵》、李季节的《音谱》、杜台卿的《韵略》等各书，都互有差异。江南取韵的标准和河北各地等也有所差别。大家因而讨论南北各地音韵的差别所在，也谈到古今时代语音的演变。想要挑选精确的语音，而删去混浊不清的音韵。于是萧该、颜之推等人就着手进行，其中萧、颜二人所下的断语最多，著作郎魏渊因而告诉法言说："以前一向以为麻烦的音韵，现在经我们的讨论之后，已经都彻底解决，何不就此随口记下，就让我们几人将它决定算了。"于是我就在烛火下提起笔，记下当时讨论决定的分韵原则。依大家共同的意见，先作一大纲，大家往返讨论，并且兼容各地的音调，而得到语音的标准。此后，则因做官的关系，在宦海浮沉了十几年，因而都没有空好好来修集韵书。直到现在退休在家，私底下教导子弟，告诫他们，凡是做起诗文，就必须辨明音韵的不同。但是远离世人，独居山野，和世间不相往来，稍有疑问，无从问起。如今这些人有的已死了，死了的人和世间已幽明永隔，只抱着壮志未酬的感叹；而活的人，则地位已有差别，而有几年来没交往的遗憾。因而选取各家讨论音韵的书籍，古往今来的字书，加上以前所记录的笔记，作为底本，编出一本书，就定名为"切韵"，总共有五卷。既已作详密的分析、辨别，纵使没得到世人的称赞，也不必感叹宝玉的无人赏识，就像司马迁一样，将书藏于名山，但却又像扬雄一样地担心，所作的书没人读让人拿去覆盖酱缸。这书并非我的专利，乃是叙述前辈众人的宝贵意见。况且我又怎敢拿来要世人遵照我的这本书，只要能供我的家人作为参考就可以了！其时为辛酉年，即大隋仁寿元年（601）。

（周益忠／编写整理）

《隋书·经籍志》序

魏　徵

魏徵像

魏徵（580—643），字玄成，唐魏郡内黄（今河南内黄西北）人。隋末群雄并起，魏徵初事李密，后侍太宗，平天下。于太宗朝官至太子太师，封郑国公，曾奉诏修《隋书》，诗文于初唐颇负盛名。

背　景

唐贞观三年（629），诏魏徵等修《隋史》，十年（636）成纪传六十五卷，十五年（641）又诏修梁、陈、齐、周、隋五代史志。

东汉夷于董氏，亡于曹氏，自东汉至隋，有四百多年。图书先是有始皇之焚为一厄，再则有赤眉入京为二厄，董卓之乱为三厄，五胡乱华为四厄，侯景之乱，及北周南下、南朝之藏书尽焚毁为五厄，可知图书保存之不易。

隋文帝即位后下诏天下献书，其后炀帝即位亦有积极的建树，但是隋朝国祚短，又多战事，所以唐朝所继承者亦残缺不存，故唐朝统一后，又收罗遗书，《旧唐书》即云："武德五年，时承丧乱，经籍亡逸，德棻（令狐德棻）奏称购募遗书，重加钱帛，增置楷书令缮写。数年之间，群书略备。"更加上太宗之仁义英明，文治武功具有可观者，所以当时图书之典藏更见丰富。因而《隋书·经籍志》方得网罗古今，为后代学者所重视。

影　响

《经籍志》是《隋书》最受读书人垂青的一篇，因为此志将东汉以后典籍之源流及演变，作了一番记载，对古书真伪考辨之功实不可没。

历来要考订古籍之亡残讹误，秦以前的书实有赖于《汉书·艺文志》，汉以后的书则非赖《隋书·经籍志》不可。而隋志之序，更将历代书籍之藏弃做了一番介绍，使我们对于中国历代经典及图书的认识又多了一层。

原　文

夫经籍也者，机神之妙旨，圣哲之能事，所以经天地、纬阴阳、正纪纲、弘道德，显仁足以利物，藏用足以独善，学之者将殖焉，不学者将落焉。大业崇之，则成钦明之德；匹夫克念，则有王公之重。其王者之所以树风声、流显号、美教化、移风俗，何莫由乎斯道？故曰："其为人也，温柔敦厚，《诗》教也；疏通知远，《书》教也；广博易良，《乐》教也；洁静精微，《易》教也；恭俭庄敬，《礼》教也；属辞比事，《春秋》教也。"遭时制宜，质文迭用，应之以通变，通变之以中庸。中庸则可久，通变则可大，其教有适，其用无穷，实仁义之陶钧，诚道德之橐tuó yuè籥也。其为用大矣，随时之义深矣，言无得而称焉。故曰："不疾而速，不行而至。"今之所以知古，后之所以知今，其斯之谓也。是以大道方行，俯龟象而设卦；后圣有作，仰鸟迹以成文。书契已传，绳木弃而不用；史官既立，经籍于是兴焉。

夫经籍也者，先圣据龙图，握凤纪，南面以君天下者，咸有史官，以纪言行。言则左史书之，动则右史书之。故曰"君举必书"，惩劝斯在。

考之前载，则三坟、五典、八索、九丘之类是也①。下逮殷、周，史官尤备，纪言书事，靡有阙遗，则《周礼》所称：太史掌建邦之六典、八法、八则，以诏王治；小史掌邦国之志，定世系，辨昭穆；内史掌王之八柄，策命而贰之；外史掌王之外令及四方之志，三皇、五帝之书；御史掌邦国都鄙万民之治令，以赞冢宰。此则天子之史，凡有五焉。诸侯亦各有国史，分掌其职。则《春秋传》，晋赵穿弑灵公，太史董狐书曰"赵盾弑其君"，以示于朝。宣子曰："不然。"对曰："子为正卿，亡不越境，反不讨贼，非子而谁？"齐崔杼^{zhù}弑庄公，太史书曰"崔杼弑其君"，崔子杀之。其弟嗣书，死者二人。其弟又书，乃舍之。南史闻太史尽死，执简以往，闻既书矣，乃还。楚灵王与右尹子革语，左史倚相趋而过。王曰："此良史也，能读三坟、五典、八索、九丘。"然则诸侯史官，亦非一人而已，皆以记言书事，太史总而裁之，以成国家之典。不虚美，不隐恶，故得有所惩劝，遗文可观，则《左传》称周志，《国语》有郑书之类是也。

暨夫周室道衰，纪纲散乱，国异政，家殊俗，褒贬失赏，隳^{huī}紊旧章。孔丘以大圣之才，当倾颓之运，叹凤鸟之不至，惜将坠于斯文，乃述《易》道而删《诗》《书》，修《春秋》而正雅、颂。坏礼崩乐，咸得其所。自哲人萎而微言绝，七十子散而大义乖，战国纵横，真伪莫辨，诸子之言，纷然淆乱。圣人之至德丧矣，先王之要道亡矣，陵夷踳^{chuǎn}驳，以至于秦。秦政奋豺狼之心，刬^{chǎn}先代之迹，焚诗、书，坑儒士，以刀笔吏为师，制

---

① 三坟、五典、八索、九丘：古书名，原文见《左传·昭公十二年》。孔安国《尚书序》以为三坟为伏羲、神农、黄帝之书，五典为少昊、颛顼、高辛、尧、舜之书，八索为八卦之说，九丘为九州之志。

挟书之令。学者逃难，窜伏山林，或失本经，口以传说。

汉氏诛除秦、项，未及下车，先命叔孙通草绵蕝之仪，救杂乱之弊 [1]。其后张苍治律历，陆贾撰《新语》，曹参荐盖公言黄老，惠帝除挟书之律，儒者始以其行业行于民间。犹以去圣既远，经籍散逸，简札错乱，传说纰缪，遂使书分为二，诗分为三，《论语》有齐、鲁之殊，《春秋》有数家之传。其余互有踳驳，不可胜言。此其所以博而寡要，劳而少功者也。武帝置太史公，命天下计书，先上太史，副上丞相，开献书之路，置写书之官，外有太常、太史、博士之藏，内有延阁、广内、秘室之府。司马谈父子，世居太史，探采前代，断自轩皇，逮于孝武，作《史记》一百三十篇。详其体制，盖史官之旧也。至于孝成，秘藏之书，颇有亡散，乃使谒者陈农，求遗书于天下。命光禄大夫刘向校经传诸子诗赋，步兵校尉任宏校兵书，太史令尹咸校数术，太医监李柱国校方技。每一书就，向辄撰为一录，论其指归，辨其讹谬，叙而奏之。向卒后，哀帝使其子歆嗣父之业。乃徙温室中书于天禄阁上。歆遂总括群篇，撮其指要，著为《七略》：一曰集略，二曰六艺略，三曰诸子略，四曰诗赋略，五曰兵书略，六曰数术略，七曰方技略。大凡三万三千九十卷。王莽之末，又被焚烧。光武中兴，笃好文雅，明、章继轨，尤重经术。四方鸿生钜儒，负帙自远而至者，不可胜算。石室、兰台，弥以充积 [2]。又于东观及仁寿阁集新书，

---

① 杂乱之弊：《史记》卷九十九《叔孙通列传》："高帝悉去秦苛仪，法为简易。群臣饮酒争功，醉或妄呼，拔剑击柱，高帝患之。"

② 石室：藏图书之室。《史记·太史公自序》："秦拨去古文，焚灭《诗》《书》，故明堂石室，金匮玉版，图籍散乱。"兰台：亦为藏秘籍的官殿。

校书郎班固、傅毅等典掌焉。并依《七略》而为书部，固又编之，以为《汉书·艺文志》。董卓之乱，献帝西迁，图书缣帛，军人皆取为帷囊。所收而西，犹七十余载。两京大乱，扫地皆尽。

魏氏代汉，采掇遗亡，藏在秘书中、外三阁。魏秘书郎郑默，始制《中经》，秘书监荀勖，又因《中经》，更著《新簿》，分为四部，总括群书。一曰甲部，纪六艺及小学等书；二曰乙部，有古诸子家、近世子家、兵书、兵家、数术；三曰丙部，有史记、旧事、皇览簿、杂事；四曰丁部，有诗赋、图赞、汲冢书，大凡四部合二万九千九百四十五卷①。但录题及言，盛以缥囊，书用缃素。至于作者之意，无所论辩。惠、怀之乱，京华荡覆，渠阁文籍，靡有孑遗。

东暨之初，渐更鸠聚。著作郎李充，以勖旧簿校之，其见存者，但有三千一十四卷。充遂总没众篇之名，但以甲、乙为次。自尔因循，无所变革。其后中朝遗书，稍流江左。宋元嘉八年，秘书监谢灵运造四部目录，大凡六万四千五百八十二卷。元徽元年，秘书丞王俭又造目录，大凡一万五千七百四卷。俭又别撰《七志》：一曰经典志，纪六艺、小学、史记、杂传；二曰诸子志，纪今古诸子；三曰文翰志，纪诗赋；四曰军书志，纪兵书；五曰阴阳志，纪阴阳图纬；六曰术艺志，纪方技；七曰图谱志，纪地域及图书。其道、佛附见，合九条。然亦不述作者之意，但于书名之下，每立一传，而又作九篇条例，编乎首卷之中。文义浅近，未为典则。齐永明中，秘书丞王

---

① 汲冢书：《晋书·武帝记》，咸宁五年（279），汲郡人不准，掘魏襄王冢得竹简、小篆、古书十余万言。

294

亮、监谢朏又造四部书目，大凡一万八千一十卷。齐末兵火，延烧秘阁，经籍遗散。梁初，秘书监任昉躬加部集，又于文德殿内列藏众书，华林园中总集释典，大凡二万三千一百六卷，而释氏不豫焉。梁有秘书监任昉、殷钧四部目录，又文德殿目录。其数术之书，更为一部，使奉朝请祖暅撰其名。故梁有五部目录。普通中，有处士阮孝绪，沉静寡欲，笃好坟史，博采宋、齐以来王公之家，凡有书记，参校官簿，更为《七录》：一曰经典录，纪六艺；二曰记传录，纪史传；三曰子兵录，纪子书、兵书；四曰文集录，纪诗赋；五曰技术录，纪数术；六曰佛录；七曰道录。其分部题目，颇有次序，割析辞义，浅薄不经。梁武敦悦诗书，下化其上，四境之内，家有文史。元帝克平侯景，收文德之书及公私经籍，归于江陵，大凡七万余卷。周师入郢，咸自焚之。陈天嘉中，又更鸠集，考其篇目，遗阙尚多。

其中原则战争相寻，干戈是务，文教之盛，苻、姚而已。宋武入关，收其图籍，府藏所有，才四千卷。赤轴青纸，文字古拙。后魏始都燕、代，南略中原，粗收经史，未能全具。孝文徙都洛邑，借书于齐，秘府之中，稍以充实①。暨于尔朱之乱，散落人间。后齐迁邺，颇更搜聚，迄于天统、武平，校写不辍。后周始基关右，外逼强邻，戎马生郊，日不暇给。保定之始，书止八千，后稍加增，方盈万卷。周武平齐，先封书府，所加旧本，才至五千。

隋开皇三年，秘书监牛弘，表请分遣使人，搜访异本。每书一卷，赏绢一匹，校写既定，本即归主。于是民间异书，往往间出。及平陈已后，经籍渐备。检其所得，多太建时书，纸墨不精，书亦拙恶。于是总集编次，

① 孝文徙都洛邑：事见《通鉴》卷一百三十八卷，详本书《迁都议》一文。

存为古本。召天下工书之士，京兆韦霈、南阳杜頵等，于秘书内补续残缺，为正副二本，藏于宫中，其余以实秘书内、外之阁，凡三万余卷。炀帝即位，秘阁之书，限写五十副本，分为三品：上品红琉璃轴，中品绀琉璃轴，下品漆轴。于东都观文殿东西厢构屋以贮之，东屋藏甲、乙，西屋藏丙、丁。又聚魏已来古迹名画，于殿后起二台，东曰妙楷台，藏古迹；西曰宝迹台，藏古画。又于内道场集道、佛经，别撰目录。

大唐武德五年，克平伪郑，尽收其图书及古迹焉①。命司农少卿宋遵贵载之以船，溯河西上，将致京师。行经砥柱，多被漂没，其所存者，十不一二。其目录亦为所渐濡，时有残缺。今考见存，分为四部，合条为一万四千四百六十六部，有八万九千六百六十六卷。其旧录所取，文义浅俗、无益教理者，并删去之。其旧录所遗，辞义可采，有所弘益者，咸附入之。远览马史、班书，近观王、阮志、录，挹其风流体制，削其浮杂鄙俚，离其疏远，合其近密，约文绪义，凡五十五篇，各列本条之下，以备《经籍志》。虽未能研几探赜，穷极幽隐，庶乎弘道设教，可以无遗阙焉。夫仁义礼智，所以治国也，方技数术，所以治身也，诸子为经籍之鼓吹，文章乃政化之黼黻，皆为治之具也。故列之于此志云。

《百衲本隋书》

译　文

　　经书是什么呢？经书可领悟宇宙的奥妙，是圣贤智慧的结晶，可以用

---

① 伪郑：隋末王世充篡位，而得隋都之遗业，自号为"郑"。

来窥探天地、阴阳的消息，端正世间的纲纪，弘扬人类的道德。进则可以救济世人，退则可以独善其身。读了经书可以开拓吾人智慧的领域，不学就将落后。有大功劳者能推崇经书，则将有令人敬重的光明德行。百姓能够以经书为念，则将为世人所看重。统治天下者若要树立政声，显扬德威，敦励教化，移风易俗，哪有不从读经书开始的？因此《礼记》上孔子说："看到该地百姓如果是温柔而且厚道的，那是因为得到《诗经》熏陶。如果是通达而知道远古之事的，那是因为受到《书经》的熏陶。如果是爽朗而和平的，那是因为得到《乐经》的熏陶。如果是清静而深入的，那是得到《易经》的教化。如果是恭敬而谦逊的，那是得到《礼经》的教化。如果是善于言辞举例来作判断的，那是得到《春秋经》的教化。"可知经书的重要。因时而制宜，或宽或紧，因情况而通变，并不拘泥，但通变则要出之以中庸之道，因为唯有中庸才能长久，唯有通变才能宏大，他的道理放诸四海而皆准，运用起来更是历时万古而常新，是仁义道德的关键所在。由于他的功用很大，而与时俱新的意义也深不可测，实在无法用一个适当的名字来称呼它。所谓"不见它奔跑，却快得很；不见它行走，却忽然来到"。经书就是这样，今人以它知道远古之事，后人因它而知道今世之事，道理就在此。所以先王初领悟到天地的道理时，就观察天地的各种征象而画了八卦，后代的圣人继之而起，更因观察鸟兽的足迹而作成文字，有了文字之后，就不用再结绳来记事，而史官的设立，更使得经书因而出现。

　　经书的出现，是因古代圣王掌握大权，君临天下后，必设立史官，来记其言行举止。言语方面由左史来记载，行止则由右史来记载，所以说国君的言行举止必须做记录，就为了告诫国君之故，因而有了经书。考察前人的记载，像三坟、五典、八索、九丘这一些都是。到了殷周之时，史官一职尤其详备，不管记言记事，都没有缺失的。《周礼》上记载：太史公掌管建国的六典、八法、八则，以便显扬王者的治事。小史则掌管国家的记载，排定世系，明祖先血食的次序。内史则帮助王者来分封爵赏等颁布赏罚的命令。外史则掌管王者对外宣布诏令，及四方蛮夷的史事，以及三皇五帝、先民所遗的神话传说。御史则掌管国家都城及边疆百姓的政令，以帮助大宰治理国事。以上就是天子的五位史官。其他诸侯各国也有史官，也分别执掌其职位。比如《春秋传》就有记载：晋国的赵穿杀灵公，太史董狐写下"赵盾弑其君"，并在朝廷中宣示。赵盾以为不然。董狐说道："你身为正卿，逃亡而不走出国境，回来后又不讨伐反贼，不是你弑君，那是谁？"齐国的崔杼弑庄公，太史写下"崔杼弑其君"，崔杼杀了太史，而太史之弟又如此写，也被崔杼杀死，太史的小弟又继续写，崔杼只好作罢。南史听到太史兄弟为此而死，也要持着书简前往记载，听到已经被记下之后才回去。楚灵王和右尹子革说话时，左史倚相在一旁经过。灵王说道："这是位好史官，他能读三坟、五典、八索、九丘等古书。"可知诸侯的史官，也不是一个人来做而已。他们都是记载国君的言行举止，由太史做最后的整理判定工作，而完成国家的重要典籍。不浮夸地赞美，也不隐藏其罪过，所以能有劝诫的作用，所留传下来者都大有可观。像《左传》称周志、《国语》提到的郑书等类都是诸侯史书的好例子。

到了周朝王室衰微，纲常败坏，国家政治紊乱，大权在诸侯手中，而诸侯大权也在大夫手中，对于当代人物的褒贬也都不如以前，破坏了经史原有的条例。孔子以天纵之圣，应运而生，感叹盛世的不再，经典的散乱，因而阐述《易经》的道理，删定《诗》《书》，并且整理《春秋》，重新厘正雅、颂之乐。已近乎崩坏的礼乐，都能重新振起。然而孔子去世后，他的弟子也相继凋零，其微言大义已无人能通晓。进入战国，纵横家逞其三寸不烂之舌，信口雌黄，难辨真假，而诸子的说辞更是纷乱混淆，圣王的至德要道，可说已沦丧殆尽，就这样地不绝如缕。到了秦朝之后，始皇以贪狠暴戾、豺狼的心想要斩除前人的智慧结晶，因而竟然焚掉经书，坑杀儒者，只留下办事办案的小吏，为百姓习字的准则，并且颁布私藏古书的禁令。学者只好逃难，躲到山林里去，虽已失去了经典等书籍，但仍口诵指画，不停地传授圣人的学说，以维护文化，不使中断。

到了汉朝，推翻了秦的暴政，又打败了项羽，天下尚未定，就命叔孙通草拟朝廷的仪制，以矫除众军士不识君臣上下礼仪的弊端。而后张苍研究律令和历法，陆贾写了《新语》，曹参向朝廷推荐黄老之说，惠帝废除了禁止挟书的命令，儒家才能再度推广其学说于中国。然而因距离周孔等圣人之时已非常久远，经书早已散乱，而传说所述，又多荒谬错误，因此使得《书经》有今、古文的不同，《诗经》也有齐、鲁、韩三家的分别，《论语》也有齐、鲁的差异，《春秋》更有《左传》《公羊》《穀梁》等各种不同的说法。其他的也都杂乱得很，实在不胜枚举。这就是为什么司马谈会说儒家学问广博，却不够精要，尽粹于世事却少有功劳的原因。武帝设立了太史公的职务，并且下令天下开始清查图书，将图书先呈献给太史公，再上呈给丞相，因而广开各界献书的途径。在宫廷之外，有太常、太史、博士的典藏图书，在宫廷内有廷阁、广内、秘室等藏书之所。司马谈和司马迁父子一直担任太史的职务，于是探究各代的史实，从黄帝开始，一直到孝武帝天汉年间，作了《史记》一百三十篇。详探此书的体制，实在是史官记事一向的准则。到了孝成皇帝时，宫中典藏的图书颇有些亡佚散失的，于是派遣负责接待宾客的大臣陈农，到各地去探求遗书，并且要光禄大夫刘向校考经传、诸子诗赋等各种图书，步兵校尉任宏校对兵书，太史令尹咸校对数术等书籍，太医监李柱国校对医药方面的图书。每一书校对完成，刘向就作一录，讨论其旨趣，并且辨别其错误疏漏之处，既已论述完毕，再呈奉给皇帝。刘向死后，哀帝就派刘向的儿子刘歆继续做，于是就搬出温室殿中的图书到天禄阁上，刘歆因而总括所有的篇章，摘出其要旨所在，作了《七略》一书，内容包括：一、集略，二、六艺略，三、诸子略，四、诗赋略，五、兵书略，六、数术略，七、方技略，总共三万三千九十卷。王莽末年，这些书不幸又被焚烧。光武帝中兴汉室后，他一向爱好文学，明帝、章帝继位后，更是注重群经学术。因而各地的儒生，纷纷负笈前来京师，人数多到不可胜数。

石室、兰台等多家藏书的地方，因而更加充实了。又在东观和仁寿阁总辑新书，由掌管图书的校书郎班固、傅毅来接管，并且依照《七略》而为图书分部，班固更且加以编次而成为《汉书·艺文志》。董卓叛乱时，献帝西迁，许多图书卷帙都被乱军烧掠及占有，所能收藏到西京去的，犹有七十余辆车次，等到两京都大乱后，所有图书就因战乱一扫而空了。

曹魏起来后，开始采拾遗失的典籍，藏在秘书、中、外三处。魏校书郎郑默因而整理宫内所藏的经籍，并加以编目叫作《中经》，秘书监荀勖又依循《中经》的规模作了《新簿》，分群书为四部，一为甲部，收录六经及小学等书；二为乙部，收录古今的重要思想家以及兵家的书籍，及阴阳数术等书；三为丙部，有史记、旧史、皇帝御览簿及杂事等；四为丁部，有诗赋、图赞和汲冢书。总共有四部，合计为二万九千九百四十五卷。只是录标题和提要，并以淡青色的书袋来装书，以淡黄色的纸张来印书。由于记载已多，而作者作书之意，就不能多写了。到了惠帝的八王之乱，怀帝时的永嘉之乱，京师疲弊，因而石渠阁的文籍竟然被烧掠得一无所有。

渡江以后，东晋初年，又慢慢地收集图书。著作郎李充，以荀勖旧有的《新簿》加以校对，书中尚存者，有三千零十四卷，李充因而就泯灭各篇之名，只以甲、乙部为次序。从此以后，大家都遵循此法，不再有变革。之后中原的遗书稍有流入江南的。到了南朝宋文帝元嘉八年（431），秘书监谢灵运作四部目录，总共有六万四千五百八十二卷。元徽元年（473），秘书丞王俭又作了目录，总共有一万五千七百零四卷。王俭另外也撰写《七志》，书中一为经典志，收录了六艺、小学、史记、杂记等类的书籍；二为诸子志，收录古今的思想名家；三为文翰志，收录了诗赋；四为军书志，收录兵书；五为阴阳志，收录阴阳图谶和纬书；六为术艺志，收录各种奇方妙技；七为图谱志，收录地域和地图等书籍。而道家、佛家也附录于此，共有九条。但是也不叙述作者的意旨，只在书名之下列了一传，并且作了九篇的条例，编在第一卷当中。可是文义较浅薄，不能作为典则。齐武帝永明年间，秘书丞王亮，秘书监谢朏又作了四部书目，总共有一万八千零十卷。南齐末年，因兵乱大火，火势波及秘阁，因而经籍又大量遗散。到了梁武帝初年，秘书监任昉亲自参与编纂图书之事，又在文德殿内陈列所藏的所有图书，华林园中编列所有的佛教宝典，总共二万三千一百零六卷，但是佛家经典不在四部之内。除了秘书监任昉、殷钧的四部目录外，又有文德殿目录，将数术之类的书籍，列出而为一部，由奉朝请祖暅撰写其名，所以梁朝有五部目录。梁武帝普通年间，有位隐士阮孝绪，为人沉静，嗜爱古书，因而广博地采用宋、齐以来贵族名士家中所有的书籍笔记，参考官府中的文献，重新改订《七录》。一为经典录，收录六艺；二为记传录，收录史传；三为子兵录，收录子书、兵书；四为文集录，收录诗赋；五为技术录，收录数术；六为佛录；七为道录。书中对于分部和标题，都有些次序，但是割裂文辞分析辞义，却较为浅薄，且不合经书之义。梁武帝则因喜爱诗书，在下者受其感化，因此国境之内，家家都有文史书籍。到了元帝平定侯景之乱，收录文德殿的图书和公家私人所藏的典籍，到江陵去，总共有七万多卷。等到北周的军队攻下江陵，就将这些图书都焚毁掉了。陈文帝天嘉年间，又再次聚集图书，但是若详加考核篇目，遗散的图书还是很多。

当时中原地区则因战祸相连，多半只知道动刀动枪，比较重视文化教育的多只有前秦、后秦而已。刘裕进入关中以后，收录长安的图籍，和府库的藏书，不过才四千卷而已。所用的卷帙纸张也很普通，文字却颇为古拙。后魏拓跋氏定都于大同，向南攻打中原，也粗略地收了经史等书，但却未能完全。到了孝文帝迁都洛阳，向南齐借了不少图书，秘府之中的收藏，才比较充实，后来尔朱荣叛乱，就散落在民间了。到了后齐，迁都于邺，也对书籍颇有搜集，齐后主天统、武平年间，依然不停地抄写改定。后周则因建国于关外，强邻所逼，战事时起，应接不暇，直到武帝保定元年（561），才有图书八千卷，以后稍稍增多，但也不过一万卷。等到武帝平定北齐，首先查封了北齐的藏书之府，但也不过多了五千本典籍而已。

到了隋文帝开皇三年（583），秘书监牛弘上表请求朝廷派遣大臣，到各地去搜求典籍，若有书一卷，赏赐绢布一匹，查写已毕，书本即归还原主。于是民间的各种书籍纷纷出笼。等到平定陈国以后，经书渐渐完备，然而检视所得到的图书，多半是南陈宣帝太建年间的书籍，纸墨及书法都不是很理想，因而再加以整理编次，以便保存古本。为此召集国内精于书法者，如京师的韦霈、南阳郡的杜颙等人，在秘书省内补订原有残缺的经书，并抄写两份，藏在宫殿内。其他则用来放在秘书省的内外，共有三万多卷。炀帝即位，秘阁的图书限定要写五十本副本，总共分为三品。上品以红色琉璃为卷轴，中品以天青色的琉璃为之，下品则以漆绘的卷轴为之。在洛阳观文殿东西厢建造屋舍以贮藏这些书，东边藏甲、乙两部，西边则藏丙、丁两部。又聚集曹魏以来的古迹和名画，在观文殿后建两座高台，东边为妙楷台，以收藏古迹，西边为宝迹台，收藏古书，又在内道场收集道经、佛经，并另为编写目录。

大唐高祖武德五年（622），讨平王世充，因而把洛阳的图书古迹全部没收，又命令司农少卿宋遵贵雇船载运，逆河而上，想运到长安，却不意行经砥柱时翻覆，大半被河水淹没了，侥幸存在的不到十分之二，而目录部分也多被浸湿了，因而也多半残缺不全。现在查考尚存在的书籍，将它分为四部，合计为一万四千四百六十六部，共有八万九千六百六十六卷。其中有以前目录所采用者，但是文义浅薄通俗，对于教化没有帮助的，都一概删去；以前目录所没采用，但是文辞可观，对于世道人心有帮助的，就收录进来。远则参考司马迁、班固的《史记》《汉书》，近则依据王俭的目录《七志》、阮孝绪的《七录》，吸取他们的经验及优点，除去他们驳杂及低俗的地方，截长补短，补其缺失，摘其精密，整理文义，总共五十五篇，各列在该条之下，而为隋朝《经籍志》的依据。虽然尚未能探究圣人高深幽微的旨趣，但是庶几对于弘扬大道，宣导教化，大有帮助。仁义礼智，用来治国，而方技数术，则为修身所需，诸子百家实为经书的传播者，文章则为政令教化的文采，都是治世所不可缺少的，所以也都列在这经籍志中。

（周益忠／编写整理）

大唐三藏圣教序

李世民

李世民像

李世民（599—649），唐高祖次子，拥其父起兵有功，被封为秦王，后受父禅即位。其在位时期为我国最著名的治世。其文治武功俱有可观，威震四夷，被尊为天可汗。于儒、释、道三家，均加以倡导，以助教化，是以四海升平，缔造了我国史上最辉煌的"贞观之治"。

背 景

玄奘于贞观十九年（645）从印度回国，他在前后十七年的留学生涯中，经过了一百二十余国，所到之处，均向名师大德执经问道。《三藏法师传》卷三曾记玄奘在那烂陀寺求学的情形："法师在寺，听瑜珈三遍，顺正理一遍，显扬、对法各一遍，因明、声明、集量等论各两遍，中、百二论各三遍。其俱舍、婆娑、六足、阿毗昙等，已曾于迦湿弥罗诸国听讫，至此寻读决疑而已，兼学婆罗门书。"可见其用功的程度。回国后，他带来原典佛书不知凡几，在此后的十九年中，他着手翻译及弘法工作，先后译了六百五十七部、一千三百余卷佛典，对此后佛教的发展产生了极大的影响。

贞观二十二年（648），唐太宗为嘉许玄奘译经的成就，特颁赐此序。《三藏法师传》记此事："帝先许作新经序，国务繁剧，未及措意。至此法师重启，方为染翰，少顷而成，名《大唐三藏圣教序》，凡七百八十一字，神笔自写，敕贯众经之首。"

影　响

佛教自东汉末年传入中国，直到隋代以前，它显然还是个外来的宗教。唐初，中国人的佛教思想逐渐成熟，就外形而言，此时实为我国历史上佛教隆盛达于顶点之时期。这当然跟玄奘西游，带来许多佛教原典，加之他热心真诚且大量地翻译佛书有关。在中国历史上曾经盛极一时的禅、天台、三论虽在唐以前已开宗，但真正的发皇盛大，则是在唐以后。玄奘建立的唯识宗，及较晚形成的华严宗都影响

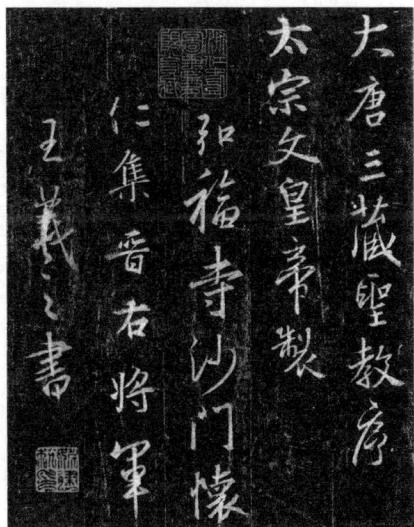

王羲之所书《大唐三藏圣教序》

风气，不仅在佛教史上，在唐以后的文化史上也扮演了极重要的角色。

不过，我们必须承认，唐代佛教的昌盛与初唐君主提倡也有密切关系。玄奘翻译佛经得到唐太宗的全力支援，而全国各地寺庙的建设，也多得之于君王的资助。如唐高宗即位以来，就在长安建立了会昌寺、胜业寺、慈悲寺、证果尼寺、集仙尼寺，在太原建灵仙寺，并舍旧第为兴圣尼寺，于并州建义兴寺等。太宗所建之寺庙更多，法琳的《辩正论》曾载其事说："主上（指唐太宗）曾经战场，白刃相拒；至于登极，情深厥衷，乃下敕：凡所陈场，并建寺，有司供给，务令周备；宇内凡置十所，严整可见。"太宗早年争战，杀戮过多，后来普建宗庙，热心佛教，当然与他试图平衡罪

恶的心理有关，但他的一举一动，对日后佛教在中国的发展产生了极深远的影响，确是我们不能忽略的事实。

原　文

盖闻二仪有像，显覆载以含生；四时无形，潜寒暑以化物。是以窥天鉴地，庸愚皆识其端；明阴洞阳，贤哲罕穷其数。然而天地苞乎阴阳，而易识者，以其有像也；阴阳处乎天地，而难穷者，以其无形也。故知像显可征，虽愚不惑；形潜莫睹，在智犹迷。况乎佛道崇虚，乘幽控寂。弘济万品，典御十方①。举威灵而无上，抑神力而无下。大之则弥于宇宙，细之则摄于毫厘。无灭无生，历千劫而不古；若隐若显，运百福而长今。妙道凝玄，遵之莫知其际；法流湛寂，挹之莫测其源。故知蠢蠢凡愚，区区庸鄙，投其旨趣，能无疑惑者哉。

然则大教之兴，基乎西土。腾汉庭而皎梦，照东域而流慈②。昔者分形分迹之时，言未驰而成化；当常现常之世，民仰德而知遵。及乎晦影归真，迁仪越世。金容掩色，不镜三千之光。丽象开图，空端四八之相。于是微言广被，拯含类于三途③。遗训遐宣，导群生于十地④。然而真教难仰，莫能一其旨归；曲学易遵，邪正于焉纷纠。所以空有之论，或习俗而是非；

---

① 十方：佛家语，为东、西、南、北、东南、西南、东北、西北及上、下，意指全世界，又作十方世界。

② 腾汉庭而皎梦：后汉明帝尝夜梦金人，有人告诉他金人即佛，因而遣使往西域求佛法。

③ 三途：佛家语即三恶道，火途（地狱道）、血途（畜生道）、刀途（饿鬼道）。

④ 十地：佛家语，地者能生功德之义，其阶级有十，故称十地。见《智度论》卷七十八。

大小之乘，乍沿时而隆替。

有玄奘法师者，法门之领袖也。幼怀贞敏，早悟三空之心；长契神情，先苞四忍之行。松风水月，未足比其清华；仙露明珠，讵能方其朗润。故以智通无累，神测未形。超六尘而迥出，双千古而无对。凝心内境，悲正法之陵迟。栖虑玄门，慨深文之讹谬。思欲分条析理，广彼前闻。截伪续真，开兹后学。是以翘心净土，往游西域，乘危远迈，杖策孤征[①]。积雪晨飞，途间失地，惊砂夕起，空外迷天。万里山川，拨烟霞而进影；百重寒暑，蹑霜雨而前踪。诚重劳轻，求深愿达，周游西宇十有七年。穷历道邦，询求正教。双林八水，味道餐风[②]。鹿菀鹫峰，瞻奇仰异。承至言于先圣，受真教于上贤。探赜妙门，精穷奥业。一乘五律之道，驰骤于心田。八藏三箧之文，波涛于口海。爰自所历之国，捴将三藏要文，凡六百五十七部，译布中夏，宣扬胜业。引慈云于西极，注法雨于东垂。圣教缺而复全，苍生罪而还福。湿火宅之干焰，共拔迷途；朗爱水之昏波，同臻彼岸。

是知恶因业坠，善以缘升。升坠之端，惟人所托。譬夫桂生高岭，云露方得泫其花。莲出渌波，飞尘不能污其叶。非莲性自洁，而桂质本贞。良由所附者高，则微物不能累；所凭者净，则浊类不能沾。夫以卉木无知，犹资善而成善。况乎人伦有识，不缘庆而求庆。方冀兹经流施，将日月而无穷。斯福遐敷，与乾坤而永大。朕才谢珪璋，言惭博达。至于内典，

---

① 往游西域：详见本书《〈大唐西域记〉序》。

② 双林：沙罗双树之林，转谓精舍，即寺庙。八水：佛家语，在弥陀如来报土池中之水，即八功德水。

尤所未闲。昨制序文，深为鄙拙。唯恐秽翰墨于金简，标瓦砾于珠林。忽得来书，谬承褒赞。循躬省虑，弥益厚颜，善不足称，空劳致谢。

《大唐三藏圣教序》拓本

译　文

　　我曾听说阴阳两仪，由太极展现出形象，表现出天覆地载来养育众生，一年四季也有寒暑的变化来化育万物，因而俯仰天地，不论贤愚智不肖都能认清它的端由，但是要洞彻天地的道理，虽然是贤智，也有所不能。然而这天地有阴阳的变化，而容易辨识，是因为它有形象可看；阴阳处于天地之间，却难以穷究，因为它是没有形象的。所以知道形象显现出来，则可以征验，再笨的人也能了解；不见形象，纵使智者、贤人也要迷惑！何况释道崇尚虚空，神游于幽渺寂寥的领域，普度众生，可以为天上地下各方的准则，威灵显赫，神力无边，没有其他神威可以超越。放大可以包含整个宇宙，缩小可以放到微小的芥末之间，不会消灭，亦不增长，经历千年之久，也不觉其古老，似有似无，到今天仍赐福予人。其道理却至为玄妙，沿波探讨仍不知边际何在，而佛法更是高深莫测，去加以汲取，仍无法窥探其源头。所以可以知道我们平日的众生，天性愚昧，探讨佛法的意旨，怎能没有疑惑呢？

　　但是这伟大的宗教，起源于西方，由于汉明帝的一梦，派人去寻找，终于来到了中原，而能在此盛行。以前天地刚现形的时候，大道并不为众人了解，但是众人自然成化；当天地之常道显现的时候，人民崇仰大德，而知道遵循。等到佛祖圆寂之后，三千世界虽不再见到佛光普照，四面八方也未能一睹佛的真相。所幸佛祖的微言大义无所不在，在三恶道中来拯救所有的物类，他所遗留下来的宝典也传布到全世界引导各方的众生。但是至高的教义难以窥探，没能探测其要旨妙义。而且邪辟的学说容易吸引人，佛教就起了正邪的差异，因而空宗、有宗的不同，也就为俗人的喜好而有了分别，大乘小乘的不同，也由时代的不同而有了兴衰。

有位名为玄奘的法师，是佛门的领袖。自幼聪慧，早就领悟到空寂的大道，毅力修行更可嘉，已修习了各种苦行，清风明月不能形容他心地的光明，明珠仙露也不能描绘其言行的圆润，所以他智慧通达，毫无阻塞，脑筋也特别灵敏，能测知未来，超迈色声香味触法的俗尘，而特别突出，千年之前千年之后也无人能相比。他内心悲悯正法衰微，更忧惧佛门经典的错误没能纠正，想要逐步地有条理地整理佛经，除去伪说，彰显真理，以鼓励后代学者，因而一心向往佛家净土，想到西域去一探究竟。于是玄奘他不顾危险，一个人孤独地拄着拐杖走上遥远的路程，风霜雨雪挟着沙石，往往迷失了方向，如此不知经历了多少寒暑、跋涉了多少山川。由于诚心笃厚，因而不以此为劳苦，只因所求者宏大精深，这愿望终于还是完成了。总计他周游西域达十七年之久，到了印度的各个地方访求正道，到各个丛林、佛土胜地及灵鹫峰等处去一睹净土风光，并接受佛门高僧的教诲，得以聆听佛法的真谛，进入了佛门最深奥的领域，去探究最高深的佛法，因而佛法上乘及戒律的根本，都已默识在心，而菩萨藏、独觉藏、声闻藏等佛家三藏的文字，亦在心中翻起波澜。就所经历的国家整理出三藏等重要典籍，总共有六百五十七部之多，回到中土加以翻译，并大加弘扬，可说是从西方极乐世界引来慈云，然后化成雨珠灌注到东土各地。于是残缺的宗教终于又能复全，而苍生的罪业也得以洗净而得享福业，将炽热的人间红尘淋湿，使其不再迷惘，沉陷在爱恨昏沉中的众生也能够重享朗朗乾坤的关照，一同到达净土的那一边。

因而知道作恶者乃因罪恶而坠落，行善者因善缘而能超升，超升或坠落都是由自己造成的。就比如桂树生在高山，云露方能灌溉其花朵；莲花生于水上，因而飞尘不能污染其叶片。这并非莲性爱清洁、桂花本质特别坚贞，实在是因为它所附着者高，那么灰尘就不能沾染到它；它所依凭者特别干净，那么污浊者也不能玷污了它。可知草木以其无知，犹能因善而成善，何况人类是有知识的，怎能不庆幸自己有知，而真的有可以庆幸的呢？我正盼望这些经典的流布，将与日月同光，无穷无尽，而众生所享的福分，也将甚为久长，跟宇宙一样永远广大。我的才能不好，言语不能通达，至于佛门典籍，更是不能了解，作了这篇序文，非常简陋。只恐怕这种粗劣的文笔，污染了佛经的辉煌，更怕这瓦砾般的贱物，有碍众人的观瞻，若有人妄加称赞，我自己私底下反省，只更觉得惭愧，实在不配让人称赞，也不知该如何表达我的心意！

（周益忠、周志文／编写整理）

《大唐西域记》序

玄 奘

玄奘（602—664），本姓陈，名祎，唐时洛州缑氏（今河南偃师缑氏镇）人。贞观年间，发愤西行取经，回来后广校佛经，并开唯识宗一派。

玄奘像

背 景

玄奘十岁时，父亲去世，其由早年出家的哥哥带到寺中抚养，十三岁也出了家。隋末大乱，他从洛阳逃到长安，又从长安逃入四川，在成都定慧寺受具足大戒，此年他二十一岁。

不久，他展开国内的游学旅行，离开四川后，他先后到过湖北、湖南、安徽、江苏、河北、河南等地，拜访各地名师，参加讲座。他学无常师，亦不宗一派一说。经过一段时日，他发觉虽为同一部经，却解说歧异。《旧唐书·玄奘传》说："大业末出家，博涉经论。尝谓翻译者，多有讹谬，故就西域，广求异本，以参验之。"在这个动机下，他决心去印度求经。

他从河西走廊向西，经过今天的新疆、阿富汗、克什米尔到印度，前后十九年在外。贞观十九年（645）回国，随即在官方赞助下，着手翻译佛经的工作。在此后十九年之间，总共译了一千三百三十八卷佛典。《大唐大慈恩寺三藏法师传》说："专务翻译，无弃寸阴，每日自立程课，若昼日有事不允，必兼夜以续之。"

他不但译佛经原典，并开唯识宗，对后来的华严宗及北宗禅都有十分深远的影响。

影　响

《旧唐书·玄奘传》说："贞观初，（玄奘）随商人往游西域。玄奘既辩博出群，所在必为讲释论难，蕃人远近咸尊伏之。在西域十七年，经百余国，悉解其国之语，乃采其山川谣俗、土地所有，撰《西域记》十二卷。"

《大唐大慈恩寺三藏法师传》记贞观二十年（646）奉敕修《西域记》，玄奘上表曰："寻求历览，时序推迁，言返帝京，淹逾一纪，所闻所履，百又二十八国。"

由以上所引二文，可知《大唐西域记》之内容及旨趣所在。此书除了使我们了解玄奘当年求经的困难历程，它还提供我们：

一、对 7 世纪前后的西域及印度，不论在历史、地理及风土人情的认识上，它提供了大批的资料。

二、对佛教史的研究，本书也有积极的贡献，其中有关印度及西域诸国的僧院、佛教流派的资料尤多。

三、对中西交通史的研究有极大的助益。

原　文

窃以穹仪方载之广，蕴识怀灵之异。谈天无以究其极，括地讵足辩其原。是知方志所未传，声教所不暨者，岂可胜道哉？

详夫天竺之为国也，其来尚矣。圣贤以之叠轸（zhěn），仁义于焉成俗。然事绝于曩代，壤隔于中土。山经莫之纪，王会所不书。博望凿空，徒寔怀于邛竹；昆明道闭，谬肆力于神池①。遂使瑞表恒星，郁玄妙于千载；梦彰佩日，秘神光于万里。

暨于蔡愔访道，摩腾入洛②。经藏石室，未尽龙宫之奥；像画凉台，宁极鹫峰之美？自兹厥后，时政多虞。阉竖乘权，愤东京而鼎峙；母后成衅，剪中朝而幅裂③。宪章泯于函雒，烽燧警于关塞。四郊因而多垒，况兹邦之绝远哉？然而钓奇之客，希世间至。颇存记注，宁尽物土之宜；徒采《神经》，未极真如之旨。

有隋一统，寔务恢疆，尚且眷西海而咨嗟，望东雒而杼轴。扬旌玉门之表，信亦多人；利涉葱岭之源，盖无足纪。曷能指雪山而长骛，望龙池而一息者哉？良由德不被物，威不及远。我大唐之有天下也，辟寰宇而创帝图，扫攙抢而清天步。功侔造化，明等照临。人荷再生，骨肉豺狼之吻；家蒙锡寿，还魂鬼蜮之墟。总异类于藳街，掩遐荒于舆地④。苑十洲而池环海，小五帝而鄙上皇。

法师幼渐法门，慨祇园之莫履，长怀真迹，仰鹿野而翘心。褰裳净

---

① 邛竹：《史记·大宛列传》：骞曰："臣在大夏时，见邛竹杖蜀布，问曰：安得此？大夏国人曰：吾贾人往市之身毒，身毒，在大夏东南可数千里。"身毒即天竺，亦今之印度。神池：《汉书·武帝纪》："元狩三年，发谪吏穿昆明池。"注引傅瓒曰："西南夷传有越巂，昆明国有滇池，方三百里，汉……欲伐之，故作昆明池象之，以习水战。"又《西京杂记》卷上云："昆明池刻玉石为鲸，每至雷雨，常鸣吼，鬐尾皆动。"

② 访道、入洛：后汉明帝尝命蔡愔至大月氏，与迦叶摩腾、竺法兰二僧共携佛像、佛经以归，在洛阳建白马寺。

③ 母后成衅：指晋惠帝时贾后专权，而引起八王之乱，即所谓剪中朝而幅裂。

④ 藳街：即篙街。汉长安城南街名，诸夷之客邸大多设于此。《汉书·陈汤传》："斩郅支首及名王以下，宜悬头篙街蛮夷邸间，以示万里。"

境，实惟素蓄。会淳风之西偃，属候律之东归。以贞观三年，杖锡遵路，资皇灵而抵殊俗，冒重险其若夷；假冥助而践畏涂，几必危而已济。暄寒骤徙，展转方达。言寻真相，见不见于空有之间；博考精微，闻不闻于生灭之际。廓群疑于性海，启妙觉于迷津。

于是隐括众经，无片言而不尽；傍稽圣迹，无一物而不窥。周流多载，方始旋返。十九年正月，届于长安。所获经论六百五十七部，有诏译焉。亲践者一百一十国，传闻者二十八国，或事见于前典，或名始于今代。莫不餐和饮泽，顿颡而知归；请吏革音，梯山而奉贶。欢阙庭而相抃，袭冠带而成群。

尔其物产风土之差，习俗山川之异，远则稽之于国典，近则详之于故老。邈矣殊方，依然在目。无劳握椠，已详油素，名为《大唐西域记》，一帙十二卷。窃惟书事记言，固已缉于微婉；琐词小道，莫有补于遗阙。

《大唐西域记》

译 文

宇宙的广大及天地间所包含的各种五花八门、稀奇古怪的事太多了。谈天说地，既无法穷究它的奥秘，更无从知道其来头。所以各地的方志所没记载、大家所没听说过的事情，多得实在无法一一讲出来。

印度这个国家，立国已久，代有圣贤出现，人民早已熏染于仁义的风俗之中，但是因与我中国山川阻隔，历代不相往来，因此《山海经》未曾加以记载，《周书》也没加以记入，张骞通西域，只不过点到大夏国西南之外有所谓印度国而已，通往昆明的道路封闭后，只是在长安挖了个昆明池，无法前往了解印度。因而使得大家只把它看作一颗无法到达的星星，虽然祥瑞，却蕴藏了几千年的玄妙，虽也让汉明帝梦见了，却仍以为这是万里之外无法到达的神秘地区。

　　一直到蔡愔求道，跟迦叶摩腾到了中土后，藏经石室所藏的书，还不能说尽净土的奥妙；各地建造的凉台所画的图像，难道就能画出灵鹫峰的壮美来？而且此后国家政治每多事情，宦官乘机揽权，先是有贾氏贵为太后，却乱用权力引起了八王之乱，而后又有匈奴部族的叛变，占领洛阳而晋朝的领土泰半失去。许多重要的档案文件，在函谷关和洛阳之间的黄河道上失散了，关塞烽烟也因而频频示警，从此中国四境战火蜂起，因而对于远方的印度就没法去注意了。爱奇好事的人，虽然偶尔也曾出现过，却只在为古书作记作注时稍一提起，哪里能描绘出该国的情形？只是从《神异经》等这一类的书籍探讨，也很难穷究真正的妙义所在。

　　隋朝统一南北以后，国力大增，尚且望着西域而兴叹，只能在东方一带大加经营。扬威于玉门关之外，也还有不少人；但是能渡过葱岭之源头去到印度，好像就没人了。因此对于印度的名山胜水也就只能在此空自赞叹罢了。这也是由于隋朝德化尚不能覆载万物，威信还不能传播远方。到了我大唐继承隋朝有了天下以后，开辟宇宙之内，创造空前未有的帝国，扫除各地的妖氛，而天下太平，大功可以跟造化并齐，光明也可跟日月同列。对于天下百姓有再生的恩德，对于许多破碎的家庭也有重造的功劳。融合各种族于一体，将遥远的地方都收入版图之内，以十洲之大为下苑，以四海之广为池水。三皇五帝也没有我大唐皇帝来得伟大。

　　玄奘法师自幼即在于佛门，受佛法的感召。感叹印度祇树给孤独园的名声虽响，却未能一睹，又怀念佛土的种种事迹，想要一睹真面目，因而决定长途跋涉到西土去一探究竟。这种心意已经蕴藏了好久，正巧中国国威西扬，西域各国感慕而来归，因此中西交通畅达无比，于是在贞观三年（629）由皇上下诏，命玄奘循路前往西域，借着皇上的恩宠、祖先的保佑，因而突破重重险阻而到达西域。又承蒙冥冥上苍的护佑，而经过各种难关，虽然几次濒于九死一生，终于都能渡过。几经寒暑往来，历尽各种转折终于完成任务。要寻求真相，因而见以前所未尝见的佛道在虚空和实有之间；考察最精巧最微的真理，听以前所未尝听的道理在生老病死之际！清除众生的迷惘于无边的法力中，启发生民的大觉悟于迷失的人生旅途中。

于是就此订正佛经，详细得没有疏漏之处，并且考察印证佛法的传布。只要是佛经所记载的地方，他没有不去的，如此参观访问多年，才回到中土。于贞观十九年（645）正月，在长安展示他获得的佛经六百五十七部。皇上也下诏要翻译这些佛经。总计他所到达的地方多达一百一十国，所知晓而没到达的也有二十八国，这些事迹有些书本上早已出现，有的当时才听到，但是大家没有不满怀收获，因而佩服得五体投地的。于是世人纷纷登山来礼佛，为他欢呼于庙庭中而争相参见，衣冠革履的士族也成群结队地赶来朝拜。

至于国土人情、山川产物的差别，远则可以考察到国家秘府典藏的书籍，近则可以向那些饱学宿儒印证。这些遥远的地方，如今好像清楚地就在眼前，不必再去制版印制，因为已经写在精白的纸绢上了，书名就叫作《大唐西域记》，共有十二卷。我只记载这些琐事，其他已经在书中编次出来了，我这些琐碎的不成大体的话，希望能对书上没谈到的有加以补充的功效。

（周益忠、周志文／编写整理）

《尚书正义》序

孔颖达

孔颖达（574—648），字冲远，唐冀州衡水（今属河北）人。少时即于隋炀帝朝中参与论议群经，入唐后，升官至国子司业、国子祭酒诸职。奉太宗诏，撰《五经正义》。卒谥宪。《旧唐书》卷七十三、《新唐书》卷一百九十八皆有传。

孔颖达像

背 景

唐太宗即位初年，即崇学重儒，置弘文学馆，精选天下文彦硕儒讲论经义，每到夜分始罢。又表彰先儒劝勉后生，不仅用其书，而且还行其道，当时儒学之盛，济济洋洋，可以称得上冠冕前代。

贞观十六年（642），以儒学家门太多，章句甚是杂乱，于是命令孔颖达、颜师古、司马才章、王恭、王琰等，撰《五经义训》，凡一百八十卷，号义赞，后改名正义。至高宗永徽二年（651），复命中书门下、国子三馆博士与弘文馆学士加以考证，于志宁、张行成、高季辅就正义加以增损，书始颁行天下。其中纂修的《尚书正义》，是以东晋梅赜所上的伪孔传为底本，然后参以其他六家说法，加以取舍扬榷，成为现在通行的十三经注疏本的骨干。

《五经正义》一出，行于南北的学说义疏，复归于统一，而且终唐之世无异说，因为它是唐代开科取士的定本，凡欲参加科举的士子，没有不研习此书的，所以影响重大，《尚书正义序》正是其举足轻重的缩影。

影　响

自《正义》出而《尚书》的说法归于统一，不再有纷歧的见解，至终唐之世竟无异说。唐以前治《尚书》的人多为义疏，尤以南北朝为盛，自《正义》出，即为义疏体的结束，代之而起的，即为正义体的流行。影响所及，如贾公度之于《周礼》《仪礼》疏，邢昺之为《论语》《孝经》《尔雅》疏。甚至清代的汉学家，用正义为名的亦不乏其人，像刘宝楠的《论语正义》、焦循的《孟子正义》、孙诒让的《周礼正义》等，无不沿袭这种体式。

唯自《正义》出，前此的著作，也随着相继沦亡，后代的学者如欲探求古义，考证古文，却无从而得。且学术既归于统一，才智之士又不得以己意解经，于是牵强附会的风气在不知不觉中形成。尤其唐代开科取士，既以《正义》为标准本，因此士子所习，不敢稍有出入，在无形中也限制了学术的发展。经学之所以不能像前代那样蓬勃有朝气，实不能不归咎于《正义》。

是其功过互见，未可一概而论，唯在《正义》的统一背后，隐然潜藏着一股疑黜经书的浪潮，为宋代经学另辟别派。

原　文

夫书者，人君辞诰之典，右史记言之策^①。古之正者，事总万机，发号出令，义非一揆。或设教以驭下，或展礼以事上，或宣威以肃震曜，

---

① 右史：《礼记·玉藻》："言则右史书之。"古书有所谓左史记功、右史记言。或则以为右史记事、左史记言，如《汉书·艺文志》。

或敷和而散风雨。得之则百度惟贞，失之则千里斯谬。枢机之发，荣辱之生，丝纶之动，不可不慎①。所以辞不苟出，君举必书。欲其昭法诫，慎言行也。其泉源所渐，基于出震之君，黼藻斯彰，郁乎如云之后。

勋华揖让，而典谟起。汤武革命，而誓诰兴。先师宣父生于周末，有至德而无至位，修圣道以显圣人。芟烦乱，而翦浮辞；举宏维，而撮机要②。上断唐虞，下终秦鲁。时经五代，书总百篇。采翡翠之羽毛，拔犀象之牙角。磐荆山之石，所得者连城；穷汉水之滨，所求者照乘。巍巍荡荡，无得而称；郁郁纷纷，于斯为盛。斯乃前言往行，足以垂法将来者也。

暨乎七雄已战，五精未聚③。儒雅与深阱同埋，经典共积薪俱燎。汉氏大济区宇，广求遗逸，采古文于金石，得今书于齐鲁④。其文则欧阳、夏侯二家之所说，蔡邕碑石刻之。古文则两汉亦所不行，安国注之，实遭巫蛊，遂寝而不用⑤。历及魏晋，方始稍兴。故马郑诸儒，莫睹其学。所注经传，时或异同。晋世皇甫谧独得其书，载于帝纪。其后传授乃可详焉。但古文经，虽然早出，晚始得行。其辞富而备，其义弘而雅，故

---

① 丝纶：《礼记·缁衣》："王言如丝，其出如纶。"疏："王言初出微细如丝，及其出行于外，言更渐大如纶也。"后引申为帝王诏书。

② "芟烦乱"二句：言孔子删订《尚书》为一百篇。

③ 五精：五行之精。《易林》："仁德不暴，五精就舍。"

④ 得今书于齐鲁：《史记·儒林传》："秦时焚书，伏生壁藏之，其后，兵大起，流亡，汉定，伏生求其书，亡数十篇，独得二十九篇，即以教于齐鲁之间，学者由是颇能言《尚书》。"

⑤ "安国注之"二句：《汉书·艺文志》："古文尚书者，出孔子壁中，武帝末，鲁共王坏孔子宅，欲以广其宫，而得古文尚书。……孔安国者，孔子后也，悉得其书，以考二十九篇，得多十六篇，安国献之，遭巫蛊事，未列于学官。"

复而不厌，久而愈亮。江左学者，咸悉祖焉①。近至隋初，始流河朔。

其为正义者，蔡大宝、巢猗、费甝、顾彪、刘焯、刘炫等，其诸公旨趣多或因循怗释注文，义皆浅略。惟刘焯、刘炫最为详雅，然焯乃织综经文，穿凿孔穴，诡其新见，异彼前儒，非险而更为险，无义而更生义。窃以古人言诺，惟在达情。虽复时或取象，不必辞皆有意。若其言必托数，经悉对文，斯乃鼓怒浪于平流，震惊飙于静树，使教者烦而多惑，学者劳而少功。过犹不及，良为此也。炫嫌焯之烦杂，就而删焉。虽复微稍省要，又好改张前义。义更太略，辞又过华。虽为文笔之善，乃非开奖之路。义既无义，文又非文。欲使后生，若为领袖，此乃炫之所失，未为得也。

今奉明敕，考定是非，谨罄庸愚，竭所闻见。览古人之传记，质近代之异同。存其是而去其非，削其烦而增其简。此亦非敢臆说，必据旧闻。与朝散大夫行太学博士臣王德韶，前四门助教臣李子云等，谨共铨叙。至十六年，又奉敕与前修疏人，及通直郎行四门博士骁骑尉臣朱长才给事郎、守四门博士上骑都尉臣苏德融、登仕郎守太学助教云骑尉臣随德素、儒林郎守四门助教云骑尉臣王士雄等对敕，使赵弘智覆更详审，为之正义，凡二十卷，庶对扬于圣范，冀有益于童稚，略陈其事，叙之云尔。

《尚书正义》

---

① 江左学者：指东晋及南朝学者宗法古尚文书之说。此为清代阎若璩等考订为东晋梅
赜所伪造的古文尚书者，亦即所谓伪孔传。当时北朝犹以郑玄兼收今古之注本为准。
唐朝续隋有天下后，孔颖达奉太宗令撰《尚书正义》则以梅赜所伪之古文尚书为依归，
因而对于伪孔传颇多赞美之语。

译　文

　　书经乃是人君一切辞令的书册，也是史官记录皇上言行的典籍。当时主持国家大事者，日理万机，发号施令，所运用的准则也有多种，因而必实行教化，以便统御臣下；有时也举行各种仪式，来祭拜上天；有时则大展雄威来肃清宇内；也有时突发仁心，普降恩泽于百姓。处理得当，那么各种措施都很令人赞扬，若措施不妥，就像差之毫厘一样，将失之千里。这是国事的关键所在，荣誉或羞辱的差别，都在于此，所以国君的言行诏令不可不谨慎。以前认为国君言辞不可随意，国君有所举动，史臣必定写下来，这是想要他能彰明国家的法令告诫，谨慎自己一言一行的原因。如同源泉般地不停地喷出并涌向四方，都是源于国君具有伟大影响力，华美的辞藻，可以如此彰显，也是来自国君的文采出众。

　　尧舜无私能够禅让，表现出来就成为书经的《尧典》《大禹谟》等各篇，因商汤、周武革命，所以各种誓词、告诫的篇章也就一一出现。我们的至圣先师孔子，生于春秋末年，有至高的德行，却没有登上国君宝座，因而勤修古圣王所留下的圣道，用来彰显圣人。删除古书纷乱并对浮夸者加以剪裁，选出对治国的政策有重要影响力的，并且抓出其中最重要者。从尧舜开始，一直到春秋，历经五代，总共百篇。文辞华美如同翡翠的羽毛，又如同象牙、犀角一样可观，内容更是珍贵，如同荆山汉滨的宝石一样，价值连城，那样地高伟，那样地浩大，实在无法来形容它，既茂盛又漂亮，没有其他书比书经更出色的。早期帝王功臣圣贤的言行中，最能够留传给后世的，可说都在这里了。

　　到了战国之时，秦楚等七雄攻战未休，中国尚未能平定，儒道埋没，经典也付之一炬。等到汉室兴起，因而广求古时的遗书，由孔壁及钟鼎金石中得到了古文尚书，也从齐鲁各地的儒者得到了今文经典。今文经典有欧阳高和夏侯胜、夏侯建等的不同，后来蔡邕曾立碑石并且刻下这两家的说法。古文家在两汉时尚未流行，孔安国献古文尚书，并且加以注解，只因不巧碰到了武帝时的巫蛊之祸，因而并没有被采用，到了魏晋以后，才慢慢地被人注意，而开始兴起，因而东汉大儒马融、郑玄无由目睹古文尚书，所注的尚书经传，只是偶然采用古文学的说法，和古文尚书颇有出入。到了晋朝时皇甫谧从武帝获得这个秘本，在《晋书·武帝纪》中曾有记载。以后《尚书》的传授也才渐渐详细。只不过古文尚书出现得早，却很晚才得以盛行，它的辞藻华美，内容丰富，义理宏大而高雅，因而虽一再翻阅也不会厌倦，越久越能显出其光芒。当时江东学者，都以古文为宗，到了隋朝时，才传到北方。

在此所以要撰《尚书正义》的原因，是为了蔡大宝、巢猗、费甝、顾彪、刘焯、刘炫等人，这些人注解书经多半因循前人，注解文义都很浅显简略，其中只有刘焯、刘炫所注的比较详细，但是刘焯对古书往往断章取义，穿凿附会，假托是自己异于前人的高见，在没话中找话，在平浅中故作惊人之论。我认为古人的言辞不过是在表情达意而已。虽然偶尔也用了些象征之类的言辞，却也不一定每句话都有意思。若说言辞都有深意寄托于其中，这就像在平静的河流中，故意兴风作浪；对安稳的大树，故意刮起大风，无事找事，使得传授书经者感到烦琐，而且迷惑，研究者更是花费多而收获少，这都是过犹不及的原因。刘炫则嫌弃刘焯的繁杂，因而加以删减，虽然比较简要一些，但是却又喜欢故意改变前人的说法。意义过于简略，辞藻又过度浮华不实，虽然文笔可观，实在不是开导、奖励后人的好法子。因为刘炫所注文义都不是很理想，只想使后人以他为依归，这也是刘炫的毛病。

如今我接受皇帝的诏示，来考订辨别书经注解的是非所在，因而竭尽所能，参照古人留下的典籍，并且跟近代各种不同的说法做一番比较，将正确无误的说法保留，将大谬不然的除去，将烦琐不当的删掉，而特别保留简要者。并不是说我敢随便以己意来臆测，这都是根据古书有详明的依据。在此谨和朝散大夫行太学博士王德诏，前四门助教李子云等共同来编修注解，到了贞观十六年（642）又奉皇上命令，跟前面二人及通直郎行四门博士骁骑尉朱长才给事郎、守四门博士上骑都尉苏德融、登仕郎守太学助教云骑尉随德素、儒林郎守四门助教云骑尉王士雄等复核皇上诏命编修的书，又使赵弘智更加详细地复审，作了《尚书正义》二十卷，希望能彰显圣王的典型，并且有助于后生小子。在此简单地陈述其经过原始，以作为本书的序文。

（周益忠、沈宝春／编写整理）

图书在版编目（CIP）数据

历史大变局：形塑中国三千年．上／龚鹏程主编．
— 杭州：浙江文艺出版社，2023.1
ISBN 978-7-5339-6801-4

Ⅰ．①历…Ⅱ．①龚…Ⅲ．①中国历史—通俗读物
Ⅳ．①K209

中国版本图书馆CIP数据核字（2022）第053710号

选题策划　柳明晔
责任编辑　关俊红　徐　旼
封面设计　人马艺术设计·储平
封面题字　武临仁
责任印制　张丽敏
营销编辑　宋佳音
数字编辑　姜梦冉　诸婧琦

历史大变局：形塑中国三千年（上）

龚鹏程　主编

出版　浙江文艺出版社
地址　杭州市体育场路347号
邮编　310006
电话　0571-85176953（总编办）
　　　0571-85152727（市场部）
制版　杭州立飞图文制作有限公司
印刷　浙江海虹彩色印务有限公司
开本　710毫米×1000毫米　1/16
字数　301千字
印张　21.75
插页　11
版次　2023年1月第1版
印次　2023年1月第1次印刷
书号　ISBN 978-7-5339-6801-4
定价　96.00元

歷史大變局

形塑中国
三千年

◎

中

起于尧舜，讫于清末

龚鹏程　主编

浙江文艺出版社
Zhejiang Literature & Art Publishing House

《册府元龟》书影

周茂叔爱莲图

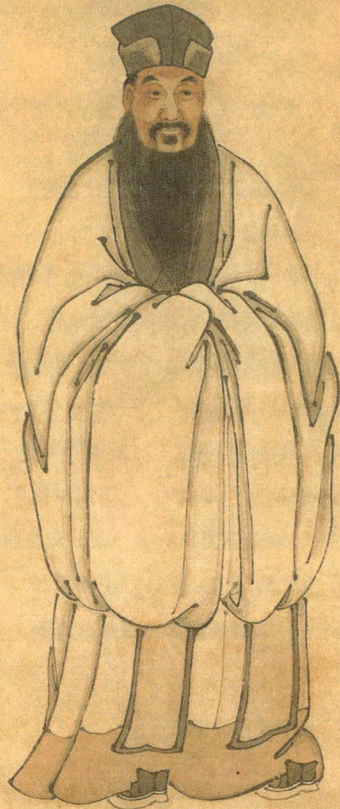

程正公先生遗像

清明上河图（局部）

元世祖出猎图

马可·波罗离开威尼斯东游

郑和和侍者像

王陽明先生眞像

邈稽古初孔曰性近禮亦有言人
生而靜善惡未生是曰本性心分
本虛與物相印習染旣殊是非斯
定餘姚性學千秋定論良知之說
孟氏所崇存理遏欲未發為中洗
心藏密忠與民同任情自發有感
遂通湛然虛明廓然大公知行合
一性道事功　焦秉貞

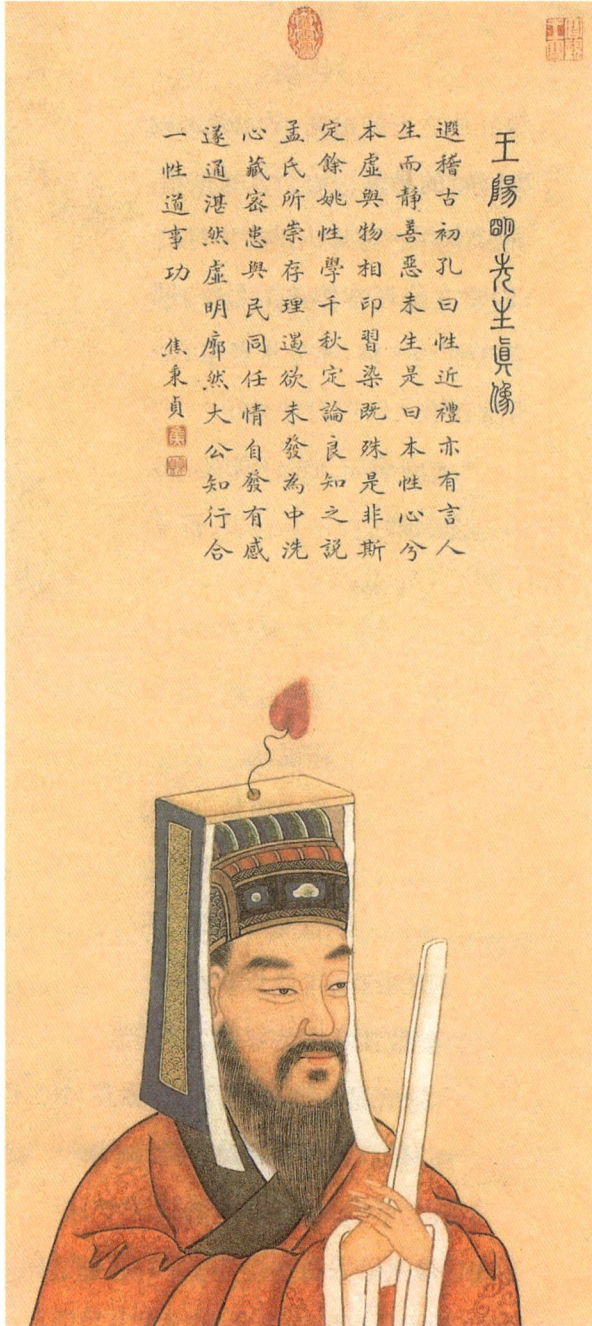

王阳明先生真像

释教在道教之上制

武　曌

武曌（624—705），唐并州文水（今山西文水东）人，初为唐太宗才人。太宗崩，出为尼；高宗立，复入官，不久立为皇后；高宗崩，中宗立，她即临朝称制。后废中宗，立睿宗；又废睿宗，自称帝，改国号为周，自名为曌，被称为则天大圣皇帝。她是我国唯一的女皇帝。本文作于武周天授二年（691）三月。

武则天像

背　景

佛教在魏晋南北朝间大盛，入隋以后，隋文帝、隋炀帝都信仰佛教。炀帝与天台宗关系尤深，他虽弑父杀兄，但佛教徒将他比为阿阇世王。阿阇世王本为弑父杀君之恶主，但《大涅槃梵行品》列举多种理由以明其无罪。不仅无罪，《阿阇世王受决经》还认为他可以成佛。武则天的母亲杨氏，是隋朝宗室子孙，武氏即位后，这一故事对她必大有启发，所以她也颁《大云经》来证明自己地位的合理性。

传统儒家，都不准妇人干预国事，所谓"牝鸡司晨"。武曌以女性登帝位，当然无法被人接受（参见《为徐敬业讨武曌檄》）。因此她急欲寻找使其地位合理化的典籍，刚好《大云经》曾记载佛告净光天女说"以女身当王国土，得转轮王所统领处四分之一；汝于尔时实为菩萨，为化众生，现受女身"，正符合其需要，因此颁行天下，广为宣扬，并自称金轮皇帝，表示她乃净光天女下凡，受命于天，是个"真命天子"。

影　响

自秦汉以来，政治与符谶的关系便异常密切。刘邦有斩蛇的传说；王莽篡汉，"遣五威将军王奇等十二人颁符命四十二篇于天下"；光武要中兴，也曾造过"刘秀当为天子"的谣言。隋唐开国，亦无不有此神话。武则天师历代之故智，颁《大云经》来证明她的统治合法，自是潮流所趋，为时代所需。但因为她在儒家传统经籍中无法找到这种她所需要的言论，遂不得不旁求于佛教；而为了酬庸佛教对于她统治合法性提供了理论的依据，当然又必须再颁这篇诏书，提高佛教的地位。我们选此文，而不采她《颁大云经诏》，即是因为本文能显示更多的意义。

它的意义有五：一、说明武氏家族的信仰情况；二、显示唐初佛道之间势力的消长与斗争状况；三、是一宗政治与宗教相结合以谋求本身利益的案例；四、可以说明武氏代唐而未遭激烈反对的思想原因；五、黜道崇佛也代表了武周在文化上的新措施，有意改换唐朝的道教信仰，而建立新的佛教王国。总之，它反映了当时最复杂的问题。

原　文

朕先蒙金口之记，又承宝偈之文。历教表于当今，本愿标于曩劫。

326

大云阐奥，明王国之祯符；方等发扬，显自在之丕业①。驭一境而敦化，弘五戒以驯人。爰开革命之阶，方启维新之命。宜协随时之义，以申自我之规。虽实际如如，理忘于先后；而翘心悬思，思展于勤诚。自今以后，释教宜在道教之上，缁服处黄冠之前，庶得道有识以归依、极群生于回向②。布告遐迩，知朕意焉。

《唐大诏令》

译　文

　　朕曾经得到神人的预告和重要的偈文，显示现在的行动，乃是上天早已定下的愿望。《大方等大云经》证明了我们这伟大的事业，符应了上天的要求。而统一天下，弘扬五戒，以革命的方式，开启了文化新运，也正应配合这个新时代，自我订立一些规范。虽然佛教的真如实法，并不计较先后，但我们很恳切地想推展我们的诚心，所以从现在起，三教讲论时释教排在道教前面，以便使天下有所依归，回向有道的境地。特地布告远近，让大家晓得我的用意。

（龚鹏程/编写整理）

---

① 大云、方等：指《大方等大云经》。佛教本来颇轻贱女性，但后来有一些经典却宣扬有以女身受记为转轮圣王成佛的教义，《大云经》即属其中之一。武则天篡唐自立称帝，即利用这部经典作为宣传，来证明她的合理地位。曾下令诸州各置大云寺，寺各藏《大云经》一本，以供讲说。

② 缁服处黄冠之前：唐承北周制度，有"三教讲论"的仪式，在每年释奠祭孔之后，召国子博士与沙门大德、道士一齐讲说经义，互相论辩。时因道教供奉老子李聃，被视为唐的宗室，所以贞观十一年（637）正月有诏三教讲论时道士女冠在僧尼之前。武则天把这个秩序颠倒过来了。

《史通》自序

刘知幾

刘知幾（661—721），字子玄，唐朝彭城（今江苏徐州）人，进士及第，于武后时迁至凤阁舍人，兼修国史，开元年间曾官至左散骑常侍。刘氏熟读《春秋》，长于史事，著有《史通》，标举史书之法，开我国讨论史学之先河。

背　景

唐宋以来，史学评论的风气日益兴盛，然而历来旧史丛脞复杂，异说谬误混淆，直至唐代刘知幾撰著《史通》二十卷，始得以整理厘清而树立规模。

刘氏久居史官，博览典籍，曾屡次参加当时政府修史工作，因感无法发挥己见，所以"私撰《史通》以见其志"，于唐中宗景龙四年（710）完成《史通》全书。

《史通》全书五十二篇，《体统》《纰缪》《弛张》三篇已亡佚，今存四十九篇，计内篇三十六，外篇十三。大抵内篇论史家体例，外篇述史籍源流。而以全书来说，关于研究法者计三十四篇，其中论原委者三篇，论体例者十七篇，论考证者十三篇，论方法者一篇；又有关于编纂法者计十四篇，其中论方法者九篇，论才能者二篇，论内容者三篇。另有自叙一篇，只言本书旨趣。

唐以前史籍虽多，大致出于模仿，刘氏归纳为六家。而以编年史、纪传史为史家正体，称为"正史"，其他旁流称为"杂著"。不仅分析其流派，并对笔记、方志、家谱、都邑等记载同等重视。

刘氏主张以断代方式为史书体例，尤其注意史料的真实性，且勤于综合，勇于怀疑，并反对盲目仿古，肯定史书虽载往事，但应使用当代语言文字与通俗词句从事编述工作，此点对于后世具有重大启示作用。

影　响

《史通》为我国最初的史学理论书，亦为我国著名史学评论著作，在史学史上占有重要地位。刘氏于《书志篇》中强调都邑、氏族、方物三志的重要，日后宋代郑樵《通志》中有《氏族略》《都邑略》，马端临《文献通考》中又别立《土贡考》，皆遥承刘氏建议而增辟。

此外，刘氏为便于评论古今史籍，往往将汉魏六朝、隋与初唐许多史书一再加以引述，现在诸书皆亡佚，但就其中所引资料，可以了解诸旧史中若干片段，所以《史通》在史料学方面也有值得重视的价值。

原　文

长安二年，余以著作佐郎，兼修国史。寻迁左史于门下，撰起居注，会转中书舍人，暂停史任，俄兼领其职[①]。今上即位，除著作郎、太子中允、率更令，其修史皆如故。又属大驾还京，以留后[②]。在都无几，驿征入京，专知史事，仍迁秘书少监。

自惟历事二主，从官两京，遍居司籍之曹，久处载言之职。昔马融

---

① 起居注：官名，掌侍皇帝起居，记述其言行者，即周左史、右史之职。唐宋时有起居郎、
　起居舍人，所记之文，即起居注。
② 大驾：王子乘舆，用而为王子之尊称。

三入东观，汉代称荣；张华再典史官，晋朝称羡[1]。嗟予小子，兼而有之。是用职司，其忧不遑启处。

尝以载削余暇，商榷史篇。下笔不休，遂盈筐箧(qiè)，于是区分类聚，编而次之。昔汉世诸儒，集论经传，定之于白虎阁，因名曰《白虎通》[2]。予既在史馆，而成此书，故便以《史通》为目，且汉求司马迁后，封为史通子。是知史之称通，其来自久，博采众议，爰定兹名。凡为廿卷，列之如左，合若干言。于时岁次庚戌，景龙四年仲春之月也。

《史通》

译 文

武后长安二年（702），我担任著作佐郎的官职，并且兼任编修国史的工作，没多久就升到门下省，担当左史的职位，纂修皇帝的起居注，后来因为转任中书舍人，曾暂时停止史官的工作，没多久即又恢复原职。当今皇上就位后，派我担任著作郎及太子中允、率更令的职位，像以前一样编修史事。后来皇上到京城，我在洛阳没多久也被征召回到长安，专掌史官的职位，也担任秘书少监。

我常想，我曾经在武后和今上两位国君之下做事，在长安、洛阳两京任官，掌管过各种典籍，又长久担任史官的职责。当年马融曾经三次到洛阳东观任史官，汉朝人人视为荣耀；张华也一再执掌史官的职位，让晋朝

---

[1] 东观：汉时官中著述及藏书之所。《后汉书·安帝纪》："诏谒者刘珍及五经博士，校定东观五经，经子传记，百家艺术，整齐脱误，是正文字。"

[2] 白虎阁：即白虎观，汉北官中有白虎观，东汉章帝时，博士、议郎、郎官及儒生等多人集会，讲论五经之同异于此，所作称《白虎通义》，简称《白虎通》，又名《白虎议奏》。作者题名为班固。见本书《三纲六纪》。

大家称羡不已。而我虽不才，他们俩的职位，竟然都有缘担任。为了担任史官，我终日战战兢兢，唯恐不能把事情做好。

我曾经在公余之闲暇，讨论史篇，一下笔就不能罢休，因而草稿堆积了好多，于是就按照分类，加以编排。当年汉朝一些儒生为解决经传的问题，聚集在白虎观加以讨论，后来作了定案，因此就命名为《白虎通》。我既任职于史馆，而完成了这本书，所以就把它唤作《史通》。况且汉朝曾经寻求司马迁的后人，封为史通子，可知史书唤作史通，来源已经好久了。我因而依照往例，广采众议，也定此书名为《史通》。共有二十卷，详列于左，总计文字若干。时在中宗景龙四年庚戌年（710）二月。

（周益忠、陈韵/编写整理）

为徐敬业讨武曌檄

骆宾王

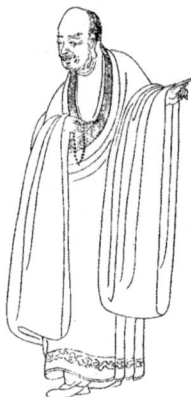

骆宾王像

骆宾王（约638—684），唐婺州义乌（今属浙江）人，与王勃、杨炯、卢照邻并称"唐初四杰"。历任武功县主簿、长安主簿、侍御史等职。高宗时，武后揽权，骆宾王一再讽谏，被系于狱，后除临海丞，弃官而去。武后僭位，徐敬业起兵讨之，骆宾王为之传檄天下。徐敬业败，骆宾王亡命，不知所终，或以为隐于杭州灵隐寺。事见《旧唐书·文苑传》及《新唐书·文艺传》，今有《骆临海集》传世。

背　景

弘道元年（683），唐高宗李治崩，太子李显立，是为中宗，尊高宗后武氏为皇太后，一切政事都由太后裁决。不久，太后废中宗为庐陵王，幽于别所，改立中宗弟豫王旦为皇帝，是为睿宗，但令居别殿，不得与闻政事。后太后改元改制，追封先祖，并施紫帐以视朝。当时诸武氏用事，唐宗室人人自危，众心愤惋。

徐敬业乃唐初开国名将徐世勣之孙，袭祖爵为英公。因事由眉州刺史贬为柳州司马，以失职怨望，于是以匡复庐陵王为名，据扬州反。自称匡复府上将，领扬州大都督，旬日间聚兵十余万。

高宗末年，骆宾王为长安主簿，因上书言事获罪，被贬为临海丞。恰好徐敬业于扬州举事，以骆宾王为记室。声讨武后，由记室骆宾王移檄州县。《为徐敬业讨武曌檄》就是那篇对武后声罪致讨的檄文。文中豪气干云，掷地有声，极富煽动性，所以檄文一传到京师，竟比叛变的消息更加轰动，人人争传，深入民心，比武力更能毁灭武则天的声望。本文允为千古名作，最流行的骈文佳篇之一。

影　响

在历来都以男性为中心的社会，武则天的临朝称制，改国号为周，就历史的发展渊源来看，是个石破天惊的异数，她也成为备受争议瞩目的女皇帝。当然，任何攻击声讨女皇帝的言论行动，都将成为各方注目的焦点，何况是金声玉振、志凌云霄的檄文。根据《唐书》记载，武后初读文，只是嬉笑，看到"一抔之土未干，六尺之孤安在"，乃惊声大叫："是谁写的？"有人告诉她是骆宾王，武后点头称道："像这样的天才，竟使他流落不被赏识，这是宰相的最大过失呀！"由此固可见武后知人使能的气度，更可见此篇动人的力量，并不会随着徐敬业的败亡而稍减威力。至今读之，犹觉笔劲雄浑，气势夺人，当百万师。

徐敬业、骆宾王后来虽败亡，但无疑，此文已然深入人心，可唤起先帝遗臣的忠贞，催化全民支持正义，点燃那股潜藏的反抗火炬，兴起灭周复唐的浪潮。最后宰相张柬之率同桓彦范、李湛、崔玄暐、姚崇、李多祚诸大臣逼武后逊位，共推中宗即位，恢复唐朝国号，讨武曌檄起到了一定的激励作用。

原　文

　　伪临朝武氏者，性非和顺，地实微寒^①。昔充太宗下陈，曾以更衣入侍。泊乎晚节，秽乱春宫^②。潜隐先帝之私，阴图后房之嬖。入门见嫉，蛾眉不肯让人；掩袖工谗，狐媚偏能惑主。践元后于翚翟，陷吾君于聚麀^③。加以虺蜴为心，豺狼成性，近狎邪僻，残害忠良^④。杀姊屠兄，弑君鸩母^⑤。人神之所同嫉，天地之所不容，犹复包藏祸心，窥窃神器^⑥。君之爱子，幽之于别宫；贼之宗盟，委之以重任。

　　呜呼！霍子孟之不作，朱虚侯之已亡^⑦。燕啄皇孙，知汉祚之将尽；龙漦帝后，识夏庭之遽衰^⑧。敬业皇唐旧臣，公侯冢子，奉先君之成业，荷本朝之厚恩。宋微子之兴悲，良有以也；袁君山之流涕，岂徒然哉^⑨！是用气愤风云，志安社稷，因天下之失望，顺宇内之推心，爰举义旗，以清妖孽。

---

① 伪临朝：指武曌窃窃垂帘听政的大位。

② 春宫：太子所居之处，亦名东宫、青宫。

③ 翚翟：指皇后之位。翚，雉，五彩兼备为翚。翟，翟羽。以雉之德，守死而不犯分，为妇德所宜，因而皇后的车驾、衣服皆绘翚翟的形状。聚麀：《礼记·曲礼》："夫惟禽兽无礼故父子终麀。"即父子共乘一牝，意即乱伦。言高宗为武后所陷，沦于不孝。

④ 邪僻：指李义府、许敬宗等。忠良：包括褚遂良、长孙无忌等。

⑤ 杀姊屠兄：姊为韩国夫人。兄指武元爽、武元庆兄弟。弑君鸩母：高宗病头眩，太医张文仲砭之，后故怒曰："帝头可刺血耶！"帝遂崩。此为弑君。皇后为天下母，王后与萧淑妃为武氏投鸩酒中毒而死，因而称鸩母。

⑥ 神器：《老子》："将欲取天下而为之，吾见其不得已，天下神器，不可为也。"神器即帝位。

⑦ 霍子孟：即霍光，霍去病之弟。武帝崩，受遗诏辅佐昭帝，拜大司马、大将军等，政事全决于光，后又废昌邑王贺，迎立宣帝，有功于汉。朱虚侯：即刘章，汉齐悼惠五子，高后封为朱虚侯。高后崩，与周勃、陈平诛诸吕，孝文时立为城阳王。

⑧ 龙漦帝后：传说夏后氏时有神龙止于帝庭，夏后取其而藏之，传至殷周，至历王末发而观之，漦流于庭，入于后宫，有童妾遇之而生一女，怪而弃于市，即褒姒。

⑨ 袁君山：即汉袁安，以汉主年少，外戚专权，每及国事则喑呜流涕。

南连百越,北尽三河,铁骑成群,玉轴相接①。海陵红粟,仓储之积靡穷;江浦黄旗,匡复之功何远②!班声动而北风起,剑气冲而南斗平③。暗呜则山岳崩颓,叱咤则风云变色。以此制敌,何敌不摧?以此图功,何功不克?

公等或居汉地,或叶周亲,或膺重寄于话言,或受顾命于宣室,言犹在耳,忠岂忘心④!一抔之土未干,六尺之孤安在?倘能转祸为福,送往事居,共立勤王之勋,无废大君之命;凡诸爵赏,同指山河⑤。若其眷恋穷城,徘徊歧路,坐昧先机之兆,必贻后至之诛⑥!请看今日之域中,竟是谁家之天下!

《骆临海集》

译　文

武则天这个窃取大位的太后,性情暴躁,出身微贱。当年她在太宗后宫为才人时,就曾以更衣的方便因而入侍得幸。到了太宗卧床时,她竟然勾引仍当太子的高宗。太宗崩逝后,便削发为尼,掩饰其为太宗才人的往事,更是暗地里图谋高宗的宠幸。跟其他妃子争宠,美好的容貌丝毫不肯让人。更且又长袖善舞,巧于进谗,因而偏能以其妖媚美丽狡猾狐惑高宗,登上了皇后之位,使我国君陷于乱伦的不义。她又心肠狠毒,生性贪戾,因而杀害忠良大臣多人,

---

① 三河:黄河、淮河、洛河为三河。汉称河东、河内、河南三都为三河。《史记·货殖传》:"夫三河在天下之中,若鼎足,王者所更居也。"
② 海陵:江苏泰县(今江苏泰州市姜堰区)。红粟:言米粟多以至于腐烂发红。
③ 剑气冲而南斗平:本指宝剑之紫气冲天,光与南斗相平。语见《晋书·张华传》。
④ 或居汉地:汉行郡国制,异姓功臣或封侯,或为郡守。引申为居于州郡的异姓诸侯。或叶周亲:周行封建制,以封王室近亲。引申为王室之同宗近亲。顾命:即遗命。宣室:未央殿前之正室,即天子正室。
⑤ 同指山河:古者分封功臣,必指山河以为信。《汉书·高惠高后文功臣表序》:"封爵之誓曰:使黄河如带,泰山若砺,国以永存,爰及苗裔。"
⑥ 后至之诛:夏禹尝会诸侯于涂山,防风氏以迟到被诛。

连自家兄姊都不放过，且让高宗不医而死，又毒杀了王皇后。这是人神共恨、天地不容的举动。她更且心怀不轨，竟想窥伺皇帝宝座，连国君的爱子中宗皇帝，都被废到房州贬为卢陵王。跟她同党的武承嗣，则给他担任重要的职位。

可叹啊！像霍光拥立宣帝的义举已不再了，像刘章拥立文帝、中兴汉室的人物也没有了。赵飞燕谋杀后宫皇子，可知汉室的气数将尽；夏朝时神龙所吐涎沫，竟然在周厉王末年流入后宫，可知道周朝即将衰微了。所幸我们英国公徐敬业，原本是唐朝的大臣，并且是开国元勋徐世勣的长孙，继承着徐家忠义的传统，又感念本朝皇恩浩荡，因而不禁像商朝微子那样兴起故国之悲，也跟袁君山一样为皇室的不振而自然流涕！而徐敬业更能化悲愤为力量，立志安定皇唐宗庙，趁着天下人心大失之际，举起义旗，立志要肃清武则天等妖孽。

中兴的军队，向南联合百越各地，向北势力扩张到中原一带。军容浩大，剽悍的骑兵成群结队，马车的轮轴一辆接着一辆。粮草充足，海陵地区的米多到已经烂了，而江边各地的义帜，也多到成为旗海。如此壮盛，要恢复皇室，是指日可待了。战马一盘旋，就如同北风刮起，刀剑的光芒照耀如同南斗星耀天空。兵士一哭泣则山岳不禁要崩塌，将帅一怒则风云也要为之变色，以这样的阵容去攻打敌人，有何攻不破的呢？以这样的阵容来图谋中兴的功业，又有何困难呢？

你们大家有可能是异姓的功臣，也可能是皇室的近亲，也有的是太宗临危时受到重托的要臣。当先皇的话仍在耳际萦绕，怎可就忘掉了忠心呢？高宗刚下葬不久，坟土犹未干，他的遗孤中宗如今又在哪里呢？假若能扭转乾坤转危为安，不但足以祭祀已逝的高宗，更可事奉当今皇上中宗，共同立下起兵为皇室平难的勋业。不要忘了天子的遗命。将来功成，必定能得到爵位封赏，可以指山河为信。假若不知如此，只是留恋于受封的小地方，不知何去何从，耽误了率先起义响应的时机，将会遭到被诛杀的后果，不可不慎呀！请大家睁眼看看，今日的四海之内到底是谁家的天下？

（周益忠、沈宝春／编写整理）

论关中事宜状

陆 贽

陆贽（754—805），字敬舆，唐苏州嘉兴（今属浙江）人。年十八登进士第，为德宗所信任。建中四年（783），朱泚乱作，随德宗出狩奉天。诏文皆出于其手，文辞剀切，辄使贼寇感泣。贞元八年（792）拜中书侍郎、同平章事，后被谮贬为忠州别驾。潜心读书、考校医方，作《陆氏集验方》五十卷。谥号宣。著《陆宣公翰苑集》二十二卷，尤以奏议为著。

陆贽像

背 景

唐德宗建中四年（783），是唐朝自开国以来前途最黯淡的一年，却是陆贽挥翰起草、振危起溺的分界线。其中《论关中事宜状》一文，对唐朝国祚，对陆贽一生来说，正代表着这个重要的转捩点。

德宗即位之初，一反肃宗、代宗对藩镇的姑息政策，本想加以整顿，但由于性情急躁，猜忌心又强，于是引起诸藩镇的叛变，乱事更加扩大。建中二年（781），李惟岳、田悦、李正己叛乱，德宗命朱滔、张孝忠攻成德，大败成德军于束鹿。李惟岳逃回恒州，为部将王武俊所杀。朱滔、张孝忠、王武俊三人求封，德宗赏赐甚薄，于是朱滔、王武俊联结田悦、李纳又叛，声势浩大，相约称王。淮西的李希烈也遥相呼应，自称天下都元帅、建兴王。刚好当时马燧在两河讨伐叛贼，很久都没有战果，并请求救兵。李希烈又围攻襄城，情况非常紧急。德宗的威信深受打击，尤其是控制长江以北自湖北延伸至河南的一大片地域的淮西节度使李希烈的叛离，造成极其严重的影响，使朝廷最有力的支持者在一夜之间变成最危险的敌人。处在这种危急的情势下，陆贽乃上这一折《论关中事宜状》的对策。

影　响

《论关中事宜状》对当时情势给出了最深切中肯的建议，但纵使德宗有心采纳，可他的军队都已陷溺在战场上，加上义救襄城的泾原兵在京师哗变，唐德宗不得不仓皇逃到奉天。这是唐朝国祚存亡绝续的关键时刻，也是陆贽身系国家安危的时刻。

肃宗以安禄山之祸而即位灵武，唐德宗却因朱泚为乱出奔到奉天。这时在内有政事不纲、百事俱废的危机；在外有骄横不驯的强藩悍卒，及攻坚围城的乱事。陆贽的出仕生涯之所以令人注意，不但在于他惊人的宦途起落，更由于他遭逢时艰，在掌握政治实权的十年中，为朝廷制定了许多重要的政策，举凡财政、国防、地方分治及征选吏员等等举足轻重的课题，我们光从《资治通鉴》在论断784年到794年这十年间的事宜，引述陆贽的奏议策牍不下三十种之多，就可知道陆贽在这一时期参赞机要，时号"内相"的因由。

陆贽论谏虽能讥陈时病，深得效验，德宗在危难时也能听赞谋，国祚得以不亡。可惜所用不过一二，唐朝之所以走向衰亡的命运，这也是很重要的原因之一。苏轼在《进呈陆贽奏议劄子》中推许陆贽："才本王佐，学为帝师，论深切于事情，言不离于道德。"确实很中肯！

原　文

右臣顷览载籍，每至理乱废兴之际，必反复参考，究其端由。与理同道罔不兴，与乱同趣罔不废，此理之常也。其或措置不异，安危则殊，此时之变也。至于君人有大柄，立国有大权；得之必强，失之必弱；是则历代不易，百王所同。

夫君人之柄，在明其德威；立国之权，在审其轻重。德与威不可偏废也，轻与重不可倒持也。蓄威以昭德，偏废则危；居重以驭轻，倒持则悖。恃威则德丧于身，取败之道也；失重则轻移诸己，启祸之门也。陛下天锡勇智，志期削平；忿兹昏迷，整旅奋伐；海内震叠，莫敢宁居。此诚英主拨乱拯物，不得已而用之。然威武四加，非谓蓄矣。所可兢兢保惜，慎守而不失者，唯居重驭轻之权耳。陛下又果于成务，急于应机；竭国以奉军，倾中以资外；倒持之势，今又似焉^①。臣是以疚心如狂，不觉妄发；辄逾顾问之旨，深测忧危之端；此臣之愚于自量，而忠于事主之分也。古人所谓愚夫言之，而明主择之，惟陛下幸留听焉。

臣闻国家之立也，本大而末小，是以能固。又闻理天下者，若身之使臂，臂之使指，则大小适称而不悖焉。身所以能使臂者，身大于臂故也；臂所以能使指者，臂大于指故也。王畿者，四方之本也；京邑者，又王畿之本也^②。其势当令京邑如身，王畿如臂，四方如指；故用即不悖，处则

---

① 倒持：倒持太阿，指大权授予他人，自己多受其害。《汉书》卷六十七《梅福传》："倒持泰阿，授楚其柄。"太阿，又作泰阿，为宝剑之名。本义为倒持剑，而授柄予人。

② 王畿：国都所在地。以前指王城附近周围千里的土地。《周礼·夏官·职方氏》："乃辨九服之邦国，方千里曰王畿。"

不危；斯乃居重驭轻，天子之大权也。非独为御诸夏而已，抑又有镇抚戎狄之术焉。是以前代之制，转天下租税，委之京师；徙郡县豪杰，处之；陵邑选四方壮勇，实之边城；其赋役则轻近而重远也，其惠化则悦近以来远也。太宗文皇帝既定大业，万方底乂；犹务戒备，不忘虑危；列置府兵，分隶禁卫①。大凡诸府八百余所，而在关中者殆五百焉。举天下不敌关中，则居重驭轻之意明矣。承平渐久，武备浸微，虽府卫具存，而卒乘罕习。故禄山窃倒持之柄，乘外重之资，一举滔天，两京不守。尚赖经制，颇存典刑；强本之意则忘，缘边之备犹在。加以诸牧有马，每州有粮，故肃宗得以为资，中复兴运。乾元之后，大憝初夷；继有外虞，悉师东讨；边备既弛，禁戎亦空；吐番乘虚，深入为寇^②。故先皇帝莫与为御，避之东游。是皆失居重驭轻之权，忘深根固柢之虑。内寇则崤^{xiáo}函失险，外侵则泾渭为戎。

于斯之时，朝市离析，事变可虑，须臾万端，虽有四方之师，宁救一朝之患。陛下追想及此，岂不为之寒心哉？尚赖宗社威灵，先皇仁圣；攘却丑类，再安宸^{chén}居；城邑具全，宫庙无损。此又非常之幸，振古所未闻焉。足以见天意之于皇家，保佑深矣！故示大儆，将宏永图。陛下诚宜上副元心，下察时变；远考前代成败，近鉴国朝盛衰；垂无疆之休，建不拔之业。今则势可危虑，又甚于前。伏惟圣谋，已有成算；愚臣未达，敢献所忧。

---

① 府兵：兵制名，创于西魏大统年间，兵士属于军府，不编入郡县户籍，北周及隋亦加以沿袭，唯隋则兵士编入郡县籍。唐因隋制，全国置六百三十四府，分番戍卫各地，唯至天宝年间，府兵制仅存虚名。

② 大憝：即大贼，指安、史等人。

先皇帝还自陕郛，惩艾往事，稍益禁衙，渐修边防。是时关中有朔方、泾原、陇右三帅，以扞西戎；河东有太原全军，以控北虏。此四军者，皆声势雄盛，士马精强。又征诸道戍兵，每岁乘秋备塞，尚不能保固封守，遏其奔冲；京师戒严，比比而有。陛下嗣膺宝位，威慑殊邻；蠢兹昆夷，犹肆毒蠚；举国来寇，志吞岷梁，贪冒既深，覆亡几尽；遂求通好，少息交侵。盖缘马丧兵疲，务以计谋相缓；固非畏威怀德，必欲守信结和。所以历年优柔，竟未坚定要约；息兵稍久，育马渐蕃；必假小事忿争，因复大肆侵掠。张光晟又于振武诱杀群胡，自尔已来，绝无虏使，其为嫌怨，足可明征①。借如吐蕃实和回纥无憾；戎狄贪诈，乃其常情；苟有便利可窥，岂肯端然自守。今朔方太原之众，远在山东，神策六军之兵，继出关外；倘有贼臣陷寇，黠虏窥边，伺隙乘虚，微犯亭障②。此愚臣所窃为忧者也，未审陛下其何以御之？侧闻伐叛之初，议者多易其事，佥谓有征无战，役不逾时；计兵未甚多，度费未甚广，于事为无扰，于人为不劳。曾不料兵连祸挐，变故难测；日引月长，渐乖始图。故前志以兵为凶器，战为危事；至戒至慎，不敢轻用之者，盖为此也。

当胜而反败，当安而倒危；变亡而为存，化小而成大。在覆掌之间耳，何可不畏而重之乎？近事甚明，足以为鉴！往岁为天下所患，咸谓除之则可致升平者，李正己、李宝臣、梁崇义、田悦是也；往岁为国家所信，咸

---

① 振武：即振武军，于唐乾元初自朔方节度使分出，领镇北及麟胜二州，即今陕西绥德以北绥远南部。

② 神策：唐禁军名，玄宗时哥舒翰置，安史乱后镇陕州，其后鱼朝恩引入禁中，成为皇帝禁军之一。

谓任之则可除祸乱者，朱滔、李希烈是也。既而正己死，李纳继之；宝臣死，惟岳继之。崇义卒，希烈叛，惟岳戮，朱滔携。然则往岁之所患者，四去其三矣，而患竟不衰；往岁之所信者，今则自叛矣，而信又难保。是知立国之安危在势，任事之济否在人。势苟安，则异类同心也；势苟危，则舟中敌国也。陛下岂可不追鉴往事，惟新令图，循偏废之柄以靖人，复倒持之权以固国？而乃孜孜汲汲，极思劳神；徇无已之求，既难必之效。其于为人除害之意，则已至矣；其为宗社自重之计，恐未至焉！

自顷将帅徂^{cú}征，久未尽敌；苟以借口，则请济师。陛下乃为之辍边军，缺环卫；虚内厩之马，竭武库之兵；占将家之子以益师，赋私养之畜以增骑。犹且未战，则曰乏财。陛下又为之算室庐，贷商贾；倾司府之币，设请榷之科；关辅之间，征发已甚；宫苑之内，备卫不全。万一将帅之中，又如朱滔、希烈，或负固边垒，诱致豺狼；或窃发郊畿，惊犯城阙。此亦愚臣所窃为忧者也，未审陛下复何以备之？以陛下圣德君临，率土欣戴，非常之虑，岂所宜言？然居安备危，哲王是务；以言为讳，中主不行①。若备之已严，则言亦何害？倘忽而未备，又安可勿言？臣是以罄陈狂愚，无所讳避，罔敢以中主不行之事，有虞于圣朝也。惟陛下熟察之，过防之！

且今之关中，即古者邦畿千里之地也。王业根本，于是在焉。秦尝用之以倾诸侯，汉尝因之以定四海。盖由凭山河之形胜，宅田里之上腴；弱则内保一方，当天下之半，可以养力俟时也；强则外制东夏，据域中之大，可以蓄威昭德也。豪勇之在关中者，与籍于营卫不殊；车乘之在关中者，

---

① 居安备危：即居安思危。《左传·襄公十年》："书曰：居安思危。"

与列于厩牧不殊；财用之在关中者，与贮于帑藏不殊；有急而须，一朝可聚。今执事者，先拔其本，弃重取轻。所谓倒持太阿，授人以柄；议制置则强干弱枝之术反，语缓怀则悦近来远之道乖。求诸通方，无适而可？顾臣庸儒，窃为陛下惜之！往者不可追，来者犹可补，臣不胜恳恳忧国之至；辄敢效其狂鄙，以备采择之一端。陛下倘俯照微诚，过听愚计，使李芃援东洛，怀光救襄城。希烈凶徒，势必退衄。则所遣神策六军士马，及点召节将子弟东行应援者，悉可追还。河北既有马燧、抱真，固亦无籍李晟，亦令旋旆，完复禁军。明敕泾陇邠宁，但令严备封守；仍云更不征发，使知各保安居①。又降德音，劳徕畿甸；具言京辇之下，百役殷繁；且又万方会同，诸道朝奏；恤勤惩远，理合优容。其京城及畿县所税闲架、榷酒、抽贯、贷商、点召等，诸如此类，一切停罢。则冀已输者弭怨，见处者获宁；人心不摇，邦本自固。祸乱无从而作，朝廷由是益尊。然后可以度时宜，施教令，弛张自我，何有不从？端本整棼，无易于此！谨奏。

《陆宣公奏议》

译 文

我以前读古书，每次读到国家盛衰治乱的关头，必定再三地研究，探讨其原因。发现只要循道理来做事的则无不兴盛，若是背逆大道，那就没有不衰乱的。这是天下之常理。但偶然有举措相同，可是治乱却大相径庭，这只是偶然时代有此改变罢了。至于人君享有国家大事的权柄，这权柄是

① 邠宁：邠即豳州、邠州。宁即宁州。西魏年间改豳州为宁州，治所在安定，即今甘肃宁县。

国家权力所在，得到它必然强大，失掉它必然衰弱，这是历代都如此，任谁也改变不了的。

人君的权柄，在彰明他的德威，立国之道，则要衡量事情的轻重。德望和威势二者不可偏废，本末轻重更是不可颠倒。培养威势是为了彰显德望，若二者有了偏差就危险了；把持根本，才能驾驭其他，若轻重颠倒就悖逆了大道。但是光仗恃威势，那么将丧德败身，这是失败的原因；不重根本，那么轻微的事也将无法治好，这更是祸息的根源。上天赐予圣上睿智勇武，圣上愤恨那些昏迷不醒的叛逆，志在平定天下，因而整顿军队，发愤讨伐，天下为之震动不安。但这实在是英明国君为了除暴安良的长远打算，是在不得已的情况下勉强如此的。然而威武加诸四方，并非就是威势已培养了，如今能够战战兢兢地保持政府的威势，只是靠着皇上还能把持根本，所以才有驾驭天下的大权。而皇上却急于必须有战果，因此竭尽国力来供给军需，倾尽国家所有来援助在外的战事，所以本末又有些倒置了。我因为国事紧张，才有这逾越本分的言语举动，却也深深地感受到国事的危险端倪所在，这是臣下对自己不能多加思量，只求尽忠于陛下的职责啊。这也是古人所说的，"愚人说话，明君加以选择"的意思，希望皇上您能稍加留意！

我听说立国之道，京师根本要强大，而各郡国要较为弱小才能坚固。又听说治理天下的人，像是身体指挥手臂，手臂操纵手指一样，那就大小都很恰当。身体所以能指使手臂，是因为身体大于手臂，手臂能操纵手指，是因为手臂较手指大。关中地区本就是天下四方的根本，而京城，又是关中的根本所在，因而若论天下情势，应当使得京城如同身体，关中如同手臂，而四方则如同手指，如此一来，就不会不归顺，也不会有危险了。这才是居于根本驾驭天下的大权所在，并不只是驾驭中国各地而已，这也是镇抚四周夷狄的方法。因此以前各朝的制度，转运天下的租税送到京城去，将各地的富豪、英雄迁到京城附近，四方的勇士壮丁，来镇守边关。赋税徭役则加重远方各地，而近于国都者则减轻。安抚天下则先使附近各地心悦诚服，以招来远地的百姓。当年太宗既已平定海内外各地，天下底定，独能重视兵备，不敢忘记居安思危的教训，因此设置府兵制，在全国各地设立了八百多处府兵，而单是关中地区就有将近五百处之多，整个天下不能跟关中相比，可见重本轻末的意思，实在是明显极了。但是天下承平之日久，因而军备也就逐渐衰微了，虽然府兵制和禁卫军的制度仍存在，但是已经很少再勤于演习了，因而安禄山能够假借着明皇所给予的军权，乘着身兼三节度使的威势，一举而闹下了滔天大祸，使得洛阳、长安两京先后不守。所幸仗赖国家固有的制度，仍能维持。强大根本的观念虽不在，但是沿边的守备仍然能够保存。加上每州每城都能有兵马粮守，所以肃宗皇帝能以此资助，中兴大唐。到了乾元初年以后，大贼初被平定，后来忧患又起，因而倾全国之力去东边征讨叛逆，所以边疆守备空虚，吐蕃才乘虚而深入京城为寇。先皇代宗，不能抵御，只好退到山东。这都是因为没能掌握根本，以驾驭天下的大权，进而忘了要巩固京城的观念，所以有内贼叛乱。那么，崤函之险也没用了，有外寇入侵，泾渭地区也都要战事频仍了。

在这时候，天下分崩离析，随时有可忧的变故发生，虽然有四方勤王的军队，这哪能救得了突然而来的祸患？皇上若想到这儿，难道不会因而胆战心寒？幸好祖宗威灵显赫，先皇又仁义英明，因而平定了贼寇，再度安定了京师，而长安城及宫殿也幸而能够保全，这是以前所未曾有的事，可见上天对于我们皇唐的保佑实在是够深的了。所以这次显现的警告，反而能够宏大国家的基业。皇上实在应该向上配合天意，向下明察时代的趋势，远能考察以前各朝成败的原因，并参考王朝各代盛衰的关键所在，以建立国家永久的幸福，及不朽的功业。现今情势值得忧虑，又超过以往许多，在下心想皇上心中应该已经有了打算。我愚昧无知，斗胆地献出我忧心所得的浅见如下：

先皇代宗从陕州外城避难回京后，鉴于往事的错误，因而加强了京城的卫守军队，对于边防也更加重视了。当时，关中地区有朔方、泾原、陇右三节度使来防御吐蕃回纥，河东有太原的精良军队来控制北方杂胡。这四地的军队，声势不但浩大而且兵强马壮。而且又征召各地防守的军队，每年在秋天时加强防备边塞。虽然如此，还不能守住边疆，阻遏敌人南下牧马的威胁，京城戒严之事，因而屡屡发生。陛下即位后，声威震动各地，但是这冥顽不化的胡人，尚且不知好歹，倾其国力，来侵犯我边疆。竟想占据我四川岷山等边疆，但因贪得无厌，力量耗尽，几乎要灭国，于是不得已又前来求和，但是只要稍事休养之后，又要来侵犯。这是因为师老兵疲，所以用缓兵之计来拖延，并非真的畏服我大唐的德威，真的想守信用来谈和。所以经历多年，从没遵守过约定，只要稍为休养，待其兵马生长日渐肥大，必定借着些芝麻小事挑起纷争，再次大肆地侵略掠夺。张光晟又以振武军设计消灭胡众。从此以后，这些胡人即不再遣使入贡，他们的怨恨，足可以此为证。假如吐蕃真要讲和，回纥亦无遗憾，不再来犯。但是戎狄贪心狡诈，已习以为常，如果有机可乘，有利可图，他们哪肯安分守己？现在朔方太原的兵士，远到山东去，京师天子神策六军，也跟着到关外去，假若有奸臣敌寇等狡狯的敌人窥伺边防的空虚，进而冒犯边关，这是我私下深以为忧的。不知皇上将如何能防卫？我还听说当初刚讨伐叛逆时，朝中讨论此事的人都认为这件事容易得很，全都以为天子有征无战，征讨叛逆不必要多久，因此需派兵并不多，所需费用也很少，对国家大事不会骚扰，也不会连累天下百姓。却不料兵祸连连，竟然大出当初的预料，愈演愈烈，超过了本来的估计。所以古书上提到武器是凶险之物，战争是至危之事，要谨慎小心，千万别乱动用，大概就是为了这样吧！

　　本可胜利的却反而失败了，本来安全的却反而危险了。由死里逃生，由星火而成燎原，就在转瞬之间，如何可以不敬畏而且加以重视呢？近来所发生的事，足以为证。以前为天下所深以为忧的祸乱，大家都认为除掉他们，天下即可太平的，如李正己、李宝臣、梁崇义、田悦等人；以前深为国家信任的，大家以为重用他们即可平定乱事的，如朱滔、李希烈即是。如今李正已已死，李纳又继之而起；李宝臣死了，李惟岳也继之而起；梁崇义死，而李希烈竟然叛变；李惟岳被诛杀后，朱滔竟然又步他的后尘。虽然说往年的祸患已经四去其三，然而患乱依然存在，以前所信任的，现在竟然都叛变了，连亲信竟然都有不保的时候，可知立国之道，安危全在于形势，用人的成功与否关系到政事的能否做好。形势如安定，就是非我族类的胡人也能同心协力；形势若危险，那么连亲近之人都可能要叛变了。皇上难道不应以往事为鉴，重新做起。仗着尚有效用的权柄来安抚人心，寻回那被窃用的权势来安定国家？却只是竭尽思虑，一心一意，想去完成那不可能达到的愿望，虽然尽心想为天下百姓除害，但是若为国家宗庙及自己安危的设想，恐怕就还不够。

近来将帅出征，少能克敌制胜的，只是以借口，请求中央援助。皇上只得牺牲边关及皇城的兵力、内府豢养的兵马、武库中的兵器，及忠良世家的子弟，来加以支援。到这种地步，这些将领还不肯再战，还说没有钱财，于是皇上只得又为他们谋财源，向富商巨贾借钱并且倾尽国家的钱币，额外先给予。以至于关中京畿地区征收的赋税，实在太繁重了，而宫廷之内的防备、禁卫又不完整。设想这些将帅，又像朱滔、李希烈一样，或而仗恃边关的险要，招亡纳叛，或而偷偷地挥兵入关，攻入城关，这也是我深深感到忧虑的，不知皇上如何来防备？皇上具备圣德，君临天下，到处都欢欣地迎接，这样非常不得体的想法，难道是我可以说的？只是因为居安思危，本来就为圣王所必须设想的，若是动辄禁忌，那么连普通皇帝也不如了。假若防备已够严密，我说这番话又有何关系？假若还不够周备，那我怎可不说？所以我才把我浅陋而又狂妄的意见说出来，不敢拿即使普通皇帝都不会如此做的事，来耽误圣明的皇上。希望皇上能明察臣下的意思，不可不小心提防。

现在的关中，即是以前的京畿千里的地方，大业的根本即在此。秦国曾经以此而削平诸侯，刘汉也曾以此威震四海。这是因为凭借着山河的险要，拥有肥沃的田地，力量弱时可以退而自保，可以慢慢休养，强大之时对外可以制服东边各地，这是因为已经占据了天下最主要的部分，可以收到不怒而威的成效。关中的任何勇士，跟列籍于军营中的没有两样；关中的车马，跟养在内厩的也没两样；关中的财物，跟贮藏在内府的没有两样。只要情势危急，一天即可征调来用。现在为国家做事者，竟然先放弃根本大计，避重就轻，这真是颠倒是非、紊乱本末，给贼人予机会。讲到国家制度，跟强干弱枝的方法刚好相反；讲到怀柔，又违背了近悦远来的道理。想要把国事做好，这又怎么可能呢？所以我虽愚昧，私下也为皇上感到可惜。但是往事已难再追究，来者却犹可补救。我实在没有办法压抑报国的热忱，因而一再地陈述我狂妄无知的浅见，供皇上选择。皇上假若能明察我的一番诚心，听听我的方法，派遣李芃援助东都洛阳，李怀光援救襄阳城，那李希烈等恶徒，势力必定大为削弱，那么我们所派遣的京城六军的兵马，及点派忠良子弟前往东边接应的，应可全部征召回来。河北已有马燧、抱真等人，也不必再依赖李晟，可叫他们调兵回来，恢复禁军的完整。并且可明令泾阳、陇西、邠州、宁州等地，只要严加守备即可。而且重申不再征调，使他们能各自安保境内。再者，颁下圣旨慰劳京师各地。坦诚地说，京师之内，各种劳役征调频繁，且又为四海来人所聚集、各地方官员朝奏时所必经，抚恤其勤劳于国事，应该加以优厚。使京畿各地的人民，一切多余的征税及征役全部停止。那么就可希望已经缴太多税者，能不再怨恨，被处分者也能安宁，那么人心不再动摇，国家的根本才可坚固，祸乱也就无从而起，朝廷才可显出尊严来。然后，才可以衡量时宜，大力宣布政令，充分地彰显皇上的威严。到时候天下有谁不从的？要端正根本，整理紊乱，没有比这个更重要的了！谨此为奏！

（周益忠、沈宝春／编写整理）

原 道

韩 愈

韩愈（768—824），字退之，唐河南河阳（今河南孟州南）人，先世出自昌黎郡，因自称昌黎韩愈。官至吏部侍郎，谥曰文。早岁刻苦为学，因而通六经百家之说，提倡古文，排斥佛老，主张文以载道，实则以复古为创新，一扫当时骈俪之风，天下文风为之丕变。苏轼赞其"文起八代之衰，道济天下之溺"，允为得之。韩愈为"唐宋八大家"之首，门人李汉辑其所作为《昌黎先生集》四十一卷。

韩愈像

背 景

著名的史学家陈寅恪先生曾这么论断：韩愈的《原道》是中国中古史上最重要的一篇学术文献！这个看法是极其正确的。因为《原道》这篇文章，在儒学思想史乃至于整个中国文化史的发展上具有振衰起弊、开创新机的关键性作用。

韩愈生长在一个动乱的大时代，因而在他的生命情调中充满了民族危机感与文化危机意识——当时适值安史之乱后，汉民族势力衰退，无力与胡族兵马相抗衡；儒家思想不论在政治实绩、社会规范及人生修养、观念指导上均失去一贯的主导地位，而外来的佛教及非中国文化正统的老庄主宰了时人的心灵。为了民族自救、文化自救，韩愈挺身而出，以无比的文化意识，提出中国本位文化建设之主张，《原道》一文即是其所倡文化自救运动的理论基础。其要义为：

第一，建立明确的道统观念，将儒学从当时的流行价值中提升而予以重新定位。他斩钉截铁地宣告，唯有儒家的仁义大道，才是中华文化的唯一正道。它与中国历史文化之发展、民族命脉之维系牢不可分，是古圣先贤代代相承的精神根源。因此，关爱中国文化的知识分子在价值分歧的状况下，应作一正确抉择，挺身卫道，进而承先启后，立道统以振兴儒学，以开创中华文化的新生命。

第二，推崇孟子，称引《大学》，一方面奠定了宋代新儒学的典籍基础，另一方面引导了宋儒就儒家而不以佛、老的哲学理念来剖析、探究心性问题的学术研究新动向。《孟子》与《大学》由汉至唐乏人重视，但却都是极重要的儒家学术资产。尤其是孟子的拒杨、墨的卫道精神及对"士"风格的塑造，心性问题的探讨，在先秦诸儒中极具特色。而《大学》所强调的一套"诚、正、修、齐、治、平"由内心而向外展开的修养功夫，不仅具有纯哲学研究的兴味性及严谨性，更因其"正心而诚意者，将以有为也"而充分发挥儒家兼善天下、造福民众的严正的涉世精神（积极入世、改造世界），确可作为强化儒学之利器。后来宋儒朱熹之所以将《大学》《中庸》《论语》《孟子》定为四书，就是受了韩愈的影响。

第三，就人类进化的历史事实及士、农、工、商的社会分工原理，强有力地论证儒家思想的实用价值，借以反证佛、老之虚无与对社会缺乏实际贡献的弱点，用以提倡儒学，要求大家建立共识——一个理想的社会必须建构于儒家伦理之上！如社会各阶层有此共识，自然就会奉行儒道。

影 响

果然，《原道》所展现的上述三点要义后来终于产生了很大的影响——重建了儒学的正统地位，开创了宋代的新儒学。所以，《原道》一文，的确是一篇改变中国学术史的重要文章，陈寅恪先生对它的历史评价其当之无愧！

原 文

博爱之谓仁，行而宜之之谓义。由是而之焉之谓道，足乎己无待于外之谓德。仁与义为定名，道与德为虚位。故道有君子有小人，而德有凶有吉。老子之小仁义，非毁之也，其见者小也[①]。坐井而观天，曰天小者，非天小也。彼以煦煦为仁，孑孑为义，其小之也则宜。其所谓道，道其所道，非吾所谓道也[②]。其所谓德，德其所德，非吾所谓德也。凡吾所谓道德云者，合仁与义言之也，天下之公言也。老子之所谓道德云者，去仁与义言之也，一人之私言也。

周道衰，孔子没。火于秦，黄老于汉，佛于晋、魏、梁、隋之间[③]。其言道德仁义者，不入于杨，则入于墨；不入于墨，则入于老；不入于老，则入于佛。入于彼，必出于此。入者主之，出者奴之；入者附之，出者污之。噫！后之人其欲闻仁义道德之说，孰从而听之？老者曰："孔子，吾师之

---

① 小仁义：以仁义为小。老子曰："失道而后德，失德而后仁，失仁而后义。"又曰："大道废有仁义。……绝仁弃义，民复孝慈。"
② 其所谓道：老子曰："有物混成，先天地生。寂兮寥兮，独立而不改，周行而不殆，可以为天下母。吾不知其名，字之曰道。"
③ 火于秦：指秦焚书。始皇三十四年（前213），从李斯议，焚民间所藏书。

弟子也。"① 佛者曰:"孔子,吾师之弟子也。"② 为孔子者,习闻其说,乐其诞而自小也,亦曰:"吾师亦尝师之云尔。"不惟举之于其口,而又笔之于其书。噫!后之人,虽欲闻仁义道德之说,其孰从而求之?甚矣!人之好怪也,不求其端,不讯其末,惟怪之欲闻。

古之为民者四,今之为民者六。古之教者处其一,今之教者处其三。农之家一,而食粟之家六。工之家一,而用器之家六。贾之家一,而资焉之家六。奈之何民不穷且盗也!

古之时,人之害多矣。有圣人者立,然后教之以相生养之道。为之君,为之师,驱其虫蛇禽兽,而处之中土。寒,然后为之衣。饥,然后为之食。木处而颠,土处而病也,然后为之宫室。为之工,以赡其器用。为之贾,以通其有无。为之医药,以济其夭死。为之葬埋祭祀,以长其恩爱。为之礼,以次其先后。为之乐,以宣其湮郁。为之政,以率其怠倦。为之刑,以锄其强梗。相欺也,为之符玺斗斛^{hú}权衡以信之。相夺也,为之城郭甲兵以守之。害至而为之备,患生而为之防。今其言曰:"圣人不死,大盗不止③。剖斗折衡,而民不争。"呜呼!其亦不思而已矣!如古之无圣人,人之类灭久矣。何也?无羽毛鳞介以居寒热也,无爪牙以争其食也。是故君者,出令者也。臣者,行君之令而致之民者也。民者,出粟米麻丝,作器皿,通货财,以事其上者也。君不出令,则失其所以君。臣不

---

① "老者曰"句:见《庄子·天运篇》:"孔子行年五十有一,而不闻道。乃南之沛,见老聃。"《庄子》一书中屡言孔子受教于老聃之事。

② "佛者曰"句:佛教《清净法行经》:"佛云遣三弟子,教化震旦。儒童菩萨,彼称孔丘。"即以孔子为佛门弟子,名为儒童菩萨。

③ "圣人不死"二句:语见《庄子·胠箧篇》。

行君之令而致之民，则失其所以为臣。民不出粟米麻丝，作器皿，通货财，以事其上，则诛。今其法曰："必弃而君臣，去而父子，禁而相生养之道。"以求其所谓清净寂灭者①。呜呼！其亦幸而出于三代之后，不见黜于禹、汤、文、武、周公、孔子也。其亦不幸而不出于三代之前，不见正于禹、汤、文、武、周公、孔子也。

帝之与王，其号名殊，其所以为圣一也。夏葛而冬裘，渴饮而饥食，其事虽殊，其所以为智一也。今其言曰："曷不为太古之无事？"是亦责冬之裘者曰："曷不为葛之易也？"责饥之食者曰："曷不为饮之之易也。"传曰："古之欲明明德于天下者，先治其国。欲治其国者，先齐其家。欲齐其家者，先修其身。欲修其身者，先正其心。欲正其心者，先诚其意。"然则古之所谓正心而诚意者，将以有为也。今也欲治其心，而外国家天下者，灭其天常。子焉而不父其父，臣焉而不君其君，民焉而不事其事。孔子之作《春秋》也，诸侯用夷礼，则夷之。夷而进于中国，则中国之。经曰："夷狄之有君，不如诸夏之亡②！"《诗》曰："戎狄是膺，荆舒是惩③。"今也举夷狄之法，而加之先王之教之上，几何其不胥而为夷也！

夫所谓先王之教者，何也？博爱之谓仁，行而宜之之谓义，由是而之焉之谓道，足乎己无待于外之谓德。其文，《诗》《书》《易》《春秋》；其法，礼乐刑政；其民，士农工贾；其位，君臣父子师友宾主昆弟夫妇；其服，麻丝；其居，宫室；其食，粟米果蔬鱼肉。其为道易明，而其为

---

① 寂灭：梵语，涅槃之译。佛家以为功德圆满，超出世间，入于不生之门为涅槃。
② "夷狄之有君"句：见《论语·八佾》。
③ "戎狄是膺"二句：见《诗经·鲁颂·閟宫篇》。

教易行也。是故以之为己，则顺而祥；以之为人，则爱而公；以之为心，则和而平；以之为天下国家，无所处而不当。是故生则得其情，死则尽其常；郊焉而天神假，庙焉而人鬼享。曰："斯道也，何道也？"曰："斯吾所谓道也，非向所谓老与佛之道也。"尧以是传之舜，舜以是传之禹，禹以是传之汤，汤以是传之文武周公，文武周公传之孔子，孔子传之孟轲。轲之死，不得其传焉。荀与扬也，择焉而不精，语焉而不详[①]。由周公而上，上而为君，故其事行；由周公而下，下而为臣，故其说长。

然则如之何而可也？曰："不塞不流，不止不行。人其人，火其书，庐其居，明先王之道以道之，鳏寡孤独废疾者，有养也，其亦庶乎其可也。"

《昌黎先生集》

译　文

　　仁就是博爱，义就是行事合宜，道就是依着仁义去做，德就是使自己原有本性完满无缺。"仁""义"这两个字有确定的意义，"道"和"德"则较为抽象，很难界定它的意义。因此，道有所谓君子之道和小人之道，而德也有吉善和凶恶的分别。老子小看仁义，并不是他要毁谤仁义，而是因为他的见识比较小。就像坐在井中看天，以为天很小一样，并不是天真的小，而是他所看到的有限。老子把小恩小惠看作仁，把小小的善行看作义，因而看不起仁义，这也就难怪了。他所说的道，并不是我们儒家的道；他所说的德，也是他自己的德，并不是我们儒家的德。凡是我们儒家所讲的道德，是配合仁义一起来说的，这也是天下人所公认的。老子所说的道德，则不顾仁义，只讲道、讲德，这是他个人的见解，不能代表天下的公论。

---

① "荀与扬也"二句：韩愈《读荀》篇云："孟氏醇乎其醇者也，荀与扬，大醇而小疵。"

自从周朝的礼乐衰微，孔子去世之后，儒家的典籍被秦始皇烧掉了，儒家学说在汉朝则为盛行的黄老学说所掩没，在魏晋南北朝到隋朝之时则为佛教的流行所掩没。因而谈论道德的人，不是跟杨朱一伙的，就是跟墨翟一样的看法；不是跟墨子一样，就是和老子一样；不是和老子一样，就是和佛教徒一样。相信这一派的说法，就否定另一派的说法。相信时就以他为救世主，并且附和他；不相信时，则把他当成奴婢一样地轻视、污辱。可叹啊！后代的人，如果想要了解仁义道德的学说，要从何去了解呢？老子的门徒们说道："孔子，不过是我们老师的门徒。"佛门的徒众也说："孔子，也是我们老师的弟子。"而孔子的徒子徒孙们，听惯了这种说法，竟相信这种荒诞不经的话，而自以为微不足道，也跟着说："我们先师孔子，也曾经拜过老子和佛祖为师。"不但挂在嘴巴上，又把它写在书本上！哎呀！后代的人！虽然想要了解仁义道德的学说，又该去哪里求得呢？人们实在太好奇了，不探求其根本，也不考察其演变，就是喜欢听一些奇怪而荒谬的话！

古时人民，只有士农工商四类，现在却多了和尚、道士而变成六类；古时儒家定为一尊，现在却儒、释、道三家并存。种田的只有一家，吃饭的却有六家；做工的只有一家，用东西的却有六家；做生意的只一家，靠商人维生的却有六家。如此下来，百姓又怎能不穷困得去做盗贼呢？

古时，人民的灾害很多。所幸有圣人应运而生，教导大家相互照顾的道理，不但领导他们，而且教育他们，替人们赶走了爬虫走兽，为人民在中原地区开辟了家园。天气冷，就教百姓缝制衣裳；饥饿了，就教他们找东西来吃。恐怕他们在树上不安稳，在洞穴中住容易得病，因而教他们盖房屋来住；教他们各种手工艺，以便有各种器具可以使用；教他们进行交易，以便互通有无；更为他们研究医理，整理药物，以帮他们渡过死亡的威胁；教他们应该埋葬祭祀死者，以增长人类的亲爱关系；教他们制定各种礼制仪节，来分别尊卑长幼的次序；为他们谱出音乐，来宣泄他们的苦闷或哀乐；为他们做出各种措施，来提醒他们的懒惰怠懈。更为他们制定各种刑罚，来除暴安良。由于有些人会欺骗，因此制作了契约、虎符、印玺以及度量衡等，作为标准避免纷争。因为人会互相争夺，为此替他们建造城墙，制造各种盔甲兵器来防御，这样替他们预先防备各种灾害、祸患。可说是仁至义尽了。结果道家的人却说："圣人不死，大盗就不会停止。毁坏各种度量衡，老百姓就不会争执了。"唉，这些人未免太忘恩负义了。假若没有古时的圣人，人类早就消灭了！这是为什么呢？人类没有羽毛、鳞甲来适应各种冷热无常的环境，也没有锐利的爪牙来抢夺食物。所以国君是发号施令的人，大臣则向上奉行国君的命令，以转达给老百姓，人民则生产粮食，栽培桑麻，制作各种器具，流通财货，以贡献给国君。国君不能善尽发号施令的职责，就不配做个好国君。大臣不能将下想上达，并转达国君的命令给人民，就不是个好臣子。百姓若不能生产粮食、栽培丝麻，制造各种器具，流通财货，以贡献国君，就该惩罚。现在佛家的经典居然说道："一定要抛弃你们的君臣关系，离开你们的父子关系，并且不可再有相互照顾、相生相养的生活。"以去追求清净寂灭的境界！唉，他们幸而生在夏商周之后，才没有为禹、汤、文、武、周公、孔子等人所斥责，但这也是天下的不幸，他们没生在三代以前，没有被禹、汤、文、武、周公、孔子等圣人来加以指正，以至于这么嚣张。

　　"帝""王"这两个名号虽然不同，但都同样是圣人。就像夏天自然穿凉爽的葛衣，冬天就披上温暖的皮裘，口渴了喝水，肚子饿了吃饭一样，这些事情虽然不同，但道理则是一致的。现在有人居然说："为什么不像上古时那样简单无事呢？"就好像责备冬天穿皮裘的人说："为何不穿麻布，这样比较省事啊！"又好像责备饥饿的人说："为何不喝水，这样就比较省事啊！"《礼记》的《大学篇》说："以前想要将他的光明德行发扬于天下的人，先要治理他的国度；想要治理好他的国度的，必须先整理好他的家庭；想要整理好他的家庭的，必须先将自身修理好；要先将自身修理好的人，必须先端正自己的心念；要将心念端正的人，必先使得自己的意志诚实。"如此可知，古时候所谓正心诚意的人，是将要有所作为的，而现在要修心养性的人，却不顾天下国家，毁坏人伦纲常。做儿子的人，不把父亲当作父亲；做臣下的人，不把国君当作国君；而百姓也不能尽他们的本分。当年孔子修《春秋》时，特别重视褒贬。对于采用番邦礼节的中原诸侯，就把他们看成番邦，对于肯用中国礼节的番邦，则还是把他看成中国人。《论语》说："番邦纵使有国君，也比不上中原各地没有国君的地方。"《诗经》也说："对于番邦，不管西北的戎狄，南方的荆国舒国，都要加以征讨。"现在竟然要把夷狄的那一套，抬到中国先王的教化上去，这样岂不是要大家都变成夷狄了吗？

所谓先王的教化是什么呢？就是我在一开始所说的博爱的仁，行事合宜的义，依照仁义去走的道，修养自己天性使其圆满的德。表现于典籍上的是《诗》《书》《易》《春秋》等经书；表现于法度上的，就是治国的礼乐刑政等制度；他的人民只分士农工商，人民的相互关系则分君臣父子师友主客兄弟夫妇等；穿的衣服是丝和麻的制成品，住的是房屋，吃的是米谷、蔬果和鱼肉。就这样而已。因此，道理很容易明白，教化很容易实行。用这种道来修养自己，就一定顺利、吉祥；用这种道来对待别人，那么必定有爱心，而且公正无私；用这种道来修心养性，那么必定心平气和；用这种道来治理天下国家，更是没有一点不合宜的。因此，生存时能得到性情的中和，死亡时也能尽其常道。祭天时，天神皆下凡来享受；祭祖时，祖先也会来享用。如果问："这是什么道啊？"我就要回答说："这是我们儒家的道，并非以前所提的老子和佛祖的道。"唐尧把这个道传虞舜，虞舜把它传给夏禹，夏禹把它传给商汤，商汤把它传给文、武、周公，文、武、周公把它传给孔子，孔子又传给孟子。孟子死后就没有人得到真传了。荀子和扬雄，虽也是儒家的弟子，但是学问驳杂不纯，道理又语焉不详，所以说没传人。周公以前的圣人，由于得道在位，因而这些道理都能施行；

周公以后的圣人则在下做臣子，因而学说得以流传久远。

那么应该怎样才是为今之道呢！我认为对佛老的学说不加以堵塞、禁止，圣人的道理就不能风行。那些僧尼道士，都要他们还俗，烧掉他们的书，把寺庙道观改成民房，并且阐明先王的大道，来教导他们，使那些鳏夫、寡妇、孤儿、没有子嗣的老人，及身染重疾、残废的人，都能够安然地生活着，能够这样，也就差不多算是发扬儒道了。

（周益忠、王樾／编写整理）

师 说

韩 愈

背 景

两汉是我国经学最盛的时期，而两汉的经学最重视的即为家法，所谓家法即是师承关系的讲究。老师的地位从来没有被怀疑过，不只是"天地君亲师"说说而已，更有《学记》一篇作为理论上的根据。所谓"能为师，然后能为长，能为长，然后能为君。故师也者，所以学为君也"。所谓"当其为师，则弗臣也。大学之礼，虽诏于天子，无北面，所以尊师也"。另外又有《檀弓篇》提到"亲生之，君治之，师教之"，以事亲、事君、事师三者并称。所以尊师重道，便成为中国的传统。

但是自从曹操的《求贤令》颁布之后，唯才是举，不问其德。经学没落，师道当然也就不受重视了。再加上永嘉乱后，北方长期为异族统治，南方则溺于清谈、惑于俪偶，师道自然更加衰微。等到隋唐之时天下浑然一同，在上者虽也要奖励学术、鼓舞人心，唯当时所重者乃在开疆拓宇，裂土封侯，而一般读书人所注意者更在进士科的诗赋文章。道德一途既已不受重视，老师的地位自然欲振乏力，而且每况愈下。柳宗元在《答韦中立论师道书》一文中很痛切地指陈：

　　由魏晋氏以下，人益不事师。今之世不闻有师，有辄哗笑之，以为狂人。

可见当时的确是"师道之不传也久矣"的时代。因此提倡文以载道的韩愈，为了改变时风，为了矫正时下只重文章、不重道德的弊病，自然要从提倡尊师着手。

何以如此呢？韩愈提倡古文运动，并非纯粹是复古，乃是要赋予文章新的使命，这使命就是道德的使命。要"言之有物"，要能昌明道德，而不只是像过去的为文章而文章，只有形式之美，毫无内容可言。既然要重视文章的功能及使命，自然要提高道德的价值，而要提高道德，就有赖于老师地位的崇高了。《学记》上的话，"凡学之道，严师为难，师严然后道尊，道尊然后民知敬学"是一点也没错的。

既然要重视道德，而且是儒家之道，韩愈因而有了《原道》《论迎佛骨表》等篇章，发扬此说。为了彰显圣道，更得赖尊师，他才不顾众人的嬉笑怒骂，以师者自居。因而柳宗元在感叹老师地位没落之后却也不得不为韩愈的勇气及遭遇而感叹：

> 独韩愈奋不顾流俗，犯笑侮，收召后学，作《师说》，因抗颜而为师。世果群怪聚骂，指目牵引，而增与为言词。愈以是得狂名。居长安，炊不暇熟，又挈挈而东，如是者数矣。

可见韩愈在当时写出《师说》这一篇文章的确是需要很大的勇气的。他宁可由人笑骂，被人毁谤，动辄得咎，以至于要奔跑于道路，不能久安其位，都是《师说》惹出来的祸。但是也因为《师说》，韩愈奠定了他的"匹夫而为百世师，一言而为天下法"的地位。

影 响

自宋朝以来，儒家这个道统能再度居于主流地位，宋代理学家固然居于首功，而早在唐朝的韩愈实已为开路先锋。至于宋代以后的古文成为文坛的主流，欧阳修等人固然很伟大，但韩愈的功劳更不容抹杀。同理，我们看到杨龟山、游酢等人立雪程门，而佩服宋人重视师道时，就该想到远在唐代的韩愈，能够甘犯众侮、笑骂由人地提倡师道，实在是师道重振的首要功臣啊！

宋代大儒陆九渊因韩愈此篇而感叹道："韩愈……识度非常人所及，其言时有所到而不可易者。"更进而说："吾亦谓论学不如论师，侍师而不能虚心委己，则又不可以罪师。"好个"论学不如论师"！只要重视道德学问，自然得要先重视师道。苏轼《潮州韩文公庙碑》盛赞韩愈"文起八代之衰，道济天下之溺"，一向为人所乐道，但是有谁能细心体会该文的首句"匹夫而为百世师"中"百世师"三个字的含义有多深？韩愈不仅以振兴儒道、提倡古文为"百世师"，实则在提倡师道，使得千百年来"天地君亲师"并列的地位不再是一种揶揄，真可以说足以为"百世师"、为天下法了！

原　文

古之学者必有师。师者，所以传道、受业、解惑也 [①]。人非生而知之者，孰能无惑？惑而不从师，其为惑也终不解矣。

生乎吾前，其闻道也，固先乎吾，吾从而师之；生乎吾后，其闻道也，亦先乎吾，吾从而师之。吾师道也，夫庸知其年之先后生于吾乎？是故无贵、无贱、无长、无少，道之所存，师之所存也。

---

① 传道、受业、解惑：清曾国藩云："传道，谓修己治人之道；授业，谓古文六艺之业；解惑，谓解此二者。韩公一生学道好文，二者兼达，故往往并言之。"

嗟乎！师道之不传也久矣！欲人之无惑也难矣！古之圣人，其出人也远矣，犹且从师而问焉；今之众人，其下圣人也亦远矣，而耻学于师；是故圣益圣，愚益愚，圣人之所以为圣，愚人之所以为愚，其皆出于此乎！

爱其子，择师而教之，于其身也则耻师焉，惑矣！彼童子之师，授之书而习其句读^{dòu}者，非吾所谓传其道，解其惑者也^①。句读之不知，惑之不解，或师焉，或不焉，小学而大遗，吾未见其明也。

巫、医、乐师、百工之人，不耻相师；士大夫之族，曰师、曰弟子云者，则群聚而笑之。问之，则曰："彼与彼年相若也，道相似也。"位卑则足羞，官盛则近谀。呜呼！师道之不复，可知矣。巫、医、乐师、百工之人，君子不齿，今其智乃反不能及，其可怪也欤！

圣人无常师，孔子师郯^{tán}子、苌^{cháng}弘、师襄、老聃^{dān ②}。郯子之徒，其贤不及孔子。孔子曰："三人行，则必有我师^③。"是故弟子不必不如师，师不必贤于弟子，闻道有先后，术业有专攻，如是而已。

李氏子蟠，年十七，好古文，六艺经传，皆通习之，不拘于时，学于余。余嘉其能行古道，作《师说》以贻之。

《昌黎先生集》

---

① 句读：文字组成语意完整者为句，语意未断而略加停顿者叫"读"或"顿"。
② 郯子：春秋时郯国国君，尝言少昊氏以鸟名官之故于鲁昭公，孔子因而学焉。苌弘：周敬王之大夫，孔子适周，曾访乐于苌弘。师襄：善鼓琴，为鲁国之乐师。《史记·孔子世家》："子学鼓瑟于师襄子。"老聃：即老子，孔子至阳，尝就之问礼。《孔子家语·观周篇》："孔子至周，问礼于聃，访乐于苌弘。"
③ 三人行：《论语·述而篇》："三人行，必有我师焉，择其善者而从之，其不善者而改之。"

译 文

古时候求学的人，一定会有老师，老师就是传授道术、教导学业、解释学生疑惑的人。人不是一生下来就能了解什么道理的,谁能没有疑惑呢？有了疑惑而不去跟老师请教，那么，他的疑惑就会永远不能解决。

年纪比我大的，他了解道术的时候比我早，我当然要跟他学；年纪比我小的,假若他了解道术也比我早,我当然也要跟他学。我所要学的是学问、道术，怎会去注意他比我年长或年幼呢！所以不管他是富贵的，还是贫贱的，年长的，还是年幼的，只要有道术学问在身，就可做我的老师。

哎呀！尊师重道的风尚早已失传了。要一般人没有疑惑也实在很难了。古代的圣人，超出平常人的地方太远了，尚且要跟着老师来请教问题；而现在的一般人，不及圣人的地方实在太多了，却以向老师请教为耻。所以圣人愈加地圣明，愚人愈显得愚昧。而圣人之所以能成圣人，愚人之所以终究是愚人，难道不是为了这个原因吗？

一般人疼爱自己的孩子，因而选择老师来教他。可是对于自身，却以向老师请教为可耻,真是奇怪啊。那些教导孩子的老师，只是教他们读读书、学习些句读而已，并非我所说的是来传授道术、教导学业的。句读不会读时，知道要去请问老师，疑惑不能了解时，却不去请教老师，只学习小的，而遗漏了大的，我真不知道他们的聪明在哪里。

那些巫觋、医师、乐工和各种匠人，不以拜老师向老师请教为可耻。但是到了士大夫这些读书做官的人，只要一听到人说起"老师""学生"这些话来，大家就围绕着来讥笑他们。问他们笑什么，就说道："他们俩年纪差不多，学问也很相近啊！"拜地位低的人为师，就觉得可耻，拜大官为师，又好像要去谄媚他。哎呀！由此可知，尊师重道的风气是不能恢复了！巫觋、医师、乐工和各种匠人，是有道德学问的君子所瞧不起的，可是如今这些君子的智慧反而比不上他们，这不是很奇怪的事吗？

圣人没有一定的老师，孔子曾拜过郯子、苌弘、师襄、老聃这些人为师，其实郯子这些人，他们的学问还比不上孔子。但是孔子自己说道："只要有三个人走在一起，其中一定有我的老师。"所以学生不一定不如老师，做老师的也不一定都要比学生高明。只不过他们理解道术的时候有先后的差别，他们所研究的技术或学业也各有各的专门所在，就是如此而已。

李蟠这个青年人，只有十七岁，喜欢学古文，六经等书籍都学过了，他不为当前的歪风所感染，要来向我请教学问，我赞扬他能学习古人的做法，因而作了这篇《师说》来送给他。

（周益忠／编写整理）

论迎佛骨表

韩　愈

背　景

　　佛学自东汉末年传入，经禅宗这一转变，已然完成其中国化。不仅在思想上融进了中国文化的色彩，深植于诗人文士的血脉中；在宗教方面，更普遍行于民间，影响了整个社会的风俗习向。就是那些君主们，也都醉心于参禅礼佛，使得有唐一代成为佛教的国度，盛唐以后，更是禅宗的天下。

　　唐宪宗元和十四年（819），功德使曾上言凤翔法门寺塔有释迦牟尼佛的一节指骨，相传三十年一开，开时岁丰人安。于是宪宗命令中使杜英奇带领宫臣三十人，拿着香花去迎接，放在宫中祭拜三天，然后再送到各寺庙供奉。由于皇帝这样郑重虔诚，官吏百姓们更是瞻望施舍，唯恐不及，整个京城都轰动了。有些人甚至为这事弄得破产废业，燃香刺血。

　　当时韩愈做刑部侍郎，看到举国疯狂痴醉，只是为了一节枯朽指骨，便大为不满，不禁牢骚激发，大胆地向宪宗奏了一份《论迎佛骨表》的疏谏。此文正是他大声疾呼的民族自救思潮——排佛运动的代表作，也是他一生苦患和奋斗的精神指标。

影　响

　　韩愈这一呼声，在佛教思想风靡的当代，的确是一记巨雷，激发哲学思潮回应了一股巨大浪花。孟子的距杨辟墨，董仲舒的罢黜百家，都在韩愈身上复活了。而儒家的思想，也由此登高一呼，从几百年的沉睡中惊醒，展开那排山倒海的气势，贯注到宋明理学的薪传中。

佛教叫人明心见性，义理虽然高超玄妙，但本质却是出世的，非但无补于国计民生，且泯没伦常社会，禁欲断生。而要回返人生的正轨，唯有重振那明人伦、重世道、内圣外王、修己安人的儒家传统精神。排佛的呼声并非始自韩愈，但无疑，到韩愈才蔚成巨大的浪潮。而他的学生李翱，撷取佛学精华，建设儒家理论，使宋明理学家走上正确路线。宋明理学一面承袭韩愈的道统思想，一面依循李翱所辟的新路，融合在"静则禅，动则儒"的境界中，而将人生解脱和社会事功调和起来。所以说，隋唐思想的扭转与宋明理学的开展导引，《论迎佛骨表》当推首功。

原　文

臣某言，伏以佛者夷狄之一法耳。自后汉时流入中国，上古未尝有也。昔者黄帝在位百年，年百一十岁；少昊在位八十年，年百岁；颛顼（zhuān xū）在位七十九年，年九十八岁；帝喾（kù）在位七十年，年百五岁；帝尧在位九十八年，年百一十八岁；帝舜及禹年皆百岁①。此时天下太平，百姓安乐寿考。然而中国未有佛也。其后殷汤亦年百岁，汤孙太戊在位七十五年，武丁在位五十九年，书史不言其年寿所极，推其年数，盖亦俱不减百岁。周文王年九十七岁，武王年九十三岁，穆王在位百年。此时佛法亦未入中国，非因事佛而致然也。汉明帝时，始有佛法，明帝在位才十八年耳。其后乱亡相继，运祚（zuò）不长，宋齐梁陈元魏已下，事佛渐谨，年代尤促，惟梁

---

① "黄帝在位百年"二句：是《帝王世纪》之说，以下言少昊、颛顼等人亦同。

武帝在位四十八年，前后三度舍身施佛，宗庙之祭，不用牲牢，昼日一食，止于菜果。其后竟为侯景所逼，饿死台城，国亦寻灭。事佛求福，乃更得祸。由此观之，佛不足事，亦可知矣。

高祖始受隋禅，则议除之①。当时群臣材识不远，不能深知先王之道，古今之宜，推阐圣明，以救斯弊，其事遂止。臣常恨焉。伏惟睿圣文武皇帝陛下，神圣英武，数千百年已来，未有伦比。即位之初，即不许度人为僧尼道士，又不许创立寺观，臣常以为高祖之志必行于陛下之手，今纵未能即行，岂可恣之转令盛也？

今闻陛下令群僧迎佛骨于凤翔，御楼以观，舁^{yú}入大内，又令诸寺递迎供养，臣虽至愚，必知陛下不惑于佛，作此崇奉以祈福祥也。直以年丰人乐，徇人之心，为京都士庶设诡异之观、戏玩之具耳。安有圣明若此而肯信此等事哉？然百姓愚冥，易惑难晓，苟见陛下如此，将谓真心事佛，皆云天子大圣，犹一心敬信，百姓何人，岂合更惜身命？焚顶烧指，百十为群，解衣散钱，自朝至暮，转相仿效，惟恐后时，老少奔波，弃其业次。若不即加禁遏，更历诸寺，必有断臂脔^{luán}身以为供养者，伤风败俗，传笑四方，非细事也。

夫佛本夷狄之人，与中国言语不通，衣服殊制，口不言先王之法言，身不服先王之法服，不知君臣之义、父子之情②。假如其身至今尚在，奉其国命，来朝京师。陛下容而接之，不过宣政一见、礼宾一设、赐衣一袭、

① "高祖始受隋禅"二句：唐武德九年（626）四月，高祖诏有司沙汰天下僧尼道士、女冠。
② 佛本夷狄之人：按，佛祖释迦牟尼本为印度之王子。中国称四边之人为夷狄。

卫而出之于境，不令惑众也。况其身死已久，枯朽之骨，凶秽之余，岂宜令入宫禁？孔子曰："敬鬼神而远之。"古之诸侯行吊于其国，尚令巫祝先以桃茢(liè)祓(fú)除不祥，然后进吊[①]。今无故取朽秽之物，亲临观之，巫祝不先，桃茢不用，群臣不言其非，御史不举其失，臣实耻之。乞以此骨付之有司，投诸水火，永绝根本，断天下之疑，绝后代之惑，使天下之人知大圣人之所作为出于寻常万万也。岂不盛哉！岂不快哉！佛如有灵，能作祸祟，凡有殃咎，宜加臣身，上天鉴临，臣不怨悔，无任感激恳悃(kǔn)之至。谨奉表以闻，臣某诚惶诚恐。

《昌黎先生集》

译　文

臣韩愈上奏言道：我认为佛法不过是外国的一种宗教而已，东汉时才传入中国，上古时从未有所谓佛教。以前黄帝在位达百年之久，享寿有一百一十岁；少昊氏在位八十年，享寿也有一百岁；颛顼在位七十九年，享寿有九十八岁；帝喾在位七十年，享寿一百零五岁；帝尧在位九十八年，享寿达一百一十八岁；帝舜和大禹亦皆享寿百岁。当时天下太平，百姓安居乐业，也都能享高寿。但是当时中国并没听说有佛教。后来商汤也有百岁的高龄，商汤的孙子太戊在位则有七十五年，武丁在位则达五十九年，史书并没提到他们的年纪到底多大，但是由他们在位年数来推断，也应不少于百岁。周文王年纪有九十七岁，武王有九十三岁，穆王在位也有百年

① 以桃茢祓除不祥：《礼记》："君临臣丧，以巫祝桃茢执戈。恶之也。"注："桃，鬼所恶，茢，苇苕，可扫不祥。"《左传·襄公二十九年》："楚人使公亲襚。公患之。穆叔曰：'祓殡而襚，则布币也。'乃使巫以桃茢先祓殡。楚人弗禁。既而悔之。"按：死者衣衾为襚，又作禭。

之久。当时佛教也还没传到中国，可见他们并非是信仰佛教才如此的。到了汉明帝时才有佛法，但是明帝在位才十八年而已。之后中国败乱灭亡相继而生，国祚都不长久。到了南北朝以后，事奉佛教日渐恭敬，而他们的年代尤其短促，只有梁武帝在位有四十八年之久，他曾前后三次舍身施佛，而且祭祀宗庙时，也不用传统的牺牲太牢，以避免杀生，一天才吃一顿饭，而且仅止于蔬菜水果。如此诚恳地事佛，最后竟然为侯景所逼，饿死于台城，而国家也就接着灭亡了。事奉佛法为了求福，却反而招来祸患。由此看来，佛教并没什么好事奉的，这是很明显的了！

我们高祖继承隋朝而有了天下，曾经下诏要去掉和尚、尼姑、道士等。只可惜当时的大臣们才慧识见不够，不能深明先王的深意，以及历史的法则，进而推广先皇的圣德，来拯救时弊，因而这件事才不能实行。我常以此为憾。事实上陛下聪明睿智，文武兼备,是几千年来没有人可以比得上的。在位之初，即已下令不许将普通百姓度化为和尚、尼姑、道士，又不允许建立寺庙道观。我常认为当年高祖所没办法达成的志向，将可在皇上的手中完成。到了现在纵使不能依法实行，怎可放任他们，使佛道更加兴盛呢？

现在我听说皇上你命令许多和尚到凤翔去迎接佛骨，迎回宫殿之内，并且又命令各佛寺按照次序加以供养。我虽很愚昧，却也能肯定陛下一定不会迷惑于佛法，而加以供奉以祈求福寿。只是因为年岁收成好，人们安居乐业，因此应人民的需求，为京城的世族百姓陈设奇诡怪异的表演，以满足人们好奇爱乐的方法罢了。怎么可能说有如此神明、英明的天子，而肯相信这种愚昧的事情呢？但是百姓愚笨冥顽，易于被迷惑，他们假使看到皇上如此做，一定认为皇上你是真心来礼敬佛祖，都会说天子圣明，犹且虔诚地敬奉，我们百姓算什么？怎可爱惜自身而不肯为佛道牺牲？到时必定不惜牺牲身躯，一群人接一群人地拿出衣物、捐出金钱，由早到晚不停地供奉，唯恐落后于人。全国上下不管男女老少，大家疲于奔命，放弃正业，只为供奉佛祖，假若不加以禁止，将来各寺庙必定有不惜砍断身躯手臂以供养佛祖的，这样的伤风败俗必贻笑四方，这实在是非同小可呀！

佛祖本为外国人，跟我中国言语不能相通，所穿的衣服也不一样。他们口不能说我先哲的大道，身又不穿我先圣王住持所制的礼服，不知道有所谓君上臣下的道义，及父慈子孝的感情。假如现在他还活在人间，被派遣来我国觐见皇上，皇上若要接见他，不过见他一面，设置礼宾招待，赐他衣物，保护他离开国境，而且不让他来迷惑国人。何况现在他早已经死了，已经枯槁的骨头，又脏乱又不祥，怎可让他出入宫廷之内。孔子有言："尊敬鬼神，可是仍要保持距离。"古时诸侯在国内举行吊祭仪式时，尚且要先请巫师先以桃符等来驱除不祥，才可以吊丧。如今竟无缘无故拿来这已腐朽污秽的东西，而且亲自去观看，也没有请巫祝先用桃符来去除不祥。大臣们也不指责皇帝的过失，而御史们也不加以纠举。我实在为此感到难过。我希望皇上能将这骨头交给属下那些官吏烧毁，以便永绝祸患，使得天下人不再迷惑于此，更可让普天之下所有的人都知道圣王的所作所为超乎平常人实在太多了。这难道不是一件不朽的盛事吗？不是一件大快人心的事吗？假若佛祖果真能够显灵，能降灾害给人，那么所有的祸患，都在我身上，由我一人承担，明明上天可以作证，我永远不后悔。只希望皇上能接纳我的意见，我实在感激不尽，我非常地惶恐。

（周益忠、沈宝春／编写整理）

370

平淮西碑

韩 愈

背 景

唐宪宗时武功颇盛，号称"中兴"。平夏、平蜀、平江东，尤以平淮西最值得大书特书。

元和九年（814），彰义节度使吴少阳卒，其子元济摄蔡州刺史，隐匿丧讣，自领军务，上表请求主掌兵权。宪宗不许，于是吴元济发兵四出，屠烧舞阳、叶城，进掠鲁山、襄城，关东震骇。淮西节度使传三姓四将，都不受朝廷指挥，且兵利卒顽，防备坚强，更是朝廷亟欲铲除的内患。

后经李愬、裴度、李光颜、李祐、李忠义诸将的谋猷征伐，奇计偷袭，转战四年，于元和十二年（817）擒元济送京师，大封功臣。

淮西既平，群臣请刻石纪功，明示天下，为将来法式。韩愈奉旨撰写，这在韩愈所撰众碑文中，既是最重要的一篇，也是最惨淡经营的一篇。它非但是多少文人学士拭目以待、先睹为快的作品，同时也是攸关古文运动成败的关键所在。

正因为如此，韩愈撰写《平淮西碑》时，文长不足一千五百字，却历时将近两个半月才定稿，可见他的诚惶诚恐，濡染大笔时的谨慎用力。此文一出，其生动雄浑的文字，真可说是掷地作金石声。

影 响

《东坡题跋》曾载有一首不知作者的七绝:"淮西功业冠吾唐,吏部文章日月光。千载断碑人脍炙,不知世有段文昌。"讲的就是本文引起的一段公案:韩愈《平淮西碑》刻石之后,有人向宪宗进言,认为内容捧裴度而抑李愬,有失公正。于是宪宗下诏磨去韩碑,另命翰林学士段文昌重撰一篇。但段文通体骈偶,广用典故,毕竟不如韩文气势雄奇与节奏流动,无怪乎后人又磨去段文,重刻韩文。

碑文这种文体,以典雅庄重为主,这也是骈体文的特色,连柳宗元撰写碑类文字,也未能免俗,通篇偶句,堆砌典故。韩愈独不然,大胆地以所倡导的古文向碑类文体进军,不乞助骈俪典故,不雕琢堆砌,而仍保有碑文典雅庄重的格调。此举无疑是个关键性的尝试,成功的话,无异摧毁了骈文的最后根据地;失败呢,那就表示古文不能完全替代骈文了。《平淮西碑》正代表此种成败拉锯战中最重要的一篇。《平淮西碑》的成功,象征着韩愈以古文向碑铭进军的胜利,对整个古文运动来说,影响是重大的。所以李汉说:"先生于文,摧陷廓清之功,比于武事,可谓雄伟不常者矣!"

原 文

天以唐克尚其德,圣子神孙,继继承承,于千万年。敬戒不怠,全付所覆,四海九州,罔有内外,悉祖悉臣。高祖太宗,既除既治;高宗中睿,休养生息;至于玄宗,受报收功,极炽而丰,物众地大,孽牙其间。肃宗代宗,德祖顺考,以勤以容,大慝^{tè}适去,稂^{láng}莠^{hāo}不薅,相臣将臣,文恬武嬉,习熟见闻,以为当然①。睿圣文武皇帝,既受群臣朝,乃考图数贡②。曰:呜呼!天既全付予

---

① 大慝:指安禄山、史思明辈。

② 考图数贡:据《唐会要》诸州图,每三年一选职方。建中元年(780),改五年一选。

有家，今传次在予，予不能事事，其何以见于郊庙？群臣震慑，奔走率职。明年，平夏。又明年，平蜀。又明年，平江东。又明年，平泽潞，遂定易定。致魏博贝卫澶相，无不从志。皇帝曰，不可究武，予其少息。九年，蔡将死，蔡人立其子元济以请，不许。遂烧舞阳，犯叶襄城，以动东都，放兵四劫。皇帝历问于朝，一二臣外，皆曰：蔡帅之不廷授，于今五十年，传三姓四将 ①。其树本坚，兵利卒顽，不与他等，因抚而有，顺且无事。大官臆决唱声，万口和附，并为一谈，牢不可破。皇帝曰：惟天惟祖宗所以付任予者。庶其在此，予何敢不力。况一二臣同，不为无助。

曰：光颜！汝为陈许帅。维是河东魏博郃阳三军之在行者，汝皆将之，曰：重胤！汝故有河阳怀，今益以汝。维是朔方义成陕益凤翔延庆七军之在行者，汝皆将之。曰：弘汝！以卒万二千属而子公武往讨之。曰：文通！汝守寿。维是宣武淮南宣歙浙西四军之行于寿者，汝皆将之。曰：道古！汝其观察鄂岳。曰：愬！汝帅唐邓随，各以其兵进战。曰：度！汝长御史，其往视师。曰：度！惟汝予同。汝遂相予，以赏罚用命不用命。曰：弘汝！其以节都统诸军。曰：守谦！汝出入左右，汝惟近臣，其往抚师。曰：度！汝其往，衣服饮食予士，无寒无饥。以既厥事，遂生蔡人，赐汝节斧、通天御带、卫卒三百。凡兹廷臣，汝择自从，惟其贤能，无惮大吏。庚申，予其临门送汝。曰：御史！予闵士大夫战甚苦，自今以往，非郊庙祠祀，其无用乐。

---

① 三姓四将：唐宝应元年（762）十月，以李忠臣为淮西节度使也，贞元二年（786）四月以陈奇、十月以吴少诚为之，是为三姓；大历十四年（779）三月，忠臣为其将李希烈所逐，自为节度，忠臣、希烈、少诚、少阳，是为四将。

颜胤武合攻其北，大战十六，得栅城县二十三，降人卒四万。道古攻其东南，八战，降万三千，再入申，破其外城。文通战其东，十余遇，降万二千。愬入其西，得贼将，辄释不杀。用其策，战比有功。十二年八月，丞相度至师。都统弘责战益急，颜胤武合战益用命，元济尽并其众洄曲以备。十月壬申，愬用所得贼将，自文城因天大雪疾驰百二十里，用夜半到蔡，破其门。取元济以献，尽得其属人卒。辛巳，丞相度入蔡，以皇帝命赦其人。淮西平，大<ruby>飨<rt>xiǎng</rt></ruby><ruby>赍<rt>jī</rt></ruby>功，师还之日，因以其食赐蔡人。凡蔡卒三万五千，其不乐为兵愿归为农者十九，悉纵之，斩元济京师。册功，弘加侍中，愬为左仆射，帅山南东道。颜胤皆加司空，公武以散骑常侍<ruby>帅<rt>fū</rt></ruby>鄜坊丹延。道古进大夫，文通加散骑常待。丞相度朝京师，道封晋国公。进阶金紫光禄大夫，以旧官相。而以其副<ruby>摠<rt>zǒng</rt></ruby>为工部尚书，领蔡任。既还奏，群臣请纪圣功，被之金石，皇帝以命臣愈，臣愈再拜稽首而献文曰：

唐承天命，遂臣万邦。孰居近土，袭盗以狂。往在玄宗，崇极而<ruby>圮<rt>pǐ</rt></ruby>。河北悍骄，河南附起。四圣不宥，屡兴师征。有不能克，益戍以兵。夫耕不食，妇织不裳。输之以车，为卒赐粮。外多失朝，旷不岳狩。百隶急官，事亡其旧。帝时继位，顾瞻咨嗟。惟汝文武，孰恤予家。既斩吴蜀，旋取山东。魏将首义，六州降从。唯蔡不顺，自以为强。提兵<ruby>叫谨<rt>huán</rt></ruby>，欲事故常。始命讨之，遂连奸邻。阴遣刺客，来贼相臣。方战未利，内惊京师。群公上言，莫若惠来。帝为不闻，与神为谋。乃相同德，以讫天诛①。乃敕颜胤，愬武古通。成统于弘，各奏汝

---

① 乃相同德：指宪宗与裴度同心协力。

功。三方分攻，五万其师。大军北乘，厥数倍之。常兵时曲，军士蠢蠢。既翦陵云，蔡卒大窘。胜之邵陵，郾城来降。自夏入秋，复屯相望。兵顿不励，告功不时。帝哀征夫，命相往厘。士饱而歌，马腾于槽。试之新城，贼遇败逃。尽抽其有，聚以防我。西师跃入，道无留者。额额蔡城，其疆千里。既入而有，莫不顺俟。帝有恩言，相度来宣。诛止其魁，释其下人。蔡之卒夫，投甲呼舞。蔡之妇女，迎门笑语。蔡人告饥，船粟往哺。蔡人告寒，赐以缯布。始时蔡人，禁不往来。今相从戏，里门夜开。始时蔡人，进战退戮。今旰而起，左飧右粥。为之择人，以收余疢。选吏赐牛，教而不税。蔡人有言，始迷不知，今乃大觉，羞前之为。蔡人有言，天子明圣，不顺族诛，顺保性命。汝不吾信，视此蔡方。孰为不顺，往斧其吭。凡叛有数，声势相倚，吾强不支，汝弱奚恃。其告而长，而父而兄，奔走偕来，同我太平。淮蔡为乱，天子伐之。既伐而饥，天子活之。始议伐蔡，卿士莫随。既伐四年，小大并疑。不赦不疑，由天子明。凡此蔡功，惟断乃成。既定淮蔡，四夷毕来。遂开明堂，坐以治之。

《昌黎先生集》

译　文

　　上天认为大唐的子民若能发扬他的意旨，因而就让他的子孙继承他的大业，可以永远享用达千万年之久，而大唐的百姓也恭敬谨慎，不敢懈怠，因而四海之内、九州之中，君臣上下，大家一心一德。高祖、太宗之时除旧布新、规模井然，其后高宗、中宗及睿宗时候，更是百姓休养、万物生息。到了玄宗可说是集大成之时，物阜民丰，国势更是极其强大。晚年虽有奸恶之辈叛乱，但是到了肃宗、代宗时，能秉承祖宗之遗志，勤劳之外更能包容，软硬兼施，终于把大恶除去，但是还有一些遗孽尚未肃清，而文武百官，对于战乱却因司空见惯，不但不以为意，甚至还终日嬉游，使得贼人日益坐大。直到当今皇上即位后，因翻阅宇内地图，看后感叹地说道："唉，上天降大德于我唐朝，传到我手上了，我却不能把国事做好，把乱事平定，将来何以到阴间去见列祖列宗？"因而所有的臣下都震骇惊恐，战战兢兢，努力以赴。所以第二年即元和元年（806）就平定了夏绥银节度留后杨惠琳的乱事。再一年，又平定了剑南节度留后刘辟的乱事。再一年，则平定了镇海节度使李锜的造反。再一年，又平定泽潞义武节度使张茂昭，因将易、定二州交还政府。又收回了魏博节度使所管辖的六州。这些州郡，无不服心，因而皇上认为不宜大动干戈。但是元和九年（814）彰义节度使吴少阳卒，他的子嗣吴元济请求接掌大权，但是皇帝不许，所以吴元济就烧毁舞阳城，进犯叶襄城，因而惊动了京都。又进而放纵兵士，四处抢劫。皇帝遍问于朝中，除一两位大臣外，都认为不可以讨伐，认为淮西将帅不听命于朝至今已五十年了，历经李忠臣、李希烈、陈奇、吴少诚等将领。他的根基本就很坚固，武器锐利，兵士顽强，跟其他州郡大不相同，假若加以安抚，就会归顺，且不会惹是生非。所有大官们都任意猜度，大家异口同声，相互唱和，因而混淆视听，几乎无法辩驳。皇帝则说道："这是上天及列祖列宗所交付给我的责任，我怎可以不努力以付，讨平贼人？更何况有一二大臣也跟我有一样的想法，应该还有可为。"于是就命令臣下前往征讨。

首先命令陈州刺史李光颜为忠武节度使，率领陈、许二地的军队。而且河东、魏博、邠阳三地的军队前往征讨，都由光颜掌管。又命令河阳节度使乌重胤为河阳怀汝节度使，并且带领朔方、义成、陕益、凤翔、延庆等地参加征讨的军队。又下令宜阳节度使韩弘为淮西诸军都统，并且派遣韩公武的兵士一万二千人配合，一道前往征讨，并且命令左金吾大将军李文通守卫寿州。而且宣武、淮南、宣歙、浙西四处之军队到达寿州者，皆由文通带领。并且命令黔州观察使李道古为鄂岳观察使，命令木子詹事李愬为唐邓随观察使，率领当地的军队。各率所属的军队，前往进攻。又命令裴度说道："你是御史中丞，前往观察军队。"又说道："裴度，只有你肯支持我的计划，我以你为宰相，以便奖赏那些努力以赴，和处罚那些不全力应战者。"又命令韩弘说道："你以宣统节度使的身份统领各军。"又对梁守谦说道："你一向是我的左右亲信大臣，派你出去当监军。"又对裴度说道："你前往观察看看士兵的衣服饮食是否都很正常，不要让他们挨饥受冻了。事情若完成了，可不要杀害蔡州百姓，给他们生路。并且赐你符节、犀带及神策军三百人当卫从。凡此朝廷大臣，你可任意加以选择，只要贤能者即可，不要畏惧那些官位大的人。到了庚申日，我亲自到通化门送你前行。"又对他说道："我体恤大夫前往征战，非常辛苦。从今以后，假若不是国家宗庙祭祀大典，不可以有音乐。"

部署好了之后，李光颜、乌重胤、韩公武三人联手攻打蔡州之北，大战十六次之多，所攻下大小城池也有二十三座，投降的百姓兵士更是多达四万人。而李道古攻打东南方，总共打了八次仗后，也降服了一万三千人。并且攻入申州，击破其外城。李文通则在东方应战，与贼人交战了十余次，降服了一万二千人。李愬攻入城西，掳到贼人将领，往往加以开释，不随意杀戮。用了这种策略，只要交战，皆有战功。元和十二年（817）八月，丞相裴度到了军中，宣武节度使韩弘要求出战更加急迫，而李光颜、乌重胤、韩公武会师之后，更加卖命地要出征，吴元济只好将其徒众聚集在一起，负隅以抗。到了十月中，李愬以所降服的贼将，冒着下大雪的天气，由汝宁府的文城栅急驰一百二十里，夜半攻到蔡州，直破蔡州城门，拿下贼首吴元济以献给皇上，并且将其部属人马都降服了。到了辛巳日，裴度丞相也进入蔡州。奉皇帝的命令放免其百姓，并且大加犒赏有功人员。并且在还师之日，将粮食赐予蔡州饥寒的百姓。蔡州人被逼为兵士者共有三万五千人，当中不乐意当兵而愿意解甲归田的占到十分之九，对于这些人全部加以释放，并且在京师将元凶吴元济斩首以示众。因此论功行赏。韩弘加封侍中之职，李愬为尚书左仆射，充当山东东道节度使，李光颜、乌重胤皆加上检校司空的职位，韩公武为检校左散骑常侍、鄜州刺史、鄜坊丹延骑度使。李道古由中丞晋封为大夫，李文通由团练使加封为散骑常侍。丞相裴度班师回朝，尚未下马，在道途中就被封为晋国公，食邑三千户，并且晋职为金紫光禄大夫，仍赐上柱国，而且封其助手马揔为检校工部尚书，并且任蔡州刺史。既已还京呈奏皇上，众大臣们因请求记录此一圣武的大官，要刻在金石之上以垂永久，皇帝将它交代给韩愈我来做，我推辞再三后，只得答应献上了这篇碑文：

　　伟大的唐朝承继着天命，因而平定了天下。然而近世以来，盗寇往往趁机而起，狂妄无知。以前在玄宗天宝年间，天下居然盛极而衰。先有安史之乱，平定后，河北、河南却仍战乱不休。肃宗、代宗、德宗、顺宗等皇帝屡次派兵前往征讨。然而战事往往不能如意，只好派遣更多兵马来防卫。丈夫虽耕种也不得食，妇女虽织布也不得穿！全都转嫁到兵车上了，只有兵士才能分配到粮食。在外藩镇多不来朝觐，天子也无法四处去巡狩。而官吏往往怠忽职守，国事也就大不如前了。今上即位，详查宇内一番后感叹地说道：你们这些文武百官，谁能为我大唐着想呢？因而平定了吴蜀叛将，又收回了山东。魏博的将领率先求归顺，其他六州也都降服了。只有蔡州不肯顺从，仗恃自己兵强马壮，出兵前来挑衅，想要享受藩镇既得的利益。于是皇上下令征讨，而蔡州也勾结一些奸邪之辈，暗中派遣刺客，前来暗杀宰相武元衡。初时讨伐并不顺利，因而惊动了京城各地。大臣们又纷纷上言，认为不如加以安抚。皇帝仍坚持己见，并且祷告神明，而宰相裴度也同心同德，决心加以诛讨。于是命令李光颜、乌重胤、李愬、韩公武、李道古、李文通等，由韩弘为都统统率各军，各就其位，分三路进攻蔡州，军士有五万人之多，而进攻北方的大军，人数更在一倍以上。元和十年（815）五月李光颜大破贼兵于东州的时曲，军心大振，而后又攻下陵云栅，蔡州的兵马因而穷途末路了，又在郾城的召陵大败敌军，郾城守将也就来投降。由夏天转入秋凉之后，战事却不太顺利。皇帝哀悯征夫的辛苦，要宰相裴度前往慰劳。兵士因而欢呼歌唱，马匹也精神抖擞。于是重整旗鼓在郾城的新寨，使得敌军抱头鼠窜。敌军在北方屯驻重兵来防卫我军，我军却由西方乘虚而入，攻其不备。可爱的蔡州啊！它的疆域有千里之大。收复之后，没有不顺从的。皇帝又下令恩赐蔡州，要宰相裴度宣布：诛杀的对象只是元凶巨恶，底下百姓兵士，一概宽赦。于是蔡州的兵士，都弃置盔甲，欢呼歌舞。蔡州的妇女们都在巷弄前欢笑不已。蔡州百姓饥饿了，就载米粮前去；蔡州百姓寒冷了，就赠送衣服布匹。当初蔡州人被禁不得与人交往，现在则解禁连夜晚都可以活动了。当时蔡州人时时要备战，现在则可以高枕无忧，饱食终日了。因而为他们选择官吏，以收揽人心，重新整顿，又赐他们耕牛，加以开导，并且减免税收。蔡州人都认为以前迷惑无知，而现在觉悟到以前的不对。蔡州人也说，皇上圣明，叛逆的被诛杀，顺从的可以安保。假若不相信的话，到蔡州一看就明白了。谁敢再叛逆的话，必遭斧钺的诛讨。凡是叛变者，必定相互勾结以壮声势，我们蔡州这样强大都不行了，其他州郡又怎可叛变？转告大家的父兄长辈，大家一起来归顺，同享太平。淮西蔡州大饥，天子又能加以抚恤。当初提议讨伐蔡州，大臣们都反对，讨伐四年之间，大小百官都起了疑心，只有天子圣明，不宽赦元凶，也不怀疑征讨的功效。这次讨伐蔡州的大功，实在是由于天子的果断才完成的。既平定淮西蔡州之后，四方夷狄都前来朝贡，于是天子坐在明堂之上，可以安心地处理国事了。

（周益忠、沈宝春／编写整理）

封建论

柳宗元

柳宗元像

柳宗元（773—819），字子厚，唐河东解县（今山西运城市西南）人。生于长安，卒于柳州。他年少聪明卓荦。二十一岁中进士。仕宦后，以坐王叔文党被贬为邵州刺史，又贬为永州司马，元和十年（815）三月再迁柳州刺史，有善政，为文益精进，世人因号其为柳柳州。韩愈提倡古文运动，唐代能与之并趋者唯柳宗元，故二人并称"韩柳"。柳文以在永州所作之游记为世所好，盖得于山水之助者。

背 景

中国封建制度，相传自黄帝画野分州，得到百里之国一万多个开始。周代定公、侯、伯、子、男五等爵位，裂土分封，制度最为完备。到秦始皇统一天下，怕诸侯割据造反，于是废封建、置郡县，巩固中央集权。汉初封建、郡县并用，这以后封建屡兴屡废，直到唐代。

贞观初，唐太宗与名臣萧瑀等议封建事，想跟三代比隆，子孙长久，社稷永安。魏徵以唐承大乱，人民凋丧，刚恢复生聚，不宜瓜分；李百药谓帝王命历，自有短长，不是因为封建的缘故；颜师古独议建诸侯，但应当削弱诸侯权力，与州县离治，相互扶持……聚讼纷纭，终无定论，自后罢而不议。

武后称帝僭号，转移唐祚后，封建之说复起。安史之乱，贼寇长驱两京，如入无人之境，哥舒翰二十万军，不堪一击。藩镇坐大，虽为朝廷命官，实际上跟封建诸侯没有差别，逐渐成为朝廷的大威胁。

《封建论》即根据这种历史渊源和时代环境，极论封建制度的缺失，大力抨击当时藩镇割据的局面，为政治体系开创另一番清新风貌。换言之，这篇文章对此后千余年政治体制起了一锤定音的作用。

影　响

就文章本身说，大家都知道柳宗元的寓言及山水游记是古文中的二绝，但不知他的议论文章也属举世无双的佳作。此文探原立论，具有严密详尽的逻辑性；借古喻今，斥责当世门阀世族的腐败势力，有力地抨击了藩镇割据的局面，笔锋锐利，发前人所未发，闪现着他那踔厉风发的思想光辉，为后代带有强烈批判性的讽刺散文奠定了基础。唐末五代的皮日休、陆龟蒙、罗隐，宋代的欧阳修、苏轼，乃至清代的姚鼐……无不受柳宗元散文的深刻影响。

唐代论封建诸学者中，如萧瑀、魏徵、李百药、颜师古、长孙无忌、房玄龄、刘敬、朱敬则等人，虽各有所见，但都未能探溯本源，据古验今，而测知世变的根由。唯宗元纵观时局，淹贯古今，反复论证，自为通识。无怪乎苏轼在《志林》中要说："宗元之论出，而诸子之论废矣！虽圣人复起，不能易也。"其文集反对封建论的大成，并为后代郡县体系的完成，竖立起通达时宜的指标。后人论封建事宜，无不受此文影响。有人推许此文为韩愈所不能及，实非过论。

原 文

　　天地果无初乎？吾不得而知之也。生人果有初乎①？吾不得而知之也。然则孰为近？曰：有初为近。孰明之？由封建而明之也。彼封建者，更古圣王尧舜禹汤文武而莫能去之；盖非不欲去之也，势不可也。势之成，其生人之初乎？不初，无以有封建。封建，非圣人意也。

　　彼其初与万物皆生。草木榛榛，鹿豕狉狉，人不能搏噬，而且无毛羽，莫克自奉自卫；荀卿有言，必将假物以为用者也②。夫假物者必争，争而不已，必就其能断曲直者而听命焉。其智而明者，所伏必众。告之以直而不改，必痛之而后畏，由是君长刑政生焉。故近者聚而为群。群之分，其争必大，大而后有兵。有德又有大者，众群之长又就而听命焉，以安其属。于是有诸侯之列，则其争又有大者焉。德又大者，诸侯之列又就而听命焉，以安其封。于是有方伯、连帅之类，则其争又有大者焉③。德又大者，方伯、连帅之类又就而听命焉，以安其人。然后天下会于一。是故有里胥而后有县大夫，有县大夫而后有诸侯，有诸侯而后有方伯、连帅，有方伯、连帅而后有天子。自天子至于里胥，其德在人者，死必求其嗣而奉之。故封建，非圣人意也，势也。

　　夫尧舜禹汤之事远矣，及有周而甚详。周有天下，裂土田而瓜分之，设五等邦，群后布履星罗，四周于天下，轮运而辐集。合为朝觐会同，离

---

① 生人：即生民，因柳宗元为唐人，避唐太宗李世民之讳，故改称生人。

② 荀卿有言：《荀子·天论》："裁非其类以养其类。"又《劝学篇》："君子生非异也，善假于物也。"

③ 方伯、连帅：为诸侯之领袖。《礼记·王制》："千里之外，设方伯：五国以为属，属有长；十国以为连，连有帅；三十国以为卒，卒有正；二百一十国以为州，州有伯。"

为守臣扞城^{hàn}①。然而降于夷王，害礼伤尊，下堂而迎觐者。历于宣王，挟中兴复古之德，雄南征北伐之威，卒不能定鲁侯之嗣②。陵夷迄于幽厉王室东徙，而自列为诸侯矣。厥后问鼎之轻重者有之，射王中肩者有之，伐凡伯、诛苌^{cháng}弘者有之。天下乖戾，无君君之心。余以为周之丧久矣，徒建空名于公侯之上耳。得非诸侯之盛强，末大不掉之咎欤？遂判为十二，合为七国，威分于陪臣之邦，国轸于后封之秦^{zhěn}③。则周之败端，其在乎此矣。

秦有天下，裂都会而为之郡邑，废侯卫而为之守宰，据天下之雄图，都六合之上游，摄制四海，运于掌握之内，此其所以为得也。不数载而天下大坏，其有由矣。亟役万人，暴其威刑，竭其货贿。负锄梃谪戍之徒^{tīng}，圜视而合从，大呼而成群。时则有叛人，而无叛吏；人怨于下，而吏畏于上，天下相合，杀守劫令而并起。咎在人怨，非郡邑之制失也。

汉有天下，矫秦之枉，徇周之制，剖海内而立宗子，封功臣。数年之间，奔命扶伤而不暇。困平城，病流矢，陵迟不救者三代④。后乃谋臣献画，而离削自守矣⑤。然而封建之始，郡国居半，时则有叛国而无叛郡。秦制之得，亦以明矣。继汉而帝者，虽百代可知也。

---

① 朝觐会同：《周礼·春官》："春见曰朝，夏见曰宗，秋见曰觐，冬见曰遇，时见曰会，殷（众）见曰同。"

② 不能定鲁侯之嗣：鲁武公携长子括、少子戏见宣王，宣王爱戏，以戏为鲁世子。樊仲山父以此为谏，王不听，其后戏继武公即位而为懿公。鲁人杀戏，立括之子伯御，宣王伐鲁，杀伯御，立戏之弟称，为孝公。诸侯以此不睦于周室。

③ 陪臣：诸侯之卿大夫对天子自称为陪臣。田氏本齐卿，后篡姜氏之齐，韩赵魏本晋卿，其后三家瓜分姬氏之晋。

④ 困平城，病流矢：汉高祖讨韩王信时为匈奴围困于平城之白登山达七日之久。讨伐淮南王英布时中流矢而还，因病而驾崩。

⑤ 离削自守：周亚夫平吴楚七国之乱，诸侯势力削弱，仅足自守。

唐兴，制州邑，立守宰，此其所以为宜也。然犹桀猾时起，虐害方域者，失不在于州而在于兵。时则有叛将而无叛州，州县之设，固不可革也。

或者曰："封建者必私其土，子其人，适其俗，修其理，施化易也。守宰者，苟其心，思迁其秩而已，何能理乎？"余又非之。

周之事迹，断可见矣：列侯骄盈，黩货事戎，大凡乱国多，理国寡。侯伯不得变其政，天子不得变其君。私土子人者，百不有一。失在于制，不在于政，周事然也。

秦之事迹，亦断可见矣：有理人之制，而不委郡邑是矣；有理人之臣，而不使守宰是矣。郡邑不得正其制，守宰不得行其理，酷刑苦役，而万人侧目。失在于政，不在于制，秦事然也。

汉兴，天子之政，行于郡，不行于国；制其守宰，不制其侯王。侯王虽乱，不可变也；国人虽病，不可除也。及夫大逆不道，然后掩捕而迁之，勒兵而夷之耳。大逆未彰，奸利浚财，怙势作威，大刻于民者，无如之何。及夫郡邑，可谓理且安矣。何以言之？且汉知孟舒于田叔，得魏尚于冯唐，闻黄霸之明审，睹汲黯之简靖，拜之可也，复其位可也，卧而委之以辑一方可也①。有罪得以黜，有能得以赏。朝拜而不道，夕斥之矣；夕受而不法，朝斥之矣。设使汉室尽城邑而侯王之，纵令其乱人，戚之而已。孟舒魏尚之术莫得而施，黄霸汲黯之化莫得而行。明谴而导之，拜受而退已违矣。

---

① 汉知孟舒于田叔：《汉书·田叔传》："文立帝，召叔问曰：'公知天下长者乎？'叔曰：'故云中守孟舒，长者也。'时孟舒以匈奴大举入侵而去官，因田叔之言乃得复为云中太守。田叔为赵郡陉城人，任汉中太守，以忠直名。"得魏尚于冯唐：冯唐言于文帝："陛下虽有廉颇、李牧不能用也。"文帝问其故，冯唐因言魏尚之事，于是文帝复以魏尚为云中守。

下令而削之，缔交合从之谋周于同列，则相顾裂眦^{zì}，勃然而起。幸而不起，则削其半；削其半，民犹瘁矣，曷若举而移之以全其人乎？汉事然也。

今国家尽制郡邑，连置守宰，其不可变也固矣。善制兵，谨择守，则理平矣。

或者又曰："夏商周汉封建而延，秦郡邑而促。"尤非所谓知理者也。魏之承汉也，封爵犹建；晋之承魏也，因循不革。而二姓陵替，不闻延祚^{zuò}①。今矫而变之，垂二百祀，大业弥固，何系于诸侯哉？

或者又以为殷周圣王也，而不革其制，固不当复议也。是大不然。夫殷周之不革者，是不得已也。盖以诸侯归殷者三千焉，资以黜夏，汤不得而废②。归周者八百焉，资以胜殷，武王不得而易。徇之以为安，仍之以为俗，汤武之所不得已也。夫不得已，非公之大者也，私其力于己也，私其卫于子孙也。秦之所以革之者，其为制，公之大者也；其情，私也，私其一己之威也，私其尽臣畜于我也。然而公天下之端自秦始。

夫天下之道，理安斯得人者也。使贤者居上，不肖者居下，而后可以理安。今夫封建者，继世而理；继世而理者，上果贤乎？下果不肖乎？则生人之理乱，未可知也。将欲利其社稷，以一其人之视听，则又有世大夫，世食禄邑，以尽其封略。圣贤生于其时，亦无以立于天下，封建者为之也，岂圣人之制使至于是乎？吾固曰：非圣人之意也，势也。

《柳河东集》

---

① 二姓陵替：曹魏及司马晋皆行封建，然魏不过四十七年，晋不过五十二年而亡。
② 诸侯归殷者：《文献通考·封建考》："涂山之会，诸侯执玉帛者万国。及其衰也，遭桀行暴，诸侯相兼，逮汤受命，其能存者三千余国。"

译　文

天地难道没有一个源起吗？这是我所不了解的。百姓是否有一源起呢？我也不了解。然则哪一样比较合乎史实？应该是有一源起，才比较对。何以证明？由封建制度可以作为证明。封建制度已经历了以前尧、舜、禹、汤、文、武等圣王，而没有办法除去，并非他们不想除去，因为形势上没办法，这种形势的造成，应该是在刚有了人类的时候吧！若不是在一开头就如此，以后也不会有封建了。封建并非是圣人所想要的！

人类初时与万物一起生长，到处是草木茂密，到处是山猪野鹿，而人民却无法去捕捉，更没有羽翼毛皮来防卫自身。因此荀子认为人类必先假借外物以便为我所用。假借外物者必起争执，争执不休，只有去找一位公正明理者来裁判是非曲直了，而这其中特别有智慧者，相信他的人也就特别多。若告诉他正道却依然不改，那就加以处分使他畏惧，因而国君就产生了，而各种刑罚制度也就应运而生。因而相聚在一起的就成为部落了，部落之间的纷争必定很大，纷争大了，就要大动干戈。部落之间具有德威而势力最强大者，必定为各部落的酋长所信服。这些酋长才能安抚他的部属，因而形成了诸侯。诸侯之间，又彼此竞争，而又产生了力量及德威最大者，这些诸侯又听命于他，以安定自己的势力范围，因而又产生了方伯、连帅等这些诸侯间的霸主。这些霸主间又彼此竞争，因而产生了力量及德威最强大者，大家都又听他的命令，以求安定自己的人民，于是有了天子，天下就统一了。所以有了里长而后才有县令，有了县令后才有诸侯，有了诸侯后才有方伯、连帅，有了方伯、连帅才有天子。从天子到里长这些领袖中，凡是有恩德于百姓者，死了后，人民必定继续事奉他的后代子孙，所以说封建这一制度，并非是圣人的本意，实在是形势上不得不如此。

尧、舜、禹、汤时的事情已经很遥远了，到了周朝，事情才能知道得较详细。周朝有了天下后，把天下的土地分给诸侯，设立了五等的诸侯，各国所占有的地域如同星辰一样密布在各地，又好像车轮转动时，所有的辐线圈聚在轴心一样。他们会见天子时有朝觐、会同等不同形式，离开天子时即成为守臣来保卫城池。等到后来，下堂迎接觐见的诸侯，不但违反礼节，而且降低了天子的尊严。到了宣王，虽然有中兴复国及南征北讨的德威，却因鲁国的继承问题，而得罪鲁国。到了幽王无道之后，犬戎入侵，而周室被迫东迁，周天子也一降而跟诸侯同列了。因而诸侯中有楚国来问宝鼎轻重的，有郑国射中了桓王的肩膀的，也有劫持凡伯、诛杀苌弘的，诸侯嚣张跋扈得很，已不把天子看成天子。我认为周朝其实早就灭亡了，只有空在诸侯之上保留个天子的虚名而已。这难道不是因诸侯过于强盛，以至于尾大不掉的原因吗？于是就由十二诸侯分别称霸，到了战国更是相互并吞而成为七国，而且更有一些国家被执政的大臣夺去了大权，而周室的威权也因而被继起的秦国消灭。而周朝灭亡的原因，可以说就在封建制度上。

秦朝占有天下后，割裂诸侯土地而分成各个郡县，废除诸侯，而改设郡守县宰，有控制天下的雄图远略，也定国都在天下的上方所在，控制四海之内的百姓，这可算是秦国厉害的地方。但是没几年天下就起大乱了。这是有原因的。不停地驱使百姓，实施暴虐无道的政治和刑罚，又对百姓大加搜括，于是那些低贱的百姓，便相互聚集在一起，一呼四应，因而到处都有乱事。当时是有叛变的人民，却没有叛变的官吏，在下的百姓怨恨得很，但是在上的官吏却畏惧得很。于是天下人有志于一同杀了郡县的太守政官，一起造反。这问题的症结实际在于百姓的怨恨，而不在于设立郡县制度的错误！

汉朝有了天下以后，为矫正秦国的失败所在，因而要依循周朝的封建制度，于是分割天下，分封给同姓诸王，及异姓功臣，结果接连好几年，这些诸侯纷纷叛变，为了平定乱事，让汉室疲于奔命，应接不暇。高祖刘邦就曾被围困在平城，后来又被流矢所伤而病亡。如此拖了三代，到了景帝时，因晁错等人的建议，而将所封之国全加以削弱，使他们仅仅可以自保。当初行封建时，郡县和封国各占一半，却只有封建国家叛变，而从没有郡县叛变的，秦国郡县制度的正确，由此可见。继汉朝而称帝的，虽历经百代也可以明白这个道理。

唐代兴起之后，划定各州县，设立各级长官，这是正确的办法，然而仍有一些大奸大恶之辈，起来造反，扰乱天下，像安禄山、史思明等人。这种症结所在，不在于州县的缺失，而在于他们拥有重兵，当时只有将领叛变，却没有州县叛变，可见州县的设置，是不容更改的。

也许有人会说："拥有封国的人，会把这受封之地看成自己的土地一样去爱，把人民看成自己的孩子一样去爱，因而会注意当地的风俗，会整理国政，以求能把百姓教化好，而那些郡守县宰，只是苟且偷安，一心只想升迁而已，怎能料理政事呢？"我认为这也不对。

因为由周朝时的一些事情，已经很明显地可以看出：诸侯骄傲过度，而且贪得无厌，又好惹是生非，大体上说来是好战而战乱不休的国家多，而真正好和平、享受太平的国家少。那些诸侯没法在政治上加以变革，而天子也没法撤换那些国君，能真正保卫领土，爱民如子的，一百个当中找不到一个。可见这是制度的过失，而不在于政治方面，由周朝的往事可证。

再由秦朝的往事也可以看出：有治理人民的良好制度，却没赋予这些地方政府有施政的权力；有治理人民的好臣下，却不给他们做地方官，地方政府配合不上国家的制度，地方官吏也没能有好办法来施政，所见到的只有刑罚的严酷和劳役的辛苦，因而万千百姓为之愤恨不已。这是由于政治的过失，而非制度，秦朝的往事如此。

到了汉朝，天子的政令能在各郡县贯彻实行，但是到了各诸侯国就不能切实遵守了，所能要求的只有地方官吏，但这些诸侯国君就没办法管了。

诸侯紊乱国政，朝廷也没办法改变他们，老百姓遭殃，却也拿这些诸侯没办法。必定要等他们敢大逆不道兴兵作乱，这才出兵去讨伐而加以制裁。当他们恶行犹未明显时，他们如何贪得无厌，枉顾法令，作威作福，残民以自肥，朝廷都拿他们没办法。但是各郡县，就好得太多了！这是为什么？汉朝时借着田叔而知道孟舒，借着冯唐而重用魏尚，知道黄霸做事详明且审慎，也可看到汲黯的节要而不烦琐，因此在想任用他们时，只要恢复其职位即可，叫他安心地负责，也都能听话。有了罪过可以加以贬黜处罚，有了功劳也可以加以奖赏。早上用了他，如果他做得不好，晚上就可加以罢黜。晚上用了他，如果他不守法，第二天早上就能加以斥责。假若当初汉朝把各郡县都分封给侯王，他们做得再差，也只有为可怜的百姓悲伤而已。那么孟舒、魏尚对于防守边疆的本领就无从发挥了，而黄霸、汲黯的教化也就无法实行了。对于侯王虽详明地加以开导，表面上他们也接受，但是等到回到本国时就不听命了。假若下道命令要削灭其封地，他就会联合同党，反目成仇起来造反。假若他们没兴兵作乱，也削减了一半的土地。但是纵使削减了一半，其他的老百姓依然要受到他们的祸害。这如何比得上将其封地全改成郡县来得好呢？汉朝的往事如此可见！

如今国家全部施行郡县制度，各地方政府也都设置各级长官，这种制度是一定不可以改变了，只要能管理好三军将领，并且好好选择郡县长官，就能天下太平了。

也许有的人会说："夏商周汉等朝代，因封建制度，而国祚久长，秦朝实行郡县制度，国祚就短促了。"这种说法更是不明理。曹魏继承刘汉的时候，仍保留封建制度，晋朝承继魏朝时，也没有加以变更，但是这魏晋二朝都灭亡得很快，国运并不长久。如今我们改变他们的错误，国家已建立快二百年了，但是国家的基础依然巩固，可见这跟封建与否是没关系的。

有的人以为商汤及周文王、武王都是圣明天子，而不改革封建制度，可见这是不用加以讨论的。这也是很严重的错误观念。商朝、周朝之所以不改变是不得已。这是因为当时天下诸侯归附商汤者有三千国，借此来推翻夏桀，因而商汤即位后，不能废掉封建。到了商末时武王伐殷，归附周朝者有八百国，武王以此来打败纣王，因而他也没能改变制度。为了安定，因而保留旧有的风尚，这是商汤周武的不得已所在。而这种不得已，并非基于大公无私的办法，只是为了想借助这些诸侯来保卫他们的子孙罢了。而秦朝统一天下后加以改革，对于制度上来说，这是最公正的，但是他的本意却是自私的，因为他只为一人的权威而已，想要全天下的百姓全都臣服于自己，但是秦朝的改革封建成郡县的措施，却启动了公天下的开端。

治理天下的道理，就在于政治安定才能得到人民的拥护，让贤能者居上位，不贤者处下位，才可以政治安定。如今封建制度都是世代相袭的，既是世袭者，在上者果真贤能吗？在下者果真不肖吗？那么人民能否过安定的日子就很难说了。为了使他的国家能安定，让他的百姓能听话，于是又分封了卿大夫，也一样世代相袭，享用封邑的收入，因而领土内全是封建的影子。纵使圣贤者生在这种情况下，也没办法有何作为了。这就是封建危害的后果，这哪里是圣人的制度所造成的呢？因此我还是要肯定地说：封建制度的出现，并非是圣人的原意，这是形势不同所产生的结果。

（周益忠、沈宝春／编写整理）

《通典》序

李 翰

李翰，唐赵州赞皇（今属河北）人，开元进士，尝为史官，翰林学士。曾从张巡守睢阳，巡殉难，但有人批评巡尝降贼，翰因作《张中丞传》表彰其功。上书肃宗，帝方感悟。识者多称之。惜今已亡佚。翰生平事迹，《旧唐书》卷一百九十下、《新唐书》卷二百零三皆有传。

背　景

李翰的《〈通典〉序》看似平凡，不过是为杜佑所著《通典》所作的一篇序文罢了。其实不然！这篇文章虽然没有惊天动地的气势、铿锵有力的语调、光华夺目的文采，但在平淡无奇中展现出中唐时期知识分子一股发自内心的、平和而深切的内省——如何透过对"儒"角色的认定、学术与政治的相关性、学界应如何对国事付予具体有效的关切……来尽一个知识分子对自身、对学术、对家国社会的责任，以使思想观念落实到现实生活中。

李翰于开元时中进士。他成长于盛唐，成熟于中唐，正是由一个光辉的大时代到暗夜即将来临的转变期。我们相信，他对此转变内心是充满感慨的。于是，他发出了这一项平和深切的内省，在史学史上、学术史上、儒的自觉上、学术理论与政治实务的配合上，做出了深远的贡献。

影　响

这是儒家典型的淑世主义精神的展现！它与历史发展重要相关的地方在于：

一、杜佑的《通典》本身就是划时代的巨作。因为中国自古便没有西方知识分类型的百科全书，我们与之相似的是"类书"。类书也是分类的，但它的功能及性质乃是文学性的，用于帮助文人写诗文，因此以典故和辞藻为主。由曹魏时期的《皇览》到唐代大规模编修的《艺文类聚》《瑶山玉彩》《初学记》等都是如此。到了杜佑才改变，以典章制度为主。既是典章制度的汇总，又可以看出历代之演变，因此既是类书又是史著，体现了司马迁所强调的"通古今之变，成一家之言"的史家精神，等于也开创了一种新史体。经由它（李翰所撰之文），使得杜佑所创新的史学体例——有系统的、通贯性的制度史，普遍受到后世的肯定。在中国史学史的发展上，杜佑的开创新例与李翰的推介强调，将共垂不朽。因为它引导出政制史研究的新动向，一方面提升了制度史的地位，另一方面使具悠久研究传统的中国史学在方法上、内容上更加丰富、多彩。

二、经由它，协助知识分子对自身角色及求知、为学之方法态度作了严肃的反省与整建；亦即明确地指出为学之道，当为回复先秦儒者博而精深、真知力行的素养与态度，做一个有为有守的知识分子，求知、为学之根本目的乃在于深体大道后经世致用以造福家国社会，而非以多阅为广见却茫然丧其根本，以异端为博闻却只能满足高谈之虚荣。简言之，李翰此文向当时的知识分子提出了一项强有力的建议："儒者光是勤苦力学是不够的，请运用知识的力量提升政治水准，拿出政治实绩来！"这对当时士大夫唯禅是主，终日梦蝶，脱离现世以图清高的习尚来说，真是当头棒喝！

三、它代表一种知识分子与时代相感通，与天下共兴亡的精神。亦即求知、进德、自我锻炼以成儒，其可贵就在为身处的时代、社会尽心尽力，遇狂澜且莫惧、且莫避，坦然面对它，探究解决之道，毅然迎向它，挽狂澜于既倒！如此，才不失真儒本色。

原　文

　　儒家者流，博而寡要，劳而少功，何哉[①]？其患在于习之不精，知之不明，入而不得其门，行而不由其道。何以征之？夫五经群史之书，大不过本天地设君主，明十伦五教之义，陈政刑赏罚之柄，述礼乐制度之统，究治乱兴亡之由，立邦之道，尽于此矣[②]。非此典者谓之无益世教，则圣人不书，学者不览，惧冗烦而无所从也。

　　先师宣尼祖述尧舜，宪章文武，七十子之徒，宣明大义，三代之道，百世可师，而诸子云云，猥（wěi）复制作，由其门则其教已备，反其道则其人可诛[③]。而学者以多阅为广见，以异端为博闻，是非纷然，颒洞（hòng）茫昧而无条贯；或举其中，而不知其本原[④]。其始而不要其终，高谈有余，待问则泥[⑤]。虽驱驰百家，日诵万字，学弥广而志弥惑，闻愈多而识愈疑，此所以勤苦而难成，殆非君子进德修业之意也。

[①]　"博而寡要"二句：《史记·太史公自序》引司马谈《论六家要指》："儒者博而寡要，劳而少功，是以其事难尽从。"

[②]　十伦五教：《礼记·祭统》："夫祭有十伦焉，见事鬼神之道焉，见君臣之义焉，见父子之伦焉，见贵贱之等焉，见亲疏之杀焉，见爵赏之施焉，见夫妇之别焉，见政事之均焉，见长幼之序焉，见上下之际焉。此之谓十伦。"五教，《书·舜典》："敬敷五教在宽。"五教，即父义、母慈、兄友、弟恭、子孝。

[③]　宣尼：指孔子，汉元始元年（1）追谥孔子为褒成宣尼公，后因称孔子为宣尼。猥：众，多。王充《论衡》："周有三圣，文王、武王、周公，并时猥出。"制作：著述、著作，指诸子多人且又起而撰述。

[④]　异端：指异于五道经典的说辞，亦即邪说。《论语·为政》："攻乎异端，斯害也已。"颒洞：云气弥漫一片。

[⑤]　待问：准备他人发问。《孔子家语·儒行解》："夙夜强学以待问。"

今《通典》之作，昭昭乎其警学者之群迷欤！以为君子致用在乎经邦，经邦在乎立事，立事在乎师古，师古在乎随时，必参古今之宜，穷终始之要，始可以度其古，终可以行于今，问而辨之，端如贯珠，举而行之，审如中鹄①。夫然，故施于文学，可为通儒，施于政事，可建皇极②。故采五经群史，上自黄帝，至于有唐天宝之末，每事以类相从，举其始终，历代沿革废置，及当时群士论议得失，靡不条载，附之于事，如人支脉，散缀于体。凡有八门，号曰通典③。非圣人之书，乖圣人之旨，不取焉，恶烦杂也；事非经国礼法程制，亦所不录，弃无益也。

若使学者得而观之，不出户知天下，未从政达人情，罕经事知时变；为功易而速，为学精而要；其道直而不径，其文详而不烦，推而通，放而准，语备而理尽，例明而事中，举而措之，如指诸掌，不假从师聚学而区以别矣。非聪明独见之士，孰能修之？

淮南元戎之佐，曰尚书主客郎京兆杜公君卿，雅有远度，志于邦典，笃学好古，生而知之④。以大历之始，实纂斯典，累年而成⑤。杜公

敦煌一一二窟所见唐代乐舞图

---

① 贯珠：联珠成串，形容其圆润美妙。中鹄：射中目标。鹄，鹄的，箭靶的中心。

② 文学：指学术。皇极：帝王治世的要道，相传的法度。

③ 凡有八门：指《通典》分为八类，食货门、选举门、职官门、礼门、乐门、兵刑门、州郡门和边防门。

④ 淮南元戎之佐：指杜佑曾任淮南节度使。主客郎：官名，负责各藩属国朝聘、接待、给赐等事。杜公君卿：即杜佑，字君卿，为京兆万年（今陕西西安）人。

⑤ 大历：唐朝代宗之年号。

亦自为序引，各冠篇首，或前史有阙，申高见发明，以示劝戒，用存景行。近代学士，多有撰集，其最著者，御览、艺文、玉烛之类，网罗古今，博则博矣，然率多文章之事，记问之学①。至于刊列百度，缉熙王猷，至精至粹，其道不杂，比于《通典》，非其伦也②。

　　於戏！今之人贱近而贵远，昧微而睹著，得之者甚鲜，知之者甚稀，可为长太息也。翰尝有斯志，约乎旧史，图之不早，竟为善述者所先，故颇详旨趣而为之序，庶将来君子知吾道之不诬也。

　　左补阙李翰序③。

《通典》

译　文

　　属于儒家的学者，学问很广博却不够切要，做起事来很勤奋、孜孜不倦，却很少能成就功业。这是什么原因呢？弊端就在于儒者对于所学不能专精，虽能认识一些，却又不能彻底了解，往往不得其门而入，不知该用什么方法去做。这如何见得呢？本来儒家所读的《诗》《书》《礼》《易》《春秋》五经和班、马等所撰的许多史书，大抵不过源本于天地，亦即为国君而设，来阐明人间伦常礼教的规范，陈述政令、刑法、赏善罚恶的权柄，记叙国家礼乐制度的结绪，穷究历代何以有治有乱、或兴或亡的根由。立国的大道理，全部都在此了。

---

① 御览：指天子所读之书。《北史·齐后主纪》：武平三年（572）敕撰玄宗御览。艺文：《艺文类聚》共一百卷，分四十六部，在类书中体类最完备，为欧阳询等在唐武德年间奉敕编著。玉烛：即《玉烛宝典》，隋杜台卿撰，为词家征引典故的宝典。

② 刊列：改定陈述。缉熙王猷：显扬王道。《诗经·大雅·文王》："于缉熙敬止。"缉熙，光明貌。

③ 补阙：唐官职名称，职务为侍从讽谏，分左右两补阙。

若不是这类典籍，就称为无益于世道教化的书，那么圣人就不撰写，学者也不阅读，这是害怕该读的书过于冗长烦琐而让人无所适从才如此。

至圣先师孔子远则宗法尧舜的大道，近则效法文武的遗法，因此他的七十二名高足，闻明孔子的思想，加以发扬，这些夏、商、周三代所流传下的道理，虽然百代之后仍可师法，可是所谓的诸子百家，却又撰写了许多书籍，这些著作若是遵守圣人的道理，那么前贤阐述已经详尽，若背离古圣的道理，那么这些作家的心态可诛，因此可说不必再写了。但是学者往往认为博览群书，方可增广见闻，而把多读各家的邪说当作见闻广博，因此是非的标准就紊乱了，迷蒙难识而且毫无条理。只能片段举出一例，却不知它的根本，或者虽推求其本原，却不能有何结果。高谈阔论好像绰绰有余，若是待有识者一问，所答者却又拘泥不通。因此虽然熟读百家之说，一日可诵读万字以上，所学越加广博，心意却越加迷惘，见闻越多，见识却越浅薄。这就是为什么说儒者勤苦研读却难以有成就，因为这些都不是仁人君子德行精进、学业勤修的根本方法啊！

杜佑何以作《通典》？非常明显地,他是在警醒天下读书人的迷惑吧！认为读书人若要学以致用，应该首要在于能治理国家；要治理国家，则要能为国做事；要能为国做事，就要效法古人的长处；要能效法古人，就得随时应变，而且要参考古往今来最适当的方法，穷究事情的本末沿革，这样才可以审度古人所为，最后可以施行于今日。他人诘问，皆能明辨其理，条理井然，声音铿然如珠圆玉润，付诸实际行动，又皆能鞭辟入里，切中要害。就因如此，所以放在研究学问上，可以称为博贯古今的通儒，放在治理国政上，可以建立国家的基本大法。因此杜佑他作此书远自黄帝开始，一直到唐朝玄宗天宝末年，大小事都以其事项来分类，并且分其本末，历代各种制度的演变兴废，还有当时济济多士论辩国事的得失所在，无不逐条详载，按照其类别来归纳，就好像人体的四肢经脉，散布于身躯之上。总共有八大类，名称《通典》。这本书对非议圣人的书籍、背离圣人精意的都不采用，这是厌恶烦琐杂乱的原因，若非治理国家的礼节法律议程制度也都不采录，是为了舍弃无用言论的缘故。

假使读书人得了这本书来观看，将可不出门而了解天下，不从政也可通达人情，虽少经历事情，一样也了解时世的变化，做起事业来容易且迅速，做起学问能精确而切要。他的道理是直接的大道而不是小径，他的文字周详而不会烦琐，推理即可通晓，放诸四海皆可为准，词语完备而道理详尽，举例明切而事实中肯。要拿来用，就如同手指听掌心的指挥一样容易，不必向老师学习、向同学求取，就可以洞晓其中的分别了。这种书，若不是聪明睿智有独到见解的人，谁能编写得出？

淮南节度使、尚书主客郎、长安人杜佑这个人，向来就有高远的抱负，立志撰写经国的典册，笃志于学，潜心于古籍，可说是生而知之的高人。在代宗大历之初，就开始编纂这本书，经历了好多年才完成。他也自己作了序文引言，放在各篇之前，若是前人的史册有所阙失，就发表他独到的见解，来作为规劝之用，以留作伟大的行谊。现代的士子学人，也都有所著作，最著名的如御览、《艺文类聚》及《玉烛宝典》等类，内容丰富，包罗古今，可说是很广博了，然而大多是有关诗文等资料，杂记一些预供背诵的文字，若是要谈到改定陈述国家的种种制度，显扬帝王的大道，最精要纯粹，且义理毫不驳杂，这些书跟《通典》一比较起来，就不能同日而语了。

唉！现在的人往往轻视近代人的著作，而看重古老的书籍，见不得精微的文章而只去争看显明的世事，能得到大道的已不多，能了解大道的更少，实在忍不住要为他们长叹一声了。我李翰以前也有这种志向，要整理旧有的史籍来作《通典》这类的书，但是准备时间不够早，竟然被善于著述的杜佑先完成了，因此只好详列这书的要旨重典所在而作序，庶几将来所有读书人知道儒家的学说道理是不可随便轻侮的。

左补阙李瀚作此序。

（周益忠、王樾／编写整理）

复性书上篇

李　翱

　　李翱（772—836），字习之，唐赵郡（治今河北赵县）人。为韩愈的得意弟子。贞元进士，尝为国子博士、知制诰、中书舍人、山南东道节度使等官。卒谥文。李翱阐扬韩愈的学说，提倡载道思想不遗余力，著有《李文公集》。

背　景

　　李翱的《复性书》代表了中唐时期汉族知识分子在异族文化强势冲击下，为延续、发扬中国本位文化——儒学所作的深刻思考与努力。

　　李翱生长在一个动荡的时代。在政治上，适承安史之乱之后，国家的创伤未复，民生凋敝，而藩镇的割据，军阀的乱纪，使当时的政治显得依然昏暗；在思想上，佛、老掩胁天下，儒学几无地位，无人深究，亦乏人信仰；在夷夏观念上，由于自安史之乱以来，胡人兵团长年马踏中原，攻略烧杀，华夏陵夷，激起汉族强烈的民族意识，夷夏观念由宽变严。正是在这些因素的交互刺激下，有志之士发出了救亡图存的呼号——"要文化自救！"这也是汉族知识分子在异族优越势力（胡人兵团）、外来强势文化（佛教）的强势挑战、高压下，引发了高度的种族危机感与文化危机感，在此双重危机感的驱迫下，重建中国本位文化的活动终于展开。像"文起八代之衰，道济天下之溺"的韩愈，就是这项文化建设运动的首倡者，他确立儒家道统，推尊师道，提倡古文，称引《大学》，提升孟子地位……
为儒家的复兴打开了一条出路。

如果说韩愈是中唐时期从事中国本位文化建设的"文化战斗英雄"，
那么，李翱可被封为该建设中"搞理论的思想家"。也就是说，韩愈"打拼"
开辟战场在前，李翱以深入的思想支援在后，二者对宋代新儒学的诞生均
有极大的贡献。

影　响

李翱《复性书》之可贵，在于他透过心灵的自觉，将研究的触角伸至
儒家学术思想的内层深处，有系统地、说理明确地探讨心、性等诚明之源，
积极地扭转了当时"性命之书虽存，学者莫能明，是故皆入于庄、列、老、释"
的习尚，更积极地以至诚、尽性、行之不息的"夫子之道"，唤醒"夫子之徒"
穷性命之道，使儒家思想在先秦儒学基础上精深化、哲学化，蜕变而新生。

宋代理学的创立就是自中唐以降中国本位文化建设运动的结果。这项
民族活力与文化生命力的更新、再塑是透过长期的、艰苦的努力换来的。
这是中国由唐到宋，或是说由中古到近古发展上一项极重大的成就。在这
一儒学流变的过程中，李翱的《复性书》像引燃一堆柴薪的火种，他心灵
的自觉，他深入儒家思想内层探源的研究方式，如火蔓延，终于将儒学带
入一崭新境界。

李翱的《复性书》转变了中国思想史。

原　文

人之所以为圣人者，性也；人之所以惑其性者，情也。喜、怒、哀、惧、
爱、恶、欲七者，皆情之所为也。情既昏，性斯匿矣。非性之过也，七者循

环而交来，故性不能充也。水之浑也，其流不清；火之烟也，其光不明，非水火清明之过。沙不浑，流斯清矣；烟不郁，光斯明矣。情不作，性斯充矣。

性与情不相无也。虽然，无性则情无所生矣。是情由性而生，情不自情，因性而情；性不自性，由情以明。

性者，天之命也，圣人得之而不惑者也[①]。情者，性之动也，百姓溺之而不能知其本者也。圣人者岂其无情邪？圣人者寂然不动，不往而到，不言而神，不耀而光，制作参乎天地，变化合乎阴阳；虽有情也，未尝有情也[②]。然则百姓者岂其无性者邪？百姓之性与圣人之性弗差也。虽然，情之所昏，交相攻伐，未始有穷，故虽终身而不自睹其性焉。火之潜于山石林木之中，非不火也。江、河、淮、济之未流而潜于山，非不泉也。石不敲，木不磨，则不能烧其山林而燥万物。泉之源弗疏，则不能为江为河，为淮为济，东汇大壑，浩浩荡荡，为弗测之深。情之动弗息，则不能复其性而烛天地，为不极之明。

故圣人者，人之先觉者也。觉则明，否则惑，惑则昏。明与昏谓之不同。明与昏，性本无有，则同与不同二者离矣。夫明者所以对昏，昏既灭，则明亦不立矣。是故诚者，圣人性之也，寂然不动，广大清明，照乎天地，感而遂通天下之故，行止语默无不处于极也。复其性者，贤人循之而不已者也，不已则能归其源矣。《易》曰："夫圣人者，与天地合其德，日月合其明，四时合其序，鬼神合其吉凶，先天而天不违，后

① 天之命也：《礼记·中庸》首句即云："天命之谓性。"
② 寂然不动：《周易·系辞》："易无思也、无为也，寂然不动，感而遂通天下之故。"

天而奉天时①。天且弗违，而况于人乎！况于鬼神乎！”此非自外得者也，能尽其性而已矣。子思曰：“唯天下至诚为能尽其性；能尽其性，则能尽人之性；能尽人之性，则能尽物之性；能尽物之性，则可以赞天地之化育；可以赞天地之化育，则可以与天地参矣②。其次致曲，曲能有诚，诚则形，形则著，著则明，明则动，动则变，变则化，唯天下至诚为能化。”

圣人知人之性皆善，可以循之不息而至于圣也，故制礼以节之，作乐以和之。安于和乐，乐之本也；动而中礼，礼之本也。故在车则闻鸾和之声，行步则闻佩玉之音。无故不废琴瑟，视听言行，循礼而动③。所以教人忘嗜欲而归性命之道也。道者至诚也，诚而不息则虚，虚而不息则明，明而不息则照天地而无遗。非他也，此尽性命之道也。哀哉！人皆可以及乎此，莫之正而不为也，不亦惑邪！

昔者圣人以之传于颜子，颜子得之，拳拳不失，不远而复，其心三月不违仁④。子曰：“回也其庶乎⑤！屡空。”其所以未到于圣人者一息耳，非力不能也，短命而死故也。其余升堂者，盖皆传也。一气之所养，一雨之所膏，而得之者各有浅深，不必均也。子路之死也，石乞盂黡^{yǎn}以戈

---

① 《易》曰：即《周易》乾卦文言所言。夫圣人者：《易》原作“夫大人者”。不违：《易》原作“弗违”。余皆相同。

② 子思曰：即《中庸》所述之文。

③ 无故不废琴瑟：《礼记·曲礼下》：“士无故不彻琴瑟。”

④ 拳拳不失：《中庸》：“子曰：‘回之为人也，择乎中庸，得一善，则拳拳服膺而弗失之矣。’”不远而复：《周易·系辞》曰：“不远而复，无祗悔，元吉。”其心三月不违仁：语见《论语·雍也篇》。

⑤ 回也其庶乎：语见《论语·先进篇》。

击之，断缨。子路曰："君子死，冠不免。"结缨而死①。由也非好勇而无惧也，其心寂然不动故也。曾子之死也，曰："吾何求哉，吾得正而毙焉斯已矣。"②此正性命之言也。子思，仲尼之孙，得其祖之道，述《中庸》四十七篇，以传于孟轲③。轲曰："我四十不动心④。"轲之门人，达者公孙丑万章之徒，盖传之矣。逮秦灭书，《中庸》之不焚者一篇存焉。于是此道废缺，其教授者唯节行、文章、章句、威仪、击剑之术相师焉。性命之源，则吾弗能知其传矣。道之极于剥也必复，吾岂复之时邪⑤？

吾自六岁读书，但为词句之学，志于道者四年矣，与人言之，未尝有是我者也。南观涛江，入于越，而吴郡陆傪存焉。与之言之。陆傪曰："子之言，尼父之心也。东方如有圣人焉，不出乎此也；南方如有圣人焉，亦不出乎此也。惟子行之不息而已矣。"呜呼！性命之书虽存，学者莫能明，是故皆入于庄、列、老、释。不知者谓夫子之徒不足以穷性命之道，信之者皆是也。有问于我，我以吾之所知而传焉，遂书于书，以开诚明之源，而缺绝废弃不扬之道几可以传于时，命曰复性书，以理其心，以传乎其人⑥。乌戏！夫子复生，不废吾言矣。

《李文公集》

---

① 结缨而死：子路参与卫国政变，为出公之父派石乞、盂黡所杀。详见《史记·卫世家》及《史记·仲尼弟子列传》。

② 曾子之死：详见《礼记·檀弓篇》。

③《中庸》四十七篇：未知其详。《汉书·艺文志·诸子略》有《子思》二十三又六篇。《六艺略》："《中庸说》二篇。"

④ 四十不动心：见《孟子·公孙丑上》。

⑤ 剥、复：皆《易经》卦名。剥为剥落，复即反本，借来指道衰极必盛。

⑥ 诚明：《礼记·中庸》："自诚明谓之性，自明诚谓之教。"

译　文

　　人之所以能成为圣人的条件就在于其本性，可是人会迷惑本性，那是因为情欲的原因。喜、怒、哀、惧、爱、恶、欲这七样，就是因情欲才发出来的。情欲昏乱，那么本性就要衰微以至于消失。这并不是本性的过失，而是因这七样相互循环，接连而至，本性才不能伸张。水混浊是因流水流得不够清澈，火若有烟雾，则它的光焰不能夺目。但这并不是水本身不清，火本身不明的原因。只要泥沙不来混淆，水流就清澈了；只要烟雾不弥漫，那么火就光亮了。同样地，只要情欲不发作，本性也就可以伸张了。

　　性和情不能单独生存。虽然如此，但是无本性，那么情欲也就无从发生了。由此可知，情欲由本性而生，情欲不能自发，因本性才有感想，本性也不能单独存有，由情欲才能显明本性。

　　由《中庸》的"天命之谓性"这句话可知，本性是天所赐予的。圣人就是因得到本性且能不被迷惑者。情欲是本性的发动才产生的，但是一般人往往沉溺于情欲的发作，而不知其本性。圣人难道是没有情欲的吗？圣人的心境清静不动。他虽不出户，却能知天下事；他虽不开口，可是大家都望之若神明；他虽不炫耀，可是却光芒四射。他的一举一动，及一切作为都是依据天地，都能合乎阴阳的变化。虽然说他也有情欲，却不会有凡人的情欲。那么一般人难道就没有本性吗？一般人的本性跟圣人的本性，原来是没有差别的。虽然这样，但是因为一般人被情欲迷惑了，七情六欲，交相研丧，彼此影响，无穷无尽，于是整日困在情欲中，终其一生就不能找到其本性了。火苗若隐藏于山石之中及林木之内，并非就不是火。长江大河尚未汇于巨流而隐藏于山中，并不能说它不是水泉。这是因为对于石头木头，不去敲它，不去磨它，那么它就不会迸出火花而造成山林大火，甚至让大地陷入火海。同样地，水泉的源头若不加以疏通，那么它就不能汇成长江大河，浩浩荡荡地流聚成大海，那样地深不可测。因此可知，情欲若不能让它平息下来，就不能使其本性恢复，进而光耀天地发扬成为无穷无尽的光芒。

所以说，圣人是人类的先知先觉者，能够觉悟，所以他能发出光明。若不能觉悟，就不能发扬，那就要迷惑于光明与昏暗。光明与昏暗这二者，本性原来不具有，可知他是因后来分出不同才产生的。本来光明是对昏暗而言的，既已不再有昏暗，那样也就无所谓光明了。所以至诚，是圣人的本性所发作。清静不动，又能广大光明，照耀天地，相互感应，进而能透彻天地间的一切事物。一言一行、一举一动，都能恰到好处。所谓回复本性，原是贤人必须遵守而且坚持不移的，那就能回到其本性了。《易经》上说："圣人德行跟天地一样，光明跟日月一样，行动有序跟四时运行一样。与人祸福吉凶，如同鬼神一样，他走在时代的前端。而天地的运行在他的预料之中，虽在万古之后，但是也都能依循着天地之道去做。上天尚且不能违背他的旨意，更何况是其他人类，或者鬼神呢？也都能在他的掌握之中啊！"这并非他从外得来的超人的能力，只不过是他能将其本性充分地发挥而已。《中庸》上子思说："只有天下的至诚才能充分发扬其本性；能充分发扬其本性，则能发扬人类的本性；能如此，那也就能将万物的本性都发扬出来；能如此，就能赞助天地的生养教化；能如此，就可以跟天地并列为三了。其次的贤人能致力于细小的事，虽致力于小者，若能有诚，则可表现于外，能表现即能显著，能显著则能发出光明，能发出光明，也就能感动他人，能感动他人，也就能使人改变习性，能如此也就能使天下化育成善良的习俗。只有天下的至诚才有办法化育天下百姓成为善良的习俗。"

圣人知道人本性善良，都可以依循着此本性，自强不息以成圣。所以制作礼仪来节制其行为，创作音乐来调和其性情。性情能守于和乐，这是音乐的根本要求。动作能合乎礼仪，这又是礼仪的根本。所以在车上则听到鸾铃的响声，行路则可听到身上佩玉的声音。若非有特别事故，一定要弹琴奏乐。一切言行举止，都按照礼仪来，这是为了教人忘掉情欲，而能返回到人性的根本上去。所谓道就是至诚而已，能够精诚，努力不辍，就能清虚，清虚而能再努力不辍就能空明，空明再能努力不辍，那么光芒将能无所不在地照耀天地。这并非有何特别，只因为能充分发挥人的本性罢了。可叹呀！人本来都可以到达此种地步，但是还没到达就不再努力地下去了，这不是很迷惘吗？

以前孔子曾经以此传给颜回，颜回领悟了这一番道理，恳切地牢记在心头，不肯忘掉，不迁怒，不贰过。虽离善不远，皆能复归于善，所以他的心才能三个月之久皆不违背仁道。孔子即称赞他说："颜回他几乎可以到达圣人的领域了，虽然屡屡贫乏，无以维生，但是他依然能乐在其中。"他未能到达圣人的领域，也只差一点点而已，并非能力不及，只因他不幸短命而死，才不能到达。至于其他能升堂入室的，都是孔子有所传授的原因。同样是来自圣人春风化雨、滋润栽培的结果，可是各人的成就有深有浅，并不一致。子路死前，卫国的石乞、盂黡攻击子路，以戈矛打断了他的帽带。子路临死前依然说道："君子虽死，不可不戴冠。"因此依然系上帽带才死。子路并非是好勇不怕死才如此，是因他的心已经能安静不动的缘故。曾子将死之前说道："我还有什么要求呢？我只要合乎正道而死就可以了。"这都是能归于本性的话。子思是孔子的孙子，得到他祖父的道统，曾传述孔子学说而成《中庸》四十七篇，而后再给孟子。孟子说过："我四十岁后不再动心。"孟子的学生中，比较通达的如公孙丑、万章这些徒弟，可说得到孟子学说的真传。后来秦始皇焚书，《中庸》也被烧到仅存一篇。于是本性之道，就无法再传播了。以后儒家传授学问，就只注意一些行为、节操、文章、字句及礼仪乃至于击剑等技术方面的相承而已。关于人性的本源，我就不知道是否还有流传下来的了。但是天地之道剥落衰微到极点之后，必定会复兴。难道我就是处在复兴的时候吗？

我六岁读书后，只是读些辞章文句等书，后来才有志于本性之道，如今已经四年了。但是跟人家一谈起，却没有能赞同我的。我曾南去看钱塘潮，到了浙江后，吴郡的陆儆也在那里，跟他谈起此事，陆儆回答我说："你所说的话，都是孔子要说的，东方若有圣人出现，不外乎讲这些，南方如有圣人出，也不外乎谈这些，只不过你能不停地实践罢了。"可叹啊！有关人的本性的书如今虽仍存在，可是却没有人能明白，所以都把它归到庄子、列子、老子、佛家的领域，不知详情的人，都以为孔子的门徒，实在不能够穷究生命的本性，信仰儒家的也都是如此。有人以此问我，我就把所知道的告诉他，最后才写成一书，以求能打开儒家诠说本性至诚的根源，而这久被废弃不传的天道或许可以继续流传下来，因而我叫它为《复性书》。用来整理人心，而传给可传者。唉！若是孔子再生，也会认为我所说的话是有道理的！

（周益忠、王樾／编写整理）

与元九书

白居易

白居易（772—846），字乐天，唐太原（今山西太原西南）人。穆宗时仕至中书舍人，曾外放至江州、杭州等地，文宗时以刑部尚书退隐洛阳，自号香山居士。白居易是中唐的大诗人，所作诗关心民间疾苦，多所讽喻，人称其为社会诗人。他诗作极多，盛极一时，故其又被推为"广大教化主"。其所作诗尤以《长恨歌》《琵琶行》等最为世人喜爱。著有《白氏长庆集》。

白居易像

背　景

宪宗元和十年（815），白居易被贬到了江州当司马。当时元稹被贬到通州，一起当司马的小官。二人俱因获罪被贬在外，尤其白居易乃因盗匪刺杀宰相武元衡，见无人肯负责，而自己先前担任过左拾遗，此时正担任太子左赞善大夫的职务，即上书"急请捕贼，以雪国耻"。当时执政者与节度使等有所勾结，因而俱不敢详言，白居易上书犯了大忌，因而被人斥为逾越职责，更且有人故意以其母亲落井而死，白居易却作《新井》《落花》二诗实为不当来中伤他，因而白氏才被贬到九江去。

白居易关心时代，原想以诗来"救济人病、裨补时阙"，以诗来"广宸聪，副忧勤"，结果却以诗招来怨尤，落得这种下场，因而不觉牢骚满腹。文穷而后工，所以写信给他的生平知己元稹，就不觉话多了！

在这封信中，白居易很明白地揭示出他对诗的了解，对诗的认识，更加鲜明地标出"文章合为时而著，歌诗合为事而作"的理论，建立了载道主义的文学观。

白居易这话是有其来源的。最早的三百篇原是文学的作品，但是儒者给它作了诗序，以儒家载道的眼光来看诗，文学作品因而被提升到经典的地位，而成为六经的一经了！三百篇是四言作品，其后到汉魏，发展了五言诗及七言诗，但作诗者不过抒情言志而已，较之三百篇已然逊色。而后到了齐梁，声律之诗大兴，为诗者但着意于字句之宫商清浊；发展到了唐代，变本加厉，平仄对偶等无不讲究，因而形成了所谓律体运动，进而有了律诗、绝句等近体诗。这些诗只注重格律而不知诗的原始意义及其功能，因而陈子昂先前曾提过"汉魏风骨，晋宋莫传"，感叹"齐梁间诗，采丽竞繁，而兴寄都绝"。其后李白也感叹："梁陈以来，艳薄斯极……将复古道，非我而谁？"但他们仍偏重个人心志的抒发，而鲜及对于社会的热爱、对于百姓的关怀。至于杜甫，虽饱经天宝乱离之苦，也写出了关心时代、关心黎民的伟大诗篇，但是他依然重视诗的格律，虽力亲风雅，却也不废齐梁。白居易因而并不满意，他说："然撮其《新安吏》《石壕吏》《潼关吏》《塞芦子》《留花门》之章，'朱门酒肉臭，路有冻死骨'之句，亦不过十三四。杜尚如此，况不逮杜者乎？"既不满这些前辈作家，因而他跟元稹等人，才如火如荼地展开新乐府运动，大量地写作讽喻诗，诗篇是"为君为臣为民为物为事而作，不为文而作也"（《新乐府自序》）。如此创作与理论合一，使他在儒家的诗学理论上占有极其重要的地位。

影　响

对于文学，尤其是诗歌，历来诗人们的主张不外乎言志、唯美和载道，言志者强调个人情思的表现，唯美者强调作品艺术的技巧，而载道者则强调文学的社会教育责任。言志者自从汉魏以来再加上六朝的咏怀传统，可说源远流长；而唯美者从六朝骈俪至唐代律体运动的发展，也是如日中天；只有载道者从《诗序》以后几已沉寂几千年，幸而白居易能加以发扬光大。他不但提出完整的理论，而且创作出许多重要的作品。理论与创作的结合，不但奠定了他在中唐诗坛"广大教化主"的地位，并且使得载道文学的观念能够确立。而后不仅是宋明的理学家，写出载道的诗篇，一般诗人除以诗篇来表情达意外，更以之来关心民瘼、关心社会，载道的理论在我国诗坛的地位遂能屹立不倒。

原　文

某月某日居易白微之足下：

自足下谪江陵至于今，凡杜赠答诗仅百篇。每诗来，或辱序，或辱书，冠于卷首，皆所以陈古今歌诗之义，且自叙为文因缘与年月之远近也。仆既爱足下诗，又谕足下此意，常欲承答来旨，粗论歌诗大端，并自述为文之意，总为一书，致足下前。累岁已来，牵故少暇。间有容隙，或欲为之；又自思所陈，亦无出足下之见。临纸复罢者数四，卒不能就其志，以至于今。今俟罪浔阳，除盥栉食寝外无余事。因览足下去通州日所留新旧文二十六轴，开卷得意，忽如会面；心所蓄者，便欲快言，往往自疑，不知相去万里也①！既而愤悱之气，思有所泄，遂追就前志，勉为此书。足下幸试为仆留意一省！

夫文尚矣，三才各有文：天之文，三光首之；地之文，五材首之；人之文，六经首之。就六经言，诗又首之。何者？圣人感人心而天下和平。感人心者，莫先乎情，莫始乎言，莫切乎声，莫深乎义。诗者，根情、苗言、华声、实义；上自圣贤，下至愚騃，微及豚鱼，幽及鬼神，群分而气同，形异而情一，未有声入而不应，情交而不感者。圣人知其然，因其言，经之以六义；缘其声，纬之以五音。音有韵，义有类。韵协则言顺，言顺则声易入；类举则情见，情见则感易交。于是乎孕大含深，贯微洞密；上下通而一气泰，忧乐合而百志熙。五帝三王所以直道而行，垂拱而理者，揭此以为大柄，决此以为大窦也。

故闻"元首明，股肱良"之歌，则知虞道昌矣；闻五子洛汭之歌，则知夏政荒矣②。言者无罪，闻者足戒；言者闻者，莫不两尽其心焉。

洎周衰秦兴，采诗官废，上不以诗补察时政，下不以歌泄导人情，乃至于谄成之风动，救失之道缺。于时六义始刓矣。

国风变为骚辞，五言始于苏李③。苏李骚人，皆不遇者，各系其志，发而为文。故"河梁"之句，止于伤别；"泽畔"之吟，归于怨思。彷徨抑郁，不暇及他耳。然去诗未远，梗概尚存。故兴离别，则引"双凫一雁"

---

① 通州：四川达县。元和九年（814）春，元稹回京，白居易也回京，二人在长安见面，次年元稹又出京回通州任所。

② 元首明：此为帝舜和皋陶君臣相勉之语，见《书经·益稷》。

③ 苏李：苏武、李陵二人之诗，前人以为五言诗之祖，但也有人认为这是伪作。

为喻；讽君子小人，则引"香草恶鸟"为比。虽义类不具，犹得风人之什二三焉。于时六义始缺矣。

晋宋已还，得者盖寡。以康乐之奥博，多溺于山水；以渊明之高古，偏放于田园。江鲍之流，又狭于此。如梁鸿五噫之例者，百无一二焉。于时六义浸微矣，陵夷矣。

至于梁陈间，率不过嘲风雪、弄花草而已。噫！风雪花草之物，三百篇中岂舍之乎？顾所用何如耳。设如"北风其凉"，假风以刺威虐也；"雨雪霏霏"，因雪以愍征役也；"棠棣之华"，感华以讽兄弟也；"采采芣苢"，美草以乐有子也，皆兴发于此而义归于彼 ①。反是者，可乎哉？然则"余霞散成绮，澄江净如练"，"离花先委露，别叶乍辞风"之什，丽则丽矣，吾不知其所讽焉。故仆所谓嘲风雪、弄花草而已。于时六义尽去矣。

唐兴二百年，其间诗人不可胜数。所可举者：陈子昂有《感遇诗》二十首，鲍防有《感兴诗》十五首。又诗之豪者，世推李杜。李之作，才矣，奇矣，人不逮矣；索其风雅比兴，十无一焉。杜诗最多，可传者千余首。至于贯穿今古，覙缕格律，尽工尽善，又过于李焉。然撮其《新安吏》《石壕吏》《潼关吏》《塞芦子》《留花门》之章，"朱门酒肉臭，路有冻死骨"之句，亦不过十三四。杜尚如此，况不逮杜者乎？

仆常痛诗道崩坏，忽忽愤发，或食辍哺、夜辍寝，不量才力，欲扶起之。嗟乎！事有大谬者，又不可一二而言，然亦不能不粗陈于左右。

---

① 北风其凉：见《诗经·邶风·北风》。雨雪霏霏：见《诗经·小雅·采薇》。棠棣之华：见《诗经·小雅·棠棣》。采采芣苢：见《诗经·周南·芣苢》。

仆始生六七月时，乳母抱弄于书屏下。有指"无"字"之"字示仆者，仆虽口未能言，心已默识；后有问此二字者，虽百十其试，而指之不差。则仆宿习之缘，已在文字中矣。及五六岁，便学为诗。九岁，谙识声韵。十五六，始知有进士，苦节读书。二十已来，昼课赋，夜课书，间又课诗，不遑寝息矣。以至于口舌成疮，手肘成胝，既壮而肤革不丰盈，未老而齿发早衰白，瞥瞥然如飞蝇垂珠在眸子中也，动以万数。盖以苦学力文所致，又自悲矣。家贫多故，二十七方从乡试；既第之后，虽专于科试，亦不废诗；及授校书郎时，已盈三四百首。或出示交友如足下辈，见皆谓之工。其实未窥作者之域耳。

自登朝来，年齿渐长，阅事渐多。每与人言，多询时务；每读书史，多求理道。始知文章合为时而著，歌诗合为事而作。是时皇帝初即位，宰府有正人，屡降玺书，访人急病。仆当此月，擢在翰林，身是谏官，月请谏纸启奏之外，有可以救济人病、裨补时阙，而难于指言者，辄咏歌之。欲稍稍递进闻于上，上以广宸聪，副忧勤；次以酬恩奖，塞言责；下以复吾平生之志。岂图志未就而悔已生，言未闻而谤已成矣！

又请为左右终言之：凡闻仆《贺雨》诗，而众口籍籍，已谓非宜矣；闻仆《哭孔戡》诗，众面脉脉，尽不悦矣；闻《秦中吟》，则权豪贵近者相目而变色矣；闻《乐游园》寄足下诗，则执政柄者扼腕矣；闻《宿紫阁村》诗，则握军要者切齿矣。大率如此，不可遍举。不相与者，号为沽名，号为诋讦，号为讪谤；苟相与者，则如牛僧孺之戒焉；乃至骨肉妻孥，皆以我为非也。其不我非者，举世不过三两人。有邓鲂者，见仆诗而喜，无何而殒死。有唐衢者，见仆诗而泣，未几而衢死。其余则足下，足下又十年来困踬若此。呜呼！岂六义四始之风，天将破坏，不可支持耶？抑又不知天之意不欲使下人之病苦闻于上耶？不然，何有志于诗者，不利若此之甚也！

然仆又自思，关东一男子耳，除读书属文外，其他懵然无知；乃至书画棋博，可以接群居之欢者，一无通晓，即其愚拙可知矣。初应进士时，中朝无缌麻之亲，达官无半面之旧，策蹇步于利足之途，张空拳于战文之场。十年之间，三登科第，名入众耳，迹升清贯，出交贤俊，入侍冕旒①。始得名于文章，终得罪于文章，亦其宜也。

日者又闻亲友间说，礼吏部举选人，多以仆私试赋判，传为准的；其余诗句，亦往往在人口中。仆恧然自愧，不之信也。及再来长安，又闻有军使高霞寓者，欲聘倡妓，妓大夸曰："我诵得白学士《长恨歌》，岂同他哉！"由是增价。又足下书云，到通州日，见江馆柱间有题仆诗者。复何人哉？又昨过汉南日，适遇主人集众乐娱他宾，诸妓见仆来，指而相顾曰："此是《秦中吟》《长恨歌》主耳。"自长安抵江西三四千里，凡乡校、佛寺、逆旅、行舟之中，往往有题仆诗者；士庶、僧徒、孀妇、处女之口，每有咏仆诗者。此诚雕虫之戏，不足为多；然今时俗所重，正在此耳。虽前贤如渊云者，前辈如李杜者，亦未能忘情于其间哉！

---

① 三登科第：白氏于贞元十六年（800）举进士，次年中拔萃甲，元和六年（811）则考中才识兼茂明于体用科。

古人云："名者公器，不可多取。"①仆是何者，窃时之名已多。既窃时名，又欲窃时之富贵，使己为造物者，肯兼与之乎？今之迍(zhūn)穷，理固然也。

况诗人多蹇：如陈子昂、杜甫，各授一拾遗，而屯剥至死；李白、孟浩然辈，不及一命，穷悴终身②。近日孟郊六十，终试协律；张籍五十，未离一太祝。彼何人哉！彼何人哉！况仆之才，又不逮彼？今虽谪佐远郡，而官品至第五，月俸四五万，寒有衣，饥有食，给身之外，施及家人，亦可谓不负白氏之子矣！微之，微之，勿念我哉！

仆数月来，检讨囊帙中，得新旧诗，各以类分，分为卷：首自拾遗来，凡所适所感、关于美刺兴比者；又自武德讫元和，因事立题，题为新乐府者，共一百五十首，谓之"讽谕诗"；又或退公独处，或移病闲居，知足保和，吟玩性情者，一百首，谓之"闲适诗"；又有事物牵于外，情理动于内，随感遇而形于叹咏者，一百首，谓之"感伤诗"；又有五言、七言、长句、绝句，自一百韵至两韵者四百余首，谓之"杂律诗"。凡为十五卷，约八百首。异时相见，当尽致于执事。

微之！古人云："穷则独善其身，达则兼济天下。"仆虽不肖，常师此语。大丈夫所守者道，所待者时。时之来也，为云龙，为风鹏，勃然突然，陈力以出。时之不来也，为雾豹，为冥鸿，寂兮寥兮，奉身而退③。进退

---

① "古人云"句：乃《庄子·天运》假托老子对孔子所言。原文为："名，公器也，不可多取。"

② "李白、孟浩然辈"二句：李白虽被召得供奉翰林，但未及就任而卒；孟浩然则因"不才明主弃"一诗而不为皇帝所用，一生未仕。

③ 雾豹：《列女传》："南山有玄豹、雾雨七日而不下食者，何也？欲以泽其毛而成文章也，故藏而远害。"

出处，何往而不自得哉！故仆志在兼济，行在独善。奉而始终之则为道，言而发明之则为诗。谓之"讽谕诗"，兼济之志也；谓之"闲适诗"，独善之义也。故览仆诗，知仆之道焉。其余"杂律诗"，或诱于一时一物，发于一笑一吟，率然成章，非平生所尚者。但以亲朋合散之际，取其释恨佐欢。今铨_{quán}次之间，未能删去，他时有为我编集斯文者，略之可也。

微之！夫贵耳贱目，荣古陋今，人之大情也。仆不能远征古旧，如近岁韦苏州，歌行才丽之外，颇近兴讽；其五言诗，又高雅闲淡，自成一家之体。今之秉笔者，谁能及之？然当苏州在时，人亦未甚爱重；必待身后，然后人贵之。今仆之诗，人所爱者，悉不过"杂律诗"与《长恨歌》已下耳。时之所重，仆之所轻。至于讽谕者，意激而言质；闲适者，思淡而词迂，以质合迂，宜人之不爱也。今所爱者，并世而生，独足下耳。然百千年后，安知复无足下者出而知爱我诗哉？

故自八九年来，与足下小通则以诗相戒，小穷则以诗相勉，索居则以诗相慰，同处则以诗相娱。知吾罪吾，率以诗也。如今年春游城南时，与足下马上相戏，因各诵新艳小律，不杂他篇。自皇子陂归昭国里，迭吟递唱，不绝声者二十里余。樊李在傍，无所措口。知我者以为诗仙，不知我者以为诗魔。何则？劳心灵，役声气，连朝接夕，不自知其苦，非魔而何？偶同人当美景，或花时宴罢，或月夜酒酣，一咏一吟，不知老之将至，虽骖_{cān}鸾鹤游蓬瀛_{yíng}者之适，无以加于此焉，又非仙而何？微之，微之！此吾所以与足下外形骸、脱踪迹、傲轩鼎、轻人寰者，又以此也。

当此之时，足下兴有余力，且欲与仆悉索还往中诗，取其尤长者，如张十八古乐府、李二十新歌行、卢杨二秘书律诗、宝七元八绝句，博搜精掇，编而次之，号元白往还诗集。众君子得拟议于此者，莫不踊跃欣喜，以为盛事。嗟乎！言未终而足下左转，不数月而仆又继行。心期索然，何日成就，又可为之叹息矣！

又仆常语足下，凡人为文，私于自是，不忍于割截，或失于繁多。其间妍媸^{chī}，益又自惑，必待交友有公鉴无姑息者，讨论而削夺之，然后繁简当否，无不得其中矣。况仆与足下为文，尤患其多，己尚病之，况他人乎？今且各纂诗笔，粗为卷第，待与足下相见日，各出所有，终前志焉。又不知相遇是何年，相见在何地？溘然而至，则如之何？

微之，微之，知我心哉！浔阳腊月，江风苦寒。岁暮鲜欢，夜长无睡。引笔铺纸，悄然灯前，有念则书，言无次第。勿以繁杂为倦，且以代一夕之话也。微之，微之，知我心哉！乐天再拜。

《白氏长庆集》

译　文

某月某日居易致微之足下：

自从你被贬到湖北江陵到现在，写给我的信已接近一百篇了。每次寄诗来，或而写序，或而写信，摆在诗篇的前面，都是用来说明自古以来为诗的大义，并且叙述作诗的因缘，及时日的远近。我既如此爱你的诗，也能明白你的意思。常想对你的来信进行一番答复，讨论一下诗歌的大概，并说明我自己作诗的动机，写在一封信上，寄给你。但是接连几年，被许多事情牵绊住了，偶然有空隙，虽然想写，又想自己的意见，没有比你高明的，因而提起笔又搁下不知有多少次，到现在始终不能完成我的意愿。

现在我被贬到九江，除了食睡等日常生活之外并没别的事，因而阅读你去通州时所留下的诗歌二十六卷，打开卷轴，快乐得很，如同见了面一般，内心所藏的，就想一吐为快，直接跟你谈，而忘了我俩相去有万里之远。但是内心所郁积的话，不吐不快，于是就把以前所想到的一一写下来了，希望你能够好好看。

文章是最高贵的了！天地人都有文章：上天的文章，以日月星为首，大地的文章以金木水火土为首，而人间的文章则以《诗》《书》《礼》《乐》《易》《春秋》六经为首。在六经中又以《诗》为第一。为什么呢？圣人要感化人心，天下才能和平。要感化人心，没有比感情更急要，没有比言语更早，没有比声音更切合，没有比义理更深入的了！所谓诗，是以感情为根基，以言语为秧苗，以声音为花朵，以义理为果实。上自圣贤，下到愚笨者，至于虫鱼鸟兽，或者高明如鬼神，种类虽有不同，但他们的本质是一样的。虽然形体有别，但是性情也没什么不同。只要接触到声音自然会反应，只要情感一交通就自会动心。圣王知道这种功效，就这些言语，以六义来加以贯串，因它的声音，以五音来加以规范。五音都有韵律，六义也各以类相从，韵律协调则言语通顺，言语通顺则声音容易感动人。既以类相从，那么情思即容易呈现；情思容易呈现，那么感情也就容易沟通了。因而内容可以无所不包，而思绪可以极其细密，上下沟通，天地交泰，可以调和人的喜怒及意志。古时帝王之所以能行使大道，居其所而天下大治，都在于能掌握此根本，用来作为教化！

所以听到"元首明，股肱良"的诗歌，就可知道虞舜时政治的昌明；听到五子在洛汭唱歌，就可知道夏朝的政治荒废了。说出来的没罪，听到的就要以此为戒了！说者、听者，都可以尽其心意。

自从周朝衰微，秦朝兴盛后，采诗的官职被废了，在上者不以诗来考察政治得失，在下者也无法以诗歌来抒发他的情思，只听到一片歌功颂德的声音，补救时政缺失的大道已失去了，因而六义已开始被割裂，有了损伤了。

《诗经·国风》一变而为屈原的《楚辞》，而苏武、李陵也开始作五言诗。这些人都是遭遇不幸者，将他们心思表现而成诗篇，所以李陵"携手上河梁"的句子，仅止于感伤别离，屈原行吟于泽畔，也只是在表达心中的哀怨，内心皆有千千结，因而没办法顾及其他。但是他们离《诗经》时代还不久，因而还留有一些味道，所以感伤离别就用"双凫一雁"作为比喻，讽刺君子小人的不同就用"香草恶鸟"来做形容。虽然所表达的并不很完整，但是还能够有《诗经·国风》作者十分之二三的味道。当时六义已有些残缺了。

晋宋以后，能得到作诗之旨的人就很少了。谢灵运学识如此广博，却偏沉溺于山水；像陶渊明那样高古的胸怀，却只作些田园诗；江淹、鲍照等人，所作的题材就更加狭小了。像梁鸿《五噫歌》那样悲壮的，百不得一。这时六义已经衰微了，凋零了。

到了梁陈间，大家所作的不过吟风弄月、拈花惹草而已。哎呀！风花雪月这些东西，《诗经》中难道就没有吗？就要看有没有意义了！就像"北风其凉"是假借北风来讽刺暴政的；就像"雨雪霏霏"是借雪来感叹在外打仗之苦的；就像"棠棣之华"是借花要来感化兄弟的；就像"采采苤苢"是借草来称道君子的。都是言有所指，意有所托的。若违反此道，还能算是诗吗？因此像谢朓的"余霞散成绮，澄江净如练"，像鲍照的"离花先委露，别叶乍辞风"，这些诗篇，绮丽是很绮丽了，但是我不知道他有何深意在。所以我认为这些不过是吟风弄月、拈花惹草。当时六义已全都不见了。

大唐开国到现在已二百年了，诗人多到难以一一数清，但是可以拿得出来的，也不过陈子昂作了《感遇诗》二十首，鲍防作了《感兴诗》十五首。其中最伟大的诗人，世人都以李白、杜甫二人并称。李白的作品，的确可以看出他的才气纵横，不拘一格，是他人所跟不上的，但是要从他的诗中找到合于《诗经》六义风雅比兴的，十篇中找不到一篇。杜甫的诗流传最多，有一千多首，他对于古今古风体的贯通，对于诗律的创作，已达到极其工巧优美的地步。但是找出他关心社会、合于六义的诗篇如《新安吏》《石壕吏》《潼关吏》《塞芦子》《留花门》等,以及"朱门酒肉臭,路有冻死骨"等句子,在他的作品中,也不过占了十分之三四而已,并不是很多。杜甫都尚且如此,何况其他的人都远不如他呢?

我常痛恨诗道的不振,就想要发愤图强,几乎已要废寝忘食了。我不自量力,想要力挽狂澜,但是却事与愿违,出了差错,没法一下子就说得明白,但却又不能不向你说个清楚。

我生下来才六七个月时,奶妈抱着我在书屏下,有人指着"无""之"两个字给我看,当时我嘴巴虽不会说,但是心里却已能认识了,后来他人再怎么问我,问了十遍百遍,我也能认出来,可见我跟文字已经结了不解之缘了。到了五六岁时,开始学作诗,九岁时已懂得音韵了。到了十五六岁才知道有进士这一回事,因而发愤读书。二十岁以后,白天学着作赋,晚上攻读经书,有空时又忙着学诗,都没有空暇的时间,因而口舌居然结了疮,手肘也结了一层老茧,到了壮年皮肤还是不够红润,还没老牙齿就掉了,头发也白了。老眼昏花,眼睛一瞥,就可看见几万只苍蝇如同珠子一般在眼珠中闪耀着。这就是苦读所招来的后果。想到此,不禁为自己感到悲哀。由于家穷事情多,到了二十七岁时才去应考乡试,考中以后,虽然专攻科举方面,但也没停止作诗,等到当了校书郎之后作的诗,已经有三四百首了。有时拿给像你这样的朋友来看,都说不错,其实当时,我离作家的地步,还差得远呢!

自从到朝廷做官以来,年纪渐大,所阅历的事情也渐多,每次和他人谈话,多以时事为主,每次阅读经书史书,多注重治国平天下的大道。这时我才知道文章应当要反映时代而作,诗歌应配合世事而写。当时宪宗皇帝刚即位,宰相府中都是正人君子,政府屡次颁下诏令,访求民隐,当时我被升至翰林院,担任谏官,除了每月请谏表上奏外,凡是可以救济百姓疾苦,对时政有所帮助,而又不能直接指陈的,往往把它写成诗歌,想要使它能慢慢地逐渐让皇上知道。一方面可以使皇上更加了解世事，帮助皇上解决困难，为皇上分担忧劳；其次可以用来报答皇上的恩赐，尽到我的责任；再其次可以一偿夙愿，伸展抱负。却没想到，愿望没实现，令人痛恨的事情已发生了；话还没传到上头，已经被毁谤了。

现在再把心头话全都说给你听：凡是听到我的《贺雨》诗，大家已经异口同声，说我这篇太不得体了。听到我的《哭孔戡》诗，大家面面相觑，都不高兴了。听到《秦中吟》这首诗，那么所有王孙贵族、权臣近幸大家脸孔都变色了！听到《乐游园》寄足下诗，那些执掌大权的，不禁痛恨得握紧拳头了！听到我的《宿紫阁村》的诗，那么掌握军权的将领们更要咬牙切齿。我的诗风大概都像这样，不胜枚举。跟我不合的人，就指责我是沽名钓誉，是恶言毁谤；如果跟我在一起的，就像牛僧孺就以我为戒。其他如自家骨肉妻子，都认为我不对。能够不认为我不对的，天下不过两三人。有位叫邓鲂的，看到我的诗很高兴，但是没多久邓鲂就死了；有位叫唐衢的人，看到我的诗不禁就哭泣了，没多久唐衢也死了！其他就剩你了，而你这十年来又落魄到这种地步！哎呀！难道《诗经》的六义、四始，将被上天毁掉，不再被支持了吗？难道或者上天不想使在下者的疾苦，让在上位的人知道？要不然，为何有志于作诗者，他的遭遇竟然如此地不利！

然而我又自己反省一下，我只是关东地区的一个人而已，除了读书和作文之外，其他则茫然不知，乃至于书法、绘画、下棋、博戏，可以跟大家一起欢乐者，没一样可以。我的愚昧是可想而知了。刚去考进士时，朝中没有一个亲戚，达官贵人也没一个认识的，只得在大家奔走前进时慢慢地走，似赤手空拳在战场上独立厮杀。十年之中，三次及第，声名渐为大家知晓，结交者都是一时之秀，在朝中则可事奉皇上，然而我开始以文章得名，最后也以文章得罪，这不是应该的吗？

以前我曾听亲友们说道，礼部吏部选拔人才时都以我当年应试的辞赋作为标准，其他我所写的诗句，也往往流传人口。我实在很惭愧，不敢相信。

后来到了长安，又听说有个叫高霞寓的军官，想要买一个歌伎，有一个歌伎居然说道："我能歌颂白居易的《长恨歌》，身价怎能跟他人相提并论。"因而身价大增。而你来信说道，刚到通州的时候，看到江边小馆的柱子上往往题上我的诗，这是谁题的呢？前日我经过汉南，恰巧碰到主人设歌舞以娱嘉宾，那些歌伎看到我来了，就指着我说道："这就是《秦中吟》《长恨歌》的原作者啊！"从长安到江西有三四千里路，凡是学校、寺庙、旅馆、船只上往往题着我的诗句，百姓、僧侣及妇女的嘴上也往往挂着我的诗句。这些诗实在是雕虫小技，不算什么，但是现在世俗所推崇的却往往是这些而已。虽然前辈高人像王子渊、杨子云、李白、杜甫等人，也不能忘情于此。古人曾有言："声名是公器，不可以多取。"我是什么人，所享有的声名已经够多了，又想要享有荣华富贵。若我自己是上帝，肯将两样都给吗？现在的困穷不得意，实在是理所当然的。

何况历来伟大诗人的遭遇都很差。像陈子昂和杜甫，都只做了拾遗的小官，就穷途潦倒地死了；李白、孟浩然连一个官都没做，一生落魄到底。最近像孟郊已六十岁了，才担任协律郎的小官；张籍五十岁了，也一直担任太祝的小官。他们是些什么人还这么委屈，何况我的才能，又比不上他们。现在虽被贬谪远方，但是官阶仍在第五品，每月仍有四五万的收入，冷了有衣穿，饿了有食物，除了够自己花销外，还能补助家人，可以说不愧为白家的孩子了。微之啊！微之！不必挂念我啊！

最近几个月我检查旧稿，得到了古今诗，将它简单地分类，从担任拾遗以来，凡是有感而发，只要用比兴和有所讽谕的诗，以及从武德到元和间所作的诗，因事项而标立题目，就题作新乐府，总共有一百五十首，叫作"讽谕诗"。另外下班在家，养病休息，乐天知命，怡情养性所作的也有一百首，就叫作"闲适诗"。因外物而动心，而有喜怒哀乐等感触的也有一百首，叫作"感伤诗"。也有五言诗、七言诗、长句、绝句，长至一百韵，短到两韵的诗共有四百多首，叫作"杂律诗"。共有十五卷八百多首，改日相见，当全都交给足下。

微之啊！古人说道："穷困时要能独善其身，发达了更要能救济天下。"我虽不敏，也常以此自励。一个大丈夫所要坚持的是大道，所要等待的是时机。时机一来，可以为腾云驾雾的神龙，御风而行的大鹏，飞扬跋扈，无人可比拟。时机没来时，就像南山的豹隐藏在大雾中，像鸿鸟飞在高远的天空，寂寞、萧飒，只求能保全自身。如此无论进退，有何不能从容自得的？所以我立志于救济天下，但是操守为能独善其身。如此，奉行不变的就是道，以言语文字说出来的是诗。把它叫作"讽谕诗"，是要救济天下的大志；把它叫作"闲适诗"，是要独善其身。所以只要一讲我的诗，就知道我的心志。其他如"杂律诗"，只是感于事物，而随意写成的，并不是我推崇的，只是在朋友聚合分离时，用来行乐解忧而已，现在并没删去，他年若有人给我编次诗集时，可以把它们删去。

微之啊，一般人重视听来的，轻视看到的。我不举以前的例子，但就最近韦应物来说，他的作品，除了表现才情和文辞之美外，也颇为接近比兴、讽谕，他的五言诗，高雅闲淡，也自成一家之言。现在写诗的人，谁能比得上？但是他在世时，人们不太看重他，必定等到他死了以后才推崇他。现在我的诗，他人喜爱的不过杂律诗和《长恨歌》以下的诗篇而已。大家所推崇的，其实是我轻视的。至于讽谕诗，意义激昂，词句质朴；闲适诗则思想淡泊，词句迂阔，质朴加上迂阔，难怪一般人不太重视。现在能够喜爱这些诗的，整个世间，只有你了！也许千百年后，也有人跟你一样，喜欢我的诗吧！

所以这八九年来，只要稍微通达就和你以诗相警戒；只要稍为穷困，则和你以诗相劝勉；落魄就以诗来相安慰；在一起则以作诗来娱乐。了解我，错怪我，全都在诗了。像今年春天游长安城南，跟你在马上游戏，各人就创作吟诵新艳的小律诗，不夹杂其他篇章。从皇子陂回到昭国里，你一首，我一首，不停地吟唱了二十几里路，当时樊言师、李建等人在旁，却没他们插嘴的余地。知道我的人，以我为诗仙；不知我的人，却以我为诗魔。为什么呢？因为劳苦心性，役使声气，从早到晚，不以为病苦，这不是魔鬼是什么？偶然和他人面对美景，或于花前月下，酒足餐饱，一歌一咏，不知已是年老的人了。纵使仙人乘鹤游蓬莱仙岛也没有比这样更快乐的了！这样不是神仙是什么？微之啊，微之！这是我用来和你摆脱俗累，超凡入圣的一大凭借！

就在那时，你还兴致勃勃，想要和我把所有往还赠答的诗篇，取出特别长的，像张十八古乐府、李二十新歌行、卢杨二秘书律诗、宝七元八绝句等唱和的作品，广加搜罗，择精选取，加以编次，又名为元白往还诗集。当时大家只要有诗在此，莫不高兴万分，认为这是太好的事了！可惜计划还没商讨好，你就被贬谪了！不到几个月我也跟你一样，贬离长安。心已如死灰，哪一天才能再燃起呢？这真令人叹息啊！

我常跟你说，一般人作文，常自以为是，不忍割爱，因而失于繁多，显得芜杂，其间好坏杂陈，自己也无法分辨，必待有眼光不肯姑息苟且的朋友加以讨论、删去，这样不管繁简，才能算是恰到好处，何况我俩所作的诗篇，特别长，自己都认为不可了，他人更不用说了。现在各人若把自己的作品编纂出来，大致地分卷并且排次序，等将来和你见面时，各拿出自己的诗集来相互讨论，了结以前的期盼。可是不知我们何时可再见面？在哪里相逢？如果不幸大限已到，又该怎么办！

微之啊，微之！能了解我的心吗？浔阳十二月的天气，江风寒冷，岁末又了无乐趣，长夜漫漫，都睡不着，拿起纸笔在灯前写信，想到就写，毫无条理，可别因太繁杂而看不下去，就把它当作秉烛夜谈的聊天吧！微之啊，微之！能了解我的心意吗？乐天再拜。

（周益忠／编写整理）

论维州事谊状

李德裕

李德裕像

李德裕（787—850），字文饶，李吉甫之子，唐赵郡（治今河北赵县）人。少力学，卓荦有大节。敬宗时任浙西观察使，因帝狎比群小，数出游幸，上《丹扆六箴》。文宗立，裴度荐其材堪宰相，而李宗闵、牛僧孺等衔之，摈不得进。武宗时由淮南节度使入相。当国六年，弭藩镇之祸，决策制胜，威权独重。宣宗立，为忌者所构，贬崖州司户，卒。

背　景

维州（今四川理番县），在唐代正是吐蕃与唐帝国接邻的南方重镇，是汉人入边之路、蕃人入侵之径。吐蕃势大，当时河陇区域尽被吐蕃占去后，只有维州城巍然独存。后来吐蕃用计取之，于是关中形势尽变。

原来关中是："右陇蜀，左崤函，襟凭终南太华之险，背负清渭浊河之固。"可是自安史之乱后，河西陇右之地尽失，则丧失藩篱，首都暴露，吐蕃于是连岁寇边。

这篇文章是唐代与吐蕃关系的集中体现。吐蕃崛起于现今青海、西藏地区，在唐代势力扩及甘肃，还一度攻入长安。因此，唐朝的外寇中，回纥与吐蕃可说是最强的了。

吐蕃尤其强悍，因为它是一个居城郭而不失游牧本性的军国主义国家。《通鉴》高宗咸亨三年（672），记载了吐蕃使臣仲琮对高宗说他的国家是："法令严整，上下一心，议事常自下而起，因人之所利而行之，斯所以能持久也。"由此可以想见吐蕃国势之一斑。唐朝和吐蕃之间除了两次和亲之事外，二百余年中，一直处于战争状态，而吐蕃对唐的侵扰也近乎无年或息。要解除这项边患，就必须强化西南边区，使剑南得到安定，所以维州的重要性，更是不可忽视。李德裕就说过得到维州，可以"减八处镇兵，坐收千里旧地"，对吐蕃则成为"大害之所逼"。

影　响

维州从至德元年（756）没于吐蕃，至太和五年（831）悉怛谋请降，共沦陷七十五年。但是由于当时宰相牛僧孺是李德裕的政敌，虽然尚书省集百官会议皆赞同李德裕之策，但牛僧孺因恶李德裕，竟主张将维州交还吐蕃，并将悉怛谋及同来降者送还。吐蕃接受悉怛谋等后，尽杀之于境上，维州再度归于吐蕃手中。

这个事件，使得朝廷之内的朋党之争更加激烈，使朝政益加不堪。文宗就曾说过："除河北贼易，去朝廷朋党难。"对外而言，使得当时有来归之意者，因之止步。如当时吐蕃节度使尚婢婢即不敢来降。不过，后来武宗朝，李德裕主政，在处理降将问题上已极慎重。更幸运的是，自开成三年（838）之后，吐蕃内部不靖，到大中三年（849）维州再为唐收复，大中五年（851）河湟之地重归大唐。

原 文

臣在先朝，出镇西蜀。其时吐蕃维州首领悉怛谋，虽是杂虏，久乐皇风，将彼坚城，降臣本道^①。臣寻差兵马，入据其城，飞章以闻，先帝惊叹。其时与臣不足者，望风嫉臣，遽献疑言，上罔宸听，以为与吐蕃盟约，不可背之，必恐将此为辞，侵犯郊境。诏臣还却此城，兼执送悉怛谋等，令彼自戮。复降中使，迫促送还。昔白起杀降，终于杜邮致祸；陈汤见徙，是为郅支报仇，感叹前事，愧心终日^②。今者幸逢英主，忝备台司，辄敢追论，伏希省察。

且维州据高山绝顶，三面临江，在戎虏平川之冲，是汉地入兵之路。初，河、陇尽没，此州独存。吐蕃潜将妇人嫁与此州门子，二十年后，两男长成，窃开垒门，引兵夜入，因兹陷没，号曰"无忧"。因并力于西边，遂无虞于博路，凭凌近甸，宵旰累朝。贞元中，韦皋欲经略河湟，须以此城为始，尽锐万旅，急攻累年。吐蕃爱惜既甚，遂遣舅论莽热来援。雉堞高峻，临冲难及于层霄，鸟径屈盘，猛士多糜于礌石。莫展公输之巧，空擒莽热而还。

及南蛮负恩，扫地驱劫。臣初到西蜀，众心未安，外扬国威，中缉边备。其维州执臣信令，乃送款与臣，臣告以须俟奏闻，所冀探其情伪。其悉怛谋寻率一城之兵众，并州印甲仗，塞途相继，空壁归臣。臣大出牙兵，

---

① 维州：故城在今四川理番县十里。

② 白起杀降：长平之战，赵卒降者数十万人，白起诈而尽坑之。后与秦昭王、应侯不和，秦王赐剑使其自刎于杜邮（在咸阳城）。陈汤见徙：陈汤素贫，所掳获财物入塞多不法。司隶校尉移书道上，系吏士按验之。汤上疏言："臣与吏士共诛郅支单于，幸得擒灭，万里振旅，宜有使者迎劳道路。今司隶反逆收系按验，是为郅支报仇也。"

受其降礼。南蛮在列，莫敢仰视。况西山八国，隔在此州，比带使名，都成虚语。诸羌久苦蕃中征役，愿作大国王人。自维州降后，皆云但得臣信牒帽子，便相率内属。其蕃界合水、栖鸡等城，既失险厄，自须抽归，可减八处镇兵，坐收千里旧地。臣见莫大之利，乃为恢复之基。继具奏闻，请以酬赏，臣自与锦袍金带，颙俟诏书。且吐蕃维州未降已前一年，犹围鲁州①。以此言之，岂守盟约？况臣未尝用兵攻取，彼自感化来降。又沮议之人不知事实。犬戎迟钝，土旷人稀，每欲乘秋犯边，皆须数岁就食。臣得维州逾月，未有一使入疆。自此之后，方应破胆，岂有虑其后怨，鼓此游词。

臣受降之时，指天为誓，宁忍将三百余人性命，弃信偷安。累表上陈，乞垂矜赦。答诏严切，竟令执还，加以体披桎梏，异于竹笨。及将就路，冤叫呼天。将吏对臣，无不流涕。其部送者，便遭蕃帅讥诮曰："既已降彼，何须送来？"乃却将此降人，戮于汉界之上，恣行残害，用固携离。乃至掷其婴孩，承以枪槊。臣闻楚灵诱杀蛮子，春秋明讥；周文外送邓叔，简册深鄙。况乎大国，负此异类，绝忠款之路，快凶虐之情，从古以来，未有此事。臣实痛悉怛谋举城受酷，由臣陷此无辜，乞慰忠魂，特加褒赠。

《旧唐书》

译　文

臣在前朝，出守西蜀。那时吐蕃维州首领悉怛谋虽是杂虏，早已欣慕

---

① 鲁州：今河南鲁山县。

皇朝教化，率领所属百姓将强固的城池，投降于臣管辖之下。臣随即派兵马进城统领，并迅速上奏朝廷，先帝大为惊叹。那时与臣不和的人，见如此情势就献上迟疑犹豫的论调，先帝误听疑言，以为和吐蕃结盟缔约，不可以违背，一心害怕吐蕃会以此为借口侵犯边境。下诏令臣归还此城，并命令将悉怛谋等人送回，命令他们自行处死。再有投降的，要尽快送还。以前白起杀害降者，最后在杜邮被迫自杀身亡；陈汤被迁徙，等于为郅支单于报仇。感叹前述这些事件，叫人终日愧疚不已。现幸遇主上英明，备位三公，才敢回头追论，恳请明察。

维州雄踞于高山绝顶之上，三面临江，位在吐蕃攻打四川的要冲，亦是中原进兵的通道。先前，河、陇两地都陷于吐蕃，只有此州独存。吐蕃暗中把女子嫁给州中守门的人，二十年后，两个儿子长大成人，里应外合，偷开城堡的门，引军队夜晚入城，因此陷落了，故号称"无忧城"。因此合力侵扰西方的边界，再不必忧虑南边的危机了，从此侵略近郊之地，早晚使朝廷穷于应付。贞元年间，韦皋想要收复河湟之地，须从这里开始，尽出精锐部队一万多人，猛烈地攻打了好多年。吐蕃极为珍惜看重此城，于是请国舅莽热来援助。城墙高崇峻峭，面对要冲之处比之天空尤难通过，路径曲折狭小，勇猛的战士比之大石还要更多。纵使有公输般的高妙技能，也无法施展，虽然抓回莽热，但城依然未攻下。

及至南蛮背负恩义，到处掳掠。臣刚到西蜀，民心尚未安定，生活困苦，因此更对外宣扬国威，对内加强边界的警备。维州拿着臣的信令，向臣输诚，臣告诉他们必须等上奏朝廷请示，目的是想探求他们的真意如何。悉怛谋不久便领着全城的军民，以及州印军备，一路上一大群人相随而来，将全城尽归于臣。臣派出麾下掌旗兵，接受降礼。南蛮在列中观礼，不敢抬头仰视。至于西山八国，就在此州旁边，要排比官阶宣称名号，都成空谈。所有的羌族长久苦于受吐蕃征役，更希望当本朝百姓。自维州投降后，都说只要得到臣的委任状官带，便相互引领归顺我朝。吐蕃边境上的合水、栖鸡等城，已经失去险阻，自当退回驻军，归我所有，如此可以减省八处的屯兵，轻易地收回千里的故土。臣眼见这极大的利益，正是恢复失土的根本。随之一一地奏闻朝廷，请求加以酬赏，臣自行给锦袍金带，等待诏书下达。且吐蕃维州未投降以前一年，都还在包围鲁州。由这点来说，吐蕃怎会守盟约呢？何况臣不曾用军队攻打占取，他们自己受感化而来投降。那些阻止、批评的人，全不知事实。犬戎迟疑顽钝，地广人稀，每要趁秋收时节侵犯边界，都得几年的生聚。臣得到维州一个多月，没有一个使者进入边界。自此之后，吐蕃正应吓破胆了，何必鼓动这种无根无据的话，忧虑他们事后怨怒呢？

臣接受投降时，对天发誓，哪里忍心牺牲三百余人的性命，不顾信义以求苟安。多次上表陈情，请求怜悯宽赦他们。诏书下来言辞峻厉，竟命令押还，身上加以手梏脚镣，装在竹笼里。等到快要上路，冤屈呼天抢地，悲愤无比。诸将官吏对着臣，无不为之泪下。负责送还的人受到吐蕃将领讥讽说："已经投降你们了，何必送回来？"再把这些投降的人，在边界上杀死，恣意放肆地残害，以使那些怀有脱离吐蕃之心的人不敢再有举动。甚至将他们的婴儿投向空中，用枪槊去接去刺。臣听说楚灵王引诱蛮人投降加以杀害，《春秋》明白地加以讥刺，周文外送邓叔，史书上极为鄙视。何况是大国，辜负了这些异族，断绝了他们真诚效忠之心，使那些暴虐凶残的人大为快意。自古以来，没有这种事情发生过。臣实在痛心悉怛谋整城的人受到残酷的杀害，是由臣陷他们于这种无辜的地步，请吊慰他们的忠魂，特别加以褒奖。

（简松兴／编写整理）

罪　言

杜　牧

　　杜牧（803—853），字牧之，号樊川。唐京
兆万年（今陕西西安）人，杜佑之孙。历殿中
侍御史、中书舍人等职。杜牧生性刚直，素怀
奇节，敢论列大事，指陈利病尤切，诗作更是
独步晚唐，与杜甫并称大小杜。著有《樊川集》
等传世，《旧唐书》卷一百四十七、《新唐书》
卷一百六十六皆有传。

杜牧像

背　景

　　晚唐诗人中最著名的当推有"小杜"之称
的杜牧。杜牧世业儒学，且受祖父杜佑影响最深。杜佑写过《通典》，对
礼乐刑政的渊源，虽历数千载却了如指掌。杜牧继承其志，于治乱兴亡之迹、
财赋兵甲之事、地形的险易远近、古人的长短得失，无不知悉。

　　杜牧有经邦济世的政治理想和忧国忧民的情怀，在晚唐多事之秋，有
感于中央对藩镇的姑息政策，以及藩镇的骄纵跋扈，极力主张削平藩镇割
据，统一全国，以便减轻人民的痛苦。尤其河北三镇，朝廷鞭不及腹，不
能调动，也放弃了对它们统一的期望，一任其世袭、拥戴和废立，而这种
风气再传播到全国，就造成了后来五代十国的分裂局面。杜牧预见及此，

在文宗太和七年（833），以刘从谏守泽潞，何进滔据魏博，河朔三镇桀骜不循法度，而朝廷议者专事姑息，遂追咎长庆以来朝廷措置无术，复失山东，大封要镇，认为关系天下轻重的都是国之大事。言语激切，深中时弊，《罪言》一文实为唐末国家大势洞烛先机的重要篇章，也预示了后来五代十国分裂的形势。

影　响

杜牧之文，传世者不多，众口交誉的篇章，则为《罪言》《原十六卫》《战论》《守论》。《罪言》一篇，宋祁于《唐书》、司马光在《资治通鉴》里都抄入。盖以杜牧识略宏毅，于天下形势、古今成败，无不了然于胸。所谈皆经济名言，有关国家大计、民生安危，因愤恨藩镇为患，又忧外虏未平，其忠爱情忧，不可遏抑，于是发而为文，雄浑磅礴。其《答庄克书》曾说：“文以意为主，以气为辅，以辞彩章句为之兵卫。”是以为文洋洋洒洒，大抵因意气充实的缘故。李慈铭推其为晚唐第一人；欧阳修称其笔力不可及；黄宗羲以杜牧、韩愈并称；徐乾学谓其力追《长短经》；张文虎更是认为杜牧为文的雄奇超迈，实为苏氏父子的先导，其影响不可谓不大。

况唐末黄巢、王仙芝之乱，两人都从山东起家。乱虽被平定，但因为戡乱的是各地藩镇，这之后更是形成割据的局面，终使伟大的唐朝走向灭亡。而后唐庄宗用兵累年，不能大胜，得魏之后，也仅是暂时拥有，亦是当时大势所趋。《罪言》所论，如聚米画沙，不爽尺寸，非徒托浪语而已。

原　文

国家大事，牧不当言，言之实有罪，故作罪言[①]。

---

① 言之实有罪：《论语·泰伯》：“不在其位，不谋其政。”

生人常病兵，兵祖于山东，胤于天下，不得山东，兵不可死[1]。山东之地，禹画九土，曰冀州野[2]。舜以其分太大，离为幽州并州，程其水土，与河南等，常重十一二[3]。故其人沉鸷多材力，重许可，能辛苦。自魏、晋已下，胤浮羡淫，工机纤杂，意态百出，俗益荡弊，人益脆弱。唯山东敦五种，本兵矢，他不能荡而自若也。复产健马，下者日驰二百里，所以兵常甲天下。冀州，以其恃强不循理，冀其必破弱，虽已破，冀其复强大也。并州，力足以并吞也。幽州，幽阴惨杀也。故圣人因其风俗，以为之名。

黄帝时，蚩尤为兵阶，自后帝王，多居其地，岂尚其俗都之邪？自周劣齐霸，不一世，晋文，常佣役诸侯[4]。至秦萃锐三晋，经六世乃能得韩，逐折天下脊，复得赵，因拾取诸国[5]。秦末韩信联齐有之，故蒯通知汉、楚轻重在信。光武始于上谷，成于鄗（hào）[6]。魏武举官渡，三分天下有其二[7]。晋乱胡作，至宋武号为英雄，得蜀得关中，尽得河南地，十分天下

---

① "不得山东"二句：山东指崤山以东，亦即关东。唐代割据之藩镇以河北之魏博、成德、卢龙及山东之淄青，及河南之淮西等五镇为大，俱在山东。

② 禹画九土：《尚书·禹贡篇》"书序"曰："禹别九州，随山浚川任土作贡。"九州即冀、兖、青、徐、扬、荆、豫、梁、雍九州。

③ 离为幽州并州：《尚书·尧典》："肇十有二州。"禹作尧水分九州，舜摄政增开、营、幽三州，始有十二州，亦即就冀州地分出幽州、并州。常重十一二：言山东之地较河南多出十分之一二。

④ 不一世：一世三十年。齐桓公在位时为公元前685年至公元前643年。死后七年，公元前636年而晋文公即位，霸业在晋。

⑤ "秦萃锐三晋"二句：秦自孝公变法后，经惠文、武王、昭王、孝文王、庄襄王，至秦王政始灭韩，时在公元前230年。

⑥ 上谷：郡谷，战国燕地，自汉至晋，郡治在沮阳，即今河北怀来县东南。鄗：指光武即位所在。汉时为侯国，地在今河北柏乡县东北，光武即位后因避讳，改名高邑。

⑦ 魏武举官渡：指建安五年（200），曹操于官渡之战大败袁绍军队，官渡在今河南中牟县东北，以临古官渡水而得名。

有八，然不能使一人渡河以窥胡①。至于高齐荒荡，宇文取得，隋文因以灭陈，五百年间，天下乃一家②。隋文非宋武敌也，是宋不得山东，隋得山东，故隋为王，宋为霸。由此言之，山东，王者不得，不可为王；霸者不得，不可为霸；猾贼得之，是以致天下不安。

国家天宝末，燕盗徐起，出入成皋、函、潼间，若涉无人地，郭、李辈常以兵五十万，不能过邺③。自尔一百余城，天下力尽，不得尺寸，人望之若回鹘、吐蕃，义无有敢窥者④。国家因之畔河修障戍，塞其街蹊，齐、鲁、梁、蔡，被其风流，因亦为寇。以里拓表，以表撑里，混溷回转，颠倒横斜，未尝五年间不战，生人日顿委，四夷日猖炽，天子因之幸陕、幸汉中，焦焦然七十余年矣，呜呼！运遭孝武，浣衣一肉，不敢不乐，自卑冗中拔将取相，凡十三年，乃能尽得河南、山西地，洗削更革，罔不顺适，唯山东不服，亦再攻之，皆不利以返。岂天使生人未至于帖泰耶？岂其人谋未至耶？何其艰哉，何其艰哉！

今日天子圣明，超出古昔，志于平理。若欲悉使生人无事，其要在于去兵，不得山东，兵不可去，是兵杀人无有已也。今者上策莫如自治。何者？当贞元时，山东有燕、赵、魏叛，河南有齐、蔡叛，梁、徐、陈、汝、

---

① 宋武：即刘裕，于东晋末年北伐，攻灭南燕、后秦，入长安，后篡晋自立，为宋武帝。
② "高齐荒荡"二句：高欢子高洋篡东魏为北齐，宇文泰之子篡西魏为北周，高洋荒诞，后北齐遂为北周所灭。
③ 燕盗徐起：指安禄山作乱，建号大燕，起于玄宗天宝十四年（755），历肃宗，至代宗时始平定。
④ 回鹘：即回纥，其先本匈奴，崛起于突厥亡后，安史之乱因求助于回纥，故东京、长安遭其杀掠。吐蕃：今西藏地，于安史之乱后屡入寇。回鹘、吐蕃均为中唐边境之大患。

白马津、盟津、襄、邓、安、黄、寿春皆戍厚兵，凡此十余所，才足自护治所资，实不辍一人以他使，遂使我力解势弛，熟视不轨者，无可奈何。阶此，蜀亦叛，吴亦叛，其他未叛者，皆迎时上下，不可保信。自元和初至今二十九年间，得蜀得吴，得蔡得齐，凡收郡县二百余城，所未能得，唯山东百城耳。土地人户，财物甲兵，校之往年，岂不绰绰乎？亦足自以为治也。法令制度，品式条章，果自治乎？贤才奸恶，搜选置舍，果自治乎？障戍镇守，干戈车马，果自治乎？井闾阡陌，仓廪财赋，果自治乎？如不果自治，是助虏为虐，环土三千里，植根七十年，复有天下阴为之助，则安可以取。故曰，上策莫如自治。

中策莫如取魏。魏于山东最重，于河南亦最重。何者？魏在山东，以其能遮赵也，既不可越魏以取赵，固不可越赵以取燕，是燕、赵常取重于魏，魏常操燕、赵之性命也。故魏在山东最重。黎阳距白马津三十里，新乡距盟津一百五十里，陴垒相望，朝驾暮战，是二津虏能溃一，则驰入成皋不数日间，故魏于河南间亦最重。今者愿以近事明之。元和中，纂天下兵，诛蔡诛齐，顿之五年，无山东忧者，以能得魏也。昨日诛沧，顿之三年，无山东忧者，亦以能得魏也。长庆初诛赵，一日五诸侯兵四出溃解，以失魏也。昨日诛赵，罢如长庆时，亦以失魏也。故河南、山东之轻重，常悬在魏，明白可知也。非魏强大能致如此，地形使然也。故曰取魏为中策。

最下策为浪战，不计地势，不审攻守是也。兵多粟多，驱人使战者，便于守;兵少粟少，人不驱自战者，便于战。故我常失于战，虏常困于守。

山东之人，叛且三五世矣，今之后生所见，言语举止，无非叛也，以为事理正当如此，沉酣入骨髓，无以为非者。指示顺向，诋侵族胬，语曰叛去，酋酋<ruby>起矣<rt>luán</rt></ruby>。至于有围急食尽，馋尸<ruby>以战<rt>dàn</rt></ruby>，以此为俗，岂可与决一胜一负哉。自十余年来，凡三收赵，食尽且下。尧山败，赵复振；下博败，赵复振；馆陶败，赵复振。故曰，不计地势，不审攻守，为浪战，最下策也。

《樊川文集》

译　文

国家的大事，我杜牧实在不该说，说出了恐怕有罪，所以把这一篇叫罪言。

一般老百姓几乎都以兵乱为最大的忧患，乱发源于山东地区，蔓延到天下，因此如没得到山东地区，兵乱不可能平定。山东地区，在大禹治洪水时所划分的九州中，叫作冀州。但是大舜认为冀州土地太大了，因此又从冀州分出了幽州和并州，衡量它的面积，跟河南比较，要多出十分之一二。那儿的人性格沉稳、雄鸷，气力既大，又讲信用，不轻易许人，而且更能吃苦耐劳。自从魏、晋以来，世人争相模仿，而流为轻浮，又羡慕虚荣、淫荡过度，因而投机取巧，气质变得柔弱且杂乱，而且搔首弄姿，以形态惑人，而民俗更加淫荡，流弊百出，许多百姓也就更加无可救药了。只是山东仍有百姓努力耕种农作，不忘勤练兵器弓箭，因而为其他地区所不能骚扰，而能保守旧有风格。又生产好马，就是最普通的一天也能跑个二百里路，所以山东的力量往往可以与全天下为敌。至于冀州这个地方，当初命名就是因为它仗恃着强大，不肯依循法理，因而希望它必被攻破而弱小；但是已经破了之后，又希望它能再度强大，所以叫冀州。而并州，就是国家的力量，足以来并吞它；幽州则为该地幽暗阴森，凄惨肃杀之故。

所以古圣王是因该地区的特点来加以命名的。

　　黄帝的时候，蚩尤为兵乱的根源，所以后来尧舜帝王多在其地定都，难道是因崇尚山东的风俗才定都的吗？自从周室衰微后，齐桓称霸于春秋，然而不到一世，晋文公又强大了，经常驱使诸侯各国。后来战国之时，秦国倾全国之力攻打三晋，经过六代才能灭掉韩国，等于折断天下的脊梁一样，再攻下赵国之后，就轻而易举地把各国拿下来了。所以当初蒯通知道汉楚两国成败的关键就在拥有山东的韩信。光武帝中兴汉室，奠基于上谷，而成事于鄗地，地点也都在山东。魏武在官渡一战得到大势，有了山东，因此天下虽三分，他却占了二分的绝对优势。晋代之时，五胡乱华，只得南迁，而刘裕号称英雄，曾经攻下了蜀国，收回了关中，灭了后秦，并且把黄河以南地方都光复了，天下十分，刘裕占有了十分之八，但是只因没得到山东，因而没有办法指挥一人渡过黄河，以窥探胡人的虚实，北方因此又失陷。后来北齐高洋因荒淫无道为北周所消灭，到了杨坚篡周，继承了北周的基业，因而消灭了陈国，经过了近五百年的分裂，天下终于又统一。说起来，隋文帝杨坚比不上宋武帝刘裕的能干，只因宋代没有得到山东，而隋朝却得到了，所以隋文帝称王于天下，而宋武帝却只能拥有一方的霸业。因此来说，要称王于天下，没有得到山东就不可称王；要拥有霸业，没有山东也就不能维持霸业。如今山东却被狡猾的匪徒占去了，以至于天下不安。

　　本朝玄宗天宝末年，河北乱贼起来兴兵作乱，出没于成皋、函谷关及潼关间，到处横行无止，可说是如入无人之地。而郭子仪、李光弼带领着五十万大军，却不能越过邺城。从此山东一百余座城池，耗尽了全天下的力量去攻打，也没法得到尺寸之地。人人看到了这些地方，都觉得好像看到回纥、吐蕃一样，没有胆敢去窥探的。中央只好以黄河为疆界，修筑边城来防卫并堵住往山东的大小通路。但是此后，齐、鲁、梁、蔡各地的节度使受到此风的感染，也因而异地称雄，当起寇盗来了。大家都以内部实力来扩充疆界，并以对外的扩张来支撑其内部。因而天下局势混沌不明，曲回转折，扑朔迷离，五年之间，没有不打仗的日子。人民的生活日渐困难，而四方的胡人因而更加猖獗，天子也为了避难而逃到陕县，甚至到汉中去，天下一片焦土，到现在已经七十多年了。哎呀！时运不济，像当年孝武帝时一样，自己洗衣，所食仅一种菜肴，没有心思去田猎享乐。后来从根救起，于卑微冗杂的兵士中去拔取将相，经过十三年的努力，才攻下河南、山西这些地方，将被敌人占领的土地全都收复回来，重新整顿，无不顺利妥当。但只有山东地区不肯归顺，天子一再派兵前去讨伐，都没能成功。这难道是上天要让人民不能享受太平吗，还是因为大家的努力还不够？为何天下一统那样困难，那样困难！

当今皇上，圣睿明智，超出以往任何皇帝，有志于平定天下，治理国家。假若想要使得全天下人都能相安无事，最主要的就在停战，但是若不能得到山东，战争将不可能停止，那么战争不断，杀人之事也就将无穷无尽了。现在最好的策略，莫过于让其自行治理（放过他们）。为什么这么说呢？德宗贞元年间，山东有幽州镇、河东镇、魏博镇的叛变，河南有淄青镇、蔡州镇的叛变，汴宋、徐泗、陈许、陕虢等镇及白马津、孟津、襄阳镇、鄂岳镇及淮南镇等各地皆驻屯重兵，这十几处地方力量都足以自治，也无法随意地攻讨它们，因而使得国家力量削弱，眼睁睁地看着不轨之事，却无可奈何。就在此时，四川、江南也都跟着叛变了。其他没有叛变的，也都跟着时局而摇摆不定，不能相信其忠心。从宪宗元和初年到现在二十九年间，收回了四川，收回了江南，平定了蔡州，平定了淄青镇，总共收回的郡县有两百多城，未能得到的，只是山东这地方而已。国家所有的土地、人口、财物、军队装备，比起往日，难道不是多了很多吗？也足够来自治了。但是要自治时可得要想一想，当今各种法令制度，九品的制度及规章，果真自治了吗？选拔贤才，抛弃奸邪之事果真自治了吗？防御边疆，镇守要境，果真自治了吗？市井闾巷，田地阡陌，仓库的税收，果真自治了吗？

如果不能实行自治，是帮助敌人为恶，他们所拥有土地周围三千里，扎根也已七十年了，更有天下一些奸人暗中帮助，怎么能攻取下呢？所以说最好的计策莫过于自治。

中策莫过于取下魏博镇。魏博对于山东最重要，对于河南也一样。这是为何？魏博在山东，因它能遮掩河东镇，因而国家既不能越过魏博来攻打河东，当然就不可能越过河东来攻打幽州，所以幽州、河东常借重于魏博；魏博镇经常关系着幽州、河东的安危，所以魏博在山东地位最重要。黎阳距离白马津仅有三十里，新乡距离盟津也只有一百五十里，地方相近，堡垒甚至可以相望，距离短，能朝发暮至，是以若这两处渡口敌人能攻破一处，那么驰入成皋不过几天之间，所以魏博对于河南间接地说也很重要。现在愿以最近的事来说明。元和年间，聚集天下的兵士，平定蔡州及淄青，整顿五年，使得山东不再有忧患，是为了魏博田弘正来降的原因。昨日平定沧州，整顿三年，使得山东不再有忧患，也是因为能得到魏博的缘故。穆宗长庆初年去讨伐河东，一日之中，五节度使的军队四处流窜而溃败，是因为失去魏博的缘故。昨日讨伐河东，军队衰疲如同长庆年间，亦是因为失去魏博的缘故。所以河南、山东成败的关键所在，经常依靠着魏博，是很明白不过的事，并非魏博的强大才导致如此，这是地形使它如此，所以说攻打魏博镇是中策。

最糟糕的是猛浪地打仗，不计算地势，不研究攻守的形势，军队多，粮草足，可以驱使人民来打仗的，便于防守；军队少，粮草缺，人民不待驱使而自己来打仗的，便于攻打。因而我们常失之于攻打，敌人常困于防守。山东地区叛变已经将要有三世、五世之久了，现在该地区后辈所表现出的言语举止，也无非是叛逆性格，他们认为这是理所当然的，而且已经病入膏肓，深入骨髓，没有人认为这是错的，因此任意而行，诋毁侵略等无恶不作，动辄说些悖逆不道的话，以致越来越不像话。甚至于也有被包围急了，食物吃光，竟然吃尸体来继续打仗，而且以此为风俗。像这种强悍之辈，怎么可以跟他一决胜负呢？这十多年来，国家共三次收复河东，每次都已把河东围困得弹尽粮绝，就要攻下了，但是郗尚书在尧山一败，河东马上又起来了；杜叔良在下博一败，河东又起来叛变；李听在馆陶一失败，河东又起来叛变。所以说，不计算地形，不研究攻守的情势，是猛浪的打法，这是最糟糕而没效果的策略。

（周益忠、沈宝春／编写整理）

毁佛寺勒僧尼还俗制

李 炎

李炎，唐武宗，穆宗第五子。《新唐书》本纪说："昔武丁得一傅说，为商高宗。武宗用一李德裕，遂成其功烈。"武宗之所以灭佛，一是因为他本人奉道，亲近道士赵归真，对佛教早有成见；二是因为想收没僧尼的产业，以裕财政。

背 景

中国佛教之发展有所谓三武之祸，指北魏太武帝、北周武帝和唐武宗三人发起的裁抑佛教政策。本文所显示的就是武宗灭佛的实况。

唐朝是中国历史上宗教思想发达的时期，尤以佛教为最盛。最初，佛道两教都很盛行，并有激烈的争论。道教盛行原因有二：一是老子与李唐同姓，二是唐室皇帝喜食丹药以求长生，而此正是道士的专长，所以他们受皇帝宠信。又，唐初三帝鉴于南北朝、隋后佛法大盛，其势足以敌国，恐有不测，所以对佛教采压抑方式。如高祖即曾下令沙汰僧尼，太宗提高道教的地位来打击佛教。

佛教由于长久受百姓王公的信仰，所以佛像的铸造、寺院的兴建以及土地的奉献，一天比一天隆盛；甚至僧尼、寺院的奴仆，人数一天比一天增加。他们生活奢华的景象，不下于王公巨室。

到了武宗时，由于安史之乱后，国家财政匮乏，民生凋敝；再者，武宗好道，宠信道士赵归真、刘玄靖、邓元起等人，并于殿修"金箓道场"，且亲临道场，亲受法箓。赵归真等人于是趁势进言，排毁佛教，说佛教非中国之教，蠹耗生灵，应尽行除去。基于上述两个原因，武宗乃于会昌五年（845）七月，下诏禁止道教以外的所有宗教，佛教首当其冲，受害最大。

影　响

武宗之禁佛，其实会昌五年之前就已陆续行之，到了五年七月才大规模且普遍地严禁。武宗毁废佛教，在财政上收获最大。一是还俗的僧尼、大量的寺院田产，是一大笔丰富的人力、物力资源；二是可以间接得到贵族富室借寺院名义逃的税、兼并的土地；其三才是除佛法。唐代后期，由于战乱、逃税、逃役的情况很严重，这次的毁佛教，使此一问题纾解了一些。

然而，佛教的势力源远流长，武宗去世，宣宗即位，下令恢复佛教，则以前的盛况即刻重现。亦有人说，武宗的敕令僧尼还俗，顿使许多人生活失去依凭，后来之王仙芝、黄巢相继起事，山东江淮之民于短期间从之者数万，是必社会百姓之困乏有以致之。而武宗之毁法，未详为僧人谋生计，应该也是其中一个原因吧？另，佛教之高僧大德之走向深山，亦其影响之一。此外，由于灭佛，外来的景教、祆教、摩尼教也受到波及，一部分消亡，一部分走入地下，成为秘密社团，更是宗教史、社会史上的大事。

原　文

朕闻三代已前，未尝言佛，汉魏之后，象教寖兴^{jìn}①。是由季时，传此异俗，因缘染习，蔓衍滋多。以至于蠹^{dù}耗国风，而渐不觉；诱惑人意，而众益

---

① 象教：佛教。

迷。洎于九州山原，两京城阙，僧徒日广，佛寺日崇。劳人力于土木之功，夺人利于金宝之饰，遗君亲于师资之际，违配偶于戒律之间。坏法害人，无逾此道。

且一夫不田，有受其饥者；一妇不蚕，有受其寒者。今天下僧尼，不可胜数，皆待农而食，待蚕而衣。寺宇招提，莫知纪极，皆云构藻饰，僭拟宫居，晋、宋、齐、梁，物力凋瘵，风俗浇诈，莫不由是而致也①。

况我高祖、太宗，以武定祸乱，以文理华夏，执此二柄，足以经邦，岂可以区区西方之教，与我抗衡哉？贞观开元，亦尝厘革，划除未尽，流衍转滋。朕博览前言，旁求舆议，弊之可革，断在不疑。而中外诚臣，协予至意，条疏至当，宜在必行。惩千古之蠹源，成百王之典法，济人利众，予何让焉。

其天下所拆寺四千六百余所，还俗僧尼二十六万五百人，收充两税户，拆招提、兰若四万余所，收膏腴上田数千万顷，收奴婢为两税户十五万人，隶僧尼属主客，显明外国之教②。勒大秦穆护祆二千余人还俗，不杂中华之风③。

於戏！前古未行，似将有待；及今尽去，岂谓无时。驱游惰不业之徒，已逾十万，废丹腹无用之室，何啻亿千④。自此清净训人，慕无为之理；简易齐政，成一俗之功。将使六合黔黎，同归皇化。尚以革弊之始，日用不知，下制明廷，宜体予意，宣布中外，咸使闻知。

《旧唐书》

---

① 招提：佛寺的别名。

② 两税户：百姓家。兰若：寺院之称。

③ 穆护：祆教教士。

④ 丹腹：采邑之称。

译　文

　　朕听说以前夏商周三代，不曾说佛的事情；汉魏以后，佛教逐渐兴起。于是从后期开始流传这种异俗，由于感染熏陶，愈传愈广，以至于腐蚀了国人良好的风俗而令人毫不察觉，迷惑了善良的民心而使众人更沉迷，以至于全国各地山川田原、两京都城中僧尼徒众日益增多，佛殿寺庙日益高大。为了建筑寺庙而劳动人力，为了金银宝器的装饰而夺取人民财货；因尊崇师祖而废弃尊君亲亲的伦常，因奉守戒律而违反夫妇关系。破坏法度残害人情，再没有比这种方式更严重的了。

　　况且，一个男人不去耕田种作，就有因此而受饥饿的人；一个妇人不养蚕织布，就有因此而受寒冻的人。现在全国的僧尼多得不可胜数，都等待农人耕作而后有粮食，等待妇女养蚕织布而后有衣穿。寺庙的构筑不知道适度的节制，都盖得高耸华丽，超出了应守的规模，甚至高于宫廷。晋、宋、齐、梁，国家财力衰退疲惫，风俗浇薄，民情矫诈莫不因此而造成。

　　况且我高祖太宗借军力勘定祸乱，用文治教化治理天下。掌握这两种方式，来治理国家，怎可用狭陋的西方的教化，来与我朝之大经大纶相抗衡呢？贞观、开元年间也曾经加以改革，但消除未尽，散布流传愈加广阔。朕博览前贤的言论，广求今人的议论。佛教弊端之要革除，绝无疑义，而朝廷内外诸大臣，诚心尽力地协助我，对事情的分析归纳极为明晰确当，实在有必要加以实行。除去千古以来腐坏国本的根源，完成后世百王的典则律法，救济百姓福利众民，我还要推让什么呢？

　　今全国所拆寺庙有四千六百余所，僧尼还俗的有二十六万五百人，收充两税户，拆掉私人建的小型寺院有四万余所，没收肥沃的上等田有数千万顷。僧尼所豢养的奴婢，收充两税户有十五万人。将僧尼改隶于鸿胪寺之主客郎中管理，以阐明外国之宗教。勒令大秦袄教徒二千余人还俗，不要混乱了中华淳良之风俗。

呜呼！前代未及实行，似乎有所等待，到今天全部除去，岂有不可能的呢？驱散游闲怠惰不事生产的人，已超过十万，废除华丽无用的屋宇，何止亿千。从此以清净来教化人民，一切崇尚无为，政事以简易为尚，以促成整合风俗的功效，使天下所有百姓都能向慕朝廷的教化。如果因为改革积弊才开始，日常行事之间不知者，朝廷诸臣应了解我的意思，宣告布达中外，都使知道。

（简松兴／编写整理）

《景德传灯录》序

杨 亿

杨亿（974—1020），字大年，建州浦城（今属福建）人。在宋太宗、真宗二朝，历任翰林学士、侍郎、史馆修撰等官。他作诗崇尚李商隐的风格，与友人刘筠、钱惟演等人交际唱和，一时风从，号为"西昆体"。他曾礼拜汝州广慧禅师，被当时的学佛士大夫尊为领袖。又屡次奉诏命编制《大藏》目录，校刊《景德传灯录》于润文译经院。

背 景

《景德传灯录》三十卷，是北宋真宗景德元年（1004）僧人道原搜辑了禅宗历代大师的对话和许多原始资料，依据时代先后编次而成的专书。

书名《传灯录》，就是说禅宗历代的传法机缘，都是以法传人，譬如灯火相传，辗转不绝。

《传灯》之类的著作，萌芽于南北朝，天竺僧耶舍带了汉译的梵本《祖偈因缘》（叙述七佛至二十八祖的传法事迹），到东土高齐境内。南朝梁简文帝又派人北上传写，因而得以流布于江南各地。唐德宗时，僧人惠炬将此本连同唐初以来传法宗师机缘，合并集成《宝林传》一书。此后经过百余年的陆续增修，到了南唐中主保大十年（952），终于有了正式传灯录的作品——《祖堂集》三十卷问世。这也是禅宗现存最古的灯史。

道原就是将《宝林传》和《祖堂集》等书，加以编排整理，使得条理贯串，资料完备，可说是宋代最早完成的一本最完备的禅宗学术史。

禅宗南派在五代末年已分为五家，道原是天台韶国师的弟子，法眼宗清凉文益的子孙，也是南宗第十世，住苏州承天寺。所以《传灯录》中，对青原系诸家的记载特别详细。世系也是从七佛到法眼宗的文益禅师为止，凡五十二世，共一千七百零一人。

又有一种说法，《传灯录》其实是湖州铁观音院僧拱辰纂修的。书写好以后，准备到京师投献朝廷。在路上与另一僧人同舟，谈起了这件事，并且把书给该僧观赏，不料那僧人竟悄悄把书拿走了。拱辰到了京师，就听见有个叫作道原的僧人，已经因进书而受封赏。

影　响

无论如何，《传灯录》由皇帝诏命当时的大文豪杨亿等人删改修定，去芜存菁，使得可读性大增。即使后来南宋僧人普济，结合五种灯录写成的《五灯会元》问世，《景德传灯录》还是盛行不衰，就是因为它的编次、文字都非常清楚，为有心研究禅宗学术的人，提供了极大的方便。直到今日，大学里所开的佛学课程中，只要谈到禅宗公案禅宗史，仍避不开这一本书。

原　文

昔释迦文以受然灯之夙记，当贤劫之次补，降神演化四十九年，开权实顿渐之门，垂半满偏圆之教^①。随机悟理，爰有三乘之差；接物利生，乃度无边之众^②。其济广大矣！其轨式备具矣！而双林入灭，独顾于饮光；屈眴(xuàn)相传，首从于达摩^③。不立文字，直指心源；不践阶梯，径登佛地。逮五叶而始盛，分千灯而益繁^④。达宝所者盖多，转法轮者非一^⑤。盖大雄

---

① 释迦文：即佛教始祖释迦牟尼，简称释迦。释迦本为印度种族名，在当时印度政治形势中，并无显著地位。有些佛书又说释迦是"能力"的意思，文是"静寂入道"的意思。受然灯之凤记：《瑞应经》上卷说：然灯佛出世时，释迦还是一个名叫"摩纳"的孩童。摩纳见王家小女儿名叫瞿夷的，拿了七枝青莲花，就买下了五枝，加上瞿夷托付的两枝，共七枝青莲，去供奉然灯佛。又见地上泥泞，就解下鹿皮衣覆在地上，见长度不够，又将头发铺地，让佛走过。所以然灯佛就授记给他说："是后九十一劫，名贤劫，汝当做佛，号释迦文如来。"《心地观经》卷一也说："释迦昔为摩纳仙人时，布发供养然灯佛，以是精进因缘故，入劫超于生死海。"摩纳是梵音，意即"儒童"。然灯，即燃灯佛。《智度论》卷九说：此佛出世时，身畔光明，如灯光照耀，所以称为"然灯太子"，成佛以后就称作"燃灯佛"。贤劫：过去之住劫，名为庄严劫；未来之住劫，名为星宿劫；现在之住劫，名为贤劫。现在之住劫二十增减中，有千佛出世，故称之为贤劫，亦名善劫。贤，善也；劫，时分之意。贤劫即为善的时分，也就是千佛贤圣出世的时分。四十九年：一般说法是，释迦十九岁出家，三十岁成佛，说法住世凡四十九年，至七十九岁入灭。约当周穆王四年至五十三年（前998—前949）。权实：谓佛法二教。佛说法有权、实的分别，适于一时权宜之法的是权，法理比较明浅；终始不变之法的是实，法理较深。顿渐：是顿悟和渐悟二法。偏圆：偏空、圆空二种。著于空白偏空；并空亦空之，一无所著，曰圆空，即第一义空。

② 三乘：小乘之三乘，是大乘、中乘、小乘。大乘之三乘，是声闻乘（小乘）、缘觉乘（辟支佛乘）、菩萨乘（大乘）。

③ 双林：娑罗树林中的两株娑罗树。入灭：入于灭度，即涅槃、寂灭（脱离烦恼曰寂，绝生死之苦果曰灭）。释迦在入灭前，叫阿难尊者在娑罗林中，两株娑罗树中间，铺一张卧榻，不久释迦就在榻上入灭了。饮光：释迦十大弟子之一，即摩诃迦叶，因为拈花微笑的缘故，独得释迦"实相无相，涅槃妙心"的教外别传。屈眴相传：即衣钵相传。佛家称布帛为屈眴。《宝林传》说：即达摩所传之衣七条也。

④ 五叶：《传灯录·达摩章》："传法救迷情，一华开五叶，结果自然成。"是禅宗分为五派之谶语。后来禅宗果然在宋代分为沩仰、临济、云门、曹洞、法眼等五派。千灯：喻禅师在各地传布心法，如明灯处处散布。灯是明灯。佛语说："传法他人，灯灯相传，心心相印。"

⑤ 宝所：藏珍宝之所，喻涅槃境界。法轮：佛的教法，如车轮旋转，能转凡成圣，能辗碎众生一切烦恼。

付嘱之旨，正眼流通之道，教外别行，不可思议者也①。

圣宋启运，人灵幽赞，太祖以神武戡乱，而崇净刹、辟度门；太宗以钦明御辩，而述秘诠、畅真谛；皇上以睿文继志，而序圣教、绎宗风②。焕云章于义天，振金声于觉苑③。莲藏之言密契，竺乾之绪克昌④。殖众善者滋多，传了义者闲出。圆顿之化，流于区域。有东吴僧道原者，冥心禅悦，索隐空宗，披奕世之祖图，采诸方之语录，次序其流派，错综其辞句，由七佛以至大法眼之嗣，凡五十二世，一千七百一人，成三十卷，目之曰《景德传灯录》⑤。诣阙奉进，冀于流布。皇上为佛法之外护，嘉释子之勤业，载怀重慎，思致远久，乃诏翰林学士左司谏知制诰臣杨亿、兵部员外郎知制诰臣李维、太常丞臣王曙等，同加刊削，俾之裁定⑥。

臣等昧三学之旨，迷五性之方；乏临川翻译之能，懵毗邪语默之要⑦。恭承严命，不敢牢让。窃用探索，匪遑宁居。考其论撰之意，盖以

---

① 大雄：释迦佛祖的德号。佛祖具足大力，能降伏四魔，故尊曰大雄。正眼：即正法眼藏。佛的心眼初见正法，名正法眼；深广而万德含藏，谓之藏。也就是禅宗教外别传的心印。

② 净刹：清净的佛刹。度门：出离世俗，超脱生死之门。度，即超度、出离之意。

③ 觉苑：佛苑寺庙。

④ 莲藏：即莲华藏世界之略称。诸佛报身的净土，是由宝莲华所成，故名莲藏。竺乾：即竺乾公，中国对佛的别称。白居易诗："大抵宗庄叟，私心事竺乾。"

⑤ 禅悦：入于禅定时所得之喜悦。奕世：累世。七佛：诸佛降世，前后无虑千数，但是佛家只取其中七佛为代表。七佛是毗婆尸佛、尸弃佛、毗舍浮佛、拘留孙佛、拘那含牟尼佛、迦叶佛、释迦牟尼佛。

⑥ 外护：佛家二护之一，供给我衣服饮食之亲属檀越。

⑦ 三学：戒、定、慧三学，即禁戒、禅定与智慧。五性：法相宗将一切众生的根机分为五类，即：定性声闻、定性缘觉、定性菩萨、不定性、无性。语默：悉达多太子始入劫毗罗城时，使诸释子寂静无言，故其父净饭王附以"牟尼（Muni）"之称。牟尼，寂也，即寂默、寂静之义。出家后，常修禅行而寂默无言，故曰"语默之要"。

真空为本，将以述曩（nǎng）圣入道之因，标昔人契理之说①。机缘交激，若挂于箭锋；智藏发光，旁资于鞭影②。诱导后学，敷畅玄猷（yóu）。而捃（jùn）摭（zhí）之来，征引所出，糟粕多在，油素可寻③。其有大士示徒，以一音而开演；含灵耸听，乃千圣之证明④。属概举之是资，取少分而斯可。若乃别加润色，失其指归，既非华竺之殊言，颇近错雕之伤宝。如此之类，悉仍其旧。

况又事资纪实，必由于善叙；言以行远，非可以无文。其有标录事缘，缕详轨迹；或辞条之纠纷，或言筌（quán）猥（wěi）俗，并从刊削，俾之纶贯。至有儒臣居士之问答，爵位姓氏之著明，校岁历以愆（qiān）殊，约史籍而差谬，咸用删去，以资传信。自非启投针之玄趣，驰激电之迅机；开示妙明之真心，祖述苦空之深理，即何以契传灯之喻，施刮膜之功。若乃但述感应之征符，专叙参游之辙迹，此已标于僧史，亦奚取于禅诠。聊存世系之名，庶纪师承之自。然而旧录所载，或掇粗而遗精，别集具存，当寻文而补阙。率加采撷，爰从附益。逮于序论之作，或非古德之文，间厕编联，徒增楦（xuàn）酿⑤。亦用简别，多所屏去。迄兹周岁，方遂终篇。

臣等性识愧于冥烦，学问惭于涉猎，天机素浅，文力无余。妙道在人，虽刳（kū）心而斯久；玄言绝俗，固墙面以居多⑥。滥膺推择之私，靡著发挥之效；

---

① 真空：出一切色相意识的境界。

② 智藏：智慧广大，含藏一切诸法。鞭影：佛语，如世良马见鞭影而行。语出《五灯会元》。

③ 油素：素为精白之绢，其光如油，故名油素。古人书画多用之。

④ 一音：佛只以一种声音来宣说一切教法，转谓代佛说法者，皆曰一音。《维摩经佛国品》云："佛以一音演说法，众生随类各得解。"

⑤ 楦酿：杂凑，凑搭。

⑥ 刳心：洗心。《庄子·天地篇》："君子不可以不刳心焉。"剖其心而空之也。

已克终于紬绎，将仰奉于清闲。莫副宸襟，空尘睿览。谨上。

《景德传灯录》

译　文

　　以前佛祖释迦牟尼的前身，还是一个印度孩童的时候，因为礼拜供养燃灯佛，所以能受记转世为如来佛，作为千佛传承中的一环。自从他三十岁成佛后，住世说法，推演变化，共四十九年，开启了入佛的权宜之法、不变之教，与渐进、顿悟的修道法门，留下了圆融无碍及偏空论理的不同教义。受教者可随自己的禀赋与当时机宜，各自了悟佛理，因此有了三乘宗派的区别。佛祖慈待万物，利益众生，化度无尽的生灵；他慈悲济人的胸怀，实在广大，他的轨范法则，也具备完全了。后来，佛祖在娑罗树林的两株树中间寂灭了，入灭前传给弟子摩诃迦叶"涅槃妙心，实相无相"的悟道大法；由此一脉相传，直到第二十八代菩提达摩，在南北朝时东渡中国，于嵩山上面壁九年，建立了"不立文字，直指心源"的中国禅宗。不经由文字宣佛，直接就可达到了悟的境地。到了唐朝，六祖弘忍南下广东，建立南宗顿悟一派，又由此行分为沩仰、临济、云门、曹洞、法眼五宗，禅宗势力因此逐渐昌盛，各地禅寺也更加繁衍。了悟法义的固然很多，转凡成圣的也不在少数。这些都是佛祖传授的旨意，正法流通的原则，在教法经典之外，另行传布，不能空凭理念去思考呀！

　　我们宋朝得到天佑民助，太祖皇帝神武英明，平定乱事，统一天下，即位后，非常尊崇佛教，开启了超度入佛的大门。太宗皇帝以睿智明辩的口才来畅述佛理，通达经义。当今仁宗皇帝，天纵英明，继承德业，发扬佛教，演绎佛理，对佛界有发聋振聩的功业，就如在青天铺洒锦云般的显眼。他所说的，与佛经真义紧密契合，佛教的流传也因此更加昌盛。行善的人愈来愈多，传布佛义的人也不断出现；圆教、顿教的法义，得以流布在宋朝疆域之中。此时有一位东吴来的僧人，法号道原，潜心研究以空为义、不立文字的禅宗。他披阅禅宗历代祖师的事迹行谊，采撷各类语录的记载，归纳他们的源流宗派，开始撰写专书，从印度七佛，到中国法眼宗的继承人文益禅师为止，共有五十二世，一千七百零一人，写成三十卷，书名叫作《景德传灯录》。道原写完此书后，来到朝廷，希望能够使它广为流传。皇上对佛教爱护有加，鼓励释子勤力学佛，所以诏命朝臣杨亿、李维、王曙等人，加以刊削，以便裁定出书。

我们这几个主事的臣子，不明了佛家戒、定、慧三学的旨要，又不清楚众生根基的五性，缺乏信雅达的翻译能力，又不知道禅宗不立文字的教义，真不知该如何是好。可是诏命既下，唯有戒慎恭敬地接受，不敢推让。于是竭力探究这本书的义理，一点都不敢怠忽。稽考道原论撰此书的用意，大概是依据禅宗空无不执着的观念，来叙述以前圣贤大师悟觉正道的缘故，标明前人契合佛理的言论。书中所说的义理，精切机妙，能让人智慧顿开。启发导引佛教后进，使精深的佛理得以显达四方。可是道原所搜辑的资料、征引的原文，精义深理虽时而可见，而杂言废语也不在少数。一般说来，菩萨开导门生，只用一种声音说法，而有灵性的众生都在专心听受，这就是人皆有佛性的明证。此书所载，以列举事例为主，只需撷取诸书中相关文字即可；如果自行加以润色，便失去了原文的宗旨意义，就不是佛家的真言，反而造成错误，损伤佛理法义了。所以像这一类的文辞，都完全依照旧文，不加删改。

不过，此书既是实事的记载，一定要叙述得有技巧，才能引人入胜。而且文字记载的目的，是想将事理广为流传，使之万世不朽，所以叙述事例的时候，又不能不加以文饰。书中有标明摘录事例缘由的，就将它的原始本末，一丝一缕，详尽记载；如果是文辞条理纠缠不清，或解释的用词猥俗不堪，就都将它删削，使全书前后的体例能够系统条贯。至于书中所记载儒臣居士的答问之语，或谈到姓名、爵位的地方，如果考诸史籍、校以年代，都不能吻合，就将它们删除，以使传言信实。如果不能启发深幽细微的佛意，畅达石火电光的机悟，开示神妙明澈的真心，远宗佛祖苦性、空无的深理，那又怎能契合传承明灯的事业，施展刮削琢磨的工夫呢？如果仅是叙述菩萨显灵、愿求应现的事例，以及僧人参悟游方的事迹，这些都写明在《高僧传》这些佛史典籍之中了，又怎能助于禅悟的诠义呢？道原的《传灯录》，算是保存了禅宗历代传承的世系，以及师承的流衍；只是选用的史料比较粗陋，如果可用其他书籍的资料加以补充，也大多予以采用，以增益加详。至于序论的文字，不是古代佛师的创作，如果杂在书中，只显得散乱冗长。所以也予以简化，或舍弃不用。从受命删削到现在，已满一年了，才完稿成书。

微臣三人，才性识度实在是昏昧不明，学问也不够用心；天机向来浅薄，文辞工力也不够深厚。不过，神妙的佛道自在人心，只要虚心追求就能获得；佛道的精义，超迈流俗，当然是不了解的人居多。我们轻易地接下了推阐佛义的责任，却没有发挥显著的成效；只是完成了初步的探讨工作，现在就进呈给皇上，请皇上闲暇时略加过目。我们实在没有达成皇上的诏命，只是枉费皇上的圣鉴。微臣杨亿等谨上。

（黄复山／编写整理）

复宋誓书

耶律隆绪

耶律隆绪（971—1031），即辽圣宗，是辽朝第六位皇帝。他非常钦慕汉族的文物制度，尤好读唐《贞观政要》；曾经亲自以契丹文译白居易的《讽谏集》，命番臣诵读。他是一位汉化很深，又有志于修明内政的君主。在位期间，曾经出兵攻宋，结果缔结澶渊之盟，使宋、辽两国维持了长期的和平。

背　景

契丹是北宋初期的主要外患之一。太祖时，因全心统一国内，无暇北顾。太宗降服北汉，完成国内的统一后，企图乘胜追击，一并收复久为辽人占据的燕、云地区，不幸大败于高梁河。接着又有瓦桥关、歧沟关之败，从此不再有恢复燕、云的念头。辽人反而因为几次胜利，更加轻视宋朝，常常越过边界，劫掠人民财物。因此，两国经常处于紧张戒备的状态。

辽圣宗在位时，主持朝政的萧太后与朝中的大臣已对战争感到厌倦，想要终止双方的冲突，但为取得较大的战果，遂决意倾国南征。于是在统和二十二年（1004），即宋真宗景德元年九月，出兵二十万大举入侵，声势浩大。宋人大惊，朝臣多主张迁都避祸，只有寇準力劝真宗赴澶渊，御驾亲征。真宗接受了寇準的建议，渡河至澶州督军。深入宋境的辽军，攻战并不顺利；加上真宗亲征，聚集了数十万宋兵，让契丹大为震惊。恰巧辽国统军的挞览中伏弩而卒，军心涣散。宋朝方面则因真宗的怯懦，也无心恋战，因此双方进行和议。

由于辽兵的攻势受挫，所以求和的心意甚为迫切。前此为辽人俘获的宋云州观察王继忠，素受真宗信任，又感于萧太后的器重礼遇，全力促成宋、辽和议。最初，寇準坚决反对议和，但因真宗厌战，遂退而主张命辽称臣，并归还幽州，可惜并未被真宗采纳。同时有人诬陷寇準想拥兵以自重，真宗乃应允了王继忠的请和。宋朝派遣曹利用到辽营谈判，允许岁输银十万两、绢二十万匹，宋以叔母礼事辽太后，辽帝以兄礼事宋帝。这就是有名的"澶渊之盟"。本文即辽主答复宋帝议和的誓书。

契丹使朝聘图

宋辽交换国书

影 响

澶渊定盟之后，宋、辽两国虽偶有纠纷，但是使节往返不绝，大致上得以维持和平的局面，对北宋的政治稳定很有帮助。其和议之模式也成为宋代基本国策。

原 文

维统和二十二年，岁次甲辰，十二月庚辰朔，十二日辛卯，大契丹皇帝谨致誓书于大宋皇帝阙下，共议戢兵，复论通好，兼承惠顾，特示誓书云①：

以风土之宜，助军旅之费，每岁以绢二十万匹、银一十万两，更不差使臣专往北朝，只令三司差人搬送至雄州交割；沿边州军各守疆界；两地人户不得交侵；或有盗贼逋逃，彼此无令停匿；至于陇亩稼穑，南北勿纵惊骚②。所有两朝城池，并可依旧存守，淘濠完葺，一切如常，即不得创筑城隍，开掘河道。誓书之外，各无所求，必务协同，庶存悠久。自此保安黎庶，慎守封陲。质于天地神祇，告于宗庙社稷，子孙共守，传之无穷。有渝此盟，不克享国。昭昭天鉴，当共殛之！

孤虽不才，敢遵此约，谨当告于天地，誓之子孙：苟渝此盟，神明是殛！专具咨述，不宣，谨白。

《续资治通鉴长编》

译 文

辽圣宗统和二十二年（1004）十二月十二日，大契丹皇帝慎重地致送誓书到大宋皇帝的住处，共同讨论停战，以及继续交好的事，同时承蒙您

---

① "维统和二十二年"四句：古人以干支纪年月日，岁次甲辰，即指此年为甲辰年；十二月庚辰朔，指十二月初一是庚辰日；十二日辛卯，谓十二日这天是辛卯日。

② 三司：宋沿五代之制，置三司使总理国计，承应各地的贡赋，通管盐铁、度支、户部，号曰"计省"，地位次于宰相，有"计相"之称。因此，运送岁币的任务，便由三司使负责。

的爱顾，特意呈示誓书的内容：

由于民风土俗的合宜，每年提供二十万匹绢、十万两银，作为军队的费用，不必另外派遣使臣专程前往（辽国），只要下令三司调派人员运送到雄州交接；双方边界各州的军队，谨守各自的疆土；双方人民不可互相攻击；如果有逃亡的盗贼，双方都不可让他们居留、藏匿；至于田地里的农作物，大家都不能纵容军民扰乱。两国原有的城墙和护城河，一切照旧，挖浚护城河、修补城墙，也完全依平常的办法。只是不得再建造新的城池、挖掘新的河道。除此之外，双方都没有其他的要求，然而一定要协力同心地遵守，才能保持长久。今后，各自照顾自己的子民，谨慎地固守边界。双方定盟于天神地祇之前，祭告于彼此的宗庙社稷，让子孙共同遵守，流传不息。如违背这项盟约，就不能保有国家。英明监视的上天，一定会予以诛除的。

我虽然不聪敏，却愿意遵守这个和约，并且恭敬地祭告天地，告诫子孙：如果违背这项盟约，上天会施予诛惩的。专门述说，不公开说，谨启。

（蒋秋华／编写整理）

《御制册府元龟》序

赵 恒

赵恒（968—1022），即宋真宗，为宋代第三任皇帝。景德元年（1004），辽军入寇，真宗用寇準议亲征，结果订立"澶渊之盟"。事后真宗深以为耻，遂与大臣伪造天书《大中祥符》，并更改年号，举行封禅，建立宫祠，由于花费过巨，使得财用不足，国势衰颓。

背 景

宋太宗时曾下令编纂三部大书：约取经史子集和百家之言而成《太平御览》一千卷，集六朝至唐代类书的大成；收集一些稗官野史、笔说小说而成《太平广记》五百卷，集小说的大成；精择诸家文集而成《文苑英华》一千卷，是六朝以后，以唐代为主的诗文选集。这三部书对于保存宋代以前的文献资料，有很大的贡献。太宗之所以敕纂诸书，有人认为具有政治目的，即意在羁縻降国旧臣。然据今人考证，认为编纂和归附的时间不能配合，降臣对故国的忠心亦不牢固，所以编书的政治作用不大。其最大的目的，是因中国古代素有"盛世修典"的传统，太宗此时大力修典，正好表扬君主崇儒好学，点缀升平，以获右文令主的美誉。

唐末五代长期纷乱，使得典籍散亡，百不存一。宋太祖即位以后，厉行文治，曾有"欲武臣尽读书以通治道"的计划。只因全国尚未统一，所以文教仍未兴盛。到太宗时，宇内粗定，国基渐固，遂有余力倡导文教。

太平兴国二年（977），诏命儒臣纂修编辑，先后完成《太平御览》《太平广记》《文苑英华》三部大书。真宗澶渊之盟以后，力求在文化上有所表现，也铺陈出一种"盛世"景象，乃于景德二年（1005）复命群儒缀辑，完成《册府元龟》一书。这四部书的卷帙相当繁富，为艺林一大盛事，所以后人以"宋汇部四大书"称之。

影　响

本文为宋真宗自撰的《册府元龟》序文，叙述他踵继太宗之志，敕纂此书。《册府元龟》共计一千卷，乃汇聚历代治乱兴衰、君臣得失事迹而成，相当于一部"历史辞典"。

此书为宋四大书最后完成的一部，也是花费时间最久的一部。由于真宗有意使此书成为后世法典，所以收录的事迹都寓有惩劝目的，不同于太宗敕编的三书。

太清观书

类书的编辑，往往可以保存古书的部分面貌，唐代的《北堂书钞》《艺文类聚》，是早期重要的类书，可惜卷帙不多，收录有限。宋四大书的卷帙浩瀚，收录的古籍不在少数。因此，对后人辑佚古书，提供了相当大的帮助。如严可均的《全上古三代秦汉三国六朝文》、黄奭的《黄氏佚书考》，就从宋四大书中采择了不少资料。

原　文

太宗皇帝始则编小说而成《广记》，纂百氏而著《御览》，集章句而制《文苑》，聚方书而撰《神医》；次复刊广疏于九经，校阙疑于三史，修古学于篆籀（zhòu），总妙言于释老，洪猷（yóu）丕显，能事毕陈①。

朕遹（yù）遵先志，肇振斯文，载命群儒，共司缀缉。粤自正统至于闰位，君臣善迹，邦家美政，礼乐沿革，法令宽猛，官师议论，多士名行，靡不具载，用存典型②。凡敕成一千一百四门，门有小序，述其指归；分为三十一器，

---

① 《神医》：即《神医普救》，有一千卷，原为宋太宗诏编的四部书之一，因不传于世，后人乃以《册府元龟》与太宗诏编的三书，合称"宋四大书"。刊广疏于九经：宋太宗端拱元年（988），诏令刊行《五经正义》，至淳化五年（994）全部完成。至道二年（996），又下令校定《周礼》《仪礼》《公羊》《穀梁》传疏。校阙疑于三史：淳化五年，分校《史记》《汉书》《后汉书》，刻于杭州。修古学于篆籀：宋太宗雍熙三年（986），国子监刊行《说文解字》。总妙言于释老：宋太宗于兴国寺之西置译经院，名"传法院"，其东为印经院。以印度法天、吉祥、天息灾、法进、法贤、施护等主持译经，自太平兴国七年（982）到至道末年，共成二百五十三卷。太平兴国六年（981），益州呈进《大藏经》雕板三万板，一千零七十六部，五千零四十八卷，即世称的《官蜀本大藏经》。

② 正统：古代王朝继承的嫡正统绪。此论在宋代相当热烈，如欧阳修、司马光、朱熹等人，都有辩论的文章。即针对一些篡位或分裂的朝代，争论它们的合法性、代表性，以串成合法王朝的继承系统。闰位：指不得正统之命的朝代，如同岁月之余分置闰年、闰月。

部有总序，言其经制：凡一千卷①。

《玉海》

译　文

太宗皇帝最初汇集小说野史，编成《太平广记》一书；纂辑百家之言，成为《太平御览》一书；聚集诗赋文章，制成《文苑英华》一书；收聚医药书籍，撰成《神医普救》一书。接着又刊行九经注疏，校正《史记》《汉书》《后汉书》的缺漏、疑问，整理古文字学，汇刻佛家、道家的书籍。伟大的功绩十分显著，精明的事务全都完成。

我遵从先人的志业，大力振兴礼乐教化，命令众儒臣，共同从事编纂工作。从正统的王朝到闰余的王朝，凡是君臣的善良事迹，国家的和美政治，礼乐制度的演变，宽松或严厉的法令，百官的议论，士人的善行，无不记载，以保存模范标准。一共下令完成一千一百零四门，各门都有小序，叙述意旨归向；分成三十一部，各部有总序，说明规模制度：总共有一千卷。

（蒋秋华／编写整理）

---

① 一千一百四门：今本仅一千一百零二门，为原来计算错误，或为后人传抄而误，已不得而知。

朋党论

欧阳修

欧阳修（1007—1072），字永叔，自号醉翁、六一居士，谥文忠，宋吉州吉水（今属江西）人。少读韩愈文章，非常喜欢，日后主持科考，极力排抑诡怪的太学体，倡导古文，改变了当时的文风。他的诗、文、词均佳，为北宋文坛领袖。又乐于提拔后进，苏轼、曾巩、王安石等人，都受过他的提携和鼓励。著有《新唐书》《新五代史》《毛诗本义》《集古录》《六一诗话》《六一词》《文忠集》等书。

欧阳修像

背　景

宋太祖鉴于唐末五代以来长期的武人干政，于是对武人采取压抑的政策，而特别重用文人，曾立下"不杀士人"的训示。备受礼遇的士大夫，有感于朝廷的尊崇，自我期许也就相对增高。

不过宋朝的士大夫喜欢议论朝政，往往持论严苛，而未必切于事理，因此常起争辩，进而形成派系。另外，为了防止大臣专权，允许谏官在没有真凭实据的情况下也可以提出弹劾，这又引发大臣相互的攻讦、报复，逐渐形成朋党对峙。

朋党是恶辞，指小人朋比为奸，结成党羽。宋仁宗景祐三年（1036），范仲淹上《百官图》，指责宰相吕夷简任用私人，又进《帝王好尚》《选贤任能》《近名》《推诿》四论，讥切时弊。也就是批评他们是朋党。吕夷简则反过来说范仲淹越职言事，离间君臣，引用朋党，以致范仲淹落职出知饶州。余靖、尹洙、欧阳修为他诉不平，同遭贬斥。韩缜为迎合吕夷简，竟奏请以范仲淹等人为朋党，宜将其名张榜于朝堂，用以禁戒百官越职言事，其议为朝廷接受。

庆历三年（1043），增置谏官，欧阳修、王素、蔡襄、余靖等皆入选。欧阳修每次入对，仁宗都向他询问执政官员施政的得失，他便乘机劝勉仁宗进贤去邪。然而自范仲淹等人外放后，朝中小人将他们视为党人，于是遂有朋党的非议。至此，欧阳修乃撰《朋党论》，进呈仁宗。文中借古事为讽喻，由于论事切直，所以深受嘉奖。如此一来，更加刺激了反对一派的人，彼此对立、争论的情形日益恶化。这就是史家所称的"庆历党议"。

影　响

从政治的辩论，演变成意气的争执，其间虽然不乏正直大臣的为国筹谋，却因彼此胶固己见，不能坦诚合作，再加上奸邪小人从中撺掇，终于造成凡事必争、党同伐异的局面。因此，北宋中叶以后的政局，几乎与朋党脱离不了关系，且相互指责对方是朋党。例如英宗朝的濮议、神宗朝的变法，都出现了大臣对立争执的激烈场面。尤其是变法的论争，表面上新、旧两派相互攻击，然而两派内部又有歧见，派系更显得复杂，有蜀党、洛党、朔党等。得势者固然大行其道，失意者乃亟思平反，就在这种此起彼伏的党派倾轧下，结束了北宋的政权。

原　文

　　臣闻朋党之说，自古有之，惟幸人君辨其君子、小人而已。大凡君子与君子，以同道为朋；小人与小人，以同利为朋：此自然之理也。

　　然臣谓小人无朋，惟君子则有之。其故何哉？小人所好者，利禄也；所贪者，货财也。当其同利之时，暂相党引以为朋者，伪也。及其见利而争先，或利尽而交疏，则反相贼害，虽其兄弟亲戚，不能相保。故臣谓小人无朋，其暂为朋者，伪也。君子则不然。所守者道义，所行者忠信，所惜者名节。以之修身，则同道而相益；以之事国，则同心而共济。终始如一，此君子之朋也。故为人君者，但当退小人之伪朋，用君子之真朋，则天下治矣。

　　尧之时，小人共工、驩兜等四人为一朋，君子八元、八恺十六人为一朋，舜佐尧，退四凶小人之朋，而进元、恺君子之朋，尧之天下大治①。及舜自为天子，而皋陶、夔、稷、契等二十二人，并立于朝，更相称美，更相推让，凡二十二人为一朋，而舜皆用之，天下亦大治②。《书》曰："纣

---

① 小人共工、驩兜等四人为一朋：帝尧时的四凶是共工、驩兜、三苗、鲧，分别为舜流放窜诛，见《尚书·尧典》。又《左传·文公十八年》，以穷奇、浑敦、饕餮、梼杌为帝尧时的四凶，朋比为恶，遭到舜的驱逐。明周祈的《名义考》，认为穷奇就是共工、浑敦就是驩兜、饕餮就是三苗、梼杌就是鲧。君子八元、八恺十六人为一朋：八元、八恺是帝尧的贤臣，据《左传·文公十八年》，高阳氏有才子八人：苍舒、隤敳、梼戭、大临、尨降、庭坚、仲容、叔达，民谓之八恺；高辛氏有才子八人：伯奋、仲堪、叔献、季仲、伯虎、仲熊、叔豹、季狸，民谓之八元。这十六人经由舜的推荐，为帝尧任用。元，善；恺，和。

② "皋陶、夔、稷、契等二十二人"二句：《尚书·尧典》：舜命九官：皋陶作士，掌刑法；夔典音乐，教歌舞；弃为后稷，掌农事；契作司徒，掌教化；禹作司空，平水土；垂为共工，掌百工；益为虞官，管草木鸟兽；伯夷作秩宗，典三礼；龙作纳言，司谏诫。并且说："咨！汝二十有二人，钦哉！"二十二人未有定说，或以九官加四岳（一人）、十二牧，成二十二人；或以四岳（四人）、十二牧加六官（除去弃、契、皋陶），成二十二人。

有臣亿万，惟亿万心；周有臣三千，惟一心。"①纣之时，亿万人各异心，可谓不为朋矣，然纣以亡国；周武王之臣三千人为一大朋，而周用以兴。后汉献帝时，尽取天下名士囚禁之，目为党人；及黄巾贼起，汉室大乱，后方悔悟，尽解党人而释之，然已无救矣②。唐之晚年，渐起朋党之论，及昭宗时，尽杀朝之名士，咸投之黄河，曰："此辈清流，可投浊流。"③而唐遂亡矣。

夫前世之主，能使人人异心不为朋，莫如纣；能禁绝善人为朋，莫如汉献帝；能诛戮清流之朋，莫如唐昭宗之世：然皆乱亡其国。更相称美推让而不自疑，莫如舜之二十二臣，舜亦不疑而皆用之。然而后世不诮舜为二十二人朋党所欺，而称舜为聪明之圣者，以能辨君子与小人也。周武之世，举其国之臣三千人共为一朋，自古为朋之多且大莫如周，然周用此以兴者，善人虽多而不厌也。夫兴亡治乱之迹，为人君者可以鉴矣。

《欧阳修全集》

---

① "《书》曰"句：见《尚书·泰誓上》，原文"纣"作"受"、"周"作"予"。为周武王说的话。

② 目为党人：后汉桓帝延熹九年（166），李膺、陈寔、范滂等名士，为宦官诬告，指他们共为部党，图谋不轨，被逮捕下狱者达二百余人。次年遇赦放还，惟禁锢终身。灵帝建宁二年（169），宦官又大捕天下名士，杀李膺、陈蕃等百余人。这就是汉末的两次党锢之祸。本文谓献帝兴党祸，乃作者误记。黄巾贼起：灵帝中平元年（184），巨鹿人张角挟妖术起事，以黄巾裹头，抗扰数十年，史称黄巾之乱。尽解党人而释之：黄巾军起，四方震动，皇甫嵩和吕强请朝廷开放党禁，大赦党人。此亦灵帝时事。

③ "唐之晚年"二句：唐朝自穆宗起，有牛（牛僧孺、李宗闵）、李（李德裕）党争，双方各树朋党，互相倾轧，前后达四十年。咸投之黄河：唐昭宣帝天祐二年（905），朱全忠聚朝臣裴枢、独孤损等三十余人于白马寺，其谋士李振因屡考进士不第，对朱全忠说："此辈常自谓清流，宜投之黄河，使为浊流。"全忠依言而行。此为昭宣帝时事，作者误为昭宗。

译　文

　　我听说朋党的事情，从古代就有了，幸好君主还能够辨别谁是君子，谁是小人。大致上，君子和君子因为道义相同而成为朋友，小人和小人因为共同的利益而成为朋友：这是自然的道理。

　　但是我认为小人没有朋友，只有君子才有。那是什么原因呢？小人喜好的是利益爵禄，贪恋的是金钱货物。当他们拥有共同利益的时候，暂时结党援引成为朋友，那是虚情假意的。等到他们见到好处而抢先争夺时，或利益结束而交情疏远时，便会反过来互相残害，虽然是他们的兄弟亲戚，也不能保全。所以我说小人没有朋友，他们暂时的结交，是虚情假意的。君子就不是这样了。他们信守的是道德仁义，实行的是忠诚信用，爱惜的是名誉节操，用这些来修养自己，会因理想相同而彼此帮助，用来报效国家，就会团结一心而共同努力，从开始到终结都不会变，这就是君子的结交。所以君王只要斥废小人虚伪的党羽，进用君子真诚的朋党，那么就会天下太平了。

　　在帝尧的时候，小人共工、驩兜等四人结成一个朋党，君子八元、八恺十六人结成一个朋党，舜辅佐帝尧，斥退四凶小人的朋党，而进用八元、八恺君子的朋党，使当时的天下安和太平。等到舜自己当了天子，皋陶、夔、后稷、契等二十二人同在朝中，他们互相辞让，但是这二十二个人的朋党，帝舜都予以用，天下因此而太平。《尚书》说："商纣有亿万臣民，却有亿万条心；周武王只有三千臣民，却能团结一条心。"商纣的时候，亿万臣民各怀异心，可说是不能成为朋党，所以商纣因此亡国；周武王的三千臣民，能结合成一个大朋党，所以周朝因此兴盛。东汉献帝时，逮捕囚禁全国所有的知名人士，当作党人看待；等到黄巾贼起来作乱，天下大乱之后，才后悔觉悟，把所有党人都赦免释放，但是已无法挽救败亡了。唐朝末年，渐渐兴起朋党的议论，等到昭宗时，朱全忠杀死朝中所有的知名人士，将尸体都丢入黄河，李振竟然说："这些人自认为德行高洁，可以丢到污浊的河水里。"唐朝也就因此灭亡了。

前代的君王，使得人人不同心而无法团结，没有像商纣这样的；禁锢断绝善人结党的，没有像汉献帝这样的；诛杀屠戮德行高洁的大臣，没有像唐昭宗的时候：然而都使他们的国家衰乱败亡。互相赞美辞让而不猜疑的，没有像帝舜的二十二个臣子，帝舜也不怀疑而全部重用。但是后世之人不责备帝舜被二十二人的朋党欺蒙，却称颂帝舜为聪明的圣王，因为他能够分辨君子和小人。周武王的时候，使全国三千臣民结成一个大朋党，从古以来，结成朋党人数的多而大，没有像周武王这样的，但是周朝因此而兴盛，因为善人是不嫌多的。这些兴盛衰亡、安定败乱的例子，可供君王作为鉴戒。

（蒋秋华／编写整理）

毕昇发明活字板

沈 括

沈括（1031—1095），字存中，宋杭州钱塘（今浙江杭州）人。仁宗嘉祐八年（1063）举进士第。王安石推行变法时，他积极参与，颇受王安石的信任与器重。变法失败，他也因此贬官。哲宗元祐三年（1088），定居润州梦溪园（在今江苏镇江东），度其余生。沈括博学多才，为宋代的大学者，著作大都亡佚，今存《梦溪笔谈》《孟子解》《苏沈良方》《长兴集》等。

沈括像

背 景

印刷术是我国古代四大发明（另外三项是罗盘、造纸、火药）之一，对世界文明有很大的贡献。这项伟大的技术，究竟何时发明，今已无法详知。不过根据留存的实物和学者的考证，唐代以前还没有雕板印刷，大约到唐代初期才有。

雕板印刷是受印章与石经摹拓启示所产生的技术，可以省却读书人抄书的麻烦。可是唐代的雕板印刷并不盛行，多半用来印行农书、历书、佛经、佛像。因为一页刻一板，费时又费力；而刻好的板片保存不易，又不能重复使用，印他书需另找刻板，并不十分经济便利。因此，若非需求众多的书籍，实在不适于雕板印刷。到了宋代，毕昇发明活字板，始解决这个困扰。

影 响

毕昇是北宋仁宗时的印刷工匠，他用胶泥刻字，一字刻一印，聚合众印排成一板，印后拆散，仍可使用。跟现代排版印刷同一原理。这种方式比起雕板印刷，不但快捷，而且经济，是一大进步。由于毕昇的重大改革，降低了制作的成本，使得印刷事业蓬勃兴盛，书肆林立，经籍的流传日益普遍，造成有宋一代辉煌灿烂的学术发展。活字印刷术，经由蒙古人西征，传到欧洲。欧洲人将这种技术加以改进，也使他们的印刷事业突飞猛进，对于文艺复兴运动，有相当重要的影响。沈括这篇文章记载了这件事，使这一件影响巨大的发明得以留下历史性的记录。

毕昇像

不过，由于实物资料缺乏，沈括此文之记载只是孤证，科技史界争议很大，尤其是韩国因保存的活字印刷实物时代比我国的早，故一直主张印刷术是韩国发明的。近年黑水城考古后，发现西夏的活字，才解决了这项争议。因为西夏建国即在北宋时期的中国北方宁夏地区，与沈括记载的印刷术发明时代相近。当时此项技术既已被西夏采用，足证活字印刷术在中原一带已经非常流行了。西夏黑水城文物，以活字实物，用来印《大藏经》。

原 文

板印书籍，唐人尚未盛为之，自冯瀛^{yíng}王始印五经，已后典籍，皆为板本①。庆历中，有布衣毕昇，又为活板②。其法：用胶泥刻字，薄如钱唇，每字为一印，火烧令坚③。先设一铁板，其上以松脂、蜡和纸灰之类冒之。欲印，则以一铁范置铁板上，乃密布字印。满铁范为一板，持就火炀之。药稍熔，则以一平板按其面，则字平如砥④。若止印三二本，未为简易，若印数十百千本，则极为神速。常作二铁板，一板印刷，一板已自布字，此印者才毕，则第二板已具，更互用之，瞬息可就。每一字皆有数印，如"之""也"等字，每字有二十余印，以备一板内有重复者。不用，则以纸帖之，每韵为一贴，木格贮之⑤。有奇字素无备者，旋刻之，以草火烧，瞬息可成。不以木为之者，木理有疏密，沾水则高下不平，兼与药相黏不可取，不若燔土，用讫再火，令药熔，以手拂之，其印自落，殊不沾

① 板印书籍：以木板印刷书籍，即雕板印刷。古人用枣木或梨木，锯成一块块长方形同样大小的木板，反贴写字的透明薄纸，再用刻刀挖去无字的部分，成为凸雕的文字，此即印板。刷上油墨，敷纸轻刷，即得所印的书籍。唐人尚未盛为之：根据考证，唐代的雕板印刷已相当发达，不过大多用来印制佛经和历书，而且一度遭受朝廷的禁止，所以印刷术的使用在唐代还不是很普遍。始印五经：后唐明宗长兴三年（932），宰相冯道、李愚等奏请刊刻经典，朝廷令国子监田敏等校正九经，刻板印行，经过二十余年，至后周太祖广顺三年（953），才全部完成。九经指《周易》《尚书》《诗经》、三礼（《周礼》《仪礼》《礼记》）、《春秋》三传（《左传》《公羊传》《穀梁传》），将三礼合称为《礼》，三传合称为《春秋》，即为五经。
② 活板：即活字板，指以活字排成的印板。毕昇最先发明用胶泥刻字，后来有用瓦字、木字、铜字、锡字等排版的，近世则使用铅字。
③ 火烧令坚：由于胶泥含水分时较软，容易刻字，用火烧干水分，则较为坚固，印书时才不致瘫软。
④ 药稍熔：药指松脂、蜡，只可稍微熔化，不可完全熔化，否则变成液体，无法粘着字模。
⑤ 帖：原指用帛制成的书签，这里作动词用，同"贴"字，即贴上纸做的标签。"每韵为一贴"二句：将同属一韵的字，存放在一个木格之中，并贴上各韵的名称。检字的工人即自各个木格中选取所要排印的字样。韵，指诗韵，隋、唐以后，韵书流行，供诗人作诗之用。宋代陈彭年、邱雍等奉敕修辑《大宋重修广韵》，共有二百零六个韵目。

污^①。昇死，其印为予群从所得，至今宝藏^②。

《梦溪笔谈》

译 文

　　以木板印刷书籍，唐朝还不太盛行，自从冯道开始刊印五经以后，所有的书籍才全用木板刻印。宋仁宗庆历年间，有一个叫毕昇的老百姓，又发明了活字板。他用胶泥刻字，所刻的字像铜钱的边缘那么薄，每一个字刻一个字印，用火烧干，使它坚硬。先铺设一块铁板，在上面覆盖用松脂、蜡与纸灰搅和成的药剂。要印刷的时候，把一个铁框放在铁板上，然后紧密地排上字印，放满整铁框就是一板，拿去用火加热，等到药剂稍微熔化，就用一块平滑的木板压在上面，使排列的字模像磨刀石一样平滑。如果只是印刷两三本，并不觉得简单省事，但若印上几十、几百、几千本，就觉得十分快速了。常常是先做两块铁板，一块拿去印刷，另一块也排好了字印，这一板才印完，第二板已经准备好了，两块铁板交替地使用，转眼之间便可印完。每一个字都有好几个字印，例如"之""也"这些字，每个字便有二十多个字印，以供同一块铁板内重复使用。不用的时候，贴上纸做的标签，每一个韵目贴一张，存放在不同的木格里。有时遇到平常没有准备的罕见字，马上用胶泥刻字，燃草烘干，转眼间便能完成。不用木头作字印，因为木头的纹理有疏松、紧密的差别，沾水以后会高低不平，而且会和药剂粘在一起，不容易分开。比不上用火烧胶泥，用完以后再加热，让药剂融化，只要用手拍打，字印自然脱落，一点也不会沾染上药剂而弄脏。毕昇死后，他所制造的字印被我的子侄们得到，一直到现在，都好好地珍藏着。

（蒋秋华／编写整理）

---

① 沾水则高下不平：由于木头会吸水，吸水后体积膨胀，而膨胀的情形并不一致，往往高低不平，不能印出平整的书籍。

② 群从：谓子侄辈。同宗曰从，同宗兄弟总称曰群从。

上仁宗皇帝言事书

王安石

王安石（1021—1086），字介甫，号半山，宋抚州临川（今江西抚州）人。因受神宗的信任，用他为相，致力改革弊政，施行青苗、免役、保甲、保马、方田、均输、市易诸法。由于朝中旧臣不肯配合，以致新法失败，朝中因此形成新、旧党争，导致北宋覆亡。元丰中，受封荆国公。卒后谥文，追封舒王。著有《临川集》一百三十卷，及《周官新义》《唐百家诗选》等。

王安石像

背　景

宋仁宗嘉祐三年（1058），王安石提点江东刑狱，次年去官，回京报命，乃上仁宗这篇万言书。全文畅论当世之务，十分激切，大有矫世变俗的意思，可惜没有受到仁宗的重视。

宋神宗是一位亟思作为的君主，未登位时，即思改善民生之道，并经常听到王安石的行谊。即位后，神宗立刻召见安石，共同推行变法。

王安石自中进士以后，到上这篇万言书时，担任地方行政工作将近二十年，对于实际的政事，有深刻的体认，所以能够确切地指出弊病所在。根据他的经验，总结当时的缺失，就是人才的不足。人才之所以不足，牵涉的问题很广泛，而最重要的是培养和任用的方法不当。因此日后王安石施行变法时，科举制度与学校升贡法成为改革的重点，大致即以万言书中的意见为蓝本。

影　响

宋初科考采用背诵默写的方式，颇受非议。王安石主张以经义策论为考试科目，可是却由政府颁布"大义式"，令士子遵效，则难免限制太过，开后世八股文的先河，影响了元明清几朝的文风及科举选官制度。又为了统一经义，遂于熙宁六年（1073）奏请置设经义局，编修《周礼》《诗经》《尚书》三经新义。这些官修经义与后来安石撰作的《字说》，代表了王安石一家之学，随着新法的实行，影响宋代科举甚巨。

王安石变法，构想虽然不错，却由于得不到其他大臣的支持，而不得不起用一些不适当的人选，终于招致失败。换句话说，新法失败的重大原因，正是安石在上仁宗万言书中所指出的"人才不足"。他能够洞察时弊，却无法将其矫正，对他而言，或许颇有"志不得伸"的慨叹吧！但是，他新法的宏模和远见，对后世的影响却是既深且远的。

原　文

臣愚不肖，蒙恩备使一路；今又蒙恩召还阙廷，有所任属，而当以使事归报陛下①。不自知其无以称职，而敢缘使事之所及，冒言天下之事，伏惟陛下详思而择其中，幸甚！

臣窃观陛下有恭俭之德，有聪明睿智之才，夙兴夜寐，无一日之解，

---

① 备使一路：指仁宗嘉祐三年（1058），王安石受命提点江东刑狱。

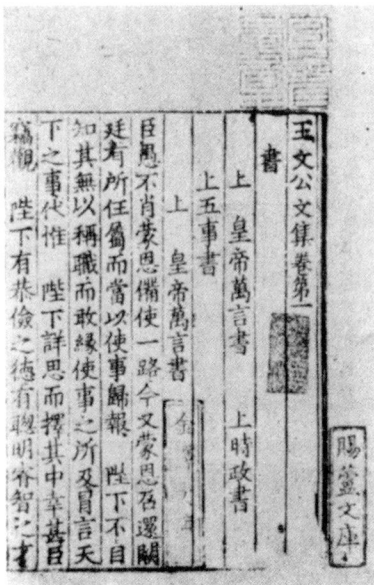

《上仁宗皇帝言事书》书影

声色狗马、观游玩好之事，无纤介之蔽，而仁民爱物之意，孚于天下；而又公选天下之所愿以为相辅者，属之以事，而不贰于谗邪倾巧之臣。此虽二帝三王之用心，不过如此而已[①]！宜其家给人足，天下大治。而效不至于此，顾内则不能无以社稷为忧，外则不能无惧于夷狄，天下之财力日以困穷，而风俗日以衰坏，四方有志之士，谡谡然常恐天下之不久安。此其故何也？患在不知法度故也。今朝廷法严令具，无所不有，而臣以谓无法度者，何哉？方今之法度，多不合乎先王之政故也。孟子曰："有仁心仁闻，而泽不加于百姓者，为政不法先王之道故也。"[②]以孟子之说，观方今之失，正在于此而已。

夫以今之世，去先王之世远，所遭之变、所遇之势不一，而欲一二修先王之政，虽甚愚者，犹知其难也。然臣以谓今之失，患在不法先王之政者，以谓当法其意而已。夫二帝三王，相去盖千有余载，一治一乱，其盛衰之时具矣。其所遭之变、所遇之势，亦各不同，其施设之方亦皆殊，而其为天下国家之意，本末先后，未尝不同也。臣故曰：当法其意而已。

---

① 二帝三王：帝尧、帝舜为二帝，夏禹、商汤、周武王为三王。

② "孟子曰"句：见《孟子·离娄上》。原文作："今有仁心仁闻而民不被其泽，不可法于后世者，不行先王之道也。"

法其意，则吾所改易更革，不至于倾骇天下之耳目，嚣天下之口，而固已合乎先王之政矣。虽然，以方今之势揆之，陛下虽欲改易更革天下之事，合于先王之意，其势必不能也。陛下有恭俭之德，有聪明睿智之才，有仁民爱物之意，诚加之意，则何为而不成？何欲而不得？然而臣顾以谓陛下虽欲改易更革天下之事，合于先王之意，其势必不能者，何者？以方今天下之人才不足故也。

臣尝试窃观天下在位之人，未有乏于此时者也。夫人才乏于上，则有沉废伏匿在下，而不为当时所知者矣。臣又求之于闾巷草野之间，而亦未见其多焉，岂非陶冶而成之者非其道而然乎？臣以谓方今在位之人才不足者，以臣使事之所及，则可知矣。今以一路数千里之间，能推行朝廷之法令，知其所缓急，而一切能使民以修其职事者甚少，而不才苟简贪鄙之人，至不可胜数。其能讲先王之意，以合当时之变者，盖阖郡之间，往往而绝也。朝廷每一令下，其意虽善，在位者犹不能推行，使膏泽加于民；而吏辄缘之为奸，以扰百姓。臣故曰：在位之人才不足，而草野闾巷之间亦未见其多也。夫人才不足，则陛下虽欲改易更革天下之事，以合先王之意；大臣虽有能当陛下之意，而欲领此者；九州之大，四海之远，孰能称陛下之指，以一二推行此，而人人蒙其施者乎？臣故曰：其势必未能也。孟子曰："徒法不能以自行[1]。"非此之谓乎？

然则方今之急，在于人才而已。诚能使天下之才众多，然后在位之才，可以择其人而取足焉。在位者得其才矣，然后稍视时势之可否，而因人

---

① 徒法不能以自行：见《孟子·离娄上》。谓法令仍须靠人推行，始见功效。

情之患苦，变更天下之弊法，以趋先王之意，甚易也。今之天下，亦先王之天下，先王之时，人才尝众矣，何至于今而独不足乎？故曰：陶冶而成之者非其道故也。商之时，天下尝大乱矣，在位贪毒祸败，皆非其人；及文王之起，而天下之才尝少矣。当是时，文王能陶冶天下之士而使之皆有士君子之才，然后随其才之所有而官使之。《诗》曰："岂弟君子，遐不作人①？"此之谓也。及其成也，微贱兔罝之人，犹莫不好德，"兔罝"之诗是也②。又况于在位之人乎？夫文王惟能如此，故以征则服，以守则治。《诗》曰："奉璋峨峨，髦士攸宜③。"又曰："周王于迈，六师及之④。"言文王所用文武各得其才，而无废事也。及至夷、厉之乱，天下之才又尝少矣。至宣王之起，所与图天下之事者，仲山甫而已。故诗人叹之曰："德辖如毛，维仲山甫举之，爱莫助之。"⑤盖闵人士之少，而山甫之无助也。宣王能用仲山甫，推其类以新美天下之士，而后人才复众。于是内修政事，外讨不庭，而复有文、武之境土。故诗人美之曰："薄言采芑，于彼新田，于此菑亩。"⑥言宣王能新美天下之士，使之有可用之才，如农夫新美其田，而使之有

---

① "岂弟君子"二句：见《诗经·大雅·旱麓》。谓有盛德的君主，何不造就人才呢。

② "兔罝"之诗：见《诗经·周南》。郑玄笺曰："罝兔之人，鄙贱之事，犹能恭敬，则是贤者众多也。"

③ "奉璋峨峨"二句：见《诗经·大雅·棫朴》。指文王身边有很多贤能的人。奉，捧。璋，璋瓒，祭祀时用以灌酒之器。峨峨，盛壮的样子。士，才俊之士。

④ "周王于迈"二句：亦见《诗经·大雅·棫朴》。谓周王往何处去，六军即与之俱往。六师，六军，古时只有天子才能拥有六军。《周礼·夏官·大司马》："凡制军，万有二千五百人为军，王六军。"

⑤ 诗人叹之曰：见《诗经·大雅·烝民》。原文作："德辖如毛，民鲜克举之。我仪图之，维仲山甫举之。爱莫助之。"周宣王命仲山甫筑城于齐，吉甫作此诗以送之。

⑥ 诗人美之曰：见《诗经·小雅·采芑》。此诗赞美宣王的南征。

可采之芑也。由此观之，人之才未尝不自人主陶冶而成之者也。

所谓陶冶而成之者，何也？亦教之养之、取之任之有其道而已。所谓教之之道，何也？古者天子诸侯自国至于乡党皆有学，博置教导之官而严其选，朝廷礼乐刑政之事皆在于学。士所观而习者，皆先王之法言德行、治天下之意，其才亦可以为天下国家之用。苟不可以为天下国家之用，则不教也。苟可以为天下国家之用者，则无不在于学。此教之之道也。所谓养之之道，何也？饶之以财，约之以礼，裁之以法也。何谓饶之以财？人之情，不足于财，则贪鄙苟得，无所不至。先王知其如此，故其制禄，自庶人之在官者，其禄已足以代其耕矣。由此等而上之，每有加焉，使其足以养廉耻而离于贪鄙之行。犹以为未也，又推其禄以及其子孙，谓之"世禄"。使其生也，既于父子兄弟妻子之养、昏姻朋友之接，皆无憾矣！其死也，又于子孙无不足之忧焉。何谓约之以礼？人情足于财，而无礼以节之，则又放僻邪侈，无所不至。先王知其如此，故为之制度，婚丧祭养燕享之事，服食器用之物，皆以命数为之节，而齐之以律度量衡之法。其命可以为之，而财不足以具，则弗具也。其财可以具，而命不得为之者，不使有铢（zhū）两分寸之加焉。何谓裁之以法？先王于天下之士，教之以道艺矣，不帅教，则待之以屏弃远方、终身不齿之法；约之以礼矣，不循礼，则待之以流杀之法[①]。《王制》曰："变衣服者，其君流。"[②]《酒诰》曰："厥或诰曰：'群饮。'汝勿佚，尽执拘以归于周，予其杀。"夫群饮、

---

① 教之以道艺：《周礼·地官·保氏》："养国子以道，乃教之六艺。"

② "《王制》曰"句：《礼记·王制》云："变礼易乐者为不从，不从者，君流；革制度衣服者为畔，畔者，君讨。"此处乃约举其文。

变衣服，小罪也；流杀，大刑也。加小罪以大刑，先王所以忍而不疑者，以为不如是，不足以一天下之俗而成吾治。夫约之以礼，裁之以法，天下所以服从无抵冒者，又非独其禁严而治察之所能致也。盖亦以吾至诚恳恻之心，力行而为之倡。凡在左右通贵之人，皆顺上之欲而服行之，有一不帅者，法之加必自此始。夫上以至诚行之，而贵者知避上之所恶矣，则天下之不罚而止者众矣。故曰：此养之之道也。

所谓取之之道者，何也？先王之取人也，必于乡党，必于庠序；使众人推其所谓贤能，书之以告于上而察之。诚贤能也，然后随其德之大小、才之高下，而官使之。所谓察之者，非专用耳目之聪明，而听私于一人之口也。欲审知其德，问以行；欲审知其才，问以言。得其言行，则试之以事。所谓察之者，试之以事是也。虽尧之用舜，亦不过如此而已。又况其下乎？若夫九州之大，四海之远，万官亿丑之贱，所须士大夫之才则众矣。有天下者，又不可以一二自察之也，又不可以偏属于一人，而使之于一日二日之间，考试其行能，而进退之也。盖吾已能察其才行之大者，以为大官矣，因使之取其类，以持久试之；而考其能者，以告于上，而后以爵命禄秩予之而已。此取之之道也。所谓任之之道者，何也？人之才德，高下厚薄不同，其所任有宜有不宜。先王知其如此，故知农者以为后稷，知工者以为共工①。其德厚而才高者，以为之长；德薄而才下者，以为之佐属。又以久于其职，则上狃习而知其事，下服驯而安其教。

---

① "知农者以为后稷"二句：《尚书·舜典》："帝（舜）曰：'弃！黎民阻饥。汝后稷，播时百谷。'……帝曰：'俞咨！垂，汝共工。'"

贤者则其功可以至于成，不肖者则其罪可以至于著。故久其任而待之以考绩之法。夫如此，故智能才力之士，则得尽其智以赴功，而不患其事之不终，其功之不就也。偷惰苟且之人，虽欲取容于一时，而顾僇辱在其后，安敢不勉乎？若夫无能之人，固知辞避而去矣。居职任事之日久，不胜任之罪不可以幸而免故也。彼且不敢冒，而知辞避矣，尚何有比周谗谄争进之人乎？取之既已详，使之既已当，处之既已久，至其任之也又专焉，而不一二以法束缚之，而使之得行其意。尧、舜之所以理百官而熙众工者，以此而已。《书》曰：“三载考绩，三考，黜陟^{chù zhì}幽明^①。”此之谓也。然尧、舜之时，其所黜者，则闻之矣，盖四凶是也；其所陟者，则皋陶、稷、契，皆终身一官而不徙^②。盖其所谓陟者，特加之爵命禄赐而已耳。此任之之道也。

夫教之养之、取之任之之道如此，而当时人君，又能与其大臣，悉其耳目心力，至诚恻怛^{dá}，思念而行之。此其人臣之所以无疑，而于天下国家之事，无所欲为而不得也。

方今州县虽有学，取墙壁具而已，非有教导之官，长育人才之事也。唯太学有教导之官，而亦未尝严其选。朝廷礼乐刑政之事，未尝在于学。学者亦漠然，自以礼乐刑政为有司之事，而非己所当知也。学者之所教，讲说章句而已。讲说章句，固非古者教人之道也。近岁乃始教之以课试

---

① “三载考绩”三句：见《尚书·舜典》。

② 四凶：《左传·文公十八年》：“舜臣尧，流四凶族：浑敦、穷奇、梼杌、饕餮，投诸四裔，以御螭魅。”《尚书·舜典》：“流共工于幽州，放驩兜于崇山，窜三苗于三危，殛鲧于羽山，四罪而天下咸服。”明周祈的《名义考》认为“四凶”即“四罪”。皋陶、稷、契：据《舜典》，舜任皋陶为士师，掌刑法；弃为后稷，掌农事；契为司徒，教人伦。

之文章。夫课试之文章，非博诵强学穷日之力则不能。及其能工也，大则不足以用天下国家，小则不足以为天下国家之用。故虽白首于庠序，穷日之力以帅上之教，及使之从政，则茫然不知其方者，皆是也。盖今之教者，非特不能成人之力而已，又从而困苦毁坏之，使不得成才者，何也？夫人之才，成于专而毁于杂。故先王之处民才，处工于官府，处农于畎亩，处商贾于肆，而处士于庠序。使各专其业，而不见异物，惧异物之足以害其业也。所谓士者，又非特使之不得见异物而已；一示之以先王之道，而百家诸子之异说，皆屏之而莫敢习者焉。今士之所宜学者，天下国家之用也。今悉使置之不教，而教之以课试之文章，使其耗精疲神，穷日之力以从事于此，及其任之以官也，则又悉使置之，而责之以天下国家之事。夫古之人以朝夕专其业于天下国家之事，而犹才有能有不能。今乃移其精神，夺其日力，以朝夕从事于无补之学。及其任之以事，然后卒然责之以为天下国家之用，宜其才之足以有为者少矣。臣故曰：非特不能成人之才，又从而困苦毁坏之，使不得成才也。

又有甚害者：先王之时，士之所学者，文、武之道也。士之才有可以为公卿大夫，有可以为士，其才之大小、宜不宜则有矣。至于武事，则随其才之大小，未有不学者也。故其大者，居则为六官之卿，出则为六军之将也①。其次则比闾族党之师,亦皆卒两师旅之帅也②。故边疆宿卫,皆得士大夫为之,而小人不得奸其任。今之学者,以为文武异事,吾知治文事而已,至于边疆宿卫之任,则推而属之于卒伍。往往天下奸悍无赖之人,苟其才行足自托于乡里者,亦未有肯去亲戚而从召募者也。边疆宿卫,此乃天下之重任,而人主之所当慎重者也。故古者教士,以射御为急。其他技能,则视其人才之所宜,而后教之;其才之所不能,则不强也。至于射,则为男子之事。人之生,有疾则已,苟无疾,未有去射而不学者也。在庠序之间,固当从事于射也。有宾客之事则以射,有祭祀之事则以射,别士之行同能偶则以射;于礼乐之事,未尝不寓以射,而射亦未尝不在于礼乐祭祀之间也。《易》曰:"孤矢之利,以威天下③。"先王岂以射为可以习揖让之仪而已乎?固以为射者,武事之尤大,而威天下、守国家之具也。居则以是习礼乐,出则以是从战伐。士既朝夕从事于此,而能者众,则边疆宿卫之任,皆可以择而取也。夫士尝学先王之道,其行义尝见推于乡党矣,然后因其才而托之以边疆宿卫之事。此古之人君所以推干戈以属之人,而无内外之虞也。今乃以夫天下之重任,人主所当至慎之选,推而属之奸悍无赖,才行不足自托于乡里之人。此

---

① 六官之卿:即六卿,其职掌见《尚书·周官》:"冢宰掌邦治,统百官,均四海;司徒掌邦教,敷五典,扰兆民;宗伯掌邦礼,治神人,和上下;司马掌邦政,统六师,平邦国;司寇掌邦禁,诘奸慝,刑暴乱;司空掌邦土,居四民,时地利。六卿分职,各率其属,以倡九牧,阜成兆民。"

② 比闾族党:《周礼·地官·大司徒》:"五家为比,五比为闾,四闾为族,五族为党。"卒两师旅:《周礼·地官·小司徒》:"五人为伍,百人为卒,五百人为旅,二千五百人为师。"

③ "孤矢之利"二句:见《易·系辞下》。

方今所以谒谒然常抱边疆之忧，而虞宿卫之不足恃以为安也。今孰不知边疆宿卫之士不足恃以为安哉？顾以为天下学士以执兵为耻，而亦未有能骑射行阵之事者，则非召募之卒伍，孰能任其事者乎？夫不严其教，高其选，则士之以执兵为耻，而未尝有能骑射行阵之事，固其理也。凡此皆教之非其道故也。

方今制禄，大抵皆薄。自非朝廷侍从之列，食口稍众，未有不兼农商之利而能充其养者也。其下州县之吏，一月所得，多者钱八九千，少者四五千，以守选待除守阙通之，盖六七年后得三年之禄。计一月所得，乃实不能四五千，少者乃实不能及三四千而已。虽厮养之给，亦窘于此矣，而其养生丧死、婚姻葬送之事，皆当于此。夫出中人之上者，虽穷而不失为君子；出中人之下者，虽泰而不失为小人。唯中人不然，穷则为小人，泰则为君子。计天下之士，出中人之上下者，千百而无十一；穷而为小人，泰而为君子者，则天下皆是也。先王以为众不可以力胜也，故制行不以己，而以中人为制。所以因其欲而利道之，以为中人之所能守，则其制可以行乎天下，而推之后世。以今之禄制，而欲士之无毁廉耻，盖中人之所不能也。故今官大者，往往交赂遗，营赀产，以负贪污之毁。官小者，贩鬻乞丐，无所不为。夫士已尝毁廉耻以负累于世矣，则其偷惰取容之意起，而矜奋自强之心息，则职业安得而不弛，治道何从而兴乎？又况委法受赂、侵牟百姓者，往往而是也。此所谓不能饶之以财也。

婚丧奉养、服食器用之物，皆无制度以为之节，而天下以奢为荣，以俭为耻。苟其财之可以具，则无所为而不得；有司既不禁，而人又以此为荣。苟其财不足，而不能自称于流俗，则其婚丧之际，往往得罪于族人亲姻，而人以为耻矣。故富者贪而不知止，贫者则勉强其不足以追之。此士之所以重困，而廉耻之心毁也。凡此所谓不能约之以礼也。

方今陛下躬行俭约，以率天下，此左右通贵之臣所亲见，然而其闺门之内，奢靡无节，犯上之所恶，以伤天下之教者，有已甚者矣，未闻朝廷有所放绌以示天下。昔周之人拘群饮而被之以杀刑者，以为酒之末流生害，有至于死者众矣，故重禁其祸之所自生。重禁祸之所自生，故其施刑极省，而人之抵于祸败者少矣。今朝廷之法，所尤重者，独贪吏耳。重禁贪吏，而轻奢靡之法。此所谓禁其末而弛其本。然而世之识者，以为方今官冗，而县官财用已不足以供之，其亦蔽于理矣[1]！今之入官诚冗矣，然而前世置员盖甚少，而赋禄又如此之薄，财用之所不足，盖亦有说矣，吏禄岂足计哉？臣于财利固未尝学，然窃观前世治财之大略矣。盖因天下之力，以生天下之财；取天下之财，以供天下之费。自古治世，未尝以不足为天下之公患也，患在治财无其道耳。今天下不见兵革之具，而元元安土乐业，人致己力，以生天下之财。然而公私常以困穷为患者，殆以理财未得其道，而有司不能度世之宜而通其变耳。诚能理财以其道而通其变，臣虽愚，固知增吏禄不足以伤经费也。

方今法严令具，所以罗天下之士，可谓密矣。然而亦尝教之以道艺，而有不帅教之刑以待之乎？亦尝约之以制度，而有不循理之刑以待之乎？亦尝任之以职事，而有不任事之刑以待之乎？夫不先教之以道艺，诚不

---

[1] 县官：指朝廷。《史记·食货志》："皆得厚赏，衣食仰给县官。"所言县官即指朝廷。

可以诛其不帅教；不先约之以制度，诚不可以诛其不循礼；不先任之以职事，诚不可以诛其不任事。此三者，先王之法所尤急也，今皆不可得诛。而薄物细故，非害治之急者，为之法禁，月异而岁不同，为吏者至于不可胜记，又况能一二避之而无犯者乎？此法令所以玩而不行，小人有幸而免者，君子有不幸而及者焉，此所谓不能裁之以刑也。凡此皆治之非其道也。

方今取士，强记博诵，而略通于文辞，谓之茂才异等、贤良方正；茂才异等、贤良方正者，公卿之选也①。记不必强，诵不必博，略通于文辞，而又尝学诗赋，则谓之进士；进士之高者，亦公卿之选也。夫此二科所得之技能，不足以为公卿，不待论而后可知。而世之议者，乃以为吾常以此取天下之士，而才之可以为公卿者，常出于此，不必法古之取人，而后得士也。其亦蔽于理矣。先王之时，尽所以取人之道，犹惧贤者之难进，而不肖者之杂于其间也。今悉废先王所以取士之道，而驱天下之才士，悉使为贤良、进士，则士之才可以为公卿者，固宜为贤良、进士。而贤良、进士，亦固宜有时而得才之可以为公卿者也。然而不肖者，苟能雕虫篆刻之学，以此进至乎公卿；才之可以为公卿者，困于无补之学，而以此绌死于岩野，盖十八九矣②。夫古之人有天下者，其所以慎择者，公卿而已。公卿既得其人，因使推其类以聚于朝廷，则百司庶物，无不

---

① 茂才异等、贤良方正：两种都是汉代选举人才的科目，均出于推荐。宋代也有相同的科目，然而需经过考试。

② 雕虫篆刻：原指赋而言。扬雄《法言·吾子篇》："或问：'吾子少而好赋？'曰：'然！童子雕虫篆刻。'俄而曰：'壮夫不为也。'"后来用以泛指文章诗赋。

得其人也。今使不肖之人，幸而至乎公卿，因得推其类聚之朝廷。此朝廷所以多不肖之人，而虽有贤智，往往困于无助，不得行其意也。且公卿之不肖，既推其类以聚于朝廷；朝廷之不肖，又推其类以备四方之任使；四方之任使者，又各推其不肖以布于州郡。则虽有同罪举官之科，岂足恃哉？适足以为不肖者之资而已。

其次九经、五经、学究、明法之科，朝廷固已尝患其无用于世，而稍责之以大义矣①。然大义之所得，未有以贤于故也。今朝廷又开明经之选，以进经术之士②。然明经之所取，亦记诵而略通于文辞者，则得之矣。彼通先王之意，而可以施于天下国家之用者，顾未必得与于此选也。其次则恩泽子弟，庠序不教之以道艺，官司不考问其才能，父兄不保任其行义，而朝廷辄以官予之，而任之以事③。武王数纣之罪，则曰："官人以世④。"夫官人以世，而不计其才行，此乃纣之所以乱亡之道，而治世之所无也。又其次曰流外，朝廷固已挤之于廉耻之外，而限其进取之路矣⑤。顾属之以州县之事，使之临士民之上，岂所谓以贤治不肖者乎？以臣使事之所及，一路数千里之间，州县之吏，出于流外者，往往而有，可属任以事者，

---

① 九经、五经、学究、明法之科：都是宋初礼部贡举所设的科目，此外还有进士、《开元礼》、三史、三礼、三传、明经等科。

② 明经：宋仁宗嘉祐二年（1057），将进士和诸科原有的名额减半，增设明经，测试两经或三经、五经，各问大义十条，两经通八、三经通六、五经通五为合格。

③ 恩泽子弟：靠父祖关系而得到官位的子孙。这种方式又叫作"荫"。多半是职位较高或有功勋的大臣，朝廷为表示对他们的礼遇、酬谢，特别授官予他们的子弟。

④ 官人以世：见《尚书·泰誓中》。即以父子相承的方式任官。

⑤ 流外：古代官制，自一品至九品谓之流内，属于正式的品第；不入于九品者谓之流外，都属徵末的官职。

484

殆无二三,而当防闲其奸者,皆是也。盖古者有贤不肖之分,而无流品之别。故孔子之圣,而尝为季氏吏,盖虽为吏,而亦不害其为公卿[①]。及后世有流品之别,则凡在流外者,其所成立,固尝自置于廉耻之外,而无高人之意矣。夫以近世风俗之流靡,自虽士大夫之才,势足以进取,而朝廷尝奖之以礼义者,晚节末路,往往怵而为奸。况又其素所成立,无高人之意,而朝廷固已挤之于廉耻之外,限其进取者乎?其临人亲职,放僻邪侈,固其理也。至于边疆宿卫之选,则臣固已言其失矣。凡此皆取之非其道也。

方今取之既不以其道,至于任之,又不问其德之所宜,而问其出身之后先;不论其才之称否,而论其历任之多少。以文学进者,且使之治财。已使之治财矣,又转而使之典狱。已使之典狱矣,又转而使之治礼。是则一人之身,而责之以百官之所能备,宜其人才之难为也。夫责人以其所难为,则人之能为者少矣。人之能为者少,则相率而不为。故使之典礼,未尝以不知礼为忧。以今之典礼者,未尝学礼故也。使之典狱,未尝以不知狱为耻。以今之典狱者,未尝学狱故也。天下之人,亦已渐渍于失教,被服于成俗;见朝廷有所任使,非其资序,则相议而讪之;至于任使之不当其才,未尝有非之者也。且在位者数徙,则不得久于其官。故上不能狃习而知其事,下不肯服驯而安其教。贤者则其功不可以及于成,不肖者则其罪不可以至于著。若夫迎新将故之劳,缘绝簿书之

---

① 尝为季氏吏:《史记·孔子世家》:"孔子贫且贱,及长,尝为季氏吏。"《史记索隐》:"有本作'委吏'。"委吏,主委积仓库文吏。

弊，固其害之小者，不足悉数也。设官大抵皆当久于其任，而至于所部者远，所任者重，则尤宜久于其官，而后可以责其有为。而方今尤不得久于其官，往往数日辄迁之矣。取之既已不详，使之既已不当，处之既已不久，至于任之则又不专，而又一二以法束缚之，不得行其意。臣故知当今在位多非其人，稍假借之权而不一二以法束缚之，则放恣而无不为。虽然，在位非其人，而恃法以为治，自古及今，未有能治者也。即使在位皆得其人矣，而一二以法束缚之，不使之得行其意，亦自古及今，未有能治者也。夫取之既已不详，使之既已不当，处之既已不久，任之又不专，而一二之以法束缚之，故虽贤者在位，能者在职，与不肖而无能者，殆无以异。夫如此，故朝廷明知其贤能足以任事，苟非其资序，则不以任事而辄进之。虽进之，士犹不服也。明知其无能而不肖，苟非有罪，为在事者所劾，不敢以其不胜任而辄退之。虽退之，士犹不服也。彼诚不肖无能，然而士不服者，何也？以所谓贤能者任其事，与不肖而无能者，亦无以异故也。臣前以谓不能任人以职事，而无不任事之刑以待之者，盖谓此也。

夫教之养之、取之任之，有一非其道，则足以败天下之人才。又况兼此四者而有之，则在位不才苟简贪鄙之人，至于不可胜数，而草野闾巷之间，亦少可任之才，固不足怪。《诗》曰："国虽靡止，或圣或否。民虽靡膴，或哲或谋，或肃或艾。如彼泉流，无沦胥以败。"① 此之谓也。

夫在位之人才不足矣，而闾巷草野之间，亦少可用之才，则岂特行

---

① "《诗》曰"句：见《诗经·小雅·小旻》。为讽刺王惑于邪谋之诗。

先王之政而不得也？社稷之托，封疆之守，陛下其能久以天幸为常，而无一旦之忧乎？盖汉之张角，三十六万同日而起，所在郡国莫能发其谋。唐之黄巢，横行天下，而所至将吏无敢与之抗者。汉、唐之所以亡，祸自此始。唐既亡矣，陵夷以至五代，而武夫用事，贤者伏匿消沮而不见，在位无复有知君臣之义、上下之礼者也。当是之时，变置社稷，盖甚于弈棋之易。而元元肝脑涂地，幸而不转死于沟壑者，无几耳。夫人才不足，其患盖如此。而方今公卿大夫，莫肯为陛下长虑后顾，为宗庙万世计，臣窃惑之。昔晋武帝趣过目前，而不为子孙长远之谋。当时在位，亦皆偷合苟容，而风俗荡然，弃礼仪，捐法制，上下同失，莫以为非，有识固知其将必乱矣。而其后果海内大扰，中国列于夷狄者，二百余年。伏惟三庙祖宗神灵，所以付属陛下，固将为万世血食而大庇元元于无穷也[①]。臣愿陛下鉴汉、唐、五代之所以乱亡，惩晋武苟且因循之祸，明诏大臣，思所以陶成天下之才。虑之以谋，计之以数，为之以渐，期为合于当世之变而无负于先王之意，则天下之人才不胜用矣。人才不胜用，则陛下何求而不得，何欲而不成哉？夫虑之以谋，计之以数，为之以渐，则成天下之才甚易也。

臣始读《孟子》，见孟子言王政之易行，心则以为诚然。及见与慎子论齐、鲁之地，以为先王之制国，大抵不过百里者，以为今有王者起，则

---

① 三庙：指宋太祖、宋太宗、宋真宗。

凡诸侯之地，或千里，或五百里，皆将损之至于数十百里而后止^①。于是疑孟子虽贤，其仁智足以一天下，亦安能毋劫之以兵革，而使数百千里之强国，一旦肯损其地之十八九，比于先王之诸侯？至其后观汉武帝用主父偃之策，令诸侯王地，悉得推恩封其子弟，而汉亲临定其号名，辄别属汉^②。于是诸侯王之子弟，各有分土，而势强地大者，卒以分析弱小。然后知虑之以谋，计之以数，为之以渐，则大者固可使小，强者固可使弱，而不至乎倾骇变乱败伤之衅，孟子之言不为过。又况今欲改易更革，其势非若孟子所为之难也。臣故曰：虑之以谋，计之以数，为之以渐，则其为甚易也。

然先王之为天下，不患人之不为，而患人之不能；不患人之不能，而患己之不勉。何谓不患人之不为，而患人之不能？人之情所愿得者，善名美行、尊爵厚利也，而先王能操之以临天下之士。天下之士有能遵之以治者，则悉以其所愿得者以与之。士不能则已矣，苟能，则孰肯舍其所愿得，而不自勉以为才？故曰：不患人之不为，患人之不能。何谓不患人之不能，而患己之不勉？先王之法，所以待人者尽矣。自非下愚不可移之才，未有不能赴者也。然而不谋之以至诚恻怛之心，力行而先之，未有能以至诚恻怛之心，力行而应之者也。故曰：不患人之不能，而患己之不勉。陛下诚有意乎成下之才，则臣愿陛下勉之而已。

臣又观朝廷异时欲有所施为变革，其始计利害，未尝不熟也。顾有

---

① 论齐、鲁之地：《孟子·告子下》："鲁欲使慎子为将军，孟子曰：'……一战胜齐，遂有南阳，然且不可。……周公之封于鲁，为方百里也……太公之封于齐也，亦为方百里也。……今鲁方百里者五，子以为有王者作，则鲁在所损乎？在所益乎？'"

② 推恩封其子弟：《汉书·中山王传》："其后（武帝）更主父偃谋，令诸侯以私恩自裂地分其子弟，而汉为定制封号，辄别属汉郡。"此偃销弱之计。

一流俗侥幸之人，不悦而非之，则遂止而不敢。夫法度立，则人无独蒙其幸者。故先王之政，虽足以利天下，而当其承弊坏之后，侥幸之时，其创法立制，未尝不艰难也。使其创法立制，而天下侥幸之人，亦顺说以趋之，无有龃龉，则先王之法，至今存而不废矣。惟其创法立制之艰难，而侥幸之人，不肯顺悦而趋之，故古之人欲有所为，未尝不先之以征诛，而后得其意。《诗》曰："是伐是肆，是绝是忽，四方以无拂①。"此言文王先征诛，而后得意于天下也。夫先王欲立法度以变衰坏之俗，而成人之才，虽有征诛之难，犹忍而为之，以为不若是，不可以有为也。及至孔子，以匹夫游诸侯，所至则使其君臣捐所习，逆所顺，强所劣，憧憧如也，卒困于排逐。然孔子亦终不为之变，以为不如是不可以有为。此其所守盖与文王同意。夫在上之圣人莫如文王，在下之圣人莫如孔子，而欲有所施为变革，则其事盖如此矣。今有天下之势，居先王之位，创立法制，非有征诛之难也。虽有侥幸之人，不悦而非之，固不胜天下顺悦之人众也。然而一有流俗侥幸不悦之言，则遂止而不敢为者，惑也。陛下诚有意乎成天下之才，则臣又愿断之而已。夫虑之谋，计之以数，为之以渐，而又勉之以成，断之以果，然而犹不能成天下之才，则以臣所闻，盖未有也。

　　然臣之所称，流俗之所不讲，而今之议者，以谓迂阔而熟烂者也。窃观近世士大夫，所欲悉心力耳目，以补助朝廷者有矣。彼其意非一切利害，则以为当世所能行者。士大夫既以此希世，而朝廷所取于天下之士，亦不过如此。至于大伦大法，礼义之际，先王之所力学而守者，盖

---

① "是伐是肆"三句：见《诗经·大雅·皇矣》。乃叙述周文王伐密、伐崇之事。

不及也。一有及此，则群聚而笑之，以为迂阔。今朝廷悉心于一切之利害，有司法令于刀笔之间，非一日也，然其效可观矣。则夫所谓迂阔而熟烂者，惟陛下亦可以少留神而察之矣。昔唐太宗正观之初，人人异论，如封德彝之徒，皆以为非杂用秦、汉之政，不足以为天下①。能思先王之事开太宗者，魏文正公一人尔②。其所施设，虽未能尽当先王之意，抑其大略可谓合矣。故能以数年之间，而天下几致刑措，中国安宇，蛮夷顺服。自三王以来，未有如此盛时也。唐太宗之初，天下之俗，犹今之世也。魏文正公之言，固当时所谓迂阔而熟烂者也，然其效如此。贾谊曰："今或言德教之不如法令，胡不引商、周、秦、汉以观之？"③然则唐太宗之事，亦足以观矣。

　　臣幸以职事归报陛下，不自知其驽下无以称职，而敢及国家之大体者，以臣蒙陛下任使，而当归报。窃谓在位之人才不足，而无以称朝廷任使之意，而朝廷所以任使天下之士者，或非其理，而士不得尽其才。此亦臣使事之所及，而陛下之所宜先闻者也。释此不言，而毛举利害之一二，以污陛下之聪明，而终无补于世，则非臣所以事陛下惓惓（quán）之义也。伏惟陛下详思而择其中，天下幸甚！

《临川集》

---

① 正观：即贞观，因避宋仁宗名讳而改作"正"。

② 魏文正公：即魏徵，其死后谥文贞，贞字亦因避仁宗名讳而改作"正"。

③ "贾谊曰"句：见《汉书·贾谊传》。原文作："今或言礼谊之不如法令，教化之不如刑罚，人主胡不引殷、周、秦事以观之也？"

译　文

　　我很愚昧，先前蒙受大恩，让我担任一路的提点刑狱史；现在又蒙受恩泽，召回朝廷，将有新的任命，所以应该把任内的事情，向皇帝报告。对自己是否称职都不知道，竟然敢借任内相关的事情，大胆地议论国家大事，只希望皇帝仔细地思考而选取适合的意见，天下就有福了。

　　我暗自观察，发现皇帝有谦恭勤俭的美德，有聪明通达的才智，早起晚睡，没有一日懈怠，声色犬马、观赏嬉游的事情，一点也没有蒙蔽皇帝，而且爱护百姓的心意，获得全国人民的信赖；又公开选拔人民所希望担任宰相的人，将政事交付给他，并且不因巧言令色的人而改变主意。这些表现，连尧、舜、禹、汤、武王的存心，也不会超过啊！应该造成地方富庶，人人富足，天下太平的局面。然而却没有达到这个效果，对内不能不忧虑国家的大事，对外不能不畏惧异族的威胁，国家的财力日渐困窘，而社会风气也日渐败坏，各地有志气的读书人，经常害怕国家无法获得长久的安定。这是什么原因呢？错在不知道法度。现在朝廷的法令严厉完备，无所不包，而我却认为没有法度，是什么道理呢？因为今日的法度大都不能合乎先王的标准。孟子说："有仁爱的存心和仁爱的声名，但是恩泽不能施予老百姓，乃因施政不能效法先王的方式。"根据孟子的说法，来看当前的错误，道理就在这里了。

　　现在距离先王的时代已非常遥远，所遭遇的形势变化不同，想要完全实行先王的政治，连最愚笨的人也知道是困难的。然而我觉得今日的过失，错在不效法先王的政治，其实也就是应该效法先王的心意罢了。尧、舜和禹、汤、武王，彼此相距有一千多年，其间有太平的时代，也有动乱的时代，兼有殷盛和衰弱的时代。他们遭遇到的形势变化各不相同，治理的方法也不一样，但是他们心中为国家着想的轻重先后，并没有差别。所以我说：应当效法他们的心意罢了。效法先王的心意，那么我们想要改革变更的事情，就不至于震惊全国，招致人民的批评，而自然合乎先王的政治。虽然如此，考察今日的情形，皇上纵然想要改革变更国家大事，以符合先王的心意，在情势上也是不可能的。皇上有谦恭的美德，有聪明通达的才智，又有爱护人民的心意，果真特别留心，那么有什么事不能成功呢？有什么希望无法达到呢？但是我却认为皇上虽然有心改革变更国家大事，以符合先王的心意，在情势上必定不可能，又是为什么呢？因为现在国家的人才不够啊！

我曾经私自观察全国做官的人，从来没有比现在更缺乏的时候。做官的缺乏人才，便有失意隐居的人在民间，而不为执政者所知晓。我又访求于民间，却不见得有多余的人才，难道是培养的方法不合宜所造成的吗？我认为现在做官人才的不足，由我职务上的接触，就可以明白了。现在以一路所管理的几千里地方来看，能够实行朝廷的法令，知道轻重先后，能完全为人民着想而尽忠职守的人很少，然而没有才能、苟且马虎、贪心鄙吝的人，却相当多。能够明白先王的心意，以适应目前变化的人，大概一郡之中，几乎没有一个。朝廷每次颁布法令，用意虽然很好，做官的人尚且不能实行，使好处加在百姓身上，反而借机会为非作歹，骚扰老百姓。所以我说：做官的人才不足，而民间也不见得有多余的人才。人才不够，皇上虽然想要改革变更国家的政事，以符合先王的心意；大臣虽然有能够合乎皇上心意，而愿意负责的人；但是全国各地有谁能达到皇上的要求，而有条理地推行改革工作，让全国人民都蒙受皇上的恩泽呢？所以我说：在情势上必定不可能的。孟子说："只有法令而没有执行的人，是无法推行的。"不就是这个意思吗？

然而目前最急迫的事，就是人才的问题。果真能让天下有众多的人才，然后官职所需要的人才，就能够选择适当的人而没有空缺。有才的人在位了，再略微观察局势的可能与否，针对人民的痛苦，改革天下不好的法令，实践先王施政的用意，也就非常容易了。现在的天下，也是先王的天下，先王的时代，曾经有非常多的人才，何以到了今日反而不够呢？所以说，是培养人才的方法不合宜所造成的。商朝时候，天下曾经发生大乱，官员贪污狠毒、兴祸败事，都不是适合的人；等到文王兴起时，天下的人才一度缺乏。那个时候，文王能够培育天下的士人，使他们都有士人君子的才能，然后依照他们所有的才能而加以任用。《诗经》说："有盛德的君王，何不培育人才呢？"就是这个道理。等完成培养，卑微低贱如做兔网的人，也没有不喜好德行的，如同《诗经·兔罝》诗中所说的。更何况是做官的人呢？由于文王能够这样做，所以出征就能克服敌人，守国就能政治清明。《诗经》说："捧着璋瓒的人，非常盛壮，这种仪节是才俊之士所该有的。"又说："周天子走到哪里，六军就跟随到哪里。"就是说文王任用的文武官员，都是适当的人才，没有怠废政事的人。到了夷王、厉王衰乱时，天下的人才又减少了。直到宣王兴起，和他共同商讨国事的人，只有仲山甫而已。所以诗人感叹地说："修德如同举起羽毛，是轻而易举的，但是只有仲山甫做到了，我们虽然爱他，却不能帮助他。"这是哀叹人才的缺乏，而没有人能帮助仲山甫。周宣王能重用仲山甫，并且推崇他的善行来重新培育天下的士人，此后人才又恢复到很多了。因此修治国内的政治，征讨不臣服的诸侯，恢复了文王、武王时的疆域。所以诗人赞美他说："采收芑菜，在那开垦两年的田里，在这开垦一年的田里。"就是叙述宣王重新培养天下的俊才，让他有可以任用的人才，就像农夫开垦新的田地，然后才有可以收采的芑菜。这样看来，人才没有不是由君王培养而造成的。

所谓培育而造就人才，要怎么做呢？不过是教育培养、选拔任用有固定的方式罢了。所谓教育的方法，是什么呢？古时候天子和诸侯，从国都到地方，都有学校，广泛地设置教导的官员，并且严格地拣择教导的人选，有关朝廷礼乐刑政的事，都在学校传授。士人观察学习的，都是先王的法令言行和治理天下的方法，他们才可以被国家任用。如果不可以被国家任用，就不必教导了。如果是可以被国家任用的人才，没有不在学校的。这就是教育的方法。所谓培养的方法，是什么呢？就是增加财富，用礼仪约束，用法令裁正。什么叫作增加财富呢？一般人的心意，如果财富不够充足，就会贪污鄙陋、随意求取，任何事都做得出来。先王知道这种情形，所以制定俸禄，只要平民出任官职，他的俸禄已足够代替原来耕作的收入。以此为标准往上推，官职大的人，俸禄都有增加，让他们可以培养廉耻心而远离贪污鄙陋的行为。尚且认为不够，又推广官员的俸禄到他们的子孙，称作"世禄"。让他们活着的时候，在奉养父子兄弟妻子、应酬亲戚朋友方面，都没有缺憾。死了以后，又不必担心子孙无法生活。什么叫作用礼仪约束呢？一般的人情，如果财用富足，而没有礼仪来节制，就会行为乖张，任性胡为，什么事都做得出来。先王知道这种情形，所以设定制度，婚丧祭养燕享的事情，衣食使用的器物，都按照身份的高低予以限制，而且用规定的法度来统一。如果身份可以使用的器物，而财力不足具备，就不必要求齐备。如果财力可以具备，而身份不可以使用的器物，不准有一点点的逾越。什么叫作用法令裁正呢？先王对天下的士人，既已用道德技艺教育了，如果不遵循教化，就用废弃到远方、终身不再任用的方法加以惩罚；既已用礼节约束了，如果不遵守礼仪，就用流放、处死的方法加以惩罚。《礼记·王制篇》说："改变服饰的人，国君将他流放。"《尚书·酒诰篇》说："如果有人告诉你：'有很多人聚在一起饮酒。'你不要放纵他们，全部捉来京城，我会杀掉他们。"聚众饮酒、改变服饰，都是小罪过；流放、处死，则是重大的刑罚。对犯小罪而处以大刑，先王所以忍心而不犹豫的原因，是认为不这么做，无法统一全国的风俗而完成法治。以礼仪约束、以法令裁正，天下都服从而没有违犯的原因，也不单是先王严厉的禁止和仔细的管理所能达成的。大概也是因为君王最诚恳的心意，自身努力实行而倡导的结果。凡是君王身旁通达贵显的人，都顺从君王的希望而实行，有不遵循的人，法令的责罚，一定自他开始。君王以最诚恳的态度实行，官高的人知道避免君王厌恶的事情，那么天下不须处罚就可以停止的罪行，自然

494

会多了。所以说：这就是培养人才的方法。

所谓选取的方法，又是如何呢？先王选拔人才，一定在地方上、在学校里。让大家推举他们认为贤能的人，奏报皇上，由皇上来审察。果真是贤能的人，然后依据德行的大小、才能的高下，加以任用。所谓审察，并不是只靠耳目的聪敏，而听信一个人的说辞。要审察他的德行，就得查考他的行为；要审察他的才能，就得询问他的言语。知道他的言行举止，再以事务试验他。所谓审察，就是试验办事的能力。纵然是尧任用舜，也不过是这样做。更何况比他低下的人呢？至于国家的广大，官职的众多，所需要担任官职的人才，必然是很多的。皇上不可能一个一个地自行审察，也不能交给一个人，让他在一两天内，考核众人的品德、才能，而决定任免。皇上已经审察出才能强、品行高的人，任命为大官，因而让这些大官选拔和他们相同的人，以长久的时间考验；把通过考验而有才能的人，报告皇上，然后给他官职俸禄。这就是选取人才的方式。所谓任用的方法，又是如何呢？人的才能德行，有高低厚薄的差别；所担任的工作，有适合与不适合的。先王知道这种情形，所以知晓农事的就任命他做后稷，知晓工程的任命他做共工。德行深厚而才能高超的，任命为官长；德行较薄而才能低下的，任命为部属。又因为担任职务的时间长久，在上的熟知其事，在下的顺从教化。贤能的人可以成就事功，不才的人便会呈现罪过。所以要延长在位的时间，而施以考核的方法。能这么做，所以聪明有能力的人，便可以发挥他们的才智去做事，而不必担心事情没有结果，功效不能完成。偷懒随便的人，虽然想要立刻被人接受，然而污辱就跟在后头，怎么敢不努力呢？至于没有才能的人，原本就知道推辞回避而离开。因为在职位上工作的时间久了，不能承担的罪过是无法侥幸避免的。他们尚且不敢冒险，知道推辞回避，哪里还有结党营私、进谗献媚以求进身的人呢？选取时既然详尽，任命既然妥当，在职的时间既然长久，任职又能专心，就不必一一用法令来限制，而要让他们施行自己的抱负。尧、舜所以能够治理百官而使众事和乐，只是如此罢了。《尚书》说："三年考核政绩一次，考核三次后，便将愚昧的官员降级，将明智的官员升级。"就是这个意思。然而尧、舜的时候，听说过有被罢黜的人，那就是四凶；有被提拔的人，那就是皋陶、稷、契，都是一辈子担任同一官职而没有调动的。大概所谓的提拔，只是特别增加爵位、俸禄罢了。这就是任用人才的方法。

教育培养、选取任用的方法是这样，而且当时的君王，又能够和他的大臣，用全部的精力、最诚挚的态度，慎重考虑，然后实行。这就是为何臣子都没有疑惑，而国家大事没有想做而做不好的。

今日地方州县虽然都有学校，不过是徒有房屋而已，并没有教导的官员和教育人才的事实。只有太学有教导的官员，但是不曾严格地选拔；有关朝廷礼乐刑政的事情，也不曾在学校教授。学者也认为不相干，将它当作负责官员的事情，并不是自己应当知道的。学者教授的，只是讲解说明文章句法罢了。讲解说明文章句法，原本就不是古代教导学生的方法。近年来才开始教导学生应付考试的文章。考试的文章，除非广泛地阅读、用心地学习、花费全部时间，否则就不能学好。等到学好了，在大的方面，不能用来治理国家；在小的方面，不能为国家做点事。所以虽然一辈子在学校，花费所有的时间去遵循皇上的教化，等到让他当官，却茫茫然不知怎么办的人，到处都是。大概今日的教育，不仅不能培养成功的人才，同时又加以困苦毁坏，使士人无法成为有才能的人，这是什么道理呢？一个人的才能，由于专精而成功，混杂而毁坏。所以先王在安置人才时，让工匠在官府，农人在田野，商人在市场，士人在学校，使每一个人都专精于自己的事业，而不接触其他的事物，恐怕其他事物会妨害他们的职务。对于读书人，又不仅让他们不得接触其他的事物，而且告诉他们的，完全是先王的道术，至于诸子百家不相同的学说，全部摒弃而不让他们学习。今日读书人应当学习的，是如何为国家效力。现在全部弃置不教，反而教授应付考试的文章，让读书人浪费精力，将全部的时间都用在这一方面。等到他被任命为官，却又全部废弃，反而要求他们处理国家大事。古人早晚都专心于国家大事，尚且有才能高下的差别。现在转移读书人的精神，剥夺他们的时间，早晚从事于没有用的学问。等到被任官办事时，才又突然要求他们能为国家做事，难怪他们之中才能足以有作为的人非常少。所以我说：不仅不能培育成功人才，同时又加以困苦毁坏，使士人无法成为有才能的人。

又有更大的害处：先王的时候，士人所学习的，包括文事和武事。士人的才能，有的可以担任公卿大夫，有的可以担任士，他们有才能大小、合不合宜的差别。但是武事方面，无论才能的大小，没有不学习的。因此，才大的，在朝廷可以担任六卿，派出朝廷可以担任将领。差一点的，可以担任比闾族党的长官，也都是率两师旅的统帅。所以防守边疆和护卫皇宫，都由士大夫担任，而小人不能求任。现在的学者，认为文事和武事不同，自己只知道处理文事而已，至于防守边疆和护卫皇宫的任务，便推让而交给军士。常常是任何奸恶强悍无赖的人，如果他的才能德行可以在乡里立足，也没有愿意离开亲人而应朝廷招募的。防守边疆和护卫皇宫，这是国家重要的职务，也是皇帝应该谨慎的。所以古代教导读书人，以射箭、驾车的技能为先。其他的技能，则就各人适合的才能，加以教导；才力做不到的，就不勉强了。至于射箭，是男人的事。人生下来，如果有病就算了，要是没病，没有舍弃射箭而不学的人。在学习中，自然应该学习射箭。招待宾客要射箭，举行祭祀也要射箭，分别士人的品行能力是否相同也要射箭。凡是与礼乐相关的事，没有不用到射箭的，而射箭也没有离开礼乐祭祀的。《易经·系辞下》说："弓箭的锐利，可以威震天下。"先王难道只把射箭当作学习礼仪的事情就算了吗？原来就认为射箭是武事中最重要的，而且是威震天下、防御国家的工具。平时借以学习礼乐，出征时就靠它作战。士人既然早晚学习射箭，擅长的人多了，那么防守边疆、护卫皇宫的任务，都可以选取适当的人。士人已经学习先王之道，他的德行义性也被乡人推崇，然后依各人的才能而托付防守边疆、护卫皇宫的事。这是古代君王把武器交给适当的人，便可免除内外的忧虑。现在却把国家的重任，君主应当最慎重的人选，推给奸恶强悍无赖、才能德行不能在乡里自立的人。这就是当前为何经常害怕有边疆的忧患，而担心护卫皇宫的人不足以作为安全的凭恃。今日谁不知道防守边疆、护卫皇宫的人不足以作为安全的凭恃呢？却又认为天下的读书人视习武事为耻辱，所以没有懂得骑马射箭、行军布阵的人，那么除了招募来的军人，谁能担任这些事呢？不做严厉的教导，提高选择的标准，则士人以习武事为可耻，而没有人懂得骑马射箭、行军布阵的事，自然有它的道理啊！这些都是教育培养不得其法的缘故。

现在所定的俸禄，大抵都很菲薄。除非是皇帝身旁亲近的官员，否则人口稍微多一点，没有不兼营农商以求利而能满足供养的。自此以下的州县官吏，一个月所得的俸禄，多的有八九千钱，少的只有四五千钱，如果以候补、等待命令、守缺等身份的人来计算，要六七年才能获得三年的俸禄。总计一个月所得的俸禄，实际上不到四五千钱，少的更不到三四千钱呀！虽然过着卑贱的生活，也感到困窘，而且一切养生送死、婚姻丧葬的费用，都包括在里面。德行在中等人以上的，虽然穷困，仍然是君子；德行在中等人以下的，虽然富泰，仍是小人。只有中等的人不一样，贫困就成为小人，富泰就成为君子。总计天下的士人，在中等上下的，千百人中也难得有一个；穷困而成为小人，富泰而成为君子的，天底下到处都是。先王认为人数多了就不能以力量取胜，所以制定行为的准绳，便不以自己，而是以中等人为标准。因此顺着他们的欲望而以利益来诱导，使得中等人可以遵守，那么这个制度就可以行于全国，而且可以推行于将来。以今日的俸禄制度，想要士人不毁弃廉耻心，大概是中等人所做不到的。所以当今官位高的，常常互相贿赂赠送，经营财富，因而背负了贪污的罪行。官位小的，连贩卖乞求的事都敢做。士人已经毁弃廉耻心而背负罪行于世上了，于是苟且怠惰、求人宽容的意念兴起，而勉励奋发、自立自强的心意便没有了，那么他所主管的职务怎能不废弛，治理天下的事又如何振作呢？何况枉法受贿、侵害百姓的事，常常因此产生。这就是所谓的不能以财富丰裕官员。

婚姻丧葬、侍奉养育、衣服饮食的用具，都没有制度加以节制，因而天下的人以奢侈为荣耀，以节俭为耻辱。如果他的财产可以购置，那么想要做什么都做得到；官吏既不禁止，而世人也认为这是光荣的事。如果他的财产不够，不能达到世俗的标准，那么他在婚姻丧葬的时候，常常会得罪同族的人和亲戚，同时被旁人耻笑。所以富人贪心而不知节制，穷人则强迫自己尽力达到要求。这是增加士人的困窘，而使他们的廉耻心也毁弃了。这些就是所谓的不能以礼仪来约束。

现在皇上自己实行勤俭节约，来领导全国，这是皇上身旁通达显贵的大臣亲眼看到的，然而他们家中，奢侈浮华而没有节度，违犯了皇上所厌恶的事，而破坏了天下的教化，有非常过分的情形，却没有听说朝廷将他们贬斥，以向国人交代。从前周朝逮捕聚众饮酒的人，并且处以死刑，认为酒会产生害处，因此而死的人很多，所以严厉禁止这种祸害的根源。严厉禁止祸害的根源，所以虽然刑罚的使用不多，人民因饮酒而招致祸败的却很少。现在朝廷的法律，特别严厉禁止的，是贪官污吏。严厉禁止贪官，却忽略禁止奢侈浮华的法律。这就是所谓的禁止末节而废弛根本。但是有见识的人，认为如今官员数目太浮滥，而朝廷的财力已经不足供养，这也是不明事理啊！今日任官的确太浮滥了，但是前代设置的官员虽然很少，而俸禄又那么微薄，财力的不充足，大概还有别的原因，官吏的俸禄哪会有什么影响呢？我对于财政原本不曾学习，但是私自观察过前代管理财政的大概情形：用全国的人力，来生产国家的财富；收取全国的赋税，供给国家的用度。自古以来的太平盛世，不曾因为财用不充足而成为国家的忧患，却忧虑管理财政不得其法。现在国家没有战争的花费，而老百姓安居乐业，人人尽其心力，生产国家所需的财富。但是公私两方面经常忧虑困穷，可能是管理财政不得要领，而负责的官员不会衡量现实情况，加以变通。如果能够用适当的方法管理财政和懂得运用变通的方法，我虽然愚笨，却知道增加官员的俸禄，不会影响国家的经费。

目前有严厉的法令，用来防范天下的士人，可说是十分严密了。但是曾经用道术教导他们，而有不遵从教令的刑罚吗？曾经以制度约束他们，而有不遵循礼制的惩罚吗？曾经委任职务给他们，而有不能尽职的处罚吗？不先用道术教导，便不能用不遵从教令来惩罚；不先用制度约束，便不能用不遵循礼制来惩罚；不先委任职务，便不能用不尽职来惩罚。这三种情形，是先王制定法令所应特别注意的，现在都不能加以处罚。至于微细的事物，并不严重妨害治道，却制定禁止的法令，而且经常改变，甚至连做官的人也记不清楚，更何况能够一一避免而不触犯呢？这是法令之所以被忽视而不能推行的原因，小人可因侥幸而避免，君子可因不幸而触犯，这就是所谓的不能用刑罚来制裁。这些都是治理不得其法的结果。

现在选拔士人，只要记诵得多而稍微通晓文辞的，就称为茂才异等、贤良方正；茂才异等、贤良方正，是公卿的人选。记忆不必特强，诵读不需广博，稍微通晓文辞，又曾经学过诗赋，便称为进士；进士中较出色的，也是公卿的人选。这两种科目所得到的士人，其技能不能担任公卿，不必讨论即可知晓。而世人却认为朝廷用这种方式选拔全国的士人，而才能可以担任公卿的，往往也从这些人中出现，不必仿效古代取士的方法，才能得到人才。这也是不明事理。先王的时候，用尽选拔人才的方法，还怕贤能的人不能被进用，而有不好的人混杂在中间。现在完全废除先王用来选拔士人的方法，而驱使全国的士人，都去应考贤良方正和进士科，那么才能可以做公卿的人，自然应该出于贤良方正和进士中。而贤良方正和进士，自然是有适合担任公卿的人才。但是才能不好的人，如果会写诗赋文章，因而晋升到公卿；才能可以担任公卿，受困于无用的学问，因而不能做官，老死于山野的，大概十个中就有八九个。古代皇帝谨慎选择的，只是公卿罢了。公卿既然得到适当的人选，让他们推举同类的人进入朝廷，那么百官职务就没有不适合的人选。现在如果让才能不好的人，幸运地做到公卿，因而推举他们的同类到朝廷，这是朝廷小人多的原因。而有贤能智慧的人，常常因为得不到助力，而不能推行他的心意。而且不好的公卿，推举同类于朝廷；朝廷中不好的臣子，又推举同类担任各地的首长；各地的首长又分别推举不好的人，散布到州县中。那么虽然推举和被推举的人有同受处罚的条文，又有什么用呢？正好给小人借口罢了。

其次如九经、五经、学究、明法等科目的考试，朝廷本来已经担心它们对于现实情况没有用处，而稍微要求各科通晓大义了。但是通晓大义所得的效用，并没有比以前好。现在朝廷又开了明经的科目，用来进用通晓经术的人。但是明经科的选用，也是记诵多而稍微通晓文辞的人，便可以录取。那些通晓先王的心意，而能施用于国家的人，却未必能够获得录用。其次是靠父兄爵秩而得官的人，没有接受学校道术的教导，负责的官员没有考察他的才能，父兄不必担保他的品行，而朝廷往往给他官职，并委任以职事。周武王责备商纣的罪行，曾说："以父子相承的方式任官。"父子相继为官，却不考虑他的才能品行，这是纣王招致败乱灭亡的原因，是为太平盛世所没有的。再其次是"流外"，朝廷原本已经将他们排挤在廉耻之外，而限制他们求上进的道路；却又把州县的事交付他们，让他们凌驾于一般士人之上，难道这就是以贤能来治理一般的人吗？以我掌管职务的范围所见，几千里的辖区内，州县官吏出自流外的，到处都有，可以委任政事的，几乎不到十分之二三，却处处需要防范他们的奸恶。古代有贤能和不才的分别，却没有流派品第的分别。所以像孔子这样的圣人，曾经做过季氏的小吏，虽然做过小吏，却不妨害他担任公卿的资格。等到后世有流品的区别，只要属于流派以外的人，他的志节抱负，本来就置身于廉耻之外，而没有高尚于众人的心意。以近代风俗的衰败，虽然有士大夫的才能，形势上也能够进取，朝廷也曾用礼义来奖励，但有些人晚年不能保持节操，常常被诱迫作恶。更何况那些平常志节抱负，没有高尚于众人的心意，而早已被朝廷排除在廉耻以外，限制他们上进的人呢？他们待人处世，任性乖戾而没有道理，也是必然的。至于防守边疆、护卫皇宫的人选，前面我已经说过他们的缺失。这些都是选拔不得其法。

如今选择人才既然不得其法，至于任用人才，又不考虑德行是否合宜，却计较他考取科举的先后；不管才能是否相称，却计算他经历职务的多少。由文学进身的，姑且让他管理财政。已经让他管理财政，又改派他管理狱政。已让他管理狱政，又改派他管理礼仪。这是要求一个人具备所有职务的才能，难怪人才难以表现。要求一个人做他不熟悉的事，那么他所能表现的，就很少了。一个人的表现少，于是大家都不求有所作为。所以让他管理礼仪，不会因为不懂礼制而担忧。这是因为现在管理礼仪的官员，不曾学习礼制的缘故。让他管理狱政，不会因为不知狱政而感到耻辱。这是因为现在管理狱政的人，不曾学习狱政的缘故。全国的人已经逐渐受到不受教化的感染，而受社会风气的影响；看到朝廷任用人，不按照资历的次序，就相互议论和讥笑；对于任用的人不适合他的才能，却没有人指责。而且做官的人经常迁调，那么就不能长久地停留在一个职位上。所以在上位的不能熟悉他的职务，居下位的不肯顺从地接受教训。贤能的人，他的功劳无法完成；不好的人，他的罪过也不会太明显。至于迎新送旧的辛劳，废绝公事的弊病，还算是较小的损害，不值得详细的计算。任用官员大都应该使他长久地在一个职位上，如果管辖的地方遥远，担负的责任重大，更是应当任期长久，然后才能要求他有所作为。然而现在尤其不能在任长久，常常很快地就迁调了。选拔已经不仔细，任用已经不适当，任期已经不长久，至于委任又不能专一，还要处处用法令束缚，不能让他按照自己的心意施政。所以我知道现在居官的人都不是适当的人，稍微授予他权力，而不处处用法令约束他，就会放纵而无所不为。虽然居官的不得其人，而想要依靠法令治理，从古到今，没有能够把政事治得好的。假如居官的都是适当的人选，却处处用法令限制他，不让他施行自己的心意，也是从古到今，没有能够治理得好的。选拔已经不仔细，任用已经不适当，任期已经不长久，委任职务又不专一，而处处用法令拘束他，所以虽然是贤能的人在职位上，和不贤而无能的人，也没有差别。如此一来，朝廷明明知道他的贤能，可以委任职务，如果资历不符，就不委任职务提拔他。虽然提拔他，士人还是不能心服。明明知道他是无能无德，假如不是犯罪，被主事者弹劾，就不敢因为不尽职而贬斥他。虽然黜退了，士人还是不能心服。他果真无德无能，但是士人不能心服，为什么呢？因为用所谓贤能的人担任政事，和无德无能的人，也没有差别的缘故。我前面认为不能委任官员职务，而又没有处分不胜任职务的刑罚，就是指此而说的。

教育、培养、选取、任用，只要有一点不合法，就足以败坏天下的人才，更何况同时拥有这四点。那么居官的没有才能、苟且随便、贪婪鄙陋，这种人实在太多了，而民间山野也缺乏可用的人才，这是不值得奇怪的。《诗经》说："国家虽然不安定，有的人明哲，有的人昏庸。人民的数目虽然不多，仍有贤哲和谋士，恭敬地治理国事。不要像那往下流的泉水，使好人、坏人同归于尽。"就是这个意思。

在位的人才不够，而民间山野也缺乏可用的人才，那么难道只是不能实行先王的政治吗？宗庙社稷的托付，国家疆域的守护，皇帝怎能把侥幸看作当然，而没有积极改变的忧虑呢？东汉时的张角，率领三十六万人的黄巾贼，在同一天叛乱，他们所在的郡县封国，竟然不能事先察觉阴谋。唐朝的黄巢，横行于全国，所到达的地方，守御的将士不敢和他对抗。汉朝、唐朝之所以灭亡，衰败的乱源就是从此开始的。唐朝灭亡了，衰败持续到五代，军人专政，贤能的人隐居消失而不显达，居官的不再有懂得君臣大义、上下礼节的人。在那个时候，改朝换代，比下棋还要容易。而老百姓遭受伤害，幸运而不死的，非常少。所以人才的不充足，原因大概就是这样。现在的公卿大夫，没有人愿意为皇帝的未来作长远的考虑、为宗庙社稷作万世的计划，我感到十分迷惑。从前晋武帝过分重视眼前的享乐，而不为后世子孙作长远的打算。当时在位的大臣，也处处迎合皇帝，以求容身，因而风气败坏，废弃礼仪，损害法制，在上和在下的人都失去法度，却不认为是错误，有见识的人早已知道必然会发生大乱。后来果真全国骚乱，中国被外族占据了两百多年。我想太祖、太宗、真宗的神灵，所交付嘱托皇上的，应是永久享受子孙的祭祀和庇护老百姓。我希望皇上明察汉朝、唐朝、五代败亡的原因，警惕于晋武帝只顾眼前的安逸而不顾未来的祸乱，明白地诏告大臣，思考如何培养天下的人才。用智谋考虑，用成败的数据计算，慢慢地施行，希望能够符合当前的局势，而不违反先王的旨意，那么天下的人才就很多了。人才多了，那么皇上有什么事情做不到，有什么愿望不能完成的呢？用智谋考虑，用成败的数据计算，慢慢地施行，那么培育天下的人才就十分容易了。

我起初读《孟子》的时候，看到孟子说王政容易施行，心里便认为的确不错。后来看到孟子和慎子谈论齐国、鲁国地方的大小，认为先王创立国家的面积，大都不超过百里；并且认为当时如果有王者兴起，那么凡是诸侯的土地，有一千里、五百里的，都要减少到几十里或百里为止。于是怀疑孟子虽是贤者，他的仁德智慧可以统一天下，却怎么能够不动用武力，而让几百里或千里大的强国，愿意很快地减少他十分之八九的土地，而与先王时代的诸侯相同呢？后来看到汉武帝用主父偃的计策，命令诸侯王将土地全部推广恩泽，封给他们的子弟，而由朝廷亲自制定他们的名号，分别臣属于朝廷。于是诸侯王的子弟，各有自己的封地，而势力强、土地广的，终于由此分化为弱小。然后知道用智谋考虑，用成败的数据计算，慢慢地施行，那么大国必然可以成为小国，强国必然可以成为弱国，而且不至于有倾覆惊骇、变动混乱、败坏伤害的纷争。孟子所说的并没有错。更何况现在要改革变更，形势不像孟子所遭遇的那样困难。所以我说：用智谋考虑，用成败的数据计算，慢慢地施行，就非常容易完成了。

先王治理天下，不怕人不去做，而怕人没有能力做；不怕人没有能力做，而怕自己不够尽力。什么是不怕人不去做，而怕人没有能力做呢？一般人情希望获得的，是美好的德行名誉、尊贵的爵位和厚重的利禄，先王可以拿这些诱导天下的士人。天下的士人有能够遵从而佐治天下的，就把他们想要获得的东西，全部给他们。士人没有能力就算了，如果有能力，那么有谁愿意放弃他想获得的东西，而不自我勉励成为有才能的人呢？所以说：不怕人不做，只怕人没有能力做。什么是不怕人没有能力做，而怕自己不够尽力呢？先王的法制，用来对待士人的，非常完备了。只要不是愚笨得不能改变的低才，没有不全力以赴的。然而不用最诚恳坦率的态度去筹划，竭力领导实行，就没有以最诚恳坦率的态度，竭力实行来响应的人。所以说：不怕人没有能力做，只怕自己不够尽力。皇上果真有心培养天下的人才，那么我希望皇上能够尽力去做。

我又察知朝廷从前想要有所作为而改革，最初计算利害，也没有疏忽。只因有随波逐流、心存侥幸的人，不喜欢而加以批评，以致停止不敢做。建立了法度，就没有人可以单独受到好处。所以先王的政令，虽然可以有利于天下，然而当它紧接着衰敝败坏之后，人们心存侥幸的时候，要创立法制，是非常困难的。假如先王创立法制，天下心存侥幸的人，也能喜悦地顺从而支持，没有反对的意见，那么先王的法制，一直传到现在也不会被废除。只因创立法制的困难，而心存侥幸的人不肯喜悦地顺从支持，所以古人在希望有所作为时，没有不先用武力征讨，然后才能达成心意的。《诗经》说："这次的征讨突袭，消灭了敌人，四方因而没有违叛。"这是说周文王先用武力征讨，然后才能得到天下。先王想要建立法度来改变衰乱败坏的风俗，并造就人才，虽然有征讨的困难，还是忍心去做，认为不如此，就不能有所作为。到了孔子，以一个平民的身份游说诸侯，所到的地方，就让当地的国君大臣放弃原来所学习的，违背原先顺从的，增强原来衰败的，使他们心意不定，最后还是遭受排斥。但是孔子仍然不因此而改变，认为不这样做，便没有作为。他所坚守的原则，是和周文王相同的。居上位的圣人没有比得上周文王的，居下位的圣人没有比得上孔子的，而想要对于改革有所作为，所做的事就是这样了。现在拥有整个天下，处于先王同样的地位，要创立法制，也没征讨的困难。虽然有心存侥幸的人，不高兴而加以批评，但是未必会比天下欢欣顺从的人多。然而只要有世俗心存侥幸、不高兴的言论，便停止而不敢做的人，真是叫人迷惑啊！皇上果真有心造就天下的人才，那么我又希望皇上要有决断的魄力。用智谋考虑，用成败的数目计算，慢慢地施行，又能尽力去做，果决的判断，竟然还不能造就天下的人才，据我所知，是没有的事。

然而我所说的，是世俗之人不愿讲的，而现在有意见的人，认为是不切实际的陈腐言论。我观察近代的士大夫，是有想要尽其心力才智，来帮助朝廷的人的。他们的心意不是求全部利害的解决，就是求当前能够施行。士大夫既然以此阿徇世俗，而朝廷所选拔的天下才士，也都是这样的人。至于重大的伦理法制和礼义的事，先王努力学习而遵守的，却都做不到。一旦有人做到，就有许多人一起来讥笑他，认为他不切实际。现在朝廷尽心尽力在全部的利害上，官员在文书之间严守法令，虽然不是一两天的事，但是效果却可以显现了。所谓不切实际而陈腐的言论，皇上也可以稍加注意和考察。从前唐太宗贞观初年，人人有不同的意见。例如封德彝那些人，都认为不混用秦朝、汉朝的政策，就无法治理天下。能够用先王的故事开导太宗的，只有魏徵一个人。当时所施行的，虽然不能完全符合先王的旨意，但是大致上已能符合了。所以可以在数年之间，使天下几乎不用刑罚，中国安宁，外族归顺服从。三王以后，没有比得上唐朝兴盛的时代。唐太宗初年的时候，天下的风气就像现在一样。魏徵的意见，原本是当时一般人所说的不切实际而陈腐的言论，但是效用却这么大。贾谊说："现在有人说道德教化不如法令，何不援引商朝、周朝、秦朝、汉朝的政事来考察呢？"然而唐太宗的事，已经可以作为今日的考察了。

我很荣幸地回到朝廷来述职，不知道自己愚昧而不能尽职，竟敢谈论国家的体制，这是因为我蒙受皇上的任用，而回朝应该做的报告。我认为居官的人才不够，而不能符合朝廷任用的心意，可是朝廷任用天下才士的方法，也许不合道理，使得士人不能完全发挥他的才能。这也是我职务范围内的事，是皇上应该优先知道的。舍此而不说，却粗略地举出一些无关紧要的事，来污辱皇上的聪明，毕竟对世事没有帮助，那就不是我忠谨诚恳侍奉皇上的心意。希望皇上仔细地思考而选择其中适合的意见，那么天下人就有福了。

（蒋秋华 / 编写整理）

义田记

钱公辅

钱公辅（1023—1072），字君倚，宋常州武进（今江苏常州）人。年轻时，跟从胡瑗求学，有名于吴中。他本性耿直不阿，曾说："朝廷所为是，天下谁敢不同？所为非，公辅欲同之，不可得已。"因此，发为文章，也能平正不苟，真正做到文如其人。所著文章多已亡佚，现在只有《广德军谢上表》《义田记》两篇，存于《宋文鉴》。

背　景

《义田记》讲的是范仲淹设义田义庄的事。

范仲淹自幼孤贫，备受艰苦，但能发奋读书，取得功名。居官期间，亲民爱民，广施仁政，普受感戴；又曾戍守边界，抵御西夏的侵扰，建有功勋。他以天下为己任，说过"先天下之忧而忧，后天下之乐而乐"的话，足见其抱负的不凡。从他的一切作为来看，确是朝着这个目标努力。

显达以后的范仲淹，有感于幼时的孤贫，因而想要济助贫苦的人。不过由于个人能力有限，所以便先选择宗族之人作为扶持的对象。宋仁宗皇祐元年（1049），范仲淹与胞兄仲温商议设置义庄的事，决定在苏州购置常稔之田千亩，号曰义田，以其收入供养宗族。购置田亩的资财，全由范仲淹提供，其兄仲温则悉心经营，树立规模。因此，范氏宗族在义田的赒济下，虽至贫之家，也不再有饥馁的忧患。后来又设置义学，教导族中子弟。

如此一来，既养又教，他对宗族的济助，可真是设想周到。

影　响

范仲淹设立义庄、义学，并制定规章，除了存养扶助宗人之外，也具有砥砺风俗的用意，所以他希望后世子孙能够继续维持，并且传之无穷。范氏子孙对于范仲淹的这项盛德伟业，均能谨慎秉持，虽然屡遭兵燹，田宅几近废绝，犹能追议前规，渐图兴复。直到明代嘉靖年间，仲淹的十六世孙惟一，还能积资购产，重振规模，而范仲淹订立的义庄、义学规格，也广被其他宗族仿效，成为古代一种凝聚族人、安定社会的良法。

直到现在范氏庄园仍保留在苏州天平山旧址，义庄、义田这种制度，也历经宋元明清，一直是天下宗族的榜样，影响千千万万人。

原　文

范文正公，苏人也，平生好施与，择其亲而贫、疏而贤者，咸施之。

方贵显时，置负郭常稔（rěn）之田千亩，号曰义田，以养济群族之人。日有食，岁有衣，嫁娶婚葬，皆有赠。择族之长而贤者主其计，而时其出纳焉。日食人一升，岁衣人一缣（jiān），嫁女者五十千，再嫁者三十千，娶妇者三十千，再娶者十五千，葬者如再嫁之数，幼者十千。族之聚者九十口，岁入给稻八百斛（hú）；以其所入，给其所聚，沛然有余而无穷。仕而家居俟代者与焉，仕而居官者罢其给。此其大较也。

初，公之未贵显也，尝有志于是矣！而力未逮者三十年。既而为西帅，及参大政，于是始有禄赐之入，而终其志^①。公既殁，后世子孙修其业，承其志，如公之存也。公既位充禄厚，而贫终其身。殁之日，身无以为殓，子无以为丧，惟以施贫活族之义，遗其子而已。

昔晏平仲弊车羸马，桓子曰："是隐君之赐也。"^②晏子曰："自臣之贵，父之族，无不乘车者；母之族，无不是于衣食者；妻之族，无冻馁者；齐国之士，待臣而举火者，三百余人。以此而为隐君之赐乎？彰君之赐乎？"于是齐侯以晏子之觞而觞桓子。予尝爱晏子好仁，齐侯知贤，而桓子服义也。又爱晏子之仁有等级，而言有次第也。先父族，次母族，次妻族，而后及其疏远之贤。孟子曰："亲亲而仁民，仁民而爱物^③。"晏子为近之。观文正之义，贤于身后，其规模远举，又疑过之。

呜呼！世之都三公位，享万钟禄，其邸第之雄，车舆之饰，声色之多，妻孥之富，止乎一己而已；而族之人不得其门而入者，岂少哉！况于施贤乎！其下为卿大夫、为士，廪稍之充，奉养之厚，止乎一己；族之人瓢囊为沟中瘠者，岂少哉！况于他人乎！是皆公之罪人也。公之忠义满朝廷，事业满边隅，功名满天下，后必有史官书之者，予可略也。独高其义，因以遗于世云。

《宋文鉴》

---

① 既而为西帅：宋仁宗庆历二年（1042），西夏赵元昊反，范仲淹奉召为天章阁待制知永兴军，改陕西都转运使，后又领陕西路安抚招讨使，负责对西夏的军事，所以称西帅。及参大政：宋制以同平章事为宰相，参知政事为宰相之副。庆历三年（1043），范仲淹任枢密副使，迁参知政事，可以参与国家重要的决策，所以称其"参大政"。
② 昔晏平仲弊车羸马：以下叙述的事情，见《晏子春秋·内篇》。
③ "亲亲而仁民"二句：见《孟子·尽心上》。

译　文

　　范文正公是苏州人，平时喜欢帮助人，选择亲近而贫困、疏远而贤能的人，都给予他们帮助。

　　当他富贵显达的时候，购置一千亩靠近外城的肥沃田地，取名为"义田"，用来救济同一宗族的人。每天供给食物，每年供给衣服，嫁娶婚葬都有补助。选择族中年长而贤能的人负责会计事务，按时去做收支的工作。每天供给一人一升的粮食，每年供给一人一匹细绢，嫁女儿的补助五十千钱，再嫁的补助三十千钱，娶媳妇的补助三十千钱，再娶的补助十五千钱，丧葬的依照再嫁的数目，未成年的丧葬给十千钱。同族聚居在一起的有九十人，每年收入供给赡助的稻谷有八百斛；以所收入的稻谷，供给聚居的族人，多得用不完，而且还有剩余。原来任官而现在闲居家中等待新职的人，包括在救助之列；出仕做官的人，停止他的供应。这是义田的大概情形。

　　起初，范文正公还没有富贵显达的时候，便存有这种心意，但是有三十年的时间没有能力做到。等到他当征西的统帅，和参与国家的决策，于是才有俸禄和赏赐的收入，因而完成他的志愿。范公死后，后世子孙维持他的事业，继承他的心志，如同范公活着时的样子。范公已经居官高、俸禄丰足，却贫苦地过了一辈子。死的时候，连收殓尸身的棺木都没有，他的儿子也没有钱替他办丧事；只有以救济穷人和养活族人的高义，遗留给他的儿子罢了。

　　从前晏婴乘坐瘦马所拉的破旧车子，陈桓子说："这样是隐藏国君的赏赐。"晏婴回答说："自从我富贵以来，父族的人，没有不乘车的；母族的人，没有吃不饱、穿不暖的；妻族的人，没有受冻挨饿的；齐国的士人，等我供应粮食做饭的，有三百多人。由此看来，是隐藏国君的赏赐呢，还是彰显国君的赏赐呢？"于是齐侯用晏婴的酒罚陈桓子喝。我喜欢晏婴能施仁爱，齐侯知贤善任，而陈桓子能够服从义理。又喜欢晏婴的仁爱有亲疏远近的等级，而且言语有层次。先父族，次及母族，再及妻族，然后推及疏远的贤士。孟子说："先亲爱自己的亲人，然后推及仁爱所有的人；再由仁爱众人，然后推及爱惜万物。"晏婴的做法，很接近孟子的话。我看范文正公的义行，能够泽于身后，所建立的规章体制，可以施行久远，恐怕更胜过晏婴。

啊！世上高居三公之位，享受万钟俸禄的人，他们府第的雄伟，车马装饰的华丽，声色娱乐的繁多，妻子儿女的众多，只属于自己一人独享而已，而族人无法进入他的大门的，难道是少数的吗？何况是济助贫士呢！就是职位低一点的卿大夫或士人，俸禄充足，生活丰厚，只及于自己独享；族人拿着瓢囊乞食，而冻饿死于沟壑的，难道是少数的吗？何况是求助别人呢！这些人对范公而言，都是罪人。范公的忠义满朝皆知，事业遍及边疆的每个角落，功勋名望世人皆知，以后一定有史官为他记录，我可以省略不说。因为特别尊崇他的义行，所以写这篇记文，以便留传于后世。

（蒋秋华／编写整理）

苏氏族谱引

苏 洵

苏洵（1009—1066），字明允，号老泉，宋眉州眉山（今属四川）人。早年应试不中，闭门苦研经史百家之书，并留心时事，因而擅长议论，成为著名的古文家。仁宗嘉祐年间，他带着两个儿子——苏轼、苏辙，来到京师，拜会欧阳修，欧阳修替他呈上《权书》《衡论》等二十二篇。由于欧阳修的推崇，一时学者争习三苏的文章。复与姚辟同修《太常因革礼》，才完成便去世了。著有《嘉祐集》《老泉文抄》。

背　景

族谱是家族的历史记录，除表明亲属关系外，也可反映宗族活动发展的状况，所以古人对于族谱的纂修，十分重视。

我国族谱起源于何时，已难确考，不过甲骨文中有殷代帝王的世系刻辞，虽然只是简单的帝王继承表，却已具有谱系性质，似可视为族谱的滥觞。到了周代，出现用以表明天子与诸侯亲疏关系的谱表，其体例为后世谱书所仿效。此时只有贵族才有谱书，因为这是他们继承权利的重要依据，

苏洵像

故一般百姓无缘入谱。秦废封建以后，原有的宗法制度已不存在，才渐渐有平民入谱的情形。

六朝时期，由于门第观念深重，朝廷选官、家庭嫁娶，都与家族的地位有关，呈现豪门巨族垄断朝政的局面，所以谱书的制作具有浓厚的政治意义，更增加了它的重要性。于是一些出身卑微而骤获显贵者，往往诬攀伪纂其族谱，故政府又设有谱局，管理其事，并规定姓氏之尊卑。

这种现象一直持续到唐代。后来因为五代的时局动乱和宋代政治社会结构的改变，门第观念和豪族专政的情形已有改善，谱书的功能有所转变，以致纂修式微，而早期那种确定大姓小姓的百家谱也丧失了原有功能。

宋仁宗至和二年（1055），苏洵完成《苏氏族谱》，大约同时，欧阳修也完成了《欧阳氏谱图》，两人的撰著格式虽然略有不同，但是他们同感族谱的重要，因此力劝世人修谱。又因宋人修谱不必呈交官府，编纂才又普遍起来。

影　响

苏洵所作的族谱，是从《史记·三代世表》和郑玄《诗谱》演化而来的，记载的内容非常粗略，只简单地登录族属关系。其特点：一是小宗本支，二是伦理含义。然而苏洵力求记事真实，不许随意附会、伪造，因为他主要的用意是在标榜宗法，所以他说："观吾之谱者，孝弟之心，可以油然而生矣！"这种注重宗族感情的族谱，属于五世则迁的小宗谱，是一种全新的尝试，对于后世族谱的撰著影响很大。因为自此以后，天底下所有家族族谱的纂修都依他们的体例，全面取代了旧谱体例，且无不以尊祖睦族为目的，具有安定社会的功能，世人遂有治国以治族为先的主张。

原 文

苏氏族谱，谱苏氏之族也。苏氏出于高阳，而蔓延于天下①。唐神龙初，长史味道刺眉州，卒于官，一子留于眉，眉之有苏氏自是始。而谱不及焉者，亲尽也。亲尽则曷为不及？谱为亲作也。凡子得书，而孙不得书，何也？以著代也。自吾之父，以至吾之高祖，仕不仕、娶某氏、享年几、某日卒皆书，而他不书者，何也？详吾之所自出也。自吾之父，以至吾之高祖，皆曰讳某，而他则遂名之，何也？尊吾之所自出也。谱为苏氏作，而独吾之所自出得详与尊，何也？谱吾作也。

三苏石刻像

呜呼！观吾之谱者，孝弟之心，可以油然而生矣。情见于亲，亲见于服，服始于衰，而至于缌麻，而至于无服，无服则亲尽，亲尽则情尽，情尽则喜不庆、忧不吊，喜不庆、忧不吊，则途人也②。吾之所与相视如途人

---

① 高阳：即高阳氏颛顼。《通志·氏族略》："苏氏，己姓。颛帝裔孙吴回为重黎，生陆终；陆终生昆吾，封于苏，其地邺西苏城是也。至周武王，用忿生为司寇，邑于苏，子孙因以为氏，世居河内。"古人追溯姓氏的来源，往往上推久远，苏氏便追寻到上古五帝之一的颛顼，作为姓氏的起源。

② 服：丧服，分五等，即斩衰、齐衰、大功、小功、缌麻。衰：麻布做的丧服，分斩衰、齐衰。不缝边的叫斩衰，子为父、父为长子都是服斩衰，服期三年。缝边的叫齐衰，又分四等：（一）父卒为母、母为长子服齐衰三年；（二）父在为母、夫为妻服齐衰一年，可用杖，称"杖期"；（三）男子为伯叔父母、为兄弟，已嫁女子为父母、媳妇为公婆、孙子为祖父母服齐衰一年，不用杖，称"不杖期"；（四）为曾祖父母服齐衰三月。缌麻：细而稀疏的麻布所做的丧服。男子为族曾祖父母、族祖父母、族父母、族兄弟、外孙、外甥婿、妻之父母、舅父等服缌麻三个月。

者，其初兄弟也，兄弟其初一人之身也。悲夫！一人之身，分而至于途人，此吾谱之所以作也。其意曰：分而至于途人者，势也，势吾无如之何也已。幸其未至于途人也，使之无至于忽忘焉，可也。

呜呼！观吾之谱者，孝弟之心，可以油然而生矣。系之以诗曰：

吾父之子，今为吾兄。吾疾在身，兄呻不宁。数世之后，不知何人。彼死而生，不为戚欣。兄弟之亲，如足与手，其能几何。彼不相能，彼独何心。

《嘉祐集》

译 文

苏氏的族谱，是用来记载苏氏的族人。苏氏源出于颛顼帝，然后繁衍遍布于天下。唐高宗神龙初年，长史苏味道担任眉州刺史，死于任上，有一个儿子留在眉州，从此眉州才有苏姓人氏。然而族谱却没有提到，因为亲戚关系断绝了。亲戚关系断绝了，为什么不再提到？因为族谱是为亲人而做的。儿子可以记载，而孙子不能记载，为什么呢？为了表明世代。从自己的父亲，到自己的高祖父，做不做官、娶哪一位、有多少岁、哪一天去世都记载，其他的不记载，为什么呢？为了说明自己的祖先。从自己的父亲，到自己的高祖父，都称"讳某"，而其他的人则称姓名，为什么呢？为了尊敬自己从出的祖先。族谱是为苏氏的人作的，而只有自己所从出的祖先能够详细和尊敬，为什么呢？因为族谱是自己作的。

啊！看了自己族谱的人，可以产生丰富的孝悌心。情感显现在亲情上，亲情显现在丧服上，丧服从最亲近的衰服开始，到较疏远的缌麻为止，再疏远的就不必服丧，不必服丧也就没有亲情，没有亲情就没有情感，没有情感则喜事不需庆贺、丧事不需吊唁，不庆贺、不吊唁便如同路人。和自己认识而如同路人的人，彼此的先人都是亲兄弟，亲兄弟是同一父母所生的。可悲啊！同一父母所生，竟演变成陌生的路人，这就是为什么要修族谱的原因了。它的用意在于：演变成陌生的路人，是形势造成的，我对于形势无可奈何。幸运而没有成为陌生人的，不要让他们被遗忘，那就好了。

啊！看了自己族谱的人，可以产生丰富的孝悌心。附上一首诗："父亲的儿子，现在是我的兄长。我有病在身，兄长哀痛不停。几代以后，子孙不能相认。他们是死是生，彼此没有一点感伤或欢欣。兄弟的亲情，如同手足，如果没有族谱的联系，能保持多少代呢？后代子孙不能相认，他们何以如此呢？"

（蒋秋华/编写整理）

太极图说

周敦颐

周敦颐像

周敦颐（1017—1073），字茂叔，北宋道州营道（今湖南道县）人。晚年筑室于庐山下的小溪上，名曰"濂溪书堂"，所以被世人尊称为濂溪先生。他是宋代理学的先驱，《宋史·道学传》便以他居首，著有《太极图说》《通书》等文，后人将其所有著作编成《周子全书》。明代将他的《太极图说》和《通书》收录在《性理大全》内。清乾隆时，又将他的著作列于御纂《性理精义》卷首，命士子诵读。

背　景

　　周敦颐是宋代道学（即理学）先驱人物，他所著的《太极图说》和《通书》，可以代表他的主要思想，而其理论对后世影响很大。所以自从朱熹予以注解、推崇之后，便使他在道学的传统中占有宗师的地位。

　　《太极图说》又称《太极图易说》，为周敦颐据图来说《易》的撰著。所据之图，前人以为出自陈抟，经由种放、穆修，而传至周敦颐。此图虽与道教修炼的丹诀图有关，但是周敦颐参考解说时，并未用以衍述一套丹诀理论，主要仍是依据《易传》和汉儒的思想，建构天道化生的理论。

不过《太极图说》里头，有某些观念确与道家的理论近似，这是因为周敦颐本身的思想中便杂有道家思想。例如文中所说的"无极而太极""太极本无极"，其观念便与《老子》"天下万物生于有，有生于无"的理念近似。因此，后人讨论周敦颐的《太极图说》时，虽然有人为他极力辩解，还是无法排除他与道家思想的关系。

影　响

《太极图说》虽然只有寥寥数百言，却将天道的生成和人类自处之道，都作了简明扼要的解说，首先为宋代的理学建构了一套宇宙论，奠定了理学发展的基础。

周敦颐《太极图说》的"无极""太极"观念，引发了朱熹、陆九渊的激烈论辩。陆九渊认为"图说"与《通书》的思想不符，因为后者未曾言及"无极"，所以他怀疑此文非周敦颐所作。朱熹却大力为周敦颐辩护，认为"无极"与"太极"为"本体"的两面，未可随意划分，"太极"就是"无极"。两家以书信来往争议，形成思想史上一个著名的公案。

"太极"一词，虽然古代早有，"太极"的道理也存在于《易经》中，但经周敦颐这一番诠释，后世翕然成风，都大谈"太极"了，至今风气不辍，均拜周敦颐此文之赐。

原　文

无极而太极，太极动而生阳，动极而静，静而生阴，静极复动①。一动一静，互为其根；分阴分阳，两仪立焉②。阴变阳合，而生水、火、木、金、土，五气顺布，四时行焉。五行一阴阳也，阴阳一太极也，太极本无极也。

五行之生也，各一其性也。无极之真，二五之精，妙合而凝。"乾道成男，坤道成女③。"二气交感，化生万物，万物生生而变化无穷焉。

惟人也得其秀而最灵，形既生矣！神发智矣！五性感动而善恶分，万事出矣！圣人定之以中正仁义（自注："圣人之道，仁义中正而已矣！"）而主静（自注："无欲故静。"）立人极焉。

故圣人"与天地合其德，日月合其明，四时合其序，鬼神合其吉凶④"。君子修之吉，小人悖之凶，故曰："立

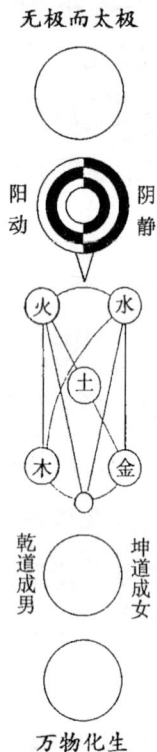

---

① 无极而太极："无极"一词不见于儒家经典，陆九渊认为出于道家，见《老子》第二十八章："复归于无极。"朱熹则认为《老子》的"无极"是"无穷之义"，不是周敦颐所说的道体本原的意思。"太极"一词，见《周易·系辞上》："易有太极，是生两仪。"郑玄解为"淳和未分之气"。孔颖达《周易正义》："太极谓天地未分之前，元气混而为一，即是太初、太一也。"朱熹则将太极当作一个实理，即"总天地万物之理"。"无极"和"太极"的关系，陆九渊认为是"无极"生"太极"，即道家"有生于无"的意思；朱熹则认为是本体（理）的两面，不可划分。

② 根：根基、基础，原是道家用语，如《老子》第六章："玄牝之门，是谓天地根。"两仪：指天地，亦见《周易·系辞上》。

③ "乾道成男"二句：语见《周易·系辞上》。

④ "与天地合其德"四句：见《周易·乾卦文言传》。原文在"日月""四时""鬼神"之前，都有"与"字。

无极而太极

阳动　　阴静

火　　水

土

木　　金

乾道成男　　坤道成女

万物化生

天之道，曰阴与阳；立地之道，曰柔与刚；立人之道，曰仁与义①。"又曰："原始反终，故知死生之说②。"大哉《易》也，斯其至矣！

《周子全书》

译　文

宇宙的本来面貌是无极——一种无法捉摸，又没有止境的空无；可是这种空无落实后，就是万物根源的太极——宇宙中的浑元之气。空无和浑元之气，就像热度和火焰，其实是一体的两面。太极运动后，会产生阳刚活动之气；运动到了极点，会因疲乏而逐渐停止，停止后就产生阴柔静肃之气。可是静肃到了极点，又会重新运动，再度产生阳气。如此周而复始，循环不已。在一动一静的情况下，可以说它是因为动久了，才逐渐疲乏而静止；也可以说是因为静寂太久了，才会静极思动。也就因为太极在动静之中，产生了阴阳之气，才能进而凝聚，形成了天地两种不同状态的形体，与阳气化合，就生出了水、火、木、金、土五种气体，叫作五行，这五种气体在天地中毫无阻碍地流通，并且再行结合，就能产生正常的季节变化，因而行生万物。所以说这五种气体，其实是阴阳二气融合的结果，阴阳二气又是从宇宙中浑元之气分化出来的，而这浑元之气，其实就是空无不可见的宇宙原始面貌呀！

五行之气产生后，分别具有各自的属性，它们是由无极的真性和阴阳的精气，神妙凝合而行生成的。《易经·系辞》说："纯阳之气造成了男人，纯阴之气造成了女人。"混合了阴气与阳气，使它们相互感应，就化育生出了天地间的万物。万物不停地生长，不停地演化、进步，没有停止的时候。

---

① "立天之道"六句：见《周易·说卦》。
② "原始反终"二句：语见《周易·系辞上》。

只有人类能够得到最优美、灵巧的阴气与阳气，构成形体，承受智慧，感生仁、义、礼、智、信五种德行，因而能够分别善恶，同时也产生天下万事。圣人设立中正仁义（自注：圣人所讲的道理，不过是中正仁气罢了），并且主张以虚静（自注：没有欲望，所以能够虚静）来建立做人的最高标准。

　　《易经》上说："圣人应该效法天地的德行，与日月的光明，配合四季的顺序，与鬼神的吉凶。"君子能够像圣人一样修养这些训示，所以获得吉利；小人则违背不理，所以遭到凶祸。因此《易经》上又说："天道的建立，是靠阴阳二气；地道的建立，是靠刚柔二性；人道的建立，是靠仁义二行。"又说："详尽探索始末，所以能够明了生死的道理。"伟大的《易经》啊！真是说得十分透彻啊！

（蒋秋华／编写整理）

西 铭

张 载

张载（1020—1077），字子厚，因居于陕西凤翔郿县（今陕西眉县）的横渠镇，所以被学者尊称为横渠先生。年轻时喜谈兵，以书进谒范仲淹，范劝他读《中庸》，遂诵读六经，旁涉释、老。后与程颢、程颐共同切磋，深得道学之旨。尝云："为天地立心，为生民立命，为往圣继绝学，为万世开大平。"可见他胸怀壮阔。著有《张子全书》。

背 景

张载讲学关中，曾作二铭，榜书于学堂的双牖，东曰"砭愚"，西曰"订顽"。程颐见了，以为易启争端，替他改名，称为"东铭""西铭"。"东铭"论戏言、戏动、过言、过动等事，偏重实践的功夫；"西铭"则论万物一体、理一分殊之义，理论性较高。二程（颢、颐）对"西铭"十分赏识，认为精纯无杂，孟子以后，无人及此。至南宋，朱熹更加推崇，作《西铭解义》，详细注释，并以其与《大学》并称。

"西铭"的主旨，乃借"孝道"阐述天地万物与人同为一体的关系。因为天地为万物生成之本，人与万物皆由天地所生。若以天地比喻父母，

张载像

则人人皆如同胞，万物皆为俦侣。文中反复陈述，举了不少例子。然而天地万物何以同为一体呢？张载认为"气"是宇宙万物的根源，人与万物既然同秉一气而生，自然不应有差别待遇，必须发挥彼此的慈爱心，相互照拂，以达"民，吾同胞；物，吾与也"的境界。

由于"西铭"篇幅简短，又过分强调万物一体，所以只论及"理一"的部分，而忽略"分殊"的部分。因此，后学颇有怀疑。如杨时在写给程颐的信中，说："'西铭'之书，其几于过乎？"就是针对上述的缺失而发问。他怕不详释"分殊"之义，则易与墨子的兼爱没有差别。程颐给他的答复是："'西铭'明理一而分殊，墨氏则二本而无分。"并不承认"西铭"有缺失。此因程颐过于看重"西铭"，才有如此坚决的主张。纵观"西铭"本文，确实忽略"分殊"的申论。事实上，"西铭""东铭"原为《正蒙·乾称篇》的首尾两段文字，张载抄录出来，不过作为案头箴铭之用，所以未曾考虑理论的周全性。

影　响

张载是宋代重要的理学家，他的思想主要见于《正蒙》一书。这是一部稍有系统的哲学著作。因为他将一些相关的哲学问题，汇聚在一起讨论，较一般松散无统的语录，略胜一筹。张载以"气"来解释宇宙生成变化的原理，建构了一套有系统且深入的理论，对于宋代理学的开展，有相当的贡献。像明末王船山就自称要弘扬横渠之正学，作了《正蒙注》。其他推崇者也一再宣称要弘扬"关学"。

原　文

乾称父，坤称母；予兹藐焉，乃混然中处。故天地之塞，吾其体；

天地之帅，吾其性。民，吾同胞；物，吾与也。大君者，吾父母宗子；其大臣，宗子之家相也。尊高年，所以长其长；慈孤弱，所以幼其幼。圣，其合德；贤，其秀也。凡天下疲癃残疾、茕独鳏寡，皆吾兄弟之颠连而无告者也。于时保之，子之翼也；乐且不忧，纯乎孝者也。违曰悖德，害仁曰贼。济恶者不才，其践形，唯肖者也。知化则善述其事，穷神则善继其志。不愧屋漏为无忝，存心养性为匪懈。恶旨酒，崇伯子之顾养；育英才，颍封人之锡类①。不弛劳而底豫，舜其功也；无所逃而待烹，申生其恭也②。体其受而归全者，参乎③！勇于从而顺令者，伯奇也④。富贵福泽，将厚吾之生也；贫贱忧戚，庸玉女于成也。存，吾顺事；没，吾宁也。

《正蒙·乾称篇》

---

① "恶旨酒"二句：禹的父亲鲧受封于崇，谓之崇伯，所以称禹为崇伯子。《孟子·离娄下》："禹恶旨酒而好善言。"又曰："好饮酒，不顾父母之养，二不孝也。""育英才"二句：《左传·鲁隐公元年》："颍考叔，纯孝也，爱其母，施及庄公。《诗·大雅·既醉》曰：'孝子不匮，永锡尔类。'其是之谓乎？"颍封人，即颍考叔。封人，守封疆者。

② "不弛劳而底豫"二句：《孟子·离娄上》："舜尽事亲之道而瞽瞍底豫。"瞽瞍是舜的父亲，性顽，屡欲杀舜，而舜犹不失为子之道，仍然悉心奉养，以博其欢心。"无所逃而待烹"二句：《礼记·檀弓》："晋献公将杀其世子申生……使人辞于狐突……再拜稽首，乃卒。是以为恭世子也。"申生是自缢而死的，此处言待烹，乃谓其待死。晋献公受骊姬的欺蒙，以为申生要毒害他，赐申生死。申生的弟弟重耳，劝申生逃亡国外，申生说："君谓我欲弑君也，天下岂有无父之国哉？"遂留下受死。

③ "体其受而归全者"二句：《礼记·祭义》："曾子问诸夫子曰：'……父母全而生之，子全而归之，可谓孝矣！不亏其体，不辱其身，可谓全矣！'"参，曾参，孔子弟子，以孝顺闻名。

④ "勇于从而顺令者"二句：《琴操》曰："《履霜操》，尹吉甫之子伯奇所作也。伯奇无罪，为后母谮而见逐，乃集芰荷以为衣，采楟花以为食，晨朝履霜，自伤见放。于是援琴鼓之，而作此操。"

译　文

　　乾叫作父，坤叫作母，渺小的我，和万物混立在天地之间。充满天地间的气，形成了我的身体；天地的意志，形成了我的性情。所有的人都是我的同胞，万物都是我的朋友。天子是父母的长子，大臣是帮助长子治理的人。尊敬老年人，如同侍奉自己的亲长；照顾孤苦弱小的人，如同爱护自己的子弟。圣人是与天地之德相合的人，而贤人是其中优异秀出之辈。凡是天下衰老残废、孤苦无依的人，都是我困苦而无人照管的兄弟。照显他们，如同你的敬天事亲；乐而忘忧，才是真正孝顺的人。违背天性，就是背反道德；伤害仁爱，就叫作逆贼。做坏事的人，不能成为有用之才，能实践人的本性，才是继承父业的好儿子。知道天地的化育，才能继承天的事业；穷究天地的神明，才能继承天的意志。暗室不亏心，才对得起父母；保守本心，培养善性，便是不怠惰。滴酒不沾，是大禹奉养父亲的方法；教育贤才，是颍考叔推广孝道的结果。竭尽全力侍奉父亲，使他感到快乐，是舜的孝行；不逃走而等死，是申生的恭谨。保全受自父母的身体发肤，不敢毁伤，这是曾参。勇敢顺从后母命令的人，就是伯奇。富贵幸福，是上天恩赐给我的；贫贱愁苦，是上天用来锻炼我的。活着，我顺着天理行事；死后，我可以得到安宁。

（蒋秋华／编写整理）

《集古录》序

欧阳修

背　景

　　古人在金属或石块上刻记符号、文字，这些材料流传到后世，可供学者研究之用，这种学问叫"金石学"。宋代以前，还没有专门研究金石学的。虽然南北朝时的梁元帝集录过碑刻文字，编成《碑英》一百二十卷（事见他自著的《金楼子》），但是此书今日已不传，而他对碑文也没有加以考证。其他学者虽有与金石相关的记载，但是大都一鳞半甲，不能成家，所以真正专攻金石学的，当首推欧阳修。

　　欧阳修和一般世人不同，对于珍宝奇玩没有兴趣，却特别喜欢搜集佚遗的金石文字。经过他费心访求，终于积聚成一千卷的《集古录》。这些几乎都是宋仁宗嘉祐六年（1061）以前，欧阳修在公余之暇，陆续集录而成的。此后，他又考证金石文字书撰的人、事迹的始末、著成的时代，于卷尾作跋，共有四百余篇。他又命幼子棐，摭取大略，别为目录，以便检阅，至神宗熙宁二年（1069）完成（本文则写于嘉祐八年七月廿日）。

　　由于欧阳修采取随得随录的方式，所以并不按照器物的年代排列。但是宋周必大时的刻本，已经据时世的先后为次。现存于《欧阳修文集》内的诸跋尾，也是依时代为序，不再附于各卷之末。

影 响

新出土的器物，可以影响或改变学术研究的结果。宋代古器大量出土，古器物学及古文字学的研究，日渐兴盛。欧阳修的《集古录》，就是最早的此类研究专著。从此以后，金石学的专家迭出，各有著述，如吕大临的《考古图》、薛尚功的《历代钟鼎彝器款识》、赵明诚的《金石录》、洪适的《隶释》等。因此，郑樵作《通志》时，别立金石为一门，把它列于二十略中，金石学遂卓然独立，成为专门之学。欧阳修筚路蓝缕之功，影响至为深远。

这门学问到清朝尤为昌盛，也是与近代考古学关系最密切的学科，史学、文学亦均汲染于此甚多。

原 文

物常聚于所好，而常得于有力之彊；有力而不好，好之而无力，虽近且易，有不能致之。

象犀虎豹，蛮夷山海杀人之兽，然其齿角皮革，可聚而有也。玉出崑仑流沙万里之外，经千余译，乃至乎中国①。珠出南海，常生深渊，采者腰緪（gēng）而入水，形色非人；往往不出，则下饱蛟鱼。金矿于山，凿深而穴远，篝火糇（hóu）粮而后进，其崖崩窟塞，则遂葬于其中者，率常数十百人。其远且难，而又多死祸常如此；然而金玉珠玑，世常兼聚而有也。凡物好之而有力，

---

① 崑仑：山名，又作昆仑，相传为我国西方的仙境、西王母所住之地，其上有醴泉、瑶池。古人因为该处离中原过远，故在记述的时候，往往夹杂许多神话幻想。事实上，昆仑山是我国最大的山脉，西自帕米尔高原的葱岭发脉，沿着新疆、西藏边境，一直延伸到内地。流沙：沙漠的古称，古人用来泛称我国西北方的沙漠。因为风吹沙石，不能固定于一处，犹如水一般地流动。译：原指翻译言语，让人了解，以传达、沟通彼此的心意，引申作传达的意思。《方言》："译，传也。"

则无不至也。

汤盘、孔鼎、岐阳之鼓，岱山、邹峄、会稽之刻石，与夫汉、魏以来，圣君贤士桓碑、彝器、铭、诗、序、记，下至古文、籀、篆、分、隶，诸家之字书，皆三代以来至宝、怪奇、伟丽、工妙、可喜之物①。其去人不远，其取之无祸，然而风霜兵火，湮沦磨灭。散弃于山崖墟莽之间，未尝收拾者，由世之好者少也。幸而有好之者，又其力或不足，故仅得其一二，而不能使其聚也。

夫力莫如好，好莫如一；予性颛而嗜古，凡世人之所贪者，皆无欲于其间，故得一其所好于斯。好之已笃，则力虽未足，犹能致之。故上

_____

① 汤盘：商汤沐浴用的盘子，今已失传，根据记载，其上刻有文字。《礼记·大学》："汤之盘铭曰：'苟日新，又日新，日日新。'"孔鼎：指孔子先人正考父的庙鼎，上面有铭文。《左传·昭公七年》："故其鼎铭云：'一命而偻，再命而伛，三命而俯，循墙而走，亦莫余敢侮，饘于是，鬻于是，以糊余口。'"岐阳之鼓：即石鼓，因在岐山之南（山南水北曰阳，岐阳在今陕西扶风县西北）发现，所以称岐阳之鼓。总共有十个鼓，每个径长三尺余，旧以为周宣王时物，但可能是秦代的刻石，隋以前未见著录，唐代始显于世，今存北京。石上的刻文，由于辗转磨损，至欧阳修所录，仅剩四百六十五字。岱山、邹峄、会稽之刻石：都是秦始皇巡幸登临，留下记载功德的刻石。岱山，即泰山，此处刻石又称《封泰山碑》，为李斯所撰，其后有秦二世的诏辞，宋刘跂尝摹拓得二百二十三字，今仅存二十九字。峄山，一名邹山，又称邹峄，在今山东邹县东南，此处刻石俗称"峄山碑"，其石已亡，有南唐郑文宝的摹刻。始皇三十七年（前210），上会稽祭大禹，望南海而刻石，碑文见于《史记·始皇本纪》。桓碑：削木如石碑，植于墓穴四方以下棺，即墓碑。铭：刻在器物上的文字，用来表示永远不忘，多记述功德或警诫自己。如前文所说汤盘、孔鼎和秦始皇的刻石，上面所刻的文字，都可算是铭文。序：文体的名称，或作"叙"，多用以议论或叙事。这里指刻在器物上的序文。记：也是文体的名称，以记事为主，或杂以议论。这里亦指器物上的刻记文字。古文：周、秦时，齐、鲁一带所用的文字，即汉代自孔壁中发掘出来的"古文"，字体和籀文不同。籀：即大篆，相传为周宣王时的太史籀所作，石鼓文与其近似。篆：即小篆，为秦代通行的文字，相传是李斯根据籀文加以省改的。分：即八分书，为书体名，说法不一，或谓即隶书，或谓秦王次仲据小篆而改作。隶：汉代通行的文字，相传是秦程邈为求书写简易快速而作。

自周穆王以来，下更秦、汉、隋、唐、五代，外至四海九州、名山大泽、穷崖绝谷、荒林破冢、神仙鬼物、诡怪所传，莫不皆有，以为《集古录》①。以谓转写失真，故因其石本，轴而藏之，有卷帙次第，而无时世之先后，盖其取多而未已，故随其所得而录之。又以为聚多而终必散，乃撮其大要，别为目录，因并载夫可与史传正其阙缪者，以传后学，庶益于多闻。

或讥予曰："物多则其势难聚，聚久而无不散，何必区区于是哉！"予对曰："足吾所好，玩而老焉，可也。象犀金玉之聚，其能果不散乎？予固未能以此而易彼也。"

《欧阳修全集》

译　文

器物常常聚集在喜爱它的人身边，而且常常是被既有钱、又肯尽力搜集的人得到；如果有能力而不喜爱，喜爱而没有能力，即使东西距离很近，而且容易取得，也有不能获得的。

大象、犀牛、老虎、豹子，是生长在蛮荒偏远之地会伤人的野兽，但是它们的象牙、犀角和身上的皮革，却可以搜集得到。玉出产在昆仑沙漠万里遥远的地方，经过长久的传送，才到达中国。珍珠出产在南方海中，采珠的人在腰部系上粗大的绳索，潜入水底，浮出水面后，容貌肤色往往不同于常人，也经常有出不来的，被水底的鲨鱼吞食了。埋藏在山中的金

---

① 周穆王：周朝的君王，昭王之子，名满，即位后，乘八骏马西征，乐而忘返，诸侯多朝于徐。王大恐，乃长驱而归，使楚灭徐。不久又征犬戎，归后外夷不再朝贡。在位五十年。四海：《尔雅·释地》："九夷、八狄、七戎、六蛮谓之四海。"指中国四境偏远的地方。九州：我国古代分全国为九州，即冀、兖、青、徐、扬、荆、豫、梁、雍九州，见《尚书·禹贡》，因此泛称中国境内之地为九州。

矿，必须挖凿深远的洞穴，携带了灯笼和干粮进去，如果山崩，堵塞了矿穴，则死在里面的，常常有几十几百人。这些东西距离遥远，而且难以取得，又时常造成如上面所说的死亡灾祸，但是世人常常能够同时搜集到金玉珍珠。大概只要喜爱而又有能力去搜求，那就没有什么是得不到的。

商汤沐浴用的盘子，孔子祖先正考父的庙鼎，岐山南边的石鼓，泰山、邹峄、会稽的刻石，和那些自汉、魏以来，圣明的君主和贤者的墓碑、常用器、铭文、诗句、序文、记文，甚至古文，籀书、小篆、八分、隶书等各家字体的书法，都是夏、商、周以来，宝贵、奇怪、壮丽、巧妙、令人喜爱的东西。它们离人不远，去搜取它们也不会发生灾祸，但是经过长时期的风霜、战争，被埋没或磨损毁坏，以致散乱地丢弃在悬崖和废墟草莽之间，不曾被人收集整理，只因为世间喜好的人太少了。有时幸运地遇有喜爱它的人，又因为他的能力不够，所以只能得到其中一两件，而不能将它们都聚集在一起。

搜聚器物，有能力的比不上喜爱者，喜爱者又比不上能够专一的人。我的个性专精而又喜好古代的器物，凡是世俗之人所贪爱的东西，我对它们都不感兴趣，所以能够全心全意地放在古物的搜罗上。因为我喜爱得这么精诚，虽然能力还不够，还是可以网罗到这些器物。所以从周穆王以来，经过秦、汉、隋、唐、五代，无论国外国内，有名的高山、广大的水泽、边远的山崖、远隔的谷地、荒凉的森林、残破的坟墓、神仙鬼怪、奇异传说的东西，都被我收集在一起，编成《集古录》。又恐怕传写失去真迹，所以摹印成拓本，卷藏起来。我只是编定了次序，并没有依照时代的先后排列，因为所得甚多，而且又不断增加，所以只好顺着获得的前后次序来编录。又恐怕聚积得再多，最后也会散失，于是摘取它们的重点，另外编成目录，同时一并记载了可以补正历史传记缺漏错误的说解，以便传给后世的学者，或许可以增广他们的见闻。

有人讥笑我说："东西多了，势必难以搜聚，搜聚久了，没有不散失的，何必花费那么多心思在这些东西上呢？"我回答说："只要满足我的嗜好，让我把玩到老，也就够了。俗人聚集象牙、犀角、黄金、宝玉那些东西，难道就不会散失吗？所以我不会改变这个嗜好，而改取俗人的嗜好。"

（蒋秋华/编写整理）

濮安懿王典礼议

司马光

司马光（1019—1086），字君实，陕州夏县(今属山西)涑水乡人,学者称其为涑水先生。司马光为宋代著名的政治家、史学家。神宗熙宁年间，王安石施行变法，司马光是旧党领袖，联合大臣极力反对新法，与王安石不合，因而出居洛阳，绝口不论政事，唯全心编撰《资治通鉴》。哲宗即位后，起用他为宰相，尽罢新法。他因为过于劳累，数月即卒。谥曰文正，追赠温国公。他的著作，除《资治通鉴》外，还有《稽古录》《潜虚》等书，诗文则编成《温国文正司马公文集》。

司马光像

背　景

　　古代中国对于孝道非常重视，有关亲长的侍奉，无论生前或死后，都有严格的规范，如果有丝毫的违犯，便会招致世人的非议。因此，上自君王，下至平民，在孝道方面，无不谨慎从事，以避讥谤。

　　宋仁宗无子，生前便择立濮安懿王之子赵曙（英宗）为嗣。英宗即位后，于治平二年（1065）四月，下诏讨论尊奉濮王和三夫人的典礼。事前，司马光预知英宗将会追隆生父，曾奏告古代无追尊的例子，请免行议。但是韩琦等人为了讨好英宗，却奏请订立崇奉合行的典礼，所以英宗才下令商议。不料，大臣对于应该如何称呼濮王的问题，有不同的意见，他们各自引据经典，指斥对方的失当，因而产生了激烈的辩争。

在论争中，司马光、王珪等人主张应尊濮王为皇伯，以示与仁宗无二尊之意，三夫人改封大国。韩琦、欧阳修等人则认为改称皇伯无典据，进封大国与礼不符，乃主张降服而不设名，尊濮王为皇，夫人为后，仁宗称濮王为亲。如此一来，英宗反而不敢当，吕诲、范纯仁等人也纷起纠弹。由于议论久而未定，皇太后乃下手诏，遵从欧阳修的提议。英宗又表示谦让，不受尊号，只对濮王称亲。事情至此，原本可以结束，然而吕诲等人竟缴还御史的敕诰，居家待罪，并说和执政大臣不能两立。英宗最后将吕诲等人外放，又将反对者赵鼎、吕公著等人外放，才平息了这次争议。

影　响

濮议原是一件小事，却形成了一场轰轰烈烈的朋党论争，由此可见宋代士大夫喜好议论的性格。宋代以前，虽然也有外藩入继大统的例子，可是大都出自大臣、太后的迎立。迎立者具有强固的控制权，而且嗣立者多半年幼，不明世事，所以没有崇奉的争议。宋英宗则不一样，他在仁宗生前就被立为太子，即位以后，由于没有权臣的约束，再加上朝臣的奉承，使他能够为生父争取尊荣。也正因为没有可以左右朝政的大臣，才让小小的礼议酿成难以收拾的政争，加深了党派的对立，因而逐渐形成了宋、明两朝党争的传统，影响当时的政治及国运至为深远。

原　文

　　臣等谨案：《仪礼·丧服》："为人后者，传曰：何以三年也？受重者必以尊服服之。为所后者之祖父母、妻，妻之父母、昆弟，昆弟之子若子。"若子者，皆如亲子也。又："为人后者，为其父母，传曰：何以期也①？不二斩也。特重于大宗者，降其小宗也。"又："为人后者，为其昆弟，传曰：何以大功也？为人后者，降其昆弟也。"以此观之，为人后者为之子，不敢复顾私亲。圣人制礼，尊无二上，若恭爱之心分施于彼，则不得专一于此故也。

　　是以秦、汉以来，帝王有自旁支入承大统者，或推尊父母以为帝后，皆见非当时，取讥后世。臣等不敢引以为圣朝法。况前代入继者，多宫车晏驾之后，援立之策或出母后，或出臣下，非如仁宗皇帝，年龄未衰，深惟宗庙之重，祗承天地之意，于宗室众多之中，简拔圣明，授以大业②。陛下亲为先帝之子，然后继体承祧，光有天下。濮安懿王虽于陛下有天性之亲、顾复之恩，然陛下所以负扆端冕，富有四海，子子孙孙万世相承者，皆先帝之德也③。

　　臣等愚浅，不达古今，窃以谓今日所以崇奉濮安懿王典礼，宜一准先朝封赠期亲尊属故事，高官大国，极其尊荣。谯国太夫人、襄国太夫人、仙游县君，亦改封大国太夫人。考之古今，实为宜称。

《温国文正司马公文集》

---

① "为人后者"二句：《仪礼·丧服》"母"字下有"报"字。感恩而服没有降等差的丧叫"报"。

② 宫车晏驾：谓天子初崩。晏，迟、晚。天子初崩时，臣子心中仍然认为宫车当驾而晚出，以示犹存企盼之心。

③ 负扆：背对户牖，即南面称王的意思。扆，户牖间画斧的屏风。《史记·平津侯主父传》："南面负扆，摄袂而揖王公。"端冕：玄冕，是天子的冠服。《国语·楚语下》："圣王正端冕。"

译　文

　　臣下等敬谨考察：《仪礼·丧服》说："过继给他人者，传解说：为何要（为过继的父亲）服丧三年呢？因为承受重大的责任，所以必须穿着尊崇的丧服。继父的祖父母、妻子，继母的父母、兄弟，母舅的儿子视过继者如同亲生的儿子。"过继者都与亲生子一样。《仪礼》又说："过继给他人者，为亲生父母服丧，传解说：为何要服丧一年呢？为了不重复服斩衰的丧服。这是特别尊重继父（大宗），而降低与生父（小宗）的关系。"《仪礼》又说："过继给他人者，为同胞的兄弟服丧，传解说：为何服丧九个月呢？因为过继给他人者，应降低和同胞兄弟的关系。"由此看来，过继他人为子者，不能再顾及本生的亲属。圣人制定礼仪，规定不能同时尊崇两个亲长，这是因为如果把敬爱的心分施给生父，就不能专注于继父的原因。

　　所以从秦朝、汉朝以后，自旁支入承帝位的君王，如有推崇本生父母为帝、后的，都遭到当世人的批评，以及被后人讥笑。因此臣子等不敢引用来当作本朝的法制。何况前代过继的人，大都在帝王初崩以后，拥立的政策或者出自母后，或者出自大臣，不像仁宗皇帝在年纪还未衰老时，深虑朝廷宗庙责任重大，于是敬承天地的意旨，从众多的宗室弟子里面，选择圣明者，传授帝位。皇上成为先帝的嗣子，然后继承宗庙，登上帝位。濮安懿王虽然与皇上有天生的亲情、养育的恩德，但是皇上能够登基践祚，拥有天下，子子孙孙万代相继为帝，却是出于先帝的德惠呀！

　　臣下等愚昧粗浅，不能明了古今事理，私自认为今天尊崇濮安懿王的礼节仪式，应该完全依照前代为了亲爱而封赏追赠尊亲的例子，增高官位，扩大封国，给予最高的尊贵荣显。谯国太夫人、襄国太夫人、仙游县君也可改封大封国的太夫人。考证古今，确实是十分合宜适当的。

（蒋秋华／编写整理）

进资治通鉴表

司马光

背　景

　　《资治通鉴》是我国古代著名的编年史，上起周威烈王二十三年（前403），下至后周世宗显德六年（959），包括一千三百六十二年的史事，是我国包含时间最长的一部编年史。此书由司马光主编，自英宗治平三年（1066），到神宗元丰七年（1084），一共费时十九年，才告完成。当时助修的人员有刘攽（负责东汉以前）、刘恕（负责三国、南北朝、隋）、范祖禹（负责唐、五代）。另外，司马光的儿子司马康，负责检阅文字的工作。

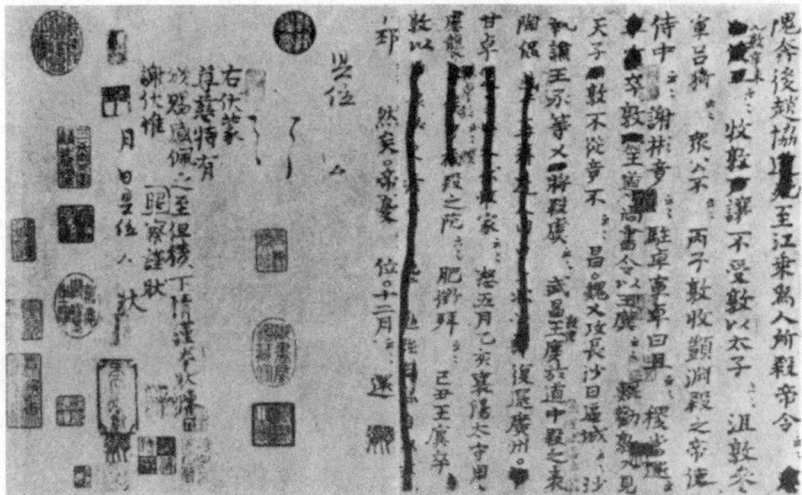

《资治通鉴》草稿

《资治通鉴》的编纂，先由司马光制定凡例，再由助修人员按照分配的朝代编成长编，最后由司马光斟酌删校，总成其书。由于司马光认真负责的态度，对于长编再三修改，曾经将六七百卷的长编，删定剩下一百多卷，足见他用力勤苦。本书引用的资料，除正史、实录外，采取稗官野史、总集别集、传状碑志、诸家谱录等三百二十二种杂史，也可看出工作的繁难。

司马光编写《资治通鉴》，目的在提供君王作为鉴戒，所以仿照《左传》"君子曰"、《史记》"太史公曰"、《汉书》"论曰"的方式，在书中穿插"臣光曰"的议论。一方面表达他对史事的看法，一方面希望影响君王遵从他的观点。因此，全书大部分记载历代政治的治乱兴衰，极力强调君臣坚持道统的重要。

影　响

《资治通鉴》在著成的当时和后世，都极受重视，影响史书的撰作也十分重大。例如：李焘的《续资治通鉴长编》，即依《资治通鉴》编年叙事的方式撰史；朱熹的《资治通鉴纲目》，则依编年原则，别创纲目体的形式；袁枢的《通鉴纪事本末》，摘抄《资治通鉴》重要史事，分类编纂，衍化出"纪事本末"的史体。

有关《资治通鉴》的注释，非常多，其中以宋末元初胡三省（字身之，台州宁海人，1230—1302）的《资治通鉴音注》最有名，为今日阅读《资治通鉴》不可缺少的注释。

原　文

臣光言：先奉敕编集历代君臣事迹，又奉圣旨赐名《资治通鉴》，今已了毕者①。伏念臣性识愚鲁,学术荒疏,凡百事为,皆出人下。独于前史,粗尝尽心,自幼至老,嗜之不厌。每患迁、固以来,文字繁多,自布衣之士,读之不遍,况于人主,日有万机,何暇周览? 臣尝不自揆^{kuí},欲删削冗长,举撮机要,专取关国家兴衰,系生民休戚,善可为法,恶可为戒者,为编年一书②。庶使先后有伦,精粗不杂。私家力薄,无由可成。伏遇英宗皇帝,资睿智之性,敷文明之治,思历览古事,用恢张大猷^{yóu},爰诏下臣,俾之编集。

臣夙昔所愿,一朝获伸,踊跃奉承,惟惧不称。先帝仍命自选辟官属,于崇文院置局,许借龙图、天章阁、三馆、秘阁书籍,赐以御府笔墨缯帛及御前钱,以供果饵,以内臣为承受。眷遇之荣,近臣莫及。不幸书未进御,先帝违弃群臣。陛下绍膺大统,钦承先志,宠以冠序,锡之嘉名,每开经筵,常令进读③。臣虽顽愚,荷两朝知待,如此其厚,陨身丧元,未足报塞,苟智力所及,岂敢有遗。

会差知永兴军,以衰疾不任治剧,乞就冗官④。陛下俯从所欲,曲赐容养,差判西京留司御史台及提举西京嵩山崇福宫,前后六任⑤。仍听以

---

① 先奉敕编集历代君臣事迹:司马光曾经撰成从战国到秦代的八卷编年史,名曰《通志》,进呈英宗。英宗命他于秘阁设置书局,继续修书,当时并无书名,只称"论次历代君臣事迹"而已。奉圣旨赐名《资治通鉴》:神宗熙宁七年(1074),神宗认为司马光所修史书"鉴于往事,有资于治道",因赐名《资治通鉴》。

② 为编年一书:即呈给英宗的《通志》。

③ 宠以冠序:治平四年(1067)十月,司马光于经筵为神宗读《资治通鉴》,同月九日获面赐御制序。此序今存于《通鉴》。

④ 差知永兴军:熙宁三年(1070),司马光因与王安石不和,以端明殿大学士出知永兴军。

⑤ 差判西京留司御史台:熙宁四年(1071),司马光请判西京御史台,出居洛阳。提举西京嵩山崇福宫:司马光判西京御史台后,曾四任提举西京嵩山崇福宫。

书局自随，给之禄秩，不责职业。臣既无他事，得以研精极虑，穷竭所有，日力不足，继之以夜。遍阅旧史，旁采小说，简牍盈积，浩如烟海，抉摘幽隐，校计毫厘。上起战国，下终五代，凡一千三百六十二年，修成二百九十四卷；又略举事目，年经纬国，以备检寻，为《目录》三十卷；又参考群书，评其同异，俾归一涂，为《考异》三十卷：合三百五十四卷。自治平开局，迨今始成，岁月淹久，其间抵牾，不敢自保，罪负之重，固无所逃。臣光诚惶诚惧，顿首顿首。重念臣违离阙庭，十有五年，虽身处于外，区区之心，朝夕寐寤，何尝不在陛下左右？顾以驽蹇无施而可，是以专事铅椠，用酬大恩，庶竭涓尘，少裨海岳。

臣今筋骸癯瘁，目视昏近，齿牙无几，神识衰耗，目前所为，旋踵遗忘。臣之精力，尽于此书。伏望陛下宽其妄作之诛，察其愿忠之意，以清闲之宴，时赐省览，监前世之兴衰，考当今之得失，嘉善矜恶，取得舍非，足以懋稽古之盛德，跻无前之至治。俾四海群生，咸蒙其福，则臣虽委骨九泉，志愿永毕矣！谨奉表陈进以闻。

《宋文鉴》

译 文

臣司马光说：先前奉命编集各代君臣的事迹，又奉圣旨颁赐《资治通鉴》作为书名，现在全书已经完成。我的性情意识愚昧鲁钝，才学技艺荒废疏略，任何事情都比不过别人。只有对于前代的史事，曾经略微用心，从小到老，喜好的心意一直没有改变。我常常忧愁自司马迁、班固以后，史书内容庞杂，就是一般平民，也读不完所有的史书，更何况每天要处理很多事务的君主，哪有空闲遍观群史呢？我曾经不自量力，想要删除多余而无用的文章，选择重要的部分，特别采取关系国家兴盛衰亡、百姓幸福悲伤、善良可以效法、罪恶应该警戒的事迹，撰成一部编年史书，使先后有次序，大事、小事不混杂。因为个人的力量薄弱，没有办法完成。幸而遇到英宗皇帝，以聪明的智慧，施行文采著明的政治，又想阅览各代的事迹，以扩充伟大的谋略，于是下诏臣子，命他们编纂搜集。

我平常的愿望，一旦得到伸展，高兴地接受，只怕不能称职。先帝（英宗）仍然命我自行选用官员，在崇文院设置书局，允许借用龙图阁、天章阁、三馆、秘阁的书籍，并赏赐宫廷里的笔墨缯帛以及钱财，用来购买果饼，并派太监服侍。爱顾宠遇的光荣，是亲近皇上的大臣所赶不上的。不幸书还没有完成进呈，先帝已经崩逝。皇上继承帝位，敬承先帝的志业，又以赠序尊荣，并赐予美名。每当经筵开讲时，经常命我进读。我虽然顽劣愚笨，承蒙两朝如此厚重的知遇，就是贡献生命，也无法报答。如果是智慧能力可以办到的，怎敢有任何保留。

适逢派遣我出知永兴军，因为身体衰弱患病，不能胜任忙碌的工作，便请求担任闲散的职务。皇上允许我的要求，曲意恩赐让我休养，派我出掌西京留司御史台和提举西京嵩山崇福宫，前后共有六任。仍然任由我带领书局，并供给俸禄，却不催逼工作的进度。我既然没有其他的事情，因而可以仔细研究思考，费尽一切精力，白天时间不够，就晚上接着做。读追古代的史书，多方采取各家说法，书本堆积得好像云烟大海，挑取潜藏不见的史料，仔细地核计查对。上起自战国，下终于五代，总共一千三百六十二年，编修完成二百九十四卷；又大略地标举事件的名目，以年为经，以国为纬，以供检查寻究，完成《目录》三十卷；又参考许多书籍，批评它们的不同，做成一个结论，完成《考异》三十卷；合计三百五十四卷。自从治平年间开设书局，到现在才完成，经过很久的时间，我不敢保证里面没有矛盾的地方，罪行重大，原本就无法逃避。臣光诚惶诚恐，顿首再拜。姑念我离开朝廷有十五年，虽然置身朝外，平庸而微不足道的心意，早晚不论是熟睡或清醒，何曾不在皇上身旁呢？只因庸劣不能做任何事，所以专心从事著述，以答谢皇上的恩泽，或许竭尽微薄的心力，能够略微报答皇上厚重的恩德。

我现在身体瘦弱憔悴，眼睛看不清东西，牙齿没剩下几颗，精神意识衰弱减退，正在做的事情，一转身就忘了。我的精神体力，全部花费在这部书上，谨望皇上宽贷我胡为乱作的罪过，体察我忠诚的心意，在闲暇的时候，不时阅读，以前代的兴盛衰亡为戒，考察现在政治的得失，嘉勉善行，怜悯过失，选择对的，舍弃错的，这样就能够达到古代的美盛，进入空前完美的治世，让全国人民都蒙受这种幸福，那么我虽然在九泉之下，心愿也已经达成了。恭敬地呈进奏表，报告皇上。

（蒋秋华／编写整理）

进新修营造法式

李 诫

李诫（？—1110），字明仲，郑州管城（今河南郑州）人。宋代伟大的工程师，曾经替朝廷修建许多建筑物，因而奉命编修《营造法式》。书成以后，诏颁行于天下。他博学多艺能，家中藏书丰富，且工于书法，所以常亲自抄写书籍。又喜欢著书，有《续山海经》《续同姓名录》《琵琶录》《马经》《博经》《古篆说文》等书，可惜已亡佚。

背 景

中国古代建筑技术和建筑艺术，发展到宋代，已达到成熟的阶段。这可从宋代名画《清明上河图》中得到印证。

这时最负盛名的建筑师是郑州人李诫，他精于绘画，也主持过许多庞大的工程，如五王邸的建筑和各军营房的修造，经验老到，天赋又佳，所以哲宗命他撰写《营造法式》，来统一建筑法规及技术。

《营造法式》着手于绍圣四年（1097），到元符三年（1100）才完稿。全书三十六卷，三百五十七篇。其中四十九篇，是将经典史籍中有关建筑的记载抄检整理，作为实证，其余各篇则从测量开始详述，直到打基础、彩绘等全部施工过程。这在古代世界建筑历史上是少有的。

影　响

书中有三分之一的篇幅，在详述"材料"和"工限"，十分具体地说明了他对施工问题，已经做过极为详尽的分析研究。再从所制的插图来看，可知他的表达能力，已和现代的设计图样差不了多少，而欧洲即使过了四百年，到了文艺复兴时期，还是没有产生比他更好的构造图样。

近代梁思成等人研究古建筑，即以此书为基础，甚且成立了研究中国建筑的专业团体：营造学社。可见，此书可算是中国古建筑第一要籍。

原　文

臣闻上栋下宇，《易》为大壮之时；正位辨方，《礼》实太平之典①。共工命于舜日，大匠始于汉朝，各有司存，按为功绪②。况神畿之千里，加禁阙之九重。内财宫寝之宜，外定庙朝之次，蝉联庶府，棋列百司。㰍栌（jiān lú）枅（jī）柱之相枝，规矩准绳之先治，五材并用，百堵皆兴，惟时鸠僝之工，遂考翚（huī）飞之室③。而斫轮之手，巧或失真，董役之官，才非兼技，不知以

---

① 上栋下宇：《易·系辞下》："上古穴居而野处，后世圣人易之以宫室，上栋下宇，以待风雨，盖取诸大壮。"古代以儒家经典作为办事的原则，在建筑上也都截取相关文字，作为理论依据。所以《易经》这一段谈及建筑起源的话，向来被视为中国最早的有关建筑概念的基本理论。正位辨方：《周礼·天官·序官》："惟王建国，辨方正位，体国经野。"是说王者建立都城，要制定宫室居所的位置，分划城中与郊野的疆域。也是《周礼》中谈到建筑地势外郭的文字。

② 共工命于舜日：《尚书·舜典》："（舜）帝曰：'俞咨！垂，汝共工。'"舜即位后，分配官职所属，对垂说："垂啊！你负责各项工程的事务。"这是中国建筑有专业官属的最早记载。大匠始于汉朝：大匠即"将作大匠"，或简称"将作"，汉景帝时官名，掌修作宗庙、路寝、宫室、陵园、土木之工。

③ 㰍栌：曲短梁，即柱上枅也。枅：柱上横木也。五材：金木水火土，或金木皮玉土五种建材。《左传》："天生五才，民并用之。"鸠僝之工：《尚书·尧典》："共工方鸠僝功。"是说共工广泛从事各项工务，而且颇有功效。鸠，聚也；僝，具也。翚飞之室：喻华丽之宫殿。翚为五彩雉鸡，宫室如翚之飞，娇其翼也。

544

材而定分，乃或倍斗而取长，弊积因循，法疏检察，非有治三宫之精识，岂能新一代之成规^①！

温诏下颁，成书入奏，空靡岁月，无补涓尘。恭惟皇帝陛下仁俭生知，睿明天纵，渊静而百姓定，纲举而众目张。官得其人，事为之制。丹楹刻桷^{jué}，淫巧既除。菲食卑宫，淳风斯复^②。乃诏百工之事，更资千虑之愚。

臣考阅旧章，稽参众智。功分三等，第为精粗之差；役辨四时，用度长短之晷^{guǐ}^③。以至木议刚柔，而理无不顺；土评远迩，而力易以供。类例相从，条章具在。研精覃^{tán}思，顾述者之非工；按牒披图，或将来之有补。通直郎管修盖皇弟外第专一提举修盖班直诸军营房等编修臣李诫谨昧死上。

《营造法式》

译 文

我听说古代建筑物要求栋宇坚固，是从《易经·大壮卦》得来的观念。宫室居所的坐落方位，和街道郊野的规划，也由《周礼》定下了法则，因此奠定了国家太平的基础。最早的建筑师，在舜帝分配大臣垂负责各项工程事务时，就开始有了；而汉景帝更设置了"将作大匠"这个官职，专门统理建筑事务。建筑事务的各部门，都有主管官员，负责稽考工匠们的成绩。我们宋朝，京师附近有千里之大，京内宫廷的华丽建筑更是栉比鳞次。建

---

① 三宫：明堂（明政教之堂）、辟雍（周代太学）、灵台（周文王赏游之宫台），为国之三宫。或谓诸侯之后宫为三宫。礼：王后六宫，诸侯夫人三宫。

② 菲食卑宫：《论语·泰伯》："子曰：禹，吾无间然矣。菲饮食而致孝乎鬼神……卑宫室而尽力乎沟洫。"是称赞当政者生活简朴，致力民生之意。

③ 功分三等：《周礼·夏官·槁人》说：槁人掌理制造弓弩矢箙等事，弓有六种，弩有四种，矢有八种，因所用的材料不同，而各分三种等级。匠工们的工作成果，也分成三等，以作为计算功酬的依据。

筑师要规划京内宫殿的方位，又要设定外朝庙堂的位置，以使内府各处建筑都有次序，百官公署也能像棋子般各有固定位置。所以在兴工之前，栋梁短柱的衔接，工程规格的大小，都需做好计划，各种建筑材料也准备妥当，在适当的地方奠下建筑基础，然后聚集各种工匠，就可以开始建筑华丽的宫殿了。可是技巧精熟的工匠，也有失手不当的地方，而监督工事的官员，又不是专业人才，不知道要依建材质料各适其用，所以有时会有细梁大柱，承接难合的现象。这种毛病累积因循，在疏略的建筑法规下，也不能一一检查改善。在这种情况下，如果没有精博的建筑经验，怎能创新建筑的技术呢？

皇上有鉴于此，所以颁下诏书，命我撰写有关建筑法式的专书，现在终于完稿，可以进奏了。只是我的才学不佳，耗费不少时光，却无助于建筑技术的改善。皇上天纵英明，仁德深厚，倡导俭约，施政稳重，百姓得以安居乐业，国家政事也清明合宜。各部门的长官都适得其才，各项事务也能顺利推行。在建筑上不讲究花俏，所以不再有浮靡巧饰的风格。朝廷官员都能节约寡欲，致力国事，所以淳朴的风俗又再重现。皇上趁此时，下诏将建筑法式重新整理，希望能集合众智，定出一套完整的规则来。

我接受诏命后，稽考翻阅旧有典章，又与专业人士参详讨论，于是将各项工程的成果分为三等，以作为评定优劣的依据。征召劳役，也依四季而有不同的时间。建材的好坏，人工的调配，也详为论究。各章节的主题，都依性质不同而前后次列。在研讨与思虑上，是下了不少工夫，可是叙述却不够详尽，如果能够参考绘图及文字的记载，应该会有些微的帮助。曾经建筑皇弟住宅与诸军营房的通直郎李诫敬呈。

（黄复山／编写整理）

诣宋安抚纳土状

张 觉

　　张觉（"觉"或写作"毂"），平州义丰人，在辽登进士第，仕至辽兴军节度副使。辽亡，金以平州为南京，令觉留守。后因金人每收城邑，即徙民充实京师，民心多不安，遂据南京叛，入于宋，宋纳之。及为金人所败，乃奔宋。金人以纳叛责宋，宋人斩觉，函其首送金人。可说是乱世中的悲剧人物。

背　景

　　辽自道宗以后，国势渐渐衰颓。至天祚帝时，因沉迷于田猎、酗酒，又远贤亲佞，使得朝政更加紊乱。此时，原本臣服于辽的女真人，因不堪辽人的贪纵压迫，在阿骨打的领导下，叛辽自立，建国号曰金。从此屡败辽兵，声势日盛。

　　宋徽宗政和五年（1115），童贯出使辽国，当地大族马植与他一同归宋，献计遣使渡海，结好金国，相约攻辽。徽宗听了，非常高兴，召见马植，赐姓赵，更名良嗣。宋派遣赵良嗣赴金，约定夹击辽国。由金取辽中京，宋取燕京，事后以燕京一带汉地还宋，宋将送辽岁币转致金人。不料出兵之后，宋军一再失利，金军却连克中京、西京，最后燕京也由金人攻下。因此，当宋人索地时，金人废约不许。经由交涉，宋允岁输银二十万两、绢三十万匹，另给燕京代税钱一百万缗和西京劳军费银十万两、绢十万匹，以及米粮十万石，换回燕京和蓟、景、檀、顺、涿、易六州空城。宋、金的联盟，在不和谐的气氛下收场。金人见宋衰弱，即有南侵之意；宋人为阻挡金兵，也积极防备。

金在平定燕京后，以平州为南京，命辽将张觉留守。而金在攻取城邑的时候，往往迁移当地居民，用以充实京师，民心因此多不安。等到金以空城还宋，被移徙的燕京民众经过平州，纷纷向张觉求救。张觉十分同情难民的遭遇，遂据平州叛金，献地于宋。本文就是张觉内附时，派人到宋廷呈递的奏状。

影　响

本文中除了指斥金人的背盟不义外，并慨然陈述体恤流民失所的愤恨。但是，不久张觉就被金人击败，逃入宋境。宋人虽然接纳了张觉，然而当金人前来索讨时，竟将他斩杀，函首送予金人。如此一来，降宋的其他辽人莫不感到寒心，不再愿意全心为宋卖命。而金人却以此为借口，大举南下，消灭北宋。所以这篇文章，即是北宋覆亡的前奏。

原　文

权管句平州节度使兼诸军都统张觉状：自女真深入，北朝皇帝西狩不返，诸路寇兵充斥，道途塞绝，当道无所依托[1]。承大朝累遣人赍到文字招谕，寻奉表款附。后蒙降到敕赦，并处置宣命。适值女真袭下燕城，远近震慑，当道地隔力弱，姑务应从，以缓攻侵，图安境土。

---

[1] 北朝皇帝西狩不返：辽保大二年（1122）八月，金人攻辽，败天祚帝于石辇驿，辽主逃遁。

燕城本中国旧地，虽为贼有，巢穴尚遥，固无久驻之势。况与大朝要约，遂议割分①。贼恃虎狼之强，其云中富家巨室，悉被驱虏，止留空土，以塞前盟，大朝亦非得已②。旋以假道当界，冤痛之声，盈于道路。是用不忍，与州人共议，金曰："宣抗贼命，以全生灵。若许东迁，是亦资虏。"即调发丁壮，缮甲兵，锄贼徒，以活生灵。区区之志，必已闻之。

近知贼众已过居庸，大朝必措置屯守，使无回路③。仍念安土重迁者，人之常情；况万家流离，祀奠无主。虽居近地，犹谓出乡。使复父母之邦，是成终始之义。一则为大朝守圉之计，二则快流民归国之心。固无他求，乞修旧款。应西来职官百姓，已分路津发过界去讫。今差都统府掌书鸿胪少卿张钧、将作监参谋军事张敦固，谨诣安抚使司，纳土归朝。

《辽文粹》

译 文

摄理管句平州节度使兼诸军统张觉奏告：自从女真（金）人长驱直入，辽国的天祚帝逃逸，不再返国，各地充满了贼兵，道路都被阻隔，朝廷已无可以倚靠的人。承蒙大朝（宋）屡次派人送来招抚的文书，我很快地就递上降表，诚心归附。后来朝廷颁下赦免的诏书，并让我宣扬宋朝的威命。刚好遇到女真人袭取燕京，远方及近处的人都感到震惊畏惧，朝廷距离很远而又力量薄弱，我只好暂时地顺服金人，以迟缓他们的攻势，保全疆土。

---

① 与大朝要约：宋宣和二年（1120），遣赵良嗣使金，相约攻辽。

② 以塞前盟：金人攻下燕京，驱徙富室大家，以燕京空城及蓟、景、檀、顺、涿、易六州予宋，作为当初联盟的回报。

③ 已过居庸：辽保大三年（1123）四月，金兵攻入居庸关。

燕京本来就是中国的土地，虽然被贼人占有，但是他们的巢穴距此非常遥远，所以无法久留。更何况他们曾经与大朝（宋）订立条约，按照协议，应当交割归还。贼人倚仗着威猛的势力，将云中一带有钱的人家，全部掳掠驱徙，只留下空旷的土地，作为前次约盟的回报，这种情况对大朝（宋）来说，也是情非得已的。不久又因为金人借路，逼临边界，流亡百姓哀痛的声音，充满在道路之上。因此我内心十分不忍，和州民共同商议，他们都说："应该反抗贼人的命令，才可以保全生命。如果答应迁徙到东方，无异是帮助胡虏。"随即立刻调派壮丁，修治武器，铲除贼寇，以保住性命。我们的心意，朝廷想必已经知道了。

最近探知众多的贼兵已经通过居庸关，大朝（宋）务必安排屯扎防守的军队，让他们无路可退。我又想到安于久居的乡里，不愿轻易迁移，这也是人之常情；何况众多的家庭流离失所，以致没人负责祭祀。纵然只是移住到附近的地方，也算是离开家乡。让百姓回到自己的家乡，是成全他们生于斯、卒于斯的愿望。如此一来，一方面可作为大朝（宋）防守边境的策略，一方面也可以了结流亡百姓归国的心愿。我并没有其他的要求，只乞求恢复原样。应当到西方去的官吏百姓，已分别从陆路、水路动身，全部通过边界完毕。现在我派都统府掌书鸿胪少卿张钧、将作监参谋军事张敦固，恭敬地往赴安抚使司，呈献土地，归附朝廷。

（蒋秋华／编写整理）

立楚国张邦昌册文

完颜晟

完颜晟（1075—1135），即金太宗，本名吴乞买，金太祖的弟弟。太祖死后，继立为帝。在位期间，灭辽与北宋，并数次派兵南下攻南宋，又先后册立张邦昌、刘豫傀儡政权，和南宋对抗。金代的礼乐制度和经国规模，大多在他在位期间完成。

背　景

金人攻下汴京，俘虏了宋徽宗、宋钦宗二帝以后，一方面在城内肆力搜刮妇女金帛，一方面考虑如何处置掠得的土地。由于金人数目较少，而且骤获胜利，短时期内无法完全控制中原。同时宋朝勤王的军队和民间的义军，环伺各地，随时准备反攻。种种因素凑在一起，遂令金人深感疑惧，急着想要撤退。

为了保全攻掠所获得的利益，务必选择适宜的人员为他们服务。因此，金人命令宋臣推举异姓堪为人主者。然而由于人心思旧，一致请立赵氏，但这是金人绝对不能接受的，所以他们便自行选出张邦昌，成立第一个傀儡政权。在金人的胁迫、扶持下，张邦昌接受册封，建号大楚，本篇就是当时金人册立的文书。

张邦昌，字子能，永静军东光（今属河北）人。靖康元年（1126），金人首度来犯时，他正担任宰相，因为力主和议而遭罢黜。当他获知将被册立时，再三辞让，一度想要自杀。后因旁人劝说，为免汴京人民遭受屠戮，才勉强践祚。可是他不接受百官朝贺，起居也不用天子仪制。金人北归之际，他又请求放还徽、钦二帝，未获应允。他即位期间，曾请金人保存赵氏宗庙、停止掳掠、早日班师等，对于秩序的维持、民心的安抚，有很大的贡献。金人一旦撤退，张邦昌随即迎立康王赵构（宋高宗），结束了短短三十三天的称制。

影　响

金人册立张邦昌，并指定以金陵作为首都，乃是希望透过"以汉制汉"的策略，减轻他们征服的阻力。不料张邦昌无心帝位，使得宋室重获政权。这对金人来说是相当难堪的，因此金人便以废张邦昌为辞，再度进犯。宋高宗曾经赞扬张邦昌"有伊尹之志，达周公之权"，似乎无意将他处死。可是由于金人的入侵，引起国人的恐慌，为避免横生枝节，只好赐令张邦昌自尽。所以张邦昌也是乱世中的悲剧人物。

张邦昌的僭立，实出于胁迫，从他的种种措施来看，也可以表明他的心迹。然而帝王之位绝不容许任何人觊觎，张邦昌也就难逃一死了。之后金人又册封刘豫，成立第二个傀儡政府，继续"以汉制汉"的政策。刘豫或许有了前车之鉴，便顺从地执行金人的命令，全力与南宋对抗。

原　文

维天会五年，岁次丁未，二月辛亥朔，二十一日辛巳，皇帝若曰：先皇帝肇造区夏，务安元元。肆朕纂承，不敢荒怠，夙夜兢兢，思与万国同格于治。粤惟有宋，实乃通邻，贡岁币以交欢，驰星轺^{yáo}而讲好，期于万世，永保无穷，盖我有大造于宋也①。不图变誓渝盟，以怨报德；称端扰乱，反义为仇。谲绐成俗，贪婪不已。加以肆行淫虐，不恤黎元，号令滋张，纪纲弛紊。况所退者非其罪，所进者非其功。贿赂公行，豺狼塞路。天厌其德，民不聊生。尚又姑务责人，罔知省己。父既无道于前，子复无断于后，以故征师命将，伐罪吊民②。幸赖天高听卑，神幽烛细，旌旄一举，都邑立摧。且眷命攸瞩，谓之大宝，苟历数改卜，未获偷安，故用黜废，以昭玄鉴。

今者，国既乏主，民宜混同；然念厥初，本非贪土，遂命帅府与众推贤，佥曰："太宰张邦昌，天毓疏通，神资睿哲，处位著忠良之誉，居家闻孝友之名。"实天命之有归，乃人情之所傒。择其贤者，非子而谁？是用遣使特进尚书左仆射同知枢密院事监修国史上柱国南阳郡开国公食邑三千户食实封二百户韩资政、副使荣禄大夫行尚书礼部侍郎提点大理寺护军谯县开国侯食邑一千户食实封一百户曹说，持节备礼，以玺绶册命尔为皇帝，以理斯民。国号大楚，都于金陵。自黄河以外，除西夏新界，疆场仍旧③。世辅王室，永作藩臣。贡礼时修，尔勿疲于述职；问音岁至，我无缓于披诚。

於戏！天生烝民，不能自治，故立君以临之；君不能独理，故树官

---

① 贡岁币：宋与金联兵灭辽后，索讨燕京等地时，曾应允岁输银二十万两、绢三十万匹予金。星轺：天子的使者称星使，其所乘的车称星轺。

② "父既无道于前"二句：指宋徽宗、宋钦宗父子荒废失道。

③ 西夏新界：宋人曾侵取西夏土地，金太宗天会二年（1124），西夏奉表称臣，金割下寨以北、阴山以南伊稣伊喇部、图噜泺西地赐之。天会五年（1127），金克宋，乃划分楚、夏疆界。

以牧之。乃知民非后不治，后非贤不守，其于有位，可不慎欤！予懋乃德，嘉乃丕绩，日慎一日，虽休勿休。往，钦哉！其听朕命。

《金史纪事本末》

译　文

金太宗天会五年（1127）二月二十一日，皇帝如此说：先皇帝（太祖）创建国家，致力于安定老百姓。现在我继承帝位，不敢荒废怠惰，早晚都小心翼翼，想要和万国共同达到太平盛世。宋国原本就是通好的邻国，每年输纳钱币以结交欢乐，派遣国使敦睦邦交，希望千秋万世，永远和平相处，这都因为我国对宋国有过大功。不料宋人竟改变誓约、背弃同盟，以怨恨报答恩德；制造事端，酿成兵乱，反而将道义朋友当成仇人。狡诈变化成了习惯，贪求的心意不曾消除。加上任意放荡暴虐，不体恤百姓，法令一再增多，国家的纪律松弛紊乱。何况遭到罢黜的人，不是因为犯了过错；受到晋升的人，不是因为拥有功劳。公开地进行贿赂，到处充满了贪狠的人。上天厌弃宋主的行为，使得人民不能生活。而且只知道责备他人，却不知道自我反省。父亲已经失道在前，儿子还跟着继续犯错，所以我才征召军队，任命将领，讨伐有罪，慰问人民。幸好上天虽然高远，却能听到底下的声音；神明虽然幽渺，却能洞见细微。因此，军旗一挥，立刻攻下都城。然而天命所注重的，就是帝位，如果天运改变，便不能苟且安逸，所以罢黜斥废宋主，来表明上天的警戒。

现在宋国既然没有君主，人民却需要统一；但是回想当初，原本不是贪求土地，于是命令元帅府和众人推举贤能，大家一致回答："太宰张邦昌，天赋开通，资禀深明，任官时有忠诚贤良的美誉，居家时有孝悌友爱的令名。"确实是天命所归附，也是民心所企盼。选择贤能，除了你，还有谁呢？所以派遣使者特进尚书左仆射同知枢密院事监修国史上柱国南阳郡开国公食邑三千户食实封二百户韩资政、副使荣禄大夫行尚书礼部侍郎提点大理寺护军谯县开国侯食邑一千户食实封一百户曹说，执持符节，具备礼仪，以天子的印信册立你为皇帝，来治理宋国人民。建国号为大楚，定国都于金陵。从黄河以外的地方，除去西夏新定的疆界，所有的国界，都和从前一样。世世代代辅佐金国王室，永远作为金国的藩臣。你不必忙着叙述职守，只要按时进献贡礼就可以了；我也不会不表露诚意，每年都会准时问候的。

啊！上天降生众民，却不能亲自治理，所以设立君主来治理百姓；君主不能单独管理，所以设立百官来管理百姓。因此可知，人民非得君主，不得安治；君主非得贤良，不能守国；至于帝王的择立，能不谨慎吗？我勉励你有良好的德行，祝福你有伟大的功绩，要一天比一天谨慎，虽然做得很好，仍不可停止。去吧！要谨慎啊！一定要听从我的命令。

（蒋秋华 / 编写整理）

《农书》自序

陈　旉

陈旉（1076—？），字峻景，宋平江（今江苏苏州）人。卒年不详，只知他写成《农书》时，已七十四岁。他平生读书，不求仕进，精于六经百家之书与释、老、黄帝、神农之学，又通术数，是个博学多才的人。他隐居西山，过着治圃种药的生活，所以对于农事相当了解。他据从事农作的实际经验，参引古代文献，写成《农书》。此书别开生面，体出新裁，较以往的农书有系统，是一部甚有价值的农书。

背　景

古代中国是个以农立国的国家，上自天子，下至庶民，无不关心农事。因为收成的好坏，不仅影响人民的生计，也关系着国势的盛衰，实在不能掉以轻心。因此，有关农业的著作，为数颇多。先秦九流十家中，农家就占其一。相关农书甚多，具详《汉书·艺文志》，可惜后来都遗失了。汉代以后，农书也有许多。但大部分农书都是依照时令，记载应当从事的农事，或说明作物栽培的技术，缺乏整体性。直到陈旉的《农书》出现，才改正了这种缺点。

陈旉的《农书》，全书不过一万多字，分成上、中、下三卷。上卷十四篇（包括两篇附录），主要讨论农作物的生产情形。除了叙述农地经营的原理和操作的技术外，也提到了对于气候变化的防范措施。同时卷

《农书》中描绘的水利鼓风机

中引用了不少古代有关农作物的文献资料，并加上作者的见解。中卷两篇，主要谈论养牛的事情。他特别强调牛的重要性，要求农人如同对待自己一样善待它，并且记载治疗牛病的方法。下卷四篇，乃叙述种植桑叶、养蚕制丝的技术。

陈旉所处的时代，正值北宋末年，由于新旧党争激烈，政治日益腐败，而金人乘机南侵，战争频起。时局的动荡不安，使得拥有满腹经纶的陈旉对于仕途不感兴趣，只求苟全性命于乱世，遂隐居田野，以种药治圃自给。亲自操作农事，却给了他印证的机会，得以纠正古代记载的错误，未始不是一项很好的收获。陈旉所写的序文中，有"非苟知之，盖尝久蹈之，确乎能其事"的话，又说他的书"固非腾口空言，夸张盗名"之作，可见他谨慎著作的心态，一点也不苟且虚妄。

影　响

陈旉以虔诚的心意撰写《农书》，书中虽然出现一些错误，但还不至于如同《四库提要》所说的："虚论多而实事少。"在古代农书大量散佚的

557

情况下，陈旉的《农书》得以流传下来，为世人保存了不少农业知识，此书的价值可算是弥足珍贵了。

原　文

古者四民，农处其一；《洪范》八政，食、货居其二^①。食谓嘉谷可食，货谓布帛可衣。盖以生民之本，衣食为先；而王化之源，饱暖为务也。上自神农之世，斫木为耜(sì)，揉木为耒；耒耨(nòu)之利，以教天下，而民始知有农之事。尧命羲、和，以钦授民时，东作西成，使民知耕之勿失其时，舜命后稷："黎民阻饥，播时百谷。"^②使民知种之各得其宜。及禹平洪水，制土田，定贡赋，使民知田有高下之不同、土有肥硗(qiāo)之不一，而又有宜桑宜麻之地；使民之蚕绩，亦各因其利^③。殷、周之盛，《书》《诗》所称"井田之制"详矣^④！周衰，鲁宣税亩，《春秋》讥之；及李悝尽地力，商君开阡陌，而井

---

① 古者四民：指士、农、工、商。鲁成公元年（前590），《公羊传解诂》："古者有四民，一曰德能居位——曰士，二曰辟土殖谷——曰农，三曰巧心劳手以成器物——曰工，四曰通财鬻（鬻）货——曰商。四民不相兼，然后财用足。"《洪范》八政：《洪范》是《尚书》中的一篇，相传是箕子告诉武王的治国大法，共有九畴。八政为第三畴，讲到八种管理政事的官员："食、货、祀、司空、司徒、司寇、宾、师。"
② "尧命羲、和"三句：见《尚书·尧典》。羲氏、和氏为重黎的后代，掌管天地四时，使民知所耕作、收成。"黎民阻饥"二句：亦见《尚书·尧典》。这是舜任命弃为后稷（农官）时，告诫他的话。
③ "禹平洪水"三句：见《尚书·禹贡》。禹在平定洪水后，辨别九州土壤的色泽和性质，分土田为九等，设定应纳的贡赋。
④ 井田之制：古人将土地划分成九区，如"井"字的形状，中间为公田，其外分由八家耕种，借其力助耕公田，公田收入供国家财用，私田不再收赋税，这就是井田制度。井田的面积，相传商为六百三十亩，周为九百亩。

田之法失之；至于秦始而荡然矣①！汉、唐之盛，损益三代之制，而孝弟、力田之举，犹有先王之遗意焉：此载之史册，可考而知也②。

宋兴，承五代之弊，循唐、虞之旧，追殷、周之盛，列圣相继，惟在务农桑、足衣食。此礼义之所以起、孝弟之所以生、教化之所以成、人情之所以固也。然士大夫每以耕桑之事，为细民之业，孔门所不学，多忽焉而不复知，或知焉而不复论，或论焉而不复实③。

敷^{fū}躬耕西山，心知其故，撰为《农书》三卷，区分篇目，条陈件别而论次之。是书也，非苟知之，盖尝久蹈之，确乎能其事，乃敢著其说以示人。孔子曰："盖有不知而作之者，我无是也。多闻，择其善者而从之，多见而识之。"④以言闻见虽多，必择其善者乃从，而识其不善者也。若徒知之，虽多，曾何足用？文中子曰："盖有慕名、掠美、攘善、矜能、盗誉而作者。"⑤其取讥后世，宁有已乎？若葛抱朴之论神仙，陶隐居之

---

① "鲁宣税亩"二句：鲁宣公不满足于井田制的收入，改行税亩法，以增加税收。此举为《春秋三传》（《左传》《公羊传》《穀梁传》）讥刺为"非礼""不正"。事见鲁宣公十五年的《春秋三传》。李悝尽地力：李悝为战国时人，事魏文侯，作尽地力之教，创平籴法，行于魏国，国以强富。商君开阡陌：商鞅相秦孝公，推行变法，将原有的田界铲平，废除井田，使农人尽力耕种，可以买卖田地，秦国因而大治。至于秦始而荡然矣：秦始皇统一全国后，不再施行封建，改采郡县之制。井田制也就随着封建一道消亡了。

② 孝弟、力田：都是汉代选举的科目，即对于有孝弟行为或生产努力的人，免除他们的赋役，或授予官职。

③ 孔门所不学：孔子以为农业是小人的事，非君子所当学，所以对于弟子樊迟请教耕田、种菜的事，都不回答。见《论语·子路篇》。

④ "孔子曰"句：见于《论语·述而篇》。

⑤ "文中子曰"句：见于《中说·天地篇》。王通，字仲淹，隋时讲学河汾之间，为一代名儒，著有《中说》十篇，卒后门人私谥其曰"文中子"。

疏《本草》，其谬悠之说，荒唐之论，取诮后世，不可胜纪矣[1]！仆之所述，深以孔子"不知而作"为可戒、文中子"慕名而作"为可耻；与夫葛抱朴、陶隐居之述作，皆在所不取也。此盖叙述先圣王仁民爱物之志，固非腾口空言，夸张盗名，如《齐民要术》《四时纂要》，迂疏不适用之比也[2]。实有补于来世云尔。

自念人微言轻，虽能为可信可用，而不能使人必信必用也。惟藉仁人君子能取信于人者，以利天下之心为心，庶能推而广之，以行于此时而利后世；少裨吾圣君贤相裁成之道，辅相之宜，以左右斯民；则夷饮天和，食地德，亦少效物职之宜，不虚为太平之幸老尔！西山隐居全真子陈旉序。

《农书》

译　文

古时候老百姓分成四种，农民是其中的一种；《尚书·洪范》提到八政，食、货占了其中的两个。所谓食是指可以吃的谷物，所谓货是指可以穿的布帛。人类的根本问题，以衣食最优先；君主教化的根源，则以吃饱穿暖为职责。神农的时候，他砍伐木头做耜，弯曲木头做耒；把用农具耕种的好处教给百姓，人们从此才知道有农业这种事。帝尧命令羲氏、和氏，敬谨地告诉百姓四时的节候，春天到了就耕种，秋天到了就收成，让人们知道耕种不要违误时令。帝舜命令后稷："老百姓为饥所困厄，你要种植各

---

① 葛抱朴之论神仙：晋人葛洪著《抱朴子》一书，因自号抱朴子。他少时好学，尤好神仙导养之法，著有《神仙传》。陶隐居之疏《本草》：南北朝人陶弘景，自号华阳隐居，曾注《神农本草经》，列药品三百六十五种，所论形态、性能多半出于附会。
② 《齐民要术》：后魏贾思勰著，分十卷，共有九十二篇，包括农渔牧等多方面知识，是一部重要的农书。《四时纂要》：是一部依时令编辑的农书，早已亡佚。

种谷物。"让民众知道各种谷物的适当种法。到大禹平定洪水，划分田地，订立应该缴纳的赋税，让人民知道田地有高下的不同，土壤有肥沃、贫瘠的差别，而且有适合种桑或种麻的分别；让民众配合环境养蚕织布。商朝、周朝强盛的时候，《尚书》《诗经》里所赞扬的"井田制度"，说得非常详细。周朝衰败后，鲁宣公实行税亩法，孔子作《春秋》时，便讽刺他失礼；到了李悝尽量利用土地的生产力、商鞅铲平田间的界限时，井田制度已被破坏；等到秦始皇以郡县代替封建，井田制度一点痕迹也不见了。汉朝、唐朝强盛的时候，变更夏、商、周的制度，推行孝悌、力田的选举方式，还保存了古代帝王重农的意思：这些都是记载在史书上，可以考证知道的。

宋朝兴起，继承衰颓的五代，遵照唐尧、虞舜的旧规，想要恢复商朝、周朝的盛况，历代君主也都倡导耕织，使人民丰衣足食。这是兴起礼义、产生孝悌、完成教化、巩固人情的基础。但是一般读书人认为种田养蚕是老百姓的事，孔子的门徒并不学习，大都忽略不知，或知而不论，或论而不详。

我在西山亲自下田耕种，因而懂得农业的常识，遂撰写了三卷的《农书》，先分别篇目，再一件一件地记载讨论。这部书不是只讲理论，而是由长久的实际操作确切明了之后，才敢写成书，供人阅读。孔子说："大概有自己不懂却凭空造作的人，我没有这种毛病。多多地听，选择其中好的部分加以接受；多多地看，全部记在心里。"这是说见闻虽然很多，一定要选择其中好的才遵从，而记住其中不好的。如果只是知道事物，见闻虽多，又有什么用？文中子说："大概有爱慕虚名、掠人之美、夺人好处、夸耀才能、欺世盗名而著书的人。"怎么能够避免后人的讥笑呢？例如葛洪写《神仙传》，陶弘景注解《神农本草经》，那些错误的说法、可笑的言论，被后人责备，是记载不尽的。我写这部书，特别以孔子所说的"不知道却要著作"为鉴戒，以文中子所说的"爱慕虚名而著作"为耻辱；至于像葛洪、陶弘景所写那一类的著作，都不是我愿意做的。这部书叙述古代圣王仁民爱物的心志，并不是空口无凭，夸张事实，骗取声名，像《齐民要术》《四时纂要》那些迂阔空疏而不合实用的书那样，而是确实对于未来的人有所帮助。

自认地位低微，说话没有分量，虽然所写的书值得信任、可以实行，但是无法让人一定相信、一定遵用。只有透过众人相信的仁人君子，抱着为天下谋福利的心意，帮我推广，不仅现在能实行，对后世也有好处；希望稍有助于圣君贤相完成治道、辅助施政，以安定百姓；那么我生活在天地之间，多少也尽点本分，不枉做太平时代的幸福老人了。西山隐居全真子陈旉序。

（蒋秋华／编写整理）

《通志》总序

郑 樵

郑樵（1104—1162），字渔仲，兴化军莆田（今属福建）人。在夹漈山下著作、讲学达三十年，学者称其为夹漈先生，为宋代著名史学家。宋室南迁，郑樵上书朝廷，自荐修史，未受录用。晚年专心撰写《通志》，书成，于高宗绍兴三十一年（1161）献上，授枢密院编修。后遭弹劾，郁郁以终。著作宏富，可考者有八十余种，现存者除《通志》外，还有《夹漈遗稿》《尔雅注》《诗辨妄》等书。

背　景

通史与断代史，到底孰优孰劣，自古以来便争论不休，而且似乎很难获得一个肯定的答案。但是许多史学家往往根据自己的好恶，极力赞扬自己喜好的史体，而大力抨击自己嫌弃的史体。《通志》的作者郑樵，就站在注重会通的立场，强调通史的可贵，诋斥断代史的疏谬。

《通志》全书共有二百卷，包括纪、谱（表）、略（志）、世家、列传、载记六种形式，大致模仿《史记》，是《史记》之后最大的一部纪传体史书。

其中纪传的部分止于隋代，乃删削旧史，连缀而成，并无创意，所以参考的价值不大。至于五十二卷的二十略，止于唐代或宋代，则是郑樵一生精力所在，颇有发凡起例之处，也是《通志》全书的精华。这二十略的性质，和杜佑的《通典》相近，所以后世有人把它单独刊行，称为《通志略》。

本篇是郑樵为《通志》所写的总序，除了表明他的历史观念和叙述撰著的理由外，最主要的仍在介绍二十略的内容，简直可以视为《通志略》的序文。不过由于篇幅过长，所以此处不得不加以删略部分。二十略中，郑樵只承认五略承自前人，其余十五略全系一己之发明。事实上，所有的名目，除去"氏族""六书""七音""都邑""昆虫草木"五略，皆已见于前史和《通典》。郑樵所谓"不涉汉、唐诸儒议论"，不免有夸大之嫌。郑樵年轻的时候，曾在夹漈山下苦读三十年，遍阅古今百家之书，学问算是相当博通了。然而久居于穷乡僻壤，很少与外界接触，以致他的见闻有所局限，才形成他的高傲心态。

影 响

关于《通志》二十略的评价，有正反两方面差异很大的评论。《宋史·郑樵传》说："樵好为考证伦类之学，成书虽多，大抵博学而寡要。"这是因为郑樵设定的门类繁多，立论又高远，一人之力有限，所以照顾不周，再加上厚古薄今的观念，僻处寒陋的境遇，都使他的著作存在瑕疵。《四库提要》却为郑樵开脱，说："其采摭既已浩博，议论亦多警辟，虽纯驳互见，而瑕不掩瑜，究非游谈无根者可及。至今资为考镜，与杜佑（《通典》）、马端临（《文献通考》）并称三通，亦有以焉。"这些辩解还算公允。总而言之，《通志》一书，虽不如郑樵自我夸诩的那么伟大，但在中国史学上的重要地位仍是无可取代的。

原 文

百川异趋，必会于海，然后九州无浸淫之患；万国殊途，必通诸夏，然后八荒无壅滞之忧：会通之义大矣哉！自书契以来，立言者虽多，惟仲尼以天纵之圣，故总《诗》《书》《礼》《乐》而会于一手，然后能同天下之文；贯二帝三王而通为一家，然后能极古今之变①。是以其道光明，百世之上、百世之下不能及。仲尼既没，百家诸子兴焉，各效《论语》，以空言著书（自注：《论语》，门徒集仲尼语）。至于历代实迹，无所纪系。迨汉建元、元封之后，司马氏父子出焉。

司马氏世司典籍，工于制作，故能上稽仲尼之意，会《诗》《书》《左传》《国语》《世本》《战国策》《楚汉春秋》之言，通黄帝、尧、舜，至于秦、汉之世，勒成一书。分为五体："本纪"纪年，"世家"传代，"表"以正历，"书"以类事，"传"以著人，使百代之下，史官不能易其法，学者不能舍其书。六经之后，惟有此作。故谓："周公五百岁而有孔子，孔子五百岁而在斯乎②！"是其所以自待者已不浅。然大著述者，必深于博雅，而尽见天下之书，然后无遗恨。当迁之时，挟书之律初除，得书之路未广，亘三千年之史籍，而踽踽(jū jǐ)于七八种书。所可为迁恨者，博不足也。凡著书者，虽采前人之书，必自成一家言。左氏，楚人也，所见多矣③！而其书尽楚人之辞。公羊，齐人也，所闻多矣④！而其书皆齐人之语。今迁书全用旧文，间以俚语，良由采摭(zhí)未备，笔削不遑，故曰："予不敢堕先人

---

① 二帝三王：唐尧、虞舜为二帝；夏禹、商汤、周武王为三王，为三代开国的帝王。
② "周公五百岁而有孔子"二句：此为司马迁父亲司马谈所说的话，见《史记·太史公自序》。
③ 左氏，楚人也：唐代赵匡认为"左氏之书序晋、楚事最详"，因断定左丘明为战国时期楚国人。
④ 公羊，齐人也：东汉桓谭《新论》："齐人公羊高缘经作传。"公羊高相传为子夏的弟子，口传《春秋》微言大义。到汉景帝时，他的玄孙公羊寿与齐人胡毋子都写录下来，即今传的《春秋公羊传》。

之言，乃述故事，整齐其传，非所谓作也。"① 刘知幾亦讥其"多聚旧记，时插杂言"②。所可为迁恨者，雅不足也。大抵开基之人不免草创，全属继志之士为之弥缝。晋之《乘》、楚之《梼杌》、鲁之《春秋》，其实一也③。《乘》《梼杌》无善后之人，故其书不行。《春秋》得仲尼挽之于前，左氏推之于后，故其书与日月并传。不然，则一卷事目，安能行于世？自《春秋》之后，惟《史记》擅制作之规模；不幸班固非其人，遂失会通之旨，司马氏之门户自此衰矣！

　　班固者，浮华之士也，全无学术，专事剽窃。肃宗问以制礼作乐之事，固对以在京诸儒必能知之④。倘臣邻皆如此，则顾问何取焉？及诸儒各有所陈，固惟窃叔孙通十二篇之仪，以塞白而已⑤。倘臣邻皆如此，则奏议何取焉？肃宗知其浅陋，故语窦宪曰："公爱班固而忽崔骃，此叶公之好龙也。"⑥固于当时，已有定价；如此人材，将何著述？《史记》一书，

---

① "故曰"句：见《史记·太史公自序》。

② "多聚旧记"二句：语见《史通·六家篇》。

③ 晋之《乘》、楚之《梼杌》、鲁之《春秋》：语见《孟子·离娄下》。赵岐注："此三大国史记之异名。《乘》者，兴于田赋乘马之事，因以为名。《梼杌》者，嚚凶之类，兴于记恶之戒，因以为名。《春秋》以二始举四时，记万事之名。"

④ "肃宗问以制礼作乐之事"二句：肃宗即东汉章帝，曾经召问时任玄武司马（职属顾问）的班固，应如何改定礼制，班固请集京师诸儒共议得失，引起章帝不悦。事见《后汉书·曹褒传》。

⑤ "固惟窃叔孙通十二篇之仪"二句：叔孙通为秦末博士，于汉初为刘邦制定朝仪和其他礼仪。班固为应付章帝的责问，呈上叔孙通的《汉仪》十二篇。章帝认为不合经义，命曹褒改正。事见《后汉书·曹褒传》。

⑥ 肃宗知其浅陋，故语窦宪：见《后汉书·崔骃传》。崔骃善文章，与班固、傅毅齐名，曾上《四巡颂》，为章帝称赏。窦宪是当时的权臣。叶公之好龙：喻喜好似是而非的事物。叶公子高非常喜欢龙，屋宇器物都画上龙，可是真龙来时，他却大惊而逃。事见刘向《新序·杂事篇》。

功在十表，犹衣裳之有冠冕，木水之有本原；班固不通旁行邪上，以古今人物强立差等。且谓汉绍尧运，自当继尧，非迁作《史记》厕于秦、项，此则无稽之谈也[1]。由其断汉为书，是致周、秦不相因，古今成间隔。自高祖至武帝，凡六世之前，尽窃迁书，不以为惭；自昭帝至平帝，凡六世，资于贾逵、刘歆，复不以为耻[2]。况又有曹大家终篇，则固之自为书也几希[3]！往往出固之胸中者，《古今人表》耳，他人无此谬也。后世众手修书，道傍筑室；掠人之文，窃钟掩耳：皆固之作俑也。固之事业如此，后来史家奔走班固之不暇，何能测其浅深？迁之于固，如龙之于猪，奈何诸史弃迁而用固，刘知幾之徒尊班而抑马！且善学司马迁者，莫如班彪。彪续迁书，自孝武至于后汉；欲令后人之续己，如己之续迁；既无衍文，又无绝绪；世世相承，如出一手：善乎其继志也！其书不可得而见，所可见者，元、成二帝赞耳。皆于本纪之外，别记所闻，可谓深入太史公之阃奥矣！凡左氏之有"君子曰"者，皆经之新意；《史记》之有"太史公曰"者，皆史之外事——不为褒贬也；间有及褒贬者，褚先生之徒杂之耳[4]。且纪传之中，既载善恶，足为鉴戒，何必于纪传之后，更加褒贬？此乃诸生决科之文，安可施于著述？殆非迁、彪之意。况谓为"赞"，

---

① 汉绍尧运：东汉初年，许多儒者倡言汉为尧之后裔，如班彪的《王命论》即曾提到。班固在《汉书·叙传》里也这么说。

② 资于贾逵、刘歆：刘向、刘歆父子都曾续撰《史记》，为班固撰写《汉书》的参考资料。刘歆所作的《七略》，班固袭取作《汉书·艺文志》。贾逵为刘歆的再传弟子，不曾续《史记》，郑樵所言，不知有何根据。

③ 曹大家终篇：曹大家即曹大姑，为班固的妹妹班昭，曾受和帝诏，续班固未尽的《汉书》八表。

④ 褚先生之徒杂之：司马迁死时，《史记》尚有部分篇章未成，有很多人替他做续补工作，其中以褚少孙补得最多。褚少孙所补的部分，大都以"褚先生曰"开头。

岂有贬辞。后之史家，或谓之"论"，或谓之"序"，或谓之"铨"^{quán}，或谓之"评"，皆效班固，臣不得不剧论固也。司马谈有其书，而司马迁能成其父志；班彪有其业，而班固不能读父之书。固为彪之子，既不能保其身，又不能传其业，又不能教其子，为人如此，安在乎言为天下法！范晔、陈寿之徒继踵，率皆轻薄无行，以速罪辜，安在乎笔削而为信史也[①]！

孔子曰："殷因于夏礼，所损益可知也；周因于殷礼，所损益可知也。"[②]此言相因也。自班固以断代为史，无复相因之义；虽有仲尼之圣，亦莫知其损益。会通之道，自此失矣！语其同也，则纪而复纪，一帝而有数纪；传而复传，一人而有数传。天文者，千古不易之象，而世世作天文志；《洪范五行》者，一家之书，而世世序五行传[③]。如此之类，岂胜繁文？语其异也，则前王不列于后王，后事不接于前事；郡县各为区域，而昧迁革之源；礼乐自为更张，遂成殊俗之政。如此之类，岂胜断缏？曹魏指吴、蜀为"寇"，北朝指东晋为"僭"；南谓北为"索虏"，北谓南为"岛夷"[④]。《齐史》称梁军为"义军"，谋人之国可以为义乎？《隋书》称唐兵为"义兵"，

---

① "范晔、陈寿之徒继踵"三句：范晔是《后汉书》的作者，刘宋文帝时，因谋反罪被杀。陈寿是《三国志》的作者，居父丧期间，行为有些失检，又不从母命归葬洛阳，遭到当时人非议。

② "孔子曰"句：见《论语·为政篇》。

③ 《洪范五行》：即刘向所作的《洪范五行传论》，共十一篇，集录上古至先秦符瑞、灾异的事情，说明五行祸福的效验。自《汉书》以下的各代正史，大都仿此作"五行志"，记当代的符瑞、灾异。

④ "南谓北为'索虏'"二句：梁沈约作《宋书》，称北魏为索虏。索虏，又称索头虏，因为鲜卑的习俗，将头发编结如同绳索，所以南朝人以此呼之。北齐魏收作《魏书》，称南朝为岛夷。岛夷，古代东南一带的夷人。《尚书·禹贡》："岛夷卉服。"即指东南沿海各岛的夷人。

伐人之君可以为义乎？房玄龄董史册，故房彦谦擅美名；虞世南预修书，故虞荔、虞寄有嘉传^①。甚者，桀犬吠尧，吠非其主。《晋史》党晋而不有魏，凡忠于魏者，目为叛臣，王浚、诸葛诞、毌丘俭之徒抱屈黄壤；《齐史》党齐而不有宋，凡忠于宋者，目为逆党，袁粲、刘秉、沈攸之之徒含冤九泉。噫！天日在上，安可如斯？似此之类，历世有之。伤风败义，莫大乎此！迁法既失，固弊日深，自东都至江左，无一人能觉其非。惟梁武帝为此慨然，乃命吴均作《通史》，上自太初，下终齐世，书未成而均卒。隋杨素又奏令陆从典续《史记》，讫于隋，书未成而免官。岂天之靳斯文而不传与？抑非其人而不佑之与？自唐之后，又莫觉其非，凡秉史笔者，皆准《春秋》，专事褒贬。夫《春秋》以约文见义，若无传释，则善恶难明；史册以详文该事，善恶已彰，无待美刺。读萧、曹之行事，岂不知其忠良？见莽、卓之所为，岂不知其凶逆？夫史者，国之大典也，而当职之人，不知留意于宪章，徒相尚于言语；正犹当家之妇，不事饔飧，专鼓唇舌，纵然得胜，岂能肥家？此臣之所深耻也。

　　江淹有言："修史之难，无出于志^②。"诚以志者，宪章之所系，非老于典故者，不能为也。不比纪、传，纪则以年包事，传则以事系人，儒学之士皆能为之。惟有志难，其次莫如表。所以范晔、陈寿之徒能为纪、传而不敢作表、志。志之大原起于《尔雅》，司马迁曰"书"，班固曰"志"，

---

① "虞世南预修书"二句：虞世南是虞荔的儿子，过继给虞寄，他并未参与过修史的工作。不过《陈书》的作者姚察、姚思廉父子，和虞荔、虞世南父子为世交，所以为虞荔、虞寄兄弟立传，并曲意维护。

② "修史之难"二句：《史通·古今正史》："《齐史》，江淹始受诏著述，以史之所难，无出于志，故先著十志以见其才。"郑殆本此而言。

蔡邕曰"意"，华峤曰"典"，张勃曰"录"，何法盛曰"说"①。余史并承班固，谓之"志"，皆详于浮言，略于事实，不足以尽《尔雅》之义。臣今总天下大学术而条其纲目，名之曰"略"。凡二十略，百代之宪章、学者之能事，尽于此矣！其五略，汉、唐诸儒所得而闻；其十五略，汉、唐诸儒所不得而闻也。

（以下叙述十五略的内容和撰作原因，省略不录。）

凡十五略，出臣胸臆，不涉汉、唐诸儒议论。"礼略"所以叙五礼，"职官略"所以秩百官，"选举略"言抡材之方，"刑法略"言用刑之术，"食货略"言财货之源流。凡兹五略，虽本前人之典，亦非诸史之文也。

古者记事之史谓之"志"。《书大传》曰："天子有问无以对，责之疑；有志而不志，责之丞②。"是以宋、郑之史，皆谓之"志"③。太史公更志为记④。今谓之"志"，本其旧也。桓君山曰："太史公《三代世表》旁行邪上，并效《周谱》。"⑤古者纪年别系之书谓之"谱"，太史公改而为表。今复表为谱，率从旧也。然西周经幽王之乱，记载无传，故《春秋》编年以

----

① "司马迁曰'书'"六句：见《史通·书志篇》。除司马迁、班固外，蔡邕著《灵帝纪》及《十意》；华峤著《后汉书》，有《十典》十卷；张勃著《吴录》三十卷；何法盛著《晋中兴书》，改"志"称"说"。

② "天子有问无以对，责之疑"四句：见《尚书大传·皋陶谟篇》。疑、丞都是古代的官名。古代天子设前疑、后丞、左辅、右弼——四邻，以备顾问之用。

③ "宋、郑之史"二句：《左传》襄公、隐公元年有"谓之宋志""谓之郑志"的话，是说宋、郑两国行事的目的，并非指史书。郑樵的解释，似乎有所误会。

④ 太史公更志为记：司马迁所撰的《史记》，原称《太史公书》或《太史公》，后来又称《太史公记》《太史记》，最后才称《史记》。郑樵更改名称的说法，并不正确。

⑤ "桓君山曰"句：见《梁书·刘杳传》。桓君山即汉代的桓谭，著有《新论》二十九篇，早已失传。

东周为始。自皇甫谧作《帝王世纪》及《年历》，上极三皇；谯周、陶弘景之徒，皆有其书①。学者疑之，而以太史公编年为正，故其年始于共和。然共和之名已不可据，况其年乎？仲尼著书断自唐、虞，而纪年始于鲁隐，以西周之年无所可考也。今之所谱，自《春秋》之前，称世谓之《世谱》；《春秋》之后，称年谓之"年谱"。太史公纪年以六甲，后之纪年者以六十甲，或不用六十甲而用岁阳、岁阴之名②。今之所谱，即太史公法，既简且明，循环无滞。礼言："临文不讳③。"谓私讳不可施之于公也，若庙讳则无所不避。自汉至唐，史官皆避讳，惟《新唐书》无所避，臣今所修，准旧史例；间有不得而避者，如谥法之类，改易本字，则其义不行，故亦准唐旧（自注：汉景帝名启，改启为开；安帝名庆，改庆为贺；唐太祖名虎，改虎为武；高祖名渊，改渊为水。若章怀太子注《后汉书》，则"濯龙渊"不得而讳；杜佑作《通典》，则"虎贲"不得而讳）。

夫学术超诣，本乎心识，如人入海，一入一深。臣之二十略，皆臣自有所得，不用旧史之文。纪传者，编年纪事之实迹，自有成规，不为智而增，不为愚而灭，故于纪传即其旧文，从而损益。若纪有制诏之辞，

---

① 谯周：三国时蜀人，曾搜集先秦传说和史事，补《史记》的阙漏，著成《古史考》一书，今已亡佚。陶弘景：南北朝人，著作很多，与历史有关的是《帝代年历》。

② 六甲：指甲子、甲寅、甲辰、甲午、甲申、甲戌。六十甲：指依十天干（甲、乙、丙、丁、戊、己、庚、辛、壬、癸）和十二地支（子、丑、寅、卯、辰、巳、午、未、申、酉、戌、亥）组合成的六十记年月日单位。岁阳、岁阴之名：以十干纪年称岁阳，以十二支纪年称岁阴，见《尔雅·释天》。岁阳的名称为：阏逢（甲）、旃蒙（乙）、柔兆（丙）、强圉（丁）、著雍（戊）、屠维（己）、上章（庚）、重光（辛）、玄黓（壬）、昭阳（癸）；岁阴的名称为：困敦（子）、赤奋若（丑）、摄提格（寅）、单阏（卯）、执徐（辰）、大荒落（巳）、敦牂（午）、协洽（未）、涒滩（申）、作噩（酉）、阉茂（戌）、大渊献（亥）。

③ 临文不讳：见《礼记·曲礼上》。

传有书疏之章，入之正书，则据实事；真之别录，则见类例。《唐书》《五代史》，皆本朝大臣所修，微臣所不敢议，故纪传讫隋。若礼乐刑政，务存因革，故引而至唐云。

呜呼！酒醴之末，自然浇漓；学术之末，自然浅近；九流设教，至末皆弊[①]。然他教之弊，微有典刑；惟儒家一家，去本太远。此理何由？班固有言："自武帝立五经博士，开弟子员，设科射策，劝以官禄。讫于元始，百有余年。传业者寝盛，枝叶繁滋，一经说至百余万言，大师众至千余人，盖禄利之途使然也。"[②]且百年之间，其患至此；千载之后，弊将若何？况禄利之路，必由科目，科目之设，必乎文辞。三百篇之《诗》尽在声歌，自置《诗》博士以来，学者不闻一篇之《诗》；六十四卦之《易》该于象数，自置《易》博士以来，学者不见一卦之《易》。皇颉制字，尽由六书；汉立小学，凡文字之家，不明一字之宗[③]。伶伦制律，尽本七音；江左置声韵，凡音律之家，不达一音之旨[④]。经既苟且，史又荒唐，如此流离，何时返本？道之污隆存乎时，时之通塞存乎数，儒学之弊，至此而极。寒极则暑至，否极则泰来，此自然之道也。臣蒲柳之质，无复余龄；葵藿之心，惟期盛世。谨序。

《通志》

---

① 九流：又称九家，是战国时期的九种学派，这九派是儒、道、阴阳、法、名、墨、纵横、杂、农家。

② "班固有言"以下一段话：见《汉书·儒林传》。

③ 六书：谓象形、指事、会意、形声、转注、假借六项造字方法。

④ 七音：谓乐律的宫、商、角、徵、羽、变宫、变徵七种音阶。江左置声韵：指六朝时产生的四声和反切。四声，谓平、上、去、入四种声调。反切，用两个字来拼注另一字的音，上字取其声母，下字取其韵母和声调。

译　文

　　每条河川奔流的途径虽然不同，最后一定汇集于大海，因此天下没有洪水的灾祸；各国来往的道路虽不一样，最后一定通到中国，因此天下没有阻隔的忧虑：可见会合变通的意义非常重要。自从有文字以后，著书的人虽然很多，却只有孔子以其天赐的圣明，统括《诗》《书》《礼》《乐》等书而集于一手，然后合同天下的文章；贯通二帝三王之道而成一家之言，所以能够包括古往今来的变化。使得儒家之道光明远大，百代以前、百代以后，都无人能够赶上。孔子死后，诸子百家兴起，纷纷仿效《论语》，以空泛的言论著书（自注：《论语》是孔门弟子汇集孔子的话所成的书），以至于各朝代的实在事迹，反而没有人记载。到了汉武帝建元、元封年间，才出现司马谈、司马迁父子。

　　司马迁的祖先代代掌管公家书籍，精于创作，所以能够上考孔子的志意，会合《诗》《书》《左传》《国语》《世本》《战国策》《楚汉春秋》等书，贯串黄帝、唐尧、虞舜，到秦朝、汉朝，成为一部书。分成五种体裁：用"本纪"来记录年代，用"世家"来记载世代，用"表"来校正历法，用"书"来汇聚事务，用"传"来表明人物，让百代以后，史官无法改变他创立的体制，学者不能舍弃他撰写的书。六经以后，可以相比的，只有这部著作。所以司马迁说："周公以后五百年才有孔子，孔子以后五百年才有这部书。"足证他自视很高。但是伟大的著作，一定非常渊博典雅，而且必须看遍天下的书籍，才没有遗漏的叹恨。司马迁所处的时代，刚刚解除藏书的禁令，献书的风气并不流行，绵延三千年的史事，拘限在七八种史书里。我为司马迁感到可惜的是，不够渊博。凡是著述的人，虽然采取前人的著作，却务必形成自己的言论。左丘明是楚国人，见闻广博，但他所撰的书，全用楚国的语词；公羊高是齐国人，见闻广博，但他所撰的书，都用齐国的语言。如今司马迁的书，全用旧有的文字，夹杂俚俗的话，实在是因为采录不够完备，来不及更改，所以他说："我不敢毁损先人的话，只是叙述故事，整理传闻，并不是真正的著作。"刘知幾也讥讽他"大量采用过去的记载，不时穿插杂乱的言语"。我为司马迁感到可惜的是，不够典雅。大致上开创基业之人都是创建，而后继续志之人只是弥补不足之处。晋国的《乘》、楚国的《梼杌》、鲁国的《春秋》，原本都是相同类型的史书。《乘》《梼杌》后继无人，所以书未流行于后世。《春秋》先有孔子振兴，后有左丘明推介，所以能与日月共存于世。否则，一点点的事迹，怎么能够通行于世上呢？自从《春秋》以后，只有《史记》长于创作体制；不幸班固不是适当的人选，以致丧失了会合变通的宗旨，使得司马迁创设的体制从此没落了。

班固是个虚浮不实的人，没有一点学术，只知道抄袭他人的著作。汉章帝询问他有关制礼作乐的事，班固答说京城里的学者一定知道。假如所有的臣子都是这样，那么还要什么顾问呢？等到学者分别陈述自己的意见后，班固便献上叔孙通所著的十二篇《汉仪》，以敷衍章帝的询问。如果所有的大臣都是这样，那么还要什么奏议呢？章帝知道班固粗浅鄙陋，所以对窦宪说："你喜欢班固而忽视崔骃，就像叶公子高喜好似龙而非龙的情形一样。"班固在当时，已有固定的评价；像这样的人才，会有什么好著作呢？《史记》这部书的贡献在于十个表，如同穿衣服必以冠帽戴在头上，树木河水都有根源；班固不懂得横行的写法，将古往今来的人物勉强加以分别等级。而且认为汉朝继承帝尧的运数，自然应该直接继承帝尧，所以批评司马迁的《史记》把汉朝和秦朝、项羽夹杂在一起，这是没有根据的说法。由于他只取汉代著书，所以使得周朝、秦朝无法相承，古代和现代有所隔阂。从汉高祖到武帝，一共六代，在此以前，全部窃用司马迁的《史记》，而不感觉惭愧；从昭帝到平帝，一共六代，依据贾逵、刘歆的著作，又不以为羞耻。何况又靠班昭替他完成未尽的篇章，那么班固自己撰写的部分，真是非常少了。多半出于班固心意的，只有《古今人表》，这是别人没有的错误。后代众人纂修史书，如同在路边建筑房屋；掠取别人的文章，就好像掩耳盗钟：都是由班固开头的。班固的事业只有这样，后代的史家仿效班固都来不及，哪有余力来探讨他的好坏。司马迁和班固相比，好像龙与猪相比，有很显明的差别，无奈后世史家舍弃司马迁而仿效班固，刘知几一辈的人又尊崇班固而贬抑司马迁。而且最会学习司马迁的，要算班彪。班彪接续《史记》，撰写从武帝到东汉的史书；他想让后人接续他，犹如他接续司马迁一般；不但没有多余的文字，又不让时代断绝；世世代代相继，好像出自一人：他真是善于继承司马迁的志业。他的书今日已无法看到，能够看到的，只有元帝、成帝的赞语而已。都在本纪以外，另外记载一些听闻，可算是非常了解司马迁了。凡是《左传》所有的"君子曰"部分，都是说解经书的新意义；《史记》所有的"太史公曰"部分，都是正文以外的事迹——不是为了褒美贬作；偶尔有褒贬的词语，则是褚少孙一流的人掺杂进去的。而且本纪、列传里面，已经记载善恶的事迹，足以作为警戒，为何还要在本纪、列传的后头，加上褒美贬斥的话呢？这是生员参加考试所写的文章，怎么能够用来著书呢？大概不是司马迁、班彪原来的主意。何况称为"赞"，哪有贬责的词语。后代的史家，有的称为"论"，有的称为"序"，有的称为"铨"，有的称为"评"，都是仿效班固，这是我不得不激烈辩论班固的缘故。司马谈撰有史书，而司马迁能够完成父亲的志业；班彪有修史的志愿，而班固不能通晓父亲的著作。班固是班彪的儿子，不但无法保全自己的生命，又不能传承父亲的志业和教导自己的儿子，像这样的人，怎么能够使他的著作被天下的人效法。像范晔、陈寿一流的人物，承继在后，都是轻狂随便，没有德行，而招致罪罚的人，怎么能够撰著令人相信的史书呢？

孔子说："商朝沿袭夏朝的礼仪制度，增减的情形可以获知；周朝沿袭商朝的礼仪制度，增减的情形也可以获知。"这是说明礼仪制度的相互沿袭。自从班固专记一代的史事，不再有相互沿袭的意义；虽然有孔子的圣明，也无法获知各代礼仪制度增减的情形。会合变通的道理，从此丧失了。说到相同的部分，则一个本纪接着一个本纪，一个帝王竟有好几个本纪；一个列传接着一个列传，同一个人竟有好几个本传。天文的现象，自古以来都不曾改变，然而各代都有天文志；《洪范五行传》是一家的著作，然而各代都有五行传。像这一类的繁复撰述，怎能令人忍受呢？说到不同的部分，则不把前代帝王放在后代帝王的前面，后代的事迹不能接续前代的事迹；郡县区域自行划分，而不明白变迁改革的源流；礼乐制度随便更改，造成不同习俗的政教。像这一类的断续记载，怎能令人忍受？曹魏称吴、蜀为"贼寇"，北朝称东晋为"僭逆"；南朝称北朝为"索虏"，北朝称南朝为"岛夷"。《北齐书》称梁朝的军队为"义军"，图谋别人的国土，可以称为仁义吗？《隋书》称唐朝的军队为"义兵"，讨伐他国的君主，可以称为仁义吗？房玄龄监修史书，所以他的父亲房彦谦在《隋书》里记有良好的声誉；虞世南参与纂修史书，所以他的父亲虞荔、叔父虞寄在《陈书》里有很好的传记。更严重地，像夏桀的狗会向帝尧吠叫的情形，完全是臣子为了帮助自己的主人而有的举动。《晋书》党同晋朝而不承认北魏，凡是忠心于北魏的，都视同叛乱的臣子，使得王浚、诸葛诞、毌丘俭等人死后遭受冤屈；《北齐书》党同北齐而不承认刘宋，凡是忠心于刘宋的，都视同悖逆的党人，使得袁粲、刘秉、沈攸之等人死后含冤。唉！青天白日在上，怎能如此胡作乱为呢？像这一类的事情，各个朝代都有。伤害风俗，败坏正义，没有比这个还大的！司马迁的笔法已经丧失，班固的弊病日渐加深，从东汉到东晋，没有一个人能够发现这种错误。只有梁武帝为这些情况感到叹息，于是命令吴均撰述《通史》，上起汉武帝太初年间，下止于北齐，书还没有完成而吴均已经去世了。隋朝的杨素又奏请命令陆从典纂史，接续《史记》，一直到隋朝，书还没有完成而陆从典便被罢官。难道是上天吝啬而不肯传授文章吗？还是责备史家而不肯保护他们呢？自从唐朝以后，又没有人发觉这种错误，凡是负责撰史的人，都效法《春秋》，专门从事褒扬贬责。《春秋》用简短的文辞表现大义，如果没有注解，则善恶事迹难以明了；史书用详细的文字包括事迹，善恶的情形已经显明，不需褒美讥刺。阅读萧何、曹参所行的事迹，难道不晓得他们忠诚贤良吗？看了王莽、董卓所有的作为，难道不晓得他们凶残悖逆吗？史书是国家的重要典籍，而负责的人不懂得留心典章制度，只知道以语言矜夸；就好像家中的主妇，不料理日常的伙食，只知搬弄是非，即便能够获胜，又怎么能够兴盛家庭呢？这是我深深感到耻辱的。

江淹曾说："纂修史书的困难，没有比得上志的。"实在是因为志关系着典章制度，不是熟悉过去的事例，无法完成，不像本纪和列传，本纪用年代包括事迹，列传用事迹联系人物，任何读书的人都能够完成它。因此志的撰著最困难，其次困难的，没有比得上表的。所以范晔、陈寿等人，能够撰写本纪、列传，却不敢制作表、志。志的起源，始见于《尔雅》，司马迁称为"书"，班固称为"志"，蔡邕称为"意"，华峤称为"典"，张勃称为"录"，何法盛称为"说"。其他的史书都秉承班固，称为"志"，全都记载不实的言语，忽略实际的事情，无法尽括《尔雅》的原义。我现在总括天下的重要学术，而条记大纲和细目，称为"略"。一共有二十略，历代的典章制度、学者擅长的事务，全部聚集在这里了。其中的五略，汉朝、唐朝的学者已经听过；其中的十五略，汉朝、唐朝的学者不曾听说过。

······

共十五略，都是出自我的思虑，与汉朝、唐朝的学者没有干涉。"礼略"叙述吉、凶、军、宾、嘉五礼，"职官略"表明百官的次序，"选举略"说明选拔人才的方法，"刑法略"记载刑罚的方式，"食货略"记载财物货币的沿革始末。这五略虽然根据先人的典籍，却并非采自众史书。

古代记载事情的历史称为"志"。《尚书大传》说："天子发问而无法对答，要责备前疑（顾问）；有需要记载的事务而没有记载，要责备后丞（顾问）。"所以宋国、郑国的史书都称为"志"。司马迁将志更改为记。现在也称为"志"，就是根据旧说。桓谭说："司马迁《三代世系表》的横行文字，都是仿效《周谱》。"古时另外记载年代而缀系史事的书，称为"谱"，司马迁改称为表。现在又将表称为谱，完全是遵从旧法。然而西周经过幽王的变乱，记载的史书失传了，所以《春秋》编排年代时，便自东周开始。自从皇甫谧撰写《帝王世纪》和《年历》，才上推到三皇；谯周、陶弘景等人都有与他相同的著作。后学的人感到怀疑，才以司马迁编录的年代为标准，因而将年代始自共和。然而共和的名称已不能令人相信，何况它的年代呢？孔子编纂《尚书》，从唐尧、虞舜开始，而《春秋》记载年代则始自鲁隐公，因为西周的年代已无法考证了。现在编纂的谱表，由于《春秋》以前只知有世代，所以称为"世谱"；《春秋》以后已可获知年代，所以称为"年谱"。司马迁用六甲纪年，后人用六十甲来纪年，也有人不用六十甲而用岁阳、岁阴的名称来纪年。现在所作的谱，就是用司马迁的方法，不但简单，而且明白，周而复始，一点也没有阻碍。礼书上说："写文章时，不用避讳。"这是说私人的名讳不必在公众的事务上避讳；如果是君主的名讳，则不论什么场合，都要避免。从汉朝到唐朝，史官撰史时都避讳，只有《新唐书》没有避讳。我现在纂修的书，依照从前史书的例子；偶尔有不能避讳的，例如谥号类，如果改变原来的字，便无法明了它的意思，所以也依照唐朝的方法。（自注：汉景帝的名字叫作启，改启字为开字；汉安帝的名字叫作庆，改庆字为贺字；唐太祖的名字叫作虎，改虎字为武字；唐高祖的名字叫作渊，改渊字为水字。又如章怀太子李贤注释《后汉书》，遇到"濯龙渊"的词句，就不能避讳；杜佑撰著《通典》，遇到"虎贲"的词句，就不能避讳。）

学术造诣的高深，本于用心的勤奋，如同常人下海，每下去一次，就能更为深入。我所写的二十略，都是我自己的心得，没有采用前代史书的内容。本纪和列传，编排年代，记载事情的真相，原本就有前人的法度，不会因为聪明而有所增多，也不会因为愚笨而有所减少，所以在本纪和列传部分，便根据旧史的记载，加以增减。至于本纪里有天子的制诰，列传里有大臣的奏疏，如果见于正文，则据实载录；如果见于他处，则别置于类例里。《新唐书》《新五代史》都是本朝（宋）大臣纂修的，卑微的我不敢有所议论，所以本纪、列传部分止于隋朝。至于礼乐制度、刑法政治，必须保存沿革的情形，所以延长到唐朝。

啊！酒浆的渣滓，当然味道淡薄；学术的末流，自然知识肤浅；九种学派立说陈教，到后来都出现弊病。但是其他学派的弊病，还稍有旧法存在；只有儒家一家，距离本源太远。这是什么原因呢？班固曾说："自从汉武帝设立五经博士，定下学生的名额，设置科目，拔取人才，并用官位和俸禄作为鼓励，一直到汉平帝元始年间，有一百多年。传授学业的人渐渐增加，说解经义日益繁多，一部经书可以说到一百多万字，有名的学者多到一千多人，大概是为了爵禄和利益的缘故吧。"仅仅一百年间，竟然败坏到这种地步；一千年后，会有怎样的弊病呢？何况追求爵禄和利益的途径，必须经由科目考试，科考的拔擢，必须透过策论的文章。三百篇的《诗经》都是先民的吟唱，自从设置《诗经》博士以后，不再听说学者有一篇诗作；六十四卦的《易经》包括了卦象和卦数，自从设置《易经》博士以后，没有看到学者有一卦的创作。仓颉创造文字，完全根据象形、指事、会意、形声、转注、假借六种原则；汉代设立小学，凡是教授文字的人，竟不懂得造字的原理。伶伦制定乐律，全部根据宫、商、角、徵、羽、变宫、变徵七种音阶；六朝设置声韵学，凡是乐师，都不明了音乐的旨趣。经书已经随便，史书更是乖谬，这么分析离散，不知到什么时候才能归返到本源？治道的盛衰见于时世，时世的穷达见于命运，儒学的弊病，今日已达到极点了。寒冷到了极点的时候，炎热就会到来；运气坏到极点的时候，好运就会到来，这是自然所有的道理。我衰弱的体质，已经是余日无多了；卑贱的心意，只是期盼太平盛世的到来。恭敬地叙述。

（蒋秋华／编写整理）

鹅湖之会

陆九渊

陆九渊像

陆九渊（1139—1193），字子静，自号象山翁，抚州金溪（今属江西）人。宋代著名的思想家，主张"心即理"，教人"知本""立大"，也就是进德修业先要恢复本心，建立"心学"一派。至明代，王守仁阐扬其说，盛行一时，世称"陆王"。他的学说和朱熹颇有差距，两人曾在鹅湖相会论辩，又在书信上往复辩诘。后来两人的弟子也相互抨击，形成"理学"对"心学"的朱陆之争。后人将他的著述编为《象山先生全集》。

背　景

朱熹和陆九渊都是南宋初期著名的思想家，分别为理学、心学的代表人物。朱熹集宋代理学之大成，建立"性即是理"的哲学系统，在功夫修养上，侧重道问学，所以教人"格物穷理"，也就是先泛观博览而后归于简约，在当时拥有众多门徒。陆九渊开创有宋心学一派，主张"心即理"，他的功夫修养，侧重尊德性，教人"先立其大"，亦即先发明本心而后博览，随他求学的人也很多。

朱、陆两家俱名重一方，各自吸引了不少生徒，彼此的思想虽不相同，却也相互心仪。因此，与两人都有交情的吕祖谦乃设法让二人相见。

淳熙二年（1175）五六月间，吕祖谦邀请朱熹和陆九龄、陆九渊兄弟，在江西信州府铅山县鹅湖寺聚会，这就是有名的"鹅湖之会"。

这次聚会，的确是当时的一大盛事，因为朱、陆两家首度会面，使得理学和心学进行了一次历史性的、空前的交会。本文选自陆九渊的《语录》，为记载当时聚会经过的直接资料，可以帮助我们了解整个会议的情形。

鹅湖之会，担任召集人的吕祖谦，除了介绍朱、陆认识，也有调和两家学说的用意；只因彼此的思想差距过大，始终不能取得协调。会中讨论的题目很多，最重要的是博约之辩，这是两家学术最大的分野处，所以特别提出来讨论。从陆氏兄弟当时举出的两首诗来看，很显然，是相当反对朱熹的论学宗旨的。会后三年，朱熹曾和作一诗："德业流风夙所钦，别离三载更关心。偶携藜杖出寒谷，又枉蓝舆度远岑。旧学商量加邃密，新知培养转深沉。只愁说到无言处，不信人间有古今。"虽然语调委婉，依旧是坚持己见，不肯服输。

影　响

鹅湖一会虽然不欢而散，可是并不影响交情，彼此仍是惺惺相惜。陆氏兄弟日后也曾分别拜访朱熹，而且两家更是经常有书信来往问候、论辩。书信论辩，又以"太极图说"的争议最重要。这次争论是由陆九渊另一个兄长九韶（字子美，号梭山）引发的，而由九渊接续。问题的焦点，是怀疑周敦颐"太极图说"和《通书》的理论有异，二陆认为"无极而太极"这句话不妥，杂有道家思想，朱熹则全力为周子辩护。辩到后来，双方的态度愈来愈激烈，只好作罢。不久之后，陆九渊便逝世了。

鹅湖聚会之后，朱学日益昌盛，元朝以后，甚至被尊为国学；陆学则有式微之势，沉寂了一段时间。直到明代出现王守仁后，在他的大力倡导下，心学一脉重告振兴，一度压倒朱学，风行一时。可惜随着明朝的灭亡，理学与心学都被视为亡国的因素，再加上考据学以雷厉之势凌驾诸学，成为显学，遂取代了理学、心学的优越地位。

原　文

吕伯恭为鹅湖之集，先兄复斋谓某曰："伯恭约元晦为此集，正为学术异同，某兄弟先自不同，何以望鹅湖之同？"先兄遂与某议论致辩，又令某自说，至晚罢。先兄云："子静之说是。"

次早，某请先兄说，先兄云："某无说，夜来思之，子静之说极是。方得一诗云：'孩提知爱长知钦，古圣相传只此心。大抵有基方筑室，未闻无址忽成岑。留情传注翻蓁zhēn塞，着意精微转陆沉。珍重友朋相切磋，须知至乐在于今。'"某云："诗甚佳，但第二句微有未安。"先兄云："说得恁地，又道未安，更要如何？"某云："不妨一面起行，某沿途却和此诗。"

及至鹅湖，伯恭首问先兄别后新功[①]。先兄举诗，才四句，元晦顾伯恭曰："子寿早已上子静舡chuán了也。"举诗罢，遂致辩于兄。某云："途中某和得家兄此诗云：'墟墓兴哀宗庙钦，斯人千古不磨心。涓流滴到沧溟水，拳石崇成泰华岑。易简工夫终久大，支离事业竟浮沉。'"举诗至此，元晦失色。至"欲知自下升高处，真伪先须辨只今"，元晦大不怿yì，于是各休息。

翌日，二公商量数十折议论来，莫不悉破其说。继日凡致辩，其说随屈。伯恭甚有虚心相听之意，竟为元晦所尼。

---

① 别后：宋孝宗乾道八年（1172），吕祖谦回金华服父丧。次年，陆九龄曾数次拜访他。

后往南康,元晦延入白鹿讲说,因讲"君子喻于义"一章,元晦再三云:"某在此不曾说到这里, 负愧何言。"①

《陆象山全集》

译 文

吕伯恭（祖谦）邀请在鹅湖聚会,先兄复斋（陆九龄）对我说:"伯恭邀请元晦（朱熹）参加这次聚会,就是因为学术的不同,我们兄弟如果事先不能取得一致,怎么能够希望鹅湖聚会时,可以得到相同的结论呢?"先兄便和我商议辩论,又让我说出自己的见解,一直到晚上才停止。先兄说:"你的说法是正确的。"

第二天上午,我请教先兄的见解,先兄说:"我没有意见,夜里想了很久,你的说法非常对,刚刚作了一首诗:'童稚时候知亲爱,长大以后知尊敬,古代圣人相传授,只有这份澄明心。大概先要有基础,才能建筑高房屋,不曾听说没根基,转眼之间变高峻。花费心思考注疏,反而形成文字障,刻意精密又细微,竟致紊乱而沉沦。善加保重朋友情,互相讨论长学问,必须明了天下乐,何时何刻得似今。'"我说:"诗作得很好,只是第二句稍有不妥。"先兄说:"已经讲到如此地步,还是不妥当,到底要怎样才好呢?"我说:"不如先动身前往,我在路上再答和一首诗。"

到达鹅湖后,伯恭首先询问与先兄分别以后研究学问的情形。先兄提出他所作的诗,才念到第四句,元晦对伯恭说:"子寿（陆九龄）早就

① 后往南康:朱熹于孝宗淳熙五年（1178）知南康军,次年复建白鹿洞书院。八年（1181）,陆九渊来访,两人共至白鹿洞书院。朱熹请陆九渊升讲席,陆讲"君子喻于义"一章。由于恳到明白,切中学者隐病,听者莫不悚然动心。"君子喻于义"一章:陆九渊取《论语·里仁篇》的"君子喻于义,小人喻于利"作为讲题。事后,朱熹恐久而忘之,乃请陆九渊书写下来,今犹存于《象山先生全集》内,题曰"白鹿洞书院《论语》讲义"。

登上子静（陆九渊）的船了。"全诗读毕，元晦就要同先兄辩论。我说："路上我也答和了家兄一首诗：'来到坟前心生悲，进入宗庙自诚敬，经过千千万万世，不能改变人本心。涓涓细流小水滴，形成浩浩大海波，拳头一般小石块，堆成泰山、华山岭。进德修业从简入，所获成就必远大，支离破碎逐末业，事业无成陷沉沦。'"诗念到这里，元晦大惊失色。念到"若想得知真实意，须从低处往上升，真假道术要区分，先得辨明自如今"，元晦非常不高兴，于是大家各自休息。

第二天，元晦、伯恭提出两人共商的几十条论题，我们兄弟无不一一解答。接着几天，只要提出辩论，元晦、伯恭的说解立刻被驳倒。伯恭颇有退让服从的意思，最后却被元晦阻止了。

后来我到南康，元晦邀我到白鹿洞书院演讲，于是我取《论语》中的"君子喻于义"一章作为讲题。事后，元晦不停地说："我在这里从来没有讲到这些，真是羞愧得无话可说。"

（蒋秋华／编写整理）

《大学章句》序

朱 熹

朱熹（1130—1200），字元晦，一字仲晦，号晦庵，学者称紫阳先生或考亭先生，徽州婺源（今属江西）人。他主张穷理以致其知，反躬以践其实，而以居敬为主，为宋代集理学大成的人物。著作很多，主要的有《周易本义》《诗集传》《四书章句集注》《楚辞集注》等书，另编次《通鉴纲目》《近思录》《伊洛渊源录》等书，诗文合称《朱子大全集》。其中尤以《四书章句集注》，为毕生精力所注，元、明、清三代科举考试，即以此书为定本，可见其影响深远。

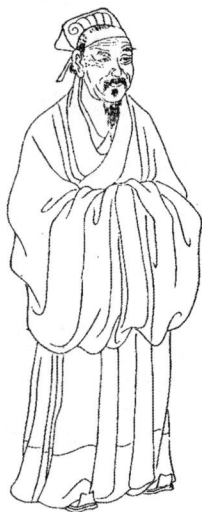

朱熹像

背 景

《大学》一书，本来只是《礼记》中的一篇，在朱子以前，虽然也有学者颇为重视其中循序渐进，自个人道德之养成，以迄于个人责任之践履的修养过程，但是它的重要性尚未显著，只是《礼记》的附庸而已。自从朱子作了《大学章句》，加入自己的思想，将"古本"改为"改本"，并结合《论语》《孟子》《中庸》为一系，号称《四书》之后，《大学》的地位便大大地提高了，不但足以媲美"五经"，甚至由于后世科举采用朱子的《四书集注》为定本，《大学》更成了读书人自幼即须背诵、课读的一本"宝典"了。

朱子之所以改定《大学》古本，并凸显《大学》的重要性，是与他的思想相关的。自孟子倡言"性善"以来，虽然荀子、扬雄、韩愈等人，都提出过不同的看法，但是他们对"性"的看法，显然是属于不同层面的范畴；宋代的理学家针对过去的观念，深入探讨了这个"性"的意义，从而得出了有"天地之性""气质之性"的观点。天地之性是纯粹善的，人生来就具有善的彝德，但是由于后天的习染，气质受到污染，于是有了恶质。在朱子的观念中，个人人格的完成，必须自人原有的善性展开，而尽力避免恶质的污染，因而要"存天理，去人欲"，而其中最重要

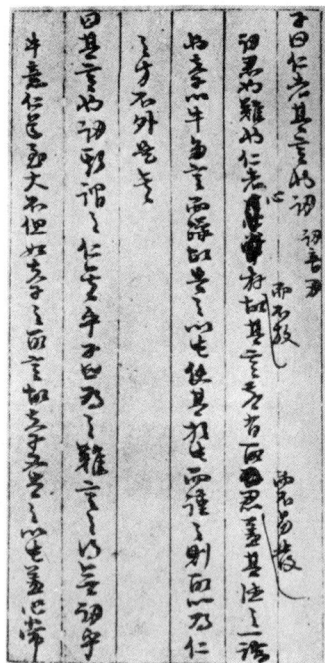

《四书集注》稿本书影

的环节，则是落实在学习的过程。《大学》一书，自格致修齐而下，一直到治国平天下，拟出了一个相当有系统的过程，因此朱子认为《大学》是古代大学用来教导人趋于善的书籍，其目的在"其学焉者，无不有以知其性分之所固有，职分之所当为，而各俛焉以尽其力"，因此竭力表彰《大学》，甚至说"修圣学者，必由《大学》始"。

影　响

由于朱子对后世儒学的影响是空前的，因此《大学》一书直到现在还是深受世人重视的经典。本文所提出的"道统"传承，也成为中国人最重要的观念和文化认知模式。

原　文

《大学》之书，古之大学所以教人之法也①。盖自天降生民，则既莫不与之以仁义礼智之性矣！然其气质之禀，或不能齐，是以不能皆有以知其性之所有而全之也。一有聪明睿智能尽其性者出于其间，则天必命之以为亿兆之君师，使之治而教之，以复其性。此伏羲、神农、黄帝、尧、舜所以继天立极，而司徒之职、典乐之官所由设也。

三代之隆，其法浸备，然后王宫国都，以及闾巷，莫不有学。人生八岁，则自王公以下，至于庶人之子弟，皆入小学，而教之以洒扫应对进退之节、礼乐射御书数之文②。及其十有五年，则自天子之元子、众子，以至公卿、大夫、元士之適子，与凡民之俊秀，皆入大学，而教之以穷理、正心、修己、治人之道③。此又学校之教、大小之节所以分也。夫以学校之设，其广如此，教之之术，其次第节目之详又如此。而其所以为教，则又皆本之人君躬行心得之余，不待求之民生日用彝伦之外。是以当世之人无不学，其学焉者，无不有以知其性分之所固有，职分之所当为，而各俛焉以尽其力。

---

① 大学：即太学，古时学校的名称。虞有上庠，夏有东序，商有右学，周有东胶，相传都是太学的异称。到汉朝始名太学，是古代的国学，最高的学府。

② "人生八岁"四句：《大戴礼记·保傅篇》："古者年八岁而出就外舍，学小艺焉，履小节焉。"洒扫应对进退之节：打扫、接待客人的语言礼节。《论语·子张篇》："子夏之门人小子，当洒扫应对进退，则可矣，抑末矣。"礼乐射御书数：此即古称的六艺。《周礼·地官》："教之六艺：一曰五礼，二曰六乐，三曰五射，四曰五驭（御），五曰六书，六曰九数。"

③ "及其十有五年"五句：《白虎通·辟雍篇》《公羊解诂》《汉书·食货志》等皆谓十五岁入大学。穷理、正心、修己、治人之道：此即所谓"大学"的格物、致知（以上为穷理）、诚意、正心（以上为正心）、修身（为修己）、齐家、治国、平天下（以上为治人）八条目。

此古昔盛时，所以治隆于上，俗美于下，而非后世之所能及也。

及周之衰，贤圣之君不作，学校之政不修，教化陵夷，风俗颓败，时则有若孔子之圣，而不得君师之位，以行其政教，于是独取先王之法，诵而传之，以诏后世。若《曲礼》《少仪》《内则》《弟子职》诸篇，固小学之支流余裔①。而此篇者，则因小学之成功，以著大学之明法，外有以极其规模之大，而内有以尽其节目之详者也。三千之徒，盖莫不闻其说，而曾氏之传，独得其宗，于是作为传义，以发其意②。及孟子没，而其传泯焉。则其书虽存，而知者鲜矣！

自是以来，俗儒记诵词章之习，其功倍于小学而无用；异端虚无寂灭之教，其高过于《大学》而无实③。其他权谋术数，一切以就功名之说，与夫百家众技之流，所以惑世诬民，充塞仁义者，又纷然杂出乎其间，使其君子不幸而不得闻大道之要，其小人不幸而不得蒙至治之泽，晦盲否塞，反复沉痼，以及五季之衰，而坏乱极矣④！

天运循环，无往不复。宋德隆盛，治教休明，于是河南程氏两夫子出，

---

① 《曲礼》《少仪》《内则》《弟子职》诸篇：前三篇为《礼记》的篇名，记载与日常生活和朝廷社会相关的礼节。《弟子职》为《管子》的篇名，记载弟子敬事先生的礼节。

② 三千之徒：指孔门的三千弟子。《史记·孔子世家》："孔子以诗书礼乐教，弟子盖三千焉。"曾氏之传：指曾参独得孔子圣学正传，后世称曾子为宗圣。作为传义：传义是解释经的著作，朱子将"大学"分为经一章、传十章，并认为经是孔子所说而由曾子记述，传则为曾子所说而由门人记录。

③ 虚无寂灭之教：指道家、佛家的学说。道家主张无为而治，故贵虚无。《史记·老庄列传》："老子所贵道，虚无因应，变化于无为。"寂灭为佛家语"涅槃"的意译，谓功德圆满，超出世间。《无量寿经》："超出世间，深寂灭。"

④ 权谋：指运用权变计谋的兵家。术数：此有二说：《汉书·晁错传》臣瓒注以为是"法制治国之术"，古代把用卜筮、占候等阴阳五行生克变化之理，推算人事吉凶的，统称为术数。五季：后梁、后唐、后晋、后汉、后周五代。

而有以接乎孟氏之传，实始尊信此篇而表章之 [1]。既又为之次其简编，发其归趣，然后古者大学教人之法、圣经贤传之指，粲然复明于世。虽以熹之不敏，亦幸私淑而与有闻焉。顾其为书，犹颇放失，是以忘其固陋，采而辑之，间亦窃附己意，补其阙略，以俟后之君子。极知僭逾，无所逃罪，然于国家化民成俗之意、学者修己治人之方，则未必无小补云。

淳熙己酉二月甲子，新安朱熹序。

《四书集注》

译　文

《大学》这部书是古代大学用来教人的法则。自从上天降生人类，就已经给予人类仁义礼智的善性了。然而人所承受的气质，并非完全相同，所以并不是每一个人都知道本然的善性而保全它。如有通达明智、能够尽力发展本性的人出现在生民之中，那么上天一定任命他作为万民的君主、师长，让他管理、教导生民，恢复他们本然的善性。这就是伏羲、神农、黄帝、尧、舜为何继承天命，建立法则，和司徒、掌乐的官员所以设置的原因。

夏、商、周三朝兴盛时，法制渐趋完备，然后首都和地方都有学校。人到了八岁，从王公以下，到平民的子弟，都能进入小学，教导他们打扫、问答的礼节，和礼仪、音乐、射箭、驾车、文字、算术的技艺。到了十五岁，从太子、王子，到公卿、大夫、上士的长子，和有杰出才智的平民，都进入大学，教导他们研究事理、端正心术、修养品性、治理政事的方法。这就是学校教育为何有大学、小学不同法度的分别。学校的设置是这么普遍，

---

[1] 河南程氏两夫子：指程颢、程颐。他们是河南洛阳人，世称大程子、小程子，为洛学之宗，朱子是他们的三传弟子。

教导的方法和次序、规则条目是这么详细。学校教导的事物，都是根据君主实行所获的心得，不必往人民日常生活伦理之外求取。所以当时没有不学习的人，也没有不知自己具有的善性和应该尽到的本分，而努力学习的。这就是古代兴隆时，为何朝廷政治兴盛，民间风俗和美，为后世无法赶上的原因。

到周朝衰微时，圣明贤能的君主不再出现，学校的制度不受重视，政治的教化衰败，民间的风俗颓废。那时就是孔子这样的圣人，也得不到君主、师长的职位来实行政治教化。因而特别选择先王的成法，通读传授，以教导后世的人。例如《礼记》的《曲礼篇》《少仪篇》《内则篇》和《管子》的《弟子职篇》，都是小学的支流后裔。而《大学》这一篇，便是借着小学教育的成功，来显扬大学的明定法则，对外有非常远大的法度，对内有详细的规则条目。孔门三千弟子，大概没有人不曾听说过《大学》的，而只有曾子得到孔子的真传，因此撰述经传，发明《大学》的义理。等到孟子死后，《大学》的传授就断绝了。虽然书本依旧存在，但知道的人很少。

从此以后，一般读书人注重背诵和文章的学习，所花的工夫多过古代的小学教育，却没有用处；违反正道的道家、佛家的学说，理想虽然高过《大学》，却不切实际。其他如权变计谋、阴阳术数，所有为了建立功业、显扬声名的学说，和那些用来迷惑欺骗世人、阻塞仁义的各种学说、技艺，又纷乱地夹杂在里面，让当世的君子不能听到正道的要旨，当世百姓不能蒙受太平盛世的恩泽，这种昏暗不通的局面，长久难治的重病，直到五代的衰世，已经败坏到极致了。

天道的运行，并非只有去而没有回。宋代道德兴盛，政治教化美善清明，于是出现了河南程颢、程颐两位夫子，才有人接续孟子的传授，真正开始尊崇《大学》而加以表明阐扬。接着又为此书编订次序，阐发旨归趋向，让它重新显明于世。虽然像我这样不聪明的人，也有幸宗仰而得以学习。但是两位夫子所编定的书还有散乱缺失，所以不顾自己粗俗鄙陋，选择编辑，偶尔也私加自己的意见，增补缺文，等待后世君子教正。我十分明白这种超越本分的罪过，没有地方可以逃避，但是对于国家教化人民、改善风俗的用意和学者修养身心、治理家国的方法，未必没有一点小小的帮助。

宋孝宗淳熙十六年（1189）二月四日，新安朱熹序。

（蒋秋华／编写整理）

《长春真人西游记》序

孙 锡

　　孙锡，字昌龄，宋真州（今江苏仪征）人，举进士，官至度支郎中，居官仁恕。素闻长春真人之名，故于其至燕京，则亟与之交游。真人升化后，弟子李志常作其师西游记录一篇，请孙氏为序。

　　李志常（1193—1256），字浩然，观城（治今山东莘县观城镇）人，全真教长春真人弟子，号真常子，为通玄大师。元宪宗元年（1251）始任掌门人，共五载。撰有《长春真人西游记》二卷、《又玄集》二十卷等。

背　景

　　《长春真人西游记》是记述全真教第一代弟子丘处机应成吉思汗邀请，横越大漠，远赴西域的旅途游记。

　　长春真人（1148—1227），本姓丘，名处机。生于农家，但自幼好学，又聪明颖悟，当时就有相者断定他日后必属神仙中人物。他于十九岁入山学道，遇见全真教教主王重阳，并且拜入门下。

　　四十一岁时，声名已远播四方，金世宗遣使招聘至汴京，会谈甚是愉快，就请他在

长春真人像

天长观住下。前后四次召见问道，真人都以修身之道，解析天人之理，陈述无为而治之旨，世宗甚表赞同。

七十二岁时，真人居莱州昊天观。元太祖成吉思汗西征至新疆，慕名遣使请他赴西域讲道。真人蓄志济世已久，以为乘此良机，可以劝雄主稍戢兵祸，当下答应前往。于是偕十八弟子到燕京，时已七十三。自觉年事已高，而太祖又积极西征，行宫渐远，所以想等太祖东还以后，再行朝谒。可是太祖却希望他西赴。他唯有勉力，于太祖十六年（1221）二月出发，至十八年（1223）七月返回云中，十九年（1224）二月再回到燕京。

影　响

蒙古起兵时，杀戮甚重，所过屠城，一直打到中亚，杀人无数。丘处机这次西行，得到太祖的尊重与信任，让他住在燕京为天下教主，这对保全中原传统文化，化除太祖杀掠之心，都有很实际的贡献。可说是一件伟大的功德，令人景仰。

丘处机的弟子李志常是十八位从行者之一，山川道里，皆为亲历，所以用亲身所见写了这篇游记，详述各地道里、风俗、人物、事迹，实在是研究长春真人事迹和中世纪中亚细亚史地不可多得的书籍。

原　文

长春子，盖有道之士。中年以来，意此老人，固已飞升变化，侣云将而友鸿濛者久矣，恨不可得而见也[①]。

[①] 侣云将而友鸿濛：《庄子·在宥》："云将东游，过扶摇之枝，而适遭鸿蒙。"成疏："云将，云之将也；鸿蒙，元气也；扶摇，东海神木。"气是生物之元，云乃雨泽之本，木属春阳之乡，东阳仁惠之方。孙锡借用此文，只是说长春真人羽化登仙，离开人世了。

己卯之冬，流闻师在海上，被安车之征[1]。明年春，果次于燕，驻车玉虚观，始得一识其面。尸居而柴立，雷动而风行，真异人也。与之言，又知博物洽闻，于书无所不读，由是日益敬其风；而愿执弟子礼者，不可胜计。自二三遗老，且乐与之游，其余可知也。

居无何，有龙阳之行。及使者再至，始启途而西。将别，道众请还期，语以三载。时辛巳夹钟之月也[2]。治甲申孟陬，师至自西域，果如其旨，识者叹异之[3]。自是月七日，入居燕京大天长观，从疏请也。

噫！今人将事行役，出门彷徨，有离别可怜之色。师之是行也，崎岖数万里之远，际版图之所不载，雨露之所弗濡，虽其所以礼遇之者，不为不厚，然劳恵亦甚矣！所至辄徜徉容与，以乐山水之胜，赋诗谈笑，视死生若寒暑，于其胸中曾不蒂芥。非有道者，能如是乎？

门人李志常，从行者也。掇其所历而为之记，凡山川道里之险易，水土风气之差殊，与夫衣服饮食、百果草木禽虫之别，粲然靡不毕载。目之曰"西游"，而征序于仆。

夫以四海之大，万物之广，耳目未接，虽有大智，犹不能遍知而尽识也，况四海之外者乎？所可考者，传记而已。仆谓是集之行，不特新好事者之闻见，又以知至人之出处，无可无不可，随时之义云。

---

① 己卯：元太祖十四年（宋宁宗嘉定十二年，1219）。

② 辛巳夹钟之月：元太祖十六年（1221）二月。古时以十二律分别代表十二个月份，夹钟之律正当二月。

③ 甲申孟陬：元太祖十九年（1224）正月。屈原《离骚》："摄提贞于孟陬。"注："正月为孟陬。"

594

戊子秋后二日，西溪居士孙锡序 [①]。

《长春真人西游记》

译 文

长春真人，是得道的仙长。我在四十岁以后，就以为他早已得道飞升，离开人世而与神仙遨游了，只恨自己没有缘分拜见他。

元太祖十四年（1219）冬天，有人说真人在山东掖县（今莱州），接受了太祖的征召，要前去西域。第二年春天，果然见他来到了燕京，住在玉虚观里，我这才很幸运地认识了他。只觉得他形体瘦弱，像一段立着的枯柴，可是声音却很洪亮，行动也敏捷，真是一位异人呀！和他闲谈时，又发觉他学问渊博，经验丰富，几乎无书不观，因此对他益加崇敬。由这些天的接触，我知道希望拜他为师的人，多得无法细数。连负盛名的大儒都乐于和他交往，别人更是可想而知了。

住了没有多久，他就前往德兴府的龙阳观去了；到使者再来时，就上路西行。临行前，人家请问他什么时候回来。他说三年以后。那是太祖十六年（1221）二月的事。到了十九年（1224）正月，他果真从西域回来。知道这件事的人都觉得奇异！正月七日这天，真人听从御史大夫的建议，住进了燕京的天长观。

唉！现在一般人要出远门时，多半踌躇不安，显出生离死别的可怜表情。真人这一趟西域之行，有数万里之遥，沿途崎岖难行，走过许多连地图上都找不到的、干旱无垠的沙漠；虽然元太祖待他的礼数很周到，但是要他以七十三岁的高龄，经历这样劳顿疲惫的旅程，却仍嫌不易承受！可是真人不论走到哪，都从容愉快，尽情享受山光水秀的美景，作诗谈笑，

---

① 戊子：元太子拖雷监国元年（宋理宗绍定元年，1228）。

把生死看得很淡，心里不曾有些微的芥蒂存在。如果不是深深悟道之人，哪能有这种胸怀呢？

真人的门生李志常，是从行西域的十八位大师之一。他将自己的经历一一记录下来。凡山川道路的险阻平坦，水土风俗的差别，和衣服饮食的特色，以及草木花果、飞禽走兽等珍异，洋洋大观，都详细记了下来。书名叫作"长春真人西游记"，请我写一篇序文。

想想，光是中国的面积，就已经够大了，有着数不尽的生物、异俗，如果不是亲眼看见、亲耳听到，即使再聪明的人，也不能完全了解认识，何况是中国以外更广大的地方呢？我们只能从传记上作一番考察罢了。所以我认为这本书的发行，不但能够一新好奇者的耳目，还能因此体会真人的处世态度，对仕进退隐毫不介意，完全到达应时处顺，毫不执着的超然境界呀！

戊子年（1228）秋后二日，西溪居士孙锡序。

（黄复山／编写整理）

建国号诏

徒单公履

徒单公履，生卒年不详，字云甫，号颙轩，元获嘉（今属河南）人。
秉性纯孝，乐于教人。博学多闻，善于辩论。金末，登进士第。仕元至翰
林侍讲学士。

背　景

元朝是由蒙古人建立的朝代，在此之
前，虽然也有外族（相对于汉族而言）在
中国称帝建国，如契丹族（辽）和女真族
（金），但他们均未将中国完全统一。蒙古
则成功地征服整个中国，首先创立大一统
的异族王朝。尽管统治的时间并不长久，
却已形成前此未有的变局。

忽必烈像

本文是元世祖忽必烈至元八年（1271），
亦即宋度宗咸淳七年十月，所发布的诏书。此时南宋尚未灭亡，而且正是
蒙古军积极侵宋，双方在襄阳、樊城进行惨烈攻防战的时刻。何以忽必烈
选在此际宣布建立国号呢？主要原因是忽必烈长期待在中国，已成为一个
汉化很深的蒙古人，所以当他在宋理宗景定元年（1260）即位之初，便仿
效中国的制度，设定“中统”作为纪元的年号。观其建元诏书“建元表岁，

示人君万世之传；纪时书王，见天下一家之义"这段话，已显示他建立王朝、入主中国的心意。因此，他在加紧征讨南宋之际，为进一步取得正统地位，遂下诏建立国号。结果在十年之间，彻底地消灭了南宋，完成了一统中国的大业。

影　响

秦、汉以后，历代称号大都采用建国者初起的封号。然而蒙古以外族入主华夏，不曾受过任何封号，乃仿效三代以前取义为名的方式，选择《易经》"大哉乾元"之义，作为国号。事实上，唐、虞、夏、殷取号之义，本是后人附会的说辞，未必名实相符，只有"元"这个名号是真正由意义上确立的。"元"字是中文中最重要的字，春秋贵元年；《周易》说"大哉乾元""至哉坤元"；就人来讲，元即头；就天地来说，元指天。从前北魏汉化时，即曾改拓跋氏为元氏。不过由此也可知，忽必烈对中华文化的了解已经相当深入。因此这篇文献也等于宣告了一个新时代的来临。

原　文

诞膺景命，奄四海以宅尊；必有美名，绍百王而纪统：肇从隆古，匪独我家。且唐之为言荡也，尧以之而著称；虞之为言乐也，舜因之而作号①。驯至禹兴而汤造，互名夏大以殷中②。世降以还，事殊非古，虽乘时而有国，不以义而称制。为秦、为汉者，著从初起之地名；曰隋、曰唐者，因即所封之爵邑③。是皆徇百姓见闻之狃习，要一时经制之权宜，概以至公，不无少贬。

我太祖圣武皇帝，握乾符而起朔土，以神武而膺帝图，四振天声，大恢土宇，舆图之广，历古所无。顷者，耆宿诣庭，奏章伸请，谓既成于大业，宜早定于鸿名。在古制以当然，于朕心乎何有。可建国号曰"大元"，盖取《易经》"乾元"之义④。兹大治流形于庶品，孰名资始之功？予一人底宁于万邦，尤切体仁之要；事从因革，道协天人。於戏！称义

---

① 唐之为言荡也：《说文解字》："唐，大言也。"段玉裁注："引申为大也……唐之为言荡荡也。"唐有大的意思，释作荡，是音训，因荡亦有大的意思。《论语·泰伯》："子曰：大哉尧之为君也。巍巍乎！唯天为大，唯尧则之。荡荡乎！民无能名焉。"孔子用"荡荡"来形容尧功德的伟大，而尧号陶唐氏，建国号曰唐，后人因而以"荡"训"唐"，颇有因名责实的意味，如《玉篇》即言："唐，尧称唐者，荡荡道德至大之貌。"虞之为言乐也：朱骏声《说文通训定声》："虞假借为娱。"娱是乐的意思，古书多假虞为之，所以虞也有乐的意思。舜号有虞氏，建国号曰虞，在位之时，百姓和乐，本文作者遂以乐释虞，也是就舜的功德来解说"虞"这个国号。

② 夏大：夏有大的意思，古书常见。扬雄《方言》："凡物之壮大而爱伟之，谓之夏。又凡物之状大谓之嘏，或谓之夏。"《说文解字》："夏，中国之人也。"《说文通训定声》："按此字本谊当训大也。"殷中：司马贞《史记索隐》："契始封商，其后裔盘庚迁殷，在邺南，遂为天下号。"可见殷也是商的国号。殷有中的意思，见《尔雅·释言》："殷，中也。"

③ 初起之地名：周孝王封伯益之后非子于秦邑，传至秦始皇，兼并六国，代周而有天下，建国号曰秦。刘邦受项羽封为汉王，居汉中，后灭项羽即帝位，乃以汉为国号。所封之爵邑：杨坚仕于北朝的魏与周，被封为随公，之后代北周为君，灭陈而有天下，改随为隋，以为国号。李昞仕于北周，封唐公，子李渊嗣爵，后仕于隋；及隋末群雄并起，渊举兵攻入长安，立恭王杨侑为帝，受帝禅让，建国号为唐，并陆续平定群雄，一统天下。

④《易经》"乾元"之义：《周易·乾卦》："元亨利贞。……彖曰：大哉乾元！万物资始，乃统天。"元是乾卦卦德之首，万物的生长都借此开始，古人认为是天德的主宰，因此有大、始的意思，所以元世祖忽必烈取来作为国号。

而名，故匪为之溢美；孚休惟永，尚不负于投艰。嘉与敷天，共隆大号。

《元文类》

译 文

承受伟大的天命，统一天下而建立王朝，必须有美好的名号，以接续历代先王的正统，自古以来，不只本朝如此。"唐"有"荡""大"的意思，尧取来作为国号；"虞"有"娱""乐"的意思，舜取来作为国号。禹和汤兴起的时候，也分别取有"大""中"意思的"夏"和"殷"作为国号。从此以后，事情的演变已与古代不同，乘机而建立王朝的人，不再采取具有美称的文字作为国号。秦与汉，标明他们最早发迹的地方；隋与唐，则沿袭他们受封爵位的邑名。这些都是顺从老百姓的习惯，也算是一时的权宜建制，完全出于公正的心态，并无褒贬之意。

我太祖圣武皇帝成吉思汗，手握天子的符瑞，兴起于北方，以神圣勇武的睿资，禀受帝王的谋猷，英伟的声名震动四方，极大地拓展了疆土，版图之广阔，为古所未有。最近，年高而有德望的人，纷纷来到朝廷，进呈奏章请愿，认为既然已经建立帝王之业，应该早日设定国家的大号。依据古代的制度，这是理所当然的，我的心中怎么会有其他的用意呢？因此，我决定以"大元"作为国号，这是采取《易经·乾卦》里"大哉乾元"的意思。这个陶铸自然界流动变化的各种形态成为宇宙万物的"元"字，是什么人赋予它肇创功绩的名义？我奠定了天下万国的安宁，尤其能够体会仁德的重要性，所以一切事物都按照原来的制度，治民之道也尽力谋求天人之间的协和。啊！这些都是符合实情所定立的名号，绝对没有过分谀颂的意思；希望这个美好的称号能够传流久远，才不至于辜负以往的辛劳。一切美善施给普天之民，盼望你们一同兴隆这一个伟大的国号。

（蒋秋华／编写整理）

贺平宋表

孟　祺

孟祺（1230—1291），字德卿，宿州符离人。幼敏悟，善骑射，早知问学，侍父徙居东平。仕元，随伯颜伐宋，伯颜誉其"书生知兵"。临安之降，祺功为多。宋平，授嘉兴路总管，以兴学为务，创立规制。不久因病解官。至元二十八年（1291）奉使爪哇，诏谕入贡。其酋不听命，黥其面而放还。未几卒，谥文襄。

背　景

宋自立国以来，就不断遭到外族侵扰。最初是与辽、西夏的对抗，宋人还能勉强支持。接着金取代辽，带来更大的威胁，不仅灭了北宋，更占据了中国的半壁山河，迫使宋人偏安江南。南宋末年，蒙古人崛起，以雷霆万钧之势，席卷欧亚。灭亡西夏和金以后，与宋朝接触日增，双方的纠纷也随之而起。当时的局面，和北宋末期非常相似。

由于金人衰败，引起南宋收复失土的念头，便与蒙古协议夹攻金国。窝阔台汗答应灭金之后，把黄河以南的地方还给宋人。因此，宋朝让蒙古军假道陕南攻金，同时派遣孟珙、江海率兵，会同蒙古围攻蔡州。这次宋军非常英勇，在孟珙的指挥下，首先攻入蔡州，因而获得蒙古将领的好感，遂爽快答应归还陈、蔡以南的地方给宋。可是当宋人准备接收时，未曾照会蒙古，以致双方产生冲突。窝阔台责宋败盟，下令攻宋，从此展开了长达四十年的征战。

影　响

本文为元世祖至元十三年（1276）灭宋后，孟祺替伐宋统帅伯颜拟陈的贺表。文中强烈指责宋人的背盟顽抗。因为忽必烈进攻湖北时，宋方守将贾似道私自献表求和。而蒙古方面，适逢蒙哥汗死亡，忽必烈为争夺汗位，乃答应贾似道求和的条件——称臣及岁贡银、绢各二十万。不料，蒙古北返之后，贾似道隐没请降的事情，反以胜仗呈报，遂居相位。等到忽必烈派人收缴岁币，贾似道唯恐事泄，竟拘囚蒙古使者，使得一度出现的和平契机瞬即消逝，于是战争再度爆发。

从孟祺贺表里的叙述，可知宋人抗御能力的坚强，仅襄阳一地，便固守了六年，最后在毫无后援的情况下，才投降蒙古。由此看来，当时的宋朝并非无力抵挡蒙古的侵略。同时蒙古内部也有内乱。如果宋人能够励精图治，一方面与蒙古缔约修好，一方面加强自身的守备，或许仍可维持对峙的局面。可惜权奸当道，不仅违约背盟，又不给守军支援，只是加快了南宋灭亡的速度，构成了历史无可改变的一页。

原　文

臣伯颜等言：国家之业大一统，海岳必明主之归；帝王之兵出万全，蛮夷敢天威之抗。始干戈之爰及，迄文轨之会同。区宇一清，普天均庆。

钦惟皇帝陛下，道光五叶，统接千龄①。梯航日出之邦，冠带月支之国，

---

① 道光五叶：元世祖继太祖、太宗、定宗、宪宗而为元朝第五位皇帝，所以说"道光五叶"。

际丹崖而述职，奄瀚海而为家①。独此宋邦，弗遵声教，谓江湖可以保逆命，舟楫可以敌王师。连兵负固，逾四十年②。背德食言，难一二计。当圣主飞渡江南之日，遣行人乞为城下之盟③。速凯奏之言还，辄奸谋之复肆④。拘囚我信使，忘乾坤再造之恩；招纳我叛臣，盗涟、海二城之地⑤。我是以有六载襄阳之讨，彼居然无一介行李之来⑥。祸既出于自求，怒致闻于斯赫。

臣肃将禁旅，恭行天诛⑦。爰从襄、汉之上流，复出武昌之故渡。藩屏一空于江表，烽烟直接于钱塘。尚无度德量力之心，乃有杀使毁书之事⑧。属庙谟之亲禀，谓根本之宜先，乃命阿剌罕取道于独松，董文炳进师于海渚。臣与阿术、阿答海等，忝司中阃，直指伪都。掎角之势既成，水陆之师并进。常州一破，列郡传檄而悉平；临安为期，诸将连营而毕会。

---

① 梯航：即梯山航海，谓渡海经历险远的道路。丹崖：山名，出丹砂。《水经注·丹水注》："丹水南有丹崖山，山悉赪壁。"

② 逾四十年：宋理宗端平二年（1235），元兵分三路，大举伐宋，至宋恭帝德祐二年（1276），伯颜取临安，其间相隔四十年。

③ 圣主飞渡江南之日：指忽必烈于宋理宗开庆元年（1259），由河南经大胜关、黄陂，进抵湖北长江沿岸。乞为城下之盟：忽必烈攻至湖北，当时宋朝驻屯黄州的贾似道未向朝廷请示，即暗地派人向忽必烈递上降表求和，为忽必烈批准接受。

④ 凯奏之言还：忽必烈接受贾似道的降表，随即北返，争夺因蒙哥汗死亡而悬虚的汗位。

⑤ 拘囚我信使：宋理宗景定元年（1260），忽必烈派郝经为"国信使"，赴宋收缴岁币。贾似道唯恐递表请降之事爆发，便下令将郝经囚禁起来。招纳我叛臣：元世祖至元三年（1266），李璮反，以涟、海二城献于宋。

⑥ 六载襄阳之讨：宋度宗咸淳三年（1267），蒙古军开始进攻襄阳、樊城。直至咸淳九年（1273），襄阳守将吕文焕才投降。

⑦ 肃将禁旅：伯颜于元世祖至元十一年（1274）奉命率军伐宋。

⑧ 杀使毁书：至元十二年（1275）四月，伯颜遣使张羽、王章，持徐王荣复书至宋，为宋所杀。

极穷蹙，迭出哀鸣。始则为称侄纳币之祈，次则有称藩奉玺之请[1]。顾甘言何益于实事？率锐旅直抵其近郊。召来用事之大臣，放散思归之卫士。崛强心在，四郊之横草都无；飞走计穷，一片之降幡始竖。

其宋国主率诸大臣，已于二月初六日，望阙拜伏归附讫。所有仓廪府库，封籍待命外，臣奉扬宽大，抚戢吏民，九衢之市肆不移，一代之繁华如故。兹惟睿算，卓冠前王，视万里为目前，运天下于掌上。致令臣等，获对明时，歌七德以告成，深切龙庭之想，上万年而为寿，更陈虎拜之词[2]。

《元文类》

译　文

臣伯颜等上奏：国家必须统一，四海五岳都要归属英明的君主；帝王出兵，必然智计周全，蛮夷之邦，怎么敢违抗？开始当然需要用点武力，到书同文、车同轨的时候，全国境内一片清平，所有百姓都会同申庆贺。

敬思皇帝陛下，发扬五代的德业，承接千年的法统，使得东方海外的国家、西方习礼的番国，都会合到丹崖来，向君王陈述自己的职守，并且统括戈壁沙漠成为统一的国家。只有宋国，不服从声威教化，以为可以靠江河湖泊保全性命，舟船可以抵御王者之师。于是结集军队，据险抗拒，超过四十年。其间背弃道德、违反约言的事，不可胜数。当圣明的陛下准备渡江南下时，他们即派遣使者，乞求订立城下之盟。可是等到我国大军

---

[1] 称侄纳币之祈：至元十二年（1275）十二月，宋遣夏士林、陆秀夫奉书，称侄请和。称藩奉玺之请：至元十三年（1276）正月，宋先后遣刘庭瑞、刘巴嵩称藩表，赴元军议和。

[2] 七德：指政治上的七德，即尊贵、明贤、庸勋、长老、爱亲、礼新、亲旧。见《国语·周语中》。

高奏凯歌离去后，却又施行奸诈的计谋。一则拘捕囚禁我国的使臣，忘记了如天地再生般的恩惠；再则接纳我国叛乱的贼子，盗占涟、海两个城市。因此，才使得我军费时六年征讨襄阳。对方竟然不曾派遣一个使臣前来谈判。一切灾祸都是他们自找的，当然要遭到王者的惩罚。

我敬谨地率领军队，小心地执行上天降下的诛罚。自襄河、汉水的上游出发，再次经过武昌以前的渡口。宋人在长江以外的藩篱屏蔽，被一扫而空，战火一直延伸到钱塘一带。这时宋人还不知估计自己的德行和力量，竟然杀死我方使者，焚毁我国诏书。因此朝廷决定先自根本下手，命阿剌罕取道独松岭，董文炳进兵海岛。我和阿术、阿答海等人，辱主中道，直取敌伪首都，形成分兵牵制的形势，水陆并进。才攻下常州，其余各郡，只凭一纸文书，便全部平定了。各个将领同时结营集会，相互约定以临安为目标。宋人感到非常的困窘，屡次发出哀号。先是请求称侄，进献岁币；接着请求称臣，交出玉玺。然而甜蜜的话对事实有何帮助？我率领精锐的部队，直接攻到临安近郊。召集负责的大臣，遣散想要归乡的士兵。宋朝虽然心存强硬，不肯屈服，但是四郊连阻挡我军的草木都没有；脱逃的计谋已经用尽，也只好投降了。

现在，宋国君主率领他的臣子，已经在二月六日仰望天子，伏地朝拜，归附朝廷完毕。所有的仓廪府库，都予以查封造册外，我又本着宣扬陛下宽大胸怀的旨意，安定宋国的官吏、百姓，使大街上的商店不必迁移，依旧保存原来的繁华景象。这些都是陛下明智的计划，远胜于从前的君王。观看万里外的事物，好像就在眼前；操纵天下，如同玩弄于手掌之上。使得臣民们幸而遭逢这个太平盛世，可以歌咏圣主的功德，并且密切地配合陛下心意。敬祝陛下千秋万岁，再次陈述臣下朝拜的祝词。

（蒋秋华／编写整理）

《马哥·孛罗游记》引

马哥·孛罗

马哥·孛罗像

马哥·孛罗（Marco Polo，约 1254—1324），又译作马可·波罗，意大利威尼斯人。公元 1271 年，其十七岁时，便跟随父亲、叔父来到中国，觐见当时的皇帝——忽必烈。曾被授任官职，并游历许多地方。经过二十一年后，他离开中国，又过了三年，才返抵故乡。后来参加对基奴亚（Genoa）的战争，战败被俘。在狱中，他向比萨（Pisa）人罗斯梯谢洛口述在东方的见闻和行事，由后者用法文记载下来，成为畅销世界的《马哥·孛罗游记》，让西方人对中国的广大富庶感到惊讶，促成航海大发现。此书曾被译成多国文字，中文也有几种译本，如冯承钧、张星烺都翻译过此书，本文即采用张星烺的译本。

背　景

马哥·孛罗途经黑海、伊拉克、波斯、帕米尔高原，先后游历中国新疆、甘肃、内蒙古等地。由于他学会了蒙古语，所以颇受忽必烈喜爱，屡次派遣他执行任务。因此他又游历了中国许多地方。当他归国时，自泉州出发，经由爪哇、苏门答腊、印度、波斯、土耳其等地，回到故乡。他到这么多的地方旅行过，自然拥有相当丰富的阅历，所以当他被俘遭监禁时，为打发时间，便向同囚的人叙述他在东方的见闻。他的广博见闻幸运地被记录下来，也就是今日所见的《马哥·孛罗游记》。

《马哥·孛罗游记》记载了元代史事和民间生活，将中国地大物博和人民富庶的情形告诉西方人，虽然有夸大不实的叙述，仍然具有参考研究价值。例如他对杭州的描述，说当地有一万二千座石桥、一百六十万户人家、一百六十条大街，便与事实颇有出入。不过关于北平的描写，则十分确实，大概他住在此处的时间较久，才有比较深入的认识。另外书中提到中国人用一种黑石头（煤炭）做燃料，以及用树皮造的纸币，能够通行全国，这些"海外奇谈"，令欧人咋舌称奇，难以相信。

《东方见闻录》手写本和最早版本

影　响

蒙古人三次西征，带给欧洲人相当大的震撼，他们对于蒙古人的勇猛强悍和残酷毁灭，留有极深刻的印象，甚至以"黄祸"名之，可见他们是如何恐惧了。其实蒙古西征也促进了东西方的文化交流，中国的罗盘、火药和印刷术，即在此时传入西方。只是蒙古人停留在欧洲的时间不长，未能将东方文明更广泛地介绍给西方，《马哥·孛罗游记》的出现，则弥补了这一缺憾。

此外，马哥·孛罗东来时所走的欧亚大陆路线，为当时西人来华习走的途径。但归程经过的东亚、西南亚海上路线，则是在此之前还没有人尝试过的。因此，游记中所述这些地方的见闻，对欧人而言，可算是第一次接触。

《马哥·孛罗游记》的译本相当多，几乎欧洲各种语言都有一种或一种以上的译本，足见其受欢迎的热烈程度。此书对欧人有很大的影响，引起了他们东来的兴趣。例如哥伦布生平便最喜欢读它，并且在书上写了许多注解，以至于为了寻找东方，意外发现美洲，开启了世界航海新路线。

原　文

所有的皇帝、国王、公爵、侯爵、伯爵、勇士、议员，同不论你们何人，有愿意知道世界上各种人类、各地不同情形的人，可取此书念给你们听听。你们在此中可以找到东方各地，如大亚美尼亚、波斯、鞑靼、印度，同其他很多的国家一切壮观奇事，皆由我们排列成很清楚的次序①。我们又从威尼斯市一个聪明富贵的人名叫马哥·孛罗先生处听来的。马哥·孛罗先生绰号百万翁。他曾用他的眼亲自看见的。老实说，有几件事情，

---

① 大亚美尼亚：即 Armenia，古代中亚地区的一个国家，位于外高加索西南部，东邻亚阿塞拜疆和波斯，南有土耳其，西北滨黑海，北接格鲁吉亚。第二次世界大战后，被并入苏联版图。鞑靼：原是契丹的西北族，出于沙陀别种，后人用来指称蒙古，此处当指蒙古。

他虽没有亲自看见，但亦是从可靠的人处听得来的。我们将把他所看见的，同他所听得的，分别明白列出，那就可以不错了。

读过这本书的人，或听得他人读这书的，必定相信这书所有的内容皆是真确的。我告诉你们吧，自从我们上帝亲手造成我们第一代祖宗亚当以来，直到如今，无论基督教徒，信异教的人，鞑靼人或是印度人，没有一个知道或探查世界各地同各地奇怪事情之多，像马哥先生所知所探的。因此马哥先生以为他若不拿他自己所见所闻的各种奇怪事情，写成一部书，使许多人没有见过或是听得的，亦能晓得，那是很可惜的。

你们必须晓得，他在那许多地方同各国，不下二十六年，方才得知道这许多事情。以后他在基奴亚狱中做俘虏时候，就是耶稣降生后一千二百九十八年（元成宗大德二年），请同狱的皮撒市人罗斯梯谢洛（Rustichello）先生把这许多事情用笔记下。但笔所记的仅他所能记忆的。在他所知道的当中，不过一小部分而已。

《马哥·孛罗游记》

（蒋秋华／编写整理）

行科举诏

程巨夫

程巨夫（1249—1318），本名文海，避元武宗讳，以字行。号雪楼，又号远斋，其先自徽州徙郢州京山，后徙建昌南城。至元十六年（1279），授翰林应奉。尝奏事优遇江南（即以前的南宋）人士，朝廷多采行。后宰相桑哥专政，法令苛急，四方骚动，巨夫上疏谏止，几被杀。仁宗时，与李孟、许师敬议行贡举法，奉命草诏。延祐三年（1316）乞归，居三年而卒。追封楚国公，谥文宪。著有《雪楼集》三十卷。

背　景

蒙古原是个游牧民族，他们横扫欧亚，所向无敌，倚恃的是强大的武力，因此对于文治教化并不重视。如成吉思汗得到有经世之才的耶律楚材，却只对他的卜卦有兴趣，而未予重用，即可见一斑。但是马上得之，焉能马上治之？所以为了治理庞大的帝国，不得不起用一批士人，替他们处理政事。然而由于仕途多歧，铨衡无制，居高位者，仍以武士、贵冑为主，使得真正有才能的人，无法获得重用。

太宗始取中原，中书令耶律楚材即请用儒术取士，由于与旧势力冲突，事乃中止。世祖时，许衡也请行科举，仍不得施行。以至蒙古入主中国将近五十年，迄未举办科考抡才。直到仁宗皇庆二年（1313），才依中书省大臣的建议，命程巨夫草拟科举条制，于十一月颁布《行科举诏》，并于后年举办廷试。

影 响

元朝的科举考试并不公平。蒙古、色目人作一榜，汉人、南人作一榜，考试的程式、科目不同，难易也有差别。录取后受重用的情形，更有明显的分别。这与其分人民为四等的用心一样，都是有意地压抑汉人。

诏文谓"试艺则以经术为先，词章次之"，可知考试以经义为主。而程巨夫曾言："经学当主程颐、朱熹传注，文章宜革唐、宋宿弊。"因此，仁宗采纳他的建议，明定经书当以朱熹的注本为主。于是朱学大为畅行，其势如日中天。

元朝以后，明清都沿袭元式科举制度，影响之大，不言可喻。

原 文

惟我祖宗以神武定天下，世祖皇帝设官分职，征用儒雅，崇学校为育才之地，议科举为取士之方，规模宏远矣^①。朕以眇躬，获承丕祚，继志述事，祖训是式。若稽三代以来，取士各有科目，要其本末，举人宜以德行为首，试艺则以经术为先，词章次之。浮华过实，朕所不取。爰命中书，参酌古今，定其制。其以皇庆三年八月，天下郡县举其贤者、

---

① 崇学校为育才之地：至元八年（1271）正月，下诏立京师蒙古国子学，教习诸生，于朝中官员选其子弟俊秀者入学，未有定员。教以蒙古语言译写《通鉴节要》，试问精通者，量授官职。至元十四年（1277），立国子学，设官定制，讲授经义。议科举为取士之方：世祖至元初年，丞相史天泽奏当行大事，尝及科举，而未果行。十一年（1274），准蒙古进士科与汉人进士科，参酌时宜，以立制度，事未施行。二十一年（1284），许衡议学校科举之法，请罢诗赋，定为新制，亦未及行。

能者，充赋有司；次年二月，会试京师：中选者，朕将亲策焉[①]。於戏！经明行修，庶得真儒之用；风移俗易，益臻至治之隆。

《元文类》

译　文

　　我们的祖宗以神明勇武平定天下，世祖皇帝则设置官位，分派职务，选择气度雍容、学问湛深的人充任。又设学校，作为培育人才的场所；施行科举，作为选拔人才的方法：这些都是宏大深远的制度。我以渺小的身份，竟得继承天子之位，自当承继先人的志业，遵行祖宗的训命。虽然夏、商、周以来，选用人才各有不同的科目，但是仔细研究，可知选人应以德行为主；考试则优先考虑经术是否通达，其次才是文章词句的好坏。因为虚诞浮夸的人，不是我所欣赏的。所以我命令中书省，参考古今的事例，拟定适当的法制。希望能在皇庆三年的八月，让全国郡县推举当地的贤者、能者，汇报各地负责的官吏；第二年的二月，再一同到京师考试。达到标准的人，我将亲自加以测试。啊！拔擢通明经术、修饬品行的人，也许能够获得足堪大用的真正学者；改变民间社会的风俗习气，可以更容易达到完美政治的境界。

（蒋秋华／编写整理）

---

① 皇庆三年：皇庆只有两年，次年即已改元延祐。

谕中原檄

宋 濂

宋濂（1310—1381），字景濂，号潜溪，又号玄真子。明浙江浦江人。幼时即英敏强记，就学于闻人梦吉，通五经。复往从吴莱学。后游柳贯、黄溍之门，二人皆谦逊弗如。元时，受荐举为官，以亲老辞。明太祖取婺州，以书币征，受命授太子经。尝奉诏修《元史》。宋濂博极群书，为文醇深曲折，明代礼乐制作，多经他裁定。著有《宋学士銮坡集》《翰苑集》《芝园集》《朝京稿》《周礼集说》《孝经新说》等书。

宋濂像

背 景

蒙古人以外族入主中国，建立了元朝，前后不过九十年，便被逐走。以其横扫欧亚、所向无敌的凶猛威势，何以为时竟然如此短促？考其原因，虽然与皇室本身不断发生帝位争夺，以致政局无法稳定有很大关系，更重要的则是统治政策的失当。

由于他们许多措施不符民情，造成民众很大的困苦；又将全国分成蒙古、色目（西域人）、汉人（金统治的人民）、南人（宋统治的人民）四种，形成相当严重的种族歧视。因此，在这种蛮横高压的钳制下，激起了民众的叛乱。

元朝末年，变乱迭起，有的打着"反元复宋"的旗号，有的只图据地为王，形成群雄并立的情况。他们不仅与蒙古人作对，彼此也相互攻击、吞并，局面十分混乱。其中较有眼光而富于谋略的，当推朱元璋。

朱元璋，濠州钟离人，原来是个贫苦的农家子弟，因为家乡遭逢灾害，亲人相继死去，生活困苦，所以一度出家受戒，当了皇觉寺的和尚。后来投在郭子兴麾下，参加反元的行列。其以精明的才干，渐渐崭露头角。先是承领郭子兴死后留下的人马，然后开始与群雄角逐。数年之间，攻无不克，战无不胜，陆续平伏强劲的对手，如至正二十三年（1363）击败陈友谅，至正二十七年（1367）俘获张士诚，因而据有江南数郡之地，成为反元的最大势力。

影　响

至正二十七年（1367）十月，朱元璋任命徐达为征北大将军、常遇春为征北副将军，率领二十五万大军，进行北伐。同时发布一篇檄文，晓谕北方人民，这就是本篇所选由宋濂起草的《谕中原檄》。

檄文中，不但指斥元朝君臣的荒淫无道，对于乘机兴乱的群豪，也有严厉的讥评。值得注意的是，提出了"驱逐胡虏，恢复中华"的口号，完全站在种族的立场，唤醒民众，争取支持。这对具有种族歧视的蒙古人，确实给予了很大的打击。蒙古人终于被朱元璋赶出中原，中国恢复了汉人的政权。

清朝末年，孙中山先生领导的革命运动，以"驱除鞑虏，恢复中华"作为革命的誓词和宗旨，便是师取这篇檄文，企图以民族革命来打倒腐败至极的清朝异族政权。

原　文

自古帝王临御天下，中国居内以制夷狄，夷狄居外以奉中国，未闻以夷狄治天下也。自宋祚倾移，元以北狄入主中国，四海内外罔不臣服，此岂人力？实乃天授。然达人志士尚有冠履倒置之叹。

自是以后，元之臣子不遵祖训，废坏纲常，有如大德废长立幼、泰定以臣弑君、天历以弟鸩兄，至于弟收兄妻，子烝父妾，上下相习，恬不为怪，其于父子、君臣、夫妇、长幼之伦，渎乱甚矣①！夫人君者，斯民之宗主；朝廷者，天下之根本；礼仪者，御世之大防。其所为如彼，岂可为训于天下后世哉？

及其后嗣，沉荒失君臣之道，又加以宰相专权，宪台报怨，有司毒虐，于是人心离叛，天下兵起②。使我中国之民，死者肝脑涂地，生者骨肉不相保。是虽因人事所致，实天厌其德而弃之之时也。

古云："胡虏无百年之运。"验之今日，信乎不谬。当此之时，天运循环，中原气盛，亿兆之中，当降生圣人，驱逐胡虏，恢复中华，立纲陈纪，教济斯民。今一纪于兹，未闻有济世安民者，徒使尔等战战兢兢，

---

① 大德废长立幼：大德是元成宗的年号。成宗只有一个儿子，早卒。成宗死后，他的堂弟阿难答与他的侄子海山争皇位，后来海山获胜。因此，檄文指斥成宗废长立幼，和事实并不相符。泰定以臣弑君：铁失杀害元英宗，迎立泰定帝。事前泰定帝虽知阴谋，却不愿参与，事后也将铁失捕杀，可见他不是存心弑君。然而泰定帝的即位，毕竟与叛臣有关，所以檄文斥其弑君。天历以弟鸩兄：天历是元文宗的年号。泰定帝死后，子天顺帝即位。燕帖木儿杀害天顺帝，迎立文宗，因不得民心，又迎立文宗的哥哥明宗。不久，明宗暴卒，文宗复位。由于明宗死得不明不白，所以檄文认为是被文宗毒害的，而斥其以弟鸩兄。

② 后嗣：指元顺帝，为元朝入主中国的最后一个皇帝。宰相专权：指天顺帝时长期执政的脱脱。宪台报怨：指哈麻陷害脱脱的事情。

处于朝秦暮楚之地，诚可矜悯^①！

方今河、洛、关、陕，虽有数雄，忘中国祖宗之姓，反就胡虏禽兽之名，以为美称；假元号以济私，恃有众以要君；阻兵据险，互相吞噬，反为生民之巨害：皆非华夏之主也^②。

予本淮右布衣，因天下大乱，为众所推，率师渡江，居金陵形势之地^③。今十有三年，西抵巴蜀，东连沧海，南控闽越，湖、湘、汉、沔、两淮、徐、邳，皆入版图，奄及南方，尽为我有^④。民稍安，食稍足，兵稍精；控弦执矢，自视我中原之民，久无所主，深用疚心。

予恭天成命，罔敢自安，方欲遣兵，北逐群虏，拯生民于涂炭，复汉官之威仪。虑民人未知，反为我仇，挈家北走，陷溺尤深。故先谕告：兵至，民人勿避，予号令严肃，无秋毫之犯。归我者永安于中华，背我者自窜于塞外。盖我中国之民，天必命中国之人以安之矣！夷狄何得而治哉！尔民其体之。如蒙古、色目，虽非华夏族类，然同生天地之间，有能知礼义，愿为臣民者，与中国之人抚养无异。

《明文衡》

---

① 未闻有济世安民者：元末起义的群雄，还有韩林儿、徐寿辉、陈友谅、张士诚等人，这些人在朱元璋的眼中都不是"济世安民者"。

② "忘中国祖宗之姓"二句：汉人王保保被李察罕（原名察罕帖木儿，祖籍西夏）收养，改名扩廓帖木儿，成为元末抵抗汉人起义的主要将领。"假元号以济私"二句：如张士诚接受元"太尉"的职位，方国珍接受元"浙江行省左丞相"的职位，然而他们时叛时服，并非真心降元。

③ 予本淮右布衣：朱元璋是濠州钟离县的平民，曾在皇觉寺出家当和尚。居金陵形势之地：朱元璋于至正十六年（1356）攻下集庆路（南京，古名金陵）。

④ 今十有三年：这篇文章是至正二十七年（1367）十月作的，距朱元璋于至正十五年（1355）自成一军，前后有十三年。

译　文

自古以来，君主治理天下，都是由中国居住中原，控制外族；外族居住中原外头，尊奉中国，从来没有听说过由外族治理中国的事。自从宋朝灭亡，元人以北方外族身份进入中国，建立王朝，全国人民没有不顺从的，这难道是人力所能造成的吗？其实是出自上天的授予。可是通达有志的人，仍然有上下倒置的感叹。

从此以后，元代的臣子不遵守祖宗的教训，废除败坏了三纲五常，例如成宗废弃年长而册立年幼的人为嗣、泰定帝以臣子的身份杀害君主、文宗以弟弟的身份毒害哥哥，至于弟弟娶兄嫂为妻、儿子娶父妾为妻，上上下下习以为常，完全不觉得奇怪，对于父子、君臣、夫妇、长幼的伦理，简直亵渎紊乱极了！人君是百姓的宗主，朝廷是国家的根本，礼义是治世的准则。在上位的人那么污乱，怎能作为国人和后世的榜样呢？

到了后来继承的人陷溺颓废，失去君臣应有的礼节，加上宰相独揽政权，御史专施报复，官员狠毒暴虐，于是民心离析，天下兴起兵灾。中国百姓死去的身首异处，活着的至亲失散。这些虽然是人为造成的，其实也是老天厌恶元人，到了弃置他们的时候。

古人说："异族没有一百年的机运。"在今日看来，的确不错。这个时候，天道循环，中原的气势兴盛，千千万万的人民当中，应该降生圣人，领导民众赶走异族，重新恢复汉人的天下，订立法律，救助老百姓。至今已有十二年了，还没有听说出现救世安民的人，只有让你们担心恐惧，处在反复不定的境地，实在令人怜悯。

现在河、洛、关、陕一带，虽然有许多英雄豪杰，但是有的中国人忘记自己祖宗的姓氏，反而趋从异族的名号，认为是美好的称号；假借元朝的封号来满足私欲，仗恃拥有的徒众来要挟君主；倚靠兵马，盘踞险地，互相兼并，反而成为百姓的重大祸害：这些人都不是中国的合适君主。

我本来是个淮右地区的平民,遭逢天下大乱,被众人推举,率领军队渡过长江,占领了南京这个险要的地方。至今已有十三年,向西扩张到巴蜀,向东连接到大海,向南控制了闽越,湖、湘、汉、沔、两淮、徐、邳等地,都收入版图,包括南方,全都归我所有。此刻民众比较安定,粮食比较充足,兵马比较精良;因为拥有士卒,所以看到中原百姓长期没有君主,内心深感愧疚。

我恭敬地接受已定的天命,不敢自处安逸,正要派遣军队,北上驱逐胡虏,拯救生活在困苦中的民众,恢复中国官制的尊严。恐怕人民不明白,反而把我当成仇敌,而带领家人向北方逃窜,以致遭受更大的苦难。因此,我先行晓谕布告:我军到达的时候,民众不要逃避,我的军令十分严厉,绝对不会有丝毫侵犯。归顺我的,可以永久安定地生活在中国;背弃我的,是自愿逃奔国界之外。中国的人民,上天一定任命中国人来安抚治理他们。哪里是外族所能治理的呢?你们老百姓要好好地体会。至于蒙古人和色目人,虽然不属于华夏种族,但是同样生存在一个世界里,如果有懂得礼义、愿意作为中国臣民的,我也把他当作中国人一样照顾。

(蒋秋华/编写整理)

封诸王诏

王 祎

王祎（1322—1373），字子充，浙江义乌人。师柳贯、黄溍，元末以文章名世。明太祖召授江南儒学提举，甚受礼遇。复与宋濂受诏修《元史》，书成，擢翰林待制、同知制诰。洪武六年（1373），以招谕梁王，在云南尽节死，谥忠文。著有《大事记续编》《重修革象新书》《王忠文公集》。

王祎像

背 景

传世久远是历代帝王的共同希望，而如何延续皇权的生命，则各代的做法并不一致。秦始皇废除封建，国祚短促；汉高祖并行封建、郡国，引起七国之乱：可见封建制度有利有弊。可是后代帝王仍然在封建、不封建上打转，无法完全摆脱这个制度。

唐朝时，柳宗元的《封建议》本来已经处理过这个问题，取得了社会先识，不料至明又有反复。

明太祖朱元璋以一介布衣，驱走胡元，于初定天下之际，便仿照前代制度，大量分封诸子为王，本文即洪武三年（1370）首次分封时，王祎代拟的诏书。太祖有二十六个儿子，除长子朱标被立为太子、幼子朱楠逾月而殇外，其余二十四子均受封为王，加上侄孙朱守谦，一共封了二十五个亲王。他们分别镇守各省各府，配有相当的护卫，一方面屏藩皇室，一方面防御叛乱。不过这完全是太祖自私心态的表现。因为他对于功臣宿将并不放心，除了废除丞相，加紧中央集权外，又借胡惟庸、蓝玉等谋反的案子，大肆杀戮功臣。如此一来，保护皇室的责任，便落到诸位亲王身上。太祖利用他们练兵、防边、出征，就是基于这个因素。

影　响

拥有武力的藩王，也不一定非常安分，多半存有夺取皇位的野心。尤其洪武二十五年（1392）太子标死后，太祖立嫡孙允炆为继，更增加了诸王的觊觎。允炆（建文帝）即位后，为防范不驯的诸王，采用齐泰、黄子澄、方孝孺等大臣的建议，实行削藩的政策，先后废去数王。终于引起燕王朱棣的不安，起兵"靖难"。

燕王攻入南京，登位为帝（成祖）后，虽然恢复了被废诸王的王爵，却削减了他们的护卫。成祖的作为，也被他的儿子仿效。他死后，长子高炽（仁宗）即位，不到一年而卒，由嫡长孙瞻基（宣宗）继位。成祖次子汉王朱高煦，也想以藩王夺取帝位，遂于宣德元年（1426）兴兵。幸亏宣宗亲征，速予讨平。从此，皇室对于藩王的防制更加严厉，甚至连入朝、出郭都加以禁止。

明太祖广封亲支，用心虽然良苦，不料却引起子孙争位的念头。又因宗室以其尊贵，在地方上凌虐官民，且不事生产，仰赖食禄，极大地消耗了国力。这都造成了政治、经济上的大问题，影响了明代的衰亡。而其嚆矢，即是此篇《封诸王诏》。

原　文

朕荷天地百神之灵、祖宗之福，起自布衣，艰难创业，惟时将帅用命，遂致十有六年，混壹四海，功成治定，以应正统。

考诸古昔帝王，既有天下，子居嫡长者，必正位储贰，若其众子，则皆分茅胙土，封以王爵①。盖明长幼之分，固内外之势者。朕今有子十人，前岁已立长子标为皇太子，爰以今岁四月初七日，封第二子樉为秦王，第三子棡为晋王，第四子棣为燕王，第五子橚为吴王，第六子桢为楚王，第七子榑为齐王，第八子梓为潭王，第九子杞为赵王，第十子檀为鲁王，侄孙守谦为靖江王，皆授以册宝，设置相傅官属，凡诸礼典，已有定制②。

於戏！众建藩辅，所以广磐石之安；大封疆土，所以眷亲支之厚。古今通谊，朕何敢私？尚赖中外臣邻，相与维持，弼成政化。故兹诏示，咸使闻知。

《明文衡》

译　文

我承受天地众神的威灵、祖宗的福佑，以一个普通老百姓，艰苦地创造事业。只因将帅们都能服从命令，才让我在十六年后，得以统一全国，完成安定天下的功业，承续自古一脉相传的道统。

古代的帝王，当他们据有天下后，嫡长子一定被立为太子，至于其余的孩子，也都能够得到部分的疆土，受封为王。这是为了显明长幼的秩序，

---

① 分茅胙土：分授茅土，即分封诸侯。古时天子立大社，以五色土为坛，皇子封为王者，各以所封方位颜色受天子社土，以白茅包裹，归国以立社。

② 侄孙守谦：明太祖兄兴隆之孙，父文正。册宝：册封的文书与所授的印信。

巩固国家的局势。我现在有十个儿子，前年（洪武元年，1368）已经册立长子标为皇太子，因此在今年（洪武三年，1370）四月七日，又封第二个儿子樉为秦王，第三个儿子棡为晋王，第四个儿子棣为燕王，第五个儿子橚为吴王，第六个儿子桢为楚王，第七个儿子榑为齐王，第八个儿子梓为潭王，第九个儿子杞为赵王，第十个儿子檀为鲁王，侄孙守谦为靖江王，全部授以册书和印信，并且设立辅相、师傅和属官，一切礼仪典制，都依照已经订立的法制。

啊！以大量的分封作为屏藩，是为了加强朝廷的稳固；封赐广大的土地，是为了加深对至亲的爱护。这是古往今来共通的道理，我哪里敢有私心呢？此外，还要靠国内外的臣子和邻邦共同维持，以辅助完成政治教化。因此，我发布这项诏令，让全天下的人都知道。

（蒋秋华／编写整理）

开科举诏

王　祎

背　景

　　元至正二十八年（1368），朱元璋将蒙古人赶出中原，正式建立了明朝。这时虽然还有一点动乱，但是全国的局面大致上已趋于稳定。为治理新建立的王国，自然需要很多的人才。因此，洪武三年（1370）便颁布推行科举的诏书。从诏书的内容来看，"使中外文臣，皆由科举而选，非科举者毋得与官"，似乎太祖欲以科举为唯一的用人之道。

　　起初朱元璋对科举所得的人才，的确非常宠遇，可是不久他却认为："所取多后生少年，能以所学措诸行事者寡。"太祖大概是急于求治，所以对于毫无经历的年轻士子，不能满意，以至于罢科举不用，另命有司察举贤才。直到洪武十七年（1384），才正式恢复科举，成为定制。

　　明代的科举，专用经义为试文之体，乃因重视宋儒的讲学，并希望借此矫正以往科目专尚辞赋的弊端。这些经义策论，最初并无固定的形式，大约到宪宗时，才限定格律，使策文大体上分成破题、承题、起题、提比、虚比、中比、后比、大结八段。不仅得依格式书写，连字数也有限制，而且规定体用排偶，须代圣贤语气为文。这就是俗称的"八股文"或"制义"。

影　响

　　既然科举采用八股的形式，影响所及，遂令学校教育也以此为重。又因专取"四书""五经"命题，而可出的题目有限，士子只要熟记预先拟写的文章，入试时照抄一遍，就可能获得录取。因此，经史之书乏人诵读，反而八股文的刻本，即所谓的"时文"，大为盛行。

八股文章空疏而无用，却因可以取得功名，习者趋之若鹜。这种情形自然产生了很大的流弊，最严重的就是人才的败坏。顾炎武《日知录》说："时文败坏人才，而至士不成士，官不成官，兵不成兵，将不成将，夫然后寇贼奸宄得而乘之，敌国外患得而胜之。"简直就把明朝灭亡的原因，归罪于八股取士了。本文影响之大，不言可喻。

原 文

诏曰：朕闻成周之制，取材于贡士；故贤者在职，而其民有士君子之行，是以风俗淳美，国易为治，而教化彰显也①。汉、唐及宋，科举取士，各有定制，然但求词章之学，而未求六艺之全②。至于前元，依古设科，待士甚优，而权要之官，每纳奔竞之人，辛勤岁月，辄窃仕禄，所得资品，咸居举人之上；其怀才抱道之贤，耻于并进，甘隐山林而不起，风俗之弊，一至于此！

今朕统一中国，外抚四夷，方与斯民共享升平之治，所虑官非其人，有伤吾民，愿得贤能君子而用之。自洪武三年为始，特设科举以起怀才抱道之士，务在经明行修，博古通今，文质得中，名实相称。其中选者，

---

① 取材于贡士：《礼记·射义》："诸侯岁献贡士于天子。"《尚书大传》："古者诸侯之于天子，三年一贡士。"

② "汉、唐及宋"三句：汉代未行科举，乃以察举取才，即政府依据需要，订立科目，如贤良方正、孝廉、茂才等，由地方推举品行高尚的人，供朝廷选用。唐、宋两代都以科举取士，不过考试的科目与方式并不完全相同。

朕将亲策于廷，观其学识，品其高下，而任之以官。果有才学出众者，待以显擢（zhuó）。使中外文臣，皆由科举而选，非科举者毋得与官。敢有游食奔竞之徒，坐以重罪，以称朕责实求贤之意[①]。

於戏！设科取士，期必得于全材；任官惟贤，庶可成于治道。咨尔有众，体予至怀，故兹诏示，想宜知悉。

《明文衡》

译　文

诏书说：朕听说周代的制度，是从诸侯进献的士人中选拔人才；贤能的人担任官职，老百姓都有士君子的行为，因此风俗淳厚和美，国家容易治理，政教风化也鲜明地显示出来。汉朝、唐朝与宋朝，以科举拔擢士人，各有一套制度，然而只求诗词歌赋文采的华美，而不注重是否通达六经。到了元朝，仿效古人设立科目，对待士人非常优厚，可是权贵高官常喜欢奔走争求利禄的人，以致短暂的钻营，就可窃取官职俸禄，所获得的资格品级，往往在科举出身的人上头；那些怀有才干的贤士，羞于与奔竞的人为伍，故隐居山林，不愿出仕。风俗的衰废颓败，竟然到了这种地步。

现在我统一了中国，安抚了四方的夷狄，正要跟老百姓一同享受太平盛世，因为忧虑任用不适当的人做官，会伤害到我的子民，所以希望得到贤能的君子，加以任用。从洪武三年（1370）开始，特别设立科举，起用有才干抱负的士人。但一定要明白经义，修养品性，通晓古今，文辞和内容得当，声名与实情相符。能够达到标准的人，我将亲自在朝廷里策问，

---

① 游食：原是坐食不事生产的人，此处指不勤于求学而游手好闲的人。

察看他们的学问，品第他们的高下，然后任用为官。真有才能学问出众者，则给予特殊的提拔。让朝廷内外的文臣，都通过科举择用，不是科举出身的，绝不给予官职。如有胆敢不勤于学而想奔走钻营的人，处以严重的罪刑，才能符合我甄求真才实学的心意。

啊！设立科举选拔士人，希望一定要获得完美的人才；任用贤能的人为官，才可能达成治国的大道。你们要体谅我诚挚的心意，所以这个诏书的内容，想必你们应该都能明了。

（蒋秋华／编写整理）

进五经四书性理大全表

胡 广

胡广（1370—1418），字光大，号昱庵，明江西吉水人。靖难时，降于成祖，又曾经两次跟随成祖北征，以醇谨见幸，然颇能持大体，当时的人将他与汉代的胡广相比。善于书法，每有刻石，都命他书写。尝奉诏纂修《五经四书性理大全》。卒后谥为文穆，有《胡文穆集》传世。

背　景

明成祖是明代著名的右文之主，在他即位之初，便诏命姚广孝等人，纂辑《永乐大典》。此书连同凡例及目录，共有两万两千九百三十七卷，包罗之广，卷帙之富，为明以前所未有。此外，他为了统一教材，又敕令翰林学士胡广等人，编修《五经四书性理大全》。永乐十三年（1415）九月，完成奏进，成祖特赐序文，置于卷首，并颁行天下。此后二百余年，咸尊此为取士之则。

胡广等人奉命编修，只是取前人已成之书，抄誊一遍，所以大为后人讪笑。《五经大全》几乎全袭元人之说，因此顾炎武十分慨叹地说："经学之废，实自此始。"《四书大全》乃据倪士毅《四书辑释》增删而成，此因胡广平时即通习倪书，所以奉敕编修时，便剽夺以塞其责。《性理大全》乃仿朱熹集诸儒之言编《近思录》的体例，采录宋儒一百二十家之言成书。由于多半是割裂成文的，所以显得庞杂冗蔓，对于道学渊源的认识并不真确。

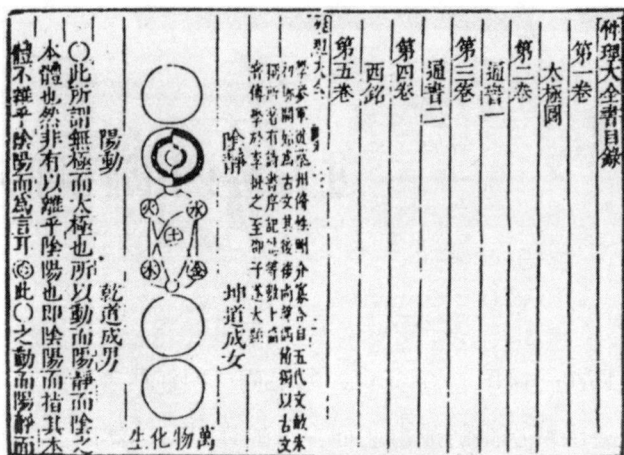

《理性大全书》书影

影　响

明初设立科举，"四书"采用朱熹的《集注》，其他经书也各有指定的注疏。然而自从《五经四书性理大全》颁布后，士子舍弃所有的注疏，专攻《大全》。又因当时程式唯重"四书"义，"四书"义唯重《四书大全》，《四书大全》遂成为有明一代士大夫学问的根底。《五经大全》则因不为科考所重，而被废止不读。因此，由汉代到宋代的经术，至此尽废。

《四书大全》因为科举所重，以至于坊间模仿删略的"四书"讲章浩如烟海。《性理大全》的删刻本亦多，甚至清圣祖也命大学士李光地等人，删其支离，存其纲要，钦定为《性理精义》一书。

原　文

伏以六经之道，昭如日星；经纬乎天地，贯彻乎古今；放之则弥六合，卷之则退藏于密；用之于身而身修，行之于家而家齐，推之于国而国治，

628

施之于天下而天下平。盖世必穷经而后道明，未有舍经而能治理者也。是以圣王垂宪，必资道以开人；贤哲肇基，必稽古以作范。故伏羲则河图而演画，大禹因洛书而锡畴；孔子删《诗》《书》，修《春秋》，寓一王之法；周公陈王业，制礼乐，弘百世之规[①]。况乎精一执中之传，尤重丁宁告戒之旨，如斯显迹，昭然可观[②]。

自王道既衰，异说蜂起。燔烈秦火之余，穿凿汉儒之弊。其间存者，不绝如丝。莫能究其旨归，一切趋于苟且。夤(yín)缘故习，鲜克正之。於乎！圣人之道不行，而百世无善治；圣人之学不传，而千载无真儒。遂令往辙之难寻，益发前修之永叹。夫否必有泰，晦必有明[③]。繇夫濂、洛、关、闽之学兴，而后尧、舜、禹、汤之道著，悉扫榛(zhēn)芜之蔽，大开正学之宗[④]。不幸屡厄狂言，既扬复抑。又因循数百年之间，卒莫能会其说于一，盖必有待于今日者矣。

天启圣明，诞膺景运。我太祖高皇帝，天纵之圣，以武功定天下，以文教兴太平；首建学校，颁赐书籍，作养人材，茂隆政治，四海外内，

---

① "伏羲则河图而演画"二句：《汉书·五行志》："刘歆以为虑羲氏继天而王，受《河图》，则而画之，八卦是也；禹治洪水，赐《雒书》，法而陈之，《洪范》是也。"《河图》《洛书》都是传说中的天降神物，分别赐予伏羲和大禹，让二位圣人据以演陈《周易》的八卦与《尚书》的《洪范》九畴。八卦是天地万物的基本原理，而《洪范》乃是君主治国的大法，在古人心目中，都是非常神圣的，唯有圣人哲王才能获得。

② 精一执中之传：《尚书·大禹谟》："人心惟危，道心惟微，惟精惟一，允执厥中。"是舜告诫禹的话。又《论语·尧曰篇》："天下历数在尔躬，允执厥中。"为尧告诫舜的话，舜也用来告诫禹。后人便把这些话当作古代圣王相传的大道。

③ 否必有泰：泰、否为《周易》的两个相连接的卦名，天地交而万物通为泰，天地不交而万物不通为否，后人就把"否泰"比喻命运的通塞，而且是相互隐伏、循环的。

④ 濂、洛、关、闽之学：宋代理学四大派，即濂溪——周敦颐，洛阳——程颢、程颐，关中——张载，闽中——朱熹，乃据他们所居之地而取的称呼。

翕然同风。钦惟皇帝陛下，文武圣神，聪明睿知，缵承大统，绍述鸿勋。成功盛德，虽三皇而无以加；事业文章，与二仪而同其大①。治已至而犹以为未至，功已成而犹以为未成。体道谦冲，游心高远。乃者涣启宸断，修辑六经，恢拓道统之源流，大振斯文之委靡。发挥幽赜，钩纂精玄，博采先儒之格言，以为前圣之辅翼；合众涂于一轨，会万理于一原。地负海涵，天清日皦。以是而兴教化，以是而正人心。使夫已断不续之坠绪，复属而复联；已晦不明之蕴微，复彰而复著。肇建自古所无之制作，缵述自古所无之事功。非惟备览于经筵，实欲颁布于天下②。俾人皆由于正路，而学不惑于他歧。家孔、孟而户程、朱，必获真儒之用，佩道德而服仁义，咸趋圣域之归。顿回大古之淳风，一洗相沿之陋习。焕然极备，猗欤盛哉！窃尝观之，周衰道废，汲汲皇皇，以斯道维持世教者，惟师儒君子而已。未有大有为之君，能倡明六经之道、绍承先圣之统如今日者。此皇帝陛下所以卓冠百王、超轶千古者也。

　　臣广等一介书生，粗知章句。大学贤关，浑未造其阃奥；圆冠方屦，固惭列于章缝③。幸逢熙洽之时，谬忝校雠之任。每受成于指教，亦何假于施为。乐睹就编，岂胜欢庆！与天下而同惠，于万古而有光。尊所闻，行所知，求不负于教育；正其谊，明其道，期补报于升平。无任瞻天仰

---

① 三皇：上古时代著名的三位帝王，说法不一，或以天皇、地皇、人皇为三皇，或以天皇、地皇、泰皇为三皇，或以伏羲、女娲、神农为三皇，或以伏羲、神农、祝融为三皇，或以燧人、伏羲、神农为三皇，或以伏羲、神农、黄帝为三皇。

② 经筵：宋以来天子于其御席，与侍读、侍讲等官讲论经史，谓之经筵。

③ 贤关：谓学行的途径。《汉书·董仲舒传》："大学者，贤士之所关也，教化之本务也。"关，由也。

圣激切屏营之至。谨奉表随进以闻。

《明文衡》

译　文

六经的道理，如同太阳、星星一样显著；包括天地间所有的道理，贯通古代和现代。散布开来，可以充满天地四方；卷收起来，可以回退隐藏秘处；用在个人身上，可以修养品行；行使于家中，可以治理家务；推行于国家，可以安定国家；施行于天下，可以使天下太平。世人必须穷究经义，然后才能明了道理，没有舍弃经书而能够处理事务的。圣明的君主垂示法则，一定借重道理来开导人民；贤能的君子奠定基础，一定考察古事来制作典范。因此，伏羲仿效河图而演绎八卦，大禹沿袭洛书而获赐九畴；孔子删定《诗经》《尚书》，编修《春秋》，将圣王的法制寄托在里面；周公陈述先王的功业，制礼作乐，发扬未来百世的规模。何况尧、舜精粹专一、持守中道的传授，特别注重一再警告的意旨，像这么明显的事迹，可以明白地观察到。

自从圣王之道衰微后，怪诞的言论纷纷兴起。秦始皇焚书以后，留下的书籍不多，因而造成汉代儒者穿凿附会的弊病。后世学者无法明了六经的宗旨归向，所有的事业都陷入草率简便。常人多半趋附沿承旧有的习惯，很少有人能够加以改正。啊！圣人的教导不再施行，以致百代以后没有良善的政治；圣人的学术不再流传，以致千年以后没有真正的儒者。因此，使得从前的典制难以追寻，更增加前人的慨叹。运气坏到极点的时候，好运就会到来；黑暗过去后，光明必定到来。自从出现周敦颐、程颢、程颐、张载、朱熹等道学家后，尧、舜、禹、汤的政治教化重见光明；完全扫除过去杂乱的弊病，振兴正统学术的宗派。不幸又经常遭到狂妄言论的压制，时起时伏。这样过了几百年，其间众说纷起，不能统一会通，大概是等待今日来完成统合的工作。

上天开启贤明的圣德，明主承受伟大的机运。我朝太祖高皇帝，是上天纵任的圣主，以武功平定天下，以文教开启太平；首先兴建学校，赐赠书籍，培养人才，使得政治兴隆，全国上下欣然受教。我敬思皇帝（成祖）是具有文韬武略的神明圣贤，具有聪明的才智，继承帝位，发扬大业。所获致的伟大功德，就是三皇也无法比拟；施行的政治教化，和天地同样宏盛。虽然已经臻于太平，仍然认为没有到达；功业已经完成，仍然认为没有完成。真是行事谦逊，思虑远大。往日立定志愿，想要修订纂辑六经，开拓恢复道统的本原，大力振兴衰颓的文教。发扬深远的道理，纂集精妙的意旨，广博采取先儒的名言，作为往圣的辅助，合同众说，会通万理。知识的广博精深，如同地厚海深，以及清明天空的朗朗白日。用此来兴办教化，也用此来端正人心。使得已经衰绝而仅存的学术，重新连接起来；已经隐晦不明的道理，重新彰明显扬。创立自古以来不曾有过的制作，继承自古以来不曾有过的功业。不仅可供皇上经筵的讲读，也可以颁行于全国。使人人都经由正途学习，而不为邪说所迷惑。家家户户都诵读孔子、孟子、程子、朱子的书籍，必可获得真正的儒者加以任用；人人遵守实践道德仁义，必能共进太平盛世。立刻恢复上古时代淳厚的风俗，完全洗净长久沿袭的恶劣习气。这真是备极光彩，非常盛大的呀！我曾私自观察，自从周朝衰微颓败后，急急忙忙，提倡六经来维持教化的只有儒家的学者。从来未见大有作为的君主，能够倡导六经的政道、承接往圣的道统，能像今日这样的。这是皇上能够凌驾各代君主、超越千秋万世的缘故。

臣下胡广等人都是读书人，略知章节句读。大学的门墙，根本没有涉足；穿戴冠帽鞋屦，却有愧于厕身儒林。幸好遇到安乐和洽的时代，忝当校刊书籍的任务。经常接受皇上的指示教导，所以不须另作打算。很高兴见到此书即将完成，真不知该如何庆祝。臣等和天下百姓同受德惠，此书也可通行而光照千秋万世。尊重听闻的事迹，履行了解的部分，以免有负于教育的功效；端正自己的品行，申明道义的依归，希望有助于国家的太平。臣等不胜惶恐。敬谨地呈进奏表。

（蒋秋华／编写整理）

娄东刘家港天妃宫石刻通番事迹记

郑 和

郑和（1371 或 1375—1433 或 1435），本姓马，明成祖赐姓郑，云南昆阳（今昆明市晋宁区）人，世称三保（宝）太监。他的祖先可能是阿拉伯或维吾尔人，信奉回教，随忽必烈征服云南，遂定居下来。郑和初事燕王（成祖），从其起兵有功，大受信任。永乐元年（1403），从道行（姚广孝）皈依佛教，受菩萨戒，法名福善。后来成祖派他率领舰队，携带金帛，出使西洋。到宣宗时，先后七次出使，经三十余国，所获宝物，不可胜数。他的通使，俗称"三宝太监下西洋"，为明初盛事，曾被写成小说。宣德中卒。

背 景

明成祖派遣郑和出使西洋，由于次数多、规模大，在当时是一件十分轰动的大事。出使的原因，有人认为是寻访建文帝的下落，或消灭张士诚、方国珍余留在海上的势力，这些都没有有力的根据，不足采信。真正的原因，应为宣耀国威，以增进海外的贸易与邦交。这两项任务，在强大武力的支持下，郑和很圆满地将其达成了。

郑和奉派出使时，所率领的船队，拥有二百多艘大小船只和将近三万士卒，规模之大，令人叹为观止。同时他也带了无数货物，赏赐那些臣服归顺的国家。成为藩属的国家，除了遣使入贡外，当地的商人也获准前来中国从事贸易。明朝为了应付这些国际贸易，特地在宁波、泉州、广州分设提举市舶司，处理通商事宜。这些贸易，不但不抽取关税，还提供免费的食宿和交通。因此，十分吸引各国商人。

本篇为宣德六年（1431）郑和等在南京刘家港所立的碑文，文中详述了历次通使的经过和各国入贡的情形。

影　响

这篇碑文使我们知道，郑和航行经过三十多国，最远的地方直达非洲东海岸的木骨都束。这么遥远的航程，就当时的航海技术和设备而言，是相当不容易的，郑和却顺利地完成了，真是一件了不起的壮举。而且郑和的远航，比西人达·伽马绕过好望角东，要早上八十几年。当然，每次出使，并非全无阻碍，如在三佛齐、锡兰、苏门答剌等地，都发生过武装冲突，幸而凭着灵敏的机智与强大的实力，一一予以平定。如此一来，反而增长了声威，让其他国家更为顺服，不敢轻举妄动。

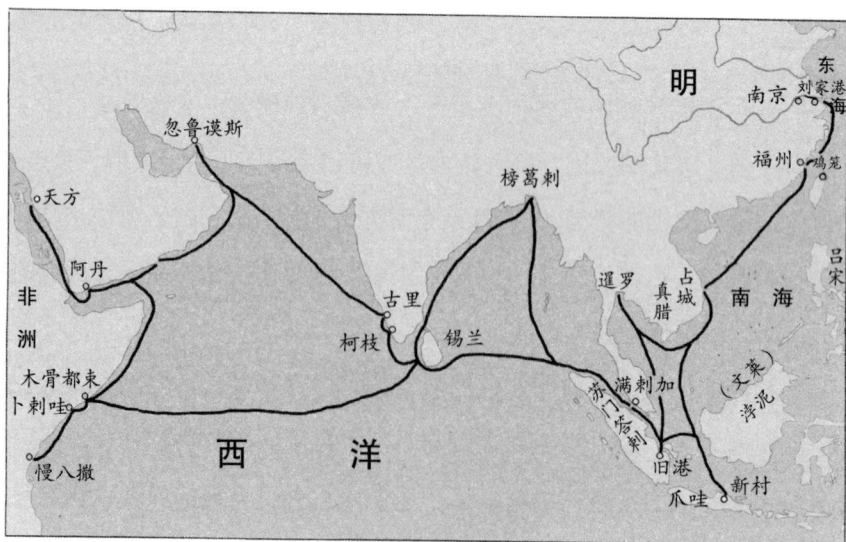

郑和航海路线图

郑和奉使西洋，除了树立明朝宗主国的威信，促进海外贸易，随从出使的人员中，有人将航行的所见所闻记载下来，如马欢的《瀛涯胜览》、巩珍的《西洋番国志》、费信的《星槎胜览》，介绍西洋各国的风土人情，成为研究外国史的珍贵资料。不仅在当时，就是现在，依然具有相当大的价值。

原　文

明宣德六年，岁次辛亥，正使太监郑和、王景弘，副使太监朱良、周满、洪保、杨真，左少监张达等立[①]。其辞曰：

敕封护国庇民妙灵昭应弘仁普济天妃之神，威灵布于巨海，功德著于太常，尚矣[②]！和等自永乐初，奉使诸番，今经七次，每统领官兵数万人，海船百余艘，自太仓开洋，由占城国、暹罗国、爪哇国、柯枝国，抵于西域忽鲁谟斯等三十余国，涉沧溟十万里。观夫鲸波接天，浩浩无涯，或烟雾之溟濛，或风浪之崔嵬，海洋之状，变态无时。而我之帆船高张，昼夜星驰，非仗神功，曷能康济？直有险阻，一称神号，感应如响，即有神灯烛于帆樯。灵光一临，则变险为夷，舟师恬然，咸保无虞。此神功之大概也。及临外邦，以蛮王之梗化不恭者，生擒之；其寇兵之肆暴侵掠者，殄灭之。海道由而清宁，番人赖以安业，皆神之助也。

---

① "正使太监郑和、王景弘"三句：此碑今日已不存，碑文见于明钱谷《吴都文粹续集》、顾炎武《天下郡国利病书》，本文即录自钱书。然钱、顾二人所录，详略不同，顾氏仅录"永乐三年"以下的文字，立碑人则较钱氏多出左少监吴忠和都指挥使朱真、王衡三人，而周满作周福。据考证，当有吴氏等三人，周福应作周满。

② 敕封护国庇民妙灵昭应弘仁普济天妃之神：这是永乐五年（1407），成祖给予天妃的封号。功德著于太常：太常为官名，掌管宗庙礼仪，所以对于天妃护民的事迹，自当载录，定制祭祀，俾传久远。

神之功绩，昔尝奏请于朝廷，宫于南京龙江之上，永传纪事^①。钦承御制纪文，以彰灵贶^{kuàng}，褒美至矣^②！然神之灵，无往不在，若刘家港之行宫，创造有年，每至于斯，即为葺理。宣德五年冬，复奉命诸番国，舣^{yǐ}舟祠下，官军人等，瞻礼勤诚，祀享络绎，神之殿堂，益加修饰，弘胜旧规。复重建岨^{qū}山小姐之神祠于宫之后，殿堂神像，粲然一新，官校军民，咸乐趋事，自有不容己者，非神之功于人心而致乎？是用勒文于石，并记诸番往回之岁月，昭示永久焉。

永乐三年，统领舟师，往古里等国。时海寇陈祖义等，聚众于三佛齐国，抄掠番商，生擒厥魁。至五年还。

永乐五年，统领舟师，往爪哇、古里、柯枝、暹罗等国，其国王各以方物珍禽兽贡献。至七年还。

永乐七年，统领舟师，往前各国。道经锡兰山，其王亚烈苦奈儿，负固不恭，谋害舟师，赖神灵显应知觉，遂擒其王。至九年归献。寻蒙恩宥，俾复归国。

永乐十二年，统领舟师，往忽鲁谟斯等国，其苏门答剌国，伪王苏干剌，寇侵本国；其王遣使赴阙，陈诉请救^③。就统领官兵剿捕，神功默助，遂生擒伪王。至十三年归献。是年，满剌加国王亲率妻子朝贡。

永乐十五年，统领舟师，往西域。其忽鲁谟斯进狮子、金钱豹、西

① 宫于南京龙江之上：永乐五年（1407）建天妃宫于龙江，并赐封号（见前），又赐额曰"弘仁普济"。

② 御制纪文：即永乐十四年（1416）所赐立的"御制弘仁普济天妃碑"文。

③ 永乐十二年：据《福建长乐南山寺天妃灵应记》，应作十一年。

马。阿丹国进麒麟——番名祖剌法，并长角马哈兽。木骨都束国进花福鹿，并狮子。卜剌哇国进千里骆驼，并驼鸡。爪哇国、古里国进縻里羔兽。各进方物，皆古所未闻者。及遣王男、王弟捧金叶表文朝贡。

永乐十九年，统领舟师，遣忽鲁谟斯等各国使臣，久待京师者，悉还本国。其各国王贡献方物，视前有加。

宣德五年，仍往诸番国开诏。舟师泊于祠下，思昔数次皆仗神明护助之功，于是勒文于石。

《吴都文粹续集》

译　文

明宣宗宣德六年（1431），正使太监郑和、王景弘，副使太监朱良、周满、洪保、杨真，左少监张达等设立石碑。碑文如下：

受皇帝赐封的护国庇民妙灵昭应弘仁普济天妃神，不可测的声势广布于大海，护民的功绩登录在太常，真是无以为加了。郑和等人自明成祖永乐初年，奉命出使诸番国，至今已有七次，每次率领官兵几万人、海船一百多艘，从太仓港出发，经过占城国、暹罗国、爪哇国、柯枝国，到达西方忽鲁谟斯国，总共经历三十多个国家，渡海十万里。看那大浪几乎与天相接，广大到没有边际，有时生起幽暗的迷雾，有时兴起高大的风浪，海洋的形状，真是变化不停。我们的船只，高挂船帆，早晚飞快行驶，如果不是依靠天神的帮助，怎么能够安全渡过？每次遇到困难，只要呼喊神名，立刻就能得到反应，出现神灯照耀在帆樯上。神灵的光芒一到，随即化危险为平安，船只安全行驶，保证没有忧虑。这就是神明的效验。到达外国，凡是不听从教化的蛮王，便将他活捉；残暴抢夺的贼寇，便将他们消灭。海上的通道因此而清静，番国人民因而得以安居乐业，这些都是天神的护佑。

天神的功绩，从前曾经奏报朝廷，建立宫祠于南京龙江关之上，以便永久流传功绩。又敬承皇帝颁赐碑文，更加显明神灵的赐福，实在是赞扬到了极点。然而神明的威灵，无所不在，譬如刘家港的行宫，已建造好多年了，每次到这里，一定加以修补整理。宣德五年（1430）的冬天，我们又奉命出使诸番国，停船于宫祠下，所有的官吏军人，都虔诚地瞻礼，连续不断地祭祀、颂祷。天神的殿堂，一再整理，较原有的规模更为宏大。又在天妃宫的后头重建岷山小姐的祠庙。殿堂里的神像，呈现鲜明的更新气象，官兵百姓都乐于前往祭拜，好像身不由己，难道不是神明的效验留存人心所造成的吗？因此，刻文于碑石，同时记载到各番国出发、归来的日期，明白告示后世子孙。

永乐三年（1405），率领船队前往古里等国。当时海盗陈祖义等人聚集徒众于三佛齐国，抢劫番商，我们活捉了那些首脑人物。永乐五年（1407）回国。

永乐五年（1407），率领船队前往爪哇、古里、柯枝、暹罗等国，当地的国王分别以土产物品、珍禽野兽呈献朝廷。永乐七年（1409）回国。

永乐七年（1409），率领船队前往曾经去过的国家。经过锡兰岛时，当地的国王亚烈苦奈儿，倚恃险固而不恭顺，想要谋害船队，幸赖天神显灵，让我们知道防备，因而捉住他们的国王。永乐九年（1411）回国时，将他呈献朝廷。不久受皇帝放免，又让他回到自己的国家。

永乐十二年（1414），率领船队前往忽鲁谟斯等国。苏门答剌的叛变首领苏干剌，侵犯自己的国家；当地的国王派遣使者来到朝廷，报告叛乱的情形，请求援助。于是我们率领官兵围捕，靠着神明的暗中帮助，顺利地活捉叛乱的首领。永乐十三年（1415）回国时，将他呈献朝廷。这一年，满剌加国的国王亲自率领妻儿入朝进贡。

永乐十五年（1417），率领船队前往西方的国家。忽鲁谟斯国进献狮子、金钱豹、西方的名马。阿丹国进献麒麟——番名叫作祖剌法，还进献了长角马哈兽。木骨都束国进献花福鹿和狮子。卜剌哇国进献千里骆驼和驼鸡。爪哇国、古里国进献麋里羔兽。各国进贡的土产都是自古以来没有见过的。同时各国也派遣国王的子弟，捧着写在金叶上的表文入朝进贡。

永乐十九年（1421），率领船队将忽鲁谟斯等各国长久留在京师的使臣全部遣送回他们自己的国家。此后各国国王进贡的土产，比以前更多。

宣德五年（1430），仍然前往诸番国宣示诏书。当船队停泊在天妃宫下时，回想以往几次都是倚靠神明的护助，于是将历次出使的经过刻在石碑上。

（蒋秋华／编写整理）

教条示龙场诸生

王守仁

王守仁像

王守仁（1472—1529），字伯安，浙江余姚（今属浙江）人。曾筑室阳明洞中读书，学者称阳明先生，为明代重要的思想家。弘治十二年（1499）登进士第。因忤宦官刘瑾，受廷杖，谪为龙场驿丞。穷荒思绎，忽悟格物致知当自求诸心，不当求诸事物，创"知行合一"之说。后平宁王宸濠之乱，封新建伯。晚年为教，专以"致良知"为主，弟子盈天下，世称"姚江学派"。他的学说与朱熹不同，而接近陆九渊，因有"心学"之称。隆庆元年（1567）追谥文成。著有《传习录》《大学问》及诗文杂著等三十八卷，后人编为《王文成公全书》。

背　景

明武宗正德元年（1506）冬天，宦官刘瑾将南京给事中御史戴铣等二十余人逮捕下狱。王守仁上疏请求释放他们，因而触怒刘瑾，遭受四十下廷杖，并被贬为贵州龙场驿丞。龙场是个偏远荒凉的地方，杂居着苗人、黎人，生活非常落后。环境虽然恶劣，可是王守仁并不气馁，一方面教导开化夷人，改善他们的生活，一方面静思昔日所学，悟出"知行合一"的道理。

王守仁少时读书，即明白世间第一等事并非功业，而是学做圣贤，自此他便立志做世间第一等事、第一等人。长大以后，因受当时以程、朱为道统的学术思潮影响，他也用心于"格物致知"，希望明了朱子所谓的格物大旨。他曾经用七天时间，去"格"庭院中的竹子，不但没有格出什么道理，反而格出病来。因此，他暂时放弃格物之学，转而研究辞章文学和佛教、道家的书，并学习打坐、导引。不久他又重行研究儒家学说，但没有特殊的体悟。

直到他远谪蛮荒，因身旁无书可读，只能就以往背诵的书籍反复思绎，终于让他想通了。所谓圣人之道，吾性自足，不假外求，而格物致知，只能舍弃枝叶，直探本原才是正道。所以他拈出"良知"二字，教人反观自得。自此又衍生"知行合一"的学说。"知"是人人生而具有知善知恶的"良知"，"行"就是着实去做良知所知的事，而"知即是行，行即是知"，"知"与"行"不可分。这一套理论日后又发展成"致良知"之教，为王守仁讲学的重心。

影　响

明孝宗弘治十八年（1505），王守仁只有三十四岁，已经有人愿执贽受教，此后他便专心讲学授徒。不过，因为师友之道久废，时人都认为他立异好名，他却不以为忤，慨然以昌明圣学为己任。贬谪龙场时，虽然地处蛮荒，仍有不少人前来受教。本文就是他在龙场讲学时，用来规范诸生的教条。文中指示为学与做人的原则、方法，十分明白扼要。后来他的功业和学问日益精进，跟从求学的人也愈来愈多，学说鼎盛，弟子遍天下，形成"姚江学派"，主导了明代末叶的学术思想。

原 文

诸生相从于此，甚盛，恐无能为助也，以四事相规，聊以答诸生之意。一曰立志，二曰勤学，三曰改过，四曰责善。其慎听，毋忽。

立 志

志不立，天下无可成之事。虽百工技艺，未有不本于志者。今学者旷废隳惰，玩岁愒时，而百无所成，皆由于志之未立耳！故立志而圣则圣矣，立志而贤则贤矣。志不立，如无舵之舟，无衔之马，漂荡奔逸，终亦何所底乎①？昔人所言："使为善而父母怒之，兄弟怨之，宗族乡党贱恶之，如此而不为善，可也②。为善则父母爱之，兄弟悦之，宗族乡党敬信之，何苦而不为善、为君子？使为恶而父母爱之，兄弟悦之，宗族乡党敬信之，如此而为恶，可也。为恶则父母怒之，兄弟怨之，宗族乡党贱恶之，何苦而必为恶、为小人？"诸生念此，亦可以知所立志矣！

勤 学

已立志为君子，自当从事于学。凡学之不勤，必其志之尚未笃也。从吾游者，不以聪慧警捷为高，而以勤确谦抑为上。诸生试观侪辈之中，苟有"虚而为盈，无而为有"，讳己之不能，忌人之有善，自矜自是，大言欺人者；使其人资禀虽甚超迈，侪辈之中，有弗疾恶之者乎③？有弗鄙

---

① 舵：装在船尾，控制行船方向的工具。衔：马的勒口器具，用以驾驭马行的方向。底：应作"厎"，俗书多误以"厎"作"底"。厎，至、止的意思。

② 乡党：指乡里的人。古代以一万二千五百家为乡，五百家为党。

③ "虚而为盈"二句：本来空虚，却装作充足；本来没有，却装作有。语见《论语·述而篇》，原文二句互倒。

642

贱之者乎？彼固将以欺人，人果遂为所欺，有弗窃笑之者乎？苟有谦默自持，无能自处，笃志力行，勤学好问，称人之善，而咎己之失，从人之长，而明己之短，忠信乐易，表里一致者，使其人资禀虽甚鲁钝，侪辈之中，有弗称慕之者乎？彼固以无能自处，而不求上人，人果遂以彼为无能，有弗敬尚之者乎？诸生观此，亦可以知所从事于学矣！

改 过

夫过者，自大贤所不免，然不害其卒为大贤者，为其能改也。故不贵于无过，而贵于能改过。诸生自思，平日亦有缺于廉耻忠信之行者乎？亦有薄于孝友之道，陷于狡诈、偷刻之习者乎？诸生殆不至于此。不幸或有之，皆其不知而误蹈，素无师友之讲习规饬也。诸生试内省，万一有近于是者，固亦不可以不痛自悔咎，然亦不当以此自歉，遂馁于改过从善之心。但能一旦脱然洗涤旧染，虽昔为寇盗，今日不害为君子矣！若曰吾昔已如此，今虽改过而从善，人将不信我，且无赎于前过，反怀羞涩疑沮，而甘心于污浊终焉，则吾亦绝望尔矣！

责 善

"责善，朋友之道"，然须"忠告而善道之"，悉其忠爱，致其婉曲，使彼闻之而可从，绎之而可改，有所感而无所怒，乃为善耳^①！若先暴白其过恶，痛毁极诋，使无所容，彼将发其愧耻愤恨之心，虽欲降以相

---

^① 责善，朋友之道：朋友之间，当以善相责求。语见《孟子·离娄下》。忠告而善道之：忠诚地用好话劝导朋友。语见《论语·颜渊篇》。

从，而势有所不能。是激之而使为恶矣！故凡讦(jié)人之短，攻发人之阴私，以沽直者，皆不可以言责善。虽然，我以是而施于人，不可也；人以是而加诸我，凡攻我之失者，皆我师也，安可以不乐受而心感之乎？某于道未有所得，其学卤莽耳。谬为诸生相从于此，每终夜以思，恶且未免，况于过乎？人谓"事师无犯无隐"，而遂谓师无可谏，非也[①]。谏师之道，直不至于犯，而婉不至于隐耳。使吾而是也，因得以明其是；吾而非也，因得以去其非。盖教学相长也[②]。诸生责善，当自吾始。

《王阳明全集》

译 文

　　跟着我到这里的学生很多，我恐怕无法给你们什么帮助，只好以四件事来劝勉大家，并用来报答你们的心意。一是"立志"，二是"勤学"，三是"改过"，四是"责善"。务必仔细地听讲，不可轻忽。

立 志

　　如果不立定志向，天下没有会成功的事。即使是各种工艺技术，也没有不因立志而成功的。现在的学者，荒怠懒惰，一年到头只知玩乐，浪费时间，以致一事无成，都是因为没有立定志向。所以只要立志做圣人，就能够成为圣人；立志做贤人，就能够成为贤人。没有立定志向，就好像没有舵的船、没有衔的马，随水漂流，任意奔跑，究竟要往何处去呢？

[①] 事师无犯无隐：侍奉老师要做到不冒犯、不隐蔽。语见《礼记·檀弓上》。

[②] 教学相长：《礼记·学记》："学然后知不足，教然后知困。知不足然后能自反也，知困然后能自强也，故曰教学相长也。"谓教与学皆可使自身的学业进步，有相互影响、帮助的关系。敩，觉悟，与"教"同义。

古人说："如果做了善事而让父母恼怒你，兄弟怨恨你，宗族乡里的人鄙视憎恶你，所以不做善事，是可以谅解的。做善事而使得父母喜爱你，兄弟喜欢你，宗族乡里的人敬爱信任你，为什么不做善事、做个君子呢？假如做了坏事而使父母喜爱你，兄弟喜欢你，宗族乡里的人敬爱信任你，因此而做坏事，是可以谅解的。做坏事而让父母恼怒你，兄弟怨恨你，宗族乡里的人鄙视憎恶你，为什么要做坏事、做小人呢？"你们想想这些话，也就能够知道如何立定志向了。

勤　学

已经立志做个君子，自然应该努力向学。凡是学习不够勤奋的人，一定是他的志向不够专一。跟我求学的人，并不是才智聪明、反应敏捷，就算是高明，只有勤恳真诚、谦虚有礼的，才值得尊重。你们试着观察同学里面，如果有人以空虚假装充足，掩饰自己的缺点，嫉妒别人的才能，自我夸耀，说大话欺骗人；即使这种人的天赋真的十分卓越，同学之间，有不讨厌他的吗？有不轻视他的吗？他虽然想要欺骗人，人们就算真的被他欺骗，有不暗自讥笑他的吗？如果有以谦虚沉默来自我约束，以无能自居，却立志不变而竭力实行，勤奋向学而喜欢发问，称扬别人的善事，而责备自己的过失，信从别人的长处，而明了自己的短处，忠厚信实、和乐平易，内外如一，即使这种人天赋真的十分愚笨，同学之间，有不称赞敬仰他的吗？他虽然以无能自居，不想超越别人，人们就算真的认为他无能，有不尊重他的吗？你们观察了这些行为，也就知道如何向学了。

改　过

做错事，连大贤人也免不了，但是这并不妨害他最后仍然是一位贤者，因为他能够改正自己的过错。所以可贵的并不是没有犯过，而是能够改正过失。你们自己想想，平常生活中，有缺乏廉、耻、忠、信的行为吗？

有孝顺、友爱的事情做得不够，而养成狡猾奸诈、刻薄寡恩的习性吗？我想你们大概还不至于如此。如果不幸有人染有这些恶习，都是因为他不明白事理而不小心养成的，平时又没有老师、朋友为他讲解、规劝。你们试着自我反省，果真有类似上述的行为，原本应该严厉地悔过自责，但是也不可因此感到过分的歉疚，以致失去了改过向善的心意。只要有朝一日能够明快地洗净过去积染的恶习，虽然从前是匪寇强盗，现在仍旧不妨害他成为一位君子。如果说我从前已经是这样了，现在虽然改过向善了，别人可能依然不信任我，而且无法弥补以往的过失，反而怀着害羞惭愧、疑惧沮丧的心理，而心甘情愿地在罪恶的深渊里过一辈子，那么我对他只有感到失望罢了。

责　善

以善道相互劝勉，是朋友相交应有的道理，但是必须忠诚地以好话劝导他，尽量发挥真挚亲爱的友情，运用委婉曲折的方式，让对方听到后能够顺从，考虑之后能够纠正错误，心中只有感激而没有怨恨，这样才是朋友责善之道。如果一开始就暴露他的过错，而严厉地斥责辱骂，使他无地自容，他可能会因而形成恼羞成怒的心态，虽然有意改过从善，在形式上却已经不容许他下台了。这是由于规劝不当而激怒他，使他继续做坏事。所以凡是揭发别人的短处，攻击宣扬他不为人知的私事，以换取正直声名的人，都称不上是责善之道。虽然我绝不可以用这种方式加于别人身上，可是别人用这种方式施之于我时，凡是指责我过失的人，皆是我的老师，怎么能够不高兴地接受，而衷心地感谢他呢？我对于正道并没有什么心得，学问非常粗陋。错误地让你们跟随到这里，每次整夜反省，大过失尚且无法避免，何况是小过失呢？前人说："对待老师，要做到不冒犯、不隐蔽。"因此便有人认为学生不可以指正老师的错误，这是不对的。纠正老师错误的方式，必须直率而不至于冒犯，委婉而不至于隐蔽。假如我是对的，这样才可以显明我的好处；我是错的，也可以去除我的缺点。因为教导与学习，可以增进双方的进步。你们责求善道，应当从我开始。

（蒋秋华／编写整理）

擒获宸濠捷音疏

王守仁

背　景

　　明武宗十五岁即位，因年轻好玩，所以把朝政交由宠信的宦官刘瑾处理。刘瑾招权纳贿，弄得民不聊生，虽被处死，却引起一些小动乱，幸好很快就平伏了。此后，武宗又亲近嬖幸小人，如钱宁、江彬等。他们引诱武宗微服出游，以致朝中经常不见皇帝的踪迹。再加上武宗一直没有子嗣，遂引起宁王（封地在江西南昌）朱宸濠的野心。宁王先贿赂钱宁，求以其子嗣承大统，但因江彬和太监张永的阻挠，没有成功，乃积极谋反。

　　朝中大臣对于宁王存有异心并非懵然无知，也曾上疏告变，但因宁王买通权臣，才未揭露阴谋，朝廷仅派大臣宣谕，收其护卫。至此，宁王遂兴兵作乱。

　　宁王集兵攻陷九江、南康，声势十分浩大，准备顺长江东下，直取南京，下游百姓大为震动。当时王守仁正奉命讨伐福

王守仁手迹《回军上杭诗轴》《时雨堂记》（局部）

建叛军，行至丰城，获知宁王造反，立即回军平乱。由于他判断正确，调度得当，所以能迅速将乱事平定，擒住了宁王。

本文为王守仁陈述定乱擒叛经过的奏疏，作于正德十四年（1519）七月三十日。

但捷表呈进朝廷，却被搁置了。因为武宗正以"威武大将军"的名义，御驾亲征。其实他是想借机游幸江南，故不理会王守仁的奏疏。而嬖幸小人反而要王守仁纵放宁王于鄱阳湖畔，让皇帝亲自捕捉。王守仁将宁王交付太监张永，并请他劝阻武宗南征。如此一来，得罪了另一位太监张忠，竟被诬指与宁王通谋。平乱有功的伍文定，也被逮捕侮辱。虽然最后查无实据，未予处罚，可是也没有给予应有的赏赐，足见当时朝廷腐化已至无可复加的地步。

影　响

儒家主张"内圣外王"，而一般学者多偏重"内圣"的功夫，无法兼顾"外王"。王守仁为一介儒生，在"内圣"方面，有着很深的修养，"外王"方面，他屡次平定叛乱，尤其以平定宁王之乱最为出色。王守仁这篇奏疏，不仅反映了明代中叶最严重的动乱，也具体显示了王守仁发挥儒者内圣外王之学，扭转明朝命运的作为，令他名重一时，受人景仰，更加扩大了他学说的影响力。

原　文

照得先因宁王图危宗社，兴兵作乱，已经具奏请兵征剿外，随看得宁王虐焰张炽①。臣以百数疲弱之卒，未敢轻举骤进，乃退保吉安，姑为牵制之图。时远近军民劫于宁王之积威，道路以目，莫敢出声。臣一面督率吉安府知府伍文定等，调集军民兵快，召募四方报效义勇之士，奏留监察御史谢源、伍希儒，分职任事；一面约会该府乡官——都御史王懋中（mào），编修邹守益，郎中曾直，评事罗侨，监察御史张鳌山，佥事刘蓝，进士郭持平，参谋驿丞王思、李中，按察使刘逊，参政黄绣，知府刘昭等，相与激发忠义，移檄远近，布朝廷之深仁，暴宁王之罪恶②。于是豪杰响应，人始思奋。

时宁王声言先取南京。臣虑南京尚未有备，恐为所袭，乃先张疑兵于丰城，示以欲攻之势。故宁王先遣兵出攻南康、九江，而自留居省城以御臣。至七月初二日，探知臣等兵尚未集，乃留兵万余，使守江西省城，而自引兵向阙。臣昼夜促兵，期以本月十五日会临江之樟树，而身督知府伍文定等兵径下。于是知府戴德孺、徐琏、邢珣（xún）、通判胡尧元、童琦、谈储，推官王暐（wěi）、徐文英，知县李美、李楫、王天与、王冕，各以其兵来赴。

十八日，遂至丰城，分哨道，使知府伍文定等进攻广润等七门③。是日得谍报："宁王伏兵千余于新旧坟厂，以援省城。"臣乃遣奉新知县刘

---

① 已经具奏请兵征剿：宁王于武宗正德十四年（1519）六月十四日举兵叛乱。十五日，王守仁得到消息，于十九日，有《飞报宁王谋反疏》进奏，请求朝廷出兵征讨。
② 奏留监察御史谢源、伍希儒：谢、伍两人当时正从广东来，准备赴京城。王守仁于七月五日上奏《留用官员疏》，请留谢、伍二人，共同戡乱。
③ 分哨道：分配进攻的人马。哨，原是屯兵防盗之处，《正字通》："哨，凡屯戍防盗处，名曰哨。"此处则用来代表一队或一路人马。使知府伍文定等进攻广润等七门：据王守仁七月十七日的《牌行各哨统兵官进攻屯守》，分派情形如下：伍文定攻广润门，邢珣攻顺化门，徐琏攻惠民门，戴德孺攻永和门，胡尧元、童琦攻章江门，李美攻德胜门，余恩攻进贤门。

守绪等，从间道夜袭破之，以摇城中。

十九日，发市汉，大誓各军，申布朝廷之威，再暴宁王之恶。莫不切齿痛心，踊跃激愤。薄暮齐发。

二十日黎明，各至信地。先是城中为备甚严，滚木、灰瓶、火炮、器械，无不毕具。臣所遣兵，已破新旧坟厂，败溃之卒，皆奔告城中，城中皆已惊惧。至是，复闻我师四面骤集，益震骇夺气。我师乘其动摇，呼噪并进，梯𥳓（gēng）而登。城中之兵，皆倒戈退奔，城遂破。擒其居守宜春王拱𣚴（tiáo），及伪太监万锐等千有余人。宁王宫中眷属闻变，纵火自焚，延及居民房屋。臣当令各官分道救火，散释胁从，封府库，谨关防，以抚军民除将擒斩功次，发御史谢源、伍希儒，权令审验纪录；及一面分兵，四路追蹑宁王向往，相机擒剿。于本二十二日已经具题外，当于本日据谍报，及据安庆逃回被虏船户十余人报称："宁王于十六日攻围安庆未下，自督兵夫运土填堑，期在必克。是日有守城军门官差人来报：'赣州王都堂已引兵至丰城，城中军民震骇，乞作急分兵归援。'宁王闻之大恐，即欲回舟。因太师李士实等阻劝，以为必须径往南京，既登大宝，则江西自服。宁王不应[①]。次日遂解安庆之围，移兵泊阮子江，会议先遣兵二万归援江西，宁王亦自后督兵随来。等因。"

先是臣等驻兵丰城，众议安庆被围，宜引兵直趋安庆。臣以九江、南康皆已为贼所据，而南昌城中数万之众，精悍亦且万余，食货充积，

① 宁王不应：王守仁假造蜡书，送给李士实、刘养正，信中提到二人对朝廷的忠诚，并请二人劝宁王发兵东下，以促其败亡。王守仁故意叫人泄露蜡书的内容，使宁王对李、刘二人产生怀疑，所以才未答应直取南京的建议。

我兵若抵安庆，贼必回军死斗，安庆之兵，仅仅自守，必不能援我于湖中。南昌之兵，绝我粮道，而九江、南康之贼，合势挠蹙，四方之援，又不可望，事难图矣！今我师骤集，先声所加，城中必已震慑，因而并力急攻，其势必下。已破南昌，贼先破胆夺气，失其根本，势必归救。如此，则安庆之围自解，而宁王亦可以坐擒矣！至是得报，果如臣等所料。

当臣督同领兵知府，会集监军，及倡义各乡官等，议所以御之之策，众多以宁王兵势众盛，气焰所及，有如燎毛。今四方之援，尚未有一人至者，彼凭其愤怒，悉众并力而萃于我，势必不支。且宜敛兵入城，坚壁自守，以待四邻之援，然后徐图进止。臣以宁王兵力虽强，军锋虽锐，然其所过，徒恃焚掠屠戮之惨，以威劫远近，未尝逢大敌与之奇正相角。所以鼓动煽惑其下者，全以进取封爵之利为说。今出未旬月，而辄退归，士心既已携沮，我若先出锐卒，乘其惰归，要迎掩击，一挫其锋，众将不战自溃。所谓"先人有夺人之气，攻瑕则坚者瑕"也。是日抚州府知府陈槐兵亦至，于是遣知府伍文定、邢珣、徐琏、戴德孺，合领精兵五百，分道并进，击其不意。又遣都指挥余恩，以兵四百往来湖上，以诱致贼兵。知府陈槐，通判胡尧元、童琦、谈储，推官王暐、徐文英，知县李美、李楫、王冕、王轼、刘守绪、刘源清等，使各领兵百余，四面张疑设伏，候伍文定等兵交，然后四起合击。

分布既定，臣乃大赈城中军民。虑宗室、郡王、将军或为内应生变，亲慰谕之，以安其心。又出给告示："凡胁从皆不问；虽尝受贼官爵，能逃归者，皆免死；斩贼徒归降者，给赏。"使内外居民及乡道人等，四路传播，以解散其党。

二十三日，复得谍报："宁王先锋已至樵舍，风帆蔽江，前后数十里，不能计其数。"臣乃分督各兵，乘夜趋进。使伍文定以正兵当其前，余恩继其后，邢珣引兵绕出贼背，徐琏、戴德孺张两翼，以分其势。

二十四日早，贼兵鼓噪乘风而前，逼黄家渡，其气骄甚。伍文定、余恩之兵，佯北以致之。贼争进趋利，前后不相及。邢珣之兵，从后横击，直贯其中，贼败走。文定、恩督兵乘之，琏、德孺合势夹攻，四面伏兵亦呼噪并起。贼不知所为，遂大溃。追奔十余里，擒斩二千余级，落水死者以万数。贼气大沮，引兵退保八字脑，贼众稍稍遁散。宁王震惧，乃身自激励将士，赏其当先者以千金，被伤者八百两，使人尽发九江、南康守城之兵以益师。是日建昌知府曾玙（yú）引兵亦至。臣以九江不破，则湖兵终不敢越九江以援我；南康不复，则我兵亦不能逾南康以蹑贼。乃遣知府陈槐领兵四百，合饶州知府林瑊（chéng）之兵，乘间以攻九江；知府曾玙领兵四百，合广信知府周朝佐之兵，乘间以取南康。

二十五日，贼复并力，盛气挑战。时风势不便，我兵少却，死者数十人。臣急令人斩取先却者头。知府伍文定等，立于铳炮之间，火燎其须（chòng），不敢退，奋督各兵，殊死并进。炮及宁王舟，宁王退走，遂大败。擒斩二千余级，溺水死者，不计其数。贼复退保樵舍，连舟为方阵，尽出其金银以赏士。臣乃夜督伍文定等，为火攻之具；邢珣击其左，徐琏、戴德孺出其右，余恩等各官，分兵四伏：期火发而合。

二十六日，宁王方朝群臣，拘集所执三司各官，责其间以不致死力，坐观成败者①。将引出斩之，争论未决，而我兵已奋击。四面而集，火及宁王副舟，众遂奔散。宁王与妃嫔泣别，妃嫔、宫人皆赴水死。我兵遂执宁王，并其世子、郡王、将军、仪宾，及伪太师、国师、元帅、参赞、尚书、都督、都指挥、千百户等官——李士实、刘养正、刘吉、屠钦、王纶、熊琼、卢珩（héng）、罗璜、丁馈、王春、吴十三、凌十一、秦荣、葛江、刘勋、何镗（táng）、王信、吴国七、火信等数百余人；被执胁从官——太监王宏，御史王金，主事金山，按察使杨璋，金事王畴、潘鹏，参政程杲，布政梁辰，都指挥郏文、马骥、白昂等。擒斩贼党三千余级，落水死者约三万余。弃其衣甲、器仗、财物，与浮尸积聚，横亘若洲焉。于其余贼数百艘，四散逃溃，臣复遣各官，分路追剿，毋令逸入他境为患。

二十七日，及之于樵舍，大破之。又破之于吴城，擒斩复千余级，落水死者殆尽。

二十八日，得知府陈槐等报，亦各与贼战于沿湖诸处，擒斩各千余级。臣等既擒宁王而入，阖城内外军民聚观者以数万，欢呼之声，震动天地。莫不举手加额，真若解倒悬之苦，而出于水火之中也。除将宁王并其世子、郡王、将军、仪宾，伪授太师、国师、元帅、都督、都指挥等官，各令监羁候解；被执胁从等官，并各宗室，别行议奏。及将擒斩俘获功次一万一千有奇，发御史谢源、伍希儒，暂令审验纪录，另行造册缴报外，照得臣节该钦奉敕谕："但有盗贼生发，即便严督各该兵备、守备、守巡，并各军卫有司，设法调兵剿杀。其管领兵快人等官员，不问文职、武职，

---

① 三司：明代的布政使司、按察使司、都指挥使司，合称三司，都是各行省的文武长官。

若在军前违期，并逗留退缩者，俱听以军法从事。生擒盗贼，鞫问明白，亦听就行斩首示众。斩获贼级，行令各该兵备、守巡、守备官，即时纪验明白，备行江西按察司，造册缴报。查照事例，升赏激劝。钦此。"及准兵部题称："今后但草贼生发，事情紧急，该管官司，即便依律调拨官军，乘机剿捕；应合会捕者，亦即调发策应。等因。"节奉钦依，备咨前来。又节该奉敕："如或江西别府报有贼情紧急，移文至日，尔亦要及时遣兵策应，毋得违误。钦此。"

俱经钦遵外，窃照宁王烝淫奸暴，腥秽彰闻，贼杀善类，剥害细民。数其罪恶，世所未有；不轨之谋，已逾一纪；积威所劫，远被四方①。士夫虽在千里之外，皆闭目摇手，莫敢论其是非；小人虽在幽僻之中，且吞声饮恨，不敢诉其冤抑。兼又招纳叛亡，诱致剧贼渠魁，如吴十三、凌十一之属，牵引数千余众。召募四方武艺骁勇，力能拔树排关者，亦万有余徒。又使其党王春等，分赍金银数万，阴置奸徒于沧州、淮阳、山东、河南之间，亦各数千。比其起事之日，从其护卫姻族，连其党与朋私，驱胁商旅军民，分遣其官属亲昵，使各募兵从行，多者数千，少者数百。帆樯蔽江，众号一十八万；其从之东下者，实亦不下八九万余。且又矫称密旨，以胁制远近；伪传檄谕，以摇惑人心。故其举兵倡乱，一月有余，而四万震慑畏避，皆谓其大事已定，莫敢抗义出身，与之争衡从事。抱节者，仅坚城而自守；忠愤者，惟集兵以俟时。非知谋忠义之不足，其气焰使然也。

---

① 一纪：古人以十二年为一纪。《正字通》："纪，十二年为一纪，取岁星一周天之义。"

臣以孱弱多病之质，才不逮于凡庸，知每失之迂缪，当兹大变，辄敢冒非其任，以行旅数百之卒，起事于颠沛危疑之际。旬月之间，遂能克复坚城，俘擒元恶；以万余乌合之兵，而破强寇十万之众：是固上天之阴骘、宗社之默佑、陛下之威灵。而廊庙谋议诸臣，消祸于将萌，而预为之处；见机于未动，而潜为之制。改臣提督，使得扼制上流，而凛然有虎豹在山之威；申明律例，使人自为战，而翕然有臂指相使之形；敕臣以及时策应，不限以地，而隐然有常山首尾之势①。故臣得以不俟诏旨之下，而调集数郡之兵；数郡之民，亦不待诏旨之督，而自有以赴国家之难。长驱越境，直捣穷追，不以非任为嫌。是乃伏至险于无形之中，藏不测于常制之外。人徒见嬖奚之多获，而不知王良之善御，有以致之也②。

然则今日之举，廊庙诸臣预谋早计之功，其又孰得而先之乎？及照御史谢源、伍希儒监军督哨，谋画居多，倡勇宣威，劳苦备尝；领哨知府伍文定、邢珣、徐琏、戴德孺、陈槐、曾玙、林珹、周朝佐，署都指挥佥事余恩；分哨通判胡尧元、童琦、谈储，推官王暐、徐文英，知县李楫、李美、王冕、王轼、刘源清、刘守绪、傅南乔；随哨通判杨昉、陈旦，指挥麻玺、高睿、孟俊，知县张淮、应恩、王庭、顾佖、万士贤、

---

① 臂指相使之形：用手臂指挥动作，比喻事情容易、便利。《资治通鉴》："（唐）肃宗乾元元年……臣光曰：'若纲条之相维，臂指之相使。'"常山首尾之势：常山之蛇，击之则首尾相应，用以喻善用兵者。《孙子兵法·九地篇》："故善用兵者，譬如率然。率然者，常山之蛇也，击其首则尾至，击其尾则首至，击其中则首尾俱至。"又古阵法有常山阵，形状即与常山之蛇相似。

② "人徒见嬖奚之多获"二句：嬖奚是赵简子的宠臣，简子命善于驾车的王良为嬖奚驾车出猎。王良按照驰驱的法度行驶，嬖奚打不到猎物；不依法度行驶，嬖奚却获得很多猎物。最后，王良不愿违度以讨好嬖奚，而拒绝担任他的专任驾驶。此事见于《孟子·滕文公下》。

马津等，虽效绩输能，亦有等列，然皆首从义师，争赴国难，协谋并力，共收全功。其间若伍文定、邢珣、徐琏、戴德孺等，冒险卫锋，功烈尤懋；乡官都御史王懋中，编修邹守益，御史张鳌山，郎中曾直，评事罗侨，佥事刘蓝，进士郭持平，驿丞王思、李中，按察使刘逊，参政黄绣，知府刘昭等，仗义兴兵，协张威武，运筹赞画，夹辅折卫。以上各官功劳，虽在寻常征剿，亦已甚为难得。况当震恐摇惑，四方知勇，莫敢一膺其锋，而各官激烈忠愤，捐身殉国，乃能若此。伏愿皇上论功朝锡之余，普加爵赏旌擢^{zhuó}，以劝天下之忠义，以励将来之懦怯。仍诏示天下，使知奸雄若宁王者，蓄其不轨之谋，已十有余年，而发之旬月，辄就擒灭，于以见天命之有在，神器之不可窥——以定天下之志。尤愿皇上罢息巡幸，建立国本，端拱励精，以承宗社之洪休，以绝奸雄之觊觎，则天下幸甚^①！臣等幸甚！缘系捷音事理，为此具本，专差千户王佐亲赍，谨具题知。

《王阳明全集》

译　文

　　先前查知宁王企图造反，起兵作乱，已经进奏请求派兵讨伐外，又随即发现宁王暴虐，气焰嚣张。我只有百余名疲劳衰弱的士兵，不敢轻率进兵，所以退到吉安，暂且作为牵制之用。这时远近军民都为宁王的淫威所胁迫，路上相见，只能以目示意，不敢发出一点声音。我一方面监督率领吉安府知府伍文定等人，调遣集合军民和捕快，招募各地愿意报效朝廷的义勇志

---

① 罢息巡幸：武宗经常出官游玩，此时他借机亲征，到江南征选美女，叛变虽已平定，仍不肯回京。后来王守仁还上了《请止亲征疏》劝武宗早日回京。

士，奏请留用监察御史谢源、伍希儒，让他们分担职务；一方面邀集会合吉安府的地方官——都御史王懋中，编修邹守益，郎中曾直，评事罗侨，监察御史张鳌山，佥事刘蓝，进士郭持平，参谋驿丞王思、李中，按察使刘逊，参政黄绣，知府刘昭等人，共同激励忠义，以檄文移告远近的百姓，宣扬朝廷深厚的仁德，暴露宁王的罪恶。因此豪杰之士纷纷响应，大家才想到应该努力振作。

当时宁王言明要先攻取南京，我担心南京还没有做好防备，恐怕会遭到侵袭，于是先在丰城埋伏疑兵，做出打算进攻的样势。使得宁王先派兵进攻南康、九江，而自己留在江西省城内，来抵抗我的攻势。到七月二日，宁王探查出我这方面的人马还没有会合，便留下一万多的士兵，防守江西省城，而自己率兵向朝廷进攻。我日夜催促各地兵马，以七月十五日为期，会合于临江的樟树镇，自己则亲自监督知府伍文定等人的兵马直接前往。知府戴德孺、徐琏、邢珣，通判胡尧元、童琦、谈储，推官王昈、徐文英，知县李美、李楫、王天与、王冕等人，也分别率领军队前来会合。

十八日，到达丰城，分配进攻的人马，命知府伍文定等人进攻广润门等七个城门。当天得到斥候的报告："宁王在新旧坟厂埋伏了一千多名士兵，援助江西省城。"所以我派遣奉新知县刘守绪等人，从偏僻的道路趁夜偷袭伏兵，以动摇城中的人心。

十九日，从市汊出发，郑重地告诫各路人马，申明朝廷的威严，再次暴白宁王的罪恶。士兵们无不咬牙切齿、痛心疾首，激动愤怒得跳跃起来。将近黄昏时，一起出发。

二十日天刚亮，士卒分别到达约定的地方。起先省城里面防备得非常严密，滚木、灰瓶、火炮、器械等武器，全都具备了。而我先前派出的士兵已经击破新旧坟厂的伏兵，战败溃散的逃兵奔回城里传告战败之事，城中的人都感到惊讶恐惧。到这个时候，又听见我方的军队从四面八方会合，更是丧气。我军趁着城中人心动摇，一齐呼喊进攻，利用绳梯登上城墙。城中的守兵都倒转戈矛，向后撤退弃逃，省城便轻易被攻破。我军捉住了留守城中的宜春王朱拱樻和伪太监万锐等一千多人。宁王宫中的家属得知变故，便放火自焚，火势延烧到附近百姓的房屋。我立即命令各个官员，分头救火，释放被胁迫从乱的人，封闭府库，谨守关隘，以安抚军民。一方面将捕捉、斩获的功勋大小等类，交给御史谢源、伍希儒，暂且让他们审查纪录；一方面又分派士卒，四路追踪宁王的去向，乘机予以擒捕。这些事情除已于七月二十二日持题本上奏外，又在本日（二十日）根据侦察的报告上报，其中还参考了自安庆逃回来被俘虏的十余名船家的报告："宁王在十六日围攻安庆，未能取下，便亲自监督士兵民夫运土填补护城河，矢志攻下此城。当天有江西省城守城的统兵官，派人向宁王报告：'赣州王都堂（守仁）已经领兵到达丰城，城里的军民十分害怕，请求快速派兵回来援助。'宁王听了，大为恐慌，马上想要登船回航。太师李士实等人劝阻他，认为必须直接攻往南京，登上帝位之后，江西自然臣服。宁王没有答应他们的建议。第二天就解除了安庆的包围，调动军队停靠阮子江，开会决定先派二万兵马，回去援救江西，宁王也随后监督军队跟来。等等。"

起初，我们驻守在丰城，众人认为安庆被包围，应该领兵直接前往安庆。我却以为九江、南康已被叛贼占据，而南昌城里有好几万人，精锐强悍的士卒也有一万多人，粮食又充足，我军如果前往安庆，叛贼一定回头拼命。安庆城内的士兵，只能自守，必然无法援救我军于鄱阳湖中。南昌城的士兵，断阻我军的粮道，而九江、南康的叛贼，联合起来追踪骚扰，各地的援兵又不可指望，事情便很难预料了！现在我军突然会合，已经先声夺人，城内的人必然震动慑服，进而合力急攻，一定可以攻下。既破南昌，叛贼已经吓破胆子、丧失斗志，唯恐失去根据地，一定回师救援。如此一来，安庆的包围自然解除，而宁王也可以坐等着就擒了！这时获得报告，果然如我所料。

当我监督领兵的知府，会合监军，以及起义的各个地方官，商议如何抵御叛贼的策略时，大家都认为宁王兵力众多而且壮盛，气势所到之处，其他如同以火烧毛般快速陷落。现在各地的援兵还没有一人到达，宁王以愤怒的心情，发动所有的军队，集中起来对付我们，我军一定无法支持。应该暂且收兵入城，严密防守，等待援兵，然后再慢慢讨论如何行动。我认为宁王兵力虽然强盛，军队的威势虽然锐利，但是他经过的地方，只依仗焚烧抢掠屠杀的残酷，以威吓劫持远方和近处的人，不曾遭遇强硬的对手和他侧面或正面对抗。宁王用来鼓励属下的，不过是以加官封爵的好处作为引诱。现在出兵不到十天、一个月，就退兵归返，人心已经离携沮丧，我方如果先派遣精锐的士卒，乘着他们在息惰归兵的途中拦截袭击，只要摧折他的锐气，不须交战，徒众就会自行溃散。这就是"先夸张声势，以夺取敌人的锐气；先攻击罅隙，使坚固的东西出现斑痕"。这一天，抚州知府陈槐的军队也到了，于是派遣知府伍文定、邢珣、徐琏、戴德孺，一同率领五百名精兵，分从各路一齐前进，出其不意地攻击叛贼。又派遣都指挥使余恩，率领四百名精兵，在鄱阳湖上来回奔行，引诱贼兵进攻。知府陈槐，通判胡尧元、童琦、谈储，推官王暐、徐文英，知县李美、李楫、王冕、王轼、刘守绪、刘源清等人，让他们分别率领百余名士兵，在各处虚张声势、设立埋伏，等到伍文定等人与叛贼交战，然后从四面八方围击。

分派布置完毕，我便赈济城内的军士百姓。我担心城内的宗室、郡王、将军可能会做贼兵的内应，而造成动乱，便亲自前往安慰晓谕，使他们安心。又张贴告示："凡是被胁迫参加叛乱的人，都不追究；虽然曾经接受叛贼封赏官爵，只要逃回来的，都免除死罪；斩杀叛贼而投降的，给予赏赐。"让城内城外的居民和乡间百姓、路上的行人，四处散播这个消息，来瓦解贼党。

二十三日，又得到侦探的报告："宁王的先锋部队已经到达樵舍，船只遮蔽了整个江面，前后连接有几十里，无法估计他的数目。"我立即督促各处人马，乘夜迅速前进。命伍文定率军从正面阻挡，余恩在后接应，邢珣率兵绕道至叛军的后头，徐琏、戴德孺分布在左右两方，以分散敌军的力量。

二十四日早上，贼兵大声呼喊，顺着风势前进，直逼黄家渡，声势十分骄横。伍文定、余恩的部队假装败退，以引诱贼兵。叛贼纷纷抢夺战利品，使得前后队伍无法连贯。邢珣的军队自敌后拦腰攻击，直接贯穿贼兵的中心，叛贼大败而逃。伍文定、余恩率兵乘胜追击，徐琏、戴德孺合兵夹击，四面八方埋伏的士兵也呼喊着一起攻击。贼兵不知如何应付，只得四处逃散。我军追击了十几里，共擒捕斩杀两千多人，跌落水中死亡的有万余人。叛贼的士气大为沮丧，因而率兵退守八字脑，贼徒已渐渐有人分散逃走。宁王感到十万恐惧，便亲自鼓励官兵，赏赐勇敢向前的人一千金、受伤的八百两，命人调动九江、南康守城的全部士兵前来助威。这一天，建昌知府曾玙也率兵赶到。我认为不攻下九江，鄱阳湖上的军队必定不敢越过九江，来援助我军；不收复南康，我军也无法逾越南康追逐叛贼。因此，我派知府陈槐率领四百名士兵，联同饶州知府林城的军队，乘机进攻九江；派知府曾玙率领四百名士兵，连同广信知府周朝佐的军队，乘机攻取南康。

二十五日，叛贼又合并军队，骄横地前来挑战。当时因为风势不利，我军稍有退却，死了几十人。我马上下令斩杀退却的人。知府伍文定等人，站在火炮旁边，炮火烧到他的胡须，他也不退却，依旧奋勇督导各个士兵，拼死一齐发炮。炮火打中宁王的坐船，吓得宁王赶紧逃跑，贼兵因而大败。我军擒捕斩杀了两千多人，淹死的不计其数。贼兵又退守樵舍，连接船只，形成方阵，拿出全部金银赏给部下。我乘夜督率伍文定等人，准备火攻的用具；命邢珣从左面攻击，徐琏、戴德孺从右面攻击，余恩等官员领兵西面埋伏：约定发炮起火后，一齐会合。

二十六日，宁王正在朝会群臣，拘拿三司的官员，斥责其中不愿尽力、坐观成败的人。将要牵出斩首，还在争论不休的时候，我军已经奋力攻击了。炮火打中宁王的副舟，贼徒立即逃散。宁王和妃嫔痛哭别离，妃嫔、宫人都跳水自杀。我军乃捉住宁王，连同王子、郡王、将军、仪宾，以及伪授的太师、国师、元帅、参赞、尚书、都督、都指挥、千户、百户等官员——李士实、刘养正、刘吉、屠钦、王纶、熊琼、卢珩、罗璜、丁馈、王春、吴十三、凌十一、秦荣、葛江、刘勋、何铠、王信、吴国七、火信等几百人；还有被拘捕胁迫从乱的官员——太监王宏、御史王金，主事金山，按察使杨璋、佥事王畴、潘鹏，参政程杲，布政梁辰，都指挥郑文、马骥、白昂等人。擒捕斩杀贼党三千多人，跌落水中淹死的有三万多人。丢弃的衣服甲胄、仪仗器物、金银财宝，和水中浮尸堆积在一起，绵延成线，好像沙洲。至于剩下的几百艘贼船，四处逃散，我又派遣官员分道追击围剿，绝不让叛贼逃到别处去继续作乱。

二十七日，追到樵舍，大破贼兵。又大败于吴城，再次擒捕斩杀一千多人，其余几乎全部跌落水中淹死。

二十八日，获得知府陈槐等人的报告，他们也分别与叛贼交战于鄱阳湖旁的几个地方，每处擒杀了一千多人。我们既然捉住宁王，进入江西省城，全城内外军士百姓聚集观看的有好几万人，欢呼的声音可以震动天地。全都高兴得拱手与额相齐，如同解除他们被倒吊的痛苦，或从水深火热中将他们解救出来。除了把宁王与他的儿子、郡王、将军、仪宾，伪授的太师、国师、元帅、都督、都指挥等官员，分别命令监禁羁押，等待解送；被拘捕胁迫叛乱的官员，以及宗室弟子，也另外处置呈报。又将一万一千多项擒捕斩杀、俘虏的功绩，交给御史谢源、伍希儒，暂时由他们审查登记，另外除制作名册呈报外，又查照得知节录的皇帝告谕："只要出现盗贼作乱，立即严厉督导各地负责的兵备、守备、守巡，以及各军卫的负责人，设法调派军队围剿斩杀。管理士兵、捕快的官员，不论是文职、武职，如果在军中违误日期，以及停留不进或后退的，全部按照军法处置。活捉的盗贼，询问清楚，也准许斩首示众。斩杀贼人的首级，下令各个负责的兵备、守巡、守备官，立刻实验登记详明，移送江西按察司，制成名册呈报。我会据实审查，而以升官、赏赐作为鼓励。钦此。"又依据兵部章奏说："从今以后，只要出现贼寇，如果事情十分紧急，负责的官员可以立即依法调动拨派官军，乘机进剿围捕；应该联合围捕的，也立刻调派呼应。等等。"节录的令谕，都敬谨地遵从，可供询问。又节录皇帝的同一告谕："如果江西其他府州呈报当地贼乱紧急，公文到达的那一天，你也要适时地派遣士卒接应，不可违反失误。钦此。"

令谕全都敬谨遵行外，我又查知：宁王淫乱残暴、污浊秽恶的行为远近皆知，他残杀好人，迫害百姓。计算他的罪恶，真是世上从未有过；不法的阴谋，已超过十二年；蓄积的淫威，胁迫百姓，远达各地。士大夫虽然远在千里以外，都闭上眼睛，摇动手掌，不敢议论他的对错；人民虽然居处幽暗偏远，也忍气吞声，不敢申述自己的冤屈。同时又招募收纳叛乱逃亡的人，引诱强大的盗贼头目，如吴十三、凌十一等人，聚集好几千徒众。募集各地武艺高强、勇敢狠猛，力量足以拔起大树、推动关门的人，也有一万多。又命令同党王春等人，分别携带数万两金银，暗中布置贼徒于沧州、淮阳、山东、河南之间，也各有几千人。等到宁王开始叛乱的时候，率领他的护卫、亲属，连同他的党羽和朋友，驱赶胁迫商人、军士、百姓；又分别派遣亲密的官员，让他们招募兵马起叛乱，多的有几千人，少的也有几百人。船只遮蔽江面，号称有十八万人马；跟随宁王东下的，实际上也不少于八九万人。而且又假称奉有密旨，来胁迫远方和近处的人；诈传檄文诏谕，动摇迷惑人心。所以宁王虽起兵作乱才一个多月，但各地害怕逃避，都认为事情已经成了定局，不敢仗义出面，和他抗争周旋。守节的人，严密地防守城池，只图自保；忠勇愤慨的人，则集合人马，等待时机进击。这并不是他们智谋、忠义不足，实在是宁王的气势强盛所造成的。

我的身体瘦弱多病，才能比不上平凡庸俗的人，计划经常发生错误，遭逢这次重大的变乱，竟然敢担当非我所能胜任的事情，以行军在外的几百名士卒，在困苦危险的时候发兵抵御。十天、一个月之内，竟然能够攻取坚固的城池，捕捉主要的贼首；以一万多仓促结合的士兵，击破十余万的强大贼寇：这应该是上天暗中的帮助、宗庙社稷暗中的保佑、皇帝不可测的声势所造成的。至于朝廷筹划计议的大臣，消除祸事于初起之时，而事先做好安排；在事机还未发动前，已暗自做好防范。改任我为提督，让我可以控制上流，凛凛然拥有如同虎豹在山的威势；明白宣示法令，让每个人奋力作战，具有如同用手臂来指挥动作般的便利；命令我及时接应，不受地区的限制，具有如同常山蛇首尾相互照应的形势。因此，我可以不必等待诏命的到来，就调动集合数郡的兵马；数郡的百姓，也不必等候诏命的督促，自动为国除乱。长驱直入，越过境界，全力攻击追踪，不以并非自己的任务而避嫌。因此，平复危险于无形之中，压抑变乱于常制之外。人们只看见婓奚获得很多猎物，却不知道王良善于驾车，有让他获得的原因。

因此今天的事情，朝廷大臣预先筹划，早做设计的功劳，有谁能够超过呢？又查知御史谢源、伍希儒监督军队，督导巡逻，屡次筹划，鼓励士气、宣扬朝威，尝尽各种劳苦；领哨知府伍文定、邢珣、徐琏、戴德孺、陈槐、曾玙、林珹、周朝佐，署都指挥佥事余恩；分哨通判胡尧元、童琦、谈储，推官王晹、徐文英，知县李楫、李美、王冕、王轼、刘源清、刘守绪、傅南乔；随哨通判杨昉、陈旦，指挥麻玺、高睿、孟俊，知县张淮、应恩、王庭、顾佽、万士贤、马津等人，虽然同心尽力，有功劳大小的不同，然而都是首先起事的义军，争着为国除难，合谋并力，一同完成全部的事功。其中如伍文定、邢珣、徐琏、戴德孺等人，冒着危险，冲锋陷阵，功劳尤大；地方官都御史王懋中，编修邹守益，御史张鳌山，郎中曾直，评事罗侨，佥事刘蓝，进士郭持平，驿丞王思、李中，按察使刘逊，参政黄绣，知府刘昭等人，仗义起兵，协助军威，思谋策划，辅佐抵制敌人。以上所列各位官员的功劳，虽然是一般的征讨，也十分难得了。何况当时人心震动恐惧、动摇迷惑，各地方智谋勇武的人，不敢讨伐宁王锐利的军锋，都是靠各位官员鼓舞忠诚愤慨，舍身为国，乱事才能这么快平定。我希望皇上论功赏赐之外，以全面加官晋爵作为表扬提拔，这样可以劝勉天下忠义之士，鼓励懦弱胆怯的人，在未来出事时，能够振作。还要诏告天下百姓，让大家知道奸诈雄霸如宁王这种人，蓄积不法的阴谋长达十几年，然而发动不到十天、一个月，就被捕捉消灭，由此可见天命所在，帝王之位不可窥伺——可以安定国人的心志。尤其希望皇上停止出游巡幸，及早设立太子，正身振作，承接宗庙国家的大福，断绝奸雄的非分之想，那么就是国家的幸福，也是臣子的幸福了。趁着报告捷讯的事情，呈上这份奏疏，特别派遣千户王佐亲自持送，敬谨地呈报皇帝知晓。

（蒋秋华／编写整理）

御倭议

归有光

归有光像

归有光（1507—1571），字熙甫，昆山（今属江苏）人。九岁能属文，弱冠通五经三史。居嘉定，读书谈道，生徒常数百人，人称震川先生。嘉靖三十二年（1553），倭人大举入寇，沿海奸民趁机劫掠，益增匪势。归有光身受其害，乃作《御倭议》《备倭事略》，欲朝廷用之。归有光年七十始举进士，授长兴知县，用古教化为治。其后，大学士高拱雅知有光，引为南京太仆寺丞，修世宗实录，卒于官。

背 景

"倭寇入侵"是明代东南沿海最严重的外患，积痼难除。追究原因，颇为复杂。

先是元世祖两次跨海东征，如果不是飓风翻覆元舰，日本几乎就此灭亡。当时日本正处于战国时代，内忧外患交陈，只好借着与元通商的时候，派间谍到中国窥探元军虚实，以预做准备。

后来，日本岛国终于分崩离析，形成"南北对峙"的局面。战败的武士无所归宿，只好四处游荡，形成浪人问题；或者沦为海盗，掠夺商船。

时间一久，海盗们得到以前间谍的经验，开始劫掠中国沿海各地。此时中国正是明太祖初平群雄、统一天下之际。战败的浙江沿海豪杰巨贾，也相继入海，与日本浪人勾结。于是声势愈发庞大，终于成为明代沿海的大患，绵延二百多年而不息。

影　响

世宗嘉靖三十二年（1553），明人汪直勾结倭寇入侵，沿海居民尽为荼毒。这时归有光正在江苏嘉定讲学，身受其害，所以写了这一篇《御倭议》给朝廷，提供制变对策。可是当局似乎并未采用。因为归氏的提议虽然简单明了，实际上却不是疲软老大、自私自利的朝廷官员所能够接受的。

不过，从这篇文章里，我们可以知道中日外交情势、倭寇崛起缘由与当时防范的方法，是研究明代海患的一篇重要文献。

原　文

日本在百济、新罗东南大海中，依山岛以居。当会稽东，与儋耳相近^①。而都于邪摩堆，所谓邪马台也^②。古未通中国，汉建武时，始遣使朝贡^③。前世未尝犯边。自前元于四

---

① 日本……与儋耳相近：这一段话，可以由地形简图上看出归有光的误解。他将日本与琉球，混为一谈了。

② 邪摩堆：即邪马台，日本古国名。《后汉书·东夷传》："其大倭王居邪马台国。"《三国志·魏书·倭国传》也有日本邪马台国。其地望有二说，一指大和（今奈良县），一指九州（今福冈县山门郡），近代学者之考证，较趋向后者。

③ 汉建武时，始遣使朝贡：汉光武帝建武二十五年（49），玄菟北千里之夫余国，遣使入贡，帝厚答之。于是使命岁通。

明通互市，遂因之钞掠居人，而国初为寇始甚①。然自宣德以后，金线岛之捷，亦无复有至者矣②。

今日启戎召衅，实自中国奸民冒禁阑出，失于防闲。事今已往，追悔无及。但国家威灵所及，薄海内外，罔不臣贡。而蕞（zuì）尔小夷，敢肆冯陵。

魏正始中，宣武于东堂引见高丽使者，以夫余、涉罗之贡不至，宣武曰："高丽世荷上将，专制海外，九夷黠虏，实得征之。方贡之愆（qiān），责在连率。"③故高丽世有都督辽海征东将军、领东夷中郎将之号。今世朝鲜国虽无专征之任，而形势实能制之。况其王素号恭顺，倭奴侵犯，宜可以此责之。不然，必兴兵直捣其国都，系累其王，始足以伸中国之威。如前世慕容皝（huàng）、陈稜（léng）、李勣（jì）、苏定方，未尝不得志于海外④。而元人五龙之败，此由将帅之失⑤。使中国世世以此创艾而甘受其侮，非愚之所知也。

---

① 四明通互市：元世祖至元十四年（1277），朝廷于泉州、广州、庆元（四明）、上海等地设置市舶司，管理海外贸易。次年，又设淮东宣慰司于扬州，诏沿海官吏，通日本商船。唯元军曾于至元十一年（1274）东征日本，故日人往往利用商船，作间谍潜伏入元之工具，以探元军虚实，亦间有趁机劫掠者。如至元二十九年（1292）十月，日船来四明求互市，而舟中多藏甲杖，似有异图。

② 金线岛之捷：明成祖永乐十七年（1419），刘江大胜倭寇于望海埚。望海埚在今辽宁金线岛东北，倭寇侵华，必经此海滨咽喉之地。永乐十七年（1419），总兵刘江用石垒之，倭寇入犯，直逼城下，江出奇策败之，奔逃，尽为所歼。辽东之倭患遂绝。

③ 宣武：北魏之宣武帝，为孝文帝第二子，喜经史，精佛学，在位十六年（500—515）。连率：王莽时官制，相当于太守之职。

④ 慕容皝：前燕大将，东伐高丽，毁其都；更袭扶余，虏其王。陈稜：隋朝大将，大业六年（610），炀帝命之出击琉球（台湾），获胜而还。李勣：唐高宗命其与薛仁贵平高丽，置都护府于平壤。苏定方：受唐高宗命，渡海灭百济。

⑤ 五龙之败：元世祖至元十七年（1280），日杀元使，世祖大怒，调兵十万东征。至日海域五龙山（海上五岛相错，故名），值秋日飓风肆虐，元舰亡其二三。此时突遭日舰袭击，丧溺过半，余尽被俘。是为五龙山之役。

顾今日财赋兵力，未易及此，独可为自守之计。所谓自守者，愚以为祖宗之制，沿海自山东、淮、浙、闽、广，卫所绎络，能复旧伍，则兵不烦征调而足[1]。而都司备倭指挥，俟其来于海中截杀之，则官不必多置提督总兵而具。奈何不思复祖宗之旧，而直为此纷纷也？所谓必于海中截杀之者，贼在海中，舟船火器皆不能敌我也，又多饥乏。惟是上岸则不可御矣。不御之于外海，而御之于内海；不御之于海，而御之于海口；不御之于海口，而御之于陆；不御之于陆，则婴城而已。此其所出愈下也。宜责成将领，严立条格：败贼于海者为上功；能把截海口，不使登岸，亦以功论；贼从某港得入者，把港之官，必杀无赦；其有司闭城，坐视四郊之民肝脑涂地者，同失守城池论。庶人知效死，而倭不能犯矣。

《震川先生集》

译　文

日本是位于百济、新罗东南海上的一个岛国，在会稽山的东方，离海南岛很近（译注：归氏地理位置不审），国都设在邪马台。古时和中国没有邦交，直到汉光武帝建武二十五年（49），才派遣使者前来朝贡。日本原先不曾侵犯我国海域，直到元世祖在四明开辟商港后，他们才趁机劫掠我国沿海居民，到了明初更是厉害。不过，自从明成祖永乐十七年（1419），刘江在辽东金线岛大败日寇后，他们又销声匿迹，不敢再入辽境了。

现在倭寇之患又起，追究原因，实在是我国的奸民违反禁令，妄出禁地，

---

[1] 卫所：明时军队编制，有卫有所。自京师达于郡县，皆立卫所，外统之都帅，内统于五军都督府。

海防单位也未尽责阻止，才造成现在的情况。既然灾患已经形成，再追悔也是徒然。但是朝廷声威远播，邻近诸邦没有不臣服进贡的，而日本这一个偏远小岛，竟敢如此放肆地侵略我国，也实在令人难堪。

想当初，北魏正始年间，宣武帝在东堂接见高丽国的使者，会见中说到了日本、涉罗的朝贡不至，宣武帝就授命给高丽说："高丽国世代都受封为上将，专门管制中国海外各邻邦。不肯臣服的，可以自行征讨它。像这次日本不来朝贡，是高丽太守没有尽到责任的缘故。"所以高丽国世代都有总督辽海的征东将军及统领东方夷族的中郎将这些官衔。现在，朝鲜国虽然没有专门征讨东夷的责任，可是在地形局势上，却能控制日本。何况朝鲜国王一直都顺服中国，实在是该将阻止倭人入寇的责任交付给他们。如果他们不肯接受，就出兵攻打他们的国都，俘虏他们的国君，才能伸张中国的声威。像前燕慕容皝就东伐高丽，毁了他们的国都；更向东袭取扶余，俘虏了他们的国君。隋朝的陈稜也曾南伐琉球（台湾），使他们臣服入贡。再如唐朝的李勣平定高丽，苏定方渡海灭亡了百济，都是中国大败东夷的史实！只是，元世祖时，范文虎率了十万海军，覆没在日本五龙岛附近，这是由于将帅的失算所致。如中国人长久以来，都因这次战败而畏惧日本，甘受倭寇侵凌，就令我不敢苟同了。

虽然以现在国家的财力武力，是不能出海远征了，可是却仍能做好防御的工作。所谓的防御工作，我觉得像明初的建制，在沿海从山东、淮河、浙江、闽江，直到广东，一路上卫所棋置，是很好的办法；如果能予恢复，兵力就不须征调，也足以自保了。而指挥官只要在倭寇来时，在海中截杀他们，所以也不用编制其他官衔作为预备。为什么朝廷不考虑恢复明初旧制，却用疲于奔命的围堵政策呢？我说一定要在海中截杀倭寇，是因为在大海中他们的船炮都敌不过明军，而且长途航行而来，多半饥饿劳累，较易对付。如果等他们上岸后，就不易抵挡了。如果不在外海截杀倭寇，就只好在内海抵抗他们；如果不愿在内海抵抗他们，就只好在他们登岸前加以抵御；如果不愿在海岸边抵御他们，就只好在陆地上与他们交战；如果连陆地上都不愿与倭寇作战，就只有等他们攻入城郭劫夺肆掠了！这就是愈怕事，事愈多的坏处呀！要避免这些缺失，应该订立严格的法条，确实要求将领们遵从。法条规定：在海上歼敌的功劳最大；在沿岸阻截，不让倭寇上岸，也算有功劳；如果倭寇从某处港口侵入陆地，把守港口的官员一律处死，绝不宽贷；如果倭寇攻掠邻近城镇，太守却不发兵去援救，眼睁睁看着百姓被杀害，就以失守的罪名判定。如果官员能确实遵守，百姓士卒就能竭力抵抗倭寇，那么，倭寇就不敢再来侵犯了。

（黄复山／编写整理）

童心说

李 贽

李贽像

李贽（1527—1602），号卓吾，又号宏甫，泉州晋江（今福建泉州）人。明代著名思想家，王守仁的再传弟子。自幼个性豪放，具有特立独行的性格，对于传统经典的注解并不满意。后来用心研究"阳明学"，详读王守仁、王畿的书，思想大变。他对于传统社会感到相当不满，发表激烈的言论和做出怪异的举动。最后竟因"惑乱人心"被捕下狱，死在狱中。著有《焚书》《续焚书》《藏书》《续藏书》《初潭集》等书。

背 景

晚明思想在王阳明提出"心即理"的学说后，在王艮的推阐下，注入了一股富有批判力的活泼气息。在哲学的思辨上，由于采取了内敛的自我体认方式，强调个人内心的自觉，对中国哲学的发展，具有更深刻、更广大的推进作用；而且在文学思想上，因强调个人体验之"真"，也倾向于个人感情的真诚表达，对当时流行的"复古"的文学思想，具有相当尖锐的批判力，其中最有影响力的就是李贽的"童心说"。

不过，今日看来，此一理论并未依照严密的逻辑推理过程进行，而是囿于一直以来对于人的价值、人格的认定，因此，理论上免不了有漏洞。其中的关键，即是"真"（童心）的定义，如何才算是"真"？如何判定作者表达出来的感情是"真"抑或"假"？换言之，如何定出"真"的标准，作为衡量文学作品的尺度？在这一方面，他们总是巧妙地转换到"人"身上，所谓的"真心""假心"，往往和"真人""假人"联系在一起；也因此，对作品的评断，常受限于对作者人格的评价。这是中国传统文论的特色，但也显现出相当大的缺憾。基本上，"真"的认定是主观的，正如阳明一系的"心即理"之说一样，若认定"此心即理"，则个人所体认到的"理"，必然因人心之不同而各有差异，依循这个途径展开论点，也必然因此一差别而各有龃龉，此所以李贽等人自认是具有"圣贤之志"，而后人却批评他们坠入狂禅，属于魔道的原因。相同地，文学上的"真"，在评断的时候，也会出现这种情形，因此不可避免地转向由作者人格寻求认定的标准，因人论文的缺失，也就更显得突出了。

基本上，执"真"以论文，只能就作者本身严肃性上做考虑，无法施于评价，若以此作文学批评的标准，必然会产生相当大的问题。李贽的"童心说"虽然造成一时的风气，而且也促使学者更加深入地探讨这个问题，但是所留下的问题仍然很多，这是我们应当继续加以解决的。

影　响

童心即是赤子之心。自孟子以"赤子之心"说明人性本善的道理之后，赤子之心便成了真诚无欺的一种象征，很明显地与虚伪矫饰形成对立的局面。以童心为理论基础，无非是认定只有表达个人真情实感的文学，才是真文学，否则就是假文学，因此说"天下之至文，未有不出于童心焉者也"。就整个中国文学理论的发展而言，其实这也不是什么新颖的见解。但是由于当时的学者早已厌恶了以七子为主流的着重于形式的一些文章，在风会刺激之下，遂俨然以鲜明的旗帜树立于文坛之上，造成了一股庞大的声势，此后公安三袁、冯梦龙，以至清初的学者，都受到极大的影响，使相关的问题，得到更深刻的开展，直到袁牧提出"性灵"说为止，大致上完成了这一方面的理论系统，就中国文学的发展而言，无疑是有很大的贡献的。

原　文

龙洞山农叙《西厢》末语云："知者勿谓我尚有童心，可也。"[①] 夫童心者，真心也。若以童心为不可，是以真心为不可也。夫童心者，绝假存真，最初一念之本心也。若失却童心，便失却真心；失却真心，便失却真人。人而非真，全不复有初矣！

童子者，人之初也；童心者，心之初也。夫心之初曷可失也！然童心胡然而遽失也？盖方其始也，有闻见从耳目而入，而以为主于其内而童心失。其长也，有道理从闻见而入，而以为主于其内而童心失。其久也，道理闻见日以益多，则所知所觉日以益广，于是焉又知美名之可好也，而务欲以扬之而童心失；知不美之名之可丑也，而务欲以掩之而童心失。夫道理闻见，皆自多读书识义理而来也。古之圣人，曷尝不读书哉！然纵不读书，童心固自在也，纵多读书，亦以护此童心而使之勿失焉耳，非若学者反以多读书识义理而反障之也。夫学者既以多读书识义理障其童心矣，圣人又何用多著书立言以障学人为耶？童心既障，于是发而为言语，则言语不由衷；见而为政事，则政事无根柢；著而为文辞，则文

---

① 龙洞山农：可能是李贽评点《西厢记》时所用的别号。

辞不能达。非内含以章美也，非笃实生辉光也，欲求一句有德之言，卒不可得。所以者何？以童心既障，而以从外入者闻见道理为之心也。

夫既以闻见道理为心矣，则所言者皆闻见道理之言，非童心自出之言也。言虽工，于我何与？岂非以假人言假言，而事假事、文假文乎？盖其人既假，则无所不假矣。由是而以假言与假人言，则假人喜；以假事与假人道，则假人喜；以假文与假人谈，则假人喜。无所不假，则无所不喜。满场是假，矮人何辩也①？然则虽有天下之至文，其湮灭于假人而不尽见于后世者，又岂少哉！何也？天下之至文，未有不出于童心焉者也。苟童心常存，则道理不行，闻见不立，无时不文，无人不文，无一样创制体格文字而非文者。诗何必古选？文何必先秦？降而为六朝，变而为近体；又变而为传奇，变而为院本，为杂剧，为《西厢曲》，为《水浒传》，为今之举子业，大贤言圣人之道，皆古今至文，不可得而时势先后论也②。故吾因是而有感于童心者之自文也，更说什么六经，更说什么《语》《孟》乎？

夫六经、《语》《孟》，非其史官过为褒崇之词，则其臣子极为赞美之

① 矮人：指随声附和、毫无己见，随人之后以为毁誉，也指见识不广的人。《唐音癸签》："今人只见鲁直（黄庭坚）说好，便都说好，如矮人看场耳。"
② 近体：指近体诗，又称今体诗，乃别于古体诗而言，有绝句、律诗、排律的分别，字数、句数均受限制（排律句数无限制），平仄也有定则。传奇：唐裴铏著《传奇》六卷，为小说体裁的作品，后人便把唐人小说称为传奇。宋代以诸宫调为传奇，元代以元杂剧为传奇，明代则以戏曲之长者为传奇。此处所指，当是唐代的传奇小说。院本：金、元时期，行院（王国维说是倡伎之家）搬演戏曲所用的剧本。杂剧：戏曲的名称，始见于晚唐，因为体裁的不同，又有宋杂剧、温州杂剧、元杂剧、南杂剧等名称，一般专指元杂剧而言，此处亦指元杂剧。今之举子业：参加科举考试的人称举子，从事科举文章的研究称举子业。明代以八股取士，所以当时的举子业即指八股文。

语；又不然，则其迂阔门徒，懵懂弟子，记忆师说，有头无尾，得后遗前，随其所见，笔之于书。后学不察，便谓出自圣人之口也，决定目之为经矣！孰知其大半非圣人之言乎？纵出自圣人，要亦有为而发，不过因病发药，随时处方，以救此一等懵懂弟子、迂阔门徒云耳。药医假病，方难定执，是岂可遽以为万世之至论乎？然则六经、《语》《孟》，乃道学之口实，假人之渊薮也，断断乎其不可以语于童心之言明矣。呜呼！吾又安得真正大圣人童心未曾失者而与之一言文哉！

《焚书》

译　文

　　龙洞山农谈《西厢记》时，所作的结语说："知道的人不要说我还有赤子之心，那就好了。"赤子之心是真实无妄的心。如果认为赤子之心不好，也就是认为真实无妄的心不好。赤子之心去除虚假、保留纯真，是人类最初的、短促的良心。如果失去了赤子之心，就是失去了真实无妄的心；失去了真实无妄的心，就是失去了作为一个真诚实在的人的意义。作为一个人而不能真实无妄，那就完全不再保有最初的良心了！

　　赤子是人生的开始阶段，赤子之心是人心的萌芽时期。最初的人心岂可丧失啊！可是赤子之心为什么会突然消失呢？大概在开始的时候由耳目获知外界的事物，这些事物成为人心的主宰，因而丧失赤子之心。长大以后，由外界事物得知事理，这些事理又成为人心的主宰，因而丧失赤子之心。时间久了，听闻的道理一天比一天增多，心中的感受也一天比一天深刻，于是乎又懂得美好声音的可贵，一心想要宣扬名声而丧失赤子之心；同时也懂得不良名誉的丑陋，一心想要掩饰恶名而丧失赤子之心。听闻的道理都是经由读很多书、认识公理而得到的。古代的圣人哪有不读书的啊！

即使不读书，赤子之心本来就存在着，即使读很多书，也是用来护持赤子之心而不让它消失的，不像一般的读书人，反因为读很多书、认识公理而遮蔽了赤子之心。一般的读书人已经因为读很多书、认识公理而遮蔽他们的赤子之心，圣人何必还要多著作书籍、建立言论来遮蔽学者呢？赤子之心已经遮蔽了，因而说出来的话，都不是出于本心的；运用在政治事务上，也全部没有基础；撰写成文章，词句也不通达。不是内涵华美，或不是敦厚实在而有光彩，想要获得一句有德行的话，终究是得不到的。这是什么原因呢？因为赤子之心已经遮蔽了，反而用得自外界听闻的事理为心。

已经用听闻的事理为心，那么所说的话，都是依据听闻的事理，不是发自赤子之心。说得虽然精巧，和自己又有什么关系？难道不是由虚假的人来说虚假的话，而且用虚假的态度来处世、用虚伪的文辞著述吗？大概一个人已经虚伪了，那么所做的任何事物都是虚假的。因此，用虚假的言语同虚伪的人谈论，那么虚伪的人就会高兴；用虚假的态度与虚伪的人相处，那么虚伪的人就会高兴；用虚伪的文辞和虚伪的人论辩，那么虚伪的人就会高兴。任何事物都是虚假的，便没有什么可以不高兴的。全场看戏的都是虚伪的人，见识不广的人如何辨别呢？然而虽然有天下最好的文章，被虚伪的人埋没而不能全部流传于后世的，难道是很少的吗？为什么呢？天下最好的文章，没有不是出自赤子之心的。如果经常保存赤子之心，那么事理无法施行，听闻无法成立，无时无刻不能著述，没有人不能著述，没有一种创造的体裁文章不是著述。写诗为什么一定要模仿盛唐、写文章为什么一定要模仿先秦呢？到了六朝，便改作近体诗，唐代便改作传奇小说，金代、元代便改作剧本、杂剧，改作《西厢记》，改作《水浒传》，今日又改作八股的科举文字，大贤之人言说的圣人之道，这些都是从古到今，不能以时代先后而加以比较高下的。所以我觉得应以赤子之心来撰著，还管什么六经、《论语》《孟子》呢？

六经、《论语》《孟子》这些著作，不是史官过分褒扬尊崇的话，就是大臣极力称颂的话；除此之外，就是迂腐疏陋的门生、心思糊涂的弟子，心中所保留的老师的说解，有始无终，不是记得后面，就是忘了前头，完全是凭着自己的听闻写下来的。后来的学者没有察觉，就认为出于圣人的口中，而视为经典之作了。谁晓得其中大部分都不是圣人所说的呢？即使出自圣人的口，也是因事而发的，就像医生治病，依照当时情况而开药方一样，以救助这些心思糊涂的弟子、迂腐疏陋的门生罢了。按照病情开列药方，同一药方不能一再使用，这些古书难道就可以作为千秋万世的最高理论吗？然而六经、《论语》《孟子》等书，是道学家的借口，虚伪的人聚集的地方，绝对不能和他们谈论赤子之心，是十分明显的。啊！我要如何才能和真正不曾丧失赤子之心的伟大圣人来讨论文章呢！

（蒋秋华／编写整理）

图书在版编目（CIP）数据

历史大变局：形塑中国三千年 . 中 / 龚鹏程主编 .
— 杭州：浙江文艺出版社，2023.1
　ISBN 978-7-5339-6802-1

　Ⅰ . ①历… Ⅱ . ①龚… Ⅲ . ①中国历史—通俗读物
Ⅳ . ① K209

　中国版本图书馆 CIP 数据核字（2022）第 053712 号

选题策划　柳明晔
责任编辑　关俊红
封面设计　人马艺术设计·储平
封面题字　武临仁
责任印制　张丽敏
营销编辑　宋佳音
数字编辑　姜梦冉　诸婧琦

历史大变局 ：形塑中国三千年（中）

龚鹏程　主编

出版　浙江文艺出版社
地址　杭州市体育场路 347 号
邮编　310006
电话　0571-85176953（总编办）
　　　0571-85152727（市场部）
制版　杭州立飞图文制作有限公司
印刷　浙江海虹彩色印务有限公司
开本　710 毫米 × 1000 毫米　1/16
字数　311 千字
印张　22.5
插页　9
版次　2023 年 1 月第 1 版
印次　2023 年 1 月第 1 次印刷
书号　ISBN 978-7-5339-6802-1
定价　96.00 元

歷史大變局

形塑中国
三千年

◎

下

起于尧舜，讫于清末

龚鹏程　主编

浙江文艺出版社
Zhejiang Literature & Art Publishing House

利玛窦和徐光启像

顾炎武像

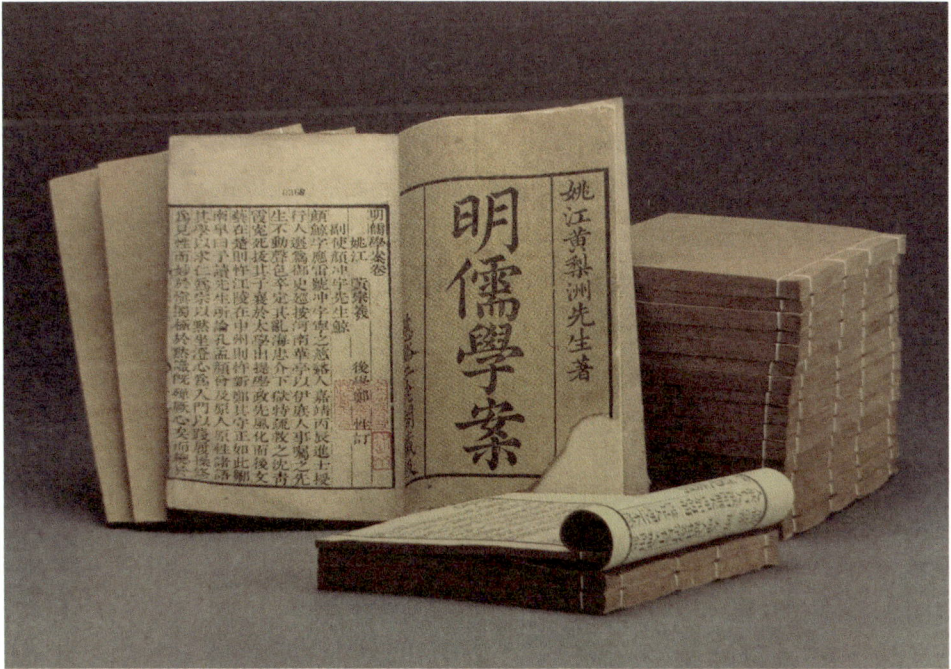

《明儒学案》书影

乾隆皇帝大阅图

避暑山庄图

平定准部回部得胜图

康有为和梁启超在万木草堂

京师大学堂匾额

进本草纲目疏

李建元

　　李建元，明蕲州（今湖北蕲春）人，李时珍的儿子，曾代父呈献《本草纲目》和遗表，其余生平事迹不详。李时珍（1518—1593），字东璧，号濒湖，为明代有名的医学家。二十四岁时，跟从父亲李言闻习医，勤读古医书。后来发现古代《本草》书有许多问题，乃进行修改。曾到许多地方采集、观察药草，做实地验证。先后花费将近三十年的时间，参阅八百多家书籍，稿本经过三次修改，才完成《本草纲目》一书。此书为我国古代重要的医书，曾被翻译成数国文字。他另外著有《奇经八脉考》《濒湖脉学》。

背　景

　　《本草经》为我国现存最早的一部药学专书，大约编成于汉代，原作者姓名已失传；因古代有神农尝百草的传说，后人便把此书的著作归于他的名下，所以又称《神农本草经》。书名《本草》，乃因中药包括植物类、动物类、矿物类的药物，其中以植物类的药物占多数，故以《本草》为名，寓有以草类药物主治疾病的意思。这部书在六朝以后，流传得非常广泛，唐、宋时，多次经由政府诏令纂修，增补了许多新的药物。明代的李时珍，更以一己之力，修改、补充古代的《本草》书，编撰《本草纲目》一书，完成集《本草》学大成的工作。

　　李时珍出身于一个三代相传的医户人家，从小就受到医学的熏陶。不过他早年仍致力于科举，虽然十四岁就考中秀才，但考举人却遭到三次失败。后来因见父亲医治病人和受自己患病几乎丧命的影响，便在二十四岁时，立志改行学医。他在研读古代医书时，发现书上有不少错误，同时由于医学的进步，新的药物不断增加，遂激起他修补医书的念头。

从三十五岁起，到六十一岁，李时珍花费了将近三十年的心血，一方面到各地调查药物，一方面博览八百多种各家医书，艰辛地完成了五十二卷的《本草纲目》，全书有一千八百九十二种药物（包括三百七十四种新药），收集一万一千九十六种药方，并绘制三卷图谱（有一千一百一十一幅插图），足见其规模宏伟。

《本草纲目》著成后，未能立即刊行。直到李时珍死后三年（万历二十四年，1596），才由他的儿子李建元献给朝廷，却被搁置一旁；后来经由南京书商胡承龙帮助，才使此书刊行传世。

影　响

《本草纲目》一书分成十六部，六十类，大致按照从无机到有机、从简单到复杂、从低级到高级的标准排列，方法十分科学。此书矫正了一些不合理的传说，也保存和介绍了许多前人的药方、医理，为初学者提供了很大的便利。

四百余年来，习医者莫不人手一部。1606年，此书传入日本；1647年，波兰人卜·弥根将其译成拉丁文；后来又有韩、法、德、英、俄等译本，足见此书之受世人注重，价值的确不凡。

原　文

湖广黄州府儒学增广生员李建元谨奏，为遵奉明例访书，进献《本草》

以备采择事：

臣伏读礼部仪制司勘合一款："恭请圣明敕儒臣开书局，纂修正史，移文中外，凡名家著述，有关国家典章，及纪君臣事迹，他如天文、乐律、医术、方技诸书，但成一家名言，可以垂于方来者，即访求解送，以备采入艺文志。如已刻行者，即刷印一部送部，或其家自欲进献者听，奉此。"

臣故父李时珍，原任楚府奉祠，奉敕进封文林郎、四川蓬溪知县。生平笃学，刻意纂修，曾著《本草》一部。甫及刻成，忽值数尽。撰有遗表，令臣代献。臣切思之：父有遗命而子不遵，何以承先志？父有遗书而子不献，何以应朝命？矧今修史之时，又值取书之会，臣不揣谫陋，不避斧钺，谨述故父遗表。

臣父时珍，幼多羸疾，长成钝椎，耽嗜典籍，若啖蔗饴。考古证今，奋发编摩，苦志辨疑订误，留心纂述诸书。伏念《本草》一书，关系颇重，注解群氏，谬误亦多。行年三十，力肆校雠，历岁七旬，功始成就，野人炙背食芹，尚欲献之天子，微臣采珠聚宝，敢不上之明君①？

昔炎黄辩百谷，尝百草，而分别气味之良毒；轩辕师岐伯，遵伯高，而剖析经络之本标；遂有《神农本草》三卷，艺文录为医家一经②。及汉末，而李当之始加校修③。至梁末，而陶弘景益以注释，古药三百六十五

---

① "野人炙背食芹"二句：指将无关紧要的事物呈献皇帝。嵇康《与山涛书》："野人有快炙背而美芹子者，欲献之至尊，虽有区区之意，亦已疏矣。"

② 炎黄辩百谷，尝百草：指神农氏尝百草滋味，以辨别何者可食，何者不可食。事见《淮南子·修务篇》。

③ 李当之始加校修：李当之为华佗弟子，曾修《神农本草经》，当时并不流行。

种，以应重卦①。唐太宗命司空李勣重修②。长史苏恭表请修定，增药一百一十四种③。宋太祖命医官刘翰详校④。宋仁宗再诏补注，增药一百种⑤。召医唐慎微合为《证类》，修补众《本草》五百种⑥。自是人皆指为全书，医则目为奥典。

夷考其间，瑕疵不少。有当析而混者，如威蕤、女萎，二物而并入一条；有当并而析者，如南星、虎掌，一物而分为二种。生姜、薯蓣，菜也，而列草品；槟榔、龙眼，果也，而列木部。八谷，生民之天也，不能明辨其种类；三菘，日用之蔬也，罔克的别其名称。黑豆、赤菽，大小同条；消石、芒硝，水火混注。以兰花为兰草、卷丹为百合，此寇氏《衍义》之舛谬⑦。谓黄精即钩吻、旋花即山姜，乃陶氏《别录》之差讹。酸浆、苦胆，草菜重出，掌氏之不审；天花、栝楼，两处图形，苏氏之欠

---

① 陶弘景益以注释：陶弘景有《名医别录》七卷，世称《本草经集注》，记载药物七百三十种，较《神农本草经》多一倍。

② 唐太宗命司空李勣重修：此处有误，命司空英国公李勣修陶弘景所注《神农本草经》的是唐高宗。其书世称《英国公唐本草》，共七卷。

③ 长史苏恭表请修定：唐高宗显庆二年（657），右监府长史苏恭奏请修订陶弘景《本草经集注》，诏命长孙无忌等人与他共同编撰，历时两年完成，这部书世称《唐新本草》，包括图经目录五十四卷，为我国第一部国家药典。

④ 宋太祖命医官刘翰详校：宋太祖开宝六年（973），命刘翰、马志等九人校订唐人《本草》医书，并予刊行。此书世称《开宝重定本草》，共二十一卷，为首次印刷的《本草》药典。

⑤ 宋仁宗再诏补注：宋仁宗嘉祐二年（1057），诏掌禹锡、林亿等同诸医官重修《本草》，此即《嘉祐补注神农本草》，共二十卷。当时又命苏颂别撰《图经本草》，成书二十一卷，虽然考证详明，但图与说不相应，错误很多。

⑥ 召医唐慎微合为《证类》：宋徽宗大观二年（1108），唐慎微取《嘉祐补注神农本草》及《图经本草》合为一书，又采取各家书籍有关药物者附入各条之后，共三十一卷，名《证类本草》，呈上朝廷，改名《大观本草》。

⑦ 寇氏《衍义》：宋徽宗政和年间，寇宗奭撰《本草衍义》。

明。五倍子，构虫窠也，而认为木实；大蘋草，田字草也，而指为浮萍。似兹之类，不可枚陈，略摘一二，以见错误。

若不类分品列，何以印定群疑？臣不揣猥愚，僭肆删述，重复者芟之，遗缺者补之。如磨刀水、潦水、桑柴火、艾火、锁阳、山奈、土茯苓、番木鳖、金枯、樟脑、蝎、虎、狗蝇、白蜡、水蛇、狗宝、秋虫之类，并今方所用，而古本则无。三七、地罗、九仙子、蜘蛛香、猪腰子、勾金皮之类，皆方物土苴，而稗官不载。今增新药凡三百七十四种，类析旧本，分为一十六部。虽非集成，实以粗备。有数名或散见各部，总标正名为纲，余各附释为目。正，始也；次以集解、辨疑、正误，详其出产形状也；次以气味、主治、附方，著其体用也。上自坟典，下至传奇，凡有相关，靡不收采，虽命医书，实该物理。

我太祖高皇帝首设医院，重设医学，沛仁心仁术于九有之中[①]。世宗肃皇帝即刻《医方选要》，又刻《卫生易简》，蔼仁政仁声于率土之远。伏愿皇帝陛下，体道守成，遵祖继志，当离明之正位，司考文之大权，留情民瘼，再修司命之书。特诏良臣，著成昭代之典，治身以治天下；书当与日月争光，寿国以寿万民。臣不与草木同朽，臣不胜冀望屏营之全。臣建元为此一得之愚，上干九重之览；或准行礼部转发史馆采择，或行医院重修。父子衔恩，存殁均戴。臣无任胆天仰圣之至。

万历二十四年十一月日进呈。十八日奉圣旨："书留览，礼部知道，钦此。"

《本草纲目》

---

① 九有：即九州，指全国。《诗经·商颂·玄鸟》："奄有九有。"注："九有，九州也。"

译 文

湖广黄州府儒学增广生员李建元为遵奉朝廷访求书籍的命令，进呈《本草》供给选择，恭敬地呈奏：

我敬读礼部仪制司制定的律文："皇上下诏，命儒臣开办书局，纂写编修正史，将公文发布于朝廷内外，凡是著名学者的书籍，与国家典章制度相关，以及记述君臣的事迹，和其他如天文、乐律、医术、方技等方面的书，只要成一家之言，可以流传于未来的，立刻寻访搜求，呈进朝廷，供给收录于艺文志中。如果已经刻板印行，立刻呈送一部到礼部，如果愿意亲自呈送的，随他的意思，奉此。"

先父李时珍，原来担任楚王府的奉祠正，奉诏进封文林郎、四川蓬溪县知县。生平专心求学，有意著作，曾撰成《本草》一书。即将印行，忽然逝世。留有遗表，命我代为呈献。我再三思考：父亲的遗命为人子的不遵行，怎能算是继承父亲的志愿？父亲留有遗书，为人子的不呈献，怎能算是响应朝廷的诏命？何况现在正是纂修史书的时候，又遇到朝廷访求书籍的机会，我不曾考量自己的粗浅鄙陋，不怕刀斧的杀戮，恭敬地呈述先父的遗表。

我的父亲李时珍自幼身体瘦弱多病，长大后反应迟缓鲁钝，却沉迷于书本，好像吃蔗糖一般。考察古书，印证今事，努力编纂书籍，刻苦从事辨正疑问、订正错误，用心撰写了许多书籍。谨思《本草》这部书，关系十分重大，各家的注解错误也多。三十岁时，全力校正错误，直到七十岁，才全部完成。乡下人暴晒阳光、食用芹菜，还想献给皇帝；臣子采集珠玉，怎敢不献给圣明的君主呢？

从前神农氏分别谷物，尝食药草，而分别它们气味的好坏；黄帝以岐伯为师，尊崇伯高，因而明白经穴脉络的始末；遂有三卷的《神农本草经》，艺文志著录为医家的书籍。到了汉朝末年，李当之才加以校正修订。到了梁朝，陶弘景又加以注释，增加药物三百六十五种，以符合重卦的数目。唐太宗命司空李勣重新修订。长史苏恭也上表请求修订，增加药物一百一十四种。宋太祖命令医官刘翰详细校订。宋仁宗又下诏改正注释，增加药物一百种。医官唐慎微受诏合取图、书，编成《证类本草》，根据各种《本草》书，修订增补五百种。从此以后，人人都认为是完整的《本草》书，医生则视为深奥的宝典。

考察各书，发现有很多缺点。有应该分开却混为一种的，如葳蕤、女萎，本是两种药材，却合并成一种；有应该合并却分开的，如南星、虎掌，本是一种药物，却分成两种。生姜、薯是菜类，却列入草部；槟榔、龙眼是果类，却列入木部。八谷是百姓所食用的，不能明白分别它们的种类；三菘是日常食用的蔬菜，不能确实分别它们的名称。黑豆、赤菽的大小形状不同，却合在一条；消石、芒硝凉热性质不一，却混淆注释。将兰花当作兰草、卷丹当作百合，这是寇宗奭《本草衍义》的错误。认为黄精就是钩吻、旋花就是山姜，这是陶弘景《名医别录》的错误。酸浆、苦胆，重见于草部、菜部，这是掌禹锡不够仔细；天花、栝楼，重复出现图形，这是苏颂不够详明。五倍子是虫造的窠巢，却认为是树木的果实；大蘋草就是田字草，却错指为浮萍。像这一类的缺失，多得不能一一陈述，只指出几条，以显示前人的错误。

假如不区分品类，怎能证明众人的疑问？我不考量自己的卑贱愚昧，超过本分地从事删改叙述，一方面删改重复的，一方面补充遗漏的。如磨刀水、潦水、桑柴火、艾火、锁阳、山柰、土茯苓、番木鳖、金桔、樟脑、蝎、虎、狗蝇、白蜡、水蛇、狗宝、秋虫等等，就是现在所用的药方，古代的书中却没有。三七、地罗、九仙子、蜘蛛香、猪腰子、勾金皮等等，都是土产糟粕，民间史书却不记载。现在增加新的药物共三百七十四种，根据旧书，分成十六部。虽然不是集大成，规模已经大略具备。有好几种名称或分散在各部的，标示它的正名为总纲，其余的附注为子目。首先标出正名，其次汇集注解、辨明疑问、订正错误，详细说明出产的地点和形状；其次叙述气味、主治、附方，显明本性与功用。上至上古的典籍，下至民间的小说，凡是相关的，无不收录，虽然称为医书，实际上包括了物种的原理。

我朝太祖高皇帝首先设立医院，又设置医学，在全国扩大仁心仁术。世宗肃皇帝已刻《医方选要》，又刻《卫生易简》，于边境四周扩充仁政仁声。谨愿皇上体会正道而保守已成的事业，遵循祖先的志业，端居明德的帝位，主持稽查文艺的大权，留心民间的困苦，再次纂修有关人命的医书。特地诏命贤良的大臣，撰著清明时代的经典，治疗身体，也治理国家。此书应该可以与日月争夺光彩，延长国祚，也延长百姓的生命。我能够不和草木一同腐朽，实在不敢奢望而感到无限恐惧。我李建元为了这点不够完美的意见，烦扰皇上阅读；或准予送交礼部，转给史馆选择，或交给医院，重新修订。父子同怀恩德，不论生者死者，都会感恩。我非常感谢皇上的恩德。

万历二十四年（1596）十一月进呈。十八日接到圣旨批示："书本留供阅览，并通知礼部，钦此。"

（蒋秋华/编写整理）

译几何原本引

利玛窦

利玛窦（Matteo Ricci，1552—1610），字西泰，意大利人。少时，受父命至罗马求学，后入神学院，从名师丁先生治数学。二十六岁，请愿东来传教，于三十一岁抵澳门。自此十年间，一面学习中文，一面传布教义，足迹不离肇庆、韶州二府。万历二十三年（1595）北行南京，结识徐光启。后随王忠铭等人至北京；未几，被遣回，返居南京。利玛窦颇具雄心，

利玛窦像

所以广结名流，终于在二十八年（1600）再入北京，献上自鸣钟《万国图志》等物，乃得定居于此，在士大夫中传教。五十六岁，与徐光启译成《几何原本》前六卷，后来又在李之藻的协助下，译《同文算指》十一卷。这两部书对中国算学的影响很深，叶向高甚至说："毋论其他事，即译《几何原本》书，便宜赐葬地矣！"利玛窦在华的译著有数十种，大部分收入《天学初函》中。卒后，葬在北京阜成门外。

背　景

中国算学自古就很发达，1921年在西安半坡发掘的陶器中，已有刻着很清楚数目字的陶片。据考证，半坡文化属于五千年前左右的新石器时代，

这是中国人使用数字的最早证据。而三千五百年前的甲骨文中，也发现了大量的数字，并且已经使用最简易又科学的十进制了。

先秦诸子书中，有用九九乘法计算数量的记载，《礼记·内则篇》也说：周代儿童"六年教之数与方名……十年出外就傅……学书计"。可见算学已是小学教育中的必修课程。

据学者专家考证，写于二千五百年前春秋中叶的《周髀算经》，以述天算学说为主，也有了"周三径一"（π=3）的知识了。而闻名于世的纯粹算学专著——《九章算术》，也是周秦汉代数学发展的总括，内容共分九类，已包括数学应有的理论基础。如：方田（测量各种形状的田地面积）、粟米（求百分率）、衰分（用比例解决的算术级数与几何级数问题）、商功（求各类物体的体积，包括圆锥、棱锥、城墙、水道）、方程（列表解析联立方程组）、勾股（求直角三角形面积）等，都不逊于现代数学，其中联立方程解法，西欧在一千九百年后才创造出来。

一千四百年前，南朝齐人祖冲之已演算出圆周率至小数第八位，比西方早了一千一百年。半世纪后，中国算法传入日本；隋末，日本乃派遣专使来华学算法。所以日本早期的算学教育，实在就是隋唐的中国算法。

宋代三百年间，更是中国算学的黄金时代，发明了高次方程解法，且有高达十次方的，可说是中国算学最具代表性的贡献。

可是，自从元代伊斯兰教盛行，朝廷引用阿拉伯算法后，百年之间，中国不见一部值得重视的著作，算学几乎呈现了衰退的现象。最可笑的是，明代承元朝《授时历》编成的《大统历》，已三百余年未加订正，其中天象测定已与实际观察不符了。

直到意大利教士利玛窦来华，首度将西算学输入中国，国人才略窥西算奥秘；才知道中国算学发展虽早，却一直都没有编辑整理出完备的系统理论，就像满腹经纶的学究，只知玩弄文字游戏，却不知学以致用、经世济民。

影　响

利玛窦有心将西欧最宝贵的算学经典《几何原本》呈给中国算学家，以便算学能重新在经世济民、敬授天时的实务上开辟新的天地，所以费尽心力，终于将之译成中文。

《几何原本》十五卷，讨论的内容共有九类：一卷论三角形，二卷论线形，三卷论圆形，四卷论内接形与外接形，五卷论比例之理论，六卷论比例之研究，七至十卷论整数与几何的关系，十一卷论立体几何学初步，十二至十五卷论立体。内容几乎与我国已有的知识相同，只是原作者欧几里得把全书五百余道论题，像珍珠项链一样串联起来，不但清楚一贯，而且不能前后随意更动，实在是理论系统异常细密谨严的学说。中国算学长于计算者恰好显示为另一典型，长于演绎推理，自有其优异的地方。

这本译著，开了西算东传的大门。直到清初，因为信徒偶像崇拜，及教士涉及帝位争夺政变，雍正乃驱逐教士出境，西算输入才告一段落。自此以后，中国消化吸收已传入的西洋算学，进行改弦易辙的研究，像戴震、阮元、李善兰等人，都有不错的成绩。

不过，鸦片战争以后，教士再度来华，掀起了第二次文化东渐的浪潮，西方算学自此已露出明显的影响，中国算学也变成了现代世界数学的一部分，仅有珠算这门传统学科未被淘汰。

利玛窦口述、徐光启笔述之《几何原本》书影

由中国算学史看来，《几何原本》是中西算学交流的起点，让国人认清了系统论证的重要，对清代朴学求实证的观念，多少有些启发作用，所以我们选了这篇序文，说明它的时代背景，及对中国算学环境的影响。

原　文

夫儒者之学，亟致其知，致其知，当由明达物理耳。物理渺隐，人才顽昏，不因既明累推其未明，吾知奚至哉！

吾西陬国虽褊小，而其庠校所业格物穷理之法，视诸列邦为独备焉，故审究物理之书，极繁富也。彼士立论宗旨，惟尚理之所据，弗取人之所意。盖曰："理之审，乃令我知；若夫人之意，又令我意耳。"知之谓，谓无疑焉，而意犹兼疑也。然虚理、隐理之论，虽据有真指，而释疑不尽者，尚可以他理驳焉；能引人以是之，而不能使人信其无或非也。独实理者、明理者，剖散心疑，能强人不得不是之，不复有理以疵之。其所致之知，且深且固，则无有若几何一家者矣！

几何家者，专察物之分限者也。其分者若截以为数，则显物几何众也；若完以为度，则指物几何大也。其数与度，或脱于物体而空论之，则数者立算法家，度者立量法家也；或二者在物体而偕其物议之，则议数者如在音相济为和而立律吕乐家，议度者如在动天迭运为时而立天文历家也。

此四大支流析百派：

其一量天地之大，若各重天之厚薄，日月星体去地远近几许、大小几倍，地球围径、道里之数；又量山岳与楼台之高、井谷之深，两地相距之远近，土田、城郭、宫室之广袤，廪庾、大器之容藏也。

其一测景以明四时之候、昼夜之长短、日出入之辰，以定天地方位，岁首三朝、分至启闭之期，闰月之年，闰日之月也[①]。

其一造器，以仪天地，以审七政次舍，以演八音，以自鸣知时，以便民用，以祭上帝也[②]。

其一经理水土木石诸工，筑城郭，作为楼台宫殿，上栋下宇，疏河注泉，造作桥梁，如是诸等营建，非惟饰美观好，必谋度坚固，更千万年不圮^{pǐ}不坏也。

其一制机巧，用小力转大重，升高致远，以运刍粮，以便泄注；干水地，水干地，以上下舫舶。如是诸等机器，或借风气，或依水流，或用轮盘，或设关捩^{liè}，或恃空虚也。

其一察目视势，以远近、正邪、高下之差，照物状可画立圆立方之度数于平版之上，可远测物度及真形；画小使目视大，画近使目视远，画圆使目视球，画像有坳突，画室有明暗也。

其一为地理者，自舆地山海全图，至五方四海，方之各国，海之各岛，一州一郡，金布之简中，如指掌焉；全图与天相应，方之图与全相接，宗与支相称，不错不紊；则以图之分寸尺寻，知地海之百千万里；因小知大，因迩知遐，不误观览，为陆海行道之指南也。

此类皆几何家正属矣。若其余家，大道小道，无不借几何之论，以

---

① 岁首三朝：正月初一的早晨。三朝，因为元旦是"岁之朝、月之朝、日之朝"，所以称三朝。

② 八音：用金、石、丝、竹、匏、土、革、木等八种材料制成的乐器，也就是钟、磬、弦、管、笙、埙、鼓、柷等乐器。

成其业者。

夫为国从政，必熟边境形势，外国之道里远近、壤地广狭，乃可以议礼宾来往之仪，以虞不虞之变。不尔，不妄惧之，必误轻之矣！

不计算本国生耗、出入、钱谷之凡，无以谋其政事。自不知天文而特信他人传说，多为伪术所乱荧也。

农人不预知天时，无以播殖百嘉种，无以备旱干水溢之灾，而保国本也。

医者不知察日月五星躔^{chán}次，与病体相视乖和逆顺，而妄施药石针砭，非徒无益，抑有大害；故时见小恙微痾^{kē}，神药不效，少壮多夭折，盖不明天时故耳①。

商贾懵于计会，则百货之贸易、子母之入出、侪^{chái}类之衰分，咸晦混；或欺其偶，或受其偶欺，均不可也②。

今不暇详诸家借几何之术者，惟兵法一家，国之大事，安危之本，所须此道，尤最亟焉。故智勇之将，必先几何之学；不然者，虽智勇，无所用之。彼天官时日之属，岂良将所留心乎？

良将所急，先计军马刍粟之盈诎^{qū}，道里地形之远近险易、广狭死生。次计列营布阵形势所宜，或用圆形以示寡，或用角形以示众，或为却月象以围敌，或作锐势以溃散之③。其次，策诸攻守器械，熟计便利，展转

---

① 躔次：天文学家将天上二十八宿分为十二区域，日月星辰在固定的时间中，经过一个区域。这个"区域"的古称就叫作"躔次"。

② 衰分：货物税赋的比例。衰分为《周礼·地官》的九数之一，以御贵贱廪税。衰是指比例，分是指分配，又作差分，以差平而分，故名。

③ 却月象：半月形的阵势。庾信《邱乃敦崇传》："浇沙聚石之营，却月横云之阵。"

相胜，新新无已。备观列国史传所载，谁有经营一新巧机器，而不为战胜守固之藉者乎？以众胜寡，强胜弱，奚贵？以寡弱胜众强，非智士之神力，不能也。

以余所闻，吾西国千六百年前，天主教未大行，列国多相并兼[①]。其间英士，有能以羸少之卒，当十倍之师，守孤危之城，御水陆之攻，如中夏所称公输、墨翟九攻九拒者，时时有之[②]。彼操何术以然？熟于几何之学而已。

以是可见此道所关世用，至广至急也。是故经世之俊伟志士，前作后述，不绝于世，时时绍明增益，论撰綦为盛隆焉。

乃至中古，吾西庠特出一闻士，名曰欧几里得，修几何之学，迈胜先士，而开迪后进，其道益光[③]。所制作甚众甚精，生平著书，了无一语可疑惑者。其《几何原本》一书，尤确而当。曰原本者，明几何之所以然，凡为其说者，无不由此出也。故后人称之曰《欧几里得》，以他书逾人，以此书逾己。

---

① 天主教未大行：耶稣在世，正当中国王莽篡汉之际。稍后，罗马由尼禄当政，至公元 69 年止。98 年起，罗马进入共和全盛时期，至 180 年结束。直到 380 年基督教立为国教，罗马都处在地方诸侯强弱兼并的混乱中。利玛窦说的正是这个时期。

② 九攻九拒：九次进攻，九次抵御成功。事见《墨子·公输篇》。鲁人公输般为楚王造云梯以攻宋，墨子见公输般于王前，互为攻守之策，"公输般九设攻城之机变，子墨子九距之；公输般之攻械尽，子是子之守圉有余"。

③ 欧几里得（前 330—前 275）：柏拉图的弟子，希腊数学家。他将古代几何学上的知识，编辑整理出数学史上第一部有完整理论体系的著作，也就是举世闻名的《几何原本》十三卷。直到今日，欧美的数理教学，仍以它为底本，可见它的价值之高。

今详味其书，规摹次第，洵为奇矣[①]！

题论之首，先标界说，次设公论、题论所据，次乃具题。题有本解，有作法，有推论，先之所征，必后之所恃。十三卷中，五百余题，一脉贯通，卷与卷、题与题相结倚，一先不可后，一后不可先，累累交承，至终不绝也。

初言实理，至易至明，渐次积累，终竟乃发奥微之义。若暂观后来一二题旨，即其所言，人所难测，亦所难信；及以前题为据，层层印证，重重开发，则义如列眉，往往释然而失笑矣！

千百年来，非无好胜强辩之士，终身力索，不能议其只字。若夫从事几何之学者，虽神明天纵，不得不藉此为阶梯焉。此书未达而欲坐进其道，非但学者无所措其意，即教者亦无所措其口也。

吾西庠如向所云几何之属几百家，为书无虑万卷，皆以此书为基，每立一义，即引为证据焉。用他书证者，必标其名，用此书证者，直云某卷某题而已，视为几何家之日用饮食也。

至今世，又复崛起一名士，为窦所从学几何之本师，曰丁先生，开廓此道，益多著述[②]。窦昔游西海，所过名邦，每遘颛门名家，辄言："后世不可知，若今世以前，则丁先生之于几何，无两也。"先生于此书，覃精已久，既为之集解，又复推求续补凡二卷，与元书都为十五卷。又每卷之中，因

---

① 详味其书：《几何原本》的内容，尽量把题论减少，而重于演绎与严密的形式理论。每道论题都有定义、公论、公理三项。定义是限定其意义，如："线是有长度的，却无宽度。"公论是不能自明亦无法证明，却在几何学上应视为"真实"者，如："有限的直线可作无限的延长。"公理则是一种虽无法论证，却是自明的一般概意，如："与同一物相等的两物，是相等的。"

② 丁先生：即德国数学家克拉维斯（Christopher Clavus, 1537—1612）。

其义类，各造新论，然后此书至详至备，其为后学津梁，殆无遗憾矣！

窦自入中国，窃见为几何之学者，其人与书，信自不乏，独未睹有原本之论。既阙根基，遂难创造，即有斐然述作者，亦不能推明所以然之故。其是者，己亦无从别白；有谬者，人亦无从辨正。当此之时，遽有志翻译此书。质之当世，贤人君子，用酬其嘉，信旅人之意也。

而才既菲薄，且东西文理又自绝殊，字义相求，仍多阙略，了然于口，尚可勉图，肆笔为文，便成艰涩矣！嗣是以来，屡逢志士左提右挈，而每患作辍，三进三止。呜呼！此游艺之学，言象之粗，而龃龉若是，允哉始事之难也。有志竟成，以需今日。

岁庚子，窦因贡献，侨邸燕台①。癸卯冬，则吴下徐太史先生来。太史既自精心长于文笔，与旅人辈交游颇久，私计得与对译，成书不难。于时以计偕至。及春荐南宫，选为庶常。然方读中秘书，时得晤言，多咨论天主大道，以修身昭事为急，未遑此土苴之业也。客秋，乃询西庠举业，余以格物实义应。及谭几何家之说，余为述此书之精，且陈翻译之难，及向来中辍状。

先生曰："吾先正有言：'一物不知，儒者之耻②。'今此一家已失传，为其学者，皆暗中摸索耳。既遇此书，又遇子不骄不吝，欲相指授，岂可畏劳玩日，当吾世而失之。呜呼！吾避难，难自长大，吾迎难，难自消微。必成之。"

① 岁庚子：利玛窦在明神宗万历八年（1580）抵澳门，从事传教工作。万历二十八年庚子（1600），携带日晷、浑仪、地图、自鸣钟等物品到北京，献给神宗。
② "一物不知"二句：即使只有一件事情不知道，也算是读书人的耻辱。《陔余丛考》："陶渊明谓范隆曰：'一物不知，君子之耻。'"

先生就功，命余口传，自以笔受焉。反复展转，求合本书之意。以中夏之交，重复订政，凡三易稿。

先生勤，余不敢承以怠。迄今春首，其最要者前六卷，获卒业矣。但《欧几里得》本文已不遗旨。若丁先生之文，惟译注首论耳。太史意方锐，欲竟之。余曰："止，请先传此，使同志者习之，果以为用也，而后徐计其余。"太史曰："然！是书也，苟为用，竟之何必在我。"遂辍译而梓是，谋以公布之，不忍一日私焉。

梓成，窦为撮其大意，并诸简端。自顾不文，安敢窃附述作之林，盖聊叙本书指要，以及翻译因起，使后之习者，知夫创通大义，缘力俱艰，相期增修，以终美业①。庶俾开济之士，究心实理。于向所陈百种道艺，咸精其能，上为国家立功立事，即窦辈数年来旅食大官，受恩深厚，亦得藉手万分之一矣！

万历丁未，泰西利玛窦谨书。

《几何原本》

译 文

读书的目的，在获得知识；要获得新知，该从明达事物之理做起。物理微妙隐晦，不易察见，人的智慧又顽钝昏昧，如果不借着已知的事理去推论未知的事理，我们怎能得到新知呢？

我的祖国意大利虽是西方偏远的小国，可是学校里教导学生格物穷理

---

① 缘力：助缘之力。《无量寿经》："因力、缘力。"疏："慧远曰：近善知识，听闻正法，名为缘力。"

的方法，却比别的国家完备。所以详论物理的书籍，也非常庞杂丰富。意大利人谈论事理的原则，只崇尚义理依据，不管个人的私意。他们这么说过："义理详尽可靠，才能使我获得真知；如果是个人的私意，那只能让我一时高兴罢了。"所谓"真知"，是一点儿疑问都没有，而"私意"却多少掺了些疑问在里头呀！可是，"义理"也有虚理、隐理这类不具体的说法。虽然它们的定义有依据，可是对问题的解释却不够完尽，还可用其他的理论来批驳它。所以这两类说法，只能引导人从表面去认同它，却不能让人相信它是绝对的真理。只有实理、明理这种具体的义理，剖析散尽了人们心中的疑惑，能够很强烈地让人信赖它，再也找不出其他理论来批评它。由这种义理所获得的知识，既深刻又牢固，其中最具代表性的，就是几何学所说的理了。

几何学是什么呢？我们常说"人生几何"，这个"几何"，涵括了数量的观念，所以几何学也就是专门查究物体的数量和度限的学问。所谓"数量"，就是把分析物体的结果用数目来表示，以显示出物体数量的多寡；"度限"则是由物体可见部分的外观，来推算物体实际的大小。几何学所推算出来的数量与度限，有时是离开了实体而虚论的，所以又称专论数目的是"算法家"，专论度限的是"量法家"。如果实体包含了数量与度限两种，那么推算数量的就好像五音十二律的组合而为曲调，所以又立"律吕乐家"；推算度限的，就好像天上众星运行的方位不同，因此将全天分成十二区域，所以又立"天文历家"。

几何学有这四大派别，由此又可细分为百种家派。其中较具代表性的有七派：

第一派是测量天地的大小。比如九重天里，各重天的厚薄；天空中，日月星辰距地球的远近，它们的质量、直径是地球的几倍？地球的直径又有多少？山岳和楼台有多高？山谷和水井有多深？两个定点位置的确实距离有多远？农田、城郭、宫殿的面积，大小粮仓与斗斛的容积，都是这一派测量的对象。

第二派，测量日影以定四季的分野、昼夜的长短和日出日没的时间，并且测定当时地球所处的方位。订立每年正月初一和春分、秋分、夏至、冬至的确实时间，以及闰月、闰日该设置在何年、何月之中。

第三派，制造各种器具，作为天地间各项行事的准则。作浑天仪，以标明日月及五星的运行方位；作乐器，推演八类乐器的音调，各为它们定下标准音；作自鸣钟，以推知时刻，方便人们利用，以祭祀上帝。

第四派，费心经营水、土、木、石这些工程。如建筑城墙和楼台、宫殿，测量栋梁、屋宇的大小，疏浚河川，引注泉水，建造桥梁等。这些营建工程，不但讲究外观修饰的华丽，更要求成品的坚固，即使经历了千万年，都不致倾颓毁损。

第五派，善于制造小巧精妙的机械，用很小的力量就能转动庞大的物体，将它们提升到高处或移到远方，用来搬运粮食与灌溉农田，又能让河畔的水位降低或升高，以使船舶上下。这类机器，有的是借用风力，有的是借流力，也有的用绞盘、滑轮，或桡杆、吊车，或空气压缩的力量。

第六派，以视觉能力观察物体形势。利用远近距离、正斜角度和高低位置的差别，照着物体外观的形状，在平面图上，绘出立方体或球形体的视角度，以测出远处物体的度量和真正形状。将物体画小了，等于视野无形中扩大；将距离画近了，等于眼睛看得更远；画得圆，就像真的见到球体。画出来的人物图像有立体感，画出来的屋室也有光线明暗的分野。

第七派，偏重地理舆图。从包括山岳海洋的世界全图，到本国、邻国，与四海的分区图，海中的各个岛屿，四境外的每个国家，与本国的每一州里、每一郡县，全都很清楚地画在分区地图上，看天下形势，就好像看自己的手掌五指一样。地形总图与圆天相对应，各幅分区图与总图相接续，总图与分图的比例都有一定，都不错杂、不紊乱；如此就可以用地图的比例尺，推算出土地、海洋的面积大小了。由小幅地图，可推知国土面积的广大；

由眼前的平面图，可推知远处城镇的方位。不会误导观者的判断，真是海陆旅行者的最佳指南呀！

上述七派，都可说是几何学中的正统流派。至于其他家数，无论大小、盛衰，都是借着几何学的理论，来建立他们的学说的。

一般说来，从政治国，一定要熟悉四境的形势、友邦距离的远近、该国领土的大小，才可进一步讨论建立邦交，议定二国交往的礼仪，以备发生意外时知所应对。如果不先做了解，就会对他国产生误解，不是毫无道理地畏惧它，就是大意地轻看它。

如果为政者不计算本国的生产与消耗、收入与支出、钱币与谷物等的一般状况，就不能订出完善的经济政策。一个人如果不了解天象征兆，却只相信别人的传言，就容易为骗术所迷惑。

农人不能预见天候节气的变化，就不能适时播种各类作物，就无法储存粮食，以防备旱灾水患的来袭，国家也将因此面临困境。

医生如果不知道日月五星运行的方位，会对人体产生不同的引力，进而影响病情，就随意调配药方，如此一来，对病情非但毫无帮助，而且会有大害。所以我们常见，有些人虽是小病微恙，却用再多的神奇妙药也治不好，年轻轻的或身强力壮，就夭折早逝了。这都是不明白天时影响人体的缘故呀！

商人如果不明白稽核财物出纳的方法，那么各种商品的买卖、本息的进出、货税的比例，都会混淆不清。用心不良的，可能趁机欺骗自己的伙伴，或者为伙伴所欺，这些都是不好的结果。

现在没有太多时间详述各派几何学家，以及用几何学做事的实例。不过，兵法这一派，管的是国家大事，影响国家的安危，仰赖几何学的地方也更为深切。所以睿智勇猛的将领，一定要熟悉几何学，不然的话，即使再勇猛睿智，都不能发挥才能。《周礼·天官》中的时日之类的学问，不正是良将应该学习的吗？

良将最需知道的，第一是计算军士、马匹、粮草的多寡，战地距离的远近，和战场的宽狭、地形的险阻平旷、攻守的难易。第二要算计布列阵营的最好方法。或者用自卫式的圆形阵营，伪装己方军力薄弱；或者用前尖后广的角形阵营，显示军力的强盛；或者摆出布袋状的缺月阵营来包围敌军；或者用长矛直冲式的锐势阵营来冲散敌人。第三，对于攻城守御的辅助械具，考量清楚它的长处，并且逐步加以改进，就能永远都保有最新式的武器了。我们看看各国史书里的记载，哪一个战争中得胜或守御坚固的将领，不是借助改良过的新巧器械呢？如果只凭武力，以人多战胜人少，以力强战胜力弱，那有什么可贵？想要用寡弱的兵力来战胜强盛的大敌，除了聪明睿智外，器械的神奇助力也是不可或缺的。

以我所知，我们西欧各国，在一千六百多年前，天主教还未盛行时，各个诸侯国大多相互兼并。在那种时代，常有睿智之士，用很少的兵力，坚守孤危的城市，抵御十倍敌军的水陆夹攻，却能安然解围。那种情形，也恰如中国发生在周朝的一次有名战例一样：墨翟和公输般在楚王面前，表演九次攻城，九次御敌，墨翟的守御始终占上风。他们用什么方法能如此厉害呢？只不过是熟于几何学罢了。

由此可知，几何学能帮助治国，范围甚广，而且被殷切地需要。所以，有心经略世事的俊杰人士，前前后后的有关著作，不绝于世，而且每每增益详尽的解说，论撰也非常丰富。

到了中古时代，西欧学界崛起了一位名叫"欧几里得"的人杰。他的几何学不但超越了前辈大师，也为后学开创了新天地，他的声望学问因此更为响亮。他的学说创见非常多，也非常精辟，平生所有的著作理论，后人竟连一个漏洞都找不出。其中《几何原本》这部书，更是精确而适当。书名《原本》，是为了说明几何学原来的根本，所以欧氏的所有学说论据，也都从这本书中的论证引申出来。后来的人一致认为：欧氏的书都比别人的精辟，而《几何原本》这部书又比他本人更为有名，所以干脆将书名改称《欧几里得原理》，或直称《欧几里得》而不名其原称了。

仔细研讨这本书的内容、编排次序，就会发觉，它真是完美无缺啊！

在每一道论题的前面，都先标明该论的界说定义，再设立公论和论题依据，最后才写出论题程式。每一道论题都有正解，有作法，有推论；前段的论证，一定可作为后段的依据。在十三卷里，五百多道论题，都是一贯相通的，前卷与后卷，上题与下题，都相互紧密结合，先论证的题卷不能放在后头，后卷的论题也绝不可先行解析。一卷一卷，一题一题，交相承接，直到卷末都连续不断。

每一道论题的解析，都是由非常浅明具体的说理做开头，渐渐由这些论证，证到后段的理论，到末了竟然能发掘出非常深奥微妙的道理。如果不管这一道题而先看后面的一两题旨义，就会认为它的论证定义不太合理，甚至难以置信；可是依据上一题的论证一层一层地推阐印证，一道一道的例证发蒙，就会觉得它的理论非常清楚，具体得像观察眉毛一样可靠，往往令读者会心地失声笑了起来。

一千多年来，确有不少好胜善辩的学者，一辈子钻研考究《几何原本》，却始终找不出它的缺点。至于研究几何学的人士，即使是天纵英才，也不能不倚赖它的论证来阐述自己的学说。如果不明了它的义旨，却想教授几何学，不但学生无法领会教师的理论，教师自己也会不知如何启口。

西欧的几何学派有数百家之多，所写的有关书籍不下数万卷，都是用这本书作为立论依据。如果用别的书为证，一定要标明那本书的名称细目，可是用这本书为证，只要说"第几卷、第几题"即可。可见这本书对于几何家来讲，已如日常饮食一般重要而普遍了。

到了现在，又出现了一位睿智的学者，那就是我的几何学老师丁先生。他开拓了几何学的范畴，有了更多的著作。我以前在地中海游学时，在许多国家遇到过许多几何学家，他们都对丁先生推崇备至，异口同声地说："以后情形如何，我不知道；不过到现在为止，几何学界里，丁先生是独一无二的大师！"丁先生潜心钻研《几何原本》已经很久了，曾耗费一番心血替它作了集解，后来更推究旨意，作为两卷的补编，与原本合起来是十五卷。在每卷之中，都因着它的义理类别，分别设立新的论述，才使得这本书真正达到了详尽完备、一无挂漏的地步。要拿它作为后学者的津梁，是再也不会有缺憾了！

我来到中国以后，也曾遇见过研究几何学的人士。这些学者与他们的作品，相信不在少数，可是我却不曾看过像《几何原本》这么完美的论证。他们既缺乏最基本的理论，当然就不容易有创见；即使很难得地有些发现，也不能推论明白这些发现的依据。因此，对于自己正确的发现，无法表达清楚而使人明白；有错误的地方，别人也不能替他们分析辨正。有鉴于此，所以我兴起了翻译《几何原本》的念头，或许能对有心人稍有助益。希望诸位贤达，体谅我的用心，相信我这远来人的诚挚心意。

但是我的学识浅薄，加上中国和西欧的文字完全不同，所以翻译起来，很难达意。虽然我会说些中国话，可是要写成文字，就非常困难了。自从有心译作以来，也常遇到有心人士的帮助，却断续中止了三次。唉！运用文字，描述物象的轮廓，本来是很简单的事，竟然这么难办。俗话说"开头难"，实在是不假呀！不过，我也相信"有志者事竟成"，怕烦不做，才永无成功的可能！

万历二十八年（1600），我带了一些精巧的机械器具，献给当今皇帝，顺便就在京城住了下来。三十一年（1603）冬，苏州人徐光启太史也到京城来。徐太史不但文笔很好，而且是我在南京认识的朋友，当时我就想，如果能和他一起翻译《几何原本》，应该容易多了。所以就等待机会，向他提议。到了新春，朝廷在南宫祭天时，他被选为翰林院庶吉士，那时我也常在宫中藏书馆看书，所以偶尔和他见面聊天。起初多半谈论有关天主救世的道理和灵修认识真主的大事，不暇说到翻译书籍这类琐屑的小事。去年秋天，他主动问到西方的教育概况，我才用具体的格物事例回答他。后来又谈到了几何家的学说，我告诉他《几何原本》的精奥处，而且提及翻译的困难和时译时辍的情形。

徐太史听了，颇有兴趣地说："中国先贤曾经说过：'读书人要广泛求知，即使只有一件事情不知道，也可说是读书人的羞耻！'现在几何学说已经失传了，从事研究的人都各自在暗中摸索，实在令人难过。既然有这么一本经典之作，又承蒙你这么谦虚地想要传授给我们，我们怎能因为怕烦怕累，就与它失之交臂，一去不返呢？唉！如我逃避困难，困难会愈积愈多；我面对它，克服它，它自然会消失无踪。这本书一定能翻译成功！"

于是徐太史准备纸笔，由我口述，他译为文字。每一句文意，都反复再三地修改，务求合乎原书本意。最后，还用汉文将全部译稿重新修订，总共改了三次才定稿。

徐太史很用心，我也就不敢偷懒。到今年春初，终于将最重要的前六卷译完了，而且《几何原本》的真正意义，也都能完全表达出来。至于丁先生增补的卷数，只在译注前略微谈及而已。徐太史兴致方浓，想要一道译完它，我建议说："可以了。我们先将译完的部分出版，让有心人学习，如果真的有用，以后再慢慢译完其余九卷。"徐太史也表赞同地说："好吧！如果这本书真的能为大家所接受，也不必非在我手里译完不可！"于是停止翻译而付印，希望能早日出书而不致冷藏无用。

书版刻好以后，我写了篇大意，放在书前。想想自己的文章实在不行，哪敢奢望跻身于著作之林呢？只是稍微叙述一下本书的旨意大要和翻译的经过缘由，让有心的读者知道，要将这种经典理论翻译翔实，实在不易，只有同心协力，才能完成大事。同时也希望这本书，对于从政济民的人士，在经世实务上有些许帮助。前文所说的百种家派，都能撷取它们的优点，为国家开创建设立下功劳，也算是我们这些寄旅京师的外邦人，备受照顾之余，所能回报的些微心意了。

万历三十五年（1607），意大利人利玛窦谨书。

（黄复山／编写整理）

《天工开物》序

宋应星

宋应星（1587—？），字长庚，明江西奉新人，约卒于清世祖顺治年间。他是一位伟大的科学家，著有《天工开物》，这部书记载了许多古代的农、工技术，是研究我国科学史的重要典籍。此外，他还有不少著作，可惜大都失传了。直到近年，才又发现《野议》《思怜》等作品，这些都是思想性的著作，可以看出他的忧国情操和批评精神。

背　景

古代中国虽有不少科学技术发明，但因传统观念的轻忽，将所有的器物制作视为淫巧末技，以致科学无法获得良好的发展环境，至于有关科技的著作，也因工匠地位的卑下和被士人视为风雅余事的缘故，而不受到尊重，所以流传得并不广泛，散失亡逸的情形相当严重。这便给世人造成"中国没有科学"的错误印象。

明代末年，出现了一位伟大的科学家，那就是《天工开物》的作者——宋应星。他出身于一个科第很盛的家族，自曾祖父宋景起，代代都有人中举，神宗万历四十三年（1615），宋应星与兄宋应升同中举人。然而宋应星对于当时深受八股取士影响的学术风气十分不满，因此花费心力撰作《天工开物》一书，希望借此矫正世俗重文轻工的态度。

《天工开物》刊行于崇祯十年（1637）。这是一部包罗万象，综合传统科技的伟大著作。此书的书名来历，作者没有加以说明，徐益寿认为出自《书经》的"天工人其代之"和《易经》的"开物成务"二语。丁文江则以为书名乃取义于"物生自天，工开于人，曰天工者，兼人与天言之耳"。一就经典考名，一自书名究义，二说其实相通而不悖。此书分上、中、下三卷，一共十八篇，包括各种农、工生产的技术，是作者经过十几年的实地搜罗和观察，以自己见解作成有系统的记载。各篇附有图片，共一千一百一十一种，可补文字说明之不足。

影　响

《天工开物》于明末刊行两次后，除《古今图书集成》和《授时通考》引载部分外，在中国本土便不见流传了。像这么一部重要的科技著作，竟然受到如此的冷落，足见古代中国科学发展是如何困难了。不过此书幸运地传入日本，因而得以保存至今。

《天工开物》在日本曾经两次正式刊行，并有许多抄本流传，又有不少学者引用于科技著作内，其受重视的程度，根本不是国人所可企及的。到了民国初年，在丁文江、章鸿钊、罗振玉的努力寻访下，失传了二百多年的《天工开物》，才自日本传回中国，重与国人见面。该书对于近年的科技史研究有很大的贡献。

原　文

天覆地载，物数号万，而事亦因之，曲成而不遗，岂人力也哉①？事物而既万矣，必待口授目成而后识之，其与几何？万事万物之中，其无

---

① 曲成而不遗：万事万物随机应变而成其形态或道理，不为他物所拘牵。《易经·系辞》："曲成万物而不遗。"孔颖达疏："曲成者，乘变以应物，不系于一方者也。"

益生人与有益者，各载其半；世有聪明博物者，稠人推焉。乃枣梨之花未赏，而臆度楚萍；釜鬻之范鲜经，而侈谈莒鼎①。画工好图鬼魅而恶犬马，即郑侨、晋华，岂足为烈哉②？

幸生圣明极盛之世，滇南车马，纵贯辽阳，岭徼宦商，衡游蓟北。为方万里中，何事何物，不可见见闻闻。若为士而生东晋之初，南宋之季，其视燕、秦、晋、豫方物，已成夷产；从互市而得裘帽，何殊肃慎之矢也③？且夫王孙帝子，生长深宫，御厨玉粒正香，而欲观耒耜；尚宫锦衣方剪，而想象机丝④。当斯时也，披图一观，如获重宝矣！

年来著书一种，名曰《天工开物》。伤哉贫也！欲购奇考证，而乏洛下之资；欲招致同人，商略赝真，而缺陈思之馆⑤。随其孤陋见闻，藏诸

---

① 枣梨：交梨、火枣，古人说是神仙所食的仙果、仙丹。《真诰》："玉体金浆，交梨、火枣，此则飞腾之药，不比金丹。"楚萍：指楚昭王所获得的萍实。《孔子家语·致思篇》："楚（昭）王渡江，江中有物，大如斗，圆而赤，直触王舟。舟人取之。王大怪之，遍问群臣，莫之能识。王使使聘于鲁，问于孔子。子曰：'此所谓萍实者也，可剖而食之，吉祥也。唯霸者为能获焉。'"莒鼎：指晋平公送给子产的方鼎。《左传·鲁昭公七年》："晋侯（平公）有间，赐子产莒之二方鼎。"

② 画工好图鬼魅而恶犬马：指俗人喜欢虚妄不实的事物，不明白是非标准。《韩非子·外储说左上》："客有为齐王画者，齐王问曰：'画孰最难者？'曰：'犬马最难。''孰易者？'曰：'鬼魅最易。夫犬马，人所知也，旦暮罄于前，不可类之，故难；鬼神无形者，不罄于前，故易之也。'"罄，见的意思。

③ 肃慎之矢：肃慎，春秋战国时期，北方夷狄之国，古亦称息慎、稷慎，周始称肃慎。其疆域传说不一，大概在今黑龙江牡丹江市宁安市以北，直至沿混同江南北岸一带。《国语·鲁语下》："肃慎氏贡楛矢。"《三国志·魏书》："（甘露三年夏）辽东郡言肃慎国遣使重译而入贡，献其国弓三十张，长三尺五寸，楛矢长一尺八寸……领貂皮四百枚。"

④ 玉粒：即精米。《北齐书·颜之推传》："襄阳阻其铜符，长沙闭其玉粒。"尚宫：女官名，唐因隋制，置尚宫局尚宫二人，掌导引中宫，总理宫务。

⑤ 乏洛下之资：缺乏钱财，此借用洛阳纸贵的典故。《晋书·文苑传》："（左思）欲赋三都……移家京师，乃诣著作郎张载，访岷邛之事。遂构思十年……及赋成……（皇甫）谧为其赋序，张载为注魏都，刘达注吴、蜀而序之。……张华见而叹曰：'班（固）、张（衡）之流也。'……于是豪贵之家竞相传写，洛阳为之纸贵。"

方寸而写之，岂有当哉？

吾友涂伯聚先生，诚意动天，心灵格物，凡古今一言之嘉，寸长可取，必勤勤恳恳而契合焉。昨岁《画音归正》，繇先生而授梓；兹有复命，复取此卷而继起为之，其亦夙缘之所召哉！

卷分前后，乃贵五谷而贱金玉之义，《观象》《乐律》二卷，其道太精，自揣非吾事，故临梓删去。丐大业文人，弃掷案头，此书于功名进取，毫不相关也。

时崇祯丁丑孟夏月，奉新宋应星书于家食之问堂。

《天工开物》

译　文

上天覆盖之下，大地承载之上，物的种类称得上有万种之多，而万事万物随机变化，成为各种形态或道理，而一点也没有遗漏，难道是人力造成的吗？事物既然有上万种那么多，必须等到别人的口头讲述和自己亲眼见到，然后才了解，那能知道多少呢？万事万物之中，对人生没有好处和有好处的，各占一半；世上有聪明博通事物的人，必为众人推崇。但是连交梨、火枣都没有看过，就想揣度楚王得萍实的吉凶；连釜鬵的模样都没有见过，就想大谈莒鼎的真假。画图的人喜欢画未曾见过的鬼魅，而讨厌画实有其物的犬马，那么就算是郑国的子产、晋朝的张华，又有什么值得称美的呢？

幸运地生在圣明强盛的时代，西南地区云南的车马，可以直通东北的辽阳，岭南边地的游宦和商人，可以横游河北一带。在这万里的区域内，有什么事物不能耳闻目见呢？如果士人生在东晋初期或南宋末叶，他们会把河北、陕西、山西、河南的土产，看成外国的产品；与外国通商所换得的皮裘、帽子，和古代得到肃慎国进贡的弓矢，又有什么不同呢？而帝王的子孙，在深宫中长大，御厨里正飘着米饭的香味，却想观看种田的农具；宫女正在剪裁华美的衣服，却想象着机杼织布的情形。在这个时候，打开图案一看，不就像获得至宝一样吗？

近年来写了一部书，名叫《天工开物》。可惜家中太穷困了，想购买一些奇巧的东西，却缺乏钱财；想要召集嗜好相同的朋友，讨论物品的真假，却没有招待的馆舍。只能照着藏在心中的孤陋寡闻写出来，难道很妥当吗？

我的好友涂伯聚先生，诚意可以感动上天，心智可以探知事理，凡是古往今来的简短嘉言，有一点可取的，一定诚心诚意地照着去做。去年，我所写的《画音归正》，就由先生印刷，现在又有吩咐，要接着印刷这一部书，这种情谊或许是前世因缘所带来的吧！

书分成前后两卷，是以五谷为贵而以金玉为贱的意思，《观象》《乐律》两卷，其中的道理过于精深，自量不是我能胜任的事，所以在将要印刷时，把它删去。追求功名的文士，可以将此书丢弃在桌子上，因为这书和进取功名一点关系也没有。

明思宗崇祯十年（1637）四月，奉新宋应星写于家食之问堂。

（蒋秋华／编写整理）

即位诏

李自成

李自成（1606—1645），本名鸿基，陕西米脂双泉里人。他勇猛有才略，却气盛好闯，明思宗崇祯初，投闯王高迎祥。高死后，他继称闯王，声势渐大。后称帝于西安，建国号曰大顺，更名自成。复率众东趋，势如破竹，遂攻陷北京。思宗自缢，明朝因而灭亡。吴三桂引清人入关，大败自成。自成西走，于九宫山为村民所杀。他一身关系明、清两朝的兴亡。

背　景

明朝自中叶以后，就不断有人民起事，虽然大都迅速讨平，却带给朝廷很大困扰。神宗末年，由于满洲人的兴起，连年征战，以致粮饷不敷运用，乃不得不加重税赋，使得人民生活倍加困苦。恰巧又碰上连串的灾荒，收成欠佳，不够完粮纳税。饥饿的民众无以为生，遂铤而走险，啸聚为盗。这种情形以陕西、山西最严重。朝廷派遣军队征剿，反因发不出薪饷，激起军队哗变。叛军与饥民结合，使乱事扩大。他们一同抢掠，四处逃窜，成为"流寇"。他们之所以不停地流动，一方面是躲避官军的围捕，一方面则寻找灾荒较轻的地区就食。

乱军之中，起初以高迎祥的声势最为浩大，他自称"闯王"，率领群雄，与官军周旋。后来高迎祥虽被擒杀，张献忠、李自成却继之而起，继续与官军对抗。由于朝廷剿抚的政策摇摆不定，将领又养敌自重，不肯尽力清剿，所以乱事一直无法平定，反军的势力反而日益坐大。思宗崇祯十六年（1643），继称闯王的李自成攻陷西安，在谋士牛金星、李岩的辅佐下，于次年称帝，建号大顺，改元永昌，设置官吏，大封功臣。

影　响

本篇是李自成即位时发布的诏书。文中指斥明朝君臣不能体恤百姓的罪过，确实道出了当时的弊病症结。然而，最可注意的是，文中他以招服的口吻，晓谕明朝的君臣，已充分反映出他的一统野心。

李自成称帝之后，不久便攻下北京，迫使思宗自缢身亡，结束了明王朝的统治。不过，他虽然直接造成明朝的灭亡，却还来不及统一全国，便为吴三桂引入的满洲人所败，间接促成异族入主中国。

不过在对抗清人的过程中，义军余部又扮演了很重要的角色，高杰、李定国、孙可望等人，原本就是李自成、张献忠的手下大将，由于他们奋勇抵抗，使得清人无法在短时期内统一中国。

原　文

上帝鉴观，实维求瘼；下民归往，祗切来苏。命既靡常，情尤可见。粤稽往代，爰知得失之由；鉴往识今，每知治忽之故。兹尔明朝，久席太宁，浸弛纲纪。君非甚暗，孤立而炀蔽恒多；臣尽行私，比党而公忠绝少。赂通官府，朝端之威福日移；利擅宗绅，闾左之脂膏殆尽。肆昊天聿穷乎仁爱，致逃民爰苦于祲灾。

朕起布衣，目击憔悴之形，身切恫瘝之痛，念兹普天率土，咸罹困穷，

诇忍易山、燕水，未苏汤火①！期于恒、冀，绥靖黔黎②。犹虑尔君若臣，

未达帝心，未喻朕志，是以质言正告：尔能体天念祖，度德审几，朕将

嘉惠前人，不吝异数——如杞如宋，享祀永延，用彰尔之孝；有室有家，

民人胥庆，用彰尔之仁③。凡兹百工，勉保乃辟，抑商孙之后禄，庆嘉客

之休声④。克殚厥猷（yóu），臣谊靡忒。

　惟今诏令，允布腹心。君其念哉！罔怨恫于宗工，勿玷危（diàn）于臣庶。

臣其慎哉！尚效忠于君父，赓诒谷于身家。永昌元年，谨诏。

《清代通史》

译　文

　上帝审视下民，为了求得民间疾苦；百姓归附顺从，诚心盼望获得解

救。天命既然不一定，民心的向背却是可以清楚地看见。考察从前的朝代，

可以知道施政适当和不当的原因；观察过去的事，可以知道未来，因而经

常发现治理疏忽的原因。明朝久居太平，法纪渐渐松懈。君主并非十分昏

庸，却因孤立而经常被蒙蔽；臣子全都营私舞弊，成群结党，因而公忠体

国的人非常少。贿赂通行于官府，君主的权力慢慢转移；利益专揽于缙绅，

----

① 易山、燕水：指河北地区，是明代北京近畿之地。易山，山名，在天津蓟县东南。燕水，
　水名，有中易、北易、南易之分，均出河北易县境内。

② 恒、冀：也指河北地区。恒，恒山，在河北境内。冀，河北简称。

③ 异数：异于寻常的礼遇，指对于退位君主的优待。如杞如宋：周武王灭商以后，封
　夏的后代于杞，封商的后代于宋，借以表示兴灭继绝的美意。

④ 商孙：殷商的后代。《诗经·商颂·那》有“汤孙”，指商汤的后代，而“汤孙”即“商
　孙。”庆嘉客之休声：庆贺嘉客的美妙乐声。《诗经·商颂·那》：“鞉鼓渊渊，嘒嘒
　管声。既和且平，依我磬声。於赫汤孙，穆穆厥声。庸鼓有斁，万舞有奕。我有嘉客，
　亦不夷怿。”嘉客，助祭者。《那》是一首祭祀商汤的诗，此处所引部分，乃描述祭
　典中演奏礼乐的情形。

邻里的血汗产物几乎被榨干了。因此，上天断绝了对人间的慈爱，以致百姓受到很大的灾害。

我原是一个平民，亲眼看到人民困苦的情形，亲身体会深沉的痛苦，想到全国各地都遭受如此的困苦，怎么忍心让近畿一带的百姓，陷身水深火热之中，因而亲自来到这里，安抚老百姓。尚且担心你们君主大臣，不能通晓我的心意，还不了解我的志愿，所以严正地告诫：你们如果能体会天意，顾及祖先，衡量自己的品德，审察实际的情况，我会造福前朝的人，给予不同于平常的礼遇——就像（夏）杞、（商）宋一样，长久地享受子孙的祭祀，以表现你们的孝思；保有家室，和人民一同庆祝，以表现你们的仁爱。所有的官员，尽力保护你们的君主，让明室享受爵禄，足以举行祭祀祖先的礼乐。尽力发挥你们的智谋，不可变更了臣子的情义。

现在这项诏令，开诚布公地表达我的心意。做君主的要多想想啊！不要使大臣怨恨，不要危害臣民。做臣子的要小心啊！还要尽心效力于君主，才会继续赐福给你本身和家人。永昌元年（1644），敬谨地诏告。

（蒋秋华／编写整理）

上摄政王启

范文程

范文程（1597—1666），字宪斗，明清之际辽东沈阳（今属辽宁）人。范文程在清太祖时投归清人，甚得太祖、太宗信任，凡有章奏，皆由他代批。世祖即位，他首先倡议进窥中原；入关之后，一切典制、计划，如去苛捐、加封爵、崇谥号……皆其手定，可说是清初一大功臣。卒谥文肃。

背　景

自从努尔哈赤以"七大恨"（一，杀父祖之仇；二，明朝处置不公；三，明朝背盟；四，明朝助北关拒建州；五，明朝兵助叶赫；六，明朝不许清人刈获；七，明朝作威作福）誓师，企图取明而有天下之后，太宗、世祖，也莫不时时觊觎着，历年来不知发生过多少战争。幸而有熊廷弼、袁崇焕、孙承宗等人竭力死守，再加上号称"天下第一关"的山海关，阻绝了清人的大军，明朝才得以苟延残喘。

在此期间，清太宗锐意规划，先行平抚了蒙古、察哈尔、朝鲜等地，稳固了根基。到世祖初年，兵甲坚强，府库充实，便积极展开了侵略的步骤。而此时的明朝，在阉宦弄权、君主忌刻之下，盗贼蜂起，自坏长城，情况更不如从前了。一强一弱，形势之分明，早已注定明朝灭亡的命运。

影　响

清世祖元年（1644），清军大举南下，范文程这封启文，实在是最大的关键。在文中，他详细剖析了两国强弱的形势，以及各种招揽人心的方针，等于替清人拟下了必胜的决策，相信即使明代不亡于流寇，也将不免亡于清人。

本来，清人估计在山海关一役，必将有一番苦战。谁料到，师行途中，李自成攻陷了北京，吴三桂又因陈圆圆之故，向清人输款求援，大开山海关门。于是，侵略之举一变而为吊民伐罪之师，而山海关一役，清人不费吹灰之力便获胜了。

从此，明帜易为清帜，二百六十八年的统治便于焉开始了。

原　文

乃者有明，流寇踞于西土，水陆诸寇，环于南服，兵民煽乱于北陲，我师燮伐其东鄙，四面受敌，其君若臣，安能相保耶？顾虽天数使然，良由我先皇帝忧勤肇造，诸王大臣祗承先帝成业，夹辅冲主，忠孝格于苍穹，上帝潜为启佑，此正欲摄政诸王建功立业之会也。

窃惟成丕业以垂休万禩者此时，失机会而贻悔将来者亦此时。何以言之？中原百姓蹇罹丧乱，荼苦已极，黔首无依，思择令主以图乐业。虽间有一二婴城负固者，不过自为身家计，非为君效死也。是则明之受病种种，已不可治。河北一带，定属他人，其土地人民，不患不得，患得而不为我有耳！

盖明之劲敌，惟在我国，而流寇复蹂躏中原，正如秦失其鹿，楚汉逐之。

714

我国虽与明争天下，实与流寇角也。为今日计，我当任贤以抚众，使近悦远来，蠢兹流孽，亦将进而臣属于我。彼明之君，知我规模非复往昔，言归于好，亦未可知。倘不此之务，是徒劳我国之力，反为流寇驱民也。夫举已成之局而置之后，乃与流贼争，非长策矣！

曩（nǎng）者弃遵化、屠永平，两经深入而返[1]。彼地官民必以我为无大志，纵来归附，未必抚恤，因怀携贰，盖有之矣。然而，有已服者，有未服宜抚者，是当申严纪律，秋毫勿犯。复宣谕以昔日不守内地之由，及今进取中原之意，而官仍其职，民复其业，录其贤能，恤其无告，将见密迩者绥辑，逖（tì）听者风声自翕然而向顺矣！夫如是，则大河以北，可传檄而定也。河北一定，可令各城官吏，移其妻子，避祸于我军，因以为质；又拔其德举素著者，置之班行，俾各朝夕献纳，以资辅翼。王于众论择善酌行，则闻见可广，而政事有时措之宜矣。

此行或直趋燕京，或相机攻取，要于入边之后，山海、长城以西，择一坚城顿兵而守，以为门户，我师往来，斯为甚便，惟摄政王察之。

《东华录》

译　文

现在明国有流寇盘踞在西边，水陆群盗环绕在南方，北方边境又有军

---

① 两经深入而返：清人在入关以前，曾两次入犯北京。第一次在崇祯二年（天聪三年，1629），大军直薄北京城下，袁崇焕、祖大寿自山海关兼程来援，清兵才退去。第二次在崇祯三年（1630），直打到卢沟桥，但恐孙承宗率山海关兵来援，因而议和退去。两次孤军深入，都因山海关道路未通，大军不能南下，因而作罢。这是形势逼人，"昔日不守内地"的真正原因在此，绝非其后所谓的吊民伐罪云云。

民叛乱，而我军正协同攻打他们东边的城镇。在四面受敌的情势下，他们君臣等人，又怎能互相保全呢？虽说这是因为明朝的气数已尽，但更是由于我先皇皇太极忧心勤奋地创建国家，而诸位王公大臣又能诚敬地秉承先皇的大业、辅弼年幼的君主，因此忠孝之心直达苍天，感动上帝在暗中保佑着我们，这正是要摄政及诸王建功立业的大好时机呀！

我认为建立大业以享有万世福祉正在此时，而失去大好机会以致将来后悔也在此时。怎么说呢？中原百姓经历了艰苦的战乱，痛苦已经到达极点了，百姓无可依靠，都希望能找到良好的君主，以使他们安居乐业。虽然偶尔有一两个依恃坚固的城池，力图顽抗的人，也无非是为个人身家性命着想，而不是为君主实力效命。由此可见明朝的种种弊病，已到无药可救的地步了。河北一带一定将为他人所有，那里的人民、土地，不必担心得不到，只怕得而复失，不能长期为我们所拥有而已！

明朝的最主要敌人，只有我国；而流寇居中又蹂躏中原，这情况正如同秦朝失去人心，楚、汉二雄起而互相争逐。我国虽和明朝争夺天下，实际上流寇才是我们竞争的对象。为今之计，应该任用贤人以安抚百姓，使近者悦远者来，即使像那些愚昧的流贼，也将归顺臣服于我们。而明朝的君主，知道我们的势力和从前大不相同了，想跟流寇言归于好，也说不定。假如不在这方面努力，将徒然耗费我国的力量，驱使百姓投向流寇呀！对已成定局的大事业弃而不顾，反而去跟流寇作无谓的争夺，这绝不是好计策！

过去我们放弃遵化、屠灭永平，两次深入内地又回来。那些地方的官民一定认为我们胸无大志，纵使投降归附，也未必能得到优渥的抚恤，因而三心二意，胸怀异志，是免不了的。但是，有些已经归顺的，有些尚未归顺而应该安抚的，这些都应该严格申明纪律，一切不许有所侵扰。同时再宣告从前不坚守内地的原因，以及现在我们进取中原的大志。官吏依旧居于原有的职位，人民都回复到自己的本业，进用贤能的人，抚恤穷苦的百姓。这样的话，将会使近处的人立刻绥服，而远方的人听到风声，也就自然而然地归顺了。这样的话，黄河以北，只要传布一道檄文，就可以底定了。河北一旦底定，就可以命令各城的官吏，将他们的妻子移送到我军来避祸，我们可以拿他们当人质；同时拔擢那些平常就具有声望的人，置之于朝廷的行列，使他们早晚都能贡献智慧，以辅佐我们。诸王在众人的意见中，则选择最好的斟酌而行，这样，见闻可以增广，而政治措施也就能因时制宜了。

这次挥军南下，或者是直奔北京，或者是相机行事。最重要的是，在进入边境之后，立刻在山海关及长城的西侧，选择一座坚固的城池，派重兵驻防，作为出入的门户，我军往来，将有很大的方便。希望摄政王仔细考虑一下。

（林保淳／编写整理）

薙发令

福 临

福临像

这三道"薙发令"，是由多尔衮和清世祖福临发布的。清兵入关前后，多尔衮是握有实权的人，天下底定，大抵皆是他的功劳。世祖福临，年号顺治，在位共十八年（1644—1661），是清人入关后的第一个皇帝。

背 景

这三道有关薙发的诏令，前后显然相当不一致，个中原因，自然是清初统治者深悉中国人的传统观念，处心积虑所作的安排。

在中国人的传统观念中，自孔子称赞"微管仲，吾其被发左衽矣"之后，衣冠服饰便成为泾渭分明的夷夏之别。因此历代异族入主中原，都不敢在衣冠服饰上有强迫变更之举，一旦有之，必招致强烈的反抗。如元朝之尽变华夏衣冠，便成为明初群雄据以号召中原人民的借口。如宋濂的《喻中原檄》："达人志士，尚有冠履倒置之叹。"徐达的《平胡表》："崇编发而章服是遗，袭族姓而彝伦攸致。"都是令清人引以为惧的。因此，在他们并吞中原的野心尚未完成之前，绝不肯冒天下之大不韪自取祸害。清人初入关时，也曾下过薙发令，但立刻引起强烈的反抗。为了不功亏一篑，于是立即改弦易辙，颁布了"照旧束发，悉听其便"的谕文。

但是，扬州沦陷、清廷在中原势力已经巩固之后，狰狞的面貌立刻显露无遗。顺治二年（1645）一连颁下的两道上谕，正说明了他们的用心。当时盛传的"留头不留发，留发不留头"的俗谚，便是薙发令雷厉风行的写照。

影　响

这项措施，当然招致了一连串的反抗，如归庄纠合昆山县民击杀县令阎茂才，就是由反对薙发令而激起的。薙发令初下，归顺清廷的士子，也纷纷表示反对的意见，但是这许多冒死请命的士人，如陈名夏，都被扣上了"蛊惑绅士，包藏祸心"的罪名。不但身死族夷，而且酿成了一场株连甚广的冤狱。连孔子后裔孔文骠为"衍圣公"孔允植说情，认为孔家衣冠，自孔子以来二千多年，都一仍旧制，未之或改，建议朝廷"重儒尊道"，让孔家"奉先世衣冠"，也被顺治帝以"姑念圣裔，可予免死"革职参办，可见推行的决心。想要规避薙发令，在当时只有一个消极的办法，那就是出家当道士或和尚，明末遗民如魏天民、方以智、吕留良之所以出家，即是如此。

从此，脑后拖着一道"猪尾巴"就成了中国人的表征，备受西洋人揶揄和嘲讽。一直到宣统年间，诏令解除薙发规定后，束缚了中国人二百六十多年的辫子，才逐渐消失。

原　文

一

予前因分别顺降之民，故以薙发分顺逆；今闻甚拂民愿，是反乎予以文教定民之本心矣^①。自兹以后，天下臣民，照旧束发，悉听其便。（顺治元年多尔衮谕）

二

江南之定，皆王与诸将同心报国所致，各处文武军民，自应尽令薙发，倘有不从，军法从事^②！（顺治二年上谕）

三

向来薙发之制，所以不即划一，听令自便，盖欲天下大定，始行此制。今者天下一家，君犹父也，父子一体，岂容违异？自今以后，京师内外，限旬日；直隶各省地方，自部文到后，亦限旬日，尽令薙发^③。遵依者，为吾国之民；迟疑者，为逆命之寇。若惜爱规避，巧言争辩，决不宽恕！

（顺治二年上谕）

《东华录》

---

① 薙发：薙发是满洲人源自金国的习俗，从额角两端，引一条直线，依此直线，剃去直线以外的头发，然后将所余留的头发，在脑后交织成股，编成一条辫子，俗称"猪尾巴"。

② 王：指清太祖努尔哈赤第十五子豫亲王多铎。这道上谕是颁给他的。

③ 直隶：指今河北省。依清代制度，河北一带直属京师管辖，所以称直隶。部文：指礼部的公文。这篇上谕是顺治帝下令给礼部转颁的，所以叫"部文"。

译 文

一

我之前以薙发与否作为人民归顺或叛逆的根据，最近听说薙发令很违反人民的本愿，这种情形，跟我欲以文德教化来安定人民的初衷相反。从现在开始，普天下的臣子、百姓，都可以依照明朝旧制留头发，一切听其自便。［顺治元年（1644）（多尔衮）谕］

二

江南底定，都是你（多铎）和诸位将领同心协力、报效国家的功劳。各地方的文武百官、军队人民，都应该命令他们一律薙发，若不遵命，以军法严办！［顺治二年（1645）上谕］

三

以前有关薙发的制度，之所以不立刻划一规定，而听任人民自便，实在是希望等到天下完全平定之后，才极力推行。现在天下已是一家了，皇帝就像父亲一样，父亲和子弟都是一体的，怎能容许有违异的情况出现？从现在开始，京城内外各地，限令十天；直隶和其他各省，在接获礼部公文后，也限令十天，一律严行薙发。肯遵从的，才是我大清的子民；一旦有所迟疑，将视同抗命的匪寇。假如有爱惜头发，蓄意逃避命令，而且巧言狡辩的人，绝对不加饶恕！［顺治二年（1645）上谕］

（林保淳／编写整理）

致史可法书

多尔衮

多尔衮（1612—1650），清太祖第十四子，入关之役，功劳最大。亲迎世祖入关，威权盛极一时，受封为"摄政王"。清代开国伊始的制度，多半由其拟定。死后因罪被削爵，直到乾隆四十三年（1778）才昭雪，谥曰"忠"。

又，此文据传出于李雯之手，雯字舒章，少与陈子龙齐名，仕清为中书舍人，一时草创诏诰皆出其手。

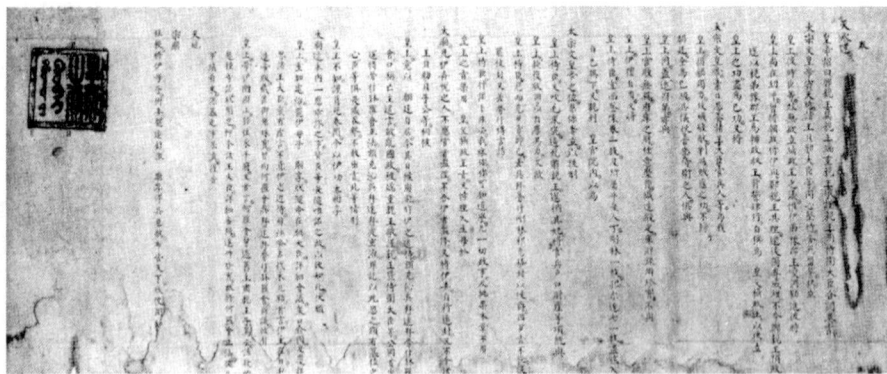

多尔衮母子撤出庙享诏

背 景

清顺治元年（1644）四月，吴三桂开山海关，引清兵入关，大败李自成。清兵遂长驱入京，五月一日，抵达北京，距入关不过七天而已，而清代一统之局已经奠定。

同一天，福王被马士英迎入南京，五月十五日，即帝位，也自成一个偏安的小朝廷。大学士史可法奉命督师淮阳，身系南朝安危。

清廷自入据北京，颇采取了一些笼络人心的办法，如追谥、安葬崇祯，蠲除三饷、豁免钱粮等。这些措施，无非是为挥军南下做准备。

七月二十九日，多尔衮致书史可法，威胁利诱，兼而有之，明显地展露了清廷企图统一中原的野心。

影 响

九月十五日，史可法回信给多尔衮，词句不卑不亢，但国贫势弱，不免有求和之意。

顺治二年（1645）三月，清军平定关陕，移师东征。四月二十五日，多铎攻陷扬州，史可法壮烈成仁。五月初九，南京城破，结束了南明第一个小朝廷。

多尔衮的这一封信，事实上已敲响了明祚的丧钟，其后虽有史可法、郑成功等的力匡时艰，却仍无力挽回以汉族为中心的政治主导，使汉族第二度沦入北方游牧民族统治之下，对后世的影响是空前的。

原 文

予向在沈阳，即知燕京物望，咸推司马。后入关破贼，得与都人士相接，识介弟于清班；曾托其手勒平安，拳致衷绪，未审以何时得达①？

比闻道路纷纷，多谓金陵有自立者。夫君父之仇，不共戴天，《春秋》

---

① 介弟：即令弟，指史可法的弟弟史可程。

之义，有贼不讨，则故君不得书葬，新君不得书即位，所以防乱臣贼子，法至严也。闯贼李自成，称兵犯阙，手毒君亲，中国臣民，不闻加遗一矢。平西王吴三桂介在东陲，独效包胥之哭，朝廷感其忠义，念累世之宿好，弃近日之小嫌，爰整貔貅^{pí xiū}，驱逐狗鼠^①。入京之日，首崇怀宗帝后谥号，卜葬山陵，悉如典礼^②。亲郡王将军以下，一仍故封，不加改削；勋戚文武诸臣，咸在朝列，恩礼有加。耕市不惊，秋毫无扰。方拟秋高气爽，遣将西征，传檄江南，联兵河朔，陈师鞠旅，戮力同心，报乃君国之仇，彰我朝廷之德。岂意南州诸君子，苟安旦夕，弗审事机，聊慕虚名，顿忘实害，予甚惑之！

国家之抚定燕都，乃得之于闯贼，非取之于明朝也。贼毁明朝之庙主，辱及先人，我国家不惮征缮之劳，悉索敝赋，代为雪耻，孝子仁人，当如何感恩图报？兹乃乘逆寇稽诛，王师暂息，遂欲雄据江南，坐享渔人之利，揆^{kuí}诸情理，岂可谓平？将以谓天堑不能飞渡，投鞭不足断流耶^③！

夫闯贼但为明朝崇耳，未尝得罪于我国家也。徒以薄海同仇，特申大义。今若拥号称尊，便是天有二日，俨为劲^{qíng}敌。予将简西行之锐，转旆^{pèi}东征，且拟释彼重诛，命为前导。夫以中华全力，受制潢池；而欲以江左一隅，兼支大国，胜负之数，无待蓍^{shī}龟矣^④！

---

① 包胥之哭：伍子胥伐楚，申包胥往求于秦哀公，依庭墙而哭，七日不绝，哀公遂感动而发兵救楚。这里是说吴三桂向清廷乞师，和申包胥一样，出于一片忠义之心。

② 首崇怀宗帝后谥号：清兵入关，追谥明思宗为"庄烈愍皇帝"，陵曰"思陵"。

③ 投鞭不足断流耶：西晋初，前秦苻坚率大军直逼淝水，自诩兵多将广，单是投下马鞭，即可断绝长江洪流。这里采反诘语气，表示清兵人多势众。

④ 潢池：《汉书·龚遂传》："海濒遐远，不沾圣化，其民困于饥寒，而吏不恤，故使陛下赤子，盗弄陛下之兵于潢池中耳。"潢池本指小水池而言。弄兵潢池，表示其势力不必高估，不过是饥民暴乱而已。其后，潢池便用来代表小撮的盗匪。这里是说明朝连流寇都抵抗不了，又如何与清人抗衡。

724

予闻君子之爱人也，以德，细人则以姑息。诸君子果识时知命，笃念故主，厚爱贤王，宜劝令削号归藩，永绥福禄。朝廷当待以虞宾，统承礼物，带砺山河，位在诸王侯上，庶不负朝廷伸义讨贼，兴灭继绝之初心[1]。至南州群彦，翩然来仪，则尔公尔侯，列爵分土，有平西王之典例在，惟执事实图赖之。

晚近士大夫好高树名义，而不顾国家之急，每有大事，辄同筑舍[2]。昔宋人议论未定，兵以渡河，可为殷鉴。先生领袖名流，主持至计，必能深维终始，宁忍随俗浮沉？取舍用违，应早审决，兵行在即，可西可东，南国安危，在此一举。愿诸君子同以讨贼为心，毋贪一身瞬息之荣，而重故国无穷之祸，为乱臣贼子所笑，予实有厚望焉。

《记》有之："惟善人能受善言。"敬布腹心，伫闻明教。江天在望，延趾为劳。书不尽意。

《东华录》

译　文

我从前在沈阳的时候，就知道北京众望所归的人，首推大司马你。后

---

[1] 待以虞宾：舜继尧而立，国号虞，待尧子丹朱以宾礼，故称虞宾。这里是说若福王肯投降，清廷将援例以宾客之礼对待福王。带砺山河：《汉书·高惠高后文功臣表序》："封爵之誓曰：使黄河如带，泰山若砺，国以永存，爰及苗裔。"这是说封赏功臣，即使黄河变得像衣带一样窄，泰山变得像磨刀石一样小，也不会加以侵夺。多尔衮借此表示福王投降之后，仍可世世受封，"位在诸王侯上"。

[2] 辄同筑舍：《诗经·小雅·小旻》："如彼筑室于道谋，是用不溃于成。"这是说建筑房屋的人，自己没有一个主见，反而向路上的行人询问，而众议纷纭，因此终究无法完成。

来进山海关击溃流贼，能够有机会和京城中的人士往来，认识位于清要之官的令弟；曾经托请他亲手致信，诚恳地表达我内心的钦慕，不知道什么时候到达你手中？

最近听到路人议论纷纷，都说金陵城中有人自立为王。所谓君父之仇，是不共戴天的；而《春秋》一书的大义，在有乱贼没有讨平之前，是不能写上"葬"字，新立的国君也不能写上"即位"二字的；这是为了防止乱臣贼子独揽大权，笔法非常严格。闯贼李自成举兵造反，攻打京城，亲手杀害了崇祯皇帝，而中国臣民，却不曾听到有人起兵讨贼的（连一支箭也未曾发过）。平西王吴三桂虽处于辽东偏远之地，却独有他肯效法申包胥在秦廷痛哭的精神，向我们求救。我朝廷感念他的忠义之心，又眷顾着你我两国数代以来的交情，因而抛弃近年来的一些小摩擦，整顿精锐的兵马，入关驱逐了流贼这狗鼠之辈。进入京师当天，立刻加封崇祯皇帝及皇后谥号，并选择吉日良辰，将他们安葬在"思陵"，一切都依照帝王之礼进行。亲王、郡王、将军以下的明朝宗室，仍旧承袭以前的爵位，不曾加以改变或削除；而功臣、外戚及文武百官，也都仍在朝为官，而且屡加恩典礼敬。农人、商人照常营生，一点都不敢侵扰。正打算趁着秋高气爽的日子，派遣军队西征，并传檄到江南，在河朔联合二地军旅，好好地犒赏士兵，振奋军心，大家同心协力，为你们报君父的大仇，以彰显我朝廷的恩德。没想到江南诸位，却只求苟安于一时，不仔细考虑这大好的机会，只图拥有空虚的名位，却忘了实际的祸害，我实在感到很纳闷。

我朝廷抚定北京，是由闯贼手中得来，而不是自明朝抢来的。闯贼毁坏明朝的宗庙，侮辱历代祖宗，我朝廷不辞征伐、修缮的辛劳，尽行索取了我们已经枯竭的赋税，替明朝雪耻复仇，任何一个孝子或有仁心的人，应该如何感恩图报才是？如今竟乘着逆贼尚待诛锄、王师暂时休息的时候，想要在江南独据称雄，坐收渔人之利，以情理来衡量，难道公平吗？难道是认为我们的劲旅不能飞渡长江天堑、士兵之众多不够投鞭断流吗？

闯贼只是为害于明朝而已，并不曾得罪于我国。只是基于同仇敌忾的义愤，因此特地为你们伸张正义。假如现在你们拥帝号自立，便等于是天有二日，形成敌对的尖锐局面。我将挑选预备西征的精锐，掉转旗帜东征，而且打算赦免他们（流贼）的杀身重罪，命令他们当我的前锋。当初你们以整个中国的力量，尚且为区区的盗贼所牵制；如今想要以小小的江左，同时抗拒我国，胜败的结果如何，不须占卜就可以明白了。

我曾听说：君子以德爱人，小人则以姑息。诸位如果真能识时务、知天命，衷心怀念故主崇祯皇帝，而且深深爱戴福王，应该及早劝动他削除国号，臣属我国，以永久保享福禄。我朝廷一定以宾客之礼对待他，同时赏赐优渥，使他世世受封，地位高于其他的王侯。这才不会辜负了我朝廷伸张正义、讨灭流贼、重兴被灭绝的明朝的本意！至于江南的俊杰，如果肯翩然惠临，臣服于我，则封你们为公为侯，享爵禄、分土地，有平西王吴三桂的前例可以遵办，希望你们仔细地考虑考虑。

最近的一些士大夫，很喜欢标榜虚名，而不顾及国家的急难，每到面临重大事件，往往像筑室道旁一样没有主见。从前宋人还在议论纷纭的时候，敌兵早已轻骑过江的事例，可以作为很好的借鉴。先生你领袖群伦，主持大计，一定能深切考虑整个情势的本末，怎么忍心随俗浮沉呢？接不接受、投不投降，应该及早决定清楚。我的大军即将出发，可以往东，也可以往西，江南的安危，就在你一念之间了。希望诸位能同心讨贼，不要因贪图一时的荣华富贵，而加深了国家无穷的祸害，为乱臣贼子所讥笑。对此，我实在冀望深切呀！

《礼记》曾说："只有善人才能接纳善言。"这里我诚恳地表露我的心意，等待着你的赐教！远远望去，是长江边一片湛蓝的天空，我翘首企盼你的回音，希望不要使我等得太辛苦。纸短言长，不再多说了。

（林保淳／编写整理）

与荷兰守将书

郑成功

郑成功像

郑成功（1624—1662），本名森，字明俨，号大木，福建南安人。南明唐王赐姓朱，封延平郡王，一般都以"赐姓"或"国姓爷"（Roksing Koxiga）称呼他。清兵攻福建，其父芝龙献仙霞岭而降。他不肯附逆，诣孔庙烧却儒服，决意为明室尽忠，展开了一连串恢复的壮举。战事失利后，退据台湾，锐意整备，颁屯田各令，从事建设工作。郑成功是台湾开发过程中最重要的人物，驱逐荷兰人，使台湾回到中国版图，是他一生中最大的功绩。

背　景

本文选自连横《台湾通史》卷一《开辟记》，是郑成功顺治十八年（1661），自江南败退后，进取台湾时，写给当时荷兰人派遣的台湾总督鄂易度（Coyet）的劝降信。

台湾之隶属中国版图，可上溯至隋炀帝浮海东征时，元代正式设巡司于澎湖，明代逐渐开拓，但未设官治理，沦为海盗盘踞之地。明熹宗天启四年（1624），荷兰人入据安平港，筑热遮兰城（Fort Zeelandia）及赤嵌城（Fort Providentia），作为南洋贸易的根据地，并于明思宗崇祯十三年（1640），击退以淡水、鸡笼为根据地的西班牙人，占领了全台湾，实施殖民政策。

清世祖顺治十七年（1660），郑成功自江南败归，元气大伤，自知中原一时间难以恢复，遂欲寻求海外基地，作复兴明室的准备。于是，听从陈永华的建议，谋取台湾。顺治十八年（1661），郑成功以百艘兵船泊澎湖，进图鹿耳门。鹿耳门外本是浅滩，荷兰人又沉破船只于港口，企图阻止郑成功的进攻。十八年四月，海潮骤涨一丈多，郑成功遂自安平附近登陆，先攻下赤嵌城，后围攻热遮兰城。双方僵持数月，荷兰总督鄂易度在弹尽援绝之下开城投降。被荷兰人盘踞三十八年之久的台湾，终于复归中国所有。

影 响

郑成功以一介儒生，抱着孤臣孽子之心，毅然承担起复国的重任，这份心力的贡献，自然是令人敬仰的。但是恢复台湾的功绩，才是他一生中最值得称道的大事。虽然在他死后二十二年（1683），唯一奉明正朔的台湾也被清廷收服，未能持续他的志业，但是却促使清廷加强了对台湾的重视，不但使台湾得以逐渐开发，更与中国紧联起密不可分的血脉。历经甲午割台、抗日战胜光复等，台湾在近代中国史上，实有不可比拟的重要地位。抚今思昔，不能不令人由衷地钦慕！

原 文

执事率数百之众，困守城中，何足以抗我军？而余尤怪执事之不智也。

夫天下之人，固不乐死于非命。余数告执事，盖为贵国人民之性命，不忍陷之疮痍尔。今再命使者，前往致意，愿执事熟思之。

执事若知不敌，献城降，则余当以诚意相待；否则，我军攻城，而执事始揭白旗，则余亦止战，以待后命。我军入城之时，余严饬将士，秋毫无犯，一听贵国人民之去，若有愿留者，余亦保护之，与华人同。

夫战败而和，古有明训；临事不断，智者所讥。贵国人民，远渡重洋，经营台岛，至势不得已，而谋自卫之道，固余之所壮也。然台湾者，中国之土地，久为贵国所据。今余既来索，则地当归我，珍瑶不急之物，悉听而归。若执事不听，可树红旗请战，余亦立马以观。毋游移而不决也！

生死之权，在余掌中，见机而作，不俟终日。唯执事图之！

《台湾通史》

译　文

将军率领数百名士卒，困守在城中，怎么能抵抗我的军队呢？而我更奇怪的是将军居然如此不聪明。

天下没有人愿意死于横祸。我屡次劝告将军，无非为贵国人民的性命着想，不忍心使他们沉陷在困窘残破的境地中罢了。现在我再派遣使者，前往表达意思，希望将军仔细地考虑一下。

将军若是知道不能抵抗，就献城投降，我一定以诚心相待；否则在我的军队攻城时，将军才举白旗投降，我也可以休战，以等待最后的决定。我的军队进城的时候，我一定严格命令士卒，不准有丝毫的侵扰，任由贵国人民离开，假如有人愿意留下，我也会保护他们，和华人相同。

打败了就谈和，自古以来就有明白的训示；而面对大事不能决断，则是为有智慧的人所讥笑的。贵国人民远渡重洋，经营台湾岛，到了形势不利时而谋求自卫，固然是我所欣赏的事。但是，台湾本就是中国的领土，长久地被贵国占据，现在我既然来讨取，土地自然应该归还我们；至于珍珠美玉等等不重要的东西，全部听任你们带走。假如将军不肯听从，可以竖立红旗要求作战，我也将骑马观战。不要再犹疑不决了。

生死的权柄，在我掌握之中。明白祸福的征兆，就该立刻有所行动，不要再拖延时日了！希望将军好好考虑。

（林保淳／编写整理）

撤藩诏

玄　烨

玄烨（1654—1722），即清圣祖，年号康
熙，在位六十一年间，是清朝国势最强的时候。
平定"三藩之乱"、招抚台湾郑氏，是他最重
要的功业。从此，清朝国基便稳固下来了。

玄烨像

背　景

　　吴三桂自引清兵入山海关后，一路为清
军作前导，自四川向云南进逼，擒杀桂王，立下不少汗马功劳。南方底定后，
被封于云南，与平南王尚可喜（广东）、靖南王耿精忠（福建），并称"三藩"。

　　三藩封立之后，吴三桂等人势力鼎盛，几乎凌驾于清廷之上。且又自
恃功高，往往骄纵专横，早就成了清廷的心腹大患。康熙皇帝亲政之后，
屡次想变置三藩，却因为实力不足，隐忍未发。

　　康熙十一年（1672），耿精忠意图谋反，联合尚、吴二藩，待机欲行。
其时尚可喜与其子之信不合，且年事已高，不愿再动干戈，遂于次年三
月上疏，请求撤藩，以归老辽东。耿、吴二藩，深为惊恐，又不知朝廷
意欲何为，便联袂上疏，均以年老撤藩请求，想要探听清廷的动向。吴
三桂本以为他功劳甚大，清廷一定会优诏慰留，仿照明代沐英世世镇守
云南的前例，得以永保爵禄。岂料康熙皇帝认为三藩之反，只是迟早的

问题，不如趁其准备未周、仓促发难的时候，予以彻底消灭。于是采纳了兵部尚书纳兰明珠和刑部尚书莫洛的建议，准许撤藩。撤藩诏便是在这种情形下颁示的。

影　响

这篇诏书是康熙十二年（1673），圣祖（玄烨）亲自颁写的令谕，实行撤藩。由于这个诏令，引发了所谓的"三藩之乱"。

吴三桂接到诏旨，大为恐慌，仓促之际，称兵造反，打着"复兴明室"的旗号，建国号为周，号召天下。初起时，颇给清廷相当的威胁。但由于名不正言不顺，一般志士皆唾弃不与合作，遂于康熙二十年（1681），宣告失败。身死（吴三桂死于十七年八月，距称"周"号仅五个月）藩除，历时八年的"三藩之乱"，终告平定。

撤藩诏的直接影响，就清廷而言，等于是抓住了除去权臣心腹之患的机会，对巩固国基有相当大的帮助。而自乱平之后，藩兵尽撤回京师，改以八旗兵驻防，直接由朝廷统属，不再分封诸王土地，清代中央集权的制度也就更加严密了。

原　文

自古帝王平定天下，式赖师武臣力。及海宇宁谧，必振旅班师，休息士卒；俾封疆重臣，优游颐养，赏延奕世，宠固河山，甚盛典也[①]！

王夙笃忠贞，克摅猷略，宣劳戮力，镇守岩疆，朕释南顾之忧，厥功懋焉（shū yóu）！但念王年齿已高，师徒暴露，久驻遐荒，眷怀良切。近以地方底定，

[①] 振旅：古时候军队调动，出兵打仗叫"治兵"，收兵回朝叫"振旅"。

故允王所请，搬移安插。

兹特遣礼部侍郎折尔肯、翰林院学士傅达礼，前往宣谕朕意。王其率所属官兵，趣装北来，慰朕眷注。庶几旦夕覯止，君臣偕乐，永保无疆之休。至一应安插事宜，已饬有司铋庀周详。王到日，即有宁宇，无以为念！

《东华录》

译　文

自古以来，帝王之所以能平定天下，都依靠军队的勇武和臣子的尽心尽力。等天下安定之后，一定收兵回朝，使兵士得到充分的休息；且使分封在边的重要臣子，能够闲暇自得地颐养天年。朝廷的赏赐累代不绝，恩宠比山河还要坚固，实在是很好的制度！

平西王等，平日怀持着深厚的忠贞之心，又能贡献重大的谋略，不辞辛劳地镇守着险要的边疆，使我能解除南方的忧患，功绩实在很大！但是我顾念诸王年纪已大，整天随军队暴露在山野之间，驻守在遥远的边荒这么久，对各位的顾惜实在非常深切。最近由于地方安定，因此准许你们的请求，将你们迁移到内地安插。

兹特派礼部侍郎折尔肯、翰林院学士傅达礼二人，前往云南宣示我的意思。平西王你们应该率领所有的官兵，立刻整理行装北上，以慰藉我一片关怀眷恋之意。希望能够从此早晚相见，君臣同乐，以保存无穷无尽的福祉！至于一切安插的事宜，已经命令主管单位整治就绪，平西王你们一到北京，便有安靖的地方，不必担心！

（林保淳／编写整理）

举博学鸿儒诏

玄　烨

背　景

清人入关以后，深知当时中国社会以知识分子为中坚，若想长远地控制中国，一定要先驾驭当时的知识分子。因此，各种针对知识分子而来的政治措施，无不以使他们俯首帖耳为目的。

一方面，清廷以高压的手段，施行严酷的统治，经常以一些微介的小事，造成株连甚广的大狱，冀能收得杀鸡儆猴的效果，使知识分子在动辄得咎的恐惧中，不敢有所作为。如顺治十五年（1658）的科场狱、十八年（1661）的哭庙案，及康熙二年（1663）的明史狱、六年（1667）的沈天甫诗狱，都造成相当惨烈的结果。另一方面，清廷似也看出了知识分子贪求富贵功名之心，于是又采取笼络的方式，如购求遗书、拔举人才、开明史馆等，以收买人心。

影　响

清廷笼络士人最高明的一招，便是举"博学鸿儒"。康熙十七年（1678），圣祖下诏，令举博学鸿儒。次年三月，圣祖在体仁阁亲自校试，考以诗赋。当时推荐的名单有一百四十三人，取中五十人，其中不乏在清初文学、学术、政治上具有相当声望的人，如朱彝尊、汪琬、尤侗、陈维崧等皆是。其应征之踊跃，也是出乎康熙意料的。其中只有杜越、应㧑谦、魏禧、范鄗鼎、傅山、李颙六个人，宁死不肯赴试，其他一百三十七个人都参加了。彼时亡国未久，这些所谓的"胜国遗老"，竟这么快就忘怀了国仇家恨，令人唏嘘不已。可见在清廷以高压、笼络交替运用的政治手腕下，一收一放之间，的确是扼住了大部分知识分子的咽喉，为清初百余年的统治奠定了良好的基础。

原　文

自古一代之兴，必有博学鸿儒，振起文运，阐发经史，润色词章，以备顾问、著作之选①。朕万几余暇，游心文翰，思得博学之士，用资典学。我朝定鼎以来，崇儒重道，培养人才，四海之广，岂无硕彦奇才，学问渊通，文藻瑰丽，可以追踪前喆^{zhé}者？凡有学行兼优，文词卓越之士，不论已仕未仕，在京三品以上及科道官员，在外督抚布按，各举所知，朕将亲试录用②。其余内外各官，果有真知灼见，在内开送吏部，在外开报督抚，代为题荐。务令虚公延访，期得真才，以副朕求贤右文之至意。

《东华录》

译　文

自古以来，任何朝代的兴起，都有学问广博的学者，提振起一代的文运，阐扬经书史籍的要义，做出优秀的文章，以充作顾问和著作的人选。

---

① 博学鸿儒：唐玄宗开元十九年（731），开博学宏词科，以考拔学问淹通的能文之士，南宋也曾设置此科。清代则称为博学"鸿"词，举入的学者，称博学鸿儒。

② 科道：清代制度，都察院所属有吏、户、礼、兵、刑、工六科给事中，以及十五道监察御史，统称为"科道官"。

我在公事繁忙的闲暇时，经常浏览文艺，非常希望能得到学识丰富的学者来主持学术。我大清自定鼎中原以来，崇信儒家，重视道统，极力培养人才，天下如此之大，难道没有俊彦奇才，学问淹博、文辞瑰丽，足以媲美前贤的吗？凡是有学问品行兼优，文笔超卓的人，无论是否做过官，在京城内，三品以上的大臣和六科十五道的官员；在各省，则总督、巡抚、布政使、按察使等官，可各自推举人才，我将亲自甄试录用。其他内外各官员，若真的具有真知灼见，在京城中，可将所举人才的名字报往吏部，在各省则报往督抚，请他们代为题名推荐。务必要虚心公正地延揽访求，以盼取得真正的人才，而不负我求取贤才、重视文学的一番美意！

（林保淳 / 编写整理）

与友人论学书[①]

顾炎武

顾炎武像

顾炎武（1613—1682），初名绛，清兵破南京后，志存恢复明室，改名炎武，字宁人，江苏昆山人。明末清初的儒学大师，与黄宗羲（梨洲）、王夫之（船山）并称"清初三大儒"，后世学者尊称其为"亭林先生"。他为学主张"经世致用"，以"博学于文""行己有耻"作为学者的治学目标。在史学上，他的治学方法开启了"考据学"的途径；在理学上，则发出"经学即理学"的号召，又将哲学与经学冶为一炉，对清代的学风有很大的影响。因此，后人称他为"清代朴学的导师"。

背　景

明末清初是中国近三百年来的转折点，宋明以来发皇滋长的理学，在此告一段落，清代二百多年的学风，则由此展示另一个契机。无论是就政治、思想、经济、学术而言，都是关键的一刻。

顾炎武成长于明清嬗递之交，一方面，国破家亡的惨痛经验，刺激了

---

① 友人：即汤斌（1627—1687），字孔伯，号潜庵。《汤子遗书》卷五，有《答顾宁人书》，便是本文的回函。

他的心灵；一方面，自明代以来的各种腐败现状，则充分提供了他反省的内涵。在痛定思痛的心情下，顾炎武针对当时的社会现象、学术风气，展开了相当严厉的批评，与同时的若干学者，共同开启了"经世致用"的学风。

"经世致用"的主张，主要在于强调知识分子所应肩负的责任，呼吁读书人应以"有益于天下后世"作为治学的终极目标。在这个前提下，知识分子首先须具备相当的品格修养，以儒家"修齐治平"的信条为努力的方向，这便是"行己有耻"。在这里，他间接地批评了当时投靠清人的"贰臣"。其次，须具备丰富的学识，以配合时代的需要，作种种改革和创建，这便是"博学于文"。基于此，他批评了宋明以来空谈心性、束书不观的学者。唯有结合"行己有耻"和"博学于文"两者，知识分子才足以做出有益于天下国家的事业。

在顾炎武自己，他是倾全力向这个目标迈进的，他的许多著作，如《天下郡国利病书》《亭林诗文集》《音学五书》等，都说明了他努力的成果。而《日知录》一书，"上篇经术，中篇治道，下篇博闻"，更是他萃聚平生志业完成的，可以视作其一生学术及思想的代表作。

影　响

这篇文章很扼要地说明了顾炎武的为学主张，充分表露了他身为一个知识分子的胸襟与抱负，他曾经沉痛地说过："天下兴亡，匹夫与有责焉。"这句话，无论对当时的学者，或现代的国民而言，都是强而有力的"暮鼓晨钟"，对后人的启迪和影响功莫大焉。

原　文

比往来南北，颇承友朋推一日之长，问道于盲。窃叹夫百余年以来之为学者,往往言心言性,而茫乎不得其解也①。命与仁,夫子之所罕言也;性与天道,子贡之所未得闻也。性命之理,著之《易传》,未尝数以语人。其答问士也,则曰"行己有耻";其为学,则曰"好古敏求";其与门弟子言,举尧舜相传所谓危微精一之说,一切不道,而但曰"允执其中,四海困穷,天禄永终"②。呜呼!圣人之所以为学者,何其平易而可循也!故曰"下学而上达"。颜子之几乎圣也,犹曰"博我以文"。其告哀公也,明善之功,先之以博学。自曾子而下,笃实无若子夏,而其言仁也,则曰"博学而笃志,切问而近思"。今之君子则不然,聚宾客门人之学者数十百人,"譬诸草木,区以别矣",而一皆与之言心言性,舍多学而识,以求一贯之方,置四海之困穷不言,而终日讲危微精一之说,是必其道之高于夫子,而其门弟子之贤于子贡,祧东鲁而直接二帝之心传者也③。我弗敢知也。

---

① 百余年以来之为学者:这里指的是明代嘉靖、隆庆以来的一干学者。其中尤以继承泰州学派的李贽(卓吾)所倡导的狂禅,及以顾宪成为首的东林党,最为顾炎武所抨击。他们所代表的弊病,一是空谈心性,一是门户之见,这两项都是顾炎武深恶痛绝的"亡国根源"。

② 危微精一之说:指《尚书·大禹谟》中的"人心惟危,道心惟危,惟精惟一,允执厥中"十六个字。这十六个字,相传是尧禅位于舜时,用来勉励舜的话;舜在禅位给禹时,也依样用来勉励禹。这就是著名的"虞廷十六字真言"。宋、明理学家之言心、性、天道,往往以这十六字为依据,造成了相当巨大的影响,这就是"危微精一"之说。这十六个字牵涉到的问题极广,由于孔子在《论语》中只提到"允执厥中"四个字,因此有不少学者相当怀疑这十六字的真实性。但是一直到阎若璩的《古文尚书疏证》写成,举出了强而有力的证据,证明这十六字是梅赜捏合《荀子·解蔽》和《论语·尧曰》的话拼凑出来的之后,才正式终结了这十六个字的地位和影响力。阎若璩稍后于顾炎武,因此顾炎武在写这封信时,并不能肯定这十六个字是伪造的。但是,他基于反对空谈心性的立场,相当有力地攻击了这十六个字所代表的当时学风。

③ 祧东鲁:东鲁即指孔子。祧是远庙。周代在祭祀祖先的仪式上,有其一定的礼节。例如天子七庙,除始祖及贤明之祖不变外,其他世次疏远的祖先,都要依制将神主迁移到祧庙。由于世代久远,祧庙祖先的关系与现存子孙较疏远,因此"祧"字也转换成带有轻视、不尊重的意思了。二帝:指尧和舜。

《孟子》一书，言心言性，亦谆谆矣。乃至万章、公孙丑、陈代、陈臻、周霄、彭更之所问，与孟子之所答者，常在乎出处、去就、辞受、取与之间。以伊尹之元圣，尧舜其君其民之圣德大功，而其本乃在乎千驷一介之不视不取。伯夷、伊尹之不同于孔子也，而其同者，则以"行一不义，杀一不辜，而得天下不为"。是故性也，命也，天也，夫子之所罕言，而今之君子之所恒言也；出处、去就、辞受、取与之辨，孔子、孟子之所恒言，而今之君子所罕言也。谓忠与清之未至于仁，而不知不忠与清而可以言仁者，未之有也；谓不忮不求之不足以尽道，而不知终身于忮且求而可以言道者，未之有也^①。我弗敢知也。

愚所谓圣人之道者如之何？曰"博学于文"，曰"行己有耻"。自一身以至于天下国家，皆学之事也；自子臣弟友以至出入、往来、辞受、取与之间，皆有耻之事也。耻之于人大矣！不耻恶衣恶食，而耻匹夫匹妇之不被其泽，故曰"万物皆备于我矣，反身而诚"。呜呼！士而不先言耻，则为无本之人；非好古而多闻，则为空虚之学。以无本之人，而讲空虚之学，吾见其日从事于圣人而去之弥远也。虽然，非愚之所敢言也，且以区区之见，私诸同志而求起予。

《亭林文集》

---

① 谓忠与清之未至于仁：孟子在《万章下篇》中曾说孔子是"圣之时者也"，而谓其集伊尹（任）、伯夷（清）、柳下惠（和）的大成。因此，在孟子的理论系统中，孔子所代表的"仁"，是涵盖了"清""任""和"三种德行的，亦即只有"任"或"清"或"和"，并不能说是"仁"。历代学者都相当重视这个区别。但是，顾炎武却注意到，只强调"仁"而忽略"忠""清"的重要，正是当时学风只空谈心性之理，而忽视切实践履所显示出来的弊病，因此特别强调，若不"忠"、不"清"，更无法企及"仁"的境界。所以下文有"不知不忠与清而可以言仁者，未之有也"的话。下面谈到"不忮不求"和"尽道"之间的关系，同样也是出之以"补偏救弊"的态度，加以针砭。

译　文

　　最近我南北奔波，承蒙朋友们因我年岁稍长而推重，向我这么一个宛如盲目的人请教。我经常感慨最近一百多年来从事于学问的人，往往将"心""性"的问题挂在口边，而实际上却茫茫然，一点都不明白其中的道理。"命"和"仁"，是孔子很少深入讨论的；"性"和"天道"，则是聪慧如子贡也不曾听孔子谈起的。有关"性命"的道理，孔子只写在《易经》的"系辞传"中，未曾屡屡以此教导门人。他在回答"士"所需具备的条件时，则说"在行事时须有丑恶之心"；谈论自己治学的态度时，则说"喜好古代流传下来的知识，而且勤奋地去追求"；和门人弟子讨论学问时，则对于相传是尧舜二帝心传的"危微精一"的说法，一概不提，而只说"为政者要诚信地掌握中正之道，否则，当天下的百姓都陷于困苦贫穷时，上天所赐给你的禄位，也将永远结束了"。唉！圣人治学的态度，是多么平易近人而可以遵循啊！这就是他所说的"下学人事，上达天命"。像颜回这么一个几乎可以说是圣人的人，也说"用学术文化来扩大我的知识领域"。而孔子也曾向鲁哀公说过，要明白自身诚善的功效，首先必须作广泛的学习。自曾子以下，孔门中最笃厚切实的没有一个人比得上子夏，但是他谈论到"仁"时，也不过说"广泛地摄取知识，且笃实地坚守志趣；恳切地向人请教，且深切考虑切合实际的问题"。然而，当今的学者就不一样了，他们聚集了上百名弟子、朋友，而这些人的天赋资禀，就像世间各类型的草木一样，是极不一致的，但是他们却不顾这些区别，完全以"心""性"去教导他们，舍弃了以广泛的学习来获得知识的途径，而奢求有什么"一贯"的方法；将天下人民的苦难弃置不顾，却整天讲论什么"危微精一"的道理。依此而言，他们所谓的道理，必定超过孔子，而他们的弟子也应该比子贡还贤能，因此可以疏远孔子，而直接继承尧舜二帝的心传了吧？这一点我可不敢妄下定论。

《孟子》这本书，谈"心"论"性"，可说是相当恳切频繁了，但是在万章、公孙丑、陈代、陈臻、周霄、彭更等弟子向他请教问题，以及孟子回答的时候，却经常在有关出处、进退、收受、施与等切实的问题上作讨论。以伊尹这么伟大的圣哲，曾造就了使商汤成为像尧舜般的贤明、人民如尧舜之民般的安居乐业的大功劳，孟子却认为他的成就，是由于有"若不合乎道义，即使是四千匹骏马或一点点的东西，也不肯看它一眼、取来自用"的道德作基础所致。伯夷、伊尹所达到的道德境界和孔子是有所不同的，但是在"即使只做了一件不义的事，只杀了一个无罪的人，就能取得天下，也是不肯做的"的道德意识上，却是相同的。因此，所谓"性""命"和"天"，孔子很少谈到，却是当今学者经常挂在口边的；至于有关出处、进退、收受、施与的辨别，是孔子、孟子经常讨论，而当今学者却很少提起的。他们宣称，"忠"和"清"的德行，还没有达到"仁"的境界，却不知道若是不忠、不清则根本不可能企及"仁"；他们又认为，仅仅不嫉妒、不贪求，是无法完全说明"道"的，却不知道终生贪嫉而可以体认出"道"，也是万万不可能的事！他们的意见，我可不敢苟同。

　　我所说的圣人之道又是如何呢？是"广博地摄取知识"，是"以羞耻心来约束自己的行为"。从个人的修身养性，以至于治国平天下的道理，都是学习的对象；从父子、君臣、兄弟、朋友间的关系，以至于出处、进退、收受、施与的行为，都应该存有羞恶之心。羞恶之心对一个人而言，是太重要了！但我们不应该在自己衣食的丑劣上存有羞耻感，而应该以普天下的人民无法蒙受到自己的恩泽而感到羞愧。所以孟子曾经说过："万物的当然道理，都齐备在我的性分内，我们必须随时反躬自省，要求自己能够忠诚踏实。"唉！身为一个读书人，若不先以羞恶之心修养自己，一定是没有根基的人；不喜好古代流传下来的知识，并且广博地学习、听闻，则所从事的学问也一定是空虚而不切实用的。以一个没有根基的人，去讲论空泛不实的学问，虽然日日以圣人为终极目标，我看却是越离越远了。虽然我的意见如此，但却不是我所敢倡言高论的，不过以我小小的意见，私底下提供给各位同志作参考，而盼望着能对我有所启发罢了。

（林保淳 / 编写整理）

尼布楚条约

背 景

《尼布楚条约》是中国第一个与外邦签订的平等条约，时为康熙二十八年（1689）九月九日。中国的签署人是索额图，以天主教教士张诚（Gerbillon）、徐日升（Pereira）为翻译；俄国全权代表则为费要多罗（Theodorus Alexieviez Golowin），地点则在尼布楚，故称"尼布楚条约"。

《尼布楚条约》签订的缘起，首先是由于俄国人锐意东侵，觊觎黑龙江一带丰沃的土地及矿产所引发的。在短短的十几年间，俄国人在雅克萨及精奇里江一带，建筑了许多城堡，展露了侵占的野心。清康熙皇帝在平定"三藩之乱"后，顾虑到俄国人的势力会延伸到清人的老家东北一带，因此决意堵塞其势力的滋长，派兵谕示俄人退出雅克萨。俄人不从，遂有两次雅克萨之战发生。其时清朝正是鼎盛时期，俄国境内则叶卡捷琳娜女王专政，内乱纷起，两次战役，中国皆大胜。然战事过后，俄人因战地辽远，接应不及；中国则因"三藩之乱"初平，不欲劳师边境，遂双双有意讲和，开启了和议的序幕。

影 响

和议的目的，主要有两点，一是双方划定国界，一是清廷欲向俄国索讨逃入俄境的罕帖木儿。前者在数经交涉之后，依照清廷的意思，厘割了相当令人满意的疆界，并刻碑为记；后者则因罕帖木儿已在莫斯科受希腊正教的洗礼，终究未能达成。

《尼布楚条约》是中国以战胜者的姿态签订下来的，因此条约的内容对中国较为有利，比起鸦片战争以后一连串丧权辱国的不平等条约，是值得大书特书的。

但是，俄国人在此条约中，却也在无形中占据了广大的西伯利亚之地，又兼占了贸易互市之利，使其能在动乱中休养生息，培育了日后侵略中国固有疆土的势力。咸丰年间，俄国人不费一兵一卒之力，以虚声恫吓，遂又席卷了外兴安岭以南江北滨海数千里的膏腴之地，而今河山依旧，国境全非，抚今追昔，岂不令人慨叹！

原　文

第一条　俄国与清国之境界，以入于黑龙江之绰尔纳河附近之格尔必齐河，及循此河之水源，远至于东海岸所绵亘之山脉为定界。循此山脉之南坂所流出之河川，及南方一带之地，则属于大清帝国；此山脉之北方所有地方及河川，则依然为莫斯科帝国之领土。又，眉勒以上之支流为尔客河，南方一带之地，属于大清帝国，北部为莫斯科帝国之所属。现时尔客河之南方，所有市府或住民，当移住于河之北岸。

第二条　俄国人所称雅克萨地所建造之堡砦，当悉行毁坏，其所居住之俄国人，当悉携其财产，退去至莫斯科政府之境土。两国间无论何国之猎夫，不得以何等之口实，横越境界。如有一人或二人擅自越界捕猎，或窃盗者，即行捕缚，送所在官司，准所犯之轻重惩处。如有十人乃至十五人一队，武装逾境狩猎，又掠夺者，或与外人相互杀戮者，当具其事情，报告于两国皇帝；于其罪状既明者，即当处犯者以死罪。其关于民人相互之私交，则无论为如何之事情，两国间不得开战争。

第三条　两国间于过去一切之事，当永久忘却，毋留记忆。

第四条　本条约缔结之日以后，无论何国人，不得容他国之逃亡者及脱走之兵。若于他领内脱走而来之时，随即捕缚，交付于境界所在之官衙。

第五条　在清国领土内现住之俄国人民，及在俄国领土内现住之清国人民，仍得居住原处。

第六条　两国民持有旅行免状时，无论于何地之领内，得交通以营其贸易。

本条约之正文，两国全权委员，于记名捺印后交换，以满、蒙、汉、俄、腊丁五种文字，记其条文，镂刻之于石碑，建诸境界，永为两国亲善之标准[①]。

《清代通史》

（林保淳/编写整理）

---

① 石碑:《尼布楚条约》签订后，中、俄两国在边境上立碑纪念，将条约内容刻在碑上，文字略有更动，但不影响原意。界碑有三：一在格尔必齐河东岸，一在额尔古纳河南岸，另一个已不可考，据曾亲至其地的杨宾在《柳边纪略》所言，在东北方威伊克的阿大林山。

《明儒学案》序

黄宗羲

黄宗羲像

黄宗羲（1610—1695），字太冲，号梨洲，又号南雷，浙江余姚人。他是明末清初著名的史学家和思想家，与顾炎武、王夫之齐名，并称"清初三大儒"。在思想上，他以"经世致用"的观点，调和了朱、陆间的异同，并直接针对专制政体进行剖析、反省的工作，《明夷待访录》是最能代表他这方面意见的著作；在史学方面，《明儒学案》有系统地勾勒出明代学术思想的全貌；《宋元学案》则草创体例，使黄百家、全祖望得以续成全书，呈现宋元两代的学术潮流；《明史案》则是万斯同《明史稿》的底本，《明史》一代巨作的完成，也有赖于此。这些都是他的成绩。其中最重要的，自然是《明儒学案》了。其他的著作，大抵皆收在《黎洲遗著汇刊》中。

背　景

明末是一个政治局势相当混乱的时代，而思想上自王学末流以狂禅的姿态出现之后，也引起了很多学者的反感。黄宗羲早年曾入东林书院，他的父亲黄尊素则受到宦官迫害而死。明朝灭亡后，黄宗羲隐怀着国破家亡的痛苦，极力奔走恢复，却终告失败。政治上的种种经历，激使他对明代的整个政经措施、人文环境，作了通盘而彻底的检讨。他体认到一个读书人在乱世应肩负的责任，并时时以天下国家为己任，从而提出了"经世致用"的主张，作为个人使命的终极目标。

黄宗羲曾就各个角度，对他所处时代的各项环境作了深刻的反省。就思想家的立场而言，程朱、陆王之争，及王学末流的堕落，无疑是他最关心的对象，如何就前贤的种种言论，整理出一个切合实际的系统，以矫正当时的弊病，也成为他念兹在兹的努力方向。这点，促使他以八年的时间，倾心致力于《明儒学案》的撰写，终于成就了一代学术史的巨作。

影 响

《明儒学案》六十二卷，卷首列"师说"，上起明初方孝孺，下迄明末许孚远，评介了明代二十五位学者的思想要点和行为得失，可视作全书论断的标准。其下区分派别，按时代先后，列了十九个学案。先叙述王学的先驱和朱学的传人，立"崇仁"（吴与弼）、"白沙"（陈献章）、"河东"（薛瑄）、"三原"（王恕）四学案，共九卷；继以"姚江学案"（王守仁）为首，以三十三卷的篇幅，评述王守仁的学术思想及王学的传播和分派；再立"诸儒学案"十五卷，分叙介于程朱和陆王之间的学者，而以个人为主；最后则殿以"东林""蕺山"（刘宗周）两学案，共五卷，表彰东林清议，以及作者的本师。每一学派的评介，都条理分明地自其渊源派别开始，概括学术要旨，然后列举代表人物，立小传略叙其一生经历，摘录重要言论，提示学术特点，最后加以评论。全书纲举目张，井井有条，将明代三百年的学术思想，进行了系统分明、结构严谨的分类排比，因此无论在选材和编排上，都有超卓的成就，使这部书成为研究明代学术思想的经典之作，同时，也可以说是中国第一部具有详赡系统的学术史巨著。

原　文

　　盈天地皆心也①。变化不测，不能不万殊。心无本体，工夫所至，即其本体②。故穷理者，穷此心之万殊，非穷万物之万殊也③。是以古之君子，

---

① 盈天地皆心也：“心”是明代王阳明一脉学说中最重要的一个观念。有关“心”的哲理相当繁复，在此处无法进行详细分析。大体上，王阳明认为各种道德行为之道德性，皆是源于一“心”，因此不赞同朱熹于外在所涉对象探求的主张，以为唯有在“心”上探寻，才是最根本的，因而倡言“心即理”。世间一切的价值规范，皆由此“心”而生，因此世间万物的规律，尽管各有不同，却都是“心”的作用，都须自“心”直截体认。因而黄宗羲说：“充满于天地之间的一切规律，都是‘心’的作用。”基本上，黄宗羲承继其师刘宗周的系统，仍脱离不了阳明学说的范畴。以下他对朱熹一脉学说的批评，也是站在“心即理”的立场出发的。

② “心无本体”三句：本体，本然的实体。工夫，即实践。本体和工夫，其实就是清初儒者经常争论的“体”“用”二字。在王阳明学说系统中，“心”并不是人体中实质的心脏，而是代表“自觉活动的主体”，是一种“能力”，本身并无形质可见，故亦无善恶可言，因有“无善无恶心之体”之说。至于“工夫”，阳明云：“有善有恶意之动。”认为须在“诚意”上下功夫，并由此功往“为善去恶”的具体道德实践。也唯有在具体实践中，才能显现出“心”的本体。黄宗羲之意，也是说“心没有所谓的本体，实践的工夫做到那里，那里就是心的本体”。

③ “故穷理者”三句：这几句话主要在批评朱熹“即物穷理”的说法。在朱熹的观点中，万事万物皆各有其“理”，“理”决定了万事万物的存有，但是这些各有不同的“理”，其实是由一个先天存在的“理”分出来的——这就是“理一分殊”。因此，若要体认这个先天之理，便可经由体认万事万物之理的过程来完成，所以他说：“凡天下之物，莫不因其已知之理而益穷之，以求至乎其极。至于用力之久，而一旦豁然贯通焉，则众物之表里精粗无不到，而吾心之全体大用无不明矣！”（《大学章句》格物补传）大致上，朱熹采取了向外探寻“理”的方向，和王阳明返之于“心”的向内方向是完全不同的。黄宗羲思想属王学一脉，故不赞同朱子的观点，认为“所谓的穷尽‘理’，是极力推究‘心’所涵盖的一切之‘理’，而不是向外穷尽天地间万事万物的‘理’”。

宁凿五丁之间道，不假邯郸之野马，故其途亦不得不殊①。奈何今之君子，必欲出于一途，使美厥灵根者，化为焦芽绝港②？

夫先儒之语录，人人不同，只是印我之心体，变动不居，若执成定局，终是受用不得③。此无他，修德而后可讲学。今讲学而不修德，又何怪其举一而废百乎？时风愈下，兔园称儒，实老生之变相；坊人诡计，借名册（guàn）以行书④。谁立庙庭之中正？九品参差；大类释氏之源流，五宗水火；

① 宁凿五丁之间道：这句话出自古代的神话，如《水经注》说："秦惠王欲伐蜀，而不知道，作五石牛，以金置尾下，言能屎金，蜀王负力，令五丁引之成道。"这个神话，本来是传述五个大力士开辟艰险的蜀道的故事，黄宗羲借此说明：心既然是万殊的，学问也是一样，不必出于一途，因此，古时的君子，"宁可不避艰难，效法五丁开凿蜀道的精神，自辟途径"。不假邯郸之野马：其意是不走现成方便的途径。假，借。邯郸之野马，不详所指，大概是用"邯郸学步"的典故。

② 使美厥灵根者：指完美灵通的心。灵根，即指心而言。扬雄《太玄》卷六《养篇》："藏心于渊，美厥灵根。"焦芽：焦枯的根芽。这里借用了佛家的术语。佛家称求真道之心为"菩提心"，不能发"菩提心"，谓之"焦芽败种"。绝港：断绝的河流，指心的闭塞不通。港，水的支流。

③ 语录：俗语体文字的一种。语录本来是佛教徒用俚俗的语言，记载师说时的一种方式，后来宋代儒者讲学时，弟子也用当时的俗语记载下来，也沿袭语录之称。如程颐、朱子等都有语录。这里泛指从前儒者流传下来的书籍。

④ 兔园称儒：这里是指连诵习琐碎驳杂的《兔园策》的人，居然也被尊称为儒者。兔园，即《兔园策》。《五代史·刘岳传》："《兔园策》者，乡校俚儒教田夫牧子之所诵也。"老生之变相：年老的书生往往拘执己见，习而不变，所以黄宗羲借此表示那些兔园儒者之言论，不过都是变相的老生常谈罢了，没有什么精辟的见解。老生，即老生常谈。"坊人诡计"二句：是在指摘当时一些诡计多端的书商，往往冒用他人的名字刊印书籍，以利销售。坊人，指书商。名册，有些本子作"名母"或"名每"，可能是错误的。册，通"贯"，指籍贯。名册，就是泛指名字而言。

遂使杏坛块土，为一哄之市，可哀也夫①！

羲幼遭家难，先师蕺山先生视羲如子，扶危定倾，日闻绪言②。小子
矍矍，梦奠之后，始从遗书得其宗旨，而同门之友，多归忠节③。岁己酉，
毗陵恽仲升来越，著《刘子节要》。仲升，先师之高第弟子也。书成，羲
送之江干。仲升执手丁宁曰："今日知先师之学者，惟吾与子两人，议论
不容不归一。惟于先师言意所在，宜稍为通融④。"羲曰："先师所以异于
诸儒者，正在于意，岂可不为发明？"仲升欲羲叙其《节要》，羲终不敢，

---

① "谁立庭庭之中正"二句：这里是感慨学术上意见纷纭，九品参差，却没有人能像魏
文帝那样在朝廷中立出一个标准，去甄别其中的是非邪正。庭庭，即朝廷。九品中正，
是魏文帝所制定的一种官员制度，在郡县设小中正，州设大中正，区别人物，以上上、
上中、上下、中上、中中、中下、下上、下中、下下九个等级定其高下；然后由小
中正上之于大中正，再上之于司徒，送尚书选用。自魏施行九品中正法后，一直到
隋朝开皇年间才被废止。参差，不齐的样子。"大类释氏之源流"二句：这里指儒
学中意见之分歧，就像佛家禅宗之分为五宗，彼此势如水火一样，已到了相当严重
的地步。明末儒者经常互相排挤、倾轧，因此黄宗羲有此感慨。释氏，即佛教。五宗，
原指佛家的天台、华严、法相、三论和律宗。不过这里似指禅宗的五家。禅宗自六
祖慧能以下，南宗有沩仰、临济、曹洞、云门、法眼五宗，彼此意见不合，所以说"五
宗水火"。"杏坛块土"二句：这里是说儒者的讲坛变成了各立门户，像闹市一般争
名逐利的场所。杏坛，在曲阜孔庙之中，相传孔子曾讲学于此，因此用它来代表儒
者讲学的地方。一哄之市，即闹市。
② 幼遭家难：指黄宗羲的父亲黄尊素遭魏忠贤杀害的事。先师蕺山先生：即刘宗周
（1578—1645），字起东，号念台，明末儒学大师，讲学以"慎独"为宗旨，学者称
为"蕺山先生"。明亡后绝食而死。黄宗羲著成此书时，刘宗周已死，故称"先师"。
《明儒学案》中有《蕺山学案》。
③ 梦奠：相传殷代习俗，人死后殡葬在两楹之间。孔子死前七日，曾经夜梦坐奠于两
楹之间，知道自己将死，所以后来便称死为"梦奠"。
④ 言意所在：意，即"诚意"，在刘宗周慎独之学的理论系统中，"诚意"是最关键处，
故言"大学之道，诚意而已"，又言"格致者诚意之功……故格致与诚意，二而一，
一而二者也"。刘宗周将"诚意"的工夫，视同"慎独"，与阳明所说有很大出入，
自成一系，故弟子在疏通师说时，意见也各不相同。恽日初、黄宗羲在这点上颇有
争论，因此恽日初要求黄宗羲和他"通融"。

752

是则仲升于殊途百虑之学，尚有成局之未化也①。

羲为《明儒学案》，上下诸先生，深浅各得，醇疵互见，要皆功力所至，竭其心之万殊者，而后成家，未尝以懵懂精神，冒人糟粕。于是为之分源别派，使其宗旨历然。由是而之焉，固圣人之耳目也。间有发明一本之所在，非敢有所增损其间。此犹中衢之樽，后人但持瓦瓯榫杓，随意取之，无有不满腹者矣。

书成于丙辰之后，中州许酉山暨万贞一各刻数卷，而未竣其事。然钞本流传，颇为好学者所识。往时汤公潜庵有云："学案宗旨杂越，苟善读之，未始非一贯。"此陈介眉所传述语也。壬申七月，一病几革，文字因缘，一切屏除。仇沧柱都下寓书，言北地隐士贾若水者，手录是书而叹曰："此明室数百年学脉也，可听之埋没乎？"亡何，贾君逝。其子醇庵承遗命刻之。

嗟乎！温公《通鉴》成，叹世人首尾毕读者少。此书何幸，而累为君子所不弃乎！暂彻呻吟，口授儿子百家书之。

康熙三十二年癸酉，黄宗羲序。

《明儒学案》

---

① 羲终不敢：这句话是谦词。其实黄宗羲之不肯为《刘子节要》作序，主要是因为不赞同恽日初的观点，认为恽日初将"意"拘执于"毋意"之上，未免有成见在心，曲解了老师的原意。《南雷文定》五集《答恽仲升论子〈刘子节要〉书》说："夫先师宗旨，在于慎独。其慎独之功，全在'意为心之主宰'一语。……原老兄之心，总碍于《论语》'毋意'之一言，以从事于意，终不可以为宗旨，故于先师之言意者，一概节去以救之。弟则以为不然。"很明显地说明了黄宗羲对《刘子节要》的不满。
殊途百虑之学：这句话出自《易经·系辞传下》："天下同归而殊途，一致而百虑。"这是说"天下人的目标是相同的，而所走的途径却不一；天下人的趋向是一致的，而想法却是多样的"。黄宗羲为学，不赞同取一固定而现成的途径，而要求力行实践，自辟坦途，所以用这句话来批评恽仲升的拘执成见。

译　文

　　充满天地之间的一切规律，都是"心"的作用。心变化多端，因此不能不有各种不同。心没有所谓的本体，实践的工夫做到哪里，哪里就是心的本体。因此所谓的穷理，是穷尽这个心的各种不同状况，而不是去推究万事万物的各种不同现象。因此古时候的君子，宁可不避艰难，效法五丁开山的精神，自辟途径，而不愿意走现成方便的路，故而他们的取径，也不得不有所不同。为什么现在的诸位学者，硬是要使他们走上同一条路径，使完美通灵的心，化为焦枯的根芽或如断绝的河流一般闭塞？

　　前人所流传下来的语录，个个都不同，不过用来印证自己的心体之变化多端而已，如果执定成说，食古不化，将会永远无法获得益处。这没有其他的原因，修养了道德之后才可以讲学。今人只知讲学而不去修身养性，又怎能怪他们举一而废百呢？世风日下，连诵读《兔园策》的人也可以自居儒者，其实都只是老生常谈而已；而书商诡计多端，往往冒用他人的名字刊行书籍。有谁能定出一个标准，以甄别意见纷纭的学术是非？这些驳杂的意见，真像是禅宗的五家一样，闹得水火不容。因而使儒者的讲坛，成为像市场一般争名逐利的场所，实在令人悲哀！

　　我自小惨罹灾祸，先师蕺山先生视我如子，协助我改过迁善，因而能经常听到一些富有启发性的教诲。我一向用心不专，直到先师过世之后，才从他的遗书中约略体会到先师学问的宗旨所在，而当时一些同门的师兄弟，却大多已为国尽忠了。己酉（1669）那一年，毗陵恽日初来到越地，著了一本《刘子节要》。日初是先师的得意门生，大作完成后，我送他到江边。日初握着我的手嘱咐道："如今能明白老师学术的人，唯有我和你两个人了，因此在意见上不能不划一。希望你能在老师谈论到'意'的地方，和我稍微沟通一下。"我说："老师之所以和其他学者不一样的地方，正在于'意'的见解上，怎么能够不阐发清楚呢？"日初希望我为他的《刘子节要》写序，我终是不敢，这是由于日初在"殊途百虑"的观念上，还有一些成见在心，不能开通的缘故。

我作《明儒学案》这一部书，研究诸位学者的学术，发现他们虽然有深浅之别、醇驳之分，但都是他们下苦功所得，极力探究心的各种不同，然后才能成一家之言。绝没有昏昧糊涂、沿袭前人糟粕的地方。因此我将他们分别渊源、流派，使他们的学说宗旨得以清清楚楚地呈现出来。对这些言论加以探讨，一定能对圣人的学问有所补助。其中偶尔有发挥本心所在的一些言论，我也不敢对他们有所增损。这就好像是放在大街上的大罐子一样，后人只要拿着一些小容器随意汲取，没有不满载而归的。

这部书完成在丙辰年（1676）以后，中州的许三礼和鄞县万言曾每人刻了几卷，但没有全部完工。不过手抄本流传颇广，相当受到好学之士的好评。过去汤公潜庵曾说："学案之类的书，宗旨驳杂不纯，但若能细心体会，未尝不能收到一贯的效果。"这是陈锡嘏转告我的。壬申年（1692）七月，我差点病死，有关文字著述的事，一概屏除不管。仇兆鳌从京城来信，说北方的隐士贾润，曾一面抄录这本书，一面感叹道："这是明朝三百年来的学术渊源，能够听任它被埋没掉吗？"没多久，贾先生过世，他儿子贾醇庵秉承遗命，将此书刻成。

唉！司马光完成《资治通鉴》后，曾感慨世上能从头到尾读过的人很少，而这部书又是何等幸运，屡次为诸位先生所不忍弃置啊！我暂且停止一下呻吟声，口授这篇序文，命儿子百家为我记录下来。

康熙三十二年（1693）癸酉，黄宗羲序。

（林保淳／编写整理）

颁大义觉迷录谕

胤　禛

胤禛（1678—1735），即清世宗，年号雍正，在位十三年。世亲承康熙之绪，无论内政、外交、军事都颇有建树，是清代盛世的英主之一，但是个性阴狠刻毒，诛戮过甚，在他压制之下，发生过好几次株连甚广的文字狱，吕留良、曾静之狱，便是其中最大的一桩。

胤禛像

背　景

雍正七年（1729），雍正颁布了《大义觉迷录》一书，一场株连甚广的文字狱算是告一段落。一方面，清廷又以鲜血残酷地写下了强制高压的一页惨史，而另一方面，也引发出一些值得后人深思的问题。

此狱牵涉的人物极广，始作俑者则是曾静和张熙师徒二人。曾静是一个志在排清的爱国之士，因偶然的机会读到吕留良评点的时文，深为其中所谕的夷夏之防所感动，因此结识了吕留良之子吕毅中及门徒严鸿逵、沈在宽，意气相投下，更坚定了其排清的意志。

其时雍正初即位，由于诛戮过甚，朝野人人自危，曾静认为这是一个绝佳的机会；又听说陕甘总督岳钟琪心中对雍正颇为愤懑，因此派遣张熙赴陕，以岳钟琪是岳飞的后代勉励他，鼓动他起义造反。

结果他们被岳钟琪出卖，具折奏闻。曾、张二人被捕下狱。审讯结果，得知曾静之所以谋叛，实在是受了吕留良言论的影响，于是大肆搜捕吕、严、沈等人及家藏书籍。定谳的结果，吕留良、吕葆中、严鸿逵都戮尸示众，吕毅中、沈在宽斩决，族人殛诛，孙辈发配为奴；而一些自称门人或刊刻、私藏吕留良书籍的人，也都株连坐罪。

然而，"罪魁祸首"的曾静和张熙却出人意料地被免罪释放。雍正下谕刊刻《大义觉迷录》，伪造曾静的口供，极力抨击吕留良。

这本来是一件单纯的政治谋叛事件，然而，在雍正处心积虑的安排下，却酿成了一桩文字狱。

其中的关键，则在于吕留良流传书籍中到处充斥的排清见解、夷夏之防。清人以异族入主中原，遭受反抗，最畏惧的就是民间普遍存在的种族意识，他们之所以命令落发、改服衣冠、销毁书籍、笼络士人，无非就是为了消除中国人根深蒂固的夷夏观念，使中国人永远臣服于清廷之下。

但是，他们的控制再严厉，不可讳言地，以种族意识为基础的起义革命，仍旧有一触即发的可能。因此，清廷一向是小心翼翼地企图竭力堵防这个漏洞。曾静谋叛的事件，正给了清廷一个良机，可以伪造曾静的悔过书，在理论上给予夷夏之防一个致命的反击。所谓"大义觉迷"无非是用君臣之义牢牢扼住夷夏之防的咽喉罢了。

雍正此心，昭然可见，因此不惩处曾、张，反而对吕留良的言论施以残酷的打击，而牺牲者也都是涉及吕留良的人。

影　响

平心而论，雍正在本文中所述的道理，就现代人而言，无疑也是相当具有说服力的，尤其是对"夷狄"观念的认定，在援古证今的论述之下，很难就理论上加以反驳。但是，这只是就统治者的立场而言，若是以亡国子民而言，则再激烈的反抗，也顺理成章，是任何理论都无法加以否定的。因此，其中是非唯一取决的标准，不是理论，而是政治力量的强弱。种族意识

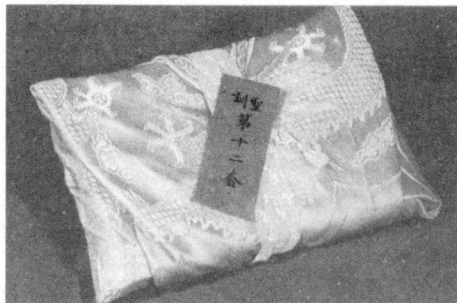

清朝皇帝圣训

所激扬的政治力量若足以推翻统治者，一切自然不成问题；但是若统治者的力量足以压倒一切，却仍有一个极重要的关键：清廷口口声声欲除种族地域的界线，满汉一视同仁，然而实际的行动又是如何呢？这点，我们翻阅清朝全史，从"留发不留头，留头不留发"，一直到"宁赠外人，不予家奴"，一路上迤迤逦逦地说明了清廷心中壁垒分明的种族界限。实际行动与口谈理论颠倒若此，充分证明了雍正的理论其实不过是挟着强势政治的"强词夺理"而已！

《大义觉迷录》的颁行，在清廷言行不一的政治歧视下，并未能达到它消除种族意识的目的，反而使有智之士看穿了清廷欲盖弥彰的伎俩，因此，排清的意识依旧在暗中滋长着。直到乾隆在位的六十年间，笼络、高压的控制得到全面施展，才逐渐"寂泊无所闻"。也因此，《大义觉迷录》被乾隆列为禁书，曾静、张熙被杀，只徒然写下清廷残酷的一页而已！

原　文

自古帝王之有天下，莫不由怀保万民，恩加四海，膺上天之眷命，协亿兆之懽心，用能统一寰区，垂祚奕世。盖生民之道，惟有德者可为天下君，此天下一家，万物一体，自古迄今，万世不易之常经，非寻常

之类聚群分、乡曲疆域之私衷浅见，所可妄为同异者也。

《书》曰："皇天无亲，惟德是辅。"盖德足以君天下，则天锡佑之，以为天下君。未闻不以德为感孚，而第择其为何地之人而辅之之理。又曰："抚我则后，虐我则仇。"此民心向背之至情。未闻亿兆之归心，有不论德而但择地之理。又曰："顺天者昌，逆天者亡。"惟有德者乃能顺天，天之所与，又岂因何地之人而有所区别乎？

我国家肇基东土，列圣相承，保乂万邦，天心笃佑，德教宏敷，恩施遐畅，登生民于衽席，遍中外而尊亲者，百年于兹矣[①]！夫我朝既仰承天命，为中外生民之主，则所以蒙抚绥爱育者，何得以华夷而有殊视？而中外臣民既共奉我朝以为君，则所以归诚效顺、尽臣民之道者，尤不得以华夷而有异心。此揆（kuí）之天道，验之人理，海隅日出之乡，普天率土之众，莫不知大一统之在我朝，悉子悉臣，罔敢越志者也。

乃逆贼吕留良，凶顽悖恶，好乱乐祸，俶（chù）扰彝伦，私为著述，妄谓德祐以后，天地大变，亘古未经，于今复见[②]。而逆徒严鸿逵等，转相附和，备极猖狂，余波及于曾静，幻怪相煽，恣为毁谤。至谓八十余年以来，天昏地暗，日月无光。在逆贼等之意，徒谓本朝以满洲之君，入为中国之主，妄生此疆彼界之私，遂故为讪谤诋讥之说耳。不知本朝之为满洲，犹中国之有籍贯。舜为东夷之人，文王为西夷之人，曾何损于圣德乎？

---

① 登生民于衽席：是说使人民受到良好的照顾。衽、席，都是席子的意思，从前人坐卧都用席子，因此有舒适、安稳的含义。

② 德祐：宋恭帝的年号，恭帝是宋代最后一个君主，自此以后便是元朝。因此吕留良以宋之亡于蒙古为亘古未经的天地大变，如今明亡于清，等于是"于今复见"了。

《诗》言"戎狄是膺，荆舒是惩"者，以其僭王猾夏，不知君臣之大义，故声其罪而惩艾之，非以其为戎狄而外之也。若以戎狄而言，则孔子周游，不当至楚应昭王之聘；而秦穆之霸西戎，孔子删定之时，不应以其誓列于《周书》之后矣[1]。盖从来华夷之说，乃在晋、宋六朝偏安之时，彼此地丑德齐，莫能相尚，是以北人诋南为岛夷，南人指北为索虏。在当日之人，不务修德行仁，而从事口舌相讥，已为至卑至陋之见。今逆贼等于天下一统、华夷一家之时，而妄判中外，谬生忿戾，岂非逆天悖理、无君无父、蜂蚁不若之异类乎？

且以天地之气数言之，明代自嘉靖以后，君臣失德，盗贼四起，生民涂炭，疆圉靡宁。其时之天地，可不谓之闭塞乎？本朝定鼎以来，扫除群寇，寰宇乂安，政教兴修，文明日盛，万民乐业，中外恬熙，黄童白叟，生不见兵革。今日之天地清宁，万姓沾恩，超越明代者，三尺之童亦皆洞晓，而尚可谓之昏暗乎？夫天地以仁爱为心，以覆载无私为量，是以德在内近者，则大统集于内近；德在外远者，则大统集于外远。孔子曰："故大德者必受命。"自有帝王以来，其揆一也。今逆贼等以冥顽狂肆之胸，不论天心之取舍、政治之得失，不论民物之安危、疆域之大小，徒以琐琐乡曲为阿私，区区地界为忿嫉，公然指斥，以遂其昧弃彝伦、灭废人纪之逆意；至于极尽狂吠之音，竟敢指天地为昏暗！岂皇皇上天，鉴观有赫，转不如逆贼等之智识乎？

---

[1] 其誓：指《尚书》中的《秦誓》。《书序》："秦穆公伐郑，晋襄公帅师败诸崤，还归，作《秦誓》。"《秦誓》是《尚书·周书》的最后一篇。

且自古中国一统之世，幅员不能广远，其中有不向化者，则斥之为夷狄，如三代以上之有苗、荆楚、猃狁（xiǎn yǔn），即今湖南、湖北、山西之地也，在今日而目为夷狄可乎？至于汉唐宋全盛之时，北狄、西戎世为边患，从未能臣服而有其地，是以有此疆彼界之分。自我朝入主中土，君临天下，并蒙古极边诸部落，俱归版图，是中国之疆土开拓广远，乃中国臣民之大幸，何得尚有华夷中外之分论哉！从来为君上之道，当视民如赤子；为臣下之道，当奉君如父母。如为子之人，其父母即待以不慈，尚不可以疾怨忤逆，况我朝之为君，实尽父母斯民之道，殚诚求保赤之心，而逆贼尚忍肆为讪谤，则为君者不知何道而后可也。

从前康熙年间，各处奸徒窃发，动辄以朱三太子为名，如一念和尚、朱一贵者，指不胜屈。近日尚有山东人张玉，假称朱姓，托于明之后裔，遇星士推算有帝王之命，以此希冀，鼓惑愚民，见被步军统领衙门拿获究问。从来异姓先后继统，前朝之宗姓，臣服于后代者甚多，否则隐匿姓名，伏处草野，从未有如本朝奸民假称朱姓，摇惑人心，若此之众者。似此蔓延不息，则中国人君之子孙，遇继统之君，必至于无噍（jiào）类而后已，岂非奸民迫之使然乎？况明继元而有天下，明太祖即元之子民也，以纲常伦纪言之，岂能逃篡窃之罪？至于我朝之于明，则邻国耳！且明之天下，丧于流贼之手，是时边患四起，倭寇骚动，流贼之有名目者不可胜数，而各村邑无赖之徒，乘机劫杀，其不法之将弁（biàn）兵丁等，又借征剿之名，肆行扰害，杀戮良民请功，以充获贼之数。中国民人，死亡过半，即如四川之人，竟致靡有孑遗之叹，其偶有存者，则肢体不全，耳鼻残缺，此天下人所共知。康熙四五十年间，犹有目睹当时情形之父老，垂涕泣而道之者，且莫不庆幸我朝统一万方，削平群寇，出薄海内外之人于汤火之中，而登之衽席之上。是我朝之有造于中国者，大矣，至矣！至于厚待明代之典礼，史不胜书。其藩王之后，实系明之子孙，则格外加恩，封以侯爵，此亦前代未有之旷典。而胸怀叛逆之奸民，动则假称朱姓以为构逆之媒，而吕留良辈又借明代为言，肆其分别华夷之邪说，冀遂其叛逆之志，此不但为本朝之贼寇，实明代之仇雠也。

且如中国之人，轻待外国之入承大统者，其害不过妄意诋讥，蛊惑一二匪类而已，原无损于是非之公、伦常之大。倘若外国之君入承大统，不以中国之人为赤子，则中国之人其何所托命乎？况"抚之则后，虐之则仇"，人情也，若抚之而仍不以为后，殆非顺天合理之人情也。假使为君者以非人情之事加之于下，为下者其能堪乎？为君者尚不可以非人情之事加之于下，岂为下者转可以此施之于上乎？孔子曰："君子居是邦也，不非其大夫，况其君乎？"又曰："夷狄之有君，不如诸夏之亡也。"夫以春秋时百里之国，其大夫犹不可非，况我朝奉天承运，大一统太平盛世，而君上尚可谤议乎？且圣人之在诸夏，犹谓夷狄为有君，况为我朝之人，亲被教泽，食德服畴，而可为无父无君之论乎？

韩愈有言："中国而夷狄也，则夷狄之；夷狄而中国也，则中国之。"历代以来，如有元之混一区宇，有国百年，幅员极广，其政治规模，颇多美德，而后世称述者寥寥；其时之名臣学士，著作颂扬，纪当时之休美者，载在史册，亦复灿然具备。而后人则故为贬词，概谓无人物之可

762

纪、无事功之足录，此特怀挟私心，识见卑鄙之人，不欲归美于外来之君，欲贬抑淹没之耳！不知文章著作之事，所以信今传后，著劝戒于简编，当平心执正而论，于外国入承大统之君，其善恶尤当秉公书录，细大不遗。庶俾中国之君见之，以为外国之主且明哲仁爱如此，自必生奋励之心；而外国之君见是非之不爽，信直道之常存，亦必愈勇于为善，而深戒为恶。此文艺之功有补于治道者当何如也！倘故为贬抑淹没，略其善而不传，诬其恶而妄载，将使中国之君，以为既生中国，自享令名，不必修德行仁，以臻^{zhì}郅隆之治；而外国入承大统之君，以为纵能夙夜励精，勤求治理，究无望于载籍之褒扬，而为善之心，因而自怠，则内地苍生，其苦无有底止矣！其为人心世道之害，可胜言哉？况若逆贼吕留良等，不惟于我朝之善政善教、大经大法，概为置而不言，而更凿空妄撰，凭虚横议，以无影无响之谈，为惑世诬民之具，颠倒是非，紊乱黑白，以有为无，以无为有，此其诞幻诪^{zhōu}张，诳人听闻，诚乃千古之罪人。所谓"民不畏死，凡民罔不憝^{duì}"，不待教而诛者也，非止获罪于我国家而已！

此等憸^{xiān}邪之人，胸怀思乱之心，妄冀侥幸于万一，曾未通观古今大势：凡首先倡乱之人，无不身膏斧锧^{zhì}，遗臭万年。夫以天下国家之巩固，岂乌合鼠窃之辈所能轻言动摇？即当世运式微之时，其首乱之人，历观史册，从无有一人能成大事者。如秦末之陈涉、项梁、张耳、陈余等，以至元末之刘福通、韩林儿、陈友谅、张士诚等，虽一时跳梁，究竟旋为灰烬；而唐宋中叶之时，其草窃之辈，接踵叠迹，亦同归于尽。总之，此等奸民，不知君臣之大义，不识天命之眷怀，徒自取诛戮，为万古之罪人而已！

夫人之所以为人而异于禽兽者，以有此伦常之理也，故五伦谓之人伦，是缺一则不可谓之人矣。君臣居五伦之首，天下有无君之人而尚可谓之人乎？而怀无君之心而尚不谓之禽兽乎？尽人伦则谓人，灭天理则谓禽兽，非可因华夷而区别人禽也。且天命之以为君，而乃怀逆天之意，焉有不遭天之诛殛者乎？朕思秉彝好德，人心所同，天下亿万臣民，共具天良，自切尊君亲上之念，无庸再为剖示宣谕；但恺邪昏乱之小人，如吕留良等胸怀悖逆者，普天之下，不可言止此数贼也，用颁此旨，特加训谕。若平日稍有存此心者，当问天扪心，各发天良，详细自思之。

朕之详悉剖示者，非好辩也。古昔人心醇朴，是以尧舜之时，都俞吁咈，其词甚简；逮至殷周之世，人心渐不如前，故殷《盘》周《诰》，所以告诫臣民者，往复周详，朜诚剀切，始能去其蔽锢，觉其愚蒙，此古今时势之不得不然者①。每见阴险小人，为大义所折，理屈词穷，则借圣人之言，以巧为诋毁，曰"是故恶夫佞者"，不知孔子之以子路为佞，因子路"何必读书，然后为学"之语而发②。盖以无理之论，而欲强胜于人，则谓之佞，所谓"御人以口给"也。若遇吕留良、严鸿逵、曾静等逆天背理、惑世诬民之贼，而晓以天经地义、纲常伦纪之大道，使愚昧无知、平日为邪说陷溺之人，豁然醒悟，不至遭天谴而罹国法，此乃为世道人心计，

---

① 都俞吁咈：这四个字都是《尚书·尧典》中的发语词，由于《尧典》文字简洁，所以胤禛借这四个字来表示尧舜时代由于民风淳朴，所以"用词甚简"。周《诰》：《尚书·周书》有五篇诰：《大诰》《康诰》《酒诰》《召诰》《洛诰》，文字都很长，所谓"殷《盘》周《诰》，佶屈聱牙"，比起《尧典》，繁难多了。

② 何必读书，然后为学：《论语·先进》："子路使子羔为费宰。子曰：'贼夫人之子。'子路曰：'有民人焉，有社稷焉。何必读书，然后为学？'子曰：'是故恶夫佞者。'"

岂可以谓之佞乎？天下后世，自有公论。

着将吕留良、严鸿逵、曾静等悖逆之言，及朕谕旨，一一刊刻通行，颁布天下各府州县、远乡僻壤，俾读书士子及乡曲小民共知之。并令各贮一册于学宫之中，使将来后学新进之士，人人观览知悉。倘有未见此书，未闻朕旨者，经朕随时察出，定将该省学政及该县教官从重治罪！特谕。

《东华录》

译　文

自古以来的帝王之所以能拥有天下，都是由于爱护人民，施恩四海，获得上天的眷顾，受到百姓的爱戴，才能统一天下，传之永久。教养人民的法则，是唯有有道德的人才能够当君主，这是天下一家，万物一体，自古至今，永远不会改变的道理，不是平常人随意分别种类，怀着地域观念的一些浅薄的见解，就可以妄自评断的。

《尚书》说："上天没有偏私之心，只辅助有德的人。"假如一个人的道德足以当君主，则上天一定保佑他，让他做天子。从来没有听说过不以道德感化人民，而只选择某一地方的人而辅助他的道理。又说："爱护我们百姓的就是我们的君主，虐待我们百姓的就是我们的仇敌。"这是民心向背最好的说明。从来没有听说过百姓的爱戴之心，是不问道德只问地域的道理。又说："顺承天意的昌盛，违逆天意的灭亡。"只有有道德的人才能顺承天意，上天的赐予，又怎么会因为不同地域的人而有所不同呢？

我清朝在东土创立国基，历代圣贤相传，保护万国，上天赐佑深福，道德教化普施四方，恩泽广被远方，使百姓得到良好的照顾，无论在中外都普遍受到人民的尊敬与爱戴，到现在已经有一百年了。我清朝既然奉承天命，做中外百姓的君主，则我们辖下受到爱护照顾的人民，怎么可以因为华夷的不同而有所歧视？而中外的臣民既然共同推戴我清朝为君主，就应该竭诚效忠，尽到做臣子的责任，更不能因华夷的不同而心怀异志。这是无论就天道或人理来衡量，无论是多偏远的地方或何处的百姓，都没有不明白我清朝大一统的地位，所有的子民都不敢有所逾越的事实。

可是逆贼吕留良，天生凶狠悖逆，喜好祸乱，破坏人伦，私下著述，竟妄称自宋恭帝德祐年以后，天地变色，自古未闻的惨祸，在今天又出现了。而他的门徒严鸿逵等人，互相附和，极其猖狂之能事，因而影响到曾静，以妖言煽动群众，任意毁谤，甚至说八十多年来，都是天昏地暗，日月无光。在逆贼的心目中，只不过是因我清朝以满洲君主的身份入主中国，而妄生地域差别的私心，于是故意讥讽毁谤而已。殊不知我清朝在满洲，就好像中国人有籍贯一样。舜是东夷人，文王是西夷人，对他们的圣德又有什么妨害呢？《诗经》说："戎狄必须加以排击，荆舒必须加以严惩。"这是因为他们僭越称王，侵略中国，不知道君臣的大义，因而声明他们的罪状，加以严惩，并不是因为他们是戎狄而加以排斥。若是以戎狄而论，则孔子周游列国，不应该到楚国应楚昭王的征聘；而秦穆公称霸西戎，孔子在删定《书》的时候，也不应该将《秦誓》列在《周书》后面了。华夷之别的说法，始于晋、宋六朝偏安的时期，当时双方都一样糟劣，无法胜过对方，因此北方人骂南方人为"岛夷"，南方人斥北方人为"索虏"。当时的人不肯切实地修德行仁，而只是以口舌相讥，已经是最卑劣的了。如今逆贼在天下一统、华夷一家的时候，居然妄自分别中外，横生忿怒，岂不是悖逆天理、无君无父，连蜜蜂、蚂蚁都不如的异类吗？

就天地气数的道理来说，明代自从嘉靖年以来，君臣不修道德，盗贼四起，百姓涂炭，国家没有一日是安宁的。当时的天地，难道不算闭塞吗？我清朝建国以来，扫除群寇，天下安定，政教修明，文化鼎盛，万民安居乐业，中外祥和安乐，老老少少，一生之中从没有看到过战乱。如今天地清明宁静，百姓广受恩泽，胜过明代的地方，连三尺高的小孩都知道，难道还算是昏暗吗？天地以仁爱为心，以公正无私的态度作衡量，因此道德聚于近处的，大统就集于近处；道德聚于远方的，大统也集于远方。孔子说："有伟大的道德必能承受天命。"自有帝王以来，道理都是相同的。如今逆贼以冥顽不灵、猖狂放肆的观念，不顾天命的取舍、政治的得失，不顾人民的安危、国境的大小，只偏爱于自己的地域，为区区的疆界而愤恨不平，公然指斥我清朝，企图达到他们灭弃人伦、破坏纲纪的悖逆目的；甚至极尽狂吠的能事，竟敢说如今的天地是昏暗不明的！难道皇皇上天，明察秋毫，反而不如逆贼来得有见识吗？

　　自古中国一统天下的时期，疆域都不广大，其中若有不肯归化的民族，就指斥他们为夷狄。如三代以前的有苗、荆楚、猃狁，就是现在湖南、湖北、山西，若是现在也视他们为夷狄，行得通吗？在汉、唐、宋全盛的时期，北狄、西戎世世为患边境，从来无法臣服他们而收归于版图，因此还有此疆彼界的分别。自从我清朝入主中国，君临天下，连蒙古遥远的各个部落，都已收归版图，因此中国领土的拓广，实在是中国臣民的幸运，怎么可以还有华夷、中外的分别？自古以来做君主的道理，应该视人民如赤子；做臣子的道理，应该奉君主如父母。如果为人子女，他的父母即使不慈爱，也不可以怀恨、忤逆，何况我清朝君主，实际上已尽了父母之道，竭诚地保护人民，而这干逆贼还忍心肆无忌惮的毁谤，真教做君主的不知道应该采取什么方法才可以了！

　　过去康熙年间，各地奸徒叛乱，往往以朱三太子为借口，像一念和尚、朱一贵等人，真是数不胜数。最近还有山东人张玉，冒称姓朱，伪托是明室的后裔，遇到算命的推算他有帝王的福分，因此有非分之想，企图煽动愚民，如今被步军统领衙门捕获查问。自古以来异姓皇帝先后继位，前朝的宗室臣服于后代的很多，要不然就隐姓埋名，躲藏在民间，从来没有像本朝的奸民假冒朱姓，摇惑人心这么多的。像这样的情况如果持续下去，则中国君主的后代子孙，若是遇到有异姓君主即位，一定会被杀得寸草不留，这岂不是奸民所造成的后果吗？况且明太祖承接元朝而拥有天下，明太祖就是元朝的子民，以纲常伦理而言，怎么脱离得了篡窃的罪名？至于我清朝，则是明朝的邻邦而已！而且明朝的天下，亡于流贼之手，当时边乱四起，倭寇骚动，流贼中具有名号的不可胜数，而各个村庄的无赖匪徒，又乘机抢劫烧杀，一些不法军人，又假借征剿的名义，到处骚扰，杀害良民请功，以充作所获盗贼的人数。中国人民，死亡过半，就如四川人，竟然有一个活口也没有留下的遗憾！偶尔能够生存下来的人，也是肢体不全，耳鼻残缺的。这是天下人都知道的事。康熙四五十年间，还有目睹当时惨状的父老，啼泣地述说这件事的，而且也都很庆幸我清朝能够统一中国，削平群盗，将普天下的人民自水深火热中拯救出来，而且受到妥善的照顾。可见我清朝对中国的恩惠，实在是又深又厚了。至于厚待明朝宗室的礼仪，史籍记载得很多。其中藩王的后代，只要真的是明代的后裔，则格外施予恩典，封为侯爵，这也是自古未有的恩典。而一些心存叛逆的奸民，动不动就假借朱姓的名义起兵造反，吕留良等人又借明代的名义，肆无忌惮地发表分别华夷的邪说，企图达成他们谋叛的心愿，这不但是我清朝的贼寇，实际上也是明代的大仇呀！

中国人歧视外族入主中国的君主，其害处不过是任意讥毁，蛊惑一两个匪类而已，对是非、伦常并没有什么损害。但是如果外族入主中国的君主，不将中国人视为赤子，那么中国人又何以安身立命呢？况且，"爱护我们的为君主，虐待我们的是仇敌"，是人之常情，假如已爱护他们了，却不将对方视为君主，恐怕就不合乎顺天合理的常情了。假如做君主的人将不合情理的事加之百姓身上，百姓能够忍受得了吗？做君主的尚且不能将不合情理的事加之百姓身上，难道百姓反而可以将此加之君主吗？孔子说："君子在任何国家，都不能非议该国的大夫，何况君主呢？"又说："夷狄虽然有君主，不如中国没有君主。"连春秋时期百里之大的国家都不能非议该国大夫，何况我清朝奉天承运，在大一统的太平盛世下，君主又怎么能遭受毁谤呢？而且孔子身居中国，还说夷狄有君主，何况是我清朝的子民，亲身蒙受恩泽，生长在我领土中，又怎能发表无君无父的邪说呢？

韩愈曾经说过："中国人行事如同夷狄的，则视为夷狄；夷狄行事如同中国的，则视为中国人。"历代以来，如元朝一统天下，享国百年，疆域辽阔，在政治措施上，也颇有一些优点，可是后世却很少人称道；当时的名臣学士，写文章歌颂、记载当时美德的，收录在史籍中，也颇灿然可观。但是后人故意贬抑，一概说当时没有什么出色的人物可以记载，也没有彪炳的事功值得登录，这正是一些怀有偏见，学识浅陋的人，不希望归功于外族君主，想要一笔抹杀而已！殊不知文章著述，是用来记录信史，传诸后代，在文学中寓有警惕的内涵的，应该公平正直地论述，对外族君主的善恶，更应当秉公处理，没有丝毫遗漏。使得中国君主看了，觉得外族君主都这么圣明仁爱，一定会激起奋励自勉的决心；而外族君主见到是非自有公论，相信正直的评断是永远存在的，也一定勇于为善，而深戒为恶。这样的话，文艺对治道的辅助，功劳是多么大的呀！假如故意一笔抹杀，漏略善的地方不予记载，而捏造出一些恶迹，就将使得中国的君主，认为只要是生长在中国，自然能获享美名，不必修德行仁，以达成隆盛的治世了；而外族君主，则认为即使朝夕励精图治，终究没有希望得到史书的赞扬，因此为善之心，也就懈怠了下来。这样的话，中国人民的痛苦，就永远没有结束的一天了！这对世道人心的危害，是语言可以形容的吗？何况逆贼吕留良等人，不但对于我清朝的一切优良措施、正经大法，都弃置不谈，而且还向壁虚造，妄发议论，利用一些没有根据的言论，作蛊惑风俗人心的工具，颠倒是非，不分黑白，以有为无，以无为有，他们的荒诞乖谬，耸人听闻，实在可以说是千古的罪人！这正是所谓"强悍不怕死的人，人民没有不痛恨的"，是不必教诲就可以诛杀的人，不仅得罪我清朝而已！

这种奸险小人，心存叛乱之意，妄图有万一侥幸的机会，不曾观察过古今的大势：凡是首先倡议造反的人，没有不死在斧锧之下，而遗臭万年的。一个巩固的国家，岂是乌合之众所能动摇的？即使是在国运衰微的时候，那些首先叛乱的人，在历史上从来没有一个能够成功的。如秦末的陈涉、项梁、张耳、陈余等人，一直到元末的刘福通、韩林儿、陈友谅、张士诚等人，虽然猖狂一时，终究很快被消灭掉；而唐、宋中叶的时候，一些草莽盗贼，接踵而起，最后也同归于尽了。总而言之，这些奸民，不知道君臣的大义，不明白天命之所归，只是自取灭亡，成为万古的罪人而已！

人之所以被称为人而与禽兽有所区别，是因为明白伦理道德，因此"五伦"称为"人伦"，缺其一便不可称为人了。君臣是"五伦"之首，天下有无视君主存在而还可称为"人"的人吗？怀有无视君主存在之心的人还不能说是禽兽吗？能尽到人伦就是人，灭绝天理就叫禽兽，绝不可因华夷的不同而区别人和禽兽。而且，上天命此人为君主，而有人却怀着逆天的心意，哪有不遭到天谴的道理？我以为秉持伦常、爱好道德，是人心之所同，天下亿万百姓，都具有天良，一定都能合乎尊敬君主、亲爱长上的观念，不必再多作剖析宣告了；但是奸险昏悖的小人，像吕留良等心存叛逆的人，全天下也不能说只有这些，因此才颁发这道谕旨，特加训诲。假如平常就存有这种心意的人，应该扪心自问，发挥天良，仔细地反省一下。

我之所以详细剖析，并非是好辩成性。古时候人心淳朴，因此尧舜的时代，只说"都""俞""吁""咈"，词句非常简要；及至殷周时期，人心逐渐浇漓，因此殷的《盘庚》、周的"五诰"，用来告诫臣民的话，反复周详，诚恳切要，才能除去蔽锢，警醒愚人，这是古今时势不能不如此。我常看到一些阴险的小人，被正大的道理折服，理屈词穷之下，往往借圣人的话，巧妙地讽刺，说"因此我讨厌那些言辞便佞的人"等话。殊不知孔子之所以认为子路"便佞"，是针对子路"何必一定要读书才算治学"的话而发。以强词夺理的言论，想要蛮横地压倒对方，才叫作"便佞"，这就是所谓的"以便捷的言辞防御诿过"。若是遇到吕留良、严鸿逵、曾静这些悖逆天理、蛊惑风俗人心的叛贼，而以天经地义、纲常伦理的大义晓谕他们，使愚昧无知、平常为邪说所蛊惑的人民，能够豁然醒悟，不至于遭到天谴而触犯国法，这正是为了世道人心，怎么能够说是"便佞"呢？我想，天下后世，自然会有公正的裁断的。

在此命令将吕留良、严鸿逵、曾静等人的悖逆言论，以及我的谕旨，一一刊刻通行，颁布天下各府州县以及偏远的地方，使读书人和乡间小民都能够明白。并且命令各储存一册在学舍中，使将来新进的读书人，个个能够阅读、明白。假如有人没有看过这本书，或有不曾听过我的谕旨的情形出现，经我随时抽查得知，一定将该省的学政和该县的教官从重治罪！特此谕知天下。

（林保淳／编写整理）

与是仲明论学书

戴 震

戴震（1724—1777），字东原，安徽休宁人。他是清代中叶著名的思想家和学者，在思想上，他敢于向正统的朱子权威挑战，但他最精擅的还是经史之学，他以古代经学的治学方法，从校订古籍、解释经义，而扩大至典章制度、地理沿革、天文历法、声韵音律的范畴，所花的精神、工力，使得一时学风为之转变，直接导生了"考据学"。他的最大成就，也在于此。其著作，思想上的有《孟子字义疏证》《原善》，其他的则不胜枚举，收录在《戴氏遗书》中。

戴震像

背　景

　　戴震的生平学术，据他自己评价，以《孟子字义疏证》为最重要。在其中，他直截而大胆地向正统权威的朱子挑战，提出了"天理不外人欲"的说法，攻击朱子"去欲存理"的理论，直指他们"以理杀人"。在清廷尊奉朱子的环境下，这样的魄力和胆识，是难能可贵的。但是，他的议论，一方面是误解了朱子，一方面也渊源自清初顾、黄、颜、李等学者，不能说是创见，再加上极可能是借此讥骂清廷，就思想的开展而言，并没有什么特殊贡献。

影　响

以历史的观点来看，戴震在学术上的贡献，主要还在于他以皖派首脑所导引出来的"考据学"。戴震的治学方法，在本文中很清楚作了说明，"由字以通其词，由词以通其道"，主张以文字学为基点，从训诂音韵、典章制度等方面阐明经典大义。他曾说"故训明则古经明"。要弄清"故训"，就必须贯通群籍，搜集大量的文献资料，去伪存真，考核比较，因此，他在这方面所下的功夫极深，各种典章制度、地理沿革，天文历算上的疑难，都有了颇有价值的考证，对后人而言，不啻是拨云雾而见青天了。

同时，戴震治学的严谨，更引领了其后学的研究态度，助力了一代学风的形成，乾嘉考据学之成为清代显学，戴震功不可没。

他的成就，质实而言，应是"方法学"的成就，但是他的方法学也不尽可以采用，尤其是字义的判断上。字的本义如何，固然相当重要，但是"衍义"往往是学者采为"定义"的范限。一以本义衡量，而忽略了"定义"所界定的范畴，自然不免有所误导。他对朱子的误解，正因此而来。

同时，古代文物湮失既久，单从字面上推求其典制，也往往难得定论，反而使得学者殚毕生精力，在"故纸堆"上斟酌琢磨，而完全忽视了"由词以通其道"的"道"。乾嘉考据学之所以颇令近人诟病，固然是戴震的后学误以手段为目的所致，但也未尝不是由他的方法学直接导生的。

原　文

仆所为《经考》，未尝敢以闻于人，恐闻之而惊顾狂惑者众。昨遇名贤枉驾，望德盛之容，令人整肃，不待加以诲语也。又欲观末学所事得失，仆敢以《诗补传序》并《辨郑卫之音》一条，检出呈览。今程某奉其师命，来取《诗补传》，仆此书尚俟改正，未可遽进。请进一二言，惟名贤教之。

仆自少时家贫，不获亲师，闻圣人之中有孔子者，定六经示后之人，求其一经，启而读之，茫茫然无觉，寻思之久，计于心曰："经之至者道也，所以明道者其词也，所以成词者字也。由字以通其词，由词以通其道，必有渐。"求所谓字，考诸篆书，得许氏《说文解字》，三年知其节目，渐睹古圣人制作本始。又疑许氏于故训未能尽，从友人假《十三经注疏》读之，则知一字之义，当贯群经、本六书，然后为定。

至若经之难明，尚有若干事：诵《尧典》数行，至"乃命羲和"，不知恒星七政所以运行，则掩卷不能卒业①。诵《周南》《召南》，自《关雎》而往，不知古音，徒强以协韵，则龃龉失读。诵《古礼经》，先"士冠礼"，不知古者宫室、衣服等制，则迷于其方，莫辨其用。不知古今地名沿革，则《禹贡》职方失其处所②。不知"少广""旁要"，则《考工》之器不能因文而推其制③。不知鸟兽、虫鱼、草木之状类名号，则比兴之意乖④。而字学、故训、音声，未始相离，声与音又经纬衡从宜辨⑤。汉末孙

---

① 恒星七政：恒星指天上群星。七政，日、月及水、火、木、金、土五星。

② 职方：《周礼·夏官》有职方氏，掌管天下地图及四方贡赋。

③ 少广：《九章算术》之一，其法即今日数学上的开方法。旁要：九数之一。但在《九章算术》中没有"旁要"之名，而代之以"句股"，亦即直角三角形中的直边和斜边。

④ 比兴：这两个字历来说解纷纭，然其中最基本的观念，即是《诗经》中的一些草木、动物的名称，皆别有寄托。

⑤ 经纬衡从：这里指声、韵之间交错纵横的关系。经是直线，纬是横线。衡即横，从即纵。

叔然创立反语，厥后考经论韵悉用之[①]。释氏之徒，从而习其法，因窃为己有，谓来自西域，儒者数典不能记忆也[②]。中土测天用"句股"，今西人易名"三角、八线"，其"三角"即"句股"，"八线"即"缀术"[③]。然而"三角"之法穷，必以"句股"御之，用知"句股"者，法之尽备，名之至当也。管吕，言五声十二律，宫位乎中，黄钟之宫四寸五分，为起律之本[④]。学者蔽于钟律失传之后，不追溯未失传之先，宜乎说之多凿也。凡经之难明右若干事，儒者不宜忽置不讲。仆欲究其本始，为之又十年，渐于经有所会通，然后知圣人之道，如悬绳树槷^{niè}，毫厘不可有差[⑤]。

仆闻事于经学，盖有三难：淹博难、识断难、精审难。三者，仆诚不足与于其间，其私自持，暨为书之大概，端在乎是。前人之博闻强识，如郑渔仲、杨用修诸君子，著书满家，淹博有之，精审未也。别有略是，而谓大道可以径至者，如宋之陆，明之陈、王，废讲习讨论之学，假所谓"尊

---

① 孙叔然创立反语：反语即反切，以两个字标出一个字的字音，上字取其声母，下字取其韵母，如"匡"字，枯汪切，即成"匡"。孙叔然即孙炎，但反切之法，汉代马融、郑玄及应劭皆已运用，此处有误。

② 来自西域：反切之法，反切上字称作"纽"，唐末沙门守温，曾拟出三十六个字母，故有些人认为反切和佛教传入中国时的"转读"有关，故中国四声、反切之发现，是由西域僧人所启发的。戴震则持反对的意见。

③ 八线：即三角函数。戴震认为即我国古代天文测量上的"缀术"。所谓"缀术"，即以数缀之方法，即利用三角函数。

④ 为起律之本：据《汉书》记载，相传黄帝命伶伦以竹为管而吹之，得黄钟之宫，作为标准音，以次递演成六吕、六律，而成十二律，因此称黄钟宫为律本。其管的长度，应是九寸，此处说四寸五分，乃《宋史·乐志》所说的"清黄钟宫"。

⑤ 悬绳树槷：此处犹言设立出标准，不容逾越。绳是量曲直的工具，槷则用以测日景。

德性"以美其名。然舍夫"道问学"，则恶可命之"尊德性"乎^①？未得为中正可知。群经六艺之未达，儒者所耻。仆用是戒其颓堕，据所察知，特惧忘失，笔之于书。识见稍定，敬进于前不晚，名贤幸谅。震白。

《戴震集》

译　文

　　我所著的《经考》一书，从不敢向人提起，这是恐怕很多人听到后都会惊讶而迷惑。昨天承蒙您来拜访，我一见到您那岸然的道貌，就为之肃然起敬，根本就无须您再加以训诲了。您想考查一下我治学的得失，我很贸然地便将《诗补传序》和一篇《辨郑卫之音》挑拣出来，呈上给您观看。今天程某人奉了师命，向我索取《诗补传》。我这本书还有需要修正的地方，恐怕不适合立刻呈诸您面前。在这里，我倒想说一说我的意见，希望您不吝指教。

　　我自幼贫苦，没有机会跟从老师学习，但却曾听说有孔子这么一个圣人，手定六经教示后人。我千方百计求得其中一经，展开阅读，却觉得一片迷惘。思索良久之后，心中拟出了一个计较："所谓经的极致，是道；要明白道，则须透过文词的媒介，而文词是由字组成的。因此，由字而明了词，由词而理解道，一定有循序渐进的方法。"于是我先求了解字义，而找到许慎的《说文解字》，花费了三年的工夫，而明白其大体的内容，也逐渐了解到圣人造字的渊源。但我又颇怀疑许慎对字义的解释未必详确，因而从朋友那里借了《十三经注疏》来读，才知道要了解一个字的字义，一定要通贯群经，以六书为根本，才能得到定论。

---

① 尊德性：宋儒陆九渊之学，以"尊德性"为主，主张发明一心，与朱子之"道问学"以博返约的主张有出入。大体而言，清人的学风较重视"道问学"，故戴震才会有"舍夫'道问学'，则恶可命之'尊德性'乎"的话。

至于经书之难于了解，还有很多地方，如：读《尧典》几行，到了"乃命羲和"的段落，若是不明白天上群星和日、月、五星运行的轨道，就会掩卷而叹，无法再读下去。读《周南》《召南》的诗篇，从《关雎》篇以下，假如不明白古音，只是勉强地去押韵，就会口舌扰拗，读不出正确的发音。读《古礼经》，先读"士冠礼"这一章，如果不晓得古时候房屋、宫室、衣服的制度，就会迷失方向，无法分辨如何实行。不知道古今地名的沿革，则《禹贡》这篇文章和《周礼》职官氏的责任，也都会搞不清楚。不明白"少广""旁要"的计算方法，则《考工记》中的各种器物，也无法由文字中推求出它们的形制。不知道鸟兽、虫鱼、草木的形状、种类和名字，则诗人利用这些动植物寄托比兴的地方，也都会有所误解。而一个字的字形、字义、字音，是不能相离的，尤其是声和韵之间纵横的关系更应该分辨清楚。汉末魏初的孙叔然创立了反切之法，自此以后考究经籍，讨论音韵都运用这个方法。佛教徒学习到这个方法，却攘窃据为己有，说这方法是来自西域的，而中国的学者也数典忘祖，记不起来了。中国测量天文用"句股"法，现在西方人改名为"三角、八线"，这"三角"，其实就是"句股"，"八线"就是"缀术"。但是"三角"测量法有时无法完全测出，一定要有"句股"法来驾驭，因此可以得知"句股"法，实在是最完善的方法，名称也是最恰当的。在音乐律吕方面，一般都说有五音十二律，宫位居中央，清黄钟宫之管长四寸五分，是制作律吕的根本。而一般学者由于黄钟宫的音律失传的蒙蔽，因而无法追溯到还没有失传前的原理，这也难怪有这么多穿凿附会的说法了。诸如右列所举，都是经书难于了解的地方，学者是不应该忽视而不研究的。我一直希望能探究出其渊源所在，因此尽十年之力从事于此，逐渐能贯通群经，而后才知道圣人所传下来的道理，像是绳墨圭臬一样，是丝毫不可以有偏差的。

我曾听说研究经学有三个困难：学问淹博难、明识论断难、精确考核难。这三项，我当然也有所不足，但是私底下自勉，以及著书的大体方向，却正朝突破这三个困难的方向而努力。前人有学问广博，识见超卓的，像郑樵、杨慎这些学者，著作丰富，学问是够广博的了，但是却谈不上考核精确。而另外一些人则连这个都忽略了，居然认为大道可以一蹴而就，像宋代的陆九渊，明代的陈献章、王守仁，完全废弃了讲习研讨学问的功夫，而假借所谓"尊德性"博取美名。但是若舍弃了"道问学"，又怎么称得上"尊德性"呢？他们的治学方法不是中直切当是一望而知的了。群经、六艺无法通达明白，是身为儒者最感到耻辱的事。因此，我时刻警惕自己不要颓废荒堕，根据自己所体会到的，怕一时忘记，将它先写出来。等到我的见解再确定一些之后，再恭敬地呈给您指正也为时未晚，希望您能谅解。戴震上。

（林保淳 / 编写整理）

开四库全书馆诏

弘 历

弘历（1711—1799），即清高宗，在位六十年，年号乾隆。清高宗时是清代国势鼎盛的时代，在内政、外交、文化、军事上，都有辉煌的成就，因此高宗曾自号"十全老人"。但他晚年宠信和珅，伏下了嘉庆中衰的病因。他在位期间，最值得一书的便是《四库全书》的编纂，此书搜罗宏富，已成为我国文化遗产中的瑰宝。

弘历像

背 景

《四库全书》的纂修，自乾隆三十七年（1772）正月颁示访求遗书的诏令算起（次年二月正式开设四库全书馆），到乾隆四十七年（1782）第一部《四库全书》抄录完成，一共历时十一年之久，动员了上万学者、誊录员、校对员……工程之浩大，以及所投入的人力、财力，都是空前绝后的；而所收录书籍之浩繁，更是令人叹为观止——有三千四百多种著作，装订成三万六千多册。

乾隆在位的六十年间，由于康熙、雍正开拓出一个深厚的根基，加上他的励精图治，文治、武功都粲然可观，因此他晚年颇志得意满地自号为"十全老人"。《四库全书》轶迈古人的成就，诚然可以为他平添出一项值得夸耀的政绩，满足他"好大喜功"的虚荣心。

在乾隆一道道上谕的催促之下，这一座凝聚了当时学者心血结晶的中国文化上的万里长城，终于美轮美奂地建筑完成了，其中的片砖片瓦，都是弥足珍贵的吉光片羽。这不但是中国文化史上的一项伟大建设，衡诸全世界，只怕也找不出一个足以相提并论的例子！

《四库全书》前后一共缮写了七部，分贮于北四、南三七处藏书阁。除此七部之外，还有菁华本《四库全书荟要》两部，专供御览，以及著名的《四库全书总目提要》。近二百年来，不知嘉惠了多少学人。姑不论乾隆修书的原意如何，就保存文化遗产而言，他的这份功绩仍然是值得推崇的。

当时七部《四库全书》分贮于文渊阁（故宫）、文源阁（圆明园）、文溯阁（沈阳）、文津阁（承德）、文宗阁（镇江）、文汇阁（扬州）、文澜阁（杭州）七处。近二百年来，由于天灾、兵燹，目前仅存文渊、文津、文溯、文澜四阁，抚今思昔，难免有扼腕之叹。

储置《四库全书》的文渊阁；《四库全书》经史子集以不同颜色包装

第一部是文渊阁藏本，亦是《四库全书荟要》中的一部，至今厝藏在台北故宫博物院。文津阁本在北京国家图书馆、文溯阁本在兰州图书馆、文澜阁本在浙江图书馆。

影　响

乾隆之所以大张旗鼓地展开修书的工程，无非是借此机会重弹自顺治以来钳制思想、笼络士人双管齐下的老调。一方面，借口"检核"之名，彻底实施了检查违禁书刊的工作，将一些犯了清廷大忌的书籍——尤其是具有排清思想的著作，进行全毁、抽毁，或窜改字句的"检核"，以维护自己的统治权。在此私心自用的心理下，《四库全书》排拒了许多明末爱国志士的著作，称其为"明季狂吠之词"，同时也任意割裂、窜改原文，就整部大书而言，造成了不小的遗憾，而其用心之巧诈，也十足地反映出来了。

另一方面，修书所需的庞大人员，也在宣扬文化的口号下，个个乐为之用。既可博得"稽古右文"的美名，又可以暗地里控制住这些学者，一举两得，与康熙以来博学鸿词、山林隐逸等特科的召举，如出一辙，也正是"明史馆"收买人心、消除反侧的故伎，而且手段似乎更高明一些。从此，中国士人在高压、笼络的双重禁锢下，气息奄奄，再也没有反清的义举了。章太炎曾慨叹自乾隆以来义师"寂泊无所闻"，正说明了《四库全书》的纂修，在笼络人心上有一定的成效。

原　文

朕稽古右文，聿资治理，几余典学，日有孜孜。因思策府缥缃，载籍极博，其钜者羽翼经训，垂范方来，固足称千秋法鉴；即在识小之徒，专门撰述，细及名物象数，兼综条贯，各自成家，亦莫不有所发明，可为游艺养心之一助①。是以御极之初，即诏中外搜访遗书，并命儒臣校勘"十三经""二十一史"，遍布黉宫，嘉惠后学。复开馆纂修《纲目三编》《通鉴辑览》及《三通》诸书，凡艺林承学之士，所当户诵家弦者，既已荟萃略备。

第念读书固在得其要领，而多识前言往行，以畜其德；惟搜罗益广，则研讨愈精。如康熙年间所修《图书集成》，全部兼收并录，极方策之大观，引用诸编，率属因类取裁，势不能悉载全文，使阅者沿流溯源，一一征其来处②。今内府藏书，插架不为不富，然古今来著作之手，无虑数千百家，或逸在名山，未登柱史，正宜及时采集，汇送京师，以彰千古同文之盛③。

其令直省督抚会同学政等，通饬所属，加意购访；除坊肆所售举业时文及民间无用之族谱、尺牍、屏幛、寿言等类，又其人本无实学，不过嫁名驰骛，编刻酬倡诗文，琐碎无当者，均无庸采取外，其历代流传旧书内，有阐明性学治法，关系世道人心者，自当首先购觅④。至若发挥传注、考核典章，旁暨九流百家之言，有裨实用者，亦应备为甄择。

---

① 策府：是古代帝王藏书之所。缥：青白色的帛。缃：淡黄色的帛。古时候常用这两种颜色的帛盛书或作书衣，因此后来称书籍为"缥缃"。

②《图书集成》：原名《古今图书集成》，共六汇编，三十二典，六千一百零九部，为陈梦雷所编，时为康熙三十九年（1700），五十五年（1716）进呈朝廷，康熙赐名《古今图书集成》，并命儒臣重加编校，及至雍正年间才告完成。

③ 柱史：即柱下史，官名，周、秦二代皆设柱下史之官，以掌理国家图书，因此，"未登柱史"即指未曾搜罗至宫中，与"逸在名山"——即散藏在民间——同义。

④ 举业时文：科举时代为了应付朝廷以八股取士，而编制了许多范本，通常称为"时文"，专攻"时文"，则称为治"举业"。

又如历代名人，泊本朝士林宿望，向有诗文专集，及近时沉潜经史，原本风雅，如顾栋高、陈祖范、任启运、沈德潜辈，亦各著成编，并非剿说卮言可比，均应概行查明①。在坊肆者或量为给价，家藏者或官为装印，其有未经镌刊，只系钞本存留者，不妨缮录副本，仍将原书给还。并严饬所属，一切善为经理，毋使吏胥藉端滋扰。

但各省搜辑之书，卷帙必多，若不加之鉴别，悉令呈送，烦复皆所不免。着该督抚等，先将各书叙列目录，注系某朝某人所著，书中要旨何在，简明开载，具折奏闻。候汇齐后，令廷臣检核，有堪备阅者，再开单行知取进，庶几副在石渠，用储乙览②。从此四库、《七略》，益昭美备，称朕意焉③。

《东华录》

译　文

我一向重视古代典籍及传统文化的维护，以作为治理国家的辅助，在万机之暇，每天都孜孜不倦地研讨学问。因此常常想到朝廷中的藏书，搜罗极为丰富，其中重要的著作可以辅佐经书、传注，为未来树立典范，固然可以说得上是千秋万世的宝典；即使是一些识见较浅的人，在专心致力

---

① 卮言：本出《庄子·寓言》："卮言日出。"意指源源不断的言论。但是由于卮与"支"同音，因此常被用来形容一些微不足道、支离破碎的言论。

② 石渠：汉代萧何造石渠阁，以庋藏秦朝留下的图籍，成帝时又将国家图书（秘书）收藏于此，因此后人便以"石渠"作国家藏书所的代称。

③ 四库：指经、史、子、集四部，故又称四部，是自《隋书·经籍志》开始确立的图书分类标准。《七略》：是我国第一部图书目录，为汉代刘歆所作。两者皆是有关图书目录方面的事，因此在这里指国家藏书而言。

的创作下，将一些微细得像名物、象数等琐碎的事物，综合整理得井井有条，自成一家，也都能有所创见，有助于人们欣赏文艺、修养身心。因此在即位之初，便诏示中外臣民搜求遗书，并命令儒臣校勘十三经、二十一史，颁布各学舍，以嘉惠后学。同时又开创史馆纂修《纲目三编》《通鉴辑览》及《三通》等书，凡是有志于文学艺术的人所应该家传户诵的书籍，都已经收集得差不多了。

但是又考虑到，读书固然是为了明白书中主旨，而且广泛地摄取前人的经验，以修养自身的品德；但是搜罗的书籍越多，则研究得更精深。例如康熙年间所纂修的《古今图书集成》一整套，其中兼收并录，可以说是极书籍的大观了。但是在引用各种书籍时，大多是就各个类别而有所取裁，势必无法将全文记载下来，使读者能够追溯源流，一一考核出其中的出处。如今朝廷中的藏书，罗列不能说不丰富，但是自古至今的作者，不下数千人之多，有的书散藏在民间，没有搜罗进来，正应该及时收集，一齐送到京城，以彰显千年以来"书同文"的盛况。

在此命令直隶和各省的总督、巡抚，会同各省学政等官，通令所属单位，加倍留心购求；除了坊间所卖的举业时文及民间没有实用价值的族谱、书信、屏幛、寿言等种类，还有作者本身没有真才实学，不过借助名目招摇撞骗，编刻酬唱的诗文，支离破碎、无关紧要的书本，都不必采取以外，在历代流传下来的旧书中，如果有阐明心性、治法等学问，关系着世道人心的书籍，自然应该首先购求。至于发挥传注、考核制度，旁及九流百家的言论，而能有助于切实运用的书籍，也应该搜罗，以备选择。

还有像历代有名的学者，以及本朝素有名望的士人，过去有诗文专集流传的，以及近来潜心研究经史，学问原本于风、雅的，如顾栋高、陈祖范、任启运、沈德潜等人，也都各有著述，不是一般抄袭前说、支离破碎的言论所能相提并论的，都应该一一查明。在坊间书店中出售的，酌量给予书价；士人家中收藏的，由官府代为装印。如果有不曾雕板刊行，只是手抄本留存的，不妨誊录副本，仍将原书交还本人。同时要严格命令属下等，一切妥善安排，切不可使吏胥借着访求的名目，增加人民的困扰。

但是各省所收辑的书籍，卷帙一定很庞大，假如不加以鉴别，全部令他们呈送朝廷，则繁杂重复将会无法避免。特命令各省督抚，先将各类书籍开列书目，注明是哪一朝代哪一个人所著，书中的大旨如何，简单明了地写出来，奏明呈报。等到书籍收齐以后，命令朝中儒臣一一检阅，有值得一读的，再开列所取进的名单呈送上来。希望能够有助于国家藏书的充实，储备起来以备阅览之用。从此，国家的藏书将更完美、更周备，这也才符合我的心意啊！

（林保淳／编写整理）

《古文尚书疏证》提要

纪　昀

纪昀像

纪昀（1724—1805），字晓岚，一字春帆，自号石云，直隶献县（今属河北）人。乾隆修《四库全书》，命他做总纂官，校订整理，而且撰写了《四库全书总目提要》，冠诸简首，可称是他一生的大手笔。著有遗集及《阅微草堂笔记》等行世。

《四库提要》共二百卷，是《四库全书》纂修时的副产品，以经、史、子、集四部为纲领，分将诸书类属，每类又分著录、存目两项，著录之书皆有钞本，存于阁内；存目之书，则为《四库全书》所不收者。每书撮举大凡，撰为提要，条举得失，融会贯通。无论就文献保存、学术研究，或目录学而言，都是一部非常重要的典籍。其后因卷帙浩繁，又有《简明目录》二十卷，内容比《提要》简略，而且没有存目。

背　景

《古文尚书疏证》，一名《尚书古文疏证》，是清初学者阎若璩（1636—1704）耗费毕生精力，反复沉潜，完成的一部不朽巨著。《疏证》的完成，象征着一个新时代的来临，不但解开了悬之一千五百多年的《古文尚书》

疑案，而且对清代学术的另一种学风——考据之学提供了助力。

阎若璩的一生，虽然颇热衷于功名，而且天性好争喜胜，但终其一生，却连一个小官都未曾做过。仕途的偃蹇，激使他将全副精神力量，专注于学术的研究之中，冀望能透过这个途径，博得仕宦所未能得到的名望与地位。虽是一片好名之心作祟，倒也为学术作出了莫大的贡献，同时也使自己成了清代考据学的开山祖师。

影　响

《疏证》的出现，至少有三种重大的意义：一是为清初学者批驳明代理学末流提供了坚强的证据；一是儒家经典的权威性受到怀疑，使学者逐渐敞开心胸，面对其他理论系统的知识；一是启开了影响清代甚巨的考据学风。以下我们将这三种意义作简要的阐述。

宋代的儒学，自朱熹提倡"性即理"之说，以"理"和"道""性"合而为一之后，宋代陆九渊及明代王阳明以"心即理"之说，起而相争持，以为所谓的"理"，其实只在一"心"，这便是著名的"朱陆之争"或"朱王之争"。在朱子的系统中，对《古文尚书·大禹谟》中的"十六字心传"相当重视，王学一脉，虽不赞同"人心""道心"之说，却也无法举出有力的反证以批评朱学，直到《疏证》将《古文尚书·大禹谟》中的伪造渊源，一一自《论语·尧曰篇》和《荀子·解蔽篇》中寻出根源之后，才算是获得了攻击朱学的利器。如黄宗羲在为《疏证》所作的序中，便明白地指出："人心道心，正是荀子性恶宗旨；惟危者，以言乎性之恶；惟微者，此理散疏，无有形象，必择之至精，而后始与我一，故矫饰之论生焉。后之儒者，于是以心之所有，唯此知觉，理则在于天地万物，穷天地万物之理，以合于我心之知觉，而后谓之道。皆为人心道心之说所误也。"同时，更指出"此十六字者，其为理学之蠹甚矣"。《大禹谟》既是伪书，则朱学一脉的根据地，自然也就可以不攻而破了。朱学既破，则王学末流的空谈心性，便成为孤军奋战的局面，有心人士之采取"以实去虚"的途径，针对王学作更革，也就相对容易多了。因此，《疏证》的出现，可以说是清初学者攻击理学的一大助臂。此其一。

其次，在中国传统文士的观念中，儒家经典宛如一座屹立不摇的山岳，所谓"高山仰止"，因而形成了尊崇"六经"，有"'六经'便是世间一切知识的来源"的根深蒂固的想法。不但据此批评先秦诸子、佛教、道教为"异端邪说"，同时更以"六经"作为衡量世间学问的标准，凡是"六经"之中未曾提到的学问，皆一概屏斥。这就形成了知识分子褊狭的胸襟与固执的心态。《疏证》的证明，显示出了"六经"之中也可能有不尽真确的学说，如此一来，"六经"的权威便开始动摇——疑经，这是敞开学识胸襟的第一个步骤。由疑经观念出发，自然会对以"六经"为衡量标准的观念产生动摇，因而转向对其他学问的重新认识，清初学者中如王夫之、傅山等都对诸子及佛学有相当深入的研究，并且部分肯定了他们的价值，与此是有很深的关联的。

最后的一点则是与阎若璩的研究方法直接相关的。阎若璩作《疏证》，采用了实在的证据作材料，以比较、归纳的方法，推获了许多颠扑不破的结论。这种方法，是以前学者所疏忽的，因此不但阎氏借此撰成了不朽的巨著，而且在其后学者的继承开发之下，遂造成了清代考据学的蓬勃发展，如惠栋、戴震、钱大昕等人，都是继承阎氏，考据学中的佼佼者。《提要》说阎若璩"考证之学，则固未之或先矣"，便是指他在这一方面的开拓功劳而言。江藩作《汉学师承记》，将阎若璩置于第一人，是有相当道理的（考据学就狭义而言，又称"汉学"，与言义理的"宋学"对峙）。

当然，所谓的学术风气，绝非一时之间所造成的。开创者虽有功绩，却也不可能立刻使当时的所有学者认可，《疏证》出现之后，虽有许多人附和，但也引起了一些卫道者的攻击。毛奇龄的《古文尚书冤词》是第一个挑战者，其后颜元、李塨、翁方纲、洪良品等人相继提出驳难，所谓"真理越辩越明"，就在这些反复的辩论之中，一个影响巨大的学术风气，遂逐步迈向它成熟的境界。

原　文

《古文尚书疏证》八卷，内府藏本①。国朝阎若璩撰。

若璩，字百诗，太原人，徙居山阳。康熙己未荐举博学鸿词②。

《古文尚书》较《今文》多十六篇，晋、魏以来绝无师说③。故左氏所引，杜预皆注曰"逸书"。东晋之初，其书始出，乃增多二十五篇。初犹与《今文》并立，自陆德明据以作《释文》，孔颖达据以作《正义》，遂与伏生二十九篇混合为一。唐以来虽疑经惑古，如刘知幾之流，亦以《尚书》

---

① 内府藏本：这四个字原为小字，按《四库全书总目》的体例，在书名之下，注明其书的来源，如"通行本""江苏巡抚采进本""内府藏本""内府刊本""浙江吴玉墀家藏本""永乐大典本"等等。这本书便是宫廷中的藏书。内府，即宫廷之内。
② 康熙己未荐举博学鸿词：康熙己未是康熙十八年（1679），此时阎若璩四十四岁。但阎氏这次应博学鸿词之举，并没有考上。
③《古文尚书》：《尚书》在秦始皇焚书，禁绝"诗书百家语"之后，失传了一段时间。汉文帝时，派晁错向伏生学习，由伏生口授，以当时的通行文字"隶书"记载下来，这便是《今文尚书》，共二十九篇。其后鲁恭王在孔子故居的墙壁中，发掘到另一种以秦朝以前流行于东方的文字——"古文"——所写的《尚书》，据传由孔安国的家人献给朝廷，是为《古文尚书》，一共四十五篇，多出了十六篇。由于《古文》《今文》的篇数、内容、解说不太相同，因此引起了汉朝著名的一个公案——今古文之争。

一家，列之《史通》，未言《古文》之伪①。自吴棫始有异议，朱子亦稍稍疑之。吴澄诸人，本朱子之说，相继抉摘，其伪益彰，然亦未能条分缕析，以抉其罅（xià）漏。明梅鷟始参考诸书，证其剽剟（zhuó），而见闻较狭，蒐（sōu）采未周。至若璩乃引经据古，一一陈其矛盾之故，《古文》之伪乃大明。所列一百二十八条，毛奇龄作《古文尚书冤词》，百计相轧，终不能以强词夺正理，则有据之言，先立于不可败也②。

其书初成四卷，余姚黄宗羲序之；其后四卷，又所次第续成③。若璩没后，传写佚其第三卷，其二卷第二十八条、二十九条、三十条，七卷第一百二条、一百八条、一百九条、一百十条，八卷第一百二十二条至一百二十七条，皆有录无书，编次先后，亦未归条理，盖犹草创之本。

其中偶尔未核者，如据《正义》所载，郑元《书序注》，谓马、郑所

---

① 列之《史通》：唐朝人怀疑精神很盛，刘知几是其中最著名的人物。《史通》中的《疑古》《惑经》两篇，都对经典提出了质疑。但是，怀疑也仅止于怀疑，他在《史通》中，仍将《古文尚书》列为"六家"之首，承认它的地位和价值，因此下文说"未言《古文》之伪"。《古文》之伪：《古文尚书》与《今文尚书》不同的十六篇，在西晋时已经失传，东晋时的梅赜，根据一些佚文和先秦典籍，割裂拼凑，伪造了二十五篇《古文》，并伪作了孔安国的《传》，唐朝孔颖达作《五经正义》，将《今文》和《伪古文》并收，从此便成为通行的一部书了。宋朝以来的学者，虽颇怀疑《伪古文》，但却没有人敢直接指出《伪古文》是伪造的，直到阎若璩以坚实的证据，力证其伪，才得以真相大白。

② 一百二十八条：原书应有一百二十八条，但中间缺了二十九条，只剩九十九条。有些学者认为其中缺去的部分，是阎若璩看到毛奇龄的《古文尚书冤词》后，觉得自己立论欠周到，因而自行删除的。毛奇龄作《古文尚书冤词》：毛奇龄作《古文尚书冤词》八卷，极力批驳阎若璩的观点，卫护《伪古文》。他的一些反对意见，对阎若璩而言，未尝不是诤言，但是毕竟推翻不了阎若璩的结论。在清初，这是一桩相当重要的学术公案。详细的情形，请参阅戴君仁《阎毛古文尚书公案》一书（"国立编译馆"中华丛书）。

③ 余姚黄宗羲序之：黄宗羲《南雷文约》卷四，有《尚书古文疏证序》一文。

传，与《孔传》不合，其说最确；至谓马、郑注本，亡于永嘉之乱，则殊

不然①。考二家之本，《隋志》尚皆著录，称所注凡二十九篇，《经典释文》

备引之，亦止二十九篇，盖去其无师说者十六篇，止得二十九篇，与伏生

数合，非别有一本注孔氏书也②。若璩误以“郑逸”者，即为所注之逸篇，

不免千虑之一失。又《史记》《汉书》但有安国上《古文尚书》之说，并

无受诏作传之事，此伪本凿空之显证，亦辨伪本者至要之肯綮，乃置而未言，

亦稍疏略③。其他诸条之后，往往衍及旁文，动盈卷帙，盖虑所著《潜邱劄记》

或不传，故附见于此，究为支蔓。又前卷所论，后卷往往自驳，而不肯删

其前说，虽仿郑元注《礼》，先用《鲁诗》，后不追改之意，于体例亦究属

---

① 与《孔传》不合：孔颖达《尚书正义》曾提到《孔传》与马融、郑玄所注的篇目不合。
阎若璩以此为证，证明《伪古文》是晚出的，见《疏证》第三条。永嘉之乱：西晋
永嘉五年（311），刘渊称帝，石勒攻陷洛阳，晋怀帝被掳，史称“永嘉之乱”。此
说见《疏证》第二条。

② 非别有一本注孔氏书也：以上是《提要》批评阎若璩错误的地方。盖阎若璩认为马
融和郑玄都曾经注过由孔安国家人呈献的《古文尚书》，只是在西晋永嘉之乱时亡
佚了而已，至于后出的《孔传》则是梅赜伪造的。《提要》赞成他的结论，却不赞
同马、郑注本亡于西晋的说法，因为《隋书·经籍志》和陆德明的《经典释文》都
曾经提到这两本书，因此阎若璩的说法显然有问题。同时，这两本书都只有二十九
篇，和伏生所传的《今文》篇目相同，可见马、郑二人根本没有注过《古文》。而
问题的症结在于阎若璩误将《尚书正义》中所提到“郑逸”的地方，都看成是郑玄
所注的逸篇的缘故，《正义》的原意，其实是指郑玄未注此篇。阎若璩一时看走了眼，
故下文说他“千虑之一失”。

③ 并无受诏作传之事：有关孔安国和《古文尚书》的关系，《史记·儒林传》与《汉书·艺
文志》皆只记载了“安国献之”，而没有提到孔安国奉命作《孔传》的事。《提要》
认为这是驳斥《孔传》的坚实证据，而阎若璩没有用到，是疏漏了这点。其实，《提
要》这个意见未必正确，汉代经师注经，不一定要“受诏”而作；而且，阎若璩曾
据孔安国的实际年龄考证，认为孔安国不可能献书给朝廷，并由荀悦《汉纪·成帝纪》
中找到一条“于安国下，增一‘家’字”的确证，证明了是孔安国的后人所呈献的，
已足以祛除《提要》的疑难了。

未安①。然反复厘别，以祛千古之大疑，考证之学，则固未之或先矣。

《四库全书总目提要》

译　文

《古文尚书疏证》八卷，宫廷所藏的本子。本朝阎若璩所作。

若璩，字百诗，太原人，后来移居山阳。康熙十八年己未（1679），被推荐应"博学鸿词"的考试。

《古文尚书》比《今文尚书》多十六篇，魏、晋以来，未曾听说过它的师承关系，因此《左传》所引用而不见于《今文尚书》的文句，杜预在注《左传》时，都说是"逸书"。东晋初年，《古文尚书》才出现，而增加了二十五篇。刚开始的时候，仍和《今文尚书》并行不悖，自从陆德明根据它作《经典释文》、孔颖达根据它作《尚书正义》以后，便和伏生所传下来的《今文尚书》二十九篇混合在一起了。唐代以来虽有怀疑经典和古籍的风气，如刘知幾这一些人；但刘知幾还是将《尚书》一家，列为《史通》中六家之首，而没有提到《古文尚书》是伪造的。自宋代吴棫开始，才有了不同的意见，朱熹也稍微有点怀疑它。元代吴澄等人，秉持着朱熹的看法，相继提出了一些《古文尚书》的矛盾所在，它的伪造情形，便更加明显了。但是他们分析得还不够详尽周密，不足以指出其中有漏洞的地方。明代的梅鷟才开始参考古时的典籍，证明《古文尚书》是剽窃割裂而成的，但是见识不广，证据搜集得也不够充实。直到阎若璩，才引经据典地一一陈述了其中的矛盾，《古文尚书》出于伪造才大明于世。《古文尚书疏证》列了一百二十八条证据，毛奇龄作了《古文尚书冤词》，千方百计地想要驳倒它，总是无法强词夺理，正是因为《疏证》所说有根有据，先立于不败之地的缘故。

---

① 后不追改：郑玄注《礼》，先采《鲁诗》的说法（今文），后改用《毛诗》（古文），但是却不删除前面采用《鲁诗》说法的地方。

本书最初先写了四卷，余姚人黄宗羲曾为它作了一篇序；以后的四卷，则是次第续写而成的。阎若璩死后，诸人传钞摹写时，遗失了其中的第三卷，而第二卷中的第二十八条、二十九条、三十条，第七卷的第一百零二条、一百零八条、一百零九条、一百一十条，以及第八卷的第一百二十二条到一百二十七条，都只有目录而没有实际的条文，而且编排的先后次序，也没有什么条理，大概只是刚刚写成不久的书。

其中偶尔也有些说得不够精确的地方，例如他据《尚书正义》所记载的郑玄所注的《尚书大传》篇数，说马融和郑玄所传的《尚书》，和《孔传》的篇数不合（以证明《孔传》是晚出的），这个说法自然最正确；但是，他认为马融、郑玄二人曾注过《古文尚书》，而在西晋永嘉之乱的时候亡佚了，却十分值得商榷。据考证，马、郑二家的注本，《隋书·经籍志》中还有登录，并称他们所注的篇数是二十九篇，《经典释文》中全部引用过的，也只有二十九篇，也就是除去没有师说的十六篇，只得到二十九篇与伏生所传下来的《今文尚书》篇数符合，其实并没有另外一本孔安国所献的注《古文》的书。阎若璩误将"郑逸"二字，看成是他们所注的《古文》逸篇，未免是"智者千虑，必有一失"了。同时，《史记》《汉书》中只提到孔安国献书的事，并未提及奉命作传的说法，这是《伪古文尚书》穿凿附会的最明显例证，也是辨别《伪古文尚书》最重要的地方，他却没有提到，也稍微疏忽了些。在其他各条的后面，他往往延伸到无关紧要的意见，动辄占满了篇幅，实在是忧虑他所作的《潜邱劄记》会失传，所以将其中的意见附加在这里，终究显得散漫而没有系统。另外，他在前面几卷中的议论，到了后面几卷，又将它驳倒，而不肯将它们割爱，虽然是仿照郑玄注《礼》时，先用《鲁诗》（后用《毛诗》），而不追改的意思，对全书体例而言，总是不太恰当。但是，他在书中反复地厘清剔除一些矛盾的地方，而能祛除千古以来对《古文尚书》的大疑问，就考证学这一门学问而言，是没有人能超过他的了。

（林保淳/编写整理）

书《朱陆》篇后

章学诚

　　章学诚（1738—1801），字实斋，会稽（今浙江绍兴）人。他是清代中叶最富才识的文史学家，曾提出著名的"六经皆史"的理论，并于刘知幾所说的史才、史学、史识之外，增补上"史德"一项，使史学理论更进一层。基本上，他主张一切学术应以经世致用为目的，义理、考据、词章均是达成此目的的必要条件，缺一则不可，因此很强烈地抨击了当时盛行的考据学。他主要的著作是《文史通义》和《校雠通义》。

章学诚像

背　景

　　清代学术的中坚——考据学，在清初诸儒的开创下，到了戴震，更向前推展了一步，逐步迈向巅峰。此后，在戴震弟子辈的努力下，终于缔建了灿烂的考据王国。

　　但是，当时的学者并不是一面倒地倾心于名物制度的考证，正当戴震声望如日中天的时候，就有学者起而表示反对，章学诚便是其中最重要的一个。

　　章学诚在戴震生前曾写了《朱陆》一文，暗中讥讽戴震，但是由于"恐惊曹好曹恶之耳目"，不敢示人。直到戴震死后十余年，才连同本文一起发布。

这两篇文章都相当辛辣，因此难免使人误解他是在借机报复（戴震相当看不起他），进行人身攻击。连他的挚友邵晋涵都不太谅解，与他反复辩驳。

章学诚的确有点骄矜之气。其实不仅是戴震，古往今来的学者，上自班固，下迄袁枚、汪中，哪一个没有被他锐利的锋芒批评过？这是他一向写文的惯技，倒不必深究。实际上，章学诚是相当推崇戴震的，甚至称许他为"乾隆学者第一人"。平心而论，章学诚虽与戴震处于对立面，在当世学者中，却唯有他可以称得上是戴震的知己——戴震的《原善》《孟子字义疏证》的价值，也只有章学诚明白。

"惟仆知戴最深，故勘戴隐情亦最微中"，章学诚之所以反对戴震，除了鄙薄他的人品外，主要还是针对考据的风气而发，而戴震是考据学大师，射人先射马，擒贼先擒王，章学诚笔下自然不会留情。

影　响

大抵而言，章学诚治学的基本观点，在于经世致用，而著述大旨，要涵括义理、考据、词章三者为一。他并不反对学者从事考据，但却反对当时执考据以衡量天下学术的偏颇风气。"记通名数，持其一端"而已，学问之道，绝非如此狭窄。与其说章学诚攻击戴震，倒不如说他纠正了承袭戴震学风可能产生的偏颇现象，他这种开阔的见解，其实正是对乾嘉考据学的一种指正！

可惜的是，章学诚人微言轻，一个人的真知灼见，毕竟还是抵挡不住滔滔的洪流。但考据学的弊端经他一语道破之后，影响却十分深远，着重经世致用的"公羊学派"接着兴起，考证学终于逐渐走向衰颓。

原　文

戴君学问，深见古人大体，不愧一代巨儒，而心术未醇，颇为近日学者之患，故余作《朱陆》篇正之。

戴君下世，今十余年，同时有横肆骂詈者，固不足为戴君累；而尊奉太过，至有称谓孟子后之一人，则亦不免为戴所愚。身后恩怨俱平，理宜公论出矣，而至今无人能定戴氏品者，则知德者鲜也。

凡戴君所学，深通训诂，究于名物制度，而得其所以然，将以明道也。时人方贵博雅考订，见其训诂名物有合时好，以谓戴之绝诣在此。及戴著《论性》《原善》诸篇，于天人理气，实有发前人所未发者，时人则谓空说义理，可以无作，是固不知戴学者矣。戴见时人之识如此，遂离奇其说曰："余于训诂、声韵、天象、地理四者，如肩舆之隶也；余所明道，则乘舆之大人也。当世号为通人，仅堪与余舆隶通寒温耳！"言最不为无因，毕竟有伤雅道。然犹激于世无真知己者，因不免于已甚耳，尚未害于义也。其自尊所业，以谓学者不究于此，无由闻道；不知训诂名物，亦一端耳，古人学于文辞，求于义理，不由其说，如韩、欧、程、张诸儒，竟不许以闻道，则亦过矣！然此犹自道所见，欲人惟己是从，于说尚未有欺也。其于史学义例、古文法度，实无所解，而久游江湖，耻其有所不知，往往强为解事；应人之求，又不安于习故，妄矜独断。如修《汾州府志》，乃谓僧僚不可列之人类，因取旧志名僧入于古迹；又谓修志贵考沿革，其他皆可任意，此则识解渐入庸妄，然不过自欺，尚未有心于欺人也。

余尝遇戴君于宁波道署，居停代州冯君延丞。冯既名家子，夙重戴名，一时冯氏诸昆从，又皆循谨敬学，钦戴君言，若奉神明。戴君则故为高论，出入天渊，使人不可测识。人询班、马二史优劣，则全袭郑樵讥班之言，以谓己之创见。又有请学古文辞者，则曰："古文可以无学而能。余生平不解为古文辞，后忽欲为之而不知其道，乃取古人之文反复思之，忘寝食者数日。一夕忽有所悟，翼日取所欲为文者，振笔而书，不假思索而成，其文即远出《左》《国》《史》《汉》之上。"虽冯敬信有素，闻此亦颇疑之。盖其意初不过闻大兴朱先生辈论为文辞不可有意求工，而实未尝其甘苦，又觉朱先生言平淡无奇，遂恢怪出之，冀耸人听，而不知妄诞至此，则由自欺而至于欺人；心已忍矣，然未得罪于名教也。

戴君学术，实自朱子道问学得之，故戒人以凿空言理，其说深探本原，不可易矣。顾以训诂名义，偶有出于朱子所不及者，因而丑贬朱子，至斥以悖谬，诋以妄作，且云："自戴氏出，而朱子侥^{jiǎo}幸为世所宗已五百年，其运亦当渐替。"此则谬妄甚矣。戴君笔于书者，其于朱子有所异同，措辞与顾氏宁人、阎氏百诗相似，未敢有所讥刺，固承朱学之家法也；其异于顾、阎诸君，则于朱子间有微辞，亦未敢公然显非之也，而口谈之谬，乃至此极，害义伤教，岂浅鲜哉！

或谓言出于口而无踪，其身既殁，书又无大牴牾^{dǐ wǔ}，何为必欲摘之以伤厚道？不知诵戴遗书而兴起者尚未有人，听戴口说而加厉者滔滔未已。至今徽歙^{shè}之间，自命通经服古之流，不薄朱子，则不得为通人，而诽圣排贤，流风大可惧也！向在维扬，曾进其说于沈既堂先生曰："戴君立身行己，何如朱子？至于学问文章，互争不释，姑缓定焉可乎？"此言似粗而实精，似浅而实深也。

戴东原云："凡人口谈倾倒一席，身后书传反不如期期不能自达之人。"此说虽不尽然，要亦情理所必有者。然戴氏既知此理，而生平口舌求胜，或致愤争伤雅，则知及而仁不能守之为累欤！大约戴氏生平口谈，约有三种：与中朝显官负重望者，则多依违其说，间出己意，必度其人所可解者，略见锋颖，不肯竟其辞也；与及门之士，则授业解惑，实有资益；与钦风慕名而未能遽受教者，则多为慌惚无据，玄之又玄，使人无可捉摸，而疑天疑命，终莫能定。故其身后，缙绅达者咸曰"戴君与我同道，我尝正定其某书某文字矣"；或曰"戴君某事质成于我，我赞而彼允遵者也"。而不知戴君特以依违其言，而其所以自立，不在此也。及门之士，其英绝者，往往或过乎戴；戴君于其逼近己也，转不甚许可之，然戴君固深知其人者也。后学向慕，而闻其恍惚玄渺之言，则疑不敢决，至今未能定戴为何如人。而信之过者，遂有超汉、唐、宋儒，为孟子后一人之说，则皆不为知戴者也。

《文史通义》

译 文

戴震的学问，能洞察古人的大旨，是不愧为一代大儒的；但是心术不醇正，对近日的学者颇有不良的影响，因此我作了《朱陆》一篇文章加以纠正。

戴震去世，至今已十多年了，当时有肆意咒骂的，固然不会有损于他；但若过于推崇，甚至称许他为孟子以后唯一的人，就不免是受到他的愚弄了。人死以后，恩怨两清，按理应该有公论出现才是，而至今却没有人能评定戴震的人品，这是知道他德行的人太少的缘故。

大抵上，戴震的学问，精通训诂，研究名物制度，而能明白其所以然，这是他用以明道的手段。当时的学者正重视广博的考证，看到他在训诂、名物上的研究合乎时人的喜好，便认为这是他的最高学问。等到戴震作了《论性》《原善》诸篇，在天、人、理、气方面，确实有发前人所未发的精意所在，当时的学者却认为是空谈义理，大可以不作，他们根本就不明白戴震的学问如何。戴震看到时下学者的见识也不过尔尔，于是便故神其说，说："我在训诂、声韵、天象、地理四方面的学问，就好像是抬轿子的仆人一般；而我所希望明白的'道'，则是坐在轿子上的大人。在当今被称为'通人'的人，只够资格和我的仆人相往来而已！"这话说得不是没有道理，但毕竟有失忠厚。然而，这还是因受到世上没有真正的知己所刺激，因此不免太过分了一点，还没有伤到义理。他自己抬高所学的地位，认为学者不研究此学，便无法闻道；却不知道训诂、名物，也不过是学问的一项而已。古人学习词章，探求义理，未曾依循他所说的途径，如韩愈、欧阳修、二程、张载诸位学者，竟然也说他们无法闻道，这就太过分了！但是，这还只是自己说自己的见解，希望别人唯命是从，还不算是大言欺人。他在有关史学义例、文章法度方面，其实一点都不明白，而久经游历，觉得有所不知是很可耻的事，因此经常勉强装懂；回答他人的询问，又不肯安于旧说，随口武断。如纂修《汾州府志》时，居然说僧侣等人不能列为人类，因而将旧志中的名僧列入"古迹"；又说纂修方志，最重要的是考究沿革，其他都可以任意安排。这种见解便逐渐流于平庸虚妄了。但只不过自欺而已，还不是有心欺人。

我曾在宁波遇见过戴震，一同寄寓在冯廷丞家。冯是名家子弟，素来推崇戴震，当时冯氏兄弟，又都循规蹈矩、尊重学问，钦慕戴震的言论，将他视若神明，而戴震却故作高论，上天入地，使人不能探知其里。有人询问班固、司马迁所作的两本史书的优劣，则全部套用郑樵讥讽班固的话，说是自己的创见。又有人向他请教学习古文的方法，他却回答："古文可以不学而能。我生平不会作古文，后来想要作却不知道方法，于是拿一些古人的文章反复思考，废寝忘食了好几天。某夜突然有所开悟，第二天就拿出想要作的文章来，奋笔直书，不必思索就完成了，而文字便远远超过《左传》《国语》《史记》《汉书》。"虽说冯氏平常敬仰有加，听到了也颇怀疑。他的意思，最初只不过是曾经听说过大兴朱筠先生等人论作文章不可以刻意求工的话，而实际上不曾明白其中的甘苦，又觉得朱先生的话平淡无奇，因此便以恢诡奇怪的方式说出来，希望能耸人听闻，却不晓得荒谬到这个地步。这就由自欺而欺人了。虽是心中有意矫忍，但还没有得罪名教。

戴震的学术，实际上渊源于朱子的"道问学"，因此劝诫人不要空谈义理，这个说法深深切中根本问题，是不能改易的了。但是他在训诂名义时，偶尔有超过朱子的地方，便极力贬抑朱子，甚至斥责朱子老悖荒谬，诋毁朱子为胡说，而且说："自从我戴某出现，朱子侥幸被后人推崇已经有五百年了，他的气运也应该渐渐衰退并被代替了吧！"这就荒谬到极点了。戴震在写书时，和朱子有不同意见的地方，措辞和顾炎武、阎若璩相似，也不敢直接讥刺，倒是秉承了朱子的家法；他和顾、阎等人不同的地方，则是对朱子偶尔有些不太满意的言论，但也不敢公然指摘。然而在谈话的时候，竟荒谬到这种地步，伤害理义、破坏名教，怎能说是小呢！

有人认为，语言说出口之后，转眼便失去踪影，戴震既然已经死了，所著的书又没有大的错误，何必一定要指摘出来而有失厚道呢？殊不知读戴震遗书而兴起的人还没有出现，只听到戴震口头言论就变本加厉的人，却来势汹汹，难以遏止呢！至今徽州、歙州之间，自称通达经书、服膺古道的一些人，若不鄙薄朱子，就不能算是"通人"，因而诽诋圣贤。这种风气是相当令人恐惧的。从前我在维扬时，曾将这个意见告知沈业富先生，说："戴震的人品德行，比起朱子究竟如何？至于学问文章，至今争论不息，姑且暂缓论定怎么样？"这话看似粗略，其实精确；状似浮浅，其实是很深刻的。

戴震说："凡是能以口谈言论令一座人惊服的人，死后遗书的流传，反而不如那些期期艾艾、不善于自我表达的人。"此话虽不尽然全对，却颇合乎情理。但是戴震既然明白这个道理，而生平却依仗口舌求胜，有时甚至因相互争执而伤了雅道，应该是为"知及之，而仁不能守之"所拖累的吧！大抵说来，戴震生平言论，有三种方式：和朝廷富有声望的官员谈论时，经常是模棱两可，偶尔表示自己的意见，也一定揣摩对方所能了解的范围，稍稍透露一些锋芒，决不肯一言到底，说个明白；和及门弟子谈论，则传授学识、解答疑难，对他们有实际的裨益；和一些钦慕他而不能立刻收为弟子的人谈论，则经常说得迷离恍惚，玄之又玄，让人无法捉摸，而疑东疑西的，终究没有定论。因此在他死后，达官贵人都说"戴震和我同道，我曾经改正他某本书、某篇文章"；或说"戴震在某件事上曾向我请教，我赞同而他遵循不改"。却不知道戴震是故意模棱两可，他所得力的学问，并不在这里。戴震的弟子中，有聪明通达的，往往超过他，戴震生怕他们后来居上，反而不太称许他们，但是戴震心中是很明白他们的长处的。后学小生，钦仰戴震学问，但听到他那恍惚玄妙的言论，又怀疑不敢肯定，到现在还无法论定戴震究竟是怎么样的一个学者。而太过于相信他的人，便有所谓超逸汉、唐、宋各代学者，是孟子以后唯一的人的说法，这都是不知道戴震底细的人。

（林保淳／编写整理）

《畴人传》序[①]

阮　元

阮元（1764—1849），字伯元，号芸台，江苏仪征人。他学问淹博，又颇以提倡儒学自命，历任内外各官时，往往不遗余力地教诲士人，曾设"学海堂""诂经精舍"，并校刊《十三经注疏》，汇刻《学海堂经解》，对清代中叶的儒学研究，尤其是考证学的发展，有直接的促进作用。著述宏富，主要有《揅经室集》《畴人传》《经籍纂诂》《十三经校勘记》等。

阮元像

背　景

我国数学方面的研究，虽然很早就有了突出的成就，孔子也注意到"数"的重要性，但是，由于儒家强调的是个人心性的修养，以及由此而进一步展现的平天下的贡献，知识对他们而言，虽然重要，但是已明显的有缓急轻重之别，纯知识的追求，相形之下便不是当务之急了。数学于是与百工技艺同样被视为"小道"，虽"可观"，却"致远恐泥"，因而大雅君子对这方面有兴趣的人自然很少。

---

① 畴人：古时候乐官、历算之官等都是代代相传，世守其业的，这些人因具有专业知识而成为一独特的团体，因此称"畴人"。同时，由于他们精通历算，因此也将历算家称为"畴人"。畴，类的意思。

自周迄清，数学的发展大抵有两个方向，一是投闲置散，没有名位的专家，因兴趣而专心投注，作了一些令人喝彩的贡献——但没有受到应有的重视；另一种则自汉代以来，和阴阳五行的术数相结合，利用数学方法的推算，占验人事，以先知的姿态，泛滥于朝野——这便是至今仍流行的命理之数。前者在缺乏关注的情况下，虽偶有精义，却往往湮没不彰，只剩下史籍中东鳞西爪的断简残编；而后者，则助长了宿命（甚至迷信）的观念，对科学的发展，直接间接造成了障碍。

清代自戴震倡言"诵《尧典》数行，至'乃命羲和'，不知恒星七政所以运行，则掩卷不能卒业。……不知'少广''旁要'，则《考工》之器不能因文而推其制"，并自古籍中勤奋地钩稽各种算经、算法以后，数学的情势有了相当大的转机。在考证学的羽翼下，得以工具的姿态出现，因而蔚为大观，一时之间颇引人瞩目。阮元的《畴人传》可以说是这个风气中极具代表性的著作。

乾嘉学者以精密的考证、翔实的资料、严格的分析方法，从事研究工作，是不愧于"科学"这两个字的。然而，这仅是方法的科学而已，并未触及科学的核心，因为他们对建立科学——尤其是自然科学所需具备的基础，如数学，毕竟没有多大贡献。假如说有，那也不是考证学本身的贡献，而是它的旁支——历算之学无心的成果。虽然，它在实质上也受到限制，很快地便被传自西方的数学取代了。

影　响

虽然历数之学并未实质触及科学的核心，很难说它对亟须引进西方科学的当代中国有多大裨益；但是，在观念上，"小道"的轻视现象，已经有所转变，"儒者之学，斯为大矣"的视野，已足以冲决过去的樊篱，对往后学者的胸襟，具有一定的开拓作用。

事实证明了以上的论点，清末的学者在视野的开拓上，已涵纳了以数学为基础科学的范畴。同时，经由考证学家的努力，学者也很惊喜地发现：原来固有的文化中，已有足以媲美西方的知识学问！

原　文

昔者黄帝迎日推策，而步术兴焉，自时厥后，尧命羲和，舜在璇玑^①。三代迭王，正朔递改^②。盖效法乾象，布宣庶绩，帝王之要道也。

是故周公制礼，设冯相之官；孔子作《春秋》，讥司术之过^③。先古圣人，咸重其事。两汉通才大儒，若刘向父子、张衡、郑元之徒，纂续微言，钩稽典籍，类皆甄明象数，洞晓天官^④。或作法以叙三光，或立论以明五纪^⑤。数术穷天地，制作侔造化，儒者之学，斯为大矣！

世风递降，末学支离，九九之术，俗儒鄙不之讲，而履观台、领司

---

① 步术：即推步之术。日月运行于天，正如同人步行于地一样，因此推算日月运行的时间、距离、方位的方法，就叫作"推步"。尧命羲和：《尚书·尧典》："乃命羲和，钦若昊天，历象日月星辰，敬授人时。"尧曾命令羲氏、和氏观测天象，拟定人民的生活顺序。舜在璇玑：《尚书·尧典》："在璇玑玉衡，以齐七政。"璇玑玉衡是古时候测量天文的仪器，和汉代的"浑天仪"类似。

② 正朔：即正月一日。古代王者易姓，经常"改正朔"，即规定一年中的某一个月为正月，某一时辰起为元旦，如夏朝以一月（孟春建寅之月）为正月，天亮起为元旦；商朝以十二月（季冬建丑之月）为正月，鸡鸣起为元旦；周朝以十一月（仲冬建子之月）为正月，夜半起为元旦。自汉迄清，都用夏制，即今之农历。

③ 冯相：《周礼·春官》设有冯相氏，掌理观测天文。

④ 天官：天文之星官。《史记·天官书》索隐："官者，星官也；星座有尊卑，若人之官曹列位，故曰天官。"这里泛指天象而言。

⑤ 三光：即日、月、星。五纪：《尚书·洪范》："四、五纪。一曰岁，二曰月，三曰日，四曰星辰，五曰历数。"

天者，皆株守旧闻，罔知法意；演撰算造之家，徒换易子母，弗凭圭表为合，验天失之弥远[①]。步算之道，由是日衰；台官之选，因而愈轻。六艺道湮，良可嗟叹[②]。

甚或高言内学，妄占星气，执图纬之小言，测渊微之悬象[③]。老人之星，江南常见，而太史以多寿贡谀；发敛之节，终古不差，而幸臣以日长献瑞[④]。若此之等，率多错谬。又或称意空谈，流为虚诞。《河图》《洛书》之数，传者非真；元会运世之篇，言之无据[⑤]。此皆数学之异端，艺术之杨、墨也。

元蚤岁研经，略涉算事，中西异同，今古沿改，三统四分之术，小

---

① 九九之术：即九九算术。履观台：指担任测天职务的人。观和台都是高出四面，可以望远的建筑，古时观测天象都是登高而望，因此朝廷中职司测天工作的职务也常以某某观、台命名。子母：即百分法中的子数及母数。圭表：测量日影所用的工具。

② 六艺：指礼、乐、射、御、书、数。这里着眼在数。

③ 内学：指图识之学，因其所言神秘，故称内学。星气：即星象。古时有人认为天上星宿的变化，对人事有一定的影响，因此观测天象，可以判定一个人的吉凶寿夭。这种学问叫"星学"，即占星术。此说盛行于两汉之交，其后民间流行的紫微斗数等算命法，皆承袭于此。

④ 老人之星：中国称之为寿星，即龙骨座 α，西名 Canopus，此星仅在每年二月左右出现在南天地平线附近，一般人很难有机会看到，这也许是被称为寿星的原因。在江南一带，地处南方，机会自然较多。

⑤ 《河图》《洛书》之数：由于《易经·系辞传》中有"河出图，洛出书，圣人则之"一段话，遂开《易经》被比附于算命、卜卦的趋势，《河图》《洛书》便被绘形绘影地传诵了下来。一般说《河图》有九篇，《洛书》有六篇，基本上是以数学中的方阵为基础的。元会运世之篇：北宋邵雍著有《皇极经世篇》，提到元会运世的说法，企图借数以推测宇宙的变化，认为宇宙现象是周而复始循环的，可以由其循环之近者，而推测未来。后世命理家颇援引此说。

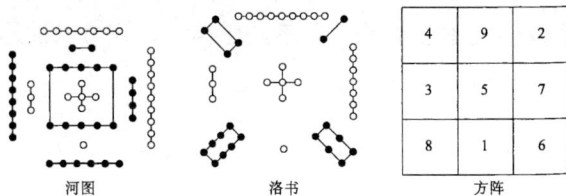

4	9	2
3	5	7
8	1	6

河图　　　　洛书　　　　方阵

轮椭圆之法，虽尝旁稽载籍，博问通人，心钝事棼^{fén}，义终昧焉①。窃思二千年来，术经七十改，作者非一人。其建率改宪，虽疏密殊途，而各有特识。法数具存，皆足以为将来典要。爰掇拾史书，荟萃群籍，甄而录之，以为列传。自黄帝以至于今，凡二百四十三人，附西洋三十七人，大凡二百八十人，离为四十六卷，名曰《畴人传》。

综算氏之大名，纪步天之正轨，质之艺林，以谂^{shěn}来学，俾知术数之妙，穷幽极微，足以纲纪群伦，经纬天地。乃儒流实事求是之学，非方技苟且干禄之具，有志乎通天地人者，幸详而览焉。嘉庆四年十月。

《畴人传》

译　文

从前黄帝依照太阳升起的方位推算时间，因而推步的方法就萌兴了。自此以后，尧命令羲氏、和氏掌理此职，舜利用璇玑玉衡测量天文，三代迭兴，正朔互有改变。实在是因为效法天象，宣布农时以达到成效，是古来帝王最重要的行政措施啊！

因此，周公制定礼仪，设有冯相氏的官职；孔子作《春秋》，曾经讥讽掌理天文之官的错误。古代的圣人，都很重视这件事。西、东两汉的博学大儒，如刘向、刘歆父子，张衡、郑玄这些人，阐明其中的奥妙，从典籍中广搜博采，大抵上都能辨明象数、洞知天文。有的拟出日月星三光的推测方法，有的说明岁时等五纪的理论。其精妙的推算方式，可以穷尽天地的奥秘；其精密的制作，可以媲美造化的神奇。儒者的学问中，这可以说是最博大的了。

---

① 三统四分之术：三统，即天元、地元、人元，为古时开方法，加上物元，即为四分，又叫四元。在三统中，止于一元方程式，四分中则为多元方程式。

世风日下，后来的学者只重视枝节，九九算法，俗儒都轻鄙不愿研讨，而任职台观、负有司天责任的人，又都墨守成规，不明白精义所在；演算家也只知替换子母之数，不以圭表为验证，就天象的真相而言，就相差得更远了。推步的方法，自此便没落；台官的人选，也就更令人轻忽了。六艺之道湮没不彰，实在令人感叹！

有的人甚至倡言"内学"，妄图以星象占验人事，执着图符、谶纬的小道，以窥测渊深微妙的天象。像老人星，在江南经常可以见到，而史官却认为是长寿的象征，用以谄媚君主；季节的长短变化，是亘古不变的，而倖佞的臣下却将夏日绵长的现象视作祥瑞。像这种情形，大部分都是错误荒谬的。有些人则又率意空谈，而流于虚无荒诞，如《河图》《洛书》的图像，流传下来的都是伪造的；元会运世的说法，也没有什么根据。这些都是数学中的异端，艺术中的杨、墨。

我自幼研治经学，对历算偶有涉猎，有关中西算法的异同，今古的沿革，三统、四分的方法，以及圆形、椭圆的法则，虽然曾经广泛地采择经书、询问通人，但是心智愚钝而又事务繁忙，终究不能明白其精义所在。我私下认为，二千年来，推步的方法曾经不下七十次的改进，研究的学者也很多，他们所建立的准则、法度，虽然有疏有密，然而都各有独到的看法。他们的方法如今都还完整地保留下来，是值得作将来参考的。因此，我搜罗史书、荟聚典籍，将他们辨明、记载，作成列传。自黄帝起到现代，一共二百四十三人，附西洋人三十七人，总共二百八十人，分为四十六卷，题名为《畴人传》。

本书综括历来算学家的大名，记载推算天文的正确方式，质之艺术界，同时告知后人，使他们明白术数的奥妙。若能极力推究，是足以作人伦纲纪，而经纬天地之道的。这是儒家实事求是的学问，并非一般方技之士苟且求取名位的工具，有志于通天地人之道的学者，希望能够详细地阅读它。嘉庆四年（1799）十月。

（林保淳/编写整理）

《汉学商兑》序

方东树

方东树（1772—1851），字植之，安徽桐城人。他是姚鼐的弟子，为"桐城派"古文健将之一。四十岁以后，专研义理，一宗朱子，著《汉学商兑》《书林扬觯》二书，攻击汉学，颇能中其肯綮。除上述二书外，另有《仪卫轩文集》《昭昧詹言》等书。

背　景

清代考证学兴起之后，由于其范畴的狭隘，曾招致一些学者的批评，在方东树之前，章学诚别树一帜，以考证、义理、词章三者合一的观点，作了若干纠正，但是还没有正面地以"宋学"来与"汉学"对抗。方东树的基本出发点虽也是"经世致用"，但"宋学"二字，则被标举出来，很明显地带有挑衅的意味——因为考证学家最反对"宋学"。

方东树是桐城古文家，桐城派自方苞举出"义法"二字，作为古文的轨范以来，皆以发挥义理为宗旨，对朱子一脉，尤殷殷致意。而考证学家自惠栋、戴震以下，则尽力攻击朱子。两派基本立场不同，自然就势如水火了。在维护朱子的立场下，方东树作了《汉学商兑》三卷，及《书林扬觯》一书，对考证学展开了相当严厉的批评。

所谓"商兑"，本指"商榷"而言。诚然，考证学在盛极一时的情况下，沦于琐碎饾饤，且所持观点也未免太过于狭隘，的确有"商兑"的必要。

就此而言，方东树的意见，也颇能言之成理，足为考证学下一针砭。但是，方东树在理直气壮之下，不免有些肆口无忌，以其排奡纵横的文字，发出了带有人身攻击意味的言论，名为"商兑"，却以排击为主。就学术立场而言，不免是一种遗憾。

影　响

　　此书作成之后，颇受同时学者的重视与称扬，其原因自然是考证学已到了木老虫生、窬状毕见的尾声了。《汉学商兑》一则明确地表达了当时"宋学"学者的态度，一则显示出学术风气转变的指标。大抵上，考证学的巅峰时期，在江藩作《汉学师承记》及阮元刻《皇清经解》时，达到了顶点，其后便盛极而衰了。《汉学商兑》作于此二书之后不久，对二书均进行了抨击，同时也引起了正面的回响，足见此书在学术史上的重要地位。其后鸦片战争爆发，经世致用的学风再度激扬，汉学便成为强弩之末了。

　　此书批评汉儒，通常采取了"尊而不尚"的态度，承认汉儒传经的价值，却反对考证学独尊汉儒的治学方法。尤其值得注意的是，他举出了"虚""实"的辩证观点，直接向考证学承自顾炎武、阎若璩"以虚就实"的观点发起挑战。汉学家一向认为训诂考订是"实"，空谈义理是"虚"，而方东树却说：

> 汉学诸人，言言有据，字字有考，只向纸上与古人争训诂形声、传注驳杂，援据群籍，证佐数百千条，反之身己心行，推之民人家国，了无益处。……然则虽实事求是，而乃虚之至者也。（卷中之上）

　　这个"虚""实"之辨，本是汉学家批评宋学的言论，如今方东树反将一军。如此一来，何者是"虚"，何者是"实"，只是认识上的差异，而没有本质的不同。汉学的据点，便不攻自破了。这种批评，可说是相当强劲有力的。而所谓"反之身己心行，推之民人家国"的经世观点，更在"公羊学"复兴之时，得到大力推阐。

原　文

近世有为汉学考证者，著书以辟宋儒、攻朱子为本①。首以言心言性言理为厉禁，海内名卿巨公，高才硕学，数十家递相祖述，膏唇拭舌，造作飞条，竞欲咀嚼。究其所以为之罪者，不过三端：

一则以其讲学标榜，门户分争，为害于家国；一则以其言心言性言理，堕于空虚，心学、禅宗，为歧于圣道；一则以其高谈性命，束书不观，空疏不学，为荒于经术②。

而其人所以为言之旨，亦有数等：若黄震、万斯同、顾亭林辈，自是目击时弊，意有所激，创为救病之论，而析义未精，言之失当；杨慎、焦竑^{hóng}、毛奇龄辈，则出于浅肆矜名，深妒《宋史》创立"道学传"，若加乎儒林之上，缘隙奋笔，恣设诐^{bì}辞；若夫好学而愚，智不足以识真，如

---

① 汉学考证：清代的考证学（或称考据学）号称汉学。其治学范畴，以经学为主，兼及小学、音韵、天算、地理、典制、校勘、辑佚等。称"汉学"，是有意与"宋学"对立，因此对宋儒所说的义理、心性，多所抨击。

② 讲学标榜：宋明以来的学者，由于学术、政治的见解与立场不同，往往各持一说，互相标榜或排挤，因此形成门户之争，其中尤以东林人士最为著名。清初学者甚至将明代亡国的罪责，归咎于此。因此清人对讲学标榜，一直心存芥蒂，而有"为害于家国"的观念。心学、禅宗：明儒王阳明一脉的学说，在理论上与禅宗"明心见性"的说法有相通之处，因此反对"心学"的人，便往往指斥王学为"禅宗"之学，不是孔子传下的圣人之道。

东吴惠氏、武进臧氏，则为暗于是非①。自是以来，汉学大盛，新编林立，声气扇合，专与宋儒为水火。而其人类皆以鸿名博学，为士林所重，驰骋笔舌，弗穿百家，遂使数十年间承学之士，耳目心思为之大障。

历观诸家之书，所以标宗旨、峻门户，上援通贤，下謺流俗，众口一舌，不出于训诂小学、名物制度，弃本贵末，违戾诋诬，于圣人躬行求仁、修齐治平之教，一切抹杀②。名为治经，实足乱经；名为卫道，实则叛道。

昔孟子不得已而好辩，欲以息邪说、正人心。窃以孔子没后千五百余岁，经义学脉，至宋儒讲辨，始得圣人之真。平心而论，程、朱数子廓清之功，实为晚周以来一大治。今诸人边见，僛倒利本之颠，必欲寻汉人纷歧异说，复汩乱而晦蚀之，致使人失其是非之心，其有害于世教学术，百倍于禅与心学③。又若李塨等以讲学不同，乃至说经亦故与宋人相反，虽行谊可尚，而妒惑任情，亦所不解。

---

① 道学传：《宋史》于"儒林传"外，别立一"道学传"，将二程、朱子、张载等著名的理学家列入传中，在我国史书中实是创举。但明清学者很多人深不以为然，认为"道学"渊源于道教，不该与儒家混淆在一起。

② 训诂：解释经书中的文句。小学：指文字学、声韵学、训诂学而言。《周礼》中记载，古时学童，八岁入小学，先教以"六书"，而所谓"六书"，据许慎《说文解字叙》所说，是有关文字、音韵方面的象形、指事、会意、形声、转注、假借六种造字方法，故清人指这方面的学问为"小学"。名物制度：名物制度的考订是清代考证学中重要的一环。名物，名号物色，指各种动植矿物及器具的名称和形制而言。制度，指历代各种制度。

③ 汉人纷歧异说：汉儒解经，有今文、古文的争议，彼此纷歧，故方东树如此说。汩乱而晦蚀之：这里是说汉儒解经，众说纷纭，已不足以阐明圣学，而考证派的学者，又援引这些纷歧的说法，不加别择任意解说，更使圣学晦暗不明。蚀，指日、月食。日月有蚀则光不明，故引申为暗的意思。

东树居恒感激，思有以弥缝其失，顾寡昧不学，孤踪违众，河滨之人，捧土以塞孟津，不自度其力之弗胜也①。要心有难已，辄就知识所逮，掇拾辨论，以启其端，俟世有真儒出而大正焉；倘亦识小之在人，而为采获所不弃与？道光丙戌四月，桐城方东树。

《汉学商兑》

译　文

近代有许多从事汉学考证的人，写书以排斥宋儒、攻击朱子，绝口不谈"心""性""理"的问题；一般有名望的达官贵人、才识丰富的学者，大家互相传述学习，个个抹唇擦舌，找出一些莫须有的罪名，争先恐后地想咬宋儒一口才甘心。而他们怪罪宋儒的原因，推究起来，不过三点：

一是认为宋儒讲学时互相标榜，造成门户纷争，有害于国家；一是认为宋儒谈论"心""性""理"的问题，流于空虚不实，"心学"就和"禅宗"一样，有违圣人之道；一是认为宋儒高谈"性命"，空疏浅薄，而不肯读书、研究，是疏略了经术。

他们之所以有这种意见，原因也有好几种：像黄震、万斯同、顾炎武这些人，自然是因为目睹当时的弊病，有感而发地说出救弊的言论，但是分析义理既不够精确，所说也不免有错误；杨慎、焦竑、毛奇龄等人，则出于浅薄放肆，而又爱好虚名，非常嫉恨《宋史》创立了"道学传"，似乎其地位比"儒林传"还更重要，因此在气愤之余，奋笔直书，发表了一些偏颇的言论；至于那些虽然爱好学问，却愚昧得无法认清真理的人，如

---

① 捧土以塞孟津：黄河泛滥，常在孟津决口，因此住在黄河边的人，妄想以手捧土，去堵塞孟津的决口，是自不量力的。这里作为作者批评汉学的谦词。孟津，在今河南孟州市。

吴县的惠栋、武进的臧琳，则纯粹是不明是非。从此以后，汉学大为兴盛，新出的书籍多如雨后春笋，彼此连声通气，专门与宋儒为难。而这些人又具有崇高的声望和广博的学问，甚受读书人的尊重。他们以灵舌利笔，遍击各家的学问，因此使得数十年间的学子，都受到了极大的蒙蔽。

我遍观各家的著作，他们用来标立宗旨、自立门户，上则拉拢贤能的学者，下则欺瞒一般的民众，异口同声，不外乎是训诂、小学、名物、制度的考究而已！放弃根本而重视枝节，不但违背圣学，而且污蔑了圣人！对于圣人身体力行以求仁道，以及修身、齐家、治国、平天下的道理，一概抹杀不谈。名义上是研治经术，其实正是混淆了经术；号称是保护圣道，其实正是违背了圣道！

从前孟子在不得已之下而好辩，是希望能消灭邪说、端正人心。我私下认为，孔子死后一千五百多年，经书义理的学脉，到宋儒讲论辩说之后，才真正阐明了圣人的真理。平心而论，二程、朱子扫荡邪说的功劳，实在是春秋以后经学的一大治。如今他们怀着偏见，颠倒本末，硬是要寻究汉人已聚讼纷纭的意见，再度混淆经学，使经学晦暗不彰，因而使学人失去了判断是非的标准。他们之有害于世教和学术，超过禅宗和心学百倍以上。此外像李塨等人，由于讲学观点不同，而至于在解释经典时，也故意和宋儒唱反调。虽然他们的行为品性值得尊敬，但是任意地怀疑妒嫉，却是我所难以理解的。

我平日经常慨叹，很希望能弥补他们的缺失，但是浅陋愚昧如我，又是孤军奋战，就好像是居住在黄河边上的人，妄想用手捧土，去堵塞孟津的决口一样，实在是自不量力、不可能达成的啊！但是却心有难已，只得就自己知识所及，收拾整理出一些意见，以作为开端，期待日后世上出现了真正的大儒，再好好地整顿一番！希望还有人觉得这些微末的意见是值得嘉许的，因而能被采用而不弃置！道光丙戌（1826）四月，桐城方东树记。

（林保淳／编写整理）

筹议严禁鸦片章程折

林则徐

林则徐（1785—1850），字元抚，一字少穆，晚号俟村老人，福建侯官（今福州）人。在鸦片战争前奉派至广东，专办禁烟事宜，在他雷厉风行的禁制下，烧毁了两万多箱鸦片，甚获好评。鸦片战争失败，被革职查办，调戍伊犁，成为战争中的牺牲品。其后被再度起用，官至陕甘总督。太平天国乱起，受诏赴广西剿抚，半道病卒。他毕生最大的成就，端在禁烟一事，虽因此获谴，却更令后人激赏。著有《林文忠公政书》等。

林则徐像

背 景

鸦片（opium），是从罂粟花（Papaver somniferum）的汁液中提炼出来的一种药品，其中含有吗啡（Morphine）、那可汀（Narcotine，$C_{22}H_{23}NO_7$）等十余种生物碱，有毒，但若少量用之，可以治疗痢疾或止痛。在中国又称为"阿芙蓉"。

鸦片之传入中国，最早在唐高宗乾封二年（667），由西域传来，作宫廷医药之用。明朝末年，才逐渐有人加入烟草，燃烧吸食。清雍正年间，鉴于吸食鸦片的人积久成瘾，难以断绝，有害于人，曾宣布过禁食的禁令。但官吏奉行不力，吸食者逐渐增多。而当时英国的东印度公司，刚自本国取得垄断中国贸易的特权，因鸦片能赚取暴利，遂自印度大量输入中国。在短短的数十年间，吸食鸦片竟然成为一种风尚，迅速地弥漫全国。

英国人的倾销政策，是相当阴狠毒辣的，他们利用鸦片会令人上瘾的药性，往往先以极廉的价格供应，一旦多人上瘾之后，立刻将价格哄抬数倍乃至数十倍之多，借以攫取暴利。就中国而言，鸦片之大量输入，除了养就一批烟鬼、病夫之外，首当其冲的危机，便是纹银的外流。

纹银外流，使得国内银根紧缩，立刻造成银价蹿升。随之而来的，便是物价的大幅增高，对整个经济结构，造成了极大的冲击。也因此，才促使一般学者、官吏重视这个问题。道光十一年（1831），清宣宗再度下旨禁绝。但是在基于税收的考虑及官吏的私心作祟下，不久又废止了，反而视鸦片为合法的贸易项目。这可以说是第一个阶段的禁烟，但却以失败告终。

此后的情形，自然是更加严重了。鸦片进口的税收，自然抵不过购买者泄洪般的纹银外流。于是，一些有识之士，如许球、朱嶟等人，皆上疏切言鸦片之害。道光十八年（1838），黄爵滋上疏请严禁鸦片，正是有鉴于此。此时宣宗的财政极为窘迫，又见黄爵滋所言有理，于是重申禁令，宣布三条禁律：（一）合十人为一保，互相警戒，一人犯禁，十人受罚；（二）家藏烟具及鸦片者处死；（三）官吏受贿不报者，削职议处。同时，更令各省督抚、将军，严行查禁，并各抒己见上奏。这是第二个阶段的禁烟。

影　响

这时官居湖广总督的林则徐，接到上谕之后，立刻上了这奏折妥议禁烟办法，并于所辖之地，雷厉风行，颇收成效。其疏中所言，详明而剀切；而且在《查拿烟犯收缴烟具情形折》的附片中，更是指出了一般人所未注意到的毒害："迨流毒于天下，则为害甚巨，法当从严。若犹泄泄视之，是使数十年后，中原几无可以御敌之兵，且无可以充饷之银。"因此宣宗大为赏识，立刻于同年十一月，拜林则徐为钦差大臣，驰赴情况最严重、问题也最多的广东省，专办禁烟事宜。

林则徐于道光十九年（1839）正月抵达广东，立刻展开了各项禁烟措施。鸦片战争的序幕，自此逐渐拉开。可惜由于鸦片战争落败，签订了丧权辱国的南京条约，使中国沦于万劫不复之境。于今回思，益见林则徐的苦心孤诣和远见。

原　文

奏为遵旨筹议章程，恭折复奏，仰祈圣鉴事：

本年五月初二日，准兵部火票，递到刑部咨开，道光十八年闰四月初十日上谕："黄爵滋奏请严塞漏卮，以培国本一折，着盛京、吉林、黑龙江将军，直省各督抚，各抒所见，妥议章程，迅速具奏折并发，钦此。"[①]

臣查原奏内称，近来银价递增，每银一两，易制钱一千六百有零，非耗银于内地，实漏银于外夷[②]。自鸦片烟流入中国，其初不过纨绔子弟，

----

① 兵部火票：依照清朝制度，凡京师送达外省的公文，皆用兵部凭照，令沿途各驿站传递，取其"火速"之意，故称"火票"。黄爵滋奏请严塞漏卮：道光十八年（1838）闰四月，黄爵滋鉴于鸦片烟毒的祸害，上疏请求严禁鸦片，这是道光皇帝下令禁烟的张本。他的意见，主要着眼在经济的层面。下文"原奏内称"，是节录自黄爵滋《为请严塞漏卮以培国本》的奏折。

② 易制钱一千六百有零：清朝各代银两准折通行铜钱的数目不一，但大抵在一千钱上下。黄爵滋上疏时说已到一千六百钱，到鸦片战争前夕，更是高达二千钱了。纹银外流之严重，可想而知。这也是黄爵滋疏请禁烟的主要原因。

习为浮靡。嗣后上自官府缙绅，下至工商优隶，以及妇女僧尼道士，随在吸食。广东每年漏银，渐至三千余万两，合之各省，又数千万两。耗银之多，由于贩烟之盛；贩烟之盛，由于食烟之众。今欲加重罪名，必先重治吸食。请皇上严降谕旨，自今年某月日起，至明年某月日止，准给一年限期，若一年以后，仍然吸食，是不奉法之乱民，罪以死论等语。

臣伏思鸦片流毒于中国，纹银潜耗于外洋，凡在臣工，谁不切齿？是以历年条奏，不啻发言盈廷，而独于吸食之人，未有请用大辟者。一则大清律例，早有明条①。近复将不供兴贩姓名者，由杖加徒，已属从重，若径坐死罪，是与十恶无所区别，即于五刑，恐未协中②。一则以犯者太多，有不可胜诛之势，若议刑过重，则弄法滋奸，恐评告诬攀^{jié}，贿纵索诈之风，因而愈炽。所以论死之说，私相拟议者，未尝乏人，而毅然上陈者，独有此奏。然流毒至于已甚，断非常法之所能防，力挽颓波，非严蔑济。兹蒙谕旨饬议，虽以臣之愚昧，敢不竭虑筹维？

窃谓治狱者，固宜准情罪，以持其平，而体国者，尤宜审时势而权所重。今鸦片之贻害于内地，如病入经络之间，久为外邪缠扰，常药既不足以胜病，则攻破之峻剂，亦有时不能不用也③。夫鸦片非难于革瘾，而难于

---

① 早有明条：清雍正年间，曾明定吸食鸦片之罪："国内商人贩卖者，枷一月，杖一百，遣边充戍卒三年；侍卫官吏犯者，罢职，枷二月，杖一百，流三千里为奴。"可惜执行不力，贩者吸者逐年增多。

② 十恶：旧时刑法所指的十恶，为谋反、谋大逆、谋叛、恶逆、不道、大不敬、不孝、不睦、不义、内乱十项，皆属"杀无赦"的罪名。五刑：指五种刑。历代五刑的项目都不尽相同，清代承明代律例，以笞、杖、徒、流、死为五刑。

③ 攻破之峻剂：我国中药中常将一些药性强烈的药称为攻、破，以提醒人不要乱用。这里指严峻的刑罚而言。

革心，欲革玩法之心，安得不立怵心之法？况行法在一年以后，而议法在一年以前，转移之机，正系诸此。《书》所谓"旧染污俗，咸与维新"，《传》所谓"火烈民畏，故鲜死焉"者，似皆有合于大圣人"辟以止辟"之义，断不至与苛法同日而语也①。

惟是吸烟之辈，陷溺已深，志气无不昏惰，今日安知来日？当夫严刑初设，虽亦魄悚魂惊，而转思期限尚宽，姑俟临时再断，至期迫而又不能骤断，则罹法者仍多。故臣谓转移之机，即在此一年中。必直省大小官员，共矢一心，极力挽回，间不容发，期于必收成效，永绝浇风，而此法乃不为赘设。

兹谨就臣管见所及，拟具章程六条，为我皇上敬陈之：

一、烟具先宜收缴净尽，以绝馋根也。查吸烟之竹杆，谓之枪，其枪头装烟点火之具，又须细泥烧成，名曰烟斗。凡新枪新斗，皆不适口，且瘾难过，必其素所习用之具，有烟油渍乎其中者，愈久而愈宝之，虽骨肉不轻以相让。此外零星器具，不一而足，然尚可以他具代之，惟枪斗均难替代。而斗比枪尤不可离，遇无枪时，以习用之斗，配别样烟杆，犹或迁就一吸，若无斗，即烟无装处，而自不得不断矣。今须责成州县，尽力收缴枪斗，视其距海疆之远近，与夫地方之冲僻、户口之繁约、民俗之华朴，由各大吏酌期定数，责以起获，示以劝惩。除新枪新斗，听

---

① 旧染污俗，咸与维新：语出《伪古文尚书·胤征》，是说那些遭到习俗污染的人，都给他们一个自新的机会。火烈民畏，故鲜死焉：语出《左传》，意思是说，火势猛烈，一般人都很害怕，因此死于火中的人就很少了。这里借以说明如果刑罚严厉的话，人民也会畏惧，因而不敢自蹈法网。辟以止辟：语出《伪古文尚书·君陈》，意思是说，以严厉的刑罚来遏阻人民犯法。

该州县自行毁碎，不必核计外，凡渍油之枪斗，皆须包封，粘贴印花，汇册送省①。该省大吏，当堂公同启封毁碎。无论此具或由搜获，或由首缴，或由收觅，皆许核作州县功过之数。若地方繁庶，而收缴寥寥，立予撤参。如能格外多收，亦当分别奖励。

一、此议定后，各省即应出示，劝令自新。仍将一年之期，划分四限，递加罪名，以免因循观望也。查重典之设，原为断吸起见，果能人人断吸，亦又何求？所谓以人治人，改而止也。各省奉文之后，应由大吏发给告示，遍行剀切晓谕。自奉文之日起，扣至三个月为初限，如吸烟之人，于限内改悔断绝，赴官投首者，请照习教人首明出教之例，准予免罪②。然投首非空言也，必将家藏烟具几副、余烟若干，全行呈缴到官，出具改悔自新，毫无藏匿甘结，加具族邻保结，立案报查③。如日后再犯，或被告发，或经访闻，拘讯得实，加倍重办。其二、三、四限之内投首者，虽不能概予免罪，似亦可酌量减轻。惟不投首者，一经发觉，即须加重。盖四时成岁，三月成时，气候不为不久。果知畏法，尽可改图。若仍悠忽迁延，再三自误，揆（kuí）以诛心之律，已非徒杖所可蔽辜。除初限以内拿获者，仍照原例办理外，其初限以外，四限以内，未首之犯，拿获审实，

----

① 印花：这里的印花指盖印和花押而言，而非印花税。印花税清末一度实施，民国以后才成常法。花押就是签字。

② 习教人首明出教：清代严禁秘密结社，参加结社的人称作"教民"，处罚相当严厉；如果入教之后，能自首供认者，则免罪以示奖励。称为"教民"，是因为当时的秘密社团，常以某某教为名，如天理教、白莲教等。

③ 甘结：是向官府发誓或保证其所行之事，一定真诚不欺，或依照条文规定，否则甘愿受罚的结文。有点类似于现在的保证书。

似应按月递加一等，至军为止^①。其中详细条款，并先后投首，如何减等，首后再犯，如何惩办之处，均请敕部核议施行。似此由宽而严，由轻而重，不肖之徒，如再不知悔惧，置诸死地，诚不足惜矣。

一、开馆兴贩，以及制造烟具各罪名，均应一体加重，并分别勒限缴具自首，以截其流也。查开馆本系死罪，兴贩亦应远戍。近因吸食者多，互相包庇，以致被获者转少。今吸烟既拟重刑，若辈岂宜末减？应请一体加重，方昭平允。但浇俗已深，亦宜予以自新之路。请自奉文之日起，开馆者勒限一月，将烟具烟土，全缴到官，准将原罪量减，如系拿获，照原例办理。地方官于一月内办出者，无论或缴或拿，均免从前失察处分。倘逾限拿获，犯照新例加重，自获之员，减等议处。其兴贩之徒，路有远近，或于新例尚未闻知，不能概限一月投首，应请酌限三个月内，不拘行至何处，准赴所在有司衙门，缴烟免罪。若逾限发觉，亦应论死。其缴到之烟土烟膏，限同在城文武，加用桐油，立时烧化，投灰江河。匿者与犯同罪。至制造烟具之人，近日愈夥，如烟枪固多用竹，亦间有削木为之，大抵皆烟袋铺所制。其枪头则裹以金银铜锡，枪口亦饰以金玉角牙，闽粤间又有一种甘蔗枪，漆而饰之，尤为若辈所重。其烟斗自广东来者，以洋磁为上，在内地制者，以宜兴为高，恐其屡烧易裂也，则亦包以银锡，而发蓝点翠，各极其工；恐其屡吸易塞也，则又通以铁条，而矛戟锥刀，不一其状。手艺之人，喜其易售，奇技淫巧，竞相传习，虽照例

---

① 至军为止：清代流放的刑罚，最重的是充军。一般流放，只是让犯者在边区开垦，约束较少；而充军则等于加入军队，须受军令限制，并参加各种操练。

惩办，而制造如故。应请概限奉文一月内，将所制大小烟具，全行缴官毁化，免罪。并谕烟袋作坊，瓦器窑户，以及金银铜锡、竹木牙漆各匠，互相稽查，如逾限不首，及首后再制，俱照新例重办。其装成枪斗，可用吸食者，即须论死。保甲知情不首，与犯同罪[①]。

一、失察处分，宜先严于所近也。文武属员有犯，该管上司，于奉文三个月内，查明举发者，均予免议，逾限失察者，分别议处。其本署戚友家丁，近在耳目之前，断无不知，应勒限一个月查明。若不能早令革除，又不肯据实举发，即是有心庇匿。除犯者加重治罪外，应将庇匿之员，即行革职。本署书差有犯，限三个月内，查明惩办，逾限失察者，分别降调。

一、地保牌头甲长，本有稽查奸究之责，凡有烟土烟膏烟具，均应着令查起也。挟仇讦告之风，固难保其必无，但能起获赃证，即已有据。且起一件，即少一害。虽初行之时，亦恐难免滋扰，然凡事不能全无一弊，若果吸烟者，惧其滋扰，而皆决意断绝，正不为无裨也。至开馆之房主，及该地方保甲，断无不知之理，若不举发，显系包庇，应与正犯同罪，并将房屋入官。

一、审断之法，宜预讲也。此议定后，除简僻州县，犯者本少，即有一二，无难随时审办外，若海疆商贾马头，及通衢繁会之区，吸食者不可胜数，告发既多，地方有司，日不暇给，即终日承审，而片刻放松，则瘾已过矣；委人代看，则弊已作矣。是非问罪之难，而定谳^{yàn}之难也。

---

① 保甲：清代保甲法，以十户为基本单位，立一牌头，十牌立一甲头，十甲立一保长，负责地方户政事务。

要知吸烟之虚实，原不在审，而在熬，熬一人与熬数人、数十人，其工夫一耳。且专熬一人，容或有弊，多人同熬，转无可欺。譬如省会地方，择一公所，汇提被控被拿之人，委正印以上候补者一员，往审足矣，不必多员也①。临审时，恐其带药过瘾，则必先将身上，按名严搜，即糕点亦须敲碎。然后点入封门，如考棚之坐号，各离尺许，不准往来②。问官亦只准带一丁两役，随身伺候，不许擅离。自辰巳以至子丑，只须静对，不必问供，而有瘾之人，情态已皆百出矣。其审系虚诬者，何员所审，即令何员出具切结，倘日后别经发觉，惟原审官是问。

以上六条，就臣愚昧之见，斟酌筹议，未知当否，理合缮折具奏，伏乞皇上圣鉴训示。再臣十余年来，目击鸦片烟流毒无穷，心焉如捣，久经采访各种医方，配制药料，于禁戒吸烟之时，即施药以疗之，就中历试历验者，计有丸方两种、饮方两种，谨缮另单，恭呈御鉴，可否颁各省，以资疗治之处，伏候圣裁。谨奏。

《林文忠公政书》

译　文

遵旨筹议禁烟章程，恭复奏折，谨呈皇上御览：

今年五月二日，依据兵部的火票，由刑部转达了道光十八年（1838）

---

① 正印：清代称府、县以上的官员叫正印官。候补：旧时官吏往往有职无缺，因此先派遣他们到预定的地方，等候有缺时递补，叫候补。清代由于开放捐官之制，因此候补官特别多。

② 坐号：古代科举制度，都设有一个定考区，其中搭架长棚，因此叫考棚。考棚中又划分成一个个的小房间，应考的士子，领取牌号，分别住进相应的房间，称为坐号。

闰四月十日上谕："黄爵滋奏请严加堵塞漏洞，以培育国家根基的奏折，命盛京、吉林、黑龙江将军，直隶及各省督抚，各自发表意见，妥善地拟议章程，迅速写奏折上呈，钦此。"

我细察奏折里说，近来银两的价格日渐增高，每一两纹银，可换一千六百多个铜钱。这些纹银并非耗用于国内，而是走漏到外国去了。自从鸦片烟传入中国以后，起初不过是一些纨绔子弟，染上奢靡的习俗在吸食而已；其后则上自达官贵人，下至工商业、倡优、奴仆，以及妇女、和尚、尼姑、道士，都有人在吸食。广东省每年漏失银两将近三千万两，各省加起来，又有好几千万两之多。耗用纹银会这么多，是由于卖鸦片的人多；卖鸦片的人多，又由于吸鸦片的人多。现在若想要加重鸦片烟的刑罚，一定要先将吸食的人治以重罪。请皇上严格降下圣旨，从今年某月某日开始，到明年某月某日为止，准许他们以一年为限。若一年以后，仍然在吸食，就等于是不奉行法令的乱民，可将他们治以死罪等。

我想，自鸦片流毒于中国，纹银流失到外国以来，凡是为人臣的，谁不切齿痛恨？因此，历年来逐条上奏的情况，可以说是发言盈廷了。但唯独关于吸食者的罪责，还没有人敢请求治以死刑的。一来是因为大清律例中，早已有明白的规定，最近又将不肯贩卖鸦片的人招供出来的犯人，由杖刑加重为徒刑，已经是从重量刑了，若直接处以死罪，就和十恶大罪没有什么区别了，就五刑的轻重而言，恐怕是不太妥当的。一来又因为犯罪的人太多，杀不胜杀，若量刑太重，则会有玩弄法令，滋长奸人的情况发生，恐怕诬告、贿赂的风气会越来越严重。因此处以死罪的论调，私底下谈论的人虽然不少，但敢毅然上奏的，只有这份奏折而已。然而鸦片流毒已经严重到这个地步了，绝非平常的法令所能遏止的，若要力挽狂澜，不用严厉的刑罚是不可能成功的。现在既蒙皇上下旨命令我们详细规划，虽然说我是如此愚昧，又怎么敢不尽心尽力地筹议一番？

我认为掌理法令的人，固然应该依据犯罪的详情，力求公平的裁决，但是治理国家的人，更应该审度时势、衡量轻重。如今鸦片贻害中国，正如同病人经脉之间，久为外邪所侵扰一样，平常的药物既然无法治病，则一些猛烈的药物，有时候也不得不用。鸦片的烟瘾并不难断绝，难以革除的是人心；想要革除玩忽法令的人心，怎能不设立令人惧怕的法令？何况法令的实施在一年以后，而在一年前便议定此一法令，转移风气的关键，正在于此。《尚书》所说的"遭到习俗污染的人，都给他们一个自新的机会"，《左传》所说的"火势令人害怕，因此死于火的人就很少了"，似乎都合乎圣人"以严厉的刑罚遏止人犯法"的意义，绝对不能够和苛酷的法律相提并论。

不过，这些吸烟的人，陷溺已经很深了，根本毫无志气可言，只知有今日，不知有来日。在严厉的刑罚刚设立的时候，虽然也会心惊胆战，但转而又想到期限还宽，姑且等到期限来临时才断绝还来得及;等到期限到了，又无法立刻断绝，则犯法的人还是很多。因此我所谓转移风气的关键，就在这一年当中。务必要各省的官员，同心协力，极力挽回，不容有丝毫放松，预期着一定会有成果，永远断绝这浇漓的习俗，这个法令才不会虚设。

在此，谨就我的浅见，拟定六条章程，敬向皇上陈述：

一、烟具应该先行全部没收，以断绝馋根。据查，吸烟用的竹杆，叫作"枪"，枪头有用细泥焙烧而成的装烟、点火的器具，叫作"烟斗"。凡是新枪新斗，抽来都不合胃口，而且很不过瘾，一定要平常习用的器具，有烟油浸渍在其中，越久的越珍贵，即使是骨肉至亲，都不轻易转让。此外一些零星的器具，虽然很多，但是还可以用其他的用品代替，只有枪、斗不容易取代。而斗比枪还重要，没有枪的时候，用习用的烟斗，配上另外的烟杆，还可以迁就一下，若是没有烟斗，就没有地方装烟，自然不能不断绝了。现在务必要责成各州县，尽力收缴枪、斗。视其距离沿海远近，以及交通便捷与否、户口的多寡、民俗的华朴等各个不同的情况，由各地大吏斟酌期限，根据他们收缴的情况，加以奖励或惩戒。除新枪新斗，听任各州县自行毁碎，不必计算外，凡是渍有油烟的枪、斗，都要密封起来，签名盖印，造册送到省衙。各省大吏，当堂会同官员开封毁碎。无论这些器具是没收的，或是自首缴出的，或是收购而来的，都允许他们列入州县功过的数量当中。若是地方繁荣，而收缴很少的，立刻撤职查办。如果收缴特别多，也该分别奖励。

一、这个计划订定以后，各省就应该出示布告，劝他们改过自新。仍然以一年为期，而划分四个期限，递加罪名，以免他们因循观望。重典的设立，原意是为了断绝吸食，若是人人都能断吸，又复何求？所谓用人治理人，到他们改过为止而已！各省接到部文以后，应由大吏遍行通告，明白地告知他们。自接到部文当天算起，以三个月为第一期，如果吸烟的人在这期限内改悔断绝，到官府自首，请依照教民自首的前例，准予免罪。但自首不是空话，一定要将家中收藏的烟具有几副、剩下的烟有多少，全部缴至官府，立下改过自新、毫无隐藏的甘结，并由族人、邻居作保，立案报查才可以。如果日后再犯，或被人告发，或经查出，审讯得实，则加倍重办。在第二、三、四期的期限内自首的人，虽不能一概免罪，似乎也可以酌量减轻罪名。但是不肯自首的人，只要一经查知，就要加重处刑。这是因为四时合为一年，三月合为一季，时间不为不久了，如果真知道畏惧法令，早就应该改过自新了。若是仍然拖延时间，一误再误，以诛心之律衡量，已不是徒刑、杖刑所能抵罪的了。除了第一期限内捕获的人，仍依照原来的法令办理外，在其他三个期限中，不肯自首的人，若捕获得实，似乎应该按月递加一级的罪名，到充军为止。其中详细的条目，以及先后自首，应如何减轻罪名，自首后再犯，应如何惩处等细则，都请命令刑部商议施行。像这样由宽而严，由轻而重的刑罚，一干不肖之徒，如果再不知悔改，那么将他们置之死地，实在也是不值得怜悯的了。

一、开烟馆贩卖，以及制造烟具各项罪名，都应该一律加重，并限期勒令缴具自首，以防止鸦片流出。据查，开烟馆应判死罪，贩卖鸦片也应该流放到边区。近来因为吸食的人增多，彼此包庇，以致被捕获的人反而变少了。如今吸烟的人既施以重刑，这种人怎么可以减轻？应该一律加重处刑，以表示公平。但是浇漓的习俗由来已久，也应该给他们一个自新的机会。请自接到部文当天算起，开烟馆的人，限期一个月，将所有的烟具、烟土，缴到官府，准许他们照原罪减刑；如果是捕获，则照原例办理。地方官员如在一个月之中查办清楚，无论是自首或捕获的都可免除过去失察的处分。如果超过限期才捕获，犯人照新订条例加重处刑、捕获人犯的官员，则降级议处。那些贩卖鸦片的人，由于远近不同，也许还不晓得新的规定，不能够一概限定一个月以内自首，应该以三个月为限，不论在什么地方，准许他们向各地衙门自首，缴烟免罪。如果超过期限被查出，也应处以死罪。所有收缴到的烟土烟膏，会同城中文武官员，浇上桐油，即刻烧毁，将余灰丢入江中。隐匿不烧的官员，与犯人同罪。至于制造烟具的人，近来更多了，像烟枪本来多用竹制，偶尔也用木头制造，大部分都是烟袋铺所制。枪头用金属镶里，枪口则以金玉角牙等作装饰。在福建、广东一带又流行甘蔗枪，以油漆涂饰，更受到这些人的珍视。烟斗由广东运来的，以洋磁的最好；在内地制造的，则以宜兴的最佳。为了防止久烧易裂，也用银锡加以镶裹，而有的更是镶上景泰蓝、翡翠等宝石，工巧到了极点。为了防止吸食时容易堵塞，又有通烟管的铁条，矛、戟、锥、刀，什么形状的都有。具有手艺的人，鉴于容易出售，更乐于运用各种技巧制作，而且互相学习。虽然照例处罚，但制造的人还是很多。应该一律以接到部文一个月为限期，将一切制成的大小烟具缴到官府，以免罪责。并且晓谕各烟袋作坊、瓦器窑户，以及金银铜锡、竹木牙漆各从业人员，互相稽查，如果超过期限不自首，或是自首后又再制造，都按照新订条例严办。若有装制成枪、斗形状，可以用来吸烟的，则处以死罪。地方保甲若知情不报，与犯人同罪。

一、有关失察的处分，应该由最亲近的人开始严厉执行。文武各官员如果犯法，其主管上司，在接到部文三个月以内，能查明检举的，都可以免议，若超过期限失察，则分别议处。至于府邸中的亲友、家丁，由于天天接触，绝没有不知情的道理，应该限定一个月以内查明。若是不能够早日命令他们革除烟瘾，又不肯据实纠举，便是存心包庇了。除了犯人加重处罪外，包庇的官员应该立刻加以革职。府邸书办、差役若有犯法，限三个月以内，查明惩办，超过期限失察的官员，分别降级调职。

一、地保、牌头、甲长，本来就负有纠举不法的职责，凡是有烟土、烟膏、烟具，都应命令他们严查。挟仇诬告的情形，固然不能保证不会发生，但只要能起获赃证，便有证据了。而且，起获一件，就少一分祸害。虽然刚开始实施的时候，恐怕难免会有骚扰人民之处，但是凡事不可能没有弊端，如果吸烟的人，害怕被人骚扰，因而都决心断绝烟瘾，也未尝没有好处。至于烟馆的房东，以及该地保甲，绝没有不知情的道理，若不加以检举，显然是存心包庇，应该和犯人同罪，并将房屋没收。

一、审讯的方法，应该事先讲求。这个拟议决定以后，除了偏远的州县，由于犯人较少，即使有一两个，也不难随时审问以外，像沿海各商埠、码头，以及人烟繁荣的城市，吸食的人不可胜数，告发的人既多，地方官员日不暇给，即使整天审讯，只要片刻放松，则烟瘾就已过去了；委托他人代看，则又不免发生弊端。这不是审问上的困难，而是定罪上的困难。要查明一个人究竟有没有吸烟，本来就不是审问可以竟全功的，而是要利用"熬"，熬一个人或好几人、几十人，所花的工夫一样多。而且只熬一个人，可能会有弊端，若是同时熬许多人，反而无法欺瞒。例如省会所在，可以选择一个公所，将所有被告被捉的人聚在一起，委派一名正印官以上的候补官员去审讯就够了，不必劳师动众。在审讯之前，为防止他们偷藏药品过瘾，一定要先一个一个地严格搜身，即使糕饼也都敲碎。然后点名进入，将门关起来，像考棚中的坐号一样，各自间隔一尺左右，不准来往。审问的官员也只准带一两个差役，随身侍候，不许擅自离开。自辰巳时到子丑时，只需要静等，不必问口供，而有烟瘾的人，就已经原形毕露，丑态百出了。

若审讯出没有烟瘾的人，是哪位官员所审，就令那人出具甘结，若是日后被人发现吸烟，唯原审官员是问。

以上六条章程，是以我愚昧的意见，斟酌商议出来的，不知道是否妥当，理应写奏折上呈，企求皇上御览及训示。我十几年来，亲眼见到鸦片无穷的祸害，感到十分痛心。于是各处采访医治的药方，配制了一些药物，在禁烟的时候，便施以药物治疗，其中屡试不爽的有丸方两种、饮方两种，谨具附单，恭呈御览，可不可以颁行各省，以资治疗，恳请皇上裁断。谨奏。

（林保淳／编写整理）

拟谕英吉利国王檄

林则徐

背 景

　　林则徐至广东后，会同两广总督邓廷桢、广东巡抚怡良二人，展开了一连串雷厉风行的禁烟措施。

　　当时的广州，是英国和中国贸易的主要港口，一应鸦片多由此地进口，然后转卖至各地。林则徐深知禁绝鸦片，必先断绝鸦片的来源，因此，他首先奏革了当时与英商勾结的水师总兵韩肇庆。同时，下令英商在三日之内，将所有的烟土缴交，并具甘结保证以后不再贩卖。当时英国在华的领事义律在迫不得已之下，缴出了二万二百八十三箱鸦片，怏怏离赴澳门。林则徐则在当年的四月二十二日（国历六月三日），将没收鸦片于虎门全部焚毁。

　　鸦片焚毁之后，义律甚不甘心，不肯具结保证，反而要求英国政府派军舰前来，名为保护英侨，其实已存了以武力为后盾的用心。九月二十八日，英舰 Volage 号船长 H.Smith，下令炮击广东水师，正式掀起了战事。

　　大战将起，林则徐一方面积极备战，采取坚守之策；一方面草拟照会，移送英国女王维多利亚（Victoria）。本文即是移文的草稿，经由道光皇帝批准后，遂有正式的《移英吉利国文》一文。这两篇文章大同小异，但草拟较为详细，因此选用此篇，以窥见当时的情形。

　　这篇草拟所说的理由及立场，公正允直，无论自何种角度而言，中国禁烟、烧鸦片，都是理直气壮，合乎国际公理的。但是英国人在利欲熏心之下，居然罔顾国际公谊，悍然发动了不名誉的鸦片战争。1840年（道光二十年）4月，英国议会在激烈的争辩下，以九票之微，通过了出兵的决策。随即派遣义律的侄儿懿律（George Elliot）及布雷门（Bremend），率领十六艘军舰、两万五千名士卒，向广东进发。

影　响

战事初起，中国军队即陷于不利的状态中，再加上清廷一味惧事，将林则徐、邓廷桢去职，情势更是江河日下。在经过三次和战之后，终于被迫订下了城下之盟，那就是令全中国人蒙羞，同时也是中国苦难的开端的《南京条约》。历时三年，牺牲了无数军民生命和财产的鸦片战争，终以割地、赔款，及无限的羞辱告一段落。

鸦片战争是中国近代沧桑史的第一页，再往下翻阅，都是一页页充满了血泪的史迹，令人惨不忍睹。自此以后皇皇天朝的子民，沦落成列国强权刀俎下的鱼肉；自高自大的华夏民族，变成了以西方马首是瞻的"文化吉卜赛人"。传统的观念被侵蚀、粉碎了，西方成了优秀的代名词，是中国人一心向往的天国、梦境！一切的观念、结构组织，都逆转于向西方谋取调整的方向，而最直接的影响，便是在这刺戟下展开的"自强运动"和"洋务运动"。

原　文

谨拟颁发檄谕英吉利国王底稿，恭候钦定：

为照会事①：

洪惟我大皇帝，抚绥中外，一视同仁，利则与天下公之，害则为天下去之，盖以天地之心为心也。

贵国王累世相传，皆称恭顺，观历次进贡表文云"凡本国人到中国贸易，均蒙大皇帝一体公平恩待"等语，窃喜贵国王深明大义，感激天恩。是以天朝柔远绥怀，倍加优礼，贸易之利，垂二百年。该国所由以富庶称者，赖有此也。

唯是通商已久，众夷良莠不齐，遂有夹带鸦片，诱惑华民，以致毒流各省者。似此但知利己，不顾害人，乃天理所不容，人情所共愤。大皇帝闻而震怒，特遣本大臣来至广东，与本总督部堂、巡抚院部会同查办。凡内地民人，贩鸦片、食鸦片者，皆应处死。若追究夷人历年贩卖之罪，则其贻害深，而攫利重，本为法所当诛。惟念众夷尚知悔罪乞诚，将趸^{dùn}船鸦片二万二百八十三箱，由领事官义律，禀请缴收，全行毁化②。叠经本大臣等据实具奏，幸蒙大皇帝格外施恩，以自首者，情尚可原，姑宽免罪，再犯者，法难屡贷。立定新章，谅贵国王向化倾心，定能谕令众夷，兢兢奉法；但必晓以利害，乃知天朝法度，断不可以不懔^{lǐn}遵也。

查该国距内地六七万里，而夷船争来贸易者，为获利之厚故耳。以中国之利利外夷，是夷人所获之厚利，皆从华民分去，岂有反毒物害华

---

① 照会：外交文书之一种。外交部对各国公使，或各省行政长官对各国领事时用之。
② 趸船：在河岸附近，暂时囤积货物的船只。其时禁令已施，英人的鸦片趸皆偷设在广州湾中的伶仃岛和大屿山等地。义律：Charles Elliot，当时英国驻广东的领事。由于精通汉语，又晓畅中国官场的风气，遂以包苴贿赂的方式，推展了鸦片贸易。就中国而言，他实在是鸦片毒害的罪魁祸首。

民之理？即夷人未必有心为害，而贪利之极，不顾害人，试问天良安在？闻该国禁食鸦片甚严，是固明知鸦片之为害也。既不使为害于该国，则他国尚不可移害，况中国乎？

中国所行于外国者，无一非利人之物，利于食，利于用，并利于转卖，皆利也。中国曾有一物为害外国否？况如茶叶、大黄，外国所不可一日无也，中国若靳其利，而不恤其害，则夷人何以为生？又外国之呢羽哔叽，非得中国丝斤，不能成织，若中国亦靳其利，夷人何利可图？其余食物，自糖料、姜、桂而外，用物自绸缎、磁器而外，外国所必需者，曷可胜数？而外来之物，皆不过以供玩好，可有可无。既非中国要需，何难闭关绝市？乃天朝于茶丝诸货，悉任其贩运流通，绝不靳惜，无他，利与天下公之也。

该国带去内地货物，不特自资食用，且得以分售各国，获利三倍。即不卖鸦片，而其三倍之利自在，何忍更以害人之物，恣无厌之求乎？设使别国有人贩鸦片至英国，诱人买食，当亦贵国王所深恶而痛绝之也。向闻贵国王存心仁厚，自不肯以己所不欲者，施之于人。并闻来粤之船，皆经颁给条约，有不许携带禁物之语，是贵国王之政令，本属严明，只因商船众多，前此或未加察，今行文照会，明知天朝禁令之严，必使之不敢再犯。

且闻贵国王所都之兰吨，及斯葛兰、爱伦等处，本皆不产鸦片。惟所辖印度地方，如孟阿拉、曼达、拉萨、孟买、八达剌、默剌、麻尔洼数处，连山栽种，开池制造，累月经年，以厚其毒，臭秽上达，天怒神恫。贵国王诚能于此等处，拔尽根株，尽锄其地，改种五谷，有敢再图种造鸦片者，

832

重治其罪，此真兴利除害之大仁政，天所佑而神所福，延年寿、长子孙，必在此举矣！

至夷商来至内地，饮食居处，无非天朝之恩膏；积聚丰盈，无非天朝之乐利。其在该国之日犹少，而在粤东之日转多；弼教明刑，古今通义，譬如别国人到英国贸易，尚须遵英国法度，况天朝乎？今定华民之例，卖鸦片者死，食者亦死。试思夷人若无鸦片带来，则华民何由转卖？何由吸食？是奸夷实陷华民于死，岂能独予以生？彼害人一命者，尚须以命抵之，况鸦片之害人，岂止一命已乎？故新例于带鸦片来内地之夷人，定以斩绞之罪，所谓为天下去害者此也。

复查本年二月间，据该国领事义律，以鸦片禁令森严，禀求宽限。凡印度港脚属地，请限五月；英国本地，请限十月，然后即以新例遵行等语①。今本大臣等，奏蒙大皇帝格外天恩，倍加体恤。凡在一年六个月之内，误带鸦片，但能自首全缴者，免其治罪；若过此限期，仍有带来则是明知故犯，即行正法，断不宽宥。可谓仁之至义之尽矣。

我天朝君临万国，尽有不测神威，然不忍不教而诛，故特明宣定例。该国夷商，欲图长久贸易，必当懔遵宪典，将鸦片永断来源，切勿以身试法。王其诘奸除慝，以保乂尔有邦，益昭恭顺之忱，共享太平之福。幸甚！幸甚！

接到此文之后，即将杜绝鸦片缘由，速行移覆，切勿诿延。须至照会者。

《林文忠公政书》

（林保淳／编写整理）

---

① 港脚：即港口。一说为 Country Ship 的译音，指船只。

南京条约

背　景

道光二十二年七月二十四日（1842 年 8 月 29 日），在英国军舰 Cornwallis（康华丽）号上，清廷代表耆英、伊里布与英国全权公使璞鼎查（Sir Henry Pottinger），为弥合鸦片战争，签署了中国第一个不平等条约——《南京条约》。

《南京条约》的签订，在当时或许只是不得已的权宜之计。然而，由于主事者对国际约法的懵懂，拱手让出本国的权益。从此，中国门户大开，外人以坚利的兵器挟着丰厚的经济优势，长驱直入，为中国招来了一连串割地赔款的耻辱，原已凋敝的民生，更平添了许多大大小小的疮痍。

此外，鸦片，这一战争的祸首，在条约签订之后，居然成为擎着公卖招牌的宝货，横行泛滥地毒害中国人民。然而，祸害尚不止此，之后的一个个条约，便是一篇篇用人民血泪书成的卖身契；一次次和谈，便是一次次含羞凝耻的自我拍卖……这一切，始作俑者都是《南京条约》。

影　响

总括而言，《南京条约》的后遗症，有下列几项：

一、不平等条约的继续签订。

二、外国武力、经济侵略的持续扩展。

三、领土的丧失。

四、关税自主权的沦亡。(《南京条约》虽未明言，但在其续约《虎门条约》中便有所规定。)

五、巨额赔款的流失。

六、最惠国待遇的提出。(《虎门条约》)

七、领事裁判权的提出。(《虎门条约》)

大致上，继《南京条约》之后，一切不平等条约的不平等待遇，都可以在《南京条约》中找到先例，只是程度深浅有所不同罢了。但无论中国受害的深浅如何，都一步一步地迫使中国走向灭绝的路径！中国近百年来的苦难，可以说是由《南京条约》肇其端的。而这创伤，在今天，依然痛着！

原　文

一、嗣后大清大皇帝与英国君主，永存平和，所属华英人民，彼此友睦，各住他国者，必受该国保佑，身家全安。

一、自今以后，大皇帝恩准英国人民，带回所属家眷，寄居沿海之广州、福州、厦门、宁波、上海等五处港口，贸易通商无碍。英国君主派设领事、管事等官，住该五处城邑，专理商贾事宜。与各该地方官公文往来，令英人按照下条开叙之例，清楚交纳货税、钞饷等费。

一、因英国商船，远路涉洋，往往有损坏须修补者，自应给予沿海一处，以便修船及存守所用物料。今大皇帝准将香港一岛，给予英国君主暨嗣后世袭主位者，常远主掌，任便立法治理。

一、因钦差大臣等于道光十九年二月间，将英国领事官及民人等，强留粤省，吓以死罪，索出鸦片，以为赎命。今大皇帝准以洋银六百万圆，补偿原价。

一、凡英国商民，在粤贸易，向例全归额设商行亦称公行者承办，今大皇帝准其嗣后不必仍照向例，凡有英商等赴各该口贸易者，勿论与何商交易，均听其便。且向例额设行商等，内有累欠英商甚多，无措清还者，今酌定洋银三百万圆，作为商欠之数，由中国官为偿还。

一、钦差大臣等向英国居民人等，不公强办，致须拨发军士，讨求伸理，今酌定水陆军费洋银一千二百万圆，大皇帝准为补偿。惟自道光二十一年六月十五日以后，英国在各城收过银两之数，按数扣除。

一、以上酌定银数，共二千一百万圆，此时交银六百万圆，癸卯年六月间交银三百万圆，十二月间交银三百万圆，共银六百万圆。甲辰年六月间交银二百五十万圆，十二月间交银二百五十万圆，共银五百万圆。乙巳年六月间交银二百万圆，十二月间交银二百万圆，共银四百万圆。自壬寅年起，至乙巳年止，四年共交银二千一百万圆。倘按期未能交足，则酌定每年每百圆应加息五圆。

一、凡系英国人，无论本国、属国军民等，今在中国所管辖各地方被禁者，大皇帝准即释放。

一、凡系中国人，前在英国人所据之邑居住者，或与英人有来往者，或有跟随及伺候英国官人者，均由大皇帝俯降谕旨，誊录天下，恩准免罪。凡系中国人为英国事被拿监禁者，亦加恩释放。

一、前第二条内，言明开关，俾英国商民居住通商之广州等五处，应纳进口出口货税、饷费，均宜秉公议定则例，由部颁发晓示，以便英商按例交纳。今又议定：英国货物，自在某港按例纳税后，即准由中国商人，遍运天下，而路所经过，税关不得加重税例，只可照估价则例若干，每两加税不过某分。

一、议定英国住中国之总管大员，与中国大臣，无论京内京外者，有文书来往，用"照会"字样；英国属员，用"申陈"字样；大臣批复，用"劄行"字样。两国属员往来，必当平行照会。若两国商贾上达官宪，不在议内，仍用"奏明"字样。

一、俟奉大皇帝允准，和约各条施行，并以此时准交之六百万圆交清，英国水陆军士，当即退出江宁、京口等处江面，并不再行拦阻中国各省商贾贸易。至镇海之招宝山，亦将退让。惟有定海县之舟山海岛，厦门厅之鼓浪屿小岛，仍归英兵暂为驻守，迨及所议洋银全数交清，而前议各海口均已开关，俾英人通商后，即将驻守二处军士退出，不复占据。

一、以上各条，均关议和公约，应俟大臣等分别奏明大皇帝朱笔批准，及英国君主判定后，即速相交，俾两国分执一册，以昭信守。惟两国相离遥远，是以另缮二册，先由钦差大臣等及英国公使，盖用关防印，各执一册为据，俾即日按照和约开载之条，施行妥办。

《筹办夷务始末》

（林保淳／编写整理）

《海国图志》序

魏　源

魏源（1794—1857），字默深，湖南邵阳人。他曾跟随刘逢禄学习《公羊春秋》，与当时声名卓著的龚自珍议论颇为相得，一时并称"龚魏"，都是主张经世致用的公羊派健将。他的著作主要有《圣武记》《书古微》《诗古微》及《文集》等，《海国图志》更是他呕心沥血的代表作，对其后变法图强的思想家有甚大影响。

背　景

鸦片战争起，朝廷中有主战、主和两派。大学士穆彰阿一力支持讲和，魏源则倾心支持主战的林则徐。林则徐罢官，主和派得势，一连与外国签订了数种不平等条约，使中国沦于半殖民地的地步。这个丧权辱国的结果，给予魏源很深的刺激。同时，西方各国势力的入侵，更严重地破坏了当时社会、经济的结构，使他体会到自己已置身于一个危急存亡的关键时期。因此，一则以愤，一则以忧，促使他依据林则徐的《四洲志》，完成了宏伟的巨著——《海国图志》。

魏源像

影　响

魏源主张经世致用，企图扭转当时沉溺于章句训诂的考据学风，因此早在鸦片战争前十四年（1826），就替贺长龄编辑了一套洋洋大观的《皇朝经世文编》，作为实践的基础。而另一方面，鉴于鸦片战争的失败，应归咎于不明外情及器械的不如人，因此主张研究外国的历史、地理，乃至风土人情，以及学习西方的优良技术。这是魏源思想的根源及《海国图志》中的基本主张。

从此，他的名言——师夷长技以制夷，不但成为他毕生经略的目标，而且成了后继的有心志士发愤图强的鹄的，对日后各项改革，如"自强运动"，实在有很大的影响。

在《海国图志》中，魏源不仅详细地介绍了世界各国的情况，足以使闭塞自大的中国人眼界一新，击碎了中国人坐井观天的偏狭心态。同时，更将他殚精竭虑思考出来的海防战略，一一在书中陈述，《筹海篇》《筹海总论》《夷情备采》等，都是他个人对海防的见解。

姑不论他的见解是否正确（如陈沣就曾很中肯地批评他企图联结俄罗斯的观点），但无可否认，魏源是继戚继光之后，少数指出海防之重要性及作战兵器之落后的学者。顺着他创举式的指引，在修正之后，确实有助于国家实力的壮大。

同时，魏源观察时势的角度之广，也是值得后人敬服的。他所指出的"人心之寐患"，以及浓厚的忧患意识，更是当时被鸦片沉溺昏醉的社会的一剂强心针！可惜的是，这一点并未为后人所了解。"自强运动"的船坚炮利，终究抵不过人心崩溃的破坏力量。甲午一战，北洋舰队全军覆没，自强云者，只是个形式而已。这是相当令人慨叹的。

不过，《海国图志》的价值，却不因日后的失败而有所减色。在中国，固然造成轰动的潮流，促成改革的实际行动；在外国的影响，更是不容忽视。《海国图志》远传朝鲜，连英人、德人都曾加以选译刊刻。而东邻的日本，更是重视此书，自 1854 年翻刻第一部起，日本人为之翻译、训解、刊刻的高达二十余种。对当时与中国是难兄难弟的日本而言，其功效之大，连日本学者都不讳言，本书的影响即此可见一斑。

原　文

《海国图志》六十卷，何所据①？一据前两广总督林尚书所译西夷之《四洲志》，再据历代史志及明以来岛志，及近日夷图、夷语②。钩稽贯串，创榛辟莽，前驱先路。大都东南洋、西南洋，增于原书者十之八，大、小西洋，北洋，外大西洋，增于原书者十之六。又图以经之，表以纬之，博参群议以发挥之。

何以异于昔人海图之书？曰：彼皆以中土人谭西洋，此则以西洋人谭西洋也。是书何以作？曰：为以夷攻夷而作，为以夷款夷而作，为师

---

① 《海国图志》六十卷：此书成于道光二十二年（1842），中、英签订《南京条约》之后，原仅五十卷，道光二十七年（1847）增补为六十卷；咸丰二年（1852），复补辑四十卷，共为一百卷。

② 《四洲志》：此书原是西人 Murray 所作的 *Geography* 的上半部，林则徐督办禁烟事宜时，为充分了解外情，特命人译出，题名为《四洲志》。《海国图志》以《四洲志》为底本，在卷五、七、十三、十四、十六，二十至二十三，二十五至三十、三十六、三十八、四十至四十三，皆题上"欧罗巴人原撰，侯官林则徐译，邵阳魏源重辑"的字眼，以示根据，其他各卷，则只题"邵阳魏源辑"。史志：指二十四史中的"四夷传"《通典》中的"边防典"《通志》中的"四夷传"《通考》中的"四裔考"和《续通典》《通志》《通考》，《皇朝通典》《通志》《通考》，《水经注》及《广东通志》等。岛志：《海国图志》中所引用的有元代汪大渊的《岛夷志略》、周达观的《真腊风土记》等，明以后的有黄衷《海语》、张燮《东西洋考》、利玛窦《坤舆图说》、艾儒略《职方外纪》，以及清人王大海的《海岛逸志》等，搜罗宏富。

夷长技以制夷而作[①]。

《易》曰："爱恶相攻而吉凶生，远近相取而悔吝生，情伪相感而利害生[②]。"故同一御敌，而知其形与不知其形，利害相百焉；同一款敌，而知其情与不知其情，利害相百焉。古之驭外者，诹_{zōu}以敌形，形同几席；诹以敌情，情同寝馈。

然则执此书即可驭外夷乎？曰：唯唯，否否！此兵机也，非兵本也；有形之兵也，非无形之兵也。明臣有言："欲平海上之倭患，先平人心之积患。"人心之积患如之何？非水，非火，非刀，非金，非沿海之奸民，非吸烟贩烟之莠民。故君子读《云汉》《车攻》，先于《常武》《江汉》，而

---

① 以夷攻夷：利用西方人攻击西方人。魏源的海防思想，着眼于议攻、议款、议守三项，以夷攻夷，是他议攻的策略，希望借助俄罗斯、美国、法兰西的力量，以牵制英国。以夷款夷：鉴于鸦片战争之时，清廷不肯接受美、法两国的调停，以致有《南京条约》的奇耻大辱，因此主张由外国调停中外的冲突。款，讲和。师夷长技以制夷：学习西方优良的技术，再回过头来以此技术制服西方人。这是魏源议守中以守代攻的基本策路，主要是鉴于鸦片战争的失败，实在是因为器械上的落后所致，因此主张学习西方的技术，以弥补自身的不足。这一点，对其后专以效法西方"船坚炮利"的"自强运动"，有很大的影响。

② "爱恶相攻而吉凶生"三句：皆出自《易经·系辞下传》："八卦以象告，爻象以情言，刚柔杂居而吉凶可见矣；变动以利言，吉凶以情迁。是故爱恶相攻而吉凶生，远近相取而悔吝生，情伪相感而利害生。凡《易》之情，近而不相得，则凶；或害之，悔且吝。"这段话主要在说明《易经》中占卜的各种吉凶变化情形，历代学者在解说时有很多歧见，但大抵是说：八卦用卦象、爻象来预示吉凶，而爻辞、象辞则针对实际的事况而陈述。爻的刚柔，错综相次，吉凶就可以看出来了。凡是变动，都要趋于对人有利的方向而变化，所谓吉凶，则会跟随事况的情形而转移。所以，爱和憎互相冲突，吉凶就由此产生；长远的利益和眼前的利益有矛盾，悔、吝就是由此产生；真诚和虚伪互相激荡，利害也就由此而产生了。《周易》卦爻所显现的情况是：若互相接近的人们不能谐和，则结果必然是凶；若其中有人彼此伤害，则将既悔又吝。（据《中国哲学史资料选辑》之解释，略有更动。）魏源引用这段话，未必符合《易经》的原意，只是借"情""伪"的各种状况，以说明了解西方状况的重要性而已，和《易经》的卦、爻并没有关系。

知二《雅》诗人之所发愤；玩卦爻内外消息，而知大《易》作者之所忧患①。愤与忧，天道所以倾否而之泰也，人心所以违寐而之觉也，人才所以革虚而之实也②。

昔准噶尔跳踉于康熙、雍正之两朝，而电扫于乾隆之中叶③。夷烟流毒，罪万准夷，吾皇仁勤，上符列祖，天时人事，倚伏相乘，何患攘剔之无期④？何患奋武之无会？此凡有血气者所宜愤悱，凡有耳目心知者所宜讲画也。去伪、去饰、去畏难、去养痈、去营窟，则人心之寐患祛，其一。以实事程实功，以实功程实事，艾三年而蓄之，网临渊而结之，毋冯河，毋画饼，则人才之虚患祛，其二⑤。寐患去而天日昌，虚患去而风雷行。传曰："孰荒于门？孰治于田？四海既均，越裳是臣⑥。"叙《海国图志》。

① 诗人之所发愤：魏源认为读《诗经》应先读《云汉》《车攻》，然后再读《常武》《江汉》，才能够体会到《诗经》作者的一番苦心。因为《云汉》《车攻》两篇，具有忧民忧国以及生聚教训的意涵，而《常武》《江汉》则是在描写克敌凯旋的欢乐。唯有先求自强，才足以言制敌，这是魏源上述一段话的实际意旨。作者之所忧患：《系辞传》："《易》之兴也，其于中古乎！作《易》者，其有忧患乎！"

② 倾否而之泰也：《易经·否卦》："上九，倾否，先否后喜。"《正义》："处否之极，否道已终，此上九能倾毁其否，故曰倾否也。"否卦的卦象是坤下乾上，泰卦则为乾下坤上，否卦反转过来就成泰卦。否是闭塞，泰是亨通。这里以为能够发愤与忧虑，正表示着坚决图强的意念，所以能够变闭塞为亨通。

③ 准噶尔：准噶尔自康熙十七年（1678）起，屡次与清廷发生战争，直到乾隆二十五年（1760）以后，才被平定。

④ 倚伏相乘：《老子》："祸兮福所倚，福兮祸所伏。"这里是说福祸相胜，福可变祸，祸也可以变福。乘，即胜。

⑤ 艾三年而蓄之：艾草是针灸时灸针的药草，愈陈愈好。《孟子·离娄篇上》："犹七年之病，求三年之艾也。"比喻对外要有多年的准备，否则措手不及，一切便不可收拾了。网临渊而结之：《汉书·董仲舒传》："临渊羡鱼，不如退而结网。"这是说要及时有所行动。

⑥ "孰荒于门"四句：出自韩愈的《越裳操》。

以守为攻，以守为款，用夷制夷，畴司厥楗jiàn？述《筹海篇》第一。

纵三千年，圜九万里，经之纬之，左图右史。述《各国沿革图》第二。

夷教夷烟，毋能入界，嗟我属藩，尚堪敌忾。志《东南洋海岸各国》第三。

吕宋爪哇，屿埒liè日本，或噬或骎tuì，前车不远。志《东南洋各岛》第四。

教阅三更，地割五竺，鹊巢鸠居，为震旦毒[1]。述《西南洋五印度》第五。

维皙与黔，地辽疆阔，役使前驱，畴诹海客。述《小西洋利未亚》第六[2]。

大秦海西，诸戎所巢，维利维威，实怀泮鸮pàn xiāo[3]。述《大西洋欧罗巴各国》第七。

尾东首西，北尽冰溟，近交远攻，陆战之邻。述《北洋俄罗斯国》第八。

劲悍英寇，恪拱中原，远交近攻，水战之援。述《外大洋弥利坚》第九。

人各本天，教纲于圣，离合纷纭，有条不紊[4]。述《西洋各国教门表》第十。

---

[1] 教阅三更：宗教经过三次改变，指佛教、伊斯兰教、天主教。地割五竺：印度古称天竺，五竺即五印度。这里是说印度被瓜分了。鹊巢鸠居：《诗经·召南·鹊巢》："维鹊有巢，维鸠居之。"今成语"鸠占鹊巢"，即由此而来。此处比喻英国占领了印度。为震旦毒：印度古时称中国为震旦，是 China 的译音。英人占领印度，在印度种植鸦片，设立东印度公司，作为对华贸易的根据地，因此说成为中国的毒害。

[2] 利未亚：即非洲，Africa 从前的译音。

[3] 实怀泮鸮：《诗经·鲁颂·泮水》末章："翩彼飞鸮，集于泮林，食我桑黮，怀我好音。憬彼淮夷，来献其琛。"《正义》："翩然而飞者，彼飞鸮恶声之鸟，今来集止于我泮水之林，食我泮宫之桑黮，归我好善之美音。恶声之鸟食桑黮而变音，喻不善之人感恩惠而从化。憬然而远行者是彼淮夷，来就鲁国献其琛宝。"这里是说能够使强敌服从。

[4] 教纲于圣：这里说西方各国的宗教各以其所尊奉的圣人为纲领。教，指西方的基督、天主等教。西方自宗教改革以后，教派林立，各有尊奉。

万里一色，莫如中华，不联之联，大食欧巴①。述《中国西洋纪年表》第十一。

中历资西，西历异中，民时所授，我握其宗②。述《中国西历异同表》第十二。

兵先地利，岂间遐荒？聚米画沙，战胜庙堂。述《国地总论》第十三。

虽有地利，不如人和，奇正正奇，力少谋多。述《筹夷章条》第十四。

知己知彼，可款可战，匪证奚方，孰医瞑眩③？述《夷情备采》第十五。

水国恃舟，犹陆恃堞，长技不师，风涛谁詟？述《战舰条议》第十六。

五行相克，金火斯烈，雷奋地中，攻守一辙④。述《火器火攻条议》第十七。

轨文匪同，货币斯同，神奇利用，盍殚聪明？述《器艺货币》第十八。

道光二十有二载，岁在壬寅嘉平月，内阁中书邵阳魏源叙于扬州⑤。

《海国图志》

---

① 不联之联：指西方各国人种复杂，和中国的万里一色以组成一个国家有所不同，因此是不联之联。大食：即阿拉伯帝国，这里指回历。欧巴：即欧罗巴洲，Europe 的译音简称，这里指西历。

② 民时所授：《尚书·尧典》："历象日月星辰，敬授人时。"这里是指中国的农历而言。古时帝王即位，往往颁布历法，作为人民耕作的依据，故称"人时"，亦作"民时"。我握其宗：这里是说农历较之西历，更合乎农民需要，因此说中历掌握了主要的关键。宗，主。

③ 孰医瞑眩：是说谁来下此猛药以治好病。《尚书·说命》："若药弗瞑眩，厥疾弗瘳。"瞑眩是昏迷，瘳是病好。这是说病人吃了比较烈的药而昏迷过去，病情才可以痊愈。

④ 五行相克：阴阳家有五行相生相克之说，相克，如木克土，土克水，水克火，火克金，金克木；相生，如木生火，火生土，土生金，金生水，水生木。五行，即金、木、水、火、土。金火斯烈：这是说火器、炸药是五行中最猛烈的。金，五金，指火器；火，炮火。雷奋地中：《易经·豫卦》："雷出地，奋。"这里借用为武器中的地雷。

⑤ 嘉平月：即阴历十二月。秦始皇称十二月为嘉平月。

译　文

　　《海国图志》六十卷，是根据什么而作的？一是根据前任两广总督林则徐所翻译的西方人的《四洲志》，然后又根据我国历代的"史""志"，以及明朝以来的各种岛志，和近年来的西方地图、西人著作。将它们选取考核，并加以贯串，经过了一番开辟荒芜的工作而完成的，可以说是指引明路的一个创举！大抵上，东南洋、西南洋的部分，比原书增加十分之八，大西洋、小西洋、北洋、外大西洋，比原书增加十分之六。以图为经，以表为纬，广泛地参考众人的意见，并加以发挥。

　　这本书和从前人所作的书有什么不同？答道：他们都是以中国人的观点谈论西方，这本书则是以西方人的观点谈论西方。这本书为何而作？答道：为了借助西方人攻击西方人而作，为了借助西方人和西方人讲和而作，为了效法西方人的优良技术以制服西方人而作。

　　《易经》中说："爱和憎互相冲突，就产生吉凶；长远的利益和眼前的利益有矛盾，就产生悔吝；真诚和虚伪互相激荡，就产生利害。"因此，同样是防御敌人，知道敌人的形势和不知道敌人的形势，利害会相差一百倍；同样是与敌人讲和，而知道敌人的情况与不知道敌人的情况，利害也相差一百倍。古时候驾驭外国的人，向他询问敌人的形势，就好像是自己家中的茶几、席子一样熟悉；向他询问敌人的情况，就好像平常吃饭、睡觉一样熟习。

　　那么，持用这本书就可以驾驭外国吗？答道：是的，但也不尽然是。这本书是用来增加作战时战胜的机会的，但不是战略的根本；这是有形的战略，不是无形的战略。明代的大臣曾说过："想要平定沿海的倭寇之乱，要先平定人心中累积的忧患。"人心中累积的忧患是什么？不是水，不是火，不是刀剑，不是火器，不是沿海的不肖汉奸，不是吸烟卖烟的不良国民。因此，君子读《诗经》时，先读《云汉》《车攻》，再读《常武》《江汉》，就可以明白大、小《雅》诗人所以发愤创作的原因；玩味《易经》各卦各爻的内外、消息，就可以明白《易经》作者的忧患意识。发愤和忧患，是天道由闭塞而变为亨通的原因，是人心由蒙昧变醒觉的原因，也是人才由虚浮变为扎实的原因。

从前准噶尔猖獗于康熙、雍正两朝，而被迅速地平定于乾隆中叶。洋人的鸦片流毒于全中国，罪孽比准噶尔深一万倍，而我皇上仁爱勤恳，能够媲美历代祖先，且天时和人事，都是祸福互相倚伏的，何必担心消灭外寇的时机不会来临？又何必忧虑振奋武功没有机会？这是凡是有血气心知的人所应该发愤图强，而具有耳目心知的人所应该讲求计划的。除去虚伪、除去掩饰、除去害怕困难、除去养痈遗患、除去营谋私利，则人心的蒙昧、无知的忧患可以除去，此其一。以实际的事况衡量实际的功劳，以实际的功劳衡量实际的事况，像蓄艾草一样要多年准备，像网鱼一样要及时结网，不要冲动鲁莽，不要空谈虚论，则人才虚浮的忧患可以除去，此其二。蒙昧无知的忧患除去，则天清气朗，可以大有作为；虚浮的忧患除去，则可以雷厉风行，收得实效。韩愈的《越裳操》说："谁来拓展土地？谁来治理农田？天下都已均富之后，越裳便会贡纳来朝。"为《海国图志》作叙。

以守作攻，以守作和，利用西人攻击西人，谁来掌握这个关键？述《筹海篇》第一。

纵贯三千年，方圆九万里，以图为经，以表为纬，左图右史。述《各国沿革图》第二。

洋教洋鸦片，不准入国界，感慨我国藩属，还能同仇敌忾。记《东南洋海岸各国》第三。

吕宋和爪哇，土地同日本，一个被并吞，一个猛迈进，实在可以作借鉴。记《东南洋各岛》第四。

宗教经三变，五竺遭瓜分，鹊巢被鸠占，流毒遍中国。述《西南洋五印度》第五。

白人与黑人，所居甚辽远，役使当前锋，谁问航海者？述《小西洋利未亚》第六。

罗马爱琴海，各国所在地，只有利害威服，可以胜过对方。述《大西洋欧罗巴各国》第七。

国土贯东西，北到北冰洋，可以近交远攻，作陆战的邻邦。述《北洋俄罗斯国》第八。

强劲剽悍的英国，使他们恭顺中国，可以远交近攻，作海战的援军。述《外大洋弥利坚》第九。

人人各本一天，宗教以圣为纲，虽离合无常，却有条不紊。述《西洋各国教门表》第十。

万里同肤色，唯有我中华，以异种建国，是大食欧巴。述《中国西洋纪年表》第十一。

中历可资西用，西历不同中历，以授民时而言，我掌握其关键。述《中国西历异同表》第十二。

兵以地利为先，无论距离多远，明了中外的情形，朝廷上足以获胜。述《国地总论》第十三。

虽然有地利，不如靠人和，奇正相变化，力少计谋多。述《筹夷章条》第十四。

知己又知彼，可和复可战，不知征兆何来药方，有谁来为此下猛药？述《夷情备采》第十五。

水仗靠兵舰，陆军靠城池，长技不学习，风涛谁畏服？述《战舰条议》第十六。

五行相克制，金火最猛烈，地雷威力大，攻守都需要。述《火器火攻条议》第十七。

车文虽不同，货币都一样，神明变化来应用，何不竭力效智慧？述《器艺货币》第十八。

道光二十二年（1842），壬寅岁十二月，内阁中书邵阳魏源叙于扬州。

（林保淳／编写整理）

太平天国奉天讨胡檄

杨秀清　萧朝贵

杨秀清（约 1820—1856），萧朝贵（约 1820—1852），均为太平天国的创始人。萧朝贵死于湖南之役，距本檄文发布没有多久。杨秀清则在太平天国的后期隐握大权，后来则死于韦昌辉之手，成为太平天国政权争斗中的牺牲者。

背　景

自清廷入主中原之后，对一般知识分子展开了严密的控制手段，高压、笼络双管齐下，倒是有效地限制了知识分子的行动。热衷功名的士子，固是一朝天子一朝臣，浑然忘却了国破家亡的君父之仇；一些耻事异姓的爱国志士，则在重重的监视下，难以动弹。因此，乾嘉之后的"反清复明"举事，大抵皆以下层社会的秘密会党发动。其中最著名的便是由陈永华奉郑成功之命创立的"天地会"。

天地会的起义，大抵皆以拥护一明室的后裔为号召，目的在恢复明朝。道光三十年（1850），万大洪以"天德"名号举事，洪秀全曾受封为"太平王"。但洪秀全起义的宗旨，却与恢复明朝的号召有所抵牾。因此，后来便与天地会分离，而径以"太平天国"创立以"上帝教"为基干的洪氏帝业。

影　响

这一篇檄文，是咸丰二年（1852），太平军进攻湖南时所发布的通告。

檄文主要着力于指斥清廷的腐败和其残酷的种族压迫，至于"复明"一事，则丝毫不曾提及。事实上，明代覆灭，至当时已有二百多年，时间早已冲淡了大多数民众对明朝的怀念，复不复明，在宣传上并没有太大的效果。反而是当时人民所亲身经历的切肤之痛——清廷的腐败、残酷，才是最有力量的诉求内容。

因此，这篇檄文所激起的，不是遥不可及的缅怀情绪，而是身受其害者内心的直接愤怒。而愤怒之火，则环绕于"华夷"之分而熊熊燃烧起来，形成了一股强猛的声势，几乎毁灭了岌岌可危的清政府。

然而，檄文中的另一项宣传目标：以"上帝教"为基础的太平天国思想及其相关的制度，却在无形之中，破坏了原有的效果。就切身之痛而言，显然地，身处于下层阶级的民众，在上无奥援的情况下，自是惨痛甚于上层知识分子。太平天国的基础，就是得力于下层人士的直接参与而缔建的。但是，在上层知识分子心目中，上帝教所带来的对中国固有传统的破坏，恐怕更甚于对切身之痛的恐惧。因此，以曾国藩为领导的"湘军"，得以在保护固有文化的号召下，迅速整编起来，形成与太平军对抗的主力。

太平天国忠王李谆谕

战争的形态，由早期的种族对立，蜕变成文化的抗争。这时候，胜败的关键，不在于军事力量的强弱，而在于群众对战争形态的认同了。而此一认同，在传统中国以知识分子为主干的形势下，胜败早已是不言而喻的了。"湘军"之所以屡仆屡起，而击破坚强的太平军，恐怕正是因此。

虽然太平天国企图以宗教建立起一个公正、清明的政府的理想，终于破灭在自己所号召的思想下，但是种族的对立，却也无形中对知识分子造成了相当大的冲击，所以辛亥革命便是在知识分子认清这种对立的情势下成功的。

原　文

真天命太平天国禾乃师赎病主左辅正军师东王杨，右弼又正军师西王萧，为奉天讨胡，檄布四方，若曰[①]：

嗟尔有众，明听予言！予惟天下者，上帝之天下，非胡虏之天下也；衣食者，上帝之衣食，非胡虏之衣食也；子女民人者，上帝之子女民人，

[①] 真天命太平天国：太平天国是洪秀全在咸丰元年（1851）建立的国号。太平，是其起义的目的，欲天下得以太平；天国，则表明他的信仰，洪秀全信奉上帝，认为天下即是上帝之国，故称"天国"。"国"字本作"國"，但是因为洪秀全认为"王居中"，因此太平军的文书，一律作"国"。太平天国改换了许多常用字，理由不尽相同，如将"魂""魄""魁"等改作"魂"（左边加人）"魄"（左边加人）"魁"；将"耶""火""华"，改为"也""烧""花"（这是为了避讳，他们将上帝音译为"耶火华"）等，不一而足。真天命则指他们是奉了上帝旨意的"真命天子"。东王杨：指太平军的东王杨秀清，他的官衔很长，全衔是"圣神风禾乃师赎病主左辅正军师"。圣神风，据洪秀全《新遗诏圣书》所说，是因"上帝下凡降东王，降托东王是圣神，东王本职则是风，劝慰师也"。其他诸王则有圣神雨（西王萧朝贵）、云师（南王冯云山）、雷师（北王韦昌辉）、电师（翼王石达开）等，带有传统信仰的意味。禾乃师，"禾乃"合为一"秀"字，可能是指天王洪秀全的军师之类。赎病主，是由于杨秀清曾自称天父下凡，令他代世人赎病，因此而封之。左辅正军师，是太平天国军制中"左辅""右弼"及"正军师""副军师"的官职合称。杨秀清既是"左辅"，又是"正军师"。西王萧：指西王萧朝贵，他的全衔是"圣神雨右弼又正军师"。太平天国的檄文都是以杨、萧的名义发布的。所以列上二人的名衔。

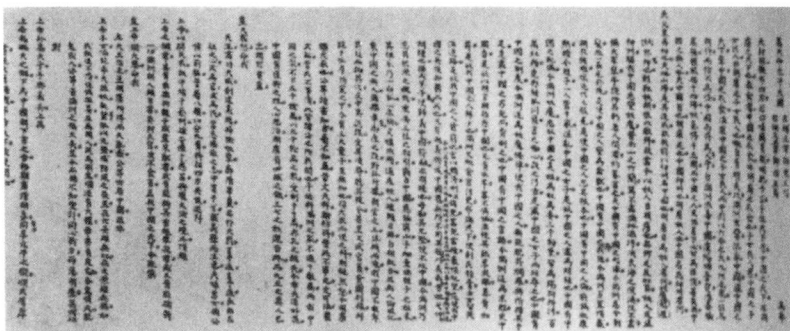

《太平天国奉天讨胡檄》原件

非胡虏之子女民人也①。

慨自满洲肆毒，混乱中国，而中国以六合之大，九州之众，一任其胡行，而恬不为怪，中国尚得为有人乎②？妖胡虐焰燔苍穹，淫毒秽 宸^{chéng}极，腥风播于四海，妖气惨于五胡，而中国之人，反低首下心，甘为臣仆。甚矣哉，中国之无人也！

夫中国首也，胡虏足也；中国神州也，胡虏妖人也。中国名为神州者何？天父皇上帝真神也，天地山海，是其造成，故从前以神州名中国也③。胡虏目为妖人者何？蛇魔"阎罗妖"邪鬼也，鞑靼妖胡，唯此敬拜，

---

① 上帝：在这里是指基督教中的上帝，和中国传统的上帝完全不同。洪秀全和基督教的接触，是由梁亚发所编的《劝世良言》作媒介的。在起义期间，他又糅合了一些传统的信仰在内，和基督教的上帝也不一样。

② 九州：据传大禹曾将天下划分为九个州，所以后来以九州代表整个中国领土。

③ 以神州名中国也：战国时驺衍以"赤县神州"称中国，但历来都没有人解释何以用"赤"、用"神"。在这里，杨秀清等人借"神"指上帝，认为中国是上帝造成的，所以叫"神的土地"（神州）。

故当今以妖人目胡虏也①。奈何足反加首，妖人反盗神州，驱我中国悉变妖魔？罄南山之竹简，写不尽满地淫污；决东海之波涛，洗不净弥天罪孽！予谨按其彰著人间者，约略言之：

夫中国有中国之形象，今满洲悉令削发，拖一长尾于后，是使中国之人变为禽兽也②。中国有中国之衣冠，今满洲另置顶戴，胡衣猴冠，坏先代之服冕，是使中国之人忘其根本也③。中国有中国之人伦，前伪妖康熙，暗令鞑子一人管十家，淫乱中国之女子，是欲中国之人尽为胡种也④。中国有中国之配偶，今满洲妖魔，悉收中国之美姬，为奴为妾，三千粉黛，皆为羯^{jié}狗所污；百万红颜，竟与骚狐同寝，言之恸心，谈之污舌，是尽

---

① 蛇魔"阎罗妖"邪鬼：太平天国《谕救世人檄》中有一段话说："魔鬼者何？就是尔等所拜祭各菩萨偶像也。各菩萨偶像者何？就是蛇魔红眼睛'阎罗妖'之妖徒鬼卒也。蛇魔红眼睛'阎罗妖'者何？就是皇上帝当初造天造地之时，所造生之老蛇。今既变为妖怪，能变得十七八变，东海龙妖亦是他，正是妖头鬼头，专迷惑缠捉凡人灵魂，落十八重地狱，做他妖徒鬼卒，听他受用淫污者也。"这里所称的蛇魔，显然是自《旧约·创世记》中，引诱亚当、夏娃吃禁果的蛇而来。基督教反对一切偶像崇拜，认定上帝为唯一真神，对其他宗教的神祇，一律采取排斥的态度，以邪魔视之。太平天国亦承接这一观念，同时更将其他宗教的神祇归列"阎罗妖"门下，且将这些邪魔之所以产生的原因，归罪于满洲人。就理论而言，虽可自成一说，但实际上却很荒谬，因为他们亦排斥孔子，将"妖魔作怪之由，总追究孔子教人之书多错"，且说"孔丘见高天人人归咎他，他便私逃下天，欲与妖魔头偕走"，简直将孔子和他们的妖魔沆瀣一气了。而崇敬孔子，岂是从满洲人开始的？太平天国之所以无法得到士大夫阶级的支持，蛇魔"阎罗妖"的观念，是关键之一。

② 悉令削发：清军入关，一改明朝衣冠，下令薙发。太平天国反其道而行，个个头披长发，因此被称为"长毛""发逆"。但披头散发，和明朝的束发，也还是有差别的。详见本书《薙发令》。

③ 顶戴：清朝的官服，帽顶珠形，以珊瑚、蓝宝石、青金石、水晶、砗磲、金，镶在帽顶，作官品大小的分别，叫顶戴。但这里既指"坏先代服冕"，则不应仅指官服，一般平民的穿戴，如瓜皮帽、马褂等，也包括在内。

④ 一人管十家：清代行保甲法，以十人为一牌，置牌头，以上有甲、保，皆以十为单位，自顺治元年（1644）便逐渐实施，康熙四十七年（1708）正式确立。所谓一人管十家，大概指此而言。但是"淫乱中国之女子"，恐怕未必是实情。

中国之女子而玷辱之也。中国有中国之制度，今满洲造为妖魔条律，使我中国之人无能脱其网罗，无所措其手足，是尽中国之男儿而胁制之也。中国有中国之语言，今满洲造为京腔，更中国音，是欲以胡言胡语惑中国也①。凡有水旱，略不怜恤，坐视其饿殍流离，暴露如莽，是欲使中国之人稀少也。满洲又纵贪官污吏，布满天下，使剥民脂膏，士女皆哭泣道路，是欲我中国之人贫穷也。官以贿得，刑以钱免，富儿当权，豪杰绝望，是使我中国之英俊抑郁而死也。凡有起义兴复中国者，动诬以谋反大逆，夷其九族，是欲绝我中国英雄之谋也。满洲之所以愚弄中国、欺侮中国者，无所不用其极，巧矣哉！

　　昔姚弋仲，胡种也，犹戒其子襄，使归义中国；苻融亦胡种也，每劝其兄坚，使不攻中国。今满洲乃忘其根源之丑贱，乘吴三桂之招引，霸占中国，极恶穷凶。予细查满鞑子之始末，其祖宗乃一白狐，一赤狗，交媾成精，遂产妖人，种类日滋，自相配合，并无人伦风化。乘中国之无人，盗据中夏，妖座之设，野狐升据；蛇窝之内，沐猴而冠。我中国不能犁其窟而锄其穴，反中其诡谋，受其凌辱，听其吓诈，甚至庸恶陋劣，贪图蝇头，拜跪于狐群狗党之中。今有三尺童子，至无知也，指犬豕而使之拜，则艴然怒。今胡虏犹犬豕也，公等读书知古，毫不知羞？昔文天祥、谢枋得誓死不事元，史可法、瞿式耜誓死不事清，此皆诸公之所熟闻也。予总料满洲之众不过十数万，而我中国之众不下五千余万，以五千余万

---

① 京腔：即官话，属北方语言系统，自唐朝以来，是官场通行的语言。其实，京腔是道道地地的中国语言，并非满洲人"造为"的。

之众，受制于十万，亦孔之丑矣！

今幸天道好还，中国有复兴之理，人心思治，胡虏有必灭之征。三七之运告终，而九五之真人已出[①]。胡罪贯盈，皇天震怒，命我天王肃将天威，创建义旗，扫除妖孽，廓清中夏，恭行天罚。言乎远，言乎迩，孰无左袒之心；或为官，或为民，当急扬徽之志[②]！甲胄干戈，载义声而生色；夫妇男女，据公愤以前驱。誓屠八旗，以安九有。特诏四方英俊，速拜上帝，以奖天衷。执守绪于蔡州，擒妥懽于应昌[③]。兴复久沦之境土，顶起上帝之纲常。其有能擒狗鞑子咸丰来献者，或能斩其首级来投者，又有能擒斩一切满洲胡人头目者，奏封大官，决不食言。盖皇上帝当初六日造成之天下，今既蒙皇上帝开大恩，命我主天王治之，岂胡虏所得而久乱哉[④]！

公等世居中国，谁非上帝子女？倘能奉天诛妖，执蝥弧以先登，戒

---

① 三七之运：《汉书·路温舒传》："温舒从祖父受历数天文，以为汉厄于三七之间。"三七是二百一十年，汉初到哀帝元年恰好二百一十年，而王莽即位，改国号为"新"。清自顺治元年（1644）至咸丰三年（1853），也共有二百一十年，所以文中认为"妖运"告终。九五之真人：《易经·乾卦》："九五，飞龙在天，利见大人。""乾卦"中的九五爻是代表人君的象征，因此后来称君主为"九五之尊"。真人，即真命天子的意思。

② 左袒：将左边的肩膀祖露出来，表示赞助的意思。汉高祖死后，吕后专政，吕氏族人企图以吕代刘而有天下。大臣周勃反抗吕氏，向军队说："为吕氏者右袒，为刘氏者左袒。"当时军中皆左袒，因此后来称赞助为左袒。

③ 执守绪于蔡州：南宋末年，金主完颜守绪守蔡州，宋、元联兵攻金，于宋理宗端平元年（1234），为中国将领孟珙攻下，完颜守绪自杀。擒妥懽于应昌：妥懽即元顺帝妥懽贴睦儿。元末，明太祖起义，命徐达攻破元都，顺帝出奔，后于1370年死于应昌。顺帝并非被擒，"擒"字有误。

④ 六日造成之天下：据基督教《旧约全书·创世记》，上帝以六天的时间，创造了天地万物。

防风之后至，在世英雄无比，在天荣耀无疆①。如或执迷不悟，保伪拒真，生为胡人，死为胡鬼。顺逆有大体，华夷有定名，各宜顺天，脱鬼成人。公等苦满洲之祸久矣！至今而犹不知变计，同心勠力，扫荡胡尘，其何以对上帝于高天乎？

予兴义兵，上为上帝报瞒天之雠（chóu），下为中国解下首之苦，务期肃清胡氛，同享太平之乐②。顺天有厚赏，逆天有显戮。布告天下，咸使知闻。

《太平天国史稿》

译 文

真天命太平天国的禾乃师赎病主左辅正军师东王杨秀清、右弼又正军师西王萧朝贵，为奉行天命，讨伐胡虏，以檄文布告天下，说：

大家听清楚我的话！我以为所谓的天下，是上帝的天下，不是胡虏的天下；衣食，是上帝的衣食，不是胡虏的衣食；子女人民，是上帝的子女人民，不是胡虏的子女人民。

我很感慨：自从满洲人肆虐，造成了中国的混乱，而中国有这么广大的土地，九州之多的人民，居然听任他们胡作非为而安之若素，中国还能说得上是有人才吗？胡虏暴虐的火焰燃烧于天上，淫毒污秽了天宫，血腥播遍天下，妖气比五胡所造成的还要惨烈，而中国人却低声下气，甘心作他们的奴仆。唉，中国未免太无人才了吧！

---

① 执蝥弧以先登：蝥弧是旗子的名称。《左传·隐公十一年》，郑庄公伐许："颍考叔取郑伯之旗蝥弧以先登。"这里是高举义旗，率先响应的意思。戒防风之后至：神话传说中，大禹曾会诸侯于涂山，来执玉帛贡献的有万国之多，其中防风氏来得最慢，因而被杀。这里含有警告的意思，希望众人不要迟疑，以免遭到杀身之祸。

② 下首：头下脚上，被倒悬起来，叫下首。古时候的战争，都以解救人民苦难为宣传、号召，叫"解民之倒悬"。下首，就是倒悬的意思。

中国是头，胡虏是脚；中国是神州，胡虏是妖人。中国为什么称作神州呢？因为天父皇上帝是唯一的真神，天地山海都是他创造的，因此从前以神州来称中国。为什么视胡虏为妖人呢？因为"蛇魔阎罗妖"是邪恶的魔鬼，满洲胡虏，特别敬拜他，因此现在视胡虏为妖人。谁料脚反而放在头上，妖人反而窃据神州，驱使我中国人全都变成了妖魔！用尽南山的竹简，写不完他们遍地的污秽；倾尽东海的波涛，也无法洗净他们弥天的罪孽！在此，我谨将他们昭彰在目的罪行大略地说一说：

中国本来自有中国的形象，而今满洲人命令国人一律薙发，拖一条长尾巴在脑后，使中国人变成禽兽。中国自有中国的衣冠服制，而今满洲人另用衣帽，穿胡衣，戴猴帽，破坏了过去的衣冠制度，使中国人忘掉自己的根源。中国自有中国的伦理道德，过去有妖人康熙，暗中命令鞑子一个人管理十户中国人，淫乱中国女子，有意使中国人变成胡虏的种类。中国自有中国的配偶，而今满洲妖魔收罗尽中国美女，作为婢妾，众多的美女，都为狗鞑子所污辱了。百万的少女，居然与骚臭的胡种共寝，提起来就令人痛心，讲起来更是玷污了舌头！这是将全中国的女子尽行玷污了呀！中国自有中国的制度，而今满洲人另造一种妖魔式的条例，使中国人无法脱离这重重的罗网，无所措手足，是将全中国男子都胁迫住了呀！中国自有中国的语言，而今满洲人别造京腔，更变中国语言，想要以胡虏的语言迷惑中国。凡是有水灾、旱灾发生，他们一点都不肯怜恤，坐视人民饿死路旁、流离失所，暴露在风雨的侵袭中，想要使中国人数减少。满洲人又放纵一些贪官污吏，遍布天下，以剥削民脂民膏，使仕女们都啼泣于道路之上，想要使中国人贫穷。做官以贿赂而得，刑罚以金钱可免，富贵的人掌握大权，豪杰之士大失所望，让中国的英雄豪杰抑郁地死去。凡是有举义旗想复兴中国的，动辄诬告他们是谋反的叛逆，夷灭他九族，想要一举斩绝中国英雄豪杰的计谋。满洲人用来愚弄中国、欺凌中国的手段，可以说是无所不用其极，非常巧诈的！

从前东晋的姚弋仲，虽然是个胡人，还曾劝诫过他儿子姚襄，教他投奔中国；前秦的苻融，也是个胡人，经常劝他哥哥苻坚，不要攻打中国。而今满洲人却忘了他们根源的丑劣卑贱，乘吴三桂招引的机会，霸占了中国，真是穷凶极恶。我曾仔细调查过满洲鞑子的底细，他们的祖宗是一只白狐和赤狗交配之后所生下来的妖怪，种类繁衍多了，便自相交配，没有丝毫伦理道德可言。他们乘着中国缺乏人才，窃据了中原，设立妖座，使野狐登基；一群虺蛇，简直是沐猴而冠。我们中国人不能够扫荡他们的巢穴，却反而中了他们的诡计，听由他们恐吓欺骗，甚至卑鄙无耻，贪图一些蝇头小利，跪拜在这些狐群狗党之间。现在若有一个三尺高的小孩，他算是很无知的了，但若指着猪、狗教他跪拜，一定勃然大怒；而胡虏就像猪狗一样，诸位读书明理的人，难道不感到羞耻？从前文天祥、谢枋得，誓死不事元朝，史可法、瞿式耜，誓死不事清朝，这都是诸位耳熟能详的事。我估量满洲人数不过十几万人，而我中国则有五千万人之多，以五千多万的人而受制于十万人，实在是莫大的耻辱啊！

　　所幸如今天道好还，中国有复兴的道理，人心求治，胡虏有必灭的征兆；二百一十年的妖运将告一段落，九五之尊的真天子已经诞生。胡虏已是罪恶满盈了，皇天异常愤怒，命令我们的天王严肃地秉持上天的威严，创建义旗，扫除妖孽，廓清中国，恭敬地执行上天的惩罚。无论是远是近，谁没有协助的心意？无论是官吏、百姓，都应该早日举起义旗；甲胄干戈等武器，都因起义而生色不少；夫妇男女各人民，皆为抒发公愤而愿当前锋，誓言杀尽八旗兵以安定九州。在此，特地昭告天下豪杰，即刻崇拜上帝，以协助上天完成心愿。像孟珙杀完颜守绪于蔡州，徐达擒妥懽贴睦儿于应昌一样，复兴沦陷已久的国土，扶持起上帝的纲常。若有人能够擒捉狗鞑子咸丰来呈献的，或是能斩下他的首级来投靠的，或者有人能擒杀任何满洲人的头目的，一律封为大官，决不食言。这个上帝当初以六天的时间创造成的天下，而今既承蒙他开恩，命令我们的天王来治理，又哪里是胡虏能够长久扰乱的呢？

诸位世代居住于中国，谁不是上帝的儿女？假如能够奉承天命以诛锄妖邪，率先举起义旗，警惕于防风氏因后到产生的结果，那么，在世的时候将是无人能比的英雄，升天后会得到无尽的光荣。假如有人执迷不悟，保护伪妖，抗拒真命天子，那么，便让他生为胡人，死做胡鬼！顺和逆有不可紊乱的体制，华夏与夷狄有一定的名分，诸位最好顺应天命，以脱鬼成人！诸位受满洲祸乱中国的痛苦已经很久了，到现在还不知道改变心意，同心协力，扫除胡虏，将如何对得起在高天之上的上帝？

我此次发动义军，在上是为上帝报被瞒蔽的大仇，在下是为中国解救百姓的痛苦，务必要肃清胡虏，使百姓共同享受到太平的快乐。顺应天命的人将得到丰厚的赏赐，违逆天命的人则将明正典刑。在此布告天下，使大家都明白。

（林保淳 / 编写整理）

讨粤匪檄

曾国藩

    曾国藩（1811—1872），号涤生，原名子城，字伯涵，湖南湘乡白杨坪（今属双峰）人。在文学上，他上继"桐城派"的古文，开创了"湘乡"一派，门生子弟，均颇有成就；然而，他最大的成就却在事功方面。太平天国起事，他奉命协助张亮基帮办湘省团练，其后一手建立"湘军"，在与太平军的战斗中，屡建功勋，终于剿灭了太平天国，成为清朝中兴的功臣。他的著作主要收集在《曾文正公全集》中。

曾国藩像

背　景

    湘军的兴起，主要是以地方团练为主干而发展的。

    清代的兵制，原以八旗和绿营为主力。入关之后，绿营分驻各地，实际上已成了唯一肩负国防重任的军队。但清代中叶以后，绿营军队日渐腐败，非但本身缺乏作战能力，不足以保境卫民，甚至于横行乡里，胡作非为，比盗贼更加凶狠。在这种情况下，各地纷纷自组民兵，称为团练，以担任保卫乡梓之责。其中江忠源训练的楚勇，便是盛名卓著的一支民兵。

    太平军起，绿营先后两次溃败，眼看就要无兵可用了，清廷不得不借用团练的力量，以抵抗太平军。在咸丰二、三年间（1852—1853），清廷委任了数十名督办大臣，有计划地训练乡勇，其中最具成效的就是曾国藩的湘军。这支湘军，不但使曾国藩获建奇功，成就了他的声名，而且使地方乡勇的部队，继绿营之后，成为国家的主力军队。

曾国藩以一介儒生，投身军旅，以湘军建功立名，可以说是近代史上相当特殊的人物。但是，他的功过，迄今仍很难论定。有人称许他是"中兴功臣""文化的守护神"，也有人咒骂他是"汉奸""民族的败类"。究竟原因，主要症结在于他的敌手——太平天国，实际上兼具了双重身份，在立场上不免有点暧昧。

一方面，太平天国以民族主义的旗帜号召天下，的确振奋了沦为二百年亡国之奴的汉族志士的雄心，再度燃起了驱逐鞑虏、复我衣冠的希望。而另一方面，太平天国却偏执地以上帝教为唯一的真理，企图毁尽已深入人心数千年之久的传统信念，所过之境，只见破坏，少有建设，即使连孔子也不能幸免，这又不免使有志之士寒心。

由于太平天国的性质杂糅暧昧，也使得击灭太平军的曾国藩形象混沌起来。究竟当时曾国藩投袂而起的初衷何在？这恐怕非要起他于九泉之下才能对证了。在此，我们似乎无须，也无法追问清楚。但是，若是就文论事，我们也不妨就这篇檄文的内容，观察一下他可能具有的心态。

曾国藩等奏报战功折

很明显地，这篇檄文极力回避有关种族压迫的问题，却转向以文化存续的问题作诉求的主旨，倾全力暴露太平天国毁弃传统的罪状。这和太平天国的《奉天讨胡檄》所诉求的层面是完全不同的。

当然，这和檄文文体本身所要求的"堂堂之阵，正正之旗"，是有相当大关系的，总不能掀旧仇、揭疮疤，予对方口实。但是，在清廷以威胁利诱的高压笼络方式统治了二百多年之后，中国士人的种族界限、华夷之别，已逐渐淡然，也是不争的事实。这点我们可以从自郑成功以后，清朝各代中揭竿起义的成员中甚少有士人的参与，以及清朝覆灭之后所出现的众多遗老、遗少，可以得到印证。

曾国藩肯出仕清朝，且随处表现出他忠于朝廷的态度，可见得他已将清朝看成了中国的代表，忠于清朝，即是忠于自己的国家。毕竟，除了清朝，也没有任何政治组织足以代表中国。由此说来，批评曾国藩和众多士人一样，早已泯灭了种族的区别，进而检讨这种现象之所以会产生的原因，或者有助于了解中国人的性格。

但是，若直接抨击他是"汉奸"，恐怕一篙子扫下去，有清二百六十八年中，除了揭竿而起的志士外，大概没有一个人是完人，没有一个不是"汉奸"了。这种抨击，虽然颇能符合一些政治上的需要，却很可能流于极端，将一个人的价值完全否定了。同时，更不是"知人论世"，根于情理的批评。

影　响

本文中曾国藩所显示出来的对传统文化的维护态度，更可能是需要进行正面的肯定的。在檄文中，曾国藩批评了太平军的暴虐，固然是一方面，另外，在批评太平军极力破坏儒家传统及民间信仰上，也真的是一针见血。据现存的太平天国资料，太平天国基本上企图以上帝教的理论，作衡量一切道德、行事的标准，因此对其他各家派的理论、神祇，皆采取敌视、破坏的态度。一方面，由于上帝教是改头换面、凌杂无统的舶来品，根本缺乏能够使人信服、尊奉的体系；另一方面，又忽视了国人的需要及传统的力量，出之以斩钉截铁的灭绝姿态。因此，太平天国带给中国人的，恐怕是祸而不是福了。曾国藩以文化存续号召乡勇抵抗太平军，其之所以能得到许多人的响应——不仅是知识分子，也包括了农民——因而茁长出一股消灭太平军的力量，足可证明传统信仰和固有文化的坚厚与强劲。

我想，如果将曾国藩与太平天国的对立，视作两种信仰和文化的对峙，相信是比较持平的观念。同时，由这一点去评估曾国藩的功过，也将比较客观一些。

其后"捻乱""回乱"的平定，也是依靠由左宗棠、李鸿章率领的淮军完成的。清光绪年间，新军崛起，从此新式训练、配备现代化的军队，取代了地方乡勇的地位，团练才逐渐没落。

原　文

为传檄事：逆贼洪秀全、杨秀清称乱以来，于今五年矣①。荼毒生灵数百余万，蹂躏州县五千余里。所过之境，船只无论大小，人民无论贫富，一概抢掠罄尽，寸草不留。其掳入贼中者，剥取衣服，搜括银钱，银满五两而不献贼者，即行斩首。男子日给米一合，驱之临阵向前，驱之筑城浚濠；妇人日给米一合，驱之登陴守夜，驱之运米挑煤。妇女而不肯解脚者，则立斩其足以示众妇；船户而阴谋逃归者，则倒抬其尸以示众船②。粤匪自处于安富尊荣，而视我两湖、三江被胁之人，曾犬豕牛马之不若，此其残忍惨酷，凡有血气者，未有闻之而不痛憾者也。

---

① 于今五年矣：本文作于咸丰四年（1854），距太平天国起事的道光三十年（1850），差不多是五年。

② 解脚：指放小脚。太平军曾在占领区中严禁缠足。

自唐虞三代以来，历世圣人，扶持名教，敦叙人伦，君臣父子，上下尊卑，秩然如冠履之不可倒置。粤匪窃外夷之绪，崇天主之教，自其伪君伪相，下逮兵卒贱役，皆以兄弟称之，谓惟天可称父①。此外凡民之父，皆兄弟也；凡民之母，皆姊妹也②。农不能自耕以纳赋，而谓田皆天王之田；商不能自贾以取息，而谓货皆天王之货；士不能诵孔子之经，而别有所谓耶稣之说、《新约》之书③。举中国数千年礼仪人伦，《诗》《书》典则，一旦扫地荡尽。此岂独我大清之变，乃开辟以来名教之奇变，我孔子、孟子之所痛苦于九原，凡读书识字者，又乌可袖手安坐，不思一为之所也。

自古生有功德，没则为神，王道治明，神道治幽，虽乱臣贼子，穷凶极丑，亦往往敬畏神祇。李自成至曲阜，不犯圣庙；张献忠至梓潼，

---

① 外夷之绪：太平天国崇奉的上帝教，是洪秀全取自西方天主教而转变过来的，所以说是"外夷之绪"。绪，绪余，通常指经人挑选后剩下不要的东西。

② 皆姊妹也：洪秀全《原道醒世训》："天下多男人，尽是兄弟之辈；天下多女子，尽是姊妹之辈。"这点是由天主教中教友互称兄弟、姊妹而转化来的，与墨子的"兼爱"思想很接近。曾国藩代表儒家的传统精神，在人伦上讲究的是"亲亲而仁民，仁民而爱物"，认为爱是有差等、顺序的，因此针对这点加以抨击。

③ 田皆天王之田：《天朝田亩制度》："务使天下共享天父上主皇上帝大福，有田同耕，有饭同食，有衣同穿，有钱同使，无处不均匀，无人不饱暖也。"太平天国实施公田政策，人民耕种所得，除了少部分可以留存之外，一律缴至"圣库"，不许有私产。
货皆天王之货：太平天国有一段时间在天京（南京）实施禁商的政策，禁止所有商业的经营，认为"凡物皆天父赐来，不须钱买"。但实施不久，便因有所窒碍而停止了。
士不能诵孔子之经：太平天国一以上帝为尊，其他学说皆斥为妖邪，所过之处，一切庙宇、神像，尽行焚毁，且不准士子读"妖书"，即使部分接纳了深入人心的"四书""五经"等书，也力加删改。

亦祭文昌①。粤匪焚郴州之学宫，毁宣圣之木主，十哲两庑，狼藉满地②。嗣是所过郡县，先毁庙宇，即忠臣义士，如关帝、岳王之凛凛，亦皆污其宫室，残其身首；以至佛寺、道院、城隍、社坛，无庙不焚，无像不灭。斯又鬼神所共愤怒，欲一雪此憾于冥冥之中者也。

本部堂奉天子命，统师二万，水陆并进③。誓将卧薪尝胆，殄此凶逆，救我被掳之船只，拔出被胁之民人。不特纾君父宵旰之勤劳，而且慰孔孟人伦之隐痛；不特为百万生灵报枉杀之仇，而且为上下神祇雪被辱之憾。是用传檄远近，咸使闻知。倘有血性男子，号召义旅，助我征剿者，本部堂引为心腹，酌给口粮。倘有抱道君子，痛天主教之横行中原，赫然奋怒以卫吾道者，本部堂礼之幕府，待以宾师④。倘有仗义仁人，捐银助饷者，千金以内，给予实收部照，千金以上，专折奏请优叙⑤。倘有久陷贼中，自拔来归，杀其头目，以城来降者，本部堂收之帐下，奏授官爵。倘有被胁

---

① 不犯圣庙：相传李自成部队至孔子故居曲阜，曾特意保全孔子家庙。亦祭文昌：文昌即文昌帝君，又称梓潼帝君，是道教尊奉的神祇。张献忠祭文昌帝君，不知何本。

② 郴州：在湖南南部，咸丰二年（1852）八月十七日，太平军一度占领郴州。学官：从前科举时代诸生读书的学舍。宣圣：即孔子，汉平帝时追谥孔子为褒成宣尼公，唐太宗尊孔子为宣父，所以后人也称孔子为宣圣。木主：神位。十哲两庑：历代君主崇祀孔子，以孔门弟子颜渊、闵子骞、冉伯牛、仲弓、宰我、子贡、冉有、季路、子游、子夏等为十哲，将其木主列在孔庙左右两廊，共享祭祀。

③ 部堂：清代称各衙门长官为"堂官"，各部尚书、侍郎为"部堂"，曾国藩此时以兵部侍郎的身份带兵，所以自称"本部堂"。

④ 幕府：军队出征，常用帐幕，因此称将军府为幕府。明清以来的官吏，聘请知识分子参与行政和文书的工作，叫作"幕友"或"幕宾"。

⑤ 部照：清朝中叶以后，由于财政困窘，又开捐官之例，有钱的人捐钱给政府，政府按金额多寡，给予高低不等的官职，以吏部发给的执照为凭，叫"部照"。以示捐献不致落空。

经年，发长数寸，临阵弃械，徒手归诚者，一概免死，资遣回籍①。

在昔汉、唐、元、明之末，群盗如毛，皆由主昏政乱，莫能削平。今天子优勤惕厉，敬天恤民，田不加赋，户不抽丁。以列圣深厚之仁，讨暴虐无赖之贼，无论迟速，终归灭亡，不待智者而明矣。若尔被胁之人，甘心从逆，抗拒天诛，大兵一压，玉石俱焚，亦不能更为分别也。

本部堂德薄能鲜，独仗"忠""信"二字为行军之本。上有日月，下有鬼神，明有浩浩长江之水，幽有前此殉难各忠臣烈士之魂，实鉴吾心。咸听吾言！檄到如律令，无忽！

《曾文正公全集》

译　文

为传布檄文之事：自逆贼洪秀全、杨秀清举兵造反以来，到现在已有五年了。他们毒害了数百余万的人民，蹂躏了五千多里的州县。所经过的地方，无论大大小小的船只、无论贫贱富贵的人民，全部抢夺一空，寸草不留。被俘虏到贼匪中的人，都被剥尽衣服，搜括银两，如有银两超过五两而不自动呈献给盗贼的，立刻被斩首示众。男人每天供给一合米，驱使他们战时拼命向前，驱使他们修筑城墙、疏通城濠；妇女每天也供给一合米，驱使她们在城墙上担任夜间巡逻的工作，驱使她们运送粮食、搬挑煤炭。妇女若有不肯放小脚的，便立刻斩下她们的小脚以示众人；船家若打算偷偷逃离的，则倒抬他们的尸首以示其他船家。粤匪们自己生活在平安富足、尊贵荣耀的情况中，而将我们两湖、三江被胁迫的人民，看得连猪狗牛马

---

① 发长数寸：清军入关，强迫汉人薙发蓄辫。太平军起事，命令人民照旧蓄发，以示衣冠复汉制。故清廷称太平军为"长毛贼"或"发匪"。这里是说在太平军中稍久，头发已长数寸。

都不如，他们这种残忍惨酷的手段，只要是有血性的人，没有人听到而不感到痛恨的。

自从唐尧虞舜及夏、商、周三代以来，历代的圣人，极力维护名教，讲究伦理道德，君臣、父臣、父子、上下、尊卑的关系，严严整整的像帽子和鞋子一样，不容许颠倒穿戴。粤匪们剽窃外国人的绪余，崇信天主教，上自伪君、伪相，下至军卒、仆役，都互称兄弟，说只有天可以称为父。其他所有人民的父亲，都只是兄弟；所有人民的母亲，都只是姊妹。农人不能自己耕种田地来缴税，而说田地都是天王的田；商人不能从事买卖以赚取盈余，而说财货都是天王的财产；读书人不能读孔孟之书，而另有所谓耶稣的教义及《新约全书》等书，将中国数千年流传下来的礼仪、人伦和《诗经》《书经》的典制，一举扫除净尽。这不但是我大清朝的巨变，实在也是开天辟地以来名教的奇变，是我们孔子、孟子在九泉之下也会感到痛恨的事。凡是读过书、认识字的人，又怎么可以袖手旁观，不起来为此打算一下呢？

自古以来，活着时立有功德的人，死后一定会被人尊奉为神；王道治理阳间，神道治理阴间，虽然是乱臣贼子，凶恶到了极点，也往往会敬畏神明。李自成到曲阜，不敢侵犯孔子庙；张献忠到梓潼，也祭祀文昌帝君。这都是很好的证明。而粤匪焚毁郴州的学舍，破坏孔子的神位，两廊屋中的十位哲人，凌杂错乱，满地都是。自此以后，凡是他们所经过的郡县，一定先烧毁庙宇，即使是忠臣义士，像关羽、岳飞等神圣不可侵犯的神祇，也都被污毁了庙宇，破坏了神像；其他的佛寺、道院、城隍庙、土地庙，没有一个庙宇不被烧毁，没有一个神像不被毁坏。这又是鬼神所共愤，希望能在冥冥之中雪耻复仇的啊！

本部堂奉了天子命令，统率两万名军队，由水、陆二路进发。发誓以卧薪尝胆的精神，消灭这些凶悍的盗贼，救回被俘虏的船只，挽救出被胁迫的人民。不但解除皇上宵衣旰食的勤劳，而且抚慰孔子、孟子伦理道德

866

的隐忧；不但为百万的人民报冤枉被杀的仇恨，而且为天地神明雪洗被侮辱的恨事。因此传布檄文于远近各地，使大家都能够明白。倘若有具有血性的男子起来号召义军，协助我征伐剿匪，本部堂一定引为心腹之人，斟酌给予粮食。如果有怀持正道的君子，痛恨天主教的横行中国，赫然震怒地维护正道，本部堂礼聘于幕府，以宾客、老师的礼节对待。倘使有仗义相助的仁人，捐钱以助军饷，一千两银子以内，发给实际收到的吏部凭照，一千两以上，单独奏请朝廷优先叙用。如果有长久陷入匪贼之中，自动起义来归，或杀死匪首，献城投降，本部堂收为部下，奏请朝廷授予官职。如果有被胁迫了好几年，头发已长了数寸，而能在作战时放下武器，空手来降，一律免死，并给予盘缠，送他回故乡。

在从前汉、唐、元、明的末年，盗贼多如牛毛，都是由于君主昏庸，政治混乱，因此不能够消灭平定。现在的君主日夜勤政爱民，谨慎小心，敬畏上天，体恤人民，田地不加税，户口不抽壮丁。以历代贤明君主所遗传下来的深仁厚泽，去讨伐残酷暴虐的无赖匪寇，无论或慢或快，终有消灭的一天！这是无须智者说明就可以知道的。假如你们这些被胁迫的人，甘心附从叛逆，抗拒天子的惩罚，大军压境，将会玉石俱焚，是来不及多作分别的。

本部堂道德浅薄，能力贫乏，唯独依靠"忠""信"二字作指挥军队的信条。在上有日月，在下有鬼神；阳间有浩浩荡荡的长江水，阴间有过去殉节的忠臣烈士的鬼魂，可以洞察我的诚心。希望大家都听从我的劝诚，檄文所到之处，一切依法律命令行事，千万不要轻忽！

（林保淳／编写整理）

统筹新疆全局疏

左宗棠

左宗棠（1812—1885），字季高，湖南湘阴人。他崛起于太平天国战乱之际，转战闽、浙，颇有建树。其后陕、甘的平定，以及新疆的戡定，并终归于建省，都是他经营筹划的功劳。著有《盾鼻余沈》及《奏议》二百卷。

左宗棠像

背　景

新疆自乾隆年间戡定后，迄同治初已达百余年，其间虽有数次乱事，但在清廷强大的军事压力下，很快就弭平了。可是，由于宗教信仰的差异，在粗告安定的情况下，一股汹涌的怒涛也已暗中滋长了。同治三年（1864），大规模的乱事，在所谓"独立"的名目下，终于爆发了。

这场历时长达十几年的乱事，最后一统于阿古柏。但是，由于外国势力的介入——俄国进占伊犁，欲向东南发展；英国则久欲独占中亚，自印度北边推进。新疆介在西陲，左右控扼，成为英俄两国冲突的关键所在，因此英俄两国都有染指的企图，于是新疆全局的情势，便显得格外复杂了。

阿古柏成立回教汗国，清廷自然无法接受。为了保卫领土的完整派兵征剿，是势在必行的。

但是，此时清廷东南海疆正值多事之秋，为了抵御沿海的外寇，清廷已经是财力窘蹙了。同时，由于新疆地处偏僻，交通不便，西征军事，"筹饷难于筹兵，筹运难于筹粮"，如何筹措这一笔庞大的经费，以供军需，是最迫切的问题。因此，在当时便有李鸿章等海疆重臣，提出了舍弃新疆、专重海防的主张，与左宗棠力主塞防的观点，展开了一番争议。

这场争议的重心，主要从经费筹措及新疆从属的问题上着眼。李鸿章认为与其耗费巨资，去为一个地处边陲的地方进行种种筹谋，不如将一应经费投注于近海领土的捍卫，以保障国家的安全。这个观点，是基于当时东南岌岌可危的局势而发的，未尝没有道理；但是，左宗棠的看法，相形之下便显得眼光更长远一些了。左宗棠认为，新疆是巩固西北边防，甚至是维系全国安全的关键，"重新疆者，所以保蒙古；保蒙古者，所以卫京师"，放弃新疆，正好给予虎视眈眈的英、俄（尤其是俄国），自西北长驱直入的机会，其损失绝对不只是新疆一地而已；至于经费的筹措，可以就地解决，未必如李鸿章所说的"劳师糜饷"。

影　响

事实证明了左宗棠的深谋远虑是更切合实际的。新疆的军事行动，在光绪三年（1877）告一段落，所需经费在左宗棠、刘锦棠悉心规划下，就地取材，节省了相当大的转脚费用；而新疆的一些建设，也在左、刘二人策划下粗具规模，为后来的改制行省，奠定了良好的基础。光绪十年（1884），新疆改制行省，派刘锦棠为首任巡抚，不但领土得以完整无缺，而且屹立西北，成为边防的重镇，颇有效地制止了俄人并吞新疆的野心。这都是左宗棠戡平新疆，建议改制行省的功劳！

原 文

窃臣于五月二十四日，钦奉谕旨："关外军情顺利，吐鲁番等处收复后，南八城门户洞开，自当乘胜底定回疆，歼余丑类，以竟全功。惟计贵出于万全，事必要诸可久。吐鲁番固为南路要隘，此外各城如阿克苏等处，尚有可据之形势否？回酋报知怕夏缚送白彦虎缴回南八城之说，是否可恃[①]？伊犁变乱多年，前此未遑兼顾，此次如能通盘筹画，一气呵成，于大局方为有裨。该大臣亲总师千，自以灭此朝食为念，而如何进取，如何布置，谅早胸有成竹，为朝廷纾西顾之忧。其即统筹全局，直抒所见，以慰廑念。等因，钦此。"跪诵之余，具仰我皇上眷顾西服，圣虑深远，于保大之中，廑驭边之略，钦佩何言。

窃惟立国有疆，古今通义，规模存乎建置，而建置因乎形势。心合时与地通筹之，乃能权其轻重，而建置使得其宜。伊古以来，中国边患，西北恒剧于东南。盖东南以大海为界，形格势禁，尚易为功；西北则广莫无垠，专恃兵力为强弱。兵小固启戎心，兵多又耗国用。以言防，无天险可限戎马之足；以言战，无舟楫可省转馈之烦。非若东南之险阻可凭，集事较易也。周秦至今，惟汉唐为得中策；及其衰也，举边要而捐之，国势遂益以不振。往代陈迹，可覆按矣！顾祖禹于地学最称淹贯，其论

[①] 怕夏缚送白彦虎缴回南八城之说：怕夏（Buzurg）为道光年间"回乱"魁首张尔格之子，新疆"回乱"伊始，土回金相印乞援于怕夏，遂雄踞一时。没多久，怕夏由于纵情声色，为阿古柏（YakoobBeg）所废，大权全操在阿古柏之手，浸至奄有天山南路八城。此处的怕夏，实为阿古柏之误，当时交通不便，消息未通，还误以为怕夏为回部首脑，因此致误。缴回南八城之议，事在光绪三年（1877）刘锦棠攻克达坂城，俘获大通哈，震惊回疆之时，回部酋长皆代阿古柏求和，愿缚在天山南路一带出没的悍回白彦虎及南路八城赎罪。此议后寝搁未行。

方舆形势，视列朝建都之地为重轻。我朝定鼎燕都，蒙部环卫北方，百数十年无烽燧之警。不特前代所谓九边，皆成腹地；即由科布多、乌里雅苏台已达张家口，亦皆分屯列戍，斥堠遥通，而后畿甸宴然。盖祖宗朝削平准部，兼定回部，开新疆、立军府之所贻也。是故重新疆者，所以保蒙古；保蒙古者，所以卫京师。西北臂指相联，形势完整，自无隙可乘。若新疆不固，则蒙部不安。匪特陕甘山西各边，时虞侵轶，防不胜防；即直北关山，亦将无晏眠之日。而况今之与昔，事势攸殊，俄人括境日广，由西而东万余里，与我北境相连，仅中段有蒙部为之遮阂。徙薪宜远，曲突宜先，尤不可不预为绸缪者也[1]。

高宗平定新疆，拓地周二万里，一时帷幄诸臣，不能无耗中事西之疑；圣意坚定不摇者，推旧戍之瘠土，置新定之腴区，边军仍旧，饷不外加，疆宇益增巩固，可为长久计耳[2]。方今北路已复乌鲁木齐全境，只伊犁尚未收回；南路已复吐鲁番全境，只白彦虎率其余党，偷息开都河西岸，喀什噶尔尚有叛弁逃军，终烦兵力[3]。此外各城，则方去虎口，如投慈母之怀，自无更抗颜行者。新秋采运足供，余粮栖亩，鼓行而西，宣布朝廷威德，且剿且抚，无难挈旧有之疆宇，还隶职方。此外如安集延、布

---

① "徙薪宜远"二句：此典见《汉书·霍光传》，即成语"曲突徙薪"的由来，意指防患未然。在这里是说一切事物须及早筹划，以免临时措手不及。

② 不能无耗中事西之疑：新疆"回乱"，由于粮饷筹运困难，再加上东南海疆正值多事之秋，因此如李鸿章等人都认为不应该耗用内地财富，投诸辽远的边疆，而该着力于保卫东南。这便是当时著名的海防、塞防之争。左宗棠基于保卫领土完整的立场，为新疆据理力争。在这里，左宗棠借清高宗时的廷议，表明他的看法。

③ 只伊犁尚未收回：自同治十年（1871）五月十七日俄人进占伊犁后，伊犁一直沦落在俄人之手，不肯退兵，导致了日后签订《伊犁和约》的恶果。

鲁特诸部落，则等诸邱索之外，听其翔泳故区可矣。英人为安集延说者，虑俄之蚕食其地，于英有所不利。俄方争土耳其，与英相持，我收复旧疆，兵以义动，设有意外争辩，在我仗义执言，亦决无所挠屈。

至新疆全境，向称水草丰饶、牲畜充牣^{rèn}者，北路除伊犁外，奇台、古城、济木萨至乌鲁木齐、昌吉、绥来等处，回乱以来，汉回死丧流亡，地皆荒芜。近惟奇台、古城、济木萨，商民散勇，土著民人，聚集开垦，收获甚饶，官军高价收取，足省运脚。余如经理得宜，地方始有复元之望。南路各处，以吐鲁番为腴区，八城除喀喇沙尔所属，地多硗瘠^{qiāo}，余虽广衍不及北路，而饶沃或过之矣！官军已复乌鲁木齐、吐鲁番，虽有驻军之所，而所得腴地，尚不及三分之一。若全境收复，经画得人，军食可就地采运，饷需可就近取资，不至如前此之拮据烦忧，张皇靡措也。区区愚忧，实因地不可弃，兵不可停，而饷事匮绝，计非速复腴疆，无从着手。局势所迫，未敢玩愒^{kài}相将。

至省费节劳，为新疆画久安长治之策，纾朝廷西顾之忧，则设行省，改郡县，事有不容已者。合无仰恳天恩，饬户兵两部，速将咸丰初年陕甘新疆报销卷册各全分，及新疆额征俸薪饷需兵制各卷宗，由驿发交肃州，俾臣得稽考旧章，按照时势，斟酌损益，以便从长计议，奏请定夺。兹因钦奉谕旨，统筹全局，直抒所见，谨据愚见所及，披沥密陈，伏乞圣鉴。

《左恪靖侯奏稿》

译　文

臣在五月二十四日接到谕旨："关外军事顺利，吐鲁番等地收复以后，天山南路八城门户洞开，自然应该乘胜追击，平定新疆，消灭盗匪，以完成整个计划。但是，计谋以万全为可贵，事功一定须考虑到长远。吐鲁番固然是天山南路的要塞，此外各城，如阿克苏等地，是不是还有可以依据的形势？回部酋长转达来的'怕夏将缚送白彦虎及缴回南路八城'的说法，是不是确实的？伊犁变乱多年，从前没有办法兼顾，这一次如果能通盘筹划，一气呵成，对大局才有帮助。你既然统率全军，自然应该念兹在兹。而如何进取，如何布置，相信你一定早就胸有成竹，可以为朝廷纾解西边的忧患了。请即刻统筹大局，说出你的意见，以慰我心！钦此。"跪诵前旨之余，对皇上眷顾西方边境的仁心，以及在保卫内地安全时，仍能顾及防卫边疆的深谋远虑，实在有说不出的敬佩！

我认为任何国家的建立，都先具备有完整的领土，这是古今不易的道理。而其规模则有赖于各项制度的建立，制度的建立，又须因时势而制其宜，将时势、地形全盘筹议之后，才能够权衡轻重，从而建立良好的制度。自古以来，中国的边患，一向是西北比东南来得严重。东南方由于有大海作天然屏障，在形势阻格之下，还比较容易防守；西北方则一片大漠，只能依靠兵力的多寡来决定其强弱。兵力不足，固然会召启外人侵略的企图；兵员太多，又可能耗费国家的经费。就防守而言，没有天险可以作屏障；就攻击而言，又没有船只可以节省运输粮饷的繁难。不像东南海岸有天险可以依恃，做起事来比较容易。从周、秦到现在，只有汉、唐二代的边防做得较好；但到了国运衰微的时候，却将边境的要塞完全放弃，而国势也就更加难以振拔了。以往各代均有迹可循。顾祖禹在地学方面知识最为丰富广博，他在论述山川形势的时候，对各朝建立都城所在之地尤为重视，有轻重之分。我大清定都北京，蒙古诸部落环卫北方，一百几十年来，没有任何烽火的警兆。不但前（明）代所谓的"九边"，都成了腹地；即使由科布多、乌里雅苏台一直到张家口，也都有重兵屯戍，互通声息，因此京城才能平安无事。这都是我先朝祖宗平定准噶尔、开辟新疆、创立军府所奠下的基础。因此，重视新疆，是为了保卫蒙古；保卫蒙古，是为了防护京师。西北方如能联结成一条有力的臂膀，形势坚固，敌人自然无隙可乘。若是新疆不安稳，则蒙古也不安全。不但陕西、甘肃、山西各边境常有被侵犯的忧虑，防不胜防，而且西北关外也将没有安宁的日子。何况当今的情势，与从前大不相同，俄国人领土日增，由西至东横跨万余里，与我国北边接壤，只有中段借蒙古可作援卫。所谓"曲突徙薪"，须早做预防，这是不能不在事前先筹划的。

高宗平定新疆，拓展两万多里的领土时，当时的诸位谋臣，不免有耗费内地财务以从事西北边境的疑惑；而圣意之所以坚定不移的缘故，无非是认为将旧时贫瘠的戍区舍弃，改置于新平定的肥沃区域，戍守的军队和从前一样多，粮饷也不会增加，而疆域却更加巩固，可以维持久远。如今天山北路方面，已经收复了乌鲁木齐全境，只有伊犁还没有收回；天山南路方面，则收复了吐鲁番全境，只有白彦虎和他的余党，在开都河西岸苟延残喘，以及喀什噶尔还有一些叛军，需要以武力征讨。除此以外的各处城镇，等于是脱离虎口，重新回到慈母的怀抱，自然没有人会反抗了。今年秋收丰盈，田亩囤粮甚多，足以供应粮饷，以此锐意西征，宣布朝廷的威德，边剿边抚，不难将旧日的领土收复，回归我国版图。此外如安集延、布鲁特诸部落，则视若远方之人，听任他们安居在那儿就可以了。英国人之所以为安集延游说，是顾虑俄国人入侵其地，对英国会有所不利。俄国人现在正与土耳其作战，与英国相持不下。我国收复旧有领土，师出有名，即使有意外事件发生，我国仗义执言，也一定不会吃亏的。

新疆全境一向以水草丰茂、牛羊众多著称，但如今天山北路除伊犁以外，从奇台、古城、济木萨到乌鲁木齐、昌吉、绥来等地，自回人作乱以来，汉民、回民流离四散，土地都已荒芜了。最近只有奇台、古城、济木萨等地，在商人、军队及当地居民、土人的聚集开垦下，收获颇为丰盈，若官方以高价收购，可以节省不少运费。其他的地方如果能妥善经营，才有复原的希望。天山南路各个地方，以吐鲁番最为富饶，八城中除了喀喇沙尔一带，土地贫瘠以外，其他地方虽比不上北路宽广，但却比较肥沃。官军已经收复了乌鲁木齐、吐鲁番，虽然都派有军队驻防，但所获得的肥沃土地，还不到三分之一。若是全境收复，经营得当，军队的粮食可以就地采用，饷银也可以就近取得，不至于像过去一样拮据繁难、张皇失措了！这是我的一片忠心，实在是因为领土不能舍弃、军事行动不能停止啊！至于粮饷的缺乏，若不即时收复肥沃的领土，是无从着手的。局势已到了紧急的关头，我不敢出之以敷衍了事的态度。

至于节省劳费，为新疆筹划一个长治久安的计策，以纾解朝廷西北的边患，则设置行省、改立郡县，是不能不加速进行的。希望皇上能命令户、兵两部，火速将咸丰初年陕西、甘肃、新疆报销的卷册全分，以及新疆额征、俸薪、饷需、兵制各档案卷宗，由驿站发交肃州，使我能够考核旧有制度，依照当前的局势，斟酌损益一番，以便仔细思考计划，奏请皇上定夺。现在因为接奉谕旨，命我统筹全局，直抒己见，因此谨据愚见所及，诚恳地向皇上陈述，敬请皇上圣明地裁断。

（林保淳／编写整理）

《兴中会章程》与《同盟会盟书》

孙文等

孙文（1866—1925），字德明，号逸仙，广东香山（今中山）人。旅日时偶然署名"中山樵"，世因称"中山先生"。他早年行医济世，后因受中法战役失败的刺激，深感中国贫弱之积弊，唯有革命才足以图存，遂决心致力于国民革命，先后创立兴中会、同盟会革命组织。在他艰苦奋斗之下，历经十次失败，终于推翻清政府，建立了中华民国。民国成立，他曾被推举为临时大总统，其后让位于袁世凯，专心规划各项富国事业。二次革命、护法之役，皆踊跃参与。四十年心血投入，无非是为了国家的富强与安乐。其著作甚多，有《建国大纲》《建国方略》《孙中山先生全集》等。

本文由孙文拟定，黄兴、陈天华审定词句。

黄兴（1874—1816），字克强，湖南善化（今长沙）人。他是广州"三二九"之役的领导人，民国成立后，任南京留守之职，讨袁失败后旅居美国。他和孙先生都是民国建立的主要功臣。

陈天华（1875—1905），字星台，湖南新化人。他是日知会、华兴会、同盟会的会员，1904年长沙革命之役，是领导人之一。著有《警世钟》《猛回头》等书，激烈宣扬革命意义。

背 景

在中国革命史上，兴中会和同盟会的创立，分别标志两个关键的里程。

光绪二十年（1894），孙中山先生于檀香山创立兴中会，决心反清复汉。这不但是孙先生早在光绪十一年（1885）中法之役战败后，决心革命的雄心之落实，同时也象征着排满意识的萌芽，为中国革命的基业奠定了一个良好的基础。同盟会成立之前的几次革命，就是在这个基础下剑及履及而展开的实际行动。

但是，此时的兴中会还是处于孤军奋战的局面，会众以秘密会党的成员为基础，不但缺乏知识分子的参与，而且一般人也不敢苟同。尤其是排满的宗旨，在当时闭塞的观念下，很难有所突破，造成了发展组织上的困境；再加上清帝光绪在甲午丧师之后，颇能力图振作，极大地鼓舞了忧国之士的士气，觉得清廷仍是大有可为的，而变法维新是富强的唯一途径。来自维新派的阻碍，更使得排满意识无法深入人心。

这一段时间，兴中会的革命经常在未大举之前便横遭挫败，始终无法造成声势，处境是相当艰难的。不过，兴中会在此时已广延触角，默默地伸展了它的层面，在同盟会成立前夕，已逐渐拥有了相当广大的群众基础。

同盟会成立的因缘，与光绪二十四年（1898）的戊戌政变这一历史事件有相当大的关系。维系天下人心的光绪因锐意变法而被幽囚瀛台，十足地证明了清廷的昏庸腐败，同时也使爱国志士大失所望，等于间接宣告了革命的路线。虽然康、梁师徒远走东瀛，倡立"保皇会"，以他们生动的文笔、宏博的议论，苦苦撑住一个局面，但已无法遏止爱国志士投向革命阵营的潮流了。一时之间，全国各地雨后春笋般出现了许多革命团体，如日知会、华兴会、光复会等，以及激烈宣扬排满意识的书册，如《革命军》《警世钟》等。这些革命团体，正是同盟会的前身。

当时的留日学生，大抵上都是革命组织的成员，而且各团体的领袖，在发动小规模义举失败后，多避走日本。东京俨然成了海外革命志士的大本营。因此，孙先生认为这是一个团结全国革命力量的大好时机。于是，光绪三十一年（1905），由兴中会、华兴会、光复会及各省同志所组成，象征着中国知识青年大团结的"中国同盟会"便于焉诞生了。

影 响

同盟会的成立，为革命展现了另一个契机，在会中，详尽地标出了"驱除鞑虏，恢复中华，创立民国，平均地权"四大纲领，同时又成立了《民报》作为宣传革命的机构，与立宪、保皇的《新民丛报》相抗衡。在荟萃全国精英的同盟会努力之下，中国革命事业开始步入坦途，借由辛亥革命之前五次轰轰烈烈的革命行动的启导，终于在武昌之役开花结果，缔建了中华民国。

原 文

（一）《兴中会章程》

中国积弱非一日矣，上则因循苟且，粉饰虚张；下则蒙昧无知，鲜能远虑。近之辱国丧师、剪藩压境，堂堂华夏，不齿于邻邦，文物冠裳，被轻于异族，有志之士，能无抚膺？夫以四百兆苍生之众，数万里土地之饶，固可发奋为雄，无敌于天下。乃以庸奴误国，荼毒苍生，一蹶不兴，如斯之极。方今强邻环列，虎视鹰瞵，久垂涎于中华五金之富，物产之饶，蚕食鲸吞，已效尤于接踵，瓜分豆剖，实填虑于目前。有心人不禁大声疾呼，亟拯斯民于水火，切扶大厦之将倾。用特集会众以兴中，协贤豪以共济。抒此时艰，奠我中夏，仰诸同志，盍自勉旃！

谨订规条胪列如左：

一、是会之设，专为振兴中华，维持国体起见。盖我中华受外国欺凌，已非一日，皆由内外隔绝，上下之情罔通，国体抑损而不知，子民受制而无告，苦厄日深，为害何极！兹特联络中外华人创兴是会，以申民志，而扶国宗。

一、凡入会之人，每名捐会底银五元，另有义捐以助经费，随人惟力是视，务宜踊跃赴义。

一、本会公举正副主席各一位，正副文案各一位，管库一位，值理八位，差委二位，以专司理会中事务。

一、每逢礼拜四晚本会会议一次，正副主席必要一位赴会，方能开议。

戴传贤先生书《兴中会成立宣言》

一、凡会中所收会底各银，必要由管库存贮妥当，或贮银行，以备有事调用。惟管库须有殷商二名担保，以昭郑重。

一、凡会中捐助各银，皆为帮助国家之用，在此不得动支，以省浮费。如或会中偶遇别事要用小费者，可由会友集议妥当，然后支给。

一、凡新入会者须要会友一位引荐担保，方得准他入会。

一、凡会内所议各事，当照舍少从公之例而行，以昭公允。

一、凡以上所定规条，各友须要恪守，倘有善法，亦可随时当众议订加增，以臻完美。

（二）《同盟会盟书》

联盟人　　省　　县人　　当天发誓，驱除鞑虏，恢复中华，创立民国，平均地权。矢信矢忠，有始有卒，如或渝此，任众处罚。

天运乙巳年　　月　　日　　中国同盟会会员[1]

《革命逸史》

译　文

（一）《兴中会章程》

中国积弱不振已经很久了，在上位的人因循苟且，粉饰太平；在下位的人则愚昧无知，缺乏远见。近年来军队屡屡战败，有辱国体；强敌夺取了我国藩属，甚至侵掠了本国领土，使我堂堂中国，无法与邻国立于同等地位；五千年的衣冠文物，为异族所轻视。有志之士，怎会不抚膺切齿呢？本来，以我国四百兆之多的人民，数万里富饶的土地，是应该能够发奋图强，无敌于天下的；可是却因昏庸的清奴误尽国家大事，残害人民，因此一蹶不振，到了现在这个地步！如今强敌环列四周，个个虎视眈眈的，垂涎我国矿产的丰富、物产的众多，已经很久了。蚕食鲸吞般的侵略，已接踵而至；

---

① 天运乙巳：天运，据冯自由《革命逸史》所说，是洪门三合会的年号，当初孙先生以天运作年号，意义有二：一是表示排满宗旨，因此取历代反清复明的秘密会党的年号；二是象征汉兴清亡的气运。此说确否，尚待考证，因为天地会、太平天国初起时，均奉"天德"年号，而非天运。乙巳年，即光绪三十一年（1905）。

瓜分豆剖的危机，已成为目前最大的忧患了。有心人在这种危机下，不禁要大声疾呼，迫切地想拯救人民于水深火热之中，而挽救像大厦将倾倒般的国家。因此我们特地聚集同志以复兴中华，与天下豪杰同心协力，以解除时代的忧患，奠定我大中华富强的基础。希望诸位同志，都能够全力以赴，各自努力！

（以下章程九条，省略）

（二）《同盟会盟书》

（略）

（林保淳／编写整理）

台民布告中外檄

不 详

背 景

光绪二十一年（1895），中国因甲午之战失败，被迫订了城下之盟——《马关条约》，一切尊严扫地以尽，而最感到屈辱，且直接受到铁蹄迫害的，则是全台的上百万人民！因为《马关条约》第二条、第三条规定，将台、澎列岛，无条件割让给日本。

光绪曾说："台湾一割，天下人心全失。"可见割台之事，是在如何沉痛的心情下，迫不得已而签订的。但是权柄操在日本人手中，荏弱的光绪也只有任人宰割了。因此虽然在消息传出之后，举国沸腾，交章劾奏李鸿章卖国，并呼吁总理衙门商请各国，仿照俄、德、法三国干涉还辽的前例，对台民施与援手。但是一切的奔走努力，在日本人野心炽厉之下，终归无用。唯一的途径，便是台湾人民奋发自强，以自己的血汗，捍卫自己的家园！

于是，在当年四月，台湾人民在丘逢甲、林朝栋等人的领导下，展开了自救的行动，建立"台湾民主国"，共推当时巡抚唐景崧为"伯理玺天德"（president），制定蓝地黄虎的国旗，年号"永清"，一方面积极备战，另一方面派人向各国求援。这通檄文，便是当时发布的。

影 响

这一篇檄文，充分体现出了台湾人民在被朝廷抛弃之后，那种无依无靠、瞻乌爱止的哀痛心情。但是，台湾人民在深心之中，对祖国的怀念，由于大陆、台湾的血脉相连，也显得更为眷恋。名义上是独立自主，但是却仍旧希望能有回到祖国怀抱的一天！蓝地黄虎的国旗（清朝以龙旗作国旗，龙、虎的象征意义类似）、永清的年号（永远属于清朝），以及文中强烈的诉求，无非都显示了台湾人民的最终心愿！由于这份心愿，才支持了台民轰轰烈烈的抗日义举；也由于这线希望，才使得五十一年后台湾光复后，全台如此欢欣鼓舞。而这份心愿及希望，则完全是由大陆、台湾的血脉所牵系而成的！这一点，不但是当时台湾人民的深刻体认，更是现在的台湾居民应该认清的事实。

"台湾民主国"在昙花一现之后，最终还是在日本的铁蹄魔掌下瓦解了。然而，全台人心却宛如压不扁的玫瑰花一般，在盘根错节的荆棘丛中、乱石密布的沙砾地上，随处绽放着其与祖国同样色彩的鲜艳如血的红花，直到抗战胜利！

原　文

窃我台湾隶大清版图二百余年，近改行省，风会大开，俨然雄峙东南矣。乃上年日本肇衅，遂至失和，朝廷保兵恤民，遣使行成，日本要索台湾，竟有割台之款。事出意外，闻信之日，绅民愤恨，哭声震天。虽经唐抚帅电奏迭争，并请代台绅民两次电奏，恳求改约，内外臣工，俱抱不平，争者甚众，无如势难挽回。绅民复乞援于英国，英泥局外之例，置之不理。又求唐抚帅电奏，恳由总理各国事务衙门商请俄、法、德三大国，并阻割台，均无成议。呜呼！惨矣！

查全台前后山二千余里，生灵千万，打牲防番，家有火器；敢战之士，一呼百万。又有防军四万人，岂甘俯首事仇？今已无天可吁，无人肯援，台民惟有自主，推拥贤者，权摄台政。事平之后，当再请命中朝，作何办理。倘日本具有天良，不忍相强，台民亦愿全和局，与以利益。惟台湾土地政令，非他人所能干预，设以干戈从事，台民惟集万众御之，愿人人战死而失台，决不愿拱手而让台！所愿奇才异能，奋袂东渡，佐创世界，共立勋名。至于饷银军械，目前尽可支持，将来不能不借资内地；不日即在上海、广州及南洋一带埠头，开设公司，订立章程，广筹集款。台民不幸至此，谅必慨为侨助，泄敷天之恨，救孤岛之危。

并再布告海外各国，如肯认台湾自主，公同卫助，所有台湾金矿、煤矿，以及可垦田、可建屋之地，一概租与开辟，均沾利益。考公法，让地为绅士不允，其约遂废，海邦有案可援[①]。如各国仗义公断，能以台湾归还中国，台民亦愿以台湾所有利益报之。

台民皆籍闽粤，凡闽粤在外洋者，均望垂念乡谊，富者挟赀渡台，台能庇之，绝不欺凌；贫者歇业渡台，既可谋生，兼同泄忿。此非台民无理倔强，实因未战而割全省，为中外千古未有之奇变。台民欲尽弃田里，则内渡后无家可归；欲隐忍偷生，实无颜以对天下。因此槌胸泣血，万众一心，誓同死守。倘中国豪杰及海外各国能哀怜之，慨然相助，此则全台百万生灵所痛哭待命者也。特此布告中外知之。

《清代通史》

---

① 公法：当时的国际公法第二百八十六章有"割地须问居民能顺从与否"及"民必顺从，方得视为易主"的条文。

译　文

　　台湾隶属大清帝国的版图已有二百多年了，最近又改制为行省，风气大开，俨然具有雄踞东南的威势。可恨去年日本妄造事端，使两国失和，朝廷为了保护兵民起见，派遣使者求和，而日本要求索取台湾，以致有割让台湾的条款。由于事出意外，在接获信息之后，全台绅民无不痛恨愤怒，哭声震天。虽经唐景崧抚台屡次以急电上奏力争，并代替全台绅民电奏两次，恳请朝廷改订条款；同时，内外臣民，也都打抱不平，据理力争，但是却无法挽回既成的事实。全台绅民又向英国求援，而英国拘泥自己是局外人的身份，也置之不理。又求唐景崧抚台电奏，求总理各国事务衙门商请俄、法、德三国（仿干涉还辽东之例），一并阻止割让台湾，都没有任何成效。唉！真是可悲啊！

　　台湾前后山占地二千多里，人民有千万之多，为了打猎和防阻山番，每家都置备有火器；而勇敢善战的人，一声号令，便可聚集百万以上。同时又有防戍的军队四万人，怎么甘心俯首事仇呢？如今既然呼天天不灵，没有人肯施与援手了，全台人民只有自主，推拥贤能的人，暂时掌理台湾行政。等到事情平定之后，将再向朝廷请示，应如何处理善后。假使日本还有一丝天良，不忍心以武力相逼，则全台人民也愿意谈和，给予它应得的利益。但是台湾的土地、行政，绝不容许他人干涉，假如以武力相向，全台人民唯有聚集群众加以抵抗，宁可在人人战死后而失去台湾，决不愿拱手让出！但愿具有奇才异能的人士，能够奋勇渡海来台，辅佐我们开创新局，共同建立功名。至于粮饷武器方面，目前尚可以支持一时，但将来仍必须借助于内地；近日即将在上海、广州及南洋一带的各商埠开设公司，订立章程，多方募集款项。全台人民不幸逢此大厄，相信诸位一定会慷慨解囊，仗义相助，以雪洗这不共戴天的大恨，挽救此一孤岛的危机的！

　　同时，我们呼吁海外各国家，假如肯承认台湾自主，协同保卫我们，所有台湾的金矿、煤矿，以及可以开垦的田亩、可以建筑的土地都愿租给他们，大家共享利益。据国际公法记载，割让领土如为当地人民所反对，则此条约无效，这是各国有案可查的。假如各国能仗义执言，使台湾回归中国，全台人民也愿意以台湾所有的利益作为报偿。

台湾居民本籍都在福建、广东。凡是福建、广东在海外的移民，希望都能看在同乡的情分上，有钱的携带家产来台湾，台湾一定给予保护，绝不欺凌他们；没有钱的也暂时放下工作来台湾，一来可以得到谋生的机会，二来可以抒泄愤懑。这并不是台湾民众蛮横无理，实在是因为没有经过战争便被割让的情况，是古今中外前所未闻的奇耻大辱啊！台湾民众想抛弃产业，又恐回到内地后无家可归；想要苟且偷生，又实在没有颜面见天下人。因此捶胸泣血，万众一心，发誓与台湾共存亡。假如中国的英雄豪杰及海外各国能怜悯体谅，慨然相助，这是全台湾上百万的人民感激涕零，翘首盼望的啊！在此特地宣告中外人士。

（林保淳／编写整理）

译《天演论》自序[①]

严 复

严复（1854—1921），字幾道，福建侯官（今福州）人。十四岁时入福州船政学堂，1876 年，奉派留学英国，学习海军。三年留学期间，广泛涉猎了西方政治、文化方面的著作，奠定了他日后做一个维新政治启蒙导师的深厚基础。1879 年回国，次年起，任职北洋水师学堂总教习等职共二十年。其间大量译介西书，对当时影响之大，是前所未见的。所译书主要有《原富》《群学肆言》《自由论》《法意》《穆勒名学》等，最有影响力的则是《天演论》。

背 景

清朝末年，国人在长期受到外族欺压、眼看着大好河山即将被瓜分的刺激下，深知唯有重新改造中国，才能挽救国家，一时之间，维新、革命的呼声响彻云霄；而西方列强的各项制度，自然而然就成了效法的对象。但是，国内懂得外文的人毕竟很少，因此，译介西书就成为迫切的急务了。一些有志之士，也纷纷利用译介的机会，大肆宣扬他们的理想。

---

① 《天演论》：本书原名 *Evolution and Ethics*，为英人 T.H.Huxley 所作，1894 年出版。1896 年，严复将之译为中文，题为《天演论》，盖取其中 Evolution 之意。据原文，应译作《进化与伦理》。

影　响

严复是第一个大量译介西方思想名著到中国的学者。1895 年,《天演论》译成。据胡适的说法,1898 年《天演论》出版不久,立刻风行全国,成为人手一册的基本读物;而其中所论的"优胜劣败,适者生存"的原则,更是成为当时的当头棒喝。一时之间,人人津津乐道于所谓的"物竞"(Struggle for existence)和"天择"(Selection),都唯恐自己苶弱不振,成为被自然淘汰的废物。"保种自强"的观念,因而萌生苗长,在启迪思想上,实在有极其深远的影响。

《天演论》的译出,距赫胥黎作此书只有三年的时间,因此在成效上也比较直接而显著。严复翻译此书的目的,念兹在兹的就是"自强保种",这在序文中已很明显地表达出来了。

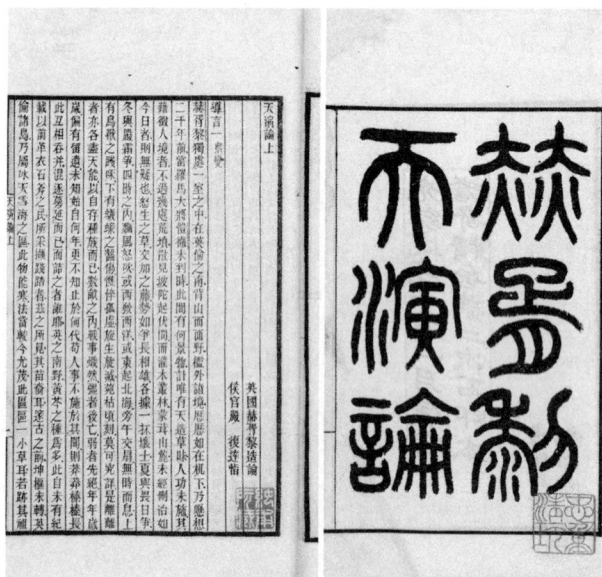

《天演论》书影

原　文

英国名学家约翰·穆勒有言：“欲考一国之文字语言而能见其理极，非谙晓数国之言语文字者不能也。”[①] 斯言也，吾始疑之，乃今深喻笃信而叹其说之无以易也。岂徒言语文字之散者而已！即至微言大义，古之人殚毕生之精力以从事于一学，当其有得，藏之一心则为理，动之口舌、著之简策则为词，固皆有其所以得此理之由，亦有其所以载焉以传之故。呜呼！岂偶然哉！

自后人读古人之书而未尝为古人之学，则于古人所得以为理者，已有切肤精悆之异矣；又况历时久远，简牍沿讹。声音代变，则通叚难明；风俗殊尚，则事意参差[②]。夫如是，则虽有故训疏义之勤，而于古人诏示来学之旨，愈益晦矣！故曰读古书难。虽然，彼所以托焉而传之理，固自若也。使其理诚精，其事诚信，则年代国俗无以隔之。是故不传于兹，或见于彼，事不相谋而各有合。考道之士，以其所得于彼者，反以证诸吾古人之所传，乃澄湛精莹，如寐初觉，其亲切有味，较之占毕为学者万万有加焉[③]。此真治异国语言文字者之至乐也。

今夫六艺之于中国也，所谓日月经天，江河行地者尔。而仲尼之于六艺也，《易》《春秋》最严。司马迁曰：“《易》本隐之以显，《春秋》推见至隐。”此天下至精之言也。始吾以谓本隐之显者，观象系辞以定吉凶

---

① 名学家：即逻辑学家。约翰·穆勒（John Stuart Mill，1806—1873）：英国经济学家、伦理学家。

② 通叚：即“通假”。在训诂学中，若两个字声母、韵母相近时，可以互相通用，叫“通假”。

③ 占毕：一作“佔毕”。古代文字刻在竹简上，佔毕即阅读诗书。在这里则有讽刺那些只知道寻章摘句、考究文字训诂的人。占，视。毕，简牍。

而已；推见至隐者，诛意褒贬而已①。及观西人名学，则见其于格物致知之事，有内籀之术焉，有外籀之术焉②。内籀云者，察其曲而知其全者也，执其微以会其通者也。外籀云者，据公理以断众事者也，设定数以逆未然者也。乃推卷而起曰：有是哉，是固吾《易》《春秋》之学也！迁所谓本隐之显者，外籀也；所谓推见至隐者，内籀也，其言若诏之矣。二者即物穷理之最要涂术也③。而后人不知广而用之者，未尝事其事，则亦未尝咨其术而已矣。

近二百年欧洲学术之盛，远迈古初，其所得以为名理公例者，在在见极，不可复摇。顾吾古人之所得，往往先之。此非傅会扬己之言也，吾将试举其灼然不诬者以质天下。夫西学之最为切实，而执其例可以御蓄变者，名、数、质、力四者之学是已。而吾《易》则名数以为经，质力以为纬，而合而名之曰《易》。大宇之内，质力相推，非质无以见力，非力无以呈质，凡力皆乾也，凡质皆坤也。奈端动之例三，其一曰："静者不自动，动者

---

① 观象系辞以定吉凶：《易经·系辞传》："圣人设卦观象，系辞焉而明吉凶。"《易经》共六十四卦，每卦六爻，每一卦的卦象、爻象，皆代表不同意义，制作《易经》的人，在每一爻下皆附上爻辞，以说明此爻的吉凶。诛意褒贬：从前的学者认为《春秋》中的每一个字都含有褒贬的意义，笔法森严，因此才会"《春秋》作而乱臣贼子惧"。诛意，指责一个人的用心。褒，赞扬。贬，斥责。

② 格物致知：这四字本是宋明理学家最常用的字眼，语出《大学》。但是在清末，一般皆用来作物理学、化学、兵器学的通称，研究这些学问，即是研究"格致之学"。内籀：即归纳法（Induction），由种种特殊的事例，以归纳出一般原则的方法。外籀：即演绎法（Deduction），由普遍的原理，以推断特殊的真相的方法。

③ 即物穷理：朱熹《大学章句》："所谓致知在格物者，言欲致吾人之知，在即物而穷其理也。"即物穷理，是说就每一项事物，去穷究其所以生成的道理。但严复所谓的即物穷理，和朱子的内涵有很大的出入。在范畴上，严复指科学，朱子则指哲学。这个差别，和"格物致知"的情形一样。

不自静止，动路必直，速率必均。"① 此所谓旷古之虑，自其例出而后天学明、人事利者也。而《易》则曰："乾，其静也专，其动也直。"后二百年，有斯宾塞尔者，以天演自然言化，著书造论，贯天地人而一理之，此亦晚近之绝作也②。其为天演界说曰："翕以合质，辟以出力，始简易而终杂糅③。"而《易》则曰："坤，其静也翕，其动也辟。"至于全力不增减之说，则有自强不息为之先；凡动必复之说，则有消息之义居其始；而"易不可见，乾坤或几乎息"之旨，尤与"热力平均天地乃毁"之言相发明也④。此岂可悉谓之偶合也耶！虽然，由斯之说，必谓彼之所明皆吾中土所前有，甚者或谓其学皆得于东来，则又不关事实，适用自蔽之说也。夫古人发其端而后人莫能竟其绪，古人拟其大而后人未能议其精，则犹之不学无术，未化之民而已。祖父虽贤，何救子孙之童昏也哉！

大抵古书难读，中国为尤。二千年来，士徇利禄、守阙残，无独辟之虑。

---

① 奈端：即牛顿（Newton，1643—1727）的旧译。动之例三：即牛顿的"运动三大定律"。其一曰：以下是牛顿的第一定律，又称惯性定律，凡物体不受外力作用，则静者恒静，而动者向同一方向作同一速率的恒久动作。

② 斯宾塞尔：英国哲学家 Herber Spencer（1820—1903），主张观念论的实证主义，是社会有机论的创始人。他认为人类社会像动物机体一样，服从生物学的规律。他将社会发展过程生物化，从而得出种族优、劣的结论。《天演论》中曾针对这种说法加以批驳。

③ "翕以合质"二句：斯宾塞尔论宇宙之生成，认为星球是由一团星云凝聚热能而逐渐形成的。而在形成之后，热能亦不断流失，因此，太阳的热力将逐日减弱，球体也将日渐减缩。见严译《天演论·导言二》的案语。

④ 全力不增减之说：即质量不灭定律，指物质受化学变化，其质量毫无增减，只是形态改变。凡动必复之说：此疑即物理上所谓的"作用力等于反作用力"。消息之义：《易经》中各爻的变化，是以阴阳的消长为主，阴消则阳长，阳消则阴长，阴阳往复，至于无穷，和"凡动必复"正可比附。消，消灭。息，生长。热力平均天地乃毁：指所有的物质吸收、释放的能量达到平均点时，一切的活动都将停止，故说"天地乃毁"。

是以生今日者，乃转于西学得识古之用焉。此可与知者道，难与不知者言也。风气渐通，士知 夿陋为耻，西学之事，问涂日多。然亦有一二巨子，诇然谓彼之所精，不外象数形下之末；彼之所务，不越功利之间①。逞臆为谈，不咨其实，讨论国闻、审敌自镜之道，又断断乎不如是也。赫胥黎氏此书之恉，本以救斯宾塞任天为治之末流，其中所论，与吾古人有甚合者，且于自强保种之事，反复三致意焉。夏日如年，聊为迻译。有以多符空言、无裨实政相稽者，则固不佞所不恤也！

《天演论》

译　文

英国逻辑学家约翰·穆勒曾说："想要考究一国的文字语言，进而发现其道理，若不先精通好几国的语言，是不可能的。"这段话，我开始时颇为怀疑，如今却深深地明白、确信，而深感其说法是无法改变的。其实，岂只零散的语言文字而已！即使像一些精微奥妙的道理，古时候的人穷尽一生的精力去研究某一门学问，当他们有所心得时，深藏在心底，就是所谓的"理"；以语言表达出来，或将其写成文字，就是所谓的"词"。这些人都有他们之所以能获得"理"的理由，也有他们必须将其记载流传下来的原因。唉！这难道可以说是偶然的吗？

后世的人阅读古人书籍，而不曾去研究古人的学问，则对于古人所获得的道理，便会有精通和茫然的差别；更何况时间久远，书籍不免有传抄

---

① 象数：指《易经》在汉代时利用卦爻间的各种变化，配合天干、地支、阴阳五行、方位、时辰以解说人事的一种学说。形下：指形而下的器，和形而上的道正好相对。过去的学者比较鄙夷象数和器之类属于形而下的事物，而致力于追求高深奥妙的道，因此这里说是"末"（不重要的）。

上的错误。由于各时代的声音不同，则"通假"的方式就很难明白；各时代风俗有所差别，则事件所含的意义也将不同。如此一来，则虽然勤奋地去做文字解释的工作，但对古人明示后人的大旨，却更加隐晦了。因此说读古书是很困难的。尽管如此，古人借文字而流传的道理，却仍是一样存在的。假如这道理果然精确，这事件果然可信，则时间、国家的不同，是无法使它阻隔不传的。因此，在这个地方没有流传下来，却很可能在另一个地方出现，这正是不谋而合的呀！研究义理的学者，以他得自于其他地方的学问，反过来证明自己与古人已有过相同的说法，于是观念更加清晰明确，像大梦初醒一般，这种亲切有味的体会，比起那些只知道死啃古书的人超过了万万倍以上。这实在是研究外国语言文字的人最快乐的一件事啊！

六艺对当今的中国而言，正好像是运行天际的日月，流经大地的江河一样重要。而孔子对六艺的态度，以《易经》《春秋》最严肃。司马迁说："《易经》是由隐微的道理，推求出明显的理致；《春秋》则是由人事上的显例，推展到精深的道理。"这是天下最精到的说法。起初我以为由隐微推至显例，不过是观察卦象爻象、附系文辞以决定吉凶而已；由显例推至精微，也不过是诛心之论、一字定褒贬而已。等到阅读了西方人的逻辑著作，看到他们在有关"格物致知"的学问里，有所谓内籀法（归纳法）和外籀法（演绎法）。所谓内籀，是由个别的事例，明白其普遍的道理，由微细而至于贯通。所谓外籀，是依据普遍的公理，断定各项个别的事例，以一个定点逆推出未知数。于是，推开书本而惊起，说：居然有这种道理！这本来就是我国《易经》《春秋》中的学问嘛！司马迁所说的由隐微推至显例，正是外籀法；由显例推至精微，正是内籀法，他的话已经说得够明白了！这两种方法是穷究事物本质最重要的途径呀！后人不知道推广这个道理而加以运用，是不会加以研究，同时也不会考究这种方法而已！

近二百年来欧洲学术的兴盛，远远超过了从前，其所建立的真理、公理，处处皆有依据，无法动摇。但我国古人所知道的，却往往在他们之前。

这并不是穿凿附会、自抬身价的话，我可以列举出一些确然可信的例证以备天下人质问。西学中最切实，而且据其实例可以处理各种繁杂变化的学问，是名学、数学、质学、力学四种。我国《易经》则以名、数为经，质、力为纬，而合称为《易》。宇宙之中，质和力交互作用，没有质无法见出力，没有力无法呈现质。凡是"力"，都是"乾"的作用；凡是"质"，都是"坤"的本质。牛顿的三大运动定律，第一定律说："静止的不会自己运动，运动的物体不会自己停止，而且其运动方向成直线进行，速率也相等。"这是自古所无的智慧，自从其说出现后，天文学昌明，人事也获得了进展。而《易经》则说："乾，静止的时候专一凝虑，发动时直道而行。"二百年之后，有斯宾塞尔这个人，以自然演化说明进化，写成书籍，将天地人的道理合贯为一，也是最近的优秀著作。他为进化下了定义，说："凝聚时积聚质量，开辟时散布热力，由最初的简单变化而终至于庞杂繁复。"而《易经》则说："坤，静止时聚合凝力，发动时散布出力。"至于质量不灭定律，则有"自强不息"在此之前；作用力等于反作用力的说法，则有卦爻消长的义理在先；而"易的道理若不能显现，则乾坤将可能消灭"的旨意，更与"热量不增减，则天地将毁灭"的说法互相发明。这些难道可以说是全部巧合吗？虽然如此，若由这一点而说西方所明白的道理，都是我国所先有的，甚至说他们的学说都是由东方学来的，便又与事实相反，只是用来自欺自蔽的说法而已。古人作了开端而后人无法完成，或者古人拟出大要而后人不能更深入研究，则和一些不学无术，尚未开化的人一样。祖先虽然贤明，又何能弥补子孙的愚昧无知？！

大致而言，古人书籍之难读，以中国为最。二千年以来，读书人孜孜于营求功名利禄，抱残守缺，没有独到的思考。因此生于今日的学者，反而转向西方的学问才明白古时学问的用处。这些话，只能说给明白人听，而无法向那些无知的人解释。近年来风气逐渐开通，读书人都知道学问浅陋是可耻的事，有关西文的学问，研究的人日渐增多了。但是仍然有少数所谓的"大师"，骄傲自大地认为西方人所精通的，不过是象数、形而下的器之类的小道；而且西方人所从事的，也不离功利的范畴。妄凭臆测而谈说，不推究实质；讨论国事、探求敌人虚实以自我鉴戒的方法，绝对不是这种态度才是对的！赫胥黎这本书的大旨，本是用来补救斯宾塞尔一任自然演化的末流之病的，其中所谈的，与我国古人所说的有很切合的地方，而且在有关自立自强、保护种族的事情上，反复叮咛。夏天的日子，一天长似一年，姑且将此书加以翻译。若有人以此书所说的都是空话、对实际政事没有裨益来责怪我，我是不会在乎的。

（林保淳/编写整理）

《孔子改制考》序

康有为

康有为（1858—1927），原名祖诒，字广厦，号长素，又号更生，广东南海丹灶（今属佛山市南海区）人，后人称他为"南海先生"。他早年以"公车上书"知名于世，后为光绪皇帝所赏识，是"戊戌变法"的首要人物。维新失败后，避居日本，倡言保皇，与孙中山的革命派针锋相对，后来又参加张勋的复辟行动。在学术上，他主治《公羊春秋》，对《礼运》中的大同思想情有独钟，曾著有《新学伪经考》《孔子改制考》《孟子微》《大同书》等，这些著作，是他政治思想的张本。他的弟子很多，也都颇能崭露头角，其中尤以梁启超最著名，师徒两人对当时的思想及政治情势，都有很大的影响。

背　景

《孔子改制考》一书，在戊戌变法当年（1898）印行于上海，是维新思想家变法维新的理论基础。此书一问世，立刻引起了轩然大波，反对变法的王先谦、叶德辉等，痛诋康有为"无君无父"，要求清廷处死他。主张"中体西用"的张之洞，则写了著名的《劝学篇》，从理论上进行反攻。即使像对维新派有好感的陈宝箴、孙家鼐，也畏祸呈请光绪帝下诏禁毁他的著作。但在光绪帝的大力支持下，维新派却奉此书为理论的圭臬，如火如荼地展开了"百日维新"。

谈到《孔子改制考》的基本内容，势必要以他的另一本书《新学伪经考》为始点，据他自己说，《伪经考》意在"别其真赝"，《孔子改制考》则专门"发明圣作"。"别其真赝"的意涵，主要在宣称清儒所尊信的汉学，根本不是孔子的真货，而是刘歆为帮助王莽篡汉所伪造的"伪经""新学"，因此给刘歆加上了"篡乱古文"的罪名。这个观念，自然是由清代公羊学者刘逢禄、龚自珍等一脉相传而来的，只是说得更淋漓大胆而已，同时也不是他思想的主旨。《孔子改制考》的"发明圣作"，才是个中关窍。

　　一方面，他大力发挥公羊派"张三世""通三统"等"三科九旨"之说，宣称这是孔子微言大义的真谛，再据《礼运》大同的思想，说孔子一生致力的便是这太平、大同的境界；另一方面，他又神化孔子，认为孔子之所以"祖述尧舜，宪章文武"，只是为了寄托未来"太平世"的理想，而编造出来的历史倒影，其实并无其人其事，而是孔子的"托古改制"。如此一来，则汉唐以来所谓的尧、舜、禹、汤、文、武、周公一脉相承的"道统"，便站不住脚，而必须效法孔子的"随时改制"了。在这里，他强调坚持"祖宗成法"而不肯因时制宜，是违背孔子真义的，同时也将使中国乱世不绝，太平无望。由此，他为"维新变法"寻得了理论根据。

影　响

　　本文概述了《孔子改制考》一书的主要论旨，运用西方进化论的观点说明了公羊三世说，同时，也隐然以自己为接受天启而重建孔教的当世教主，虽不免有点故神其说，但是也说明了他一生的抱负。在政治上，康有为不免有点类似舞台上的"丑角"，但是在学术上，他这种勇于创革、自矜自恃的魄力，却担当了一个"导师""圣人"的角色。康有为、梁启超师徒二人，在当时造成的巨大影响，是不容忽视的，民国初年的"古史辨学者"，正是在他们的观念刺戟下茁长的。

原　文

孔子卒后二千三百七十六年，康有为读其遗言，渊渊然思，凄凄然悲，曰：嗟夫[①]！使我不得见太平之治，被大国之乐者，何哉？使我中国二千年，方万里之地，四万万神明之裔，不得见太平之治，被大同之乐者，何哉？使大地不早见太平之治，逢大同之乐者，何哉？

天既哀大地生人之多艰，黑帝乃降精而救民患，为神明，为圣王，为万世作师，为万民作保，为大地教主[②]。生于乱世，乃据乱世而立三世之法，而垂精太平[③]。乃因其所生之国而立三世之义，而注意于大地远近大小若一之大一统[④]。乃立元以统天，以天为仁，以神气流形而教庶物，

---

① 孔子卒后二千三百七十六年：指公元1898年（光绪二十四年）。康有为反对用君主年号纪年，主张采用孔子的生年或卒年作中国历史统一纪年的开始。这里是用《史记·孔子世家》的说法，以孔子卒于公元前479年。

② 黑帝乃降精而救民患：黑帝是汉代阴阳五行学说中主宰北方的天帝，代表水德，色尚黑。西汉末期的《春秋纬·演孔图》中曾说孔子是其母亲梦感黑帝所生，因此称"玄圣"。康有为采用这个说法，以神化孔子，为下文的"神明""圣王"等铺路。

③ 乃据乱世而立三世之法：汉朝的公羊学派解释《春秋》，说孔子通过它来说明三种社会形态更迭的消息。《公羊传·隐公元年》："所见异辞，所闻异辞，所传闻异辞。"何休《公羊解诂》："于所传闻之世，乃起治于衰乱之中；于所闻之世，见治升平；至所见之世，著治太平。"康有为遂据此附会进化论，以为社会进化可分成三个阶段，即据乱世、升平世、太平世，叫作"三世"。孔子生当乱世，于是制定了拨乱反正、经升平世循序渐进到太平世的种种办法，这也即是孔子的"改制"。

④ 因其所生之国而立三世之义：所生之国指鲁国。据公羊学家的说法，孔子作《春秋》的原则是"以《春秋》当新王，上黜杞，下新周，而故宋"，即所谓"据鲁、亲周、故殷"的公羊三世说的含义。

以不忍心而为仁政[1]。合鬼神山川，公侯庶人，昆虫草本，一统于其教，而先爱其圆颅方趾之同类；改除乱世勇乱战争角力之法，而立《春秋》新王行仁之制。其道本神明，配天地，育万物，泽万世，明本数，系末度，小大精粗，六通四辟，无乎不在。此制乎，不过于一元中立诸天，于一天中立地，于一地中立世，于一世中随时立法，务在行仁，忧民忧，以除民患而已。《易》之言曰："书不尽言，言不尽意。"《诗》《书》《礼》《乐》《易》《春秋》为其书，口传七十子后学为其言。此制乎，不过其夏葛冬裘，随时救民之言而已。

若夫圣人之意，窈矣，深矣，博矣，大矣。世运既变，治道斯移，则始于粗粝，终于精微。教化大行，家给人足。无怨望忿怒之患、强弱之难，无残贼妒疾之人。民修德而美好，被发衔哺而游，毒蛇不螫，猛兽不搏，抵虫不触。朱草生，醴泉出，凤凰麒麟游于郊陬。囹圄空虚，画衣裳而民不犯。则斯制也，利用发蒙，声色之以化民，末也。

夫两汉君臣、儒生，尊从《春秋》拨乱之制，而杂以霸术，犹未尽行也。圣制萌芽，新歆遽出，伪《左》盛行，古文篡乱[2]。于是削移孔子之经而为周公，降孔子之圣王而为先师；《公羊》之学废，改制之义湮，三世之

---

[1] 立元以统天：《春秋》的第一句是"元年春王正月"，康有为采用了董仲舒和何休的看法，认为鲁史旧文作"一年春一月公即位"，孔子作《春秋》，将一年改为元年，就是"立元以统天"。因为天地万物的根本是"元"（元气），因此《春秋》便包含了统一天地万事万物的一切道理。以天为仁：康有为将"元"和"仁"看作异名同质的原理，天地万物的根本是元，而元就是仁。元、仁统一之后，便可以接续孔子论仁的言论了。

[2] 古文篡乱：康有为不信《左传》，认为《左传》是王莽命刘歆伪造的，刘歆不但伪造了《左传》，而且将典籍中一切有关的地方，尽行篡改，以巩固《左传》的地位，所以说"古文篡乱"。

说微;太平之治，大同之乐，暗而不明，郁而不发①。我华我夏，杂以魏、晋、隋、唐佛老词章之学，乱以氐、羌、突厥、契丹、蒙古之风，非惟不识太平，并求汉人拨乱之义，亦乖剌而不可得。而中国之民，遂二千年被暴主、夷狄之酷政，耗矣。哀哉！

朱子生于大统绝学之后，揭鼓扬旗而发明之。多言义而寡言仁，知省身救过而少救民患，蔽于据乱之说而不知太平大同之义，杂以佛老，其道觳(hú)苦。所以为治教者，亦仅如东周、刘蜀、萧詧(chá)之偏安而已。

大昏也，博夜也，冥冥汶汶，雾雾雰(mén)雰(wù)雰(fēn)，重重锢昏，皎日坠渊。万百亿千缝掖俊民，跂跂脉脉而望，篝灯而求明，囊萤而自珍，然卒不闻孔子天地之全、太平之治、大同之乐②。悲夫！

天哀生民，默牖(yǒu)其明，白日流光，焕炳莹晶。予小子梦执礼器而西行，乃睹此广乐钧天，复见宗庙百官之美富。门户既得，乃扫荆榛而开途径，拨云雾而览日月，别有天地，非复人间世矣。不敢隐匿大道，乃与门人数辈，朝夕钩撢(dǎn)，八年于兹。删除繁芜，就成简要，为《改制考》三十卷。同邑陈千秋礼吉、曹泰箸伟，雅才好博，好学深思，编检尤劳。墓草已宿，然使大地大同太平之治可见，其亦不负二三子铅椠(qiàn)之劳也夫！

嗟夫！见大同太平之治也，犹孔子之生也。《孔子改制考》成书，去孔

---

① "削移孔子之经而为周公"二句:康有为是今文学派,认为"六经"都是孔子改制所作,但刘歆篡乱经书之后,便将"六经"中的大部分经典归于周公名下,并且将孔子从改制的圣王降到"述而不作"的先师地位。因此,到了唐朝贞观年间,就"以周公为先圣,而黜孔子为先师"了。

② 缝掖:即"逢掖"。《礼记·儒行》:"丘少居鲁,衣逢掖之衣。"逢掖是一种宽大的衣服,因孔子穿这种衣服,所以后来称儒者的衣服为逢掖。

子之生二千四百四十九年也。光绪二十四年正月元日，南海康有为广厦记。

《孔子改制考》

译　文

孔子死后两千三百七十六年，康有为读他的遗书，深思之下，感到非常悲痛。叹道：唉！为什么我无法见到太平治世，享受到大同的福祉呢？为什么我们中国两千年以来，拥有方圆万里的土地，四万万神明的子孙，却无法见到太平治世，享受到大同的福祉呢？为什么大地不及早出现太平治世，以迎接大同的福祉呢？

上天怜悯天下老百姓的多灾多难，于是黑帝便降下精魂，以解救人民的灾患，让他（孔子）做神明，做圣王，做万世的良师，做万民的守护者，做天下共尊的教主。他生在乱世，因此根据乱世而定出"三世"的原则，而精神则专注于太平世。于是就他所生的鲁国，确立了"三世"的含义，而殷殷致意于天下远近、大小皆如一的"大一统"世界。于是订立"元"以统一万事万物的道理，以天是具有仁心的，利用元气流布而生成万物的道理教导众生，以不忍人之心发为仁政。将鬼神、山川、贵族、平民、昆虫、草木，都统一在他的政教当中，而先亲爱自己圆头方足的同类；为消除乱世中以侵略、战争互相攻击的现象，因而以《春秋》当新王，推行仁政。他的道理之神妙，是本于神明，足以配享天地、化育万物、流泽万世；同时，以仁为道的根本，具体地表现在一切礼制中，无论是小大、精粗的事物，或是通达、偏僻的地方，都可以看到它的存在。这个制度，不过是在"元"中建立宇宙，在宇宙的地球上建立了地，在地球上建立了"三世"，而在各世中依据不同境况而随时订立出法则；主要在推行仁政，忧民之忧，以解救人民的灾患而已。《易经》说："文字无法完全表达言语，言语无法完全表达思想。"《诗》《书》《礼》《乐》《易》《春秋》是孔子的文字，口头传授给七十二个弟子是他的言语。这个制度，不过像夏天穿葛衣、冬天袭裘皮一样，是他依据不同境况以解救人民的言论而已。

至于圣人的思想，是精奥、深远、广博、伟大的，世运既然有所改变，治法也必随之变化，通常都是由粗糙的小康开始，然后进于精微的大同。在教化普遍施行之后，便可以使家给人足，而没有怨恨、愤怒的忧患，及以强凌弱的灾祸，也不会有残暴、妒忌的人。每一个人都能修身养性，富有道德，能自由自在地悠游于世，毒蛇不会咬他，猛兽不会攻击他，有角的兽类也不会触击他。朱草遍生，醴泉涌出，凤凰麒麟在郊野出游；监狱空虚，只要在衣服上画着应有的刑罚，就没有人敢犯法了。这个制度，是利用大同之治来开化人民；一般只用言语来教化人民的方式，不是根本的办法。

汉代的君臣、儒生，虽然尊奉《春秋》拨乱反正的制度，但其中却掺杂了霸术，还不算完全推行王道。就在这圣人的制度刚刚萌芽的时候，新莽的刘歆突然出现，伪造的《左传》大为盛行，伪古文经篡乱了圣经。于是将孔子作的六经改归于周公名下，同时将他自圣王的地位贬降成先师。《公羊》的学说被废除，孔子改制的大义就埋没了，而三世的学说也衰微了。太平治世、大同福祉，晦暗而不明，湮没而无法阐发。我堂堂华夏之国，居然掺杂着魏、晋、隋、唐的佛教、道教及诗赋辞章的学说，而且为氐、羌、突厥、契丹、蒙古等异族的政教风俗所淆乱，不但不明白什么是太平，即使是想明白汉人的拨乱反正的意义，也不可能了。因此中国的人民，遂为两千年来残暴的君主，和夷狄横酷的统治所折磨。这真是悲哀啊！

朱子生在大一统学说灭绝之后，想要大张旗鼓地来阐明这个道理。但是却多说"义"而很少提到"仁"，只知道修养自身以减少过错，而不太致力于解救人民的灾患，被据乱世的说法所蒙蔽而不明白太平、大同的真义；同时又掺杂佛教、老庄之说，他的方法是浅薄而难行的。因此他所致力的政治教化，也只能够像东周、蜀汉、后梁一样，偏安一隅而已。

世界一片黑暗，像迷蒙的长夜一般，昏昏沉沉，云雾层层，在一重重的封锢之下，光耀的太阳便永远沉入于深渊了。几千万亿的儒生、百姓，在黑暗中翘首仰望，企图提着灯笼以寻求光明，找到一些些值得珍视的微光，但是终究无法认识孔子像天地一般无所不包的全体学问，以及太平治世、大同福祉。真悲哀呀！

上天怜悯普天下的百姓，默默地启发他们的智慧，大白天里闪出一阵耀眼的光芒，光亮剔透地照亮了天地。我梦到捧着礼器西行晋见孔子，因此才能看到像钧天广乐般的大道，同时更窥见了其中像宗庙之美、百官之富的内涵。既然寻得了门径，于是便开始扫除荆棘，而开辟一条坦坦大道，自觉像是拨开云雾而见到青天白日一样，别有另一番天地，不再是从前的境界了。我不敢私自隐藏这大道，于是和几位门人，早晚研究讨论，到现在已经八年了。我将其中的繁杂之处删除，使议论简明扼要，完成了《改制考》三十卷。同乡的门人陈千秋字礼吉、曹泰字箬伟，才能淹雅，学问广博，好学而肯深思，在编辑检阅上出力很多。如今他们的坟前已长满了野草，但是，若是大同、太平的治世得以出现在这世界上，也应该不会辜负了他们在出版此书中所付出的劳力了吧？

唉！若能见到大同、太平的盛世，就等于孔子再生一样。《孔子改制考》成书，距孔子出生二千四百四十九年。光绪二十四年（1898）正月一日，南海人康有为字广厦记。

（林保淳／编写整理）

定国是诏

载 湉

载湉（1871—1908），即清德宗。四岁时即位，改元光绪，在位三十四年。光绪年幼即位，由慈禧太后垂帘听政，其后虽一度亲政，却仍受制于慈禧，事事不得自主。他遭逢时艰，颇以天下生民为念，希图自强振奋，在康有为激使之下，下诏变法维新。但是戊戌变法之后，慈禧再度掌政，他被囚禁在瀛台，最后落得毒发而亡的惨遇。他是个悲剧性的君主，而他的悲剧，实际上也象征了他那一个时代国家、人民的悲剧。

载湉像

背 景

中国自甲午之战（1894），丧权辱国，签订了贻祸无穷的《马关条约》之后，有志之士在悲痛之余，深切反省，除了少数人如孙中山先生等加深了革命决心之外，大致上都倾向于维新改革的事业。日本之以蕞尔四岛，在短期内维新成功，击垮泱泱中、俄大国，一跃而为强国的范例，刺激、鼓舞了当时国人的雄心。一时之间，维新变法、力图自强的主张，形成了一股不可遏止的潮流。在诸多主张维新变法的人物当中，康有为、梁启超师徒，隐然成为其中的巨柱。

光绪二十一年（1895），康有为以"公车上书"轰动京师，力主变法；其后因慈禧太后掣肘，暂时寝搁。遂创办《万国公报》，组织"强学会"，倡导变法，以开通风气。在他们极力奔走之下，形成了强而有力的思潮。

光绪此时亲政已有数年，瓜分的危机迫在眉睫，他颇有改革富强的心愿，于是在光绪二十四年（1898），诏令总理衙门召见康有为。康有为趁机上书光绪，吁请早定国是，变法图存。光绪览奏后大为激赏，遂于当年四月二十三日下诏定国是，令中外臣民撷取西法，讲求时务，并召见康有为，许他专折具奏。百日维新在康有为多方建议之下，遂如火如荼地展开。此后一百多天，光绪有关新政的旨谕共一百多道，针对朝廷内外各项缺失，作了相当剧烈的改革，如裁冗官、废八股，设矿务铁路、农工商总局。维新的形势大有可为，为当时的国运展露出一道曙光。

影　响

这道曙光出现后，一些守旧的大臣、被革黜的冗官，以及废八股后失去进身之阶的士人，结合起来，隐隐形成一股逆流，巨大的阴影正笼罩在这一道曙光之后。慈禧太后此时虽归政光绪，退居深宫，但仍操纵着大部分的国事。维新变法之拔擢新人、裁汰官僚，对她的势力等于是首当其冲的削弱。于是，在她暗中筹划之下，一次政变便逐渐酝酿而成，完全斩绝了这道曙光所带来的一切光明和希望。

七月二十八日，慈禧命支持维新甚力的翁同龢致仕还乡，展开第一步棋；八月一日，召袁世凯密谋，在袁世凯雨覆云翻的策划下，八月六日（戊戌日），政变发作，光绪被幽囚于瀛台，慈禧太后再度垂帘听政，结束了短短一百零三天的维新运动。

自此以后，牝鸡司晨，国事更是江河日下了。康有为遁居日本，开始倡言"保皇"。而一干有志维新之士，除了"保皇党"及牺牲的"戊戌六君子"外，大多心灰意冷，于是转向革命的同志，也就日渐增多了。变法维新的失败，似乎为当时指出了"唯有革命，才足以救中国"这一条明路！

原　文

数年以来，中外臣工讲求时务，多主变法自强。迭诏书数下，如开特科、裁冗兵、改武科、创立大小学堂，皆经再三审度，筹之至熟，始定议施行。

惟是风气尚未大开，论说莫衷一是，或狃于老成忧国，以为旧章应行墨守，新法必当摈除，众喙哓哓，空言无补。至今日时局如此，国势如此，若仍以不练之兵、有限之饷，士无实学，工无良师，强弱异形，贫富悬绝，岂真能制梃以挞坚甲利兵乎？

朕惟国是不定，则号令不行；极其流弊，必至门户纷争，互相水火，徒蹈宋、明积习，于实政毫无裨益。即以中国大经大法论，五帝、三王不相沿袭，譬之冬裘夏葛，势不两存。用是明白宣示，尔中外大小诸臣，自王公以及士庶，各宜努力向上，愤然为雄。佩圣贤义理之学，采其根本，又须博采西学之切于时务者，实力讲求，以救空疏迂谬之弊，专心致志，精益求精，毋徒袭其皮毛，腾其口说，始可化无用以成通权济变之才。

京师大学堂为各行省之倡，尤应首先课学，着军机大臣、总理各国事务王大臣会同妥速议奏。所有翰林院编修、各部院司员、銮仪侍卫、候补选道府州县以下各官、大员子弟、八旗世职各员、武职后裔，其愿入学堂者，均准其入学肄习，以期人才辈出，宏济时艰。不得敷衍因循，徘徊援引，致负朝廷谆谆告诫之至意！将此通谕知之。钦此。

《东华录》

译　文

这几年来，内外臣民一致讲求时务，大多主张变法以求自强。近日我屡次下诏，如开经济特科、裁汰冗兵、更改武科、创立大小学堂等，都是经过再三思考，详尽筹划以后，才定议施行的。

但是风气还没有开放，各种议论仍旧莫衷一是，有的人习于故常，过于忧虑，认为应该墨守成规，排除新法，众口纷纭，都是无济于事的空谈。时局已到今日的地步，国势如此衰微，如果还是用没有经过训练的军队、有限的粮饷，读书人没有实用的学识，工匠没有优秀的师傅，像这样强弱分明、贫富悬殊的情形，难道我们还真的靠木棍就可以击败人精良的武器吗？

我认为国家的政策若不及早订定，就无法发号施令，弊病恶性循环，一定会产生门户纷争、势如水火的情况，重蹈宋、明二代的覆辙，而对实政没有丝毫的帮助。即使就中国传统的各项有价值的制度而言，五帝和三王的制度不相沿袭，正好像冬天穿裘皮，夏天披葛衣一样，是决然无法并用的。因此我明白地宣示，你们内外的大小臣民，自王公大臣到普通老百姓，都应该各自努力向上，发愤图强。除了服膺圣贤的义理之学，奠定基础之外，还必须采用西方学说中切中于时务的，实地讲求研究，以挽救空疏浮夸、迂腐荒谬的弊病，专心致力，精益求精，不要只学到一点皮毛就倡言高论，这样才可以化无用之学而成为通权达变的人才。

京师大学堂是各省的范例，更应该优先开课，在此命军机大臣及总理各国事务的王公、大臣会同研议，妥善而且迅速地拟出细则上奏。凡是翰林院的编修、各部各院的司员、朝廷侍卫、候补选的道府州县及以下各官员、大官子弟、八旗世守其职的官员、武官的后裔，若有愿意入学堂就读的人，都准许他们入学，以求人才辈出，共同挽救时艰。千万不可敷衍了事，因循怠惰，或遭疑不决、互相攀缘，因而辜负了朝廷谆谆告诫的美意！特颁此诏告知天下臣民。钦此。

（林保淳／编写整理）

论小说与群治之关系

梁启超

梁启超（1873—1929），字卓如，号任公，又号饮冰室主人，广东新会（今江门市新会区）人。他是康有为的高才弟子，曾随师参与戊戌变法。失败后亡命日本，成为"保皇党"的中坚，但后来与康有为的见解有所歧异，遂独立发展出个人的思想。他曾先后主编过《时务报》（1896）《清议报》（1898）、《新民丛报》（1902）、《国风报》（1910）等，以其常带感情的笔锋，鼓吹政治、社会的革新，由于其文字富有魅力，对当时的青年有相当大的影响。著有《饮冰室合集》。

背　景

　　小说这种文学类型，在清末以前，一直得不到应有的重视和地位，一般学者常以鄙夷的态度对待小说，即使《四库全书》也未予收录。

　　但是，文学的潮流，毕竟是因时代而转移的，在清末的二十年当中，由于西方学术的影响，小说逐渐取得了它在文学中应有的地位，一些有识之士，不但大量地借用小说的形式，阐发各种观念和思想，使得小说创作盛极一时（据粗略统计，不下二千种），而且，他们也充分意识到小说这种文学形式的意义和价值，因此纷纷撰文提倡，正式给予小说公开而正确的肯定。

影　响

梁任公的这篇文章，就是其中最具代表性的议论，写于光绪二十八年（1902）的《新小说》创刊号上，在中国小说理论史的发展上，是具有里程碑意义的。自此以后，小说遂逐渐成为文学中最重要的一环，一直到今天，还是具有广泛且深远的影响力的。

基本上，梁启超是从小说的功用上去肯定小说的价值的。他认为小说既已深入人心，则必然具有影响力，而所谓的影响力，可能是正面的，也可能是负面的。因此，就功能上的考虑而言，自然不能不估量它为善或为恶的可能性，进而赋予小说正面的功能。梁启超以旧小说中的负面影响为出发点，认为中国之所以腐败萎弱，是小说在潜移默化中造成的，因此，若要使中国富强，人心振奋，就必须革除旧有小说中落后的观念，而加入革新的种子，使小说完成其应有的任务。

这个观点，虽然可能会引起一些争议，但是在当时而言，不但代表了梁启超个人的政治观念，同时也是整个时代的共同心声。这点，我们只要略略检视一下当时小说的目录就可以明白了。

原　文

欲新一国之民，不可不先新一国之小说。故欲新道德，必新小说；欲新宗教，必新小说；欲新政治，必新小说；欲新风俗，必新小说；欲新学艺，必新小说；乃至欲新人心，欲新人格，必新小说。何以故？小说有不可思议之力，支配人道故。

吾今且发一问：人类之普通性，何以嗜他书不如其嗜小说？答者必曰："以其浅而易解故，以其乐而多趣故。"是固然。虽然，未足以尽其情也。

文之浅而易解者，不必小说，寻常妇孺之函札，官样之文牍，亦非有艰深难读者存也，顾谁则嗜之！不宁惟是，彼高才赡学之士，能读坟典索丘，能注虫鱼草木①。彼其视渊古之文，与平易之文，应无所择，而何以独嗜小说？是第一说有所未尽也。小说之以赏心乐事为目的者固多，然此等顾不甚为世所重；其最受欢迎者，则必其可惊可愕、可悲可感，读之而生出无量噩梦，抹出无量眼泪者也。夫使以欲乐故而嗜此也，而何为偏取此反比例之物而自苦也？是第二说有所未尽也。

吾冥思之，穷鞫之，殆有两因：凡人之性，常非能以现境界而自满足者也。而此蠢蠢躯壳，其所能触、能受之境界，又顽狭短局而至有限也。故常欲于其直接以触以受之外，而间接有所触有所受，所谓身外之身，世界外之世界也。此等识想，不独利根众生有之，即钝根众生亦有焉。而导其根器，使日趋于钝、日趋于利者，其力量无大于小说。小说者，常导人游于他境界，而变换其常触常受之空气者也。此其一。人之恒情，于其所怀抱之想象，所经阅之境界，往往有行之不知，习焉不察者。无论为哀、为乐、为怒、为怨、为恋、为骇、为忧、为惭，常若知其然而不知其所以然。欲摹写其情状，而心不能自喻，口不能自宣，笔不能自传。有人焉，和盘托出，彻底而发露之，则拍案叫绝曰："善哉善哉！如是如是！"所谓"夫子言之，于我心有戚戚焉"。感人之深，莫此为甚。此其二。此二者，实文章之真谛，笔舌之能事。苟能批此窾，导此窍，则无论为

---

① 坟典索丘：指三坟、五典、八索、九丘等古籍。注虫鱼草木：指经史中字义、名物、制度的训解。

何等之文，皆足以移人；而诸文之中，能极其妙而神其技者，莫小说若。故曰："小说为文学之最上乘也。"由前之说，则理想派小说尚焉；由后之说，则写实派小说尚焉。小说种目虽多，未有能出此两派范围外者也。

抑小说之支配人道也，复有四种力。

一曰熏。熏也者，如入云烟中，而为其所烘；如近墨朱处，而为其所染。《楞伽经》所谓"迷智为识，转识成智"者，皆恃此力[1]。人之读一小说也，不知不觉之间，而眼识为之迷漾，而脑筋为之摇飏，而神经为之营注；今日变一二焉，明日变一二焉，刹那刹那，相继相续，久之而此小说之境界，遂入其灵台而据之，成为一特别之原质之种子，有此种子故，他日又更有所触所受者，旦旦而熏之，种子愈盛，而又以之熏他人，故此种子遂可以遍世界，一切器世间、有情世间之所以成，所以住，皆此为因缘也。而小说则巍巍焉其此威德以操纵众生者也。

二曰浸。熏以空间言，故其力之大小，存其界之广狭；浸以时间言，故其力之大小，存其界之长短。浸也者，入而与之俱化者也。人之读一小说也，往往既终卷后，数日或数旬而终不能释然。读《红楼》竟者，必有余恋有余悲；读《水浒》竟者，必有余快有余怒。何也？浸之力使

---

① 迷智为识，转识成智：这是佛教经典《楞伽经》中的名句，本来的意思是说一般人在认识的时候，往往将外在的一切看成实有，其实这种认识是错误的，这就是"迷智为识"，而正确的认识，则是将外在的一切视为空相，叫作"转识成智"。但如何才能"转识成智"呢？这有赖于"阿赖耶识"的作用。阿赖耶识，又叫"种子识"，其作用是"恒转如流"，刹那刹那，生灭相续的，可以"熏"其他诸识。梁启超在本文中，借用了大量佛学的知识解说文学原理，这里引用《楞伽经》最主要的用意，便在引出"种子"和"熏"二义，因此在这里略为解说，至于详细的情形，请自行参阅有关佛学的书籍。

然也。等是佳作也，而其卷帙愈繁，事实愈多者，则其浸人也亦愈甚。如酒焉，作十日饮，则作百日醉。我佛从菩提树下起，便说偌大一部《华严》，正以此也。

三曰刺。刺也者，刺激之义也。熏浸之力利用渐，刺之力利用顿。熏浸之力，在使感受者不觉；刺之力，在使感受者骤觉。刺也者，能使人于一刹那顷，忽起异感而不能自制者也。我本蔼然和也，乃读林冲雪天三限，武松飞云浦厄，何以忽然发指[1]？我本愉然乐也，乃读晴雯出大观园，黛玉死潇湘馆，何以忽然泪流[2]？我本肃然庄也，乃读实甫之琴心酬简，东塘之眠香访翠，何以忽然情动[3]？若是者，皆所谓刺激也。大抵脑筋愈敏之人，则其受刺激力也愈速且剧，而要之必以其书所含刺激力之大小为比例。禅宗之一棒一喝，皆利用此刺激力以度人者也。此力之为用也，文字不如语言，然语言力所被不能广不能久也，于是不得不乞灵于文字。在文字中，则文言不如俗语，庄论不如其寓言，故具此力最大者，非小说末由。

四曰提。前三者之力，自外而灌之使入；提之力，自内而脱之使出，实佛法之最上乘也。凡读小说者，必常若自化其身焉，入于书中，而为其书之主人翁。读《野叟曝言》者，必自拟文素臣；读《石头记》者，

① 林冲雪天三限：见《水浒传》第十回《林教头风雪山神庙》。三限指王伦限林冲三日内杀人为投名状的事。武松飞云浦厄：见《水浒传》第二十九回《武松大闹飞云浦》。
② 晴雯出大观园：见《红楼梦》第七十七回《俏丫环抱屈夭风流》。黛玉死潇湘馆：见《红楼梦》第九十八回《苦绛珠魂归离恨天》。
③ 实甫之琴心酬简：见王实甫《西厢记》中《琴心》《酬简》两折。东塘之眠香访翠：见孔尚任《桃花扇》第五、六两出《眠香》《访翠》。

必自拟贾宝玉；读《花月痕》者，必自拟韩荷生若韦痴珠；读梁山泊者，必自拟黑旋风若花和尚。虽读者自辩其无是心焉，吾不信也。夫既化其身以入书中矣，则当其读此书时，此身已非我有，截然去此界以入于彼界。所谓"华严楼阁，帝网重重，一毛孔中，万亿莲花，一弹指顷，百千浩劫"，文字移人，至此而极[①]！然则吾书中主人翁而华盛顿，则读者将化身为华盛顿；主人翁而拿破仑，则读者将化身为拿破仑；主人翁而释迦、孔子，则读者将化身为释迦、孔子，有断然也。度世之不二法门，岂有过此！

此四力者，可以卢牟一世，亭毒群伦。教主之所以能立教门，政治家所以能组织政党，莫不赖是；文学家能得其一则为文豪，能兼其四则为文圣。有此四力而用之于善，则可以福亿兆人；有此四力而用之于恶，则可以毒万千载。而此四力最易寄者，惟小说。可爱哉小说！可畏哉小说！

小说之为体，其易入人也既如彼，其为用之易感人也又如此，故人类之普通性，嗜他文终不如嗜小说。此殆心理学自然之作用，非人力所得而易也。此又天下万国凡有血气者莫不皆然，非直吾赤县神州之民也。夫既已嗜之矣，且遍嗜之矣，则小说之在一群也，既已如空气，如菽粟，欲避不得避，欲屏不得屏，而日日相与呼吸之、餐嚼之矣。于此其空气而苟含有秽质也，其菽粟而苟含有毒性也，则其人之食息于此间者，必憔悴、必萎病、必惨死、必堕落，此不待蓍龟而决也。于此而不洁净其

---

① 帝网重重：帝网即帝释网，一称因陀罗网，其网之线，珠玉交络，重重无尽。华严宗常以帝网比法界缘起之重重无尽。在这里，作者是借此说明读者在阅读的时候，可以突破时空的限制，进入各种不同的小说世界中，下文的"一毛孔中，万亿莲花"，指空间的变化；"一弹指顷，百千浩劫"，指时间的突破。

空气，不别择其菽粟，则虽日饵以参苓，日施以刀圭，而此群中人之老病死苦，终不可得救。知此义则吾中国群治腐败之总根源，可以识矣！

吾中国人状元宰相之思想，何自来乎？小说也。吾中国人佳人才子之思想，何自来乎？小说也。吾中国人江湖盗贼之思想，何自来乎？小说也。吾中国人妖巫狐鬼之思想，何自来乎？小说也。若是者，岂尝有人焉提其耳而诲之，传诸钵而授之也！而下自屠爨贩卒、妪娃童稚，上至大人先生，高才硕学，凡此诸思想，必居一于是，莫或使之，若或使之。盖百数十种小说之力，直接间接以毒人，如此其甚也！今我国民惑堪舆、惑相命、惑卜筮、惑祈禳；因风水而阻止筑路，阻止开矿；争坟墓而阖族械斗，杀人如草；因迎神赛会而岁耗百万金钱，废时生事，消耗国力者，曰：惟小说之故。今我国民慕科第若膻，趋爵禄若鹜，奴颜婢膝，寡廉鲜耻，惟思以十年萤雪，暮夜苞苴，易其归骄妻妾、武断乡曲一日之快，遂至名节大防，扫地以尽者，曰：惟小说之故。今我国民轻弃信义，权谋诡诈，云翻雨覆，苛刻凉薄，驯至尽人皆机心，举国皆荆棘者，曰：惟小说之故。今我国民轻薄无行，沉溺声色，缱恋床第，缠绵歌泣于春花秋月，销磨其少壮活泼之气，青年子弟，自十五岁至三十岁，惟以多情多感、多愁多病为一大事业，儿女情多，风云气少，甚者为伤风败俗之行，毒遍社会，曰：惟小说之故。今我国民绿林豪杰，遍地皆是，日日有桃园之拜，处处为梁山之盟，所谓"大碗酒，大块肉，分秤称金银，论套穿衣服"等思想，充塞于下等社会之脑中，遂成为哥老、大刀等会，卒至有如义和拳者起，沦陷京国，启召外戎，曰：惟小说之故。呜呼！小说之陷溺人群，乃至如是，乃至如是！

大圣鸿哲数万言谆诲之而不足者，华士坊贾一二书败坏之而有余；斯事既愈为大雅君子所不屑道，则愈不得不专归于华士坊贾之手。而其性质、其位置，又如空气然，如菽粟然，为一社会中不可得避、不可得屏之物，于是华士坊贾，遂至握一国之主权而操纵之矣。呜呼！使长此而终古也，则吾国前途，尚可问耶？尚可问耶！故今日欲改良群治，必自小说界革命始！欲新民，必自新小说始！

《饮冰室全集》

译　文

想要革新一国的人民，不能不先改革一国的小说。因此，要革新道德，一定要改革小说；要革新宗教，一定要改革小说；要革新政治，一定要改革小说；要革新风俗，一定要改革小说；要革新文学艺术，一定要改革小说；甚至想要革新人心、革新人格，也一定要改革小说。为什么呢？因为小说具有不可思议的力量，可以支配人的观念。

我现在先问一个问题：为什么一般人喜欢别种书籍的不如小说来得普遍？回答的人一定说："因小说浅显易读，而且非常有趣味。"说得对！但是，说得还不够圆满。因为文章中浅显易读的，不止小说而已。一般人的书信、官场的公函，也不见得有多难读，但谁会喜欢读呢？不但如此，对一些学识广博的人而言，他们能读三坟五典、八索九丘之类的古书，也能明白经史中的一些难字，他们对深奥的古文和浅近的文章，应该没有什么区别的，为什么也偏偏喜欢小说呢？这足以证明第一种解释是不够圆满的。小说以使人赏心悦目为创作目标的虽然很多，但这些都不受世人重视；最受欢迎的小说中，一定有一些令人惊愕、令人悲伤感动，阅读后会有许多噩梦产生，或流下大量眼泪的内容。假如是为了获得乐趣而喜欢读小说，那又何必故意找这种相反的东西来自寻苦头呢？这又可以证明第二种解释也是不够圆满的。

我为此穷思冥想，大概归纳出两个原因：常人的个性，经常不满足现状。而人这一块然躯壳，其所能接触、感受的范围，却是非常狭窄而有限的。因此经常希望能在直接接触感受到的范围之外，能别有一种间接的触感经验，即所谓的"身外之身""世界外的世界"。这种观念，不但聪慧的人有，即使愚昧的人也不例外。而引导这些人，使他们逐渐趋近于愚昧，或逐步趋向于聪慧的力量，没有比小说更大的了。小说就经常引导人悠游于另外一个世界，从而改变他们所能触感的经验范畴。这是第一个原因。人之常情，在于对自己所拥有的想象、所经历的境界，往往行而不知，习而不察。无论是悲哀、欢乐、愤怒、怨恨、爱恋、惊骇、忧愁、惭愧，经常是知其然而不知其所以然。虽想要将这些感情以笔墨形容出来，却苦于自己也不一定能清晰地明白，语言无法表达，动笔更难于述说了。如果有人为他和盘托出，彻底地表露出来，则必定拍案叫绝道："妙啊！正是如此！"所谓"你所说的，于我心有戚戚焉"，正是这种情况。文章能深切动人，再也没有比得上这种情形的了。这是第二个原因。这两个原因，实在是文章的真谛所在，也是文字语言最有魔力的地方。假如能够充分明白并利用这个关键，那无论是什么类型的文章，都能感人；而各类型的文章中，能够尽情发挥这种神妙的作用的没有一种能比得上小说。因此有人说："小说是文学中最上乘的。"由第一个原因而论，是理想派小说最重视的；第二个原因，则是写实派小说所重视的。小说的种类虽然很多，却都不出这两派的范围。

小说之所以能支配人心，还有四种力量。

第一是"熏"。熏的意思，就是如同进入一团烟云当中，被烟云烘托；又如近墨者黑，近朱者赤一样，为朱墨所习染。《楞伽经》中所谓的"迷识为智，转识成智"，就是依靠这种力量。人在阅读一篇小说时，在不知不觉当中，眼神会为它所迷惑，脑筋会随之而幻想，而精神则灌注于其中。今天改变一点，明天又改变了一点，就这样一点一点地，断断续续地受到影响，久而久之，小说中的境界，便进入读者心中，而成为一种特殊性质的种子。因为有了这个种子，当日后又有所触感的时候，一日复一日地被熏染，则种子便逐渐扩展，而且又可以去熏染他人，因此这个种子便可以遍布于全世界。世间的一切现象、一切感情之所以能成就、发展，都是种子所造成的。而小说便是隐隐具有这种威势以影响众人的东西。

　　第二是"浸"。熏指空间而言，因此其力量的大小，端赖其境界的广狭；浸则指时间而言，因此其力量的大小，则由其篇幅的长短所决定。浸的意思，即进入其中，而与之同化。人在阅读一篇小说时，往往在看完之后，有好几天，甚至几十天都无法忘怀。读完《红楼梦》的人，心中必然有一些难忘的悲喜之情；读完《水浒传》的人，也定然有一些痛快或愤怒之情萦绕在心。为什么呢？这便是浸的力量造成的。同样是优秀的作品，而其篇幅越长，情节越丰富的，则浸人的力量也越大。正如同喝酒一样，喝上十天，则必定醉个百日。我佛如来之所以从菩提树下，一开始便说上偌大一部《华严经》，正是为此。

　　第三是"刺"。刺，是刺激的意思。熏和浸的力量是缓慢而逐渐完成的，刺则快速而直接。熏和浸的力量，在使感受的人不知不觉中受影响；刺的力量，则使感受的人突然警悟。刺的力量，能使人在一刹那间，忽然涌上一种特殊的感情而无法自我控制。我本来是和蔼可亲的人，但是读到林冲风雪山神庙和三日期限，或武松在飞云浦遇难的事时，为什么会突然间怒发冲冠？我本来心情非常愉快，但是读到晴雯被赶出大观园，或林黛玉病死在潇湘馆的事时，为什么会忽然流下眼泪？我本来是端庄严肃的，但是读到王实甫《西厢记》的《琴心》和《酬简》，或孔尚任《桃花扇》的《眠香》和《访翠》时，为什么会突然间情难自已？像这些，都是所谓的刺激的力量造成的。大抵上，脑筋越灵活的人，所受到刺激的力量也愈大愈快，但最重要的还是看这本书所含的刺激力的大小而定。禅宗中的当头棒喝，正是利用这刺激力去点醒众人。这种力量的运用，文字不如语言有效，但是语言所能涵盖的范畴不广，而且不能持久，因此又不能不借助于文字。在文字中，则文言文又比不上白话文。而且，正经严肃的教训，也比不上利用寓言，因此最具有刺激力的，也非小说莫属。

第四是"提"。前面提到的三种力，是自外而内的灌入；提的力量，则是由内向外迸出，实在是佛法中最上乘的。凡是读小说的人，一定经常觉得自己化身进入了书中世界，而成了书中的主角。读《野叟曝言》的人，一定自认是文素臣；读《石头记》的人，一定自认是贾宝玉；读《花月痕》的人，一定自认是韩荷生或韦痴珠；读《水浒传》的人，也一定自认是黑旋风或花和尚。虽然读者可能辩解自己没有那种想法，但我绝不相信。既然一个人已化进入书中世界了，则在他读这本书时，自己已不属于现存的躯体，而完全离开现实世界而进入幻想世界了。所谓"华严楼阁，帝纲重重；一毛孔中，万亿莲花；一弹指顷，百千浩劫"就是如此。文字感人的力量，到这里达到了巅峰。如此说来，书中的主角若是华盛顿，则读者便将化身为华盛顿；主角是拿破仑，则读者将化身为拿破仑；主角是释迦牟尼、孔子，则读者也将化身为释迦牟尼或孔子，这是可以断定的！教化世人的不二法门，又哪有能超过它的呢？

这四种力，可以牢笼一世，教化群众。宗教家之所以能创立宗教，政治家之所以能组织政党，都依赖于此。文学家能得到其中之一，则可称"文豪"；若能兼有四者，则必然是"文圣"。拥有这四种力量，而运用到好的方面，则可以造福亿兆的人；有这四种力量而用来为恶，则会流毒千载。这四种力量最容易发挥的，就是小说。可爱啊，小说！可怕啊，小说！

小说这种文体，其容易深入人心既如此，其运用之容易感动人心又如此，因此一般人的通性，喜欢其他类型的文章终究比不上小说。这恐怕是心理学上自然的作用，不是人力所能改变的。这又是全世界的人都相同的，不止我们中国人而已。既然大家都已喜欢上小说，而且普遍地有这种情况，则小说在一种群体中，就等于像空气、食物一样，是无法逃避，无法摒弃，而且天天要呼吸、食用了。在这种情况下，若空气中含有杂质，食物中含有毒性，则生活于其间的人，必定憔悴、生病、惨死、堕落，这是不必多说的了。在这种情况下，若不净化这空气，不选择这食物，那么即使是天天以人参、茯苓进补，或日日以药物治疗，这群体中的人的老病死等痛苦，还是无法挽救。明白这个道理，则我们中国政治、社会之所以会这样腐败的最根本原因，也可以找出来了。

我们中国人的状元、宰相思想，从哪里来的呢？从小说来。才子佳人的思想，从哪里来的？从小说来。江湖盗贼的思想，从哪里来的？从小说来。妖巫鬼狐的思想，从哪里来的？也是从小说而来。像这些思想，哪有人去耳提面命，谆谆告诫地传授给他们呢？可是下自一些贩夫走卒、老幼妇孺，上至达官贵人、博学高才，在这些思想中，一定存有一种。虽然看起来是没有人使他们变成这样，但无形之中正是有这种影响力存在。因为几百种小说的力量，在直接间接之中，就具有这么大的影响！如今我们国人迷信风水、迷信算命、迷信卜筮、迷信拜神；有时甚至为了风水而阻止道路的开筑、矿产的开采；为了争夺坟地而集体械斗，杀人如麻；为了迎神赛会而耗费大量的金钱时间，招惹事端，消耗国力，这都是小说所造成的！如今我们国人羡慕功名科第和名利富贵，像苍蝇见血一样，趋之若鹜，一副奴颜婢膝的样子，丝毫没有羞耻，只想以十年寒窗苦读的工夫，或走后门、行贿赂的途径，以换取能够向妻妾夸耀，或是横行乡里的快乐，因此使得道德节操的防线，崩溃得无法收拾，这也是小说所造成的！如今我们国人不讲信义，专门以奸诈的手段，在那翻云覆雨，而且待人苛刻，个性浇薄，因此使得人人城府甚深，全国寸步难行，这也是小说所造成的！如今我们国人轻薄无行，沉溺于声色狗马之间，眷恋女色，缠绵一些风花雪月的事物，因而消磨了壮志活力；一般青年子弟，从十五岁到三十岁，只知道多情多爱、多愁多病是最有意义的事，儿女情长，英雄志短，甚至因而做出伤风败俗的事情，流毒整个社会，这也是小说所造成的！如今我们国人中，所谓的江湖好汉，到处都是，不是这里在桃园三结义，就是那里在梁山泊歃血为盟，所谓"大碗喝酒，大块吃肉，分秤称金银，论套穿衣服"的思想，充斥在下层阶级的人的脑海中，因此有哥老会、大刀会的产生，最后甚至导致义和团的兴起，使京城沦陷，招致外患，这仍然是小说所造成的！唉！小说害人不浅，居然到了这种地步！居然到了这种地步！

我国圣贤大哲以数万言谆谆教诲国民，而仍然感觉到效果不彰的一些轻薄的文人、缺德的商人随便地刊印一两本书，就将它破坏得一干二净；小说这种东西，既然越来越不受到高尚人士的重视，就不得不沦落到轻薄文人和缺德商人手中。而这小说的性质和地位，又好像是空气和食物一样，是社会中所不可缺少、不可摒弃的东西，于是轻薄文人和缺德商人，便隐隐然握有主权而可以任意操纵它了。唉！假如听任这种情况长远地持续下去，那我国的前途，还堪闻问吗？还堪闻问吗？因此，在今天若想改良社会，一定要先改革小说界！要革新国民，一定要先改革小说！

（林保淳／编写整理）

《革命军》序

章炳麟

章炳麟（1869—1936），号太炎，初名学乘，字枚叔，后因钦慕顾炎武而改名绛，浙江余杭（今杭州市余杭区）人。他不但是个学问渊博的学者，同时也是个具有爱国思想的革命家，早年曾主编过《昌言报》，主张民族主义，后来加入同盟会，主持过《民报》，并于东京发起"支那亡国二百四十二年纪念会"，对传播革命思想有很大的功劳。他的著作很多，学术性的有《章氏丛书》和《章氏丛书续编》等，代表他政治思想的则有《訄书》等。

背　景

1903 年春天，沙俄进兵满洲，拒绝撤走，并企图强迫清廷订立密约，以便独占满洲的权益。消息传出，全国愤慨，各地纷纷展开爱国运动，抵制俄货。其时，《革命军》的作者邹容（1885—1905，字蔚丹，四川巴县人）正留学东京，在激愤之余，发起"拒俄大会"，公电清廷宣言否认新约，并组织了"拒俄义勇队"，以示反俄的决心。不久，日本政府徇清公使蔡钧的请求，勒令解散义勇队，邹容亦被迫返回上海。

这时，章炳麟正在上海主持"爱国学社"，以文章气节自励励人，名声卓著。邹容既憾恨清廷的昏庸腐败，又得到章炳麟的开导，深悟唯有推翻清廷，中国才有希望，于是发愤写了《革命军》这个小册子，五月在上海大同书局印行。章炳麟十分激赏，认为此册虽文字浅直，却具有感动人心的魔力，因此不但为他作了此序，还在《苏报》上撰文推崇此书。

影　响

《革命军》的基本内容，首先号召全民起来进行推翻清政府的革命，进而扫除外国在华的各种特权和恶势力，并主张永远废除封建专制政体，建立"中华共和国"。书中很详尽地剖析了中国之所以需要革命的原因，同时更揭露了清廷对汉人残酷的统治政策，而且也相当鲜明地提出了民主革命的纲领，对革命的缔造有很大的促进作用。

与《革命军》同时，章炳麟也发表了著名的《驳康有为论革命书》，与邹容互相呼应，相得益彰。但是，也因此招清廷之忌，双双被捕入狱。1906 年，章炳麟刑满出狱，继续为革命事业而奔走，而邹容却在前一年出狱前七十天病死狱中。

自邹容入狱后，《革命军》更是风行海内，销售量达一百多万册，是清末革命群书中销量最大的书。影响力之大，可以想见。章炳麟的这篇序文则有推波助澜之功。

原　文

蜀邹容为《革命军》方二万言，示余曰：欲以立懦夫，定民志，故辞多恣肆，无所回避，然得无恶其不文耶？余曰：凡事之败，在有其唱者而莫与为和，其攻击者且千百辈，故仇敌之空言，足以曀吾实事。夫中国吞噬于逆胡已二百六十年矣，宰割之酷，诈暴之工，人人所身受，当无不昌言革命。然自乾隆以往，尚有吕留良、曾静、齐周华等持正议以振聋俗，自尔遂寂泊无所闻①。吾观洪氏之举义师，起而与为敌者，曾、李则柔煦小人，左宗棠喜功名、乐战争，徒欲为人策使，顾勿问其韪非枉直，斯固无足论者。乃如罗、彭、邵、刘之伦，皆笃行有道士也，其所操持，不洛、闽而金溪、余姚，衡阳之《黄书》日在几阁，孝弟之行，华戎之辨，仇国之痛，作乱犯上之戒，宜一切习闻之②。卒其行事乃相绦戾如彼，材者张其角牙以覆宗国，其次即以身家殉满洲，乐文采者则相与鼓吹之。无他，悖德逆伦，并为一谈，牢不可破，故虽有衡阳之书而视之若无见也。然则洪氏之败，不尽由计划失所，正以空言足与为难耳。

今者风俗臭味少变更矣，然其痛心疾首，恳恳必以逐满为职志者，虑不数人。数人者，文墨议论，又往往务为蕴藉，不欲以跳踉搏跃言之，虽余亦不免是也。嗟呼！世皆嚚昧而不知话言，主文讽切，勿为动容，不震以雷霆之声，其能化者几何？异时义师再举，其必堕于众口之不理，既可知矣。今容为是书，壹以叫咷恣言，发其惭恚，虽嚚昧若罗、彭诸子，诵之犹当流汗祇悔。以是为义师先声，庶几民无异志，而材士亦知所返乎！

若夫屠沽负贩之徒，利其径直易知，而能恢发智识，则其所化远矣。

---

① 吕留良、曾静、齐周华：这三个人都是雍正、乾隆两朝间，清廷文字狱迫害下的死难者。吕留良的书中常倡言攘夷的思想，曾静受到他的影响，派弟子劝岳钟琪谋反，但被岳出卖，因而酿成大狱，吕留良被鞭尸，门人弟子都受到株连。清廷伪造曾静悔罪书，编成《大义觉迷录》，而免曾静死罪。但乾隆时，仍被斩杀。齐周华则因私刻吕留良遗书，也遭杀害。章炳麟之所以举此三人为例，主要是因为他们提倡排满的思想。

② 洛：指宋代二程兄弟。闽：指朱熹。金溪、余姚：金溪指宋陆九渊，余姚指明王守仁。章炳麟以罗泽南等人"操持不洛、闽，而金溪、余姚"，而认为他们"笃行有道"，是因为清朝诸帝全都信奉程朱，而排斥陆王。既然罗泽南等人信守的理学与清廷不同，则他们未必是清廷的鹰犬，只是不明白民族大义而已；而不明大义，又肇因于一些旧有的君臣观念的束缚，没有人去冲决这个樊篱。这便是他之所以致慨于"空言足以为难"的原因。

藉非不文，何以致是也！抑吾闻之，同族相代，谓之革命；异族攘窃，谓之灭亡。改制同族，谓之革命；驱除异族，谓之光复。今中国既灭亡于逆胡，所当谋者光复也，非革命云尔。容之署斯名，何哉？谅以其所规划，不仅驱除异族而已，虽政教学术，礼俗材性，犹有当革者焉，故大言之曰"革命"也。

共和二千七百四十四年六月，余杭章炳麟序[1]。

《革命军》

译　文

蜀人邹容写了两万多字的《革命军》一书，向我表示说：为了使懦弱的人刚强起来，并坚定人民革命的意志，因此在词句中不免放肆，毫不隐讳，希望你不会嫌恶它不够文雅。我回答说：一件事情之所以失败，往往是由于只有提倡的人，而没有人附和，而攻击他的人却有千百人之多！因此，敌人的一些空话，便足以使我们的实际行动招致惨败。中国被满洲人并吞已经有二百六十年了，他们压迫的残酷手段，以及欺骗恐吓的巧妙手法，是人人都亲身经历到的，照道理应该没有人不倡议革命才对。但是在乾隆以前，还有吕留良、曾静、齐周华等人，秉持严正的议论以振奋人心，从此以后，便悄然不闻声息了。据我的观察，当初洪秀全起义的时候，起来与他们相抗衡的，像曾国藩、李鸿章，不过是柔和顺从的小人，而左宗棠则热衷功名，喜欢战争，只想在清廷驱使下立功，而不论其是非曲直，这些人是不值一提的。但是像罗泽南、彭玉麟、邵懿辰、刘蓉这些人，都是笃实践履的有道之士，他们信守的不是朝廷尊奉的程

---

[1] 共和二千七百四十四年：这原是光绪二十九年（1903），共和指周、召共和的年代，即公元前841年，加上1903，正好是二千七百四十四年。章炳麟不承认清朝的纪年，又不愿学步西历，因此以共和纪年。当时也有人用黄帝和孔子纪年的。

朱之学,而是陆王之学;而且像王夫之所著的《黄书》,也是天天在阅读的,关于孝弟的行为、华夷的分辨,以及国仇家恨,犯上作乱的儆戒,应该都早已明白的了。可是最后他们的行事却错乱到那个地步。有才能的人张牙舞爪的倾覆自己的祖国,差一些的则以身家性命为满洲人牺牲,而一些喜欢舞文弄墨的人则在大力地歌功颂德。这没有其他的原因,而正是他们将违反道德和背逆君臣之理这两件事混为一谈,形成牢不可破的观念,因此虽然有王夫之阐扬民族大义的书在旁,也视如未见。由此看来,洪秀全的失败,不尽是因为计划失当,而正是这些空话从中作梗的缘故。

当今的风俗观念已经有点改变了,但是能够痛心疾首,孜孜不倦地以驱逐满洲人为职志的人,我估量只有几个人而已。而这几个人,在写文章发表议论的时候,又往往要求温柔敦厚,不愿意以猛烈激荡的话表现出来,即使像我也不例外。唉!世上的人都愚昧得听不懂言外之意,即使是以委婉的文字作讥讽,也一点都不会受到感发;假如不用雷霆般的语言去惊醒他们,又能感化几个人?以后若有人再度起义,也一定会惨败于众人相应不理的态度上!现在邹容写这本书,全利用了一些激烈跳荡的言辞,去激发他们的惭愧与愤怒,即使是愚昧得像罗泽南、彭玉麟这样的人,读了之后也会汗流浃背,深悔以往的作为。若是以此书作义军的号召,想必人民绝不会三心二意,而有才能的人也将回到我们的阵营了吧!

至于像贩夫走卒这些人,若因此书的简洁易懂,而拓展启发了他们的知识,则此书所能感化的范围就更深更远了。假如不是此书的不够文雅,又怎能达成这样的功效?!但是,我曾听说,同一种族的人互相取代,叫作革命;被异族窃据,则叫作灭亡。同种族的人更改制度,叫作革命;驱逐异族,则叫作光复。如今中国既然已经为异族所灭,则我们所应计划的,该是光复,而不是所谓的革命。邹容现在却用"革命"作为书名,又是为什么呢?我深信他所规划的,一定不只是驱逐异族而已,在政治、教育、学术及风俗、人才方面，还有更多应该革命的呢，因此他才大刺刺地写上"革命"二字。

共和二千七百四十四年六月，余杭章炳麟序。

（林保淳／编写整理）

《铁云藏龟》序

罗振玉

罗振玉（1866—1940），字叔蕴，初号雪堂，晚号贞松，浙江上虞（今绍兴市上虞区）人。他学识广博，无论河江、农政、经史之学，都有相当深厚的根底。甲骨文出土后，更是专心致力于龟甲文字的研究，著有《殷商贞卜文字考》《殷墟书契前编》《后编》《续编》等多种，可以说是中国研究卜辞的开山祖师，与董彦堂（作宾）、王观堂（国维）、郭鼎堂（沫若），并称"四堂"，有《罗雪堂先生全集》问世。

背　景

甲骨文的发现，是在一个有趣而凑巧的机缘上展开的。19世纪末叶，河南安阳出土了一堆甲骨的碎片，当时被误解为龙骨，可以治疗痼疾，遂由商人贩卖到京师。其时王懿荣罹患疟疾，购买了一些预备服用。恰巧这时刘鹗（字铁云）在王家做客，偶然发现上面有些字迹，认为是比大篆还早的文字，不禁大喜过望，便开始搜集研究，因此甲骨一跃而为稀世奇珍，变成古物收藏、研究者的瑰宝，而有关甲骨文字的研究，更渐渐成为今日的显学。

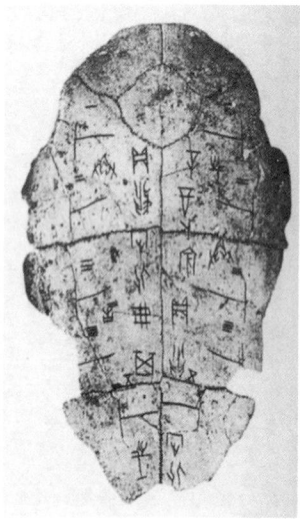

出土的甲骨文原片

刘鹗前后收集的甲骨片约五千片，光绪二十九年（1903），在罗振玉等人的协助下，选择了其中较完整的一千多片，拓印成《铁云藏龟》，是为第一本甲骨文字的整编。

本书选出第一部甲骨资料编辑问世的《铁云藏龟》的序，就是为了纪念发现者刘鹗及赞助者罗振玉的贡献，没有他们，我们不会有现在的成就。

影　响

自刘鹗收集整编出土甲骨之后，五十年间，有大约十万片的甲骨出土。其中1928年至1937年间，中央研究院历史语言研究所在董作宾率领下，以科学方法在安阳附近的小屯，长期从事挖掘，共得二万四千多片，是最完整也最有价值的一批。以此为基础，自1899年第一次发现甲骨文开始，到1949年，五十年间居然已有三百多位学者，写成了八百多种关于甲骨文和商代史事的著作，其所受到的重视以及对学者裨助之大，是可以想见到的。

甲骨文可以说是目前所知道的最早的中国文字，据此可以对其后文字的演变，及中国文字的构造，作更明晰、有系统的考察，在文化上，有其重大的意义。

因此，甲骨文的发现，在近代学术史上可以说是一件值得大书特书的事。它的出现，使载籍中世次、年历淆乱不清，人物、事件扑朔迷离的商代历史，有了个较为清晰的轮廓，使我国的信史得以推展到商代早期，贡献之大，是难以估量的。

原　文

金石之学，自本朝而极盛，咸、同以降，山川所出瑰宝日益众，如古陶器、古金钣、古泥封之类，为从来考古家所未见①。至光绪己亥，而古龟、古骨乃出焉。此物唐、宋以来载籍之所未道，不仅其文字有裨"六书"，且可考证经史。今就图见所及，述之如左。

古卜筮之制，故书散失，其仪式多不可考见。《汉书·艺文志》载蓍[shī]龟十五家，今都放佚，惟《周官》及《太史公书》，尚得见厓[yá]略。今依据两书，参以目验，有所是正于经史者，凡四事：

一曰灼龟与钻龟。古人灼龟用荆，谓之"燋[jiāo]"，又谓之"焞[tūn]"，又谓之"焌[jùn]"。取明火以灼龟，其灼也必焦黑，此灼龟之可考者②。钻龟一曰作龟，凿龟用契，此钻龟之可考者。盖古人之卜，先钻后灼，钻与灼自是两事，本自分明，故《龟策传》曰："卜先以造灼钻，钻中已，又灼，龟首各三，又复灼所钻中。"此钻先灼后之明证。今验之新出之龟，其钻迹作"0"状，大如海松子仁，以利刃凿之之痕可辨认，或一或二，灼痕或即在钻旁，或去钻痕稍远。灼痕圆形，略小于钻迹，此又钻与灼为二事之实验，乃经注家多误并钻与灼为一，如"华氏掌其燋契"注③。《士丧礼》："楚焞置于燋。"焞即契所用以灼龟。《士丧礼》注："楚，荆也。"荆焞所以钻龟、灼龟。《正义》："古法钻龟用荆，谓之荆焞。"殊不知灼龟用焞，钻龟用契，混契与楚焞为一者，误也。且不仅笺注家如此，《周官·卜师》："扬火以作龟。"其语亦未明了，此笺注家致误之所由来，非实见钻与灼之迹，

---

① 本朝：即清朝，此序作于光绪二十九年（1903）。
② 明火：古时祭祀时，认为直接由日光取火较为洁净，称为"明火"。利用一种铜制、凹形，称作"阳燧"的镜形物，置于日光下，利用聚焦的原理来取火。
③ 其：此字应作"共"，见《周礼·华氏》。

殆不能发现其讹误，此是正之一端也。

二曰钻灼之处。古人灼龟，其部分不甚明了。《周官·大卜》："眂高作龟"注：眂高，以龟骨高者可灼处示宗伯也[1]。龟之骨近足者其部高云云。兹验之今日所出故龟，其钻灼处皆在腹内之涩面，而不在腹下光滑之处。殆以光滑之处难灼也。其部分则或偏或正，其式不一。此又可据目验补经史之缺者二也。

三曰卜之日。《龟策传》载卜禁日，云子、亥、戌不可以卜。今证之故龟文字，则以此数日卜者甚多。或此禁忌乃有周以后之说，而今日出土之龟，尚在夏、殷时故邪？此又可以之补正史记者三也。

四曰骨卜之原始。古经史不言骨卜，惟杨方《五经钩渊》言东夷之卜用牛骨。兹验之今日所得故骨，皆为牛胫骨，其文字既与龟同，且与龟同出一处，其为同时物无疑。可知三代时中国久用骨卜，特书阙有间耳。此又可补经史之脱佚者四也。

至其文字之缔造，与篆书大异，其为史籀以前之古文无疑，为此龟与骨乃夏、商而非周之确证。且证之经史，亦有定其为夏、商而非周者。《周官·占人》："凡卜筮既事，则系币以比其命，岁终则计其占之中否。"杜子春云："系币者以帛书其占，系之龟也。"玄谓："既卜筮，史必书其命龟之事及兆于策，系其礼神之币而合藏焉。"按，无论如杜说为书占于帛，系之于龟，抑如郑说为书辞于策，系之于帛，均足证周人非径刻辞于龟

————————————

[1] 眂：此字应作"睗"，是"视"的古字。

可知。今径刻文于龟，其非周制而为夏、殷之制，显然可见①。且更有足证者，《史记·龟策传》："夏、殷欲卜者，乃取蓍龟，已则弃去之，以为龟藏则不灵，蓍久则不神。至周室之卜官，常宝藏龟蓍。"由是观之，周人之卜，一龟不仅用一次，今径刻辞于龟，其为一用即不再用可知。此均足为夏、殷之龟而非周龟之确证，铁案如山，不可移易焉矣！

癸卯夏，拓墨付景印，既讫功，为援据经史，缀辞于后，以质海内方闻之士。秋八月，上虞罗振玉叔蕴书于海上寓居之怀新小筑。

《铁云藏龟》

译 文

金石方面的学问，到本朝最为兴盛，咸丰、同治以来，名山大川所出土的宝物逐日增多，像古陶器、古金钣、古泥封之类的东西，都是考古学者从未见过的。到了光绪二十五年（1899），则古龟、古骨也出土了。这东西是唐、宋以来的任何书籍都不曾提到的，不仅上面的文字对研究"六书"有帮助，而且可以用来考订经书史籍。现在就我所知道的，略述如左。

古代卜筮的制度，由于古书散失，它的仪式已经无法考证了。《汉书·艺文志》中记载的蓍龟十五家，现在也都遗佚，只有《周官》和《史记》中还有些粗略的记载。现在我根据这两本书，再参考我亲眼看到的龟骨，认为有四点可以校正经书和史籍：

第一点是灼龟和钻龟的事。古人烧灼龟骨用荆草，叫作"燋"，又叫作"焞"，也叫作"焌"。他们用"明火"来烧灼龟甲，烧过的地方一定呈现焦

---

① 显然可见：此段所举的理由，以及下文所说的周人卜龟不只用一次，而商人只一用即不再用的说法，都是有问题的。1964 年，发掘出岐山的"西周甲骨"，证明了周人也是直接将文字刻在龟甲上；而且，商人占卜，一龟绝对不止用一次。

黑痕迹，这是灼龟可以考见的。钻龟又叫"作龟"，凿穿龟甲时用"契"这种工具，这是钻龟可以考见的。大抵上，古人占卜的时候，先钻后灼，钻和灼是两个不同的过程，本来是很明显的。所以《龟策列传》上说："占卜时先做好钻、灼的工作，钻过洞之后，再烧灼，在龟甲头部各钻、灼三次，又再烧灼所钻过的洞。"这是先钻后灼的明证。现在以新出土的龟甲作验证，其中钻过的痕迹呈"0"形，大小和海松子仁一样，用利器凿过的痕迹明显地可以辨认出来，有的一个，有的两个；烧灼的痕迹有时就在钻过的洞旁边，有时则距离稍微远一点。烧灼的痕迹呈圆形，比钻的洞稍微小一些，这也是钻和灼是两件事的实际证据。但是古时候的经注家常误将钻和灼混为一谈，如"华氏掌共燋契"的注。郑玄引用《士丧礼》中"楚焞置于燋"的句子，以为焞就是契，是用来灼龟的。而《士丧礼》的注则说："楚，荆也。"以为荆和焞是用来钻龟、灼龟的。孔颖达的《正义》也说："古法钻龟用荆，谓之荆焞。"殊不知灼龟时用焞，钻龟则用契，将契和焞混在一起，显然是错误的。不仅笺注家如此误解，像经书中，如《周官·卜师》"扬火以作龟"的话，语意也很含糊，这是笺注家发生错误的原因。若是没有实际看到钻和灼的痕迹，恐怕就不能发现他们的错误了。这是有助校正的第一点。

第二点是钻、灼的部位。古人灼龟的部位，不是很清楚。《周官·大卜》的"眡高作龟"，郑玄注认为"眡高"，就是将龟骨高凸而可以烧灼的部位告诉宗伯，而且又说龟甲靠近足部的地方比较高凸等等的话。如今以出土的古龟来验证，它们钻、灼的地方，都在腹甲较粗糙的一面，而不在光滑的一面，恐怕是因为光滑面比较难烧灼的缘故。而它的部位，有时在旁侧，有时在中央，方式也不一定。这又是可以根据亲眼所见来补充经史缺漏的第二点。

第三点是占卜的日子。《龟策列传》上记载禁止占卜的日子，有子、亥、戊三天不能占卜。以现有的龟甲文字考证，在这三天中占卜的很多。这恐怕是周代以后才有的禁忌，而今天出土的龟骨，是属于夏、商两代的原因吧？这是可以补正史书记载的第三点。

第四点是利用骨头占卜的起源。古代经史没有提到用骨头占卜，只有杨方在《五经钩渊》中提到东夷是利用牛骨占卜的。以今日的古骨来考证，都是牛胫骨，而上面的文字又和龟甲文字相同，且同处出土，则龟、骨是同时代的东西毫无疑问。由此可知在夏、商、周三代时，中国早就已用骨头来占卜了，只是书籍遗失，没有记载罢了。这是可以补足经史遗漏的第四点。

至于龟、骨上文字的构造，和篆书有很大的不同，毫无疑问是太史籀以前的古代文字；而且也是这些龟和骨是夏、商两代而不是周代之物的明证。《周官·占人》说：“凡是卜筮的完毕后，就系上币帛，写上所要占卜的事，到年底时再计算其占卜的命中与否。”杜子春说：“系币就是将占卜之辞写在帛上，和龟甲绑在一起。”郑玄则说：“卜筮完毕后，史官一定要将他用龟占问的事及所呈现的征兆写在竹片上，再绑上祭神用的币帛而合并藏起来。”无论这方式是像杜子春所说的将占辞写在帛上，和龟甲绑在一起；或是像郑玄所说的写占辞在竹片上，而与帛绑在一起。这些都足以证明周代人不是直接将占辞刻在龟甲上，是可以得知的。现在直接将文辞刻在龟甲上，不是周代人的制度而属于夏、商两代，也是显而易见的了。除此而外，还有更坚强的证据，《史记·龟策列传》说：“夏、商的人，希望占卜时，才取来蓍草和龟甲，用完了就丢掉，认为龟甲藏了就会失去灵效，蓍草用久了就不神奇。至于周代的卜官，则经常将龟甲和蓍草珍藏起来。”由此可知，周人占卜，一片龟甲不止用一次，而现在将占辞直接刻在龟甲上，是只用一次就不再用，也可以得知了。这些都足以坚强有力地证明出土的龟甲和兽骨是属于夏、商而不是周代的。铁案如山，是不可能改变的。

光绪二十九年（1903）夏天，将出土龟甲拓下，交付书局影印，大功告成之后，便援用经史的若干证据，略写一些意见在后面，以备海内外的学者质问。秋八月，上虞罗振玉叔蕴写于寓居的怀新小筑。

（林保淳／编写整理）

《民报》发刊词

孙 文

背 景

　　1905 年，孙中山先生结合国内有志革命的各党派，在东京成立了"中国革命同盟会"，揭橥了三民主义及五权宪法的政治主张，作为革命的理论基础；同时，在当年 12 月 21 日，正式刊行《民报》，作为鼓吹革命的宣传机关，社址便设在东京。

　　《民报》的出刊，对革命事业有相当大的裨助。一方面，它可以正面提出各种主张，以唤起国人注意，并与当时由梁启超创办的保皇党刊物《新民丛报》相抗衡，在理论上抨击保皇党的谬误。另一方面，由于《民报》荟萃了国内的人才，形成强而有力的体系，因此在宣扬革命意识上，富有更积极的力量。

　　当时陆续主持笔政的，都是一时之选，如陈天华、胡汉民、汪兆铭、章炳麟、宋教仁等，都足以振动一时的视听。国人的观念，为之一新。清廷在逐渐高涨的革命意识的压力下，大为惊恐。在不得已之下，商请日本政府封闭报社。

　　1908 年 7 月，日本政府应清廷之请，借故封闭了《民报》,《民报》遂因而停刊。《民报》

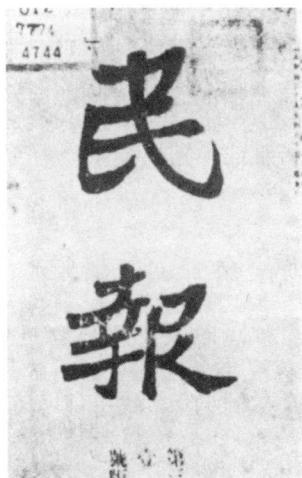

《民报》第一号刊头

虽停刊，但两年多来的努力，早已渗入了人心，革命的呼声，在中国各地都已响彻云霄。

影　响

这篇文章是孙中山先生为《民报》所写的发刊词，正式提出了"三民主义"的政治主张。在三大主义中，孙先生高瞻远瞩地提出了"民生主义"的理论，认为"二十世纪不得不为民生主义之擅场时代"。这种超卓的识见，在方今民生问题依然成为一切问题根源的时代，更能看出其意义之非凡。

孙先生所处的时代，正是西学东渐、全国都笼罩在一片欧风美雨浸淫下的时代，当时固然不乏一些有志之士，切切以富国图强为念，援引了许多西方学说，以作改造中国的张本。但在孙先生眼中，他们其实对西方学说了解不深，而且最重要的是，未能考究国情的差异，做番斟酌损益的工夫，以适合中国人的需要，以致皆成了"见美服而求之，忘其身之未称"的"嚣听"而已，未能达到拯救中国的效果。孙先生有鉴于此，遂融合中西学说的精华，独创出其著名的三民主义和五权宪法。孙先生这套学说，虽未必尽善尽美，但较诸其他生吞活剥、罔顾历史文化差异而大放厥词的理论，却是不可同日而语的。由于此学说，孙先生不但成为被举世钦服的思想家，而且也为苦难的中国燃亮了一盏明灯，指引出一道向前迈进的坦坦大道！

原　文

近时杂志之作者亦夥矣，姱（huā）词以为美，嚣听而无所终，摘埴（zhì）索涂（zhí），不获则反覆其词而自惑①。求其斟时弊以立言，如古人所谓对症发药者，

---

① 摘埴索涂：这是说盲人以手杖点地，摸索道路而行。扬雄《法言·修身》："摘埴索涂，冥行而已。"摘，通"掷"，投的意思。埴是黏土的意思，借指土地而言。

已不可见；而况夫孤怀宏识，远瞩将来者乎？夫缮群之道，与群俱进，而择别取舍，惟其最宜。此群之历史既与彼群殊，则所以掖而进之之阶级，不无先后进止之别。由之不贰，此所以为舆论之母也^①。

予维欧美之进化，凡以三大主义：曰民族，曰民权，曰民生。罗马之亡，民族主义兴，而欧美各国以独立^②。洎自帝其国，威行专制，在下者不堪其苦，则民权主义起。十八世纪之末，十九世纪之初，专制仆而立宪政体殖焉。世界开化，人智益蒸，物质发舒，百年锐于千载。经济问题，继政治问题之后，则民生主义跃跃然动，二十世纪不得不为民生主义之擅场时代也。是三大主义皆基本于民，递嬗变易，而欧美之人种胥冶化焉。其他施维于小己大群之间，而成为故说者，皆此三者之充满发挥而旁及者耳。

今者中国以千年专制之毒而不解，异种残之，外邦逼之，民族主义、民权主义，殆不可以须臾缓。而民生主义，欧美所虑积重难返者，中国独受病未深而去之易。是故或于人为既往之陈迹，或于我为方来之大患，要为缮吾群所有事，则不可不并时而弛张之^③。嗟夫！所陟卑者，其所视不远。游五都之市，见美服而求之，忘其身之未称也，又但以当前者为至美。近时志士，舌敝唇枯，惟企强中国以比欧美。然而，欧美强矣，其民实困。

---

① 由之不贰：依照这个道理去做而不疑惑。这里指"先后进止"的程序而言。孙中山的基本主张是在采用西方制度的时候，必须斟酌国情，加以取舍损益，不能盲目移植。《民报》发表言论的标准，正基于此，所以下文说这是"舆论之母"。

② 罗马之亡：公元前27年，屋大维创立罗马帝国（Roman Empire），其后分为东、西二罗马。西罗马亡于公元476年，东罗马亡于公元1453年。这里主要指东罗马帝国而言。

③ 不可不并时而弛张之：《礼记·杂记》："张而不弛，文、武不能也；弛而不张，文、武弗为也。一张一弛，文、武之道也。"张指法令的严密，弛则指放松而言。在这里是说推行民生主义的同时，要谨记西方的弊病，而有所兴革，以免重蹈覆辙。

观大同盟罢工与无政府党、社会党之日炽，社会革命其将不远。吾国纵能媲迹于欧美，犹不能免于第二次之革命，而况追逐于人已然之末轨者之终无成耶？夫欧美社会之祸，伏之数十年，及今而后发见之，又不使之遽去。吾国治民生主义者发达最先，睹其祸害于未萌，诚可举政治革命，社会革命，毕其功于一役，还视欧美，彼且瞠乎后也。

　　繄我祖国，以最大之民族，聪明强力，超绝等伦，而沉梦不起，万事堕坏；幸为风潮所激，醒其渴睡。旦夕之间，奋发振强，励精不已，则事半功倍，良非夸嫚。惟夫一群之中，有少数最良之心理，能策其群而进之，使最宜之治法，适应于吾群；吾群之进步，适应于世界，此先知先觉之天职，而吾《民报》所为作也。抑非常革新之学说，其理想输灌于人心，而化为常识，则其去实行也近。吾于《民报》之出世觇之。

《孙中山全集》

译　文

　　最近在杂志上发表议论的人已经很多了，他们以为美妙动听的言辞就是好的，众说纷纭而没有固定的宗旨，就像盲人以手杖点地，摸索道路而行一样，不但没有什么结果，而且说来说去，连自己都搞迷糊了。想要在这些议论当中找到能够斟酌当前的弊病而进言，像古人所谓的对症下药的，已经很难了，更何况是那种有独特的思想、宏大的见识，能够远观未来的人呢？治理群众的方法，要顺应群众的需要，和群众共同迈进，而在选择、辨别，或取或舍的时候，则要采取最适宜的方法。这个群体的历史既然不同于另外的群体，那么用来引导他们前进的层次，也就不能没有先后、快慢的区别了。照着这个道理去做而不疑惑，正是舆论的根本。

我以为欧美各国的进步，一共有三大主义，就是民族、民权和民生主义。罗马帝国灭亡，民族主义随之兴起，而欧美各国便借此独立。等到实行帝国，以威力推行专制统治，百姓无法忍受压迫的痛苦，于是民权主义兴起。十八世纪晚期、十九世纪初期，专制政体倾覆，而立宪政体成立了。世界文化获得开启，人类智慧更加增进，物质发达，在一百年之间的发展，比从前一千年还要快速。经济问题紧接在政治问题之后发生，于是民生主义开始兴起。因此，二十世纪一定是民生主义特别兴盛的时代。这三大主义都是以人民为根本，在交替转变之间，欧美的人们都受到了陶冶和教化。其他用来维系个人和群体之间的各种学说，而已经成为一种成说的，都是这三大主义充实发挥而造成的影响。

现在中国受到的千年以来专制政体的毒害尚未解除，异族迫害，外国侵略，民族主义和民权主义的推展是不能再迟延的了。而民生主义方面，欧美各国所忧虑的积重难返的弊病，中国却受害不深而容易加以革除。因此，或者是他人已成为过去的问题，或者是我们将要面临的大患，都是治理我们的国家所应注意的事，不能不同时加以兴革。哎呀！爬得不高，看得不远。到繁华的城市去游玩，看到美丽的衣服就要了来，而忘记自己未必能适合，又误认为目前所看到的就是最好的。近来的有志之士，苦口宣传，连唇舌都说破，只是希望能使中国强盛起来，能和欧美各国相比。但是，欧美各国虽强盛，人民的生活却很困苦。只要看看罢工和无政府党、社会党，一天比一天猖獗，就可以知道社会革命大概就要发生了。我国纵使在目前可以和欧美各国并驾齐驱，还是无法避免第二次的革命，何况只是跟随在他人已失败的途径后面，是一定无法有所成就的！欧美社会的祸根，隐伏了数十年，到现在才发现，已不能很快地将它消除。我国研究民生主义最早、最发达，能在祸害尚未萌芽时及早发现，实在可以将政治革命、社会革命，在一次行动中一举完成！回顾欧美各国，他们将远远落在我们后面。

我们的祖国，本是世界上最大的民族，聪明且有能力，是超过其他民族的，但却沉睡不醒，一切事物都毁坏无余；所幸为时代的潮流所刺激，将她自沉睡中唤醒。若能在很短的时间内，振作图强，不停地奋斗，那么事半功倍的成效，实在不是欺人的大话。在一个群体之中，有少数最优秀的人才，能鼓舞群众向前迈进，使最适当的治理方法，适用于整个群体；而我们整个群体的进步，又能顺应于世界潮流。这是先知先觉的人天赋的职责，也是我们《民报》创办的原因。至于一种特殊的革命学说，若能将其理想灌输于人心，使它变成普通的常识，那么离实现也就不远了。我愿从《民报》的问世观察到这一点。

（林保淳 / 编写整理）

《宋元戏曲考》序

王国维

　　王国维（1877—1927），字静安，号观堂，浙江海宁人。他是清末民初著名的学者，无论在哲学、文学、古器物学上，皆有重大成就；尤其在文学方面，《人间词话》的"境界说"及《〈红楼梦〉评论》的"悲剧说"，都开启了国人心目，使文学批评的见解有更上一层楼的认识；而其一系列有关戏曲的论著，更使沉埋已久的瑰宝，绽放出耀眼的光芒，直到现在，仍是中国文学研究的主要课题之一。因此，有人誉其为"文学革命的先驱者"。著有《观堂集林》《宋元戏曲考》《人间词话》《静庵文集》等。

背　景

　　中国正统文人一向鄙夷戏曲、小说等俚俗不文的作品，只承认古文、诗赋等正统著作的文学地位。因此，从事这方面文学创作的文人，不是出之以"行有余力"的态度，便是借此以糊口，谈不上对它们有什么正确的认识。至于载籍上有关书目的记录不予收录，则更是"正统"偏见作祟。

　　当然，在观念层次上，这种做法自有其理由。但是，戏曲、小说这些"不登大雅之堂"的作品，无疑地也有其诉诸的对象及存在的理由，只待时机成熟，就可以蜕变而跃升至更高的层次。王国维对戏曲的推崇和研究，正是使时机臻于成熟的媒介，故戏曲研究继王国维之后，能蓬勃发展直到今日，而五四文学运动的健将，也都视其中的文字是自然、活泼而有魅力的语言。

五四新文学运动，虽说直接由胡适《文学改良刍议》所激生，但是，任何一种改革运动的迸发，其中必然经过一段潜藏的酝酿时期。我们若是将王国维在文学上的成就置于这个定点来评价，则《宋元戏曲考》一书，不但在阐扬、整理固有文化上有其一定的贡献，同时更兼具了开创新局的先驱意义。

影　响

本文是《宋元戏曲考》的序，王国维在文中强调"一代之文学"的重要性，以及元人戏曲文字"自然"的特色，我们若持之与胡适著名的"八不主义"做比较，其针缕吻合之迹，了然可见；而且胡适更有意在未完成的《白话文学史》中辟专章介绍元代戏曲，更足以证明上述论点。就此而言，《宋元戏曲考》实际上可以视作新文学的一座桥梁，其意义是相当重大的。

原　文

凡一代有一代之文学：楚之骚，汉之赋，六代之骈语，唐之诗，宋之词，元之曲，皆所谓一代之文学，而后世莫能继焉者也。

独元人之曲，为时既近，托体稍卑，故两朝史志与《四库》集部，均不著于录；后世儒硕，皆鄙弃不复道①。而为此学者，大率不学之徒；即有一二学子，以余力及此，亦未有能观其会通、窥其奥窔(yào)者。遂使一代文献，郁堙(yīn)沉晦者，且数百年，愚甚惑焉。

---

① 托体稍卑：元曲的文字，大抵都俚俗不文，和正统文学的文章、诗赋之高古雅正，大异其趣，因此一般学者都很轻视它。王国维也承认元曲的文字的确有此缺点，所以说"托体稍卑"，但由于这是"出乎自然"的情感流露，因此更重视它的成就。

往者读元人杂剧而善之，以为能道人情、状物态，词采俊拔，而出乎自然，盖古所未有，而后人所不能髣髴也。辄思究其渊源，明其变化之迹，以为非求诸唐、宋、辽、金之文学，弗能得也，乃成《曲录》六卷、《戏曲考原》一卷、《宋大曲考》一卷、《优语录》二卷、《古剧脚色考》一卷、《曲调源流表》一卷。从事既久，续有所得，颇觉昔人之说，与自己之书，罅漏日多，而手所疏记，与心所领会者，亦日有增益。

壬子岁莫，旅居多暇，乃以三月之力，写为此书。凡诸材料，皆余所蒐集；其所说明，亦大抵余之所创获也。世之为此学者自余始，其所贡于此学者，亦以此书为多。非吾辈才力过于古人，实以古人未尝为此学故也。写定有日，辄记其缘起，其有匡正补益，则俟诸异日云。

《宋元戏曲考》

译 文

各个时代都有各时代的代表文学，如：楚国的骚、汉朝的赋、六朝的骈体文、唐诗、宋词及元代的戏曲，都是一个时代的代表文学，而后世的人是无法赶得上的。

其中唯独元人的戏曲，由于时代距离较近，而且文字稍嫌俚俗不文，因此宋、元两朝史书的《艺文志》及《四库全书》的"集部"中，都不曾收录；后世的学者也都甚为鄙夷，不肯谈起。而从事于这门学问的人，又大都是不学无术之徒，即使有一二位学人，肯以余力从事，也没有人能够融会贯通，明了其中的奥妙。遂使得一代的文献，就此沉寂晦暗了将近好几百年，我实在觉得很奇怪。

从前我在读元人所作的杂剧时，发现它实在是不可多得的好文章，觉得它能够将人的感情及事物的状态形容得淋漓尽致，文词也俊逸挺拔，而一切都是自然而然的流露，实在是自古以来所未曾见过，而后人无法模仿其万一的。因而常希望能考究出它的渊源，探明它变化的过程，而认为若不从唐、宋、辽、金各朝代的文学作品中去研讨，是不可能获致结论的，于是完成了《曲录》六卷、《戏曲考原》一卷、《宋大曲考》一卷、《优语录》二卷、《古剧脚色考》一卷、《曲调源流表》一卷。研究久了之后，渐渐地有新的心得，颇觉前人的说法，和自己所作的书，漏洞很多，而我亲手作的笔记和心中的领悟也一天天地增加了。

壬子年（民国元年，1912）岁暮，由于旅居在外，闲暇稍多，便花了三个月的时间和精力，写出了这本书。其中所有的资料，都是我自己收集的；而所作的说明，也大多是自己独创的见解。当今从事这门学问，可以说是从我开始；而能对这门学问有较大贡献的，也以这本书为多。这并非我的才能智慧超过古人，实在是因为古人不曾做深入的研究呀！这本书写成已有一段时日了，因而略述其著书的缘由。其中若有需要修正补充的地方，则有待于来日了。

（林保淳/编写整理）

异哉所谓国体问题者

梁启超

背 景

1915 年，袁世凯密谋恢复帝制，又恐滋物议，遂一方面大量铲除异己，置换或暗杀国民党要员；一方面企图勾结日本为外援，签订了相当苛刻的"二十一条"条约。同时，又伪造民意，授意其美籍顾问古德诺发表了《共和与君主论》一文，倡言共和之制不适合中国国情，应改行帝制为宜；并由杨度联络了刘师培、严复两位学者及失意的国民党元老李燮和、孙毓筠、胡瑛，组成了"筹安会"，以讨论国体为借口，暗地里鼓吹帝制。一时之间，帝制的呼声响彻云霄。

在袁世凯幕后操纵之下，遂有所谓"全国请愿联合会"的动作，同时，11 月 15 日国会投票结果，1993 名代表，"一致赞成"君主立宪，推戴袁世凯为"中华帝国皇帝"。12 月 12 日，袁世凯正式承认帝制，改元洪宪，大事封爵。

消息传出，各省督军多持反对意见，纷纷通电北京，劝袁世凯取消帝制，恢复共和政体。袁世凯自然不愿意，并准备以武力压迫反对者。于是，各省纷纷宣告独立，其中尤以唐继尧、李烈钧、蔡锷的"中华民国护国军"声势最大，展开了"倒袁"的行动。

在"筹安会"组成之前，梁启超已闻风声，遂约冯国璋（华甫）入京，预备据理力争。袁世凯在二人之前矢志不当皇帝，冯国璋以此言登诸报刊，以为帝制之议已寝搁了。没想到事隔一月，竟有"筹安会"出现。梁启超愤怒之余，便作了这篇著名的《异哉所谓国体问题者》。

影 响

这篇长文，就国体、政体的区别，在理论上给予"筹安会"强力的反击。在文章未发表前，袁世凯闻得消息，派人威胁利诱，希望梁启超将此文烧毁。梁启超不为所动，径行发表，对袁世凯造成相当大的威胁。在发表此文前，梁启超心知袁世凯必将称帝，于是命其弟子蔡锷，先与袁氏虚与委蛇，趁间逃出北京，回到云南，组织反袁的军力。梁启超也于12月18日潜逃至上海，随后转赴广西，策动反袁工作。护国军的成立，梁启超也颇有功劳。

在北方军队作战失利的窘境下，外国（尤其是日本）对袁世凯的支持也转弱了；再加上袁世凯的主将冯国璋、段祺瑞也不表赞成，迫不得已，乃在1916年3月22日下令撤销帝制，算是结束了仅仅八十多天的"中华帝国"国祚。6月6日，袁世凯忧愧而卒，结束了他的一生，也开启了北洋军阀争权夺利的混乱局面。本文对这个局面的形成应有直接且具关键性的影响。

原 文

秋霖腹疾，一卧兼旬，感事怀人，百念灰尽。而户以外甚嚣尘上，嚣然以国体问题闻。以厌作政谈如鄙人者，岂必更有所论列？虽然，独于兹事，有所不容已于言也。乃作斯篇。

吾当下笔之先，有二义当为读者告：其一，当知鄙人原非如新进耳食家之心醉共和，故于共和国体非有所偏爱，而于其他国体非有所偏恶。鄙人十年来夙所持论，可取之以与今日所论相对勘也。其二，当知鄙人

又非如老辈墨守家之断争朝代，
首阳蕨薇，鲁连东海，此个人各
因其地位而谋所以自处之道则
有然，若放眼以观国家尊荣危亡
之所由，则一姓之兴替，岂有所
择①？先辨此二义以读吾文，庶
可以无蔽而迳于正鹄也。

《异哉所谓国体问题者》书影

吾自昔常标一义以告于众，
谓吾侪立宪党之政论家，只问政
体，不问国体。骤闻者或以此为
取巧之言，不知此乃政论家当恪
守之原则，无可逾越也。盖国体
之为物，既非政论家之所当问，
尤非政论家之所能问。何以言乎不当问？当国体彷徨歧路之时，政治之
一大部分，恒呈中止之状态，殆无复政象之可言，而政论更安所丽？苟
政论家而牵惹国体问题，故导之以入彷徨歧路，则是先自坏其立足之础，
譬之欲陟而捐其阶，欲渡而舍其舟也。故曰不当问也。何以言乎不能问？
凡国体之由甲种而变为乙种，或由乙种而复变为甲种，其驱运而旋转之
者，恒存夫政治以外之势力。其时机未至耶？绝非缘政论家之赞成所能

---

① "首阳蕨薇"二句：这里用伯夷、叔齐耻食周粟，隐居首阳山，采薇而食；以及鲁仲
连宁可蹈东海而死，也义不帝秦的典故，表示梁启超当初之加入"保皇党"，及今
日之反对帝制，都不是为了"一姓之兴替"，而是为了"国家尊荣危亡"。

促进。其时机已至耶？又绝非缘政论家之反对所能制止。以政论家而容喙于国体问题，实不自量之甚也。故曰不能问也。岂惟政论家为然，即实行之政治家亦当有然。常在现行国体基础之上，而谋政体政象之改进，此即政治家唯一之天职也。苟于此范围外越雷池一步，则是革命家之所为，非堂堂正正之政治家所当有事也。其消极的严守之范围，则既若是矣；其积极的进取之范围，则亦有焉。在甲种国体之下为政治活动，在乙种反对国体之下，仍为同样之政治活动，此不足成为政治家之节操问题。惟牺牲其平日政治上之主张，以售易一时政治上之地位，斯则成为政治家之节操问题耳！是故不问国体，只问政体之一大义，实彻上彻下，而政治家所最宜服膺也。

夫国体本无绝对之美，而惟以已成之事实，为其成立存在之根源，欲凭学理为主奴，而施人为的取舍于其间，宁非天下绝痴妄之事？仅痴妄犹未足为深病也，惟于国体挟一爱憎之见，而以人为的造成事实，以求与其爱憎相应，则祸害之中于国家，将无已时。故鄙人生平持论，无论何种国体，皆非所反对，惟在现行国体之下，而思以言论鼓吹他种国体，则无论何时皆反对之。昔吾对于在君主国体之下而鼓吹共和者，尝施反对矣。吾前后关于此事之辩论，殆不下二十万言。直至辛亥革命既起，吾于其年九月，犹著一小册，题曰《新中国建设问题》，为最后维持旧国体之商榷。吾果何爱于其时之皇室者？彼皇室之僇辱我，岂犹未极？苟微革命，吾至今犹为海外之僇民耳！复次，当时皇室政治，种种予人以绝望，吾非童骏，吾非聋聩，何至漫无感觉？顾乃冒天下之大不韪，思为彼匄垂绝之命，岂有他哉？以为若在当时现行国体之下，而国民合群策，合群力，以图政治之改革，则希望之遂，或尚有其期；旧国体一经破坏，而新国体未为人民所安习，则当骤然蜕变之数年间，其危险苦痛，将不可思议。不幸，则亡国恒于斯；即幸而不亡，而缘此沮政治改革之进行，则国家所蒙损失，已何由可赎？呜呼！前事岂复忍道？吾请国中有心人，试取甲辰、乙巳两年《新民丛报》中之拙著，一覆观之，凡辛亥迄今数年间，全国民所受之苦痛，何一不经吾当时层层道破？其恶现象循环迭生之程序，岂有一焉能出吾当时预言之外？然而大声疾呼，垂涕婉劝，遂终无福命以荷国民之嘉纳，而变更国体所得之结果，今则既若是矣！

今喘息未定，而第二次变更国体之议又复起，此议起因之真相何在？吾未敢深知。就表面观之，乃起于美国博士古德诺氏一席之谈话。古氏曾否有此种主张，其主张之意何在，亦非吾所敢深知（**古氏与某英文报记者言，则谓并未尝有此主张云**）。顾吾窃有惑者，古氏论中各要点，若对于共和君主之得失，为抽象的比较，若论国体须与国情相适，若历举中美、南美、墨、葡之覆辙，凡此诸义，本极普通，非有甚深微妙，何以国中政客如林，学士如鲫，数年之间，并此浅近之理论事实而无所觉识，而至今乃忽借一外国人之口以为重？吾实惑之。若曰此义非外国博士不能发明耶，则其他勿论，即如鄙人者，虽学识谫陋，不逮古博士万一；然博士今兹之大著，直可谓无意中与我十年旧论同其牙慧，特其透辟精悍，尚不及我十分之一、百分之一耳！此非吾妄自夸诞，坊间所行《新民丛报》《饮冰室文集》《立宪论与革命论之激战》《新中国建设问题》等，不下百数十万本，可覆按也。独惜吾睛不蓝、吾髯不赤，故吾之论宜不为国人所倾听耳！夫孰谓共和利害之不宜商榷？然商榷自有其时，当辛亥革命初起，其最宜商榷之时也。过此以往，则殆非复可以商榷之时也。（湖口乱事继起，正式大总统未就任，列国未承认共和时，或尚有商榷之余地，然亦仅矣！）当彼之时，公等皆安在？当彼之时，世界学者比较国体得失之理论，岂无一著述足供参考？当彼之时，美、墨各国岂皆太平宴乐，绝无惨状呈现，以资我龟鉴？当彼之时，迂拙愚戆如鄙人者，以羁泊海外之身，忧共和之不适，著论腾书，泪枯血尽（吾生平书札不存稿，今无可取证，然得吾书者，当自知之。吾当时有诗云"报楚志易得，存吴计恐疏"，又云"兹栝安可触，弛恐难复张"，又云"让皇居其所，古训聊可式"，自余则有数论寄登群报也）。而识时务之俊杰，方日日以促进共和为事，谓共和为万国治安之极轨，谓共和为中国历史所固有也。呜呼！天下重器也，可静而不可动也，岂其可以翻覆尝试，废置如弈棋，谓吾姑且自埋焉，而预计所以自䤼之也？譬诸男女婚媾，相攸伊始，宜慎之又慎，万不可孟浪以失身于匪人，倘蹈危机，则家族亲知，临事犯颜以相匡救，宜也。当前此饶有审择余地之时，漫置不省，相率偲偲，以遂苟合，及结缡已历年所，乃日聒于其旁曰："汝之所天，殊不足以仰望而终身也。"爱人以德，宜如是耶？夫使共和而诚足以亡国也，则须知当公等兴高采烈，以提倡共和、促进共和之日，即为陷中国于万劫不复之时。谚有之："既有今日，何必当初。"人生几何，造一次大罪孽，犹以为未足，忍又从而益之也？夫共和之建，曾几何时？而谋推翻共和者，乃以共和元勋为之主动，而其不识时务，犹稍致留恋于共和者，乃反在畴昔反对共和之人①。天下怪事，盖莫过是，天下之可哀，又莫过是也！

今之论者则曰："与其共和而专制，孰若君主而立宪？"夫立宪与非立宪，则政体之名词也；共和与非共和，则国体之名词也。吾侪平昔持论，只问政体，不问国体。故以为政体诚能立宪，则无论国体为君主、为共和，无一而不可也；政体而非立宪，则无论国体为君主、为共和，无一而可也。国体与政体，本截然不相蒙，谓欲变更政体，而必须以变更国体为手段，天下宁有此理论！而前此论者，谓君主决不能立宪，惟共和始能立宪（吾前此与革命党论战时，彼党持论如此），今兹论者，又谓共和决不能立宪，惟君主始能立宪。吾诚不知其据何种理论以自完其说也。吾今请先与论者确定立宪之界说，然后徐察其论旨之能否成立。所谓立宪者，岂非必有监督机关与执行机关相对峙，而政体之行使，常蒙若干之限制耶？所谓君主立宪者，岂非以君主无责任为最大原则，以建设责任内阁为必要条件耶？既认定此简单之立宪界说，则更须假定一事实，以为论辩之根据。吾欲问论者，以将来理想上之君主为何人？更质言之，则其人为今大总统耶？抑于今大总统以外，而别熏丹穴以求得之耶？（今大总统不肯帝制自为，既屡次为坚决之宣言，今不过假定以资辩论耳。不敬之罪，吾所甘受也。）如曰别求得其人也，则将置今大总统于何地？大总统尽瘁国

---

① 乃以共和元勋为之主动："筹安会六君子"中，李燮和、胡瑛、孙毓筠三人，都是国民党党员，在武昌革命时，曾立过下不少汗马功劳，因此梁启超颇有啼笑皆非的感受。因为他们当时立志推翻专制，曾力斥"保皇党"的意见，如今却一反过去的所作所为，拥立袁世凯专制称帝；而当初"保皇党"的健将，反而大力反对推翻共和。梁启超说"天下怪事，盖莫过是"，政治的雨覆云翻，确实令人难以臆度。

事既久，苟自为计者，岂不愿速释此重负，颐养林泉？试问我全国国民能否容大总统以自逸？然则将使大总统在虚君之下，而组织责任内阁耶？就令大总统以国为重，肯降心相就，而以全国托命之身，当议会责任之冲，其危险又当何若？是故于今大总统以外，别求得君主，而谓君主立宪，即可实现，其说不能成立也。如曰即戴今大总统为君主也，微论我大总统先自不肯承认也，就令大总统为国家百年大计起见，甘自牺牲一切以徇民望，而我国民所要求于大总统者，岂希望其作一无责任之君主？夫无责任之君主，欧美人常比诸受豢之肥腯^{tǔ}耳，优美崇高之装饰品耳。以今日中国万急之时局，是否宜以如此重要之人，投诸如此闲散之地？藉曰今大总统不妨为无责任之君主也，而责任内阁之能否成立、能否适用，仍是一问题。非谓大总统不能容责任内阁生存于其下也，现在国中欲求具此才能资望之人，足以代元首负此责者，吾竟苦未之见。盖今日凡百艰巨，非我大总统自当其冲，云谁能理？任择一人而使之代大总统负责，微论其才力不逮也，而威令先自不行。昔之由内阁制而变为总统制，盖适应于时势之要求，而起废之良药也。今后一两年间之时势，岂能有以大异于前？而谓国体一更，政制即可随之翻然而改，非英雄欺人之言，即书生迂阔之论耳！是故假定今大总统肯为君主，而谓君主立宪，即可实现，其说亦不能成立也。

然则今之标立宪主义以为国体论之护符者，除非其于"立宪"二字别有解释，则吾不敢言。夫前清之末叶，则固自谓立宪矣，试问论者能承认否？且吾欲问论者，挟何券约，敢保证国体一变之后，而宪政即可实行而无障？如其不然，则仍是单纯之君主论，非君主立宪论也。既非君主立宪，则其为君主专制，自无待言。不忍于共和之敝，而欲以君主专制代之，谓为良图，实所未解。今在共和国体之下而暂行专制，其中有种种不得已之理由，犯众谤以行之，尚能为天下所共谅。今如论者所规划，欲以立宪政体与君主国体为交换条件，使其说果行，则当国体改定伊始，势必且以实行立宪，宣示国民，宣示以后，万一现今种种不得已之理由者，依然存在，为应彼时时势之要求起见，又不得不仍行专制，吾恐天下人遂不复能为元首谅矣！夫外蒙立宪之名，而内行非立宪之实，此前清之所以崩颓也。《诗》曰："殷鉴不远，在夏后之世。"论者其念诸！

且论者如诚以希求立宪为职志也，则曷为在共和国体之下，不能遂此希求，而必须行曲以假涂于君主？吾实惑之。吾以为中国现在不能立宪之原因，盖有多种，或缘夫地方之情势，或缘夫当轴之心理，或缘夫人民之习惯与能力。然此诸原因者，非缘因行共和而始发生，即不能因非共和而遂消减。例如上自元首，下及中外、大小独立官署之长官，皆有厌受法律束缚之心，常感自由应付为便利，此即宪政一大障碍也。问此于国体之变不变有何关系也？例如人民绝无政治兴味，绝无政治智识，其道德及能力，皆不能组织真正之政党，以运用神圣之议会，此又宪政一大障碍也。问此于国体之变不变有何关系也？诸类此者，若令吾悉数之，将累数十事而不能尽，然皆不能以之府罪于共和，甚章章也。而谓共和时代不能得者，一入君主时代即能得之，又谓君主时代能得者，共和时代决不能得之，以吾之愚，乃百思不得其解。吾以为中国而思实行立宪乎，但求视新约法为神圣，字字求其实行，而无或思遁于法外；一面设法多予人民以接近政治之机会，而毋或壅其智识，阏其能力，挫其兴味，坏其节操，行之数年，效必立见。不此之务，而徒以现行国体为病，此朱子所谓"不能使船嫌溪曲"者也。

主张变更国体者最有力之论据，则谓当选举总统时易生变乱。此诚有然，吾十年来不敢轻于附和共和，则亦以此。论者如欲自伸其现时所主张以驳诘我，吾劝其不必自行属稿，不如转录吾旧著，较为痛快详尽也。今幸也兹事既已得有比较的补救良法。盖新颁之大总统选举法，事实上已成为终身总统制，则今大总统健在之日，此种危险问题，自末由发生。所忧者，乃在今大总统千秋万岁后事耳。夫此事则岂复国民所忍言。然人生血肉之躯，即上寿亦安能免？固无所容其忌讳。今请遂为毋讳之言。吾以为若天佑中国，今大总统能更为我国尽瘁至十年以外，而于其间整饬纪纲，培养元气，固结人心，消除隐患，自兹以往，君主可也，共和亦可也；若昊天不吊，今大总统创业未半，而遽夺诸国民之手，则中国惟有糜烂而已，虽百变其国体，夫安有幸？是故将来中国乱与不乱，全视乎今大总统之寿命与其御宇期内之所设施，而国体无论为君主、为共和，其结果殊无择也。闻者犹有疑乎？请更穷其事理以质言之。夫君主共和之异，则亦在元首继承法而已。此种继承法，虽今元首在世时制定之，然必俟今元首即世时而始发生效力，至易见也。彼时所发生之效力，能否恰如所期，则其一，当视前元首生前之功德威信，能否及于身后；其二，当视彼时有无枭雄跋扈之人，其人数之多寡，其所凭藉是否足以持异议。

吾以为立此标准以测将来，无论为君主、为共和，其结果常同一也。现行大总统选举法，规定后任大总统应由前任大总统推荐，预出其名以藏诸石室金匮。使今大总统一面崇闳其功德，而巩固其威信，令国人心悦诚服，虽百世之后，犹尊重其遗令而不忍悖；一面默察将来易于酿乱之种子在何处，思所以预防而消弭之。其种子存乎制度上耶，则改其制度，毋使为野心家之资；其种子存乎人耶，则裁抑其人，导之以正，善位置而保全之，毋使陷于不义（即汉光武、宋太祖优待功臣之法）。更一面慎择可以付托大业之人（依大总统选举法，无论传贤传子，纯属前任大统之自由也），试以大任以养其望，假以实力以重其威，金匮中则以其名 ^{póu}衰然居首，而随举不足重轻之二人以为之副而已。如是，则当启匮投票之时，岂复有丝毫纷争之余地？代代总统能如是，虽行之数百年不敝可也。而不然者，则区区纸片上之皇室典范，抑何足恃？试历览古来帝王家之掌故，其陈尸在堂、称戈在阙者，又何可胜数？从可知国家安危治乱之所伏，固别有在，而不在宪典形式上之共和君主明矣！论者盛引墨西哥之五总统争立，及中美、南美、葡萄牙之丧乱，以为共和不如君主之铁证，推其论指，得毋谓此诸国者，苟变其国体为君主，而丧乱遂可以免也？吾且诘彼，彼爹亚士之统治墨西哥三十年矣，而今岁五月（月份记不确）始客死于外，使因总统继承问题而致乱，则乱宜起于今年耳。若谓国体果为君主，斯可以毋乱，且使爹亚士当三十年前，而有如古德诺者以为之提示，有如筹安会者以为之鼓吹，而爹氏亦憬然从之，以制定其皇室典范，则墨人宜若可以长治久安，与天同寿矣。而岂知苟尔尔者，则彼

955

之皇室典范未至发生效力时，彼自身先已逊荒于外，其皇室典范，犹废纸也。夫及身犹不能免于乱，而谓死后恃一纸皇室典范可以已乱，五尺之童，有以知其不然矣！故墨西哥之必乱，无论为共和、为君主，其结果皆同一也。所以者何？爹亚士假共和之名，行专制之实，在职三十年，不务培养国本，惟汲汲为固位之计，拥兵自卫，以劫持其民；又虑军队之骄横，常挑间之，使互相反目，以遂己之操纵，摧锄异己，惟力是视；其对于爱国之士，或贿收以变其节，或暗杀以戕其生；又好铺张门面，用财如泥，外则广借外债，内则横征暴敛，以至民穷财尽，无可控诉。吾当十年前尝评爹氏为并时无两之怪杰，然固已谓彼死之后，洪水必来，墨民将无噍类矣（此皆吾十年前评爹氏之言，尝见于《新民丛报》及《新大陆游记》，非今日于彼败后而始非訾之也。吾友汤觉顿亦尝著一文，述爹氏之政治罪恶，其言尤为详尽，见《国风报》。汤文出版时，墨乱方始起也）。由爹氏之道以长国家，幸而托于共和之名，犹得窃据三十年，易以君主，恐其亡更早矣。中美、南美诸国亦然。历代总统，皆以武力为得位之阶梯，故武力相寻无已时，共和不适，固不失为致乱之一原因，若谓此为唯一之原因，吾有以明其不然矣。若葡萄牙改共和后不免于乱，斯固然也。然彼非因乱又何以成共和？前此乱时，其国体非君主耶？谓共和必召乱，而君主即足以致治，天下宁有此论理？波斯非君主国耶？土耳其非君主国耶？俄罗斯非君主国耶？试一翻其近数十年之历史，不乱者能有几稔？彼曾无选举总统之事，而亦如此，则何说也？我国五胡十六国、五代十国之时，亦曾无选举总统之事，而丧乱惨酷，一如墨、美，则又何说也？凡立论者，须征引客观之资料，不能专凭主观的爱憎，以为去取。果尔者，不能欺人，徒自蔽耳。平心论之，无论何种国体，皆足以致治，皆足以致乱。治乱之大原，什九恒系于政象，而不系于国体。而国体与国情不相应，则其导乱之机括较多且易，此无可为讳也。故鄙人自始不敢妄倡共和，至今仍不敢迷信共和，与公等有同情也。顾不敢如公等之悍然主张变更国体者，吾数年来，怀抱一种不能明言之隐痛深怲，常觉自辛亥壬子之交，铸此一大错，而中国前途之希望，所余已复无几。盖既深感共和国体之难以图存，又深感君主国体之难以规复，是用怵惕彷徨，忧伤憔悴。往往独居深念，如发狂疡，特以举国人方皆心灰意尽，吾何必更增益此种楚囚之态？故反每作壮语以相煦沫，然吾力已几于不能自振矣。吾友徐佛苏当五六年前，常为我言，谓中国势不能不革命，革命势不能不共和，共和势不能不亡国。吾至今深味其言，欲求所以被此妖谶(chèn)者，而殊苦无术也。夫共和国体之难以图存，公等当优能言之矣。吾又谓君主国体之难以规复者，则又何也？盖君主之为物，原赖历史习俗上一种似魔非魔的观念，以保其尊严。此种尊严，自能于无形中发生一种效力，直接间接以镇福此国。君主之可贵，其必在此。虽然，尊严者不可亵者也，一度亵焉，而遂将不复能维持。譬诸范雕土木偶，名之曰神，舁(yú)诸闳殿，供诸华龛，群相礼拜，灵应如响。忽有狂生，拽倒而践踏之，投诸溷牏(hùn yú)，经旬无朕。虽复舁取以重入殿龛，而其灵则已渺矣。自古君主国体之国，其人民之对于君主，恒视为一种神圣，于其地位不敢妄生言思拟议，若经一度共和之后，此种观念，遂如断者之不可复续。

试观并世之共和国，其不患苦共和者有几，而遂无一国焉能有术以脱共和之轭，就中惟法国共和以后，帝政两见，王政一见，然皆不转瞬而覆也。则由共和复返于君主，其难可想也。我国共和之日虽曰尚浅乎，然酝酿之则既十余年，实行之亦既四年。当其酝酿也，革命家丑诋君主，比诸恶魔，务以减杀人民之信仰，其尊严渐亵，然后革命之功乃克集也。而当国体骤变之际与既变之后，官府之文告，政党之宣言，报业之言论，街巷之谈说，道及君主，恒必以恶语冠之、随之，盖尊神而入溷牏之日久矣。今微论规复之不易也，强为规复，欲求畴昔尊严之效，岂可更得？复次，共和后规复君主，以旧王统复活为势最顺，使前清而非有种族嫌疑，则英之查理第二、法之路易第十八，原未尝不可出现于我国，然满洲则非其伦也。若新建之皇统，则非经若干年之艰难缔构，功德在民，其克祈永命者希矣。是故吾数年来，独居深念，亦私谓中国若能复返于帝政，庶易以图存而致强。而欲帝政之出现，惟有二途：其一，则今大总统内治修明之后，百废具兴，家给人足，整军经武，尝胆卧薪，遇有机缘，对外一战而霸；功德巍巍，亿兆敦迫，受兹大宝，传诸无穷。其二，则经第二次大乱之后，全国鼎沸，群雄割据，翦灭之余，乃定于一。夫使出于第二途耶，则吾侪何必作此祝祷？果其有此，中国之民无孑遗矣。而戡定之者，是否为我族类，益不可知，是等于亡而已。独至第一途，则今正以大有为之人，居可有为之势，稍假岁月，可冀旋至而立有效。中国前途一线之希望，岂不在是耶？故以谓吾侪国民之在今日，最宜勿生事以重劳总统之廑虑，俾得专精一虑，为国家谋大兴革，则吾侪最后最大之目的，庶几有实现之一日。今年何年耶？今日何日耶？大难甫平，喘息未定，强邻胁迫，吞声定盟，水旱疠蝗，灾区遍国。嗷鸿在泽，伏莽在林，在昔哲后，正宜撤悬避殿之时，今独何心，乃有上号劝进之举？夫果未熟而摘之，实伤其根；孕未满而催之，实戕其母。吾畴昔所言中国前途一线之希望，万一以非时之故，而从兹一蹶，则倡论之人，虽九死何以谢天下？愿公等慎思之。

《诗》曰："民亦劳止，汔可小息。"自辛亥八月迄今，未盈四年，忽而满洲立宪，忽而五族共和；忽而临时总统，忽而正式总统；忽而制定约法，忽而修改约法；忽而召集国会，忽而解散国会；忽而内阁制，忽而总统制；忽而任期总统，忽而终身总统；忽而以约法暂代宪法，忽而催促制定宪法。大抵一制度之颁，行之平均不盈半年，旋即有反对之新制度起而推翻之。使全国民彷徨迷惑，莫知适从，政府威信，扫地尽矣。今日对内对外之要图，其可以论列者不知凡几，公等欲尽将顺匡救之职，何事不足以自效，何苦无风鼓浪，兴妖作怪，徒淆民视听，而诒国家以无穷之戚也？

吾言几尽矣，惟更有一二义宜为公等忠告者。公等主张君主国体，其心目中之将来君主为谁氏，不能不求公等质言之。若欲求诸今大总统以外耶，则今大总统朝甫息肩，中国国家幕即属纩^{kuàng}①。以公等之明，岂其见不及此？见及此而犹作此阴谋，宁非有深仇积恨于国家，必绝其命而始快？此四万万人所宜共诛也。若即欲求诸今大总统耶，今大总统即位宣誓之语，上以告皇天后土，下则中外含生之俦^{chóu}，实共闻之。年来浮

---

① 属纩：人将死之前，以棉絮置放鼻前，以待其气绝，叫"属"，这里借指国家将要灭亡。

议渐兴，而大总统偶有所闻，辄义形于色，谓无论若何敦迫，终不肯以夺志①。此凡百僚从容瞻觐者所常习闻，即鄙人固亦历历在耳。而冯华甫上将且为余述其所受诰语，谓已备数椽之室于英伦，若国民终不见舍，行将以彼土作汶上②。由此以谈，则今大总统之决心，可共见也。公等岂其漫无所闻，乃无端而议此非常之举耶？设念及此，则侮辱大总统之罪，又岂擢发可数？此亦四万万人所宜共诛也。

复次，公等曾否读约法？曾否读暂行刑律？曾否读结社集会法？曾否读报律？曾否读一年来大总统关于淆乱国体惩儆之各申令？公等又曾否知为国民者，应有恪遵宪典法令之义务？乃公然在辇毂之下，号召徒众，煽动革命（凡谋变更国体则谓之革命，此政治学之通义也），执法者惮其贵近，莫敢谁何，而公等乃益白昼横行，无复忌惮。公等所筹将来之治安如何，吾不敢知，而目前之纪纲，则既被公等破坏尽矣。如曰无纪纲而可以为国也，吾复何言？如其否也，则请公等有以语我来。且吾更有愿为公等进一解者，公等之倡此议，其不愿徒托诸空言甚明也，其必且希望所主张者能实见施行。更申言之，则希望其所理想之君主国体一度建设，则基业永固，传诸无穷也。夫此基业果遵何道，始能永固以传诸无穷？其必自国家机关令出惟行，朝野上下守法如命。今当开国承家伊始，

---

① 终不肯以夺志：民国三年（1914）十一月二十四日，袁世凯下令："民主共和，载在《约法》，邪词惑众，厥有常刑；嗣后如有造作谰言，紊乱国宪者，即照内乱罪从严惩办。"但只是故作姿态而已。梁启超岂会不知道？只是不好直接点破，留下转圜的余地而已。

② 汶上：此语出自《论语·雍也》："季氏使闵子骞为费宰。闵子骞曰：'善为我辞焉，如有复我者，则吾必在汶上矣。'"因此后来便将"汶上"一词当作辞去国事，逍遥自乐的地方。

而首假途于犯法之举动以为资，譬诸欲娶妇者，横挑人家闺闼，以遂苟合，曰但求事成，而节操可毋沾沾也。则其既为吾妇之后，又有何词以责其不贞者？今在共和国体之下，而曰可以明目张胆集会结社，以图推翻共和，则他日在君主国体之下，又曷为不可以明目张胆，集会结社以图推翻君主？使其时复有其他之博士，提示别种学说，有其他之团体，希图别种活动，不知何以待之？《诗》曰："毋教猱升木，如涂涂附。"谋国者而出于此，其不智不亦甚耶！孟子曰："君子创业垂统，为可继也。"以不可继者诏示将来，其不祥不亦甚耶！昔干令升作《晋纪总论》，推原司马氏丧乱之由，而叹其创基植本异于三代。陶渊明之诗亦曰："本不植高原，今日复何悔？"呜呼！吾观于今兹之事，而隐忧乃无极也！

孟子曰："予岂好辩哉！予不得已也。"以生平只问政体，不问国体如鄙人者，曷为当前此公等第一次主张变更国体时，而复哓哓取厌？当今日公等第二次主张变更国体时，而复哓哓取厌？夫变更政体，则进化的现象也；而变更国体，则革命的现象也。进化之轨道，恒继之以进化；而革命之轨道，恒继之以革命。此征诸学理有然，征诸各国前事亦什九皆然也。是故，凡谋国者必惮言革命，而鄙人则无论何时，皆反对革命。今日反对公等之君主革命论，与前此反对公等之共和革命论，同斯职志也。良以中国今日当元气凋敝，汲汲顾影之时，竭力栽之，犹惧不培，并日理之，犹惧不给，岂可复将人才日力耗诸无用之地，日扰扰于无足重轻之国体，而阻滞政体改革之进行？徒阻滞进行，犹可言也，乃使举国人心惶惶，共疑骇于此种翻云覆雨之局，不知何时焉而始能税驾，则其无形中之新丧，所损失云何能量？《诗》曰："嗟我兄弟，邦人诸友，莫肯念乱，谁无父母？"呜呼！论者其念之哉！其念之哉！

或曰："革命者，事实之不得已也。天下惟已成之事实为不可抗，吾子畴昔抗之不已，以自取僇辱，今何必复尔尔者？"惟然，吾固知之。然使吾捐弃吾良心之所主张，吾之受性，实有所不能。故明知其无益焉，而不能以自已也。屈原赍志于汨罗。而贾生损年于堕马。问其何以然？恐非惟不能喻于人，抑亦不自喻也。吾昔曾有诗云："十年以后当思我，举国犹狂欲语谁？"吾生平之言亦多矣，大抵言之，经十年之后，未有不系人怀思者。然非至十年以后，则终无道以获国人之倾听。其为吾之不幸耶？其为国家之不幸耶？呜呼！吾愿自今十年之后，国人毋复思吾今日之言，则国家无疆之休焉耳！

附言：

吾作此文既成后，得所谓"筹安会"者，寄示杨度氏所著《君宪救国论》。偶一翻阅，见其中有数语云："盖立宪者，国家有一定之法制，自元首以及国人，皆不能为法律外之行动。贤者不能逾法律而为善，不肖者亦不能逾法律而为恶。"深叹其于立宪精义，能一语道破。惟吾欲问杨氏所长之"筹安会"，为法律内之行动耶？抑法律外之行动耶？杨氏贤者也，或能自信非逾法律以为恶，然得毋已逾法律以为善耶？呜呼！以昌言君宪之人而行动若此，其所谓君宪者从可想耳！而君宪之前途亦从可想耳！

《饮冰室全集》

（林保淳/编写整理）

文学改良刍议

胡 适

胡适（1891—1962），字适之，安徽绩溪人。他是中国近代文学的开山祖师，是提倡白话文学的创始人。在思想上，他崇信美国杜威（Dewey）的经验主义，主张"大胆假设，小心求证"，运用这个方法整理国故，称作"科学的治学方法"。在历史、哲学上，也有相当可观的成绩。他的著作相当多，涉及范畴也很广，最有影响力的是《胡适文存》。

背 景

1919 年的五四新文学运动，在政治上对巴黎和约不满的情绪激荡下，获得了初步的成功。新文学——主要即是白话文学，遂也如燎原的野火，迅速猛烈地燃烧起来，照亮了广大的文学园地。首先点燃起这个火种的，则是发表在 1917 年 1 月号的《新青年》杂志上的这篇《文学改良刍议》。

严格说来，白话文的酝酿，并不始自胡适的苦思经营。早在清末以及王国维发现元人戏曲中俗字俗语自然活泼的特性时，就已默默地滋长了，胡适文章的发表，则适逢其会地成为一篇正式的宣言，代表白话文学向传统文言文下了战书。受到正面挑战的，不仅是当时讲究桐城义法的古文家如林纾和后来的学衡派（胡先骕）、甲寅派（章士钊）等，而是代表着中国文学正统的诗词和古文。这项挑战，在政治低迷的情况下，鼓舞了知识分子的精神意志，来势汹汹，遂成为不可遏止的时代巨流。

《文学改良刍议》刚发表就引起了热烈的回响，陈独秀在《新青年》的2月号上也发表了《文学革命论》为胡适声援。其后刘半农、钱玄同，以及大多数的二三十年代的著名作家学者，都热络响应，在理论及实际创作上给予支持。

当然，在坚守文言文壁垒的学者观念中，是不容许这种"妖梦"存在的，以林纾为首，继之以胡先骕、章士钊等，都对白话文展开了尖锐而猛烈的抨击，但是终究无法阻挡时代的潮流。

影　响

1920年1月，教育部正式颁布了国语教科书使用的命令，白话文遂正式获得了全面的成功，接下来的问题，不是"该不该"，而是"如何"写白话文了。这不得不归功于这篇《文学改良刍议》的倡导。

这篇文章，胡适开宗明义地提出了"八不主义"。这八个观点，除了"不用典""不讲对仗""不避俗字俗语"三项之外，其实都是前人文学理论中固有的观点，而事实上也只有这三项才是白话文学的基本主张。虽然，以今人的眼光而论，还大有斟酌的余地，但既是"刍议"，则正留有甚大的余地可供后人研究讨论。"但开风气不为师"，就开创新文学的机运而言，胡适的地位及价值，无疑是可以肯定的。

原　文

今之谈文学改良者众矣！记者末学不文，何足以言此，然年来颇于此事再四研思，辅以友朋辩论，其结果所得，颇不无讨论之价值。因综括所怀见解，引为八事，分别言之，以与当世之留意文学改良者一研究之。

吾以为今日而言文学改良，须从八事入手。八事者何？

一曰，须言之有物；

二曰，不摹仿古人；

三曰，须讲求文法；

四曰，不作无病之呻吟；

五曰，务去烂调套语；

六曰，不用典；

七曰，不讲对仗；

八曰，不避俗字俗语。

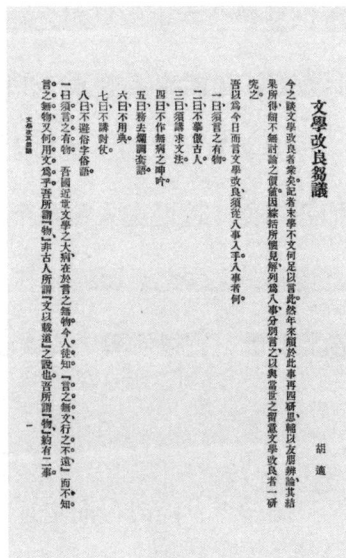

《文学改良刍议》书影

一曰须言之有物

吾国近世文学之大病，在言之无物。今人徒知"言之无文，行而不远"，而不知言之无物，又何用文为乎？吾所谓"物"，非古人所谓"文以载道"之说也。吾所谓"物"，约有二事：

一、情感。《诗序》曰："情动于中而形诸言。言之不足，故嗟叹之；嗟叹之不足，故咏歌之；咏歌之不足，不知手之舞之、足之蹈之也。"此吾所谓情感也。情感者，文学之灵魂。文学而无情感，则如人之无魂，木偶而已，行尸走肉而已（今人所谓"美感"者，亦情感之一也）。

二、思想。吾所谓"思想"，盖兼见地、识力、理想三者而言之。思想不必皆赖文学而传，而文学以有思想而益贵；思想亦以有文学的价值而益贵也。——此庄周之文，渊明、老杜之诗，稼轩之词，施耐庵之小说，所以敻绝千古也。思想之在文学，犹脑筋之在人身。人不能思想，虽面目姣好，虽能啼笑感觉，亦何足取哉？文学亦犹是耳。

文学无此二物，便如无灵魂无脑筋之美人，虽有秾丽富厚之外观，抑亦末矣。近世文人沾沾于声调字句之间，既无高远之思想，又无真挚之情感，文学之衰微，此其大因矣。此文胜之害，所谓言之无物者是也。欲救此弊，宜以质救之。质者何？情与思二者而已。

二曰不摹仿古人

文学者，随时代而变迁者也。一时代有一时代之文学：周、秦有周、秦之文学，汉、魏有汉、魏之文学，唐、宋、元、明有唐、宋、元、明之文学。此非吾一人之私言，乃文明进化之公理也。即以文论，有《尚书》之文，有先秦诸子之文，有司马迁、班固之文，有韩、柳、欧、苏之文，有语录之文，有施耐庵、曹雪芹之文，此文之进化也。试更以韵文言之：《击壤》之歌，《五子之歌》，一时期也；三百篇之诗，一时期也；屈原、荀卿之骚赋，又一时期也；苏、李以下，至于魏、晋，又一时期也；江左之诗，流为排比，至唐而律诗大成，此又一时期也；老杜、香山之"写实"体诸诗（杜之《石壕吏》《羌村》，白之《新乐府》），又一时期也；诗至唐而极盛，自此以后，词曲代兴，唐、五代及宋初之小令，此词之一时代也；苏、柳（永）、辛、姜之词，又一时代也；至于元之杂剧传奇，则又一时代矣。凡此诸时代，各因时势风会而变，各有其特长；吾辈以历史进化之眼光观之，决不可谓古人之文学皆胜于今人也。左氏、史公之文奇矣，然施耐庵之《水浒传》，视《左传》《史记》，何多让焉？"三都""两京"

之赋富矣，然以之视唐诗宋词，则糟粕耳！此可见文学因时进化，不能自止。唐人不当作商、周之诗，宋人不当作相如、子云之赋——即令作之，亦必不工。逆天背时，违进化之迹，故不能工也。

既明文学进化之理，然后可言吾所谓"不摹仿古人"之说。今日之中国当造今日之文学，不必摹仿唐、宋，亦不必摹仿周、秦也。前见"国会开幕词"，有云"於铄国会，遵晦时休"。此在今日，而欲为三代以上之文之一证也。更观今之"文学大家"，文则下规姚、曾，上师韩、欧；更上则取法秦、汉、魏、晋，以为六朝以下无文学可言：此皆百步与五十步之别而已，皆为文学下乘①。即令神似古人，亦不过为博物院中添几许"逼真赝鼎"而已，文学云乎哉！昨见陈伯严先生一诗云：

> 涛园钞杜句，半岁秃千毫。
> 所得都成泪，相过问奏刀。
> 万灵噤不下，此老仰弥高。
> 胸腹回滋味，徐看薄命骚。

此大足代表今日"第一流诗人"摹仿古人之心理也。其病根所在，在于以"半岁秃千毫"之工夫作古人的钞胥奴婢，故有"此老仰弥高"之叹。若能洒脱此种奴性，不作古人的诗而惟作我自己的诗，则决不致如此失败矣。

吾每谓今日之文学，其足与世界"第一流"文学比较而无愧色者，独有白话小说（我佛山人、南亭亭长、洪都百炼生三人而已）一项。此

---

① 文学大家：指林纾等桐城派的古文家。

无他故，以此种小说皆不事摹仿古人（三人皆得力于《儒林外史》《水浒》《石头记》，然非摹仿之作），而惟实写今日社会之情状，故能成真正文学。其他学这个、学那个之诗古文家，皆无文学之价值也。今之有志文学者，宜知所从事矣。

三曰须讲文法

今之作文作诗者，每不讲求文法结构。其例至繁，不便举之，尤以作骈文律诗者为甚。夫不讲文法，是谓"不通"。此理至明，无待详论。

四曰不作无病之呻吟

此殊未易言也。今之少年往往作悲观，其取别号则曰"寒灰""无生""死灰"；其作为诗文，则对落日而思暮年，对秋风而思零落，春来则惟恐其速去，花发又惟惧其早谢：此亡国之衰音也。老年人为之犹不可，况少年乎！其流弊所至，遂养成一种暮气，不思奋发有为，服劳报国，但知发牢骚之音，做感喟之文；作者将以促其寿年，读者将亦短其志气，此吾所谓无病之呻吟也。国之多患，吾岂不知之？然病国危时岂痛哭流涕所能收效乎？吾惟愿今之文学家作费舒特（Fichte），作玛志尼（Mazzini），而不愿其为贾生、王粲、屈原、谢翱也。其不能为贾生、王粲、屈原、谢翱，而徒为妇人醇酒丧气失意之诗文者，犹卑卑不足道矣！

五曰务去烂调套语

今之学者，胸中记得几个文学的套语，便称诗人。其所为诗文，处处是陈言烂调。"蹉跎""身世""寥落""飘零""虫沙""寒窗""斜阳""芳草""春闺""愁魂""归梦""鹃啼""孤影""雁字""玉楼""锦字""残更"……
之类，累累不绝，最可憎厌。其流弊所至，遂令国中生出许多似是而非、
貌似而实非之诗文。今试举吾友胡先骕先生一词以证之：

> 荧荧夜灯如豆，映幢幢孤影，凌乱无据。翡翠衾寒，鸳鸯瓦冷，
> 禁得秋宵几度？幺弦漫语，早丁字帘前，繁霜飞舞。袅袅余音，片时
> 犹绕柱。

此词骤观之，觉字字句句皆词也，其实仅一大堆陈套语耳。"翡翠
衾""鸳鸯瓦"，用之白香山《长恨歌》则可，以其所言乃帝王之衾之瓦也。
"丁字帘""幺弦"，皆套语也。此词在美国所作，其夜灯决不"荧荧如豆"，
其居室犹无"柱"可绕也。至于"繁霜飞舞"，则更不成话矣。谁曾见繁
霜之"飞舞"耶？

吾所谓务去烂调套语者，别无他法，惟在人人以其耳目所亲见、亲闻，
所亲身阅历之事物——自己铸词以形容描写之。但求其不失真，但求能
达其状物写意之目的，即是工夫。其用烂调套语者，皆懒惰而不肯自己
铸词状物者也。

六曰不用典

吾所主张八事之中，惟此一条最受朋友攻击，盖以此条最易误会也。
吾友江亢虎君来书曰：

> 所谓典者，亦有广狭二义。餖饤獭祭，古人早悬为厉禁；若并成

语故事而屏之，则非惟文字之品格全失，即文字之作用亦亡①。……文字最妙之意味，在用字简而涵义多。此断非用典不为功。不用典不特不可作诗，并不可写信，且不可演说。来函满纸"旧雨""虚怀""治头治脚""舍本逐末""洪水猛兽""发聋振聩""负弩先驱""心悦诚服""词坛""退避三舍""滔天""利器""铁证"……皆典也。试尽抉而去之，代以俚语俚字，将成何说话？其用字之繁简，犹其细焉。恐一易他词，虽加倍蓗而涵义仍终不能如是恰到好处，奈何？……

此论甚中肯要。今依江君之言，分典为广狭二义，分论之如下：

一、广义之典非吾所谓典也。广义之典约有五种：

甲、古人所设譬喻　其取譬之事物，含有普通意义，不以时代而失其效用者，今人亦可用之。如古人言"以子之矛，攻子之盾"，今人虽不读书者，亦知用"自相矛盾"之喻，然不可谓为用典也。上文所举例中之"治头治脚""洪水猛兽""发聋振聩"……皆此类也。盖设譬取喻，贵能切当，若能切当，固无古今之别也。若"负弩先驱""退避三舍"之类，在今日已非通行之事物，在文人相与之间，或可用之，然终以不用为上。如言"退避"，千里亦可，百里亦可，不必定用"三舍"之典也。

乙、成语　成语者，合字成辞，别为意义。其习见句，通行已久，不妨用之。然今日若能另铸"成语"，亦无不可也。"利器""虚怀""舍本逐末"……皆属此类。此非"典"也，乃日用之字耳。

---

① 饾饤：又称"饤饾"，本来是指饼饵堆积如钉一般多，韩愈诗有"或如临食案，肴核纷饾饤"的句子，因此，世人常称写文章时因袭堆垛，不切实际叫"饾饤"。獭祭：意思和饾饤一样。据传水獭贪食，常捕食许多鱼，在四周陈列，像祭鱼一般，因此人称"獭祭鱼"。《谈苑》说："李商隐为文，多检阅书册，左右鳞次，号獭祭鱼。"

丙、引史事　引史事与今所论议之事相比较，不可谓用典也。如老杜诗云："未闻殷周衰，中自诛褒妲。"此非用典也。近人诗云："所以曹孟德，犹以汉相终。"此亦非用典也。

丁、引古人作比　此亦非用典也。杜诗云："清新庾开府，俊逸鲍参军。"此乃以古人比今人，非用典也。又云："伯仲之间见伊吕，指挥若定失萧曹。"此亦非用典也。

戊、引古人之语　此亦非用典也。吾尝有句云："我闻古人言，艰难惟一死。"又云："尝试成功自古无，放翁此语未必是。"此乃引语，非用典也。

以上五种为广义之典，其实非吾所谓典也。若此者，可用可不用。

二、狭义之典，吾所主张不用者也。吾所谓用"典"者，谓文人词客不能自己铸词造句以写眼前之景、胸中之意，故借用不全切、或全不切之故事陈言以代之，以图含混过去，是谓用"典"。上述广义之典，除戊条外，皆为取譬比方之辞；但以彼"喻此"，而非以彼"代此"也。狭义之用典，则全为以典"代言"；自己不能直言之，故用典以言之耳。此吾所谓用典与非用典之别也。狭义之典，亦有工拙之别：其工者偶一用之，未为不可；其拙者则当痛绝之。

子、用典之工者，此江君所谓用字简而涵义多者也。客中无书不能多举例，但杂举一二，以实吾言：

（一）东坡所藏"仇池石"，王晋卿以诗借观，意在于夺。东坡不敢不借，乃先以诗寄之，有句云："欲留嗟赵弱，宁许负秦曲。传观慎勿许，间道归应速。"此用蔺相如返璧之典，何其工切也！

（二）东坡又有"章质夫送酒六壶，书至而酒不达"。诗云："岂意青州六从事，化为乌有一先生！"此虽工，已近于纤巧矣！

（三）吾十年前尝有读《十字军英雄记》一诗云："岂有鸩人羊叔子？焉知微服赵主父？十字军真儿戏耳，独此两人可千古。"以两典包尽全书，当时颇沾沾自喜。其实此种诗，尽可不作也。

（四）江亢虎代华侨诔陈英士文有"本悬太白，先坏长城。世无钼^{lěi}麑^{ní}，乃戕赵卿"四句，余极喜之。所用赵宣子一典，甚工切也。

（五）王国维咏史诗，有"虎狼在堂室，徙戎复何补？神州遂陆沉，百年委榛莽。寄语桓元子，莫罪王夷甫！"此亦可谓使事之工者矣。

上述诸例，皆以典代言，其妙处终在不失设譬比方之原意；惟为文体所限，故譬喻变而为称代耳。用典之弊，在于使人失其所欲譬喻之原意。若反客为主，使读者迷于使事用典之繁，而转忘其所为设譬之事物，则为拙矣。古人虽作百韵长诗，其所用典不出一二事而已（《北征》与白香山《悟真寺诗》皆不用一典），今人作长律则非用典不能下笔矣。尝见一诗八十四韵，而用典至百余事，宜其不能工也。

丑、用典之拙者，大抵皆懒惰之人，不知造词，故以此为躲懒藏拙之计。惟其不能造词，故亦不能用典也。统计拙典亦有数类：

（1）比例泛而不切，可作几种解释，无确定之根据。今取王渔洋《秋柳》一章证之：

> 娟娟凉露欲为霜，万缕千条拂玉塘。
>
> 浦里青荷中妇镜，江干黄竹女儿箱。

空怜板渚隋堤水，不见琅邪大道王。

若过洛阳风景地，含情重问永丰坊。

此诗中所用诸典，无不可作几样说法者。

（2）僻典使人不解。夫文学所以达意抒情也，若必求人人能读五车书，然后能通其文，则此种文不作矣。

（3）刻削古典成语，不合文法。"指兄弟以孔怀，称在位以曾是"（章太炎语），是其例也。今人言"为人作嫁"，亦不通。

（4）用典而失其原意，如某君写山高与天接之状，而曰"西接杞天倾"是也。

（5）古事之实有所指，不可移用者，今往往乱用普通事实。如古人灞桥折柳以送行，本是一种特别土风。阳关、渭城亦皆实有所指。今之懒人不能状别离之情，于是虽身在滇、越，亦言灞桥；虽不解阳关、渭城为何物，亦皆言"阳关三叠""渭城离歌"。又如张翰因秋风起而思故乡之莼羹鲈脍；今则虽非吴人，不知莼鲈为何味者，亦皆自称有"莼鲈之思"。此则不仅懒不可救，真是自欺欺人耳！

凡此种种，皆文人之不下工夫，一受其毒，便不可教。此吾所以有"不用典"之说也。

七曰不讲对仗

排偶乃人类言语之一特性，故虽古代文字，如老子、孔子之文，亦间有骈句。如"道可道，非常道；名可名，非常名。无名天地之始；有名万物之母。故常无，欲以观其妙；常有，欲以观其徼。"此三排句也。"食无求饱，居无求安。""贫而无谄，富而无骄。""尔爱其羊，我爱其礼。"此皆排句也。然此皆近于语言之自然，而无牵强刻削之迹；尤未有强定其字之多寡，声之平仄，词之虚实者也。至于后世文学末流，言之无物，乃以文胜；文胜之极，而骈文、律诗兴焉，而长律兴焉。骈文、律诗之中非无佳作，然佳作终鲜。所以然者何？岂不以其束缚人之自由过甚之故耶？（长律之中，上下古今，无一首佳作可言也。）今日而言文学改良，当"先立乎其大者"，不当枉费有用之精力于细微纤巧之末，此吾所以有废骈废律之说也。即不能废此两者，亦但当视为文学末技而已，非讲求之急务也。

今人犹有鄙夷白话小说为文学小道者。不知施耐庵、曹雪芹、吴趼^{jiǎn}人皆文学正宗，而骈文、律诗乃真小道耳。吾知必有闻此言而却走者矣。

八曰不避俗字俗语

吾惟以施耐庵、曹雪芹、吴趼人为文学正宗，故有"不避俗字俗语"之论也（参看上文第二条下）。盖吾国言文之背驰久矣。自佛书之输入，译者以文言不足以达意，故以浅近之文译之，其体已近白话。其后佛氏讲义语录尤多用白话为之者，是为语录体之原始。及宋人讲学以白话为语录，此体遂成讲学正体（明人因之）。当是时，白话已久入韵文，观唐、宋人白话之诗词可见也。及至元时，中国北部已有异族（辽、金、元）之下，三百余年矣。此三百年中，中国乃发生一种通俗行远之文学。文则有《水浒》《西游》《三国》……之类，戏曲则尤不可胜计（关汉卿诸人，人各著剧数十种之多，吾国文人著作之富，未有过于此时者也）。以今世眼光观之，则中国文学当以元代为最盛；可传世不朽之作，当以元代为最多，此可无疑也。当是时，中国之文学最近言文合一，白话几成文学的语言矣。使此趋势不受阻遏，则中国几有一"活文学"出现，而但丁、路得之伟业〔欧洲中古时，各国皆有俚语，而以拉丁文为文言，凡著作书籍皆用之，如吾国之以文言著书也。其后意大利有但丁（Dante）诸文豪，始以其国俚语著作。诸国踵兴，国语亦代起。路得（Luther）创新教，始以德文译《旧约》《新约》，遂开德文学之先。英法诸国亦复如是。今世通用之英文新旧约乃一六一一年译文，距今才三百年耳。故今日欧洲诸国之文学，在当日皆为俚语。追诸文豪兴，始以"活文学"代拉丁之死文学，有活文学而后有言文合一之国语也。〕几发生于神州。不意此趋势骤为明代所阻——政府既以八股取士，而当时文人如何、李七子之徒，又争以复古为高，于是此千年难遇言文合一之机会，遂中道夭折矣。然以今世历史进化的眼光观之，则白话文学之为中国文学之正宗，又为将来文学必用之利器，可断言也（此"断言"乃自作者言之，赞成此说者今日未必甚多也）。以此之故，吾主张今日作文、作诗，宜采用俗语俗字。与其用三千年前之死字（如"於铄国会，遵晦时休"之类），不如用二十世纪之活字；与其作不能行远不能普及之秦、汉、六朝文字，不如作家喻户晓之《水浒》《西游》文字也。

结　论

上述八事，乃吾年来研思此一大问题之结果。远在异国，既无读书之暇晷，又不得就国中先生长者质疑问难，其所主张容有矫枉过正之处。

975

然此八事皆文学上根本问题，——有研究之价值。故草成此论，以为海内外留心此题者作一草案。谓之刍议，犹云未定草也。伏惟国人同志有以匡纠是正之。

《新文学运动史资料》

（林保淳 / 编写整理）

《台湾通史》序

连 横

连横（1878—1936），字武公，号雅堂，又号剑花，台湾台南人。早年热心革命，在厦门创《福建日日新闻》，鼓吹排满，和南洋同盟会声气互通。民国肇建，游历中原各地，欲有所建树，其后志愿不遂，于是返台潜心著作《台湾通史》，为台湾一岛，寻根探源，处处不忘其与神州的血脉相连，颇富有民族意识。另外，尚有《剑花室文集》等传世。

背 景

台湾的开发，最早可以追溯到隋代，但是直接的经营、建设，则要到荷兰入据殖民才开始。但荷兰人毕竟以外族侵略的姿态出现，和中国谈不上有什么渊源，在他们心目中，台湾不过是个贸易的根据地罢了。而中原与台湾的血脉，却因之差点被拦腰斩绝。所幸郑成功在失意中原之余，以堂堂之阵，正正之旗，收复了台岛，才又延续了这道密不可分的血脉。从郑成功开始，台湾逐渐迈开稳健的脚步，展现她在历史上的地位与价值，尤其重要的，她也自郑成功奉明正朔开始，成为生聚教训的一个象征。

连横生长于台湾的时代，正是日本军阀铁蹄肆虐于台湾的时候，他眼看着祖国，在割让台湾的祸首清政府被推翻之后，已逐渐茁长出生机，而台湾却因条约的束缚，依旧沦落在日本人的魔掌中，人民备受欺压与蹂躏，不免有所感慨。他的祖先是由福建迁徙来台的，这一丝血缘，使得他刻意强调台湾和中原的血脉相连。这也促使他发愤著作《台湾通史》一书。

郑成功，这一位延续明代正朔的民族英雄，正是这道血脉的津梁。可惜的是，清代的官书多所忌讳，不肯将郑成功的建台史迹列入记载——这岂不让人忽略了台湾所拥有的象征意味？后人在日化统治下，是否将忘了台湾的意义与地位？在兢兢业业的责任感驱使下，连横作了《台湾通史》，补官书之缺漏，自是原因之一，但是更重要的是发扬种性——民族精神。

台湾是被割让了，但是，只要历史仍旧存在，大和民族和中华民族的壁垒，依然可以清晰地厘划开来，"国可灭而史不可灭"，只要台湾人深切明了自己的血液不同于日本人，则有朝一日，台湾还是会归复中国版图的！这是连横作《台湾通史》的职志所在。

影　响

秉持着这一深切的体认，连横辛勤地搜罗史料，校订有关记载，十年于兹，终以一腔热血，配合着美妙的文笔，畅快的议论，在民国七年（1918），完成了这部巨作——台湾有史以来的第一部通史。

这篇序文中，很明显地说明了他创作的用心所在，"起自隋代，终于割让"，原就不愿台湾的历史中存有日本人一丝一毫的影子呀！连横的父亲曾告诉过他："台湾人不可不知台湾事。"这句话，是值得大家反复深思的。而《台湾通史》这部史书所发挥的影响力，更是巨大悠远的，直至今日仍不衰。

原　文

台湾固无史也。荷人启之，郑氏作之，清代营之，开物成务，以立我丕基，至于今三百有余年矣①。而旧志误谬，文采不彰，其所记载，仅隶有清一朝；荷人、郑氏之事，阙而弗录，竟以岛夷海寇视之。呜乎！此非旧史氏之罪欤？且府志重修于乾隆二十九年，台、凤、彰、淡诸志，虽有续修，局促一隅，无关全局，而书又已旧②。苟欲以二三陈编而知台湾大势，是犹以管窥天，以蠡测海，其被囿也亦巨矣！

夫台湾固海上之荒岛尔！筚路蓝缕，以启山林，至于今是赖③。顾自海通以来，西力东渐，运会之趋，莫可阻遏。于是而有英人之役，有美船之役，有法军之役，外交兵祸，相逼而来，而旧志不及载也④。草泽群雄，后先蹶起，朱、林以下，辄启兵戎，喋血山河，藉言恢复，而旧志亦不备载也⑤。续以建省之议，开山抚番，析疆增吏，正经界，筹军防，兴土宜，励教育，纲举目张，百事俱作，而台湾气象一新矣⑥。

---

① 荷人启之：明天启四年（1624），荷兰人占据，至永历十五年（1661，清顺治十八年），为郑成功所驱逐，一共38年。郑氏作之：郑成功到台湾，教官兵屯田，创法制，设官职，立学校，开道路，建设台岛为反清复明的基地。清代营之：康熙二十二年（1683），郑克塽投降，清廷正式统治台湾，直到光绪二十一年（1895），于《马关条约》中割让给日本，一共212年。

② 府志重修于乾隆二十九年：乾隆二十九年（1764），余文仪续修《台湾府志》。台、凤、彰、淡诸志：嘉庆十二年（1807），薛志亮续修《台湾县志》八卷；乾隆二十九年（1764），王瑛重修《凤山县志》十二卷；道光十年（1830），李廷璧修《彰化县志》；同治十年（1871），杨浚修《淡水厅志》八卷。

③ 筚路蓝缕：乘坐简陋的车子，穿着破旧的衣服，这是形容前人开辟台湾的艰苦情况。筚路，用荆条或竹子做的车。蓝缕，破烂的衣服。

④ 英人之役：鸦片战争期间，英艇曾入侵基隆，又扰大安港，为姚莹、达阿洪所败。美船之役：同治六年（1867），美商船Rover号漂至台湾，船员被土人杀死，引起一场纷争，不久讲和。法军之役：光绪十年（1884），中法战争期间，法军攻基隆、沪尾，次年陷澎湖，法将孤拔战死。

⑤ 朱、林以下：康熙六十年（1721），朱一贵起事；乾隆五十一年（1786），林爽文起事。

⑥ 建省之议：光绪十一年（1885），清廷建台湾为行省，以刘铭传为台湾第一任巡抚。

夫史者，民族之精神，而人群之龟鉴也。代之盛衰，俗之文野，政之得失，物之盈虚，均于是乎在。故凡文化之国，未有不重其史者也。古人有言："国可灭而史不可灭。"是以郢书燕说，犹存其名，晋《乘》楚《杌》，语多可采①。然则台湾无史，岂非台人之痛欤？

顾修史固难，修台之史更难，以今日而修之尤难。何也？断简残编，蒐罗匪易，郭公夏五，疑信相参，则征文难；老成凋谢，莫可咨询，巷议街谭，事多不实，则考献难②。重以改隶之际，兵马倥偬，档案俱失，私家收拾，半付祝融，则欲取金匮石室之书，以成风雨名山之业，而有所不可③。然及今为之，尚非甚难，若再经十年、二十年而后修之，则真有难为者。是台湾三百年来之史，将无以昭示后人，又岂非今日我辈之罪乎？

横不敏，昭告神明，发誓述作，兢兢业业，莫敢自遑。遂以十稔之间，撰成《台湾通史》，为纪四、志二十四、传六十，凡八十有八篇，表图附焉。起自隋代，终于割让，纵横上下，巨细靡遗，而台湾文献于是乎在④。

洪维我祖宗，渡大海，入荒陬，以拓殖斯土，为子孙万年之业者，

---

① 郢书燕说：事见《韩非子·外储说》。因为郢人写信给燕相国时，写者误将"举烛"二字写入信中，燕相接信，又误解为劝他"登用贤才"，因此后人便将"误会本意"称作"郢书燕说"。

② 郭公夏五：《春秋·庄公二十四年》："郭公……"，《桓公十四年》："夏五……"，都有阙文，因此后人将史籍中缺漏的地方叫作"郭公夏五"。

③ 改隶之际：指台湾割让给日本的时候。风雨名山之业：即乱世中珍贵的著作。古人常将著作收藏在名山中，以待后人启示，故著作一事，被称为名山大业。风雨，象征乱世。

④ 起自隋代：《台湾通史·凡例》："始于隋大业元年。"隋炀帝曾派陈稜经略澎湖（当时称为琉球）。

其功伟矣！追怀先德，眷顾前途，若涉深渊，弥自儆惕。呜乎！念哉！凡我多士，及我友朋，惟仁惟孝，义勇奉公，以发扬种性，此则不佞之帜也。婆娑之洋，美丽之岛，我先王先民之景命，实式凭之。

大正七年，秋八月朔日，台南连横雅堂自序于剑花室①。

《台湾通史》

译 文

台湾本来是没有史书的。自从荷兰人加以开辟，郑成功锐意建设，清朝继续经营，开发物资，完成事业，而奠定了我们伟大的基业，到现在已经有三百多年了。但是旧有的史书错误很多，而且文采不优美，其中所记载的，也只有清廷一朝的事迹；荷兰人和郑成功开辟的经过，缺漏不记，居然将他们视为岛国夷狄、海上强盗！唉！这岂不是旧史作者的罪过吗？况且，《台湾府志》在乾隆二十九年（1764）重修，《台湾县志》《凤山县志》《彰化县志》《淡水厅志》等，虽然有人继续纂修，却局限在局部的地方，与全局无关，而且成书也已经很久了。如果想凭这两三部陈旧的史志来了解台湾的大势，就好像是用竹管测天、葫芦量海一样，定极大地受到限制。

台湾本来不过一个海上的荒岛而已。前人驾柴车、穿破衣，艰苦奋发地开辟山林，到现在我们还能享受到他们的成果。但是自从海运开通以来，西方人的势力向东方推展，时势所趋，是无法阻止的。因此有英人的侵扰、美船的交涉、法军的攻击，外交战祸，交相迫至，而旧有史志都来不及记载。还有一些草莽英雄，先后揭竿而起，自朱一贵、林爽文之后，经常发生战争，

---

① 大正七年：即民国七年（1918）。大正是日本天皇的年号，本书在日据时代出版，因此不能不用日本纪年。

河山染满了鲜血，都倡言要恢复中原，而旧有史书也没有详细的记载。其后建置行省的主张兴起，因此开发山地，安抚番族，分设州县，增加官员，清丈田界，筹划军防，利用土地，加强教育，一切都分门别类，有条不紊地建设起来，因此台湾的气象就焕然一新了。

历史，是民族精神的反映，而且是人群的借鉴。一代的兴亡盛衰，风俗的文明野蛮，政治的成败得失，物产的虚实盈亏，都可以从中看出。因此凡是文化发达的国家，没有不重视他们的历史的。古人曾说："国家可以消灭，而历史却不能被消灭。"因此虽然是错误很多的史书，至今还保存下来；晋、楚二国的史书《乘》《梼杌》，也还有很多值得采取的材料。如此说来，台湾没有史书，岂不是台湾人的悲哀吗？

不过，修史的确困难，而修台湾的历史更困难，在今日来修尤其困难。为什么呢？史料零星残缺，不容易搜求，文字脱落错谬，令人半信半疑，这是求物证的困难；年老的人死了，没有人可以询问，而道听途说，事实又多不真，这是求人证的困难。再加上割让给日本的时候，兵荒马乱的，官厅的档案资料全都散失了，私人的藏书也大半被烧毁了。因此若想利用这些公私藏书，来完成一部乱世中不朽的巨作，是相当困难的。但是，现在着手，还不算顶难，如果经过二三十年后再来动笔，那就真的是难上加难了。如此一来，台湾三百年来的史实，就无法显示给后人看了，这岂不是当今我们这些人的罪过吗？

我虽然才能拙劣，却曾明告神灵，发誓要著成台湾的史书，兢兢业业，一点都不敢偷安懒散。于是以十年的时间，写成了《台湾通史》，有四篇纪、二十四篇志、六十篇传，共八十八篇，并附有图表。上自隋代，下至割让，古往今来的大事、小事都没有遗漏，台湾的文献就在这部书里了。

回想我们伟大的祖先，跋涉重洋，进入荒僻的岛屿，来开垦这个地方，为子孙留下了永久的基业，功劳是多么伟大呀！缅怀先人的德泽，瞻望未来的前途，像是走在深渊的边缘，自己格外警惕。唉！仔细想想啊！我的同胞、我的朋友们！好好地以仁孝做人，以义勇精神奉献给国家，来发扬民族精神吧！这是我毕生的职志呀！婆娑的大海，美丽的岛屿，我先王、先民伟大的使命，就寄托在你身上了！

大正七年（1918）秋，八月一日，台南连横序于剑花堂。

（林保淳 / 编写整理）

与钱玄同先生论古史书

顾颉刚

顾颉刚（1893—1980），字铭坚，江苏苏州人。他是民国初年"疑古派"的骁将，主张以科学的方法整理国故，极富有怀疑的精神。在史学上，他最大的贡献是编辑了《古史辨》七册，启开了史学研究的新领域和新方法；在民俗学上，则故事、歌谣的收集、整理，也为民间文学的提倡和保存奠定了深厚的基础。

背　景

五四新文化运动具有深远而广泛的影响。当胡适以《文学改良刍议》在文学上掀起狂飙式的白话文运动时，他的弟子顾颉刚在稍后几年，也以其崭新的历史观点，冲决了传统史学的范限，成就了史学的革命事业。

传统史学家在儒家思想的笼罩下，往往将经典中的记载，视作唯一可靠的信史，非但不敢有所怀疑，甚至以之作为评断的基准。诚然，疑经改经的风气自宋人以来便逐渐有所发展，因而才有清初揭露《伪古文尚书》真相的成绩出现。但其成就毕竟有限，至少，在认定为孔子著述的经书以及肯定不是伪造的典籍中，是没有人敢提出异议的。崔述先生致力于《考信录》一书，颇富有怀疑的精神，但仍以为"圣人之道，六经而已"，依旧脱离不了儒家的范限，就是一个最好的代表。

直到康有为大胆地以《孔子改制考》一书倡言所谓尧、舜、禹、汤、文、武、周公一派相传的正统，只是孔子在"托古改制"的苦心下创造出来的之后，虽然卫道之士丑言诬诋，加以其政治观点之未能令人接受以致其说难以大行；但是，受到他启发的学者，却扬徽立旌，在史学界竖立起革命的旗帜，承继了他的观点。这一批学者，就是以顾颉刚、钱玄同、胡适等为主干的"古史辨"学者。

影 响

《古史辨》七册，成书于1941年，其间各册编者不一，而顾颉刚于1926年辑成此书第一册，开榛辟莽，居功第一。在这十几年间，许多学者加入了广泛讨论的行列，成绩粲然可观，虽说其中仍存有不少问题，但是新血液的输入，却深刻地改变了传统史学的观点。墨守成规、故步自封的时代已经过去了，学者们翘首企盼史学新机运的来临，这个新机运，就是"古史辨学者"所开启的。

顾颉刚在这一封书信中，颇扼要地呈露了他的观点，"层累地造成的中国古史"观虽终究没有完成，但是，这个观念却是突破传统樊篱的一柄利剑，有此"先锋"倡导，遂引领学者迈向了另一种境界，影响之深，是难以估量的。傅斯年曾说顾颉刚已在中国史学上称王，虽不免有点溢美，却也道出了他在史学上的地位。

原 文

（一）

我二年以来，蓄意要辨论中国的古史，比崔述更进一步。崔述的《考信录》确是一部极伟大又极细密的著作，我是望尘莫及的。我自知要好好的读十几年书，才可追得上他。但他的著作有二点我觉得不满意。第一点，他著书的目的是要替古圣人揭出他们的圣道王功，辨伪只是手段。他只知道战国以后的话足以乱古人的真，不知道战国以前的话亦足以乱古人的真。他只知道杨、墨的话是有意装点古人，不知道孔门的话也是有意装点古人。所以他只是儒者的辨古史，不是史家的辨古史。第二点，他要从古书上直接整理出古史迹来，也不是妥稳的办法。因为古代的文献可征的已很少，我们要否认伪史是可以比较各书而判定的，但要承认信史便没有实际的证明了。崔述相信经书即是信史，拿经书上的话做标准，合的为真，否则为伪，所以整理的结果，他承认的史迹亦颇楚楚可观。但这在我们看来，终究是立脚不住的，因为经书与传记只是时间的先后，并没有截然不同的真伪区别；假使在经书之前还有书，这些经书又要降做传记了。我们现在既没有"经书即信史"的成见，所以我们要辨明古史，看史迹的整理还轻，而看传说的经历却重。凡是一件史事，应当看它最先是怎样的，以后逐步逐步的变迁是怎样的。我们既没有实物上的证明，单从书籍上入手，只有这样做才可得一确当的整理，才可尽我们整理的责任。

我很想做一篇《层累地造成的中国古史》，把传说中的古史的经历详细一说。这有三个意思。第一，可以说明"时代愈后，传说的古史期愈长"。如这封信里说的，周代人心目中最古的人是禹，到孔子时有尧、舜，到战国时有黄帝、神农，到秦有三皇，到汉以后有盘古等。第二，可以说明"时代愈后，传说中的中心人物愈放愈大"。如舜，在孔子时只是一个"无为而治"的圣君，到《尧典》就成了一个"家齐而后国治"的圣人，到孟子时就成了一个孝子的模范了。第三，我们在这上，即不能知道某一件事的真确的状况，但可以知道某一件事在传说中的最早的状况。我们即不能知道东周时的东周史，也至少能知道战国时的东周史；我们即不能知道夏商时的夏商史，也至少能知道东周时的夏商史。

但这个题目的范围太大了，像我这般没法做专门研究的人，简直做不成功。因此，我想分了三个题目做去：一是《战国以前的古史观》，二是《战国时的古史观》，三是《战国以后的古史观》。后来又觉得这些题目的范围也广，所以想一部书一部书的做去，如《〈诗经〉中的古史》《〈周书〉中的古史》《〈论语〉中的古史》……我想，若一个月读一部书，一个月做一篇文，几年之后自然也渐渐地做成了。崔述的学力我固是追不到，但换了一个方法做去，也足以补他的缺陷了。

这回适之先生到上海来，因为不及做《读书》杂志的文字，嘱我赶做一篇。我当下就想做一篇《〈论语〉中的古史》，因为材料较少，容易做成。但今天一动笔之后，又觉得赶不及，因为单说《论语》自是容易，但若不与他书比较看来，就显不出它的地位，而与他书一比较之后，范围又大了，不是一二天内赶得出的。因此，想起我两月前曾与玄同先生一信，论起这事，固然是信笔写下，但也足以说出一点大纲。所以就把这篇信稿钞在这里，做我发表研究的起点。我自己知道既无学力，又无时间，说不上研究；只希望因了发表这篇，引起了阅者的教导和讨论，使我可以把这事上了轨道去做，那真是快幸极了！

十二、四、廿七

（二）

玄同先生：

（上略）

先生嘱我为《国学季刊》作文，我也久有这个意思。我想做的文是《层累地造成的中国古史》。现在先对先生说一个大意——我这些意思从来没有写出，这信恐怕写得凌乱没有条理。

我以为自西周以至春秋初年，那时人对于古代原没有悠久的推测。《商颂》说："天命玄鸟，降而生商。"《大雅》说："民之初生，自土沮漆。"又说："厥初生民，时维姜嫄。"可见他们只是把本族形成时的人作为始祖，并没有很远的始祖存在他们的意想之中。他们只是认定一个民族有一个民族的始祖，并没有许多民族公认的始祖。

但他们在始祖之外，还有一个"禹"。《商颂·长发》说："洪水芒芒，禹敷下土方……帝立子生商。"禹的见于载籍以此为最古。《诗》《书》里的"帝"都是上帝。（帝尧、帝舜等不算，详见后。《尚书》里可疑的只有一个帝乙，或是殷商的后王尊他的祖，看他和上帝一样，加上的尊号，也说不定。）这诗的意思是说商的国家是上帝所立的。上帝建商，与禹有什么关系呢？看这诗的意义，似乎在洪水茫茫之中，上帝叫禹下来布土，而后建商国。然则禹是上帝派下来的神，不是人。《小旻篇》中有"旻天疾威，敷于下土"之句，可见"下土"是对"上天"而言。

《商颂》，据王静安先生的考定，是西周中叶宋人所作的（《乐诗考略·说商颂下》）。这时对于禹的观念是一个神。到鲁僖公时，禹确是人了。《閟^{bì}宫》

说："是生后稷……俾民稼穑……奄有下土，缵禹之绪。"（按：《生民篇》 zuǎn

叙后稷事最详，但只有说他受上帝的保卫，没有说他"缵"某人的"绪"。

因为照《生民》作者的意思，后稷为始事种植的人，用不到继续前人之业。

到《閟宫》作者就不同了，他知道禹为最古的人，后稷应该继续他的功业。

在此，可见《生民》是西周作品，在《长发》之前，还不会有禹这一个观念。）

这诗的意思，禹是先"奄有下土"的人，是后稷之前的一个国王，后稷

是后起的一个国王。他为什么不说后稷缵黄帝的绪，缵尧舜的绪呢？这

很明白，那时并没有黄帝、尧舜，那时最古的人王（有天神性的）只有禹，

所以说后稷缵禹之绪了。商族认禹为下凡的天神，周族认禹为最古的人王，

可见他们对于禹的观念，正与现在人对于盘古的观念一样。

　　在这上，我们应该注意的"禹"和"夏"并没有发生什么关系。《长发》

一方面说"洪水芒芒，禹敷下土方"，一方面又说汤"韦顾既伐，昆吾夏

桀"，若照后来人说禹是桀的祖先，如何商国对于禹既感他敷土的恩德，

对于禹的子孙就会翻脸杀伐呢？按《长发》云："玄王桓拨，受小国是达，

受大国是达。"又云："相土烈烈，海外有截。"是商在汤以前国势本已发达，

到汤更能建一番武功，把韦、顾、昆、吾、夏桀打倒罢了。禹是他们认

为开天辟地的人，夏桀是被汤征伐的一个，他们二人漠不相关，很是明白。

　　至于禹从何来？禹与桀何以发生关系？我以为都是从九鼎上来的。

禹，《说文》云："虫也，从内，象形。"内，《说文》："兽足蹂地也。"以

虫而有足蹂地，大约是蜥蜴之类。我以为禹或是九鼎上铸的一种动物，

当时铸鼎象物，奇怪的形状一定很多，禹是鼎上动物的最有力者；或者

有敷土的样子，所以就算他是开天辟地的人。（伯祥云：禹或即是龙，大禹治水的传说与水神祀龙王事恐相类。）流传到后来，就成了真的人王了。九鼎是夏铸的，商灭了夏搬到商，周灭了商搬到周。当时不过因为它是宝物，所以搬了来，并没有多大的意味，但经过了长时间的保存，大家对它就有了传统的观念，以为凡是兴国都应取九鼎为信物，正如后世的"传国玺"一样。有了传统的观念，于是要追溯以前的统，知道周取自商，商取自夏，自然夏、商、周会联成一系。成了一系，于是商汤不由得不做夏桀的臣子，周文王不由得不做殷纣的臣子了。他们追溯禹出于夏鼎，就以为禹是最古的人，应做夏的始祖了。（书中最早把"夏""禹"二字联属成文的，我尚没有找到。）

　　东周的初年只有禹，是从《诗经》上可以推知的；东周的末年更有尧、舜，是从《论语》上可以看到的。（尧、舜的故事从何时起，这个问题很难解决，《左传》是战国时的著作；《尚书》中的《尧典》《皋陶谟》也靠不住；《论语》较为可靠，所以取了它。）《论语》中二次连称尧、舜（尧、舜其犹病诸），一次连称舜、禹（巍巍乎舜、禹之有天下也），又接连赞美尧、舜、禹（大哉尧之为君——舜有臣五人而天下治——禹吾无间然矣），可见当时确以为尧、舜在禹之前。于是禹之前有更古的尧、舜了。但尧与舜，舜与禹的关系还没有提起，或者当时人的心目中以为各隔数百年的古王，如禹和汤、汤和文、武之类，亦未可知。（《论语·尧曰篇》虽说明他们的传授关系，但《论语》经崔述的考定，自《季氏》至《尧曰》五篇是后人续入的。《尧曰篇》的首章，在文体上很可见出有意摹古的样子，在宗旨上很可见出秉着"王道"和"道统"两个主义，是战国时的儒家面目。）

在《论语》之后，尧、舜的事迹编造得完备了，于是有《尧典》《皋陶谟》《禹贡》等篇出现。有了这许多篇，于是尧与舜有翁婿的关系，舜与禹有君臣的关系了。《尧典》的靠不住，如梁任公先生所举的"蛮夷猾夏""金作赎刑"都是。即以《诗经》证之，《閟宫》说后稷"奄有下国"，明明是做国王，它却说成舜的臣子。（后稷的"后"字原已有国王之义，《尧典》上舜对稷说"汝后稷"，实为不辞。）《閟宫》说后稷"缵禹之绪"，明明是在禹后，它却说是禹的同官。又以《论语》证之：（1）《论语》中门人问孝的很多，舜既"克谐以孝"，何以孔子不举他做例？（2）《论语》上说"舜有臣五人"，何以《尧典》上会有九人？《尧典》上既有九人，各司其事，不容偏废，何以孔子单单截取了五人？（3）南宫适说"禹、稷躬稼而有天下"，可见禹、稷都是有天下的，为什么《尧典》上都是臣而非君？（4）孔子说舜"无为而治"，《尧典》上说他"五载一巡守，群后四朝"，说他"三载考绩，三考，黜陟幽明"，不相冲突吗？这些问题，都可以证明"尧典"出于《论语》之后。（我意，先有了禅让的学说而后有《尧典》《皋陶谟》出来，当作禅让的实证，禅让之说是儒家本了尊贤的主义鼓吹出来的。）作《论语》时，对于尧、舜的观念还是空空洞洞，只推尊他们做两个道德最高、功绩最大的古王；作了《尧典》等篇，于是尧、舜的"文章"都有实事可举了。

从战国到西汉，伪史充分的创造，在尧、舜之前更加上了多少古皇帝。于是春秋初年号为最古的禹，到这时真是近之又近了。自从秦灵公于吴阳作上畤、祭黄帝（见《汉书·郊祀志》。秦国崇奉的神最杂，名目也最诡，秦文公梦了黄蛇作鄜畤，拾得了一块石头作陈宝祠，实在还是拜物教。黄帝之祀起于秦国，说不定黄帝即是"黄龙地螾"之类），经过了方士的鼓吹，于是黄帝立在尧、舜之前了。自从许行一辈人抬出了神农，于是神农又立在黄帝之前了。自从《易·系辞》抬出了庖牺氏，于是庖牺氏又立在神农之前了。自从李斯一辈人说"有天皇，有地皇，有泰皇，泰皇最贵"，于是天皇、地皇、泰皇更立在庖牺氏之前了。自从《世本》出现，硬替古代名人造了很像样子的世系，于是没有一个人不是黄帝的子孙了。自从《春秋命历序》上说"天地开辟，至《春秋》获麟之岁，凡二百二十六万年"，于是天皇十二人各立一万八千岁了。自从汉代交通了苗族，把苗族的始祖传了过来，于是盘古成了开天辟地的人，更在天皇之前了。时代越后，知道的古史越前；文籍越无征，知道的古史越多。汲黯说："譬如积薪，后来居上。"这是造史很好的比喻。看了这些胡乱伪造的史，《尧典》那得不成了信史！但看了《诗经》上稀疏的史，更那得不怀疑商以前的史呢！

这些意思如果充分的发挥，准可著成数十卷书。古代的史靠得住的有几？崔述所谓"信"的又何尝是信？即如后稷，周人自己说是他们的祖，但有无是人也不得而知。因为在《诗》《书》上看，很可见出商的民族重游牧，周的民族重耕稼，所谓"后稷"，也不过因为他们的耕稼为生，崇德报功，追尊创始者的称号。实际上，周人的后稷和许行的神农有什么分别？这两个倡始耕稼的古王，很可见出造史的人的重复。他们造史的人为什么要重复？原来禹的上面堆积的人大多了，后稷的地位不尊重了，非得另一个神农，许行一辈人就不足以资号召了！

（下略）

颉刚　敬上

十二、二、廿五

《古史辨》第 1 册

（林保淳 / 编写整理）

孙中山遗嘱

孙　文

背　景

　　孙中山先生自光绪十一年（1885）决心推翻清廷，创建民国起，到民国十四年（1925）三月十二日病逝于北平协和医院止，四十年来奔走呼吁。如上书李鸿章，条陈富强之策（1894），于檀香山创立"兴中会"（1894），于东京设"同盟会"（1905），十次革命的挫败，辛亥起义成功（1911），就任民国第一任临时大总统（1912），改组国民党（1912），改组中华革命党（1914），讨袁（1915），护法（1917），改组中国国民党（1919），下北伐动员令（1922），主张召开国民会议（1924）等，以及为建设一个富强康乐的新中国而作的多方筹划，如《建国大纲》《建国方略》《三民主义》的著述，其终极目的，乃在"求中国之自由、平等"。

　　虽然孙先生最后赍志而殁，但是他为国家民族所做的牺牲奉献，以及满腔的革命热诚，却早已深植人心，塑造了一个不朽的形象。

影　响

　　孙中山先生一生事迹，十足地证明了他毕生牺牲奋斗的精神，也无疑为他赢得了中外人士的景仰，但是这只能代表孙先生不惜抛头颅、洒热血的烈士形象；遗嘱中的切切叮咛，至死不忘家国人民，以及他不慕名利、自愿隐退的仁者襟怀，更符合中国儒家传统的"仁道"精神，也更令人由衷地赞佩！

在这篇遗嘱中，我们可以体会到孙先生的精神所在，更可以确切地认识到一个当代伟人的胸襟及气度！正因为有他的叮嘱，我们才能废除不平等条约、召开国民会议，继续为民主宪政奋斗。

原　文

余致力国民革命凡四十年，其目的在求中国之自由、平等[①]。积四十年之经验，深知欲达到此目的，必须唤起民众及联合世界上以平等待我之民族，共同奋斗。

现在革命尚未成功，凡我同志，务须依照余所著《建国方略》《建国大纲》《三民主义》，及第一次全国代表大会宣言，继续努力，以求贯彻[②]。最近主张开国民会议及废除不平等条约，尤须于最短期间促其实现。是所至嘱。

中华民国十四年二月二十四日

孙　文

《孙中山全集》

（林保淳 / 编写整理）

---

① 四十年：孙中山先生自中法之役（1885）战败后，始决心推翻清廷，创立民国；一直到民国十四年（1925）逝世，致力于国民革命共四十年。

② 《建国方略》：民国八年（1919），孙先生在上海发表《建国方略》，分心理建设（知难行易说）、物质建设（实业计划）、社会建设（民权初步）三部分，是孙先生精心筹思的建国计划。《建国大纲》：民国十三年（1924），孙先生拟就《建国大纲》二十五条，分建国程序为军政、训政、宪政三个时期，为实施三民主义、五权宪法的基础。《三民主义》：孙先生之三民主义揭橥于《〈民报〉发刊词》（1905）。民国成立后，他埋首著述，已有所成。然1922年陈炯明叛变，手稿焚毁殆尽；1924年，孙先生于广东大学逐日口讲其中真谛，计有"民族主义"六讲、"民权主义"六讲及"民生主义"四讲（未完成），此即孙先生逝世后印行之《三民主义》全书。第一次全国代表大会宣言：民国十三年（1924）孙先生召开中国国民党第一次全国代表大会，一月二十三日，发布宣言，确立政党、政纲等。

中国历史大事及相关文献一览表

帝号	年号	公元	大事	相关文献
唐尧			命鲧治水；举舜，罪四凶。舜使禹治水。命舜摄政。	《尧典》
虞舜			命禹摄位。征服三苗。	《尧典》
夏禹			会诸侯于涂山。铸九鼎。	
启			诸侯奉启嗣位，始建家天下王朝。	
商汤			败夏于鸣条，放桀于南巢，夏亡。汤都于亳，国号商。	
盘庚			迁都于殷。	《盘庚》
周武王			败商于牧野，纣自焚死，商亡。武王都于镐，国号周。	《牧誓》《利簋铭》
			箕子来朝。	《洪范》
成王	元年		周公摄政，管叔、蔡叔、武庚叛乱。	《大诰》
	二年		平武庚之乱。	
	四年		封康叔。	《康诰》
	五年		营成周。	《何尊铭》
	七年		周公致政成王。	
昭王			伐楚。	《史墙盘铭》
恭王			王初执驹。	《盠驹尊铭》
	三年		矩伯庶人以田租于裘卫。	《裘卫盉铭》
厉王			平鄂侯驭方与南淮夷、东夷之乱。	《禹鼎铭》

帝号	年号	公元	大事	相关文献
厉王	共和元年	前841	周定公、召穆公摄政，号曰共和。	
宣王			武公伐猃狁。	《多友鼎铭》
幽王	十一年	前771	犬戎入寇，杀王于骊山下。	
平王	元年	前770	东迁洛邑。	
	四十九年	前722	鲁隐公元年，《春秋》编年始此。	
威烈王	二十三年	前403	命晋大夫魏斯、韩虔、赵籍为诸侯。	
显王	十年	前359	秦用商鞅，定变法之令。	《方升铭》
慎靓王	五年	前316	燕王哙让国于其相子之。	《中山王礜鼎铭》
赧王	五十九年	前256	秦灭周。	
秦始皇	十年	前237	从李斯谏，除逐客令。	《谏逐客书》
	二十六年	前221	统一全国，定皇帝称号，废封建，行郡县。	《初并天下议帝号令》
	三十四年	前213	焚诗书百家语。	《议废封建》
	三十五年	前212	坑儒生四百六十人于咸阳。	
二世	元年	前209	陈胜、吴广起兵。	
	三年	前207	项羽大败秦军，刘邦入武关。	
汉高祖	元年	前206	秦子婴降，秦亡。	
	五年	前202	项羽自刎于乌江，刘邦即皇帝位。	
文帝	十二年	前168	晁错上书言事。	《论贵粟疏》
	十三年	前167	除肉刑。	《除肉刑诏》
景帝	三年	前154	七国之乱起，命周亚夫讨平之。	
武帝	建元元年	前140	始立年号。	

续表

帝号	年号	公元	大事	相关文献
武帝	五年	前 136	置五经博士。	
	六年	前 135	司马谈任太史令。	《论六家要指》
	元光元年	前 134	诏举贤良、文学，董仲舒入对。	《贤良对策》
	六年	前 129	司马相如使蜀。卫青击退匈奴。	《难蜀父老》
宣帝	甘露三年	前 51	诸儒会石渠阁，讲论经义。	《礼运》
哀帝	建平元年	前 6	刘歆请立《左氏春秋传》《毛诗》及逸《礼》、古文《尚书》。	《移让太常博士书》
孺子婴	居摄元年	6	王莽称假皇帝。	
新莽	始建国元年	9	废孺子婴为定安公。	
	二年	10	甄寻、刘棻以言符命被杀。	《剧秦美新》
汉光武帝	建武元年	25	刘秀即帝位，都洛阳。	
明帝	永平十六年	73	班固上《汉书》。	《〈汉书〉叙传》
章帝	建初四年	79	诸儒会白虎观，议五经异同。	《三纲六纪》
和帝	永元十二年	100	许慎作《说文解字》。	《〈说文解字〉叙》
顺帝	阳嘉元年	132	张衡造浑天仪。	《浑天仪》
桓帝	延熹九年	166	党锢之祸兴。	
灵帝	建宁二年	169	党祸再兴。	
	中平元年	184	黄巾军起。	《太平经和三气兴帝王法》
献帝	建安十五年	210	曹操下令求才士。	《求贤令》

帝号	年号	公元	大事	相关文献
献帝	二十二年	217	曹丕撰《典论论文》。	《典论论文》
魏文帝	黄初元年	220	曹丕篡汉，废献帝为山阳公。	
明帝	太和元年	227	诸葛亮首度伐魏。	《出师表》
齐王芳	嘉平五年	253	嵇康论养生。	《养生论》
晋武帝	泰始元年	265	司马炎篡魏。	
惠帝	永康元年	300	八王之乱起。	
怀帝	永嘉二年	308	刘渊称帝。	《徙戎论》
元帝	大兴元年	318	琅邪王司马睿即帝位。	
穆帝	永和九年	353	兰亭雅集。	《兰亭集序》
宋武帝	永初元年	420	刘裕篡晋。	
齐高帝	建元元年	479	萧道成篡宋。	
武帝	永明五年	487	沈约奉诏修《宋书》。	《宋书恩幸传论》
明帝	建武元年	494	北魏迁都洛阳。	《迁都议》
和帝	中兴元年	501	刘勰撰《文心雕龙》。	《〈文心雕龙〉序志》
梁武帝	天监元年	502	萧衍篡齐。	
	中大通元年	531	萧统卒。	《〈文选〉序》
陈武帝	永定元年	557	陈霸先篡梁。	
隋文帝	开皇元年	581	杨坚篡北周。颜之推仕于隋。	《〈颜氏家训〉序致》
	九年	589	灭陈，统一全国。	
	仁寿元年	601	陆法言作《切韵》。	《〈切韵〉序》
炀帝	大业七年	611	帝自将击高丽。	《征高丽诏》
唐高祖	武德元年	618	李渊即位于长安，国号唐。	
太宗	贞观三年	629	诏修《隋书》。	《〈隋书·经籍志〉序》

续表

帝号	年号	公元	大事	相关文献
太宗	十六年	642	诏撰《五经义训》。	《〈尚书正义〉序》
	二十年	646	玄奘奉敕修《西域记》。	《〈大唐西域记〉序》
	二十二年	648	玄奘译佛经。	《大唐三藏圣教序》
武则天	光宅元年	684	徐敬业起兵讨武后。	《为徐敬业讨武曌檄》
	天授二年	691	制以释教开革命之阶，升于道教之上。	《释教在道教之上制》
唐中宗	景龙四年	710	刘知幾著《史通》。	《〈史通〉自序》
玄宗	天宝十四年	755	安禄山反。	
德宗	建中四年	783	朱泚反。	《论关中事宜状》
	贞元十六年	800	李翱撰《复性书》三篇。	《复性书上篇》
	十七年	801	杜佑上《通典》。	《〈通典〉序》
	十九年	803	李蟠成进士。	《师说》
	二十一年	805	韩愈遇赦，俟命郴州。	《原道》
宪宗	元和十年	815	白居易被贬为江州司马。	《与元九书》
	十二年	817	平淮西吴元济。	《平淮西碑》《封建论》
	十四年	819	迎佛骨。	《论迎佛骨表》
文宗	太和五年	831	吐蕃悉怛谋请降。	《论维州事谊状》
	七年	833	杜牧愤河朔三镇之桀骜，作《罪言》。	《罪言》
武宗	会昌五年	845	毁天下佛寺，僧尼并勒归俗。	《毁佛寺勒僧尼还俗制》

帝号	年号	公元	大事	相关文献
后梁 太祖	开平元年	907	朱温篡唐，都大梁。	
后唐 庄宗	同光元年	923	李存勖称帝，国号唐，灭梁，徙都洛阳。	
后晋 高祖	天福元年	936	石敬瑭即帝位，称臣于契丹。	
	十二年	947	刘知远入大梁，改国号曰汉。	
后周 太祖	广顺元年	951	郭威即位。	
	三年	953	九经刻板成。	《毕昇发明活字板》
宋太祖	建隆元年	960	赵匡胤废后周恭帝自立。	
太宗	太平兴国二年	977	诏命儒臣纂修《太平御览》《太平广记》《文苑英华》。	《〈御制册府元龟〉序》
	四年	979	与辽战于高梁河，败绩。	
	雍熙三年	986	与辽战于岐沟关，败绩。	
真宗	景德元年	1004	道原进《景德传灯录》。辽军入寇，订立"澶渊之盟"。	《〈景德传灯录〉序》《复宋誓书》
	二年	1005	诏编《册府元龟》。	《〈御制册府元龟〉序》
仁宗	景祐三年	1036	贬范仲淹、欧阳修等，戒群臣越职言事。	《朋党论》
	宝元元年	1038	夏赵元昊称帝。	
	皇祐元年	1049	范仲淹与兄仲温设置义庄。	《义田记》
	至和二年	1055	苏洵撰《苏氏族谱》。	《苏氏族谱引》
	嘉祐三年	1058	王安石提点江东刑狱。	《上仁宗皇帝言事书》
	八年	1063	欧阳修辑成《集古录》。	《〈集古录〉序》
英宗	治平二年	1065	诏议崇奉濮安懿王典礼。	《濮安懿王典礼议》

续表

帝号	年号	公元	大事	相关文献
神宗	熙宁二年	1069	王安石执政，施行变法。	
	六年	1073	周敦颐卒。	《太极图说》
	十年	1077	张载卒。	《西铭》
	元丰七年	1084	司马光进《资治通鉴》。	《进资治通鉴表》
	八年	1085	罢新法。	
哲宗	绍圣四年	1097	诏修《营造法式》。	《进新修营造法式》
徽宗	政和五年	1115	女真阿骨打称帝，国号金。	
	宣和二年	1120	与金定夹攻辽约。	《诣宋安抚纳土状》
	五年	1123	金人来归燕及涿、易等州地。	《诣宋安抚纳土状》
钦宗	靖康元年	1126	金陷汴京。	
高宗	建炎元年	1127	金掳徽、钦二帝北去，立张邦昌为楚帝。赵构即位，杀张邦昌。	《立楚国张邦昌册文》
	四年	1130	金立刘豫为齐帝。	
	绍兴十一年	1141	和议成，称臣纳贡于金。	
	十九年	1149	陈旉撰《农书》。	《〈农书〉自序》
	三十一年	1161	郑樵献《通志》。	《〈通志〉总序》
孝宗	淳熙二年	1175	朱熹、陆九渊会于鹅湖。	《鹅湖之会》
	十六年	1189	朱熹撰《大学章句》。	《〈大学章句〉序》
宁宗	开禧二年	1206	铁木真统一蒙古，称成吉思汗。	
	嘉定十二年	1219	成吉思汗西征。	

帝号	年号	公元	大事	相关文献
宁宗	十四年	1221	成吉思汗诏命丘处机赴西域讲道。	《〈长春真人西游记〉序》
理宗	端平元年	1234	蒙古灭金。	
	开庆元年	1259	贾似道乞和于蒙古。	
	景定元年	1260	忽必烈即位于开平，建元中统。	
度宗	咸淳七年	1271	蒙古改国号曰元。	《建国号诏》
恭帝	德祐元年	1275	马哥·孛罗至大都。	《〈马哥·孛罗游记〉引》
	二年	1276	元灭宋。	《贺平宋表》
元仁宗	皇庆二年	1313	初行科举。	《行科举诏》
顺帝	至正二十年	1367	朱元璋命徐达、常遇春北伐。	《谕中原檄》
明太祖	洪武元年	1368	朱元璋即帝位。徐达等驱逐元帝。	
	三年	1370	封诸子，诏行科举。	《封诸王诏》《开科举诏》
惠帝	建文元年	1399	燕王起兵靖难。	《封诸王诏》
成祖	永乐三年	1405	遣郑和出使西洋。	《娄东刘家港天妃宫石刻通番事迹记》
	十三年	1415	奏进《五经四书性理大全》。	《进五经四书性理大全表》
武宗	正德二年	1507	王守仁贬龙场驿丞。	《教条示龙场诸生》
	十四年	1519	宁王宸濠反，王守仁讨平之。	《擒获宸濠捷音疏》

续表

帝号	年号	公元	大事	相关文献
世宗	嘉靖 三十二年	1553	汪直诱倭寇侵临海诸郡。	《御倭议》
神宗	万历 二十四年	1596	李建元献《本草纲目》。	《进本草纲目疏》
	三十年	1602	李贽卒。	《童心说》
	三十五年	1607	利玛窦、徐光启译《几何原本》。	《译几何原本引》
	四十四年	1616	努尔哈赤即汗位,国号后金。	
思宗	崇祯元年	1628	流寇大起。	
	九年	1636	皇太极即帝位,改国号大清。	
	十年	1637	宋应星撰《天工开物》。	《〈天工开物〉序》
	十七年	1644	李自成称帝于西安,国号大顺;陷北京,明亡。吴三桂引清兵入关。	《即位诏》《上摄政王启》
清世祖	顺治二年	1645	颁《薙发令》。史可法战死扬州。	《薙发令》《致史可法书》
	十八年	1661	郑成功收复台湾。	《与荷兰守将书》
圣祖	康熙 十二年	1673	吴三桂反于云南,三藩乱起。	《撤藩诏》
	十七年	1678	诏举博学鸿儒。	《举博学鸿儒诏》《〈古文尚书疏证〉提要》
	二十年	1681	三藩乱平。	
	二十一年	1682	顾炎武卒。	《与友人论学书》
	二十二年	1683	施琅取台湾。	
	二十八年	1689	中俄订《尼布楚条约》。	《尼布楚条约》
	三十二年	1693	黄宗羲撰《明儒学案》。	《〈.明儒学案〉序》

帝号	年号	公元	大事	相关文献
世宗	雍正七年	1729	颁行《大义觉迷录》。	《颁大谕觉迷录谕》
高宗	乾隆十九年	1754	是仲明向戴震索观《诗补传》。	《与是仲明论学书》
	三十七年	1772	颁示访求遗书诏。	《开四库全书馆诏》
	四十二年	1777	戴震卒。	《书〈朱陆〉篇后》
	四十四年	1779	阮元撰《畴人传》。	《〈畴人传〉序》
宣宗	道光六年	1826	方东树撰《汉学商兑》。	《〈汉学商兑〉序》
	十八年	1838	派林则徐驻广东查办海口禁烟事件。	《筹议严禁鸦片章程折》
	二十年	1840	鸦片战争起。	《拟谕英吉利国王檄》
	二十二年	1842	中英订《南京条约》。魏源撰《海国图志》。	《南京条约》《〈海国图志〉序》
	三十年	1850	洪秀全起事。	
文宗	咸丰二年	1852	太平军攻湖南。	《太平天国奉天讨胡檄》
	四年	1854	曾国藩御太平军。	《讨粤匪檄》
穆宗	同治三年	1864	太平天国亡。	
德宗	光绪四年	1878	左宗棠定新疆。	《统筹新疆全局疏》
	二十年	1894	中日甲午战起。孙中山先生成立兴中会。	《〈兴中会章程〉与〈同盟会盟书〉》
	二十一年	1895	中日签《马关条约》。严复译《天演论》。	《台民布告中外檄》《译〈天演论〉自序》

续表

帝号	年号	公元	大事	相关文献
德宗	二十四年	1898	康有为撰《孔子改制考》。戊戌变法。	《〈孔子改制考〉序》《定国是诏》
	二十六年	1900	义和团事变，引起八国联军之役。	
	二十八年	1902	《新小说》创刊。	《论小说与群治之关系》
	二十九年	1903	上海《苏报》案发生。刊行《铁云藏龟》。	《〈革命军〉序》《〈铁云藏龟〉序》
	三十一年	1905	中国同盟会成立，《民报》创刊。	《〈兴中会章程〉与〈同盟会盟书〉》《〈民报〉发刊词》
宣统帝	宣统三年	1911	武昌起义成功，推翻清朝，建立中华民国。	
中华民国	二年	1913	王国维撰《宋元戏曲考》。	《〈宋元戏曲考〉序》
	四年	1915	袁世凯图谋帝制。	《异哉所谓国体问题者》
	六年	1917	胡适倡导白话文。	《文学改良刍议》
	七年	1918	连横撰《台湾通史》。	《〈台湾通史〉序》
	八年	1919	五四新文学运动。	《文学改良刍议》
	十二年	1923	古史争辩兴起。	《与钱玄同先生论古史书》
	十四年	1925	孙中山先生病逝。	《孙中山遗嘱》

文章分类索引

一、政治类

四、文化类

五、宗教类

六、科技类

作者索引

六　画

八　画

十一画

十二画

十三画

图书在版编目（CIP）数据

历史大变局：形塑中国三千年 . 下 / 龚鹏程主编 .
— 杭州：浙江文艺出版社，2023.1
ISBN 978-7-5339-6803-8

Ⅰ . ①历… Ⅱ . ①龚… Ⅲ . ①中国历史—通俗读物
Ⅳ . ① K209

中国版本图书馆 CIP 数据核字（2022）第 053711 号

选题策划　柳明晔
责任编辑　关俊红
封面设计　人马艺术设计·储平
封面题字　武临仁
责任印制　张丽敏
营销编辑　宋佳音
数字编辑　姜梦冉　诸婧琦

历史大变局：形塑中国三千年（下）

龚鹏程　主编

出版　浙江文艺出版社
地址　杭州市体育场路 347 号
邮编　310006
电话　0571-85176953（总编办）
　　　0571-85152727（市场部）
制版　杭州立飞图文制作有限公司
印刷　浙江海虹彩色印务有限公司
开本　710 毫米 × 1000 毫米　1/16
字数　301 千字
印张　21.75
插页　9
版次　2023 年 1 月第 1 版
印次　2023 年 1 月第 1 次印刷
书号　ISBN 978-7-5339-6803-8
定价　96.00 元